国家出版基金项目
NATIONAL PUBLICATION FOUNDATION

國家出版基金項目

教育部哲學社會科學研究重大課題攻關項目

「十一五」「十二五」「十三五」國家重點圖書出版規劃項目·重大工程出版規劃

「十四五」國家重點出版物出版专項規劃項目·古籍出版規劃

國家社會科學基金重大項目

北京大學「九八五工程」重點項目

儒藏

精華編一八八册下

子部儒學類

儒藏

精華編

北京大學《儒藏》編纂與研究中心

《儒藏》精華編第一八八册

子部儒學類

性理之屬

下册

朱子語類卷第六十五 計一十五板

易一

綱領上之上

陰陽

陰陽只是一氣，陽之退便是陰之生，不是陽退了又別有箇陰生。淳。

陰陽做一箇看亦得，做兩箇看亦得。做兩箇看是「分陰分陽，兩儀立焉」，做一箇看只是一箇消長。文蔚。

陰陽各有清濁偏正。僩。

陰陽之理，有會處，有分處，事皆如此。今浙中學者只説合處、混一處，都不理會分處。去僞。

天地間道理，有局定底，有流行底。淵。

陰陽有箇流行底，有箇定位底。「一動一静，互爲其根」，便是流行底，寒暑往來是也；「分陰分陽，兩儀立焉」，便是定位底，天地上下四方是也。「易」有兩義：一是變易，便是流行底；一是交易，便是對待底。❶如魂魄，❷以二氣言，陽是魂，陰是魄；以一氣言，則伸爲魂，屈爲魄。義剛。○方子録云：陰陽論推行底只是一箇，對峙底則是兩箇。如日月、水火之類是兩箇。

陰陽有相對而言者，如東陽西陰、南陽

❶「待」，朝鮮本作「峙」。

❷「如」字，原無，今據朝鮮本及《朱文公易説》卷一補。

北陰是也；有錯綜而言者，如晝夜寒暑，一箇橫、一箇直是也。伊川言「易，變易也」，只説得相對底陰陽流轉而已，不説錯綜底陰陽交互之理。言「易」須兼此二意。體在天地後，用起天地先。對待底是體，流行底是用。體靜而用動。〇端蒙。〇又一條云：陰陽有相對言者，如夫婦男女、東西南北是也；有錯綜言者，如晝夜、春夏秋冬、弦望晦朔，一箇間、一箇輥去是也。季通云。

陽氣只是六層，只管上去，上盡後下面空缺處便是陰。方子。

方其有陽，那裏知道有陰？有乾卦，那裏知道有坤卦？天地間只是一箇氣，自今年冬至到明年冬至，是他地氣周匝。❶把來折做兩截時，前面底便是陽，後面底便是陰。又折做四截也如此，便是四時。天地間只有六層，陽氣到地面上時，地下便冷了。只是這六位，陽長到那第六位時極了，無去處，上面只是漸次消了。上面消了些箇時，下面便生了些箇，那便是陰。這只是箇噓吸，噓是陽，吸是陰，喚做一氣，固是如此。然看他日月、男女、牝牡處，方見得無一物無陰陽，如至微之物也有箇背面。若説流行處，却只是一氣。佐。〇淵同。

徐元震問：自十一月至正月，方三陽，是陽氣自地上而升否？曰：然。只是陽氣既升之後，看看欲絶，便有陰生；陰氣將盡，便有陽生，其已升之氣便散矣。所謂消息之理，其來無窮。又問：「雷出地奮，豫」之後，六陽一半在地下，是天與地平分否？曰：若謂平分，則天却包着地，在此不必論。因舉康節《漁樵問對》之説甚好。㽦。

陰陽有以動靜言者，有以善惡言者。

❶「地」，朝鮮本無；《朱文公易説》卷二作「此」，疑是。

如乾元資始，坤元資生，則獨陽不生，獨陰不成，造化周流，須是並用。如「履霜堅冰至」，則一陰之生便如一賊。這道理在人如何看，直看是一般道理，橫看是一般道理，所以謂之「易」。道夫。

天地間無兩立之理，非陰勝陽，即陽勝陰，無物不然，無時不然。寒暑晝夜、君子小人、天理人欲。○道夫。

陰陽不可分先後說，只要人去其中自主靜，陰爲主，陽爲客。僩。

都是陰陽，無物不是陰陽。淳。

無一物不有陰陽、乾坤，至於至微至細，草木禽獸，亦有牡牝陰陽。康節云：「坤無一，故無首；乾無十，故無後。」所以坤常是得一半。砥。

天地之間，無往而非陰陽，一動一靜、一語一默，皆是陰陽之理。至如搖扇便屬陽，住扇便屬陰，莫不有陰陽之理。「繼之者善」是陽，「成之者性」是陰。陰陽只是此陰陽，但言之不同，如二氣迭運，此兩相爲用，不能相無者也。至以陽爲君子，陰爲小人，則又自夫剛柔善惡而推之，以言其德之異爾。「繼之者善」是已發之理，「成之者性」是未發之理。自其接續流行而言，故謂之已發；以賦受成性而言，則謂之未發。及其在人，則未發者固是性，而其所發亦只是善。凡此等處，皆須各隨文義所在變通而觀之，才拘泥，便相梗說不行。譬如觀山，所謂「橫看成嶺側成峰」也。謨。

問：自一陰一陽，見一陰一陽又各生一陰一陽之象。以圖言之，兩儀生四象，四象生八卦，節節推去固容易見。就天地間着實處如何驗得？曰：一物上又自各有陰陽，如人之男女陰陽也。逐人身上又各有這血氣，血陰而氣陽也。如晝夜之間，晝陽而夜陰也。而晝陽自午後又屬陰，夜陰自子後又是陽。便是陰陽各生陰陽之象。學履。

「易」字義只是陰陽。閎祖。

《易》只消道「陰陽」二字括盡。

《易》只是箇陰陽，莊生曰「《易》以道陰陽」，亦不爲無見。如奇耦、剛柔，便只是陰陽做了《易》。等而下之，如醫技養生家之説，皆不離陰陽二者。魏伯陽《參同契》，恐希夷之學有些自其源流。畬。

至之曰：《正義》謂：「易者，變化之總號，代換之殊稱，乃陰陽二氣生生不息之理。」竊見此數語亦説得好。曰：某以爲「易」字有二義：有變易，有交易。《先天圖》一邊本都是陽，一邊本都是陰，陽中有陰，陰中有陽，便是陽往交易陰，陰來交易陽，兩邊各各相對。其實非此往彼來，只是其象如此。然聖人當初亦不恁地思量，只是畫一箇陽，一箇陰，每箇便生兩箇，就一箇陽上又生一箇陽、一箇陰，就一箇陰上又生一箇陰、一箇陽，只管恁地去，自一爲二，二爲四，四爲八，八爲十六，十六爲三十二，三十二爲六十四。既成箇物事，便自然如此齊整。皆是天地本然之妙元如此，但略假聖人手畫出來。如乾一索而得震，再索而得坎，三索而得艮；坤一索而得巽，再索而得離，三索而得兑。初間畫卦時也不是恁地，只是畫成八箇卦後，便見有此象耳。義剛。

問：「易」有交易、變易之義，如何？曰：交易是陽交於陰，陰交於陽，是卦圖上底，如「天地定位、山澤通氣」云云者是也。變易是陽變陰，陰變陽，老陽變爲少陰，老陰變爲少陽，此是占筮之法，如晝夜、寒暑、屈伸、往來者是也。又問：聖人仰觀俯察，或説伏羲見天地奇耦自然之數，於是畫一以爲奇，所以象陽；畫兩以爲耦，所以象陰，恐於方圓之形見得否？或説以天是渾淪圓底，只是一箇物事，地則便有闕陷分裂處否？曰：也不特如此。天自是一，地自是二，凡物皆然。蓋天之形雖包乎地之外，而其氣實透乎地之中；地雖是一塊物事在天之中，然其中實虛，容得天許多氣。或引先生注《易》「陽一而實，陰二而虛」爲證。曰：然。所以《易》中言：「夫乾，其靜也專，其動也直，是以大生焉；夫坤，其靜也翕，其動也闢，是以廣生焉。」乾之靜專動直，都是一底意思。他這物事雖大，然無間斷，只是鶻淪一箇大底物事，故曰「大生」。地則靜翕動闢，便是兩箇物事。其翕也，是兩箇物事之聚；其闢也，是兩箇物事之開。他這中間極闊，盡容得那天之氣，故曰「廣生」。燾。

龜山過黄亭詹季魯家，季魯問《易》，龜山取一張紙，畫箇圈子，用墨塗其半，云：「這便是《易》。」此説極好。《易》只是一陰一陽，做出許多般樣。淵。

諸公且試看天地之間別有甚事？只是「陰」與「陽」兩箇字，看是甚麽物事都離不得。只就身上體看，纔開眼，不是陰，便是陽，密拶拶在這裏，都不着得別物事。不是仁，便是義；不是剛，便是柔。只自家要做向前，便是陽；纔收退，便是陰。意思纔動便是陽，纔靜便是陰。未消別看，只是一動一靜便是陰陽。伏羲只因此畫卦以示人。若只就一陰一陽，又不足以該衆理，於是錯綜爲六十四卦、三百八十四爻。初只是許多卦爻，後來聖人又繫許多辭在下。如他書則元有這事，方說出這箇道理；《易》則未曾有此事，先假託都説在這裏。如《書》便有箇堯、舜，有箇禹、湯、文、武、周公，出來做許多事，便説許多事。今《易》則元未曾有。聖人預先説出，待人占考，大事小事無一能外於此。聖人大抵多是垂戒。又云：雖是一陰一陽，《易》中之辭大抵陽吉而陰凶，間亦有陽凶而陰吉者，何故？蓋有當爲，有不當爲。若當爲而不爲，不當爲而爲之，雖陽亦凶。又云：聖人因卦爻以垂戒，多是利於正，未有不正而利者。如云「夕惕若厲，无咎」，若占得這爻，必是朝兢夕惕，戒謹恐懼，可以无咎。若自家不曾如此，便自有咎。又云：「直方大，不習無不利」，若占得這爻，須是將自身己體看，是直、是方、是大，去做某事必得其利；若自家未是直，不曾方，不曾大，則無所往而得其利。此是本爻辭如此。到孔子又自添説了，如云「敬以直内，義以方外」。本來只是卜筮，聖人爲之辭以曉人，便説許多道理在上。今學《易》非必待遇事而占方有所戒，只平居玩味，看他所説道理，於自家所處地位合是如何。故云「居則觀其象而玩其辭，動則觀其變而玩其占」。孔子所謂學《易》，正是平日常常學之。想見聖人之所謂讀，異乎人之所謂讀。想見胸中洞然於易之理，無纖豪蔽處，故云「可以無大過」。又曰：聖人繫許多辭，包盡天下之理。止緣萬事不離乎陰陽，故因陰陽中而推説萬事之理。今要占考，雖小小事都有。如占得「不利有攸往」，便是不可出路；「利涉大川」，便是可以乘舟，此類不一。賀孫問：乾卦《文言》，聖人所以重疊四截説，在此見聖人學《易》，只管體出許多意思，又恐人曉不得，故說以示教。曰：大意只管怕人曉不得，故重疊說在這裏，❶大抵多一般。如云「陽在下也」，又云「下也」。賀孫問：聖人所以因陰陽說出許多道理，而所說之理皆不離乎陰陽者，蓋緣所以爲陰陽者，元本於實然之理。曰：陰陽是氣，纔有此理，便有此氣；纔有此氣，便有此理。天下萬物萬化，何者不出於此理？何者不出於陰陽？賀孫問：此程先生所以說道「天下無性外之物」。曰：如云「天地間只是箇感應」，又如云「誠者物之終始，不誠無物」。賀孫。

程子言：「《易》中只是言反復、往來、上下。」這只是一箇道理。陰陽之道，一進一退，一長一消，反復、往來、上下，於此見之。道夫。

《易》中說到那陽處，便扶助推移他；到陰處，便抑遏壅絕他。淵。

問：陰何以比小人？曰：有時如此。平看之則都好，以類言之則有不好。然亦只是皮不好，骨子却好。大抵發生都則是一箇陽氣，只是有消長，陽長一分，❷下面陰生一分。又不是討箇陰來，即是陽消處便是陰。故陽來謂之復，復者，是本來物事；陰來謂之姤，姤是偶然相遇。夔孫。

天下之理，單便動，兩便静。且如男必求女，女必求男，自然是動。若一男一女居室後便定。端蒙。

數

石子餘問《易》數。曰：都不要說聖人

❶「這」字，原無，今據朝鮮本及《朱文公易説》卷二補。
❷「長」，賀本作「消」。

之畫數何以如此。譬之草木，皆是自然恁地生，不待安排。數亦是天地間自然底物事，才説道聖人要如何，便不是了。植。

問理與數。曰：有是理便有是氣，有是氣便有是數。蓋數乃是分界限處。又曰：「天一，地二，天三，地四，天五，地六，天七，地八，天九，地十」，是自然如此，走不得。如水數六，雪花便六出，不是安排做底。又曰：古者用龜爲卜，龜背上紋，中間有五箇，兩邊有八箇，後有二十四箇，亦是自然如此。夔孫。

問：理與數，其本也只是一？曰：氣便是數。有是理便有是氣，有是氣便有是數，物物皆然。如水數六，雪片也六出，這又不是去做將出來，他是自恁地。如那龜，聖人所以獨取他來用時，也是這箇物事分外靈。嘗有朋友將龜殼來看，背上中心有五條文，出去成八，外面又成二十四，皆是自然恁地。這又未爲巧，最是七、八、九、六與一、二、三、四極巧：一是太陽，餘得箇九在後面；二是少陰，後面便是八；三是少陽，後面便是七；四是太陰，後面便是六。無如此恰好。這皆是造化自然如此，都遏他不住。義剛。○至録云：因一、二、三、四，便見六、七、八、九在裏面。老陽占了第一位，便含箇九；少陰占第二位，便含箇八；少陽占第三位，便含箇七；老陰占第四位，便含箇六。數不過十。惟此一義，先儒未曾發。先儒但只説得他中間進退而已。○淵同。

某嘗問季通：「康節之數，伏羲也曾理會否？」曰：「伏羲須理會過。」某以爲不然。伏羲只是據他見得一箇道理，恁地便畫出幾畫，他也那裏知得疊出來恁地巧！此伏羲所以爲聖。若他也恁地逐一推排，便不是伏羲天然意思。《史記》曰：「伏羲至淳厚，作《易》八卦。」那裏恁地巧推排！賀孫。○按：後劉砥《先天圖》一段，亦與此意同。

大凡《易》數皆六十：三十六對二十四，三十二對二十八，皆六十也。以十甲、十二辰亦揍到六十也。❶ 鍾律以五聲十二律亦積爲六十也。以此知天地之數皆至六十爲節。大雅。

數三百六十六。三百六十，天地之正數也，此更不可易。自餘進退不過六，故陽進不過六分。人之善亦只進得許多，惡亦只退得許多，大體畢竟不可易。○端蒙。

季通云：天下之萬聲出於一闔一闢，聲音皆出於乾坤。坤音釁，以韻脚反之乃見。天下之萬理出於一動一靜，天下之萬數出於一奇一耦，天下之萬象出於一方一圓，盡只起於乾坤二畫。端蒙。

天下道理，只是一箇包兩箇。《易》便只說到八箇處住，《洪範》說到十數住。五行五箇，便有十箇：甲乙便是兩箇木，丙丁便是兩箇火，戊己便是兩箇土，金、水亦然。所謂「兼三才而兩之」，便都是如此。《大學》中明德便包得格物、致知、誠意、正心、脩身五箇；新民便包得齊家、治國、平天下三箇。自暗室屋漏處做得去，到得無所不周，無所不遍，都是這道理。自一心之微，以至於四方之遠，天下之大，也都只是這箇。義剛。

數只有二，只有《易》是。老氏言三，亦是二共生三，三其子也。三生萬物，則自此無窮矣。後人破之者非。楊子雲是三數，邵康節是四數，皆不及《易》也。楊。

康節數四，孔子數八，料得孔子之數又

---

❶「揍」，萬曆本作「湊」。

大也。季通自謂略已見之。方。

有氣有形便有數。物有衰旺，推其始終便可知也。有人指一樹問邵先生，先生云：「推未得。」少頃一葉墮，便由此推起。蓋其旺衰已見，方可推其始終。推亦只是即今年月日時以起數也。楊。

河圖洛書

先生謂甘叔懷曰：曾看《河圖》、《洛書》數否？無事時好看，雖未是要切處，然玩此時且得自家心流轉得動。廣。

《河圖》常數，《洛書》變數。淵。

《河圖》中宮，天五乘地十而得。七、八、九、六，因五得數。積五奇五偶而爲五十有五。淵。

中數五，衍之而各極其數以至於十者，一箇衍成十箇，五箇便是五十。聖人説這數，不是只説得一路。他説出這箇物事，自然有許多樣通透去。如五奇五耦成五十五，又一説，六、七、八、九、十因五得數是也。淵。

《河圖》五十五，是天地自然之數；大衍五十，是聖人去這《河圖》裏面取那天五地十衍出這箇數。不知他是如何。大概《河圖》是自然底，大衍是用以揲蓍求卦者。淵。

天地生數到五便住。那一、二、三、四遇着五便成六、七、八、九，五却只自對五成十。淵。

或問：《河圖》自五之外，如何一便成六、七、八、九、十？曰：皆從五過，則一對五而成六，二對五而成七，三對五而成八，四對五而成九，到末梢五又撞着箇五，便成十。高。

一、二、三、四，九、八、七、六，最妙，一藏九，二藏八，三藏七，四藏六。德功云：❶一得九，二得八，三得七，四得六，皆爲十也。觀《河圖》可見。丙丁合、辛壬合之類，❷皆自此推。○德明。

二始者，一爲陽始，二爲陰始。二中者，五、六。二終者，九、十。五便是十干所始，六便是十二律所生。「圓者，星也」，「圓者，《河圖》之數」。言無那四角底，其形便圓。以下皆《啓蒙·圖書》。○淵。

「一與六共宗」，蓋是那一在五下，便有那六底數。「二與七同位」，是那二在五邊，便有七底數。淵。

成數雖陽，固亦本曼作「生」字。之陰也。如子者父之陰，臣者君之陰。節。淵。

陰少於陽，氣、理、數皆如此。用全用半，所以不同。淵。

問：前日承教云，老陽、少陰、少陽、老陰，即除了本身一、二、三、四，便是九、八、七、六之數。今觀《啓蒙》陽退陰進之説，似亦如此。曰：他進退亦是自然如此，不是人去攢教他進退。以十言之，即如前説，大故分曉。若以十五言之，九便對六，七便對八，曉得時也好則劇。又問：《河圖》此數控定了？先生曰：天地只是不會説，倩他聖人出來説。若天地自會説話，想更説得好在。如《河圖》、《洛書》，便是天地畫出底。夔孫。

所謂得五成六者，一纔勾牽着五，便是箇六。下面都恁地。淵。

老陰、老陽所以變者無他，到極處了，

❶「德功」，萬曆本作「德明」。
❷「丙丁」、「辛壬」，朝鮮本作「丙辛」、「丁壬」，疑是。

無去處，便只得變。九上更去不得了，只得變回來做八；六下來便是五生數了，也去不得，所以却去做七。❶淵。

《河圖》、《洛書》於《八卦》、《九章》無相着，❷不知如何。楊。

伏羲卦畫先天圖

問：先生說伏羲畫卦皆是自然，不曾用些子心思智慮，只是借伏羲手畫出爾。唯其出於自然，故以之占筮則靈驗否？曰：然。自太極生兩儀，只管畫去，到得後來更畫不迭。正如磨麵相似，四下都恁地自然撒出來。廣。

伏羲當時畫卦，只如擲珓相似，無容心。《易》只是陰一陽一，其始一陰一陽而已。有陽中陽、陽中陰，有陰中陽、陰中陰。陽中陽⚌，看上面所得如何，再得陽即是☰，故乾一。或得陰，即是☱，故兌二。陽中陰⚍，亦看上所得如何，或是陽，即是☲，所以離三。或得陰，即是☳，所以震四。陰中陽⚎，看上面所得如何，或得陽，即是☴，所以巽五。或得陰，即是☵，所以坎六。陰中陰⚏，看上所得如何，若得陽，即是☶，所以艮七。再得陰，即是☷，所以坤八。看他當時畫卦之意，妙不可言。文蔚。

問：《先天圖》陰陽自兩邊生，若將坤爲太極，與《太極圖》不同，如何？曰：他自據他意思說，即不曾契勘濂溪底。若論他太極，中間虛者便是。他亦自說「圖從中起」。今不合被橫圖在中間塞却，待取出放

❶「七」，原作「九」，今據朝鮮本及《朱文公易說》卷二改。
❷「九」，原作「七」，今據《易學啓蒙》卷上改。

外。他兩邊生者，即是陰根陽，陽根陰，這箇有對。從中出即無對。文蔚。

《先天圖》如何移出方圖在下？曰：是某挑出。泳。

又說：康節方圖子，自西北之東南，便是自乾以之坤；自東北以之西南，便是否以至泰，❶其間有咸、恒、損、益、既濟、未濟。所以又於此八卦見義，蓋爲是自兩角尖射，上與乾坤相對，不知得怎生恁地巧。某嘗說伏羲初只是畫出八卦，見不到這裏。蔡季通以爲不然，却說某與太史公一般。某問云：「太史公如何說？」他云：「太史公云『伏羲至淳厚，畫八卦』。」便是某這說。看來也是聖人淳厚，只據見定見得底畫出。如伊川說，若不因時，則一箇聖人出來，許多事便都做了。砥。

所問《先天圖》曲折，細詳圖意，若自乾一横排至坤八，此則全是自然。故《說卦》云：「《易》，逆數也。」皆自已生以得未生之卦。若如圓圖，則須如此方見陰陽消長次第。震一陽，離、兑二陽，乾三陽；巽一陰，坎、艮二陰，坤三陰。雖似稍涉安排，然亦莫非自然之理。自冬至至夏至爲順，蓋與前逆數者相反。皆自未生而反得已生之卦。自夏至至冬至爲逆，蓋與前逆數者同。其左右與今天文家說左右不同。蓋從中而分，其初若有左右之勢爾。自北而東爲左，自南而西爲右。○灝。

四象不必說。陽向上更合一畫爲九，方成老陽。到兑便推不去了，兑下一畫却是八卦，不是四象。淵。

陰陽老少，以少者爲主，如震是少陽，却奇一耦二。淵。

❶「否以至泰」，賀本據圖改作「泰以至否」。

老陰老陽交而生艮、兑，少陰少陽交而生震、巽。離、坎不交，各得本畫。離、坎之交是第二畫，在生四象時交了。老陽過去交陰，老陰過來交陽，便是兑、艮第三畫。少陰少陽交，便生震、巽上第三畫。所以知其如此時，他這位次相挨旁。兼山謂聖人不分別陰陽老少，卜史取動爻之後卦，故分別老少。若如此，則卦遂無動，占者何所用觀變而玩占？淵。

一卦又各生六十四卦，則本卦爲内卦，所生之卦爲外卦，是箇十二爻底卦。❶淵。

問：昨日先生説：「程子謂『其體則謂之易』，體猶形體也，乃形而下者，《易》中只説箇陰陽交易而已。」然先生又嘗曰：「在人言之，則其體謂之心。」又是如何？曰：心只是箇動静感應而已，所謂「寂然不動，感而遂通」者是也。看那幾箇字便見得。

因言：易是互相博易之義，觀《先天圖》便可見。東邊一畫陰，便對西邊一畫陽，蓋東一邊本皆是陽，西一邊本皆是陰，東邊陰畫皆是自西邊來，西邊陽畫都是自東邊來。姤在西，是東邊五畫陽過；復在東，是西邊五畫陰過，互相博易而成。《易》之變雖多般，然此是第一變。廣云：程子所謂「《易》中只説反復、往來、上下」者，莫便是指此言之否？曰：看得來程子之意又別。邵子所謂《易》，程子多理會他底不得。蓋他只據理而説，都不曾去問他。廣。

乾坤相爲陰陽，乾後面一半是陽中之陰，坤前面一半是陰中之陽。方子。

乾、巽一邊爲上，震隨坤爲下。淵。

陽上交於陰，陰下交於陽，而生四象，

❶「箇」字，原爲空格，今據朝鮮本補。

便是陰陽又各生兩畫了。陰交剛，陽交柔，便是陰陽又各生兩畫了。就乾兩畫邊看，乾、兑是老陽，離、震是少陰；就坤兩畫邊看，坤、艮是老陰，坎、巽是少陽。又各添一畫，則八卦全了。淵。

陰下交生陽，陽上交生陰，陰交陽，剛交柔，是「博易」之「易」。這多變，是「變易」之「易」。所謂「易」者，只此便是。那箇是《易》之體，這是《易》之用。那是未有這卦底，這是有這卦了底。那箇唤做體時，是這《易》從那裏生；這箇唤做用時，揲蓍取卦便是用處。淵。

問：邵先生説「無極之前」，無極如何説前？曰：邵子就圖上説循環之意。自姤至坤是陰含陽，自復至乾是陽分陰。復坤之間乃無極，自坤反姤是無極之前。驤。

「無極之前」一段，問：既有前後，須有有無？曰：本無前後。❶閎祖。

康節云「動静之間」，是指冬至、夏至。閎祖。

安卿問：《先天圖》説曰：「陽在陰中，陽逆行；陰在陽中，陰逆行；陽在陽中，陰在陰中，皆順行。」何謂也？曰：圖左一邊屬陽，右一邊屬陰。左自震一陽，離、兑二陽，乾三陽，爲陽在陽中順行。右自巽一陰，坎、艮二陰，坤三陰，爲陰在陰中順行。坤無陽，艮、坎一陽，巽二陽，爲陽在陰中逆行。乾無陰，兑、離一陰，震二陰，爲陰在陽中逆行。又問：「《先天圖》，心法也，圖皆自中起，萬化萬事生乎心。」何也？曰：其中白處者，太極也。三十二陰、三十二陽者，兩儀也。十六陰、十六陽者，四象也。

❶「前後」，朝鮮本作「間斷」。

八陰、八陽，八卦也。問：「圖雖無文，終日言之不離乎是。」何也？曰：一日有一日之運，一月有一月之運，一歲有一歲之運。大而天地之終始，小而人物之生死，遠而古今之世變，皆不外乎此，只是一箇盈虚消息之理。本是箇小底，變成大底，到那大處，又變成小底。如納甲法，乾納甲，❶坤納乙，❷艮納丙，兑納丁，震納庚，巽納辛，離納壬，坎納癸，❸亦是此。又如《火珠林》，若占一屯卦，則初九是庚子，六二是庚寅，六三是庚辰，六四是戊午，九五是戊申，上六是戊戌，亦是此。又如道家，以坎離爲真水火，爲六卦之主，而六卦爲坎離之用。自月初三爲震，上弦爲兑，望日爲乾，望後爲巽，下弦爲艮，晦爲坤，亦不外此。又曰：乾之一爻屬戊，坤之一爻屬己，留戊就己方成坎離。蓋乾坤是大父母，坎離是小父母。義剛。

《先天圖》更不可易。自復至乾爲陽，自姤至坤爲陰。以乾坤定上下之位次。❹坎離列左右之門爲正。以象言之，天居上，地居下，艮爲山故居西北，兑爲澤故居東南，離爲日故居于東，坎爲月故居于西，震爲雷居東北，巽爲風居東南。方子。

康節「天地定位，否泰反類」詩八句，❺是説方圖中兩交股底。且如西北角乾，❻東

❶「乾納甲」，朝鮮本此條用陳淳之録，文不異，惟有注云：「黄本此下有『壬』字。」

❷「坤納乙」，朝鮮本有注云：「黄本此下有『癸』字。」

❸「離納壬坎納癸」，朝鮮本「壬」作「己」，「癸」作「戊」。

❹「次」，朝鮮本無此字。

❺「反」，原作「相」，今據朝鮮本及《朱文公易説》卷二、《伊川擊壤集》卷一七《大易吟》改。

❻「北」，原作「南」，今據《朱文公易説》卷二改。

南角坤，是天地定位，❶便對東北角泰，❷西南角否。次乾是兌，次坤是艮，便對次否之咸，次泰之損。❸後四卦亦如是，共十六卦。淵。

康節乾南坤北、離東坎西之説，言人立時全見前面，全不見後面，東西只見一半，便似他這箇意思。淵。

《先天圖》直是精微，不起於康節，希夷以前元有，只是秘而不傳。次第是方士輩所相傳授底。《參同契》中亦有些意思相似，與曆不相應。季通云「紐捻將來亦相應也，用六日七分」。某却不見康節説用六日七分處。文王卦序亦不相應。他只用義理排將去，如復只用一陽生處。此只是用物，而此也不用生底次第，也不應氣候。楊雄《太玄》全模放《易》，他底用三數，《易》却用四數。他本是模《易》，故就他模底句上看《易》，也可略見得《易》意思。温公《集注》中可見也。康節云「《先天圖》心法，皆從中起」，且如説圓圖。❹又云「文王八卦，應地之方」，這是見他不用卦生底次第，序四正卦出四角，似那方底意思。這箇只且恁地，無大段分曉證左。未甚安。○淵。

《易》之精微，在那兩儀生四象，四象生八卦，八卦生六十四卦，萬物萬化皆從這裏流出。緊要處在那復、姤邊，復是陽氣發動之初。因舉康節詩「冬至子之半」。六十四卦流布一歲之中，離、坎、震、兑、巽做得那

❶「地」，原作「位」，今據朝鮮本及《朱文公易説》卷二改。
❷「北」，原作「南」，今據《朱文公易説》卷二改。
❸「次」，原作「以」，今據朝鮮本、萬曆本及《朱文公易説》卷二改。
❹「如」字，原爲空格，今據朝鮮本補。

二十四氣，❶每卦當六十四分，❷乾、坤不在四正，此以文王八卦言也。淵。

《先天圖》八卦爲一節，不論月氣先後。閎祖。

《先天圖》今所寫者，是以一歲之運言之。若大而古今十三萬五千六百年，亦只是這圈子；小而一日一時，亦只是這圈子，都從復上推起去。方子。

《先天圖》一日有一箇恁地道理，一月有一箇恁地道理，以至合元會運世十二萬九千六百歲，亦只是這箇道理。且以月言之，自坤而震，月之始生初三日也；至兑，則月之上弦初八日也；至乾，則月之望十五日也；至巽，則月之始虧十八日也；至艮，則月之下弦二十三日也；至坤，則月之晦三十日也。廣。

《先天圖》與納音相應，故季通言與《參同契》合。以圖觀之，坤復之間爲晦，震爲初三一陽生，初八日爲兑，月上弦，十五日爲乾，十八日爲巽，一陰生，二十三日爲艮，月下弦。坎、離爲日月，故不用。《參同契》以坎、離爲藥，餘者以爲火候。此圖自陳希夷傳來，如穆、李想只收得，未必能曉。康節自思量出來，故墓誌云云。○《參同契》亦以乾、坤、坎、離爲四正，故其言曰「運轂正軸」。

問：《先天圖》卦位自乾一、兑二、離三右行，至震四住，揭起巽五作左行，坎六、艮七，至坤八住，接震四。觀卦氣相接，皆是左旋。蓋乾是老陽，接巽末姤卦便是一陰生；坤是老陰，接震末復卦便是一陽生。

❶「震」下，賀本有「艮」字。《朱文公易説》卷二「離坎震兑巽」作「離坎巽震」。疑原刊衍「巽」字。

❷「六十四分」，朝鮮本及《朱文公易説》卷二作「六日四分」。

自復卦一陽生，盡震四、離三，一十六卦，然後得臨卦，又盡兑二凡八卦，然後得泰卦，又隔四卦得大壯，又隔大有一卦得夬，夬卦接乾，乾卦接姤。自姤卦一陰生，盡巽五、坎六，一十六卦，然後得遯卦，又盡艮七凡八卦，然後得否，又隔四卦得觀，又隔比一卦得剥，剥卦接坤，坤接復。周而復始，循環無端。卦氣左旋，而一歲十二月之卦皆有其序。但陰陽初生各歷十六卦而後爲一月，又歷八卦再得一月，至陰陽將極處只歷四卦爲一月，又歷一卦，遂一併三卦相接。其初如此之疏，其末如此之密，此陰陽嬴縮當然之理歟？然此圖於復卦之下書曰：「冬至子中。」於姤卦之下書曰：「夏至午中。」此固無可疑者。獨於臨卦之下書曰：「春分卯中。」則臨卦本爲十二月之卦，而春分合在泰卦之下。又於遯卦之下書曰：「秋分酉中。」則遯卦本爲六月之卦，而秋分合在否卦之下。昨侍坐復庵，聞王講書所説卦氣之論，皆世俗淺近之語，初無義理可推。竊意此圖「春分卯中」、「秋分酉中」字，或恐後人誤隨世俗卦氣之論，遂差其次，却與文王卦位相合矣。不然，則離、兑之間所以爲春，坎、艮之間所以爲秋者，必當別有其説。曰：伏羲《易》自是伏羲説話，文王《易》自是文王説話，固不可以交互求合。所看先天卦氣嬴縮極子細，某亦嘗如此理會來，尚未得其説。陰陽初生，其氣固緩，然不應如此之疏，其後又却如此之密。大抵此圖布置皆出乎自然，不應無説，當更共思之。謨。

問：伏羲始畫八卦，其六十四者是文王後來重之耶？抑伏羲已自畫了耶？看《先天圖》則有八卦便有六十四，疑伏羲已有仿佛之畫矣，如何？曰：《周禮》言三易經卦皆八，其別皆六十有四，便見不是文王漸畫。又問：然則六十四卦名是伏羲元有，抑文王所立？曰：此不可考。子善問：據十三卦所言，恐伏羲時已有。曰：十三卦所謂「蓋取諸離」、「蓋取諸益」者，言結繩而爲罔罟有離之象，非觀離而始有此也。銖。

問：伏羲畫卦，恐未是教人卜筮。曰：這都不可知。但他不教人卜筮，畫作甚？

朱子語類卷第六十六二十一板

易　二

綱領上之下

卜　筮

《易》本爲卜筮而作。古人淳質，初無文義，故畫卦爻以開物成務。故曰：「夫《易》何爲而作也？夫《易》開物成務，冒天下之道，如斯而已。」此《易》之大意如此。謨。

古人淳質，遇事無許多商量，既欲如此，又欲如彼，無所適從。故作《易》，示人以卜筮之事。故能通志、定業、斷疑，所謂「開物成務」者也。人傑。

上古民淳，未有如今士人識理義嶢崎，蠢然而已，事事都曉不得。聖人因做《易》教他占，吉則爲，凶則否，所謂「通天下之志，定天下之業，斷天下之疑」者，即此也。及後來理義明，有事則便斷以理義。如舜傳禹曰：「朕志先定，鬼神其必依，龜筮必協從。」已自吉了，更不用重去卜吉也。周公營都，意主在洛矣，所卜澗水東、瀍水西，只是對洛而言。其他事惟盡人謀，未可曉處方卜。故遷國、立君，大事則卜。《洪範》「謀及乃心，謀及卿士」，盡人謀然後卜筮以審之。淳。

且如《易》之作，本只是爲卜筮。如「極數知來之謂占」，「莫大乎蓍龜」，「是興神物以前民用」，「動則觀其變而玩其占」等語，皆見得是占筮之意。蓋古人淳質，不似後世人心機巧，事事理會得。古人遇一事理會不下，便須去占。占得乾時，「元亨」便是大亨，「利貞」便是利在於正。古人便守此占，知其大亨，却守其正以俟之。只此便是「開物成務」。若不如此，何緣見得「開物成務」底道理？即此是易之用。人人皆決於此，便是聖人家至户到以教之也。若似後人事事理會得，亦不待占。蓋「元亨」是示其所以爲卦之意，「利貞」便因以爲戒耳。又曰：聖人恐人一向只把做占筮看，便以義理説出來。「元亨利貞」，在文王之辭，只作二事，止是大亨以正。至孔子方分作四件。然若是「坤，元亨，利牝馬之貞」，不成把「利」字絶句。後云「主利」，却當如此絶句。至於他卦，却只作大亨以正。後人須要把乾坤説大於他卦，畢竟在占法，却只是大亨以正而已。㽦。

問：《易》以卜筮設教，卜筮非日用，如何設教？曰：古人未知此理時，事事皆卜筮，故可以設教。後來知此者衆，必大事方卜。可學。

魏丙材仲問「元亨利貞」。曰：夫易開物成務，冒天下之道。蓋上古之時，民淳俗樸，風氣未開，於天下事全未知識，故聖人立龜以與之卜，作易以與之筮，使之趨利避害，以成天下之事，故曰「開物成務」。然伏羲之卦又也難理會，❶故文王從而爲之辭於其間，無非教人之意。如曰「元亨利貞」，則雖大亨，然亦利於正，如不貞，雖有大亨之卦，亦不可用。如曰「潛龍勿用」，則陽氣在

❶「又」，四庫本作「爻」。

下，故教人以勿用。「童蒙」則又教人以須是如童蒙而求資益於人方吉。凡言吉，則不如是便有箇凶在那裏。凡言不好，則莫如是，然後有箇好在那裏。他只是不曾說出耳。物只是人物，務只是事務，冒只是罩得天下許多道理在裏。❶自今觀之，也是如何出得他箇。道夫。

《易》本卜筮之書。後人以爲止於卜筮；至王弼用老、莊解後，人便只以爲理，而不以爲卜筮，亦非。想當初伏羲畫卦之時，只是陽爲吉，陰爲凶，無文字。某不敢說，竊意如此。後文王見其不可曉，故爲之作彖辭。或占得爻處不可曉，故周公爲之作爻辭。又不可曉，故孔子爲之作《十翼》，皆解當初之意。今人不看卦爻而看《繫辭》，是猶不看《刑統》而看《刑統》之《序例》也，安能曉？今人須以卜筮之書看之方得，不然不可看《易》。嘗見艾軒與南軒爭，而南軒不然其說，南軒亦不曉。節。

八卦之畫，本爲占筮。方伏羲畫卦時，止有奇耦之畫，何嘗有許多說話！文王重卦作繇辭，周公作爻辭，亦只是爲占筮設。到孔子方始說從義理去。如「乾元亨利貞」，「坤元亨利牝馬之貞」，與後面「元亨利貞」只一般。元亨，謂大亨也。利貞，謂利於正也。占得此卦者，則大亨而利於正耳。至孔子乃將乾、坤分作四德說，此亦自是孔子意思。伊川云「元亨利貞」在乾坤爲四德，在他卦只作兩事。不知別有何證據。故學《易》者須將《易》各自看，伏羲《易》自作伏羲《易》看，是時未有一辭也。文王

❶「天」，原作「而」，今據朝鮮本、萬曆本改。

《易》自作文王《易》看，❶周公《易》自作周公《易》看，❷孔子《易》自作孔子《易》看。必欲牽合作一意看，不得。今學者諱言《易》本爲占筮作，須要説做爲義理作。若果爲義理作時，何不直述一件文字，如《中庸》、《大學》之書，言義理以曉人，須得畫八卦則甚？《周官》唯大卜掌《三易》之法，而司徒、司樂、師氏、保氏諸子之教國子、庶民，只是教以《詩》、《書》，教以禮樂，未嘗以《易》爲教也。廣。

或問《易》解，伊川之外，誰説可取。曰：如《易》，某便説道聖人只是爲卜筮而作，不解有許多説話。但是此説難向人道，而今人不肯信。❸向來諸公力來與某辨，某煞費氣力與他分析，而今思之，只好不説。只做放那裏，信也得，不信也得，無許多氣力分疏。且聖人要説理，何不就理上直剖判説，何故恁地回互假托，教人不可曉。又何不別作一書，何故要假卜筮來説？又何故説許多吉凶悔吝？此只是理會卜筮後，因其中有些子理，故從而推明之。所以《大象》中只是一句兩句子解了。但有《文言》與《繫辭》中數段，説得較詳，然也只是取可解底來解，如不可曉底也不曾説。而今人只是眼孔小，見他説得恁地，便道有那至理，只管要去推求。且孔子當時教人，只説「《詩》、《書》、執禮」，只説「學《詩》乎」與「興於《詩》，立於禮，成於樂」，只説「人而不爲《周南》、《召南》」，「《詩》三百，一言以蔽之，曰思無邪」，元不曾教人去讀《易》。但有一

❶「看」字，原無，今據朝鮮本及《朱文公易説》卷二一補。
❷「看」字，原無，今據朝鮮本及《朱文公易説》卷二一補。
❸「而今」二字，原脱，今據朝鮮本及《朱文公易説》卷二一補。

處說：「假我數年，五十以學《易》，可以無大過矣。」這也只是孔子自恁地說，不曾將這箇去教人。如周公做一部《周禮》，可謂纖悉畢備，而《周易》却只掌於太卜之官，却不似大司樂教成均之屬樣恁地重。緣這箇只是理會卜筮，大概只是說箇陰陽，因陰陽之消長，却有些子理在其中。伏羲當時偶然見得一便是陽，二便是陰，從而畫放那裏。當時人一也不識，二也不識，陰也不識，陽也不識，伏羲便與他剔開這一機。然才有箇一二，後來便生出許多象數來，恁地時節，他也自遏他不住。然當初也只是理會罔罟等事，也不曾有許多嶢崎，如後世《經世書》之類。而今人便要說伏羲如神明樣，無所不曉。伏羲也自純樸，也不曾去理會許多事來。自他當時剔開這一箇機，後世間生得許多事來，他也自不奈何，他也自不要得恁地。但而今所以難理會時，蓋緣亡了那卜筮之法。如《周禮》太卜掌《三易》之法，《連山》、《歸藏》、《周易》，便是別有理會《周易》之法。而今却只有上、下《經》兩篇，皆不見許多法了，所以難理會。今人却道聖人言理，而其中因有卜筮之說。他說理後，說從那卜筮上來做麽？若有人來與某辯，某只是不答。次日，義剛問：先生昨言《易》只是爲卜筮而作，其說已自甚明白。然先生於先天、後天、無極、太極之說却留意甚切，不知如何？曰：卜筮之書，如《火珠林》之類，淳録云：公謂卜筮之書，便如今《火珠林》樣。許多道理依舊在其間。但是因他作這卜筮後，却去推出許多道理來。他當初做時，却只是爲卜筮畫在那裏，不是曉盡許多道理後方始畫。這箇道理難說。向來張安國兒子來問，某與說云，要曉時便只似靈棋課模樣。❶有一朋友言，恐只是以其人未能曉，而告之以此説。某云，是誠實恁地説。良久，曰：「通其變，遂成天下之文；極其數，遂定天下之象。」安卿問：《先天圖》有自然之象數，伏羲當初亦知其然否？曰：也不見得如何。但圓圖是有些子造作模樣，如方圖，只是據見在底畫。淳録云：較自然。圓圖便是就這中間拗做兩截，淳録云：圓圖作兩段來拗曲。恁地轉來底是奇，恁地轉去底是偶，便有些不甚依他當初畫底。然伏羲當初也只見箇太極下面有箇陰陽，❷便知是一生二，二又生四，四又生八，恁地推將去，做成這物事。淳録云：不覺成來却如此齊整。想見伏羲做得這箇成時，也大故地喜歡。自前不曾見箇物事恁地齊整。因言：夜來有一説，説不曾盡。《通書》言：「聖人之精，畫卦以示；聖人之藴，因卦以發。」精是聖人本意，藴是偏旁帶來道理。如《春秋》，聖人本意只是載那事，要見世變，禮樂征伐自諸侯出，臣弑其君，子弑其父，如此而已。就那事上見得是非、美惡、曲折，便是因以發底。如「《易》有太極，是生兩儀，兩儀生四象，四象生八卦」，這「四象生八卦」以上便是聖人本意底。如《彖辭》、《文言》、《繫辭》，皆是因而發底，不可一例看。今人只把做占去看便活，若是的定把卦爻來作理看，恐死了。國初講筵，講「飛龍在天，利見大人」，太祖遽云：「此書豈可令凡民見之。」某便道是解《易》者錯了。這「大人」便是「飛龍」，言人若占得此爻，便利於見那大

❶「時」，萬曆本作「得」。

❷二「箇」字，原無，今據朝鮮本及《朱文公易説》卷二一補。

人。謂如人臣占得此爻，則利於見君，而爲吉也。如那「見龍在田，利見大人」，有德者亦謂之大人，言人若尋師，若要見好人時，淳録作「求師親賢」。占得此爻則吉。然而此兩箇「利見大人」，皆言「君德也」者，亦是説有君德而居下者。今却説九二居下位而無應，又如何這箇無頭無面，又如何見得應與不應，如何恁地硬説得！若是把做占看時，士農工商，事事人用得。這般人占得，便把做這般用；那般人占得，便把做那般用。若似而今説時，便只是秀才用得，别人都用不得了。而今人便説道，解明理，❶事來便看道理如何，後作區處。古時人蠢蠢然，事事都不曉，做得是也不知，做得不是也不知，聖人便作《易》教人去占。占得恁地便吉，恁地便凶，所謂「通天下之志，定天下之業，斷天下之疑」者，即此是也。而今若把作占説時，吉凶悔吝便在我，看我把作甚麽用，皆用得。今若把作文字解，便是硬裝了。安卿問：如何恁地？曰：而今把作理説時，吉凶悔吝皆斷定在九二、六四等身上矣。淳録云：彼九二、六四無頭無面，何以見得如此？亦只是在人用得也。如此，則吉凶悔吝是硬裝了，便只作得一般用了。林擇之云：伊川《易》説得理也太多。曰：伊川求之太深。嘗説「三百八十四爻，不可只作三百八十四爻解」，其説也好。而今似他解時，依舊只作得三百八十四般用。安卿問：《彖》、《象》莫也是因爻而推其理否？曰：《彖》、《象》、《文言》、《繫辭》，皆是因而推明其理。叔器問：吉凶是取定於揲蓍否？曰：是。

❶「而今人便説道解明理」，朝鮮本及《朱文公易説》卷二一皆無「而」、「便」、「解」三字。

然則《洪範》「龜從，筮從」，又要卿士、庶民從，如何？曰：決大事也不敢不恁地兢謹，如遷國、立君之類，不可不恁地。若是其他小事，則亦取必於卜筮而已。然而聖人見得那道理定後，常不要卜。且如舜所謂「朕志先定，詢謀僉同，鬼神其依，龜筮協從」，若恁地，便是自家所見已決，而卜亦不過如此，故曰「卜不習吉」。且如周公卜宅云：「我卜河朔黎水，我乃卜澗水東、瀍水西，惟洛食。我又卜瀍水東，亦惟洛食。」瀍、澗只在洛之旁，這便見得是周公先自要都洛後，但夾將瀍、澗來卜，所以每與洛對說，而兩卜所以皆言「惟洛食」。以此見得也是人謀先定後，方以卜來決之。擇之言：筮短龜長，不如從長，看來龜又較靈。曰：揲蓍用手，又不似鑽龜較自然，只是將火一鑽便自成文，却就這上面推測。叔器

問：龜卜之法如何？曰：今無所傳，看來只似而今五兆卦。此間人有五兆卦，將五莖茅自竹筒中寫出來，直向上底爲木，橫底爲土，向下底爲水，斜向外者爲火，斜向内者爲金。便如文帝兆得大橫，橫，土也，所以道「予爲天王，夏啓以光」，蓋是得土之象。義剛。〇淳録略。

《易》所以難讀者，蓋《易》本是卜筮之書，今却要就卜筮中推出講學之道，故成兩節工夫。賀孫。

《易》只是卜筮之書，❶古者則藏於太史、太卜，以占吉凶，❷亦未有許多說話。及孔子始取而敷繹爲《文言》、《雜卦》、《彖》、《象》之類，乃說出道理來。學履。

❶「只」，萬曆本作「乃」。
❷「占」，原作「古」，今據朝鮮本、萬曆本改。

《易》只是箇卜筮之書，孔子却就這上依傍，説些道理教人。雖孔子也只得隨他那物事説，不敢别生説。僩。

《易》爲卜筮而作，皆因吉凶以示訓戒，故其言雖約而所包甚廣。夫子作傳，亦略舉一端，以見凡例而已。

《易》本爲卜筮作，古人質樸，作事須卜之鬼神。孔子恐義理一向没卜筮中，故明其義。至如曰「義无咎也」、「義弗乘也」，只是一箇義。方。

「民可使由之，不可使知之」。上古聖人不是著此垂教，只是見得天地陰陽變化之理，畫而爲卦，使因卜筮而知所修爲避忌。至周公、孔子，一人又説多了一人。某不敢教人看《易》，爲這物闊大，且不切己，兼其間用字與今人皆不同。如説田獵、祭祀、侵伐、疾病，皆是古人有此事去卜筮，故爻中出此。今無此事了，都曉不得。礪。

看《繫辭》須先看《易》。自「大衍之數」以下，皆是説卜筮。若不是説卜筮，却是説一無底物。今人誠不知《易》。可學云：今人只見説《易》爲卜筮作，便群起而争之，不知聖人乃是因此立教。曰：聖人丁寧曲折極備。因舉《大畜》九三「良馬逐」。讀《易》當如筮相似，上達鬼神，下達人道，所謂「冒天下之道」。只如此説出模樣，不及作爲，而天下之道不能出其中。可學云：今人皆執畫前《易》，皆一向亂説。曰：畫前《易》亦分明。「居則玩其占」，有不待占而占自顯者。可學。

《易》書本原於卜筮。又説：邵子之學，只把「元」、「會」、「運」、「世」四字貫盡天地萬物。友仁。

《易》本是卜筮之書，若人卜得一爻，便要人玩此一爻之義。如「利貞」之類，只是正者便利，不正者便不利，不曾説道利不貞者。人若能見得道理已十分分明，則亦不須更卜。如舜之命禹曰：「官占，惟先蔽志，昆命于元龜。朕志先定，詢謀僉同，鬼神其依，龜筮協從，卜不習吉。」其，猶將也。言雖未卜，而吾志已是先定，詢謀已是僉同，鬼神亦必將依之，龜筮亦必須協從之。所以謂「卜不習吉」者，蓋習，重也，這箇道理已是斷然見得如此，必是吉了，便自不用卜，若卜，則是重矣。時舉。

劉用之問坤卦「直、方、大，不習無不利」。曰：坤是純陰卦，諸爻皆不中正。五雖中，亦以陰居陽。惟六二居中得正，爲坤之最盛者，故以象言之，則有三者之德，而不習無不利，占者得之，有是德則吉。《易》自有一箇本意，直從中間過，都不着兩邊。須要認得這些子分曉，方始橫三豎四説得。今人不曾識得他本意，便要橫三豎四説，都無歸着。文蔚曰：《易》本意只是爲占筮。曰：便是如此。《易》當來只是爲占筮而作。《文言》、《彖》、《象》却是推説做義理上去，觀乾坤二卦便可見。孔子曰：「聖人設卦觀象，繫辭焉而明吉凶。」若不是占筮，如何説明吉凶？且如《需》九三，「需于泥，致寇至」，以其逼近坎險，有致寇之象。《象》曰：「需于泥，災在外也。自我致寇，敬慎不敗也。」孔子雖説推明義理，這般所在又變例推明占筮之意。「需于泥，災在外」，占得此象，雖若不吉，然能敬慎則不敗。又能堅忍以需待，處之得其道，所以不凶。或失其剛健之德，又無堅忍之志，則不能不敗矣。文蔚曰：常愛先生《易本義》云：「伏羲不過驗陰陽消息兩端而已。只是一陰一陽，便分吉凶了。只管就上加去成八卦，以至六十四卦，無非是驗這兩端消息。」曰：

《易》不離陰陽，千變萬化，只是這兩箇。莊子云：「《易》『道陰陽』。」他亦自看得好。❶文蔚。○僩録詳。

用之問：《坤》六二「直、方、大，不習無不利」。學須用習，然後至於不習。曰：不是如此。聖人作《易》，只是説卦爻中有此象而已。如《坤》六二「直、方、大，不習無不利」，自是他這一爻中有此象，人若占得，便應此事，有此用也。未説到學者須習，至於不習。在學者之事，固當如此，然聖人作《易》，未有此意在。用之曰：然「不習無不利」，此成德之事也。曰：亦非也。未説到成德之事。只是卦爻中有此象而已，若占得便應此象，都未説成德之事也。某之説《易》，所以與先儒、世儒之説皆不同，正在於此。學者須曉某之正意，然後方可推説其他道理。某之意思極直，只是一條路徑去。若才惹着今人，便説差錯了，便非《易》之本意矣。池録云：如過劍門相似，須是驀直攛過，脱得劍門了，却以之推説《易》之道理，横説豎説都不妨。若纔挨近兩邊，觸動那劍，便是攛不過，便非《易》之本意矣。才卿云：先生解《易》之本意，只是爲卜筮爾。曰：然。據某解一部《易》，只是作卜筮之書。今人説得來大精了，更入粗不得。如某之説雖粗，然却入得精，精義皆在其中。若曉得某一人説，則曉得伏羲、文王之《易》，本是作如此用，元未有許多道理在，方不失《易》之本意。今未曉得聖人作《易》之本意，便先要説道理，縱饒説得好，池録云：只是無情理。只是與《易》元不相干。聖人分明説，昔者聖人之作《易》，「觀象設卦，繫辭焉以明吉凶」，幾多分曉！某所以説

❶「好」字，原無，今據朝鮮本及《朱文公易説》卷三補。

《易》只是卜筮書者，此類可見。《易》只是説箇卦象以明吉凶而已，更無他説。如乾有乾之象，坤有坤之象，人占得此卦者，則有此用以斷吉凶，那裏説許多道理！今人讀《易》當分爲三等，伏羲自是伏羲之《易》，文王自是文王之《易》，孔子自是孔子之《易》。讀伏羲之《易》，如未有許多《彖》、《象》、《文言》説話，方見得《易》之本意只是要作卜筮用。如伏羲畫八卦，那裏有許多文字言語？只是説八箇卦有某象，乾有乾之象而已。其大要不出於陰陽、剛柔、吉凶、消長之理。然亦嘗説破，只是使人知卜得此卦如此者吉，彼卦如此者凶。今人未曾明得乾坤之象，便先説乾坤之理，所以説得都無情理。及文王、周公分爲六十四卦，添入「乾元亨利貞」，「坤元亨利牝馬之貞」，早不是伏羲之意，已是文王、周公自説他一般道理了。然猶是就人占處説，如卜得乾卦，則大亨而利於正耳。及孔子繫《易》，作《彖》、《象》、《文言》，則以「元亨利貞」爲乾之四德，又非文王之《易》矣。到得孔子盡是説道理，然猶就卜筮上發出許多道理，欲人曉得所以凶，所以吉。卦爻好則吉，卦爻不好則凶。若卦爻大好而己德相當則吉；卦爻雖吉而己德不足以勝之，則雖吉亦凶；卦爻雖凶而己德足以勝之，則雖凶猶吉。反覆都就占筮上發明誨人底道理。如云「需于泥，致寇至」，此卦爻本自不好，而《象》却曰：「自我致寇，敬慎不敗也。」蓋卦爻雖不好，而占之者能敬慎畏防，則亦不至於敗。蓋需者，待也。需有可待之時，故得以就需之時思患預防，而不至於敗也。此則聖人就占處發明誨人之理也。又曰：文王之心，已自不如伏羲寬闊，急要説出來；

孔子之心，不如文王之心寬大，又急要説出道理來。所以本意浸失，都不顧元初聖人畫卦之意，只認各人自説一副當道理。及至伊川，又自説他一樣，微似孔子之《易》，而又甚焉。故其説《易》，自伏羲至伊川，自成四樣。某所以不敢從，而原《易》之所以作，而爲之説，爲此也。用之云：聖人作《易》，只是明箇陰陽、剛柔、吉凶、消長之理而已。曰：雖是如此，然伏羲作《易》，只畫八卦如此也，何嘗明説陰陽、剛柔、吉凶之理，然其中則具此道理。想得箇古人教人，也不甚説，只是説箇方法如此，使人依而行之，如此則吉，如此則凶，如此則善，如此則惡，未有許多言語。又如舜命夔教胄子，亦只是説箇「寬而栗，柔而立」之法，教人不失其中和之德而已，初未有許多道理。所謂「民可使由之，不可使知之」，亦只要你不失其正而已，不必苦要你知也。又曰：某此説，據某所見且如此説，不知後人以爲如何。因笑曰：東坡注《易》畢，謂人曰：「自有《易》以來，未有此書也。」僩。○蜀録析爲三，池録文差略。

《易》中言占者有其德，❶則其占如是；言無其德而得是占者，却是反説。如南蒯得「黄裳元吉」，疑吉矣，而蒯果敗者，蓋卦辭明言黄裳則元吉，無黄裳之德則不吉也。又如適所説「直、方、大，不習無不利」，占者有直、方、大之德，則不習而無不利；占者無此德，即雖習而不利也。如奢侈之人而得共儉則吉之占，明不共儉者是占爲不吉也。他皆放此。如此看，自然意思活。銖。

❶「中」，原作「申」，今據朝鮮本及《朱文公易説》卷二一改。

論《易》云：其他經，先因其事，方有其文。如《書》言堯、舜、禹、湯、伊尹、武王、周公之事，因有許多事業，方說到這裏；若無這事，亦不說到此。若易則是箇空底物事，❶未有是事，預先說是理，故包括得盡許多道理，看人做甚事皆撞着他。又曰：「易無思也，無爲也」，易是箇無情底物事，故「寂然不動」；占之者吉凶善惡隨事著見，乃「感而遂通」。又云：《易》中多言正，如「利正」、「貞吉」、「利永貞」之類，❷皆是要人守正。又云：人如占得一爻，須是反觀諸身，果盡得這道理否。《坤》之六二「直、方、大，不習無不利」，須看自家能直、能方、能大，方能不習無不利。凡皆類此。又云：所謂大過，如當潛而不潛，當見而不見，當飛而不飛，皆是過。又曰：如《坤》之初六，須知履霜堅冰之漸，要人恐懼修省。不知恐懼修省便是過。《易》大概欲人恐懼修省。又曰：文王《繫辭》，本只是與人占底書。至孔子作《十翼》，方說「君子居則觀其象而玩其辭，動則觀其變而玩其占」。又曰：夫子讀《易》與常人不同，是他胸中洞見陰陽、剛柔、吉凶、消長、進退、存亡之理，其贊《易》即就胸中寫出這道理。味道問：聖人於《文言》，只把做道理說？曰：有此氣便有此理。又問：《文言》反覆說，如何？曰：如言「潛龍勿用，陽在下也」，又「潛龍勿用，下也」，只是一意重疊說。伊川作兩意，未穩。時舉。

聖人作《易》，本爲欲定天下之志，斷天下之疑而已，不是要因此說道理也。如人

❶「則」上，原衍「只」字，今據朝鮮本删。

❷「貞吉」，原作「正言」，今據朝鮮本改。

占得這爻，便要人知得這爻之象是吉是凶，吉便爲之，凶便不爲。然如此，理却自在其中矣。如《剥》之上九「碩果不食，君子得輿，小人剥廬」，其象如此，謂一陽在上，如碩大之果，人不及食而獨留於其上，如君子在上而小人皆載於下，則是君子之得輿也；然小人雖載君子，而乃欲自下而剥之，則是自剥其廬耳。蓋唯君子乃能覆蓋小人，小人必賴君子以保其身。今小人欲剥君子，則君子亡而小人亦無所容其身，如自剥其廬也。且看自古小人欲害君子，到害得盡後，國破家亡，其小人曾有存活得者否？故聖人《象》曰：「君子得輿，民所載也。小人剥廬，終不可用也。」若人占得此爻，則爲君子之所爲者必吉，而爲小人之所爲者必凶矣。其象如此，而理在其中矣，却不是因欲説道理而後説象也。時舉。○植録云：《易》只是説象，初未有後人所説許多道理堆垛在上面。蓋聖人作《易》，本爲卜筮設，上自王公而下達于庶人，故曰：「以通天下之志，以定天下之業，以斷天下之疑。」但聖人説象則理在其中矣。因舉《剥》之上九「碩果不食」，五陰在下來剥一陽，一陽尚存，如碩大之果不食。「君子得輿」，是君子在上爲小人所載，乃下五陰載上一陽之象。「小人剥廬」者，言小人既剥君子，其廬亦將自剥。看古今小人既剥君子，而小人亦死亡滅族，豈有存者！聖人之象只如是。後人説《易》，只愛將道理堆垛在上面，聖人本意不解如此。

先之問《易》。曰：坤卦大抵減乾之半。據某看來，《易》本是箇卜筮之書，聖人因之以明教，因其疑以示訓。如卜得乾卦云「元亨利貞」，本意只説大亨利於正，若不正，便會凶。如卜得爻辭如「潛龍勿用」，便教人莫出做事。如卜得「見龍在田」，便教人可以出做事。如説「利見大人」，一箇是五在上之人，一箇是一在下之人，看是甚麽人卜得。天子自有天子「利見大人」處，大臣自有大臣「利見大人」處，群臣自有群臣「利見大人」處，士庶人自有士庶人「利見大人」處。當時又那曾有某爻與某爻相應？那自是説這道理如此。又何曾有甚麽人對甚麽人説？有甚張三李四？中間都是正吉，不曾有不正而吉。大率是爲君子設，非小人盜賊所得竊取而用。如「黄裳元吉」，須是居中在下方會大吉，不然則大凶。此書初來只是如此，到後來聖人添許多説話，也只是怕人理會不得，故就上更説許多教分明，大抵只是因以明教。若能恁地看，都是教戒。恁地看來，見得聖人之心，洞然如日星，更無些子屈曲遮蔽。故曰：「聖人以通天下之志，以定天下之業，以斷天下之疑。」又曰：看他本來裏面都無這許多事，後來人説不得，便去白撰箇話。若做卜筮看，這説話極是分明。❶某如今看來直是分明。若聖人有甚麽説話要與人説，便分明説了；若不要與人説，便不説。不應恁地千般百樣，藏頭伉腦，無形無影，教後人自去多方推測。聖人一箇光明盛大之心，必不如此。故曰：「君子居則觀其象而玩其辭，動則觀其變而玩其占。」看這般處自分曉。如今讀書，恁地讀一番過了，須是常常將心下温過。所以孔子説「學而時習之」。若只看過便住，自是易得忘記了，故須常常温習，方見滋味。賀孫。

《易》只是古人卜筮之書，如五雖主君位而言，然實不可泥。人傑。

《易》本爲卜筮設。如曰「利涉大川」，是利於行舟也；「利有攸往」，是利於啓行

❶「這説」，原誤倒，今據朝鮮本乙正。

也。《易》之書大率如此。❶後世儒者鄙卜筮之説，以爲不足言，而所見太卑者，又泥於此而不通。故曰：《易》者，難讀之書也。不若且從《大學》做工夫，然後循次讀《論》、《孟》、《中庸》，庶幾切己有益也。義剛。

《易》爻只似而今發課底《卦影》相似。如云「初九潛龍勿用」，這只是戒占者之辭，解者遂去這上面生義理，以初九當「潛龍勿用」，九二當「利見大人」。初九是箇甚麽，如何會潛，如何會勿用？試討這箇人來看！九二爻又是甚麽人，他又如何會「見龍在田，利見大人」？嘗見林艾軒云，世之發六壬課者，以丙配壬則吉。蓋火合水也。如《卦影》云「朱鳥翾翾，歸于海之湄，吉」，這箇只是説水火合則吉爾。若使此語出自聖人之口，則解者必去上面説道理，以爲朱鳥如何，海湄如何矣。僩。

問：《易》中也有偶然指定一兩件實事言者，如「亨于岐山」、「利用征伐」、「利遷國」之類是也。曰：是如此。亦有兼譬喻言者，如「利涉大川」，❷則行船之吉占，而濟大難大事亦如之。賜。○學履。

古人凡事必占，如「田獲三禽」，則田獵之事亦占也。僩。

《説卦》中説許多卜筮，今人説《易》却要掃去卜筮，如何理會得《易》！每恨不得古人活法，只説得箇半死半活底。若更得他那箇活法，却須更看得高妙在。古人必自有活法。且如筮得之卦爻却與所占底事不相應時如何？他到這裏又須別有箇活

❶「易之書大率如此」七字，原無，今據朝鮮本及《朱文公易説》卷二一補。

❷「如」字，原脱，今據朝鮮本補。

底例子括將去，不只恁死殺着。或是用支干相合配處，或是因他物象。揲蓍雖是占筮，只是後人巧去裏面見箇小小底道理，旁門曲逕，正理不只如此。淵。

今之説《易》者，先掊擊了卜筮。如《下繫》説卜筮，是甚次第！某所恨者，不深曉古人卜筮之法，故今説處多是想象古人如此。若更曉得，須更有奥義可推。或曰：布蓍求卦即其法也。曰：爻卦與事不相應則推不去，古人於此須有變通。或以支干推之。❶○方子。

熟讀六十四卦，則覺得《繫辭》之語直爲精密，是《易》之括例。要之，《易》書是爲卜筮而作。如云：「定天下之吉凶，成天下之亹亹者，莫大乎蓍龜。」又云：「天生神物，聖人則之。」則專爲卜筮也。魯可幾曰：古之卜筮，恐不如今日所謂《火珠林》之類否？曰：以某觀之，恐亦自有這法。如《左氏》所載，則支干納音配合之意似亦不廢。如云「得屯之比」，既不用屯之辭，亦不用比之辭，却自別推一法，恐亦不廢這理也。道夫。

《易》以卜筮用，道理便在裏面，但只未説到這處。如《楚辭》以神爲君，祀之者爲臣，以見其敬奉不可忘之義。固是説君臣，但假託事神而説。今也須與他説事神，然後及他事君之意。今解直去解作事君，也未爲不是；但須先爲他結了事神一重，方及那處。《易》便是如此。今人心性褊急，更不待先説他本意，便將理來衮説了。學履。

大凡人不曾着實理會，則説道理皆是懸空。如讀《易》，不曾理會揲法，則説《易》

❶「干」，原作「于」，今據朝鮮本、萬曆本改。

亦是懸空。如《周禮》所載蒐田事，云「如其陣之法」，便是古人自識了陣法，所以更不載。今人不曾理會陣法，則談兵亦皆是脱空。道夫。

問：今之揲蓍，但見周公作爻辭以後之揲法，不知當初只有文王彖辭，又如何揲？曰：他又須别有法，只是今不可考耳。且如《周禮》所載，則當時煞有文字。如今所見占法，亦只是大概如此，其間亦自有無所據底，只是約度如此。大抵古人法度今皆無復存者，只是這些道理，人尚胡亂説得去。嘗愛陸機《文賦》有曰：「意翻空而易奇，文質實而難工。」道理人却説得去，法度却杜撰不得。且如樂，今皆不可復考。今人只會説得「凡音之生，由人心也。人心之動，物使之然也」。到得制度，便都説不去。問：《通書注》云：「而其制作之妙，真有以得乎聲氣之元。」不知而今尚可尋究否？曰：今所争祇是黄鍾一宫耳。這裏高則都高，這裏低則都低，蓋難得其中耳。問：胡安定樂如何？曰：他亦是一家。榦。

以四約之者，「揲之以四」之義也。以下《啓蒙·占門》。○淵。

「五、四爲奇」，各是一箇四也。「九、八爲偶」，各是兩箇四也。淵。

老陰、老陽爲乾坤，然而皆變。少陰、少陽亦爲乾坤，然而皆不變。淵。

老陰、老陽不專在乾坤上，亦有少陰、少陽。如乾坤，六爻皆動底是老，六爻皆不動底是少。六卦上亦有老陰、老陽。淵。

所以到那三畫變底第三十二卦以後占變卦彖、爻之辭者，無他，到這裏時，離他那本卦分數多了。到四畫、五畫則更多。淵。

問：卜卦，二爻變，則以二變爻占，仍

以上爻爲主，四爻變，則以之卦二不變爻占，仍以下爻爲主。曰：凡變，須就其變之極處看，所以以上爻爲主；不變者是其常，只順其先後，所以以下爻爲主。亦如陰陽老少之義，老者變之極處，少者便只是初。賀孫。○學履録云：變者，下至上而止。不變者，下便是不變之本，故以之爲主。

内卦爲貞，外爲悔。因説：生物只有初時好，凡物皆然。康節愛説。○僩。

貞悔即「占用二」之謂。貞是在裏面做主宰底，悔是做出了末後闌珊底。貞是頭邊。淵。

問：「内卦爲貞，外卦爲悔」，貞悔何如？曰：此出於《洪範》。貞看來是正，悔是過意。凡「悔」字都是過了方悔，這「悔」字是過底意思，亦是多底意思。下三爻便是正卦，上三爻似是過多了，恐是如此。這貞悔亦似今占卜分甚主客。問：兩爻變則以兩變爻占，仍以下爻爲主，何也？曰：卦是從下生，占事都有一箇先後首尾。賀孫。

陳日善問：「内卦爲貞，外卦爲悔」是何義？曰：貞訓正，事方正如此。悔是事已如此了。凡悔吝者，皆是事過後方有悔吝。内卦之占是事方如此，外卦之占是事之已然者如此。二字又有始終之意。雉。

貞是事之始，悔是事之終。貞是事之主，悔是事之客。貞是在我底，悔是應人底。三爻變則所主不一，以二卦彖辭占，而以本卦爲貞，變卦爲悔。六爻俱不變則占本卦彖辭，而以内卦爲貞，外卦爲悔。凡三爻變者有二十卦，前十卦爲貞，後十卦爲悔。後十卦是變盡了又反來。有圖見《啓蒙》。義剛。

叔器問「内卦爲貞，外卦爲悔」。曰：

貞悔出《洪範》。貞是正底，便是體。悔是過底，動則有悔。又問「一貞八悔」。曰：如乾、夬、大有、大壯、小畜、需、大畜、泰，內體皆乾，是一貞；外體八卦，是八悔。餘放此。義剛。

問：貞悔不止一說，如六十四卦，則每卦內三畫爲貞，外三畫爲悔。如揲蓍成卦，則正卦爲貞，之卦爲悔。如八卦之變，則純卦一爲貞，變卦七爲悔。曰：是如此。過。

問：卦爻凡初者多吉，❶上者多凶。曰：時運之窮，自是如此。內卦爲貞，外卦爲悔。貞是貞正底意，悔是事過有追不及底意。礪。

占法陽主貴，陰主富。淵。

悔陽而吝陰。方子。

巽、離、兌，乾之所索乎坤者。震、坎、艮，坤之所索乎乾者。《本義》揲蓍之說，恐不須恁地。方子。

凡爻中言人者，必是其人嘗占得此卦。如「大橫庚庚」，必啓未歸時曾占得。淵。

《易》中言「帝乙歸妹」、「箕子明夷」、「高宗伐鬼方」之類，疑皆當時帝乙、高宗、箕子曾占得此爻，故後人因而記之，而聖人以入爻也。如《漢書》「大橫庚庚，余爲天王，夏啓以光」，亦是啓曾占得此爻也。《火珠林》亦如此。僩。

今人以三錢當揲蓍，不能極其變。此只是以納甲附六爻。納甲乃漢焦贛、京房之學。可學。

《火珠林》猶是漢人遺法。方子。

問「筮短龜長」如何。曰：筮已費手。可學。

❶「吉」，原作「言」，今據朝鮮本、萬曆本改。

「筮短龜長」，近得其説。是筮有箇病，纔一畫定，便只有三十二卦，永不到是那三十二卦。又二畫，便只有十六卦；又三畫，便只有八卦；又四畫，便只有四卦；又五畫，便只有二卦。這二卦便可以着意揣度了。不似龜，纔鑽拆便無救處，全不可容心。賀孫。

因言筮卦，曰：卦雖出於自然，然一爻成，則止有三十二卦；二爻成，則止有十六卦；三爻成，則止有八卦；四爻成，則止有四卦；五爻成，則止有二卦。是人心漸可以測知。不若卜，龜文一兆，則吉凶便見，更無移改。所以古人言「筮短龜長」。廣因言：浙人多尚龜卜，雖盜賊亦取决於此。曰：《左傳》載臧會卜信與僭，僭吉。此其法所以不傳。聖人作《易》，示人以吉凶，却無此弊。故言「利貞」不言「利不貞」，「貞吉」不言「不貞吉」，言「利禦寇」不言「利爲寇」也。廣。

《易》占不用龜，而每言「蓍龜」，皆具此理也。筮即蓍也，「筮短龜長，不如從長」者，謂龜有鑽灼之易，而筮有扐揲之煩。龜之卦，一灼便成，亦有自然之意。《洪範》所謂「卜五，占用二」者，卜五即龜，用二即蓍。「曰雨，曰霽，曰蒙，曰驛，曰克」，即是五行。雨即水，霽即火，蒙即土，驛是木，克是金。「曰貞，曰悔」，即是内外卦也。謨。

占龜，土兆大横，木兆直，或曰「火兆直」，只《周禮》曰「木兆直」。金兆從右邪上，火兆從左邪上，或曰「木兆從左邪上」。水兆曲。以大小、長短、明暗爲吉凶。或占凶事，又以短小爲吉。又有旋者吉，大横吉。「大横庚庚」，庚庚，是豹起恁地庚庚然，不是金兆也。賀孫。

程沙隨説「大横庚庚」爲金兆，取庚辛

之義。他都無所據，只云「得之卜者」。不知大横只是土兆，蓋横是土，言文帝將自諸侯而得天下，有大土之象也。庚庚乃是龜文爆出也。卜兆見《洪範疏》，云「横者爲土」。○燾。

漢卿説鑽龜法云：先定四嚮，欲求甚紋兆，順則爲吉，逆則爲凶。正淳云：先灼火，然後觀火之紋而定其吉凶。曰：要須先定其四向，而後求其合從，逆則凶。如「亦惟洛食」，乃先以墨畫定，看食墨如何。「筮短龜長」，古人固重此。《洪範》謂「龜從筮逆」，若「龜筮共違于人」，則「用静吉，用作凶」。漢卿云：今爲賊者多卜龜，以三龜連卜皆順則往。賀孫云：若「石祁子兆，衛人以龜爲有知」，此却是無知也。曰：所以古人以《易》而捨龜，往往以其難信。《易》則有「貞吉」，無「不貞吉」；「利禦寇」，不「利爲寇」。賀孫。

卜必先以墨畫龜，看是卜何事，要得何兆，都有定例。或火或土，便以墨畫之。要拆鑽處拆痕。依此墨。然後灼之，以火鑽鑽，鑽略過久。求其兆，拆痕。順食此墨畫之處謂之食。振。

南軒家有真蓍，云破宿州時得之。又曰：卜《易》卦以錢擲，以甲子起卦，始於京房。璘。

象

嘗謂伏羲畫八卦，只此數畫，該盡天下萬物之理。陽在下爲震，震，動也；在上爲艮，艮，止也。陽在下自動，在上自止。歐公却説《繫辭》不是孔子作，所謂「書不盡言，言不盡意」者非。蓋他不曾看「立象以盡意」一句。惟其「言不盡意」，故立象以盡之。學者於言上會得者淺，於象上會得者深。廣。

伊川説象只似譬喻樣説。看得來須有箇象如此，只是如今曉他不出。淵。

某嘗作《易象説》，大率以簡治繁，不以繁御簡。煇。

前輩也曾説，《易》之取象似《詩》之比興。如此，却是虚説，恐不然。如「田有禽」，須是此爻有此象，但今不可考。數則只是「大衍之數五十」與「天數五、地數五」兩段。大衍之數是説蓍，天地之數是説造化生生不窮之理。除此外都是後來人推説出來底。淵。

以上底推不得，只可從象下面説去。王輔嗣、伊川皆不信象，如今却不敢如此説。只可説道不及見這箇了，且從象以下説，免得穿鑿。淵。

問：《易》之象似有三樣。有本畫自有之象，如奇畫象陽，偶畫象陰是也。六十四卦之爻，一爻各是一象。有實取諸物之象，如乾坤、六子以天地、雷風之類象之是也。有只是聖人以意自取那象來明是義者，如「白馬翰如」、「載鬼一車」之類是也。實取諸物之象，決不可易。若聖人姑假是象以明義者，當初若别命一象，亦通得。不知是如此否？曰：聖人自取之象也不見得如此。而今且只得因象看義。若恁地説，則成穿鑿了。學履。

他所以有象底意思不可見，却只就他那象上推求道理。不可爲求象不得，便喚做無。如「潛龍」，便須有那潛龍之象。淵。

取象各不同，有就自己身上取底，有自己當不得這卦象，却就那人身上取。如「潛龍勿用」，是就占者身上言；到那「見龍」，自家便當不得，須把做在上之「大人」；九五「飛龍」，便是人君，「大人」却是在下之「大人」。淵。

《易》之象理會不得。如「乾爲馬」，而乾之卦却專説龍。如此之類皆不通。恪。

《易》中取象，不如卦德上命字較親切。如蒙「險而止」，復「剛動而順行」，此皆親切。如「山下出泉」、「地中有雷」，恐是後來又就那上面添出。所以《易》中取象處亦有難理會者。學履。

《易》畢竟是有象，只是今難推。如《既濟》「高宗伐鬼方」在九三，《未濟》却在九四；《損》「十朋之龜」在六五，《益》却在六二，不知其象如何。又如《履》卦、《歸妹》卦皆有「跛能履」，皆是艮體，此可見。問：諸家《易》除《易傳》外，誰爲最近？曰：難得。其間有一二節合者却多。如「涣其群」，伊川解却成「涣而群」；却是東坡説得好：群謂小隊，涣去小隊，使合於大隊。問：孔子專以義理説《易》，如何？曰：自上世傳流至此，象數已分明，不須更説，故孔子只於義理上説。伊川亦從孔子。今人既不知象數，但依孔子説，只是説得半截，不見上面來歷。大抵去古既遠，書多散失。今且以占辭論之，如人占婚姻，却占得一病辭，如何用？似此處，聖人必有書以教之，如《周禮》中所載，今皆亡矣。問：《左氏傳》卜《易》與今異？曰：亦須有所傳。向見魏公在揆路，敬夫以《易》卜，得睽卦。李壽翁爲占曰：「離爲戈兵，兑爲説，用兵者不成，講和者亦不成。」其後魏公罷相，湯思退亦以和反致虜寇而罷。問：康節於《易》如何？曰他又是一等説話。問：渠之學如何？曰：專在數上，却窺見理。曰：可用否？曰：未知其可用，但與聖人之學自不同。曰：今世學者言《易》，多要入玄妙，却是《遺書》中有數處，如「不只是一部《易》書」之類。今人認此意不着，故多錯了。曰：然。可學。

嘗得郭子和書云，其先人説：「不獨是天地、雷風、水火、山澤謂之象，只是卦畫便是象。」亦説得好。學蒙。

川壅爲澤。坎爲川，兑爲澤。澤是水不流底，坎下一畫閉合時便成兑卦，便是川壅爲澤之象。淵。

《易》象自是一法。如離「爲龜」，則損、益二卦皆説龜。《易》象如此者甚多。僩。

凡卦中説龜底，不是正得一箇離卦，必是伏箇離卦，如「觀我朵頤」是也。兑爲羊，大壯卦無兑，恐便是三、四、五爻有箇兑象。這説取象底，是不可曉處也多。如乾之六爻，象皆説龍，至説到乾，却不爲龍。龍却是變化不測底物，須着用龍當之。如「夫征不復，婦孕不育」，此卦是取離「爲大腹」之象。本卦雖無離卦，却是伏得這卦。淵。

或説《易象》云「果行育德」，育德有山之象，果行有水之象；「振民育德」，則振民有風之象，育德有山之象。先生云：此説得好。如「風雷，益」，則遷善當如風之速，改過當如雷之決；「山下有澤，損」，則懲忿有摧高之象，窒慾有塞水之象。次第《易》之卦象都如此，不曾一一推究。又云：遷善工夫較輕，如己之有善，以爲不足，而又遷於至善。若夫改過者，非有勇決不能，貴乎用力也。人傑。

卦中要看得親切，須是兼象看。但象不傳了。❶ 鄭東卿《易》專取象，如以鼎爲

❶「象」下，朝鮮本有「學」字。

鼎，革爲爐，小過爲飛鳥，亦有義理。其他更有好處，亦有杜撰處。礪。

鄭東卿少梅説《易》象，亦有是者。如鼎卦分明是鼎之象，他説革是爐之象，亦恐有此理。「澤中有火，革䷰」，上畫是爐之口，五、四、三是爐之腹，二是爐之下口，初是爐之底。然亦偶然此兩卦如此耳。廣。

鄭東卿説《易》亦有好處。如説中孚有卵之象，小過有飛鳥之象。「孚」字從爪從子，如鳥以爪抱卵也。蓋中孚之象，以卦言之，四陽居外，二陰居内，外實中虛，有卵之象。又言鼎象鼎形，革象風爐，亦是此義。此等處説得有些意思。但《易》一書盡欲如此牽合附會，少間便疏脱。學者須是先理會得正當道理了，然後於此等些小零碎處，收拾以相資益，不爲無補。若未得正路脉，光去理會這樣處，❶便疏略。僩。○文蔚同。

程沙隨以《井》卦有「井谷射鮒」一句，鮒，蝦蟆也，遂説井有蝦蟆之象。「木上有水，井䷯。」云：上，前兩足；五，頭也；四，眼也；三與二，身也；初，後兩足也。其穿鑿一至於此。某嘗謂之曰：「審如此，則此卦當爲蝦蟆卦方可，如何却謂之井卦！」廣。

❶「光」，萬曆本作「先」。

朱子語類卷第六十七 計三十板

易　三

綱　領　下❶

上古之《易》方是「利用厚生」。《周易》始有「正德」意，如「利貞」是教人利於貞正，「貞吉」是教人貞正則吉。至孔子則説得道理又多。閎祖。○道夫録云：「利貞」、「貞吉」，文王説底，方是教人「隨時變易以從道」。

乾之「元亨利貞」，本是謂筮得此卦則大亨而利於守正，而《彖辭》、《文言》皆以爲四德。某常疑如此等類，皆是別立説以發明一意。至如坤之「利牝馬之貞」，則發得不甚相似矣。道夫。

伏羲自是伏羲《易》，文王自是文王《易》，孔子自是孔子《易》。伏羲分卦，乾南坤北。文王卦又不同，故曰《周易》。「元亨利貞」，文王以前只是大亨而利於正，孔子方解作四德。《易》只是尚占之書。德明。

須是將伏羲畫底卦做一樣看，文王卦做一樣看，文王、周公説底彖、象做一樣看，孔子説底做一樣看，王輔嗣、伊川説底各做一樣看，方得。❷伏羲是未有卦時畫出來，文王是就那見成底卦邊説。「畫前有易」，真箇是恁地。這箇卦是畫不迭底，那許多都在這裏了。不是畫了一畫，又旋思量一

❶「綱領下」，賀本於此下依序目補類目「三聖易」。
❷「方得」二字，原無，今據朝鮮本補。

畫；才一畫時，畫畫都具。淵。○壯祖録云：須將伏羲畫卦、文王重卦、周公爻辭、孔子《繫辭》及程氏《傳》各自看，不要相亂惑，無牴牾處也。

問《易》。曰：聖人作《易》之初，蓋是仰觀俯察，見得盈乎天地之間，無非一陰一陽之理。有是理則有是象，有是象則其數便自在這裏，非特《河圖》、《洛書》爲然。蓋所謂數者，秖是氣之分限節度處，得陽必奇，得陰必偶，凡物皆然，而《圖》、《書》爲特巧而著耳。於是聖人因之而畫卦。其始也，只是畫一奇以象陽，畫一偶以象陰而已；但纔有兩，則便有四；纔有四，則便有八；又從而再倍之，便是十六。蓋自其無朕之中，而無窮之數已具，不待安排，而其勢有不容已者。卦畫既立，便有吉凶在裏。蓋是陰陽往來交錯於其間，其時則有消長之不同，長者便爲主，消者便爲客；事則有當否之或異，當者便爲善，否者便爲惡。即其主客、善惡之辨，而吉凶見矣，故曰「八卦定吉凶」。吉凶既決定而不差，則以之立事，而大業自此生矣。此聖人作《易》教民占筮，而以開天下之愚，以定天下之志，以成天下之事者如此。但自伏羲而上，但有此六畫，而未有文字可傳；到得文王、周公，乃繫之以辭，故曰「聖人設卦觀象，繫辭焉而明吉凶」。蓋是卦之未畫也，因觀天地自然之法象而畫；及其既畫也，一卦自有一卦之象。象謂有箇形似也，故聖人即其象而命之名。以爻之進退而言，則如剥、復之類；以其形之肖似而言，則如鼎、井之類。此是伏羲即卦體之全而立箇名如此。及文王觀卦體之象而爲之彖辭，周公視卦爻之變而爲之爻辭，而吉凶之象益著矣。大率天下之道只是善惡而已，但所居之位不同，所處之時既異，而其幾甚微，只爲天下之人不能曉會，所以聖人因此占筮之法以曉人，使人居則觀象玩辭，動則觀變玩占，不迷於是非得失之途，所以是書夏、商、周皆用之。其所言雖不同，其辭雖不可盡見，然皆太卜之官掌之，以爲占筮之用。有所謂「繇辭」者，《左氏》所載，尤可見古人用《易》處。蓋其所謂象者，皆是假此衆人共曉之物，以形容此事之理，使人知所取舍而已。故自伏羲而文王、周公，雖自略而詳，所謂占筮之用則一。蓋即那占筮之中，而所以處置是事之理便在那裏了。故其法若粗淺，而隨人賢愚，皆得其用。蓋文王雖是有定象，有定辭，皆是虚説，此箇地頭，合是如此處置，初不黏着物上。故一卦一爻，足以包無窮之事，不可只以一事指定説。他裏面也有指一事説處，如「利建侯」、「利用祭祀」之類，其他皆不是指一事説。此所以見《易》之爲用，無所不該，無所不遍，但看人如何用之耳。到得夫子，方始純以理言，雖未必是義、文本意，而事上説理亦是如此，但不可便以夫子之説爲文王之説。又曰：《易》是箇有道理底卦影。《易》以占筮作，許多理便也在裏，但是未便説到這處。如《楚詞》以神爲君，以祀之者爲臣，以寓其敬事不可忘之意。固是説君臣，林録云：但假托事神而説。但是先且爲他説事神，然後及他事君，意趣始得。今人解説，便直去解作事君底意思，也不喚做不是他意，但須先與結了那一重了，方可及這裏，方得本末周備。《易》便是如此。今人心性褊急，更不待先説他本意，便將道理來衮説了。《易》如一箇鏡相似，看甚物來都能照得。如所謂「潛龍」，只是有箇潛龍之象，自天子至於庶人，看甚人來都使得；孔子説作「龍德而隱，不易乎世，不成乎名」，便是就事上指殺説了。❶然會看底，雖孔子説也活，也無不通；不會看底，雖文王、周公説底也死了。須知得他是假託説，是包含説。假託謂不惹着那事；包含是説箇影象在這裏，無所不包。又曰：卦雖八，而數須是十。八是陰陽數，十是五行數。一陰一陽便是二，以二乘二便是四，以四乘四便是八。五行本只是五，而有十者，蓋是一箇便包兩箇，如木便包甲乙，火便包丙丁，土便包戊己，金便包庚辛，水便包壬癸，所以爲十。彖辭文王作，爻辭周公作，是先儒從來恁地説，且得依他。謂爻辭爲周公者，蓋其中有説文王，不應是文王自説也。賀孫。

孔子之《易》非文王之《易》，文王之《易》非伏羲之《易》，伊川《易傳》又自是程氏之《易》也。故學者且依古《易》次第，先讀本爻，則自見本旨矣。方子。

長孺問：乾健坤順，如何得有過、不及？曰：乾坤者一氣，運於無心，不能無過、不及之差。聖人有心以爲之主，故無過、不及之失。所以聖人能贊天地之化育，天地之功有待於聖人。賀孫。

邵子易❷

康節《易數》出於希夷。他在静中推見得天地萬物之理如此，又與他數合，所以自樂。今《道藏》中有此卦數。謂魏伯陽《參同契》。魏，東漢人。○德明。

❶「了」，原作「來」，今據朝鮮本及《朱文公易説》卷一八改。

❷「易」下，朝鮮本有「數」字。

王天悅雪夜見康節於山中，猶見其儼然危坐。蓋其心地虛明，所以推得天地萬物之理。其數以陰陽剛柔四者爲準，四分爲八，八分爲十六，只管推之無窮。有太陽、太陰、少陽、少陰、太剛、太柔、少剛、少柔。今人推他數不行，所以無他胸中。德明。

康節也則是一生二，二生四，四生八。淵。

康節只説六卦，乾、坤、坎、離，四卦。震、巽含艮、兑。又説八卦，乾、坤、坎、離、大過、頤、中孚、小過，其餘反對者二十八卦。人傑。

聖人説數説得疏，到康節説得密了。他也從一陰一陽起頭，他却做陰、陽、太、少，乾之四象，剛、柔、太、少，坤之四象，又是那八卦。他説這《易》將那「元亨利貞」全靠着那數，三百八十四爻管定那許多數，説得太密了。《易》中只有箇奇耦之數是自然底，大衍之數却是用以揲蓍底。康節盡歸之數，所以二程不肯問他學。若是聖人用數，不過如大衍之數便是。他須要先揲蓍以求那數，起那卦，數是恁地起，卦是恁地求。不似康節，坐地默想推將去，便道某年某月某日，當有某事。聖人決不恁地。此條有誤，可詳之。○淵。

聖人説數説得簡略，高遠疏闊。《易》中只有箇奇耦之數，天一地二。是自然底數也。大衍之數是揲蓍底數也。惟此二者而已。康節却盡歸之數，切恐聖人必不爲也。因言：或指一樹問康節曰：「此樹有數可推否？」康節曰：「亦可推也，但須待其動爾。」頃之，一葉落，便從此推去，此樹甚年生，甚年當死。凡起數，静則推不得，須動，方推得起。方子。○高録略。

程子易傳

有人云：草草看過《易傳》一遍，後當詳讀。曰：不可，此便是計功謀利之心。若劈頭子細看，雖未知後面凡例，而前看工夫亦不落他處。方。

已前解《易》，多只説象數。自程門以後，人方都作道理説了。礪。

伊川晚年所見甚實，更無一句懸空説底話，今觀《易傳》可見，何嘗有一句不着實！大雅。

伯恭謂：「《易傳》理到語精，平易的當，立言無豪髮遺恨。」此乃名言。今作文字不能得如此，自是牽强處多。一本云：不能得如此自然。○閎祖。

《易傳》明白無難看，但伊川以天下許多道理散入六十四卦中，若作《易》看，即無意味。唯將來作事看，即句句字字有用處。

問胡文定《春秋》。曰：他所説盡是正理，但不知聖人當初是恁地不是恁地，今皆見不得。所以某於《春秋》不敢措一辭，正謂不敢臆度爾。道夫。

《易傳》須先讀他書，理會得義理了，方有箇入路，見其精密處。蓋其所言義理極妙，初學者未曾使著，不識其味，都無啓發。如《遺書》之類，人看著却有啓發處。非是《易傳》不好，是不合使未當看者看。須是已知義理者，得此便可磨礱入細。此書於學者，非是啓發工夫，乃磨礱工夫。榦。

《易傳》難看，其用意精密，道理平正，更無抑揚。若能看得有味，則其人亦大段知義理矣。蓋《易》中説理，是豫先説下未曾有底事，故乍看甚難。不若《大學》、《中庸》有箇準則，讀着便令人識蹊徑。《詩》又能興起人意思，皆易看。如謝顯道《論語》，却有啓發人處，雖其説或失之過，識得理後，却細密商量令平正也。人傑。

伯恭多勸人看《易傳》，一禁禁定，更不得疑著。局定學者只得守此箇義理，固是好，但緣此使學者不自長意智，何緣會有聰明！謙。

看《易傳》，若自無所得，縱看數家，反被其惑。伊川教人看《易》只看王弼《注》，胡安定、王介甫《解》。今有伊川《傳》，且只看此尤妙。

《易傳》義理精，字數足，無一豪欠闕。他人著工夫補綴，亦安得如此自然！只是於本義不相合。《易》本是卜筮之書，卦辭、爻辭無所不包，看人如何用。程先生只説得一理。

問《易傳》如何看。曰：且只恁地看。又問：程《易》於本義如何？曰：程《易》不説《易》文義，只説道理處極好看。❶ 又問：《乾》繇辭下解云：「聖人始畫八卦，三才之道備矣。因而重之，以盡天下之變，故六畫而成卦。」據此説，却是聖人始畫八卦，每卦便是三畫，聖人因而重之爲六畫。似與邵子一生兩，兩生四，四生八，八生十六，十六生三十二，三十二生六十四，爲六畫不同。曰：程子之意，只云三畫上疊成六畫，八卦上疊成六十四耳，❷與邵子説誠異。蓋康節此意不曾説與程子，程子亦不曾問之，故一向只隨他所見去。但他説聖人始畫八卦，

❶「處極」，原誤倒，今據朝鮮本及《朱文公易説》卷二三乙正。

❷「耳」，萬曆本作「卦」。

不知聖人畫八卦時，先畫甚卦，此處便曉他不得。又問：《啓蒙》所謂「自太極而分兩儀，則太極固太極，兩儀固兩儀；自兩儀而分四象，則兩儀又爲太極，而四象又爲兩儀」，以至四象生八卦，節節推去，莫不皆然。可見一物各具一太極。是如此否？曰：此只是一分爲二，節節如此，以至於無窮，皆是一生兩爾。因問：《序》所謂「自本而榦，自榦而支」，是此意否？曰：是。又問：「以功用謂之鬼神，以妙用謂之神」，二「神」字不同否？曰：鬼神之「神」，此「神」字說得粗。如《繫辭》言「神也者，妙萬物而爲言」，此所謂「妙用謂之神」也。言「知鬼神之情狀」，此所謂「功用謂之鬼神」也。只是推本《繫辭》說。程《易》除去解《易》文義處，只單說道理處，則如此章說「天，專言之則道也」以下數句，皆極精。銖。

伊川只將一部《易》來作譬喻說了，恐聖人亦不肯作一部譬喻之書。朱震又多用伏卦、互體說陰陽，說陽便及陰，說陰便及陽，乾可爲坤，坤可爲乾，太走作。近來林黄中又撰出一般翻筋斗互體，一卦可變作八卦，也是好笑。據某看得來，聖人作《易》，專爲卜筮。後來儒者諱道是卜筮之書，全不要惹他卜筮之意，❶所以費力。今若要說，且可須用添一重卜筮意，自然通透。如《乾》初九「潛龍」兩字，是初九之象；「勿用」兩字，即是告占者之辭。如云：占得初九，是潛龍之體，只是隱藏，不可用作。《小象》、《文言》釋其所以爲潛龍者，以其在下也。諸爻皆如此推看，怕自分明，又不須作設戒也。浩。

❶ 「惹」，萬曆本作「恁」。

《易傳》言理甚備，象數却欠在。又云：《易傳》亦有未安處。如《无妄》六二，「不耕穫，不菑畬」，只是説一箇無所作爲之意。《易傳》却言：「不耕而穫，不菑而畬，謂不首造其事。」殊非正意。閎祖。

《易》要分内外卦看，伊川却不甚理會。如「巽而止」則成蠱，「止而巽」便不同。蓋先止後巽，却是有根株了方巽將去，故爲漸。僩。

問：伊川《易》説理太多。曰：伊川言：「聖人有聖人用，賢人有賢人用。若一爻止做一事，則三百八十四爻止做得三百八十四事。」也説得極好。然他解依舊是三百八十四爻止做得三百八十四事用也。淳。○義剛録云：林擇之云：伊川《易》説得理也太多。先生曰：伊川求之便是太深。云云。

問：程《傳》大概將三百八十四爻做人説，恐通未盡否？曰：也是。則是不可粧定做人説。看占得如何，有就事言者，有以時節言者，有以位言者。以吉凶言之則爲事，以初終言之則爲時，以高下言之則爲位，隨所值而看皆通。《繫辭》云：「不可爲典要，惟變所適。」豈可粧定做人説！學履。

伊川《易》煞有重疊處。賀孫。

《易傳》説文義處，猶有些小未盡處。公謹。

學者須讀《詩》與《易》，《易》尤難看。伊川《易傳》亦有未盡處。當時康節傳得數甚佳，却輕之不問。天地必有倚靠處，如復卦先動而後順，豫卦先順而後動，故其彖辭極嚴。似此處却閑過了。可學。

《詩》、《書》略看訓詁，解釋文義令通而已。却只玩味本文，其道理只在本文，下面小字儘説，如何會過得他。若《易傳》却可脱去本文。程子此書，平淡地慢慢委曲，説得更無餘藴，不是那敲磕逼拶出底，義理平鋪地放在面前。只如此等行文，亦自難學。如其他峭拔雄健之文却可做，若《易傳》樣淡底文字，如何可及！僩。

問：先儒讀書都不如先生精密，如伊川解《易》亦甚疏。曰：伊川見得箇大道理，却將經來合他這道理，不是解《易》。又問：伊川何因見道？曰：他説求之六經而得，也是於濂溪處見得箇大道理占地位了。德輔。

「易，變易也，隨時變易以從道。」正謂伊川這般説話難説。蓋他把這書硬定做人事之書，他説聖人做這書，只爲世間人事本有許多變樣，所以做這書出來。淵。

「至微者理也，至著者象也。體用一原，顯微無間。觀會通以行其典禮，則辭無所不備。」此是一箇理，一箇象，一箇辭。然欲理會理與象，又須就辭上理會。❶辭上所載，皆觀會通以行其典禮之事。凡於事物，須就其聚處理會，尋得一箇通路行去；若不尋得一箇通路，只驀地行去，則必有礙。典禮只是常事。會是事之合聚交加難分別處。如庖丁解牛，固是「奏刀騞然，莫不中節」，若至那難處，便着些氣力方得通。故莊子又説：「雖然，每至於族，吾見其難爲。怵然爲戒，視爲止，行爲遲。」莊子説話雖無頭當，然極精巧，説得到。今學者却於辭上看「觀其會通以行典禮」也。賀孫。

「體用一源」，體雖無迹，中已有用。「顯微無間」者，顯中便具微。天地未有，萬物已具，此是體中有用；天地既立，此理亦

❶「就」字，原脱，今據朝鮮本補。

存，此是顯中有微。節。

劉用之問《易傳序》「觀會通以行典禮」。曰：如堯、舜揖遜，湯、武征伐，皆是典禮處。典禮只是常事。賀孫。

「求言必自近，易於近者，非知言者也。」此伊川喫力爲人處。寓。

用龜山《易》參看《易傳》數段，見其大小得失。方。

婺州《易傳》，「聖」字亦誤用王氏說。「聖」字從「壬」，不當從「王」。甾。

朱子本義啓蒙

看《易》，先看某《本義》了，却看伊川解，以相參考。如未看他《易》，先看某說，却易看也。蓋未爲他說所汩故也。燾。

方叔問：《本義》何專以卜筮爲主？曰：且須熟讀正文，莫看注解。蓋古《易》、《彖》、《象》、《文言》各在一處，至王弼始合爲一，後世諸儒遂不敢與移動。今難卒說，且須熟讀正文，久當自悟。大雅。

某之《易》簡略者，當時只是略搭記，兼文義伊川及諸儒皆已說了，某只就語脉中略牽過這意思。礪。

聖人作《易》，有說得極疏處，甚散漫。如爻象，蓋是泛觀天地萬物，取得來闊，往往只髣髴有這意思，故曰「不可爲典要」。又有說得極密處，無縫罅，盛水不漏，如說吉凶悔吝處是也。學者須是大著心胸方看得。譬如天地生物，有生得極細巧者，又自有突兀粗拙者。近趙子欽有書來，云某說《語》、《孟》極詳，《易》說却太略。譬之此燭籠，添得一條骨子則障了一路明，若能盡去其障，使之統體光明，❶豈不更好！蓋着不得詳説故也。方子。○淵録云：《易》中取象，似天地生物，有生得極細巧底，有生得粗拙突兀底。趙子欽云：「《本義》太略。」此譬如燭籠，添了一條竹片，便障了一路明。盡徹去了，使它統體光明，豈不更好！蓋是着不得詳説。如此看來，則取象處如何拘得！

《啓蒙》，初間只因看歐陽公集内或問《易》大衍，遂將來考算得出。以此知諸公文集雖各自成一家文字，中間自有好處。緣是這道理人人同得看，如何也自有人見得到底。賀孫。

先生於《詩傳》，自以爲無復遺恨，曰：後世若有楊子雲，必好之矣。而意不甚滿於《易本義》。蓋先生之意，只欲作卜筮用，而爲先儒説道理太多，終是翻這窠臼未盡，故不能不致遺恨云。僩。

先生問時舉：看《易》如何？曰：只看程《易》，見其只就人事上説，無非日用常行底道理。曰：《易》最難看，須要識聖人當初作《易》之意。且如《泰》之初九，「拔茅茹，以其彙，征吉」，謂其引賢類進也，都不正説引賢類進，而云「拔茅」，何耶？如此之類，要須思看。某之《啓蒙》自説得分曉，且試去看。因云：某少時看文字時，凡見有説得合道理底，須旁搜遠取，必要看得他透。今之學者多不如是，如何！時舉退看《啓蒙》，晚往侍坐。時舉曰：向者看程《易》，只就注解上生議論，却不曾靠得《易》看，所以不見得聖人作《易》之本意。今日看《啓蒙》，方見得聖人一部《易》，皆是假借虛設之辭。蓋緣天下之理，若正説出，便只作一件用，唯以象言，則當卜筮之時，看是甚事，都來應得。如《泰》之初九，若正作引

❶「統體」，原誤倒，今據朝鮮本乙正。

賢類進説，則後便只作得引賢類進用；唯以「拔茅茹」之象言之，則其他事類此者皆可應也。《啓蒙・警學篇》云：「理定既實，事來尚虛，用應始有，體該本無。」便見得《易》只是虛設之辭，看事如何應耳。先生頷之。因云：程《易》中有甚疑處，可更商量看。時舉問：坤六二爻，《傳》云「由直、方而大」，切意大是坤之本體，安得由直、方而後大耶？曰：直、方、大，是坤有此三德。若就人事上説，則是「敬義立而德不孤」，豈非由直、方而後大耶？時舉。

敬之問《啓蒙》「理定既實，事來尚虛，用應始有，體該本無。稽實待虛，存體應用，執古御今，以靜制動」。曰：聖人作《易》，只是説一箇理，都未曾有許多事，却待他甚麽事來揍。所謂「事來尚虛」，蓋謂事之方來，尚虛而未有；若論其理，則先自定，固已實矣。「用應始有」，謂理之用實，故有。「體該本無」，謂理之體該萬事萬物，又初無形迹之可見，故無。下面云，稽考實理，以待事物之來；存此理之體，以應無窮之用。「執古」，古便是《易》書裏面文字言語。「御今」，今便是今日之事。「以靜制動」，理便是靜底，事便是動底。且如「即鹿無虞人，必陷於林中，君子幾不如舍，往吝」，其理謂將即鹿而無虞人，必陷於林中；若不舍而往，是取吝之道。這箇道理，若後人做事，如求官爵者求之不已，便是取吝之道；求財利者求之不已，亦是取吝之道。又如「潛龍勿用」，其理謂當此時，只當潛晦不當用。若占得此爻，凡事便未可做。所謂「君子動則觀其變而玩其占」，若是無事之時，「觀其象而玩其辭」，亦當知其理如此。某每見前輩説《易》，止把一事説。某之説《易》，所以異於前輩者，正謂其理人人皆用之，❶不問君臣上下，大事小事，皆可用。前輩止緣不把做占説了，故此《易》竟無用處。聖人作《易》，蓋謂當時之民，遇事都閉塞不知所爲，故聖人示以此理，教他恁地做便會吉，如此做便會凶，必恁地則吉而可爲，如此則凶而不可爲，《大傳》所謂「通天下之志」是也。通，是開通之意。是以《易》中止説道善則吉，却未嘗有一句説不善亦會吉；仁義忠信之事，占得其象則吉，却不曾説不仁不義不忠不信底事，占得亦會吉。如南蒯得「黄裳」之卦，自以爲大吉，而不知黄中居下之義方始會元吉，反之則凶。《大傳》説「上下無常，剛柔相易，不可爲典要，惟變所適」，便見得《易》人人可用，不是死法。雖道是二、五是中，却其間有位二、五而不吉者。有當位而吉，亦有當位而不吉者。若楊雄《太玄》，皆排定了第幾爻便吉，第幾爻便凶，然其規模甚散，其辭又澀，學者驟去理會他文義，已自難曉，又且不曾盡經歷許多事意，都去揍他意不着。所以孔子晚年方學《易》，到得平常教人，亦言「興於《詩》，立於禮，成於樂」，却未曾説到《易》。又云：《易》之卦爻所以該盡天下之理，一爻不止於一事，而天下之理莫不具備，不要拘執着。今學者涉世未廣，見理未盡，揍他底不着，所以未得他受用。賀孫。

讀易之法

《易》不可易讀。泳。

説及讀《易》，曰：《易》是箇無形影底

❶ 上「人」字，萬曆本作「當」。

物，不如且先讀《詩》、《書》、《禮》却緊要。「子所雅言，《詩》、《書》、執禮，皆雅言也。」淳。

問看《易》如何。曰：《詩》、《書》、執禮，聖人以教學者，獨不及於《易》。至於「假我數年，五十以學《易》」，乃是聖人自說，非學者事。蓋《易》是箇極難理會底物事，非他書之比。如古者先王順《詩》、《書》、《禮》、樂以造士，亦只是以此四者，亦不及於《易》。蓋《易》只是箇卜筮書，藏於太史、太卜以占吉凶，亦未有許多說話。及孔子，始取而敷繹爲十翼，❶《彖》、《象》、《繫辭》、《文言》、《雜卦》之類，方說出道理來。僩。

《易》只是空說箇道理，只就此理會，能見得如何。不如「《詩》、《書》、執禮，皆雅言也」，一句便是一句，一件事便是一件事。如《春秋》亦不是難理會底，一年事自是一年事。且看禮樂征伐，是自天子出？是自諸侯出？是自大夫出？今人只管去一字上理會褒貶，要求聖人之意，千百年後如何知得他肚裏事？聖人說出底猶自理會不得，不曾說底更如何理會得！淳。

人自有合讀底書，如《大學》、《語》、《孟》、《中庸》等書，豈可不讀？讀此四書，便知人之所以不可不學底道理，與其爲學之次序，然後更看《詩》、《書》、《禮》、樂。某纔見人說看《易》，便知他錯了，未嘗識那爲學之序。《易》自是別是一箇道理，不是教人底書，故《記》中只說「先王崇四術，順《詩》、《書》、《禮》、樂以造士」，不說《易》也。《語》、《孟》中亦不說《易》。至《左傳》、《國

❶「翼」，原作「經」，今據《朱文公易說》卷一八改。

語》方說，然亦只是卜筮爾。蓋《易》本爲卜筮作，故夫子曰：「《易》有聖人之道四焉：以言者尚其詞，如程子所説是也。以動者尚其變，已是卜筮了。《易》以變者占，故曰：「君子居則觀其象而玩其辭，動則觀其變而玩其占。」以制器者尚其象，十三卦是也。以卜筮者尚其占。」文王、周公之詞皆是爲卜筮，後來孔子見得有是書必有是理，故因那陰陽、消長、盈虛，説出箇進退、存亡之道理來。要之，此皆是聖人事，非學者可及也。今人才説伏羲作《易》，示人以天地造化之理，便非是。自家又如何知得伏羲意思？兼之伏羲畫《易》時，亦無意思，他自見得箇自然底道理了，因借他手畫出來爾，故用以占筮無不應。其中言語，亦煞有不可曉者，然亦無用盡曉。蓋當時事，與人言語，自有與今日不同者。然其中有那事今尚存，言語有與今不異者，則尚可曉爾。如「利用侵伐」，是事存而詞可曉者。只如《比》卦初六，「有孚比之，无咎。有孚盈缶，終來有他，吉」之類，便不可曉。某嘗語學者，欲看《易》時，且將孔子所作《十翼》中分明易曉者看，如《文言》中「元者善之長」之類。如《中孚》九二，「鳴鶴在陰，其子和之」，亦不必理會鶴如何在陰，其子又如何和，且將那《繫辭傳》中所説言行處看。此雖淺，然却不到差了。蓋爲學只要理會自己胸中事爾。某嘗謂上古之書莫尊於《易》，中古後書莫大於《春秋》，然此兩書皆未易看。今人才理會二書，便入於鑿。若要讀此二書，且理會他大義。《易》則是尊陽抑陰，進君子而退小人，明消息盈虛之理；《春秋》則是尊王賤伯，內中國而外夷狄，明君臣上下之分。廣。

問：讀《易》未能浹洽，何也？曰：此須是此心虛明寧靜，自然道理流通，方包羅得許多義理。蓋《易》不比《詩》、《書》，它是説盡天下後世無窮無盡底事理，只一兩字便是一箇道理。又人須是經歷天下許多事變，讀《易》方知各有一理，精審端正。今既未盡經歷，非是此心大段虛明寧靜，如何見得？此不可不自勉也。銖。

敬之問《易》。曰：如今不曾經歷得許多事過，都自揍他道理不着，若便去看，也卒未得他受用。孔子晚而好《易》，可見這書卒未可理會。如《春秋》、《易》，都是極難看底文字。聖人教人，自《詩》、《禮》起。如鯉趨過庭，曰：「學《詩》乎？」「學《禮》乎？」《詩》是吟詠情性，感發人之善心，《禮》使人知得箇定分，這都是切身工夫。如《書》亦易看，大綱亦似《詩》。賀孫。

《易》與《春秋》難看，非學者所當先。蓋《春秋》所言，以爲褒亦可，以爲貶亦可。《易》如此説亦通，如彼説亦通。大抵不比《詩》、《書》的確，難看。

問《易》如何讀。曰：只要虛其心以求其義，不要執己見。讀其他書亦然。一作「平易求其義」。○去僞。

看《易》，須是看他卦爻未畫以前是怎模樣，却就這上見得他許多卦爻象數是自然如此，不是杜撰。且《詩》則因風俗世變而作，《書》則因帝王政事而作，《易》初未有物，只是懸空説出。當其未有卦畫，則渾然一太極，在人則是喜怒哀樂未發之中。一旦發出，則陰陽吉凶事事都有在裏面。人須是就至虛靜中，見得這道理周遮通瓏方好。若先靠定一事説，則滯泥不通了。此所謂「潔静精微，《易》之教也」。學履。○僩録云：未畫之前，在易只是渾然一理，在人只是湛然一心，都未有一物在，便是寂然不動，喜怒哀樂未發之中也。忽然在這至虛至静之中有箇象，方發出許多象數吉凶道理來，所以靈，所以説「潔静精微之謂易」。易只是箇潔静精微。若似如今人説得恁地拖泥帶水，有甚理會處！○燾録云：未畫以前，便是寂然不動，喜怒哀樂未發之中，只是箇至虛静而已。忽然在這至虛至静之中有箇象，方説出許多象數吉凶道理。所以《禮記》曰：「潔静精微，《易》教也。」蓋《易》之爲書，是懸空做出來底。謂如《書》便真箇有這政事謀謨，方做出《書》來；《詩》便真箇有這人情風俗，方做出《詩》來。《易》却都無這已往底事，只是懸空做底。未有爻畫之先，在《易》則渾然一理，在人則渾然一心。既有爻畫，方見得這爻是如何，這爻又是如何。然而皆是就這至虛至静中做許多象數道理出來，此其所以靈。若是似而今説得來恁地拖泥合水，❶便都没理會處了。

《易》難看，不比他書。《易》説一箇物，非真是一箇物，如説龍，非真龍。若他書，則真是事實，孝弟便是孝弟，仁便是仁。《易》中多有不可曉處，如「王用亨于西山」，此却是「亨」字，只看「王用亨于帝，吉」，則知此是祭祀山川底意思。如「公用亨于天子」，亦是「亨」字，蓋朝覲燕饗之意。《易》中如此類甚多。後來諸公解，只是以己意牽强附合，終不是聖人意。《易》難看，蓋如此。賜。

《易》最難看，其爲書也，廣大悉備，包涵萬理，無所不有。其實是古者卜筮書，不必只説理，象數皆可説將去。做道家、醫家等説亦有，初不曾滯於一偏。某近看《易》，見得聖人本無許多勞攘，自是後世一向亂説，妄意增減，硬要作一説以强通其義，所以聖人經旨愈見不明。且如解《易》，只是添虛字去迎過意來便得。今人解《易》，迺去添他實字，却是借他做己意説了。又恐或者一説有以破之，其勢不得不支離，更爲一説以護吝之。説千説萬，與《易》全不相

❶「合」，萬曆本作「帶」。

干。此書本是難看底物，不可將小巧去說，又不可將大話去說。又云：《易》難看，不惟道理難尋，其中或有用當時俗語，亦有他事後人不知者。且如「樽酒簋貳」，今人硬說作二簋，其實無二簋之實。陸德明自注斷，人自不曾去看。如所謂「貳」，乃是《周禮》「大祭三貳」之「貳」，是「副貳」之「貳」。此不是某穿鑿，却有古本。若是强爲一說，無來歷，全不是聖賢言語。蓋卿。

《易》不須說得深，只是輕輕地說過。淵。

讀《易》之法，先讀正經。不曉，則將《彖》、《象》、《繫辭》來解。又曰：《易》爻辭如籤解。節。

看《易》且將爻辭看，理會得後，却看《象辭》。若鶻突地看，便無理會處。又曰：文王爻辭做得極精嚴，孔子《傳》條暢。要看上面一段，莫便將《傳》拘了。胡泳。

《易》中《彖辭》最好玩味，說得卦中情狀出。季札。

八卦爻義最好玩味。祖道。

看《易》須着四日看一卦：一日看卦辭、《彖》、《象》，兩日看六爻，一日統看，方子細。因吳宜之記不起，云然。○閎祖。

和靜學《易》，從伊川。一日只看一爻。此物事成一片，動着便都成片，不知如何只看一爻得。礪。

看《易》，若是靠定象去看，便滋味長；若只恁地懸空看，也沒甚意思。燾。

季通云：「看《易》者須識理、象、數、辭，四者未嘗相離。」蓋有如是之理，便有如是之象；有如是之象，便有如是之數；有理與象數，便不能無辭。《易》六十四卦三百八十四爻，有自然之象，不是安排出來。且如「潛龍勿用」，初便是潛，陽爻便是龍，不當事便是勿用。「見龍在田」，離潛便是見，陽便是龍，出地上便是田。「即鹿無虞，惟入于林中」，此爻在六二、六四之間，便是林中之象。鹿，陽物，指五。無虞，無應也。以此觸類而長之，當自見得。端蒙。

先就乾、坤二卦上看得本意了，則後面皆有通路。礪。

《繫辭》中說「是故」字，都是喚那下文起。也有相連處，也有不相連處。淵。

欽夫說《易》，謂只依孔子《繫辭》說便了。如說「公用射隼于高墉之上，獲之，無不利」，子曰：「隼者，禽也。弓矢者，器也。射之者，人也。君子藏器于身，待時而動，何不利之有！動而不括，是以出而有獲。語成器而動者也。」只如此說便了。固是如此，聖人之意只恁地說不得。緣在當時只理會象數，故聖人明之以理。賀孫。

「潔静精微」謂之易。《易》自是不惹著事，只懸空說一種道理，不似它書，便各著事上說。所以後來道家取之與《老子》爲類，便是老子說話，也不就事上說。學蒙。

「潔静精微」是不犯手。又云：是各自開去，不相沾黏。去聲。○方子。○佐録云：是不沾着一箇物事。

問：讀《易》，若只從伊川之說，恐太見成，無致力思索處。若用己意思索立說，又恐涉狂易。浩近學看《易》，主以伊川之說，參以横渠、温公、安定、荆公、東坡、漢上之解，擇其長者抄之，或足以己意，可以如此否？曰：呂伯恭教人只得看伊川《易》，也不得致疑。某謂若如此看文字，有甚精神？却要我做甚！浩曰：伊川不應有錯處。曰：他說道理決不錯，只恐於文義名物也有未盡。又曰：公看得諸家如何？浩曰：各有長處。曰：東坡解《易》，大體最不好，然他却會作文，識句法，解文釋義必有長處。浩。

總論卦彖爻

古《易》十二篇，人多説王弼改今本，或又説費直初改。只如乾卦次序，後來王弼盡改《彖》、《象》各從爻下。近日呂伯恭却去《後漢》中尋得一處，云是韓康伯改，都不説王弼。據某考之，其實是韓康伯初改，如乾卦次序，其他是王弼改。雉。

卦分明自將一片木畫掛於壁上，所以爲卦。爻是兩箇交叉，是交變之義，所以爲爻。學履。

問：見朋友記先生説，伏羲只畫八卦，未有六十四卦。今看《先天圖》，則是那時都有了，不知如何？曰：不曾恁地説。那時六十四卦都畫了。又問：云那時未有文字言語，恐也只是卦畫，未有那卦名否？曰：而今見不得。學履。

問：卦下之辭爲彖辭，《左傳》以爲繇辭，何也？曰：此只是彖辭，故孔子曰：「智者觀其彖辭，則思過半矣。」如「元亨利貞」，乃文王所繫卦下之辭，以斷一卦之吉凶，此名彖辭。「彖，斷也。」陸氏《音》中語。所謂《彖》之經也。「大哉乾元」以下，孔子釋經之辭，亦謂之《彖》，所謂《彖》之傳也。爻下之辭，如「潛龍勿用」，乃周公所繫之辭，以斷一爻之吉凶也。「天行健，君子以自強不息」，所謂《大象》之傳；「潛龍勿用，陽在下也」，所謂《小象》之傳，皆孔子所作也。「天尊地卑」以下，孔子所述《繫辭》之傳，通論一經之大體凡例，無經可附，而自分《上繫》、《下繫》也。《左氏》所謂「繇」字，從「系」，疑亦是言「繫辭」。繫辭者，於卦下繫之以辭也。銖。

「八卦之性情」，謂之性者，言其性如此；又謂之情者，言其發用處亦如此。如乾之健，本性如此，用時亦如此。淵。

卦體，如内健外順、内陰外陽之類。卦德，如乾健坤順之類。淵。

有一例，成卦之主，皆説於彖詞下，如屯之初九「利建侯」，大有之五，同人之二，皆如此。礪。

或説一是乾初畫。某謂那時只是陰陽，未有乾坤，安得乾初畫？初間只有一畫者二，到有三畫，方成乾卦。淳。

問：乾一畫，坤兩畫，如何？曰：觀「乾一而實」與「坤二而虚」之説可見。《本義・繫辭上》第六章。乾只是一箇物事充實遍滿，天所覆，内皆天之氣。坤便有開闔。乾氣上來時，坤便開從兩邊去，如兩扇門相似。正如扇之運風，甑之蒸飯，扇、甑是坤，風與蒸則乾之氣也。○僩録略。

凡《易》，一爻皆具兩義。如此吉者，不如此則凶；如此凶者，不如此則吉。如「出門同人」，須是自出去與人同，方吉；若以人從欲，則凶。亦有分曉説破底，如「婦人吉，❶夫子凶」。「咸其腓」雖凶，「居吉」。「君子得輿，小人剥廬」。如「需于泥，致寇至」，更不決吉凶，夫子便《象辭》中説破云：若敬慎，則不敗也。此是一爻中具吉凶二義者。如小過「飛鳥以凶」，若占得此爻，則更無可避禍處，故《象》曰「不可如何」

❶「如」，原脱，今據朝鮮本補。

也。㽦。

六爻不必限定是説人君。且如「潛龍勿用」，若是庶人得之，自當不用；人君得之，也當退避。「見龍在田」，若是衆人得，亦可用事。「利見大人」，如今人所謂宜見貴人之類。《易》不是限定底物，伊川亦自説，一爻當一事，則三百八十四爻只當得三百八十四事，説得自好，不知如何到他解却恁地説。淵。

《易》中緊要底只是四爻。淵。

伊川云「卦爻有相應」，看來不相應者多。且如乾卦，如其説時，除了二與五之外，初何嘗應四？三何嘗應六？坤卦更都不見相應，此似不通。淵。

伊川多説應，多不通。且如六三，便夾些陽了。陰則渾是不發底，如六三之爻有陽，所以言「含章」；若無陽，何由有章？「含章」爲是有陽，半動半静之爻。若六四則渾是柔了，所以「括囊」。淵。

問：王弼説初上無陰陽定位，如何？曰：伊川説：「陰陽奇偶，豈容無也？《乾》上九『貴而無位』，《需》上九『不當位』，乃爵位之位，非陰陽之位。」此説極好。學履。

程先生曰：卦者，事也。爻者，事之時也。先生曰：卦或是時，爻或是事，都定不得。

卦爻象初無一定之例。淵。

卦體卦變

伊川不取卦變之説，至「柔來而文剛」，「剛自外來而爲主於内」諸處，皆牽强説了。王輔嗣卦變又變得不自然。某之説却覺得有自然氣象，只是換了一爻。非是聖人合下作卦如此。自是卦成了自然有此象。礪。

漢上《易》，卦變只變到三爻而止，於卦辭多有不通處。某更推盡去方通。如《无妄》，「剛自外來而爲主於内」，只是初剛自訟二移下來。《晉》「柔進而上行」，只是五柔自觀四挨上去。此等類按漢上卦變則通不得。舊與季通在旅邸推。○義剛。

卦有兩樣生。有從兩儀四象加倍生來底，有卦中互换自生一卦底。互换成卦，不過换兩爻，這般變卦，伊川破之。及到那「剛來而得中」，却推不行。大率是就義理上看，不過如「剛自外來」而得中，「分剛上而文柔」等處看，其餘多在占處用也。賁變節之象，這雖無緊要，然後面有數處《彖辭》，不如此看無來處，解不得。淵。

《易》上經始乾、坤而終坎、離，下經始艮、兑、震、巽而終坎、離。楊至之云：上經反對凡十八卦，下經反對亦十八卦。先生曰：林黄中算上、下經陰陽爻適相等，某算來誠然。方子。

問：近略考卦變，以彖辭考之，説卦變者凡十九卦，蓋言成卦之由。凡彖辭不取成卦之由，則不言所變之爻。程子專以乾、坤言變卦，然只是上下兩體皆變者可通，若只一體變者則不通。兩體變者凡七卦，隨、蠱、賁、咸、恒、漸、涣是也。一體變者兩卦，訟、无妄是也。七卦中取剛來下柔，剛上柔下之類者可通。至一體變者，則以來爲自外來，故説得有礙。大凡卦變須觀兩體上下爲變，方知其所由以成之卦。曰：便是此處説得有礙。且程《傳》賁卦所云「豈有乾、坤重而爲泰，又自泰而變爲賁之理」，若其説果然，則所謂「乾、坤變而爲六子，八卦重而爲六十四，皆由乾、坤而變」者，其説不得而通矣。蓋有則俱有，自一畫而二，二而四，四而八，而八卦成；八而十六，十六而三十二，三十二而六十四，而重卦備。故有八卦，則有六十四矣。此康節所謂先天者也。若「震一索而得男」以下，乃是已有此卦了，就此卦生出此義，皆所謂後天之學。今所謂卦變者，亦是有卦之後，聖人見得有此象，故發於彖辭。安得謂之乾、坤重而爲是卦，則更不可變而爲他卦耶？若論先天，一卦亦無。既畫之後，乾一、兑二、離三、震四，至坤居末，又安有乾、坤變而爲六子之理！凡今《易》中所言，皆是後天之易耳。以此見得康節先天、後天之説，最爲有功。銖。

問：乾、坤、大過、頤、坎、離、中孚、小過八卦，番覆不成兩卦，是如何？曰：八卦便只是六卦，乾、坤、坎、離是四正卦，兑便是番轉底巽，震便是番轉底艮。六十四卦只八卦是正卦，餘便只二十八卦，番轉爲五十六卦。學蒙録云：自此八卦外，只二十八卦，番轉爲五十六卦。就此八卦中，又只是四正卦，乾、坤、坎、離是也。中孚便是大底離，小過是箇大底坎。又曰：中孚是箇雙夾底離，小過是箇雙夾底坎，大過是箇厚畫底坎，頤是箇厚畫底離。按三畫之卦，只是六卦。即六畫之卦，以正卦八，加反卦二十有八，❶爲三十有六，六六三十六也。邵子謂之暗卦。小成之卦八，即大成之卦六十四，八八六十四也。三十六與六十四同。

卦有反有對，乾、坤、坎、離是反，艮、兑、震、巽是對。乾、坤、坎、離倒轉也只是四卦。艮、兑、震、巽倒轉則爲中孚、頤、小過、大過。其餘皆是對卦。淵。

福州韓云：「能安其分則爲需，不能安

❶「二」，原作「三」，今據萬曆本改。

其分則爲訟。能通其變則爲隨，不能通其變則爲蠱。」此是説卦對。然只是此數卦對得好，其他底又不然。淵。○文蔚録作：險而能忍則爲需，險而不能忍則爲訟。劉昭信説：福，唐人。

互體自《左氏》已言，亦有道理，只是今推不合處多。可學。

王弼破互體，朱子發用互體。淵。

朱子發互體，一卦中自二至五又自有兩卦，這兩卦又伏兩卦。林黄中便倒轉推成四卦，四卦裏又伏四卦，此謂互體。這自那「風爲天於土上」，❶有箇艮之象來。淵。

一卦互換是兩卦，伏兩卦是四卦，反看又是兩卦，又伏兩卦，共成八卦。淵。

問：《易》中互體之説，共父以爲「雜物撰德，辨是與非，則非其中爻不備」，此是説互體。先生曰：今人言互體者，皆以此爲説，但亦有取不得處也。如頤卦、大過之類是也。王輔嗣又言納甲、飛伏，尤更難理會。納甲是震納庚、巽納辛之類。飛伏是坎伏離、離伏坎、艮伏兑、兑伏艮之類也。此等皆支蔓，不必深泥。時舉。

辭義

《易》有象辭，有占辭，有象、占相渾之辭。節。

彖詞極精，分明是聖人所作。魯可幾曰：彖是總一卦之義。曰：也有别説底，如乾彖却是專説天。道夫。

凡彖辭、象辭皆押韻。銖。

象數義多難明。振。

二卦有二中，二陰正，二陽正。言「乾

❶「爲」，原作「於」，今據《左傳》莊公二十二年改。

之無中正」者，蓋云不得兼言中、正。二、五同是中。如四、上是陽，不得爲正，蓋卦中以陰居陽，以陽居陰，是位不當。陰陽各居本位，乃是正當。到那「正中」、「中正」，又不可曉。淵。

林安卿問：伊川云「中無不正，正未必中」，如何？曰：如「君子而時中」，則是中無不正。若君子有時不中，即正未必中。蓋正是骨子好了，而所作事有未恰好處，故未必中也。義剛。

「中重於正，正未必中」，蓋事之斟酌得宜合理處便是中，則未有不正者。若事雖正，而處之不合時宜，於理無所當，則雖正而不合乎中。此中未有不正，而正未必中也。燾。

「中重於正，正不必中」。一件物事自以爲正，却有不中在。且如飢渴飲食是正，若過些子便非中節。中節處乃中也。責善，正也，父子之間則不中。泳。

晏亞夫問「中正」二字之義。曰：中須以正爲先。凡人做事，須是剖決是非邪正，却就是與正處斟酌一箇中底道理。若不能先見正處，又何中之可言！譬如欲行賞罰，須是先看當賞與不當賞，然後權量賞之輕重。若不當賞矣，又何輕重之云乎？壯祖。

「中重於正，正不必中」。中能度量，而正在其中。可學。

凡事先理會得正，方到得中；若不正，更理會甚中！顯仁陵寢時，要發掘旁近數百家墓，差御史往相度。有一人說：「且教得中。」曾文清說：「只是要理會箇是與不是，不理會中。若還不合如此，雖一家不可發掘，何處理會中？」且如今賞賜人，與之百金爲多，五十金爲少，與七十金爲中；若不合與，則一金不可與，更商量甚中！淵。

《易》中只言「利貞」，未嘗謂「不利貞」，亦未嘗言「利不貞」。必大。

「厲」多是在陽爻裏説。淵。

「吉凶悔吝」，聖人説得極密。若是一向疏去，却不成道理。若一向密去，却又不是《易》底意思。淵。

「吉凶悔吝」，吉過則悔，既悔必吝，吝又復吉。如動而生陽，動極復静；静而生陰，静極復動。悔屬陽，吝屬陰。悔是逞快做出事來了，有錯失處，這便生悔，所以屬陽。吝則是那隈隈衰衰不分明底，所以屬陰。亦猶驕是氣盈，吝是氣歉。淵。

問：時與位，古《易》無之，自孔子以來方説出此義。❶曰：《易》雖説時與位，亦有無時義可説者。歷舉《易》中諸卦爻無時義可言者。○德明。

仁父問時與義。曰：夏日、冬日，時也。飲湯、飲水，義也。許多名目，須是逐一理會過，少間見得一箇却有一箇落着。不爾，都只恁地鶻突過。賀孫。

問：讀《易》貴知時。今觀爻辭皆是隨時取義。然非聖人見識卓絶，盡得義理之正，則所謂隨時取義，安得不差。曰：古人作《易》，只是爲卜筮。今説《易》者乃是硬去安排。聖人隨時取義，只事到面前審驗箇是非，難爲如此安排下也。德明。

聖人説《易》，逐卦取義，如泰以三陽在内爲吉，至否又以在上爲吉，大概是要壓他陰。六三所以不能害君子，亦是被陽壓了，

❶「方」，原作「驕」，今據朝鮮本及《朱文公易説》卷一八改。

但「包羞」而已。「包羞」是做得不好事，只得慚惶，更不堪對人説。礪。

上下經上下繫

《上經》猶可曉，易解；《下經》多有不可曉，難解處。不知是某看到末梢懶了，解不得，爲復是難解。礪。

六十四卦只是《上經》説得齊整，《下經》便亂董董地。《繫辭》也如此，只是《上繫》好看，《下繫》便没理會。《論語》後十篇亦然。《孟子》末後却劄地好，然而如那般「以追蠡」樣説話，也不可曉。淵。

論易明人事

孔子之辭，説向人事上者，正是要用得。淵。

須是以身體之。且如六十四卦，須做六十四人身上看；三百八十四爻，又做三百八十四人身上小底事看。《易》之所説，皆是假説，不必是有恁地事。假設如此則如此，假設如彼則如彼，假設有這般事來，人處這般地位，便當恁地應。淵。

《易》中説卦爻，多只是説剛柔，這是半就人事上説去。連那陰陽上面，不全就陰陽上説。卦爻是有形質了，陰陽全是氣。《彖辭》所説剛柔，亦半在人事上。此四件物事，有箇精粗、顯微分別。健順，剛柔之精者；剛柔，健順之粗者。淵。

問：横渠説：「《易》爲君子謀，不爲小人謀。」蓋自太極一判而來，便已如此了。曰：論其極是如此。然小人亦具此理，只是他自反悖了。君子治之，不過即其固有者以正之而已。《易》中亦有時而爲小人謀，如「包承，小人吉，大人否，亨」，言小人當否之時，能包承君子則吉。但此雖爲小人謀，乃所以爲君子謀也。廣。

若論陰陽，則須二氣交感方成歲功。若論君子小人，則一分陰亦不可，須要去盡那小人，盡用那君子，方能成治。賀孫。

《漢書》：「《易》本隱以之顯，《春秋》推見至隱。《易》與《春秋》，天人之道也。」《易》以形而上者，説出在那形而下者上；《春秋》以形而下者，説上那形而上者去。僩。

論後世易象

京房卦氣用六日七分。季通云，康節亦用六日七分，但不見康節説處。方子。

京房輩説數，捉他那影象才發見處，便算將去。且如今日一箇人來相見，便就那相見底時節，算得這箇是好人不好人，用得極精密。他只是動時便算得，静便算不得。人問康節：「庭前樹算得否？」康節云：「也算得，須是待他動時方可。」須臾，一葉落，他便就這裏算出這樹是甚時生，當在甚時死。淵。

京房便有納甲之説。《參同契》取《易》而用之，不知天地造化如何排得如此巧。所謂初三震受庚，上弦兑受丁，十五乾體就，十八巽受辛，下弦艮受丙，三十坤受乙，這都與月相應。初三昏，月在西；上弦昏，在南；十五昏，在東；十八以後，漸漸移來，至三十晦，光都不見了。又曰：他以十二卦配十二月，也自齊整。復卦是震在坤下，一陽。臨是兑在坤下，二陽。泰是乾在坤下，三陽。大壯是震在乾上，四陽。夬是兑在乾上，五陽。乾是乾在乾上。六陽。姤是乾在巽上，一陰。遯是乾在艮上，二陰。否是乾在坤上，三陰。觀是巽在坤上，四陰。剥是艮在坤上，五陰。坤是坤在坤上。六陰。

仲默問《太玄》如何。曰：聖人説天一，地二，天三，地四，天五，地六，天七，地八，天九，地十，甚簡易。今《太玄》説得却支離。《太玄》如它立八十一首，却是分陰陽，中間一首，半是陰，半是陽。若看了《易》後去看那《玄》，不成物事。又問：或云《易》是陰陽，不用五。曰：它説「天一，地二，天三，地四」時，便也是五了。又言：楊雄也是學焦延壽推卦氣。曰：焦延壽《易》也不成物事。又問：關子明二十七象如何？曰：某嘗説，二十七象最亂道。若是關子明有見識，必不做這箇。若是它做時，便是無見識。今人説焦延壽卦氣不好，是取《太玄》，不知《太玄》却是學它。義剛。

問《太玄》。曰：天地間只有陰陽二者而已，便會有消長。今《太玄》有三箇了，如冬至是天元，到三月便是地元，七月便是人元，夏至却在地元之中，都不成物事。夔孫。

《太玄》甚拙。歲是方底物，他以三數乘之，皆算不着。

《太玄》紀日而不紀月，無弦望晦朔。方子。

《太玄》中高處只是黄、老，故其言曰：「老子之言道德，吾有取焉。」方子。

《太玄》之説，只是老、莊。康節深取之者，以其書亦挨旁陰陽消長來説道理。必大。

《太玄》亦自莊、老來，「惟寂惟寞」可見。泳。

問《太玄》中首「陽氣潛藏於黄宫，性無

不在於中」，養首「藏心于淵，美厥靈根」，程先生云云。曰：所謂「藏心于淵」，但是指心之虚静言之也，如此乃是無用之心，與孟子言仁義之心異。可學。

自晉以來，解經者却改變得不同，如王弼、郭象輩是也。漢儒解經，依經演繹。晉人則不然，捨經而自作文。方子。

《潛虚》只是吉凶臧否平，王相休囚死。閎祖。

日家四廢之説，温公《潛虚》只此而已。砥。

《潛虚》後截是張行成續，不押韻見得。閎祖。

歐陽公所以疑《十翼》非孔子所作者，他《童子問》中説道，「仰以觀於天文，俯以察於地理」，又説「河出圖，洛出書，聖人則之」，只是説作《易》一事，如何有許多般樣。又疑後面有許多「子曰」，既言「子曰」，則非聖人自作。這箇自是它曉那前面道理不得了，却只去這上面疑他。所謂「子曰」者，往往是弟子後來旋添入，亦不可知。近來胡五峰將周子《通書》盡除去了篇名，却去上面各添一箇「周子曰」，此亦可見其比。淵。

廖氏論《洪範篇》，大段闢《河圖》、《洛書》之事，以此見知於歐陽公。蓋歐公有無祥瑞之論。歐公只見五代有僞作祥瑞，故併與古而不信。如《河圖》、《洛書》之事，《論語》自有此説，而歐公不信祥瑞，併不信此，而云《繫辭》亦不足信。且如今世間有石頭上出日月者，人取爲石屏；又有一等石上，分明有如枯樹者，亦不足怪也。《河圖》、《洛書》亦何足怪。義剛。

老蘇説《易》，專得於「愛惡相攻而吉凶生」以下三句。他把這六爻，似那累世相讎相殺底人相似看，這一爻攻那一爻，這一畫克那一畫，全不近人情。東坡見他恁地太粗疏，却添得些佛、老在裏面，其書自做兩樣。亦間有取王輔嗣之説以補老蘇之説，亦有不曉他説了，亂填補處。老蘇説底，亦有去那物理上看得着處。淵。

東坡《易》説「六箇物事若相咬然」，此恐是老蘇意。其他若佛説者，恐是東坡。揚。

《易》舉正亂道。❶○必大。

朱震説卦畫七、八，爻稱九、六，他是不理會得老陰老陽之變。且如占得乾之初爻是少陽，便是初七，七是少，不會變，便不用了。若占得九時，九是老，老便會變，便占這變爻。此言用九。用六亦如此。淵。

朱子發解《易》如百衲襖，不知是説甚麽。以此進讀，教人主如何曉？便曉得，亦如何用？必大曰：致堂文字決烈明白，却可開悟人主。曰：明仲説得開，一件義理，他便説成一片。如善畫者只一點墨便斡淡得開。如尹和靖，則便説不出。❷范氏講義於淺處亦説得出，只不會深，不會密，又傷要説義理多。如解《孟子》首章，總括古今言利之説成一大片，却於本章之義不曾得分曉。想當時在講筵進讀，人主未必曾理會得。大抵范氏不會辯。如孟子便長於辯，亦不是對他人説話時方辯，但於緊要處反復論難，自是照管得緊。范氏之説，樌鎖不牢處多，❸極有疏漏者。必大。

問：籍溪見譙天授，問《易》，天授令先

❶「亂道」，原作小字，今據《朱文公易説》卷二〇改。
❷「便」，原作「更」，今據萬曆本改。
❸「樌」，四庫本作「鐶」，中華本作「樻」。

看「見乃謂之象」一句，籍溪未悟。他日又問，天授曰：「公豈不思象之在方録作「於」。道，猶《易》之有太極耶？」此意如何？曰：如此教人，只好聽耳。使某答之，必先教他將六十四卦自乾、坤起至雜卦，且熟讀，曉得源流，方可及此。煇。○方録云：先生云：此不可曉。其實見而未形、有無之間爲象。形則爲器也。

問：籍溪見譙天授，問《易》。天授曰：「且看『見乃謂之象』一句。通此一句，則六十四卦、三百八十四爻皆通。」籍溪思之不得。天授曰：「豈不知《易》有太極者乎？」先生曰：若做箇説話，乍看似好，但學《易》功夫不是如此。學履録云：他自是一家説，能誤人。其説未是。不過熟讀精思，自首至尾，章章推究，字字玩索，以求聖人作《易》之意，庶幾其可。一言半句，如何便了得他。謨。

譙先生説「見乃謂之象」，有云：「象之在道，乃《易》之在太極。」其意想是説道念慮才動處，便有箇做主宰底。然看得《繫辭》本意，只是説那動而未形、有無之間者幾底意思。幾雖是未形，然畢竟是有箇物了。淵。

涪人譙定受學於二郭載子厚，爲象學。其説云：「《易》有象學、數學。象學非自有所見不可得，非師所能傳也。」譙與原仲書云：「如公所言，推爲文辭則可，若見處則未。公豈不思象之在道，乃《易》之有太極耶？」後云：「語直傷交，幸冀亮察。」○「見」字本當音「現」，譙作如字意。○譙作《牧牛圖》，其序略云：「學所以明心，禮所以行敬。明心則性斯見，行敬則誠斯至。」草堂劉致中爲作傳甚詳。方。

先生因説郭子和《易》謂諸友曰：且如

揲蓍一事，可謂小小，只所見不明便錯了。子和有《蓍卦辯疑》，說前人不是。不知疏中說得最備，只是有一二字錯。更有一段在乾卦疏中。劉禹錫說得亦近，柳子厚曾有書與之辯。先生《揲蓍辨》爲子和設。○蓋卿。

向在南康見四家《易》。如劉居士變卦，每卦變爲六十四，却是按古。如周三教及劉虛谷，皆亂道。外更有戴主簿傳得《麻衣易》，乃是戴公僞爲之。蓋嘗到其家，見其所作底文，其體皆相同。南軒及李侍郎被他瞞，遂爲之跋。某嘗作一文字辯之矣。義剛。

或言某人近注《易》。曰：緣《易》是一件無頭面底物，故人人各以其意思去解說得。近見一兩人所注，說得一片道理也都好，但不知聖人元初之意果是如何！《春秋》亦然。廣。

因說趙子欽名彥肅。《易說》。曰：以某看來，都不是如此。若有此意思，聖人當初解《彖》、解《象》、《繫辭》、《文言》之類，必須自說了，何待後人如此穿鑿。今將卦爻來用線牽，或移上在下，或挈下在上，辛辛苦苦說得出來，恐都非聖人作《易》之本意。須知道聖人作《易》，還要做甚用。若如此穿鑿，則甚非「易簡而天下之理得矣」。又云：今人凡事所以說得恁地支離者，只是見得不透。如釋氏說空，空亦未是不是，但空裏面須有道理始得。若只說道我見得箇空，而不知他有箇實底道理，却做甚用得！譬如一淵清水，清冷徹底，看來一如無水相似，他便道此淵只是空底。却不曾將手去探看，自冷而濕，終不知道有水在裏面。此釋氏之見正如此。今學者須貴於格物。格，至也。須要見得到底。今人只是知得一班半點，見得些子，所以不到極處也。又云：某病後自知日月已不多，故欲力勉諸公，不可悠悠。天下只是一箇道理，更無三般兩樣。若得諸公見得道理透，使諸公之心便是某心，某之心便是諸公之心，見得不差不錯，豈不濟事耶？時舉。

因看趙子欽《易說》，云：讀古人書，看古人意，須是不出他本來格當，須看古人所以爲此書者何爲，初間是如何，後來又如何。❶若如屈曲之說，却是聖人做一箇謎與後人猜摶，決不是如此。聖人之意，簡易條暢通達，那尚恁地屈曲纏繞，費盡心力以求之！《易》之爲書，不待自家意起於此，而其安排已一一有定位。賀孫。

趙善譽說《易》云：「乾主剛，坤主柔，剛柔便自偏了。」某云，若如此，則聖人作《易》，須得用那偏底在頭上則甚？既是乾、坤皆是偏底道理，聖人必須作一箇中卦始得。❷今二卦經傳又却都不說那偏底意思是如何。剛，天德也。如生長處便是剛，消退處便是柔。如萬物，自一陽生後，生長將去便是剛；長極而消便是柔。以天地之氣言之，則剛是陽，柔是陰。以君子小人言之，則君子是剛，小人是柔。以理言之，則有合當用剛時，合當用柔時。廣。

林黄中以互體爲四象八卦。德明。

林黄中來見，論「《易》有太極，是生兩儀，兩儀生四象，四象生八卦」。就一卦言之，全體爲太極，內外爲兩儀。內外及互體爲四象，又顛倒取爲八卦。先生曰：如此

❶「後來又如何」五字，原脱，今據朝鮮本補。
❷「始」，原作「是」，今據朝鮮本、萬曆本及《朱文公易說》卷二改。

則不是生，却是包也。始畫卦時，只是箇陰陽奇耦，一生兩，兩生四，四生八而已。方其爲太極，未有兩儀也，由太極而後生兩儀。方其爲兩儀，未有四象也，由兩儀而後生四象。方其爲四象，未有八卦也，由四象而後生八卦。此之謂生。若以爲包，則是未有太極已先有兩儀，未有兩儀已先有四象，未有四象已先有八卦矣。林又曰：太極有象。且既曰「《易》有太極」，則不可謂之無，濂溪乃有無極之説，何也？曰：有太極是有此理，無極是無形器方體可求。兩儀有象，太極則無象。林又言三畫以象三才。曰：有三畫方看見似箇三才模樣，非故畫以象之也。閎祖。

問：「《易》，聖人所以立道，窮神則無《易》矣。」此是指《易》書？曰：然。《易》中多是説《易》書，又有一兩處説《易》理。神，如今人所謂精神發揮，乃是變易之不可測處。《易》書乃爲易之理寫真。可學。

關子明《易》、《麻衣易》皆是僞書。《麻衣易》是南康士人作。今不必問其理，但看其言語，自非希夷作。其中有云「學《易》者當於羲皇心地上馳騁」，不知心地如何馳騁！可學。

《麻衣易》是南康戴某所作。太平州刊本第二跋即其人也。師卦象倒説了。○閎祖。

問：《麻衣易》是僞書。其論《師卦》「地中有水，師」，容民蓄衆之象，此一義也；若水行地中，隨勢曲折，如師行而隨地之利，亦一義也。曰：《易》有精有藴，如「師，貞，丈人吉」，此聖人之精，畫前之《易》，不可易之妙理。至於「容民蓄衆」等處，因卦以發，皆其藴也。既謂之藴，則包含衆義，有甚窮盡？儘推去儘有也。大雅。

《麻衣易》，南康戴主簿撰。麻衣，五代時人。五代時文字多繁絮，此《易》説只是今人文字，南軒跋不曾辯得。其書甚謬。李壽翁甚喜之，開板於太平州，周子中又開板於舒州。此文乃不唧嚁底禪，不唧嚁底脩養法，不唧嚁底日時法。

《麻衣易》，南康戴主簿作。某親見其人，甚稱此《易》得之隱者。問之，不肯言其人。某適到其家，見有一册雜録，乃戴公自作，其言皆與《麻衣易》説大略相類。及戴簿死，子弟將所作《易圖》來看，乃知真戴公所作也。恪。

浩問：李壽翁最好《麻衣易》，與關子明《易》如何？先生笑曰：偶然兩書皆是僞書。關子明《易》是阮逸作，陳無己集中説得分明。《麻衣易》乃是南康戴主簿作。某知南康時，尚見此人，已垂老，却也讀書博記。一日訪之，見他案上有册子，問是甚文字，渠云是某有見抄録。因借歸看，内中言語文勢，大率與《麻衣易》相似，已自捉破。又因問彼處人，《麻衣易》從何處傳來，皆云從前不曾見，只見戴主簿傳與人，又可知矣。仍是淺陋。内有「山是天上物落在地上」之説，此是何等語！他只見南康有落星寺，便爲此説。若時復落一兩箇，世間人都被壓作粉碎！先生遂大笑。後來戴主簿死了，某又就渠家借所作《易圖》看，皆與《麻衣易》言語相應，逐卦將來牽合取象，畫取圖子。需卦畫共食之象，以坎卦中一畫作卓，兩陰爻作飲食，乾三爻作三箇人向之而食；訟卦則三人背飲食而坐；蒙卦以筆牽合六爻作小兒之象。大率可笑如此。某遂寫與伯恭，伯恭轉聞壽翁。時壽翁知太平，謂如此，戴簿亦是明《易》人，却作書托某津遣來太平相見。時戴已死。又曰：李壽翁看杜撰《易》，渠亦自得杜撰受用。浩。

晁説之謂《易》占隨日隨時變，但守見辭者，死法也。振。

沙隨云：「《易》三百八十四爻，惟閏歲恰三百八十四日，正應爻數。」余曰：聖人作《易》如此，則惟三年方一度可用，餘年皆用不得矣。且閏月必小盡，審如公言，則閏年止有三百八十三日，更剩一爻無用處矣。或問：沙隨何以答？曰：它執拗不回，豈肯服也。僩。

《龍圖》是假書，無所用。康節之《易》，自兩儀、四象、八卦以至六十四卦，皆有用處。礪。

朱子語類卷第六十八 二十三板

易 四

乾 上

問："乾、坤，古無此二字，作《易》者特立此以明道，如何？"曰："作《易》時未有文字，是有此理，伏羲始發出。"可學。○以下總論乾坤。

乾、坤只是卦名，乾只是箇健，坤只是箇順。純是陽，所以健；純是陰，所以順。至健者惟天，至順者惟地，所以後來取象，乾便爲天，坤便爲地。淵。

乾坤、陰陽，以位相對而言固只一般，然以分言，乾尊坤卑，陽尊陰卑，不可並也。以一家言之，父母固皆尊，母終不可以並乎父。兼一家亦只容有一箇尊長，不容並，所謂尊無二上也。僩。

《易》中只是陰陽，乾坤是陰陽之純粹者。然就一年論之，乾卦氣當四月，坤卦氣當十月，不可便道四月十月生底人便都是好人，這箇又錯雜不可知。淵。○方子録云："以卦氣言之，四月是純陽，十月是純陰，然又恁地執定不得。"

江德功言乾是定理，坤是順理，近是。升卿。

論乾坤必先乾而後坤，然又常以静者爲主，故復卦一陽來復，乃自静來。端蒙。

方其有陽，怎知道有陰。方有乾卦，怎知更有坤卦在後。淵。

物物有乾坤之象，雖至微至隱纖豪之物，亦無有無者，子細推之皆可見。僩。

問黄先之《易説》。因曰：伊川好意思固不盡在解經上，然就解經上亦自有極好意思。如説「乾」字，便云：「乾，健也，健而無息之謂乾。夫天專言之則道也，『天且弗違』是也。分而言之，以形體謂之天，以主宰謂之帝，以功用謂之鬼神，以妙用謂之神，以性情謂之乾。」賀孫。○以下《易傳》語。

問：「乾者天地之性情」，是天之道否？曰：性情是天愛健，地愛順處。又問「天，專言之則道也」。曰：所謂「天命之謂性」，此是説道；所謂「天之蒼蒼」，此是説形體；❶所謂「惟皇上帝，降衷于下民」，此是説帝以此理付之，便有主宰意。又曰：「天道虧盈而益謙，地道變盈而流謙」，此是説形體。又問：今之郊祀，何故有許多帝？曰：而今煞添差了天帝，共成十箇帝了。且如漢時祀太乙，便即是帝。池本云：問：今郊祀也祀太一。曰：而今都重了。而今又別祀太乙。一國三公尚不可，況天而有十帝乎？《周禮》中説「上帝」，是總説帝；説「五帝」，是五方之帝；説「昊天上帝」，只是説天之象，鄭氏以爲北極，看來非也。北極只是星，如太微是帝之庭，紫微是帝之居，紫微便有太子、后妃許多星，帝庭便有宰相、執法許多星，又有天市，亦有帝座處，便有權、衡、秤、斗星。夔孫。

或問：「以主宰謂之帝」，孰爲主宰？曰：自有主宰。蓋天是箇至剛至陽之物，自然如此，運轉不息。所以如此，必有爲之主宰者，這樣處要人自見得，非言語所能盡

❶「説」，原脱，今據朝鮮本補。

僩録作「到」。也。因舉《莊子》「孰綱維是，孰主張是」十數句，曰：他也見得這道理，如圭峰禪師說「知」字樣。卓。○僩同。

問「以功用謂之鬼神，以妙用謂之神」。曰：鬼神者，有屈伸往來之迹，如寒來暑往，日往月來，春生夏長，秋收冬藏，皆鬼神之功用，此皆可見也。忽然而來，忽然而往，方如此，又如彼，使人不可測知，鬼神之妙用也。僩。

莊仲問「以功用謂之鬼神，以妙用謂之神」。曰：鬼神是有一箇漸次形迹，神則忽然如此，忽然不如此，無一箇蹤由。要之，亦不離於鬼神，只是無迹可見。文蔚。

「以功用謂之鬼神，以妙用謂之神。」鬼神如陰陽、屈伸、往來、消長，有麄迹可見者。「以妙用謂之神」，是忽然如此，皆不可測。忽然而來，忽然而去，忽然在這裏，忽然在那裏。

「以功用謂之鬼神」，此以氣之屈伸往來言也。「以妙用謂之神」，此言忽然如此，又忽然不如此者。鬼是一定底，神是變而不可知底。端蒙。

功用是有迹底，妙用是無迹底。妙用是其所以然者。義剛。

叔器問「功用謂之鬼神，妙用謂之神」。曰：功用兼精粗而言，是說造化。妙用以其精者言，其妙不可測。天地是體，鬼神是用。鬼神是陰陽二氣往來屈伸。天地間，如消底是鬼，息底是神，生底是神，死底是鬼。以四時言之，春夏便爲神，秋冬便爲鬼。又如晝夜，晝便是神，夜便是鬼。淳録云：所以鬼夜出。以人言之，語爲神，嘿爲鬼，動爲神，靜爲鬼。以氣息言之，呼爲神，吸爲鬼。「昭明、焄蒿、悽愴，此百物之精也，神之著也。」如鬼神之露光處是昭明，其氣蒸上處是焄蒿，使人精神竦動處淳録作「閃處」。是悽愴。如武帝致李夫人，「其風肅然」是也。淳録云：問：鬼夜出，如何？曰：間有然者，亦不能皆然。夜屬陰，妖鳥陰類，亦多夜鳴。又問：草木土石有魄而無魂否？曰：淳録云：此不可以魂魄論。《易》言「精氣爲物」。若以精氣言，則是有精氣者方有魂魄。但出底氣便是魂，精便是魄。譬如燒香，燒得出來底汁子便是魄，那成煙後香底便是魂。淳録云：漿便是魄，煙便是魂。魂者，魄之光燄；魄者，魂之根蔕。安卿問：體與魂有分別，如耳目是體，聰明便是魄？曰：是。魂者氣之神，魄者體之神。《淮南子》注謂：「魂，陽神也；魄，陰神也。」此語説得好。安卿問「心之精爽是謂魂魄」。曰：只是此意。又問：「人生始化曰魄」，如何是始化？曰：是胎中初略略成形時。又問「哉生魄」。曰：是月十六日初生那黑處。楊子言「月未望而生魄於西，既望則終魄於東」，他錯説了，後來四子費盡氣力去解，轉不分明。温公又於正文改一字解，也説不出。義剛。○淳録同。

問「以功用謂之鬼神，以妙用謂之神」。曰：鬼神只是往來屈伸，功用只是論發見者。所謂「神也者，妙萬物而爲言」，妙處即是神。其發見而見於功用者謂之鬼神，至於不測者，則謂之神。如「鬼神者，造化之迹」，「鬼神者，二氣之良能」，二説皆妙。所謂造化之迹者，就人言之，亦造化之迹也。其生也，氣日至而滋息，物生既盈，氣日反而游散，便是鬼神，所謂二氣良能者。鬼神只是以陰陽言。又分言之，則鬼是陰，神是陽。大率往爲陰，來爲陽；屈爲陰，伸爲陽。無一物無往來屈伸之義，便皆鬼神著見者也。又問：「齊明盛服，以承祭祀」却如何？曰：亦只是此往來屈伸之氣。古人到祭祀處便是招呼得來。如天地、山川、先祖，皆不可以形求，却是以此誠意求之，其氣便聚。又問：祖先已死，以何而求？曰：其氣亦自在，只是以我之氣承接其氣，才致精神以求之，便來格，便有來底道理。古人於祭祀處極重，直是要求得之。商人求諸陽，便先作樂，發散在此之陽氣以求之。周人求諸陰，便焚燎鬱鬯，以陰靜去求之。徐元震問《中庸》「體物而不可遺」。曰：所謂體物不可遺者，蓋此理於人初不相離，萬物皆體之，究其極，只是陰陽造化而已。故《太極圖》言「大哉《易》乎」，只以陰陽剛柔仁義，及言「原始反終，故知死生之說」而止。人之生死，亦只是陰陽二氣屈伸往來耳。甾。

符兄問「以性情言之謂之乾」。曰：是他天一箇性情如此。火之性情則是箇熱，水之性情則是箇寒，天之性情則是一箇健。健故不息，惟健乃能不息，其理是自然如此。使天有一時息，則地須落下去，人都墜死。緣他運轉周流無一時息，故局得這地在中間。今只於地信得他是斷然不息。蓋卿。○方子録云：天惟健，故不息。不可把不息做健。下同。

問：「乾者，天之性情，健而無息之謂乾」，何以合性情言之？曰：性、情二字常相參，在此情便是性之發，非性何以有情？健而不息，非性何以能此？僩。

「乾者，天之性情」，指理而言也。謂之性情，該體用、動靜而言也。端蒙。

問「乾者，天之性情」。曰：此是以乾

之剛健取義，健而不息，便是天之性情。此性如人之氣質。健之體，便是天之性；健之用，便是天之情。靜也專，便是性；動也直，便是情。僩。

問「乾者，天之性情」。曰：此只是論其性體之健。靜、專是性，動、直是情。大抵乾健，雖靜時亦專，到動時便行之以直。坤主順，只是翕闢。謂如一箇剛健底人，雖在此靜坐，亦專一而有箇作用底意思，只待去作用。到得動時，其直可知。若一柔順，人坐時便只恁地靜坐收斂，全無箇營爲底意思，其動也只是闢而已。又問：如此，則乾雖靜時，亦有動意否？曰：然。僩。

問：「乾坤，天地之性情」，性是性，情是情，何故兼言之？曰：「乾，健也」，動靜皆健；「坤，順也」，動靜皆順。靜是性，動是情。淳。

乾坤是性情，天地是皮殼，其實只是一箇道理。陰陽自一氣言之，只是一箇物。❶若做兩箇物看，則如日月，如男女，又是兩箇物事。學蒙。○方子録云：天地，形而下者。天地，乾坤之皮殼；乾坤，天地之性情。

問：以「乾」字爲伏羲之文，「元亨利貞」爲文王之文，固是。不知「履虎尾」、「同人于野亨」之類又如何？曰：此恐是少了字，或是就上字立辭，皆不可攷。有羅田宰吳仁傑云，恐都剩了字，如「乾」、「坤」之類皆剩了。問：若乾、坤則猶可言，屯、蒙之類，若無卦名，不知其爲何卦。曰：他説卦畫便是名了。恐只是欠了字底是。榦。○以下乾卦。

「元亨利貞」，在這裏都具了。楊宗範却

❶「一」，原脱，今據朝鮮本補。

説元、亨屬陽，利、貞屬陰。此却不是。乾之「利貞」是陽中之陰，坤之「元亨」是陰中之陽。乾後三畫是陰，坤後三畫是陽。淵。

文王本説「元亨利貞」爲「大亨利正」，夫子以爲四德。梅蘂初生爲元，開花爲亨，結子爲利，成熟爲貞。物生爲元，長爲亨，成而未全爲利，成熟爲正。節。

致道問「元亨利貞」。曰：元是未通底，亨、利是收未成底，貞是已成底。譬如春夏秋冬，冬夏便是陰陽極處，其間春秋便是過接處。恪。

乾之四德，元譬之則人之首也，手足之運動則有亨底意思，利則配之胸臟，貞則元氣之所藏也。又曰：以五臟配之尤明白。且如肝屬木，木便是元；心屬火，火便是亨；肺屬金，金便是利；腎屬水，水便是貞。道夫。

「元亨利貞」，譬諸穀可見。穀之生萌芽是元，苗是亨，穟是利，成實是貞。穀之實又復能生，循環無窮。德明。

元、亨、利、貞，理也有這四段，氣也有這四段，理便在氣中，兩箇不曾相離。若是説時，則有那未涉於氣底四德。要就氣上看也得。所以伊川説：「元者物之始，亨者物之遂，利者物之實，貞者物之成。」這雖是就氣上説，然理便在其中。伊川這説話改不得。謂是有氣則理便具，所以伊川只恁地説，便可見得物裏面便有這理。若要親切，莫若只就自家身上看，惻隱須有惻隱底根子，羞惡須有羞惡底根子，這便是仁義。仁義禮智便是元亨利貞。孟子所以只得恁地説，更無説處。仁義禮智似一箇包子，裏面合下都具了，一理渾然，非有先後，元亨利貞便是如此。不是説道有元之時，有亨之時。淵。

元亨利貞無斷處，貞了又元。今日子時前便是昨日亥時。物有夏秋冬生底，是到這裏方感得生氣，他自有箇小小元亨利貞。淵。

氣無始無終，且從元處説起，元之前又是貞了。如子時是今日，子之前又是昨日之亥，無空闕時。然天地間有箇局定底，如四方是也。有箇推行底，如四時是也。理都如此。元亨利貞，只就物上看亦分明，所以有此物，便是有此氣；所以有此氣，便是有此理。故《易傳》只説：「元者，萬物之始；亨者，萬物之長；利者，萬物之遂；貞者，萬物之成。」不説氣，只説物者，言物則氣與理皆在其中。伊川所説四句自動不得，只爲「遂」字、「成」字説不盡，故某略添字説盡。高。

以天道言之爲元亨利貞，以四時言之爲春夏秋冬，以人道言之爲仁義禮智，以氣候言之爲温凉燥濕，以方言之爲東西南北。❶節。

温底是元，熱底是亨，凉底是利，寒底是貞。節。

「四德之元，猶五常之仁，偏言則一事，專言則包四者。」此段只於《易》「元者，善之長」與《論語》言仁處看。若「天下之動貞夫一者也」，則貞又包四者。「《周易》一書，只説一箇利」，則利又大也。「元者，善之長也」，善之首也。「亨者，嘉之會也」，好底會聚也。義者，宜也，利即義也，萬物各得其所義之合也。「幹事」，事之骨也，猶言體物也。看此一段，須與《太極圖》通看，四德之

❶「方」上，萬曆本有「四」字。

元安在甚處？剥之爲卦在甚處？「乾，天也」一段在甚處？方能通成一片。不然，則不貫通。少間看得如此了，猶未是受用處在。賀孫。

光祖問「四德之元，猶五常之仁，偏言則一事，專言則包四者」。曰：元是初發生出來，生後方會通，通後方始向成。利者物之遂，方是六七分，到貞處方是十分成。此偏言也。然發生中已具後許多道理，此專言也。惻隱是仁之端，羞惡是義之端，辭遜是禮之端，是非是智之端。若無惻隱，便都没下許多。到羞惡，也是仁發在羞惡上；到辭遜，也是仁發在辭遜上；到是非，也是仁發在是非上。問：這猶金木水火否？曰：然。仁是木，禮是火，義是金，智是水。賀孫。

曾兄亦問此。答曰：元者，乃天地生物之端。乾言「大哉乾元，萬物資始」，「至哉坤元，萬物資生」，乃知元者，天地生物之端倪也。元者生意，在亨則生意之長，在利則生意之遂，在貞則生意之成。若言仁，便是這意思。仁本生意，乃惻隱之心也。苟傷着這生意，則惻隱之心便發。若羞惡，也是仁去那義上發。若辭遜，也是仁去那禮上發。若是非，也是仁去那智上發。若不仁之人，安得更有義禮智！卓。

元亨利貞，其發見有次序。仁義禮智，在裏面自有次序，到發見時隨感而動，却無次序。淵。

周貴卿問：元亨利貞，以此四者分配四時，却如何云「乾之德也」？曰：他當初只是説大亨利於正，不以分配四時。孔子見此四字好，後始分作四件説。孔子之《易》與文王之《易》，略自不同。義剛。

問：道鄉謂四德之中各具四德，竊嘗思之，謂之各具四德，如康節所謂春之春，春之夏，春之秋，春之冬，夏之春，夏之夏，夏之秋，夏之冬，則可。謂之能迭相統攝，如春可以包夏，夏亦可以包春，則不可也。先生復令舉似道鄉之説，曰：便是他不須得恁地説。道夫。

問：元亨利貞，乾之四德；仁義禮智，人之四德。然亨却是禮，次序却不同，何也？曰：此仁禮義智，猶言春夏秋冬也。仁義禮智，猶言春秋夏冬也。因問李子思《易説》。曰：他是胡説。因問：或云先生許其説乾、坤二卦本於誠敬，果否？曰：就他説中，此條稍是。但渠只是以乾卦説「修辭立其誠」、「閑邪存其誠」，坤卦説「敬以直内」，便説是誠敬爾。銖云：恐渠亦未曾實識得誠敬。曰：固是。且謾説耳。銖。

論乾之四德，曰：貞取以配冬者，以其固也。孟子以「知斯二者弗去」爲「知之實」，「弗去」之説，乃貞固之意，彼知亦配冬也。壯祖。

言四德，云：不有其功，常久而不已者也。不有其功，言化育之無迹處爲貞。因言：貞於五常爲智，孟子曰「知斯二者弗去」是也。既知，又曰「弗去」，有兩義。又《文言》訓「正固」，又於四時爲冬，冬有始終之義。王氏亦云：腎有兩，有龜有蛇，所以朔易亦猶貞也。又《傳》曰：「貞，各稱其事。」方。

問：「乾元亨利貞」，注云：「見陽之性健而成形之大者爲天，故三奇之卦名之曰乾，而擬之於天也。」切謂卦辭未見取象之意，其「成形之大者爲天」及「擬之於天」二句，恐當於《大象》言之，下文「天之象皆不易」一句亦然，坤卦放此。曰：纔設此卦時，便有此象了，故於此豫言之。又後面卦辭亦有兼象説者，故不得不豫言也。榦。

或問：乾卦是聖人之事，坤卦是學者之事，如何？曰：也未見得。初九、九二是聖人之德，至九三、九四又却説學者修業進德事，如何都把做聖人之事得？學履。

或言：乾之六爻，其位雖不同，而其爲德則一。曰：某未要人看《易》，這箇都難説。如乾卦，他爻皆可作自家身上説，惟九二、九五要作自家説不得。兩箇「利見大人」，向來人都説不通。九二有甚麽形影，如何教見大人？某看來《易》本卜筮之書，占得九二便可見大人，大人不必説人君也。賀孫。

其他爻象，占者當之，惟九二「見龍」人當不得，所以只當把爻做主，占者做客，大人即是「見龍」。又如九三，不説龍，亦不可曉。若説龍時，這亦是龍之在那亢旱處，他所以説君子「乾乾夕惕」，只此意。淵。

占者當不得見龍、飛龍，則占者爲客，利去見那大人。大人即九二、九五之德，見龍、飛龍是也。若潛龍、君子，則占者自當之矣。淵。

「利見大人」與程《傳》説不同。不是卦爻自相利見，乃是占者利去見大人也。須看自家占底是何人，方説得那所利見之人。淵。

問：程《易》於九二云：「利見大德之君。」又言：「君亦利見大德之臣以成其功，天下亦利見大德之人以被其澤。」於九五云：「利見在下大德之人。」又言：「天下固利見大德之君。」兩爻互言如此，不審的何所指？曰：此當以所占之人之德觀之。若己是有九二之德，占得此九二爻，則爲利見九五大德之君。若常人無九二之德者占得之，則爲只利見此九二之大人耳。已爲九五之君，而有九五之德，占得此九五爻，則爲利見九二大德之人。若九二之人占得之，則爲利見此九五大德之君。各隨所占之人，以爻與占者相爲主賓也。太祖一日問王昭素曰：「九五『飛龍在天，利見大人』，常人何可占得此卦？」昭素曰：「何害？若臣等占得，則陛下是飛龍在天，臣等利見大人，是利見陛下也。」此説得最好。銖曰：如此看來，《易》多是假借虛設，故用不窮，人人皆用得也。曰：此所謂「理定既實，事來尚虛，存體應用，稽實待虛」。所以三百八十四爻而天下萬事無不可該，無不周遍，此《易》之用所以不窮也。銖。

問：九三不言象，何也？曰：九三陽剛不中，居下之上，有强力勞苦之象，不可言龍，故特指言「乾乾」、「惕若」而已，言有乾乾惕厲之象也。銖。

君子終日乾乾矣，至夕猶檢點而惕然恐懼，蓋凡所以如此者，皆所以進德脩業耳。銖。

賨問：君子終日乾乾，是法天否？曰：才説法天，便添着一件事。君子只是終日乾乾。天之行健不息，往往亦只如此。如言存箇天理，不須問如何存他，只是去了人欲，天理自然存。如顏子問仁，夫子告以非禮勿視、聽、言、動，除却此四者，更有何物須是仁？德明。

「厲无咎」是一句，他後面有此例，如「頻復，厲无咎」是也。淵。

問：乾九三，伊川云：「雖言聖人事，苟不設戒，何以爲教？」淵録云：發得此意極好。○僩録云：竊意因時而惕，雖聖人亦常有此心。曰：

《易》之爲書，廣大悉備，人皆可得而用，初無聖、賢之别。伊川有一段云：「君有君之用，臣有臣之用。」説得好。及到逐卦解釋，又却分作聖人之卦、賢人之卦，更有分作守令之卦者，古者又何嘗有此？不知是如何。以某觀之，無問聖人以至士庶，但當此時，便當恁地兢惕。卜得此爻，也當恁地兢惕。砥。○僩録同。

祖道舉《乾》九三「君子終日乾乾」，是君子進德不懈，不敢須臾寧否？曰：程子云：「在下之人，君德已著。」此語亦是拘了。記得有人問程子，胡安定以九四爻爲太子者。程子笑之，曰：「如此，三百八十四爻只做得三百八十四件事了。」此説極是。及到程子解《易》，却又拘了。要知此是通上下而言，在君有君之用，臣有臣之用，父有父之用，子有子之用，以至事物莫不皆然。若如程子之説，則千百年間只有箇舜、禹用得也。大抵九三此爻，才剛而位危，故須著「乾乾夕惕若厲」方可无咎。若九二，則以剛居中位易處了。故凡剛而處危疑之地，皆當「乾乾夕惕若厲」，則无咎也。❶祖道。

淵與天不爭多。淵是那空虚無實底之物，躍是那不着地了，兩脚跳上去底意思。淵。

「或躍在淵」，淵是通處。淵雖下於田，田却是箇平地，淵則通上下，一躍即飛在天。㽦。

問：胡安定將乾九四爲儲君，不知可以如此説否？❷曰：《易》不可恁地看。

❶ 「咎」，原作「答」，今據朝鮮本、萬曆本改。
❷ 「不知可以如此説否」，此句原無，今據朝鮮本及《朱文公易説》卷三補。

《易》只是古人卜筮之書。如五雖主君位而言，然亦有不可專主君位言者。天下事有那一箇道理，自然是有。若只將乾九四爲儲位說，則古人未立太子者，不成是虛却此一爻？如一爻只主一事，則《易》三百八十四爻乃止三百八十四件事。去僞。

問：程《易》以乾之初九爲舜側微時，九二爲舜佃漁時，九三爲玄德升聞時，九四爲歷試時，何以見得？曰：此是推說爻象之意，非本指也。讀《易》若通得本指後，便儘說去，儘有道理可言。「敢問本指。」曰：《易》本因卜筮而有象，因象而有占，占辭中便有道理。如筮得乾之初九，初陽在下，未可施用，其象爲潛龍，其占曰「勿用」。凡遇乾而得此爻者，當觀此象而玩其占，隱晦而勿用可也。它皆倣此。此《易》之本指也。蓋潛龍則勿用，此便是道理。故聖人爲《彖辭》、《象辭》、《文言》，節節推去，無限道理。此程《易》所以推說得無窮，然非《易》本義也。先通得《易》本指後，道理儘無窮推說不妨。若便以所推說者去解《易》，則失《易》之本指矣。銖。

問：《易傳》乾卦引舜事以證之，當初若逐卦引得這般事來證，大好看。曰：便是當時不曾計會得。久之，曰：經解說「潔靜精微，《易》之教也」，不知是誰做，伊川却不以爲然。據某看，此語自說得好。蓋《易》之書誠然是潔靜精微，他那句語都是懸空說在這裏，都不犯手。如伊川說得都犯手勢。引舜來做乾卦，乾又那裏有箇舜來？當初聖人作《易》，又何嘗說乾是舜？他只是懸空說在這裏，都被人說得來事多，失了他潔靜精微之意。《易》只是說箇象是如此，何嘗有實事。如《春秋》便句句是實，如言「公即位」，便真箇有箇公即位；如言子弑父、臣弑君，便真箇是有此事。《易》何嘗如此？不過只是因畫以明象，因數以推數，因這象數，便推箇吉凶以示人而已，都無後來許多勞攘説話。僩。

問：龜山説九五「飛龍在天」，取「飛」字爲義，「以天位言之，不可階而升；以聖學言之，非力行而至」。曰：此亦未盡。乾卦自是聖人之天德，只時與位有隱顯、漸次耳。德明。

凡占得卦爻，要在互分賓主，各據地位而推。如九五「飛龍在天，利見大人」，若揣自己有大人之德，占得此爻，則如聖人作而萬物咸覩，作之者在我，而覩之者在彼，我爲主，而彼爲賓也。自己無大人之德，占得此爻，則利見彼之大人，作之者在彼，而覩之者在我，我爲賓，而彼爲主也。僩。

用九不用七。且如得純乾卦，皆七數，這却是不變底，它未嘗得九，未在這爻裏面，所以只占上面《彖辭》。用九蓋是説變。淵。

「見群龍无首」，王弼、伊川皆解不成。他是不見得那用九、用六之説。淵。

問：乾、坤獨言用九、用六，何也？曰：此惟歐公説得是。此二卦純陽、純陰而居諸卦之首，故於此發此一例。凡占法，皆用變爻占，故凡占得陽爻者，皆用九而不用七；百九十二陽爻之通例也。占得陰爻者，皆用六而不用八。百九十二陰爻之通例也。蓋七爲少陽，九爲老陽，六爲老陰，八爲少陰，老變而少不變。凡占用九、用六者，用其變爻占也。此揲蓍之法。遇乾而六爻皆變，則爲陰，故有「群龍无首」之象，即坤「利牝馬之貞」也，言群龍而却無頭，剛而能柔，則吉也。

遇坤而六爻皆變，則爲陽，故有「利永貞」之象，即乾之「元亨利貞」也。此發凡之言。因問：坤體貞靜，承天而行，未嘗爲始，而常代終，故自坤而變陽，故爲群龍而无首，有利貞而無元亨，是否？曰：坤雖變而爲陽，然坤性依舊在。他本是箇無頭底物，如婦從夫、臣從君、地承天，「先迷後得」，「東北喪朋，西南得朋」，皆是無頭處也。銖。

問：「用九，見群龍无首，吉」，伊川之意似云，用陽剛以爲天下先則凶，无首則吉。曰：凡說文字，須有情理方是。用九當如歐公說，方有情理。某解《易》所以不敢同伊川，便是有這般處。看來當以「見群龍无首」爲句。蓋六陽已盛，如群龍然，龍之剛猛在首，故見其无首則吉。大意只是要剛而能柔，自人君以至士庶皆須如此。若說爲天下先，便只是人主方用得，以下更使不得，❶恐不如此。又曰：如歐說，蓋爲卜筮言，所以須着有用九、用六。若如伊川說，便無此也得。礪。

「乾吉在无首，坤利在永貞」，這只說二用變卦。「乾吉在无首」，言卦之本體元是六龍，今變爲陰，頭面雖變，渾身却只是龍，只一似無頭底龍相似。❷「坤利在永貞」，不知有何關捩子。這坤却不得見他元亨，只得他永貞。坤之本卦固自有元亨，變卦却無。淵。

「群龍无首」，便是利牝馬者，爲不利牡而却利牝。❸如「西南得朋，東北喪朋」，皆是無頭底。淵。

❶「更」，萬曆本作「便」。
❷「龍」，原脱，今據朝鮮本及《朱文公易說》卷二補。
❸「牡」，原作「壯」，今據朝鮮本、萬曆本改。

伯豐問：乾用九爻辭，如何便是坤「先迷後得」、「東北喪朋」之意？曰：此只是无首，所以言「利牝馬之貞」，無牝馬。❶㽦。

大凡人文字皆不可忽。歐公文字尋常，往往不以經旨取之，至於說用九、用六，自來却未曾有人說得如此。他初非理會象數者，而此論最得之。且既有六爻，又添用九、用六，因甚不用七、八？蓋九乃老陽，六乃老陰，取變爻也。古人遇乾之坤，即以「見群龍无首吉」爲占。「見群龍无首」，却是變乾爲坤，便以坤爲占也。遇坤之乾，即用「利永貞」爲占。坤變爲乾，即乾之利也。㽦。

問天地生物氣象，如溫厚和粹，即天地生物之仁否？曰：這是從生處說來，如所謂「大哉乾元，萬物資始」，「至哉坤元，萬物資生」，那「元」字便是生物之仁，資始是得其氣，資生是成其形。到得亨便是他彰著，利便是結聚，貞便是收斂。收斂既無形迹，❷又須復生。至如夜半子時，此物雖存，猶未動。在到寅卯便生，巳午便著，申酉便結，亥子丑便實，及至寅又生。他這箇只管運轉，一歲有一歲之運，一月有一月之運，一日有一日之運，一時有一時之運。雖一息之微，亦有四箇段子，恁地運轉。但元則是始初，未至於著，如所謂怵惕、惻隱，存於人心，自恁惻惻地，未至大段發出。道夫曰：他所以謂滿腔子是惻隱之心，蓋以其未散也。曰：他這箇是事事充滿，如惻隱則皆是惻隱，羞惡則皆是羞惡，辭遜、是非則皆是辭遜、是非，初無不充滿處。但人爲

❶「牝」，朝鮮本、賀本均作「牡」。
❷「收斂」，原脫，今據朝鮮本補。

己私所隔，故多空虛處爾。道夫。

「大哉乾元」，是說天道流行。「各正性命」，是說人得這道理做那性命處，却不是正說性，如「天命之謂性」。孟子道性善，便是就人身上說性；《易》之所言，却是說天人相接處。淵。

「乾元統天」，蓋天只是以形體而言，乾元即天之所以爲天者也，猶言性統形爾。端蒙。

問「乾元統天」。曰：乾只是天之性情，不是兩箇物事。如人之精神，豈可謂人自是人，精神自是精神？燾。

問：「乾元統天」，《注》作：「健者，能用形者也。」恐說得是否？曰：也是。然只是說得乾健，不見得是乾元。蓋云「大哉乾元，萬物資始，乃統天」，則大意主在「元」字上。學履。

前輩解經，有只明大義，務欲大指明，而有不貼文義强說者。如程《易》發明道理，大義極精，只於《易》文義多有强說不通處。銖因問：程《易》說：「大明天道之終始，則見卦之六位各以時成。」不知是說聖人明之耶，說乾道明之耶？曰：此處果是說得鶻突，但《遺書》有一段明說云：「人能明天道之終始，則見卦爻六位皆以時成。」此語證之，可見大明者，指人能明之也。因問乾道終始如何。曰：乾道終始，即四德也。始則元，終則貞，蓋不終則無以爲始，不貞則無以爲元。六爻之立，由此而立耳。「以時成」者，言各以其時而成，如潛見飛躍，皆以時耳，然皆四德之流行也。初九、九二之半，即所謂元。九二之半與九三，即所謂亨。九四與九五之半，即所謂利。九五之半與上九，即所謂貞。蓋聖人大明乾道之終始，故見六位各以時成，乘此六爻之時以當天運，而四德之所以終而復始，應變而不窮也。銖。

「大明終始」是就人上說。楊遵道《録》中言「人能大明乾道之終始」，《易傳》却無「人」字。某謂文字疑似處，須下語剖析教分曉。方子。

「乘」字大概只是譬喻。「御」字，龜山說做御馬之「御」，却恐傷於太巧。這段是古人長連地說下去，却不分曉。伊川《傳》說得也不分曉，《語録》中有一段却分曉，乃是楊遵道所録，云「人大明天道之終始」。這處下箇「人」字，是緊切底字。讀書須是看這般處。淵。

「時乘六龍以御天」，六龍只是六爻，龍只是譬喻，明此六爻之義。潛見飛躍，以時而動，便是「乘六龍」，便是「御天」。又曰：聖人便是天，天便是聖人。礪。

「大明終始」這一段，說聖人之元亨。六位六龍，只與譬喻相似。聖人之六位，如隱顯、進退、行藏。潛龍時便當隱去，見龍時便是他出來。如孔子爲魯司寇時，便是他大故顯了。到那獲麟絶筆，便是他亢龍時。這是在下之聖人。然這卦大概是說那聖人得位底。若使聖人在下，亦自有箇元亨利貞。如「首出庶物」，不必在上方如此。如孔子出類拔萃，便是首出萬物；著書立言，澤及後世，便是「萬國咸寧」。淵。

問：「大哉乾元，萬物資始，乃統天」，是說乾之元；「雲行雨施，品物流形」，是說乾之亨；「大明終始，六位時成，時乘六龍以御天」，是說聖人之元亨；「乾道變化，各正性命，保合大和，乃利貞」，是說乾之利貞；「首出庶物，萬國咸寧」，是說聖人之利貞。此《本義》之言。但程《易》云「首出庶物」是「乾道首出庶物而萬彙亨」，「萬國咸寧」是「君道尊臨天位而四海從」。言「王者體天之道則萬國咸寧」。如何？曰：恁地說也得，只恐牽强。銖。

「乾道變化」，似是再說「元亨」。「變化」字且只大概恁地說，不比《繫辭》所說底子細。「各正性命」，他那元亨時雖正了，然未成形質，到這裏方成，如那百穀堅實了，方喚做「正性命」。乾道是統說底，四德是說他做出來底，大率天地是那有形了重濁底，乾坤是他性情。其實乾道、天德，互換一般，乾道又言得深些子。天地是形而下者，只是這箇道理，天地是箇皮殼。淵。

乾道便只是天德，不消分別。「乾道變化」是就乾道上說，天德是就他四德上說。淵。

問：何謂各正性命？曰：各得其性命之正。節。

問「保合大和乃利貞」。曰：天之生物，莫不各有軀殼，如人之有體，果實之有皮核，有箇軀殼，保合以全之。能保合則真性常存，生生不窮。如一粒之穀，外面有箇殼以裹之，方其發一萌芽之始，是物之元也；及其抽枝長葉，則是物之亨；到得生實欲熟未熟之際，此便是利；及其既實而堅，此便是貞矣。蓋乾道變化發生之始，此是元也；各正性命，小以遂其小，大以遂其大，則是亨矣；能保合以全其大和之性，❶則可利貞。卓。

「保合大和」，天地萬物皆然。天地便是大底萬物，萬物便是小底天地。文蔚。

問：「首出庶物，萬國咸寧」，恐盡是聖人事，伊川分作乾道、君道，如何？曰：

❶「以」，原作「矣」，今據朝鮮本改。

「乾道變化」至「乃利貞」，是天；饒録作「乾」。「首出庶物，萬國咸寧」，是聖人。又曰：「首出庶物」，須是聰明睿知，高出庶物之上，以君天下，方得「萬國咸寧」。《禮記》云：「聰明睿知，足以有臨也。」須聰明睿知皆過於天下之人，方可臨得他。礪。

乾重卦，上下皆乾，不可言兩天，❶昨日行，一天也，今日又行，亦一天也。其實一天，而行健不已，有重天之象，此所以爲天行健。坤重卦，上下皆坤，不可言兩地。地平則不見其順，必其高下層層，有重地之象，此所以爲地勢坤。一作：所以見地勢之坤順。

天之運轉不窮，所以爲天行健。季札。

厚之問：健足以形容乾否？曰：可。伊川曰：「健而無息謂之乾。」蓋自人而言，固有一時之健，有一日之健。惟無息，乃天之健。可學。

問「天行健」。曰：胡安定説得好。其説曰：「天者乾之形，乾者天之用。天形蒼然，南極入地下三十六度，北極出地上三十六度，狀如倚杵。其用，則一晝一夜行九十餘萬里。人一呼一吸爲一息，一息之間，天行已八十餘里。人一晝一夜有萬三千六百餘息，故天行九十餘萬里。天之行健可知。故君子法之以自强不息云。」因言：天之氣運轉不息，故閣得地在中間。銖未達，先生曰：如弄椀珠底，只恁運轉不住，故在空中不墜。少有息則墜矣。○銖。

問：衛老《疑問》中「天行健」一段，先生批問他云：「如何見得天之行健？」德明竊謂：天以氣言之，則一晝一夜周行乎三百六十度之中；以理言之，則「於穆不已」，

❶「乾重卦上下皆乾不可言兩天」，朝鮮本及《朱文公易説》卷八作「乾卦有兩乾是兩天也」，疑是。

無間容息，豈不是至健？先生曰：他却不是如此，只管去「自强不息」上討。又說邠老社倉宜避去事，舉《易》之否《象》曰：君子以儉德避難，不可榮以禄。德明。

問天運不息，「君子以自强不息」。曰：非是說天運不息，自家去趕逐，也要學他如此不息。只是常存得此心，則天理常行，而周流不息矣。又曰：天運不息，非特四時爲然，雖一日一時，頃刻之間，其運未嘗息也。燾。

因說乾健，曰：而今人只是坐時便見他健不健了，不待做事而後見也。又曰：某人所記，劉元城每與人相見，終坐不甚交談。欲起，屢留之，然終不交談。或問之，元城曰：「人坐久必傾側，久坐而不傾側，必貴人也。故觀人之坐起，可以知人之貴賤。」某後來見草堂先生說，又不如此。元城極愛説話。觀草堂之説，與某人所記之語大抵皆同，多言其平生所履與行己立身之方。是時元城在南京，恣口極談，無所顧忌。南京四方之衝，東南士大夫往來者無不見之，賓客填門，無不延接。其死之時，去靖康之禍只三四年間耳。元城與了齋死同時，不知二公若留到靖康，當時若用之，何以處也。僩。

《易》只消認他經中七段。乾、坤二卦分外多了一段。認得這箇子，向後面底不大故費解說。淵。

致道問「元者善之長」。曰：元亨利貞皆善也，而元乃爲四者之長，是善端初發見處也。時舉。

《易》言「元者善之長」，說得最親切，❶

❶「得」，原脱，今據朝鮮本補。

無滲漏。仁義禮智莫非善，這箇却是善之長。仁是有滋味底物事，說做知覺時，知覺却是無滋味底物事。仁則有所屬，如孝弟、慈和、柔愛，皆屬仁。淵。

「元者善之長」，《春秋傳》記穆姜所誦之語，謂「元者體之長」。覺得「體」字較好，是一體之長也。僩。

「亨者嘉之會」，亨是萬物亨通，到此界分，無一物不美，便是嘉之會。㽦。

問「亨者嘉之會」。曰：此處難下語。且以草木言之，發生到夏時，好處都來湊會。嘉，只是好處；會，是期會也。又曰：貞固是固得恰好，如尾生之信是不貞之固。須固得好，方是貞。賜。

問「亨者嘉之會」。曰：春天萬物發生未大，故齊。到夏一時發生，都齊旺，許多好物皆萃聚在這裏，便是嘉之會。曰：在人言之，則如何？曰：動容周旋皆中禮，便是嘉之會。「嘉會足以合禮」，須是嘉其會始得。淳。

「亨者嘉之會」，「嘉會足以合禮」，蓋言萬物各有好時，然到此亨之時，皆盛大長茂，無不好者，故曰「嘉之會」。會，是會集之義也。人之脩爲，便處處皆要好，不特是只要一處好而已，須是動容周還皆中乎禮可也，故曰「嘉會」，嘉其所會也。燾。

問「亨者嘉之會」。曰：嘉是美，會是聚，無不盡美處是亨。蓋自春至夏，便是萬物暢茂，物皆豐盈，咸遂其美。然若只一物如此，他物不如此，又不可以爲會。須是合聚來皆如此，方謂之會。如「嘉會足以合禮」，則自上文「體仁」而言，謂君子嘉其會，此「嘉」字說得輕，又不當如前說。此只是嘉其所會，此「嘉」字當若「文之以禮樂」之

「文」字。蓋「禮樂之文」，則「文」字爲重；到得「文之以禮樂」便不同。謂如在人，若一言一行之美，亦不足以爲會；直是事事皆盡美，方可以爲會。都無私意，方可以合禮。㽦。

「利者義之和」，義疑於不和矣，然處之而各得其所則和，義之和處便是利。

「利者義之和」，義是箇有界分、斷制底物事，疑於不和，然使物各得其分，不相侵越，乃所以爲和也。僩。

「義之和」，只是中節。蓋義有箇分至，如「親其親，長其長」，則是義之和。如不親其親，而親他人之親，便不是和。礪。

義之和處便是利，如君臣、父子各得其宜，此便是義之和處，安得謂之不利！如「君不君，臣不臣，父不父，子不子」，此便是不和，安得謂之利！孔子所以「罕言利」者，蓋不欲專以利爲言，恐人只管去利上求也。去僞。

「利者義之和」，所謂義者，如父之爲父，子之爲子，君之爲君，臣之爲臣，各自有義。然行得來如此，和者豈不是利？「利」字與「不利」字對，如云「利有攸往」、「不利有攸往」。南升。

施問「利者義之和」。曰：義之分別似乎無情，却是要順，乃和處。蓋嚴肅之氣，義也，而萬物不得此不生，乃是和。又曰：「亨者嘉之會」，會，聚也，正是夏，萬物一齊長時。然上句「嘉」字重，「會」字輕；下句「會」字重，「嘉」字輕。可學。

利是那義裏面生出來底。凡事處制得合宜，利便隨之，所以云「利者義之和」。蓋是義便兼得利。若只理會利，却是從中間半截做下去，遺了上面一截義底。小人只理會後面半截，君子從頭來。植。

問：程子曰：「義安處便爲利。」只是當然便安否？曰：是。只萬物各得其分便是利。君得其爲君，臣得其爲臣，父得其爲父，子得其爲子，何利如之！這「利」字即《易》所謂「利者義之和」，利便是義之和處。程子當時此處解得亦未親切，不似這語却親切，正好去解「利者義之和」句。義初似不和，却和。截然而不可犯，似不和，分別後萬物各止其所，却是和。不和生於不義，義則無不和，和則無不利矣。砥録云：義則和矣，義則無不利矣。然義其初截然，近於不和不利，其終則至於各得其宜。云云。

「貞者事之幹」，伊川説「貞」字只以爲「正」，恐未足以盡貞之義，須是説「正而固」。然亦未推得到知上。看得來合是如此，知是那默運事變底一件物事，所以爲事之幹。淵。

「正」字不能盡「貞」之義，須用連「正固」説，其義方全。「正」字也有「固」字意思，但不分明，終是欠闕。正如孟子所謂「知斯二者弗去是也」，「知斯」是「正」意，「弗去」是「固」意。賀孫。

《易》言「貞」字，程子謂「正」字，盡他未得，有「貞固」之意。榦問：又有所謂「不可貞」者，是如何？曰：也是這意思，只是不可以爲正而固守之。榦。

「體仁」如體物相似，人在那仁裏做骨子，故謂之「體仁」。仁只是箇道理，❶須着這人，方體得他，做得他骨子。「比而效之」之説却覺得未是。淵。

「體仁」不是將仁來爲我之體。我之體

❶「只」，原脱，今據朝鮮本補。

便都是仁也。僩。

問：「體仁」解云「以仁爲體」，是如何？曰：說只得如此，要自見得。蓋謂身便是仁也。學履。

問：伊川解「體仁」作「體乾之仁」，看來在乾爲元，在人爲仁，只應就人上說仁。又解「利物和義」作「合於義乃能利物」，亦恐倒說了。此類恐皆未安。曰：然。「君子行此四德」，則「體仁」是君子之仁也。但前輩之說，不欲辨他不是，只自曉得便了。學履。

「嘉會」者，萬物皆發見在裏許，直卿云：猶言萬物皆相見。處得事事是，故謂之「嘉會」。一事不是，便不謂之嘉會。會是禮發見處，意思却在未發見之前。「利物」，使萬物各得其所，乃是義之和處。義自然和，不是義外別討箇和。○方子。

「嘉會」雖是有禮後底事，然這意思却在禮之先。嘉其所會時，未說到那禮在，然能如此，則便能合禮。利物時，未說到和義在，然能使物各得其利，則便能和義。「會」字說道是那萬物一齊發見處，得他盡嘉會便是。如只一事兩事嘉美時，未爲嘉會。「會」字張葆光用「齊」字說，說得幾句也好。使物各得其宜，何利如之！如此便足以和義。這「利」字是好底。如孟子所謂，戰國時利是不好底。這箇利，如那「未有仁而遺其親，未有義而後其君」之利。「和」字也有那老蘇所謂「無利則義有慘殺而不和」之意。蓋於物不利，則義未和。淵。

問「利物足以和義」。曰：義斷是非，別曲直，近於不和。然是非曲直辨則便是利，此乃是和處也。時舉。

「利物足以和義」，凡說義，各有分別，

如君臣、父子、夫婦、兄弟之義自不同，似不和，然而各正其分，各得其理，便是順利，便是和處。事物莫不皆然。人傑。

問「利物足以和義」。曰：義便有分別。當其分別之時，覺得來不和；及其分別得各得其所，使物物皆利，却是和其義。如天之生物，物物有箇分別，如君君、臣臣、父父、子子；至君得其所以爲君，臣得其所以爲臣，父得其所以爲父，子得其所以爲子，各得其利，便是和。若君處臣位，臣處君位，安得和乎？又問：覺得於上句字義顛倒。曰：惟其利於物者，所以和其義耳。正淳問：「貞固」字却與上文「體仁」、「嘉會」、「利物」亦似不同。曰：亦是比方。便須用兩字方說得盡。㽦。

伊川說「利物足以和義」，覺見他說得糊塗，如何喚做和合於義？四句都說不力。淵。

「利物足以和義」，此數句最難看。老蘇論此謂：慘殺爲義，必以利和之。如武王伐紂，義也，若徒義則不足以得天下之心，必散財發粟而後可以和其義。若如此說，則義在利之外，分截成兩段了。看來義之爲義，只是一箇宜。其初則甚嚴，如「男正位乎外，女正位乎内」，直是有内外之辨。君尊於上，臣恭於下，尊卑小大截然不可犯，似若不和之甚。然能使之各得其宜，則其和也孰大於是！至於天地萬物無不得其所，亦只是利之和爾。此只是就義中便有一箇和。既曰「利者義之和」，却說「利物足以和義」，蓋不如此不足以和其義也。「嘉會足以合禮。」嘉，美也。會，是集齊底意思，許多嘉美一時鬬湊到此，故謂之會。亨屬夏，如春生之物，自是或先或後、或長或短，未能齊整，纔到夏，便各各一時茂盛，此所謂「嘉之會」也。嘉其所會，便動容周旋，無不中禮。就「亨者嘉之會」觀之，「嘉」字是實，「會」字是虛；「嘉會足以合禮」，則「嘉」字却輕，「會」字却重。「貞固足以幹事。」幹如木之幹，事如木之枝葉。貞固者，正而固守之。貞固在事，是與立箇骨子，所以爲事之幹。欲爲事，而非此貞固便植立不起，自然倒了。謨。

問《文言》四德一段。曰：「元者善之長」以下四句，説天德之自然。「君子體仁足以長人」以下四句，説人事之當然。元，只是善之長，萬物生理皆始於此，衆善百行皆統於此，故於時爲春，於人爲仁。亨，是嘉之會，此句自來説者多不明。嘉，美也。會，猶齊也。嘉會，衆美之會，猶言齊好也。春天發生，萬物未大，故齊。到夏時洪纖高下各各暢茂，蓋春方生育，至此乃無一物不暢茂。其在人，則「禮儀三百，威儀三千」，事事物物，大大小小，一齊到恰好處，所謂動容周旋皆中禮，故於時爲夏，於人爲禮。周子遂唤作中。利者爲義之和。萬物至此，各遂其性，事理至此，無不得宜，故於時爲秋，於人爲義。貞者，乃事之幹。萬物至此，收斂成實，事理至此，無不的正，故於時爲冬，於人爲智。此天德之自然。其在君子，所當從事於此者，則必「體仁」乃「足以長人」，「嘉會足以合禮」，利物足以和義，貞固足以幹事」。此四句倒用上面四箇字，極有力。體者，以仁爲體，仁爲我之骨，我以之爲體。仁皆從我發出，故無物不在所愛，所以能長人。「嘉會足以合禮」者，言須是美其所會也。欲其所會之美，當美其所會。蓋其厚薄、親踈、尊卑、小大相接之體，各有節文，無不中節，即所會皆美，所以能合於禮也。「利物足以和義」者，使物物各得其利，則義無不和。蓋義是斷制裁割底物，若似不和；然惟義能使事物各得其宜，不相妨害，自無乖戾，而各得其分之和，所以爲義之和也。蘇氏説「利者義之和」，却説義慘殺而不和，不可徒義，須着些利則和。如此，則義是一物，利又是一物，義是苦物，恐人嫌，須着些利令甜，此不知義之言也。義中自有利，使人而皆義，則不遺其親，不後其君，自無不利，非和而何！「貞固足以幹事」，貞，正也，知其正之所在，固守而不去，故足以爲事之幹。幹事，言事之所依以立。蓋正而能固，萬事依此而立。在人則是智，至靈至明，是是非非確然不可移易，不可欺瞞，所以能立事也。幹，如板築之有楨幹。今人築牆，必立一木於土中爲骨，俗謂之「夜叉木」，無此則不可築，横曰楨，直曰幹。無是非之心，非知也。知得是是非非之正，緊固確守，不可移易，故曰知。周子則謂之正也。銖。

「故曰：乾，元亨利貞。」他把「乾」字當君子。淵。

朱子語類卷第六十九 計二十六板

易五

乾下

《文言》上不必大故求道理，看來只是協韻說將去。「潛龍勿用何謂也」以下，大概各就他要說處便說，不必言專說人事、天道。伊川說「乾之用」、「乾之時」、「乾之義」，也難分別。到了，時似用，用似義。淵。

問：程《易》「乾之用」、「乾之時」、「乾之義」，看來恐可移易說。曰：凡說經若移易得，便不是本意。看此三段，只是聖人反復贊咏乾之德耳。如「潛龍勿用，陽在下也」，便是第二段。「陽氣潛藏」，便是上段「龍德而隱」者也。聖人反復發明以示人耳。銖。

問：伊川分「乾之時」、「乾之義」，如何？曰：也是覺得不親切。聖人只是敷演其義，又兼要押韻，那裏恁地分別！礪。

庸言庸行，盛德之至。到這裏不消得恁地，猶自閑邪存誠，便是「無射亦保」，雖無厭斁，亦當保也。保者，持守之意。淵。

常言既謹，常行既信，但用閑邪，怕他入來。此正是「無射亦保」之意。僩。

問：「閑邪」莫是爲防閑抵拒那外物，使不得侵近否？曰：固是。凡言邪，皆自外至者也。然只視、聽、言、動無非禮，便是閑。端蒙。

九二處得其中，都不着費力。「庸言之

信，庸行之謹，閑邪存其誠，善世而不伐，德博而化」而已。若九三則剛而不中，過高而危，故有乾乾之戒。人傑。

「利見大人，君德也」，兩處説這箇君德，却是要發明大人即是九二。孔子怕人道別是箇大人，故如此互相發。使三百八十四爻皆恁地湊着，豈不快活！人只爲中間多有湊不着底，不可曉。淵。

「利見大人，君德也」，夫子怕人不把九二做大人，別討一箇大人，所以去這裏説箇「君德也」，兩處皆如此説。「龍德正中」以下皆君德。言雖不當君位，却有君德，所以也做大人。伊川却説得這箇大人做兩樣。淵。

黄有開問：乾之九二是聖人之德，坤之六二是賢人之德，如何？曰：只謂乾九二是見成底，不待修爲。如「庸言之信，庸行之謹，善世不伐，德博而化」，此即聖人之德也。坤六二「直、方、大，不習無不利」，須是「敬以直内，義以方外」，如此方能「德不孤」，即是大矣。此是自直與方，以至於大，修爲之序如此，是賢人之德也。嘗謂乾之一卦皆聖人之德，非是自初九以至上九漸漸做來。蓋聖人自有見成之德，所居之位有不同爾。德無淺深，而位有高下，故然。昔者聖人作《易》以爲占筮，故設卦假乾以象聖人之德。如「勿用」、「无咎」、「利見大人」、「有悔」，皆是占辭。若人占遇初九，則是「潛龍」之時，此則當「勿用」。如「見龍在田」之時，則「宜見大人」，所謂大人，即聖人也。

問：九二説聖人之德已備，何故九三又言「進德脩業」、「知至至之」？曰：聖人只逐爻取象。此不是言脩德節次，是言居地位節次。六爻皆是聖人之德，只所處之位不同。初爻言「不易乎世，不成乎名」至「潛龍也」，已是説聖人之德了，只是潛而未用耳。到九二却恰好其化已能及人矣，又正是臣位，所以處之而安。到九三居下卦之上，位已高了，那時節無可做，只得恐懼、進德、脩業，乾乾惕息恐懼，此便是伊、周地位。寓録無此七字。九四位便乖，這處進退不由我了。「或躍在淵」，伊川謂「淵者龍之所安」，恐未然。田是平所在，縱有水，淺；淵是深處，不可測。躍，已離乎行而未至乎飛。行尚以足，躍則不以足，一跳而起，足不踏地，跳得便上天去，不得依舊在淵裏，皆不可測。下離乎行，上近乎飛，「上不在天，下不在田，中不在人，故或之。或之者，疑之也」，不似九二安穩自在。此時進退不得，皆不由我，只聽天矣。以聖人言之，便是舜歷試，文王三分天下有二，湯、武鳴條、牧野時。寓録云：九三是伊、周地位，已自離了。到上九又亢了。看來人處大運中，無一時閑。寓録云：跳得時便做。有德無位，做不徹，亦不失爲潛龍。吉凶悔吝，一息不曾停，如大車輪一般，一恁衮將去。聖人只隨他恁地去，看道理如何，這裏則將這道理處之，那裏則將那道理處之。淳。○寓同。

「進德脩業」這四箇字，煞包括道理。德，是就心上説；業，是就事上説。「忠信」是自家心中誠實，「脩辭立其誠」是説處有真實底道理。「進德脩業」最好玩味。淵。

「忠信所以進德」，忠信，實也，然後知上來。吾心知得是非端的是如此，心便實，實便忠信。吾心以爲實然，從此做去，即是進德。脩辭處立誠，又是進德事。銖。

問：忠信進德，莫只是實理否？曰：

此說實理未得，只是實心。有實心，則進德自無窮。學履。

「忠信所以進德」，實便光明，如誠意之潤身。方子。

忠信進德，便是意誠處。至「如惡惡臭，如好好色」，然後有地可據，而無私累牽擾之患，其進德孰禦！道夫。

德者，得之於心，如得這孝之德在自家心裏。行出來方見，這便是行。忠信是真實如此。淵。

忠信是根，有此根便能發生枝葉。業，是外面有端緒者。震。

「忠信所以進德」，忠信說實理。信如「吾斯之未能信」。忠信、進德就心上說，居業就事上說。端蒙。

彥忠云：先生云：脩辭便是「遜以出之」。如子貢問衛君之事，亦見得遜處。端蒙。

問：「脩辭立其誠」，何故獨說「辭」？得非只舉一事而言否？曰：然。也是言處多，言是那發出來處。人多是將言語做沒緊要，容易說出來。若一一要實，這工夫自是大。「立其誠」便是那後面「知終終之，可與存義也」。僩。

問：九二「閑邪存誠」與九三「脩辭立誠」相似否？曰：他地位自別。閑邪存誠不大段用力，脩辭立誠大段着氣力。又問：「進德脩業欲及時」如何？曰：「君子進德脩業」不但爲一身，亦欲有爲於天下。及時，是及時而進。夔孫。

問：「居業」當兼言行言之，今獨曰「脩辭」，何也？曰：此只是上文意。人多因言語上便不忠信。不忠信，首先是言語。因言：忠信進德，便只是《大學》「誠意」之說。「如惡惡臭，如好好色」，有此根本，德方可進。脩辭只是「言顧行，行顧言」之意。必大。

或問：脩業，德亦有進否？曰：進德，只就心上言；居業，是就事上言。忠信，「如惡惡臭，如好好色」，直是事事物物皆見得如此，純是天理，則德日進。不成只如此了却。「脩辭立誠」，就事上理會，「所以居業也」。進則日見其新，居則常而不厭。賀孫。

問：「進德脩業」，進德只一般說，至脩業却又言「居業」，何也？曰：未要去理會「居」字、「脩」字，且須理會如何是德，如何是業。曰：德者，本於內而言；業者，見於外而言。曰：「內」、「外」字近之。德者，得之於心者也。業乃事之就緒者也，如古人所謂「業已如此」是也。且如事親之誠心，真箇是得之於吾心，而後見於事親之際，方能有所就緒。然却須是忠信，方可進德。蓋忠信則無一事不誠實，猶木之有根，其生不已。佐。

「忠信所以進德」，只是著實，則德便自進。居只是常常守得，常常做去，業只是這箇業。今日「脩辭立其誠」，明日又「脩辭立其誠」。淵。

林安卿問「脩業」、「居業」之別。曰：二者只是一意。居，守也。逐日脩作是脩，常常爲此是守。❶義剛。

亞夫問：「進德脩業」復云「居業」，所以不同。曰：德則日進不已。業如屋宇，未脩則當脩之，既脩則居之。蓋卿。

「進德脩業」，進是要日新又新，德須是如此。業却須著居，脩業便是要居他。居

❶「爲」，萬曆本作「如」。

如人之居屋，只住在這裏面便是居。不成道脩些箇了便了。脩辭便是立誠，如今人持擇言語，丁一確二，一字是一字，一句是一句，便是立誠。若還脱空亂語，誠如何立？伊川説這箇做兩字，明道只做一意説，❶明道説這般底説得條直。淵。

伊川云：「『忠信所以進德』，聖人之事；『敬以直内』，賢人之事。」一便恁地剛健，一便恁地柔順。賀孫。

或問「乾是聖人之事，坤是賢人之事」。曰：此但指乾之君子忠信進德處，與坤之「敬以直内，義以方外」處。問：如此，則賢者更不可做乾之事？曰：忠信進德，這箇「如惡惡臭，如好好色」，表裏無一豪不實處。及脩辭立誠，見得精粗本末，直恁地做將去，有那剛健底意思，若「敬以直内，義以方外」，便是謹守。

「忠信所以進德，脩辭立其誠所以居業」，如何是乾德？只是健底意思，恁地做去。寓録云：硬立脚做去。「敬以直内，義以方外」，如何是坤德？只是順底意思，恁地收斂。寓録云：恁地收斂做去。○淳。

「忠信所以進德」，是乾健工夫。蓋是剛健粹精，兢兢業業，日進而不自已，如活龍然，精彩氣焰自有不可及者。直内、方外，是坤順工夫。蓋是固執持守，依文按本底做將去，所以爲學者事也。又云：説《易》只是陰陽，説乾坤只是健順，如此議論，更無差錯。人傑。

忠信進德，脩辭立誠，與「敬以直内，義以方外」，分屬乾坤，蓋取健、順二體。脩辭立誠，自有剛健主立之體；敬義，便有静順

❶「意」，原作「箇」，今據朝鮮本改。

之體。進脩便是箇篤實，敬義便是箇虚静。故曰陽實陰虚。㽦。

問：「忠信所以進德，脩辭立誠」，這是知得此理後，全無走作了，故直拔恁地勇猛剛健做將去，便是乾道。資敬義夾持之功，不敢有少放慢，這是坤道。曰：意思也是恁地。但乾便帶了箇知底意思，帶了箇健底意思。所謂進德，又是他心中已得這箇道理了。到坤便有箇順底意思。便只蒙乾之知，更不説箇「知」字，只説敬義夾持做去底已後事。道夫問：「敬以直内」，若無「義以方外」也不得。然所謂「義以方外」者，只是見得這箇道理合當恁地，便只斬截恁地做將去否？曰：見不分曉則圓，後糊塗，便不方了。「義以方外」，只那界限便分明，四面皆恁平正。道夫。

履之問：「忠信進德，脩辭立誠以居業，乾道也；敬以直内，義以方外，坤道也。」乾道恐是有進脩不已之意，坤道是安静正固之意否？曰：大略也是如此。但須識得「忠信所以進德」是如何。仲思曰：恐只是「發已自盡，循物無違」。曰：此是言應事接物者，却又依舊是「脩辭立其誠」了。伯羽曰：恐是存主誠實，以爲進德之地。曰：如何便能忠信？仲思所説，固只是見於接物，蜚卿所説，也未見下落處。直卿曰：恐作内外分説，如《中庸》所謂「大德敦化，小德川流」。曰：也不必説得恁地高。這只是「如惡惡臭，如好好色」，則其獨自謹。○乾固是健，然硬要他健也不得。譬如不健底人，只有許多精力，如何强得？○乾從知處説，坤從守處説。○生知者是合下便見得透，忠信便是他，更無使之忠信者。○大凡人學，須是見到自住不得處，方有功。所以聖人説得恁地寬，須是人自去裏面尋之，須是知得，方能忠信。「誠之者，人之道」，看「誠之」字，全只似固執意思，然下文必先説擇善，而後可固執也。伯羽。

問：「忠信進德，脩辭立誠，乾道也；敬以直内，義以方外，坤道也。」脩辭恐是顔子「非禮勿言」之類。敬義是確守貞一，如仲弓問仁之類。脩省言辭等處，是剛健進前，一刀兩斷功夫，故屬乎陽，而曰乾道。敬義夾持，是退步收斂，確實静定功夫，故曰坤道。不知可作如此看否？曰：如此看得極是。又問：程子又云：「脩省言辭，乃是體當自家『敬以直内，義以方外』之實事。」恐此所謂乾道、坤道處，亦不可作兩事看。曰：固皆是脩己上事，但若分言，則須如此分別。大抵看道理，要看得他分合各有着落，方是子細。銖。

問「君子進德脩業」。曰：乾卦連致知、格物、誠意、正心都説了，坤卦只是説持守。坤卦是箇無頭物事，只有後面一節，只是一箇持守、柔順、貞固而已，事事都不能爲首，只是循規蹈矩，依而行之。乾父坤母，意思可見。乾如創業之君，坤如守成之君。乾如蕭何，坤如曹參。所以「坤元亨，利牝馬之貞」，都是説箇順底道理。又云：「先迷後得」，先迷者，無首也，前面一項事他都迷不曉，只知順從而已。後獲者，迷於先而獲於後也。乾則不言所利，坤則利牝馬之貞，每每不同。所以康節云：「乾無十，坤無一。」乾至九而止，奇數也；坤數偶，無奇數也。用之云：乾無十者，有坤以承之；坤無一者，有乾以首之。曰：然。僩。

坤只説得持守一邊事。如乾九三，言「忠信所以進德，脩辭立其誠，所以居業」，便連致知、持守都説了。坤從首至尾皆去却一箇頭，如云「後得主而有常」，「或從王事，无成有終」，皆是無頭。文蔚曰：此見聖人、賢人之分不同處。曰：然。文蔚。

用之問：忠信進德，有剛健不已底意思，所以屬乾道；敬義是持守底意思，所以屬之坤道。曰：乾道更多得上面半截，坤只是後面半截。忠信進德，前面更有一段工夫。子蒙。

伊川説「内積忠信」，「積」字説得好。某「實其善」之説雖密，不似「積」字見得積在此而未見於事之意。學履。

「内積忠信」，一言一動必忠必信，是積也。「知至至之」，全在「知」字。「知終終之」，在着力守之。賀孫。

伊川解「脩辭立誠」作「擇言篤志」，説得來寬，不如明道説云：「脩其言辭，正爲立己之誠意，乃是體當自家『敬以直内，義以方外』之實事。」學履。

明道論「脩辭立其誠，所以居業」，説得來洞洞流轉。若伊川以「篤志」解「立其誠」，則緩了。高。

「擇言」是「脩辭」，「篤志」是「立誠」。大率進德、脩業只是一事，進德是就心上説，脩業是就事上説。道夫。

問：「内積忠信」是誠之於内，「擇言篤志」是誠之於外否？曰：「内積忠信」是實心，「擇言篤志」是實事。又問：「知至至之」是致知，「知終終之」是力行，固是如此。然細思，恐知至與知終屬致知，至之、終之屬力行，二者自相兼帶。曰：程子云：「知至至之」主知，「知終終之」主行。❶ 然某却

❶「主知」、「主行」，朝鮮本分别作「主至」、「主終」。

疑似亦不必如此說，只將「忠信所以進德，脩辭立其誠所以居業」說自得。蓋無一念之不誠，所以進其德也。德謂之進，則是見得許多，又進許多。無一言之不實，所以居其業也。業謂之居，便是知之至此，又有以居之也。道夫。

「內積忠信，所以進德也；擇言篤志，所以居業也。」擇言，便是脩省言辭；篤志，便是立誠。「知至至之」，便是知得進前去。又曰：「知至」便是真實知得，「如惡惡臭，如好好色」。「至之」便是真箇求到「如惡惡臭，如好好色」之地。「知終」便是知得進到這處了，如何保守得，便終保守取，便是「終之」。如「脩辭立其誠」，便是「知終終之」。「可與幾」，是未到那裏，先見得箇事幾，便是見得到那裏。「可與存義」，便似守得箇物事在。一箇是進，一箇是居。進，如「日知其所亡」，只管進前去；居，如「月無忘其所能」，只管日日恁地做。賀孫。

問：《本義》云：「忠信，主於心者無一念之不實。」既無不實，則是成德，恐非進德之事。曰：「忠信所以進德」，忠信者，無一豪之不實。若有一豪之不實，如捕風捉影，更無下工處，德何由進？須是表裏皆實，無一豪之僞，然後有以爲進德之地，德方日新矣。又問：「脩辭」，云「無一言之不實」，此易曉。「居業」如何實？曰：日日如此行，從生至死，常如此用工夫，無頃刻不相似。池録云：《本義》說見於事者。又曰：「知崇禮卑」亦是此意。「知崇」，進德之事也；「禮卑」，居業之事也。池録云：進謂日見其新，居謂常而不厭。○僩。

問：《文言》六爻，皆以聖人明之，有隱顯而無淺深。但九三一爻又似說學者事，豈聖人亦有待於學邪？所謂「忠信進德」、「脩辭立誠」，在聖人分上如何？曰：聖人亦是如此進德，亦是如此居業。只是在學者則勉强而行之，在聖人則自然安而行之。知至、知終亦然。又問：如「庸言之信，庸行之謹」，在聖人則自然如此，爲「盛德之至」。「閑邪存其誠」，在聖人則爲「無斁亦保」。是此意否？曰：謹信存誠，是裹面工夫，無跡；忠信進德，脩辭居業，是外面事，微有迹。在聖人分位，皆做得自别。銖。

飛卿舉聖賢所説忠信處，以求其同異。曰：公所舉許多忠信，只是一箇，但地頭不同。直卿問：乾之「忠信」與他處所謂忠信，正猶夫子之「忠恕」與子思所謂「違道不遠」之忠恕相似。曰：不然。此非有等級，但地頭各别耳。正如伊川所謂「無妄之謂誠，不欺其次也」，不欺也是誠，但是次於無妄耳。先生復問：昨所説如何？曰：先生昨舉「如好好色，如惡惡臭」，説「忠信所以進德」。曰：只是如此，何不以此思之？適所舉忠信，只是對人言之者。乾之忠信，是專在己上言之者。乾卦分明是先見得這箇透徹，便一直做將去，如「忠信所以進德」至「可與存義也」，都是徑前做去，有勇猛嚴厲、斬截剛果之意。須是見得，方能恁地。又如「樂則行之，憂則違之，確乎其不可拔」，亦是這般剛决意思。所以生知者分明是合下便見得透，故其健自然如此，更着力不得。坤卦則未到這地位，「敬以直内，義以方外」，未免緊帖把捉，有持守底意，不似乾卦見得來透徹。道夫問：《易傳》云：「内積忠信，所以進德也。」「積」字又也似用力，如何？曰：正是用力，不用力如何得。乾卦雖如此，亦是言學。但乾是先知得透，故勇猛嚴厲，其進莫之能禦。履之問：《易》之「忠信」，莫只是實理？曰：此説實理未得，只是實心。有實心，則進德自無窮已。又曰：實心便是學者之關中、河内，必先有此，而後可以有爲。若無此，則若存若亡而已，烏能有得乎！「有諸己之謂信」，意正謂此。又曰：程子謂：「一心之中，如有兩人焉，將爲善，有惡以間之；爲不善，又有愧耻之心。此正交戰之驗。」程子此語，正是言意不誠，心不實處。大凡意不誠，分明是吾之賊。我要上，他牽下來；我要前，他拖教後去。此最學者所宜察。道夫。

問「君子進德脩業。忠信所以進德，脩辭立誠所以居業」。曰：這「忠信」二字，正是《中庸》之「反諸身而誠」、《孟子》之「反身而誠」樣「誠」字。是知得真實了，知得決然是如此，更攧撲不碎了，只欠下手去做。「忠信」是知得到那真實極至處，「脩辭立誠」是做到真實極至處。若不是真實知得，進箇甚麽？前頭黑淬淬地，如何地進得去？既知得，若不真實去做，那箇道理也只懸空在這裏，無箇安泊處，所謂忠信，也只是虚底道理而已。這裏極難説，須是合《中庸》「反諸身而誠」與《孟子》「反身而誠」諸處看。舊又見先生説：《孟子》「有諸己之謂信」，亦是《易》中所謂「忠信」，非「主忠信」之「忠信」也。若看不透，且休，待他時看。而今正是這「忠信所以進德」一節看未得，所以那「脩辭立誠」一段也看未得。又問：所以只説「脩辭」者，只是工夫之一件否？曰：言是行之表，凡人所行者，無不發出來，也是一件大事。又曰：「忠信」是始，「脩辭立誠」是終。「知至至之」是忠信進德之事，「知終終之」是居業之事。問：「至之」是已至其處否？

曰：未在。是知得那至處，方有箇向望處，正要行進去。「知終終之」，是已至其處，終之而不去。又問：「忠信所以進德」至「居業也」，可以做聖人事否？曰：不可。「所以進德」，正是做工夫處。聖人則不消説忠信了，只説得至誠。問：如此則皆是學者事？曰：然。這裏大概都是學者事。問：頃見某人言，乾卦是聖人事，坤卦是賢人事，不知是否？曰：某不見得如此。便是這物事勞攘。如説他是聖人事，❶他這裏又有説學者處。❷如初九云「潛龍勿用」，子曰，云云。也可以做聖人事。九二曰，云云。也可以做聖人説。及至九三，便説得勞攘，只做得學者事矣。問：内卦以德、學言，外卦以時、位言，此却定？曰：然。僩。

問：「忠信所以進德，脩辭立其誠所以居業」，疑忠信是指言行發於外者而言，如「爲人謀而不忠，與朋友交而不信」，皆是發見於外者，如何却言「進德」？「脩辭立誠」與忠信果何異？又指爲「居業」，何也？曰：忠信是心中樸實頭見得道理如此，故其德日進而不已，猶孟子所謂「有諸己」者是也。故指進德而言。「脩辭立誠」却是就言語上説。又問：「立誠」不就制行上説，而特指「脩辭」，何也？曰：人不誠處，多在言語上。柄。

「君子進德」至「存義也」，忠信猶言實其善之謂，非「主忠信」、「與朋友交而有信」之忠信。能實其爲善之意，自是住不得，德不期進而自進，猶飢之欲食，自是不可已。進德則所知所行自進而不已，居業則只在

❶「如」，原作「好」，今據朝鮮本改。
❷「他這裏」，三字原脱，今據朝鮮本補。

此住了不去。只看「進」字、「居」字可見。進者，日新而不已；居者，一定而不易。忠信進德，脩辭立誠居業，工夫之條件也；「知至至之可與幾，知終終之可與存義」，工夫之功程也。此一段只是説「終日乾乾」而已。學履。

敬之問：「忠信」至「存義也」，上面「忠信」與「脩辭立誠」未是工夫，到下面方是工夫否？曰：「忠信所以進德，脩辭立其誠所以居業」，如何未是工夫？只上面「忠信」與「脩辭立誠」便是材料，下面「知至」、「知終」，惟有實了方會如此。大抵以忠信爲本，忠信只是實，若無實如何會進？如播種相似，須是實有種子下在泥中，方會日日見發生。若把箇空殼下在裏面，如何會發生？即是空道理，須是實見得。若徒將耳聽過，將口説過，濟甚事？忠信所以爲實者，且如孝，須實是孝，方始那孝之德一日進一日；如弟，須實是弟，方始那弟之德一日進一日。若不實，却自無根了，如何會進？今日覺見恁地去，明日便漸能熟；明日方見有一二分，後日便見有三四分，意思自然覺得不同。「立其誠」，誠依舊便是上面忠信，「脩辭」是言語照管得到，那裏面亦須照管得到。「居業」是常常如此，不少間斷。德，是得之於心；業，是見之於事。「進德」是自覺得意思日强似一日，日振作似一日，不是外面事，只是自見得意思不同。業是德之事也，德則欲日進，業要終始不易。居是存而不失之意。「可與幾」是見得前面箇道理，便能日進向前去。「存義」是守這箇義，只是這箇道理，常常存在這裏。「可」是心肯意肯之義。譬如昨日是無奈何，勉强去爲善，今日是心肯意肯要去爲善。賀孫。

問「忠信進德」一段。曰：「忠信」是心中所發，真見得道理如此，如惡惡臭、好好色一般。「脩辭立誠」是就事上説，欲無一言之不實也。問：脩辭也是舉一端而言否？曰：言者行之表，故就言上説。又云：「知至至之」是屬「忠信進德」上説，蓋真見得這道理，遂求以至之。「知終終之」是屬「脩辭立誠」上説，蓋事是已行到那地頭了，遂守之而不失。又云：「忠信進德」是見箇「脩辭立誠」底道理，「脩辭立誠」是行箇「忠信進德」底道理。學履。

問「忠信所以進德」。曰：忠信，某嘗説是「如好好色，如惡惡臭」，是決定徹底，恁地這便會進。人之所以一脚進前，一脚退後，只是不曾真實做，如何得進！「知至至之」是見得恁地，一向做去，故「可與幾」。「忠信進德」與「知至至之，可與幾也」這幾句，都是去底字。「脩辭立誠」與「知終終之，可與存義」，都是住底字。「進德」是「日日新」，「居業」是日日如此。又云：「進德」是營度、方架這屋相似，「居業」是據見成底屋而居之。「忠信」二字與别處説不同。因舉「破釜甑，燒廬舍，持三日糧，示士卒必死，無還心」，如此方會厮殺。忠信便是有這心，如此方會進德。夔孫。

問「忠信所以進德」一段。曰：這忠信如「反身而誠」，「如惡惡臭，如好好色」恁地底地位，是主學者而言。在聖人則爲至誠，忠信不足以言之也。忠信是真箇見得這道理，決然是如此，既見得如此，便有箇進處。不然，則黑淬淬地，進箇甚麽！此其所以進德。「脩辭立誠」便是真箇做得，如此去做，所以曰「居業」。然而忠信便是見得「脩辭立誠」底許多道理，「脩辭立誠」便是居那忠信底許多道理。蓋是見得分明，方有箇進處。若不曾見得，則從何處進？分明黑淬淬地，進箇甚麽！然見得箇道理是如此，却不去做，便是空見得，如不曾見相似。「知至至之」，如「忠信進德」底意思。蓋是見得在那裏，如望見在那裏相似，便要到那裏，所以曰「可與幾也」。「知終終之」，如「脩辭立誠」底意思，蓋已是在這裏做，決要做到那裏，所以曰「可與存義」。若只見得不去行時，也如何存得許多道理。惟是見得而又能行，方可以存義也。又問：「知至至之，知終終之」，恐是大率立箇期限如此？曰：這只是箇始終。燾。

符問「知至至之，可與幾也；知終終之，可與存義也」。曰：「忠信所以進德也，脩辭立其誠所以居業也」，方説「知至至之，可與幾也；知終終之，可與存義也」。「知至」是知得到至處，「至之」謂意思也隨他到那處，這裏便可與理會幾微處。「知終」是知得到終處，「終之」謂意思也隨他到那裏，這裏便可與「存義」。存，謂存主，今日也存主在這裏，明日也存主在這裏。賀孫。

「知至至之」，知，謂進德者也；「知終終之」，此知，謂居業者也。進德者，「日日新，又日新」，進進而不已也；居業者，日日守定在此也。然必内有忠信，方能脩辭；心不在時，如何脩得？於乾言「忠信」者，有健而無息之意；於坤言「敬」者，有順而有常之意。祖道。

「知至」，雖未做到那裏，然已知道業可居，心心念念做將去，「脩辭立其誠」以終他，終便是居了。「進德」、「知至」、「可與幾」是一類事，這般處説得精，便與那「崇德廣業」、「知崇禮卑」一般。若是那「始條理」、「終條理」底，説得麄。淵。

「知至至之」，主在「至」上；「知終終之」，主在「終」上。至是要到那去處而未到之辭。❶如去長安，未到長安，却先知道長安在那裏，從後行去，這便是進德之事。進德是要日新又新，只管要進去，便是要至之，故説道「可與幾」。未做到那裏，先知得如此，所以説「可與幾」。「進」字貼着那「幾」字，「至」字又貼着那「進」字，「終」則只是要守。業只是這業，今日如此，明日又如此，所以下箇「居」字。壯祖録云：「知終終之」是居業意。「脩辭立其誠」，今日也只做此事，明日也只做此事，更無住底意，故曰「可與存義也」。終者，只這裏終。「居」字貼着那「存」字，「終」字又貼着那「居」字。德是心上説，義是那業上底道理。淵。

用之問「知至至之，可與幾也；知終終之，可與存義也」。曰：上「至」字是至處，下「至」字是到那至處。「知終」是終處，「終之」是終之而不去，蓋求必終於是，而守之不去也。先知爲幾，如人欲往長安，雖未到長安，然已知長安之所在，所謂「可與幾」也。若已到彼，則不謂之幾。幾者，先知之謂也。存者，守而勿失。既知得箇道理如此，則堅守之而勿失，所謂「可與存義也」。僩。

林問：「知至」與「知終」，「終」字、「至」字其義相近，如何？曰這處人都作兩段衮將去，所以難得分曉。「知至」與「至之」，「知終」與「終之」，分作四截説。「知至」是知得到處，「知終」是終其到處。「至之」是

❶「去」，原無，今據朝鮮本補。

須着行去到那處，「終之」是定要守到那處。上兩箇「知」字却一般。舉《遺書》所謂：「知至至之」，主知也；「知終終之」，主終也。均一知也，上却主知，下却主終。要得守，故如此。寓。

「知至至之。」「知至」則「知」字是輕，「至」字是到那處。「至之」則「至」字是實，「之」字是虛。如知得要到臨安，是「知至」，須是行到那裏，方是「至之」。《大學》「知至」，「知」字重，「至」字輕。賀孫。

「知至」是要知所至之地，「至之」便是至那地頭了。「知終」是知得合如此，「終之」便須下終底工夫。「幾」字是知之初，方是見得事幾，便須是至之。「存義」是守得定，方存得這義。礪。

「知至至之」，知其可至而行至之也。「知終終之」，知其可住而止之。祖道。

問：「知至至之」，致知也；「知終終之」，力行也。雖是如此，知至、知終皆致知事，至之、終之皆力行事，然「知至至之」主於知，故「可與幾」；「知終終之」主於行，故「可與存義」，如何？曰：「知至至之」者，言此心所知者，心真箇到那所知田地，雖行未到而心已到，故其精微幾密一齊在此，故曰「可與幾」。「知終終之」者，既知到極處，便力行進到極處，此真實見於行事，故天下義理都無走失，故曰「可與存義」。所謂知者，不似今人略知得而已；其所知處，此心真箇一一到那上也。「知至至之」，進德之事。以知得端的如此，此心自實。從此實處去做，便是進德處也。○銖。

「可與幾」、「可與存義」，是旁人說，如「可與立」、「可與權」之「可與」同。礪。

「可與存義也」，「存」字似不甚貼「義」

字，然亦且作「存」字看，所以伊川云「守之在後」。端蒙。

乾忠信進德，脩省言辭立誠，是終身事。「知至」以下是節次，「知終終之」，用力處也。坤「直方大」是「浩然」，「不習无不利」，「不疑其所行」，乃是「不動心」。方。

體無剛柔，位有貴賤。因他這貴賤之位，隨緊慢説，有那難處，有那易處。九三處一卦之盡，所以説得如此；九二位正中，便不恁地。淵。

問：乾卦内卦以德、學言，外卦以時、位言否？曰：此正説《文言》六段。蓋雖言德、學，而時、位亦在其中，非德、學何以處時、位？此是「子曰」以下分説，其後却錯雜説了。僩。

「上下无常非爲邪，進退无恒非離群」，是不如此，只要得及時。又云：如此説也好。淵。

「君子進德脩業欲及時」者，進德脩業，九三已備，此則欲其及時以進耳。銖。

「飛龍在天，利見大人。」《文言》分明言：「同聲相應，同氣相求。水流濕，火就燥，雲從龍，風從虎，聖人作而萬物覩。」他分明是以聖人爲龍，以「作」言「飛」，以「萬物覩」解「利見大人」，只是言天下利見夫大德之君也。今人却别做一説，恐非聖人本意。道夫。

天下所患無君，不患無臣。有是君必有是臣。雖使而今無，少間也必有出來。「雲從龍，風從虎」，只怕不是真箇龍虎，若是真龍虎，必生風致雲也。僩。

看來大人只是這大人，無不同處。伊川之病在那「二、五相見」處。卦畫如何會有相見之理！只是説人占得這爻，利於見大人。「萬物覩」之「覩」，便是「見」字。且如學聚問辨，説箇「君德」，前一處也説「君德」，蓋説道雖非君位而有君德。下面説許多「大人者」，言所以爲大人者如此。今却説「二、五相見」，却湊不着他這語脉。且如「先迷後得，主利，西南得朋，東北喪朋」，只是説先時不好，後來却好，西南便合着，東北便合不着。豈是説卦爻？只是説占底人。常觀解《易》底，惟是東坡會做文字了，都湊着他語脉。如「涣其群，元吉」，諸家皆云涣散了，却成群，都不成語句。唯東坡説道，涣散他小小群，聚合成一大群，如那天下混一之際，破散他小群，成一大群。如此方成文理。淵。

問：乾皆聖人事，坤皆賢人事否？曰：怕也恁地斷殺説不得。如乾初九，似説聖人矣，九二學聚問辨則又不然，上九又説「賢人在下位」，則又指五爲賢矣。看來聖人不恁地死殺説，只逐義隨事説道理而已。

味道問：聖人於《文言》，只把做道理説。曰：有此氣便有此理。又問：《文言》反覆説，如何？曰：如言「潛龍勿用，陽在下也」，又「潛龍勿用，下也」，只是一意重疊説。伊川作兩意，未穩。植。

問「乾元用九，天下治也」。曰：九是天德，健中便自有順，用之則天下治。如下文「乃見天則」，「則」便是天德，與上文「見群龍無首」又别作一樣看。礪。

「乾元者始而亨」一段，「始而亨」是生出去，「利貞」是收斂，聚方見性情。所以言「元亨誠之通，利貞誠之復」。礪。

「元亨」是大通，「利貞」是收斂情性。道夫。

問：一陽動於下，乃天地生物之心，如何利貞處乃爲乾之性情？曰：元亨者，發見流行之處。利貞，乃其本體無所作用之實。性情猶言情狀。於其收斂無所作用，方見它情狀真實。銖。

問「利貞者，性情也」。曰：此只是對「元亨」説，此性情只是意思體質。蓋「元亨」是動，發用在外；「利貞」是靜，而伏藏於内。榦。

「利貞者，性情也」，是乾元之性情。始而亨時，是乾之發作處。共是一箇性情，到那利貞處，一箇有一箇性情，百穀草木皆有箇性情了。元亨方是他開花結子時，到這利貞時，方見得他底性情。就這上看乾之性情，便見得。這是那「利貞誠之復」處。淵。

正淳問「利貞者性情」。曰：此是與元亨相對説。性情如言本體。人傑録云：性情猶情性，是説本體。元亨是發用處，利貞是收斂歸本體處。體却在下，用却在上。蓋春便生，夏便長茂條達，秋便有箇收斂撮聚意思，直到冬方成。問「復見天地心」。曰：天地之心，別無可做，「大德曰生」，只是生物而已。謂如一樹，春榮夏敷，至秋乃實，至冬乃成。雖曰成實，若未經冬，便種不成。直是受得氣足，便是將欲相離之時，却將千實來種，便成千樹，如「碩果不食」是也。方其自小而大，各有生意。到冬時，疑若樹無生意矣，不知却自收斂在下，每實各具生理，便見生生不窮之意。這箇道理，直是自然，全不是安排得，只是聖人便窺見機緘，發明出來。伊川《易傳》解四德，便只就物上説：「元者萬物之始，亨者萬物之長，利者萬物之遂，貞者萬物之成。」解得「遂」字最好。

《通書》曰：「元亨誠之通，利貞誠之復。」通，即發用；復，即本體也。㽦。○人傑録少異。

「不言所利」，是説得不似坤時「利牝馬之貞」，但説「利貞」而已。淵。

「不言所利」，明道説云：「不有其功，常久而不已者，乾也。」此語説得好。淵。

問：乾「不言所利」，程《易》謂「無所不利」，故不言利，如何？曰：是也。乾則無所不利，坤只「利牝馬之貞」，則有利不利矣。銖。

「大哉乾乎！」陽氣方流行，固已包了全體，陰便在裏了，所以説「剛健中正」。然不可道這裏却夾雜些陰柔，所以却説「純粹精」。淵。

「剛健中正，純粹精也。」觀其文勢，只是言此四者又純粹而精耳。程《易》作六德解，未安。銖。

問：乾「剛健中正」，或謂乾剛無柔，不得言中正。先生嘗言：「天地之間，本一氣之流行，而有動静耳。以其流行之統體而言，則但謂之乾而無所不包。以動静分之，然後有陰陽剛柔之别。」所謂「流行之統體」，指乾道而言耶？曰：「大哉乾元，萬物資始」，「乾道變化，各正性命」，只乾便是氣之統體，物之所資始，物之所正性命，豈非無所不包？但自其氣之動而言，則爲陽；自其氣之静而言，則爲陰。所以陽常兼陰，陰不得兼陽，陽大陰小，陰必附陽，皆此意也。銖。

「剛健中正」，爲其嫌於不中正，所以説箇中正。陽剛自是全體，豈得不中正！這箇因近日趙善譽者著一件物事，説道只乾、坤二卦便偏了，乾只是剛底一邊，坤只是柔底一邊。某説與他道，聖人做一部《易》，如何却將兩箇偏底物事放在疋頭？如何不討箇混淪底放在那裏？《注》中便是破他說。淵。

德者行之本。「君子以成德爲行」，言德，則行在其中矣。道夫。

問：「行而未成」，如何？曰：只是事業未就。又問：乾六爻皆聖人事，安得有未成？伊川云未成是「未著」，莫是如此否？曰：雖是聖人，畢竟初九行而未成。問：此只論事業，不論德否？曰：不消如此費力。且如伊尹居有莘之時，便是行而未成。文。

學聚問辯，聖人說得寬。這箇便是下面所謂君德。兩處說君德，皆如此。淵。

乾之九三，以過剛不中而處危地，當「終日乾乾，夕惕若」，則雖危无咎矣。聖人正意只是如此。若旁通之，則所謂「對越在天」等說皆可通。大抵《易》之卦爻，上自天子，下至庶人，皆有用處。若謂乾之九三君德已著，爲危疑之地，則只做得舜、禹事使。人傑。

問：「先天而天弗違，後天而奉天時」，聖人與天爲一，安有先後之殊？曰：只是聖人意要如此，天便順從，先後相應，不差豪釐也。因說：人常云，如雞覆子，啐啄同時，不知是如此否。時舉云：舊時家間嘗養雞，時舉時爲兒童，❶日候其雛之出，見他母初未嘗啄。蓋氣數才足，便自横迸裂開。有時見其出之不利，因用手略助之，則其子下來便不長進。以此見得這裏一豪人力有不能與。先生笑而然之。時舉。

❶「舊時」、「嘗」及「時爲」之「時」，四字原無，今據朝鮮本補。

又問：「天，專言之則道也」，又曰「天地者，道也」，不知天地即道耶？抑天地是形，所以爲天地乃道耶？曰：伊川此句，某未敢道是。天地只以形言。「先天而天弗違」，如禮雖先王未之有，而可以義起之類。雖天之所未爲，而吾意之所爲自與道契，天亦不能違也。「後天而奉天時」，如「天叙有典，天秩有禮」之類。雖天之所已爲，而理之所在，吾亦奉而行之耳。蓋大人無私，以道爲體。此一節只是釋大人之德。其曰「與天地合其德，與日月合其明，與四時合其序，與鬼神合其吉凶」，將天地對日月鬼神説，便只是指形而下者言。銖。○淳録：問：程子曰：「天，專言之則道也，天且弗違是也。」又曰：「天地者，道也。」此語何謂？曰：程子此語，某亦未敢以爲然。「天且弗違」，此只是上天。曰：「知性則知天」，此「天」便是「專言之則道」者否？曰：是。

問：胡文定公云：「舜『先天而天弗違』，『志壹則動氣也』；孔子『後天而奉天時』，『氣壹則動志也』。」如何？先生曰：「先天而弗違」者，舜先作《韶》樂而鳳凰來儀。「後天而奉天時」者，孔子因獲麟而作《春秋》。「志壹動氣」、「氣壹動志」，皆借孟子之言，形容天地感格之意。謨。

乾卦有兩箇「其惟聖人乎」，王肅本却以一箇做「愚人」，此必其自改得恁地亂道。如《中庸》，王肅作「小人反中庸」，這却又改得是。賀孫。

坤

「主利」，不是謂坤主利萬物，是占者主利。砥。

「利牝馬之貞」，言利於柔順之正，而不

利於剛健之正。利是箇虛字。「西南得朋」固是好了，「東北喪朋」亦自不妨爲有慶。坤比乾都是折一半用底。淵。

「利牝馬之貞」，本無四德底意，《彖》中方有之。《彖》中說四德自不分曉。前數說「元亨」處却說得分明，後面幾句無理會。「牝馬地類，行地無疆」，便是那「柔順利貞，君子攸行」，本連下面，緣他趁押韻後，故說在此。這般底難十分理會。「先迷失道」却分曉，只是說坤道。池本無「先迷」至此十二字。先迷後得、東北西南，大概是陰減池本有「爲」字。陽一半。就前後言，没了前一截；就四方言，没了東北一截。陽却是全體。「安貞之吉」，他這分段只到這裏，若更妄作以求全時，便凶了。在人亦當如此。伊川說「東北喪朋」處，但不知這處添得許多字否？此是用王輔嗣說。

又論坤卦「利牝馬之貞」，曰：乾卦「元亨利貞」便都好，到坤只一半好。全好，故云「利永貞」；一半好，故云「利牝馬之貞」，即是亦有不利者。只「西南得朋，東北喪朋」，雖伊川亦解做不好。殊不知「西南得朋，乃以類行」，豈是不好？至於東北，是坤卦到東南則好，到西北實是喪朋，亦非是凶，只是自然不容不喪朋。雖然喪朋，却「終有慶」耳。東南得地，「與類行」，自是好；西北不得地，自然喪朋。然其終亦如此等說，恐難依舊說。○謩。

「牝馬之貞」，伊川只爲泥那四德，所以如此說不通。淵。

問：牝馬取其柔順健行之象。坤順而言健，何也？曰：守得這柔順亦堅確，故有健象。柔順而不堅確，則不足以配乾矣。

問：「柔順利貞，君子攸行」，如何？曰：

「柔順利貞」，坤之德也。君子而能柔順堅正，則其所行，雖先迷而後得，雖「東北喪朋」，反之西南，則得朋而有慶。蓋陽大陰小，陽得兼陰，陰不得兼陽。坤德常只得乾之半，故常減於乾之半也。

問：「君子有攸往」，何也？曰：此是虚句，意在下句。伊川只見《彖傳》辭押韻，有「柔順利貞，君子攸行」之語，遂解云：「君子所行，柔順而利且貞。」恐非也。蓋言君子有所往，「先迷後得，主利」也。問「東北喪朋，西南得朋」。曰：陰不比陽，陰只理會得一半。不似陽兼得陰，故無所不利。陰半用，故得於西南，喪於東北。「先迷後得」亦然。自王輔嗣以下皆不知此，多錯解了。銖。

乾主義，坤便主利。占得這卦，便主利這事。不是坤道主利萬物，乃是此卦占得時，主有利。淵。

陰體柔躁。只爲他柔，所以躁。剛便不躁。躁是那欲動而不得動之意。剛則便動矣。柔躁不能自守，所以説「安貞吉」。淵。

資乾以始，便資坤以生，不争得霎時間。乾底亨時，坤底亦亨。生是生物，池本云：坤之所生。即乾之所始者。淵。

徐焕云：天之行健，一息不停，而坤不能順動以應其行，則造化生生之功或幾乎息矣。此語亦無病。萬物資乾以始而有氣，資坤以生而有形。氣至而生，生即坤元。徐説亦通。淵。

「未有乾行而坤止」，此説是。且如乾施物，坤不應，則不能生物。既會生物，便是動。若不是他健後，如何配乾！只是健得來順。淵。

東北非陰之位，陰柔至此，既喪其朋，自立脚不得，必須歸本位，故終有慶。又曰：牝是柔順，故先迷而喪朋。然馬健行，却後得而有慶。牝、馬不可分爲二，今姑分以見其義。礪。

「東北喪朋，乃終有慶。」既言「終有慶」，則有慶不在今矣。爲他是箇柔順底物，東北陽方，非他所安之地，如慢水中魚，去急水中不得，自是喪朋。喪朋於東北，則必反於西南，是終有慶也。正如「先迷後得」，爲他柔順，故先迷；柔順而不失乎健，故後得。所以卦下言「利牝馬之貞」。喪朋、先迷便是牝，有慶、後得便是馬。將「牝」、「馬」字分開，却形容得這意思。文蔚曰：大抵柔順中正底人，做越常過分底事不得。只是循常守分時，又却自做得他底事。曰：是如此。文蔚。

問：坤言「地勢」，猶乾言「天行」；「天行健」，猶言「地勢順」。然《大象》乾不言乾，而言「健」，坤不言順，而言「坤」，説者雖多，究竟如何？曰：此不必論，只是當時下字時偶有不同。必欲求説，則穿鑿，却反晦了當理會底。問：地勢猶言高下相因之勢，以其順且厚否？曰：高下相因只是順，若厚，又是一箇道理。然惟其厚，所以上下只管相因去，只見得他順。若是薄底物，高下只管相因，則傾陷了，不能如此之無窮矣。惟其高下相因無窮，所以爲至順也。君子體之，惟至厚爲能載物。天行甚健，故君子法之以自强不息；地勢至順，故君子體之以厚德載物。銖。

地之勢，常有順底道理。且如這箇平地，前面便有坡陁處，突然起底，也自順。淵。

陰爻稱六，與程《傳》之說大不同。這只就四象看便見得分曉。陰陽一段只說通例，此兩物相無不得。且如天晴幾日後，無雨便不得。十二箇月，六月是陰，六月是陽。一日中，陽是晝，陰是夜。淵。

坤六爻雖有重輕，大概皆是持守、收斂、畏謹底意。礪。

問：「履霜堅冰」，何以不著占象？曰：此自分曉。占者目前未見有害，却有未萌之禍，所宜戒謹。礪。

問「履霜堅冰至」。曰：陰陽者，造化之本，所不能無，但有淑慝之分。蓋陽淑而陰慝，陽好而陰不好也。猶有晝必有夜，有暑必有寒，有春夏必有秋冬，人有少必有老。其消長有常，人亦不能損益也。但聖人參天地，贊化育，於此必有道。故觀「履霜堅冰至」之象，必有謹微之意，所以扶陽而抑陰也。銖。

「直、方、大」，是他陰爻居陰位，無如此之純粹。爻辭云「直、方、大」者，言占者「直、方、大」，則「不習無不利」，却不是說坤德「直、方、大」也。且如「元亨利貞」，《彖》裏面說底，且隨他說做一箇事；後面說底四事，又儘隨他說去。如某之說爻，無許多勞攘。淵。

問：坤之道「直、方、大」，六二純正，能得此以爲德否？曰：不可說坤先有是道，而後六二得之以爲德。坤是何物？六二是何物？畢竟只是一箇坤，只因這一爻中正，便見得「直、方、大」如此。學履。

六二不當說正，要說也說得行，不若除了。淵。

問：坤六二，聖人取象，何故說得恁地大，都與坤德不相似？曰：如何見得不相似？曰：以陰陽反對觀之，「直、方、大」者，皆非陰之屬也。曰：坤六爻中，只此一爻最重。六五雖居尊位，然却是以陰居陽。六二以陰居陰，而又居下卦，所以如此。

問：坤之順，恐似此處，順只是順理，不是柔順之順。曰：也是柔順，只是他都有力。乾行健，固是有力；坤雖柔順，亦是决然恁地。順不是柔弱放倒了，所以聖人亦説：「坤至柔而動也剛，至静而德方。」榦。

問：六四「括囊」，注云：「六四重陰不中，故其象、占如此。」重陰不中，何以見其有括囊之象？曰：陰而又陰，其結塞不開，即爲括囊矣。又問：占者必當括囊則无咎，何也？曰：當「天地閉，賢人隱」之時，若非括囊，則有咎矣。榦。

坤六四爻不止言大臣事。凡得此爻，在位者便當去，未仕者便當隱。伯豐因問比干事。曰：此又别是一義，雖凶无咎。㽦。

問：坤二、五皆中爻，二是就盡得地道上説，五是就著見於文章事業上説否？曰：不可説盡得地道，他便是坤道也。二在下，方是就工夫上説，《文言》云「不疑其所行」是也。五得尊位，則是就他成就處説，所以云：「美在其中，而暢於四支，發於事業，美之至也。」學履。

「黄裳元吉」，不過是在上之人能以柔順之道。黄，中色。裳是下體之服。能似這箇，則無不吉。淵。

「黄裳元吉」，這是那居中處下之道。乾之九五，自是剛健底道理。坤之六五，自是柔順底道理。各隨他陰陽，自有一箇道理。其爲九、六不同，所以在那五處亦不同。這箇五之柔順，從那六裏來。淵。

問：「黄裳元吉」，伊川解作聖人示戒，

並舉女媧、武后之事。今考本爻無此象，這又是象外立教之意否？曰：不曉這意。若伊川要立議論教人，可向别處説，不可硬配在《易》上説。此爻何曾有這義？都是硬入這意，所以説得絮了。因舉云：邵溥謂伊川因宣仁垂簾事，有怨母后之意，故此爻義特爲他發。固是他後生妄測度前輩，然亦因此説而後發也。學履。

問：坤上六陰極盛而與陽戰，爻中乃不言凶。且乾之上九猶言「有悔」，此却不言，何耶？曰：戰而至於俱傷，「其血玄黄」，不言而凶可知矣。時舉。

子耕問「龍戰于野」。曰：乾無對，只是一箇物事。至陰則有對待。大抵陰常虧於陽。人傑。

問：乾上九只言亢，坤上六却言戰，何也？曰：乾無對待，只有乾而已，故不言坤。坤則不可無乾。陰體不足，常虧欠，若無乾，便没上截。大抵陰陽二物，本别無陰，只陽盡處便是陰。𥈭。

問：如《乾》初九，「潛龍」是象，「勿用」是占辭；《坤》六五，「黄裳」是象，「元吉」是占辭，甚分明。至若《坤》初六「履霜堅冰至」，六二「直、方、大，不習无不利」，六三「含章可貞，或從王事，無成有終」，上六「龍戰于野，其血玄黄」，皆是舉象而占意已見於象中，此又别是一例，如何？曰：象、占例不一，有占意只見於象中者，亦自可見。如乾初九、坤六四，此至分明易見者。如「直、方、大」，惟直、方故能大，所謂「敬義立而德不孤」。六二有直、方、大之象，占者有此德而得此爻，則「不習而无不利」矣，言不待學習而无不利也。故謂「直、方、大」爲象，「不習无不利」爲占辭，亦可。然直、方故能大，故不習无不利。象既如此，占者亦不離此意矣。六三陰居陽位，本是陰帶些陽，故爲「含章」之象。又「貞」以守，則爲陰象矣。「或從王事」者，以居下卦之上，不終含藏，故有或時出從王事之象。「无成有終」者，不居其成，而能有終也。在人臣用之，則爲不居其成而能有終之象；在占者用之，則爲始進無成而能有終也。此亦占意已見於象中者。六四重陰不中，故有「括囊」之象，「无咎无譽」，亦是象中已見占意。因問：程《易》云：六四近君而不得於君，爲「上下間隔之時」。與「重陰不中」，二説如何？曰：只是「重陰不中」，故當謹密如此。銖。

「用六永貞，以大終也。」陽爲大，陰爲小，如大過、小過之類，皆是以陰陽而言。坤六爻皆陰，其始本小，到此陰皆變爲陽矣，所謂「以大終也」，言始小而終大。文蔚。

「坤至柔而動也剛。」坤只是承天，如一氣之施，坤則盡能發生承載，非剛安能如此？❶僩。

問：坤「至柔而動也剛，至静而德方」，程《傳》云：「坤道至柔而動則剛，坤體至静而德則方。」柔與剛相反，静與方疑相似。曰：静無形，方有體。方謂生物有常，言其德方正一定，確然不易，而生物有常也。静言其體，則不可得見；方言其德，則是其著也。銖。

陰陽皆自微至著，不是陰便積着，陽便合下具足。此處亦不説這箇意。「履霜堅冰」，只是説從微時便須著慎來，所以説「蓋言慎也」。「由辯之不早辯」，李光祖云：

❶「剛」，原作「則」，今據萬曆本改。

「不早辯他，直到得郎當了，却方辯，剗地激成事來。」此説最好。淵。

「敬以直内」，最是緊切工夫。賀孫。

「敬以直内」是持守工夫，「義以方外」是講學工夫。升卿。

「敬以直内，義以方外。」直是直上直下，胸中無纖豪委曲。方是割截方整之意。「方」疑是「齊」。○德明。

「敬以直内，義以方外」，只是此二句。「格物致知」是「義以方外」。夔孫。

「敬以直内」，便能「義以方外」，非是別有箇義。敬譬如鏡，義便是能照底。德明。

敬立而内自直，義形而外自方。若欲以敬要去直内，以義要去方外，即非矣。銖。

問「義形而外方」。曰：義是心頭斷事底。心斷於内，而外便方正，萬物各得其宜。寓。

先之問「敬以直内，義以方外」。曰：説只恁地説，須自去下工夫，方見得是如此。「敬以直内」是無纖豪私意，胸中洞然，徹上徹下，表裏如一。「義以方外」是見得是處決定是恁地，不是處決定不恁地，截然方方正正，須是自將去做工夫。聖門學者問一句，聖人答他一句，便領略將去，實是要行得。如今説得儘多，只是不曾就身己做看。某之講學，所以異於科舉之文，正是要切己行之。若只恁地説過，依舊不濟事。若實是把做工夫，只是「敬以直内，義以方外」八箇字，一生用之不窮。賀孫。

問：「君子敬以直内，義以方外」，伊川謂「主一之謂敬，無適之謂一」，而不涵義之意。則須於應事接物間，無往而不主一，則義亦在其中矣。如此，則當明敬中有義，義自敬中出之意方好。曰：亦不必如此説。

「主一之謂敬」，只是心專一，不以他念亂之。每遇事，與至誠專一做去，即是主一之義。但既有敬之名，則須還他敬字；既有義之名，則須還他義字。二者相濟則無失，此乃理也。若必欲騈合，謂義自敬中出，則聖人何不只言「敬」字便了！既又言「義」字，則須與尋「義」字意始得。大雅。

景紹問「敬、義」。曰：敬是立己之本，義是處事截然方正，各得其宜。道夫曰：「敬以直内，義以方外」，莫是合内外之道否？曰：久之則内外自然合。又問：「敬以直内」後，便能「義以方外」，還是更用就上做工夫？曰：雖是如此，也須是先去「敬以直内」，然後能「義以方外」。景紹曰：敬與誠如何？曰：敬是戒謹恐懼之義；誠是實然之理。如實於爲善，實於不爲惡，便是誠。只如敬，亦有誠與不誠。有人外若謹畏，内實縱弛，這便是不誠於敬。只不誠，便不是這箇物。道夫。

問：前所説敬、義、誠三者，今思之，「敬以直内，義以方外」，是箇交相養之理；至於誠，則合一矣。曰：誠只是實有此理，如實於爲敬，實於爲義，皆是誠。不誠則是無此，所以《中庸》謂「不誠無物」。因問：舊嘗聞有人問「不誠無物」，先生答曰：「秉彝不存，謂之無人可也；中和不存，謂之無禮樂可也。」還是先生所言否？曰：不記有無此語。只如此説，也却無病。道夫。

「敬以直内，義以方外，敬義立而德不孤」，此在坤六二之爻，論六二之德。聖人本意，謂人占得此爻，若「直、方、大」，則不習而无不利。夫子遂從而解之，以「敬」解「直」，以「義」解「方」，又須敬、義皆立，然後德不孤，將「不孤」來解「大」字。然有敬而無義不得，有義而無敬亦不得，只一件便不可行，便是孤。必大録云：敬而無義，則做出事來必錯了。只義而無敬，則無本，何以爲義？皆是孤也。須是敬、義立，方不孤。施之事君，則忠於君；事親，則悦於親；交朋友，則信於朋友。皆不待習而无一之不利也。又問：方是如何？曰：方是處此事皆合宜，截然區處得，如一物四方在面前，截然不可得而移易之意。若是圓時，便轉動得。㽦。

坤六二末乃言「不疑所行」。不疑，方可入乾知處。方。

朱子語類卷第七十 計二十九板

易 六

屯

屯，是陰陽未通之時；蹇，是流行之中有蹇滯，困則窮矣。賀孫。

《屯》「利建侯」，此占恐與《乾卦》「利見大人」同例，亦是占者與爻相爲主賓也。曰：然。但此亦大概如此，到占得時又看如何。若是自卜爲君者得之，則所謂建侯者，乃己也。若是卜立君者得之，則所謂建侯者，乃君也。此又看其所遇如何。緣《易》本不是箇綳定底文字，所以曰「不可爲典要」。問：占者固如此，恐作《易》者須有定論？曰：也只是看一時間見得箇意思如何耳。榦。

問：「剛柔始交而難生」，程《傳》以雲雷之象爲始交，謂震始交於下，坎始交於中，如何？曰：「剛柔始交」只指震言，所謂「震一索而得男」也。此三句各有所指：「剛柔始交而難生」，是以二體釋卦名義；「動乎險中，大亨貞」，是以二體之德釋卦辭；「雷雨之動滿盈，天造草昧，宜建侯而不寧」，是以二體之象釋卦辭。只如此看，甚明。緣後來說者交雜混了，故覺語意重複。銖。

「剛柔始交而難生」，龜山解云：「剛柔始交」是震，「難生」是坎。㽦。

「雷雨之動滿盈」，亦是那鬱塞底意

思。淵。

「天造草昧，宜建侯而不寧」，孔子又是别發出一道理，説當此擾攘之時，不可無君，故須立君。礪。

「宜建侯而不寧」，不可道建侯便了，須更自以爲不安寧方可。淵。

問：《本義》云：「此以下釋元亨利貞，用文王本意。」何也？曰：文王本意，説「乾元亨利貞」，只是説乾道大通而至正，故筮得者其占當得大通而利於正固。至孔子方作四德説。後人不知，將謂文王作《易》便作四德説，即非也。如《屯卦》所謂「元亨利貞」者，以其能動即可以亨，而在險則宜守正，故筮得之者，其占爲大亨而利於正，初非謂四德也。故孔子釋此彖辭，只曰：「動乎險中，大亨貞。」是用文王本意釋之也。銖。

問：屯、需二象，皆陰陽未和洽成雨之象。然《屯》言「君子以經綸」，《需》乃言「飲食宴樂」，何也？曰：需，是緩意，在他無所致力，只得飲食宴樂。屯，是物之始生，象草木初出地之狀。其初出時，欲破地面而出，不無齟齬艱難，故當爲經綸，其義所以不同也。時舉。

問：《屯・彖》云「利建侯」，而《本義》取初九陽居陰下爲成卦之主，何也？曰：此彖辭一句，蓋取初九一爻之義。初九一爻，蓋成卦之主也。一陽居二陰之下，有以賢下人之象，有爲民歸往之象，陰從陽也。故宜立君。故《象》曰：「以貴下賤，大得民也。」此意甚好。因問：程《傳》只言宜建侯輔助，如何？曰：《易》只有三處言「利建侯」，屯兩言之，豫一言之，皆言立君。《左氏》分明有立君之説，衛公子元遇屯則可見矣。但它又説名「元」是有元之象。或問「元者善之長」。

曰：公子元夢康叔謂己曰「元」。「康叔名之，可謂長矣」云云。又問：《彖傳》言「宜建侯而不寧」，豈以有動而遇險之象耶？曰：聖人見有此象，故又因以爲戒，曰宜立君，而又不可遽謂安寧也。然此是押音。❶ ○銖。

問：初九「利建侯」，《注》云：「占者如是，則利建以爲侯。」此爻之占與卦辭異，未知其指盤桓難進者處陰之下，欲進不能耶？將所居得正，不肯輕進耶？曰：卦辭通論一卦，所謂侯者，乃屬他人，即爻之初九也。爻辭專言一爻，所謂侯者，乃其自己。故不同也。榦。

問：初九以陽在下而居動體，上應六四陰柔險陷之爻，固爲盤桓之象；然六二「屯如邅如，乘馬班如」，亦似有盤桓意。曰：盤桓只是欲進而難進貌，若六二則有險難矣。蓋乘初九之剛，下爲陽逼，故爲所難，而邅回不進。又問：「匪寇，婚媾」，程《傳》「設匪逼於寇難，則往求於婚媾」，此說如何？曰：某舊二十許歲時，讀至此，便疑此語有病，只是別無它說可據，只得且隨它說，然每不滿。後來方見得不然。蓋此四字文義，不應必如此費力解也。六二乘初九之剛，下爲陽所逼，然非爲寇也，乃來求己爲婚媾耳。此婚媾與己，皆正指六四也。又問：六四「求婚媾」，此婚媾疑指初九之陽，婚媾是陰，何得陽亦可言？曰：婚媾通指陰陽。但程《傳》謂六二往求初九之婚媾，恐未然也。又問：「十年乃字」，十年只是指數窮理極而言耶？曰：《易》中此等取象不可曉。如說十年、三年、七日、八月等處，皆必有所指，但今不可穿鑿，姑

❶「音」，萬曆本作「韻」。

闕之可也。銖。

耿氏解《易》「女子貞不字」作嫁笄而字。「貞不字」者，謂未許嫁也，却與婚媾之義相通，亦説得有理。伊川説作「字育」之「字」。

「十年乃字」，耿南仲亦如此説。淵。

問「即鹿無虞」。曰：虞，只是虞人。六三陰柔在下而居陽位，陰不安於陰，則貪求；陽欲乘陰，即妄行，故不中不正。又上無正應，妄行取困，所以爲「即鹿無虞」，陷入林中之象。沙隨盛稱唐人郭京《易》好，近寄得來，説「鹿」當作「麓」，《象辭》當作「即麓無虞，何以從禽也」。問：郭據何書？曰：渠云曾得王輔嗣親手與韓康伯注底《易》本，「鹿」作「麓」，「以從禽」上有「何」字。然難考據，恐是亂説。銖。

蒙

伊川説「蒙亨」，❶髣髴是指九二一爻説，所以云「剛中」也。淵。

「山下有險」是卦象，「險而止」是卦德。蒙有二義，「險而止」，險在內，止在外，自家這裏先自不安穩了，外面更去不得，便是蒙昧之象。若「見險而能止」，則爲蹇，却是險在外，自家這裏見得去不得，所以不去，故曰「知矣哉」。嘗説八卦着這幾箇字形容最好看，如險、止、健、順、麗、入、説、動，都包括得盡，喚做卦之情。淵。

「山下有險」，蒙之地也。山下已是險峻處，又遇險，前後去不得，故於此蒙昧也。

❶「亨」，原作「享」，今據萬曆本改。

蒙之意，也只是心下鶻突。燾。

問：《本義》云：「九二以可亨之道發人之蒙，而又得其時之中，如下文所指之事，皆以亨行而當其可。」何以見其當其可？曰：下文所謂二、五以志相應，而初筮則告之，「再三瀆」則「不告」，皆時中也。「初筮告，以剛中」者，亦指九二有剛中之德，故能告而有節。夫能告而有節，即所謂以剛而中也。問：「匪我求童蒙，童蒙求我」，我指二，童蒙指五，五柔暗而二剛明，五來求二，二不求五也。但占者若是九二之明，則爲人求我，而亨在人。占者若是九五之暗，則爲我求人，而亨在我。與《乾》九二、九五「利見大人」之占同例否？曰：某作如此説，却僅勝近世人硬裝一件事，説得來窒礙費氣力。但亦恐是如此耳。因問：「初筮告，再三瀆，瀆則不告。」若作占者説則如何？曰：人來求我，我則當視其可否而告之；蓋視其來求我發蒙者，❶有初筮之誠則告之。再三煩瀆則不告之也。我求人，則當致其精一以叩之。蓋我而求人以發蒙，則當盡初筮之誠，而不可有再三之瀆也。銖曰：發此一例，即所謂「稽實待虛」。曰：然。銖。

卦中説「剛中」處最好看。剛故能「包蒙」，不剛則方且爲物所蒙，安能「包蒙」！剛而不中，亦不能「包蒙」。如上九過剛而不中，所以爲「擊蒙」。六三説「勿用取女」者，大率陰爻又不中不正，合是那一般無主宰底女人。「金夫」不必解做「剛夫」。此一卦緊要是九二一爻爲主。所以治蒙者，只在兩箇陽爻，而上九過剛，故只在此九二爲主，而二與五應，亦助得那五去治蒙。大抵

❶「我」下，原衍「之」字，今據萬曆本删。

蒙卦除了初爻統説治蒙底道理，其餘三、四、五皆是蒙者，所以唯九二一爻爲治蒙之主。淵。

「蒙以養正，聖功也。」蓋言蒙昧之時，先自養，教正當了，到那開發時便有作聖之功。若蒙昧之中已自不正，他日何由得會有聖功！淵。

問「山下出泉」。曰：古人取象，也只是看大意略如此髣髴，不皆端的。若解要到親切，便都没去處了。如「天在山中」，山中豈有天？如「地中有山」，便只是平地了。淳。

「果行育德」，又是别説一箇道理。「山下出泉」，却是箇流行底物事，暫時被他礙住在這裏。觀這意思，却是説自家當恁地做工夫。卦中如此者多。淵。

以象言之，果者，泉之必通；育者，静之時也。季通云：「『育德』，是艮止也。」端蒙。

或自家是蒙，得他人發；或他人是蒙，得自家發。節。

卦辭有平易底，有難曉底。「利用刑人，用説桎梏」，粗説時如今人打人棒也，須與他脱了那枷方可，一向枷他不得。若一向枷他，便是「以往吝」。這只是説治蒙者當寬慢。蓋法當如此。淵。

「不利爲寇」，寇只是要去害他，故戒之如此。淵。

問：「擊蒙，不利爲寇」，如《本義》只是就自身克治上説，是如何？曰：事之大小都然，治身也恁地。若治人做得太甚，亦反成爲寇。占得此爻，凡事不可過當。如伊川作用兵説亦是，但只做得一事用，不如且就淺處説去，却事事上有用。若便説深了，則一事用得，別事用不得。學履。

問「利用禦寇，上下順也」。曰：上九一陽，而衆陰隨之，如人皆從順於我，故能禦寇。便如適來説孔子告陳恒之事，須是得自家屋裏人從我，方能去理會外頭人。若自家屋裏人不從時，如何去禦得寇？便做不得。所以《象》曰：「上下順也。」燾。

需

需主事，孚主心。需其事，而心能信實，則「光亨」。以位乎尊位而中正，故所爲如此。「利涉大川」而能需，則往必有功。「利涉大川」亦蒙上文「有孚，光亨，貞吉」。淵。

問需卦大指。曰：需者，寧耐之意。以剛遇險時節，如此，只當寧耐以待之。且如涉川者，多以不能寧耐，致覆溺之禍，故需卦首言「利涉大川」。銖問：乾陽上進之物，前遇坎險，不可遽進以陷於險，故爲需？曰：遇此時節，當隨遠隨近，寧耐以待之，直至「需于泥」，已甚狼當矣，然能敬慎，亦不至敗。至於九五，需得好，只是又難得這般時節。當此時，只要定以待之耳。至上六居險之極，又有三陽並進，六不當位，又處陰柔，亦只得敬以待之則吉。又問：「不當位」如何？曰：凡初、上二爻皆無位。二士，三卿大夫，四大臣，五君位。上六之不當位，如父老不任家事而退閑，僧家之有西堂之類。銖。

「以正中」、「以中正」，也則一般。這只是要協韻。淵。

「利涉大川」，「利涉」是乾也，「大川」是坎也，「往有功」是乾有功也。或云：以乾去涉大川。○燾。

需，待也。「以飲食宴樂」，謂更無所爲，待之而已。待之須有至時，學道者亦猶是也。人傑。

後世策士之言，只説出奇應變。聖人不恁地，合當需時便需。淵。

問：「敬慎不敗」，《本義》以爲發明占外之意，何也？曰：言象中本無此意，占者不可無此意，所謂占外意也。銖。

問「敬慎」。曰：「敬」字大，「慎」字細小。如人行路，一直恁地去，便是敬；前面險處防有喫跌，便是慎。慎是惟恐有失之之意。如「思慮」兩字，思是恁地思去，慮是怕不恁地底意思。夔孫。

「穴」是陷處，唤做「所安處」不得，分明有箇「坎，陷也」一句。柔得正了，需而不進，故能出於坎陷。四又是坎體之初，有出底道理。到那上六，則索性陷了。淵。

伯豐問「需于酒食，貞吉」。曰：需，只是待。當此之時，別無作爲，只有箇待底道理。然又須是正，方吉。㽦。

坎體中多説酒食，想須有此象，但今不可考。淵。

王弼説初、上無位，如言乾之上九「貴而無位」，需之「不當位」。然乾之上九不是如此；需之不當，却有可疑。二、四止是陰位，不得言不當。淵。

訟

訟，攻責也。而今訟人，攻責其短而訟之。自訟，則反之於身亦如此。僩。

問訟卦大指。因言：大凡卦辭取義不一。如《訟》「有孚窒，惕中吉」，蓋取九二中實，坎爲加憂之象。中實爲「有孚」，坎險爲「窒」，坎爲加憂，爲「惕」。九二居下卦之中，故曰有信而見窒，能懼而得中也。「終凶」，蓋取上九終極於訟之象。「利見大人」，蓋取九五剛健中正居尊之象。「不利涉大川」，又取以剛乘險，以實履陷之象。此取義不一也。然亦有不必如此取者，此特其一例也。曰：卦辭如此辭極齊整，蓋所取諸爻義，皆與爻中本辭協。亦有雖取爻義，而與爻本辭不同者，此爲不齊整處也。又問卦變之義。曰：此訟卦變自遯而來，爲剛來居二，此是卦變中二爻變者。蓋四陽二陰自遯來者十四卦，訟即初變之卦，剛來居二，柔進居三，故曰「剛來而得中」。又問：細讀《本義》所釋卦辭，若看得分明，則《彖辭》之義亦自明，只須略提破此是卦義，此是卦象、卦體、卦變，不必更下注脚矣。曰：某當初作此文字時正欲如此。蓋《彖辭》本是釋經之卦辭，若看卦辭分明，則《彖辭》亦已可見。但後來要重整頓過未及，不知而今所解，能如此本意否。又問：觀訟一卦之體，只是「訟不可成」。初只「不永所事」，❶九二「不克訟」，六三守舊居正，非能訟者，九四「不克訟」，而能復就正理，渝變心志，安處於正，九五聽訟「元吉」，上九雖有「鞶帶」之錫，而不免「終朝」之褫。首尾皆是不可訟之意，故《彖》曰：「終凶，訟不可成。」此句豈即《本義》所指卦體耶？曰：然。因問：《易》最難點。如《訟》九四，「不克訟，句。復即命，句。渝，句。安貞，句。吉」。六三，「食舊德，句。貞，句。厲終吉」。句。曰：「厲」自是一句，「終吉」又是一句。《易》辭只是元排此幾句在此，

❶「只」，中華本作「六」。

伊川作變其不安者爲安貞，作一句讀，恐不甚自然。又曰：如「訟，上剛下險」，是屬上句；「險而健，訟」，是屬下句。銖。

「不利涉大川」，是上面四畫陽，載不起，壓了這船重。❶ 淵。

問：《訟・象》云：「剛來而得中也。」大抵上體是剛，下體是柔，剛下而變柔，則爲「剛來」。今訟之上體既是純剛，安得謂之「剛來」邪？曰：此等要須畫箇圖子看便好。訟卦本是遯卦變來，遯之六二上爲訟之六三，其九三下爲九二，乃爲訟卦。此類如「柔來而文剛」，「分剛上而文柔」，與夫「剛自外來而爲主於内」，皆是如此。若畫圖子起便極好看，更不待說。若如先儒說，則多牽强矣。時舉。

天自向上去，水自向下來，必是有訟。淵。

「作事謀始」，言觀此等象，便當每事謀之於其始。淵。

王弼言「有德司契」，是借這箇「契」字說。言自家執這箇契在此，人來合得，我便與他。自家先定了，這是「謀始」、「司契」底意思。淵。

問「不永所事，小有言，終吉」。曰：此爻是陰柔之人，也不會十分與人訟，那人也無十分傷犯底事。但只略去訟之，才辨得明便止，所以終吉也。燾。

九二正應在五，五亦陽，故爲窒塞之象。淵。

問：九二，「不克訟，歸而逋，其邑人三百户，無眚」。解者牽强。曰：如此，解時只得說小邑。常以爲《易》有象數者以此。

❶「船」，中華本作「般」。

何故不言二百户？以其有定數也。聖人之象便依樣子，又不似數之類，只曰：「不克訟歸逋竄也。」振。

「三百户」，必須有此象，今不可考。王輔嗣説「得意忘象」，是要忘了這象。伊川又説「假象」，是只要假借此象。今看得不解得恁地全無那象，只是不可知，只得且從理上説。乾爲馬，却説龍；坤爲牛，却説馬；離爲龜，却説牛。做得箇例來括他方得。見説已做了例，又却不曾得見。淵。

問「食舊德，從上吉也」。曰：是自做不得，若隨人做，方得吉之道。

「復即命，渝」，言復就命，而變其不順之命。淵。

「訟元吉」，便似乾之「利見大人」，有占無象者。爻便是象。「訟元吉」，九五便是。淵。

師

「吉无咎」，謂如一件事，自家做出來好，方得无罪咎；若做得不好，雖是好事，也則有咎。「无咎吉」，謂如一件事，元是合做底，自家做出來又好。如所謂「戰則克，祭則受福」，戰而臨事懼，好謀成，祭而恭敬齊肅，便是无咎，克與受福便是吉。如行師之道既已正了，又用大人率之，如此則是都做得是，便是吉了，還有甚咎？淵。

師《彖辭》亦是説得齊整處。銖。

「在師中吉」，言以剛中之德在師中，所以吉。淵。

問：潘謙之説師九二，欲互説，「在師中吉，懷萬邦也。王三錫命，承天寵也」。何如？曰：聖人作《易》象，只是大概恁地，不是恁地子細解釋。礪。

問：「師或輿尸」，伊川說訓爲衆主，❶如何？曰：從來有「輿尸血刃」之說，何必又牽引別說？某自小時未曾識訓詁，只讀白本時便疑如此說。後來從鄉先生學，皆作衆主說，甚不以爲然。今看來只是兵敗輿其尸而歸之義。小年更讀《左傳》「形民之力，而無醉飽之心」，意欲解釋「形」字是割剥之意，「醉飽」是厭足之意，蓋以爲割剥民力而無厭足之心。後來見注解皆以「形」字訓「象」字，意云象民之力而無已甚。某甚覺不然，但被「形」字無理會，不敢改他底。近看《正觀政要》有引用處，皆作「刑民」，又看《家語》亦作「刑民」字，方知舊來看得是。此是祭公箴穆王之語，❷須如某說，其語方切。礪。

問：《易》爻取義，❸如《師》之五「長子帥師」，乃是本爻有此象，又却說「弟子輿尸」，何也？曰：此假設之辭也。若言「弟子輿尸」則凶矣。問：此例恐與「家人嗃嗃」而繼以「婦子嘻嘻」同。曰：然。榦。

問：程《傳》云：「長子謂九二以中正之德合於上，而受任以行。」夫以九之居二，中則是矣，豈得爲正？曰：此只是錯了一字耳，莫要泥他。時舉。

「開國承家」，爲是坤有土之象。然《屯》之「利建侯」却都無坤，止有震，此又不可曉。淵。

「開國承家，小人勿用。」舊時說只作論功行賞之時，不可及小人。今思量看理去

❶「主」，原作「生」，今據《朱文公易說》卷三及程頤《易傳》卷一改。
❷「王」，原作「公」，今據《左傳》昭公十二年改。
❸「義」上，原衍「意」字，今據《朱文公易說》卷三删。

不得。他既一例有功，如何不及他得！看來「開國承家」一句，是公共得底，未分別君子、小人在。「小人勿用」，則是勿更用他與之謀議經畫爾。漢光武能用此義，自定天下之後，一例論功行封；其所以用之在左右者，則鄧禹、耿弇、賈復數人，他不與焉。因問：古之論功行封，真箇是裂土地與之守，非如後世虛帶爵邑。若使小人參其間，則誠有弊病。曰：勢不容不封他得。但聖人別有以處之，未見得如何。如舜封象，則使吏治其國。若是小人，亦自有以處之也。先生云：此義方思量得如此，未曾改入《本義》，且記取。○學履。

比

李問：比卦，大抵占得之，多是人君爲人所比之象。曰：也不必拘。若三家村中推一箇人作頭首，也是爲人所比也。須自審自家才德可以爲之比否，所以「原筮元永貞」也。學履。

「筮」字説做占決亦不妨，然亦不必説定不是龜筮之「筮」。淵。

問「不寧方來，後夫凶」。曰：別人自相比了，已既後於衆人，却要强去比他，豈不爲人所惡？是取凶也。「後夫」猶言後人。《春秋傳》有云：「先夫當之矣。」亦是占中一義。㽦。

「後夫」不必如伊川説。《左傳》齊崔卜娶妻，卦云：「入于其宮，不見其妻，凶。」人以爲凶，他云：「前夫當之矣。」彼云「前夫」，則此云「後夫」正是一樣語。陽便是夫，陰便是婦。礪。

「後夫」只是説後來者，古人亦曾説「先

夫當之」。也有喚作夫婦之「夫」底。淵。

「後夫凶」，言九五既爲衆陰所歸，若後面更添一箇陽來，則必凶。古人如袁紹、劉馥、劉繇、劉備之事，可見兩雄不並棲之義。淵。

「比吉也」，「也」字羨，當云：「比吉。比，輔也。下順從也。」「比，輔也」解「比」字，「下順從也」解「吉」字。廣。

伊川言「建萬國」以比民。言民不可盡得而比，故建諸侯使比民，而天子所親者諸侯而已，這便是它比天下之道。淵。

「終來有他」，説將來，似「顯比」，便有那周遍底意思。淵。

問「比之匪人」。曰：初應四，四是「外比於賢」，爲比得其人。二應五，五爲「顯比」之君，亦爲比得其人。惟三乃應上，上爲「比之无首」者，故爲「比之匪人」也。時舉。

問：伊川解「顯比，王用三驅失前禽」，所謂來者撫之，去者不追，與失前禽而殺不去者，所譬頗不相類，如何？曰：田獵之禮，置旃以爲門，刈草以爲長圍，田獵者自門驅而入，禽獸向我而出者皆免，惟被驅而入者皆獲。故以前禽比去者不追，獲者譬來則取之，大意如此，無緣得一一相似。伊川解此句不須疑。但「邑人不誡吉」一句似可疑，恐《易》之文義不如此耳。洽。

《比》九五「邑人不誡」，蓋上之人顯明其比道，而不必人之從己，而其私屬亦化之，不相戒約而自然從己也。礪。

「邑人不誡」，如「有聞無聲」，言其自不消相告戒。又如「歸市者不止，耕者不變」相似。淵。

《易》第六爻，在上爲首，自下又爲尾，兩用。《比》上六《象》曰「比之无首，无所終也」是也。

小畜

小畜言以巽之柔順而畜三陽，畜他不住。大畜則以艮畜乾，畜得有力，所以喚作「大畜」。「小畜亨」，是説陽緣陰畜他不住，故陽得自亨。横渠言：「《易》爲君子謀，不爲小人謀。」凡言亨，皆是説陽。到得説陰處，便分曉説道「小人吉」。「亨」字便是下面「剛中而志行，乃亨」。淵。

問：見人説此卦作：巽體順，是小人以柔順小術畜君子，故曰「小畜」。如何？曰：《易》不可專就人上説，且就陰陽上看分明。巽畜乾，陰畜陽，故謂之小。若配之人事，則爲小人畜君子也得，爲臣畜君也得，爲因小小事畜止也得，不可泥定一事説。學履。

問「密雲不雨，自我西郊」。曰：此是以巽畜乾，巽順乾健，畜他不得，故不能雨。凡雨者，皆是陰氣盛，凝結得密，方濕潤下降爲雨。且如飯甑，蓋得密了，氣鬱不通，四畔方有温汗。今乾上進，一陰止他不得，所以《象》中云「尚往也」，是指乾欲上進之象。到上九則以卦之始終言，畜極則散，遂爲「既雨既處」。陰德盛滿如此，所以有「君子征凶」之戒。學履。

「密雲不雨，尚往也」，是陰包他不住，陽氣更散，做雨不成，所以「尚往」也。礪。

問：「風行天上，小畜」，《象》義如何？曰：「天在山中，大畜」，蓋山是堅剛之物，故能力蓄其三陽。風是柔軟之物，止能小畜之而已耳。時舉。

「風行天上，小畜，君子以懿文德」，言

畜他不住，且只逐些子發泄出來。只以大畜比之便見得，《大畜》說：「多識前言往行以畜其德。」小畜只是做得這些箇文德，如威儀、文辭之類。淵。

問：初九「復自道，何其咎？吉」。此爻與四相應，正爲四所畜者，乃云「復自道」，何邪？曰：《易》有不必泥爻義看者，如此爻只平看自好。「復自道」便吉，復不自道便凶，自無可疑者矣。時舉。

「復自道」之「復」與復卦之「復」不同。復卦言已前不見了這陽，如今復在此。「復自道」是復他本位，從那道路上去，如「無往不復」之「復」。淵。

小畜但能畜得九三一爻而已。九三是迫近他底那兩爻自牽連上來。淵。

孚有在陽爻，有在陰爻。伊川謂：「中虛，信之本；中實，信之質。」淵。

「富以其鄰」與「上合志」，是說上面巽體同力畜乾。鄰，如東家取箇西家取箇，取上下兩畫也。此言五居尊位，便動得那上下底。「攣如」，如手把攣住之象。❶「既雨既處」，言便做畜得住了，做得雨後，這氣必竟便透出散了。德積是說陰德。婦人雖正亦危，月才滿便虧。君子到此亦行不得。這是那陰陽皆不利底象。❷淵。

問：小畜以一陰而畜五陽，而九五乃云「富以其鄰」，是與六四之陰并力而畜下三陽，不知九五何故反助陰耶？曰：九五、上九皆爲陰所畜，又是同巽之體，故反助之也。又曰：上九爻辭殊不可斷。若人占得此爻，則吉凶未可知。然《易》占法有

❶「如」，原脱，今據朝鮮本補。
❷「底」，萬曆本作「之」。

活法。聖人因事教人，如有是德而得是爻，則爲吉；無是德而得是爻，則不應。須如此看乃活。如「輿説輹，夫妻反目」一爻，可謂不好，然能以剛自守，則雖得此爻而凶不應矣。銖。

上九雖是陰畜陽至極處，和而爲雨，必竟陰制陽是不順，所以雖正亦厲。礪。

小畜上九疑是太甲、伊尹之事當之。《注》云：「陰既盛而亢陽，則君子亦不可以有行。」恐當云：「君子於此宜静而不宜動，故征則凶也。」方與上意不相害。曰：作伊、周之事説亦得。作《易》本意，只説陰畜陽到極處。問：既如此，則何故又曰「君子征凶」？曰：便是《易》本意只言陰畜陽。若以事言之，則伊尹之於太甲，周公之於成王，固如此。如武后之於高宗亦然。問：武后事恐不可謂之「既雨」。曰：它也自和。問：恐不可謂之「婦貞」。曰：《易》中之意，言婦雖貞猶厲，而况於不貞乎。蓋《易》文本是兩下説在那裏，不可執定看。榦。

十六日，月雖闕未多，却圓似生明之時，畢竟是漸闕去。月初雖小於生魄時，却是長底時節。問：占得此爻則如何？曰：這當看所值之時何如，大意大抵不得便宜。

「月幾望」，《小畜》上六、《歸妹》六五、《中孚》六四。

履

「履虎尾」，言履危而不傷之象。便是後履前之意，隨着他後去。淵。

履，上乾下兑，以陰躡陽，是隨後躡他，如踏他脚跡相似。所以云「履虎尾」，是隨後履他尾，故於卦之三、四爻發虎尾義，便是陰去躡他陽背脊後處。伊川云「履藉」，説得生受。礪。

問：履以兑遇乾，和説以躡剛强之後，所以有履虎尾而不傷之象。但《彖》言「剛中正，履帝位而不疚」，正指九五而言，而九五爻辭乃曰「夬履，貞厲」，有危象焉，何也？曰：夬，决也。九五以剛中正履帝位，而下又以和説應之，故其所行果决自爲，無所疑礙，所以雖正亦厲。蓋曰雖使得正，亦危道也。爲戒深矣。銖。時舉録見下。

叔重問：「剛中正，履帝位而不疚，光明」，此是指九五而言。然九五爻辭云：「夬履，貞厲。」與《彖》似相反，何邪？曰：九五是以剛居上，下臨柔説之人，故决然自爲而無所疑，不自知其過於剛耳。時舉。

問：「履」如何都做「禮」字説？曰：「定上下，辯民志」，便也是禮底意思。又曰：禮主卑下。履也是那踐履處，所行若不由禮，自是乖戾，所以曰「履以和行」。謙又更卑下，所以節制乎禮。又曰：禮是自家恁地卑下，謙是就應物而言。又曰：「履和而至」以下，每句皆是反説。履出於人情之自然，所以和者疑於不然，而却至。「謙尊而光」，若秦人尊君卑臣，則雖尊而不光。惟謙則尊而又光。

伊川這一卦説那《大象》并「素履」、「履道坦坦」處，却説得好。

「履道」，道即路也。淵。

「武人爲于大君」，必有此象。但六三陰柔，不見得有武人之象。淵。

履三、四爻正是躡他虎尾處。陽是進底物事，四又上躡五，亦爲虎尾之象。砥。

「志行也」，只是説進將去。淵。

「夬履」是做得忒快，雖合履底，也有危厲。淵。

「夬履，貞厲」，正東坡所謂憂治世而危明主也。學履。

「視履考祥」，居履之終，視其所履而考其祥。做得周備底則大吉，若只是半截時，無由考得其祥，後面半截却不好，未可知。旋是那團旋來，却到那起頭處。淵。

泰

論陰陽各有一半。聖人於泰、否，只爲陽説道理。看來聖人出來做，須有一箇道理，使得天下皆爲君子。世間人多言君子、小人常相半，不可太去治他，急迫之却爲害。不然。如舜、湯舉伊尹、皐陶，不仁者遠，自是小人皆不敢爲非，被君子夾持得，皆革面做好人了。礪。

問：看否、泰二卦，見得泰無不否。若是有手段底，則是稍遲得。曰：自古自治而入亂者易，由亂而入治者難。治世稍不支捂，便入亂去。亂時須是大人休否，方做得。學履。

問：「財成」、「輔相」字如何解？曰：裁成，猶裁截成就之也。裁成者，所以輔相也。一作：輔相者，便只是於裁成處以補其不及而已。又問：裁成何處可見？曰：眼前皆可見。且如君臣、父子、兄弟、夫婦，聖人便爲制下許多禮數倫序，只此便是裁成處。至大至小之事皆是。固是萬物本自有此理，若非聖人裁成，亦不能如此齊整，所謂贊天地化育而與之參也。一作：此皆天地之所不能爲而聖人能之，所以贊天地之化育，而功與天地參也。又問：輔相裁成，學者日用處有否？曰：飢食渴飲、冬裘夏葛、耒耜罔罟皆是。僩。

財成是截做段子底，輔相是佐助他底。天地之化，儱侗相續下來，聖人便截作段子。如氣化一年一周，聖人與他截做春夏秋冬四時。淵。

問：財成輔相，無時不當然，何獨於泰時言之？曰：泰時則萬物各遂其理，方始有裁成輔相處。若否塞不通，一齊都無理會了，如何裁成輔相得！學履。○燾録作：天地閉塞，萬物不生，聖人亦無所施其力。

《泰》初九云：「占者陽剛則其征吉矣。」當云：「占者陽剛，而得其類，則征吉矣。」「以其彙」亦是占辭。曰：「以其彙」屬上文。嘗見郭璞《易林》亦如此做句，便是那時人已自恁地讀了。蓋拔茅連茹者，物象也；以其彙者，人也。榦。

問：「包荒，得尚于中行，以光大也。」以九二剛中，有光大之德，乃能包荒邪？爲是「包荒得尚于中行」，所以光大邪？曰：《易》上如説「以中正也」，皆是以其中正方能如此。此處也只得做以其光大説。若不是一箇心胸明闊底，如何做得！礪。

「勿恤其孚」只作一句讀。孚只是信，蓋言不卹後來信與不信爾。義剛。

「于食有福」，食如「食舊德」之「食」，《赤壁賦》「吾與子之所共食」之「食」。礪。

「富以其鄰」，言以其富厚之力而能用其鄰。「不富以其鄰」，言不待富厚之力而能用其鄰。淵。

「帝乙歸妹」，今人只做道理譬喻推説。看來須是帝乙嫁妹時占得此爻。淵。

「自邑告命」，是倒了。「邑」是私邑，却倒來命令自家。雖便做得正，人君到此也則羞吝。淵。

方泰極之時，只得自治其邑。程先生説，民心離散，自其親近者而告命之，雖正亦吝。然此時只得如此，雖吝却未至於凶。礪。

且如「城復于隍」，須有這箇城底象、隍底象、邑底象。城、隍、邑皆土地，在坤爻中自有此象。淵。

「城復于隍」，隍是河，掘其土以爲城，又因以固城也。「勿用師」，師是兵師。凡坤有衆與土之象。礪。

問《泰》卦「無平不陂，無往不復」與「城復于隍」，因言：否泰相乘如此，聖人因以垂戒。曰：此亦事勢之必然。治久必亂，亂久必治，天下無久而不變之理。子善遂言：天下治亂皆生於人心。治久則人心放肆，故亂因此生；亂極則人心恐懼，故治由此起。曰：固是生於人心，然履其運者，必有變化持守之道可也。如明皇開元之治自是好了，若但能把捉，不至如天寶之放肆，則後來亦不應如此狼狽。銖因言：觀聖人立象係辭，當好時便須有戒懼收斂底意，當不好時便須有艱難守正底意。徹首徹尾，不過敬而已。卦中無全好者，亦無全不好者，大率敬即好，不敬即不好。先生頷之。銖。

否

「否之匪人」，言没了這人道。淵。

問：《否》「之匪人」三字，説者多牽强。《本義》云：「與泰相反，故曰匪人，言非人道也。」程《易》却云：「天地不交而萬物不生，故無人道。」如何？曰：説者云，此三字衍，蓋與「比之匪人」語同而字異，遂錯誤於此，今强解不通也。又問：初六「拔茅茹，以其彙，貞吉亨」，蓋三陰在下各以類進，然惡未形，故戒其能正則吉而亨，蓋能正則變爲君子矣。程《易》作君子在下說，云：「當否之時，君子在下，以正自守。」如何？曰：程氏亦作君子之象說，某覺得牽强，不是此意。又問：九四「有命无咎，疇離祉」，三陰已過而陽得亨，則否過中而將濟之時，與《泰》九三「無平不陂，無往不復」相類。曰：泰九三時已有小人，便是可畏如此，故艱貞則无咎。否下三爻，君子尚畏它，至九四即不畏之矣，故有「有命，疇離祉」之象占也。又問：九五「其亡其亡，繫于苞桑」如何？曰：有戒懼危亡之心，則便有苞桑繫固之象。蓋能戒懼危亡，則如繫于苞桑，堅固不拔矣。如此說，則象占乃有收殺，非是「其亡其亡」，而又「繫于苞桑」也。銖。

「拔茅茹，貞吉亨。」這是吉凶未判時。若能於此改變時，小人便是做君子。君子、小人，只是箇正不正。初六是那小人欲爲惡而未發露之時，到六二「包承」，則已是打破頭面了，然尚自承順那君子，未肯十分做小人；在到六三，便全做小人了，所以包許多羞耻。大凡小人做了罪惡，他心下也自不穩當，此便是「包羞」之說。淵。

「包承」，龜山以「包承小人」爲一句，言否之世，當包承那小人。如此却不成句。龜山之意，蓋欲解洗他從蔡京父子之失也。淵。

「包承」，也是包得許多承順底意思。學履。

「包羞」之說，是有意傷善而未能之意。他六二尚自「包承」，到這六三已是要害君子，然做事不得，所以包許多羞耻。淵。

否九四雖是陽爻，猶未離乎否體。只緣他是陽，故可以有爲，然須有命方做得。又曰：「有命」是有箇機會方可以做，占者便須是有箇築着磕着時節，方做得事成，方无咎。礪。

《否》九四「有命无咎，疇離祉」，這裏是吉凶未判，須是有命方得无咎。故須得一箇幸會，方能轉禍爲福。否本是陰長之卦，九五「休否」，上九「傾否」，又自大故好。蓋陰之與陽，自是不可相無者。今以四時寒暑而論，若是無陰陽，亦做事不成。但以善惡及君子、小人而論，則聖人直是要消盡了惡，去盡了小人，蓋亦抑陰進陽之義。學履録作「助陽之意」。某於坤卦曾略發此意。今有一樣人議論，謂君子、小人相對，不可大故去他；若要盡去他，則反激其禍。且如舜、湯舉皋陶、伊尹，「不仁者遠」，所謂去小人，非必盡滅其類，只是君子道盛，小人自化，雖有些小無狀處，亦不敢發出來，豈必勦滅之乎！文蔚。○學履録略。

九四則否已過中，上三爻是説君子，言君子有天命而无咎。大抵《易》爲君子謀。且如否，内三爻是小人得志時，然不大段會做得事，初則如此，二又如此，三雖做得些箇，也不濟事。到四則聖人便説他那君子得時，否漸次反泰底道理。五之「包桑」，《繫辭》中説得條暢，盡之矣。上九之「傾否」，到這裏便傾了否，做泰。淵。

九五以陽剛得位，可以休息天下之否。然須常存得危亡之心，方有苞桑之固。不知聖人於否、泰只管説「包」字如何，須是象上如何取其義，今曉他不得，只得説堅固。嘗見林謙之與張欽夫講《易林》，以爲有象。

欽夫云：「看孔子説『公用射隼于高墉之上』，只是以道理解了，便是無用乎象。」遂著書説此。看來不如此。蓋當時人皆識得象，却有未曉得道理處，故聖人不説象，却就上發出道理説，初不是懸空説出道理。凡天下之物，須是就實事上説，方有着落。又曰：聖人分明是見有這象，方就上面説出來，今只是曉他底不得。未説得也未要緊，不可説道他無此象。吕大臨以「酬爵不舉」解「不盡人之歡」。「酬爵不舉」是實事如此，「不盡人之歡」便是就上説出這話來。礪。

同人

「同人于野，亨，利涉大川」，是兩象一義。「利君子貞」是一象。❶淵。

「乾行也」，言須是這般剛健之人，方做得這般事。若是柔弱者，如何會出去外面同人，又去涉險！淵。

《易》雖抑陰，然有時把陰爲主，如同人是也。然此一陰雖是一卦之主，又却柔弱，做主不得。淵。

「類族辨物」，言類其族，辨其物，且如青底做一類，白底做一類。恁地類了時，同底自同，異底自異。淵。

問：「類族辨物」，如伊川説云：「各以其類族辨物之同異也。」則是就類族上辨物否？曰：「類族」是就人上説，「辨物」是就物上説。天下有不可皆同之理，故隨他頭項去分別。「類族」，如分姓氏，張姓同作一類，李姓同作一類。「辨物」，如牛類是一類，馬類是一類。就其異處以致其同，此其

❶「利」下，原衍「見」字，今據《易經》本文刪。

所以爲同也。伊川之説不可曉。學履。

問：六二與九五，柔剛中正，上下相應，可謂盡善；却有「同人于宗吝」與「先號咷」之象，如何？曰：以其太好，兩者時位相應，意趣相合，只知款密，却無至公大同之心，未免係於私，故有吝。觀「二人同心，其利斷金，同心之言，其臭如蘭」，固是他好處；然於好處猶有失，以其係於私暱而不能大同也。大凡悔者自凶而之吉，吝者自吉而趨凶。又問：「伏戎于莽，升其高陵」如何？曰：只是伏于高陵之草莽中，三歲不敢出。與九四「乘其墉」皆爲剛盛而高。三欲同於二，而懼九五之見攻，故升高伏戎欲敵之，而五陽方剛不可奪，故「三歲不興」，而《象》曰不能行也。四欲同於二，而爲三所隔，故乘墉攻之；而以居柔，遂自反而弗克，而《象》曰「義弗克也」。程《傳》謂升高陵有升高顧望之意，此説雖巧，恐非本意。程《傳》説得「通天下之志」處極好，云：「文明則能燭理，故能明大同之義；剛健則能克己，故能盡大同之道。」此説甚善。大凡説書只就眼前説出底便好，崎嶇尋出底便不好。問：「大師克相遇」，《本義》無説，何也？曰：舊説只用大師克勝之，方得相遇。或云大師之克，見二陽之强，則非也。銖曰：二、五本自同心，而爲三、四所隔，故「先號咷」，先謂理直也。淵録云：以中直也。言其理直而不得伸，所以先號咷。大師克而後相遇，則「後笑」矣。蓋亦義理之同，物終不得而間之，故相遇也。先生頷之。又問「同人于郊」。曰：郊是荒寂無人之所，言不能如「同人于野」曠遠無私，荒僻無與同。蓋居外無應，莫與同者，亦可以无悔也。銖。

伯豐問：同人三、四皆有争奪之義。

曰：只是争六二一陰爻，却六二自與九五相應。三以剛居剛，便迷而不返。四以剛居柔，便有反底道理。《繫辭》云：「近而不相得則凶。」如初、上則各在事外，不相干涉，所以無争。嗇。

問「同人于郊」。曰：「同人于野」是廣大無我之意，「同人于郊」是無可與同之人也。取義不同，自不相悖。時舉。

大有

「應乎天而時行」，程說以爲應天時而行，何如？曰：是以時而行，是有可行之時。礪。

「火在天上，大有。」凡有物須是自家照見得，方見得有。若不照見，則有無不可知，何名爲有？淵。

問：「君子以遏惡揚善，順天休命。」竊以爲天之所以命我者，此性之善也。人惟蔽於非心邪念，是以善端之在人心，日以湮微。君子儻能遏止非心邪念於未萌，則善端始自發揚，而天之所以命我者，始無所不順。如此而爲「順天休命」，若何？曰：天道喜善而惡惡，遏惡而揚善，非「順天休命」而何？吾友所説却似嫌他説得大，要束小了説。蓋卿。

問初九「无交害，匪咎，艱則无咎」。曰：此爻本最吉，不解有咎。然須説「艱則无咎」，蓋《易》之書大抵教人戒謹恐懼，無有以爲易而處之者。雖至易之事，亦必以艱難處之，然後无咎也。僩。

古人於「亨」字作「享」、「烹」字通用。如「公用亨于天子」，分明是「享」字，《易》中解作「亨」字便不是。嗇。

問上九「自天祐之，吉，无不利」。曰：上九以陽剛居上，而能下從六五者，蓋陽從陰也。大有唯六五一陰，而上下五陽應之。上九能下從六五，則爲「履信思順而尚賢」。蓋五之交，孚信也，而上能履之。謙退不居，思順也。志從於五，尚賢也。天之所助者順，人之所助者信，所以有「自天祐之，吉，无不利」之象。若無《繫辭》此數句，此爻遂無收殺。以此見聖人讀《易》，見爻辭有不分明處，則於《繫辭傳》説破，如此類是也。又問「遏惡揚善，順天休命」。曰：❶由天命有善而無惡。當大有時，遏止其惡，顯揚其善。反之於身，亦莫不然，非止用人。用人乃其一事耳。又問：「公用亨于天子」，「亨」只當作「享」字看，❷與「王用亨于西山」同。曰：「公用亨于天子」，已有《左氏》所引可證。如《隨》之「王用亨于西山」，亦必是祭享之「享」無疑。又問：「匪其彭」只當依程《傳》作盛皃？曰：程説爲優。王弼作「下比九三分權之臣」，蓋以「彭」爲「旁」，言專心承五，常匪其旁。因説王荆公上韓魏公啓云「時當大有，更懷下比之嫌」，用此事譏魏公也。○銖。

謙

謙便能亨，又爲君子有終之象。淵。

「虧盈益謙」是自然之理。淵。

「變盈流謙」，揚子雲言：「山殺瘦，澤增高。」此是説山上之土爲水漂流下來，山便瘦，澤便高。淵。

❶「曰」，原脱，今據《朱文公易説》卷四補。

❷「享」，原作「亨」，今據《朱文公易説》卷四改。

鬼神言「害」言「福」，是有些造化之柄。淵。

鬼神説「害」説「福」。如言「與鬼神合其吉凶」，則鬼神便説箇「吉」、「凶」字。淵。

問：《謙・彖》云云。鬼神是造化之跡，既言天地之道，又言鬼神，何邪？曰：天道是就寒暑往來上説，地道是就地形高下上説，鬼神是就禍福上説，各自主一事而言耳。因云：上古之時，民心昧然，不知吉凶之所在，故聖人作《易》，教之卜筮，使吉則行之，凶則避之，此是開物成務之道。故《繫辭》云：「以通天下之志，以定天下之業，以斷天下之疑。」正謂此也。初但有占而無文，往往如今之环珓相似耳。但如今人因《火珠林》起課者，但用其爻，而不用其辭。則知古者之占，往往不待辭而後見吉凶。至文王、周公，方作《彖》、爻之辭，使人得此爻者，便觀此辭之吉凶。至孔子，又恐人不知其所以然，故又復逐爻解之，謂此爻所以吉者，謂以中正也；此爻所以凶者，謂不當位也。明明言之，使人易曉耳。至如《文言》之類，却是就上面發明道理，非是聖人作《易》專爲説道理以教人也。須見聖人本意，方可學《易》。時舉。

謙之爲義，不知天、地、人、鬼何以皆好尚之。蓋太極中本無物，若事業功勞，又於我何有？觀天地生萬物而不言所利，可見矣。賀孫。

問「謙尊而光，卑而不可踰」。曰：❶恐程先生之説，非《周易》本文之意。「尊」字是對「卑」字説，言能謙則位處尊而德愈光，位雖卑而莫能踰。如古之賢聖之君，以謙

❶「曰」，原脱，今據賀本補。

下人則位尊而愈光，若驕奢自大，則雖尊而不光。子蒙。

「謙尊而光，卑而不可踰。」以尊而行謙則其道光，以卑而行謙則其德不可踰。尊對卑言，伊川以謙對卑説，非是。但聖人九卦之引此一句，看來大綱説。僩。

「裒多益寡」便是謙，「稱物平施」便是「裒多益寡」。淵。

問：《謙》「裒多益寡」，❶看來謙雖是若放低去，實是損高就低使教恰好，不是一向低去。曰：大抵人多見得在己者高，在人者卑。謙則抑己之高而卑以下人，便是平也。學履。

「鳴謙」在六二，又言「貞」者，言謙而有聞，須得其正則吉。蓋六二以陰處陰，所以戒他要貞。謙而不貞，則近於邪佞。上六之鳴却不同。處謙之極而有聞，則失謙本意。蓋謙本不要人知，況在人之上而有聞乎！此所以「志未得」。淵。

「撝謙」言發揚其謙。蓋四是陰位，又在上卦之下、九三之上，所以更當發撝其謙。「不違則」，言不違法則。淵。

六四「撝謙」，是合如此，不是過分事，故某解其象云：言不爲過。礪。

叔重因問：程《易》説「利用侵伐」，蓋以六五柔順謙卑，然君道又當有剛武意，故有「利用侵伐」之象。然上六亦言「利用行師」，❷如何？曰：便是此等有不通處。時舉。

用之問：《謙》上六《象》曰「志未得也」，如何？曰：爲其志未得，所以「行師

❶「謙」下，朝鮮本有「卦」字。
❷「六」，原作「九」，今據朝鮮本改。

征邑國」。蓋以未盡信從故也。又問：謙之五、上專説征伐，何意？曰：坤爲地，爲衆，凡説國邑、征伐處，多是因坤。聖人元不曾着意，只是因有此象，方説此事。文蔚。

問《謙》上六「志未得也」。曰：志未得，所以行師，亦如六五之意。問：謙上六何取象於行師？曰：坤爲衆，有坤卦處多言師。如《泰》上六「城復于隍，勿用師」之類。坤爲土，土爲國，故云「征邑國」也。以此見聖人於《易》，不是硬做，皆是取象。因有這象，方就上面説。礪。

問：謙是不與人争，如何五、上二爻皆言「利用侵伐」、「利用行師」？《象》曰：「利用侵伐，征不服也。」若以其不服而征，則非所以爲謙矣。曰：老子言：「大國以下小國，則取小國；小國以下大國，則取大國。」又言：「抗兵相加，哀者勝矣。」孫子曰：「始如處女，敵人開户；後如脱兔，敵不及拒。」❶大抵謙自是用兵之道，只退處一步耳，所以「利用侵伐」也。蓋自初六積到六五、上六，謙亦極矣，自宜人人服之。尚更不服，則非人矣，故「利用侵伐」也。如「必也臨事而懼」，皆是此意。銖。

豫

「建侯、行師」，順動之大者。立箇國君，非舉動而何！淵。

刑罰不清，民不服。只爲舉動不順了，致得民不服。便是徒配了他，亦不服。淵。

「豫之時義」，言豫之時底道理。

「雷出地奮」，止是象其聲而已。「薦上

❶「敵」，原作「故」，今據萬曆本改。

帝」、「配祖考」，大概言之。淵。

先王作樂，無處不用。然用樂之大者，尤在於「薦上帝」、「配祖考」也。僩。

問「作樂崇德」。曰：先王作樂，其功德便自不可掩也。時舉。

問：「作樂崇德」是自崇其德，如《大韶》、《大武》之類否？曰：是。礪。

叔重問：豫初六與九四爲應。九四「由豫，大有得」，本亦自好，但初六恃有强援，不勝其豫，至於自鳴，所以凶否？曰：九四自好，自是初六自不好，怎奈他何？又問「雷出地奮，豫，先王以作樂崇德」。先生謂：象其聲者謂雷，取其義者爲和。「崇德」謂著其德，「作樂」所以發揚其德也。時舉。

「介于石」，言兩石相摩擊而出火之意。言介然之頃，不待終日，而便見得此道理。淵。

「盱豫，悔」，言覷着六四之豫，便當速悔，遲時便有悔。「盱豫」是句。淵。

問：六三云：「上視於四，而下溺於豫。」「下溺」之義未曉。曰：此如人趨時附勢以得富貴，而自以爲樂者也。榦。

「由豫」猶言「由頤」。淵。

隨

伊川説「説而動，動而説」，不是。不當説「説而動」。凡卦皆從内説出去，蓋卦自内生，「動而説」却是。若説「説而動」，却是自家説他後他動，不成隨了。我動彼説，此之謂隨。淵。

「動而説」成隨，「巽而止」成蠱。節。

「天下隨時處」，當從王肅説。淵。

問：程先生云：「澤隨雷動，君子當隨時宴息。」是否？曰：既曰雷動，何不言君子以動作，却言宴息？范益之曰：宴息乃所以養其明。曰：不是。蓋其卦震下兑上，乃雷入地中之象。雷隨時藏伏，故君子亦嚮晦入宴息。此是某所見如此，不知舊人曾如此看否。子蒙。

問：初九「官有渝，貞吉，出門交有功」。官是「主」字之義，是一卦之主。首變得正便吉，不正便凶。曰：是如此。又曰：這必是變了。只是要「出門交有功」，却是變。礪。

「官有渝」，《隨》之初主有變動，然尚未深。淵。

「小子」、「丈夫」，程説是。淵。

「王用亨于西山」，言誠意通神明，神亦隨之，如「況於鬼神乎」之意。淵。

蠱

血蟲爲蠱，❶言器中盛那蟲，教他自相併，便是那積蓄到那壞爛底意思。一似漢、唐之衰，弄得來到那極弊大壞時。所以言「元亨」，蓋極弊則將復興，故言「元亨」。「巽而止，蠱」，却不是巽而止能治蠱。巽而止所以爲蠱。趙德莊説下面人只務巽，上面人又懶惰，不肯向前，上面一向剛，下面一向柔，倒塌了，這便是蠱底道理。淵。○必大録云：上頭底只管剛，下頭底只管柔，又只巽順，事事不向前，安得不蠱！舊聞趙德莊如此説。

問：蠱是壞亂之象，雖亂極必治，如何便會「元亨」？曰：亂極必治，天道循環，

❶「血」，四庫本作「皿」。

自是如此。如五胡亂華，以至於隋，亂之極，必有唐太宗者出。又如五季必生太祖。若不如此，便無天道了。所以《彖》只云：「蠱元亨而天下治也。」礪。

「先甲」、「後甲」，言先甲之前三日，乃辛也。是時前段事已過中了，是那欲壞之時，便當圖後事之端。略略撑拄則箇，雖終歸於弊，且得支吾幾時。淵。

問：「蠱剛上柔下」，有數義：剛在上而柔在下，爲卦體。下卑巽而上苟止，所以爲蠱，此卦義。又自卦變言之，自賁、井、既濟來，皆剛上而柔下，此卦變。曰：是。龜山説「巽而止」乃治蠱之道，言當柔順而止，不可堅正必爲。此説非惟不成道理，且非《易·彖》文義。「巽而止，蠱」，猶「順以動，豫」、「動而説，隨」，皆言卦義。某《本義》之説，❶蓋是趙德莊説。趙云：「剛在上，柔在下，下卑巽而上苟止，所以蠱壞。」此則文義甚協。又問：先甲，辛也；後甲，丁也。辛有新意，丁有丁寧意。其説似出《月令注》。曰：然。但古人祭祀亦多用先庚、先甲。先庚，丁也；後庚，癸也。如用丁亥、辛亥之類。又問：「有子，考无咎」與「意承考」之「考」，皆是指父在。父在而得云「考」何？曰：古人多通言，如《康誥》「大傷厥考心」可見。又問：九三「幹父之蠱，小有悔，无大咎」，言「小有悔」則无大悔矣，言「无大咎」則不免有小咎矣。但《象》曰「終无咎」，則以九三雖過剛不中，然在巽體，不爲無順，而得正，故雖悔而无咎。至六四則不然，以陰居柔，不能有爲，寬裕以治，蠱將日深而不可治，故往則見吝，言自此以往則

❶「某」，原作「其」，今據萬曆本改。

有吝也。曰：此兩爻說得「悔」、「吝」二字最分明。九三有悔而无咎，由凶而趨吉也；六四雖目下無事，然却終吝，由吉而趨凶也。元祐間，劉莘老、劉器之之徒，必欲盡去小人，却是未免有悔。至其他諸公，欲且寬裕無事，莫大段整頓，不知目前雖遮掩拖延得過，後面憂吝却多。可見聖人之深戒。又問：上九「不事王侯，高尚其事」、「占與戒皆在其中」，如何？曰：有此象則其占當如此，又戒其必如此乃可也。若得此象而不能從，則有凶矣。當此時節，❶若能斷然「不事王侯，高尚其事」，不半上落下，或出或入，則其志真可法則矣。只爲人不能如此也。銖。

「剛上而柔下，巽而止，蠱。」此是言致蠱之由，非治蠱之道。龜山之說非是。又嘗見龜山在朝與陳幾叟書及，有一人赴召，請教於龜山，龜山云：「不要拆壞人屋子。」皆是此意思。及胡文定論時政，說得便自精神索性。堯夫詩云：「安得淳厚又秀慧，與之共話天下事！」必大。

「巽而止，蠱」，是事事不理會，積沓到後面成一大弊，故謂之蠱；非謂制蠱之道當巽而止。龜山才質困弱，好說一般不振底話，如云「包承小人」，又語某人云「莫拆了人屋子」，其意謂屋弊不可大段整理他，只得且撐拄過。其說「巽止」之義，蓋亦如此意爾，豈不大害哉！端蒙。

汪聖錫曾言，某人別龜山，往赴召，龜山送之曰：「且緩下手，莫去拆倒人屋子。」因言：龜山解蠱卦，以「巽而止」爲治蠱之道，所以有此說。大凡看《易》，須先看成卦

❶「此時」，二字原倒，今據《朱文公易說》卷七乙正。

之義。「險而健」則成訟，「巽而止」則成蠱。蠱，艮上而巽下，艮剛居上，巽柔居下，上高亢而不下交，下卑巽而不能救，此所以蠱壞也。「巽而止」只是巽順便止了，便無所施爲，如何治蠱？「蠱元亨而天下治」，須是大善以亨，方能治蠱也。德明。

問：「巽而止，蠱」，莫是遇事巽順，以求其理之所止，而後爲治蠱之道？曰：非也。大抵資質柔巽之人，遇事便不能做事，無奮迅之意，所以事遂至於蠱壞了。蠱只是事之壞了者。祖道。

「蠱元亨而天下治」，言蠱之時如此，必須是大善亨通，而後天下治。淵。

問：「蠱，君子以振民育德」，如何？曰：當蠱之時，必有以振起聳動民之觀聽，而在己進德不已。必須有此二者，則可以治蠱矣。銖。

問：「幹父之蠱」，程《傳》云：「初居內而在下，故取子幹父蠱之象。」《本義》云：「蠱者，前人已壞之事，故諸爻皆以子幹父蠱爲言。」柄謂若如此說，惟初爻爲可通，若他爻則說不行矣。《本義》之說，則諸爻皆可通也。曰：是如此。柄。

「幹母之蠱」，伊川說得是。淵。

「不事王侯」，無位之地，如何出得來，更幹箇甚麼！淵。

問：蠱上九《傳》「知止足之道，退而自保者」，與「量能度分，安於不求知者」，何以別？曰：「知止足」是能做底，「量能度分」是不能做底。淳。

臨

問：臨，不特是上臨下之謂臨，凡進而

逼近者皆謂之臨否？曰：然。此是二陽自下而進上，則知凡相逼近者皆爲臨也。學履。

問：「至于八月」有兩説。前説自復一陽之月，至遯二陰之月，陰長陽遯之時。後説自泰至觀，觀二陽在上，四陰在下，與臨相反，亦陰長陽消之時。二説孰長？曰：前説是周正八月，後説是夏正八月，恐文王作卦辭時只用周正紀之，不可知也。又問：二爻皆云「咸臨」，二陽遍臨四陰，故有咸臨之象。程《易》作「咸感」之義，如何？曰：陰必從陽，謂咸爲感亦是。但覺得牽强些。此等處皆曉未得。如「至臨」與「敦臨」亦相似，難分別，今只得如此説。此《易》所以未易看也。銖。

「剛浸而長」以下三句解「臨」字。「大亨以正」便是「天之道也」，解「亨」字。亦是惟其如此，所以如此。須用説「八月有凶」者，蓋要反那二陽。二陽在下，四、五皆以正應臨之。上無所臨，却還去臨那二陽。三近二陽，也去臨他，如小人在上位，却把甘言好語臨在下之君子。「至臨」言其相臨之切，「敦臨」有敦厚之意。淵。

《易》中言「天之命也」、「天之道也」，義只一般，但取其成韻耳，不必强分析。賀孫。

問：臨初九以剛居正，九二以剛居中，六四、六五以柔順臨下，故有相感應之道，所以謂之「咸臨」否？曰：是。又問：六四以陰居正，柔順臨下，又有正應，臨之極善，故謂之「至臨」？曰：「至臨无咎」，未是極好，只是與初相臨得切至，故謂之「至」。上六「敦臨」，❶自是積累至極處，有敦篤之義。

❶「六」，原作「九」，今據《周易》改。

艮上九亦謂之「敦艮」，復上六爻不好了，所以只於五爻謂之「敦復」。居臨之時，二陽得時上進，陰不敢與之争，而志與之應。所謂「在内」者，非謂正應，只是卦内與二陽應也。又曰：此便是好卦，不獨説道理，自是好讀。所謂「卦有小大，辭有險易」，此便是大底卦。礪。

觀

盥非灌之義。盥本謂薦，而不薦，是欲蓄其誠意以觀示民，使民觀感而化之義。「有孚顒若」，便是那下觀而化，却不是説人君身上事。「聖人以神道設教」，是聖人不犯手做底，即是「盥而不薦」之義。「順而巽，中正以觀天下」，謂以此觀示之也。淵。

問：「盥而不薦」，是取未薦之時，誠意渾全而未散否？曰：祭祀無不薦者，此是假設來説。薦是用事了，盥是未用事之初，云「不薦」者，言常持得這誠敬，如盥之意常在。若薦則是用出，用出則纔畢便過了，無復有初意矣。《詩》云：「心乎愛矣，遐不謂矣。中心藏之，何日忘之。」《楚詞》云：「思公子兮未敢言。」正是此意。説出這愛了，則都無事可把持矣。惟其不説，但藏在中心，所以常見其不忘也。學履。

問「盥而不薦」。曰：這猶譬喻相似，蓋無這事。且如祭祀，纔盥便必薦，那有不薦底！但取其潔之義耳。燾。

用之問：「盥而不薦」，伊川以爲灌鬯之初，誠敬猶存；至薦羞之後，精意懈怠。《本義》以爲「致其潔清而不輕自用」。其義不同。曰：盥只是浣手，不是灌鬯，伊川承先儒之誤。若云薦羞之後誠意懈怠，則先王祭祀只是灌鬯之初猶有誠意，及薦羞之後，皆不成禮矣。問：若爾，則是聖人在上，視、聽、言、動皆當爲天下法而不敢輕，亦猶祭祀之時，致其潔清而不敢輕用否？曰：然。問：「有孚顒若」，先生以爲孚信在中而尊嚴，故下觀而化之。伊川以爲天下之人孚信顒然而仰之。恐須是孚信尊嚴，方得下觀而化？曰：然。又問觀、觀之義。曰：自上示下曰觀，去聲。自下觀上曰觀，平聲。故卦名之「觀」去聲，而六爻之「觀」皆平聲。問「觀我生」、「觀其生」之別。曰：我者，彼我對待之言，是以彼觀此。「觀其生」是以此自觀。六三之「觀我生進退」者，事君則觀其言聽計從，治民則觀其政教可行，膏澤可下，可以見自家所施之當否而爲進退。九五之「觀我生」，如觀風俗之媺惡，臣民之從違，可以見自家所施之善惡。上九之「觀其生」，則是就自家視、聽、言、動應事接物處自觀。九五、上九「君子无咎」，蓋爲君子有剛陽之德，故无咎。小人無此德，自當不得此爻。如初六「童觀」，小人之道也，君子則吝，小人自是如此，故无咎。此二爻，君子、小人正相對說。僩。

問：「有孚顒若」，承上文「盥而不薦」，蓋「致其潔清而不輕自用，則孚信在中而顒然可仰」。一說「下之人信而仰之」。二說孰長？曰：從後說則合得《彖辭》「下觀而化」之義。或曰：前說似好。曰：當以《彖辭》爲定。又問：六三「觀我生進退」，不觀九五，而觀己所行通塞，以爲進退否？曰：看來合是觀九五。大率觀卦二陽在上，四陰仰之，九五爲主。六三「觀我生進退」者，觀九五如何而爲進退也。初六、六二以去五之遠，觀貴於近。所觀不明不大。

六四却見得親切，故有「觀光」、「利用」之象。六三處二、四之間，固當觀九五以爲進退也。子善遂問：如此，則「我」字乃是指九五而言。《易》中亦有此例，如《頤》之初九曰「舍爾靈龜，觀我朵頤」是也。曰：此「我」乃是假外而言耳。又問：觀卦四陰長而二陽消，正八月之卦，而名卦係辭不取此義，何也？曰：只爲九五中正以觀示天下，事都別了。以此見《易》不可執一看，所謂「不可爲典要，惟變所適」也。此說「我」字與《本義》不同，當考。○銖。

「觀天之神道」，只是自然運行底道理，四時自然不忒。「聖人神道」，亦是説他有教人自然觀感處。淵。

問：觀六爻，一爻勝似一爻，豈所據之位愈高，則所見愈大邪？曰：上二爻意自別，下四爻是所據之位愈近，則所見愈親切底意思。學履。

問：觀卦陰盛而不言凶咎，何也？❶曰：此卦取義不同。蓋陰雖盛於下，而九五之君乃當正位，故只取爲觀於下之義，而不取陰盛之象也。時舉。

「觀我」是自觀，如「視履考祥」底語勢。「觀其」亦是自觀，却從別人說。《易》中「其」字不說別人，只是自家，如「乘其墉」之類。淵。

「觀我生」如月受日光。「觀其生」只是日光。礪。

❶「何也」，二字原無，今據《朱文公易說》卷四補。

朱子語類卷第七十一 計二十五板

易七

噬嗑

《彖辭》中「剛柔分」以下都掉了「頤中有物」，只説「利用獄」，爻亦各自取義，不説噬頤中之物。淵。

張元德問：《易》中言「剛柔分」兩處，一是噬嗑，一是節，此頗難解。曰：據某所見，只是一卦三陰三陽，謂之「剛柔分」。洽録云：分，猶均也。曰：《易》中三陰三陽卦多，獨於此言之，何也？曰：偶於此言之，其他卦別有義。洽録云：「剛柔分」語意與「日夜分」同。又問：復卦「剛反」當作一句否？❶曰：然。此二字是解「復亨」。下云「動而以順行」，是解「出入无疾」以下。大抵《彖辭》解得《易》極分明，子細尋索，儘有條理。時舉。○洽同。

問：諸卦象皆順説，獨「雷電噬嗑」倒説，何耶？曰：先儒皆以爲倒寫二字，二字相似，疑是如此。僩。

「雷電噬嗑」與「雷電豐」似一般。曰：噬嗑明在上，動在下，是明得事理，先立這法在此，未有犯底人，留待異時而用，故云「明罰勑法」。豐威在上，明在下，是用這法時，須是明見下情曲折方得，不然，威動於上，必有過錯也，故云「折獄致刑」。此是伊

❶「當」，原脱，今據朝鮮本補。

川之意，其説極好。學履。

「噬膚滅鼻。」膚，腹腴拖泥處。滅，浸没也。謂因噬膚而没其鼻於器中也。「噬乾胏，得金、矢」，荆公已嘗引《周禮》鈞金之説。❶ 按：「噬膚滅鼻」之説與《本義》不同。○僩。

問：九四「利艱貞」，六五「貞厲」，皆有艱難、正固、危懼之意，故皆爲戒占者之辭。曰：亦是爻中元自有此道理。大抵纔是治人，彼必爲敵，不是易事，故雖是時、位、卦德得用刑之宜，亦須以艱難正固處之。至於六三「噬腊肉遇毒」，則是所噬者堅韌難合，六三以陰柔不中正而遇此，所以遇毒而小吝。然此亦是合當治者，但難治耳，治之雖小吝，終无咎也。銖。

問：噬嗑「得金、矢」，不知古人獄訟要鈞金、束矢之意如何？❷ 曰：不見得。想是詞訟時便令他納此，教他無切要之事不敢妄來。又問：如此，則不問曲直，一例出此，則實有冤枉者亦懼而不敢訴矣。曰：這箇須是大切要底事。古人如平常事，又别有所在。如劑、石之類。○學履。

賁

伊川説乾坤變爲六子，非是。卦不是逐一卦畫了，旋變去，這話難説。伊川説兩儀四象自不分明。卦不是旋取象了方畫，須是都畫了這卦，方只就已成底卦上面取象，所以有剛柔、來往、上下。淵。

先儒云，「天文也」上有「剛柔相錯」四字。恐有之，方與下文相似，且得分曉。礪。

❶「鈞」，原作「鉤」，今據《朱文公易説》卷四改。
❷「鈞」，原作「鉤」，今據朝鮮本及《朱文公易説》卷四改。

問：「君子明庶政，无敢折獄。」《本義》云：「明庶政是明之小者，無折獄是明之大者。」此專是就象取義。伊川説此則又就賁飾上説。不知二説可相備否？曰：「明庶政」是就離上説，「無折獄」是就艮上説。離明在内，艮止在外，則是事之小者可以用明。折獄是大事，一折便了，有止之義，明在内不能及他，故止而不敢折也。大凡就象中説則意味長。若懸空説道理，雖説得去，亦不甚親切也。學履。

「山下有火，賁」，内明外止。雖然，内明是箇止殺底明，所以不敢用其明以折獄。此與旅相似而相反，賁内明外止，旅外明内止，其象不同如此。問：苟明見其情罪之是非，亦何難於折獄？曰：是他自有箇象如此。遇着此象底，便用如此。然獄亦自有十三八棒便了底，亦有須待囚訊鞫勘、録問結證而後了底。《書》曰：「要囚，服念五六日至于旬時，丕蔽要囚。」《周禮·秋官》亦有此數句，便是有合如此者。若獄未具而決之，❶是所謂「敢折獄」也。若獄已具而留之不決，是所謂「留獄」也。「不留獄」者，謂囚訊結證已畢，而即決之也。僩。

問「明庶政，无敢折獄」。曰：此與旅卦都説刑獄事，但爭艮與離之在内外，故其説相反。止在外，明在内，故明政而不敢折獄；止在内，明在外，故明謹用刑而不敢留獄。又曰：麄言之，如今州縣治獄，禁勘審覆，自有許多節次。過乎此而不決，便是留獄。不及乎此而決，便是敢於折獄。《尚書》要囚至于旬時，他須有許多時日。此一段與《周禮·秋官》同意。礪。

❶「具」，原作「是」，今據《朱文公易説》卷八改。

六四「白馬翰如」，言此爻無所賁飾，其馬亦白也。言無飾之象如此。學履。

問「賁于丘園，束帛戔戔」。曰：此兩句只是當來卦辭，非主事而言，看如何用，皆是這箇道理。或曰：「賁于丘園」，安定作敦本說。曰：某之意正要如此說。❶或以「戔戔」爲盛多之貌。曰：非也。戔戔者，淺小之意。凡「淺」字、「箋」字皆從「戔」。或問：淺小是儉之義否？曰：然。所以下文云：「吝，終吉。」吝者雖不好看，然終却吉。去僞。

問：「賁于丘園」是在艮體，故安止于丘園，而不復有外賁之象。曰：雖是止體，亦是上比於九，❷漸漸到極處。若一向賁飾去，亦自不好，須是收斂方得。問：敦本務實，莫是反樸還淳之義否？曰：賁取賁飾之義，他今却來賁田園，爲農圃之事。當賁之時，似若鄙吝，然儉約終得吉。吉則有喜，故《象》云「有喜」也。礪。

問「賁于丘園」。曰：當賁飾華盛之時，而安于丘園樸陋之事，其道雖可吝，而終則有吉也。問：六五之吉，何以有喜？曰：「終吉」，所以有喜。又問「白賁无咎」。曰：賁飾之事，太盛則有咎，所以處太盛之終，則歸于白賁，勢當然也。僩。

「賁于丘園，束帛戔戔」，是箇務農尚儉。「戔戔」是狹小不足之意，以字義考之，從水則爲淺，從貝則爲賤，從金則爲錢。如所謂「束帛戔戔」，六五居尊位，却如此敦本尚儉，便似吝嗇。如衛文公、漢文帝，雖是吝，却終吉。此在賁卦有反本之義。到上

❶「說」，原脫，今據朝鮮本補。
❷「上比」，原作「止此」，今據朝鮮本改。

九便「白賁」，和束帛之類都没了。㽦。

「賁于丘園」是箇務實底。學履作「務農尚本之義」。「束帛戔戔」是賁得不甚大，所以説「吝」。兩句是兩意。淵。

問：伊川解「賁于丘園」指上九而言，看來似好。蓋賁三陰皆受賁于陽，不應此又獨異，而作敦本務實説也。曰：如何丘園便能賁人？「束帛戔戔」，他解作裁剪之象，尤艱曲，説不出。這八字只平白在這裏，若如所説，則曲折多，意思遠。舊説指上九作高尚隱于丘園之賢，而用束帛之禮聘召之。若不用某説，則此説似近。他將丘園作上九之象，「束帛戔戔」作裁剪紛裂之象，則與象意大故相遠也。學履。

問六五是柔中居尊，❶敦本尚實，故有「賁于丘園」之象。然陰性吝嗇，故有「束帛戔戔」之象。「戔戔」，淺小皃。人而如此，雖可羞吝，然禮奢寧儉，故得終吉。此與程《傳》指丘園爲上九者如何？曰：舊説多作以束帛聘在外之賢，但若如此説，則與「吝，終吉」文義不協。今程《傳》所指亦然。蓋「戔戔」自是淺小之意，如從水則爲淺，從人則爲俴，從貝則爲賤，皆淺小意。程《傳》作剪裁已是迂回，又説丘園，更覺牽强。如《本義》所説，却似與「吝，終吉」文義稍協。又問：「白賁无咎，上得志也。」何謂「得志」？曰：居卦之上，在事之外，不假文飾，而有自然之文，便自優游自得也。銖曰：如《本義》説，六五、上九兩爻却是賁極反本之意。曰：六五已有反本之漸，故曰「丘園」，又曰「束帛戔戔」。至上九「白賁」，則反本而復於無飾矣。蓋皆賁極之象

❶「六」，原作「九」，今據《朱文公易説》卷四改。

也。銖。

伊川此卦《傳》大有牽强處。「束帛」解作剪裁，恐無此理。且如今將束帛之説教人解，人決不思量從剪裁上去。義剛。

「白賁无咎。」據「剛上文柔」，是不當説自然，而卦之取象不恁地拘，各自説一義。淵。

剥

問：「上以厚下安宅。」安宅者，安於禮義而不遷否？曰：非也。厚下者，乃所以安宅。如山附於地，❶惟其地厚，所以山安其居而不摇。人君厚下以得民，則其位亦安而不摇，猶所謂本固邦寧也。僩。

問：《剥》之初與二「蔑貞凶」，是以陰蔑陽，以小人蔑君子之正道，凶之象也。不知只是陽與君子當之則凶，爲復陰與小人亦自爲凶？曰：自古小人滅害君子，終亦有凶。但此爻象只是説陽與君子之凶也。礪。

或問：「碩果不食」，伊川謂「陽無可盡之理，剥於上則生於下，無間可容息也」。變於上則生於下，乃剥、復相因之理，畢竟須經由坤。坤卦純陰無陽，如此，陽有斷滅也，何以能生於復？曰：凡陰陽之生，一爻當一月，須是滿三十日方滿得那腔子，做得一畫成。今坤卦非是無陽，陽始生甚微，未滿那腔子，做一畫未成，非是坤卦純陰便無陽也。然此亦不是甚深奥事，但伊川當時解不曾分明道與人，故令人做一件大事看。文蔚。

「小人剥廬」，是説陰到這裏時，把他這

❶「如」上，原有「宅」字，今據《朱文公易説》卷八删。

些陽都剥了，此是自剥其廬舍，無安身己處。衆小人託這一君子爲芘覆，若更剥了，是自剥其廬舍，便不成剥了。淵。

舊見二十家叔説，懷，字公立。「廬」如《周禮》「秦無廬」之「廬」，音盧，蓋戟柄也。謂小人自剥削其戟柄，僅留其鐵而已，果何所用！如此説，方見得《小象》「小人剥廬，終不可用」一句。意亦自好。又問：變、化二字，舊見《本義》云：「變者化之漸，化者變之成。」夜來聽得説此二字，乃謂化是漸化，變是頓變。似少不同。曰：如此等字，自是難説。變者化之漸，化者變之成，固是如此。然《易》中又曰：「化而裁之謂之變。」則化又是漸。蓋化如正月一日漸漸化至三十日，至二月一日，則是正月變爲二月矣。然變則又化，是化長而變短。此等字須當通看乃好。銖。

復

問：剥一陽盡而爲坤。程云：「陽未嘗盡也。」曰：剥之一陽未盡時，不曾生；纔盡於上，這些子便生於下了。卓。

問：一陽復於下，是前日既退之陽已消盡，而今别生否？曰：前日既退之陽已消盡，此又是别生。伊川謂：「陽無可盡之理，剥於上則生於下，無間可容息。」説得甚精。且以卦配月，則剥九月，坤十月，復十一月。剥一陽尚存，復一陽已生，坤純陰，陽氣闕了三十日，安得謂之無盡？曰：恐是一月三十日，雖到二十九日，陽亦未盡否？曰：只有一夜亦是盡，安得謂之無盡？嘗細推之，這一陽不是忽地生出。纔交立冬，❶便萌芽，下面有些氣象了。❷上面剥一分，下面便萌芽一分；上面剥二分，下面便萌芽二分。積累到那復處，方成一陽。坤初六，便是陽已萌了。淳。

問伊川所説剥卦。曰：公説關要處未甚分明。他上纔消，下便生。且如復卦，是一陽有三十分，他便從三十日頭逐分累起，到得交十一月冬至，他一爻已成。消時也如此。只伊川説欠得幾句説漸消漸長之意。直卿問：「冬至子之半」，如何是一陽方生？賀孫云：「冬至子之半」，是已生成一陽，不是一陽方生。曰：冬至方是結算那一陽，冬至以後又漸生成二陽，過一月却成臨卦。坤卦之下，初陽已生矣。賀孫。

「爲嫌於無陽也。」自觀至剥，三十日剥方盡。自剥至坤，三十日方成坤。三十日陽漸長，至冬至，方是一陽，第二陽方從此生。陰剥，每日剥三十分之一，一月方剥得盡。陽長，每日長三十分之一，一月方長得成一陽。陰剥時，一日十二刻，亦每刻中漸漸剥，全一日，方剥得三十分之一。陽長之漸，亦如此長。直卿舉「冬至子之半」。先生曰：正是及子之半，方成一陽。子之半後，第二陽方生。陽無可盡之理，這箇才剥盡，陽當下便生，不曾斷續。伊川説這處未分曉，似欠兩句在中間，方説得陰剥陽生不相離處。虞復之云：恰似月弦望，便見陰剥陽生逐旋如此。陰不會一上剥，陽不會一上長也。寓。

剥上九一畫分爲三十分，一日剥一分，至九月盡方盡。然剥於上則生於下，無間

❶「交」，原脱，今據朝鮮本補。
❷「了」，原脱，今據朝鮮本補。

可息。至十月初一日便生一分，積三十分而成一畫，但其始未著耳。至十一月則此畫已成。此所謂「陽未嘗盡也」。道夫問：「陰亦然」，今以夬、乾、姤推之，亦可見矣。但所謂「聖人不言」者，何如？曰：前日劉履之説蔡季通以爲不然。某以爲分明是如此。但聖人所以不言者，這便是一箇參贊裁成之道。蓋抑陰而進陽，長善而消惡，用君子而退小人，這便可見此理自是恁地。雖堯、舜之世，豈無小人？但有聖人壓在上面，不容他出而有爲耳，豈能使之無邪？劉履之曰：蔡季通嘗言：「陰不可以抗陽，猶地之不足以配天，此固然之理也。而伊川乃謂陰亦然，❶聖人不言耳。元定不敢以爲然也。」○道夫。

問：十月何以爲陽月？先生因反詰諸生，❷令思之，云：程先生於《易傳》雖發其端，然終説得不透徹。諸生答皆不合，復請問。先生曰：剥盡爲坤，復則一陽生也。復之一陽不是頓然便生，乃是自坤卦中積來。且一月三十日，以復之一陽分作三十分，從小雪後便一日生一分，上面趲得一分，下面便生一分，到十一月半，一陽始成也。以此便見得天地無休息處。時舉。

義剛曰：十月爲陽月，不應一月無陽，一陽是生於此月，但未成體耳。曰：九月陰極，則下已陽生，謂如六六字恐誤。陽成六段，❸而一段又分爲三十小段，從十月積起，至冬至積成一爻，不成一陽是陡頓生，亦須以分豪積起。且如天運流行，本無一息間斷，豈解一月無陽！且如木之黄落時，萌

❶「陰」下，原衍「陽」字，今據朝鮮本及《朱文公易説》卷四删。
❷「反」，原脱，今據朝鮮本及《朱文公易説》卷四補。
❸下「六」字，原作「一」，今據《朱文公易説》卷四改。

芽已生了。不特如此，木之冬青者，必先萌芽，而後舊葉方落。若論變時，天地無時不變。如《楞嚴經》第二卷首段所載，非惟一歲有變，月亦有之；非惟月有變，日亦有之；非惟日有變，時亦有之，但人不知耳。此説亦是。義剛。

問：坤爲十月。陽氣剥於上，必生於下，則此十月，陽氣已生，但微而未成體。至十一月，一陽之體方具否？曰：然。凡物變之漸，不惟月變、日變，而時亦有變，但人不覺爾。十一月不能頓成一陽之體，須是十月生起。云云。學履。

味道舉十月無陽。曰：十月坤卦皆純陰，自交過十月節氣，固是純陰，然潛陽在地下已旋生起來了。且以一月分作三十分，細以時分之，是三百六十分。陽生時，逐分旋生，❶生到十一月冬至，方生得就一畫陽。這一畫是卦中六分之一，餘在地下，❷二畫又較在上面則箇；至三陽，則全在地上矣。四陽、五陽、六陽，則又層層在上面去。不解到冬至時便頓然生得一畫。所以莊子之徒説道：「造化密移，疇覺之哉？」又曰：一氣不頓進，一形不頓虧。蓋見此理，陰陽消長亦然。如包胎時，十月具，方成箇兒子。植。○賀孫録見下。

陽無驟生之理。如冬至前，十月中氣是小雪，❸陽已生三十分之一分，到得冬至前幾日，須已生到二十七八分，到至日方始成一畫。❹不是昨日全無，今日一旦便都復了。大抵剥盡處便生。莊子云：「造化密

❶「分」，原脱，今據朝鮮本補。
❷「餘」，原爲墨丁，今據朝鮮本補。
❸「十」，原作「半」，今據朝鮮本改。
❹「至」，萬曆本作「是」。

移，疇覺之哉？」這語自説得好。又如列子亦謂：「運轉無已，天地密移，疇覺之哉？」凡一氣不頓進，一形不頓虧。亦不覺其成，不覺其虧。蓋陰陽浸消浸盛，人之一身自少至老，亦莫不然。賀孫。○植問：不頓進是漸生，不頓虧是漸消，陰陽之氣皆然否？曰：是。

問：十月是坤卦，陽已盡乎？曰：陰陽皆不盡。至此則微微一線路過，因而復發耳。大雅。

「七日」只取「七」義，猶八月有凶只取「八」義。淵。

問「朋來无咎」。曰：復卦一陽方生，疑若未有朋也。然陽有剛長之道，自一陽始生而漸長，礪録云：必竟是陽長，將次並進。以至于極，則有朋來之道而无咎也。「反復其道，七日來復，天行也。」消長之道，自然如此，故曰「天行」。處陰之極，亂者復治，往者復還，凶者復吉，危者復安，天地自然之運也。問六二「休復之吉，以下仁也」。曰：初爻爲仁人之體，六二爻能下之，謂附下於仁者。學莫便於近乎人，❶既得仁者而親之，資其善以自益，則力不勞而學美矣，故曰「休復吉」。上六「迷復，凶」。至于十年不克征」。這是箇極不好底爻，故其終如此。凡言十年、三年、五年，七月、八月、三月者，想是象數中自有箇數如此，故聖人取而言之。至于「十年不克征」、「十年勿用」，則其凶甚矣。僩。

問：《復》卦「剛反」當作一句？曰：然。此二字是解「復亨」。下云「動而以順行」，是解「出入無疾」以下。大抵《彖辭》解得

❶「人」，萬曆本作「仁」。

《易》極分明，子細尋索，儘有條理。學蒙。❶

聖人說「復其見天地之心」，到這裏微茫發動了，最可以見生氣之不息也。只如此看，便見天只有箇春夏秋冬，人只有箇仁義禮智，此四者便是那四者。所以孟子説四端猶四體，闕一不可。人若無此四者，便不足爲人矣。心是一箇運用底物，只是有此四者之理，更無別物，只此體驗可見。

問：「復其見天地之心。」生理初未嘗息，但到坤時藏伏在此，至復乃見其動之端否？曰：不是如此。這箇只是就陰陽動静、闔闢、消長處而言。如一堆火，自其初發以至漸漸發過，消盡爲灰。其消之未盡處，固天地之心也；然那消盡底，亦天地之心也。但那箇不如那新生底鮮好，故指那接頭再生者言之，則可以見天地之心親切。如云「利貞者，性情也」，一元之氣亨通發散，品物流形，天地之心盡發見在品物上，但叢雜難看；及到利貞時，萬物悉已收斂，那時只有箇天地之心，丹青著見，故云「利貞者，性情也」，正與「復其見天地之心」相似。康節云：「一陽初動處，萬物未生時。」蓋萬物生時，此心非不見也，但天地之心悉已布散叢雜，無非此理呈露，倒多了難見。若會看者，能於此觀之，則所見無非天地之心矣。惟是復時萬物皆未生，只有一箇天地之心昭然著見在這裏，所以易看也。僩。

問：天地之心，雖静未嘗不流行，何爲必於復乃見？曰：三陽之時，萬物蕃新，只見物之盛大，天地之心却不可見。惟是一陽初復，萬物未生，冷冷静静；而一陽既動，生物之心闖然而見，雖在積陰之中，自

❶「學蒙」，二字原脱，今據朝鮮本補。

藏掩不得。此所以必於復見天地之心也。銖曰：邵子所謂「元酒味方淡，❶大音聲正稀」，正謂此否？曰：正是此意，不容別下注脚矣。又問：「天心無改移」，謂何？曰：年年歲歲是如此，月月日日是如此。又問：純坤之月，可謂至靜。然昨日之靜，所以養成今日之動，故一陽之復，乃是純陰養得出來。在人則主靜而後善端始復，在天地之化，則是終則有始，貞則有元也。曰：固有此意，但不是此卦大義。《大象》所謂「至日閉關」者，正是於已動之後，要以安靜養之。蓋一陽初復，陽氣甚微，勞動他不得，故當安靜以養微陽。如人善端初萌，正欲靜以養之，方能盛大。若如公說，却是倒了。銖。

「復見天地心。」動之端，靜中動，方見生物心。尋常吐露見於萬物者，盡是天地心。只是冬盡時，物已成性，又動而將發生，此乃可見處。方。

問「復見天地之心」之義。曰：十月純陰，爲坤卦，而陽未嘗無也。以陰陽之氣言之，則有消有息。以陰陽之理言之，則無消息之間。學者體認此理，則識天地之心。故在我之心不可有間斷也。過。

問「復見天地之心」。曰：天地所以運行不息者，做箇甚事？只是生物而已。物生於春，長於夏，至秋萬物咸遂，如收斂結實，是漸欲離其本之時也。及其成，則物之成實者各具生理，所謂「碩果不食」是已。夫具生理者固各繼其生，而物之歸根復命，猶自若也。如說「天地以生物爲心」，斯可見矣。又問：既言心性，則「天命之謂性」，

❶「元」，萬曆本作「玄」。此係避宋先祖趙玄朗諱，下同。

「命」字有心底意思否？曰：然。流行運用是心。人傑。

天地生物之心未嘗須臾停。然當氣候肅殺，草木摇落之時，此心何以見？曰：天地此心常在，只是人看不見，故必到復，而後始可見。僩。

天地之心未嘗無，但静則人不得而見爾。道夫。

伊川言「一陽復於下，乃天地生物之心」一段，蓋謂天地以生生爲德。自「元亨利貞」乃生物之心也，但其静而復，乃未發之體；動而通焉，則已發之用。一陽來復，其始生甚微，固若静矣，然其實動之機，其勢日長，而萬物莫不資始焉。此天命流行之初，造化發育之始，天地生生不已之心於是而可見也。若其静而未發，則此心之體雖無所不在，然却有未發見處。此程子所以以動之端爲天地之心，亦舉用以該其體爾。端蒙。

問：「一陽復於下，乃天地生物之心也。先儒皆以静爲見天地之心。」切謂十月純坤，不爲無陽，天地生物之心未嘗間息，但未動耳。因動而生物之心始可見。曰：十月陽氣收斂，一時關閉得盡。天地生物之心固未嘗息，但無端倪可見。惟一陽動則生意始發露出，乃始可見端緒也。言動之頭緒於此處起，於此處方見得天地之心也。因問：在人則喜怒哀樂未發時，而所謂中節之體已各完具，但未發則寂然而已，不可見也。特因事感動，而惻隱、羞惡之端始覺，因事發露出來，非因動而漸有此也。曰：是。銖。

問：程子言：「先儒皆以静爲見天地之心，不知動之端乃天地之心。」動處如何見得？曰：這處便見得陽氣發生，其端已兆於此。春了又冬，冬了又春，都從這裏發去。事物間亦可見，只是這裏見得較親切。鄭兄舉王輔嗣説「寂然至無，乃見天地心」。曰：他説「無」，是胡説。若静處説無，不知下面一畫作甚麽？寓問：❶動見天地之心，固是。不知在人可以主静言之否？曰：不必如此看。這處在天地則爲陰陽，在人則爲善惡。「有不善未嘗不知，知之未嘗復行。」不善處便是陰，善處便屬陽。上五陰，下一陽，是當沉迷蔽固之時，❷忽然一夕省覺，便是陽動處。齊宣王「興甲兵，危士臣，構怨於諸侯」，可謂極矣。及其不忍觳觫，即見善端之萌。肯從這裏做去，三王事業何患不到！寓。

居甫問「復見天地之心」。曰：復未見造化，而造化之心於此可見。某問：静亦是心，而心未見？曰：固是。但又須静中含動意始得。曰：王弼説此，似把静作無。曰：渠是添一重説話。下自是一陽，如何説無？上五陰亦不可説無，説無便死了，無復生成之意，如何見其心？且在人身上，一陽善也，五陰惡也；一陽君子也，五陰小人也，只是「有不善未嘗不知，❸知之未嘗復行」。且看一陽對五陰，是惡五而善一。纔復，則本性復明，非天心而何？可學。○與上條同聞。

問：復以動見天地之心，而主静觀復者又何謂？曰：復固是動，主静是所以養其動，動只是這静所養底。一陽動，便是純坤月養來。曰：此是養之於未動之前否？

❶「寓」，四庫本作「寓」。
❷「固」，萬曆本作「錮」。
❸「不」，原作「一」，今據《易·繫辭下》改。

曰：此不可分前後，但今日所積底，便爲明日之動；明日所積底，便爲後日之動。只管恁地去。「觀復」是老氏語，儒家不説。老氏愛説動静。「萬物並作，吾以觀其復。」謂萬物有歸根時，吾只觀他復處。淳。

問：程子以動之端爲天地之心。動乃心之發處，何故云天地之心？曰：此須就卦上看。上坤下震，坤是静，震是動。十月純坤，當貞之時，萬物收斂，寂無蹤跡，到此一陽復生，便是動。然不直下「動」字，却云「動之端」。端又從此起，雖動而物未生，未到大段動處，凡發生萬物，都從這裏起，豈不是天地之心！康節詩云：「冬至子之半，大雪子之初氣，冬至子之中氣。天心無改移。一陽初動處，萬物未生時。玄酒味方淡，大音聲正希。此言如不信，更請問包羲。」可謂振古豪傑。淳。

問「冬至子之半」。曰：康節此詩最好，某於《本義》亦載此詩。蓋立冬是十月初，小雪是十月中，大雪十一月初，冬至十一月中，小寒十二月初，大寒十二月中。「冬至子之半」，即十一月之半也。人言夜半子時，冬至蓋夜半以前一半，已屬子時。今推五行者多不知之。然數每從這處起，略不差移，此所以爲天心。然當是時，一陽方動，萬物未生，未有聲臭氣味之可聞可見，所謂「元酒味方淡，大音聲正希」也。

漢卿問「一陽初動處，萬物未生時」。曰：此在貞、元之間，才見孺子入井，未做出惻隱之心時節。因言：康節之學，不似濂溪、二程。康節愛説箇循環底道理，不似濂溪、二程説得活。如「無極而太極，太極本無極」，「體用一源，顯微無間」，康節無此説。方子。○廣録見下。

問：康節所謂「一陽初動後，萬物未生時」，這箇時節，莫是程子所謂「有善無惡，有是無非，有吉無凶」之時否？先生良久曰：也是如此。是那怵惕、惻隱方動而未發於外之時。正淳云：此正康節所謂一動一静之間也？曰：然。某嘗謂康節之學與周子、程子所説小有不同。康節於那陰陽相接處看得分曉，故多舉此處爲説，不似周子説「無極而太極」與「五行一陰陽，陰陽一太極」如此周遍。若如周子、程子之説，則康節所説在其中矣。康節是指貞、元之間言之，不似周子、程子説得活，「體用一源，顯微無間」。廣。○賀孫録别出。

漢卿問：「一陽初動處，萬物未生時」，以人心觀之，便是善惡之端感物而動處。曰：此是欲動未動之間。如怵惕、惻隱，於赤子入井之初，方怵惕、惻隱，而未成怵惕、惻隱之時。故上云「冬至子之半」，是康節常要就中間説。「子之半」則是未成子，方離於亥，而爲子方四五分。是他常要如此説，常要説陰陽之間、動静之間，便與周、程不同。周、程只是「五行一陰陽，陰陽一太極，太極本無極」，只是體用、動静互换無極。康節便只要説循環，便須指消息、動静之間，便有方了，不似二先生。賀孫。

天地之心，動後方見。聖人之心，應事接物方見。「出入」、「朋來」，只做人説，覺不撈攘。淵。

論「復見天地之心」，程子曰：「聖人無復，故未嘗見其心。」且堯、舜、孔子之心，千古常在，聖人之心周流運行，何往而不可見？若言天地之心如春生發育，猶是顯著。此獨曰「聖人無復，未嘗見其心」者，只爲是説復卦。《繫辭》曰：「復小而辨於物。」蓋復卦是一陽方生於群陰之下，如幽暗中一點白，便是小而辨也。聖人贊《易》而曰：「復見天地之心。」今人多言惟是復卦可以見天地之心，非也。六十四卦無非天地之心，但於復卦忽見一陽之復，❶故即此而贊之爾。論此者當知有動靜之心，有善惡之心，各隨事而看。今人乍見孺子將入於井，因發動而見其惻隱之心；未有孺子將入井之時，此心未動，只靜而已。衆人物欲昏蔽，便是惡底心；及其復也，然後本然之善心可見。聖人之心純於善而已，所以謂「未嘗見其心」者，只是言不見其有昏蔽忽明之心，如所謂幽暗中一點白者而已。但此等語話只可就此一路看去，纔轉入別處，便不分明也，不可不知。謨。

問：「聖人無復，未嘗見其心。」天地之氣有消長進退，故有復；聖人之心純乎天理，故無復。曰：固是。又問：「鼓舞萬物而不與聖人同憂。」天地則任其自然，聖人贊化育則不能無憂。曰：聖人也安得無憂？但聖人之憂，憂得恰好，不過憂耳。夔孫。

舉「聖人無復，故不見其心」一節，語學者曰：聖人天地心，無時不見。此是聖人因贊《易》而言一陽來復，於此見天地之心尤切，正是大黑暗中有一點明。可學。

國秀問：舊見蔡元思說，先生說復卦處：「靜極而動，聖人之復；惡極而善，常人之復。」是否？曰：固是。但常人也有靜極而動底時節，聖人則不復有惡極而善之復矣。僩。

上云「見天地之心」，以動靜言也。下

❶「之」，萬曆本作「來」。

云「未嘗見聖人之心」，以善惡言也。道夫。

復雖一陽方生，然而與衆陰不相亂。如人之善端方萌，雖小而不爲衆惡所遏底意思相似。學履。○饒録作：雖小而衆惡却遏他不得。

問：一陽復，在人言之，只是善端萌處否？曰：以善言之，是善端方萌處；以惡言之，昏迷中有悔悟向善意，便是復。如睡到忽然醒覺處，亦是復氣象。又如人之沉滯，道不得行，到極處，忽小亨，道雖未大行，已有可行之兆，亦是復。這道理千變萬化，隨所在無不渾淪。淳。

敬子問：今寂然至静在此，若一念之動，此便是復否？曰：恁地説不盡。復有兩樣：有善惡之復，有動静之復。兩樣復自不相須，須各看得分曉。終日營營，與萬物並馳，忽然有惻隱、是非、羞惡之心發見，此善惡爲陰陽也。若寂然至静之中，有一念之動，此動静爲陰陽也。二者各不同，須推教子細。僩。

伊川與濂溪説「復」字亦差不同。用之云：濂溪説得「復」字就歸處説，伊川就動處説。曰：然。濂溪就坤上説，就回來處説。如云「利貞者，誠之復」，「誠心，復其不善之動而已矣」，皆是就歸來處説。伊川却正就動處説。如「元亨利貞」，濂溪就「利貞」上説「復」字，伊川就「元」字頭説「復」字。以《周易》卦爻之義推之，則伊川之説爲正。然濂溪、伊川之説，道理只一般，非有所異，只是所指地頭不同。以復卦言之，下面一畫便是動處。伊川云：「下面一爻正是動，如何説静得？雷在地中，復。」云云。看來伊川説得較好，王弼之説與濂溪同。僩。

問：陽始生甚微，安靜而後能長，故復之《象》曰：「先王以至日閉關。」人於迷途之復，其善端之萌亦甚微，故須莊敬持養，然後能大。不然，復亡之矣。曰：然。又曰：古人所以四十强而仕者，前面許多年亦且養其善端。若一下便出來，與事物衮了，豈不壞事！賀孫。

陽氣始生甚微，必安静而後能長。問曰：此是静而後能動之理，如何？如人之天理亦甚微，須是無私欲撓之，則順發出來。曰：且如此看。又問：「安静」二字，還有分別否？曰：作一字看。端蒙。

叔重問：「先王以至日閉關」，程《傳》謂陽之始生至微，當安静以養之。恐是十月純坤之卦，陽已養於至静之中，至是方成體爾。曰：非也。養於既復之後。又問「復見天地之心」。曰：要説得「見」字親切。蓋此時天地之間，無物可見天地之心，只有一陽初生，浄浄潔潔，見得天地之心在此。若見三陽發生萬物之後，則天地之心散在萬物，則不能見得如此端的。雉。

掩身事齋戒，《月令》：夏至、冬至，君子皆「齋戒，處必掩身」。及此防未然。此二句兼冬至、夏至説。閉關息商旅，所以養陽氣也。絶彼柔道牽。所以絶陰氣。《易·姤》之初六「繫于金柅」是也。○銖。

問：「無祇悔」，「祇」字何訓？曰：書中「祇」字，只有這「祇」字使得來別，看來只得解做「至」字。又有訓「多」爲「祇」者，如「多見其不知量也」，「多，祇也」，「祇」與「只」同。僩。

先生舉《易傳》語「惟其知不善，則速改以從善而已」，曰：這般説話好簡當。文蔚。

問：上六「迷復」，「至于十年不克征」，何如？曰：過而能改，則亦可以進善；迷而不復，自是無説，所以無往而不凶。凡言三年、十年、三歲，皆是有箇象方説。若三歲，猶是有箇期限；到十年，便是無説了。礪。

无妄

「无妄」本是「無望」，這是没理會時節，忽然如此得來面前，朱英所謂「無望之福」是也。桑樹中箭，柳樹汁出。淵。

《史記》「无妄」作「无望」。問：若以爲「无望」，即是願望之「望」，非誠妄之「妄」。曰：有所願望即是妄。但「望」字説得淺，「妄」字説得深。必大。

「剛自外來」説卦變，「動而建」説卦德，「剛中而應」説卦體，「大亨以正」説「元亨利貞」。自文王以來説做希望之「望」。這事只得倚閣在這裏，難爲斷殺他。淵。

伊川《易傳》似不是本意。「剛自外來」是所以做造无妄，「動而健」是有卦後説底。淵。

「往」字説得不同。淵。

問：「雖無邪心，苟不合正理則妄也。」既無邪，何以不合正？曰：有人自是其心全無邪，而却不合於正理。如賢智者過之，他其心豈曾有邪？却不合正理。佛氏亦豈有邪心者！夔孫。

因論《易傳》雖無邪心，苟不合正理則妄也，乃邪心也。或以子路使門人爲臣事爲證。先生曰：如鬻拳强諫之類是也。或云：王荆公亦然。曰：温公忠厚，故稱荆公無姦邪，只不曉事。看來荆公亦有邪心夾雜。他却將《周禮》來賣弄，有利底事便行之，意欲富國强兵，然後行禮義。不知未富强，人才風俗已先壞了。向見何一之有一小論，稱荆公所以辨得盡行許多事，緣李文靖爲相日，四方言利害者盡皆報罷，積得許多弊事，所以激得荆公出來，一齊要整頓過。荆公此意便是慶曆范文正公諸人要做事底規模。然范文正公等行得尊重，其人才亦忠厚。荆公所用之人，一切相反。僩。

或問：「物與无妄」，衆說不同。文蔚曰：是各正性命之意。先生曰：然。一物與他一箇无妄。文蔚。

或說无妄。曰：卦中未便有許多道理，聖人只是說有許多爻象如此，占着此爻則有此象。无妄是箇不指望、偶然底卦，忽然而有福，忽然而有禍。如人方病，忽然勿藥而瘉，是所謂无妄也。據諸爻名義，合作「無望」，不知孔子何故說歸「无妄」。人之卜筮，如決柸珓，如此則吉，如此則凶，柸珓又何嘗有許多道理！如程子之說，說得道理儘好，儘開闊，只是不如此，未有許多道理在。又曰：无妄一卦，雖云禍福之來也無常，然自家所守者，不可不利於正，不可以彼之無常，而吾之所守亦爲之無常也。故曰：「无妄，元亨利貞，其匪正有眚。」若所守匪正，則有眚矣。眚，即災也。問：伊川言「災自外來，眚自內作」，是否？曰：看來只一般，微有不同耳。災，是禍偶然生於彼者；眚，是過誤致然。《書》曰「眚災肆赦」，《春秋》曰「肆大眚」，❶皆以其過誤而赦之也。僩。

問「不耕穫，不菑畬」，伊川說爻詞與《小象》却不同，如何？曰：便是曉不得。爻下說「不耕而穫」，到《小象》又却說耕而

❶「大」，原作「天」，今據朝鮮本改。

不必求穫，都不相應。某所以不敢如此說。他爻辭分明説道「不耕穫」了，自是有一樣時節都不須得作爲。又曰：看來「无妄」合是「無望」之義，不知孔子何故使此「妄」字。如「无妄之災」、「无妄之疾」，都是没巴鼻恁地。又曰：无妄自是大亨了，又却須是貞正始得。若些子不正，則行有眚。「眚」即與「災」字同。不是自家做得，只有些子不是，他那裏便有災來。問：眚與災如何分？曰：也只一般。《尚書》云「眚災肆赦」，《春秋》「肆大眚」，眚似是過誤，災便直是自外來。又曰：此不可大段做道理看，只就逐象上説，見有此象，便有此義，少間自有一時築着磕着。如今人問杯珓，杯珓上豈曾有道理？自是有許多吉凶。礪。

「不耕穫」一句，伊川作三意説：不耕而穫，耕而不穫，耕而必穫。❶看來只是也不耕，也不穫，只見成領會他物事。淵。

問「不耕穫，不菑畬」。曰：言不耕不穫，不菑不畬，無所爲於前，無所冀於後。未嘗略起私意以作爲，唯因時順理而已。程《傳》作「不耕而穫，不菑而畬」，不唯添了「而」字，又文勢牽强，恐不如此。又問「无妄之災」。曰：此卦六爻皆是无妄，但六三地頭不正，故有无妄之災，言無故而有災也。如行人牽牛以去，而居人反遭捕詰之擾，此正无妄之災之象。又問：九五陽剛中正以居尊位，无妄之至，何爲而有疾？曰：此是不期而有此，但聽其自爾，久則自定，所以「勿藥有喜」而無疾也。大抵无妄一卦固是无妄，但亦有無故非意之事，故聖

❶「必」上，原衍「不」字，今據朝鮮本及《朱文公易説》卷四删。

人因象示戒。又問：《史記》作「無望」，謂無所期望而有得，疑有「不耕穫，不菑畬」之意。曰：此出《史記·春申君傳》，正説李園事。正是説無巴鼻而有一事，正合「无妄之災」、「无妄之疾」。亦見得古人相傳，尚識得當時此意也。銖。

「不耕穫，不菑畬」，如《易傳》所解，則當言「不耕而穫，不菑而畬」方可。又如云「極言无妄之義」，緣是要去義理上説，❶故如此解。《易》之六爻只是占吉凶之詞，至《彖》、《象》方説義理。六二在无妄之時，居中得正，故吉。其曰「不耕穫，不菑畬」，是四事都不做，謂雖事事都不動作，亦自「利有攸往」。《史記》「无妄」作「無望」，是此意。六三便是「无妄之災，❷或繫之牛，行人之得」，何與邑人事？而「邑人之災」。如諺曰「閉門屋裏坐，禍從天上來」是也。此是占辭。如「飛龍在天，利見大人」，若庶人占得此爻，只是利去見大人也。然吉凶以正勝，有雖得凶而不可避者，縱貧賤、窮困、死亡，却無悔吝。故横渠云「不可避凶趨吉，一以正勝」是也。又如占得坤六二爻，須是自己「直、方、大」，方與爻辭相應，便「不習无不利」。若不「直、方、大」，却反凶也。必大録此下云：如春秋時南蒯占得坤六五爻，以爲大吉，示子服惠伯，惠伯曰「忠信之事則可，不然必敗」一段，説得極好。蓋南蒯所占雖得吉爻，然所爲却不「黄裳」，即是大凶。○瞢。

問不耕穫、不菑畬「未富」之義。曰：此有不可曉，然既不耕穫、不菑畬，自是「未富」。只是聖人説占得此爻，雖是「未富」，

❶「緣」，原脱，今據朝鮮本及《朱文公易説》卷二三補。
❷「妄」，原作「望」，今據朝鮮本及《朱文公易説》卷二三改。

但「利有攸往」耳。雖是占爻，然義理亦包在其中。《易傳》中說「未」字多費辭。㽦。

大畜

「能止健」，都不說「健而止」，見得是艮來止這乾。淵。

「篤實」便有「輝光」，艮止便能「篤實」。淵。

九三一爻，不爲所畜而欲進，與上九合志同進，俱爲畜極而通之時，故有「良馬逐」，「何天之衢亨」之象。但上九已通達無礙，只是滔滔去；九三過剛鋭進，故戒以艱貞閑習。蓋初、二兩爻皆爲所畜，獨九三一爻自進耳。子善問：九六爲正應，皆陰皆陽則爲無應，獨畜卦不爾，何也？曰：陽遇陰則爲陰所蓄。九三與上九皆陽，皆欲上進，故但以同類相求也。小畜亦然。先生因言：某作《本義》，欲將文王卦辭只大綱依文王本義略說。至其所以然之故，却於孔子《彖辭》中發之。且如「大蓄，利貞，不家食吉，利涉大川」，只是占得大畜者爲利正，不家食而吉，利於涉大川。至於「剛上尚賢」等處，乃孔子發明，各有所主。爻象亦然。如此，則不失文王本意，又可見孔子之意。但今未暇整頓耳。又曰：大畜下三爻取其能自畜而不進，上三爻取其能畜彼而不使進。然四能止之於初，故爲力易。五則陽已進而止之則難，但以柔居尊，得其機會可制，故亦吉，但不能如四之「元吉」耳。銖。

「何天之衢亨」，或如伊川說衍一「何」字，亦不可知。礪。

頤

頤須是正則吉。何以觀其正不正？蓋「觀頤」是觀其養德是正不正，「自求口實」是又觀其養身是正不正，未説到養人處。「觀其所養」，亦只是説君子之所養，養浩然之氣模樣。淵。

「自養」則如爵禄下至於飲食之類，是説「自求口實」。淵。

問：「觀頤，觀其所養」，作所養之道；「觀其自養」，作所以養生之術。曰：所養之道，如學聖賢之道則爲正，黄、老、申、商則爲非。凡見於修身行義皆是也。所養之術，則飲食起居皆是也。又問：伊川把「觀其所養」作觀人之養，如何？曰：這兩句是解「養正則吉」。所養之道與養生之術，正則吉，不正則不吉。如何是觀人之養？不曉程説是如何。學履。

頤卦最難看。銖問：《本義》言：「觀頤」謂觀其所養之道，「自求口實」謂觀其所養之術。與程《傳》以「觀頤」爲所以養人之道，「求口實」爲所以自養之道，如何？先生沉吟良久，曰：程《傳》似勝。蓋下體三爻皆是自養，上體三爻皆是養人。不能自求所養而求人以養己則凶，故下三爻皆凶；求於人以養其下，雖不免於「顛」、「拂」，畢竟皆好，故上三爻皆吉。又問：「虎視眈眈」，《本義》以爲「下而專也」。蓋賴其養以施於下，必有下專之誠，方能无咎。程《傳》作欲立威嚴，恐未必然。曰：頤卦難看，正謂此等。且「虎視眈眈」，必有此象，但今未曉耳。銖曰：《音辯》載馬氏云：「眈眈，虎下視皃。」則當爲下而專矣。

曰：然。又問：「其欲逐逐」如何？曰：求養於下以養人，必當繼，繼求之不厭乎數，然後可以養人而不窮。不然，則所以養人者必無繼矣。以四而賴養於初，亦是顛倒；但是求養以養人，所以雖顛而吉。先生又曰：六五「居貞吉」，猶《洪範》「用静吉，用作凶」，所以不可涉大川。六五不能養人，反賴上九之養，是已拂其常矣，故守常則吉，而涉險阻則不可也。直卿因云：頤之六爻，只是「顛」、「拂」二字。求養於下則爲「顛」，求食於上則爲「拂」。六二比初而求上，故「顛頤」當爲句，「拂經于丘頤，句。征凶」即其占辭也。六三「拂頤」，雖與上爲正應，然畢竟是求於上以養己，所以有「拂頤」之象，故雖正亦凶也。六四「顛頤」，固與初爲正應，然是賴初之養以養人，故雖顛亦吉。六五「拂經」，即是比于上，所以有「拂經」之象。然是賴上九之養以養人，所以居正而吉；但不能自養，所以不可涉大川耳。銖。

或云：諺有「禍從口出，病從口入」，甚好。曰：此語前輩曾用以解頤之《象》「慎言語，節飲食」。廣。

問：伊川解下三爻養口體，上三爻養德義，如何？曰：看來下三爻是資人以爲養，❶上三爻是養人也。六四、六五雖是資初與上之養，其實是他居尊位，藉人以養，而又推以養人。故此三爻似都是養人之事。伊川説亦得，但失之疏也。學履。○義剛録云：下三爻是資人以養己，養己所以養人也。

頤六四一爻理會不得。雖是恁地解，❷必

❶「爻」，原作「交」，今據萬曆本改。
❷「地」，原作「他」，今據朝鮮本、萬曆本改。

竟曉不得如何是「施於下」，又如何是虎。礪。

「六五，拂經，居貞吉，不可涉大川。」六五陰柔之才，但守正則吉，故不可以涉患難。「六四，顛頤吉。虎視眈眈，其欲逐逐。」此爻不可曉。僩。

大過

問：大過既「棟橈」，是不好了，又如何「利有攸往」？曰：看《彖辭》可見。棟橈是以卦體「本末弱」而言。卦體自不好了，却因「剛過而中，巽而説，行」，如此，所以「利有攸往，乃亨」也。大抵《彖傳》解得卦辭直是分明。學履。○洽同。

問：大過、小過，先生與伊川之説不同。曰：然。伊川此論，正如以反經合道爲非相似。殊不知大過自有大過時節，小過自有小過時節。處大過之時，則當爲大過之事；處小過之時，則當爲小過之事。如堯、舜之禪受，湯、武之放伐，此便是大過之事；喪過乎哀，用過乎儉，此便是小過之事。只是在事雖是過，然適當其時，便是合當如此做，便是合義。如堯、舜之有朱、均，豈不能多擇賢輔而立其子，且恁地平善過？然道理去不得，須是禪授方合義。湯、武豈不能出師以恐嚇紂，❶且使其悔悟脩省？然道理去不得，必須放伐而後已。此所以事雖過而皆合理也。僩。

《易傳》大過云：「道無不中，無不常。聖人有小過，無大過。」看來亦不消如此説。聖人既説有大過，直是有此事。雖云大過，亦是常理始得。因舉晉州蒲事，云：舊常

❶「紂」上，《朱文公易説》卷四有「桀」字。

不曉胡文定公意，以問范伯達丈，他亦不曉。後來在都下見其孫伯逢，問之，渠云：此處有意思，但是難説出。如《左氏》分明有「稱君無道」之説。厲公雖有罪，但合當廢之可也，而欒書、中行偃弑之則不是。然必竟厲公有罪，故難説。後必有曉此意者。賜。

「澤滅木。」澤在下而木在上，今澤水高漲，乃至浸没了木，是爲大過。又曰：木雖爲水浸，而木未嘗動，故君子觀之而「獨立不懼，遯世無悶」。礪。

小過是收斂入來底，大過是□□□底，❶如「獨立不懼，遯世无悶」是也。淵。

「藉用白茅」，亦有過慎之意。此是大過之初，所以其過尚小在。淵。

問：大過「棟橈」是初、上二陰不能勝四陽之重，故有此象。九三是其重剛不中，自不能勝其任，亦有此象。兩義自不同否？曰：是如此。九三又與上六正應，亦皆不好。「不可以有輔」，自是過於剛强，輔他不得。九四「棟隆」，只是隆便「不橈乎下」。「過涉滅頂，不可咎也。」恐是他做得是了，不可以咎他，不似伊川説。《易》中「无咎」有兩義。如「不節之嗟」无咎，王輔嗣云，是他自做得，又將誰咎？至「出門同人」无咎，又是他做得好了，人咎他不得，所以亦云「又誰咎也」。此處恐不然。又曰：四陽居中，如何是大過？二陽在中，又如何是小過？這兩卦曉不得。今且只逐爻略曉得，便也可占。礪。

大過，陽剛過盛，不相對值之義，故六爻中無全吉者。除了初六是過於畏慎无咎

❶「是」，原爲空格，今據朝鮮本補。下闕三字，賀本作「行出來」。

外，九二雖「无不利」，然「老夫得女妻」，畢竟是不相當，所以《象》言「過以相與也」。九四雖吉，而又有他則吝。九五所謂「老婦」者，乃是指客爻而言。老婦而得士夫，但能「无咎無譽」，亦不爲全吉。至於上六「過涉滅頂，凶，无咎」，則是事雖凶，而義則无咎也。銖。

「過涉滅頂，凶」，「不可咎也」。東漢諸人不量深淺，至於殺身亡家，此是凶。然而其心何罪？故不可咎也。夔孫。

坎

「水流不盈」，纔是說一坎滿便流出去，一坎又滿，又流出去。「行險而不失其信」，則是說決定如此。淵。

坎水只是平，不解滿，盈是滿出來。淵。

六三「險且枕」，只是前後皆是枕，便如枕頭之「枕」。礪。

問「來之坎坎」。曰：經文中疊字如「兢兢業業」之類，是重字。「來」、「之」自是兩字，各有所指，謂下來亦坎，上往亦坎，之，往也。進退皆險也。又問：六四舊讀「樽酒簋，句。貳用缶」，句。《本義》從之，其說如何？曰：既曰「樽酒簋貳」，又曰「用缶」，亦不成文理。貳，益之也。六四近尊位而在險之時，剛柔相際，故有但用薄禮，益以誠心，進結自牖之象。問：牖非所由之正，乃室中受明之處。豈險難之時，不容由正以進耶？曰：非是不可由正。蓋事變不一，勢有不容不自牖者。「終无咎」者，始雖不甚好，然於義理無害，故終亦无咎。无咎者，善補過之謂也。又問：上六「徽纆」二字，云「三股曰徽，兩股曰纆」。曰：據《釋文》如此。銖。

「樽酒簋」做一句，自是《説文》如此。礪。

問「納約自牖」。曰：不由户而自牖，以言艱險之時，不可直致也。季札。

「納約自牖」，雖有向明之意，然非是路之正。淵。

「坎不盈，祗既平。」「祗」字他無説處，看來只得作「抵」字解。復卦亦然。不盈未是平，但將來必會平。二與五雖是陷于陰中，必竟是陽會動，陷他不得。如「有孚維心亨」，如「行有尚」，皆是也。礪。

坎不盈，中未大也。曰：水之爲物，其在坎只能平，自不能盈，故曰「不盈」。盈，高之義。「中未大」者，平則是得中，不盈是未大也。學履。

離

離，便是麗，附著之意。《易》中多説做「麗」，也有兼説明處，也有單説明處。明是離之體。麗是麗著底意思。「離」字古人多用做離著説，然而物相離去也只是這字。「富貴不離其身」，東坡説道剩箇「不」字，便是這意。古來自有這般兩用底字，如「亂」字又唤做「治」。淵。

「離」字不合單用。淵。

火中虛暗則離中之陰也，水中虛明則坎中之陽也。道夫。

問：離卦是陽包陰，占利「畜牝牛」，便也是宜畜柔順之物。曰：然。礪。

《彖辭》「重明」，自是五、二兩爻爲君臣重明之義。《大象》又自説繼世重明之義。

不同。同。❶

六二中正，六五中而不正。今言「麗乎正」，「麗乎中正」，次第説六二分數多。此卦唯這爻較好，然亦未敢便恁地説，只得且説「未詳」。淵。○《本義》今無「未詳」字。

問「明兩作，離」。曰：若做兩明，則是有二箇日，不可也。故曰「明兩作，離」，只是一箇日相繼之義。「明兩作」，如坎卦「水洊至」，非以「明兩」爲句也。「明」字便是指日而言。○學履。

「明兩作」，猶言「水洊至」，今日明，來日又明。若説兩明，却是兩箇日頭。淵。

「明兩作，離。」作，起也。如日然，今日出了，明日又出，是之謂「兩作」。蓋只是這一箇明，兩番作，非「明兩」，乃「兩作」也。僩。

叔重説離卦，問：火體陰而用陽，是如何？曰：此言三畫卦中陰而外陽者也。坎象爲陰，水體陽而用陰，蓋三畫卦中陽而外陰者也。惟六二一爻柔麗乎中而得其正，故「元吉」。至六五，雖是柔麗乎中，而不得其正，特借「中」字而包「正」字耳。又問「日昃之離」。曰：死生，常理也。若不能安常以自樂，則不免有嗟戚。曰：生之有死，猶晝之必夜，故君子當觀日昃之象以自處。曰：人固知常理如此，只是臨時自不能安耳。又問「九四，突如其來如」。曰：九四以剛迫柔，故有突來之象。焚、死、棄，言無所用也。離爲火，故有「焚如」之象。或曰：「突如其來如」與「焚如」自當屬上句，「死如棄如」自當做一句。曰：説時亦少通，但文勢恐不如此。時舉。

❶「同」，朝鮮本作「祗」。

〇去僞同。

「有嘉折首」是句。淵。

九四有侵陵六五之象，故曰「突如其來如」。火之象則有自焚之義，故曰「焚如，死如，棄如」。言其焚死而棄也。學履。

「焚」、「死」、「棄」只是説九四陽爻突出來逼拶上爻。「焚如」是不戢自焚之意，「棄」是死而棄之之意。淵。

「焚如，死如，棄如」自成一句，恐不得如伊川之説。礪。

六五介于兩陽之間，憂懼如此。然處得其中，故不失其吉。淵。

問：郭冲晦以爲離六五乃文明盛德之君，知天下之治莫大於得賢，故憂之如此。如「堯以不得舜爲己憂，舜以不得禹、皐陶爲己憂」，是否？曰：離六五陷於二剛之中，故其憂如此。只爲孟子説得此二句，便取以爲説，金録云：恐不是如此，於上下爻不相通。所以有牽合之病。解釋經義最怕如此。謨。

朱子語類卷第七十二計二十四板

易八

咸

否、泰、咸、常、損、益、既濟、未濟，此八卦首尾皆是一義。如咸皆是感動之義之類。咸内卦艮，止也，何以皆説動？曰：艮雖是止，然咸有交感之義，都是要動，所以都説動。卦體雖是動，然纔動便不吉。動之所以不吉者，以内卦屬艮也。僩。

咸就人身取象，看來便也是有些取象説。咸上一畫如人口，中三畫有腹背之象，下有人脚之象。艮就人身取象，便也似如此。上一陽畫有頭之象，中二陰有口之象，所以「艮其輔」於五爻言之。内卦以下亦有足象。礪。

問：《本義》以爲柔上剛下，乃自旅來。旅之六五上而爲咸之上六，旅之上九下而爲咸之九五，此謂柔上剛下，與程《傳》不同。先生問：所以不同，何也？銖曰：《易》中自有卦變耳。曰：須知程子説有不通處。必着如卦變説，方見得下落。此等處當録出看。銖。

「山上有澤，咸。」當如伊川説，水潤土燥，有受之義。又曰：土若不虚，如何受得？又曰：上兑下艮，兑上缺，有澤口之象；兑下二陽畫，有澤底之象。艮上一畫陽，有土之象；下二陰畫中虚，便是滲水之象。礪。

問：「君子以虛受人」，伊川注云：「以量而容之，擇交而受之。」以量，莫是要着意容之否？曰：非也。以量者，乃是隨我量之大小以容人，便是不虛了。又問：「貞吉悔亡」，《易傳》云：「貞者，虛中無我之謂。」《本義》云：「貞者，正而固。」不同，何也？曰：某尋常解經，只要依訓詁説字。如「貞」字作「正而固」，子細玩索，自有滋味。若曉得「正而固」，則「虛中無我」亦在裏面。又問：「憧憧往來，朋從爾思」，莫是此感彼應，憧憧是添一箇心否？曰：往來固是感應，憧憧是一心方欲感他，一心又欲他來應。如正其義，便欲謀其利；明其道，便欲計其功。又如赤子入井之時，此心方怵惕要去救他，又欲他父母道我好。這便是憧憧底病。僩。

厚之問「憧憧往來，朋從爾思」。曰：往來自不妨，天地間自是往來不絶，只不合着憧憧了，便是私意。德明録云：如暑往寒來，日往月來，皆是常理。只着箇「憧憧」字便鬧了。又問：明道云：「莫若廓然而大公，物來而順應。」如何？曰：「廓然大公」便不是「憧憧」，「物來順應」便不是「朋從爾思」。此只是比而不周、周而不比之意。這一段舊看易惑人，近來看得節目極分明。可學。

往來是感應合當底，「憧憧」是私。感應自是當有，只是不當私感應耳。淵。

「憧憧往來，朋從爾思。」聖人未嘗不教人思，只是不可「憧憧」，這便是私了。感應自有箇自然底道理，何必思他！若是義理，却不可不思。淵。

問：咸《傳》之九四，説虛心貞一處，全似敬。曰：蓋嘗有語曰：「敬，心之貞也。」方。

《易傳》言感應之理，咸九四盡矣。方。

問：伊川解屈伸往來一段，以屈伸爲感應。屈伸之與感應若不相似，何也？曰：屈則感伸，伸則感屈，自然之理也。今以鼻息觀之，出則必入，出感入也；入則必出，入感出也。故曰：「感則有應，應復爲感，所感復有應。」屈伸非感應而何？洽。

或問《易傳》説感應之理。曰：如日往則感得那月來，月往則感得那日來；寒往則感得那暑來，暑往則感得那寒來。一感一應，一往一來，其理無窮。感應之理是如此。曰：此以感應之理言之，非有情者。云「有動皆爲感」，似以有情者言。曰：父慈則感得那子愈孝，子孝則感得那父愈慈，其理亦只一般。文蔚。

問：《易傳》《咸》之九四言「有感必有應」，❶是如何？曰：凡在天地間，無非感應之理，造化與人事皆是。且如雨暘，雨不成只管雨，便感得箇暘出來；暘不成只管暘，暘已是應處，又感得雨來。是「感則必有應，所應復爲感」。寒暑晝夜，無非此理。如人夜睡，不成只管睡，至曉須着起來。一日運動，向晦亦須當息。凡一死一生，一出一入，一往一來，一語一默，皆是感應。中人之性，半善半惡，有善則有惡。古今天下，一盛必有一衰。聖人在上，兢兢業業，必日保治；及到衰廢，自是整頓不起。終不成一向如此，必有興起時節。唐正觀之治，可謂甚盛。至中間武后出來作壞一番，自恁地塌塌底去。至五代衰微極矣，國之紀綱，國之人才，舉無一足恃。一旦聖人勃

❶「咸之九四」，四字原無，今據朝鮮本及《朱文公易説》卷五補。

興轉動一世，天地爲之豁開。仁宗時天下稱太平，眼雖不得見，想見是太平。然當時災異亦數有之。所以馴至後來之變，亦是感應之常如此。又問：感應之理，於學者工夫有用處否？曰：此理無乎不在，如何學者用不得？「精義入神，以致用也；利用安身，以崇德也。」亦是這道理。研精義理於內，所以致用於外；利用安身於外，所以崇德於內。横渠此處説得更好：「精義入神，事豫吾内，求利吾外；利用安身，素利吾外，致養吾内。」此幾句親切，正學者用功處。寓。

林一之問「凡有動皆爲感，感則必有應」。曰：如風來是感，樹動便是應。樹拽又是感，下面物動又是應。如晝極必感得夜來，夜極又便感得晝來。曰：感便有善惡否？曰：自是有善惡。曰：何謂「心無私主，則有感皆通」？曰：心無私主，不是瞑涬没理會，也只是公。善則好之，惡則惡之；善則賞之，惡則刑之，此是聖人之至神之化。心無私主，如天地一般，寒則遍天下皆寒，熱則遍天下皆熱，便是「有感皆通」。曰：心無私主最難。曰：只是克去己私，便心無私主。若心有私主，只是相契者應，不相契者則不應。如好讀書人，見讀書便愛；不好讀書人，見書便不愛。淳。

器之問程子説感通之理。曰：如晝而夜，夜而復晝，循環不窮。所謂「一動一静，互爲其根」，皆是感通之理。木之問：所謂「天下之理無獨必有對」，便是這話否？曰：便是。天下事那件無對來？陰與陽對，動與静對，一物便與一理對。君可謂尊矣，便與民爲對。人説碁盤中間一路無對，某説道便與許多路爲對。因舉「寒往則暑來，暑往則寒來」與屈伸消長之説。邵氏《擊壤集》云：「上下四方謂之宇，古往今來謂之宙。」因説：《易》咸感處，伊川説得未備。往來自還他有自然之理。惟正静爲主，則吉而悔亡。至於憧憧，則私意爲主，❶而思慮之所及者朋從，所不及者不朋從矣。是以事未至則迎之，事已過則將之，全掉脱不下。今人皆病於無公平之心，所以事物之來，少有私意雜焉，則陷於所偏重矣。木之。

趙致道問感通之理。曰：感是事來感我，通是自家受他感處之意。時舉。

問：程子説感應，在學者日用言之，則如何是感應？❷曰：只因這一件事，又生出一件事，便是感與應。因第二件事，又生出第三件事，第二件事又是感，第三件事又是應。如王文正公平生儉約，家無姬妾。自東封後，真宗以太平宜共享，令直省官爲買妾，公不樂。有沈倫家鬻銀器、花籃、火筒之屬，公嚬蹙曰：「吾家安用此！」其後姬妾既具，乃復呼直省官求前日沈氏銀器而用之。此買妾底便是感，買銀器底便是應。淳。

《繫辭》解咸九四，據文義看，上文説「貞吉悔亡」，「貞」字甚重。程子謂：「聖人感天下，如雨暘寒暑，無不通，無不應者，貞而已矣。」所以感人者果貞矣，則吉而悔亡。蓋天下本無二理，果同歸矣，何患乎殊塗？果一致矣，何患乎百慮？所以重言「何思何慮」也。如日月寒暑之往來，皆是自然感應如此。日不往，則月不來；月不往，則日

❶「意」，原脱，今據朝鮮本補。
❷「是感應」三字原無，今據朝鮮本補。

不來。寒暑亦然。往來只是一般往來，但憧憧之往來者，患得患失，既要感這箇，又要感那箇，便自憧憧忙亂，用其私心而已。「屈伸相感而利生焉」者，有晝必有夜，設使長長爲晝而不夜，則何以息？夜而不晝，安得有此光明？春氣固是和好，只有春夏而無秋冬，則物何以成？一向秋冬而無春夏，又何以生？屈伸往來之理，所以必待迭相爲用，而後利所由生。春秋冬夏，只是一箇感應，所應復爲感，所感復爲應也。春夏是一箇大感，秋冬則必應之，而秋冬又爲春夏之感。以細言之，則春爲夏之感，夏則應春，而又爲秋之感；秋爲冬之感，冬則應秋，而又爲春之感，所以不窮也。尺蠖不屈，則不可以伸；龍蛇不蟄，則不可以藏身。今山林冬暖，而蛇出者往往多死，此即屈伸往來感應必然之理。夫子因「往來」兩字，説得許多大。又推以言學，所以内外交相養，亦只是此理而已。横渠曰：「事豫吾内，求利吾外；素利吾外，致養吾内。」此下學所當致力處。過此以上，則不容計功。所謂「窮神知化」，乃養盛自至，非思勉所及，此則聖人事矣。謨。

或説「貞吉，悔亡，憧憧往來，朋從爾思」，云：一往一來，皆感應之常理也。加「憧憧」焉，則私矣。此以私感，彼以私應，所謂「朋從爾思」，非有感必通之道矣。先生然之。又問：往來是心中憧憧然往來，猶言往來于懷否？曰：非也。下文分明説：「日往則月來，月往則日來；寒往則暑來，暑往則寒來。」安得爲心中之往來？伊川説微倒了，所以致人疑。一往一來，感應之常理也，自然如此。又問：是憧憧於往來之間否？曰：亦非也。這箇只是對那

「日往則月來」底說。那箇是自然之往來，此憧憧者是加私意，不好底往來。憧憧只是加一箇忙迫底心，不能順自然之理，猶言「助長」、「正心」，與計獲相似。方往時，又便要來；方來時，又便要往。只是一箇忙。又曰：方做去時是往，後面來底是來。如人耕種，下種是往，少間禾生是來。問：「憧憧往來」，如霸者，以私心感人，便要人應；自然往來，如王者，我感之也，無心而感，其應我也，無心而應，周遍公溥，無所私係。是如此否？曰：也是如此。又問：此以私而感，恐彼之應者，非以私而應，只是應之者有限量否？曰：也是以私而應。如自家以私惠及人，少間被我之惠者則以我爲恩，不被我之惠者則不以我爲恩矣。王者之感，如云「王用三驅失前禽」，去者不以爲恩，獲者不以爲怨。如此方是公正無私心。又問：「天下何思何慮」，人固不能無思慮，只是不可加私心欲其如此否？曰：也不曾教人不得思慮，只是道理自然如此。感應之理，本不消思慮，空費思量，空費計較，空費安排，都是枉了，無益於事，只順其自然而已。因問：某人在位，當日之失便是如此，不能公平其心，翕受敷施。每廣坐中見有這邊人，即加敬與語，其他皆不顧。以至差遣之屬，亦有所偏重。此其所以收怨而召禍也。曰：這事便是難說。今只是以成敗論人，不知當日事勢有難處者。若論大勢，則九分九釐，須還時節。或其人見識之深淺，力量之廣狹，病却在此。以此而論却不是。前輩有云：「牢籠之事，吾不爲也。」若必欲人人面分上說一般話，或慮其人不好，他日或爲吾患，遂委曲牢籠之，此却是「憧憧往來」之心。與人說話，或偶然與這人話未終，因而不暇及其他，如何逐人面分問勞他得！李文靖爲相，嚴毅端重，每見人不交一談。或有諫之者，公曰：「吾見豪俊跅弛之士，其議論尚不足以起發人意。今所謂通家子弟，每見我，語言進退之間，尚周章失措。此等有何識見，而足與語？徒亂人意耳。」王文正、李文穆皆如此，不害爲賢相。豈必人人皆與之語耶！宰相只是一箇進賢退不肖，若着一豪私心便不得。前輩嘗言：「做宰相只要辦一片心，辦一雙眼。心公則能進賢退不肖，眼明則能識得那箇是賢，那箇是不肖。」此兩言説盡做宰相之道。只怕其所好者未必真賢，其所惡者未必真不肖耳。若真箇知得，更何用牢籠。且天下之大，人才之衆，可人人牢籠之耶！或問：如一樣小人，涉歷既多，又未有過失，自家明知其不肖，將安所措之？曰：只恐居其位不久。若久，少間此等小人自然退聽，不容他出來也。今之爲相者，朝夕疲精神於應接書簡之間，更何暇理會國事！世俗之論，遂以此爲相業。然只是牢籠。人住在那裏，今日一見，明日一請，或住半年周歲，或住數月，必不得已而後與之。其人亦以爲宰相之顧我厚，令我得好差遣而去。賢愚同滯，舉世以爲當然。有一人焉，略欲分别善惡，杜絶干請，分諸闕於部中，己得以免應接之煩，稍留心國事，則人争非之矣。且以當日所用之才觀之，固未能皆賢，然比之今日爲如何？今日之謗議者，皆昔之遭擯棄之人也，其論固何足信！此下逸兩句。若牢籠得一人，則所謂小人者，豈止此一人！與一人，則千百皆怨矣。且吾欲牢籠之，能保其終不畔己否？已往之事，可以鑒矣。如公之言，却是「憧憧往來」之心也。其人之失處却不在此，却是他未能真知賢不肖之分耳。或曰：如某人者，也有文采，也廉潔，豈可棄之耶？曰：公欲取賢才耶？取文采耶？且其廉，一己之事耳，何足以救其利口覆邦家之禍哉！今世之人，見識一例低矮，所論皆卑。某嘗説，須是盡吐瀉出那肚裏許多鏖糟惡濁底見識，方略有進處。譬如人病傷寒，在上則吐，在下則瀉，如此方得病除。或曰：近日諸公多有爲持平之説者，如何？曰：所謂近時惡濁之論，此是也。不成議論！某常説，此所謂平者，乃大不平也，不知怎生平得！僩問：胡文定説，元祐某人建議欲爲調停之説者云：「但能内君子而外小人，天下自治，何必深治之哉！」此能體天理、人欲者也。此語亦似持平之論，如何？曰：文定未必有此論。然小人亦有數般樣，若一樣可用底，也須用。或有事勢危急，飜轉後，其禍不測。或只得隱忍，權以濟一時之急耳。然終非常法也。明道當初之意便是如此，欲使諸公用熙、豐執政之人與之共事，令變熙、豐之法。或他日事飜，則其罪不獨在我。他正是要使術，然亦拙謀。諺所謂「掩目捕雀」，我却不見雀，不知雀却看見我。你欲以此術制他，不知他之術更高你在。所以後來温公留章子厚，欲與之共變新法，卒至簾前悖詈，得罪而去。章忿叫曰：「他日不能陪相公喫劍得！」便至如此，無可平之理，盡是拙謀。某嘗説，今世之士所謂巧者，是大拙，無有能以巧而濟者，都是枉了，空費心力。只有一箇公平正大行將去，其濟不濟，天也。古人間有如此用術而成者，都是偶然，不是他有意智。要之，都不消如此，決定無益。張子房號爲有意智者，以今觀之，可謂甚疏。如勸帝與項羽和，而反兵伐之，此成甚意智！只是他命好，使一番了，第二番又被他使得勝。又曰：古人做得成者，不是他有智，只是偶然。只有一箇「正其誼不謀其利，明其道不計其功」，其他費心費力、用智用數、牢籠計較，都不濟事，都是枉了。又曰：本朝以前宰相見百官，皆以班見。國忌拈香歸來，回班以見。宰相見時有刻數，不知過幾刻，便喝：「相公尊重！」用屏風攔斷。也是省事，攔截了幾多干請私曲底事。某舊見陳魏公、湯進之爲相時，那時猶無甚人相見，每見不過五六人、十數人，他也隨官之崇卑做兩番請。今則不勝其多，爲宰相者每日只了得應接，更無心理會國事，如此者謂之有相業有精神！秦會之也是會做，嚴毅尊重，不妄發一談。其答人書，只是數字。今宰相答人書，劄地委曲詳盡，人皆翕然稱之。只是不曾見已前事，只見後來習俗，遂以爲例。其有不然者，便群起非之矣。温公作相日，有一客位榜，分作三項云：「訪及諸君，若覩朝政闕遺，庶民疾苦，欲進忠言，請以奏牘聞於朝廷，某得與同僚商議，擇可行者取旨行之。若但以私書寵喻，終無所益。若光身有過失，欲賜規正，則可以通書簡，分付吏人傳入，光得内自省訟，佩服改行。至於理會官職差遣，理雪罪名，凡干身計，並請一面進狀，光得與朝省衆官公議施行。若在私第垂訪，不請語及。」此皆前輩做處。又曰：伊川云：「徇俗雷同，不喚做『隨時』。惟嚴毅特立，乃『隨時』也。」而今人見識低，只是徇流俗之論，流俗之論便以爲是，是可歎也！公門只是見那向時不得差遣底人說他，自是怨他。若教公去做看，方見得難。且如有兩人焉，自家平日以一人爲賢，一人爲不肖，若自家執政，定不肯捨其賢而舉其不肖，定是舉其賢而捨其不肖。若舉此一人，則彼一人怨必矣，如何盡要他説好得。只怕自家自認不破，賢者却以爲不肖，不肖者却以爲賢，如此則乖。若認得定，何害？又有一樣人底，半間不界，可進可退，自家却以此爲賢，以彼爲不肖，此尤難認，便是難。又曰：「舜有大功二十，以其舉十六相而去四凶也。」若如公言，却是舜有大罪二十矣。僩。

問：咸之九五，《傳》曰：「感非其所見而説者。」此是任貞一之理則如此？曰：武王不泄邇，不忘遠，是其心量該遍，故周流如此，是此義也。方。

恒

恒是箇一條物事徹頭徹尾，不是尋常字。古字作「恆」，其説象一隻船兩頭靠岸，可見徹頭徹尾。值。

履之問「常非一定之謂，一定則不能恒矣」。曰：物理之始終變易，所以爲恒而不窮。然所謂不易者，亦須有以變通，乃能不窮。如君尊臣卑，分固不易，然上下不交也不得。父子固是親親，然所謂「命士以上，父子皆異宫」，則又有變焉。惟其如此，所以爲恒。論其體則終是恒，然體之常所以爲用之變，用之變乃所以爲體之恒。道夫。

恒非一定之謂，故晝則必夜，夜而復晝；寒則必暑，暑而復寒。若一定則不能常也。其在人，冬日則飲湯，夏日則飲水；

可以仕則仕，可以止則止；今日道合便從，明日不合則去。又如孟子辭齊王之金而受薛、宋之餽，皆隨時變易，故可以爲常也。道夫。

能常而後能變，能常而不已，所以能變。及其變也，常亦只在其中。伊川却說變而後能常，非是。僩。

正便能久。「天地之道，恒久而不已」，這箇只是說久。淵。

物各有箇情。有箇人在此，決定是有那羞惡、惻隱、是非、辭讓之情。性只是箇物事，情却多般，或起或滅，然而頭面却只一般，長長恁地，這便是「觀其所恒，而天地萬物之情可見」之義。「乃若其情」，只是去情上面看。淵。

叔重說：「浚恒，貞凶」，恐是不安其常，而深以常理求人之象，程氏所謂「守常而不能度勢」之意。曰：未見有不安其常之象，只是欲深以常理求人耳。時舉。

問：「恒其德貞，婦人吉，夫子凶。」德指六，謂常其柔順之德，固貞矣，然此婦人之道，非夫子之義。蓋婦人從一而終，以順爲正；夫子則制義者也，若從婦道則凶。曰：固是如此，然須看得象占分明。六五有「恒其德貞」之象，占者若婦人則吉，夫子則凶。大底看《易》，須是曉得象占分明。所謂吉凶者，非爻之能吉凶。爻有此象，而占者視其德而有吉凶耳。且如此爻，不是既爲婦人，又爲夫子，只是有「恒其德貞」之象，而以占者之德爲吉凶耳。又如恒固能亨而无咎，然必占者能久於其道，方亨而无咎。又如九三「不恒其德」，非是九三能「不恒其德」，乃九三有此象耳，占者遇此，雖正亦吝；若占者能常其德，❶則無羞吝。銖。

遯

問：遯卦「遯」字雖是逃隱，大抵亦取遠去之意。天上山下，相去甚遼絶，象之以君子遠小人，則君子如天，小人如山。相絶之義，須如此方得。所以六爻在上漸遠者愈善也。曰：恁地推亦好。此六爻皆是君子之事。學履。

問：「遯亨，遯而亨也」，分明是説能遯便亨。下更説「剛當位而應，與時行也」，是如何？曰：此其所以遯而亨也。陰方微，爲他剛當位而應，所以能知時而遯，是能與時行；不然，便是與時背也。礪。

問：「小利貞，浸而長也。」是見其浸長，故設戒令其貞正，且以寬君子之患，然亦是他之福。曰：是如此。此與否初、二兩爻義相似。同。

問：「小利貞」，以《彖辭》「小利貞，浸而長也」之語觀之，則小當爲陰柔小人。如「小往大來」、「小過」、「小畜」之「小」。言「君子能遯則亨，小人則利於守正，不可以浸長之故而浸迫於陽也」。此與程《傳》「遯者陰之始長，君子知微，故當深戒。而聖人之意未遽已，故有『與時行，小利貞』之教」之意不同。曰：若如程《傳》所言，則於「剛當位而應，與時行也」之下，當云「止而健，陰進而長，故小利貞」。今但言「小利貞，浸而長也」，而不言「陰進而長」，則「小」指陰小之「小」可知。況當遯去之時，事勢已有不容正之者。程説雖善，而有不通矣。又問：「遯

❶「常」，萬曆本作「恒」，此係避宋真宗趙恒諱。

尾，厲，勿用有攸往」者，言「不可有所往，但當晦處静俟耳」。此意如何？曰：程《傳》作「不可往」，謂不可去也。言「遯已後矣，不可往，往則危。往既危，不若不往之爲無災」。某切以爲不然。遯而在後，「尾」也。既已危矣，豈可更不往乎！若作占辭看，尤分明。先生又言：「執之用黄牛之革，莫之勝説。」此言象而占在其中，六二亦有此德也。説，吐活反。❶ 九四「君子吉，小人否」。否，❷方九反。❸ ○銖。

伊川説「小利貞」，云「尚可以有爲」。陰已浸長，如何可以有爲？所説王允、謝安之於漢、晉，恐也不然。王允是算殺了董卓，謝安是乘王敦之老病，皆是他衰微時節，不是浸長之時也。兼他是大臣，亦如何去！此爲在下位有爲之兆者，則可以去。大臣任國安危，君在與在，君亡與亡，如何去！又曰：王允不合要盡殺梁州兵，所以致敗。礪。

「遯尾，厲。」到這時節去不迭了，所以危厲，不可有所往，只得看他如何。賢人君子有這般底多。淵。

問：「畜臣妾吉。」伊川云，待臣妾之道。君子之待小人，亦不如是。如何？曰：君子、小人，更不可相對，更不可與相接。若臣妾，是終日在自家脚手頭，若無以係之，則望望然去矣。又曰：《易》中詳識物情，備極人事，都是實有此事。今學者平日只在燈牕下習讀，不曾應接世變，一旦讀

❶「吐活反」，三字原作注文，今據《周易傳義附録》卷六改。
❷「否」，原脱，今據胡一桂《周易本義附録纂注》卷二補。
❸「方九反」，三字原作注文，今據胡一桂《周易本義附録纂注》卷二改。

此，皆看不得。某舊時也如此，即管讀得不相入，所以常說《易》難讀。礪。

問：九五「嘉遯」，以陽剛中正漸向遯極，故爲嘉美；未是極處，故戒以貞正則吉。曰：是如此。便是「剛當位而應」處，是去得恰好時節。小人亦未嫌自家，只是自家合去，莫見小人不嫌却與相接而不去，便是不好，所以戒他貞正。礪。

大壯

問：大壯「大者正」與「正大」不同，上「大」字是指陽，下「正大」是說理。曰：亦緣上面有「大者正」一句，方說此。學履。

「大壯利貞」，利於正也。所以大者，以其正也。既正且大，則天地之情不過於此。燾。

問：「雷在天上，大壯，君子以非禮弗履。」伊川云云，其義是否？曰：固是。君子之自治，須是如「雷在天上」恁地威嚴猛烈方得。若半上落下，不如此猛烈果決，濟得甚事！僩。

或問：伊川「自勝者爲强」之說如何？曰：雷在天上，是甚威嚴！人之克己，能如雷在天上，則威嚴果決以去其惡，而必於爲善。若半上落下，則不濟事，何以爲君子？須是如雷在天上，方能克去非禮。燾。

此卦如九二「貞吉」，只是自守而不進。九四「藩決不羸，壯于大輿之輹」，却是有可進之象，此卦爻之好者。蓋以陽居陰，不極其剛，而前遇二陰，有藩決之象，所以爲進；非如九二前有三、四二陽隔之，不得進也。又曰：「喪羊于易」，不若作「疆埸」之

「易」。《漢・食貨志》「疆場」之「場」正作「易」。蓋後面有「喪牛于易」，亦同此義。今《本義》所注，只是從前所説如此，只且仍舊耳。上六取喻甚巧，蓋壯終動極，無可去處。如羝羊之角掛于藩上，不能退、遂。然「艱則吉」者，畢竟有可進之理，但必艱始吉耳。銖。

問：大壯本好，爻中所取却不好；睽本不好，爻中所取却好。如六五對九二，處非其位；九四對上九，本非相應。都成好爻。不知何故？曰：大壯便是過了，纔過便不好。如睽卦之類却是。《易》之取爻，多爲占者而言。占法取變爻，便是到此處變了。所以困卦雖是不好，然其間「利用祭祀」之屬却好。問：此正與「群龍无首」、「利永貞」一般。曰：然。却是變了，故如此。榦。

此卦多説羊，羊是兑之屬。季通説，這箇是夾住底兑卦，兩畫當一畫。淵。

晉

「康侯」似説「寧侯」相似。「用錫馬」之「用」只是箇虛字，説他得這箇物事。淵。

晝日是那上卦離也。晝日爲之是此意。淵。

問：初六「晉如摧如」，象也；「貞吉」，占辭。曰：「罔孚，裕无咎」，又是解上兩句。恐「貞吉」説不明，故又曉之。又問：「受兹介福于其王母」，王母指六五，❶以爲「享先妣之吉」占，何也？曰：恐是如此。

❶「王母」，二字原無，蓋涉上句而脱，今據《朱文公易説》卷五補。

蓋《周禮》有「享先妣」之禮。又問「衆允，悔亡」。曰：「衆允」，象也；「悔亡」，占也。又問：「晉其角，維用伐邑。」《本義》作伐其私邑，程《傳》以爲自治，如何？曰：便是程《傳》多不肯說實事，皆以爲取喻。伐邑，如墮費、墮郈之類是也。大抵今人說《易》，多是見《易》中有此一語，便以爲通體事當如此。不知當其時節地頭，其人所占得者其象如何。若果如今人所說，則《易》之說有窮矣。又如「摧如」、「愁如」，《易》中少有此字，疑此爻必有此象，但今不可曉耳。銖。

晉六三如何見得爲衆所信處？既不中正，衆方不信。雖能信之，又安能「悔亡」？曰：晉之時，二陰皆欲上進，三處地較近，故二陰從之以進。問：如何得「悔亡」？曰：居非其位，本當有悔，以其得衆，故悔可亡。榦。

問：「六五，悔亡。失得勿恤，往吉，無不利。」伊川以爲：「六以柔居尊位，本當有悔，以大明而下皆順附，故其悔亡。下既同德順附，當推誠委任，盡衆人之才，通天下之志，勿復自任其明，恤其失得。如此而往，則吉而無不利。」此說是否？曰：便是伊川說得太深。據此爻，只是占者占得此爻，則不必恤其失得而自亦無所不利耳。如何說得人君既得同德之人而委任之，不復恤其失得！如此，則蕩然無復是非，而天下之事亂矣。假使其所任之人或有作亂者，亦將不恤之乎？雖以堯、舜之聖，皋、夔、益、稷之賢，猶云「屢省乃成」，如何說既得同心同德之人而任之，則在上者一切不管，而任其所爲！豈有此理！且彼所爲既失矣，爲上者如何不恤得？聖人無此等說話。聖人所說卦爻，只是略略說過，以爲人當著此爻，則大勢已好，雖有所失得，亦不必慮，而自無所不利也。聖人説得甚淺，伊川説得太深；聖人所説短，伊川解得長。久之，又云：「失得勿恤」，只是自家自作教是，莫管他得失。如士人發解、做官，這箇却必不得，只得盡其所當爲者而已。如仁人「正其誼不謀其利，明其道不計其功」相似。僩。

「失得勿恤」，此説失也不須問他，得也不須問他，自是好，猶言「勝負兵家之常」云爾。此卦六爻，無如此爻吉。淵。

晉上九，剛進之極，以伐私邑，安能吉而无咎？曰：以其剛，故可伐邑；若不剛，則不能伐邑矣。但《易》中言伐邑，皆是用之於小；若伐國，則其用大矣。如「高宗伐鬼方」之類。「維用伐邑」，則不可用之於大可知。雖用以伐邑，然亦必能自危厲，乃可以吉而无咎。過剛而能危厲，則不至於過剛矣。榦。

看伯豐與廬陵問答内晉卦「伐邑」説，曰：《晉》上九「貞吝」，吝不在克治，正以其克治之難，而言其合下有此吝耳。「貞吝」之義，諸義只云貞固守此則吝，不應於此獨云於正道爲吝也。㽦。

明夷

明夷未是説闇之主，只是説明而被傷者，乃君子也。上六方是説闇。君子「出門庭」，言君子去闇尚遠，可以得其本心而遠去。文王、箕子大概皆是晦其明，然文王「外柔順」，是本分自然做底；箕子「晦其明」，又云「艱」，是他那佯狂底意思，便是艱難底氣象。爻説「貞」而不言「艱」者，蓋言箕子則艱可見，不必更言之。淵。

「君子用晦而明。」晦，地象；明，日象。晦則是不察察。若晦而不明，則晦得没理會了，故外晦而内必明乃好。學履。

明夷初、二二爻不取爻義。曰：初爻所傷地遠，故雖傷而尚能飛。問：初爻比二爻，似二爻傷得淺，初爻傷得深。曰：非也。初尚能飛，但垂翼耳。榦。

問明夷。曰：下三爻皆説明夷是明而見傷者。六四爻，説者却以爲是姦邪之臣先蠱惑其君心，而後肆行於外。殊不知上六是暗主，六五却不作君説。六四之與上六，既非正應，又不相比。又況下三爻皆説明夷是好底，何獨此爻却作不好説？故某於此爻之義未詳。但以意觀之，六四居暗地尚淺，猶可以得意而遠去，故雖入於幽隱之處，猶能「獲明夷之心于出門庭」也。故《小象》曰「獲心意」也。上六「不明，晦」，則是合下已是不明，故「初登于天」可以「照四國」，而不免「後入于地」，則是始於傷人之明，而終於自傷以墜其命矣。吕原明以爲唐明皇可以當之，蓋言始明而終暗也。銖。

家人

問家人《彖辭》不盡取象。曰：注中所以但取二、五，不及他象者，但只因《彖傳》而言耳。大抵《彖傳》取義最精，《象》中所取，却恐有假合處。榦。

問「風自火出」。曰：謂如一鑪火，必有氣衝上去，便是「風自火出」。然此只是言自内及外之意。燾。○學履録云：是火中有風，如一堆火在此，氣自薰蒸上出。

「王假有家」，言到這裏方且得許多物

事，有妻有妾，方始成箇家。淵。

問「王假有家」。曰：「有家」之「有」，只是如「夙夜浚明有家」、「亮采有邦」之「有」，謂有三德者則夙夜浚明於其家，有六德者則亮采於其邦。「有」是虛字，非如「奄有四方」之「有」也。銖。

或問：《易傳》云：正家之道在於「正倫理，篤恩義」。今欲正倫理，則有傷恩義；欲篤恩義，又有乖於倫理。如何？曰：須是於正倫理處篤恩義，篤恩義而不失倫理，方可。柄。

睽

睽皆言始異終同之理。淵。

問「君子以同而異」。曰：此是取兩象合體爲同，而其性各異，在人則是和而不同之意。蓋其趨則同，而所以爲同則異。如伯夷、柳下惠、伊尹三子所趨不同，而其歸則一。《彖辭》言睽而同，《大象》言同而異。在人，則出處語默雖不同，而同歸於理；講論文字爲説不同，而同於求合義理；立朝論事所見不同，而同於忠君。《本義》所謂「二卦合體」者，言同也；「而性不同」者，言異也。「以同而異」，語意與「用晦而明」相似。大凡讀《易》到精熟後，顛倒説來皆合，不然則是死説耳。又問：睽卦無正應，而同德相應者何？曰：無正應，所以爲睽。當睽之時，當合者既離，其離者却合也。銖。

問：「君子以同而異」，作「理一分殊」看，如何？曰：「理一分殊」，是理之自然如此，這處又就人事之異上説。蓋君子有同處，有異處，如所謂「周而不比」、「群而不黨」是也。大抵《易》中六十四象，下句皆是就人事之近處説，不必深去求他。此處伊川説得甚好。學履。

過舉程子睽之《象》「君子以同而異」解，曰：不能大同者，亂常咈理之人也；不能獨異者，隨俗習非之人也。要在同而能異爾。又如今之言地理者，必欲擇地之吉，是同也；不似世俗專以求富貴爲事，惑亂此心，則異矣。如士人應科舉，則同也；不曲學以阿世，則異矣。事事推去，斯得其旨。過。

馬是行底物，初間行不得，後來却行得。大率睽之諸爻都如此，多説先異而後同。淵。

問：《睽》「見惡人」，其義何取？曰：以其當睽之時，故須見惡人乃能无咎。榦。

「天」合作「而」，剃鬚也。篆文「天」作「[illegible]」，「而」作「[illegible]」。淵。

「宗」如「同人于宗」之「宗」。淵。

「載鬼一車」等語，所以差異者，爲他這般事是差異底事，所以却把世間差異底明之。世間自有這般差異底事。淵。

蹇

「蹇利西南」，是説坤卦分曉。但不知從何插入這坤卦來。此須是箇變例。聖人到這裏，看見得有箇做坤底道理。大率陽卦多自陰來，陰卦多自陽來。震是坤第一畫變，坎是第二畫變，艮是第三畫變。《易》之取象，不曾確定了他。淵。

蹇無坤體，只取坎中爻變，如沈存中論五姓一般。「蹇利西南」，謂地也。據卦體，艮下坎上，無坤；而繇辭言地者，往往只取坎中爻變，變則爲坤矣。沈存中論五姓自古無之，後人既如此呼唤，即便有義可推。淵。

潘謙之書曰：「蹇與困相似，『君子致命遂志』、『君子反身修德』亦一般。」殊不知不然。《象》曰：「澤無水，困。」是盡乾燥，處困之極，事無可爲者，故只得「致命遂志」。若「山上有水，蹇」，則猶可進步，如山下之泉曲折多艱阻，然猶可行，故教人以「反身修德」，豈可以困爲比？只觀「澤無水，困」與「山上有水，蹇」二句，便全不同。學履。○僩同。

問「往蹇來譽」。曰：來、往二字，唯程《傳》言「上進則爲往，不進則爲來」，説得極好。今人或謂六四「往蹇來連」是來就三，九三「往蹇來反」是來就二，上六「往蹇來碩」是來就五，亦説得通。但初六「來譽」則位居最下，無可來之地，其説不得通矣。故不若程《傳》好，只是不往爲佳耳。不往者，守而不進，故不進則爲來。諸爻皆不言吉，蓋未離乎蹇中也。至上六「往蹇來碩，吉」，却是蹇極有可濟之理。既是不往，惟守於蹇，則必得見九五之大人，與共濟蹇，而有碩大之功矣。銖。

問：蹇九五何故爲「大蹇」？曰：五是爲蹇主。凡人臣之蹇，只是一事。至「大蹇」，須人主當之。礪。

問「大蹇朋來」之義。曰：處九五尊位，而居蹇之中，所以爲「大蹇」，所謂「遺大投艱于朕身」。人君當此，則須屈群策，用群力，乃可濟也。學履。○僩同。

解

先生舉「無所往，其來復吉」，程《傳》以

爲「天下之難已解，而安平無事，則當修復治道，正紀綱，明法度，復先代明王之治」。夫禍亂既平，正合脩明治道，求復三代之規模，却只便休了。兩漢以來，人主還有理會正心誠意否？須得人主如窮閻陋巷之士，治心脩身，講明義理，以此應天下之務，用天下之才，方見次第。因言：神廟，大有爲之主，勵精治道，事事要理會過。是時却有許多人才。若專用明道爲大臣，當大段有可觀。明道天資高，又加以學，誠意感格，聲色不動，而事至立斷。當時用人參差如此，亦是氣數舛逆。德明。

「天地解而雷雨作。」陰陽之氣閉結之極，忽然迸散出，做這雷雨。只管閉結了，若不解散，如何會有雷雨作？小畜所以不能成雷雨者，畜不極也。雷便是如今一箇爆杖。淵。

六居三，大率少有好底。「負且乘」，聖人到這裏，又見得有箇小人乘君子之器底象，故又於此發出這箇道理來。淵。

問「解而拇，朋至斯孚」。曰：四與初皆不得正。四能「解而拇」者，以四雖陰位，而才則陽，與初六陰柔則爲有間，所以能解去其拇，故得陽剛之朋類至，而相信矣。銖。

「射隼于高墉」，聖人說《易》，大概是如此，不似今人說底。向來欽夫書與林艾軒云：「聖人說《易》，却則恁地。」此却似說得易了。淵。

損

「二簋」與「簋貳」字不同，可見其義亦不同。淵。

「懲忿」如救火，「窒欲」如防水。大雅。

問：「懲忿窒慾」，忿怒易發難制，故曰「懲」，懲是戒於後。慾之起則甚微，漸漸到熾處，故曰「窒」，窒謂塞於初。古人説「情竇」，竇是罅隙，須是塞其罅隙。曰：懲也不專是戒於後，若是怒時，也須去懲治他始得。所謂懲者，懲於今而戒於後耳。窒亦非是真有箇孔穴去塞了，但遏絶之使不行耳。又曰：「山下有澤，損，君子以懲忿窒慾。」「風雷，益，君子以見善則遷，有過則改。」觀山之象以懲忿，觀澤之象以窒慾。慾如汚澤然，其中穢濁解汚染人，須當填塞了。如風之迅速以遷善，如雷之奮發以改過。廣云：觀山之象以懲忿，是如何？曰：人怒時自是恁突兀起來，故孫權曰：「令人氣湧如山。」廣。

問「山下有澤，❶損，君子以懲忿窒慾」，「風雷，益，君子以見善則遷，有過則改」。曰：伊川將來相牽合説，某不曉。看來人自有遷善時節，自有改過時節，不必只是一件事。某看來只是懲忿如摧山，窒慾如填壑；遷善如風之迅，改過如雷之烈。又曰：聖人取象，亦只是箇大約彷彿意思如此。若纔著言語窮他，便有説不去時。如後面《小象》，若更教孔子添幾句，也添不去。僩。

「酌損之。」在損之初，下猶可以斟酌也。淵。

問：損卦三陽皆能益陰，而二與上二爻則曰「弗損，益之」，初則曰「酌損之」，何邪？曰：這一爻難解，只得用伊川説。又云：《易》解得處少，難解處多，今且恁地説去。到那占時，又自别消詳有應處，難立爲

❶「澤」，原作「擇」，今據萬曆本改。

定說也。❶學履。

「三人行損一人」，三陽損一。「一人行得其友」，一陽上去換得一陰來。淵。

「或益之十朋之龜」爲句。淵。

「得臣无家」，猶言化家爲國相似。得臣有家，其所得也小矣，无家則可見其大。淵。

問：損卦下三爻皆損己益人，四、五兩爻是損己從人，上爻有爲人上之象，不待損己而自有以益人。曰：下三爻無損己益人底意，只是盛到極處，去不得，自是損了。四爻「損其疾」，只是損了那不好了，便自好。五爻是受益，也無損己從人底意。礪。

益

問：「木道乃行」，程《傳》以爲「木」字本「益」字之誤，如何？曰：看來只是「木」字。渙卦說「乘木有功」，中孚說「乘木舟虛」，以此見得只是「木」字。又問「或擊之」。曰：「或」字，衆無定主之辭，言非但一人擊之也。「立心勿恒」，「勿」字只是「不」字，非禁止之辭，此處亦可疑，且闕之。銖。

「木道乃行」，不須改「木」字爲「益」字，只「木」字亦得。見一朋友說，有八卦之金木水火土，有五行之金木水火土。如「乾爲金」，《易》卦之金也；兑之金，五行之金也；「巽爲木」，是卦中取象；「震爲木」，乃東方屬木，五行之木也，五行取四維故也。去僞。

❶「立」，朝鮮本作「與」，《朱文公易說》卷五作「豫」。

先生言：❶某昨日思，「風雷，益，君子以遷善改過」，遷善如風之速，改過如雷之猛。祖道曰：莫是才遷善，便是改過否？曰：不然。「遷善」字輕，「改過」字重。遷善如慘淡之物要使之白，改過如黑之物要使之白，用力自是不同。遷善者，但見是人做得一事强似我，心有所未安，即便遷之。儒用録云：只消當下遷過就他底。若改過，須是大段勇猛始得。又曰：公所説蒙與蠱二象，却有意思。如「山下有澤，損，君子以懲忿窒慾」，必是降下山以塞其澤，便是此象。六十四卦象皆如此。祖道。○儒用同。

問「遷善改過」。曰：風是一箇急底物，見人之善，己所不及，遷之如風之急。雷是一箇勇決底物，己有過，便斷然改之，如雷之勇決，不容有些子遲緩。賜。

「元吉，无咎。」吉凶是事，咎是道理。蓋有事則吉，而理則過差者，是之謂吉而有咎。淵。

「亨于帝吉」是「祭則受福」底道理。淵。

「益之用凶事」，猶《書》言「用降我凶德，嘉績于朕邦」。淵。

伊川説《易》亦有不分曉處甚多。如「益之用凶事」，説作凶荒之「凶」，直指刺史、郡守而言。在當時未見有這守令，恐難以此説。某謂「益之用凶事」者，言人臣之益君甚難，必以危言鯁論恐動其君而益之。雖以中而行，然必用圭以通其信。若不用圭以通之，又非忠以益於君者也。

「中行」與「依」，見不得是指誰。淵。

「利用遷國」，程昌寓守壽春，虜人來，

❶「先生言」，三字原無，今據朝鮮本及《朱文公易説》卷八補。

占得此爻，遷來鼎州。後平楊么有功。○淵。○方子録云「守蔡州」。

益、損二卦説龜，一在二，一在五，是顛倒説去。未濟與既濟説伐鬼方亦然。不知如何。未濟，看來只陽爻便好，陰爻便不好，但六五、上九二爻不知是如何。蓋六五以得中故吉。上九有可濟之才，又當未濟之極，可以濟矣，却云不吉，更不可曉。學蒙。

大抵損、益二卦諸爻皆互换，損好，益却不好。如損六五却成益六二，損上九好，益上九却不好。淵。

夬

用之説夬卦云：聖人於陰消陽長之時，亦如此戒懼，其警戒之意深矣。曰：不用如此説。自是無時不戒謹恐懼，不是到這時方戒懼。不成説天下已平治，可以安意肆志。只纔有些放肆，便弄得靡所不至。僩。

「揚于王庭，孚號，有厲」。若合開口處，便雖有劍從自家頭上落，也須着説。但使功罪各當，是非顯白，於吾何慊！道夫。

夬卦中「號」字皆當作「户羔反」。唯「孚號」古來作去聲，看來亦只當作平聲。僩。

「壯于前趾」與大壯初爻同。此卦大率似大壯，只争一畫。淵。

王子獻卜，遇《夬》之九二，曰：「惕號，莫夜有戎，勿恤。吉。」卜者告之曰：必夜有驚恐，後有兵權。未幾，果夜遇寇，旋得洪帥。淵。

問九三「壯于頄」。曰：君子之去小人，不必悻悻然見於面目。至於遇雨而爲所濡濕，雖爲衆陽所慍，然志在決陰，必能終去小人，故亦可得无咎也。蓋九三雖與上六爲應，而實以剛居剛，有能決之象，故「壯于頄」則有凶，而和柔以去之乃无咎。如王允之於董卓，温嶠之於王敦是也。又曰：《彖》云：「利有攸往，剛長乃終。」今人以爲陽不能無陰，中國不能無夷狄，君子不能無小人，故小人不可盡去。今觀「剛長乃終」之言，則聖人豈不欲小人之盡去耶？但所以決之者自有道耳。又問：《夬》卦辭言「孚號」，九二言「惕號」，上九言「無號」，取象之義如何？曰：卦有兑體，兑爲口，故多言「號」也。又問：以五陽決一陰，君子盛而小人衰之勢。而卦辭則曰：「告自邑，不利即戎。」初九「壯于前趾」則「往不勝」。九二「惕號」則「有戎勿恤」。「壯于頄」則「凶」。「牽羊」則「悔亡」。❶「中行无咎。」豈去小人之道，須先自治而嚴厲戒懼，不可安肆耶？曰：觀上六一爻，則小人勢窮，「無號有凶」之時，而君子去之之道，猶當如此嚴謹，自做手脚，蓋不可以其勢衰而安意自肆也。其爲戒深矣。銖。

九三「壯于頄」，看來舊文本義自順，不知程氏何故欲易之。「有慍」也是自不能堪。正如顔杲卿使安禄山，受其衣服，至道間，與其徒曰：「吾輩何爲服此！」歸而借兵伐之，正類此也。卦中與復卦六四有「獨」字。此卦諸爻皆欲去陰，獨此一爻與六爲應，也是惡模樣。礪。

伊川改九三爻次序，看來不必改。淵。

這幾卦多説那臀，不可曉。淵。

❶「羊」，原作「牛」，今據《朱文公易説》卷五及《易》夬九四改。

「牽羊悔亡」，其説得於許慎之。淵。

莧、陸是兩物。莧者，馬齒莧。陸者，章陸，一名商陸。皆感陰氣多之物。藥中用商陸治水腫，其子紅。淵録云：其物難乾。○學履。

「中行无咎」，言人能剛决，自勝其私，合乎中行，則得无咎。无咎但能補過而已，未是極至處。這是説那微茫間有些箇意思斷未得，釋氏所謂「流注想」，荀子所謂「偷則自行」，便是這意思。照管不着，便走將去那裏去。爻雖無此意，孔子作《象》，所以裨爻辭之不足。如「自我致寇」、「敬慎不敗」之類甚多。「中行无咎」，《易》中却不恁地看。言人占得此爻者，能中行則无咎，不然則有咎。淵。

「中行无咎，中未光也。」事雖正而意潛有所係吝，荀子所謂「偷則自行」，佛家所謂「流注不斷」，皆意不誠之本也。淵。

姤

不是説陰漸長爲女壯，乃是一陰遇五陽。淵。

大率姤是一箇女遇五陽，是箇不正當底，如「人盡夫也」之事。聖人去這裏，又看見得那天地相遇底道理出來。淵。

姤是不好底卦，然「天地相遇，品物咸章，剛遇中正，天下大行」，却又甚好。蓋「天地相遇」又是别取一義。「剛遇中正」只取九五；或謂亦以九二言，非也。銖。

問：「姤之時義大矣哉」，《本義》云：「幾微之際，聖人所謹」，與伊川之説不同，何也？曰：上面説「天地相遇」至「天下大行也」，正是好時節，而不好之漸已生於微矣，故當謹於此。學履。

「金柅」或以爲止車物，或以爲絲衮，不可曉。廣。

又不知此卦如何有魚象。或説離爲鱉，爲蟹，爲蠃，爲蚌，爲龜，魚便在裏面了，不知是不是。此條未詳。○淵。

「包無魚」，又去這裏見得箇君民底道理。陽在上爲君，陰在下爲民。淵。

「有隕自天」，言能回造化則陽氣復，自天而隕，復生上來，都換了這時節。淵。

萃

大率人之精神萃於己，祖考之精神萃於廟。淵。

「順天命」，説道理時，彷佛如伊川説也去得，只是文勢不如此。他是説豐萃之時，若不用大牲，則便是那「以天下儉其親」相似。也有此理，這時節比不得那「利用禴」之事。他這《彖辭》散漫説，説了「王假有廟」，又説「利見大人」，又説「用大牲吉」，大率是聖人觀象，節節地看見許多道理。看到這裏，見有這箇象，便説出這一句來；又看見那箇象，又説出那一箇理來。然而觀象則今不可得見是如何地觀矣。淵。

問「澤上於地，萃，君子以除戎器，戒不虞」。曰：大凡物聚衆盛處必有争，故當預爲之備。又澤本當在地中，今却上出於地上，則是水盛長，有潰決奔突之憂，故取象如此。僩。

不知如何地説箇「一握」底句出來。淵。

「孚乃利用禴」，説如伊川固好，但若如此，却是聖人説箇影子，却恐不恁地。想只是説祭，升卦同。淵。

問：九五「萃有位」，以陽剛居中正，當萃之時而居尊位，安得又有「匪孚」？曰：此言有位而無德，則雖萃而不能使人信。故人有不信，當修其「元永貞」之德，而後「悔亡」也。又曰：「王假有廟」，是祖考精神聚於廟。又爲人必能聚己之精神，然後可以至於廟而承祖考。今人擇日祀神多取神在日，亦取聚意也。銖。

問：九五一爻亦似甚好，而反云「未光也」，是如何？曰：見不得。讀《易》，似這樣且恁地解去。若强説便至鑿了。學履。

升

《升》「南征吉」，巽、坤二卦拱得箇南，如看命人虛拱底説話。礪。

「地中生木，升，君子以順德，積小以高大。」木之生也，無日不長；一日不長，則木死矣。人之學也，一日不可已；一日而已，則心必死矣。人傑。

「地中生木，升」，汪丈嘗云：「曾考究得樹木之生，日日滋長。若一日不長，便將枯瘁，便是生理不接。學者之於學，不可一日少懈。」大抵德須日日要進，若一日不進，便退。近日學者才相疏，便都休了。㽦。

問：升、萃二卦多是言祭享。萃固取聚義，不知升何取義？曰：人積其誠意以事鬼神，有升而上通之義。又曰：六五「貞吉，升階」，與《萃》九五「萃有位，匪孚，元永貞，悔亡」，皆謂有其位必當有其德。若無其德，則萃雖有位而人不信，雖有升階之象，而不足以升矣。銖。

元德問「王用亨于岐山」。云：只是「享」字，古文無「享」字，所謂亨、享、烹，只是通用。又曰：「乾，元亨利貞」，《屯》之「元亨利貞」，只一般。聖人借此四字論乾之德，本非四件事也。時舉。

「亨于岐山」與「亨于西山」，只是説祭山川，想不到得如伊川説。淵。

朱子語類卷第七十三 計廿五板

易九

困

困卦難理會，不可曉。《易》中有數卦如此。《繫辭》云：「卦有小大，辭有險易。辭也者，各指其所之。」困是箇極不好底卦，所以卦辭也做得如此難曉。如蹇、剥、否、睽皆是不好卦，林録云：却不好得分明，故易曉。只有剥卦分明是剥，所以分曉。困卦林云：雖是極不到卦。❶是箇進退不得窮極底卦，所以難曉。林録云：所以卦辭亦恁地不好，難曉。其大意亦可見。又曰：看《易》不當更去卦爻中尋求道理當如何處置這箇，只是與人卜筮以決疑惑。❷若道理當爲，固是便爲之，若道理不當爲，自是不可做，何用更占？却是有一樣事，或吉或凶，成兩岐，道理處置不得，所以用占。若是放火殺人，此等事終不可爲，不成也去占。又如做官贓污邪僻，由徑求進，不成也去占。僩。○學履録略。

「不失其所亨」，這句自是説得好。淵。

李敬子問「致命遂志」。曰：致命，如《論語》「見危授命」與「士見危致命」之義一般，是送這命與他，自家但遂志循義，都不管生死，不顧身命，猶言置死生於度外

❶「到」，賀本改作「好」。
❷「只是」，二字原脱，今據朝鮮本補。

也。僩。○池本云：「澤无水，困」，君子道窮之時，但當委致其命以遂吾之志而已。「致命」，猶送這命與他，不復爲我之有。雖委致其命，而志則自遂，無所回屈。伊川解作「推致其命」，雖説得通，然《論語》中「致命」字都是委致之「致」，「事君能致其身」，與「士見危致命」、「見危授命」，皆是此意。「授」亦「致」字之意，言將這命授與之也。

問：「臀困於株木」如何？曰：在困之下，至困者也。株木不可坐，臀在株木上，其不安可知。又問：伊川將株木作初之正應不能庇他，如何？曰：恐説「臀」字不去。學履。

問：「困於酒食」，《本義》作饜飫於所欲，如何？曰：此是困於好底事。在困之時，有困於好事者，有困於不好事者，此爻是好爻，當困時，則爲困於好事。如「感時花濺淚，恨別鳥驚心」，花鳥好娛戲底物，這時却發人不好底意思，是因好物而困也。酒食饜飫亦如此。又問：《象》云「中有慶也」，是如何？曰：他下面有許多好事在。學履。

問「朱紱方來，利用享祀」。曰：以之事君則君應之，以之事神則神應之。燾。

朱紱，赤紱。若如伊川説，使書傳中説臣下皆是赤紱則可，《詩》中却有「朱芾斯皇」一句，是説方叔，於理又似不通。某之精力只推得到這裏。淵。

問：困二、五皆利用祭祀，是如何？曰：他得中正，又似取无應而心專一底意思。學履。

祭祀、享祀，想只説箇祭祀無那自家活人，却享他人祭之説。淵。

六三陽之陰，上六陰之陰。故將六三言之，則上六爲妻。淵。

井

井象只取巽入之義，不取木義。淵。

井是那掇不動底物事，所以「改邑不改井」。淵。

「汔至，亦未繘井羸其瓶，凶。」「汔至」作一句，「亦未繘井羸其瓶」是一句，意謂幾至而止，如綆未及井而瓶敗，言功不成也。學履。

「木上有水，井」，說者以爲木是汲器，則後面却有瓶。瓶自是瓦器，此不可曉。怕只是說，水之津潤上行至那木之杪，這便是井水上行之象。問：恐是桔槔之類？曰：亦恐是如此。又云：禾上露珠便是下面水上去。大率裏面水氣上，則外面底也上。淵。

用之問「木上有水，井」。曰：巽在坎下，便是木在下面，漲得水上上來。如桶中盛得兩斗水，若將大一斗之木沉在水底，則木上之水亦長一斗，便是此義。如草木之生，津潤皆上行，直至樹末，便是「木上有水」之義。雖至小之物亦然。如菖蒲葉，每晨葉葉尾皆有水池本作「皆潮水珠」。如珠顆，雖藏之密室亦然，非露水也。池本云：或云：嘗見野老說，芋葉尾每早亦含水珠，須日出照乾則無害。若太陽未照，爲物所挨落，則芋實焦枯無味，或生蟲。此亦菖蒲潮水之類爾。曰：然。問：如此，則「井」字之義與「木上有水」何預？曰：「木上有水」，便如井中之水，水本在井底，却能汲上來給人之食，故取象如此。用之又問：程子汲水桶之說是否？曰：不然。「木上有水」是木穿水中，漲上那水。若作汲桶，則解不通矣。且與後面「羸其瓶，凶」之說不相合也。僩。○學履同而略。又注云：後親問先生，先生云：不曾說木在下面漲得水來，這箇話是別人說，不是義理如此。

鮒，程沙隨以爲蝸牛，如今廢井中多有之。淵。

九三「可用汲」以上三句是象，下兩句是占。大概是說理，決不是說汲井。淵。

若非王明，則無以收拾人才。淵。

「收」雖作去聲讀，義只是收也。淵。

革

問：《革》「二女」、「志不相得」與《睽》「不同行」有異否？曰：意則一，但變韻而叶之爾。學履。

《易》言「順乎天而應乎人」，後來人盡說「應天順人」，非也。佐。

問：《革》之《象》不曰「澤在火上」，而曰「澤中有火」，蓋水在火上則水滅了火，不見得水決則火滅，火炎則水涸之義。曰「中有火」，則二物並在，有相息之象否？曰：亦是恁地。學履。

「澤中有火。」水能滅火，此只是說陰盛陽衰。火盛則克水，水盛則克火，此是「澤中有火」之象，便有那四時改革底意思。君子觀這象，便去治曆明時。林艾軒說因革卦得曆法云：「曆須年年改革，不改革便差了天度。」此說不然。天度之差，蓋緣不曾推得那曆元定，却不因不改而然。曆豈是那年年改革底物？「治曆明時」，非謂曆當改革，蓋四時變革中便有箇「治曆明時」底道理。淵。

「澤中有火，革」，蓋言陰陽相勝復，故聖人「治曆明時」。向林艾軒嘗言，聖人於革著「治曆」者，蓋曆必有差，須時改革方得。某謂此不然。❶天度固必有差，須在吾術中始得。如度幾年當差一分，便就此添一分去乃是。又云：「曆數微眇，如今下漏一般，漏管稍澁則必後天，稍闊則必先天，未子而子，未午而午。」淵。

「澤中有火」自與「治曆明時」不甚相干。聖人取象處，只是依稀地說，不曾確定指殺，只是見得這些意思便說。淵。

「革言三就」，言三番結裹成就。如第一番商量這箇是當革不當革，説成一番，又更如此商量一番，至于三番，然後説成了。却不是三人來說。淵。

問革下三爻有謹重難改之意，上三爻則革而善。蓋事有新故，革者，變故而爲新也。下三爻則故事也，未變之時，必當謹審於其先；上三爻則變而爲新事矣，故漸漸好。曰：然。又云：乾卦到九四爻謂「乾道乃革」，也是到這處方變了。學履。

「未占有孚」，伊川於爻中「占」字皆不把做「卜筮尚其占」說。淵。

或問：「大人虎變」是就事上變，「君子豹變」是就身上變。曰：豈止是事上？也從裏面做出來。這箇事却不只是空殼子做得。文王「其命維新」，也是他自新後如此。堯「克明俊德」，然後「黎民於變」。「大人虎變」正如孟子所謂「所過者化，所存者神，上下與天地同流，豈曰小補之哉」。補，只是這箇裏破補這一些，如世人些小功，只是補。如聖人直是渾淪都換過了。如鑪鞴相似，補底只是錮露，聖人却是渾淪鑄過。或

❶「某謂」，二字原無，今據朝鮮本及《朱文公易説》卷八補。

曰：孟子説得恁地，想見做出來應是新人耳目。曰：想亦只是從「五畝之宅，樹之以桑」起。看他三四次只恁地説。又曰：如那「如其禮樂，以俟君子」意思，孟子都無這，便是氣麄處。又曰：未見得做得與做不得，只説著教人歡喜。胡泳。○僩録云：因説革卦曰：革是更革之謂，到這裏須盡翻轉更變一番，所謂「上下與天地同流，豈曰小補之哉」。「小補之」者，謂扶衰救弊，逐些補緝，如錮鑑家事相似。若是更革，則須徹底重新鑄造一番，非止補苴罅漏而已。湯、武順天應人便是如此。孟子所説王政其效之速如此，想見做出來好看。只是太麄些，又少些「如其禮樂，以俟君子」底意思。或曰：不知他如何做？曰：須是從「五畝之宅，百畝之田」，雞豚桑麻處做起，兩三番如此説，想不過只是如此做。

鄭少梅解革卦，以爲風爐，亦解得好。初爻爲爐底，二爻爲爐眼，三、四、五爻是爐腰處，上爻是爐口。

鼎

「正位凝命」，恐伊川説得未然。此言人君臨朝也須端莊安重，一似那鼎相似，安在這裏不動，然後可以凝住那天之命。如所謂「協于上下，以承天休」。淵。

用之解「鼎顛趾，利出否，无咎」，或曰：據此爻是凡事須用與他翻轉了，却能致福。曰：不然。只是偶然如此。此本是不好底爻，却因禍致福，所謂不幸中之幸。蓋「鼎顛趾」本是不好，却因顛仆而傾出鼎中惡穢之物，所以反得利而无咎，非是故意欲翻轉鼎趾而求利也。或言：浙中諸公議論多是如此，云凡事須是與他轉一轉了，却因轉處與他做教好。曰：便是浙中近來有一般議論如此。若只管如此存心，未必真有益，先和自家心術壞了。聖賢做事，只說箇「正其義不謀其利，明其道不計其功」。凡事只如此做，何嘗先要安排紐捏，須要着些權變機械方喚做做事？又況自家一布衣，天下事那裏便教自家做！知他臨事做出時如何？却無故平日將此心去紐捏揣摩，先弄壞了。聖人所說底話光明正大，須是先理會箇光明正大底綱領條目，且令自家心先正了，然後於天下之事，先後緩急自有次第，逐旋理會，道理自分明。今於「在明明德」未曾理會得，便先要理會「新民」工夫；及至「新民」，又無那「親其親，長其長」底事，却便先萌箇計功計獲底心，要如何濟他，如何有益，少間盡落入功利窠窟裏去。固是此理無外，然亦自有先後緩急之序。今未曾理會得正心脩身，便先要治國、平天下；未曾理會自己上事業，便先要「開物成務」，都倒了。孔子曰「可與立，未可與權」，亦是甚不得已方說此話。然須是聖人，方可與權，若以顏子之賢，恐也不敢議此。「磨而不磷，涅而不緇」，而今人纔磨便磷，纔涅便緇，如何更說權變功利？所謂「未學行，先學走」也。而今諸公只管講財貨源流是如何，兵又如何，民又如何，陳法又如何。此等事固當理會，只是須識箇先後緩急之序，先其大者、急者，而後其小者、緩者。今都倒了這工夫。子路問君子，子曰：「脩己以敬。」曰如斯而已乎？曰：「脩己以安人。」顏淵問仁，子曰：「克己復禮。」仲弓問仁，子曰：「出門如見大賓，使民如承大祭。己所勿欲，勿施於人。」曾子將死，宜有要切之言；及孟敬子問之，惟在於辭氣容貌之間。此數子者，皆聖門之高第，及夫子告之與其所以告人者，乃皆在於此，是豈遺其遠者、大者，而徒告以近者、小者耶？是必有在矣。某今病得十生九死，已前數年見浙中一般議論如此，亦嘗竭其區區之力，欲障其末流，而徒勤無益。不知瞑目以後，又作麽生。可畏可歎！僩。

「得妾以其子」，得妾是無緊要，其重却在「以其子」處。「顛趾，利出否」，伊川説是。「得妾以其子，无咎」，彼謂子爲王公在喪之稱者，恐不然。淵。

問：「鼎耳革」是如何？曰：他與五不相應。五是鼎耳，鼎無耳則移動不得。革是换變之義，他在上下之間，與五不相當，是鼎耳變革了，不可舉移，雖有雉膏而不食。此是陽爻，陰陽終必和，故有「方雨」之吉。學履。

「刑剭」，班固使來。若作「形渥」，却只是澆濕渾身。淵。

六五「金鉉」，只爲上已當玉鉉了，却下取九二之應來當金鉉。蓋推排到這裏無去處了。淵。

震

「震亨」止「不喪匕鬯」，作一項看。後面「出可以爲宗廟社稷」，又做一項看。震便自是亨。「震來虩虩」是恐懼顧慮，而後便「笑言啞啞」，「震驚百里」便「不喪匕鬯」。文王語已是解「震亨」了，孔子又自説長子事。文王之語簡重精切，孔子之言方始條暢，須拆開看方得。礪。

言人常似那震來時虩虩地，便能「笑言啞啞」，到得「震驚百里」時也「不喪匕鬯」。這箇相連做一串説下來。淵。

震未便説到誠敬處，只是説臨大震懼

而不失其常。主器之事，未必《彖辭》便有此意，看來只是《傳》中方説。淵。

「震來虩虩」是震之初，震得來如此。淵。

「億喪貝」，有以「億」作「噫」字解底。淵。

震六二不甚可曉，大概是喪了貨貝，又被人趕上高處去，只當固守便好。六五是生於憂患而死於安樂。上六不全好，但能恐懼於未及身之時，可得无咎，然亦不免他人語言。礪。

艮

「艮其背」，「背」字是「止」字，《彖》中分明言「艮其止，止其所也」。從周録云：極解得好。又言：「艮其背」一句是腦，故《彖》中言「是以不獲其身，行其庭，不見其人」，四句只略對。方子。

「艮其背」，背，只是言止也。人之四體皆能動，惟背不動，取止之義。各止其所，則廓然而大公。德明。

「艮其背」便「不獲其身」，「不獲其身」便「不見其人」。「行其庭」對「艮其背」，只是對得輕。身是動物，不道動都是妄，然而動斯妄矣，不動自无妄。淵。

因説「不獲其身」，曰：如君止於仁，臣止於忠，但見得事之當止，不見得此身之爲利爲害。才將此身預其間，則道理便壞了。古人所以殺身成仁、舍生取義者，只爲不見身方能如此。學履。

「艮其背」，渾只見得道理合當如此，入自家一分不得，着一些私意不得。「不獲其身」，不干自家事。這四句須是説「艮其背」

了，静時「不獲其身」，動時「不見其人」，所以《彖辭傳》中説「是以不獲其身」至「无咎也」。周先生所以説「定之以仁義中正而主静」，這依舊只是就「艮其背」邊説下來，不是内不見己，外不見人。這兩卦各自是一箇物，不相秋采。淵。

趙共甫問「艮其背，不獲其身」。曰：不見有身也。「行其庭，不見其人。」曰：不見有人也。曰：不見有身，不見有人，所見者何物？曰：只是此理。過。

時止則止，時行則行，止固是止，池本：行固非止。然行而不失其正，池本作「理」。乃所以爲止也。僩。

問：艮之象何以爲光明？曰：定則明。凡人胸次煩擾，則愈見昏昧；中有定止，則自然光明。莊子所謂「泰宇定而天光發」是也。學履。

艮卦是箇最好底卦。「動静不失其時，其道光明」，又「剛健、篤實、輝光，日新其德」，皆艮之《彖》也。艮居外卦者八，而皆吉。礪録云：居八卦之上，凡上九爻皆好。惟蒙卦半吉半凶。如《賁》之上九「白賁无咎，上得志也」，《大畜》上九「何天之衢，道大行也」，《蠱》上九「不事王侯，志可則也」，《頤》上九「由頤厲吉，大有慶也」，《損》上九「弗損，益之，大得志也」，《艮》卦「敦艮之吉，以厚終也」。《蒙》卦上九「擊蒙，不利爲寇，利禦寇」，雖小不利，然卦爻亦自好。蓋上九以剛陽居上，擊去蒙蔽，只要恰好，不要太過，太過則於彼有傷，而我亦失其所以擊蒙之道。如人合喫十五棒，若只決他十五棒，則彼亦無辭，而足以禦寇；若再加五棒，則太過而反害人矣。爲寇者，爲人之害也；禦寇者，止人之害也。如人有疾病，醫者用藥對病，則彼足以祛病，而我亦得爲醫之道。若藥不對病，則反害他人，而我亦失爲醫之道矣。所以《象》曰：「利用禦寇，上下順也。」惟如此，則上下兩順而無害也。僩。

八純卦都不相與，只是艮卦是止，尤不相與，内不見己是内卦，外不見人是外卦，兩卦各自去。淵。

守約問《易傳》「艮其背」之義。曰：此説似差了，不可曉。若據夫子說，「止其所」也只是物各有所止之意。伊川又却於解「艮其止，止其所也」，又自説得分明，恐上面是失點檢。木之。

《易傳》云：「能使天下順治，非能爲物作則也，惟止之各於其所而已。」此説甚當。至謂「艮其背」爲「止於所不見」，竊恐未然。據《彖辭》自解得分曉，曰：「艮其止，止其所也。」上句「止」字便是「背」字，故下文便繼之云「是以不獲其身」，更不再言「艮其背」也。「止」是當止之處。下句「止」字是解「艮」字，「所」字是解「背」字，蓋云止於所當止也。「所」即至善之地，如君之仁、臣之敬之類。「不獲其身」，是無與於己。「不見其人」，是亦不見人。無己無人，但見是此道理，各止其所也。「艮其背」，是止於止；「行其庭，不見其人」，是止於動。故曰：「時止則止，時行則行。」伯豐問：如舜、禹不與，如何？曰：亦近之。繼曰：未似。若《遺書》中所謂「百官萬務，金革百萬之衆，飲水曲肱，樂在其中。萬變皆在人，其實無一事」，是此氣象。大概看《易》須謹守《彖》、《象》之言。聖人自解得精密平易，後人看得不子細，好自用己意，解得不是。若是虚心去熟看，便自見。如《乾》九五《文言》「同聲相應，同氣相求，水流濕，火就燥，雲從龍，風從虎，聖人作而萬物覩」，夫子因何於此說此數句？只是解「飛龍在天，利見大人」。「覩」字分明解出「見」字。「聖人作」便是「飛龍在天」，「萬物覩」便是人見之。如占得此爻，則利於見大人也。九二「見龍在田」，亦是在下賢德已著之人，雖未爲世用，然天下已知其文明，亦是他人利見之，非是此兩爻自利相見。凡《易》中「利」者，多爲占得者設。蓋活人方有利不利，若是卦畫，何利之有！《屯》卦言「利建侯」，屯只是卦，如何去利建侯？蓋是占得此卦者之利耳。晉文公占得屯、豫，皆得此辭，後果能得國。若常人占得，亦隨高下，自有箇主宰道理。但古者占，卜立君，卜大遷，是事體重者，故爻辭以其重者言之。又問：《屯》何以「利建侯」？曰：屯之初爻以貴下賤，有得民之象，故其爻辭復云「利建侯」。又問：如何便得爻辭與所占之事相應？曰：自有此道理。如世之抽籤者，尚多有與所占之事相契。又曰：何以見得《易》專爲占筮之用？如「王用亨于岐山」、「于西山」，皆是「亨」字，古字多通用。若卜人君欲祭山川，占得此即吉。「公用亨于天子」，若諸侯占得此卦，則利於近天子耳。凡占，若爻辭與所占之事相應，即用爻辭斷之。萬一占病却得「利建侯」，又須別於卦象上討義。正淳謂：二、五相應，二、五不相應，如何？曰：若得應爻，則所祈望之人、所指望之事皆相應，如人臣即有得君之義。不相應則亦然。昔敬夫爲魏公占得睽之蹇，六爻俱變，此二卦名義自是不好。李壽翁斷其占云：「用兵之人亦不得用兵，講和之人亦不成講和。睽上卦是離，離爲甲冑，爲戈兵，有用兵之象；却變爲坎，坎有險阻在前，是兵不得用也。兑爲口舌，又悦也，是講和之象；却變爲艮，艮，止也，是議和者亦無所成。」未幾魏公既敗，湯思退亦敗，皆如所占。僩。○人傑録見下。

伯豐問：兼山所得於程門者云：「艮内外皆止，是内止天理，外止人欲。又如門限然，在外者不得入，在内者不得出。」此意如何？曰：何故恁地説？因論：「艮其背」，《彖》云「止其所」，便是解「艮其背」。蓋人之四肢皆能運轉，惟背不動，止其所之義也。程《傳》解作「止於所不見」，恐未安。若是天下之事皆止其所，己何與焉？人亦何與焉？此所謂「不獲其身，行其庭不見其人」也。問：莫是「舜有天下而不與」之意否？曰：不相似。如所謂「百官萬務，金革百萬之衆，飲水曲肱，樂在其中。萬變皆在人，其實無一事」是也。又云：「艮其背」，静而止也；「行其庭」，動而止也。萬物皆止其所，只有理而已，「不獲其身，不見其人」也。因論：《彖》、《象》、《文言》解得《易》直是分曉精密，但學者虚心讀之，便自可見。如「利見大人」，《文言》分明解「聖人作而萬物覩」之類是也。爻辭只是占得此卦爻之辭，看作何用。謂如《屯》卦之「利建侯」，屯自是卦畫，何嘗有建侯意思？如晉文公占之，便有用也。又如「王用亨于岐山」，「亨」字合作「享」字，是王者有事于山川之卦。以此推之，皆可見矣。人傑。

「不獲其身」，不得其身也，猶言討自家身己不得。又曰：欲出於身，人才要一件物事，便須以身己去對副他。若無所欲，則只恁地平平過，便似無此身一般。又曰：伊川解「艮其背」一段，若别做一段看却好，只是移放《易》上説便難通，須費心力口舌方始説得出。又曰：「上下敵應，不相與」，猶言各不相管，只是各止其所。又曰：明道曰：「與其非外而是内，不若内外之兩忘也。」説得最好。便是「不獲其身，行其庭不見其人」。不見有物，不見有我，只見其所當止也。如爲人君止於仁，不知下面道如何，只是我當止於仁。爲人臣止於敬，不知上面道如何，只是我當止於敬。只認我所當止也。以至父子、兄弟、夫婦、朋友，大事小事，莫不皆然。從伊川之説，到「不獲其身」處便説不來，至「行其庭不見其人」越難説，只做止其所止，更不費力。賀孫。

「艮其背不獲其身」，只是道理所當止處，不見自家自己。李録云：也不知是疼，不知是痛，不知是利，不知是害。不見利，不見害，不見痛痒，只見道理。如古人殺身成仁、舍生取義，皆是見道理所當止處，故不見其身。「行其庭不見其人」，只是見得道理合當恁地處置，李録云：只見道理，不見那人。皆不見是張三與是李四。龔録云：但見義理之當止，不見吾之身；但見義理之當爲，不知爲張三、李四。問：《易傳》説「艮其背」是「止於所不見」。曰：伊川之意，如説「閑邪存誠」，如所謂「制之於外，以安其内」，如所謂「姦聲亂色不留聰明，淫樂慝禮不接心術」，龔録云：凡可欲者皆置在背後之意。「外物不接、内欲不萌之際」，欽夫謂當去「之際」二字。○今按：《易傳》已無「之際」二字。此意亦自好，但《易》之本意未必是如此。伯恭又錯會伊川之意，謂「止於所不見」者，眼雖見而心不見。恐無此理，伊川之意却不如此。劉公度問：老子所謂「不見可欲，使心不亂」，是程子之意否？曰：李録有「不然」字。老子之意，是要得使人不見。故温公解此一段，認得老子本意。李録云：温公解云：「不見可欲」，是防閑民，使之不見，與上文「不貴難得之貨」相似。聖人之治，「虛其心」，是要得人無思無欲；李録云：是使之無思算、無計較。「實其腹」，是要得人充飽；李録云：是使之充飽無餒。「弱其志」，是要得人不爭；李録「要得」並作「使之」。「强其骨」，是要得人作勞。後人解得皆過高了。從周。○李録云：温公之説止於如此，後人推得太高。此皆是言聖人治天下事，與《易傳》之言不同。○㬊録云：《通書》云「背非見也」，亦似伊川説。「止非爲也」，亦不是《易》本意。《語録》中有云：「周茂叔謂看一部《華嚴經》，不如看一艮卦。」下面注云：「各止其所。」他這裏却看得「止」字好。○方子、淵、蓋卿録互有詳略。

《易傳》「艮其背」一段，只是非禮勿視、聽、言、動，「則止於所不見，無欲以亂其心」。「不獲其身」者，蓋外既無非禮之視、聽、言、動，則内自不見有私己之欲矣。「外物不接」便是「姦聲亂色不留聰明，淫樂慝禮不接心術，惰慢邪僻之氣不設於身體」之意。又曰：「艮其背不獲其身，行其庭不見其人」，《易》中只是説「艮其止，止其所」。人之四支百骸皆能動作，惟背不能動，止於背，是止得其當止之所。明道答横渠《定性書》舉其語，是此意。伊川説却不同，又是一説。不知伊川解「艮其止，止其所也」，又説得分曉，却解「艮其背」又自有異，想是照顧不到。周先生《通書》之説却與伊川同也。或問：「不見可欲，此心不亂」，與「艮其背」之説何如？曰：老氏之説，非爲自家「不見可欲」，看他上文，皆是使民人如此。如「虛其心」亦是使他無思無欲，「實其腹」亦是使他飽滿。温公《注》如此解，蔡丈説不然。又曰：「艮其背」，看伊川説，只是非禮勿視、聽、言、動，今人又説得深，少間恐便走作，如釋、老氏之説屏去外物也。又因説「止於所不見」曰：非禮之事物，須是常去防閑他，不成道我恁地了，便一向去事物裏面衮。賀孫。○亦與上條同聞。

問：「艮其背，不獲其身」，是静中之止；「行其庭，不見其人」，是動中之止。伊川云「内欲不萌，外物不接，如是而止，乃得其正」，似只説得静中之止否？曰：然。此段分作兩截。「艮其背，不獲其身」，爲静之止；「行其庭，不見其人」，爲動之止。總説則「艮其背」是止之時，當其所而止矣，所以止時自不獲其身，行時自不見其人。此三句乃「艮其背」之效驗，所以《彖辭》先説「止其所也，上下敵應，不相與也」，却云「是以不獲其身，行其庭不見其人也」。又問：「止」有兩義，「得所止」之「止」是指義理之極，「行止」之「止」則就人事所爲而言。曰：然。「時止」之「止」，「止」字小；「得其所止」之「止」，「止」字大。此段工夫全在「艮其背」上。人多是將「行其庭」對此句説，便不是了。「行其庭」是輕説過。緣「艮其背」既盡得了，則「不獲其身，行其庭不見其人」矣。學履。

問：伊川解「外物不接，内欲不萌」，此説如何？曰：只「外物不接」，意思亦難理會。尋常如何説這句？某詳伊川之意，當與人交之時，只見道理合當止處，外物之私意不接於我。曰：某嘗問伯恭來，伯恭之意亦如此。然據某所見，伊川之説只是非禮勿視、聽、言、動底意思。問：先生如何解「行其庭不見其人」。曰：如在此坐，只見道理，不見許多人是也。曰：如此，則與非禮勿視、聽、言、動之意不協。曰：固是不協。伊川此處説，恐有可疑處。看《彖辭》「艮其止，止其所也」，此便是釋「艮其背」之文。「艮其止」便是引「艮其背」經文，或「背」字誤作「止」字，或「止」字誤作「背」字，或以「止」字解「背」字，不可知。伊川於此下解云：聖人所以能使天下順治，非能爲物作則也，惟止之各於其所而已。此意却最解得分明。「艮其背」恐當只如此説。萬物各有所止，着自家私意不得。「艮其背，不獲其身」，只見道理，不見自家。「行其庭，不見其人」，只見道理，不見他人也。洽。

問：伊川「艮其背」《傳》，看來所謂止者，正謂應事接物之時，各得其所也。今云「止於所不見」，又云「不交於物」，則是無所見、無所交，方得其所止而安。若有所見、有所交時是全無可止之處矣。曰：這處無不見底意思。周先生也恁地説，是它偶看這一處錯了，相傳如此。但看孔子釋《彖》之辭，云：「艮其止，止其所也。」蓋此一句即是説「艮其背」。人身皆動，惟背不動，這便是所當止處。此句伊川却説得好。若移此處説它，腦子便無許多勞攘。夔孫。

問：《易傳》云：「止於其所不見，則無欲以亂其心。」又云：「外物不接，内欲不萌，如是而止，乃得止之道。」切恐外物無有絶而不接之理。若拘拘然務絶乎物，而求以不亂其心，是在我都無所守，而外爲物所動，則奈何？曰：此一段亦有可疑。外物豈能不接？但當於非禮勿視、勿聽、勿言、勿動四者用力。佐。

艮云：「外物不接，内欲不萌。」始須如此，《視箴》中。《知言》説「察而養之」，終「耳順」、「從心」：此亦是始終之道。○方。

問：伊川曰「止於所不見」，則須遺外事物，使其心如寒灰槁木而後可，得無與釋氏所謂面壁工夫者類乎？竊謂背者，不動也；「艮其背」者，謂止於不動之地也。心能不爲事物所動，則雖處紛拏之地，事物在前，此心淡然不爲之累，雖見猶不見。如好色美物，人固有觀之而若無者，非以其心不爲之動乎？《易》所謂「行其庭，不見其人」者，意或以此。先生批云：「艮其背」，下面《彖傳》云「艮其止，止其所也，上下敵應，不相與也」，解得已極分明。程《傳》於此說亦已得之，不知前面何故却如此說。今移其所解《傳》文之意上解《經》文，則自無可疑矣。《經》作「背」，《傳》作「止」，蓋以「止」解「背」義，或是一處有誤字也。枅。

咸、艮皆以人身爲象，但艮卦又差一位。榦。

「艮其腓」、「咸其腓」，二卦皆就人身上取義，而皆主静。如「艮其趾」，能止其動，便无咎。「艮其腓」，腓亦是動物，故止之。「不拯其隨」，是不能拯止其隨限而動也，所以「其心不快」。限，即腰所在。初六「咸其拇」自是不合動。六二「咸其腓」亦是欲隨股而動，動則凶，若不動則吉。僩。

「艮其限」是截做兩段去。淵。

漸

「山上有木」，木漸長則山漸高，所以爲漸。學履。

《漸》九三爻雖不好，「夫征不復，婦孕不育」，却「利禦寇」。今術家擇日，利婚姻底日不宜用兵，利相戰底日不宜婚嫁，正是此意。蓋用兵則要相殺相勝，婚姻則要和合，故用不同也。學履。○僩同。

卦中有兩箇「孕婦」字，不知如何取象，不可曉。淵。

「順相保也」，言須是上下同心協力相

保聚，方足以禦寇。僩。

歸妹

歸妹未有不好，只是説以動帶累他。淵。

兩「終」字，伊川説未安。淵。

「月幾望」是説陰盛。淵。

豐

「豐，亨，王假之。」須是王假之了，方且「勿憂，宜日中」，若未到這箇田地，更憂甚底！王亦未有可憂。「宜照天下」，是貼底閑句。淵。

或問：《豐》「宜日中，宜照天下」，人君之德，如日之中，乃能盡照天下否？曰：《易》如此看不得。只是如日之中，則自然照天下。不可將作道理解他。「日中則昃，月盈則食，天地盈虛，與時消息，而況於人乎？況於鬼神乎？」自是如此。物事到盛時必衰，雖鬼神有所不能違也。問：此卦後面諸爻不甚好。曰：是他忒豐大了，這物事盛極，去不得了，必衰也。人君於此之時，當如奉盤水，戰兢自持，方無傾側滿溢之患。若才有纖豪驕矜自滿之心，即敗矣。所以此處極難。崇寧中，❶群臣創爲「豐亨豫大」之説，當時某論某人曰：當豐亨豫大之時，而爲因陋就簡之説，君臣上下動以此藉口，於是安意肆志，無所不爲，而大禍起矣。僩。

「天地盈虛，與時消息，而況於人乎？

❶「崇寧」，朝鮮本作「紹聖」，《朱文公易説》卷七作「崇觀」。

況於鬼神乎？」天地是舉其大體而言，鬼神是舉其中運動變化者，通上徹下而言，如雨風露雷草木之類皆是。曰：「驟雨不終朝」，自不能久，而況其小者乎？又曰：豐卦《彖》許多言語，其實只在「日中則昃，月盈則食，天地盈虛，與時消息」數語上。這盛得極，常須謹謹保守得日中時候方得，不然便是偃仆傾壞了。又曰：這處去危亡只是一間耳，須是兢兢如奉盤水方得。又曰：須是謙抑貶損方可保得。又曰：這便是康節所謂「酩酊離披時候」，如何不憂危謹畏！宣、政間有以奢侈爲言者，小人却云，當豐亨豫大之時，須是恁地侈泰方得。所以一面放肆，如何得不亂！「王假之，尚大也」，只是王者至此一箇極大底時節，所尚者大事耳。

仲思問「動非明則無所之，明非動則無所用」。曰：徒明不行，則明無所用，空明而已；徒行不明，則行無所向，冥行而已。伯羽。

問：《豐》九四近幽暗之君，所以有「豐其蔀，日中見斗」之象。亦是他本身不中正所致，故《象》云「位不當」也。曰：也是如此。學蒙。

「豐其屋，天際翔也」，似說「如翬斯飛」樣，言其屋高大，到於天際，却只是自蔽障得闊。或作「只是自障礙」。○學蒙。○淵同。

九三爻解得便順，九四、上六二爻不可曉，看來聖人不會九四、上六爻文義，又與三爻不同。

旅

不知聖人特地做一箇卦說這旅則甚。淵。

「明慎用刑而不留獄」，却只是火在山上之象，又不干旅事。淵。

「資斧」有做「齎斧」説底。這「資斧」在巽上説也自分曉，然而旅中亦豈可無備禦底物事，次第這便是。淵。

《旅》六五「上逮也」，不得如伊川説。「一矢亡」之「亡」字，如「秦無亡矢遺鏃」之「亡」，不是如伊川之説。《易》中凡言「終吉」者，皆是初不甚好也。又曰：而今只如這小小文義，亦無人去解析得。學蒙。

巽

巽卦是於「重巽」上取義。「重巽」所以爲「申命」。淵。

問「重巽」「重」字之義。曰：只是重卦，八卦之象皆是如此。問：「申」字是兩番降命令否？曰：非也。只是丁寧反復説，便是「申命」。巽，風也，風之吹物，無處不入，無物不鼓動。詔令之入人，淪肌浹髓，亦如風之動物也。僩。○學履録云：如命令之丁寧告戒，無所不至也。

問：巽順以入於物，必極乎下，有命令之象；而風之爲物，又能鼓舞萬類，所以君子觀其象而申命令。曰：風便也是會入物事。因言：丘墓中棺木能番動，皆是風吹。蓋風在地中，氣聚，出地面又散了。

九二得中，所以過於巽爲善。「用史巫紛若吉」，看來是箇盡誠以祭祀之吉占。

九三「頻巽」不比「頻復」。復是好事，所以「頻復」爲无咎。巽不是甚好底事，九三別無伎倆，只管今日巽了明日巽，自是可吝。

六四「田獲三品」，伊川主張作「巽於上

下」說，說得較牽強。

「无初有終」，也彷彿是伊川說。始未善是无初，更之而善是有終。自「貞吉悔亡」以下都是這一箇意思。一如《坤》卦「先迷後得」以下，都只是一箇意思。淵。

九五「先庚三日，後庚三日」，不知是如何。看來又似設此爲卜日之占模樣。《蠱》之「先甲三日」是辛，「後甲三日」是丁；此卦「先庚三日」亦是丁，「後庚三日」是癸。據丁與辛，皆是古人祭祀之日，但癸日不見用處。

「先庚」、「後庚」是說那後面變了底一截。淵。

兌

「兌，說」，若不是「剛中」，便成邪媚。下面許多道理，都從這箇「剛中柔外」來。「說以先民」，如「利之而不庸」。「順天應人」，革卦就革命上說，兌卦就說上說，後人都做「應天順人」說了。到了「順天應人」，是言順天理、應人心。胡致堂《管見》中辨這箇也好。淵。

說若不剛中，便是違道干譽。淵。

兌、巽卦爻辭皆不端的，可以移上移下。如剥卦之類，皆確定移不得。不知是如何。如「和兌」、「商兌」之類，皆不甚親切。爲復是解書到末梢，會懶了，看不子細？爲復聖人別有意義？但先儒解亦皆如此，無理會。

九五只是上比於陰，故有此戒。

渙

問：《萃》言「王假有廟」，是卦中有萃

聚之象，故可以爲聚祖考之精神，而爲享祭之吉占。渙卦既散而不聚，本象不知何處有可立廟之義。將是卦外立義，謂渙散之時，當聚祖考之精神邪？爲復是下卦是坎，有幽隱之義，因此象而設立廟之義邪？曰：坎固是有鬼神之義，然此卦未必是因此爲義。且作因渙散而立廟說，大抵這處都見不得。學履。

此卦只是卜祭吉，又更宜涉川。「王乃在中」是指廟中，言宜在廟祭祀。伊川説得那道理多了，他見得許多道理了，不肯自做他説，須要寄搭放在經上。淵。

渙是散底意思。物事有當散底：號令當散，積聚當散，群隊當散。淵。

渙卦亦不可曉。只以大意看，則人之所當渙者，莫甚於己私。其次須便渙散其小小群隊，合成其大。其次便渙散其號令，與其居積，以用於人。其次便渙去患害。但六四一爻未見其大好處，今爻辭却説得恁地浩大，皆不可曉。

「剛來不窮」，是九三來做二；「柔得位而上同」，是六二上做三。此説有些不穩，却爲是六三不唤做得位。然而某這箇例，只是一爻互換轉移，無那隔驀兩爻底。淵。

問：「剛來而不窮」，窮是窮極，來處乎中，不至窮極否？曰：是居二爲中。若在下則是窮矣。學履。

「渙奔其机」，以卦變言之。九二自四來居二，得中而不窮，所以爲安，如机之安也。六四是自二往居四，未爲得位，以其上同於五，所以爲得位。《象辭》如此説未密。若云六四上應上九爲上同，恐如此跳過了不得。此亦是依文解義説。終是不見得四來居二之爲安、二之於四爲得位是如何。

學蒙。

「奔其机」，也只是九來做二。人事上說時，是來就那安處。淵。

「渙其躬，志在外也」，是舍己從人意思。老蘇云：「渙之六四曰：❶『渙其群，元吉。』夫群者，聖人之所欲渙以混一天下者也。」此說雖程《傳》有所不及。如程《傳》之說，則是群其渙，非「渙其群」也。蓋當人心渙散之時，各相朋黨，不能混一，惟六四能渙小人之私群，成天下之公道，此所以元吉也。老蘇天資高，又善爲文章，故此等說話皆達其意。大抵渙卦上三爻是以渙濟渙也。道夫。

「渙其群」乃取老蘇之說，是散了小小底群隊，併做一箇。東坡所謂合小以爲大，合大以爲一。又曰：如太祖之取蜀、取江南，皆是「渙其群」、「渙有丘」之義，但不知四爻如何當得此義。

「渙其群」，言散小群做大群。如將小物事幾把解來合做一大把。東坡說這一爻最好，緣他會做文字，理會得文勢，故說得合。淵。

「渙汗其大號」，號令當散，如汗之出，千毛百竅中迸散出來。這箇物出不會反，却不是說那號令不當反，只是取其如汗之散出，自有不反底意思。淵。

「渙汗其大號」，聖人當初就人身上說一「汗」字爲象，不爲無意。蓋人君之號令，當出乎人君之中心，由中而外，由近而遠，雖至幽至遠之處，無不被而及之。亦猶人身之汗，出於中而浹于四體也。道夫。

散居積，須是在他正位方可。淵。

❶「六」，原作「九」，今據《易》改。本段下文之「六」同改。

「涣王居，无咎。」《象》只是節做四字句。伊川泥其句，所以説得「王居无咎」差了。上九《象》亦自節了字，則此何疑。

節

「説以行險」，伊川之説是也。説則欲進，而有險在前，進去不得，故有止節之義。又曰：節便是阻節之意。

「天地節而四時成」，天地轉來，到這裏相節了，更没去處。今年冬盡了，明年又是春夏秋冬，到這裏厮匝了，更去不得。這箇折做兩截，兩截又折做四截，便是春夏秋冬。他是自然之節，初無人使他。聖人則因其自然之節而節之，如「修道之謂教」、「天秩有禮」之類，皆是。天地則和這箇都無，只是自然如此。聖人法天，做這許多節掯出來。淵。

「户庭」是初爻之象，「門庭」是第二爻之象。户庭，未出去；在門庭，則已稍去矣。就爻位上推，户庭主心，門庭主事。淵。

問：君子之道，貴乎得中。節之過，雖非中道，然愈於不節者，如何便會凶？九二「不出門庭」，雖是失時，亦未失爲恬退守節者，乃以爲凶，何也？先生沉思良久，曰：這處便使局定不得。若以占言之，且只寫下，少間自有應處，眼下皆未見得。若以道理言之，則有可爲之時乃不出而爲之，這便是凶之道，不是別更有凶。又曰：「時乎時，不再來！」如何可失。

「安節」是安穩自在，「甘節」是不辛苦喫力底意思。甘便對那苦，「甘節」與「禮之用，和爲貴」相似。不成人臣得「甘節吉」時，也要節天下！大率人一身上各自有箇當節底。淵。

節卦大抵以當而通爲善。觀九五「中正而通」，《本義》云：「坎爲通。」豈水在中間，必流而不止邪？曰：然。又問：觀節六爻，上三爻在險中，是處節者也。故四在險初而節則亨，五在險中而節則甘，上在險終，雖苦而无悔。蓋節之時當然也。下三爻在險外，是未至於節，而預知所節之義。初知通塞，故无咎。二可行而反節，三見險在前，當節而又以陰居剛，不中正而不能節，所以二爻凶而有咎。不知是如此否？曰：恁地説也説得。然九二一爻看來甚好，而反云凶，終是解不穩。學履。

中孚

問：中孚「孚」字與「信」字恐亦有別？曰：伊川云：「存於中爲孚，見於事爲信。」説得極好。因舉《字説》：「孚」字從爪從子，如鳥抱子之象。今之「乳」字一邊從「孚」，蓋中所抱者，實有物也。中間實有物，所以人自信之。學履。

中孚、小過兩卦，鶻突不可曉，小過尤甚。如云「弗過防之」，則是不能過防之也，四字只是一句。至「弗過，遇之」，與「弗遇，過之」，皆是兩字爲絶句，意義更不可曉。學蒙。

中孚與小過，都是有飛鳥之象。中孚是箇卵象，是鳥之未出殼底。孚亦是那孚膜意思。所以卦中都説「鳴鶴」、「翰音」之類。「翰音登天」言不知變者，蓋説一向恁麽去，不知道去不得。這兩卦十分解不得，且只依希地説。「豚魚吉」，這卦中他須見得有豚魚之象，今不可考。占法則莫須是見豚魚則吉，如鳥占之意象。若十分理會著，便須穿鑿。淵。

「柔在内，剛得中」，這箇是就全體看則中虛，就二體看則中實，他都見得有孚信之意，故喚作「中孚」。伊川這二句説得好。他只遇着這般齊整底便恁地説去，若遇不齊整底，便説不去。淵。

問：「澤上有風，中孚。」風之性善入，水虛而能順承，波浪淘湧，❶惟其所感，有相信從之義，故爲中孚。曰：也是如此。風去感他，他便相順，有相孚之象。又曰：「澤上有風，中孚」，須是澤中之水。海即澤之大者，方能信從乎風。若溪湍之水，則其性急流就下，風又不奈他何。

「議獄緩死」，只是以誠意求之。「澤上有風」，感得水動；「議獄緩死」，則能感人心。淵。

問：中孚是誠信之義，「議獄緩死」亦誠信之事，故君子盡心於是。曰：聖人取象有不端確處，如此之類，今也只得恁地解，但是不甚親切。

九二爻自不可曉。看來「我有好爵，吾與爾靡之」，是兩箇都要這物事，所以「鶴鳴」、「子和」，是兩箇中心都愛，所以相應如此。因云：潔静精微之謂《易》，自是懸空説箇物在這裏，初不惹着那實事。某嘗謂，説《易》如水上打毬，這頭打來，那頭又打去，都不惹着水方得。今人説都打入水裏去了。胡泳録云：讀《易》如水面打毬，不沾着水方得。若着水便不活了。今人却要按從泥裏去，❷如何看得！○學履。

❶「淘」，萬曆本作「洶」。
❷「却」，萬曆本作「都」。

「鶴鳴」、「子和」，亦不可曉。「好爵爾靡」，亦不知是説甚底。《係辭》中又説從別處去。淵。

問：中孚六三大義是如何？曰：某所以説中孚、小過皆不可曉，便是如此。依文解字，看來只是不中不正，所以歌泣喜樂都無常也。學履。

小過

中孚有卵之象，小過中間二畫是鳥腹，上下四陰爲鳥翼之象。鳥出乎卵，此小過所以次中孚也。學蒙。

小過大率是過得不多。如大過便説「獨立不懼」，小過只説這「行」、「喪」、「用」，都只是這般小事。伊川説那禪讓征伐，也未説到。這箇大概都是那過低、過小底。「飛鳥遺音」，雖不見得遺音是如何，大概且恁地説。淵。

小過是過於慈惠之類，大過則是剛嚴果毅底氣象。淵。

「小過，小者過而亨」，不知小者是指甚物事。學蒙。

「飛鳥遺之音」，《本義》謂「致飛鳥遺音之應」，如何？曰：看這象似有羽蟲之孽之意，如賈誼「鵩鳥」之類。學履。

「山上有雷，小過」，是聲在高處下來，是小過之義。「飛鳥遺之音」，也是自高處放聲下來。學履。

小過是小事，又是過於小。如「行過乎恭，喪過乎哀，用過乎儉」，皆是過於小，退後一步，自貶底意思。燾。

「行過恭，用過儉」，皆是宜下之意。學履。

初六「飛鳥以凶」，只是取其飛過高了，不是取「遺音」之義。學蒙。

三父，四祖，五便當妣。過祖而遇妣，是過陽而遇陰。然而陽不可過，則不能及六五，却反回來六二上面。淵。

九四「弗過遇之」，「過遇」猶言加意待之也。上六「弗遇過之」疑亦當作「弗過遇之」，與九三「弗過防之」文體正同。淵。

九四「弗過遇之」一句曉不得，所以下兩句都没討頭處。又曰：此爻《小象》，恐不得如伊川説，以「長」字爲上聲，「勿用永貞」便是不可長久。❶「勿用永貞」是莫常常恁地。又曰：莫一向要進。

「終不可長也」，爻義未明，此亦當闕。僩。

「密雲不雨」，大概是做不得事底意思。淵。弋是俊壯底意。却只弋得這般物事。淵。

問叶韻。曰：《小過》初六「不可如何也」，六二「臣不可過也」，九三「凶如何也」，自是叶了。九四又轉韻。若仍從平聲，「位不當也」，「終不可長也」，便是叶了。六五「已上也」，「上」字作平聲。上六「已亢也」，便也是平聲。疑蓋十一《唐》中，「上」字無平聲。若從側聲，但「終不可長也」，「長」字作音「仗」，則「當」字、「上」字、「亢」字皆叶矣。皆在四十一《様》韻中。

既濟

「亨小」當作「小亨」。大率到那既濟了

❶「勿」，原脱，今據萬曆本補。

時，便有不好去，所以説「小亨」。如唐時正觀之盛，便向那不好去。淵。

既濟是已濟了，大事都亨，只小小底正在亨通。若能戒懼得常似今日便好，不然便一向不好去。伊川意亦是如此，但要説做「亨小」，所以不分曉。又曰：若將濟便是好，今已濟便只是不好去了。❶學蒙。

「初吉終亂」，便有不好在末後底意思。淵。

「高宗伐鬼方」，疑是高宗舊日占得此爻，故聖人引之以證此爻之吉凶。如「箕子之明夷，利貞」、「帝乙歸妹」，皆恐是如此。又曰：漢去古未遠，想見卜筮之書皆存。如漢文帝之占「大横庚庚」，都似《左傳》時人説話。又曰：「夏啓以光」，想是夏啓曾占得此卦。學蒙。

問：「三年克之，憊也」，言用兵是不得已，以高宗之賢，三年而克鬼方，亦不勝其憊矣。曰：言兵不可輕用也。學履。

問：既濟上三爻皆漸漸不好去，蓋出明而入險。四有衣袽之象，曰「有所疑也」，便是不好底端倪自此已露。五「殺牛」，則已自過盛。上「濡首」，則極而亂矣。不知如何？曰：然。時運到那裏都過了，康節所謂「飲酒酩酊，開花離披」時節，所以有這樣不好底意思出來。學履。

六四以柔居柔，能慮患豫防，蓋是心低小底人，便能慮事。柔善底人心不麄，慮事細密。剛果之人心麄，不解如此。淵。

《既濟》初九「義无咎也」，「咎」字上聲。六二「以中道也」，「道」亦上聲，音「斗」。九

❶「是好今已濟便」，六字原脱，今據《朱文公易説》卷六、《周易傳義附録》卷九補。

三换平聲，「憊」字通入「備」字，改作平聲，則音「皮」。六四「有所疑」，九五「不如西隣之時」，又「吉大來也」，「來」字音「黎」。上六「何可久也」，「久」與「已」通，「已」字平聲爲「期」。

未濟

取狐爲象，上象頭，下象尾。淵。

問：未濟所以亨者，謂之未濟，便是有濟之理，但尚遲遲，故謂之未濟；而「柔得中」，又自有亨之道。曰：然。「小狐汔濟」，「汔」字訓「幾」，與井卦同。既曰幾，便是未濟。未出坎中，不獨是説九二爻，通一卦之體皆是未出乎坎險，所以未濟。學履。

○本注云：士毅本記此段尤詳，但今未見黄本。

「不續終也」，是首濟而尾濡，不能濟，蓋不相接續去，故曰「不續終也」。狐尾大，濡其尾則濟不得矣。學履。

《易》不是説殺底物事，只可輕輕地説。若是確定一爻吉一爻凶，便是楊子雲《太玄》了，《易》不恁地。兩卦各自説「濡尾」、「濡首」，不必拘説。在此言首，在彼言尾，大概既濟是那日中衙晡時候，盛了只是向衰去；未濟是五更初時，只是向明去。聖人當初見這箇爻裏有這箇意思，便説出這一爻來，或是從陰陽上説，或是從卦位上説。他這箇説得散漫，不恁地逼拶他，他這箇説得疏。到他密時，盛水不漏；到他疏時，疏得無理會。若只要就名義上求他，便是今人説《易》了，大失他《易》底本意。周公做這爻辭，只依稀地見這箇意，便説這箇事出來，大段散漫。趙子欽尚自嫌某説得疏，不知如今煞有要退削了處。譬如箇燈籠，安四箇柱，這柱已是礙了明。若更剔去得，豈不更是明亮？所以説「不可爲典要」，可見得他散漫。淵。

未濟與既濟諸爻，頭尾相似，中間三、四兩爻，如損、益模樣顛倒了他。「曳輪」、「濡尾」，在既濟爲无咎，在此卦則或吝或貞吉，這便是不同了。淵。

「曳輪」、「濡尾」是只争些子時候，是欲到與未到之間。不是不欲濟，是要濟而未敢輕濟。如曹操臨敵，意思安閑，如不欲戰。《老子》所謂「猶若冬涉川」之象。涉則必竟涉，只是畏那寒了，未敢便涉。淵。

初六「亦不知極也」，「極」字猶言「極則」。又曰：猶言「界至」也。

「亦不知極也」，「極」字未詳考，上下韻亦不叶，或恐是「敬」字，今且闕之。僩。

未濟九四與上九「有」字皆不可曉，只得且依稀如此説。又曰：益、損二卦説龜，一卦在二爻，一卦在五爻，是顛倒。此卦與既濟説伐鬼方亦顛倒，不知是如何。學蒙。

看來未濟只陽爻便好，陰爻便不好。但六五、上九兩爻不如此。六五謂其得中，故以爲吉。上九有可濟時之才，又當未濟之極，可以濟矣，亦云不吉，更曉不得。學蒙。

問：未濟上九以陽居未濟之極，宜可以濟，而反不善者，竊謂未濟則當寬静以待。九二、九四以陽居陰，皆當静守。上九則極陽不中，所以如此。大抵時運既當未濟，雖有陽剛之才亦無所用，况又不得位，所以如此。曰：也未見得是如此。學履。

問：居未濟之時，未可動作。初六柔不能固守而輕進，故有濡尾之吝；九二陽剛，得中得正，曳其輪而不進，所以正吉。曰：也是如此，大概難曉。某解也且備禮，依衆人解說。又曰：坎有輪象，所以説輪。大概未濟之下卦皆是未可進用，「濡尾」、「曳輪」皆是此意。六三未離坎體，也不好。到四、五已出乎險，方好。上九又不好。又曰：「濡首」分明是狐過水而濡其首，今《象》却云「飲酒濡首」，皆不可曉。嘗有人著書，以《彖》、《象》、《文言》爲非聖人之書。只是而今也著與孔子分疏。一本云：只是似這處須貴分疏，所以有是說。

《既濟》、《未濟》所謂「濡尾」、「濡首」，分明是説野狐過水。今孔子解云「飲酒濡首」，亦不知是如何。只是孔子說，人便不敢議他，人便恁地不得。礪。

朱子語類卷第七十四 計二十九板

易十

上繫上

《繫辭》或言造化以及《易》，或言《易》以及造化，不出此理。

上下《繫辭》説那許多爻，直如此分明，他人説得分明便淺近，聖人説來却不淺近，有含蓄。所以分在上下《繫》，也無甚意義，聖人偶然去這處説，又去那處説。嘗説道，看《易》底不去理會道理，却只去理會這般底，譬如讀《詩》者不去理會那四字句押韻底，却去理會十五《國風》次序相似。淵。

問：第一章第一節，蓋言聖人因造化之自然以作《易》。曰：論其初，則聖人是因天理之自然而著之於書。此是後來人説話，又是見天地之實體而知《易》之書如此。如見天之尊、地之卑，却知得《易》之所謂乾坤者如此；如見天之高、地之下，却知得《易》所分貴賤者如此。又曰：此是因至著之象以見至微之理。

「天尊地卑」至「變化見矣」，是舉天地事理以明《易》。自「是故」以下却舉《易》以明天地間事。人傑。

「天尊地卑，乾坤定矣」，觀天地則見《易》也。僩。

「天尊地卑」，上一截皆説面前道理，下一截是説《易》書。聖人做這箇《易》，與天地準處如此。如今看面前天地，便是他那乾坤；卑高，便是貴賤。聖人只是見成說這箇，見得《易》是準這箇。若把下面一句說做未畫之《易》也不妨，然聖人是從那有《易》後說來。淵。

「天尊地卑，乾坤定矣」，上句是說天地造化實體，以明下句是說《易》中之事。天尊地卑，故《易》中之乾坤定矣。楊氏說得深了。《易》中固有屈伸往來之乾坤處，然只是說乾、坤之卦。在《易》則有乾坤，非是因有天地而始定乾坤。㽦。

「天尊地卑」章，上一句皆說天地，下一句皆說《易》。如貴賤是《易》之位，剛柔是《易》之變化，類皆是《易》，不必專主乾、坤二卦而言。「方以類聚，物以群分」，「方」只是事，訓術、訓道。善有善之類，惡有惡之類，各以其類而聚也。謨。

「卑高以陳，貴賤位矣」，此只是上句說天地間有卑有高，故《易》之六爻有貴賤之位也，故曰「列貴賤者存乎位」。㽦。

問「方以類聚，物以群分」。曰：物各有類，善有善類，惡有惡類，吉凶於是乎出。又曰：方以事言，物以物言。礪。○人傑錄云：方猶事也。

「方以類聚，物以群分」，楊氏之說爲「方」字所拘。此只是物有本末，事有終始之意。隨其善惡而類聚群分，善者吉，惡者凶，而吉凶亦由是而生耳。伊川說是。亦是言天下事物各以類分，故存乎《易》者吉有吉類，凶有凶類。㽦。

問「方以類聚，物以群分」。曰：方，向也。所向善則善底人皆來聚，所向惡則惡底人皆來聚。物又是通天下之物而言。是箇好物事，則所聚者皆好物事也；若是箇不好底物事，則所聚者皆不好底物事也。燾。

「在天成象，在地成形，變化見矣。」上是天地之變化，下是《易》之變化。蓋變化是《易》中陰陽二爻之變化，❶故曰「變化者，進退之象也」。變化只進退便是。如自坤而乾則爲進，自乾而坤則爲退。進退在已變未定之間，若已定，則便是剛柔也。㽦。

問：不知「變化」二字以「成象」、「成形」者分言之，不知是衮同説？學履録云：問：不知是變以成象，化以成形，爲將是變化二字同在象、形之間？曰：不必如此分。曰：莫，分不得。「變化」二字下章説得最分曉。文蔚曰：下章云「變化者，進退之象」，如此則變是自微而著，化是自盛而衰。曰：固是。變是自陰而陽，化是自陽而陰，《易》中説變化惟此處最親切。如言「剛柔者，立本者也；變通者，趨時者也」。剛柔是體，變通不過是二者盈虚消息而已，此所謂變化。故此章亦云：「剛柔者，晝夜之象也；變化者，進退之象也。」「剛柔者，晝夜之象」，所謂立本；「變化者，進退之象」，所謂趨時。又如言「吉凶者，失得之象；悔吝者，憂虞之象」。悔吝便是吉凶底交互處，悔是吉之漸，吝是凶之端。文蔚。

問：「變化」是分在天地上説否？曰：難爲分説。變是自陰而陽，自靜而動；化是自陽而陰，自動而靜，漸漸化將去，不見其迹。又曰：横渠云：「變是倏忽之變，化是逐旋不覺化將去。」恐《易》之意不如此説。既而曰：適間説「類聚群分」，也未見説到物處。《易》只是説一箇陰陽變化，陰陽變化便自有吉凶。下篇説得變化極分

❶「二」，原作「三」，今據朝鮮本改。

曉。「剛柔者，晝夜之象也」，剛柔便是箇骨子，只管恁地變化。礪。

「摩」是那兩箇物事相摩戛，「盪」則是圜轉推盪將出來。「摩」是八卦以前事，「盪」是八卦以後，爲六十四卦底事。「盪」是有那八卦了，團旋推盪那六十四卦出來，《漢書》所謂「盪軍」，是團轉去殺他，磨轉他底意思。淵。

問：「剛柔相摩，八卦相盪」，竊謂六十四卦之初，剛柔兩畫而已。兩而四，四而八，八而十六，十六而三十二，三十二而六十四，皆是自然，生生不已。而謂之「摩盪」，何也？曰：「摩」如物在一物上面摩旋底意思，亦是相交意思。如今人磨子相似，下面一片不動，上面一片只管摩旋推盪，不曾住。自兩儀生四象，則老陽老陰不動，而少陰少陽則交。自四象生八卦，則乾、坤、震、巽不動，而兑、離、坎、艮則交。自八卦而生六十四卦，皆是從上加去，下體不動，每一卦生八卦，故謂之「摩盪」。銖。

「剛柔相摩，八卦相盪」，方是説做這卦。做這卦了，那「鼓之以雷霆」，與風雨日月寒暑之變化，皆在這卦中。那成男成女之變化，也在這卦中。見造化關捩子才動，那許多物事都出來。《易》只是模寫他這箇。淵。

「鼓之以雷霆，潤之以風雨」，此已上是將造化之實體對《易》中之理，此下便是説《易》中却有許多物事。㽦。

「乾道成男，坤道成女」，通人、物言之，如牡馬之類。在植物亦有男女，如有牡麻，及竹有雌雄之類，皆離陰陽剛柔不得。㽦。

「乾知太始，坤作成物」，知者，管也。乾管却太始，太始即物生之始。乾始物，而坤成之也。謨。

或問：「乾知太始，坤作成物，乾以易知，坤以簡能」，如何是知？曰：此「知」字訓「管」字，不當解作知見之「知」。太始是萬物資始，乾以易，故管之；成物是萬物資生，坤以簡，故能之。大抵談經只要自在，不必泥於一字之間。蓋卿。

「乾知太始」，知，主之意也，如知縣、知州。乾爲其初，爲其萌芽。「坤作成物」，坤管下面一截，有所作爲。「乾以易知」，乾，陽物也，陽剛健，故作爲易成。「坤以簡能」，坤因乾先發得有頭腦，特因而爲之，故簡。節。

「乾以易知，坤以簡能」，他是從上面「乾知太始，坤作成物」處説來。文蔚曰：《本義》以「知」字作「當」字解，其義如何？曰：此如説「樂著太始」，太始就當體而言，言乾當此太始。然亦自有知覺之義。文蔚曰：此是那性分一邊事。曰：便是他屬陽。「坤作成物」，却是作那成物，乃是順乾。「乾以易知，坤以簡能」，易簡在乾坤。「易則易知，簡則易從」，却是以人事言之。兩箇「易」字又自不同，一箇是簡易之「易」，一箇是難易之「易」，要之只是一箇字，但微有豪釐之間。因論：天地間只有一箇陰陽，故程先生云：「只有一箇感與應。」所謂陰與陽無處不是。且如前後，前便是陽，後便是陰。又如左右，左便是陽，右便是陰。又如上下，上面一截便是陽，下面一截便是陰。文蔚曰：先生《易説》中謂：「伏羲作《易》，驗陰陽消息兩端而已。」此語最盡。曰：陰陽雖是兩箇字，然却只是一氣之消息。一進一退，一消一長，進處便是陽，退處便是陰；長處便是陽，消處便是陰。只是這一氣之消長，做出古今天地間無限事來。所以陰陽做一箇說亦得，做兩箇說亦得。文蔚。

問：「乾知」是知，「坤作」是行否？曰：是。又問：通乾坤言之，有此理否？曰：有。又問：❶如何是「易簡」？曰：他行健，所以易，易是知阻難之謂。人有私意便難。簡只是順從而已，若外更生出一分，如何得簡？今人多是私意，所以不能簡易。易故知之者易，簡故從之者易。「有親」者，惟知之者易，故人得而親之。此一段通天人而言。祖道。

「乾以易知」，乾惟行健，其所施爲自是容易，觀造化生長則可見。只是這氣一過時，萬物皆生了，可見其易。要生便生，更無凝滯；要做便做，更無等待，非健不能也。僩。

乾德剛健，他做時便通透徹達，攔截障蔽他不住。人剛健者亦如此。「乾以易知」，只是說他恁地做時不費力。淵。

「坤以簡能」，坤最省事，更無勞攘，他只承受那乾底生將出來。他生將物出來，便見得是能。陰只是一箇順，若不順，如何配陽而生物！淵。

易簡，一畫是易，兩畫是簡。泳。

問乾坤易簡。曰：易簡只看健順可見。又曰：且以人論之，如健底人，則遇事時便做得去，自然覺易，易只是不難。又如人，稟得性順底人，及其作事，便自省事，自然是簡，簡只是不繁。然乾之易，只管得上一截事，到下一截却屬坤，故易。坤只是承乾，故不著做上一截事，只做下面一截，故

❶「又問」，二字原脱，今據朝鮮本補。

簡。如「乾以易知，坤以簡能」，知，便是做起頭；能，便是做了。只觀「隤然」、「確然」，亦可見得易簡之理。㽦。

伯豐問簡易。曰：只是健順。如人之健者，做事自易，順承者，自簡靜而不繁。只看《下繫》「確然」、「隤然」自分曉。易者只做得一半，簡者承之。又如乾「恒易以知險」，坤「恒簡以知阻」，因登山而知之。高者視下，可見其險；有阻在前，簡靜者不以爲難。人傑。

伯謨問乾坤簡易。曰：易，只是要做便做；簡，是都不入自家思惟意思，惟順他乾道做將去。又問：乾健，「德行常易以知險」；坤順，「德行常簡以知阻」。曰：自上臨下爲險，自下升上爲阻。故乾無自下升上之義，坤無自上降下之理。賀孫。

問乾坤易簡。曰：「簡」字易曉，「易」字難曉。他是健了，饒本云：逐日被他健了。自然恁地不勞氣力，才從這裏過，要生便生，所謂「因行不妨掉臂」，是這樣説話。《繫辭》有數處説易簡，皆是這意，子細看便見。又問：健不是他要恁地，是實理自然如此。在人則順理而行，便自容易，不須安排。曰：順理自是簡底事。所謂易便只是健，健自是易。學蒙。

「乾以易知，坤以簡能」以上是言乾坤之德，「易則易知」以下是就人而言，言人兼體乾坤之德也。「乾以易知」者，乾健不息，惟主於生物，都無許多艱深險阻，故能以易而知太始。坤順承天，惟以成物，都無許多繁擾作爲，故能以簡而作成物。大抵陽施陰受，乾之生物，如瓶施水，其道至易。坤惟承天以成物，别無作爲，故其理至簡。其在人，則無艱阻而白直，故人易知；順理而不繁擾，故人易從。易知則人皆同心親之，易從則人皆協力而有功矣。「有親可久」，則爲「賢人之德」，是就存主處言；「有功可大」，則爲「賢人之業」，是就做事處言。蓋自「乾以易知」，便是指存主處；「坤以簡能」，便是指做事處。故「易簡而天下之理得」，則「與天地參」矣。銖。

問：「乾以易知，坤以簡能」，《本義》云：「乾健而動，故以易而知太始；坤順而静，故以簡而作成物。」若以學者分上言之，則廓然大公者，易也；物來順應者，簡也。不知是否？曰：然。乾之易，致知之事也；坤之簡，力行之事也。問：恐是下文「易則易知，簡則易從」，故知其所分如此否？曰：他以是而能知，故人亦以是而知之。所以坤之六二便只言力行底事。餘。

「天行健」，故易；地承乎天，柔順，故簡。簡易故無艱難。敬仲。

問「易則易知，簡則易從」。曰：乾坤只是健順之理，非可指乾坤爲天地，亦不可指乾坤爲二卦。在天地與卦中皆是此理。易知、易從，不必皆指聖人，但易時自然易知，簡時自然易從。謨。○去僞同。

問：如何是「易知」？曰：且從上一箇「易」字看，看得「易」字分曉，自然易知。久之，又曰：簡則有箇睹當底意思。看這事可行不可行，可行則行，不可行則止，所以謂之順。易則都無睹當，無如何、若何，只是容易行將去，如口之欲語，如足之欲行，更無因依。口須是説話，足須是行履。如虎嘯風洌，龍興致雲，自然如此，更無所等待。非至健何以如此！這箇只就「健」字上看，惟其健，所以易，雖天下之至險，亦安然行之，如履平地，此所以爲至健。坤則行到前面遇着有阻處便不行了，此其所以爲至順。❶僩。

問：「易則易知」，先作「樂易」看，今又作「容易」，如何？曰：未到樂易處。礪曰：容易如何便易知？曰：不須得理會「易知」，且理會得「易」字了，下面自然如破竹。又曰：這處便無言可解説，只是易。又曰：只怕不健，若健，則自易，易則是易知。這如龍興而雲從、虎嘯而風生相似。又曰：這如鴻毛之遇順風，巨魚之縱大壑，初不費氣力。又曰：簡便如順道理而行，却有商量。

「易知則有親，易從則有功。」惟易則人自親之，簡則人自從之。蓋艱阻則自是人不親，繁碎則自是人不從。人既親附，則自然可以久長；人既順從，則所爲之事自然廣大。若其中險深不可測，則誰親之？做事不繁碎，人所易從，有人從之，功便可成。若是頭項多，做得事來艱難底，必無人從之。榦。

只爲「易知」、「易從」，故「可親」、「可久」。如人不可測度者，自是難親，亦豈能久；煩碎者自是難從，何緣得有功也？謨。

《易·繫》解「易知」、「易從」云：「知則同心，從則協力。一於内故可久，兼於外故可大。」如何？曰：既易知，則人皆可以同心；既易從，則人皆可以叶力。「一於内故可久」者，❷謂可久是賢人之德，德則得於己者。「兼於外故可大」者，❸謂可大是賢人之業，事業則見於外者故爾。謨。

❶「至」，原脱，今據朝鮮本補。
❷「故可久」，三字原無，今據朝鮮本補。
❸「故可大」，三字原無，今據朝鮮本補。

蕭兄問德、業。曰：德者，得也，得之於心謂之德。如得這箇孝，則爲孝之德。業是做得成頭緒，有次第了。不然，汎汎做，只是俗事，更無可守。蓋卿。

德，是得之於心；業，是事之有頭緒次第者。方子。

黄子功問：何以不言聖人之德業，而言賢人之德業？曰：未消理會這箇得。若恁地理會，亦只是理會得一段文字。良久，乃曰：乾坤只是一箇健順之理，人之性無不具此，「雖千萬人，吾往矣」，便是健。「雖褐寬博，吾不惴焉」，便是順。如剛果奮發、謙遜退讓亦是。所以君子富貴不能淫，貧賤不能移，威武不能屈，非是剛强，健之理如此。至於「出門如見大賓，使民如承大祭」，非是巽懦，順之理如此。但要施之得其當，施之不當，便不是乾坤之理。且如孝子事親，須是下氣怡色，起敬起孝；若用健，便是悖逆不孝之子。事君須是立朝正色，犯顔敢諫；若用順，便是阿諛順旨。《中庸》説「君子而時中」，時中之道，施之得其宜便是。文蔚曰：《通書》云：「性者，剛柔善惡中而已。」此一句説得亦好。先生點頭曰：古人自是説得好了，後人説出來又好。徐子融曰：上蔡嘗云：「一部《論語》，只如此看。」今聽先生所論，一部《周易》，亦只消如此看。先生默然。文蔚。

「可久則賢人之德，可大則賢人之業」，楊氏「可而已」之説亦善。又問：不言聖人，是未及聖人事否？曰：「成位乎其中」，便是説抵著聖人。張子所謂「盡人道，並立乎天地，以成三才」，則盡人道非聖人不能。程子之説不可曉。按：楊氏曰：「可而已，非其至也，故爲賢人之德業。」《本義》謂：「法乾坤之事，賢於人之賢。」○僩。

「易簡理得」只是浄浄潔潔，❶無許多勞擾委曲。端蒙。

伯豐問：「成位乎其中」，程子、張子二説孰是？曰：此只是説聖人。程子説不可曉。僩。

右第一章

「聖人設卦觀象」至「生變化」三句是題目，下面是解説這箇。「吉凶悔吝」，自大説去小處；「變化剛柔」，自小説去大處。「吉凶悔吝」説人事，「變化剛柔」説卦畫。從剛柔而爲變化，又自變化而爲剛柔。所以下箇「變化之極」者，未到極處時，未成這箇物事。變似那一物，變時從萌芽變來，成枝成葉。化時是那消化了底意思。淵。

「剛柔相推」，是説陰陽二氣相推。「八卦相盪」，是説奇耦雜而爲八卦。在天則「剛柔相推」，在《易》則「八卦相盪」，然皆自《易》言。一説則剛柔相推而成八卦，八卦相盪而成六十四卦。僩。

「吉凶者，失得之象；悔吝者，憂虞之象；變化者，進退之象；剛柔者，晝夜之象。」四句皆互换往來，乍讀似不貫穿，細看來不勝其密。吉凶與悔吝相貫，悔自凶而趨吉，吝自吉而趨凶。進退與晝夜相貫，進自柔而趨乎剛，退自剛而趨乎柔。謨。

《繫辭》一字不胡亂下，只人不子細看。如「吉凶者，失得之象」四句，中間兩句，悔是自凶而向乎吉，吝是自吉而趨乎凶；進是自柔而向乎剛，退是自剛而趨乎柔。又如「乾知險，坤知阻」，何故乾言險，坤言阻？舊因登山，曉得自上而下來，方見險

❶ 上「浄」字，原作「事」，今據朝鮮本改。

處，故以乾言；自下而上去，方見阻處，故以坤言。淳。

吉、凶、悔、吝四者，正如剛柔變化相似。四者循環，周而復始。悔了便吉，吉了便吝，吝了便凶，凶了便悔。正如「生於憂患，死於安樂」相似。蓋憂苦患難中必悔，悔便是吉之漸；及至吉了，少間便安意肆志，必至做出不好可羞吝底事出來，這便是吝，❶吝便是凶之漸矣；及至凶矣，又却悔，只管循環不已。正如剛柔變化，剛了化，化了柔，柔了變，變便是剛，亦循環不已。吉似夏，吝似秋，凶似冬，悔似春。僩。

問：《本義》説「悔吝者，憂虞之象」，以爲「悔自凶而趨吉，❷吝自吉而向凶」。竊意人心本善，物各有理，若心之所發，鄙吝而不知悔，這便是自吉而向凶？曰：不然。吉凶悔吝，正是對那剛柔變化説。剛極便柔，柔極便剛。這四箇循環，如春夏秋冬相似，凶便是冬，悔便是春，吉便是夏，吝便是秋，秋又是冬去。又問：此以配陰陽，則其屬當如此。於人事上説則如何？曰：天下事未嘗不生於憂患，而死於安樂。若這吉處，不知戒懼，自是生出吝來。雖未至於凶，畢竟是向那凶路上去。又曰：「日中則昃，月盈則食」，自古極亂未嘗不生於極治。學蒙。

吉凶悔吝之象，吉凶是兩頭，悔吝在中間。悔自凶而趨吉，吝自吉而趨凶。夔孫。

悔吝，悔是做得過便有悔，吝是做得這事軟了，下梢無收殺，不及，故有吝。端蒙。

悔者，將自惡而入善；吝者，將自善而

❶「這便是吝」，四字原脱，今據朝鮮本補。
❷「自」，原作「向」，今據《朱文公易説》卷九改。

入惡。節。

剛過當爲悔，柔過當爲吝。節。

過便悔，不及便吝。㽦。

「變化者，進退之象」，是剛柔之未定者。「剛柔者，晝夜之象」，是剛柔之已成者。蓋柔變而趨於剛，是退極而進；剛化而趨於柔，是進極而退。既變而剛，則晝而陽；既化而柔，則夜而陰。猶言子午卯酉，卯酉是陰陽之未定，子午是陰陽之已定。又如四象之有老少。故此兩句惟以子午卯酉言之，則明矣。然陽化爲柔，只恁地消縮去，無痕迹，故曰化；陰變爲剛，是其勢浸長，有頭面，故曰變。此亦見陰半陽全，陽先陰後，陽之輕清無形，而陰之重濁有迹也。銖曰：陰陽以氣言，剛柔以質言。既有卦爻可見，則當以質言，而不得以陰陽言矣，故《彖辭》多言剛柔，不言陰陽，不知是否？曰：是。銖。

問「變化者進退之象」與「化而裁之存乎變」。曰：這「變化」字又相對說。那「化而裁之存乎變」底「變」字，又說得來重。如云「幽則有鬼神」，鬼神本皆屬幽；然以「鬼神」二字相對說，則鬼又屬幽，神又自屬明。變化相對說，則變是長，化是消。問：消長皆是化否？曰：然。也都是變。更問：此兩句疑以統體言，則皆是化，到換頭處，便是變。若相對言，則變屬長，化屬消。化則漸漸化盡，以至於無。變則驟然而長。變是自無而有，化是自有而無。問：頃見先生說，變是自陰而陽，化是自陽而陰，亦此意否？曰：然。只觀出入息便見。又問：氣之發散者爲陽，收斂者爲陰否？曰：也是如此。如鼻氣之出入，出者爲陽，收回者爲陰。入息如螺螄出殼了縮入相似，是收入那出不盡底。若只管出去不收，便死矣。問：出入息畢竟出去時漸漸消，到得出盡時便死否？曰：固是如此。然那氣又只管生。僩。

或問「變化」二字。曰：變是自陰之陽，忽然而變，故謂之變。化是自陽之陰，漸漸消磨將去，故謂之化。自陰而陽，自是長得猛，故謂之變。自陽而之陰，是漸漸消壓將去。

問：變者化之漸，化者變之成。如昨日是夏，今日是秋爲變，到那全然天涼，没一些熱時是化否？曰：然。又問：這箇「變化」字却與「變化者，進退之象」不同，如何？曰：這又別有些意思，是言剛化爲柔，柔變爲剛。蓋變是自無而有，化是自有而無也。燾。

問：《本義》解「吉凶者，失得之象也」一段，下云：「剛柔相推而生變化，變化之極復爲剛柔，流行乎一卦六爻之中，而占者得因其所值以爲吉凶之決。」切意在天地之中，陰陽變化無窮，而萬物得因之以生生；在卦爻之中，九六變化無窮，而人始得因其變以占吉凶。曰：《易》自是占其變，若都變了，只一爻不變，則反以不變者爲主。或都全不變，則不變者又反是變也。學蒙。

《繫辭》中如「吉凶者，失得之象」一段，解得自有功，恐聖人本意未必不如此。問：「聖人以此洗心」一段，亦恐非先儒所及。曰：也且得如此說，不知畢竟是如何。榦。

問：「所居而安者，《易》之序也」，與「居則觀其象」之「居」不同，上「居」字是總就身之所處而言，下「居」字是靜對動而言。曰：然。學履。

問「所居而安者，《易》之序也」。曰：

序，是次序，謂卦及爻之初終。如潛、見、飛、躍，循其序則安。又問「所樂而玩者爻之辭」。曰：橫渠謂：「每讀每有益，所以可樂。」蓋有契於心，則自然樂。甾。

「居則觀其象玩其辭，動則觀其變玩其占」，如何？曰：若是理會不得，却如何占得？必是閑常理會得此道理，到用時便占。甾。

右第二章

悔、吝二義。悔者，將趨於吉而未至於吉；吝者，將趨於凶而未至於凶。又問：所謂小疵者，只是以其未便至於吉凶否？曰：悔是漸好，知道是錯了，便有進善之理。悔便到无咎。吝者，喑嗚説不出，心下不足，没分曉，然未至大過，故曰小疵。然小疵畢竟是小過。甾。

「齊小大者存乎卦」，齊猶分辨之意。一云猶斷也。小謂否、睽之類，大謂泰、謙之類。如泰、謙之辭便平易，睽、困之辭便艱險，故曰「卦有小大，辭有險易」。此説與《本義》異。○人傑。

「齊小大者存乎卦。」曰：「齊」字又不是整齊，自有箇如準、如協字，是分辨字。泰爲大，否爲小。「辭有險易」，直是吉卦易，凶卦險，泰、謙之類説得平易，睽、蹇之類説得艱險。甾。

問：「憂悔吝者存乎介」，悔吝未至於吉凶，是那初萌動，可以向吉凶之微處。介又是悔吝之微處。「介」字如界至、界限之「界」，是善惡初分界處。於此憂之，則不至悔吝矣。曰：然。學蒙。

「憂悔吝者存乎介，震无咎者存乎悔。」悔吝固是吉凶之小者，介又是幾微之間。慮悔吝之來，當察於幾微之際。无咎者本是有咎，「善補過」則爲无咎。震，動也。欲動而无咎，當存乎悔爾。悔吝在吉凶之間，悔是自凶而趨吉，吝是自吉而之凶。悔吝小於吉凶，而將至於吉凶者也。謨。

問：「卦有小大」，舊説謂大畜、小畜，大過、小過，如此則只説得四卦。曰：看來只是好底卦便是大，不好底卦便是小。如復、如泰、如大有、如夬之類，盡是好底卦；❶如睽、如困、如小過底，盡不好底。譬如人，光明磊落底，便是好人；昏昧迷暗底，便是不好人。所以謂「卦有小大，辭有險易」。大卦辭易，小卦辭險，即此可見。學履。

問：「卦有小大，辭有險易」，陽卦爲大，陰卦爲小。觀其爻之所向而爲之辭，如「休復吉」底辭自是平易，如「困于葛藟」底辭自是險。曰：這般處依約看也是恁地，自是不曾見得他底透，只得隨衆説。如所謂「吉凶者，失得之象」一段，却是徹底見得聖人當初作《易》時意，似這處更移易一字不得。其他處不能盡見得如此，所以不能盡見得聖人之心。學蒙。

右第三章分章今依《本義》。

問「《易》與天地準，故能彌綸天地之道」。曰：《易》道本與天地齊準，所以能彌綸之。凡天地間之物，無非《易》之道，故《易》能彌綸天地之道，而聖人用之也。彌，如封彌之「彌」，糊合便無縫罅；綸，如絡絲之綸，自有條理。言雖是彌得外面無縫罅，而中則事事物物各有條理。彌如大德敦化，綸如小德川流。彌而非綸，則空疏無物；綸而非彌，則判然不相干。此二字見

❶「盡」，原脱，今據朝鮮本補。

得聖人下字甚密也。學履。

問「《易》與天地準，故能彌綸天地之道」。曰：凡天地有許多道理，《易》上都有，所以與天地齊準，而能彌綸天地之道。「彌」字，若今所謂封彌試卷之「彌」，又若彌縫之「彌」，是恁地都無縫底意思。解作遍滿也不甚似。又曰：天地有不了處，《易》却彌縫得他。學蒙。

「彌綸天地之道」，「彌」字如封彌之義。惟其封彌得無縫罅，所以能遍滿也。僩。

「仰以觀天文，俯以察地理，是故知幽明之故」，注云：「天文則有晝夜上下，地理則有南北高深。」不知如何？曰：晝明夜幽，上明下幽，觀晝夜之運、日月星辰之上下，可見此天文幽明之所以然。南明北幽，高明深幽，觀之南北高深，可見此地理幽明之所以然。又云：始終、死生是以循環言，精氣、鬼神是以聚散言，其實不過陰陽兩端而已。學履。

「仰以觀於天文，俯以察於地理」，天文是陽，地理是陰，然各有陰陽：天之晝是陽，夜是陰，日是陽，月是陰。地如高屬陽，下屬陰，平坦屬陽，險阻屬陰，東南屬陽，西北屬陰。幽明便是陰陽。筲。

問：「仰以觀於天文，俯以察於地理」，是以此《易》書之理仰觀俯察否？曰：所以「仰以觀天文，俯以察地理，是故知幽明之故」。幽明便是陰陽剛柔。凡許多說話，只是說一箇陰陽。南便是明，北便是幽；日出地上便是明，日入地下便是幽。仰觀俯察，便皆知其故。

觀文察變，以至「知鬼神之情狀」，皆是言窮理之事。直是要知得許多，然後謂之窮理。謨。

正卿問「原始反終，故知死生之説」。曰：人未死，如何知得死之説？只是原其始之理，將後面摺轉來看，便見得。以此之有，知彼之無。

問：「反」字如何？曰：推原其始而反其終，謂如方推原其始初，却摺轉一摺來，如回頭之義，是反回來觀其終也。㽦。○人傑録云：却回頭轉來看其終。

「精氣爲物」，是合精與氣而成物。精魂而氣魄也。變則是魂魄相離。雖獨説「遊魂」而不言魄，而離魄之意自可見矣。學蒙。

林安卿問「精氣爲物，遊魂爲變」。曰：此是兩箇合，一箇離。精氣合，則魂魄凝結而爲物；離則陽已散而陰無所歸，故爲變。「精氣爲物」，精，陰也；氣，陽也。「仁者見之謂之仁，智者見之謂之智」，仁，陽也；智，陰也。人傑。○義剛同。

問：尹子解「遊魂」一句爲鬼神，如何？曰：此只是聚散。聚而爲物者，神也；散而爲變者，鬼也。鬼神便有陰陽之分，只於屈伸往來觀之。横渠説「精氣自無而有，遊魂自有而無」，其説亦分曉。然精屬陰，氣屬陽，然又自有錯綜底道理。然就一人之身將來横看，生便帶着箇死底道理。人身雖是屬陽，而體魄便屬陰。及其死而屬陰，又却是此氣便亦屬陽。蓋死則魂氣上升而魄形下降。古人説「徂落」二字極有義理，便是謂魂魄，徂者，魂升于天；落者，魄降于地。只就人身，便亦是鬼神。如祭祀，求諸陽，便是求其魂；求諸陰，便是求其魄。《祭義》中宰我問鬼神一段説得好，注解得亦好。㽦。

問「與天地相似故不違」。曰：上面是

説與天地準，這處是説聖人與天地相似。又曰：與天地相似，方且無外。凡事都不出這天地範圍之内，所以方始得知周乎萬物，而道又能濟天下，旁行也不走作。

「與天地相似故不違。」上文言《易》之道與天地相似，此言聖人之道與天地準也。惟其人不違，所以與天地相似。若此心有外，則與天地不相似矣。此下數句皆是與天地相似之事也。上文「《易》與天地準」下數句，皆《易》與天地準之事也。「旁行而不流」，言其道旁行而不流於偏也。「範圍天地之化而不過」，自有大底範圍，又自有小底範圍，而今且就身上看，一事有一箇範圍。「通乎晝夜之道而知」，「通」訓「兼」，言兼晝與夜皆知也。僩。

「與天地相似」是説聖人。第一句汎説。「知周乎萬物」至「道濟天下」，是細密底工夫。知便直要周乎萬物，無一物之遺；道直要濟天下。㽦。

「知周乎萬物」，便是知幽明、死生、鬼神之理。

問：《注》云「知周萬物者，天也；道濟天下者，地也」，是如何？曰：此與後段「仁者見之謂之仁，知者見之謂之知」又自不同。此以清濁言，彼以動静言。智是先知得，較虛，故屬之天；「道濟天下」則普濟萬物，實惠及民，故屬之地。「旁行不流，樂天知命故不憂」，此兩句本皆是知之事。蓋不流便是貞也，不流是本，旁行是應變處。無本則不能應變，能應變而無其本，則流而入變詐矣。細分之，則旁行是知，不流屬仁，其實皆是知之事。對下文「安土敦乎仁故能愛」一句，專説仁也。學履。

「知周萬物」是體。「旁行」是「可與

權」，乃推行處。「樂天知命」是自處。三節各説一理。淵。

「旁行而不流。」曰：此小變而不失其大常。然前後却有「故」字，又相對，此一句突然。《易》中自時有恁地處，頗難曉。㽦。

問：「樂天知命」，云「通上下言之」，又曰「聖人之知天命則異於此」，某竊謂「樂天知命」便是説聖人。曰：此一段亦未安。「樂天知命」便是聖人。異者，謂與「不知命無以爲君子」自别。可學。

「安土敦乎仁」，對「樂天知命」言之。所寓而安，篤厚於仁，更無夾雜，純是天理。自「《易》與天地準」而下，皆發明陰陽之理。人傑。

問「安土敦乎仁故能愛」。曰：此是與上文「樂天知命」對説。「樂天知命」是「知崇」，「安土敦仁」是「禮卑」。安是隨所居而安，在在處處皆安。若自家不安，何以能愛？敦只是篤厚，去盡己私，全是天理，更無夾雜，充足盈滿，方有箇敦厚之意。只是仁而又仁，敦厚於仁，故能愛。惟「安土敦仁」，則其愛自廣。㽦。

「安土」者，隨所寓而安。若自擇安處，便只知有己，不知有物也。此厚於仁者之事，故能愛也。去僞。

「安土敦乎仁，故能愛。」聖人説仁是恁地説，不似江西人説知覺相似。此句説仁最密。淵。

「範圍天地之化」，範是鑄金作範，圍是圍裹。如天地之化，都没箇遮攔，聖人便將天地之道一如用範來範成箇物，包裹了。試舉一端，如在天便做成四時、十二月、二十四氣、七十二候之類。以此做箇塗轍，更無過差。此特其小爾。㽦。

問「範圍天地之化而不過」。曰：天地之化，滔滔無窮，如一爐金汁，鎔化不息。聖人則爲之鑄瀉成器，使人模範匡郭，不使過於中道也。「曲成萬物而不遺」，此又是就事物之分量、形質，隨其大小、闊狹、長短、方圓，無不各成就此物之理，無有遺闕。「範圍天地」是極其大而言，「曲成萬物」是極其小而言。「範圍」如大德敦化，「曲成」如小德川流。學履。

問：「範圍天地之化而不過」，如天之生物，至秋而成，聖人則爲之斂藏。人之生也，欲動情勝，聖人則爲之教化防範。此皆是範圍而使之不過之事否？曰：範圍之事闊大，此亦其一事也。今且就身上看如何。或曰：如視、聽、言、動，皆當存養，使不過差，此便是否？曰：事事物物，無非天地之化，皆當有以範圍之。就喜怒哀樂而言，喜所當喜，怒所當怒之類，皆範圍也。能範圍之不過，曲成之不遺，方始見得這「神無方，易無體」。若範圍有不盡，曲成有所遺，神便有方，易便有體矣。學蒙。

「通乎晝夜之道而知」，既曰「通」，又曰「知」，似不可曉。然「通」是兼通。若通晝不通夜，通生不通死，便是不知，便是神有方、易有體了。學蒙。

「通乎晝夜之道而知」，「通」字只是兼乎晝夜之道而知其所以然。大抵此一章自「《易》與天地準」以下，只是言箇陰陽。「仁者見之謂之仁」，仁亦屬陽，「知者見之謂之知」，知亦屬陰。此就人氣質有偏處分陰陽。如「繼之者善，成之者性」，便於造化流行處分陰陽。因問：尹子「『鬼神情狀』只是解『遊魂爲變』一句」，即是將「神」字亦作「鬼」字看了。程、張說得甚明白，尹子親見伊川，何以不知此義？曰：尹子見伊川晚，又性質樸鈍，想伊川亦不曾與他説。㽦。

「神無方而易無體。」神便是忽然在陰，又忽然在陽底。易便是或爲陰，或爲陽，如爲春又爲夏，爲秋又爲冬，交錯代換，而不可以形體拘也。學履。

「神無方，易無體。」神自是無方，易自是無體。方是四方上下，神却或在此，或在彼，故云「無方」。「易無體」者，或自陰而陽，或自陽而陰，無確定底，故云無體。自與那「其體則謂之易」不同，各自是説一箇道理，若恁地衮將來説，少間都説不去。他那箇是説「上天之載無聲無臭，其體則謂之易」。這只是説箇陰陽，動静闔闢，剛柔消長，不着這七八箇字説不了。若唤做「易」，只一字便了。易是變易，陰陽無一日不變，無一時不變。莊子分明説「《易》以道陰陽」，要看《易》，須當恁地看。事物都是那陰陽做出來。淵。

「易無體」，這箇物事逐日各自是箇頭面，日異而時不同。淵。

右第四章

「一陰一陽之謂道」，陰陽何以謂之道？曰：當離合看。可學。

「一陰一陽之謂道。」陰陽是氣，不是道，所以爲陰陽者乃道也。若只言「陰陽之謂道」，則陰陽是道；今曰「一陰一陽」，則是所以循環者乃道也。「一闔一闢謂之變」亦然。驤。

問「一陰一陽之謂道」。曰：此與「一闔一闢謂之變」相似。陰陽非道也，一陰又一陽，循環不已，乃道也。只説一陰一陽，便見得陰陽往來循環不已之意。此理即道也。又問：若爾，則屈伸往來非道也，所以屈伸往來循環不已，乃道也。先生頷之。銖。

道須是合理與氣看。理是虛底物事，無那氣質，則此理無安頓處。《易》説「一陰一陽之謂道」，這便兼理與氣而言。陰陽，氣也；一陰一陽，則是理矣。猶言「一闔一闢謂之變」，闔、闢非變也，一闔一闢則是變也。蓋陰陽非道，所以陰陽者，道也。横渠言：「由氣化，有道之名；合虛與氣，有性之名。」意亦以虛爲理。然虛却不可謂之理，理則虛爾，亦猶敬則虛静，不可把虛静唤作敬。端蒙。

問：《本義》云：「道具於陰而行乎陽。」竊意「道之大體」云云，是則「動静無端，陰陽無始」。要之，造化之初，必始於静。曰：既曰無端、無始，如何又始於静？看來只是一箇實理，動則爲陽，静則爲陰云云。今之所謂動者，便是前面静底末梢。其實静前又動，動前又静，只管推上去，更無了期，所以只得從這處説起。

或問「一陰一陽之謂道」。曰：以一日言之，則晝陽而夜陰。以一月言之，則望前爲陽，望後爲陰。以一歲言之，則春夏爲陽，秋冬爲陰。從古至今，恁地衮將去，只是箇陰陽。是孰使之然哉？乃道也。從此句下又分兩脚。此氣之動爲人物，渾是一箇道理，故人未生以前，此理本善，所以謂「繼之者善」，此則屬陽。氣質既定，爲人爲物，所以謂「成之者性」，此則屬陰。學蒙。

問「一陰一陽之謂道」。曰：一陰一陽，此是天地之理。如「大哉乾元，萬物資始」，乃「繼之者善也」；「乾道變化，各正性命」，此「成之者性」也。這一段是説天地生成萬物之意，不是説人性上事。謨。○去僞同。

「一陰一陽之謂道」，太極也。「繼之者善」，生生不已之意，屬陽；「成之者性」，「各正性命」之意，屬陰。《通書》第一章可見。如説「純粹至善」，却是統言道理。人傑。

「一陰一陽之謂道。」就人身言之，道是吾心。「繼之者善」，是吾心發見，惻隱、羞惡之類。「成之者性」，是吾心之理，所以爲仁義禮智是也。人傑。

問：孟子只言性善，《易·繫辭》却云「一陰一陽之謂道，繼之者善也，成之者性也」，如此，則性與善却是二事。曰：「一陰一陽」是總名，「繼之者善」是二氣五行事，「成之者性」是氣化已後事。去僞。

流行造化處是善，凝成於我者即是性。繼，是接續綿綿不息之意；成，是凝成有主之意。大雅。

造化所以發育萬物者，爲「繼之者善」。各正其性命者，爲「成之者性」。榦。

「繼之者善也」，元亨是氣之方行而未著於物也，是上一截事。「成之者性也」，利貞是氣之結成一物也，是下一截事。節。

「繼之者善」，方是天理流行之初，人物所資以始。「成之者性」，則此理各自有箇安頓處，故爲人爲物，或昏或明，方是定。若是未有形質，則此性是天地之理，如何把做人物之性得！端蒙。

「繼之者善，成之者性」，性便是善。可學。

「繼之者善」，如水之流行；「成之者性」，如水之止而成潭也。椿。

問：「繼之者善，成之者性」，是道是器？曰：繼之、成之是器，善與性是道。人傑。

《易·大傳》言「繼善」，是指未生之

前；孟子言「性善」，是指已生之後。雖曰已生，然其本體初不相離也。銖。

或問「成之者性」。曰：性如寶珠，氣質如水。水有清有污，故珠或全見，或半見，或不見。又問：先生嘗説性是理，本無是物，若譬之寶珠，則却有是物。曰：譬喻無十分親切底。蓋卿。

問「仁者見之」至「鮮矣」。曰：此言萬物各具是性，但氣稟不同，各以其性之所近者窺之，故仁者只見得他發生流動處，便以爲仁；知者只見得他貞静處，便以爲知。下此一等，百姓日用之間，習矣而不察，所以「君子之道鮮矣」。學蒙。

「顯諸仁，藏諸用」，二句只是一事。「顯諸仁」是可見底，便是「繼之者善也」。「藏諸用」是不可見底，便是「成之者性也」。「藏諸用」是「顯諸仁」底骨子，正如説一而二、二而一者也。張文定説公事未判屬陽，❶已判屬陰，亦是此意。「顯諸仁，藏諸用」，亦如「元亨利貞」，僩録云：是元亨誠之通，利貞誠之復。元亨是發用流行處，利貞便是流行底骨子。又曰：「顯諸仁」，德之所以盛；「藏諸用」，業之所以成。譬如一樹，一根生許多枝葉花實，此是「顯諸仁」處，及至結實，一核成一箇種子，此是「藏諸用」處。生生不已，所謂「日新」也；萬物無不具此理，所謂「富有」也。僩。

「顯諸仁，藏諸用」，二句本只是一事，「藏諸用」便在那「顯諸仁」裏面。正如昨夜説「一故神，雨故化」相似，只是一事。「顯諸仁」是可見底，「藏諸用」是不可見底。「顯諸仁」是流行發用處，「藏諸用」是流行

❶「説公」，二字原倒，今據朝鮮本乙正。

發見底物。「顯諸仁」是千頭萬緒，「藏諸用」只是一箇物事。「藏諸用」是「顯諸仁」底骨子。譬如一樹花，皆是「顯諸仁」，及至此花結實，則一花自成一實。方衆花開時，共此一樹，共一箇性命；及至結實成熟後，一實又自成一箇性命。如子在魚腹中時，與母共是一箇性命；及子既成，則一子自成一性命。「顯諸仁」，千變萬化；「藏諸用」，則只是一箇物事，一定而不可易。張乖崖說，公事未判時屬陽，已判後屬陰，便是這意。公事未判，生殺輕重皆未定；及已判了，更不可易。「顯諸仁」便是「繼之者善也」，「藏諸用」便是「成之者性也」。天下之事，其燦然發見處，皆是顯然者。然一事自是一事，一物自是一物。如元亨利貞，元亨是發用流行處，貞便是流行底骨子。流行箇甚麽？只是流行那貞而已。或曰：正如「乾道變化，各正性命」否？曰：「顯諸仁」似恕，「藏諸用」似忠。「顯諸仁」似貫，「藏諸用」似一。如水流而爲川，止而爲淵，激而爲波浪，雖所居不同，然皆是水也。水便是骨子，其流處、激處皆顯者也。「顯諸仁」如惻隱之心，「藏諸用」似仁也。惻隱、羞惡、辭遜、是非，「顯諸仁」也；仁義禮智，「藏諸用」也。只是這箇惻隱，隨事發見，及至成那事時，一事各成一仁，此便是「藏諸用」。其發見時，在這道理中發去；及至成這事時，又只是這箇道理。一事既各成一道理，此便是業。業是事之已成處，事未成時，不得謂之業。「盛德」便是「顯諸仁」處。「顯諸仁」者，德之所以盛；「藏諸用」者，業之所以成。「鼓萬物而不與聖人同憂」，此正是「顯諸仁，藏諸用」底時節。「盛德大業」，便是顯仁、藏用成就處也。又曰：耳之能聽，目之能視，口之能言，手之能執，足之能履，皆是發處也。畢竟怎生會恁地發用，釋氏便將這些子來瞞人。秀才不識，便被他瞞。又云：一叢禾，他初生時，共這一株，結成許多苗葉花實，共成一箇性命；及至收成結實，則一粒各成一箇性命。只管生生不已，所謂「日新」也。「富有之謂大業」，言萬物萬事無非得此理，所謂「富有」也。「日新」是只管運用流行，生生不已。道家修養，有納甲之法，皆只用乾、坤、艮、巽、震、兑六卦，流行運用，而不用坎、離，便是那六卦流行底骨子。所以流行運用者，只流行此坎、離而已，便是「顯諸仁，藏諸用」之説。「顯諸仁」是流行發見處，「藏諸用」是流行發見底物。正如以穀論仁，是「藏諸用」也，及發爲親親、仁民、愛物，一事又各自成一仁。「顯諸仁」是用底迹，「藏諸用」是仁底心。

問：《本義》云：「顯者，陽之仁也，德之發也；藏者，陰之知也，業之成也。」按：此問是據未定本。竊意以爲，天地之理，動而陽，則萬物之發生者皆其仁之顯著；靜而陰，則其用藏而不可見。其「顯諸仁」，則是德之發見；其「藏諸用」，則萬物各得以爲性，是業之成也。曰：不如此。這處極微，難説。又曰：「顯諸仁」易説，「藏諸用」極難説。這「用」字如横渠説「一故神」，「神」字、「用」字一樣。「顯諸仁」，如春生夏長，發生彰露可見者。❶「藏諸用」，是所以生長者，藏在裏面而不可見。又這箇有作先後説處，如「元亨利貞」之類；有作表裏説處，便是這裏。又曰：「元亨利貞」也可作表裏説。所

❶「露」，萬曆本作「著」。

謂流行者，別無物事，只是流行這箇。又曰：譬之仁，發出來便是惻隱之心，便是「顯諸仁」，仁便是「藏諸用」。又曰：仁便藏在惻隱之心裏面，仁便是那骨子。到得成就得數件事了，一件事上自是一箇仁，便是那業處。又曰：流行時便是公共一箇，到得成就處便是各具一箇。又曰：惻隱之心方是流行處，到得親親、仁民、愛物，方是成就處。但「盛德」便屬之「顯諸仁」，「大業」便屬之「藏諸用」。又曰：如此一穗禾，其始只用一箇母子，少間成穀，一箇各自成得一箇。將去種植，一箇又自成一穗，又開枝開葉去，所以下文謂「富有之謂大業」。又曰：須是去静坐體認，方可見得四時運行、萬物終始。若道有箇物行，又無形影；若道無箇物，又怎生會恁地？

「鼓萬物而不與聖人同憂」，此言造化之理。如聖人則只是人，安得而無憂！謨。

天地造化是自然，聖人雖生知安行，然畢竟是有心去做，所以説「不與聖人同憂」。淵。

問「鼓萬物而不與聖人同憂」。曰：明道兩句最好：「天地無心而成化，聖人有心而無爲。」無心便是不憂，成化便是「鼓萬物」。天地鼓萬物，亦何嘗有心來！去僞。

「盛德大業至矣哉」，是贊歎上面「顯諸仁，藏諸用」。淵。

「盛德大業」以下，都是説《易》之理，非指聖人而言。㽦。

「盛德大業」一章。曰：既説「盛德大業」，又説他只管恁地生去，所以接之以「生生之謂易」，是漸漸説入《易》上去。乾只略成一箇形象，坤便都呈見出許多法來。到坤處都細了，萬法一齊出見。「效」字如效順、效忠、效力之「效」。「極數知來之謂占」，占出這事，人便依他這箇做，便是「通變之謂事」。看來聖人到這處便說在占上去，則此書分明是要占矣。「陰陽不測之謂神」，是總結這一段。不測者，是在這裏又在那裏，便只是這一箇物事。❶走來走去，無處不在。六十四卦都說了，這又說三百八十四爻。許多變化，只是這一箇物事周流其間。學蒙。

先說箇「富有」，方始說「日新」，此與說宇宙相似，先是有這物事了，方始相連相續去。自「富有」至「效法」，是說其理如此，用處却在那「極數知來」與「通變」上面，蓋說上面許多道理要做這用。淵。

問：「『日新之謂盛德，生生之謂易』，『陰陽不測之謂神』，要思而得之。」明道提此三句說，意是如何？曰：此三句也是緊要，須是看得本文方得。問：德是得於己底，業是發出來底。德便是本，「生生之謂易」便是體，「成象之謂乾，效法之謂坤」便只是裏面交錯底。曰：「乾坤其易之蘊」，易是一塊，乾坤是在裏面往來底。聖人作《易》便是如此。又問：「陰陽不測之謂神」，便是妙用處？曰：便是包括許多道理。夔孫。

「成象之謂乾」，此造化方有些顯露處。「效法之謂坤」，以法言之，則大段詳密矣。「效」字難看，如效力、效誠之「效」，有陳獻底意思。乾坤只是理，理本無心。自人而觀，猶必待乾之成象，而後坤能效法。然理自如此，本無相待。且如四時，亦只是自然迭運，春夏生物，初不道要秋冬成之；秋冬

❶「只」，原脱，今據朝鮮本補。

成物，又不道成就春夏之所生，皆是理之所必然者爾。謨。

「成象之謂乾，效法之謂坤」，依舊只是陰陽。凡屬陽底，便是只有箇象而已。象是方做未成形之意，已成便屬陰。成象謂如日月星辰，在天亦無箇實形，只是箇懸象如此。乾便略，坤便詳。效如陳效之「效」，若今人言效力之類。法是有一成已定之物，可以形狀見者。如條法，亦是實有已成之法。㽦。

「效法之謂坤。」到這箇坤時，都子細詳密了，❶一箇是一箇模樣。效猶呈，一似説效犬、效羊、效牛、效馬，言呈出許多物。大概乾底只是做得箇形象，到得坤底則漸次詳密。「資始」、「資生」於此可見。淵。

效，呈也。如《曲禮》「效犬者左牽之」之效，猶言效順、效忠、效力也。蓋乾只是成得箇大象，坤便呈出那法來。

「成象之謂乾」，謂風霆雨露日星，只是箇象。效者，效力之效。效法，則效其形法而可見也。人傑。

右第五章

「夫易廣矣大矣」止「靜而正」，是無大無小，無物不包，然當體便各具此道理。「靜而正」，須著工夫看。徐又曰：未動時便都有此道理，都是真實，所以下箇「正」字。㽦。

「以言乎邇則靜而正，以言乎天地之間則備矣。」「靜而正」，謂觸處皆見有此道，不待安排，不待措置，雖至小、至近、至鄙、至陋之事，無不見有。隨處皆見足，無所欠闕，只觀之人身便見。「見有」、「見足」之「見」，賢遍反。○僩。

❶「密」，萬曆本作「審」。

「其動也闢。」大抵陰是兩件，如陰爻兩畫。闢是兩開去，翕是兩合。如地皮上生出物來，地皮須開。今論天道，包著地在，然天之氣却貫在地中，地却虛，有以受天之氣。下文有「大生」、「廣生」云者，大是一箇大底物事，廣便是容得許多物事。「大」字實，「廣」字虛。㽦。

「其静也翕，其動也闢。」地到冬間，氣都翕聚不開；至春則天氣下入地，地氣開以迎之。又曰：陰陽與天地，自是兩件物事。陰陽是二氣，天地是兩箇有形質底物事，如何做一物説得。不成説動爲天而静爲地，無此理，正如鬼神之説。僩。

乾静專動直而大生，坤静翕動闢而廣生，這説陰陽體性如此。卦畫也髣髴似恁地。淵。

乾、坤二卦觀之亦可見。乾畫奇，便見得「其静也專，其動也直」；坤畫耦，便見得「其静也翕，其動也闢」。直卿。〇端蒙。

天體大，是以大生焉。地體虛，是以廣生焉。廣有虛之義，如「河廣」、「漢廣」之「廣」。敬仲。

《本義》云：乾一而實，故以質言而曰大。坤二而虛，故以量言而曰廣。學者請問。曰：此兩句解得極分曉。蓋曰以形言之，則天包地外，地在天中，所以説天之質大。以理與氣言之，則地却包着天，天之氣却盡在地之中，地盡承受得那天之氣，所以説地之量廣。天只是一箇物事，一故實，從裏面便實出來，流行發生，只是一箇物事，所以説「乾一而實」。地雖是堅實，然却虛，所以天之氣流行乎地之中，皆從地裏發出來，所以説「坤二而虛」。用之云：地形如肺，形質雖硬而中本虛，故陽氣升降乎其中無所障礙，雖金石也透過去。地便承受得這氣，發育萬物。曰：然。要之，天形如一箇鼓鞴，天便是那鼓鞴外面皮殼子，中間包得許多氣，開闔消長，所以説「乾一而實」。地只是一箇物事，中間盡是這氣升降來往，緣中間虚，故容得這氣升降來往。以其包得地，所以説其質之大；以其容得天之氣，所以説其量之廣。非是説地之形有盡，故以量言也，只是説地盡容得天之氣，所以説其量之廣耳。今治曆家用律吕候氣，其法最精。氣之至也，分寸不差，便是這氣都在地中透上來。如十一月冬至，黄鍾管距地九寸，以葭灰實其中。至之日，氣至灰去，晷刻不差。又云：看來天地中間，此氣升降上下，當分爲六層。十一月冬至，自下面第一層生起，直到第六層，上極至天，是爲四月。陽氣既生足，便消，下面陰氣便生。只是這一氣升降，循環不已，往來乎六層之中也。問：《月令》中「天氣下降，地氣上騰」，此又似天地各有氣相交合。曰：只是這一氣，只是陽極則消而陰生，陰極則消而陽生。「天氣下降」，便只是冬至復卦之時，陽氣在下面生起，故云「天氣下降」。或曰：據此，則却是陰消於上，而陽生於下，却見不得「天氣下降」。曰：也須是天運一轉，則陽氣在下，故從下生也。今以天運言之，則一日自轉一匝。然又有那大轉底時候，須是大著心腸看始得，不可拘一不通也。蓋天本是箇大底物事，以偏滯求他不得。僩。

問：陰偶陽奇，就天地之實形上看，如何見得？曰：天是一箇渾淪底物，雖包乎地之外，而氣則迸出乎地之中。地雖一塊物在天之中，其中實虚，容得天之氣迸上來。《繫辭》云：「乾静也專，動也直，是以大生焉；坤静也翕，動也闢，是以廣生焉。」「大生」是渾淪無所不包，「廣生」是廣闊能容受得那天之氣。「專」、「直」則只是一物直去，「翕」、「闢」則是兩箇，翕則闔，闢則開。此奇偶之形也。又曰：陰偏只是一半，❶兩箇方做得一箇。學履。

《易》不是象乾坤，乾坤乃是《易》之子目。下面一壁子是乾，一壁子是坤。蓋説《易》之廣大，是這乾便做他那大，坤便做他那廣。乾所以説大時，塞了他中心，所以大。坤所以説廣時，中間虚，容得物，所以廣。廣是説他廣闊，着得物。常説道地對天不得，天便包得地在中心。然而地却是中虚，容得氣過，容得物，便是他廣。天是一直大底物事，地是廣闊底物，有坳處，有陷處，所以説廣。這箇只是説理，然也是説書。有這理便有這書，書是載那道理底，苦死分不得。大概上面幾句是虚説底，這箇配天地、四時、日月，至德是説他實處。淵。

陰陽雖便是天地，然畢竟天地自是天地。「廣大配天地」時，這箇理與他一般廣大。淵。

「廣大配天地，變通配四時，陰陽之義配日月」，以《易》配天。「易簡之善配至德」，以《易》配人之至德。人傑。

問「易簡之善配至德」。曰：此是以《易》中之理取外面一事來對。謂《易》之廣大，故可配天地；《易》之變通，如老陽變陰，老陰變陽，往來變化，故可配四時；陰陽之義，便是日月相似；易簡之善，便如在人之至德。㽦。

❶「偏」，朝鮮本作「陽」；「是」，朝鮮本作「得」。

問：「廣大配天地，變通配四時」，這「配」字是配合底意思否？曰：只是相似之意。又問「易簡之善配至德」。曰：也是《易》上有這道理，如人心之至德也。學履。

林安卿問：「廣大配天地」，「配」莫是配合否？曰：配，只是似。且如下句云「變通配四時」，四時如何配合？四時自是流行不息，所謂「變通」者如此。又問「易簡之善配至德」。曰：易簡是常行之理，至德是自家所得者。又問：伊川解「知微知彰，知柔知剛」云：「知微則知彰，知柔則知剛。」如何？曰：只作四截看，較闊，言君子無所不知。良久，笑云：向時有箇人出此語，令楊大年對，楊應聲云：「小人不恥不仁，不畏不義。」無如此恰好。義剛。

問：「廣大」、「變通」，是《易》上自有底道理，是《易》上所説造化與聖人底？曰：都是他《易》上説底。又曰：配是分配之義，是分這一半在那上面。問曰：如此便全無配之底意。曰：也有些子分此以合彼意思。欲見其廣大，則於天地乎觀之；欲見其變通，則於四時乎觀之；欲知其陰陽之義，則觀於日用可見；欲知其簡易，則觀於聖人之至德可見。

右第六章

「崇德廣業。」「知崇」，天也，是致知事，要得高明。「禮卑」，地也，是踐履事。卑，是事事都要踐履過。凡事踐履將去，業自然廣。畓。

「禮卑」是卑順之意。卑便廣，地卑便廣，高則狹了。人若只揀取高底做便狹，兩脚踏地做方得。若是着件物事，填教一二尺高，便不穩了，如何會廣？地卑便會廣，世上更無卑似地底。又曰：地卑，是從貼底謹細處做將去，所以能廣。淵。

「知崇禮卑」一段。云：地至卑，無物不載在地上，縱開井百尺，依舊在地上，是無物更卑得似地。所謂「德言盛，禮言恭」，禮是要極卑，故無物事無箇禮，至於至微至細底事，皆當畏懼戒謹，戰戰兢兢，惟恐失之，這便是禮之卑處。《曲禮》曰「毋不敬」，自「上東階先右足，上西階先左足」，❶「羹之有菜者用挾，無菜者不用挾」，無所不致其謹，這便都是卑處。又曰：似這處不是他特地要恁地，是他天理合如此。知識日多則知日高，這事也合理，那事也合理。積累得多，業便廣。學蒙。○或録詳，見下。

禮極是卑底物事，如地相似，無有出其下者。看甚麽物事他盡載了，縱穿地數十丈深，亦只在地之上，無緣更有卑於地者也。知却要極其高明，而禮則要極於卑順。如「禮儀三百，威儀三千」，纖悉委曲，無非至卑之事。如「羹之有菜者用挾，其無菜者不用挾」，主人升東階，客上西階，皆不可亂。然不是强安排，皆是天理之自然。如「上東階則先右足，上西階則先左足」，蓋上東階而先左足則背却客，上西階而先右足則背却主人。❷自是理合如此。又曰：「知崇」者，德之所以崇；「禮卑」者，業之所以廣。蓋禮纔有些不到處，這便有所欠闕，業便不廣矣。惟是極卑，無所欠闕，所以廣。

「知崇，禮卑。」知是知處，禮是行處。知儘要高，行却自近起。可學。

知識貴乎高明，踐履貴乎着實。知既

❶ 「右」、「左」，原倒，今據《朱文公易説》卷一一及《禮記·曲禮》改。下一段同此。

❷ 「客」、「主人」，原倒，今據《朱文公易説》卷一一改。

高明，須放低着實做去。銖。

學只是知與禮，他這意思却好。禮便細密，《中庸》「致廣大，盡精微」等語，皆只是説知、禮。淵。

「知崇，禮卑」，這是兩截。知崇是智識超邁，禮卑是須就切實處行。若知不高，則識見淺陋；若履不切，則所行不實。知識高，便是象天；所行實，便是法地。識見高於上，所行實於下，中間便生生而不窮，故説「易行乎其中，成性存存，道義之門」。《大學》所説格物，致知，是「知崇」之事；所説誠意、正心、脩身、齊家、治國、平天下，是「禮卑」之事。賀孫。

上文言「知崇，禮卑，崇效天，卑法地」。人崇其知，須是如天之高；卑其禮，須如地之廣。「天地設位」一句，只是引起，要説「知崇禮卑」。人之知、禮能如天地，便能成其性，存其存，道義便自此出。所謂道義，便是易也。「成性存存」不必專主聖人言。去僞。

「成性」猶言見成底性。這性元自好了，但「知崇，禮卑」，則成性便存存。學蒙。

成性只是本來性。節。

「成性」，不曾作壞底。存謂常在這裏，存之又存。泳。

「成性」如名，「明德」如表德相似。「天命」都一般。泳。

或問：「成性存存」，是不忘其所存。曰：衆人多是説到聖人處方是性之成，看來不如此。「成性」只是一箇渾淪之性，存而不失，便是「道義之門」，便是生生不已處。卓。

「成性」與「成之者性也」，止争些子不同。「成之者性」，便從上説來，言成這一箇物。「成性」是説已成底性，如成德、成説之「成」。然亦只争些子也，如正心、心正，誠意、意誠相似。賀孫。

「成性存存，道義之門。」只是此性，萬善完具，無有欠闕，故曰「成性」。成對虧而言。「成之者性」，則是成就處無非性。猶曰「誠斯立焉」。横渠、伊川説「成性」，似都就人爲處説，恐不如此。横渠有習以成性底意思。伊川則言成其性，存其所存。端蒙。

「成性存存」，❶横渠謂「成其性，存其存」。伊川《易傳》中亦是「存其存」，却是《遺書》中説作「生生之謂易」，意思好。必大録云：「成性」如言成就。「存存」是生生不已之意。○甾。

「知、禮成性而道義出。」程子説「成性」，謂是萬物自有成性；「存存」便是生生不已。這是《語録》中説，此意却好。及它解《易》，却説「成其性，存其存」，又似不恁地。前面説成性，謂如成事、成法之類，是見成底性。横渠説「成性」别。且如「堯、舜性之」，是其性本渾成，學者學之，須是以知、禮做，也到得它成性處。「道義出」，謂這裏流行。道，體也。義，用也。又曰：性是自家所以得於天底，道義是衆人公共底。夔孫。

横渠言「成性」與古人不同。他所説性，雖是那箇性，然曰「成性」，則猶言踐形也。又曰：他是説去氣禀物欲之私，以成其性。道夫。

「知崇禮卑」則性自存，横渠之説非是。如云「性未成則善惡混，當亹亹而繼之以善」云云，又云「纖惡必除，善斯成性矣」，皆

❶「成性存存」，四字原無，今據朝鮮本補。

是此病。「知、禮成性則道義出」，先生《本義》中引此而改「成」爲「存」。又曰：横渠言「成性，猶孟子云踐形」，此説不是。夫性是本然已成之性，豈待習而後成邪？他從上文「繼之者善也，成之者性也」，便是如此説來，與孔子之意不相似。僩。

横渠「知崇天也」一段，言知識高明如天。「形而上」指此理。「通乎晝夜而知」，通，猶「兼」也，兼陰陽晝夜之道而知。知晝而不知夜，知夜不知晝，則知皆未盡也。合知、禮而成性，則道義出矣。知、禮，行處也。端蒙。

問横渠「知、禮成性」之説。曰：横渠説成性，謂是渾成底性。知、禮成性，如習與性成之意同。又問「不以禮性之」。曰：如「堯、舜性之」相似。但它言語艱，意是如此。夔孫。

右第七章

朱子語類卷第七十五

易十一

上繫下

「聖人有以見天下之賾」，「賾」字在《說文》曰：「雜亂也。」古無此字，只是「嘖」字。今從𦣝，❶亦是口之義。「言天下之至賾而不可惡」，雖是雜亂，聖人却於雜亂中見其不雜亂之理，便與下句「天下之至動而不可亂」相對。㽦。

「天下之至賾」與《左傳》「嘖有煩言」之「嘖」同。那箇從「口」，這箇從「𦣝」，是箇口裏說話多、雜亂底意思，所以下面說「不可惡」。若喚做好字，不應說箇「可惡」字也。探賾索隱，若與人說話時，也須聽他雜亂說將出來底，方可索他那隱底。淵。○淳錄云：本從「口」，是喧鬧意。從「𦣝」旁亦然。

「聖人有以見天下之賾」，正是說畫卦之初，聖人見陰陽變化，便畫出一畫，有一箇象，只管生去，自不同。六十四卦各是一樣，更生到千以上卦，亦自各一樣。學蒙。

「擬諸其形容。」未便是說那水火、風雷之形容。方擬這卦，看是甚形容，始去象那物之宜而名之。一陽在二陰之下，則象以雷；一陰在二陽之下，則象以風。擬是比度之意。❷學蒙。

❶「𦣝」，原作「賾」，今據《朱文公易說》卷一一改。

❷「比」，原作「此」，今據朝鮮本、萬曆本改。

問：「擬諸其形容」者，比度陰陽之形容。蓋聖人見陰陽變化雜亂，於是比度其形容，而象其物宜，是故謂之象。曰：也是如此。嘗得郭子和書云，其先人云，不獨是天地、風雷、水火、山澤謂之象，只是畫卦便是象。也説得好。學蒙。

問「聖人有以見天下之賾，而擬諸其形容，象其物宜，是故謂之象。聖人有以見天下之動，而觀其會通，以行其典禮，繫辭焉以斷其吉凶，是故謂之爻」。曰：象言卦也。下截言爻也。會通者，觀衆理之會，而擇其通者而行。且如有一事，關着許多道理，也有父子之倫，也有君臣之倫，也有夫婦之倫。若是父子重，則就父子行將去，而他有不暇計；若君臣重，則行君臣之義，而他不暇計。若父子之恩重，則使得「身體髮膚受之父母，不敢毁傷」之義，而「委致其身」之説不可行；若君臣之義重，則當「委致其身」，而「不敢毁傷」之説不暇顧。此之謂「觀會通」。僩。

問：「聖人有以見天下之動」，是説文王、周公否？曰：不知伏羲畫卦之初，與《連山》、《歸藏》有繫辭否，爲復一卦只是六畫。學蒙。

問：「觀會通行其典禮」，是就會聚處尋一箇通路行將去否？曰：此是兩件。會，是觀衆理之會聚處。如這一項，君臣之道也有，父子、兄弟之道也有，須是看得周遍，始得通。便是一箇通行底路，都無窒礙。典禮猶言常理、常法。❶又曰：禮便是節文，升降、揖遜是也。但這箇「禮」字又説得闊，凡事物之常理皆是。學蒙。

❶「理」，萬曆本作「禮」。

一卦之中自有會通，六爻又自各有會通。且如屯卦，初九在卦之下，未可以進，爲屯之義。乾坤始交而遇險陷，亦屯之義。似草穿地而未申，❶亦屯之義。凡此數義，皆是屯之會聚處。若「盤桓，利居貞」，便是一箇合行底，便是他通處也。學蒙。

「觀會通以行其典禮。」會，是衆理聚處，雖覺得有許多難易窒礙，必於其中却得箇通底道理。謂如庖丁解牛，於族處却「批大郤，導大窾」，此是於其筋骨叢聚之所，得其可通之理，故十九年而「刃若新發於硎」。❷且如事理間，若不於會處理會，却只見得一偏，便如何行得通？須是於會處都理會，其間却自有箇通處。便如脉理相似，到得多處，自然通貫得，所以可「行其典禮」。蓋會而不通，便窒塞而不可行；通而不會，便不知許多曲直錯雜處。㽦。

問：「言天下之至賾而不可惡」，此是説天下之事物如此，不是説卦上否？曰：卦亦如此。三百八十四爻是多少雜亂！學蒙。

「言天下之至賾而不可惡也。」蓋雜亂處人易得厭惡，然而這都是道理中合有底事，自合理會，故不可惡。「言天下之至動而不可亂也。」蓋動亦是合有底，然上面各自有道理，故自不可亂。學蒙。

先生命二三子説書畢，召蔡仲默及義剛語，小子侍立。先生顧義剛曰：勞公教之，不廢公讀書否？曰：不廢。因借先生所點六經，先生曰：被人將去，都無本了。看公於句讀音訓也大段子細。那「言天下

❶「申」，原作「甲」，今據朝鮮本、萬曆本改。
❷「年」，原作「牛」，今據《朱文公易説》卷一一改。

之至賾而不可惡也」，是音作去聲字，是公以意讀作去聲？曰：只據東萊《音訓》讀。此字有三音，或音作入聲。池録云：或音亞，或如字，或烏路反。先生笑曰：便是他門好恁地强說。仲默曰：作去聲也似是。先生曰：據某看，只作入聲亦是。池録云：烏路切，於義爲近。說雖是如此勞攘事多，然也不可以爲惡。池録云：也不可厭惡。而今《音訓》有全不可曉底。若有兩三音底，便着去裏面揀一箇較近底來解。義剛。○池録略而異。

「天下之至動。」事若未動時，不見得道理是如何。人平不語，水平不流，須是動方見得。會通，是會聚處；典禮，是借這般字來說。觀他會通處，却求箇道理來區處他。所謂卦爻之動，便是法象這箇，故曰「爻也者，效天下之動者也」。動亦未說事之動，只是事到面前，自家一念之動，要求處置他，便是動。淵。

問：「擬之而後言，議之而後動。」凡一言一動皆於《易》而擬議之否？曰：然。嵤。

「擬之而後言，議之而後動，擬議以成其變化。」此「變化」只就人事說。「擬議」只是裁度自家言動，使合此理，變易以從道之意。如擬議得是便吉，擬議未善則爲凶矣。謨。

問「擬議以成其變化」。曰：這「變化」就人動作處說。如下所舉七爻，皆變化也。學履。

「鳴鶴在陰，其子和之。我有好爵，吾與爾縻之。」此本是說誠信感通之理，夫子却專以言行論之。蓋誠信感通莫大於言行。上文「言天下之賾而不敢惡也，言天下之動而不敢亂也」，先儒多以「賾」字爲至妙之意。若如此說，則何以謂之「不敢惡」？

賾只是一箇雜亂冗鬧底意思。言之而不惡者，精粗本末無不盡也。「賾」字與「頤」字相似，此有互體之意。此間連説互體，失記。鶴鳴、好爵，皆卦中有此象。諸爻立象，聖人必有所據，非是白撰，但今不可考耳。到孔子方不説象。如「見豕負塗，載鬼一車」之類，孔子只説「群疑亡也」，便見得上面許多皆是狐惑可疑之事而已。到後人解説，便多牽强。如十三卦中，「重門擊柝以待暴客」，只是豫備之意，却須待用互體推艮爲門闕，雷震乎外之意。「剡木爲矢，弦木爲弧」，只爲暌乖，故有「威天下」之象，亦必待穿鑿附會，就卦中推出制器之義。殊不知卦中但有此理而已，故孔子各以「蓋取諸某卦」言之，亦曰其大意云爾。《漢書》所謂「獲一角獸，蓋麟云」，皆疑辭也。謨。

問：「言行，君子之樞機」，是言所發者至近，而所應者甚遠否？曰：樞機便是「鳴鶴在陰」。下面大概只説這意，都不解著「我有好爵」二句。學蒙。

「其利斷金」，斷是斷做兩段。又曰：「同人先號咷而後笑」，聖人却恁地解。學蒙。

右第八章

卦雖八而數須十。八是陰陽數，十是五行數。一陰一陽便是二，以二乘二便是四，以四乘四便是八。五行本只是五，而有是十者，蓋一箇便包兩箇。如木便包甲乙，火便包丙丁，土便包戊己，金便包庚辛，水便包壬癸，所以爲十。學履。

「五位相得而各有合」，是兩箇意：一與二，三與四，五與六，七與八，九與十，是奇偶以類「相得」。一與六合，二與七合，三與八合，四與九合，五與十合，是「各有合」。在十干，甲乙木，丙丁火，戊己土，庚辛金，壬癸水，便是「相得」。甲與己合，乙與庚合，丙與辛合，丁與壬合，戊與癸合，是「各有合」。學履。

「所以成變化而行鬼神也。」先生舉程子云：「變化言功，鬼神言用。」張子曰：「成、行鬼神之氣而已。」數只是氣，變化、鬼神亦只是氣。「天地之數五十有五」，變化、鬼神皆不越於其間。僴。

「大衍之數五十」，蓍之數五十。蓍之籌，乃其策也，策中乘除之數，則直謂之數耳。淵。

大衍之數五十，以天地之數五十有五，除出金木水火土五數，并天一，便用四十九，此一說也。數家之説雖多不同，某自謂此說却分曉。三天兩地，則是已虛了天一之數，便只用天三對地二。又五是生數之極，十是成數之極，以五乘十，亦是五十，以十乘五，亦是五十，此一說也。又數始於一，成於五，小衍之而成十，大衍之而成五十，此又是一說。僴。

《繫辭》言蓍法，大抵只是解其大略，想別有文字，今不可見。但如「天數五，地數五」，此是舊文，「五位相得而各有合」，是孔子解文。「天數二十有五，地數三十，凡天地之數五十有五」，此是舊文，「此所以成變化而行鬼神」，此是孔子解文。「分而爲二」是本文，「以象兩」是解。「掛一」、「揲之以四」、「歸奇於扐」皆是本文，「以象三」、「以象四時」、「以象閏」之類，皆解文也。「乾之策二百一十有六，坤之策百四十有四」，孔子則斷之以「當期之日」。「二篇之策萬有一千五百二十」，孔子則斷之以「當萬物之數」，於此可見。謨。

蓍卦，當初聖人用之，亦須有箇見成圖

算，後失其傳，所僅存者只有這幾句。「大衍之數五十，其用四十有九，分而爲二」，「掛一」，「揲之以四」，「歸奇於扐」，只有這幾句。如「以象兩」、「以象三」、「以象四時」、「以象閏」，已是添入許多字説他了。又曰：「元亨利貞，仁義禮智，金木水火，春夏秋冬，將這四箇只管涵泳玩味，儘好。」賀孫。

揲蓍法不得見古人全文。如今底，一半是解，一半是説。如「分而爲二」是説，以「象兩」便是解。想得古人無這許多解，須別有箇全文説。淵。

掛，一歲；右揲，二歲；扐，三歲一閏也。左揲，四歲；扐，五歲再閏也。人傑。

揲蓍雖是一小事，自孔子來千五百年，人都理會不得。唐時人説得雖有病痛，大體理會得是。近來説得太乖，自郭子和始。奇者，揲之餘爲奇。扐者，歸其餘，扐於二指之中。今子和反以掛一爲奇，而以揲之餘爲扐，又不用老少，只用三十六、三十二、二十八、二十四爲策數，以爲聖人從來只説陰陽，不曾説老少。不知他既無老少，則七八、九六皆無用，又何以爲卦！又曰：龜爲卜，策爲筮，策是餘數礪録云：筴是條數。謂之策。他只胡亂説「策」字。礪録云：只鶻突説了。或問：他既如此説，則「再扐而後掛」之説何如？曰：他以第一揲扐爲扐，第二、第三揲不掛爲扐，第四揲又掛。然如此，則無五年再閏。礪録云：則是六年再閏也。如某已前排，真箇是五年再閏。聖人下字皆有義，掛者，挂也；扐者，勒於二指之中也。賀孫。○礪録小異。

「二篇之策當萬物之數。」不是萬物盡於此數，只是取象自一而萬，以萬數來當萬物之數耳。㽦。

策數云者，凡手中之數皆是。如「倒策於君前有誅」，❶「龜策弊則埋之」，不可以既揲餘數不爲策數也。㽦。

「四營而成易」，「易」字只是箇「變」字。四度經營，方成一變。若說《易》之一變却不可。這處未下得「卦」字，亦未下得「爻」字，只下得「易」字。淵。

「引而伸之，觸類而長之」，是占得一卦，則就上面推看。如乾則推其爲圜、爲君、爲父之類是也。學履。

問「顯道，神德行」。曰：道較微妙，無形影，因卦詞說出來，道這是吉，這是凶，這可爲，這不可爲。德行是人做底事，因數推出來，方知得這不是人硬恁地做，都是神之所爲也。又曰：須知得是天理合如此。學蒙。

「神德行」是說人事。那粗做底，只是人爲。若決之於鬼神，德行便神。淵。

《易》惟其「顯道，神德行」，故能與人酬酢，而佑助夫神化之功也。學履。

「顯道，神德行，❷是故可與酬酢，可與佑神矣。」此是說蓍卦之用，道理因此顯著。德行是人事，却由取決於蓍。既知吉凶，便可以酬酢事變。神又豈能自說吉凶與人？因有《易》後方著見，便是《易》來佑助神也。㽦。

右第九章

「《易》有聖人之道四」，「至精」、「至變」則合做兩箇，是他裏面各有這箇。淵。

問：「以言者尚其辭。」「以言」是取其

❶「倒」，原作「散」，今據朝鮮本改。
❷「道」、「神」，原互乙，今據朝鮮本乙正。

言以明理斷事，如《論語》上舉「不恒其德，或承之羞」否？曰：是。學履。

問：「以言」、「以動」、「以制器」、「以卜筮」，這「以」字是指以《易》而言否？曰：然。又問：辭、占是一類，變、象是一類，所以下文「至精」合辭、占説，「至變」合變、象説。曰：然。占與辭是一類者，曉得辭方能知得占。若與人説話，曉得他言語，方見得他胸中底藴。變是事之始，象是事之已形者，故亦是一類也。學履。

用之問「以制器者尚其象」。曰：這都難説。「蓋取諸離」，「蓋」字便是一箇半間半界底字。如「取諸離」、「取諸益」，不是先有見乎離而後爲網罟，先有見乎益而後爲耒耜。聖人亦只是見魚鼈之屬，欲有以取之，遂做一箇物事去攔截他。欲得耕種，見地土硬，遂做一箇物事去劚起他。却合於離之象，合於益之意。又曰：有取其象者，有取其意者。賀孫。

問：「以卜筮者尚其占」，卜用龜，亦使《易》占否？曰：不用。則是文勢如此。學履。

問「君子將有爲也，將有行也，問焉而以言，其受命也如嚮」。曰：此是説君子作事問於蓍龜也。「問焉以言」，人以蓍問《易》，求其卦爻之辭，而以之發言處事。「受命如嚮」，則《易》受人之命如嚮之應聲，以決未來吉凶也。去僞。

「問焉而以言。」曰：若以上下文推之，「以言」却是命筮之詞。古人亦大段重這命筮之詞。「而以言」三字義若拗。若作「以易」言之，如所謂「不恒其德，或承之羞」，則「不占」只是以其言之義，又於上下文不順。學蒙。○謨録云：「言」是命龜。「受命」，龜受命也。

「參伍以變，錯綜其數。」參謂三數之，伍謂五數之。揲蓍本無三數、五數之法，只言交互參考，皆有自然之數。如三三爲九，五六三十之類，雖不用以揲蓍，而推算變通，未嘗不用。錯者，有迭相爲用之意。綜，又有總而挈之之意，如織者之綜絲也。謨。

參伍是相牽連之意。如叁要做五，須用添二；五要做六，須著添一；做三，須着減二。錯、綜是兩樣，錯是往來交錯之義，綜如織底綜，一箇上去，一箇下來，陽上去做陰，陰下來做陽，如綜相似。淵。

問「參伍以變，錯綜其數」。曰：荀子説參伍處，楊倞解之爲詳。《漢書》所謂「欲問馬，先問牛，參伍之以得其實」。綜如織綜之綜。大抵陰陽奇耦，變化無窮，天下之事不出諸此。「成天下之文」者，若卦爻之陳列變態者是也。「定天下之象」者，物象皆有定理，只以經綸天下之事也。人傑。

問：「參伍以變」，先生云：「既三以數之，又五以數之。」譬之三十錢，以三數之，看得幾箇三了，又以五數之，看得幾箇五，兩數相合，方可看得箇成數。曰：是如此。又問：不獨是以數算，大概只是參合底意思。如趙廣漢欲問馬，先問牛，便只是以彼數來參此數否？曰：是。却是恁地數了，又恁地數，也是將這箇去比那箇。又曰：若是他數，猶可湊。參與五兩數，自是參差不齊，所以舉以爲言。如這箇是三箇，將五來比又多兩箇；這箇是五箇，將三來比又少兩箇。兵家謂「窺敵制變，欲伍以參」。今欲窺敵人之事，教一人探來恁地説，又差一箇探來，若説得不同，便將這兩説相參，看如何，以求其實，所以謂之「欲伍以參」。

學履。

「參伍以變」，「參」字音曹參之「參」，猶言參互底意思。譬猶幾箇物事在這邊，逐三箇數，看是幾箇，又逐五箇數，看是幾箇。又曰：若三箇兩是六箇，便多了一箇；三箇三是九箇，又少一箇；三箇四又是十二箇，也未是；三箇五方是十五箇。大略如此，更須子細去看。學蒙。

「錯綜其數」，《本義》云：「錯者，交而互之，一左一右之謂也。」莫是揲蓍以左揲右，右揲左否？曰：不特如此。乾對坤，坎對離，自是交錯。又問：「綜者，總而挈之」，莫是合掛扐之數否？曰：且以七八、九六明之：六、七、八、九便是次序，然而七是陽，六壓他不得，便當挨上。七生八，八生九，九又須挨上，便是一低一昂。學蒙。

手指畫

六	五指
七	四指
八	三指
九	二指

或問經緯錯綜之義。曰：錯，是往來底；綜，是上下底，綜便是織機上底。古人下這字極子細，但看他那單用處，都有箇道理。如「經綸」底字，「綸」是兩條絲相合，各有條理，凡用「綸」處便是倫理底義。「統」字是上面垂一箇物事下來，下面有一箇人接着，便謂之「統」，但看「垂」字便可見。又曰：「錯綜其數」，便只是七八、九六。六對九，七對八，便是東西相錯。六上生七爲陽，九下生八爲陰，元本云：七下生八爲陰，八上生九又爲陽。便是上下爲綜。又曰：古人做《易》，其巧不可言。太陽數九，少陰數八，少陽數七，太陰數六，初亦不知其數如何恁

地。元來只是十數，太陽居一，除了本身便是九箇；少陰居二，除了本身便是八箇；「少陽」居三，除了本身便是七箇；太陰居四，除了本身便是六箇。這處古來都不曾有人見得。義剛。

「寂然不動，感而遂通天下之故」，與「窮理盡性以至於命」，本是説《易》，不是説人。諸家皆是借來就人上説，亦通。閎祖。

「感而遂通」，感着他卦，卦便應他。如人來問底善，便與説善；來問底惡，便與説惡。所以先儒説道「潔静精微」，這般句説得有些意思。淵。

陳厚之問「寂然不動，感而遂通」。曰：寂然是體，感是用。當其寂然時，理固在此，必感而後發。如仁感爲惻隱，未感時只是仁；義感爲羞惡，未感時只是義。某問：胡氏説此多指心，作已發。曰：便是錯了。縱使已發，感之體固在，所謂動中未嘗不静。如此則流行發見，而常卓然不可移。今只指作已發，一齊無本了，終日只得奔波急迫，大錯了。可學。

《易》便有那「深」，有那「幾」。聖人用這底來極出那「深」，研出那「幾」。研是研摩到底之意。《詩》、《書》、《禮》、樂皆是説那已有底事，惟是《易》説那未有這事。「研幾」是不待他顯著，只在那茫昧時都處置了。「深」是幽深，「通」是開通。所以閉塞，只爲他淺；若是深後便能開通人志。道理若淺，如何開通得人？所謂「通天下之志」，亦只似説「開物」相似，所以下一句也説箇「成務」。《易》是説那未有底，六十四卦皆是如此。淵。

「深」就心上説，「幾」就事上説。幾，便是有那事了，雖是微，畢竟有件事。深在心，甚玄奧；幾在事，半微半顯。「通天下之志」，猶言「開物」，開通其閉塞。故其下對「成務」。淵。

極出那「深」，故能「通天下之志」，研出那「幾」，故能「成天下之務」。淵。

問：「惟深也」、「惟幾」、「惟神也」，此是説聖人如此否？曰：是説聖人，亦是《易》如此。若不深，如何能通得天下之志？又曰：他恁黑窣窣地深，疑若不可測，然其中却事事有。又曰：事事都有箇端緒可尋。又曰：有路脉線索在裏面，所以曰：「惟幾也，故能成天下之務。」研者，便是研窮他。或問「幾」。曰：便是周子所謂「動而未形，有無之間」者也。學蒙。

問：《繫辭》言：「惟深也，故能通天下之志。」又言：「以通天下之志。」此二「通」字，乃所以通達天下之心志，使之通曉，如所謂「開物」之意。曰：然。這般些小道理，更無窮。問：「極深研幾」，深、幾二字如何？曰：研幾，是研磨出那幾微處。且如一箇卦在這裏，便有吉、有凶，有悔、有吝，幾微豪氂處都研磨出來。問：如何是極深？曰：要人都曉得至深難見底道理，都就《易》中見得。問：如所謂「幽明之故」、「死生之説」、「鬼神之情狀」之類否？曰：然。問：如此説，則正與《本義》所謂「所以極深者，至精也；所以研幾者，至變也」，正相發明。曰：然。榦。

右第十章

問：「《易》開物成務，冒天下之道」，是《易》之理能恁地，而人以之卜筮，又能「開物成務」否？曰：然。學蒙。

「開物成務，冒天下之道。」讀《繫辭》，須見得如何是「開物」，如何是「成務」，又如何是「冒天下之道」。須要就卦中一一見得許多道理，然後可讀《繫辭》也。蓋《易》之爲書，因卜筮以設教，逐爻開示吉凶，包括無遺，如將天下許多道理包藏在其中，故曰「冒天下之道」。如「利用爲大作」一爻，《象》只曰「下不厚事也」。自此推之，則凡居下者，不當厚事。如子於父，臣之於君，僚屬之於官長，皆不可以踰分越職。縱可爲，亦須是盡善方能無過，所以有「元吉，无咎」之戒。《繫辭》自大衍數以下，皆是説卜筮事。若不曉他盡是説爻變中道理，則如所謂「動静不居，周流六虚」之類，有何憑着？今人説《易》，所以不將卜筮爲主者，只是嫌怕小却這道理，故憑虚失實，茫昧臆度而已。殊不知由卜筮而推，則上通鬼神，下通事物，精及於無形，粗及於有象，如包罩在此，隨取隨得。「居則觀其象而玩其辭，動則觀其變而玩其占」者，又不待卜而後見，只是體察，便自見吉凶之理。聖人作《易》，無不示戒。乾卦纔説「元亨」，便説「利貞」；坤卦纔説「元亨」，便説「利牝馬之貞」。《大蓄》乾陽在下，爲艮所蓄，三得上應，又蓄極必通，故曰「良馬逐」，可謂通快矣；然必艱難貞正，又且「曰閑輿衛」，然後「利有攸往」。設若恃良馬之壯，而忘「艱貞」之戒，則必不利矣。《乾》之九三，「君子終日乾乾」，固是好事；然必曰「夕惕若厲」，然後无咎也。凡讀《易》而能句句體驗，每存兢慄戒謹之意，則於己爲有益。不然，亦空言爾。謨。

「是故聖人以通天下之志，以定天下之業，以斷天下之疑。」此只是説蓍龜。若不是蓍龜，如何通之、定之、斷之？到「蓍之德圓而神」以下，却是從源頭説，而未是説卜筮。蓋聖人之心，具此《易》三德，故渾然是此道理，不勞作用一豪之私，便是「洗心」，即「退藏於密」。所謂密者，只是他人自無可捉摸他處，便是「寂然不動」。「吉凶與民同患，神以知來，知以藏往」，皆具此道理，但未用之蓍龜，故曰：「古之聰明睿知，神武而不殺者夫。」此言只是譬諭，如聖人已具此理，却不犯手耳。「明於天之道」以下，方説蓍龜，乃是發用處。「是興神物以前民用」，聖人既具此理，又將此理復就蓍龜上發明出來，使民亦得前知而用之也。「聖人以此齊戒，以神明其德」，德即聖人之德，又即卜筮齊戒以神明之。聖人自有此理，亦用蓍龜之理以神明之。㽦。

「蓍之德圓而神，卦之德方以知，六爻之義易以貢。」蓍與卦以德言，爻以義言，只是具這道理在此而已，故「聖人以此洗心，退藏於密」。「以此洗心」者，心中渾然此理，別無他物。「退藏於密」，只是未見於用，所謂「寂然不動」也。下文説「神以知來」，便是以蓍之德知來；「知以藏往」，便是以卦之德藏往。「洗心」、「退藏」言體，「知來」、「藏往」言用。然亦只言體、用具矣，而未及使出來處。到下文「是興神物以前民用」，方發揮許多道理，以盡見於用也。然前段必結之以「聰明睿知，神武而不殺」者，只是譬喻。蓍龜雖未用，而神靈之理具在，猶武是殺人底事，聖人却存此神武而不殺也。謨。

「六爻之義易以貢。」❶今解「貢」字，只得以「告人」説。但「神」、「知」字重，「貢」字

❶「六」上，朝鮮本有「蓍之德圓而神卦之德方以知」十二字。

輕，却曉不得。學蒙。

「易以貢」是變易以告人。「聖人以此洗心，退藏於密」，是以那《易》來洗濯自家心了，更没些私意、小智在裏許。聖人便似那《易》了，不假蓍龜而知卜筮，所以説「神武而不殺」。這是他有那「神以知來，知以藏往」，又説箇「齊戒以神明其德」，皆是得其理，不假其物。淵。

前面一截説《易》之理，未是説到蓍卦卜筮處，後面方説卜筮。聖人之心，渾只是圓神、方知、易貢三箇物事，更無别物，一似洗得來净潔了。前面「此」字指《易》之理，言武是殺底物事，神武却不殺，便如《易》是卜筮底物事，這箇却方是説他理，未到那用卜筮處，到下面「是以明於天之道」，方是説卜筮。淵。

「以此洗心」，都只是道理，聖人此心虚明，自然具衆理。「潔静精微」，只是不犯手。卦爻許多，不是安排對副與人，看是甚人來，自然撞着。《易》如此，聖人也如此，所以説箇「蓍之德」、「卦之德」、「神明其德」。淵。

「聖人以此洗心」，《注》云：「洗萬物之心。」若聖人之意果如此，何不直言「以此洗萬物之心」乎？大抵觀聖賢之言，只作自己作文看。如本説「洗萬物之心」，却止云「洗心」，於心安乎？人傑。

「退藏於密」時，固是不用這物事；「吉凶與民同患」，也不用這物事。用神而不用蓍，用知而不用卦，全不犯手。「退藏於密」，是不用事時；到他用事，也不犯手。事未到時，先安排在這裏了，事到時，恁地來，恁地應。淵。

「退藏於密。」密，是主静處，萬化出焉

者。動中之靜，固是靜；又有大靜，萬化森然者。方。

「神以知來，知以藏往。」一卦之中，凡爻卦所載，聖人所已言者，皆具已見底道理，便是「藏往」。占得此卦，因此道理以推未來之事，便是「知來」。畓。

「聖人以此洗心」一段。聖人胸中都無纖豪私意，都不假卜筮，只是以《易》之理洗心。其未感物也，湛然純一，都無一豪之累，更無些跡，所謂「退藏於密」也。及其「吉凶與民同患」，却「神以知來，知以藏往」。是誰人會恁地？非古人「聰明睿知，神武而不殺者」，不能如此。「神武不殺者」，聖人於天下自是所當者摧，所向者伏，然而他都不費手脚。又曰：他都不犯手，這便是「神武不殺」。又曰：「神以知來」，如明鏡然，物事來，都看見。「知以藏往」，只是見在有底事，他都識得。又曰：都藏得在這裏。又曰：如揲蓍然，當其未揲也，都不知揲下來底是陰是陽，是老是少，便是「知來」底意思。及其成卦了，則事都絣定在上面了，便是「藏往」。下文所以云「是以明於天之道，察於民之故」，設爲卜筮，以爲民之鄉導。「故」只是事。聖人於此，又以卜筮而「齊戒，以神明其德」。「顯道，神德行」之「神」字，便似這「神」字，猶言吉凶陰若有神明之相相似，這都不是自家做得，却若神之所爲。又曰：這都只退聽於鬼神。又曰：聖人於卜筮，其齊戒之心，虛靜純一，戒謹恐懼，只退聽於鬼神。學蒙。

「古之聰明睿知，神武而不殺者夫」，如譬喻説相似。人傑。

聖人「明於天之道，而察於民之故，是興神物以前民用」。蓋聖人見得天道人事

都是這道理，蓍龜之靈都包得盡，於是作爲卜筮，使人因卜筮知得道理都在這裏面。學蒙。❶

問：「明於天之道，而察於民之故」，天之道便是民之故否？曰：論得到極處，固只是一箇道理，看時須做兩處看，方看得周匝無虧欠處。問：「天之道」，只是福善禍淫之類否？曰：如陰陽變化，春何爲而生，秋何爲而殺，夏何爲而暑，冬何爲而寒，皆要理會得。問：「民之故」，如君臣、父子之類是否？曰：凡民生日用皆是。若只理會得「民之故」，却理會不得「天之道」，便即「民之故」亦未是在。到得極時，固只是一理，要之須是都看得周匝始得。榦。

「是興神物以前民用」，此言有以開民，使民皆知。前時民皆昏塞，吉凶、利害，是非都不知。因這箇開了，便能如神明然，此便是「神明其德」。又云：民用之則神明民德，聖人用之則自神明其德。「蓍之德」以下三句，是未涉於用。「聖人以此洗心」，是得此三者之理而不假其物。這箇是有那「神以知來，知以藏往」。淵。

明道愛舉「聖人以此齊戒，以神明其德夫」一句。雖不是本文意思，要之意思自好。因再舉之。榦問：此恐是「君子篤恭而天下平」之意？曰：否。只如上蔡所謂「敬是常惺惺法」。又問：此恐非是聖人分上事？曰：便是説道不是本文意思。要之自好。言畢，再三誦之。榦。

「神明其德」言卜筮。尊敬也，精明也。○方。

闔闢乾坤，理與事皆如此，書亦如此，

❶「學蒙」，二字原脱，今據朝鮮本補。

這箇則說理底意思多。❶「知禮成性」，橫渠說得別。他道是聖人成得箇性，衆人性而未成。淵。

問：「闔户之謂坤」一段，只是這一箇物，以其闔謂之坤，以其闢謂之乾，以其闔闢謂之變，以其不窮謂之通，發見而未成形謂之象，成形謂之器，聖人修禮立教謂之法，百姓日用則謂之神。曰：是如此。又曰：「利用出入」者，便是人生日用都離他不得。又曰：民之於《易》，隨取而各足；《易》之於民，周遍而不窮：所以謂之神。所謂「活潑潑地」，便是這處。學蒙。

太極中全是具一箇善。若三百八十四爻中，有善有惡，皆陰陽變化以後方有。賀孫。

周子、康節說太極，和陰陽衮說。《易》中便攏起說。周子言「太極動而生陽，靜而生陰」，如言太極動是陽，動極而靜，靜便是陰。動時便是陽之太極，靜時便是陰之太極。蓋太極即在陰陽裏。如「易有太極，是生兩儀」，則先從實理處說。若論其生，則俱生。太極依舊在陰陽裏。但言其次序，須有這實理，方始有陰陽也，其理則一。雖然，自見在事物而觀之，則陰陽函太極；推其本，則太極生陰陽。學履。

問「《易》有太極，是生兩儀，兩儀生四象，四象生八卦」。曰：此太極却是爲畫卦說。當未畫卦前，太極只是一箇渾淪底道理，裏面包含陰陽、剛柔、奇耦，無所不有。及各畫一奇一耦，便是生兩儀。再於一奇畫上加一耦，此是陽中之陰；又於一奇畫上加一奇，此是陽中之陽；又於一耦畫上

❶「則」，原作「只」，今據朝鮮本改。

加一奇，此是陰中之陽；又於一耦畫上加一耦，此是陰中之陰：是謂四象。所謂八卦者，一象上有兩卦，每象各添一奇或一耦，便是八卦。嘗聞一朋友説，一爲儀，二爲象，三爲卦。四象，❶如春夏秋冬，金木水火，東西南北，無不可推矣。謨。○去僞同。

明之問「《易》有太極，是生兩儀，兩儀生四象，四象生八卦」。曰：《易》有太極，便有箇陰陽出來。陰陽便是兩儀，儀，匹也。兩儀生四象，便是一箇陰又生出一箇陽⚎，是一象也；一箇陽又生一箇陰⚍，是一象也；一箇陰又生一箇陰⚏，是一象也；一箇陽又生一箇陽⚌，是一象也：此謂四象。四象生八卦，是這四箇象生四陰時，便成坎、震、坤、兑四卦；生四箇陽時，便成巽、離、艮、乾四卦。震。

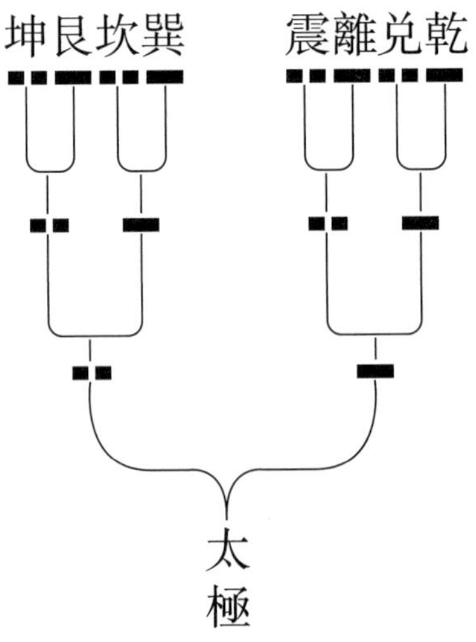

每卦變八卦，爲六十四卦。端蒙。

「易有太極」，便是下面兩儀、四象、八卦。自三百八十四爻總爲六十四，自六十四總爲八卦，自八卦總爲四象，自四象總爲兩儀，自兩儀總爲太極。以物論之，《易》之有太極，如木之有根，浮屠之有頂。但木之根、浮圖之頂，是有形之極；太極却不是一物，無方所頓放，是無形之極。故周子曰：

❶「四」下，原衍「爲」字，今據《朱文公易説》卷一二删。

「無極而太極。」是他説得有功處。夫太極之所以爲太極，却不離乎兩儀、四象、八卦。如「一陰一陽之謂道」，指一陰一陽爲道則不可，而道則不離乎陰陽也。㽦。

太極如一木生，上分而爲枝幹，又分而生花生葉，生生不窮。到得成果子，裏面又有生生不窮之理；生將出去，又是無限箇太極，更無停息。只是到成果實時，又却少歇，不是止。到這裏自合少止，正所謂「終始萬物，莫盛乎艮」，艮止是生息之意。賀孫。

「以定天下之吉凶，成天下之亹亹，莫大乎蓍龜。」人到疑而不能自明處，往往便放倒，不復能向前，動有疑阻。既有卜筮，知是吉是凶，便自勉勉住不得。其所以勉勉者，是卜筮成之也。㽦。

右第十二章

問「書不盡言，言不盡意」一章。曰：「立象盡意」，是觀奇偶兩畫，包含變化，無有窮盡。「設卦以盡情僞」，謂有一奇一偶設之於卦，自是盡得天下情僞。繫辭便斷其吉凶。「變而通之以盡利」，此言占得此卦，陰陽老少交變，因其變，便有通之之理。「鼓之舞之以盡神」，未占得則有所疑，既占則無所疑，自然使得人脚輕手快，行得順便。如「大衍」之後，言「顯道，神德行，是故可與酬酢，可與佑神」，「定天下之吉凶，成天下之亹亹」，皆是「鼓之舞之」之意。「乾坤其《易》之緼邪！乾坤成列，而《易》立乎其中。」這又只是言「立象以盡意，❶設卦以盡情僞」。《易》不過只是一箇陰陽奇偶，千變萬變，則《易》之體立。若奇偶不交變，奇純是奇，偶純是偶，去那裏見《易》？《易》

❶「只」，原脱，今據朝鮮本補。

不可見，則陰陽奇偶之用亦何自而辨？問：在天地上如何？曰：關天地什麽事？此是説《易》不外奇偶兩物而已。「化而裁之謂之變，推而行之謂之通」，這是兩截，不相干。「化而裁之」屬前項事，謂漸漸化去，裁制成變，則謂之變。「推而行之」屬後項事，謂推而爲别一卦了，則通行無礙，故爲通。「舉而措之天下謂之事業」，便只是「定天下之吉凶，成天下之亹亹」者。「極天下之賾者存乎卦」，謂卦體之中備陰陽變易之形容。「鼓天下之動者存乎辭」，是説出這天下之動，如「鼓之舞之」相似。卦即象也，辭即爻也。大抵《易》只是一箇陰陽奇偶而已，此外更有何物！「神而明之」一段，却是與「形而上」之道相對説。自「形而上謂之道」，説至於變、通、事業，却是自至約處説入至粗處去；自「極天下之賾者存乎卦」，説至於「神而明之」，則又是由至粗説入至約處。「默而成之，不言而信」，則説得又微矣。學履。

問：「書不盡言，言不盡意」，是聖人設問之辭？曰：也是如此。亦是言不足以盡意，故立象以盡意；書不足以盡言，故因繫辭以盡言。又曰：「書不盡言，言不盡意」，是元舊有此語。又曰：「立象以盡意」，不獨見聖人有這意思寫出來，自是他象上有這意。「設卦以盡情僞」，不成聖人有情又有僞，自是卦上有這情僞，但今曉不得他那處是僞。如下云「中心疑者其辭支，誣善之人其辭游」，也不知如何是支、是游，不知那卦上見得。沈思久之，曰：看來「情僞」只是箇好不好。如剥五陰只是要害一箇陽，這是不好底情，便是僞；如復，如臨，便是好底卦，便是真情。學蒙。

問：立象、設卦、繫辭，是聖人發其精意見於書，變通、鼓舞，是聖人推而見於事否？曰：是。學蒙。

「變而通之以盡利，鼓之舞之以盡神」，立象、設卦、繫辭，皆謂卜筮之用，而天下之人方知所以避凶趨吉，奮然有所興作，不知手之舞之、足之蹈之之意，故曰「定天下之吉凶，成天下之亹亹者，莫大乎蓍龜」。猶催迫天下之人，勉之爲善相似。謨。

問：「變而通之」，如禮樂刑政，皆天理之自然，聖人但因而爲之品節防範，以爲教於天下；「鼓之舞之」，蓋有以作興振起之，使之遷善而不自知否？曰：「鼓之舞之」，便無所用力，自是聖人教化如此。又曰：政教皆有鼓舞，但樂占得分數較多，自是樂會如此而不自知。因舉横渠云云。巫，其舞之盡神者。「巫」從「工」，兩邊「人」字，是取象其舞。巫者託神，如舞雩之類，皆須舞。蓋以通暢其和氣，達于神明。

問：「鼓之舞之以盡神」，又言「鼓天下之動者存乎辭」，鼓舞恐只是振揚發明底意思否？曰：然。蓋提撕警覺，使人各爲其所當爲也。如初九當潛，則鼓之以「勿用」；九二當見，則鼓之以「利見大人」。若無辭，則都發不出了。榦。

「鼓之舞之以盡神。」鼓舞有發動之意，亦只如「成天下之亹亹」之義。「鼓天下之動者存乎辭」，是因《易》之辭而知吉凶後如此。㽦。

「乾坤其《易》之緼。」向論「衣敝緼袍」，緼是綿絮胎。今看此「緼」字正是如此取義。《易》是包著此理，乾坤即是《易》之體骨耳。㽦。○人傑録云：緼如緼袍之緼，是箇胎骨子。

問「乾坤其《易》之緼」。曰：緼是袍中

之胎骨子。「乾坤成列」，便是乾一、兑二、離三、震四、巽五、坎六、艮七、坤八都成列了，其變易方立其中。若只是一陰一陽，則未有變易在。又曰：有這卦則有變易，無這卦便無這《易》了。又曰：「《易》有太極」，則以《易》爲主。此一段文意，則以乾坤爲主。學蒙。

「乾坤成列，《易》立乎其中矣。」乾坤只是説二卦，此「易」只是説《易》之書，與「天地定位，易行乎其中」之「易」不同。「行乎其中」者，却是説易之道理。㽦。

問：「乾坤成列，而《易》立乎其中」，是説兩畫之列？是説八卦之列？曰：兩畫也是列，八卦也是列，六十四卦也是列。學蒙。

問：「天地設位而《易》行乎其中」，「乾坤成列而《易》立乎其中」，如「《易》行乎其中」，此固易曉；至如「《易》立乎其中」，豈非乾坤既成列之後，道體始有所寓而形見，其立也，有似「如有所立卓爾」之「立」乎？曰：大抵《易》之言乾坤者，多以卦言。「《易》立乎其中」，只是乾坤之卦既成，而《易》立矣。況所謂「如有所立卓爾」，亦只是不可及之意。後世之論，多是説得太高，不必如此説。蓋卿。

「乾坤毁」，此乾坤只言卦。方。

「乾坤毁則無以見《易》。」《易》只是陰陽卦畫，没這幾箇卦畫，憑箇甚寫出那陰陽造化，何處更得《易》來？這只是反覆説。「易不可見，則乾坤或幾乎息」，只是説揲蓍求卦更推不去。説做造化之理息也得，不若前説較平。淵。

「易不可見，則乾坤或幾乎息矣」。易，體也。乾坤健順，用也。○方。

形是這形質，以上便爲道，以下便爲器，這箇分别得最親切。故明道云：「惟此語截得上下最分明。」又曰：形以上底虚，渾是道理；形以下底實，便是器。淵。

問：形而上、下，如何以形言？曰：此言最的當。設若以有形無形言之，便是物與理相間斷了。所以謂「截得分明」者，只是上下之間，分别得一箇界止分明。器亦道，道亦器，有分别而不相離也。謨。

「形而上者謂之道，形而下者謂之器。」道是道理，事事物物皆有箇道理。器是形迹，事事物物亦皆有箇形迹。有道須有器，有器須有道，物必有則。賀孫。

形而上謂道，形而下謂器，這箇在人看始得。指器爲道固不得，離器於道亦不得。且如此火是器，自有道在裏。夔孫。

「形而上」者指理而言，「形而下」者指事物而言。事事物物皆有其理，事物可見而其理難知，即事即物便要見得此理，只是如此看。但要真實於事物上見得這箇道理，然後於己有益。爲人君止於仁，爲人子止於孝，必須就君臣、父子上見得此理。《大學》之道，不曰窮理，而謂之格物，只是使人就實處窮竟。事事物物上有許多道理，窮之不可不盡也。謨。

伊川云：「形而上者謂之道，形而下者謂之器」，須着如此説。曰：這是伊川見得分明，故云「須著如此説」。形而上者是理，形而下者是物，如此開説，方見分明。如此了，方説得道不離乎器，器不違乎道處。如爲君須止於仁，這是道理合如此。爲人臣止於敬，爲人子止於孝，爲人父止於慈，這是道理合如此。今人不解恁地説，便不索性兩邊説，怎生説得通！賀孫。

問如何分形器。曰：形而上者是理，才有作用，便是形而下者。問：陰陽如何是形而下者？曰：一物便有陰陽，寒暖、生殺皆見得，是形而下者。事物雖大，皆形而下者，堯、舜之事業是也。理雖小，皆形而上者。祖道。

「形而上者謂之道」一段，只是這一箇道理，但即形器之本體而離乎形器，則謂之道；就形器而言，則謂之器。聖人因其自然，化而裁之，則謂之變；推而行之，則謂之通；舉而措之，則謂之事業。裁也、行也、措也，都只是裁、行、措這箇道。曰：是。

問「化而裁之謂之變」。曰：化是漸漸移將去，截斷處便是變。且如一日是化，三十日截斷做一月便是變。又曰：最是律管長短可見。胡泳。

「化而裁之」，化是因其自然而化，裁是人爲，變是變了他。且如一年三百六十日，須待一日日漸次進去，到那滿時，這便是化。自春而夏，夏而秋，秋而冬，聖人去這裏截做四時，這便是變。化不是一日内便頓然恁地底事。人之進德亦如此。三十而立，不是到那三十時便立，須從十五志學漸漸化去方到。横渠去這裏説做「化而裁之」，便是這意。柔變而趨於剛，剛變而趨於柔，與這箇意思也只一般。自陰來做陽，其勢浸長，便覺突兀有頭面。自陽去做陰，這只是漸漸消化去。這變化之義，亦與鬼神屈伸意相似。淵。○方子録云：陽化而爲陰，只恁消縮去，無痕迹，故謂之化。陰變而爲陽，其勢浸長，便覺突兀有頭面，故謂之變。

變、化二者不同。化是漸化，如自子至亥，漸漸消化，以至於無。如自今日至來日，則謂之變。變是頓斷有可見處。横渠説「化而裁之」一段好。㽦。

横渠説「化而裁之謂之變」一句，説得好，不知《本義》中有否？曰：無。但尋常看此一句，只如自初九之潛而爲九二之見，這便是化；就他化處截斷，便是變？曰：然。化是箇亹亹地去，有漸底意思。且如而今天氣漸漸地凉將去，到得立秋便截斷，這已後是秋，便是變。問：如此則裁之乃人事也？曰：然。榦。

問：「化而裁之謂之變」，又云「存乎變」，是如何？曰：上文「化而裁之」便喚做變。下文是説變處見得「化而裁之」。如自初一至三十日，便是化。到這三十日，裁斷做一月，明日便屬後月，便是變。此便是「化而裁之」，到這處方見得。學履。

「化而裁之存乎變」，只在那化中，裁截取，便是變。如子丑寅卯十二時，皆以漸而化，不見其化之迹；及亥後子時便截取，是屬明日，所謂變也。僩。

「化而裁之存乎變，推而行之存乎通。」裁是裁截之義，謂如一歲裁爲四時，一時裁爲三月，一月裁爲三十日，一日裁爲十二時，此是變也。又如陰陽兩爻，自此之彼，自彼之此，若不截斷，則豈有定體？通是通其變，將已裁定者而推行之，即是通。謂如占得乾之履，便是九三乾乾不息，則是我所行者。以此而措之於民，則謂之事業也。㽦。

「化而裁之」，方是分下頭項；「推而行之」，便是見於事。如《堯典》分命羲、和許多事，便是「化而裁之」；到「敬授人時」，便是推而行之。學履。

問：《易》中多言「變通」，「通」字之意如何？曰：處得恰好處便是通。問：「往來不窮謂之通」，如何？曰：處得好便不窮，通便不窮，不通便窮。問：「推而行之」，便就這上行將去。且如「亢龍有悔」，是不通了；處得來無悔，便是通。變是就時、就事上說，通是就上面處、得行處說，故曰「通其變」。只要常教流通不窮。問：如貧賤、富貴、夷狄、患難，這是變；「行乎富貴，行乎貧賤，行乎夷狄，行乎患難」，至於「無入而不自得」，便是通否？曰：然。榦。

右第十二章

朱子語類卷第七十六計一十九板

周易十二

繫辭下

問："'八卦成列'，只是説乾、兑、離、震、巽、坎、艮、坤，先生解云'之類'，如何？"曰："所謂'成列'者，不止只論此横圖，若乾南坤北又是一列，所以云'之類'。"學履。

問："'八卦成列，象在其中矣。'象只是乾、兑、離、震之象，未説到天地、雷風處否？"曰："是。然八卦是做一項看，❶'象在其中'又是逐箇看。"又問："'成列'是自一奇一偶畫到三畫處，其中逐一分，便有乾、兑、離、震之象否？"曰："❷是。"學履。

問："'剛柔相推，變在其中矣。繫辭焉而命之，動在其中矣。''變'字是總卦爻之有往來交錯者言，'動'字是專指占者所值當動底爻象而言否？"曰："'變'，是就剛柔交錯而成卦爻上言；'動'，是專主當占之爻言。如二爻變，則占者以上爻爲主，這上爻便是動處。如五爻變，一爻不變，則占者以不變之爻爲主，則這不變者便是動處也。"學履。

"剛柔者，立本者也。變通者，趨時者也。"此兩句亦相對説。剛柔者，陰陽之質，是移易不得之定體，故謂之本。若剛變爲

❶"做"，原脱，今據朝鮮本補。
❷"曰"，原脱，今據朝鮮本補。

柔，柔變爲剛，便是變通之用。㽦。

「剛柔者，立本者也。變通者，趨時者也。」便與「變化者，進退之象也。剛柔者，晝夜之象也」是一樣。剛柔兩箇是本，變通只是其往來者。學履。

「吉凶者，貞勝者也。」這一句最好看。這箇物事，常在這裏相勝，一箇吉，便有一箇凶在後面來。這兩箇物事，不是一定住在這裏底。「物各以其所正爲常」，「正」是說他當然之理，蓋言其本相如此，與利貞之「貞」一般，所以說「利貞者，性情也」。橫渠說得別。他說道，貞便能勝得他。如此，則下文三箇「貞」字說不通。這箇只是說吉凶相勝，天地間一陰一陽，如環無端，便是相勝底道理。《陰符經》說：「天地之道浸，故陰陽勝。」「浸」字最下得妙。天地間不陡頓恁地陰陽勝。又說那五箇物事在這裏相生相尅曰：「五賊在心，施行於天。」用不好心去看他，便都是賊了。「五賊」乃言五性之德。「施行於天」，言五行之氣。陳子昂《感遇詩》亦略見得這般意思。❶大概說相勝是說他常底，他以本相爲常。淵。

問：「吉凶者，貞勝者也。」「貞」字便是性之骨？曰：貞是常恁地，便是他本相如此。猶言「附子者，貞熱者也；龍腦者，貞寒者也」。天下只有箇吉凶常相往來。《陰符》云：「自然之道靜，故萬物生。天地之道浸，故陰陽勝。」極說得妙。靜能生動，「浸」是漸漸恁地消去，又漸漸恁地長。天地之道，便是常恁地示人。《陰符經》云：天地萬物之道浸，故陰陽勝。陰陽相推而變化順矣。〇學蒙。

貞，常也。陰陽常只是相勝。如子以

❶「遇」，原作「寓」，今據萬曆本改。

前便是夜勝晝，子以後便是晝勝夜。觀，是示人不窮。「貞夫一者也」，天下常只是有一箇道理。又曰：須是看教字義分明，方看得下落。説也只説得到偏傍近處。貞便是他體處常常如此，所以説「利貞者，性情也」。礪。

貞只是常，吉凶常相勝，不是吉勝凶，便是凶勝吉，二者常相勝，故曰「貞勝」。天地之道則常示，日月之道則常明。「天下之動，貞夫一者也」，天下之動雖不齊，常有一箇是底，故曰「貞夫一」。《陰符經》云：「自然之道静，故天地萬物生。天地之道浸，故剛柔勝。」若不是極静，則天地萬物不生。浸者，漸也。天地之道漸漸消長，故剛柔勝。此便是吉凶貞勝之理。這必是一箇識道理人説，其他多不可曉，似此等處特然好。文蔚。

問：「吉凶貞勝」一段，横渠説如何？曰：説貞勝處巧矣，却恐不如此。只伊川説作「常」字甚佳。《易傳》解此字多云「正固」，固乃常也，但不曾發出貞勝之理。蓋吉凶二義無兩立之理，迭相爲勝，非吉勝凶，則凶勝吉矣，故吉凶常相勝。人傑録云：理自如此。所以訓「貞」字作「常」者，貞是正固，只一「正」字盡「貞」字義不得，故又著一「固」字。謂此雖是正，又須常固守之，然後爲貞。在五常屬智，孟子所謂「知之實，知斯二者弗去是也」。正是知之，固是守之。徒知之而不能守之，則不可。須是知之又固守之。蓋貞屬冬，大抵北方必有兩件事，皆如此，莫非自然，言之可笑。如朱雀、青龍、白虎只一物，至玄武便龜、蛇二物。謂如冬至前四十五日屬今年，後四十五日便屬明年。夜分子時前四刻屬今日，後四刻即屬來日耳。僩。○人傑録略。

問張子「貞勝」之説。曰：此雖非經意，然其説自好。便只行得他底説，有甚不可？大凡看人解經，雖一時有與經意稍遠，然其説底自是一説，自有用處，不可廢也。不特後人，古來已如此。如「元亨利貞」，文王重卦，只是大亨利於守正而已，到夫子却自解分作四德看。文王卦辭當看文王意思，到孔子《文言》當看孔子意思，豈可以一説爲是，一説爲非！僩。

問「爻者，效此者也」。曰：爻是兩箇交，又看來只是交變之義。卦，分明是將一片木畫掛於壁上，所以爲卦。

問：「爻也者，效此者也」，是效乾坤之變化而分六爻。「象也者，像此者也」，是象乾坤之虚實而爲奇偶。曰：「像此」、「效此」，「此」便是乾坤，「象」只是像其奇偶。學蒙。

先生問：如何是「爻象動乎内，吉凶見乎外」？或曰：陰陽老少在分蓍揲卦之時，而吉凶乃見於成卦之後。曰：也是如此。然「内」、「外」字猶言先後、微顯。學履。

「功業見乎變」，是就那動底爻見得。這「功業」字似「吉凶生大業」之「業」，猶言事變、庶事相似。學履。

「聖人之情見乎辭」，下連接説「天地大德曰生」，此不是相連，乃各自説去。「聖人之大寶曰位」，後世只爲這兩箇不相對，有位底無德，有德底無位。有位則事事做得。淵。

「守位曰仁」，《釋文》「仁」作「人」。伯恭尚欲擔當此，以爲當從《釋文》。淵。

問：人君臨天下，大小大事，只言「理財正辭」，如何？曰：是因上文而言。聚得許多人，無財何以養之？有財不能理，又不得。正辭，便只是分別是非。又曰：教化便在正辭裏面。學履。

理財、正辭、禁非是三事。大概是辨別是非。理財，言你底還你，我底還我。正辭，言是底説是，不是底説不是，猶所謂正名。淵。

右第一章

「仰則觀象於天」一段，只是陰陽奇耦。閎祖。

「觀鳥獸之文與地之宜」，「近取身，遠取物」，「仰觀天，俯察地」，只是一箇陰陽。聖人看這許多般事物，都不出陰陽兩字。便是《河圖》、《洛書》，也則是陰陽。粗説時即是奇耦。聖人却看見這箇上面都有那陰陽底道理，故説道，讀《易》不可恁逼拶他。歐公只是執定那仰觀俯察之説，便與《河圖》相礙，遂至不信他。淵。

伏羲「觀鳥獸之文與地之宜」，那時未有文字，只是仰觀俯察而已。想得聖人心細，雖以鳥獸羽毛之微，也盡察得有陰陽。今人心粗，如何察得？或曰：伊川見兔，曰察此亦可以畫卦，便是此義。曰：就這一端上，亦可以見。凡草木禽獸，無不有陰陽。鯉魚脊上有三十六鱗，陰數。龍脊上有八十一鱗。陽數。龍不曾見，鯉魚必有之。又龜背上文，中間一簇成五段文，兩邊各插四段，共成八段子，八段之外，兩邊周圍共有二十四段。中間五段者，五行也。兩邊插八段者，八卦也。周圍二十四段者，二十四氣也。箇箇如此。又如草木之有雌雄，銀杏、桐、楮、牝牡麻、竹之類皆然。又樹木向陽處則堅實，其背陰處必虛軟。男生必伏，女生必偃，其死於水也亦然。蓋男陽氣在背，女陽氣在腹也。楊子雲《太玄》云：「觀龍虎之文與龜鳥之象。」謂二十八宿也。○僩。

「以通神明之德，以類萬物之情」，盡於八卦，而震、巽、坎、離、艮、兑又總於乾、坤。曰動、曰陷、曰止，皆健底意思；曰入、曰麗、曰悦，皆順底意思。聖人下此八字，極狀得八卦性情盡。㽦。

「蓋取諸益」等「蓋」字，乃模樣是恁地。淳。○可學録云：「蓋」字有義。

「黄帝、堯、舜氏作」，到這時候，合當如此變。「《易》窮則變」，道理亦如此。「垂衣裳而天下治」，是大變他以前底事了。十三卦是大概説，則這箇幾卦也自難曉。淵。

「通其變，❶使民不倦」，須是得一箇人「通其變」。若聽其自變，如何得？賀孫。

「上古結繩而治，後世聖人易之以書契。」天下事有古未之爲而後人爲之，因不可無者，此類是也。如年號一事，古所未有，後來既置，便不可廢。胡文定却以後世建年號爲非，以爲年號之美有時而窮，不若只作元年、二年。此殊不然。三代以前事迹，多有不可攷者，正緣無年號，所以事無統紀，難記。如云某年王某月，箇箇相似，無理會處。及漢既建年號，於是事乃各有紀屬而可記。今有年號，猶自姦僞百出，若只寫一年、二年、三年，則官司詞訴簿曆，❷憑何而决？少間都無理會處。嘗見前輩説，有兩家争田地，甲家買在元祐幾年，乙家買在前。甲家遂將「元」字改擦作「嘉」字，乙家則將出文字又在嘉祐之先。甲家遂又將「嘉祐」字塗擦作「皇祐」。有年號了

❶「通其變」，三字原脱，今據朝鮮本補。

❷「訴」，原作「説」，今據朝鮮本改。萬曆本作「訟」。

猶自被人如此，無後如何！僩。

結繩，今溪洞諸蠻猶有此俗。又有刻板者，凡年月日時，以至人馬糧草之數，皆刻板爲記，都不相亂。僩。

右第二章

林安卿問：「《易》者，象也；象也者，像也」四句，莫只是解箇「象」字否？曰：「象」是解「易」字，「像」又是解「象」字，「材」又是解「彖」字，❶末句意亦然。義剛。

「《易》也者，象也；象也者，像也」，只是髣髴説，不可求得太深。程先生只是見得道理多後，却須將來寄搭在上面説。淵。

「《易》者，象也」，是總説起，言《易》不過只是陰陽之象。下云「像也」、「材也」、「天下之動也」，則皆是説那上面「象」字。學履。

右第三章

「二君一民」，試教一箇民有兩箇君，看是甚模樣。淵。

右第四章

「天下何思何慮」一句，便是先打破那箇「思」字。却説「同歸殊塗，一致百慮」，又再説「天下何思何慮」，謂何用如此「憧憧往來」，而爲此「朋從」之思也。日月寒暑之往來，尺蠖龍蛇之屈伸，皆是自然底道理。不往則不來，不屈則亦不能伸也。今之爲學，亦只是如此。「精義入神」，用力於内乃所以「致用」乎外。「利用安身」，求利於外乃所以「崇德」乎内。只是如此做將去，雖至於「窮神知化」地位，亦只是德盛仁熟之所致，何思何慮之有！謨。

問：「天下同歸殊塗，一致百慮」，何不

❶「彖」，原作「象」，今據朝鮮本改。

云「殊塗而同歸，百慮而一致」？曰：也只一般。但他是從上説下，自合如此。學蒙。

乾乾不息者體，日往月來、寒來暑往者用。有體則有用，有用則有體，不可分先後説。僩。

「天下何思何慮」一段，此是言自然而然。如「精義入神」，自然「致用」；「利用安身」，自然「崇德」。節。

問：「天下同歸而殊途」一章，言萬變雖不同，然皆是一理之中所自有底，不用安排。曰：此只説得一頭。尺蠖若不屈，則不信得身；龍蛇若不蟄，則不伏得氣，如何存得身。「精義入神」，疑與行處不相關，然而見得道理通徹，乃所以「致用」。「利用安身」，亦疑與「崇德」不相關，然而動作得其理，則德自崇，天下萬事萬變無不有感通往來之理。又曰：「日往則月來」一段，乃承上文「憧憧往來」而言。往來皆人所不能無者，但「憧憧」則不可。學蒙。

「尺蠖之屈以求信，龍蛇之蟄以藏身，精義入神以致用，利用安身以崇德。」大凡這箇都是一屈一信、一消一息、一往一來、一闔一闢，大底有大底闔闢消息，小底有小底闔闢消息，皆只是這道理。砥。

或問：「尺蠖之屈，以求信也」，伊川説是感應，如何？曰：屈一屈便感得那信底，信又感得那屈底，如呼吸、出入、往來皆是。

尺蠖屈，便要求伸；龍蛇蟄，便要存身。精研義理，無豪釐絲忽之差，入那神妙處，這便是要出來致用。外面用得利而身安，乃所以入來自崇己德。「致用」之用，即是「利用」之用。所以橫渠云：「『精義入神』，事豫吾内，求利吾外；『利用安身』，素利吾外，致養吾内。」「事豫吾内」，言曾到這裏面來。淵。○至録略。

且如「精義入神」，如何不思？那致用底却不必思。致用底是事功，是效驗。淵。

「入神」，是到那微妙人不知得處。一事一理上。○淵。

「利用安身」，今人循理則自然安利，不循理則自然不安利。升卿。

「未之或知」，是到這裏不可奈何。「窮神知化」，雖不從這裏面出來，然也有這箇意思。淵。

「窮神知化，德之盛也」，這「德」字只是上面「崇德」之「德」。德盛後，便能窮神知化，便如「聰明睿知皆由此出」，「自誠而明」相似。淵。

「窮神知化」，「化」是逐些子挨將去底，一日復一日，一月復一月，節節挨將去，便成一年，這是化。「神」是一箇物事，或在彼，或在此，當在陰時全體在陰，在陽時全體在陽，都只是這一物，兩處都在，不可測，故謂之神。横渠言「一故神，兩故化」，又注云「兩在故不測」，這説得甚分曉。淵。

問：「非所困而困焉，名必辱」，大意謂石不能動底物，學蒙録作「挨動不得底物事」。自是不須去動他。若只管去用力，徒自困耳。學蒙録云：且以事言，有著力不得處，若只管着力去做，少間做不成，他人却道自家無能，便是辱了。或曰：若在其位，則只得做。曰：自是如此。曰：爻意謂不可做底，便不可入頭去做。學履。○學蒙録詳。

「公用射隼」，孔子是發出言外意。學蒙。

問：危者以其位爲可安而不知戒懼，故危；亡者以其存爲可常保，是以亡；亂者是自有其治，如「有其善」之有，是以亂。曰：某舊也如此説，看來「保」字説得較牽强。只是常有危亡與亂之意，則可以安其位，保其存，有其治。

《易》曰：「知幾其神乎！」便是這事難。如「邦有道，危言危行；邦無道，危行言孫」。今有一樣人，其不畏者，又言過於直；其畏謹者，又縮做一團，更不敢說一句話，此便是不曉得那幾。若知幾，則自中節，無此病矣。「君子上交不諂，下交不瀆。」蓋上交貴於恭，恭則便近於諂。下交貴和易，和則便近於瀆。蓋恭與諂相近，和與瀆相近，只争些子，便至於流也。僩。

「君子上交不諂，下交不瀆」，下面說「幾」。最要看箇「幾」字，只争些子。凡事未至而空說，道理易見；事已至而顯然，道理也易見；惟事之方萌，而動之微處，此最難見。或問：「幾者動之微」，何以獨於上交下交言之？曰：上交要恭遜，才恭遜，便不知不覺有箇諂底意思在裏。下交不瀆亦是如此。所謂「幾」者，只才覺得近諂近瀆，便勿令如此，此便是「知幾」。「幾者動之微，吉之先見者也」，《漢書》引此句，「吉」下有「凶」字，當有「凶」字。僩。

蓋人之情，上交必諂，下交必瀆，所争只是些子。能於此而察之，非知幾者莫能。上交著些取奉之心，下交便有傲慢之心，皆是也。

「幾者動之微」，是欲動未動之間便有善惡，便須就這處理會。若到發出處，更怎生奈何得？所以聖賢說「謹獨」，便是要就幾微處理會。賀孫。

魏問「幾者動之微，吉之先見者也」。曰：似是漏字。《漢書》說「幾者動之微，吉凶之先見者也」，似說得是。幾自是有善有惡，「君子見幾」，亦是見得方舍惡從善，不能無惡。又曰：《漢書》上添字，如「豈若匹夫匹婦之爲諒，自經於溝瀆而人莫之知也」，添箇「人」字似是。賀孫。

「知微、知彰、知柔、知剛」是四件事。學履。

問：伊川作「見微則知彰矣，見柔則知剛矣」，其說如何？曰：也好。看來只作四件事，亦自好。既知微又知彰，既知柔又知剛，言其無所不知，所以爲萬民之望也。學蒙。

「其殆庶幾乎」，殆，是幾乎之義。又曰：是近。又曰：殆是危，殆者，是争些子底意思。又曰：或以「幾」字爲因上文「幾」字而言，但《左傳》與《孟子》「庶幾」兩字都只做「近」字說。

顔子「有不善未嘗不知，知之未嘗復行」。今人只知「知之未嘗復行」爲難，殊不知「有不善未嘗不知」是難處。今人亦有說道知得這箇道理，及事到面前，又却只隨私欲做將去，前所知者都自忘了，只爲是不曾知。銖。

「有不善未嘗不知，知之未嘗復行。」直是顔子天資好，如至清之水，纖芥必見。蓋卿。

「天地氤氳」，言氣化也；「男女構精」，言形化也。端蒙。

「天地絪緼，萬物化醇。」「致一」，專一也，惟專一所以能絪緼；若不專一，則各自相離矣。「化醇」是已化後。「化生」指氣化而言，草木是也。僩。

「致一」是專一之義，程先生言之詳矣。天地、男女，都是兩箇，方得專一，若三箇便亂了。三人行減了一箇，則是兩箇，便專一；一人行得其友，成兩箇，便專一。程先生說初與二，三與上，四與五，皆兩相與，自說得好。初、二三陽，四、五二陰，同德相比，三與上應，皆兩相與。○學蒙。

橫渠云：「艮，三索而得男，乾道之所成；兌，三索而得女，坤道之所成。所以損有男女構精之義。」亦有此理。

右第五章

「乾坤《易》之門」，不是乾坤外別有《易》，只《易》便是乾坤，乾坤便是《易》。似那兩扇門相似，一扇開，便一扇閉。只是一箇陰陽做底，如「闔户謂之坤，闢户謂之乾」。淵。

問：「乾坤《易》之門」，門者，是六十四卦皆由是出，如兩儀生四象，只管生出邪？爲是取闔闢之義邪？曰：只是取闔闢之義。六十四卦只是這一箇陰陽闔闢而成。但看他下文云「乾陽物也，坤陰物也，陰陽合德而剛柔有體」，便見得只是這兩箇。學蒙。

「乾陽物，坤陰物」，陰陽形而下者，乾坤形而上者。道夫。

「天地之撰」，撰即是說他做處。淵。○營録云：撰是所爲。

問：「其稱名也雜而不越」，是指《繫辭》而言，是指卦名而言？曰：他後面兩三番說名，後又舉九卦說，看來只是謂卦名。又曰：《繫辭》自此以後皆難曉。學蒙。

「於稽其類」，一本作「於稽音啓。其類」，又一本「於」作「烏」，不知如何？曰：但不過是說稽考其事類。淵。

「其衰世之意邪？」伏羲畫卦時，這般事都已有了，只是未曾經歷。到文王時，世變不好，古來未曾有底事都有了，他一一經歷這崎嶇萬變過來，所以說出那卦辭。如「箕子之明夷」，如「入于左腹，獲明夷之心于出門庭」，此若不是經歷，如何説得！淵。

「彰往察來」，往者，如陰陽消長。來者，事之未來吉凶。僩。

問：「彰往察來」，如「神以知來，知以藏往」相似。往是已定底，如天地陰陽之變，皆已見在這卦上了。來謂方來之變，亦皆在這上。曰：是。學蒙。

「微顯闡幽。」幽者不可見，便就這顯處説出來。顯者便就上面尋其不可見底，教人知得。又曰：如「顯道，神德行」相似。學蒙。

「微顯闡幽」便是「顯道，神德行」。德行，顯然可見者；道，不可見者。微顯闡幽，是將道來事上看。言那箇雖是麤底，然皆出於道義之蘊。「潛龍勿用」，顯也。「陽在下也」，只是就兩頭説。微顯所以闡幽，闡幽所以微顯，只是一箇物事。僩。

將那道理來事物上與人看，就那事物上推出那裏面有這道理。微顯闡幽。○僩。

右第六章

因論《易》九卦，云：聖人道理只在口邊，不是安排來。如九卦，只是偶然説到此，而今人便要説如何不説十卦，又如何不説八卦，便從九卦上起義，皆是胡説。且如「履，德之基」，只是要以踐履爲本。「謙，德之柄」，只是要謙退，若處患難而矯亢自高，取禍必矣。「復，德之本」，如孟子所謂「自反」。「困，德之辯」，困而通則可辯其是，困而不通則可辯其非。損是懲忿窒慾，益是修德，益令廣大。「巽，德之制」，「巽以行權」，巽只是低心下意，要制事，須是將心入那事裏面去，順他道理，方能制事，方能行權；若心麤，只從事皮膚上綽過，如此行權，便就錯了。❶巽，伏也，入也。學蒙。

三陳九卦初無他意，觀上面「其有憂患」一句，便見得是聖人説處憂患之道。聖人去這裏，偶然看見這幾卦有這箇道理，所以就這箇説去。若論到底，睽、蹇皆是憂禍患底事，何故却不説？以此知只是聖人偶然去這裏，見得有此理，便就這裏説出。聖人視《易》如雲行水流，初無定相，不可確定他。在《易》之序，履卦當在第十上面，又自不説乾、坤。淵。

鄭仲履問：《易係》云：「作《易》者，其有憂患乎？」如何止取九卦？曰：聖人論處憂患，偶然説此九卦爾。天下道理只在聖人口頭，開口便是道理，偶説此九卦，意思自足。若更添一卦也不妨，更不説一卦也不妨，只就此九卦中，亦自儘有道理。且《易》中儘有處憂患底卦，非謂九卦之外皆非所以處憂患也。若以困爲處憂患底卦，則屯、蹇非處憂患而何？觀聖人之經，正不當如此。後世拘於象數之學者，乃以爲九陽數，聖人之舉九卦，合此數也，尤泥而不通矣。既論九卦之後，因言：今之談經者往往有四者之病：本卑也，而抗之使高；本淺也，而鑿之使深；本近也，而推之使遠；本明也，而必使至於晦。此今日談經之大患也。蓋卿。

三説九卦，是聖人因上面説憂患，故發明此一項道理，不必深泥。如「困，德之辯」，若説蹇、屯亦可。蓋偶然如此説。大抵《易》之書如雲行水流，本無定相，確定説不得。楊子雲《太玄》，一爻吉，一爻凶，相間排將去，七百三十贊乃三百六十五日之

❶「就」，原作「不」，今據萬曆本改。

晝夜，晝爻吉，夜爻凶，又以五行參之，故吉凶有深淺，豪髮不可移，此可爲典要之書也。聖人之《易》則有變通，如此卦以陽居陽則吉，他卦以陽居陽或不爲吉；此卦以陰居陰則凶，他卦以陰居陰或不爲凶，此不可爲典要之書也。方子。

問：巽何以爲德之制？曰：巽爲資斧，巽多作斷制之象。蓋「巽」字之義，非順所能盡，乃順而能入之義。謂巽一陰入在二陽之下，是入細直徹到底，不只是到皮子上，如此方能斷得殺。若不見得盡，如何可以「行權」！㽦。

問「井，德之地」。曰：井有本，故澤及於物而井未嘗動，故曰「居其所而遷」。如人有德而後能施以及人，然其德性未嘗動也。「井以辯義」，如人有德，而其施見於物，自有斟酌裁度。礪。

「損先難而後易」，如子産爲政，鄭人歌之曰：「孰殺子産，吾其與之。」及三年，人復歌而誦之。蓋事之初，在我亦有所勉强，在人亦有所難堪；久之，當事理，順人心，這裏方易。便如「利者義之和」一般，義是一箇斷制物事，恰似不和；久之，事得其宜，乃所以爲和。如萬物到秋，許多嚴凝肅殺之氣，似可畏；然萬物到這裏，若不得此氣收斂凝結，許多生意又無所成就，其難者乃所以爲易也。「益長裕而不設」，長裕只是一事，但充長自家物事，教寬裕而已。「困窮而通」，此因困卦説「澤無水，困，君子以致命遂志」，蓋此是致命遂志之時，所以困。《彖》曰：「險以説，困而不失其所亨，其惟君子乎！」蓋處困而能説也。困而寡怨，是得其處困之道，故無所怨於天，無所尤於人；若不得其道，則有所怨尤矣。「井居其所而遷」，井是不動之物，然其水却流行出去利物。「井以辨義」，辨義謂安而能慮。蓋守得自家先定，方能辨事之是非。若自家心不定，事到面前，安能辨其義也！「巽稱而隱」，巽是箇卑巽底物事，如「兑見而巽伏也」，自是箇隱伏底物事。蓋巽一陰在下，二陽在上，陰初生時已自稱量得箇道理了，不待顯而後見。如事到面前，自家便有一箇道理處置他，不待發露出來。如云「尊者於己踰等，不敢問其年」，蓋才見箇尊長底人，便自不用問其年，不待更計其年然後方稱量合問與不合問也。「稱而隱」是巽順恰好底道理。有隱而不能稱量者，有能稱量而不能隱伏不露形迹者，皆非巽之道也。「巽，德之制也」，「巽以行權」，都是此意。僩。

問「巽稱而隱」。曰：以「巽以行權」觀之，則「稱」字宜音去聲，爲稱物之義。又問：巽有優游巽入之義，權是仁精義熟，於事能優游以入之意。曰：是。又曰：巽是入細底意。説在九卦之後，是八卦事了，方可以行權。某前時以「稱，揚」爲説，錯了。學蒙。

問：「巽稱而隱」，「隱」字何訓？曰：隱不見也。如風之動物，無物不入，但見其動而不見其形。權之用亦猶是也。昨得潘恭叔書，説滕文公問「間於齊、楚」與「竭力以事大國」兩段，注云：「蓋遷國以圖存者，權也；效死勿去者，義也。」「義」字當改作「經」。思之誠是。蓋義便近權，如或可如此，或可如彼，皆義也。經則一定而不易，既對「權」字，須著用「經」字。僩。

問「井以辨義」。曰：只是「井居其所而遷」，大小多寡施之各當。㽦。

或問「井以辨義」之義。曰：「井居其

所而遷」，又云「井，德之地也」，蓋井有定體不動，然水却流行出去不窮；猶人心有持守不動，而應變則不窮也。「德之地也」，地是那不動底地頭。一本云：是指那不動之處。又曰：佛家有「函蓋乾坤」句，有「隨波逐流」句，有「截斷衆流」句，聖人言語亦然。如「以言其遠則不禦，以言其邇則静而正」，此函蓋乾坤句也。如「井以辨義」等句，只是隨道理説將去，此隨波逐流句也。如「復其見天地之心」、「神者妙萬物而爲言」，此截斷衆流句也。僩。

才卿問「巽以行權」。曰：權之用便是如此。見得道理精熟後，於物之精微委曲處，無處不入，所以説「巽以行權」。僩。

問：「巽以行權」，權是逶迤曲折以順理否？曰：然。巽有入之義，巽爲風，如風之入物，只爲巽，便能入，義理之中，無細不入。又問：「巽稱而隱」，隱亦是入物否？曰：隱便是不見處。文蔚。

鄭仲履問：「巽以行權」，恐是神道？曰：不須如此説。巽只是孝順，低心下意底氣象。人至行權處，不少巽順，如何行得！此外八卦各有所主，皆是處憂患之道。蓋卿。

「巽以行權」，「兑見而巽伏」，權是隱然做底物事，若顯然地做，却不成行權。淵。

右第七章

問：《易》之所言，無非天地自然之理，人生日用之所不能須臾離者，故曰「不可遠」。曰：是。學蒙。

「既有典常」，是一定了。占得這爻了，吉凶自定，便是「有典常」。淵。

《易》「不可爲典要」，《易》不是確定硬本子，楊雄《太玄》却是可爲典要。他排定三百五十四贊當晝，三百五十四贊當夜，晝底吉，夜底凶，吉之中又自分輕重，凶之中又自分輕重。《易》却不然，有陽居陽爻而吉底，又有凶底；有陰居陰爻而吉底，又有凶底；有有應而吉底，有有應而凶底，是「不可爲典要」之書也。他這箇是有那許多變，❶所以如此。淵。

問：據文勢，則「內外使知懼」合作「使內外知懼」始得。曰：是如此。不知這兩句是如何。硬解時也解得去，但不曉其意是說甚底。上下文意都不相屬。又曰：上文說「不可爲典要」，下文又說「既有典常」，這都不可曉。常，猶言常理。學蒙。

「使知懼」，便是使人有戒懼之意。《易》中說如此則吉、如此則凶是也。既知懼，則雖無師保，一似臨父母相似，常恁地戒懼。淵。

右第八章

「其初難知」至「非其中爻不備」，若解也硬解了，但都曉他意不得。這下面却說一箇「噫」字，都不成文章，不知是如何。後面說「二與四同功」、「三與五同功」，却說得好。但「不利遠者」也曉不得。學蒙。

問「雜物撰德，辨是與非，則非其中爻不備」。曰：這樣處曉不得，某常疑有闕文。先儒解此多以爲互體。如屯卦，震下坎上，就中間四爻觀之，❷自二至四則爲坤，自三至五則爲艮，故曰：「非其中爻不備。」互體說漢儒多用之，《左傳》中一處說占得觀卦處，亦舉得分明。看來此說亦不可廢。學履。

問：「其要无咎，其用柔中也。」近君則

❶「他這箇」，三字原脱，今據朝鮮本補。
❷「間」，原作「問」，今據萬曆本改。

當柔和，遠去則當有强毅剛果之象始得，此二之所以不利。然而居中，所以无咎。曰：❶也是恁地說。

問：上下貴賤之位，何也？曰：四、二，則四貴而二賤；五、三，則五貴而三賤；上、初，則上貴而初賤。上雖無位，然本是貴重，所謂「貴而無位，高而無民」，在人君則爲天子父、天子師，在他人則清高而在物外，不與事者，此所以爲貴也。銖。

右第九章

問：道有變動，故曰爻；爻有等，故曰物；物相雜，故曰文。曰：道有變動，不是指那陰陽老少之變，是説卦中變動。如乾卦六畫，初潛，二見，三惕，四躍，這箇便是有變動，所以謂之爻。爻中自有等差，或高或低，或遠或近，或貴或賤，皆謂之等，《易》中便可見。如說：「遠近相取而悔吝生。」「近而不相得則凶。」「二與四同功而異位，二多譽，四多懼，近也。」「三與五同功而異位，三多凶，五多功，貴賤之等也。」又曰：「列貴賤者存乎位。」皆是等也。物者，想見古人占卦必有箇物事名爲「物」，而今亡矣。這箇物是那列貴賤、辨尊卑底。「物相雜，故曰文」，如有君又有臣，便爲君臣之文。是兩物相對待在這裏，故有文；若相離去，不相干，便不成文矣。卦中有陰爻，又有陽爻，相間錯，則爲文。若有陰無陽，有陽無陰，如何得有文？學履。

右第十章

「其辭危」，是有危懼之意，故危懼者能使之安平，慢易者能使之傾覆。《易》之書，於萬物之理無所不具，故曰「百物不廢」。

❶「曰」，原脱，今據《朱文公易説》卷一四補。

「其要」，是約要之義。若作平聲，則是要其歸之意。又曰：「要」，去聲，是要恁地；「要」，平聲，是這裏取那裏意思。又曰：「其要」只欲「无咎」。

右第十一章

或問：乾是至健不息之物，經歷艱險處多。雖有險處，皆不足爲其病，自然足以進之而無難否？曰：不然。舊亦嘗如此説，覺得終是硬説。《易》之書本意不如此，正要人知險而不進，不説是恃我至健順了，❶凡有險阻，只認冒進而無難。如此大非聖人作《易》之意。觀上文云：「《易》之興也，其當殷之末世，周之盛德邪？」至「此之謂《易》之道也」，看他此語，但是恐懼危險，不敢輕進之意。乾之道便是如此。卦中皆然，所以多説「見險而能止」，如需卦之類。可見《易》之道正是要人知進退存亡之道，若是冒險前進，必陷於險，是「知進而不知退，知存而不知亡」，豈乾之道邪？惟其至健而知險，故止於險而不陷於險也。又曰：此是就人事上説。又曰：險與阻不同。險是自上視下，見下之險，故不敢行。阻是自下觀上，爲上所阻，故不敢進。僩。○學履録少異。

問「夫乾天下之至健也，德行至知阻」。曰：不消先説健順。好底物事，自是知險阻。恰如良馬，他才遇險阻處，便自不去了。如人臨懸崖之上，若説不怕險，要跳下來，必跌殺。良久又曰：此段專是以憂患之際而言。且如健當憂患之際，則知險之不可乘；順當憂患之際，便知阻之不可越：這都是當憂患之際、處憂患之道當如此。

❶「恃」，原脱，今據朝鮮本補。

因憂患，方生那知險、知阻。若只就健順上看，便不相似。如下文説「危者使平，易者使傾」，「能説諸心，能研諸慮」，皆因憂患説。大要乾坤只是循理而已，他若知得前有險之不可乘而不去，則不陷於險；知得前有阻之不可冒而不去，則不困於阻。若人不循理，以私意行乎其間，其過乎剛者，雖知險之不可乘，却硬要乘，則陷於險矣；雖知阻之不可越，却硬要越，則困於阻矣。只是順理便無事。又問：在人固是如此，以天地言之則如何？曰：在天地自是無險阻。這只是大綱説箇乾坤底意思如此。又曰：順自是畏謹，宜其不越夫阻。如健却宜其不畏險，然却知險而不去。蓋他當憂患之際故也。又問「簡易」。曰：若長是易時，更有甚麽險？他便不知險矣。若長是簡時，更有甚麽阻？他便不知阻矣。只是當憂患之際方見得。僩。

「乾，天下之至健」，更著思量。看來聖人無冒險之事，須是知險便不進向前去。又曰：他只是不直撞向前，自别有一箇路去。如舜之知子不肖，則以天下授禹相似。又曰：這只是説剛健之理如此。莫硬去天地上説。

因説乾坤知險阻，非是説那定位底險阻。乾是箇至健底物，自是見那物事皆低。坤是至順底物，自是見那物事都大。敬子云：如云「能勝物之謂剛，故常信於萬物之上」相似。曰：然。如云「膽欲大而心欲小」。「至健恒易以知險」，如「膽欲大」；「至順恒簡以知阻」，如「心欲小」。又如云「大心則□天而道，❶小心則畏義而節」相

❶「□」，原無，今據朝鮮本及《朱文公易説》卷一四增。

似。李云：如人欲渡，若風濤洶湧，未有要緊，不渡也不妨；萬一有君父之急，也只得渡。曰：固是如此。只是未説到這裏。在這箇，又是説處那險阻，聖人固自有道以處之。這裏方説知險阻，知得了，方去處他。問：如此，則乾之所見無非險，坤之所見無非阻矣。曰：不然。他是至健底物，自是見那物事低。如人下山坂，自上而下，但見其險，而其行也易。坤是至順底物，則自下而上，但見其阻。險阻只是一箇物事，一是自上而視下，一是自下而視上。若見些小險便止了，不敢去，安足爲健？若不顧萬仞之險，只認從上面擂將下，❶此又非所以爲乾。若見些小阻便止了，不敢上去，固不是坤；若不顧萬仞之阻，必欲上去，又非所以爲坤。所説險阻與《本義》異。○僩。

乾健，而以易臨下，故知下之險。險底意思在下。坤順，而以簡承上，故知上之阻。阻是自家低，他却高底意思。自上面下來，到那去不得處，便是險。自下而上，上到那去不得處，便是阻。《易》只是這兩箇物事，自東而西也是這箇，自西而東也是這箇，左而右，右而左，皆然。淵。

因言乾坤簡易，知險、知阻，而曰：知險阻便不去了。惟其簡易，所以知險阻而不去。敬子云：今行險徼倖之人，雖知險阻而猶冒昧以進。惟乾坤德行本自簡易，所以知險阻。僩。

問「乾常易以知險，坤常簡以知阻」。曰：乾健，則看什麽物都剌音辣。將過去。坤則有阻處便不能進，故只是順。如上壁相似，上不得自是住了。後復云：前説差了。乾

❶「認」，萬曆本作「恁」。

雖至健，知得險了却不下去。坤雖至順，知得阻了更不上去。以人事言之，若健了一向進去，做甚收殺？或録云：乾到險處便止不行，所以爲常易。○學蒙。

又説「知險」、「知阻」，曰：舊因登山而知之。自上而下，則所見爲險；自下而上，則所向爲阻。蓋乾則自上而下，坤則自下而上。健則遇險亦易，順則遇阻亦簡。然易則可以濟險，而簡亦有可涉阻之理。㽦。

因登山而得乾坤險阻之説。尋常將險阻作一箇意思，其實自高而下愈覺其險，乾以險言者如此；自下而升自是阻礙在前，坤以阻言者如此。謨。

自山下上山爲阻，故指坤而言。自山上觀山下爲險，故指乾而言。敬仲。

《易》只是一陰一陽，做出許多樣事。「夫乾」、「夫坤」一段，也似上面「知大始」、「作成物」意思。「説諸心」，只是見過了便説，這箇屬陽。「研諸慮」，是研窮到底，似那「安而能慮」，直是子細，這箇屬陰。「定吉凶」是陽，「成亹亹」是陰，便是上面「作成物」。且以做事言之，吉凶未定時，人自意思懶散，不肯做去。吉凶定了，他自勉勉做將去，所以屬陰。大率陽是輕清底，物事之輕清底屬陽；陰是重濁底，物事之重濁者屬陰。「成亹亹」是做將去。淵。

「能説諸心」，乾也。「能研諸慮」，坤也。「説諸心」有自然底意思，故屬陽。「研諸慮」有作爲意思，故屬陰。「定吉凶」，乾也；「成亹亹」，坤也。事之未定者屬乎陽，「定吉凶」所以爲乾。事之已爲者屬陰，「成亹亹」所以爲坤。大抵言語兩端處皆有陰陽。如「開物成務」，開物是陽，成務是陰。如「致知」、「力行」，致知是陽，力行是陰。周子之書屢發此意，推之可見。謨。

「能説諸心，能研諸慮」，方始「能定天下之吉凶，成天下之亹亹」。凡事見得通透了，自然歡説。既「説諸心」，是理會得了，於事上更審一審，便是「研諸慮」。研，是更去研磨。「定天下之吉凶」，是剖判得這事。「成天下之亹亹」，是做得這事業。學蒙。

問「變化云爲，吉事有祥。象事知器，占事知來」。曰：上兩句只説理如此，下兩句是人就理上知得。在陰陽則爲變化，在人事則爲云爲。吉事自有祥兆。惟其理如此，故於「變化云爲」，則象之而知已有之器；於「吉事有祥」，則占之而知未然之事也。又問：「器」字，是凡見於有形之實事者皆爲器否？曰：《易》中「器」字是恁地説。學履。

「變化云爲」是明，「吉事有祥」是幽，「象事知器」是人事，「占事知來」是筮。「象事知器」是人做這事去，「占事知來」是他方有箇禎祥，這便占得他。如《中庸》言「必有禎祥」、「見乎蓍龜」之類。吉事有祥，凶事亦有。淵。

問：《易》書之中有許多變化云爲，又吉事皆有休祥之應，所以象事者於此而知器，占事者於此而知來？曰：是。

「天地設位」四句説天人合處。「天地設位」，便聖人成其功能。「人謀鬼謀」，則雖百姓亦可以與其能。「成能」與「與能」，雖大小不同，然亦是小小底造化之功用。然「百姓與能」，却須因蓍龜而方知得。「人謀鬼謀」，如「謀及乃心」、「庶人」、「卜筮」相似。淵。

「百姓與能」，「與」字去聲。他無知，因卜筮便會做得事，便是「與能」。「人謀鬼謀」，猶《洪範》之謀及卜筮、卿士、庶人相似。學蒙。

「八卦以象告」以後說得叢雜，不知如何。學蒙。

問：「八卦以象告」至「失其守者其辭屈」一段，切疑自「吉凶可見矣」而上，只是總說《易》書所載如此。自「變動以利言」而下，則專就人占時上說。曰：然。又問：「《易》之情，近而不相得則凶，或害之，悔且吝」，是如何？曰：此疑是指占法而言。想古人占法更多，今不見得。蓋遠而不相得則安能爲害？惟切近不相得，則凶害便能相及。如一箇凶人，在五湖四海之外，安能害自家？若與之爲鄰近，則有害矣。又問：此如今人占《火珠林》課底，若是凶神動，與世不相干，則不能爲害；惟是克世、應世，則能爲害否？曰：恐是這樣意思。學履。

「中心疑者其辭支。」中心疑，故不敢說殺。其辭支者，如木之有枝，開兩岐去。德輔云：「思曰睿」，「學而不思則罔」，蓋亦弗思而已矣，豈有不可思惟之理！曰：固是。若不可思惟，則聖人著書立言於後世何用！德輔。

右第十二章

朱子語類卷第七十七 計一十板

周易十三

說卦

「贊於神明」，猶言「治於人」相似，謂爲人所治也，「贊於神明」，神明所贊也。聖人用「於」字恁地用，不然，只當說「幽贊神明」。此却是說見助於神明。淵。

贊，只是贊化育之贊，不解便說那贊命於神明。這只就道他爲神明所贊，所以生出這般物事來，與人做卦。淵。

「生蓍」便是「大衍之數五十」，如何恰限生出百莖物事，教人做筮用。到那「參天兩地」，❶方是取數處。看得來「陰陽」、「剛柔」四字，陰陽指二老，剛柔指二少。淵。

問：「參天兩地」，舊說以爲五生數中，天參地兩，不知其說如何？曰：如此只是三天二地，❷不見參、兩之意。「參天」者，參而三之，❸「兩地」者，兩之以二也。以方員而言，則七、八、九、六之數，都自此而起。

問：以方員而言參兩，如天之員徑一，則以圍三而參之；地之方徑一，則以圍四而兩之否？曰：然。榦。

問「參天兩地而倚數」。曰：天圓，得數之三。地方，得數之四。一畫中有三畫，

❶「參」，原作「三」，今據《朱文公易說》卷一七改。
❷「二」，原作「兩」，今據《朱文公易說》卷一七改。
❸「三」，原作「參」，今據萬曆本改。

三畫中參之則爲九，此天數也。❶陽道常饒，陰道常乏，地之數不能爲三，止於兩而已。三而兩之爲六，故六爲坤。去僞。

「參天兩地而倚數」，一箇天，參之爲三；一箇地，兩之爲二。三三爲九，三二爲六。兩其三，一其二，爲八。兩其二，一其三，爲七。二老爲陰陽，二少爲柔剛。參，不是三之數，是「往參焉」之「參」。「兼三才而兩之」，初剛而二柔，按：下二爻於三極爲地。三仁而四義，按：中二爻於三極爲人。五陽而上陰。按：上二爻於三極爲天。陽化爲陰，只恁地消縮去，無痕迹，故謂之化。陰變爲陽，其勢浸長，便較突兀，有頭面，故謂之變。陰少於陽，氣、理、數皆如此，用全用半，所以不同。至。

「參天兩地而倚數」，此在揲蓍上說。參者，元是箇三數底物事，自家從而三之。兩者，元是箇兩數底物事，自家從而兩之。雖然，却只是說得箇三在，未見得成何數。「倚數」云者，似把幾件物事挨放這裏。如已有三數，更把箇三數倚在這裏成六，又把箇三數物事倚在此成九，兩亦如之。淵。

一箇天，參之則三。一箇地，兩之則二。數便從此起。此與「大衍之數五十」各自說一箇道理，不須合來看。然要合也合得。一箇三，一箇二，衍之則成十，便是五十。淵。

天下之數都只始於三、二。謂如陽數九，只是三三而九之；陰數六，只是三二而六之。故孔子云：「三天兩地而倚數。」此數之本也。康節却云非天地之正數，是他見得不盡。康節却以四爲數。端蒙。

「倚數」，倚，是靠在那裏。且如先得箇

❶「天」下，萬曆本有「之」字。

三，又得箇三，只成六；更得箇三，方成九。若得箇二，却成八。恁地倚得數出來。有人說，「參」作「三」，謂一、三、五；「兩」謂二、四。一、三、五固是天數，二、四固是地數，然而這却是積數，不是倚數。淵。

問：「觀變於陰陽而立卦」，觀變是就蓍數上觀否？曰：恐只是就陰陽上觀，未用說到蓍數處。學履。

「觀變於陰陽」，且統說道有幾畫陰，幾畫陽，成箇甚卦。「發揮剛柔」，却是就七、八、九、六上說。初間做這卦時，未曉得是變與不變。及至發揮出剛柔了，方知這是老陰、少陰，那是老陽、少陽。淵。

問：「觀變於陰陽而立卦，發揮於剛柔而生爻。」既有卦，則有爻矣。先言卦而後言爻，何也？曰：自作《易》言之，則有爻而後有卦。此却似自後人觀聖人作《易》而言。方其立卦時，只見是卦；及細別之，則有六爻。問：陰陽剛柔一也，而別言之，何也？曰：「觀變於陰陽」，近於造化而言；「發揮剛柔」，近於人事而言。且如泰卦，以卦言之，只見得小往大來，陰陽消長之意；爻裏面便有「包荒」之類。榦。

問：近見先生《易》詩云：「立卦生爻自有因，兩儀四象已前陳。」「因」字之義如何？曰：卦爻因儀象而生。立，即兩儀生四象，四象生八卦之意。又問：生爻指言重卦否？曰：然。銖。

問「和順道德而理於義」，是就聖人上說，是就《易》上說？曰：是說《易》。又問：和順是聖人和順否？曰：是《易》去和順道德而理於義。如吉凶消長之道，順而無逆，是和順道德也。理於義，則又極其細而言，隨事各得其宜之謂也。和順道德，如

「極高明」；理於義，如「道中庸」。學履。

「和順道德而理於義」，是統説底；「窮理盡性至命」，是分説底。上一句是離合言之，下一句以淺深言之，凡卦中所説，莫非和順那道德，不悖了他。理於義，是細分他，逐事上各有箇義理。「和順」字、「理」字最好看。聖人下這般字，改移不得。不似今時，抹了却添幾字都不妨。淵。

聖人作《易》時，其中固是具得許多道理。人能體之而盡，則便似那《易》。他説那吉凶悔吝處，莫非「和順道德理於義，窮理盡性」之事。這一句本是説《易》之書如此，後人説去學問上，却是借他底。然這上也有意思，皆是自淺至深。淵。

道理須是與自家心相契，方是得他，所以要窮理。忠信進德之類，皆窮理之事。《易》中自具得許多道理，便是教人窮理、循理。淵。

「窮理」是理會得道理窮盡。「盡性」是做到盡處。如能事父，然後盡仁之性；能事君，然後盡義之性。閎祖。

「窮理」是窮得物，盡得人性，到得那天命，所以説道「性命之源」。淵。

「窮理」是「知」字上説，「盡性」是「仁」字上説，言能造其極也。至於「範圍天地」，是「至命」，言與造化一般。淵。

「窮理盡性以至於命」，這物事齊整不亂，其所從來一也。人傑。

「窮理盡性至於命」，本是就《易》上説。《易》上皆説物理，便是「窮理盡性」，即此便是「至命」。諸先生把來就人上説，能「窮理盡性」了，方「至於命」。淳。

問「窮理盡性以至於命」。曰：此言作《易》者如此，後來不合將做學者事看。如孟子盡心、知性、知天之説，豈與此是一串？却是學者事，只於窮理上着工夫，窮得理時，性與命在其中矣。橫渠之説未當。去僞。

或問：「窮理盡性以至于命」，程子之説如何？曰：理、性、命只是一物，故知則皆知，盡則皆盡，不可以次序言。但知與盡却有次第耳。

伯豐問：「窮理盡性以至於命」，程、張之説孰是？曰：各是一説。程子皆以見言，不如張子有作用。窮理是見，盡性是行，覺得程子是説得快了。如爲子知所以孝，爲臣知所以忠，此窮理也。爲子能孝，爲臣能忠，此盡性也。能窮此理，充其性之所有，方謂之盡。「以至於命」是拖脚，却説得於天者。盡性，是我之所至也；至命，是説天之所以予我者耳。昔嘗與人論舜事。「舜盡事親之道而瞽瞍底豫，瞽瞍底豫而天下化，瞽瞍底豫而天下之爲人父子者定。」知此者，是窮理者也；能此者，盡性者也。㽦。

「昔者聖人之作《易》，將以順性命之理。」聖人作《易》，只是要發揮性命之理，模寫那箇物事。下文所説陰陽、剛柔、仁義，便是性中有這箇物事。順性命之理，只是要發揮性命之理。○淵。

問：「將以順性命之理」而下，言立天、地、人之道，乃繼之以「兼三才而兩之」，此恐言聖人作《易》之由，如「觀鳥獸之文與地之宜，始作八卦」相似。蓋聖人見得三才之理，只是陰陽、剛柔、仁義，故爲兩儀、四象、八卦，也只是這道理；六畫而成卦，也只是這道理。曰：聖人見得天下只是這兩箇物事，故作《易》只是模寫出這底。問：模寫出來便所謂順性命之理，性命之理便是陰陽、剛柔、仁義否？曰：便是順性命之理。問：兼三才如何分？曰：以一卦言之，上兩畫是天，中兩畫是人，下兩畫是地。兩卦各自看，則上與三是天，五與二爲人，四與初爲地。問：以八卦言之，則九三者天之陽，六三者天之陰；九二者人之仁，六二者人之義；初九者地之剛，初六者地之柔。不知是否？曰：恁地看也得。如上便是天之陰，三便是天之陽，五便是人之仁，二便是人之義，四便是地之柔，初便是地之剛。榦。

問：「立天之道曰陰陽。」道，理也。陰陽，氣也。何故以陰陽爲道？曰：「形而上者謂之道，形而下者謂之器。」明道以爲須著如此說。然器亦道，道亦器也。道未嘗離乎器，道亦只是器之理。如這交椅是器，可坐便是交椅之理；人身是器，語言動作便是人之理。理只在器上，理與器未嘗相離，所以一陰一陽之謂道。曰：何謂一？曰：一如「一闔一闢謂之變」，只是一陰了，又一陽，此便是道。寒了又暑，暑了又寒，這道理只循環不已。「維天之命，於穆不已」，萬古只如此。淳。

「立天之道曰陰與陽」，是以氣言；「立地之道曰柔與剛」，是以質言；「立人之道曰仁與義」，是以理言。端蒙。

陰陽是陽中之陰陽，剛柔是陰中之陰陽。剛柔以質言，是有箇物了，見得是剛底柔底。陰陽以氣言。淵。

問：仁是柔，如何却屬乎剛？義是剛，如何却屬乎柔？曰：蓋仁本是柔底物事，發出來却剛，但看萬物發生時便恁地奮迅出來，❶有剛底意思。義本是剛底物事，

❶「時便」，萬曆本作「便自」。

發出來却柔，但看萬物肅殺時便恁地收斂憔悴，有柔底意思。如人，春夏間陽勝，却有懈怠處；秋冬間陰勝，却有健實處。又問：楊子雲「君子於仁也柔，於義也剛」，如何？曰：仁體柔而用剛，義體剛而用柔。銖曰：此豈所謂陽根陰、陰根陽耶？曰：然。銖。

陰陽、剛柔、仁義，看來當曰義與仁，當以仁對陽。仁若不是陽剛，如何做得許多造化？義雖剛，却主於收斂，仁却主發舒。這也是陽中之陰，陰中之陽，互藏其根之意。且如今人用賞罰，到賜與人，自是無疑，便做將去；若是刑殺時，便遲疑不肯果決。這見得陽紓陰斂，❶仁屬陽，義屬陰處。淵。

夔問：如何以仁比剛？曰：人施恩惠時，心自是直，無疑憚心。行刑罰時，心自是疑畏，萬有一失則奈何？且如春生則氣舒，自是剛；秋則氣收而漸衰，自是柔。學蒙。

「兼三才而兩之」，兼，貫通也。通貫是理本如此。兩之者，陰陽、剛柔、仁義也。方。

「兼三才而兩之。」初剛而二柔，三仁而四義，五陽而六陰。兩之，如言加一倍，本是一箇，又各加一箇爲兩。方子。

問：「分陰分陽，迭用柔剛」，陰陽、剛柔只是一理，兼而舉之否？曰：然。榦。

問：「山澤通氣」，只爲兩卦相對，所以氣通？曰：澤氣升於山，爲雲爲雨，是山通澤之氣；山之泉脉流於澤，爲泉爲水，是澤通山之氣。是兩箇之氣相通。學蒙。

❶「紓」，萬曆本作「舒」。

「山澤通氣，水火不相射。」山澤一高一下，而水脉相爲灌輸也。水火下然上沸，而不相滅息也。或曰：「射」音「亦」，與「斁」同，言相爲用而不相厭也。僩。

射猶犯也。人傑。

「射」，一音「亦」，是不相厭之義；一音「食」，是不相害。水火本相殺滅，用一物隔着却相爲用。此二義皆通。學蒙。

問：「射」或音「石」，或音「亦」，孰是？曰：音「石」。水火與風雷、山澤不相類，本是相剋底物事，今却相應而不相害。問：若以不相厭射而言，則與上文「通氣」、「相薄」之文相類，不知如何？曰：不相射，乃下文「不相悖」之意，不相悖乃不相害也。水火本相害之物，便如未濟之水火，亦是中間有物隔之；若無物隔之，則相害矣。此乃以其不害而明其相應也。榦。

「數往者順」這一段，是從卦氣上看來，也是從卦畫生處看來。恁地方交錯成六十四。淵。

「《易》逆數也」，似康節説方可通。但方圖則一向皆逆，若以圓圖看，又只一半逆，不知如何。學蒙。

「雷以動之」以下四句，取象義多，故以象言。「艮以止之」以下四句，取卦義多，故以卦言。又曰：唤「山以止之」又不得，只得云「艮以止之」。學蒙。

後四卦不言象，也只是偶然。到後兩句説「乾以君之，坤以藏之」，却恁地説得好。淵。

「帝出乎震」與「萬物出乎震」，只這兩段説文王卦。淵。

「帝出乎震」，萬物發生，便是他主宰，從這裏出。「齊乎巽」曉不得。離中虚明，可以爲南方之卦。坤安在西南，不成西北方無地。西方肅殺之地，如何云「萬物之所説」？乾西北，也不可曉，如何陰陽只來這裏相薄？「勞乎坎」，「勞」字去聲，似乎慰勞之意，言萬物皆歸藏于此，去安存慰勞他。學蒙。

問：「戰乎乾」，何也？曰：此處大抵難曉。恐是箇肅殺收成底時節，故曰「戰乎乾」。問：何以謂之「陰陽相薄」？曰：乾，陽也，乃居西北，故曰「陰陽相薄」。恐是如此，也見端的未得。榦。

問「勞乎坎」。曰：恐是萬物有所歸，有箇勞徠安定他之意。榦。

「勞乎坎」是説萬物休息底意。「成言乎艮」，艮在東北，是説萬物終始處。淵。

艮也者，萬物之所以成終而成始也。猶春冬之交，故其位在東北。方子。

「帝出乎震」以下，何以知其爲文王之卦位？曰：康節之説如此。問：子細看此數段，前兩段説伏羲卦位，後兩段自「帝出乎震」以下説文王卦位。自「神者妙萬物而爲言」下有兩段，前一段乃文王卦位，後段乃伏羲底。恐夫子之意，以爲伏羲、文王所定方位不同如此。然生育萬物既如文王所次，則其方位非如伏羲所定，亦不能變化。既成萬物，無伏羲底，則做文王底不出。竊恐文義如此説較分明。曰：如是，則其歸却主在伏羲上，恁地説也好。但後兩段却除了乾、坤，何也？曰：竊恐着一句「神者，妙萬物而爲言」引起，則乾、坤在其中矣。曰：恐是如此。問：且如雷、風、水、火、山、澤，自不可喚做神。曰：神者，乃其所以動，所以橈者是也。榦。

文王八卦，坎、艮、震在東北，離、坤、兑

在西南，所以分陰方、陽方。淵。

文王八卦不可曉處多。如離南、坎北，離、坎却不應在南北，且做水火居南北。兑也不屬金。如今只是見他底慣了，一似合當恁地相似。淵。

文王八卦有些似京房卦氣，不取卦畫，只取卦名。京房卦氣以復、中孚、屯爲次。復，陽氣之始也；中孚，陽實在内而未發也；屯，始發而艱難也。只取名義。文王八卦配四方、四時，離南、坎北、震東、兑西，若卦畫則不可移换。方子。

「水火相逮」一段，又似與上面「水火不相射」同，又自是伏羲卦。淵。

八卦次序是伏羲底，此時未有文王次序。三索而爲六子，這自是文王底。各自有箇道理。淵。

「震一索而得男」一段，看來不當專作揲蓍看。揲蓍有不依這序時便説不通。大概只是乾求於坤而得震、坎、艮，坤求於乾而得巽、離、兑。一、二、三者，以其畫之次序言也。淵。

「震一索而得男」，「索」字訓「求」字否？曰：是。又曰：非震一索而得男，乃是一索得陽爻而後成震。又曰：一説是就變體上説，謂就坤上求得一陽爻而成震卦。一説乃是揲蓍求卦，求得一陽後面二陰便是震，求得一陰後面二陽便是巽。學蒙。

乾、坤三索，則七、八固有六子之象，然不可謂之六子之策。若謂少陰、陽爲六子之策，則乾、坤爲無少陰、陽乎？淵。

卦象指文王卦言，所以乾言「爲寒，爲冰」。淵。

爲乾卦。「其究爲躁卦」，此卦是巽下一爻變則爲乾，便是純陽而躁動。此蓋言巽反爲震，震爲決躁，故爲躁卦。此亦不繫大綱領處，無得工夫去點檢他。這般處，若恁地逐段理會得來，也無意思。淵。

至之問：艮何以爲手？曰：手去捉定那物便是艮。又問：捉物乃手之用，不見取象正意。曰：也只是大概略恁地。安卿說：《麻衣》以艮爲鼻。曰：鼻者，面之山，晉管輅已如此說，亦各有取象。又問：《麻衣》以巽爲手，取義於風之舞，非是爲股？先生蹙眉曰：亂道如此之甚！義剛。

序卦

問：《序卦》或以爲非聖人之書，信乎？曰：此沙隨程氏之說也。先儒以爲非聖人之蘊，某以爲謂之非聖人之精則可，謂非《易》之緼則不可。周子分「精」與「蘊」字甚分明，《序卦》却正是《易》之蘊，事事夾雜都有在裏面。問：如何謂《易》之精？曰：如「《易》有太極，是生兩儀，兩儀生四象，四象生八卦」，這是《易》之精。問：如《序卦》中亦見消長進退之義，喚作不是精不得。曰：此正是事事夾雜有在裏面，正是蘊。須是自一箇生出來以至於無窮，便是精。榦。

《序卦》自言天地萬物、男女夫婦，是因咸、恒爲夫婦之道說起，非如舊人分天道、人事之說。大率《上經》用乾、坤、坎、離爲始終，《下經》便當用艮、兑、巽、震爲始終。淵。

問：《序卦》中有一二處不可曉處，如六十四卦獨不言咸卦，何也？曰：夫婦之道即咸也。問：恐亦如《上經》不言乾坤，但言天地，則乾坤可見否？曰：然。問：

「不養則不可以動，故受之以大過」，何也？曰：動則過矣，故小過亦曰：「有其信者必行之，故受之以小過。」問：「物不可以終壯，故受之以晉」，壯與晉何別？曰：不但如此壯而已，又更須進一步也。榦。

問：「禮義有所錯」，「錯」字陸氏兩音，如何？曰：只是作「措」字，謂禮義有所施設耳。㽦。

問：《序卦》中如所謂「緩必有所失」，似此等事，恐後人道不到。曰：然。問：「緩」字恐不是遲緩之「緩」，乃是懈怠之意，故曰：「解，緩也。」曰：緩是散漫意。問：如縱弛之類？曰：然。榦。

雜　卦

《序卦》、《雜卦》，聖人去這裏見有那無緊要底道理，也説則箇了過去。然《雜卦》中亦有説得極精處。淵。

《雜卦》反對之義，只是反覆，則其吉凶、禍福、動静、剛柔皆相反了。曰：是如此。不知如何數卦又不對了。「大畜，時也」也曉不得，又與无妄不相反，是如何。臨、觀更有與求之義。臨，以二陽言之，則二陽可以臨上四陰；以卦爻言之，則六五、上六又以上而臨下。觀，自下而觀上，則爲觀，是平聲；自上而爲物之觀，是去聲。「噬嗑，食也。賁，無色也。」義雖可通，但不相反。「謙輕」，是以謙抑不自尊重。女待男而行，所以爲漸。

「謙輕而豫怠。」輕，是卑小之義。豫，是悦之極便放倒了，如上六「冥豫」是也。去僞。

伊川説「未濟，男之窮」爲三陽失位，以

爲斯義得之。成都隱者見張欽夫，説：伊川之在涪也，方讀《易》，有箍桶人以此問伊川，伊川不能答。其人云：「三陽失位。」《火珠林》上已有，伊川不曾看雜書，所以被他説動了。

朱子語類卷第七十八

尚書一

綱領

至之問：《書》斷自唐、虞以下，須是孔子意？曰：也不可知。且如三皇之書言大道，有何不可？便删去。五帝之書言常道，有何不可？便删去。皆未可曉。道夫。

○以下論三皇五帝。

陳仲蔚問：三皇，所説甚多，當以何者爲是？曰：無理會。且依孔安國之説。五峰以爲天皇、地皇、人皇，而伏羲、神農、黄帝、堯、舜爲五帝，却無高辛、顓頊。要之，也不可便如此説。且如歐陽公説文王未嘗稱王，不知「九年大統未集」，是自甚年數起。且如武王初伐紂之時，曰「惟有道曾孫周王發」，又未知如何便稱王。假謂史筆之記，何爲未即位之前便書爲王？且如太祖未即位之前，史官只書殿前都點檢，安得便稱帝耶？是皆不可曉。又問：歐公所作《帝王世次序》，闢《史記》之誤，果是否？曰：是皆不可曉。昨日得鞏仲至書，潘叔昌託討《世本》。向時大人亦有此書，後因兵火失了，今亦少有人收得。《史記》又皆本此爲之。且如《孟子》有滕定公，及《世本》所載，則有滕成公、滕考公，又與《孟子》異，皆不可得而攷。前人之誤既不可攷，則後人之論又以何爲據耶！此事已釐革了，亦無理會處。義剛。○一本云：問：三皇當從何說？曰：只依孔安國之說。然五峰又將天、地、人作三皇，羲、農、黃、唐、虞作五帝，云是據《易繫》說當如此。要之不必如此。且如歐公作《泰誓論》，言文王不稱王，歷破史遷之說。此亦未見得史遷全不是，歐公全是。蓋《泰誓》有「惟九年，大統未集」之說，若以文王在位五十年之說推之，不知九年當從何數起。又有「曾孫周王發」之說，到這裏便是難理會，不若只兩存之。又如《世本》所載帝王世系，但有滕考公、成公，而無文公、定公，此自與《孟子》不合。理會到此，便是難曉，亦不須枉費精神。

孔壁所出《尚書》，如《禹謨》、《五子之歌》、《胤征》、《泰誓》、《武成》、《冏命》、《微子之命》、《蔡仲之命》、《君牙》等篇，皆平易，伏生所傳皆難讀。如何伏生偏記得難底，至於易底全記不得，此不可曉。如當時誥命出於史官，屬辭須說得平易，若《盤庚》之類再三告戒者，或是方言，或是當時曲折說話，所以難曉。人傑。○以下論古、今文。

伏生書多艱澁難曉，孔安國壁中書卻平易易曉。或者謂，伏生口授女子，故多錯誤，此不然。今古書傳中所引《書》語已皆如此不可曉。僩問：如《史記》引《周書》「將欲取之，必固與之」之類，此必非聖賢語。曰：此出於《老子》，疑當時自有一般書如此，故《老子》五千言皆緝綴其言，取其與己意合者則入之耳。僩。

問：林少穎說《盤》、《誥》之類皆出伏生，如何？曰：此亦可疑。蓋《書》有古文，有今文。今文乃伏生口傳，古文乃壁中之書。《禹謨》、《說命》、《高宗肜日》、《西伯戡黎》、《泰誓》等篇，凡易讀者，皆古文，況又是科斗書，以伏生書字文攷之方讀得，豈有數百年壁中之物，安得不訛損一字？又卻是伏生記得者難讀？此尤可疑。今人作全書解，必不是。大雅。

伯豐再問：《尚書》古文、今文有優劣

否？曰：孔壁之傳，漢時却不傳，只是司馬遷曾師授。如伏生《尚書》，漢世却多傳者。晁錯以伏生不曾出，其女口授，有齊音不可曉者，以意屬成，此載於史者。及觀經傳，及孟子引「享多儀」，出自《洛誥》却無差。只疑伏生偏記得難底，却不記得易底。然有一説可論難易。古人文字，有一般如今人書簡説話，雜以方言，一時記録者；有一般是做出告戒之命者。疑《盤》、《誥》之類是一時告語百姓，盤庚勸諭百姓遷都之類，是出於記録。至於《蔡仲之命》、《微子之命》、《冏命》之屬，或出當時做成底詔告文字，如後世朝廷詞臣所爲者。然更有脱簡可疑處。蘇氏《傳》中，於「乃洪大誥治」之下，略考得些小。胡氏《皇王大紀》考究得《康誥》非周公、成王時，乃武王時，蓋有「孟侯朕其弟，小子封」之語。若成王，則康叔爲叔父矣。又其中首尾只稱「文考」，成王、周公必不只稱文王。又有「寡兄」之語，亦是武王與康叔無疑，如今人稱「劣兄」之類。又唐叔得禾，傳記所載成王先封唐叔，後封康叔，決無姪先叔之理。吴才老又考究《梓材》只前面是告戒，其後都稱王，恐自是一篇，不應王告臣下不稱朕，而自稱王耳。兼《酒誥》亦是武王之時。如此則是斷簡殘編，不無遺漏，今亦無從考正，只得於言語句讀中有不可曉者闕之。又問：壁中之書，不及伏生書否？曰：如《大禹謨》又却明白條暢。雖然如此，其間大體義理固可推索，但於不可曉處闕之，而意義深遠處自當推究玩索之也。然亦疑孔壁中或只是畏秦焚坑之禍，故藏之壁間。大概皆不可考矣。按：《家語》後云，孔騰字子襄，畏秦法峻急，乃藏《尚書》於孔子舊堂壁中。又《漢記·尹敏傳》云，孔鮒所藏。○㽦。

伯豐問「《尚書》未有解」。曰：便是有費力處，其間用字亦有不可曉處。當時爲伏生是濟南人，晁錯却潁川人，止得於其女口授，有不曉其言，以意屬讀。然而傳記所引，却與《尚書》所載又無不同。只是孔壁所藏者皆易曉，伏生所記者皆難曉。如《堯典》、《舜典》、《皐陶謨》、《益稷》出於伏生，便有難曉處，如「載采采」之類。《大禹謨》便易曉。如《五子之歌》、《胤征》，有甚難記？却記不得。至如《泰誓》、《武成》皆易曉，只《牧誓》中便難曉，如「五步、六步」之類。如《大誥》、《康誥》夾著《微子之命》。穆王之時，《冏命》、《君牙》易曉，到《吕刑》亦難曉。因甚只記得難底，却不記得易底？便是未易理會。㽦。

包顯道舉所看《尚書》數條。先生曰：諸誥多是長句，如《君奭》「弗永遠念天威越我民罔尤違」，只是一句。「越」只是及，「罔尤違」是總説上天與民之意。《漢·藝文志》注謂誥是曉諭民，若不速曉，則約束不行。便是誥辭如此，只是欲民易曉。顯道曰：《商書》又却較分明。曰：《商書》亦只有數篇如此，《盤》依舊難曉。曰：《盤》却好。曰：不知怎生地盤庚抵死要恁地遷那都。若曰有水患，也不曾見大故爲害。曰：他不復更説那事頭，只是當時小民被害，而大姓之屬安於土而不肯遷，故説得如此。曰：大概伏生所傳，許多皆聱牙難曉；分明底他又却不曾記得，不知怎生地。顯道問：先儒將十一年、十三年等合九年説，以爲文王稱王，不知有何據？曰：自太史公以來皆如此説了，但歐公力以爲非。東坡亦有一説。但《書》説「惟九年大統未集，予小子其承厥志」，却有這一箇痕瑕。或推《泰誓》諸篇皆只稱「文考」，至《武成》方稱「王」，只是當初「三分天下有其二」，以服事殷」，也只是羈縻，那事體自是不同了。義剛。

《書》有兩體，有極分曉者，有極難曉者。某恐如《盤庚》、《周誥》、《多方》、《多士》之類，是當時召之來而面命之，面教告之，自是當時一類説話；至於《旅獒》、《畢命》、《微子之命》、《君陳》、《君牙》、《冏命》之屬，則是當時修其詞命。所以當時百姓都曉得者，有今時老師宿儒之所不曉；今人之所不曉者，未必不當時之人却識其詞義也。道夫。

《書》有易曉者，恐是當時做底文字，或是曾經修飾潤色來。其難曉者，恐只是當時説話。蓋當時人説話自是如此，當時人自曉得，後人乃以爲難曉爾。若使古人見今之俗語，却理會不得也。以其間頭緒多，若去做文字時説不盡，故只直記其言語而已。廣。

《尚書》諸命皆分曉，蓋如今制誥，是朝廷做底文字。諸誥皆難曉，蓋是時與民下説話，後來追録而成之。方子。❶

《典》、《謨》之書，恐是曾經史官潤色來。如周《誥》等篇，恐只似如今榜文曉諭俗人者，方言俚語隨地隨時各自不同。林少穎嘗曰：如今人「即日伏惟尊候萬福」，使古人聞之，亦不知是何等説話。人傑。

《尚書》中《盤庚》、五《誥》之類實是難曉。若要添減字硬説將去儘得，然只是穿鑿，終恐無益耳。時舉。

❶「方子」，二字原脱，今據朝鮮本補。

安卿問何緣無宣王書。曰：是當時偶然不曾載得。又問康王何緣無詩。❶曰：某切以《昊天有成命》之類，便是康王詩，而今人只是要解那成王做王業後，便不可曉。且如《左傳》不明説作成王詩。後韋昭又且費盡氣力要解從那王業上去，不知怎生地。義剛。

道夫請先生點《尚書》以幸後學。曰：某今無工夫。曰：先生於《書》既無解，若更不點，則句讀不分，後人承舛聽訛，卒不足以見帝王之淵懿。曰：公豈可如此説，焉知後來無人？道夫再三請之，曰：《書》亦難點。如《大誥》語句甚長，今人卻都碎讀了，所以曉不得。某嘗欲作《書説》，竟不曾成。如制度之屬，祇以疏文爲本。若其他未穩處，更與挑剔令分明便得。又曰：《書疏》載「在璇璣玉衡」處，先説箇天，今人讀着，亦無甚緊要。以某觀之，若看得此，則亦可以粗想象天之與日月星辰之運，進退疾遲之度，皆有分數，而曆數大概亦可知矣。道夫。○讀《尚書》法。

或問讀《尚書》。曰：不如且讀《大學》。若《尚書》，卻只説治國、平天下許多事較詳。如《堯典》「克明俊德，以親九族」，❷至「黎民於變」，這展開是多少！《舜典》又詳。賀孫。

問致知讀書之序。曰：須先看《大學》。然六經亦皆難看，所謂「聖人有郢書，後世多燕説」是也。如《尚書》，收拾於殘闕之餘，卻必要句句義理相通，必至穿鑿。不若且看他分明處，其他難曉者姑闕之可也。

❶「問」，原作「聞」，今據朝鮮本、萬曆本改。
❷「以」，原脱，今據朝鮮本補。

程先生謂讀書之法，「當平其心，易其氣，闕其疑」是也。且先看聖人大意，未須便以己意參之。如伊尹告太甲，便與傅説告高宗不同。伊尹之言諄切懇到，蓋太甲資質低，不得不然。若高宗則無許多病痛，所謂「黷于祭祀，時謂弗欽」之類，不過此等小事爾。學者亦然，看得自家病痛大，則如伊尹之言正用得着。蓋有這般病，須是這般藥。讀聖賢書，皆要體之於己，每如此。謨。

問：「《尚書》難讀，蓋無許大心胸。」他書亦須大心胸方讀得，如何程子只説《尚書》？曰：他書却有次第。且如《大學》，自格物、致知以至平天下，有多少節次？《尚書》只合下便大。如《堯典》自「克明俊德，以親九族」，至「黎民於變時雍」，展開是大小大。分命四時成歲，便是心中包一箇三百六十五度四分度之一底天，方見得恁地。若不得一箇大底心胸，如何了得！賀孫。

某嘗患《尚書》難讀，後來先將文義分明者讀之，聱訛者且未讀。如二《典》三《謨》等篇，義理明白，句句是實理。堯之所以爲君，舜之所以爲臣，皐陶、稷、契、伊、傅輩所言所行，最好紬繹玩味。體貼向自家身上來，其味自別。謨。

讀《尚書》，只揀其中易曉底讀。如「期三百有六旬有六日，以閏月定四時成歲」，此樣雖未曉，亦不緊要。節。

二《典》三《謨》，其言奥雅，學者未遽曉會。後面《盤》、《誥》等篇又難看。且如《商書》中伊尹告太甲五篇，説得極切。其所以治心脩身處，雖爲人主言，然初無貴賤之别，宜取細讀，極好。今人不於此等處理會，却只理會《小序》。某看得《書小序》不是孔子作，❶只是周、秦間低手人作。然後人亦自理會他本義未得。且如「皋陶矢厥謨，禹成厥功，帝舜申之」。申，重也。序者本意先説皋陶，後説禹，謂舜欲令禹重説，故將「申」字係「禹」字。蓋伏生《書》以《益稷》合於《皋陶謨》，而「思曰贊贊襄哉」與「帝曰：『來，禹，汝亦昌言！』禹拜曰：『都，❷帝，予何言？予思日孜孜。』」相連。「申之」二字，便見是舜令禹重言之意。此是序者本意。今人都不如此説，説得雖多，皆非其本意也。又曰：「以義制事，以禮制心」，此是内外交相養法。事在外，義由内制；心在内，禮由外作。銖問：禮莫是攝心之規矩否？曰：禮只是這箇禮，如顔子非禮勿視、聽、言、動之類，皆是也。又曰：今學者别無事，只要以心觀衆理。理是心中所有，常存此心，以觀衆理，只是此兩事耳。銖。

問可學近讀何書。曰：讀《尚書》。曰：《尚書》如何看？曰：須要考歷代之變。曰：世變難看。唐、虞、三代事浩大闊遠，何處測度？不若求聖人之心。如堯則考其所以治民，舜則考其所以事君。且如《湯誓》，湯曰：「予畏上帝，不敢不正。」熟讀豈不見湯之心？大抵《尚書》有不必解者，有須著意解者。不必解者，如《仲虺之誥》、《太甲》諸篇，只是熟讀，義理自分明，何俟於解！如《洪範》則須著意解。如《典》、《謨》諸篇，辭稍雅奥，亦須略解。若如《盤庚》諸篇已難解，而《康誥》之屬則已不可解矣。昔日伯恭相見，語之以此，渠

❶「子」下，萬曆本有「自」字。
❷「都」，原作「俞」，今據《尚書・益稷》改。

云：亦無可闕處。因語之云：若如此，則是讀之未熟。後二年相見，云：誠如所說。可學。

問：讀《尚書》，欲裒諸家説觀之，如何？先生歷舉王、蘇、程、陳、林少穎、李叔易十餘家解訖，却云：便將衆説看未得。且讀正文，見箇意思了，方可如此將衆説看。《書》中易曉處直易曉，其不可曉處且闕之。如《盤庚》之類，非特不可曉，便曉了亦要何用？如周《誥》諸篇，周公不過是説周所以合代商之意，是他當時説話，其間多有不可解者，亦且觀其大意所在而已。又曰：有功夫時更宜觀史。必大。

語德粹云：《尚書》亦有難看者，如《微子》等篇，讀至此，且認微子與父師、少師哀商之淪喪，已將如何。其他皆然。若其文義，知他當時言語如何，自有不能曉矣。可學。

《書序》恐不是孔安國做。漢文麤枝大葉，今《書序》細膩，只似六朝時文字。《小序》斷不是孔子做。義剛。○論孔《序》。

漢人文字也不喚做好，却是麤枝大葉。《書序》細弱，只是魏、晉人文字，陳同父亦如此説。

《尚書注》并《序》，某疑非孔安國所作。蓋文字善困，不類西漢人文章，亦非後漢之文。或言：趙岐《孟子序》却自好。曰：文字絮氣悶人，東漢文章皆然。僩。

《尚書》决非孔安國所註，蓋文字困善，不是西漢人文章。安國，漢武帝時，文章豈如此！但有太麤處，决不如此困善也。如《書序》做得善弱，亦非西漢人文章也。卓。

《尚書》孔安國《傳》，此恐是魏、晉間人所作，托安國爲名，與毛公《詩傳》大段不同。今觀《序》文亦不類漢文章。漢時文字麤，魏、晉間文字細。如《孔叢子》亦然，皆是那一時人所爲。廣。

孔安國《尚書序》，只是唐人文字。前漢文字甚次第！司馬遷亦不曾從安國授《尚書》。不應有一文字軟郎當地。後漢人作《孔叢子》者，好作僞書。然此序亦非後漢時文字，後漢文字亦好。楊。

孔氏《書序》不類漢文，似李陵答蘇武書。因問：董仲舒三策，文氣亦弱，與鼂、賈諸人文章殊不同，何也？曰：仲舒爲人寬緩，其文亦如其人。大抵漢自武帝後，文字要入細，皆與漢初不同。必大。

「傳之子孫，以貽後代。」漢時無這般文章。義剛。

孔安國解經最亂道，看得只是《孔叢子》等做出來。泳。○論孔《傳》。

某嘗疑孔安國書是假書。比毛公《詩》如此高簡，❶大段爭事。漢儒訓釋文字，多是如此，有疑則闕，今此却盡釋之。豈有百千年前人説底話，收拾於灰燼屋壁中與口傳之餘，更無一字訛舛？理會不得！兼《小序》皆可疑。《堯典》一篇自説堯一代爲治之次序，至讓于舜方止，今却説是讓于舜後方作。《舜典》亦是見一代政事之終始，却説「歷試諸難」，❷是爲要受讓時作也。至後諸篇皆然。況先漢文章重厚有力量，今《大序》格致極輕，疑是晉、宋間文章。況孔《書》至東晉方出，前此諸儒皆不曾見，可疑之甚。大雅。

《尚書·小序》不知何人作，《大序》亦

❶「比」，原作「此」，今據朝鮮本改。
❷「難」，萬曆本作「艱」。

不是孔安國作，怕只是撰《孔叢子》底人作，文字軟善。西漢文字却麤大。夔孫。○論《小序》。

《書・小序》亦非孔子作，與《詩・小序》同。廣。

《書序》是得《書》於屋壁已有了，想是孔家人自做底。如《孝經序》亂道，那時也有了。燾。

《書序》不可信，伏生時無之。其文甚弱，亦不是前漢人文字，只似後漢末人。又《書》亦多可疑者，如《康誥》、《酒誥》二篇，必定武王時書，人只被作洛事在前惑之。如武王稱「寡兄」、「朕其弟」，却甚正。《梓材》一篇又不知何處録得來，此與他人言皆不領。嘗與陳同甫言，陳曰：「每常讀，亦不覺，今思之誠然。」

徐彥章問：先生却除《書序》，不以冠篇首者，豈非有所疑於其間耶？曰：誠有可疑。且如《康誥》，第述文王，不曾說及武王，只有「乃寡兄」是說武王，又是自稱之詞。然則《康誥》是武王誥康叔明矣。但緣其中有錯說周公初基處，遂使序者以爲成王時事。此豈可信。徐曰：然則殷地武王既以封武庚，而使三叔監之矣，又以何處封康叔？曰：既言以殷餘民封康叔，豈非封武庚之外將以封之乎？❶又曾見吳才老辨《梓材》一篇云：「後半截不是《梓材》，緣其中多是勉君，乃臣告君之詞，未嘗如前一截稱『王曰』，又稱『汝』，爲上告下之詞。」亦自有理。壯祖。

或問：《書》解誰者最好？莫是東坡書爲上否？曰：然。又問：但若失之簡。

❶「庚」，原作「康」，今據朝鮮本改。

曰：亦有只消如此解者。廣。○諸家解。

東坡《書》解却好，他看得文勢好。學蒙。

東坡《書》解文義得處較多，尚有粘滯，是未盡透徹。振。

諸家注解，其説雖有亂道，若内只有一説是時，亦須還它底是。《尚書》句讀，王介甫、蘇子瞻整頓得數處甚是，見得古注全然錯。然舊看郭象解《莊子》，有不可曉處，後得吕吉甫解看，却有説得文義的當者。僩。

因論《書》解，必大曰：舊聞一士人説，《注》、《疏》外當看蘇氏、陳氏解。曰：介甫解亦不可不看。《書》中不可曉處，先儒既如此解，且只得從他説。但一段訓詁如此説得通，至別一段如此訓詁便説不通，不知如何。必大。

荆公不解《洛誥》，但云：「其間煞有不可强通處，今姑擇其可曉者釋之。」今人多説荆公穿鑿，他却有如此處。若後來人解《書》，又却須要解盡。廣。

《易》是荆公舊作，卻自好。《三經義》《詩》、《書》、《周禮》。是後來作底，卻不好。如《書》説「聰明文思」，便要牽就五事上説，此類不同。銖因問：世所傳張綱《書解》，只是祖述荆公所説，或云是閩中林子和作，果否？曰：或者説如此，但其家子孫自認是它作，張綱後來作參政，不知自認與否。子孫自認之説，當時失於再扣。❶後因見汪玉山《駁張綱謚文定奏狀》略云：「一，行狀云：『公講論經旨，尤精於《書》，著爲論説，探微索隱，無一不與聖人契。世號《張氏書解》。』臣竊以王安石訓釋經義，穿鑿傅會，專以濟其刑名法術之説。如《書義》中所謂『敢於殄戮，乃以乂民。忍威不可訖，凶德不可忌』之類，皆害理教，不可以訓。綱作《書解》，掇拾安石緒餘，敷衍而潤飾之。今乃謂其言『無

❶「扣」，萬曆本作「叩」。

一不與聖人契』，此豈不厚誣聖人，疑誤學者。」○銖。

先生因說：古人説話，皆有源流，不是胡亂。荆公解「聰明文思」處，牽合《洪範》之五事，此却是穿鑿。如《小旻》詩云：「國雖靡止，或聖或否。民雖靡膴，或哲或謀，或肅或艾。」却合《洪範》五事。此人往往曾傳箕子之學。劉文公云「人受天地之中以生」等語，亦是有所師承；不然，亦必曾見上世聖人之遺書。大抵成周時，於王都建學，盡收得上世許多遺書，故其時人得以觀覽而剽聞其議論。當時諸國，想亦有書。若韓宣子適魯，見《易象》與《魯春秋》，但比王都差少耳。故孔子看了魯國書猶有不足，得孟僖子以車馬送至周，入王城，見老子，因得遍觀上世帝王之書。燾。

胡安定《書》解未必是安定所注，《行實》之類不載。但《言行録》上有少許，不多，不見有全部。專破古説，似不是胡平日意，又間引東坡説。東坡不及見安定，必是僞書。

曾彦和，熙、豐後人，解《禹貢》，林少穎、吳才老甚取之。振。

林書儘有好處，但自《洛誥》已後非他所解。祖道。

胡氏闢得吳才老解經亦過當。才老於考究上極有功夫，只是義理上自是看得有不子細。其《書》解徽州刻之。㽦。

李經叔異，伯紀丞相弟，解《書》甚好，亦善攷證。振。

吕伯恭解《書》自《洛誥》始。某問之曰：「有解不去處否？」曰：「也無。」及數日後，謂某曰：「《書》也是有難説處，今只是强解將去爾。」要之，伯恭却是傷於巧。道夫。

向在鵝湖，見伯恭欲解《書》，云：「且

自後面解起。」今解至《洛誥》，有印本是也。其文甚鬧熱。某嘗問伯恭，《書》有難通處否？伯恭初云：「亦無甚難通處。」數日，問，却云：「果是有難通處。」㽦。

問：《書》當如何看？曰：且看易曉處，其他不可曉者不要强説。縱説得出，恐未必是當時本意。近世解《書》者甚衆，往往皆是穿鑿。如吕伯恭，亦未免此也。時舉。

先生云：曾見史丞相書否？劉云：見了。看他説「昔在」二字，其説甚乖。曰：亦有好處。劉問：好在甚處？曰：如「命公後」，衆説皆云命伯禽爲周公之後。史云：成王既歸，命周公在後。看「公定，予往矣」一言，便見得是周公且在後之意。卓。

薛士龍《書》解，其學問多於地名上有工夫。㽦。

堯典

問：《序》云「聰明文思」，經作「欽明文思」，如何？曰：《小序》不可信。問：恐是作《序》者見經中有「欽明文思」，遂改換「欽」字作「聰」字否？曰：然。人傑。

「若稽古帝堯」，作書者叙起。振。

林少穎解「放勳」之「放」作「推而放之四海」之「放」，比之程氏説爲優。廣。

「安安」只是箇重疊字，言堯之聰明文思皆本於自然，不出於勉强也。「允」則是信實，「克」則是能。廣。

「安安」，若云止其所當止。上「安」字是用，下「安」字是體。「成性存存」亦然。又恐只是重字，若小心翼翼，安安、存存亦然，皆得。振。

「允恭克讓」，從張綱說，謂信恭能讓。作《書》者贊詠堯德如此。德明。

「允恭克讓」，程先生說得義理亦好，只恐《書》意不如此。程先生說多如此，《詩》尤甚。然却得許多義理在其中。振。

格，至也。「格于上下」，上至天，下至地也。廣。

「克明俊德」，是「明明德」之意。德明。

「克明俊德」，只是說堯之德，與文王「克明德」同。廣。

「克明俊德」只是明己之德，詞意不是明俊德之士。振。

顯道問：《堯典》自「欽明文思」以下皆說堯之德，則所謂「克明俊德」者，古注作「能明俊德之人」似有理。曰：且看文勢，不見有用人意。又問：「納于大麓，烈風雷雨弗迷」，說者或謂大録萬機之政，或謂登封太山，二說如何？曰：《史記》載：「使舜入山林，烈風雷雨，弗迷其道。」當從《史記》。人傑。

任道問：《堯典》「以親九族」，說者謂上至高祖，下至元孫。林少潁謂：若如此，只是一族。所謂九族者，父族四，母族三，妻族二。是否？曰：父族謂本族，姑之夫，姊妹之夫，女子之夫家。母族謂母之本族，母族與姨母之家。妻族則妻之本族與其母族是也。上殺、下殺、旁殺，只看所畫宗族圖可見。人傑。

「九族」且從古注。「克明德」是再提起堯德來說。「百姓」或以爲民，或以爲百官族姓，亦不可攷，姑存二說可也。「釐」則訓治。「釐降」只是他經理二女下降時事爾。廣。

九族以三族言者較大，然亦不必如此泥，但其所親者皆是。「胤子朱」做丹朱說甚好。然古有亂國，堯所舉，又不知是誰。鯀殛而禹爲之用，聖人大公，無豪髮之私。禹亦自知父罪當然。振。

「平章百姓」，只是近處百姓，「黎民」則合天下之民言之矣。《典》、《謨》中百姓只是説民，如「罔咈百姓」之類。若是《國語》中説百姓，則多是指百官族姓。廣。

「百姓」，畿内之民，非百官族姓也。此「家齊而後國治」之意。「百姓昭明」，乃三綱五常皆分曉，不鶻突也。人傑。

「百姓昭明」，百姓只是畿内之民。昭明只是與它分别善惡，辨是與非。以上下文言之，即齊家、治國、平天下之事。㽦。

問：《孔傳》云「百官族姓」，程子謂古無此説。《吕刑》只言「官百族姓」。後有「百姓不親」、「干百姓」、「咈百姓」皆言民，豈可指爲百官族姓？《後漢書》亦云部刺史職在「辨章百姓，宣美風俗」，「辨章」即平章也。過又云：❶族姓亦不可不明。先生只曰：未曾如此思量。過。

堯、舜之道，如「平章百姓」、「黎民於變時雍」之類皆是，幾時只是安坐而無所作爲！履孫。

羲、和即是那四子。或云有羲伯、和伯，共六人，未必是。義剛。

羲、和主曆象授時而已，非是各行其方之事。德明。

曆是古時一件大事，故炎帝以鳥名官，首曰「鳳鳥氏，曆正也」。歲月日時既定，則百工之事可考其成。程氏、王氏兩説相兼，其義始備。廣。

曆是書，象是器。無曆則無以知三辰

❶「又」，原作「欲」，今據萬曆本改。

之所在，無璣衡則無以見三辰之所在。廣。

古字「宅」、「度」通用，「宅嵎夷」之類，恐只是四方度其日景以作曆耳。如唐時尚使人去四方觀望。廣。

問：「寅賓出日」、「寅餞納日」如何？曰：恐當從林少潁解。「寅賓出日」是推測日出時候，「寅餞納日」是推測日入時候，如土圭之法是也。暘谷、南交、昧谷、幽都，是測日景之處。宅，度也。古書「度」字有作「宅」字者。「東作、南訛、西成、朔易」，皆節候也。東作如立春至雨水節之類。「寅賓」則求之於日，「星鳥」則求之於夜。「厥民析、因、夷、隩」，非是使民如此，民自是如此。因者，因其析後之事。夷者，萬物收成，民皆優逸之意。「孳尾」至「氄毛」，亦是鳥獸自然如此，如今曆書記鳴鳩、拂羽等事。程泰之解暘谷、南交、昧谷、幽都，以爲築一臺而分爲四處，非也。古注以爲羲仲居治東方之官，非也。若如此，只是東方之民得東作，他處更不耕種矣；西方之民享西成，他方皆不斂穫矣。大抵羲、和四子皆是掌曆之官，觀於「咨汝羲暨和」之辭可見。「敬致」乃冬、夏致日，春、秋致月是也。春、秋分無日景，夏至景短，冬至景長。人傑。

「平秩東作」之類，只是如今穀雨、芒種之節候爾。林少潁作「萬物作」之「作」説，即是此意。廣。

「東作」只是言萬物皆作，當春之時，萬物皆有發動之意，與「南訛」、「西成」爲一類，非是令民耕作。羲仲一人，東方甚廣，如何管得許多！德明。

「敬致」只是「冬、夏致日」之「致」。「寅賓」是賓其出，「寅餞」是餞其入，「敬致」是致其中。北方不説者，北方無日故也。廣。

「朔易」亦是時候，歲亦改易於此，有終而復始之意。在，察也。廣。

《堯典》云「期三百六旬有六日」，而今一歲三百五十四日者，積朔空餘分以爲閏。朔空者，六小月也。餘分者，五日四分度之一也。大雅。

自「疇咨若時登庸」到篇末，只是一事，皆是爲禪位設也。一舉而放齊舉胤子，再舉而驩兜舉共工，三舉而四岳舉鯀，皆不得其人，故卒以天下授舜。廣。

伯恭説「子朱啓明」之事不是。此乃爲放齊黷款。堯問「疇咨若時登庸」，放齊不應舉一箇明於爲惡之人。此只是放齊不知子朱之惡，失於薦揚耳。德明。

包顯道問：朱先稱「啓明」，後又説他「嚚訟」，恐不相協。曰：便是放齊以白爲黑，夔孫録云：問：「啓明」與「嚚訟」相反，「静言庸違」則不能成功，却曰「方鳩孱功」。曰：便是驩兜以白爲黑云云。以非爲是，所以舜治他。但那人也是崎嶢。且説而今暗昧底人，解與人健訟不解？惟其啓明後，方解嚚訟。又問：堯既知鯀，如何尚用之？曰：鯀也是有才智，想見只是狠拗自是，所以弄得恁地狼當，所以《楚辭》説「鯀倖直以亡身」。必是他去治水，有不依道理處，壞了人多，弄八九年無收殺，故舜殛之。義剛。夔孫録略。

共工、驩兜，看得來其過惡甚於放齊、胤子朱。廣。

「僝功」亦非灼然知是爲見功，亦且是依古注説。「亦厥君先敬勞」，「肆徂厥敬勞」，「肆往姦宄殺人歷人宥」，「肆亦見厥君事，戕敗人宥」之類，都不成文理，不可曉。

「象恭滔天」，「滔天」二字羨，因下文而誤。廣。

四岳只是一人，四岳是總十二牧者，百揆是總九官者。義剛。

問：四岳是十二牧之長否？曰：《周官》言「内有百揆、四岳」，則百揆是朝廷官之長，四岳乃管領十二牧者。四岳通九官、十二牧爲二十有二人，則四岳爲一人矣。又堯咨四岳以「汝能庸命巽朕位」，不成堯欲以天下與四人也。又《周官》一篇説三公六卿甚分曉，漢儒如楊雄、鄭康成之徒，以至晉杜元凱，皆不曾見，直至東晉，此書方出。伏生書多説司徒、司馬、司空，❶乃是諸侯三卿之制，故其誥諸侯多引此。《顧命》排列六卿甚整齊，太保奭、冢宰。芮伯、宗伯。彤伯、司馬。畢公、司徒。衛侯、司寇。毛公，司空。《疏》中言之甚詳。《康誥》多言刑罰事，爲其爲司寇也。❷太保、畢公、毛公，乃以三公下行六卿之職。三公本無職事，亦無官屬，但以道義輔導天子而已。漢却以司徒、司馬、司空爲三公，失其制矣。人傑。○必大録別出。

正淳問四岳、百揆。曰：四岳是總在外諸侯之官，百揆則總在内百官者。又問：四岳是一人，是四人？曰：「汝能庸命巽朕位」，不成讓與四人。又如「咨二十有二人」，乃四岳、九官、十二牧，尤見得四岳只是一人。因言：孔壁《尚書》，漢武帝時方出，又不行於世，至東晉時方顯，故楊雄、趙岐、杜預諸儒悉不曾見。如《周官》乃孔氏書，説得三公、三孤、六卿極分明，漢儒皆不知，只見伏生書多説司徒、司馬、司空，遂以此爲三公。不知此只是六卿之半，武王初是諸侯，故只有此三官。又其他篇説此

❶「司徒」，二字原脱，今據朝鮮本補。
❷「其爲」，二字原脱，今據朝鮮本補。

三官者，皆是訓誥諸侯之詞。如三郊三遂，亦是用天子之半。伏生書只《顧命》排得三公、三孤、六卿齊整，如曰太保奭、芮伯、彤伯、畢公、衛侯、毛公。召公與畢公、毛公是三公，芮伯、彤伯、衛侯是三孤。太保是冢宰，芮伯是司徒，衛侯是康叔，爲司寇，所以《康誥》中多説刑。三公只是以道義傅保王者，無職事官屬，却下行六卿事。漢時太傅亦無官屬。○必大。

「異哉」是不用亦可。「試可乃已」，言試而可則用之，亦可已而已之也。廣。

堯知鯀不可用而尚用，此等事皆不可曉。當時治水事甚不可曉。且如滔天之水滿天下，如何用工！如一處有，一處無，尚可。既「洪水滔天」，不知如何掘地注海？今水深三尺便不可下工，如水甚大，則流得幾時便自然成道，亦不用治。不知禹當時治水之事如何。楊。

「庸命」、「方命」之「命」，皆謂命令也。庸命者，言能用我之命以「巽朕位」也。方命者，言止其命令而不行也。王氏曰：「圓則行，方則止，猶今言廢閣詔令也。」蓋鯀之爲人，悻戾自用，不聽人言語，不受人教令也。廣。

先儒多疑舜乃前世帝王之後，在堯時不應在側陋。此恐不然。若漢光武只是景帝七世孫，已在民間耕稼了，況上古人壽長，傳數世後，經歷之遠，自然有微而在下者。廣。

「烝烝」，東萊説亦好。曾氏是曾彦和。自有一本孫、曾《書解》，孫是孫懲。廣。

「女于時，觀厥刑于二女」，皆堯之言。「釐降二女于潙汭，嬪于虞」，乃史官之詞，言堯以女下降於舜爾。「帝曰：欽哉！」是堯戒其二女之詞，如所謂「往之女家，必敬必戒」也。若如此說，不解亦自分明。但今解者便添入許多字了說。廣。

帝曰：「我其試哉！女于時，觀厥刑于二女。」此堯之言。釐降二女于潙汭，嬪于虞。此史官所記。釐，治也。帝曰：「欽哉！」堯之言。乃「往之女家，必敬必戒」之意。輯五瑞，是方呼喚來。乃日覲四岳、群牧。隨其到者先後見之。肆覲東后，五玉、三帛、二生、一死贄。協時月，正日，同律度量衡。修五禮，如五器，卒乃復。文當次第如此，復，只是回。象以典刑，是正刑：墨、劓、剕、宫、大辟。象猶縣象魏之象，畫之令人知。流宥五刑，正刑有疑似及可憫者，隨其重輕以流罪宥之。鞭作官刑，扑作教刑。❶鞭扑皆刑之小者。金作贖刑。鞭扑小刑之可憫者，令以金贖之。正刑則只是流，無贖法。眚災肆赦。過誤可憫，雖正刑亦赦。怙終賊刑。怙終者則賊刑。○必大。

「嬪于虞。帝曰：『欽哉！』」堯戒女也。振。

舜典

東萊謂《舜典》止載舜元年事，則是。若說此是作史之妙，則不然。焉知當時別無文字在？廣。

《舜典》自「虞舜側微」至「乃命以位」，一本無之。直自《堯典》「帝曰欽哉」而下接起「慎徽五典」，所謂伏生以《舜典》合於《堯典》也。「玄德」難曉，書傳中亦無言「玄」者。今人避諱多以「玄」爲「元」，甚非也。如「玄黄」之「玄」本黑色，若云「元黄」，是

❶「扑」，原作「朴」，今據《尚書·舜典》改。下同，不一一出校。

「子畏於正」之類也。舊來須降避諱，多以「玄」爲「真」字，如「玄冥」作「真冥」，「玄武」作「真武」。伯豐問：既諱黃帝名，又諱聖祖名，如何？曰：舊以聖祖爲人皇中之一，黃帝自是天降而生，非少典之子。其說虛誕，蓋難憑信也。人傑。

「濬哲文明，温恭允塞。」細分是八字，合而言之却只是四事。濬是明之發處，哲則見於事也。文是文章，明是明著，《易》中多言「文明」。允是就事上說，塞是其中實處。廣。

「濬哲文明，温恭允塞」是八德。問：「徽五典」是使之掌教，「納于百揆」是使之宅百揆，「賓于四門」是使之爲行人之官，「納大麓」恐是爲山虞之官。曰：若爲山虞，則其職益卑。且合從《史記》說，使之入山，雖遇風雨，弗迷其道也。人傑。

「納于大麓」，當以《史記》爲據，謂如治水之類。「弗迷」謂舜不迷於風雨也。若主祭之說，某不敢信。且雷雨在天，如何解迷？仍是舜在主祭，而乃有風雷之變，豈得爲好！義剛。

「烈風雷雨弗迷」，只當如太史公說。若從主祭說，則「弗迷」二字說不得。弗迷乃指人而言也。廣。

堯命舜曰：「三載，汝陟帝位。」「舜讓于德弗嗣」，則是不居其位也。其曰「受終于文祖」，則是攝行其事也。故舜之攝不居其位，不稱其號，只是攝行其職事爾。到得後來舜遜于禹，不復言位，止曰「總朕師」爾。其曰「汝終陟元后」，則今不陟也。「率百官若帝之初」者，但率百官如舜之初爾。廣。

舜居攝時，不知稱號謂何。觀「受終」、

「受命」，則是已將天下分付他了。廣。

堯、舜之廟雖不可考，然以義理推之，堯之廟當立於丹朱之國，所謂「修其禮物，作賓于王家」。蓋神不歆非類，民不祀非族，故《禮記》「有虞氏禘黄帝而郊嚳，祖顓頊而宗堯」，伊川以爲可疑。方子。

《書正義》「璿璣玉衡」處説天體極好。閎祖。

「在璿璣玉衡以齊七政」，《注》謂「察天文，審己當天心否」，未必然。只是從新整理起。此是最當先理會者，故從此理會去。廣。

類，只是祭天之名，其義則不可曉。與所謂「旅上帝」同，皆不可曉。然決非是常祭。廣。

問「六宗」。曰：古注説得自好。鄭氏「宗」讀爲「禜」，即《祭法》中所謂「祭時、祭寒暑、祭日、祭月、祭星、祭水旱」者。如此説，則先祭上帝，次禋六宗，次望山川，然後遍及群神，次序皆順。問：五峰取張髦昭穆之説，如何？曰：非唯用改易經文，兼之古者昭穆不盡稱宗，唯祖有功，宗有德，故云「祖文王而宗武王」。且如西漢之廟，唯文帝稱太宗，武帝稱世宗。至唐廟乃盡稱宗，此不可以爲據。雉。

問：「輯五瑞，既月，乃日覲四岳群牧，班瑞于群后。」恐只是王畿之諸侯，輯斂瑞玉是命圭合信，如點檢牌印之屬，如何？曰：不當指殺王畿。如《顧命》太保率東方諸侯，畢公率西方諸侯，不數日間諸侯皆至，如此之速。人傑。

汪季良問望、禋之説。曰：注以「至于

岱宗柴」爲句，❶某謂當以「柴望秩于山川」爲一句。道夫。

「協時月正日」，只是去合同其時日月爾，非謂作曆也。每遇巡狩，凡事理會一遍，如文字之類。廣。

「同律度量衡，修五禮、五玉、三帛、二生、一死贄。如五器，卒乃復。」舊説皆云，「如五器」謂即是諸侯五玉之器，初既輯之，至此禮既畢，乃復還之。看來似不如此。恐《書》之文顛倒了。五器，五禮之器也。五禮者，乃吉、凶、軍、賓、嘉之五禮。凶禮之器，即是衰絰之類。軍禮之器，即是兵戈之類。吉禮之器，即是簠簋之類。「如」者，亦同之義，言有以同之，使天下禮器皆歸於一。其文當作：「五玉、三帛、二生、一死贄。同律度量衡，修五禮，如五器，卒乃復。」言諸侯既朝之後，方始同其律度量衡，修其五禮，如其五器。其事既卒，而乃復還也。子蒙。

問：修五禮，吴才老以爲只是五典之禮。唐、虞時未有吉、凶、軍、賓、嘉之名，至周時方有之，然否？曰：不然。五禮只是吉、凶、軍、賓、嘉，如何見得唐、虞時無此？因説：《舜典》此段疑有錯簡，當云：「肆覲東后，五玉、三帛、二生、一死贄。協時月，正日，同律度量衡。修五禮，如五器，卒乃復。」「如」者，齊一之義。「卒乃復」者，事畢復歸也，非謂復歸京師，只是事畢還歸，故亦曰復。前説「班瑞于群后」，即是還之也。❷此二句本横渠説。○銖。

「五玉、三帛、二生、一死贄」乃倒文。

❶「注」下，朝鮮本有「家」字。

❷「即」，萬曆本作「則」。

當云：「肆覲東后，三帛、❶二生、一死贄。協時月，正日，同律度量衡。修五禮，如五器，卒乃復。」五器謂五禮之器也，如《周禮・大行人》十一年「同數器」之謂。如，即同也。「卒乃復」，言事畢則回之南岳去也。又曰：既見東后，必先有贄。見了，然後與他整齊這許多事一遍。廣。

問：贄用生物，恐有飛走。曰：以物束縛之，故不至飛走。義剛。

「卒乃復」，是事畢而歸，非是以贄爲復也。義剛。

汪季良問：五載一巡狩，還是一年遍歷四方，還是止於一方？曰：恐亦不能遍。問「卒乃復」。曰：説者多以爲如五器，輯五瑞而卒復以還之，某恐不然，只是事卒則還復爾。魯可幾問：古之巡狩，不至如後世之千騎萬乘否？曰：今以《左氏》觀之，如所謂「國君以乘，卿以旅」，國君則以千五百人衛，正卿則以五百人從，則天子亦可見矣。可幾曰：春秋之世與茆茨土堦之時，莫不同否？曰：也不然。如黄帝以師爲衛，則天子衛從亦不應大段寡弱也。道夫。

或問：舜之巡狩，是一年中遍四岳否？曰：觀其末後載「歸，格于藝祖，用特」一句，則是一年遍巡四岳矣。問：四岳惟衡山最遠，先儒以爲非今之衡山，别自有衡山，不知在甚處？曰：恐在嵩山之南。若如此，則四岳相去甚近矣。然古之天子一歲不能遍及四岳，則到一方境上會諸侯亦可。《周禮》有此禮。廣。○銖録云：唐、虞時以灊山爲南岳。五嶽亦近，非是一年只往一處。

❶「三」上，賀本補「五玉」二字。

五載一巡狩，此是立法如此。若一歲間行一遍，則去一方近處會一方之諸侯。如《周禮》所謂「十有二歲，巡狩殷國」，殷國即是會一方之諸侯，使來朝也。又云：巡狩亦非是舜時創立此制，蓋亦循襲將來，故《黄帝紀》亦云：「披山通道，未嘗寧居。」廣。

舜巡守，恐不解一年周遍得。四岳皆至遠也。揚。

巡守，只是去回禮一番。義剛。

「肇十有二州。」冀州堯所都，北去地已狹。若又分而爲幽、并二州，則三州疆界極不多了。青州分爲營州亦然。葉氏曰：「分冀州西爲并州，北爲幽州。青州又在帝都之東，分其東北爲營州。」廣。

仲默集注《尚書》，至「肇十有二州」，因云：禹即位後，又并作九州。曰：也見不得。但後面皆只說「帝命式于九圍」，「以有九有之師」，不知是甚時又復并作九州。義剛。

「象以典刑，流宥五刑，鞭作官刑，扑作教刑，❶金作贖刑。」象者，象其人所犯之罪，而加之以所犯之刑。典，常也，即墨、劓、剕、宫、大辟之常刑也。「象以典刑」，此一句乃五句之綱領，諸刑之總括，猶今之刑皆結於笞、杖、徒、流、絞、斬也。凡人所犯罪各不同，而爲刑固亦不一，然皆不出此五者之刑，但象其罪而以此刑加之。所犯合墨，則加以墨刑；所犯合劓，則加以劓刑；剕、宫、大辟皆然。猶夷虜之法，傷人者償創，折人手者亦折其手，傷人目者亦傷其目之類。「流宥五刑」者，其人所犯合此五刑，而情輕可恕，或因過誤，則全其肌體，不加刀

❶「扑」，原作「朴」，今據朝鮮本改。

鋸，但流以宥之，屏之遠方，不與民齒，如「五流有宅，五宅三居」之類是也。「鞭作官刑」者，此官府之刑，猶今之鞭撻吏人。蓋自有一項刑，專以治官府之胥吏，如《周禮》治胥吏鞭五百、鞭三百之類。「扑作教刑」，此一項學官之刑，猶今之學舍榎楚。如習射、習藝，「春、秋教以禮樂，冬、夏教以《詩》、《書》」，凡教人之事，有不率者，則用此刑扑之，如侯明、撻記之類是也。「金作贖刑」，謂鞭、扑二刑之可恕者，則許用金以贖其罪。如此解釋，則五句之義豈不粲然明白！象以典刑之輕者，有流以宥之；鞭扑之刑之輕者，有金以贖之。流宥所以寬五刑，贖刑所以寬鞭扑。聖人斟酌損益，低昂輕重，莫不合天理人心之自然，而無豪釐杪忽之差，所謂「既竭心思焉，繼之以不忍人之政」者。如何說聖人專意只在教化，刑非所急？聖人固以教化爲急，若有犯者，須以此刑治之，豈得置而不用？問：贖刑非古法。曰：然。贖刑起周穆王。古之所謂贖刑者，贖鞭扑耳。夫既已殺人傷人矣，又使之得以金贖，則有財者皆可以殺人傷人，而無辜被害者何其大不幸也！且殺之者安然居乎鄉里，彼孝子順孫之欲報其親者，豈肯安於此乎？所以屏之四裔，流之遠方，彼此兩全之也。僩。

問：「象以典刑」，如何爲象？曰：此言正法。象，如「懸象魏」之「象」。或謂畫爲五刑之狀亦可。此段《舜典》載得極好，有條理，又輕重平實。「象以典刑」謂正法，蓋畫象而示民以墨、劓、剕、宮、大辟五等肉刑之常法也。「流宥五刑」，爲流法以宥犯此肉刑之正法者。蓋其爲惡害及平人，故雖不用正法，亦必須遷移于外。「鞭作官刑，扑作教刑」，此二者若可憫，則又爲贖刑以贖之。蓋鞭扑是罪之小者，故特爲贖法俾聽贖，而不及於犯正法者。蓋流以宥五刑，贖以宥鞭扑，如此，乃平正精詳，真舜之法也。至穆王一例令出金以贖，便不是，不成殺人者亦止令出金而免！故蕭望之《贖刑議》有云：「如此，則富者得生，貧者獨死，恐開利路以傷治化。」其說極當。大率聖人作事，一看義理當然，不爲苟且姑息也。銖。

問：五刑，吳才老亦說是五典之刑，如所謂不孝之刑、不悌之刑。曰：此是亂說。凡人有罪合用五刑，如何不用？《荀子》有一篇專論此意，說得甚好。《荀子》固有不好處，然此篇卻說得儘好。銖。

五流所以寬五刑，贖刑又所以寬鞭扑之刑。石林說亦曾入思量。鄭氏說則據他意胡說將去爾。廣。

古人贖金只是用於鞭扑之小刑而已，重刑無贖。到穆王好巡幸，無錢，便遂造贖法，五刑皆有贖，墨百鍰，劓惟倍，剕倍差，宮六百鍰，大辟千鍰。聖人存此篇，所以記法之變。然其間亦多好語，有不輕於用刑底意。淳。

或問「欽哉欽哉，惟刑之恤哉」。曰：多有人解《書》做寬恤之恤，某之意不然。若做寬恤，如被殺者不令償命，死者何辜！大率是說，刑者民之司命，不可不謹，如斷者不可續，乃矜恤之恤耳。友仁。

「放驩兜于崇山」，或云在今澧州慈利縣。義剛。

「殛鯀于羽山」，想是偶然在彼而殛之。程子謂「時適在彼」是也。若曰罪之彰著或害功敗事於彼，則未可知也。大抵此等隔涉遥遠，又無證據，只說得箇大綱如此便了，不必說殺了。才說殺了，便受折難。廣。

四凶只緣堯舉舜而遜之位故，不服而抵于罪。在堯時則其罪未彰，又他畢竟是箇世家大族，又未有過惡，故動他未得。廣。

流、放、竄不是死刑。殛，伊尹言亦不是死。❶未見其說。○振。

問：舜不惟德盛，又且才高，嗣位未幾，如齊七政，覲四岳，協時月正日，同律度量衡，肇十二州，封十二山，及四罪而天下服，一齊做了。其功用神速如此。曰：聖人作處自别，故《書》稱「三載」「底可績」。德明。

林少穎解「徂落」云「魂殂而魄落」，說得好。便是魂升于天，魄降于地底意思。如「明則有禮樂，幽則有鬼神」，禮樂是可見底，鬼神是不可見底。禮是節約收縮底，便是鬼；樂是發揚舒暢底，便是神。夔孫。

堯崩，「百姓如喪考妣」，此是本分；「四海遏密八音」，以禮論之則爲過。爲天子服三年之喪，只是畿内，諸侯之國則不然。爲君、爲父皆服斬衰，君謂天子、諸侯及大夫之有地者。大夫之邑以大夫爲君，大夫以諸侯爲君，諸侯以天子爲君，各爲其君服斬衰。諸侯之大夫，却爲天子服齊衰三月，禮無二斬故也。「公之喪，諸達官之長杖。」達官，謂通於君得奏事者，各有其長杖。其下者不杖可知。文蔚問：後世不封建諸侯，天下一統，百姓當爲天子何服？曰：三月。天下服，地雖有遠近，聞喪雖有先後，然亦不過三月。文蔚。

問：「明四目，達四聰」，是達天下之聰

❶「尹」，四庫本作「川」。

明否？曰：固是。曰：孔安國言「廣視聽於四方」，如何？曰：亦是以天下之目爲目，以天下之耳爲耳之意。人傑。

「柔遠能邇。」柔遠却説得輕。能邇，是奈何得他，使之帖服之意。「三就」只當從古注。「五宅三居」，宅只訓居。人傑。

「惇德允元」，只是説自己德，使之厚其德，信其仁。「難」字只作平聲。「任」如字。「難任人」，言不可輕易任用人也。廣。

問「亮采惠疇」。曰：疇，類也，與「儔」同。惠疇，順衆也。「疇咨若予采」，舉其類而咨詢也。人傑。

禹以司空行宰相事。「汝平水土」，則是司空之職。「惟時懋哉」，則又勉以行百揆之事。廣。

禹以司空宅百揆，猶周以六卿兼三公，今以户部侍郎兼平章事模樣。義剛。

問：堯德化如此久，何故至舜猶曰「百姓不親，五品不遜」？曰：也只是怕恁地。又問：「蠻夷猾夏」是有苗否？曰：也不專指此。但此官爲此而設。義剛。

「敬敷五教，在寬。」聖賢於事無不敬，而此又其大者，故特以敬言之。在寬，是欲其優游浸漬，以漸而入也。夔孫。

「五服三就。」若大辟則就市，宮刑則如漢時就蠶室，其墨、劓、剕三刑，度亦必有一所在刑之。既非死刑，則傷人之肌體不可不擇一深密之所，但不至如蠶室爾。廣。

「五刑三就」，用三刑就三處。故大辟棄於市，宮刑下蠶室，其他底刑也是就箇隱風處。不然，牽去當風處割了耳、鼻，豈不割殺了他！夔孫。

問「五流有宅，五宅三居」。曰：五刑各有流法，然亦分作三項。如居四海之外，九州之内，或近甸，皆以輕重爲差。「五服三就」，是作三處就刑。如斬人於市，腐刑下蠶室，劓、刖就僻處。蓋劓、刖若在當風處，必致殺人。聖人既全其生，不忍如此。銖。

孟子説「益烈山澤而焚之」，是使之除去障翳，驅逐禽獸耳，未必使之爲虞官也。至舜命作虞，然後使之養育其草木禽獸耳。廣。

問：命伯夷典禮，而曰「夙夜惟寅，直哉惟清」，何也？曰：禮是見成制度，「夙夜惟寅，直哉惟清」，乃所以行其禮也。今太常有直清堂。人傑。

問「夙夜惟寅，直哉惟清」。曰：人能敬則内自直，内直則看得那禮文分明，不糊塗也。廣。

惟寅故直，惟直故清。義剛。

古者教人多以樂，如舜命夔之類。蓋終日以聲音養其情性，亦須理會得樂方能聽。璘。

古人以樂教胄子，緣平和中正。「詩言志，歌永言，聲依永，律和聲。八音克諧，無相奪倫。」古人詩只一兩句，歌便衍得來長。聲是宫、商、角、徵、羽。是聲依所歌而發，却用律以和之，如黄鍾爲宫，則太簇爲羽之類，不可亂其倫序也。永。

「直而温」，只是説所教胄子要得如此。若説做教者事，則於教胄子上都無益了。廣。

或問「詩言志，聲依永，律和聲」。曰：古人作詩，只是説他心下所存事。説出來，人便將他詩來歌。其聲之清濁長短，各依他詩之語言，却將律來調和其聲。今人却先安排下腔調了，然後做語言去合腔子，豈不是倒了！却是永依聲也。古人是以樂去就他詩，後世是以詩去就他樂，如何解興起得人！祖道。

「聲依永，律和聲」，以五聲依永，以律和聲之高下。節。

「聲依永，律和聲」，此皆有自然之調。沈存中以爲臣與民不要大，事與物大不妨。若合得自然，二者亦自大不得。可學。

聲只有五，并二變聲。律只有十二，已上推不去。聲依永，律和聲。○畨。

堲，只訓疾較好。廣。

「殄行」是傷人之行。《書》曰「亦敢殄戮用乂民」，「殄殲乃讎」，皆傷殘之義。廣。

納言，似今中書門下省。義剛。

問「夙夜出納朕命，惟允」。曰：納言之官，如今之門下審覆。自外而進入者既審之，自内而宣出者亦審之，恐「讒説殄行」之「震驚朕師」也。人傑。

稷、契、臯陶、夔、龍，這五官，秀才底官，所以教它掌教、掌刑、掌禮樂，都是那秀才做底事。如那垂與益之類，便皆是箇麤嗇底，聖賢所以只教它治虞、治工之屬，便是它只會做這般事。義剛。

「舜生三十徵庸」數語，只依古注點似好。廣。

問：張子以别生分類爲「明庶物，察人倫」，恐未安。曰：《書序》本是無證據，今引來解説更無理會了。又問：如以「明庶物，察人倫」爲窮理，不知於聖人分上着得窮理字否？曰：這也是窮理之事，但聖人於理自然窮爾。道夫。

「方設居方」，逐方各設其居方之道。《九共》九篇，劉侍讀以「共」爲「丘」，言「九丘」也。人傑。

大禹謨

《大禹謨序》「帝舜申之」。序者之意，見《書》中臯陶陳謨了，帝曰「來，禹，汝亦昌言」，故先説「臯陶矢厥謨，禹成厥功」，帝又使禹亦陳昌言耳。今《書序》固不能得《書》意，後來説《書》者又不曉序者之意，只管穿鑿求巧妙爾。廣。

自「后克艱厥后」至「四夷來王」，只是一時説話，後面則不可知。廣。

《書》中「迪」字或解爲「蹈」，或解爲「行」，疑只是訓「順」字。《書》曰：「惠迪吉，從逆凶，惟影響。」逆對順，恐只當訓順也。兼《書》中「迪」字用得本皆輕。「棐」字只與「匪」同，被人錯解作「輔」字，至今誤用。只顔師古注《漢書》曰：「棐與匪同。」某疑得之。《尚書傳》是後來人做，非漢人文章，解得不成文字。但後漢張衡已將「棐」字作「輔」字使，不知如何。「王若曰」、「周公若曰」，只是一似「如此説」底意思。若《漢書》「皇帝若曰」之類，蓋是宣導德意者敷演其語，或録者失其語而退記其意如此也。「忱」、「諶」並訓「信」，如云「天不可信」。

當無虞時，須是儆戒。所儆戒者何？「罔失法度，罔游于逸，罔淫于樂。」人當無虞時，易至於失法度，游逸淫樂，故當戒其如此。既知戒此，則當「任賢勿貳，去邪勿疑，疑謀勿成」。如此，方能「罔違道以干百姓之譽，罔咈百姓以從己之欲」。義剛。

「儆戒無虞」至「從己之欲」。聖賢言語自有箇血脉貫在裏。如此一段，他先説「儆戒無虞」，蓋「制治未亂，保邦未危」，自其未有可虞之時，必儆必戒。能如此，則不至失法度、淫于逸、遊于樂矣。若無箇儆戒底心，欲不至於失法度、不淫逸、不遊樂，不可得也。既能如此，然後可以知得賢者、邪者、正者、謀可疑者、無可疑者。若是自家身心顛倒，便會以不賢爲賢，以邪爲正，所當疑者亦不知矣，何以任之、去之、勿成之哉！蓋此三句便是從上面有三句了，方會恁地。又如此，然後能「罔違道以干百姓之譽，罔咈百姓以從己之欲」。蓋於賢否、邪正、疑審有所未明，則何者爲道，何者爲非道，何者是百姓所欲，何者非百姓之所欲哉！夔孫。

問：「水、火、金、木、土、穀惟修，正德、利用、厚生惟和」，正德是正民之德否？曰：固是。水如隄防、灌溉，金如五兵、田器，火如出火、内火、禁焚萊之類，木如「斧斤以時」之類。良久，云：古人設官掌此六府，蓋爲民惜此物，不使之妄用，非如今世之民用財無節也。「戒之用休」，言戒諭以休美之事。「勸之以《九歌》」，感動之意。但不知所謂《九歌》者如何。《周官》有「九德之歌」。大抵禹只説綱目，其詳不可攷矣。人傑。

「地平天成」，是包得下面六府三事在。義剛。

劉潛夫問：「六府三事」，林少穎云：「六府本乎天，三事行乎人。」吴才老説「上是施，下是功」。未知孰是？曰：林説是。又問「戒之用休，董之用威」，并《九歌》。曰：正是「匡之，直之，輔之，翼之」之意。《九歌》，只是九功之叙可歌。想那時田野自有此歌，今不可得見。賀孫。

「念茲在茲，釋茲在茲」，用捨皆在於此

人。「名言茲在茲，允出茲在茲」，語默皆在此人。名言則名言之。允出，則誠實之所發見者也。人傑。

法家者流，往往常患其過於慘刻。今之士大夫恥爲法官，更相循襲，以寬大爲事，於法之當死者，反求以生之。殊不知「明于五刑以弼五教」，雖舜亦不免。教之不從，刑以督之，懲一人而天下人知所勸戒，所謂「辟以止辟」。雖曰殺之，而仁愛之實已行乎中。今非法以求其生，則人無所懲懼，陷於法者愈衆。雖曰仁之，適以害之。道夫。

聖人亦不曾徒用政刑。到德禮既行，天下既治，亦不曾不用政刑。故《書》説「刑期于無刑」。只是存心期於無，而刑初非可廢。又曰：「欽哉，惟刑之恤哉」，只是説恤刑。賀孫。

「罪疑惟輕」，❶豈有不疑而强欲輕之之理乎？王季海當國，好出人死罪以積陰德，至於奴與佃客殺主亦不至死。廣録云：豈有此理！某嘗謂，雖堯、舜之仁，亦只是「罪疑惟輕」而已。○人傑。

或問「人心」、「道心」之别。曰：只是這一箇心，知覺從耳目之欲上去，便是人心；知覺從義理上去，便是道心。人心則危而易陷，道心則微而難著。微，亦微妙之義。學蒙。

舜功問「人心惟危」。曰：人心亦不是全不好底，故不言凶咎，只言危。蓋從形體上去，泛泛無定向，或是或非不可知，故言其危。故聖人不以人心爲主，而以道心爲主。蓋人心倚靠不得。人心如船，道心如

❶「疑」，原作「惟」，今據朝鮮本、萬曆本改。

柁。任船之所在，無所向；若執定柁，則去住在我。璘。

人心亦未是十分不好底，人欲只是飢欲食、寒欲衣之心爾，如何謂之危？既無義理，如何不危！士毅。

問：「人心惟危」，程子曰：「人心，人欲也。」恐未便是人欲。曰：人欲也未便是不好。謂之危者，危險，欲墮未墮之間。若無道心以御之，則一向入於邪惡，又不止於危也。方子録云：危者，欲陷而未陷之辭。子静説得是。又問：聖人亦有人心，不知亦危否？曰：聖人全是道心主宰，時舉録云：聖人純是道心。故其人心自是不危。若只是人心，也危。故曰：「惟聖罔念作狂。」又問：此「聖」字尋常只作「通明」字看，説得輕。曰：畢竟是聖而罔念便狂。銖。○時舉録同。

道心是知覺得道理底，人心是知覺得聲色臭味底。人心不全是不好，若人心是全不好底，不應只下箇「危」字。蓋爲人心易得走從惡處去，所以下箇「危」字；若全不好，則是都倒了，何止於危？危，是危殆。「道心惟微」，是微妙，亦是微昧。若説道心天理，人心人欲，却是有兩箇心。人只有一箇心，但知覺得道理底是道心，知覺得聲色臭味底是人心，不争得多。「人心，人欲也」，此語有病。雖上智，不能無此，豈可謂全不是？陸子静亦以此語人。非有兩箇心，道心、人心本只是一箇物事，但所知覺不同。❶「惟精惟一」是兩截工夫。精是辨別得這箇物事，一是辨別了又須固守他。若不辨別得時，更固守箇甚麽？若辨別得了，又不固守，則不長遠。惟能如此，所以

❶「不」，原作「下」，今據萬曆本改。

能合於中道。又曰：「惟精惟一」，猶擇善而固執之。佐。

人心亦只是一箇。知覺從飢食渴飲便是人心，知覺從君臣、父子處便是道心。微是微妙，亦是微晦。又曰：形骸上起底見識，或作「從形體上生出來底見識」。便是人心；義理上起底見識，或作「就道理上生出來底見識」。便是道心。心則一也。微者，難明，有時發見些子使自家見得，有時又不見了。惟聖人便辨之精，守得徹頭徹尾。學者則須是擇善而固執之。方子。

道心是義理上發出來底，人心是人身上發出來底。雖聖人不能無人心，如飢食渴飲之類。雖小人不能無道心，如惻隱之心是。但聖人於此擇之也精，守得徹頭徹尾。❶問：如何是「惟微」？曰：是道心略瞥見些子便失了底意思。「惟危」是人心既從形骸上發出來，易得流於惡。蓋卿。

問人心、道心。曰：如喜怒，人心也。然無故而喜，喜至於過而不能禁；無故而怒，怒至於甚而不能遏：是皆爲人心所使也。須是喜其所當喜，怒其所當怒，乃是道心。問：飢食渴飲，此人心否？曰：然。須是食其所當食，飲其所當飲，乃不失所謂道心。若飲盜泉之水，食嗟來之食，則人心勝而道心亡矣。問：人心可以無否？曰：如何無得？但以道心爲主，而人心每聽命焉耳。僩。

飢食渴飲，人心也；如是而飲食，如是而不飲食，道心也。喚做人，便有形氣，人心較切近於人。道心雖先得之，然被人心隔了一重，故難見。道心如清水之在濁水，

❶ 下「徹」，原作「微」，今據萬曆本改。

惟見其濁，不見其清，故微而難見。人心如孟子言「耳目之官不思」，道心如言「心之官則思」，故貴「先立乎其大者」。人心只見那邊利害情欲之私，道心只見這邊道理之公。有道心，則人心爲所節制，人心皆道心也。伯羽。

呂德明問「人心」、「道心」。曰：且如人知飢渴寒煖，此人心也；惻隱、羞惡，道心也。只是一箇心，却有兩樣，須將道心去用那人心方得。且如人知飢之可食，而不知當食與不當食；知寒之欲衣，而不知當衣與不當衣：此其所以危也。義剛。

飢欲食、渴欲飲者，人心也。得飲食之正者，道心也。須是一心只在道上，少間那人心自降伏得不見了，人心與道心爲一，恰似無了那人心相似。只是要得道心純一，道心都發見在那人心上。

問「人心」、「道心」。曰：飲食，人心也。非其道非其義，萬鍾不取，道心也。若是道心爲主，則人心聽命於道心耳。夔孫。

問：人心、道心，如飲食男女之欲，出於其正，即道心矣，又如何分別？曰：這箇畢竟是生於血氣。文蔚。

問：「人心惟危」，則當去了人心否？曰：從道心而不從人心。節。

道心，人心之理。節。

心只是一箇心，卓録云：人心、道心，元來只是一箇。只是分别兩邊説，人心便成一邊，道心便成一邊。精是辨之明，❶一是守之固。卓作「專」。既能辨之明，又能守之固，斯得其中矣。這中是無過不及之中。賀孫。

自人心而收之則是道心，自道心而放

❶「精」上，朝鮮本有「惟精惟一允執厥中」八字。

之便是人心。「惟聖罔念作狂，惟狂克念作聖」近之。驤。

人心如卒徒，道心如將。伯羽。

問：動於人心之微，則天理固已發見，而人欲亦已萌。天理便是道心，人欲便是人心。曰：然。可學。

問「道心惟微」。曰：義理精微難見。且如利害，最易見，是粗底，然鳥獸已有不知之者。又曰：人心、道心，只是争些子。孟子曰：「人之所以異於禽獸者幾希。」夔孫。○義剛録見下。

林武子問：道心是先得，人心是形氣所有，但地步較闊。道心却在形氣中，所以人心易得陷了道心也。是如此否？曰：天下之物，精細底便難見，麄底便易見。飢渴寒煖是至麄底，雖至愚之人亦知得。若以較細者言之，如利害，則禽獸已有不能知者。若是義理，則愈是難知。這只有些子，不多，所以説「人之所以異於禽獸者幾希」，言所争也不多。義剛。

人心者，氣質之心也，可爲善，可爲不善。道心者，兼得理在裏面。「惟精」是無雜，「惟一」是終始不變，乃能「允執厥中」。節。

人心是知覺口之於味、目之於色、耳之於聲底，未是不好，只是危。若便説做人欲，則屬惡了，何用説危？道心是知覺義理底。「惟微」是微妙，亦是微隱。「惟精」是要别得不雜，「惟一」是要守得不離。「惟精惟一」，所以能「允執厥中」。至。

問：微，是微妙難體。危，是危動難安否？曰：不止是危動難安，大凡徇人欲，自是危險。其心忽然在此，忽然在彼，又忽然在四方萬里之外，莊子所謂「其熱焦火，其寒凝冰」，凡苟免者，皆幸也。動不動便是墮坑落塹，危孰甚焉！文蔚曰：徐子融嘗有一詩，末句云：「精一危微共一心。」文蔚答之曰：「固知妙旨存精一，須別人心與道心。」曰：他底未是，但只是答他底亦慢，下一句救得少緊。當云：「須知妙旨存精一，正爲人心與道心。」又問「精一」。曰：精，是精別此二者；一，是守之固。如顏子擇中庸處便是精，得一善拳拳服膺弗失處便是一。伊川云：「惟精惟一，所以至之；允執厥中，所以行之。」此語甚好。文蔚。

程子曰：「人心，人欲，故危殆；道心，天理，故精微。惟精以致之，惟一以守之，如此方能執中。」此言盡之矣。惟精者，精審之而勿雜也；惟一者，有首有尾，專一也。此自堯、舜以來所傳，未有他議論，先有此言。聖人心法，無以易此。經中此意極多。所謂「擇善而固執之」，擇善，即惟精也；固執，即惟一也。又如「博學之，審問之，謹思之，明辨之」，皆惟精也；「篤行」又是惟一也。又如「明善」，❶是惟精也；「誠之」，便是惟一也。《大學》致知、格物，非惟精不可能；誠意，則惟一矣。學只是學此道理。孟子以後失其傳，亦只是失此。洽。

問「惟精惟一」。曰：人心直是危，道心直是微。且說道心微妙，有甚準則？直是要擇之精，直是要守之一。賜。

因論「惟精惟危」，曰：虛明安靜，乃能精粹而不雜；誠篤確固，乃能純一而無間。僩。

「惟精惟一」，舜告禹，所以且說行；不似學者而今當理會「精」也。方。

❶「明」上，朝鮮本有「中庸」二字。

精，是識别得人心、道心；一，是常守得定。允執，只是箇真知。道夫。

問精一、執中之説。曰：「惟精」是精察分明，「惟一」是行處不雜，「執中」是執守不失。大雅。

漢卿問「惟精惟一，允執厥中」一段。曰：凡事有一半是，一半不是，須要精辨其是非。「惟一」者，既辨得是非，却要守得徹頭徹尾。惟其如此，故於應事接物之際，頭頭捉着中。「惟精」是致知，「惟一」是力行，不可偏廢。杞。

問：堯、舜、禹，大聖人也，「允執厥中」，「執」字似亦大段喫力，如何？曰：聖人固不思不勉，然使聖人自有不思不勉之意，則罔念而作狂矣。經言此類非一，更細思之。人傑。

符舜功問：學者當先防人欲，正如未上船先作下水計，不如只於天理上做功夫，人欲自消。曰：堯、舜説便不如此，只云「人心惟危，道心惟微」，渠只於兩者交界處理會。堯、舜時未有文字，其相授受口訣只如此。方伯謨云：人心、道心，伊川説，天理、人欲便是。曰：固是。但此不是有兩物，如兩箇石頭様相挨相打，只是一人之心，合道理底是天理，徇情欲底是人欲。正當於其分界處理會。五峰云：「天理、人欲，同行異情。」説得最好。及至理會了，精底、一底，只是一箇人。又曰：「執中」是無執之執。如云「以堯、舜之道要湯」，何曾「要」來？璘。○可學録别出。

舜功問：人多要去人欲，不若於天理上理會。理會得天理，人欲自退。曰：堯、舜説不如此。天理、人欲是交界處，不是兩箇。人心不成都流，只是占得多；道心不成十全，亦是占得多。須是在天理則存天理，在人欲則去人欲。嘗愛五峰云：「天理、人欲，同行而異情。」此語甚好。舜功云：陸子靜説人心混混未別。曰：此説亦不妨。大抵人心、道心，只是交界，不是兩箇物。觀下文「惟精惟一」可見。德粹問：既曰「精一」，何必云「執中」？曰：「允」字有道理。惟精一，則信乎其能執中也。因舉：子靜説話，多反伊川。如「君子喻於義，小人喻於利」，解云：「惟其深喻，是以篤好。」渠却云：「好而後喻。」此語亦無害，終不如伊川。通老云：伊川云：「敬則無己可克。」曰：孔門只有箇顔子，❶孔子且使之克己，如何便會不克？此語意味長。可學。

舜、禹相傳，只是説「人心惟危，道心惟微，惟精惟一，允執厥中」，只就這心上理會，也只在日用動靜之間求之，不是去虛中討一箇物事來。「惟皇上帝，降衷于下民」，「天叙有典」，「天秩有禮」，天便是這箇道理，這箇道理便在日用間。存養，是要養這許多道理在中間，這裏正好着力。寓。

林恭甫説「允執厥中」未明。先生曰：中，只是箇恰好底道理。允，信也，是真箇執得。堯當時告舜時，只説這一句。後來舜告禹，又添得「人心惟危，道心惟微，惟精惟一」三句。是舜説得又較子細。這三句是「允執厥中」以前事，是舜教禹做工夫處，説道人心惟危，道心惟微，須是惟精惟一，方能允執厥中。堯當時告舜只説一句，是時舜已曉得那箇了，所以不復更説。舜告禹時，便是怕禹尚未曉得，故恁地説。《論語》後面説「謹權量，審法度，修廢官，舉逸

❶「箇」上，朝鮮本有「一」字。

民」之類，皆是恰好當做底事，這便是執中處。堯、舜、禹、湯、文、武治天下，只是這箇道理。聖門所説，也只是這箇。雖是隨它所問，説得不同，然却只是一箇道理。如屋相似，進來處雖不同，入到裏面，只是共這屋。大概此篇所載，便是堯、舜、禹、湯、文、武相傳治天下之大法。雖其纖悉不止此，然大要却不出此，大要却於此可見。次日，恭甫又問：道心只是仁義禮智否？曰：人心便是飢而思食、寒而思衣底心。飢而思食後，思量當食與不當食；寒而思衣後，思量當着與不當着：這便是道心。聖人時那人心也不能無，但聖人是常合著那道心，不教人心勝了道心。道心便只是要安頓教是，莫隨那人心去。這兩者也須子細辨别，所以道「人心惟危，道心惟微」，這箇便須是常常戒謹恐懼，精去揀擇。若揀得不精，又便只是人心。大概這兩句，只是箇公與私，只是一箇天理，一箇人欲。那「惟精」便是要揀教精，「惟一」便是要常守得恁地。今人固有其初揀得精，後來被物欲引從人心去，所以貴於惟一。這「惟精惟一」，便是舜教禹做工夫處。它當時傳一箇大物事與它，更無它説，只有這四句。且如「仁者先難而後獲」，那先難便是道心，後獲便是人心。又如「未有仁而遺其親，未有義而後其君」，説仁義時，那不遺親而後君自在裏面了。若是先去計較那不遺親、不後君，便是人心，便不是天理之公。義剛問：「惟精惟一」，也是就心上説否？曰：也便是就事説。不成是心裏如此，臨事又别是箇道理？有這箇心，便有這箇事；因有這箇事後，方生這箇心。那有一事不是心裏做出來底？如口説話，便是心裏要説。如「紾兄之臂」，你心裹若思量道不是時，定是不肯爲。義剛。

問：曾看無垢文字否？某說：亦曾看。問：如何？某說：如他説「動心忍性」，學者當驚惕其心，抑遏其性。如説「惟精惟一」，精者，深入而不已；一者，專致而不二。❶曰：深入之説却未是。深入從何處去？公且説人心、道心如何。某説：道心者，喜怒哀樂未發之時，所謂「寂然不動」者也。人心者，喜怒哀樂已發之時，所謂「感而遂通」者也。人當精審專一，無過不及，則中矣。曰：恁地，則人心、道心不明白。人心者，人欲也。危者，危殆也。道心者，天理也。微者，精微也。物物上有箇天理、人欲。因指書几云：如墨上亦有箇天理、人欲，硯上也有箇天理、人欲，分明與他劈做兩片，自然分曉。堯、舜、禹所傳心法，只此四句。從周。○德明録别出。

賓初見先生，先生問：前此所見如何？對以欲察見私心，云云。因舉：張無垢「人心道心」解云：「精者，深入而不已。一者，專志而無二。」亦自有力。曰：人心、道心，且要分別得界限分明。彼所謂深入者，若不察見，將入從何處去？賓曰：人心者，喜怒哀樂之已發；未發者，道心也。曰：然則已發者不得謂之道心乎？❷賓曰：了翁言：「人心即道心，道心即人心。」曰：然則人心何以謂之危？道心何以謂之微？賓曰：未發隱於内，故微；發不中節，故危。是以聖人欲其精一，求合夫中。曰：不然。程子曰：「人心，人欲也；道

❶「二」，原作「仁」，今據萬曆本改。
❷「得」，原脱，今據朝鮮本補。

心，天理也。」此處舉語録前段。所謂人心者，是氣血和合做成，先生以手指身。嗜欲之類皆從此出，故危。道心是本來禀受得仁義禮智之心。聖人以此二者對待而言，正欲其察之精而守之一也。察之精，則兩箇界限分明，專一守着一箇道心，不令人欲得以干犯。譬如一物，判作兩片，便知得一箇好，一箇惡。堯、舜所以授受之妙，不過如此。德明。

問「允執厥中」。曰：《書傳》所載，多是説無過不及之中。只如《中庸》之中，亦只説無過不及。但「喜怒哀樂之未發謂之中」一處，却説得重也。人傑。

既「惟精惟一，允執厥中」，又曰「無稽之言勿聽，弗詢之謀勿庸」。節。

因言舜、禹揖遜事，云：本是箇不好底事，被他一轉，轉作一大好事。文蔚。

舞干羽之事，想只是置三苗於度外，而示以閒暇之意。廣。

皋陶謨

問：「允迪厥德，謨明弼諧」，説者云，是形容皋陶之德。或以爲是皋陶之言。曰：下文説「謹厥身修，思永」，是「允迪厥德」意；「庶明勵翼」，是「謨明弼諧」意。恐不是形容皋陶底語。問：然則此三句是就人君身上説否？曰：是就人主身上説。謨是人主謀謨，弼是人臣輔翼。與之和合，如「同寅協恭」之意。銖。

「庶明勵翼」，庶明是衆賢樣，言賴衆明者勉勵輔翼。義剛。

問「亦行有九德，亦言其人有德」。曰：此亦難曉。若且據文勢解之，當云：

「亦言其人有德，乃言曰：載采采。」言其人之有德，當以事實言之。古注謂「必言其所行某事某事以爲驗」是也。人傑。

九德分得細密。閎祖。

皐陶九德，只是好底氣質。然須兩件揍合將來，❶方成一德，凡十八種。必大。

或問：聖賢教人，如「克己復禮」等語，多只是教人克去私欲，不見有教人變化氣質處，如何？曰：「寬而栗，柔而立，剛而無虐」，這便是教人變化氣質處。又曰：有人生下來便自少物欲者。看來私欲是氣質中一事。義剛。

「簡而廉」，廉者，隅也。簡者，混而不分明也。《論語集注》：「廉，謂稜角陗厲。」與此「簡者，混而不分明」相發。○壽昌。

因其生而第之以其所當處者，謂之叙；因其叙而與之以其所當得者，謂之秩。「天叙」便是自然底次序，君便教他居君之位，臣便教他居臣之位，父便教他居父之位，子便教他居子之位。天秩，❷便是那天叙裏面物事，如天子祭天地，諸侯祭山川，大夫祭五祀，士庶人祭其先；天子八，諸侯六，大夫四。皆是有這箇叙，便是他這箇自然之秩。義剛。

「天工人其代之」，天秩、天叙、天命、天討，既曰「天」，便自有許多般在其中。天人一理，只有一箇分不同。方。

「同寅協恭」，是上下一於敬。方。

「同寅協恭」是言君臣政事。「懋哉懋哉」即指上文五禮、五刑之類。㽦。

要「五禮有庸」、「五典五惇」，須是「同

❶「揍」，四庫本作「湊」。
❷「天」，原脱，今據朝鮮本補。

寅協恭和衷」。要「五服五章」、「五刑五用」，須是「政事懋哉懋哉」。義剛。

「天命有德，五服五章哉！天討有罪，五刑五用哉！」若德之大者，則賞以服之大者；德之小者，則賞以服之小者。罪之大者，則罪以大底刑；罪之小者，則罪以小底刑。盡是「天命」、「天討」，聖人未嘗加一豪私意於其間，只是奉行天法而已。「天叙有典，勑我五典五惇哉！天秩有禮，自我五禮有庸哉！」許多典禮，都是「天叙」、「天秩」下了，聖人只是因而勑正之，因而用出去而已。凡其所謂冠、昏、喪、祭之禮，與夫典章制度、文物禮樂、車輿衣服，無一件是聖人自做底，都是天做下了，聖人只是依傍他天理行將去。如推箇車子，本自轉將去，我這裏只是略扶助之而已。僩。

益稷

問：《益稷》篇，禹與臯陶只管自叙其功，是如何？曰：不知是怎生地。那夔前面且做是脱簡，後面却又有一段。那禹前面時只是説他無可言，但「予思日孜孜」；臯陶問他如何，他便説也要恁地孜孜，却不知後面一段是怎生地。良久，云：他上面也是説那丹朱後，故恁地説。丹朱緣如此，故不得爲天子；我如此勤苦，故有功。以此相戒其君，教莫如丹朱而如我。便是古人直，不似今人便要瞻前顧後。義剛。

止，守也。惟幾，當審萬事之幾。惟康，求箇安穩處。弼直，以直道輔之、應之。非惟人應之，天亦應之。節。

張元德問：「惟幾惟康，其弼直」，東萊

解「幾」作動，「康」作静，如何？曰：理會不得。伯恭説經多巧。良久，云：恐難如此説。問元德：尋常看「予克厥宅心」，作「存其心」否？曰：然。曰：若説「三有俊心，三有宅心」，曰「三有宅，三有俊」，則又當如何？此等處皆理會不得。解得這一處，礙了那一處。若逐處自立説解之，何書不可通！良久，云：宅者，恐是所居之位，是已用之賢；俊者，是未用之賢也。元德問「予欲聞六律、五聲、八音，在治忽，以出納五言，汝聽」。曰：亦不可曉。《漢書》「在治忽」作「七始詠」。七始，如七均之類。又如「工以納言，時而颺之，格則承之庸之，否則威之」一段，上文説「欽四鄰，庶頑讒説，若不在時，侯以明之，撻以記之，書用識哉，欲並生哉」，皆不可曉。如命龍之辭，亦曰：「朕堲讒説殄行，震驚朕師。命汝作納言，夙夜出納朕命，惟允。」皆言「讒説」，此須是當時有此制度，今不能知，又不當杜撰胡説，只得置之。元德謂：「侯以明之，撻以記之」乃是賞罰。曰：既是賞罰，當别有施設，如何只靠射？豈有無狀之人，纔射得中，便爲好人乎？元德問：「五言」，東萊釋作君、臣、民、事、物之言。曰：君、臣、民、事、物是五聲所屬。如「宫亂則荒，其君驕」，宫屬君，最大；羽屬物，最小。此是論聲。若商放緩便似宫聲。尋常琴家最取《廣陵操》，以某觀之，其聲最不和平，有臣陵其君之意。「出納五言」，却恐是審樂知政之類，如此作五言説亦頗通。又云：納言之官，如漢侍中，今給事中。朝廷誥令先過後省，可以封駁。元德問：孔壁所傳，本科斗書，孔安國以伏生所傳爲隸古定，如何？曰：孔壁所傳平易，伏生書多難曉。

如《堯典》、《舜典》、《臯陶謨》、《益稷》，是伏生所傳，有「方鳩僝功」、「載采采」等語，不可曉。《大禹謨》一篇却平易。又書中點句，如「天降割于我家不少延」，「用寧王遺我大寶龜」，「圻父薄違農父，若保宏父定辟」，與古注點句不同。又舊讀「罔或耆壽俊在厥服」作一句。今觀古記款識中多云「俊在位」，則當於「壽」字絶句矣。又問：《盤庚》如何？曰：不可曉。如「古我先王將多于前功，適于山，用降我凶德嘉績于朕邦」，全無意義。又當時遷都，更不明説遷之爲利，不遷之爲害。如《中篇》又説神説鬼。若使如今誥令如此，好一場大鶻突！尋常讀《尚書》，讀了《太甲》、《伊訓》、《咸有一德》，便着輓過《盤庚》，却看《説命》。然《高宗肜日》亦自難看。要之，讀《尚書》，可通則通；不可通，姑置之。人傑。

義剛點《尚書》，「作會」作一句，先生曰：公點得是。義剛。

「明庶以功」，恐「庶」字誤，只是「試」字。廣。

「苗頑弗即工」，此是禹治水時，調役他國人夫不動也。後方征之，既格而服，則治其前日之罪而竄之，竄之而後分北之。今説者謂苗既格而又叛，恐無此事。又曰：今三苗想只是如今之溪洞相似。溪洞有數種，一種謂之猫，未必非三苗之後也。史中説三苗之國，左洞庭，右彭蠡，在今湖北、江西之界，其地亦甚闊矣。廣。

朱子語類卷第七十九 計三十二板

尚書二

禹貢

《禹貢》一書所記地理、治水曲折，多不甚可曉。竊意當時治水事畢，却總作此一書，故自冀州王都始。如今人方量畢，總作一門單耳。禹自言「予決九川距四海，濬畎澮距川」，一篇《禹貢》不過此數語極好細看。今人説禹治水始于壺口，鑿龍門，某未敢深信。方河水洶湧，其勢迅激，縱使鑿下龍門，恐這石仍舊壅塞。又下面水未有分殺，必且潰決四出。蓋禹先決九川之水，使各通于海，又濬畎澮之水，使各通于川，使大水有所入，小水有所歸。禹只是先從低處下手。若下面之水盡殺，則上面之水漸淺，方可下手。九川盡通，則導河之功已及八分。故某嘗謂禹治水必當始于碣石、九河。蓋河患惟兖爲甚。兖州是河曲處，其曲處兩岸無山，皆是平地，所以潰決常必在此。故禹自其決處導之，用工尤難。孟子亦云：「禹疏九河，瀹濟、漯而注之海。」蓋皆自下流疏殺其勢耳。若鯀則只是築堙之，所以九載而功弗成也。銖。

禹當時治水，也只理會河患，餘處亦不大段用工夫。河水之行不得其所，故汎濫浸及他處。觀禹用功，初只在冀，以及兖、青、徐、雍，却不甚來東南。積石、龍門，所謂「作十三載乃同」者，正在此處。龍門至今横石斷流，水自上而下，其勢極可畏。向未經鑿治時，龍門正道不甚泄，故一派西衮入關陝，一派東衮往河東，故此爲患最甚。禹自積石至龍門着工夫最多。又其上散從西域去，往往亦不甚爲患。行河東者多流黄泥地中，故只管推洗泥汁，只管凝滯淤塞，故道漸狹。值上流下來纔急，故道不泄，便致横湍他處。先朝亦多造鐵爲治河器，竟亦何濟！或問：齊威塞九河以富國，事果然否？曰：當時葵丘之會，申五禁，且曰「無曲防」，是令人不得私自防遏水流，他終不成自去塞了最利害處！便是這般説話亦難憑。問：河患何爲至漢方甚？曰：《史記》表中亦自有河決之文。禹只是理河水，餘處亦因河溢有些患。看治江不見甚用力。《書》載：「岷山導江，東別爲沱；東至于澧，過九江，至于東陵；東迆，北會于匯；東爲中江，入于海。」若中間便用工夫，如何載得恁略！又云：禹治水，先就土低處用工。賀孫。

禹治水，大率多是用工於河。「治梁及岐」，是鑿龍門等處。冀州三面邊河，兖州亦邊河，故先冀即兖。揚。

禹治水，乃是自下而上了，又自上而下。後人以爲自上而下，此大不然。不先從下泄水，却先從上理會，下水泄未得，下當愈甚，是甚治水如此！

《禹貢集義》今當分解。如「冀州，既載壺口，治梁及岐」，當分作三段，逐段下注地名，漢爲甚郡縣，唐爲甚郡縣，今爲甚郡縣。下文「既修太原，至于岳陽，覃懷底績，至于衡、漳」，當爲一段。「厥土白壤」云云又爲一段，「碣石」云云又爲一段，方得子細。且先分細段解了，有解得成片者，方成片寫于後。黑水、弱水諸處，皆須細分，不可作大段寫。

《禹貢》地理，不須大段用心，以今山川都不同了。理會《禹貢》，不如理會如今地理。如《禹貢》濟水，今皆變盡了。又江水無涴，又不至澧。九江亦無尋處，後人只白捉江州。又上數千里不説一句，及到江州，數千里間連説數處，此皆不可曉者。《禹貢》但不可不知之。今地理亦不必過用心。今人説中原山川者，亦是皃説，不可見，無可攷處。舊鄭樵好説，後識中原者見之云，全不是。振。

因説三江之説多不同，銖問：東坡之説如何？曰：東坡不曾親見東南水勢，只是意想硬説。且江漢之水到漢陽軍已合爲一，不應至楊州復言三江。薛士龍説震澤下有三江入海，疑它曾見東南水勢，説得恐是。因問味别地脉之説如何。曰：禹治水，不知是要水有所歸，不爲民害，還是只要辨味點茶如陸羽之流，尋脉踏地如後世風水之流耶？且太行山自西北發脉，來爲天下之脊，此是中國大形勢。其底柱、王屋等山，皆是太行山脚。今説者分陰陽列，言「道岍及岐，至于荆山」，山脉逾河而過，爲壺口、雷首、底柱、析城、王屋、碣石。則是荆山地脉，却來做太行山脚。其所謂地脉尚説不通，況《禹貢》本非理會地脉耶！銖。

《禹貢》西方、南方殊不見禹施工處。緣是山高少水患，當時只分遣官屬，而不了事底記述得文字不整齊耳。某作《九江彭蠡辯》，《禹貢》大概可見於此。《禹貢》只載九江，無洞庭；今以其地驗之，有洞庭，無九江，則洞庭之爲九江無疑矣。洞庭、彭蠡，冬月亦涸，只有數條江水在其中。義剛。

江陵之下，❶岳州之上，是雲夢。又曰：江陵之下，連岳州，是雲夢。節。

問岷山之分支何以見。曰：只是以水驗之。大凡兩山夾行，中間必有水；兩水夾行，中間必有山。江出於岷山，岷山夾江兩岸而行，那邊一支去爲隴，他本云：那邊一支去爲江北許多去處。這邊一支爲湖南。又一支爲建康，又一支爲兩浙，而餘氣爲福建、二廣。義剛。

問《禹貢》地理。曰：《禹貢》「過」字有三義，有山過、水過、人過。如「過九江至于敷淺原」，只是禹過此處去也，若曰山過、水過便不通。時舉。

因説《禹貢》，曰：此最難説。蓋他本文自有繆誤處。且如漢水，自是從今漢陽軍入江，下至江州，然後江西一帶江水流出合大江，兩江下水相淤，故江西水出不得，溢爲彭蠡。上取漢水入江處有多少路！今言漢水「過三澨，至于大别，南入于江，東匯澤爲彭蠡」，全然不合，又如何去强解釋得！蓋禹當時只治得雍、冀數州爲詳，南方諸水皆不親見，恐只是得之傳聞，故多遺闕，又差誤如此。今又不成説他聖人之經不是，所以難説。然自古解釋者紛紛，終是與他地上水不合。又言：孟子説「瀹濟、漯而注諸海，决汝、漢，排淮、泗而注諸江」，據今水路及《禹貢》所載，惟漢入江，汝、泗自入淮，而淮自入海，分明是誤。蓋一時牽於文勢，而不暇攷其實耳。今人從而强爲之解釋，終是可笑。雉。

「東匯澤爲彭蠡」，多此一句。節。

問銖：理會得彭蠡否？銖曰：向來只據傳注，終未透達。曰：細看來經文疑有

❶「下」，原作「水」，今據朝鮮本改。

差悞。恐禹當初必是不曾親到江東西，或遣官屬往視，又是時三苗頑，弗即工，據彭蠡、洞庭之地，往往看得亦不子細。因出《三江説》并《山海經》二條云：此載得甚實。又云：浙江源疑出今婺源折嶺下。銖。

問：先生説鄭漁仲以「東爲北江入于海」爲羨文，是否？曰：然。今考之，不見北江所在。問：鄭説見之何書？曰：家中舊有之，是川本，今不知所在矣。又云：洪水之患，意者只是如今河決之類，故禹之用功處多在河，所以於兖州下記作「十有三載乃同」，此言專爲治河也。兖州是河患甚處，正今之澶、衛州也。若其他，江水兩岸多是山石，想亦無汎濫之患，禹自不須大段去理會。又云：禹治水時，想亦不曾遍歷天下。如荆州乃三苗之國，不成禹一一皆到。往往是使官屬去彼，相視其山川，具其圖説以歸，然後作此一書爾。故今《禹貢》所載南方山川，多與今地面上所有不同。廣。

地理最難理會，全合《禹貢》不著了。且如「岷山導江，東別爲沱」，今已不知沱所在。或云蜀中李冰所鑿一所，灌蔭蜀中數百里之田，恐是沱，則地勢又太上了。澧水下有一支江，或云是，又在澧下，太下了。又如「東匯澤爲彭蠡」，江亦不至此澤。敷淺原今又在德安，或恐在湖口左右。晁以道謂九江在湖口，謂有九江來此合。今以大江數之，則無許多；小數之，則又甚多。亦不知如何。揚。

薛常州作地志，不載揚、豫二州。先生曰：此二州所經歷，見古今不同，難下手，故不作。諸葛誠之要補之，以其只見册子上底故也。揚。

李得之問薛常州《九域圖》。曰：其書

細碎，不是著書手段。「予决九川距四海，濬畎澮距川」。聖人做事便有大綱領，先决九川距四海了，却逐旋爬疏小水，令至川。學者亦先識箇大形勢，如江、河、淮先合識得，渭水入河，上面漆、沮、涇等又入渭，皆是第二重事。桑欽、酈道元《水經》亦細碎。因言：天下惟三水最大：江、河與混同江。混同江不知其所出，虜舊巢正臨此江。邪迤東南流入海，❶其下爲遼海，遼東、遼西指此水而分也。又言：河東奥區，堯、禹所居，後世德薄不能有。混同江猶自是來裹河東。又言：長安山生過鄜延，然長安却低，鄜延是山尾，却高。又言：收復燕、雲時，不曾得居庸關，門却開在，所以不能守。然正使得之，亦必不能有也。方子。○學蒙録云：因說薛氏《九域志》曰：也不成文字，細碎了。禹「决九川距四海，濬畎澮距川」，這便是聖人做事綱領處。先决九川而距海，然後理會畎澮。論形勢，須先識大綱。如水則中國莫大於河，南方莫大於江。涇、渭則入河者也。先定箇大者，則小者便易攷。又曰：天下有三大水，江、河、混同江是也。混同江在虜中，虜人之都見濱此江。

胤征

問：東坡疑《胤征》。曰：袁道潔攷得是。太康失河北，至相方失河南。然亦疑羲、和是箇曆官，曠職，廢之誅之可也，何至誓師如此？大抵古書之不可考，皆此類也。大雅。

湯誓

問：「升自陑」，先儒以爲出其不意，如

❶「邪」，萬曆本作「斜」。

何？曰：此乃《序》説，經無明文。要之，今不的見陑是何地，何以辨其正道、奇道？湯、武之興，决不爲後世之譎詐。若陑是取道近，亦何必迂路？大抵讀書須求其要處。如人食肉，畢竟肉中有滋味，有人却要於骨頭上咀嚼，縱得些肉，亦能得多少？古人所謂「味道之腴」，最有理。可學因問：凡《書》傳中如此者，皆可且置之？曰：固當然。可學。

仲虺之誥

問：《仲虺之誥》，似未見其釋湯慙德處。曰：正是解他。云「若苗之有莠，若粟之有秕」，他緣何道這幾句？蓋謂湯若不除桀，則桀必殺湯。如説「推亡固存」處，自是説伐桀；至「德日新」以下，乃是勉湯。又如「天乃錫王勇智」，他特地説「勇智」兩字，便可見。《尚書》多不可曉，固難理會；然這般處，古人如何説得恁地好，如今人做時文相似。夔孫。

問：禮義本諸人心，惟中人以下爲氣禀物欲所拘蔽，所以反着求禮義自治。若成湯，尚何須「以義制事，以禮制心」？曰：「湯、武反之也」，便也是有些子不那底了。但他能恁地，所以爲湯；若不恁地，便是「惟聖罔念作狂」。聖人雖則説是「生知安行」，便只是常常恁地不已，所以不可及。若有一息不恁地，便也是凡人了。問：舜「由仁義行」，便是不操而自存否？曰：這都難説。舜只是不得似衆人恁地着心，自是操。賀孫。

湯誓

湯、武征伐，皆先自説一段義理。必大。

蔡懇問《書》所謂「降衷」。曰：古之聖賢，才説出便是這般話。成湯當放桀之初，便説：「惟皇上帝，降衷于下民。若有常性，克綏厥猷惟后。」武王伐紂時，便説：「惟天地萬物父母，惟人萬物之靈。亶聰明，作元后。元后作民父母。」傅説告高宗便説：「明王奉若天道，建邦設都，樹后王君公，承以大夫師長，不惟逸豫，惟以亂民。惟天聰明，惟聖時憲。」見古聖賢朝夕只見那天在眼前。賀孫。

孔安國以「衷」爲「善」，便無意思。「衷」只是「中」，便與「民受天地之中」一般。泳。

問：「天道福善禍淫」，此理定否？曰：如何不定？自是道理當如此。賞善罰惡亦是理當如此，不如此便是失其常理。又問：或有不如此者，何也？曰：福善禍淫，其常理也。若不如此，便是天也把捉不定了。又曰：天莫之爲而爲，它亦何嘗有意？只是理自如此。且如冬寒夏熱，此是常理當如此；若冬熱夏寒，便是失其常理。又問：失其常者，皆人事有以致之耶？抑偶然耶？曰：也是人事有以致之，也有是偶然如此時。又曰：大底物事也不會變，如日月之類。只是小小底物事會變。如冬寒夏熱之類，如冬間大熱、六月降雪是也。近年徑山嘗六七月大雪。○僩。

總説伊訓太甲説命

《商書》幾篇最分曉可玩。《太甲》、《伊訓》等篇又好看，似《説命》。蓋高宗資質高，傅説所説底細了，難看。若是伊尹與太甲説，雖是麤，却切於學者之身。太甲也不是箇昏愚底人，但「欲敗度，縱敗禮」爾。廣。

伊尹書及《説命》三篇，大抵分明易曉。廣。今人觀《書》，且看他那分明底，其難曉者且置之。政使曉得，亦不濟事。廣。

伊訓

「伊尹祠于先王。」若有服，不可入廟。必有外丙二年、仲壬四年。節。

問：《伊訓》「伊尹祠于先王，奉嗣王，祗見厥祖」。是時湯方在殯宮，太甲於朝夕奠常在，如何伊尹因祠而見之？曰：此與《顧命》、《康王之誥》所載冕服事同。意者，古人自有一件人君居喪之禮，但今不存，無以考據。蓋天子諸侯既有天下國家事體，恐難與常人一般行喪禮。廣。

古書錯繆甚多。如《史記》載《伊訓》有「方明」二字，諸家遂解如「反祀方明」之類。某攷之，只是「方」字之誤。「方」當作「乃」，即《尚書》所謂「乃明言烈祖之成德」也。雉。

「與人不求備，檢身若不及。」大概是湯急己緩人，所以引爲「日新」之實。泳。

「具訓于蒙士」，吴斗南謂古者墨刑人，以蒙蒙其首，恐不然。廣。

太甲

近日蔡行之送得鄭景望文集來，略看數篇，見得學者讀書不去子細看正意，却便從外面説是與非。如鄭文亦平和純正，氣象雖好，然所説文字處，却是先立箇己見，便都説從那上去，所以昏了正意。如説伊尹放太甲，三五板只説箇「放」字。謂《小序》所謂「放」者，正伊尹之罪；「思庸」二字，所以雪伊尹之過。此皆是閑説。正是伊尹至誠懇惻告戒太甲處，却都不説。此不可謂善讀書。學者不可不知也。時舉。

伊尹之言極痛切，文字亦只有許多，只是重，遂感發得太甲如此。《君陳》後亦好，然皆寬了，多是代言，如今代王言者做耳。

並其有邦，厥鄰乃曰：「徯我后，后來無罰！」言湯與彼皆有土諸侯，而鄰國之人乃以湯爲我后而徯其來，此可見湯得民心處。閎祖。

視不爲惡色所蔽爲明，聽不爲姦人所欺爲聰。節。

咸有一德

「爰革夏正」，只是正朔之「正」。賀孫因問：伊尹説話自分明，間有數語難曉，如「爲上爲德，爲下爲民」之類。曰：伯恭四箇「爲」字都從去聲，❶覺得□□順。賀孫因説：如「逢君之惡」，也是爲上，而非是爲德；「爲宮室妻妾之奉」，也是爲下，而非是爲民。曰：然。伊尹告太甲，却是與尋常

❶「箇」，原作「字」，今據朝鮮本改。

人説話，便恁地分曉，恁地切身，至今看時，通上下皆使得。至傅説告高宗，語意却深。緣高宗賢明，可以説這般話，故傅説輔之，説得較精微。伊尹告太甲，前一篇許多説話都從天理窟中抉出，許多話分明説與他，今看來句句是天理。又云：非獨此看得道理透，見得聖賢許多説話都是天理。又云：伊尹説得極懇切，許多説話重重疊疊，説了又説。賀孫。

問：「左右惟其人」何所指？曰：只是指親近之臣。「任官」是指任事底人也。「任官惟賢材」，多是「爲下爲民」底意思；「左右惟其人」，多是「爲上爲德」底意思。「其難其愼」，言人君任官須是賢材，左右須是得人，當難之愼之也。「惟和惟一」，言人臣爲上爲下，須是爲德爲民，必和必一，爲此事也。銖。

至之問四「爲」字當作何音。曰：四字皆作去聲。言臣之所以爲上者，蓋爲君德也；臣之所以爲下者，蓋爲民也。爲上猶言爲君。銖。

論「其難其謹」曰：君臣上下相與甚難。節。

問：「德無常師，主善爲師。善無常主，協于克一。」或言主善人而爲師，若仲尼無常師之意，如何？曰：非也。横渠説「德主天下之善，善原天下之一」，最好。此四句三段，一段緊似一段。德且是大體説，有吉德，有凶德，然必主於善始爲吉爾。善亦且是大體説，或在此爲善，在彼爲不善；或在彼爲善，在此爲不善。或在前日則爲善，而今日則爲不善；或在前日則不善，而今日則爲善。惟須「協于克一」，是乃爲善。謂以此心揆度彼善爾。故横渠言「原」，則若善定於一耳。蓋善因一而後定也。德以事言，善以理言，一以心言。大抵此篇只是幾箇「一」字上有精神，須與細看。此心纔一，便終始不變而有常也。「協」字雖訓「合」字，却是如「以此合彼」之合，非「已相合」之合。與《禮記》「協於分藝」、《書》「協時月正日」之「協」同義，蓋若揆度參驗之意耳。張敬夫謂《虞書》「精一」四句與此爲《尚書》語之最精密者，而《虞書》爲尤精。大雅。

「德無常師，主善爲師。善無常主，協于克一。」上兩句是教人以其所從師，下兩句是教人以其所擇善而爲之師。道夫問：「協于克一」，莫是能主一則自默契于善否？曰：「協」字難說，只是箇比對裁斷之義。蓋如何知得這善不善，須是自心主宰得定始得。蓋有主宰，則是是非非、善善惡惡瞭然於心目間，合乎此者便是，不合者便不是。橫渠云：「德主天下之善，善原天下之一。」這見得它說得極好處。蓋從一中流出者無有不善，所以他伊尹從前面說來便有此意，曰「常厥德」，曰「庸德」，曰「一德」。常、庸、一只是一箇。蜚卿謂：「一」恐只是「專一」之「一」？曰：如此則絕說不來。道夫曰：上文自謂：「德惟一，動罔不吉；德二三，動罔不凶。」曰：纔尺度不定，今日長些子，明日短些子，便二三。道夫曰：到底說得來，只是箇定則明，明則事理見；不定則擾，擾則事理昏雜而不可識矣。曰：只是如此。又曰：看得道理多後，於這般所在，都寬平開出，都無礙塞。如蜚卿恁地理會數日，却只恁地，這便是看得不多，多少被他這箇十六字礙。又曰：今若理會不得，且只看自家每日一與不一時便見。要之，今却正要人恁地理會，不得，又思量，但只當如橫渠所謂「濯去舊見，以來新意」。且放下着許多說話，只將這四句來平看便自見。又曰：這四句極好看。南軒云：「自『人心惟危，道心惟微』數語外，惟此四句好。但舜大聖人，言語渾淪；伊尹之言較露鋒鋩得些。」說得也好。頃之，又曰：舜之語如春生，伊尹之言如秋殺。道夫。

問：橫渠言：「德主天下之善，善原天下之一。」如何？曰：言一故善。一者，善之原也。「善無常主」，如言「前日之受是，今日之受非也」。「協于克一」，如言「皆是也」。蓋均是善，但易地有不同者，故無常主。必是合于一，乃爲至善。一者，純一於理，而無二三之謂。一則無私欲，而純乎義理矣。銖。

「協于克一」，協，猶齊也。升卿。

說命

高宗夢傅說，據此則是真有箇天帝與高宗對答，曰：「吾賚汝以良弼。」今人但以主宰說帝，謂無形象，恐也不得。若如世間所謂玉皇大帝，恐亦不可。畢竟此理如何，學者皆莫能答。僩。

夢之事，只說到感應處。高宗夢帝賚良弼之事，必是夢中有。帝賚之說之類，只是夢中事。說是帝真賚，不得；說無此事，只是天理，亦不得。揚。

問：高宗夢說，如伊川言，是有箇傅說，便能感得高宗之夢。琮謂高宗「舊學于甘盤，既乃遯于荒野，入宅于河，自河徂亳」，❶其在

❶「亳」，原作「毫」，今據萬曆本改。

民間久矣。當時天下有箇傳説，豈不知名？當「恭默思道」之時，往往形于夢寐，於是審象而求之。不然，賢否初不相聞，但據一時夢寐，便取來做宰相，或者於理未安。曰：「遯于荒野，入宅于河，自河徂亳」，是説高宗，是説甘盤？衆未應。曰：據來「暨厥終罔顯」，只是尋甘盤不見。然高宗「舊勞于外，爰暨小人」，亦嘗是在民間來。琮。

「惟天聰明」至「惟干戈省厥躬」，八句各一義，不可牽連。天自是聰明。君自是用時憲。臣自是用欽順。民自是用從乂。口則能起羞。甲胄所以禦戎也，然亦能興戎，如秦築長城以禦胡，而致勝、廣之亂。衣裳者，賞也。「在笥」猶云在箱篋中，甚言其取之易，如云「爵者上之所擅，出於口而無窮」。惟其予之之易，故必審其人果賢耶，果有功耶，則賞不妄矣。干戈，刑人之具，然須省察自家真箇是否，恐或因怒而妄刑人，或慮施之不審而無辜者被禍，則刑之施當矣。蓋衣裳之予在我，❶而必審其人之賢否；干戈施之於人，而必審自己之是非也。僩。

「惟口起羞」以下四句皆是審。❷節。

口非欲起羞，❸而出言不當，則反足以起羞。甲胄本所以禦戎，而出謀不當，則反足以起戎。衣裳在笥，易以與人，則不可不謹。❹干戈討有罪，則因以省身。

「惟甲胄起戎」，蓋不可有關防他底意。節。

「惟甲胄起戎」，如「歸與石郎謀反」是

❶「在」上，萬曆本有「雖」字。
❷「惟」，原爲空格，今據朝鮮本、萬曆本補。
❸「口」，原爲空格，今據朝鮮本補。
❹「則」，原脱，今據朝鮮本補。

也。節。

「惟厥攸居」，所居，所在也。節。

南軒云：「『非知之艱，行之艱』，此特傅説告高宗爾。蓋高宗舊學甘盤，於義理知之亦多，故使得這説。若常人，則須以致知爲先也。」此等議論儘好。道夫。

「予小子舊學于甘盤，既乃遯于荒野」，云云。東坡解作甘盤遯于荒野。據某看，恐只是高宗自言。觀上文曰「予小子」可見。但不知當初高宗因甚遯于荒野，不知甘盤是甚樣人，是學箇甚麽，今亦不敢斷，但據文義疑是如此。兼《無逸》云「高宗舊勞于外」，亦與此相應。想見高宗三年不言，恭默思道，未知所發，又見世間未有箇人强得甘盤，所以思得一大賢如傅説。高宗若非傅説，想不能致當日之治；傅説若非高宗，亦不能有所爲。故曰：「惟后非賢不乂，惟賢非后不食。」言必相須也。僩。

經籍古人言「學」字，方自《説命》始有。

「惟學遜志，務時敏」至「厥德修罔覺」。遜志者，遜順其志，捺下這志入那事中，子細低心下意，與它理會。若高氣不伏，以爲無緊要，不能入細理會得，則其修亦不來矣。既遜其志，又須時敏，若似做不做，或作或輟，亦不濟事。須是「遜志，務時敏」，則「厥修乃來」，爲學之道，只此二端而已。又戒以允懷于兹二者，則道乃積于厥躬。積者，來得件數多也。「惟斅學半」，蓋己學既成，居于人上，則須教人。自學者，學也，而教人者亦學。蓋初學得者是半，既學而推以教人，與之講説，己亦因此温得此段文義，是斅之功亦半也。「念終始典于學」，始之所學者，學也；終之所以教人者，亦學也。自學、教人，無非是學。自始至終，日日如此，忽不自知其德之修矣。或舉葛氏解云：傅説與王説，我教你者，只是一半事，那一半要你自去行取。故謂之終始。曰：某舊爲同安簿時，學中一士子作《書》義如此説，某見它説得新巧，大喜。之後見喻子才跋某人《説命解》後，亦引此説。又曰：傅説此段説爲學工夫極精密。伊尹告太甲者極痛切。僩。

「遜志」則無所墜落。志不低，則必有漏落在下面。節。

問爲學遜志、以意逆志之分。曰：遜志，是小著這心去順那事理，自然見得出。逆志，是將自家底意去推迎等候他志，不似今人硬將此意去捉那志。僩。

因説「斆學半」曰：近見喻子才跋《説命》云：❶「教只斆得一半，學只學得一半，那一半教人自理會。」伯恭亦如此説。某舊在同安時，見士人作《書》義如此説。夔孫録云：某看見古人説話不如此險。先説「王，人求多聞，時惟建事」，❷此是人君且學且斆，一面理會教人，一面窮義理。後面説「監于成憲，其永無愆」數語，是平正實語。不應中間飜空一句，如此深險。夔孫録云：言語皆平正，皆是實語，不應得中間飜一箇筋斗去。如説斆只得一半，不成那一半掉放冷處，教他自得！此語全似禪語。只當依古注。夔孫録云：此却似禪語。五通仙人問佛，六通如何是那一通？那一通便是妙處。且如《學記》引此，亦只是依古注説。〇賜。

西伯戡黎

西伯戡黎，便是這箇事難判斷。觀戡

❶「喻」，原作「俞」，今據萬曆本改。
❷「事」，原作「時」，今據朝鮮本、萬曆本改。

黎大故逼近紂都，豈有諸侯而敢稱兵於天子之都乎？看來文王只是不伐紂耳，其他事亦都做了，如伐崇、戡黎之類。韓退之《拘幽操》云：「臣罪當誅兮，天王聖明。」伊川以爲此説出文王意中事。嘗疑這箇説得來太過。據當日事勢觀之，恐不如此。若文王終守臣節，何故伐崇？只是後人因孔子「以服事殷」一句，遂委曲回護箇文王，説教好看。殊不知孔子只是説文王不伐紂耳。嘗見雜説云：紂殺九侯，鄂侯争之强，辯之疾，併醢鄂侯。西伯聞之竊歎。崇侯虎譖之曰：「西伯欲叛。」紂怒，囚之羑里。西伯歎曰：「父有不慈，子不可以不孝；君有不明，臣不可以不忠。豈有君而可叛者乎？」於是諸侯聞之，以西伯能敬上而恤下也，遂相率而歸之。看來只這段説得平。僩。

泰誓

柯國材言：「《序》稱『十有一年』，史辭稱十有三年，《書序》不足憑。至《洪範》謂『十有三祀』，則是十三年明矣。使武王十一年伐殷，到十三年方訪箕子，不應如是之緩。」此説有理。伯羽。○高録云：見得釋箕子囚了問他。若十一年釋了，十三年方問他，恐不應如此遲。

同安士人杜君言：《泰誓》十一年，只是悮了，《經》十三年爲正。《洪範》亦是十三祀訪箕子。先生云：恐無觀兵之事。然文王爲之，恐不似武王，只待天下自歸了，紂無人與他，只自休了。東坡《武王論》亦有此意。武王則行不得也。揚。

石洪慶問：尚父年八十方遇西伯，及武王伐商，乃即位之十三年，又其後就國。

高年如此。曰：此不可攷。因云：《泰誓・序》「十有一年，武王伐殷」，《經》云「十有三年春，大會于孟津」，《序》必差悞。説者乃以十一年爲觀兵，尤無義理。舊有人引《洪範》「十有三祀，王訪于箕子」，則十一年之誤可知矣。人傑。

「亶聰明，作元后，元后作民父母。」須是剛健中正出人意表之君，方能立天下之事。如創業之君能定禍亂者，皆是智勇過人。人傑。

或問：「天視自我民視，天聽自我民聽」，天便是理否？曰：若全做理，又如何説自我民視、聽？這裏有些主宰底意思。

莊仲問：「天視自我民視，天聽自我民聽」，謂天即理也。曰：天固是理，然蒼蒼者亦是天，在上而有主宰者亦是天，各隨他所説。今既曰視、聽，理又如何會視、聽？雖説不同，又却只是一箇。知其同，不妨其爲異；知其異，不害其爲同。嘗有一人題分水嶺，謂水不曾分。某和其詩曰：「水流無彼此，地勢有西東。若識分時異，方知合處同。」文蔚。○疑與上條同聞。

武成

問：《武成》一篇，編簡錯亂。曰：新有定本，以程先生、王介甫、劉貢父、李□□諸本推究甚詳。❶僩。

顯道問：紂若改過遷善，則武王當何以處之？曰：他別自從那一邊去做。他既稱王，無倒殺，只着自去做。義剛。

❶「□□」，賀本補作「叔易」。

洪範

江彝叟疇問：《洪範》載武王勝殷殺紂，不知有這事否？曰：據《史記》所載，雖不是武王自殺，然說斬其頭懸之，亦是有這事。又問「血流漂杵」。曰：孟子所引雖如此，然以《書》攷之，「前徒倒戈，攻于後以北」，是殷人自相攻，以致血流如此之盛。觀武王興兵，初無意於殺人，所謂「今日之事，不愆于六伐、七伐，乃止齊焉」是也。武王之言，非好殺也。卓。

問：勝殷殺受之文是如何？曰：看《史記》載紂赴火死，武王斬其首以懸于旌，恐未必如此。《書序》某看來煞有疑，相傳都說道夫子作，未知如何。賀孫。

問：「鯀則殛死，禹乃嗣興。」禹爲鯀之子，當舜用禹時，何不逃走以全父子之義？曰：伊川說殛死只是貶死之類。❶德明。

問：鯀既被誅，禹又出而委質，不知如何？曰：蓋前人之愆。又問：禹以鯀爲有罪而欲蓋其愆，非顯父之惡否？曰：且如而今人，其父打碎了箇人一件家事，其子買來填還，此豈是顯父之過？自脩。

說《洪範》：看來古人文字，也不被人牽强說得出。只自恁地熟讀，少間字字都自會着實。又云：今人只管要說治道，這是治道最緊切處。這箇若理會不通，又去理會甚麼零零碎碎！道夫。

問《洪範》諸事。曰：此是箇大綱目，天下之事，其大者大概備於此矣。問「皇極」。曰：此是人君爲治之心法。如周公

❶「川」，原作「尹」，今據朝鮮本改。

一書，❶只是箇八政而已。僩。

凡數，自一至五，五在中；自九至五，五亦在中。戴九履一，左三右七，五亦在中。又曰：若有前四者，則方可以建極。一五行，二五事，三八政，四五紀是也。後四者却自皇極中出。三德是皇極之權，人君所嚮用五福，所威用六極。此曾南豐所説。諸儒所説，惟此説好。又曰：皇，君也；極，標準也。皇極之君，常滴水滴凍，無一些不善。人却不齊，故曰「不協于極，不罹于咎」。「天子作民父母，以爲天下王」，此便是「皇建其有極」。又曰：《尚書》前五篇大概易曉。後如《甘誓》、《胤征》、《伊訓》、《太甲》、《咸有一德》、《説命》，此皆易曉，亦好。此是孔氏壁中所藏之書。又曰：看《尚書》，漸漸覺曉不得，便是有長進。若從頭至尾解得，便是亂道。《高宗彤日》是最不可曉者，《西伯戡黎》是稍稍不可曉者。太甲大故亂道，故伊尹之言緊切，高宗稍稍聰明，故《説命》之言細膩。又曰：讀《尚書》有一箇法，半截曉得，半截曉不得，曉得底看，曉不得底且闕之，不可强通，强通則穿鑿。又曰：「敬敷五教在寬」，只是不急迫，慢慢地養他。節。

《洛書》本文只有四十五點。班固云，六十五字皆《洛書》本文。古字畫少，恐或有模樣，但今無所考。漢儒説此未是，恐只是以義起之，不是數如此。蓋皆以天道、人事參互言之。五行最急，故第一；五事又參之於身，故第二；身既修，可推之於政，故八政次之；政既成，又驗之於天道，故五紀次之；又繼之皇極居五。蓋能推五行，

❶「公」，朝鮮本作「禮」。

正五事，用八政，修五紀，乃可以建極也。六三德，乃是權衡此皇極者也。德既修矣，稽疑、庶證繼之者，❶著其驗也。又繼之以福、極，則善惡之效，至是不可加矣。皇極非大中，皇乃天子，極乃極至，言皇建此極也。東西南北，到此恰好，乃中之極，非中也。但漢儒雖説作「中」字，亦與今不同，如云「五事之中」是也。今人説中，只是含胡依違，善不必盡賞，惡不必盡罰，如此豈得謂之「中」！可學。

天下道理，只是一箇包兩箇。《易》便只説到八箇處住，《洪範》説得十數住。五行五箇，便有十箇：甲乙便是兩箇木，丙丁便是兩箇火，戊己便是兩箇土，金、水亦然。所謂「兼三才而兩之」，便都是如此。《大學》中「明明德」，便包得格物、致知、誠意、正心、脩身五箇，「新民」，便包得齊家、治國、平天下三箇。自暗室屋漏處做去，到得無所不周，無所不遍，都是這道理。自一心之微，以至於四方之遠，天下之大，也都只是這箇。義剛。

箕子爲武王陳《洪範》，首言五行，次便及五事。蓋在天則是五行，在人則是五事。儒用。

自「水曰潤下」至「稼穡作甘」，皆是二意：水能潤能下，火能炎能上，金曰從曰革，從而又能革也。德明。

忽問：如何是「金曰從革」？對曰：是從己之革。曰：不然。是或從或革耳。從者，從所鍛制；革者，又可革而之他。而其堅剛之質依舊自存。故與「曲直」、「稼穡」皆成雙字。「炎上」者，「上」字當作上聲；

❶「證」，萬曆本作「徵」，此係避宋仁宗趙禎諱，下同。

「潤下」者，「下」字當作去聲，亦此意。大雅。

「金曰從革」，一從一革，互相變而體不變。且如銀，打一隻盞，便是從；更要別打作一件家事，便是革。依舊只是這物事，所以云體不變。僩。

「從革作辛」，是其氣割辣。「曲直作酸」，今以兩片木相擦則齒酸，是其驗也。夔孫。

問：視、聽、言、動，比之《洪範》五事，動是「貌」字否？如「動容貌」之謂。曰：思也在這裏了。動容貌是外面底，心之動便是思。又問五行比五事。曰：曾見吳仁傑說得也順。它云：貌是水，言是火，視是木，聽是金，思是土。將庶證來說，便都順。問：貌如何是水？曰：它云：貌是濕潤底，便是水，故其證便是「肅，時雨若」。《洪範》乃是五行之書，看得它都是以類配得。到五福、六極，也是配得，但是略有不齊。問：皇極五福，即是此五福否？曰：便只是這五福。如「斂時五福，用敷錫厥庶民」，斂底即是盡得這五事。以此錫庶民，便是使民也盡得此五事。盡得五事，便有五福。夔孫。

問五行所屬。曰：僩録云：問：形質屬土？曰：從前如此說。舊本謂雨屬木，暘屬金。及與五事相配，皆錯亂了。吳斗南說雨屬水，暘屬火，燠屬木，寒屬金，風屬土。看來雨只得屬水，自分曉，如何屬木？問：寒如何屬金？曰：他討得證據甚好。《左傳》云：「金寒玦離。」又，貌、言、視、聽、思，皆是以次相屬。問：貌如何屬水？曰：容貌須光澤，故屬水；言發於氣，故屬火；眼主肝，故屬木；金聲清亮，故聽屬金。問：凡上四事皆原於思，亦猶水、火、木、金皆出於土也？曰：然。又問：禮如何屬火？曰：以其光明。問：義之屬金，以其嚴否？曰：然。胡泳。

「視曰明」，是視而便見之謂明。「聽曰聰」，是聽而便聞之謂聰。「思曰睿」，是思而便通之謂睿。道夫。

伯模云：老蘇著《洪範論》，不取《五行傳》，而東坡以爲漢儒《五行傳》不可廢。此亦自是。既廢，則後世有忽天之心。先生曰：漢儒也穿鑿。如五事，一事錯則皆錯，如何却云聽之不聰則某事應，貌之不恭則某事應！道夫。

五，皇極，只是説人君之身端本示儀於上，使天下之人則而效之。聖人固不可及，然約天下而使之歸于正者，如「皇則受之」，則「錫之福也」。所謂「遵王之義」、「遵王之道」者，天下之所取法也。人君端本，豈有他哉，修於己而已。一，五行，是發原處；二，五事，是總持處；八政則治民事，五紀則協天運也；六，三德，則施爲之撙節處；七，稽疑，則人事已至而神明其德處；庶徵則天時之徵驗也，五福、六極則人事之徵驗也。其本皆在人君之心，其責亦甚重矣。「皇極」非説大中之道，若説大中，則皇極都了，五行、五事等皆無歸着處。又云：便是「篤恭而天下平」之道。天下只是一理，聖賢語言雖多，皆是此理。如《尚書》中《洛誥》之類，有不可曉處多，然間有説道理分曉處，不須訓釋，自然分明。如云「王敬作所不可不敬德」，「肆惟王其疾敬德」，「不敢替厥義德」等語是也。人傑。❶〇㽦録詳見下。

「皇極」二字，皇是指人君，極便是指其

❶「傑」下，原衍「卜九」二字，今據朝鮮本删。

身爲天下做箇樣子，使天下視之以爲標準。「無偏無黨」以下數語，皆是皇之所建，皆無偏黨好惡之私；天下之人亦當無作好作惡，便是「遵王之道」、「遵王之路」，皆會歸于其極，皆是視人君以爲歸。下文「是彝是訓，于帝其訓」，「是訓是行，以近天子之光」，説得自分曉。「天子作民父母，以爲天下王」，則許多道理盡在此矣。但緣聖人做得樣子高大，人所難及，而不可以此盡律天下之人，雖「不協于極」，但「不罹于咎」者，皇亦受之。至於「而康而色」，自言好德者，亦錫之福。極，不可以大中訓之，只是前面五行、五事、八政、五紀是已，却都載在人君之身，包括盡了。五行是發源處，五事是操持處，八政是脩人事，五紀是順天道。就中以五事爲主。視明聽聰，便是建極，如明如聰，只是合恁地。三德亦只是就此道理上爲之權衡，或放高，或捺低，是人事盡了。稽疑，又以卜筮參之。若能建極，則推之於人，使天下皆享五福；驗之於天，則爲休徵。若是不能建極，則其在人事便爲六極，在天亦爲咎徵。其實都在人君身上，又不過「敬用五事」而已，此即「篤恭而天下平」之意。以是觀之，人君之所任者，豈不重哉！如此，則九疇方貫通爲一。若以大中言之，則九疇散而無統。大抵諸書初看其言，若不勝其異，無理會處；究其指歸，皆只是此理。如《召誥》中，其初説許多言語，艱深難曉，却緊要處只是「惟王不可不敬德」而已。㽦。

問：先生言，「皇極」之「極」不訓「中」，只是標準之義。然「無偏無黨，無反無側」亦有「中」意。曰：只是箇無私意。問：標準之義如何？曰：此是聖人正身以作民之準則。問：何以能斂五福？曰：當就五行、五事上推究。人君脩身，使貌恭、言從、視明、聽聰、思睿，即身自正；五者得其正，則五行得其序。以之稽疑，則龜從、筮從、卿士從、庶民從。在庶證，則有休證、無咎證，和氣致祥，有仁壽而無鄙夭，便是五福。反是，則福轉爲極。陸子静《荆門軍曉諭》乃是斂六極也。德明。

先生問曹：尋常說「皇極」如何？曹云：只說作大中。曰：某謂不是大中。皇者，王也。極，如屋之極。言王者之身可以爲下民之標準也。貌之恭，言之從，視明，聽聰，則民觀而化之，故能使天下之民「無有作好」而「遵王之道」，「無有作惡」而「遵王之路」，王者又從而斂五者之福而錫之於庶民。斂者，非有取之於外，❶亦自吾身先得其正，然後可以率天下之民以歸于正。此錫福之道也。卓。

中，不可解做極，極無「中」意，只是在中，乃至極之所，爲四向所標準，故因以爲中。如屋極，亦只是在中，爲四向所準。如建邦設都以爲民極，亦只是中天下而立，爲四方所標準。如「粒我蒸民，莫匪爾極」，來牟豈有中意？亦只是使人皆以此爲準。如北極，如宸極，皆然。若只說中，則殊不見極之義矣。淳。

皇極，如「以爲民極」，標準立於此，四方皆面內而取法。皇，謂君也。極，如屋極，陰陽造化之總會樞紐。極之爲義，窮極、極至，以上更無去處。閎祖。

「極，盡也。」先生指前面香卓：四邊盡處是極，所以謂之四極。四邊視中央，中央

❶「有」，原脱，今據朝鮮本補。

即是極也。堯都平陽，舜都蒲坂，四邊望之，一齊看着平陽、蒲坂，如屋之極，極高之處，四邊到此盡了，去不得，故謂之極。宸極亦然。至善亦如此，應干事到至善是極盡了，❶更無去處，故君子無所不用其極。《書》之「皇極」亦是四方所瞻仰者。皇有訓大處，惟「皇極」之「皇」不可訓「大」，「皇」只當作「君」，所以說「遵王之義，遵王之路」，直說到後面「以爲天下王」，其意可見。蓋「皇」字下從「王」。泳。

今人將「皇極」字作大中解了，都不是。「皇建其有極」，不成是大建其有中；「時人斯其惟皇之極」，不成是時人斯其惟大之中！皇須是君，極須是人君建一箇表儀於上。且如北極是在天中，喚作北中不可。屋極是在屋中，喚作屋中不可。人君建一箇表儀於上，便有肅、乂、哲、謀、聖之應。五福備具，推以與民，民皆從其表儀，又相與保其表儀。下文「凡厥庶民」以下，言人君建此表儀，又須知天下有許多名色人，須逐一做道理處著始得。於是有「念之」、「受之」、「錫之福」之類，隨其人而區處之。大抵皇極是建立一箇表儀後，又有廣大含容、區處周備底意思。嘗疑「正人」「正」字，只是中常之人。此等人須是富方可與爲善，與無常產有常心者有異。「有能有爲」是有才之人，「有猷有爲有守」是有德之人。「無偏無陂」以下只是反復歌詠，若細碎解都不成道理。璘。

東坡《書傳》中說得「極」字亦好。畨。

「無有作好，無有作惡」，謂好所當好，惡所當惡，不可作爲耳。必大。

❶ 「干」，萬曆本作「于」。

問：箕子陳《洪範》，言「彝倫攸叙」，見事事物物中得其倫理，則無非此道。非道便無倫理。曰：固是。曰「王道蕩蕩」，又曰「王道平平」；曰「無黨無偏」，又曰「無偏無黨」：只是一箇道，如何如此反復説？只是要得人反覆思量入心來，則自有所見矣。大雅。

「會其有極，歸其有極」，「會」、「歸」字無異義，只是重疊言之，與既言「無偏無黨」，又言「無黨無偏」，無别説也。

符叙舜功云：象山在荆門，上元須作醮，象山罷之。勸諭邦人以福不在外，但當求之内心。於是日入道觀設講座，説皇極，令邦人聚聽之。次日，又畫爲一圖以示之。先生曰：人君建極，如箇標準，如東方望也如此，西方望也如此，南方望也如此，北方望也如此，莫不取則於此。如《周禮》「以爲民極」、《詩》「維民之極」、「四方之極」都是此意。中固在其間，而極不可以訓中。漢儒注説「中」字，只説五事之中，猶未爲害；最是近世説「中」字不是。近日之説，只要含胡苟且，不分是非，不辨黑白，遇當做底事，只略略做些，不要做盡，此豈聖人之意！又云：《洪範》一篇，首尾都是歸從皇極上去。蓋人君以一身爲至極之標準，最是不易。又須「斂是五福」，所以斂聚五福以爲建極之本。又須是敬五事，順五行，厚八政，協五紀，以結裹箇皇極。又須乂三德，使事物之接，剛柔之辨，須區處教合宜。稽疑便是考之於神，庶徵是驗之於天，五福是體之於人。這下許多是維持這皇極。正人猶言中人，是平平底人，是有常産方有常心底人。又云：今人讀書，麤心大膽，如何看得古人意思。如説八庶徵，這若不細心體識，如何會見得。「肅時雨若」，肅是恭肅，便自有滋潤底意思，所以便説時雨順應之。「乂時暘若」，乂是整治，便自有開明底意思，所以便説時暘順應之。「哲時燠若」，哲是普照，便自有和暖底意思。「謀時寒若」，謀是藏密，便自有寒結底意思。「聖時風若」，聖則通明，便自有爽快底意思。符云：謀自有顯然著見之謀，聖是不可知之妙，不知於寒於風果相關否？曰：凡看文字，且就地頭看，不可將大底便來壓了。箕子所指「謀」字，只是且説密謀意思，「聖」只是説通明意思，如何將大底來壓了便休！如説喫棗，固是有大如瓜者；且就眼下説，只是常常底棗。如煎藥合用棗子幾箇，自家須要説棗如瓜大，如何用得許多！人若心下不細，如何讀古人書！《洪範》庶徵，固不是定如漢儒之説，必以爲有是應必有是事，多雨之徵必推説道是某時做某事不肅，所以致此。爲此必然之説，所以教人難盡信。但古人意精密，只於五事上體察，是有此理。如荆公又却要一齊都不消説感應，但把「若」字做「如」、「似」字義説，做譬喻説了，也不得。荆公固是也説道此事不足驗，然而人主自當謹戒。如漢儒必然之説固不可，如荆公全不相關之説亦不可。古人意思精密，恐後世見未到耳。因云：古人意思精密，如《易》中八字，剛柔、終始、動静、往來，只這七八字，移换上下，添助語，是多少精微有意味，見得象、象極分明。賀孫。

三衢夏唐老作《九疇圖》，因執以問。讀未竟，至所謂「皆天也，非人之所能爲也」，遂指前圖子云：此乃人爲，安得而皆天也！《洪範》文字最難作。向來亦將天道、人事分配爲之，後來覺未盡，遂已之。

直是難以私意安排。若只管外邊出意推將去，何所不可？只是理不如此。蘇氏以皇極之建爲雨、暘、寒、燠、風之時，皇極不建則反此。漢儒之説尤疏，如以五般皇極配庶證，却外邊添出一箇皇極，或此邊減却一箇庶證，自增自損，皆出己意。然此一篇文字極是不齊整，不可曉解。如五福對六極，「一曰壽」正對「凶短折」，「二曰富」正對貧，「三曰康寧」對疾與弱，皆其類也；「攸好德」却對惡，參差不齊，不容布置。如曰「斂時五福，錫厥庶民」，不知如何斂，又復如何錫。此只是順五行，不違五事，自己立標準以示天下，使天下之人得以觀感而復其善爾。今人皆以皇極爲大中，最無義理。如漢儒説五事之中固未是，猶似勝此。蓋皇者，君之稱也，如「皇則受之」、「皇建其極」之類，皆不可以「大」字訓「皇」字。「中」亦不可以訓「極」，極雖有中底意思，但不可便以爲中，只訓得至字。如北極之極，「以爲民極」之極，正是中天下而立之意，謂四面湊合，至此更無去處。今即以皇極爲大中者，更不賞善，亦不罰惡，好善惡惡之理都無分別，豈理也哉！謨。

「彊弗友」，以剛克之；「燮友」，柔克之：此治人也。資質沈潛，以剛克之；資質高明，以柔克之：此治己也。燾。

「沈潛剛克，高明柔克。」克，治也。言人資質沈潛者，當以剛克之；❶資質高明者，當以柔治之。此説爲勝。僩。

「衍忒」，衍，疑是過多剩底意思；忒，是差錯了。僩。

《洪範》却可理會天人相感。庶證可

❶「克」，朝鮮本作「治」。

驗，以類而應也。秦時六月皆凍死人。

「一極備，凶；一極無，凶。」多些子不得，無些子不得。泳。

「王省惟歲」，言王之所當省者一歲之事，卿士所省者一月之事，以下皆然。僩。

問「王省惟歲，卿士惟月，師尹惟日」。❶曰：此但言職任之大小如此。又問：「庶民惟星」一句解不通。并下文「星有好風，星有好雨」意亦不貫。曰：「家用不寧」以上，自結上文了，下文却又説起星，文意似是兩段。云云。又問箕星好風，畢星好雨。曰：箕只是簸箕，以其簸揚而鼓風，故月宿之則風。古語云：「月宿箕，風揚沙。」畢是叉網，漉魚底叉子。又，鼎中漉肉叉子，亦謂之畢。凡以畢漉魚肉，其汁水淋漓而下若雨然，畢星名義蓋取此。今畢星上有一柄，下開兩叉，形狀亦類畢，故月宿之則雨。《漢書》謂月行東北入軫，若東南入箕則風，所以風者，蓋箕是東南方，❷屬巽，巽爲風，所以好風。恐未必然。僩。

「庶民惟星」，庶民猶星也。燾。

問五福、六極。曰：民之五福，人君當嚮之；民之六極，人君當畏之。燾。

五福、六極，曾子固説得極好。《洪範》大概曾子固説得勝如諸人。僩。

凶、短折。兩事。惡、弱。惡是自暴，弱是自棄。○燾。

旅獒

近諸孫將《旅獒》來讀。是時武王已八

❶「尹」，原作「君」，今據朝鮮本、萬曆本改。

❷「東」，原脱，今據朝鮮本補。

十餘歲矣，太保此書諄諄如教小兒相似，若自後世言之，則爲非所宜言，不尊君矣。銖

問：「人不易物」之「易」，合如字，合作去聲？曰：看上文意，則當作如字讀。但「德盛不狎侮」又難説。又問：「志以道寧，言以道接」，「接」字如何？曰：接者，酬應之謂，言當以道酬應也。志，我之志；言，人之言。○銖。

「人不易物，惟德其物」，易，改易也。言人不足以易物，惟德足以易物，德重而人輕也。人猶言位也，謂居其位者。如寶玉雖貴，若有人君之德，則所錫賚之物斯足貴；若無其德，則雖有至寶以錫諸侯，亦不足貴也。僩。

金縢

林聞一問：周公代武王之死，不知亦有此理否？曰：聖人爲之亦須有此理。木之。

「是有丕子之責于天。」責，如「責侍子」之「責」。周公之意云，設若三王欲得其子服事於彼，則我多才多藝，可以備使令，且留武王以鎮天下也。人傑。

成王方疑周公，二年之間，二公何不爲周公辨明？若天不雷電以風，二公終不進説矣。當是時，成王欲誚周公而未敢。蓋周公東征，其勢亦難誚他，此成王雖深疑之而未敢誚之也。若成王終不悟，周公須有所處矣。人傑。

問：周公作《鴟鴞》之詩以遺成王，其辭艱苦深奥，不知成王當時如何理會得？曰：當時事變在眼前，故讀其詩者便知其用意所在。自今讀之，既不及見當時事，所以謂其詩難曉。然成王雖得此詩，亦只是

未敢誚公，其心未必能遂無疑。及至雷風之變，啓金縢之書後，方始釋然開悟。先生却問必大曰：成王因何知有金縢，後去啓之？必大曰：此二公贊之也。又問：二公何故許時不説？若雷不響、風不起時，又如何？必大曰：聞之吕大著云，此見二公功夫處。二公在裏面調護非一日矣，但他人不得而知耳。曰：伯恭愛説一般如此道理。必大問：其説畢竟如何？曰：是時周公握了大權，成王自是轉動周公未得。便假無風雷之變，周公亦須别有道理。李懷光反，其子璀告德宗曰：「臣父能危陛下，陛下不能制臣父。」借此可見當時事勢。然在周公之事，則不過使成王終於省悟耳。○必大。

《書》中可疑諸篇，若一齊不信，恐倒了六經。如《金縢》亦有非人情者，「雨，反風，禾盡起」，也是差異。成王如何又恰限去啓金縢之書？然當周公納策於匱中，豈但二公知之？《盤庚》更没道理。從古相傳來，如經傳所引用，皆此書之文，但不知是何故説得都無頭。且如今要告諭民間一二事，❶做得幾句如此，他曉得曉不得？只説道要遷，更不説道自家如何要遷，如何不可以不遷。萬民因甚不要遷？要得人遷，也須説出利害，今更不説。《吕刑》一篇，如何穆王説得散漫，直從苗民蚩尤爲始作亂説起？若説道都是古人元文，如何出於孔氏者多分明易曉，出於伏生者都難理會？賀孫。

大誥

《大誥》一篇不可曉。據周公在當時，

❶「要」，原脱，今據朝鮮本補。

外則有武庚、管、蔡之叛，内則有成王之疑，周室方且岌岌。然他作此書，決不是備禮苟且爲之，必欲以此聳動天下也。而今《大誥》大意，不過説周家辛苦做得這基業在此，我後人不可不有以成就之而已。其後又却專歸在卜上。其意思緩而不切，殊不可曉。廣。

因言武王既克紂，武庚、三監及商民畔，曰：當初紂之暴虐，天下之人胥怨，無不欲誅之。及武王既順天下之心以誅紂，於是天下之怨皆解而歸周矣。然商之遺民及與紂同事之臣，一旦見故主遭人殺戮，宗社爲墟，寧不動心？兹固畔心之所由生也。蓋始苦於紂之暴而欲其亡，固人之心；及紂既死，則怨已解而人心復有所不忍，亦事勢人情之必然者。又況商之流風善政，畢竟尚有在人心者，及其頑民感紂恩意之深，此其所以畔也。云云。後來樂毅伐齊亦是如此。僩。

「王若曰」、「周公若曰」，「若」字只是一似如此説底意思，如《漢書》中「帝意若曰」之類。蓋或宣道德意者敷演其語，或紀録者失其語而追記其意如此也。僩。

《書》中「弗吊」字只如字讀。解者欲訓「吊」爲「至」，❶故音的，非也。其義正如《詩》中所謂「不吊昊天」耳，言不見憫吊於上帝也。僩。

「棐」字與「匪」字同。據《漢書》。○敬仲。

「忱」、「諶」字只訓「信」，「天棐忱」，如云天不可信。僩。

❶「吊」，原脱，今據朝鮮本補。

總論康誥梓材

《康誥》、《梓材》、《洛誥》諸篇，煞有不可曉處，今人都自强解說去。伯恭亦自如此。看伯恭說《書》，自首至尾，皆無一字理會不得。且如《書》中注家所說，錯處極多。如「棐」字並作「輔」字訓，更曉不得。後讀《漢書》，顔師古注云：「匪」、「棐」通用。如《書》中有「棐」字，止合作「匪」字義，如「率乂于民棐彝」，乃是率治于民非常之事。賀孫。

《康誥》三篇，此是武王書無疑。其中分明說：「王若曰：『孟侯，朕其弟，小子封。』」豈有周公方以成王之命命康叔，而遽述己意而告之乎？決不解如此。五峰、吴才老皆說是武王書，只緣誤以《洛誥》書首一段置在《康誥》之前，故叙其書於《大誥》、《微子之命》之後。問：如此，則封康叔在武庚未叛之前矣。曰：想是同時。商畿千里，紂之地亦甚大，所封必不止三兩國。周公使三叔監殷，他却與武庚叛，此是一件大疏脱事。若當時不便平息，模樣做出西晉初年時事。想見武庚日夜去說誘三叔，以爲：周公，弟也，却在周作宰相；管叔，兄也，却出監商。故管叔生起不肖之心如此。廣。

《康誥》、《酒誥》是武王命康叔之詞，非成王也。如「朕其弟，小子封」，又曰「乃寡兄勗」，猶今人言「劣兄」也。故五峰編此書於《皇王大紀》，不屬成王而載於《武王紀》也。至若所謂「惟三月哉生魄，周公初基，作新大邑于東國洛」，至「乃洪大誥治」，自東坡看出以爲非《康誥》之詞。而《梓材》一篇則又有可疑者，如「稽田」、「垣墉」之喻，却與「無胥戕，❶無胥虐」之類不相似。以至於「欲至于萬年，惟王子子孫孫永保民」，却又似《洛誥》之文，乃臣戒君之詞，非《酒誥》語也。道夫。

康誥

「惟三月哉生魄」一段，自是脱落分曉。且如「朕弟」、「寡兄」，是武王自告康叔之辭無疑。蓋武王、周公，康叔同叫作兄。豈應周公對康叔，一家人説話，安得叫武王作「寡兄」以告其弟乎？蓋「寡」者，是向人稱我家我國長上之辭也。只被其中有「作新大邑于周」數句，遂牽引得《序》來作成王時書，不知此是脱簡。且如《梓材》是君戒臣之辭，而後截又皆是臣戒君之辭。要之，此三篇斷然是武王時書。若是成王，不應所引多文王而不及武王。且如今人才説太祖，便須及太宗也。又曰：某嘗疑《書注》非孔安國作，蓋此傳不應是東晉方出，其文又皆不甚好，不似西漢時文。義剛。

問「生明」、「生魄」如何。曰：日爲魂，月爲魄，魄是黯處，魄死則明生，《書》所謂「哉生明」是也。老子所謂「載營魄」，載，如車載人之「載」，月受日之光，魂加於魄，魄載魂也。明之生時，大盡則初二，小盡則初三。月受日之光常全，人在下望之，却見側邊了，故見其盈虧不同。或云月形如餅，非也。《筆談》云，月形如彈圓，其受光如粉塗一半，月去日近則光露一眉，漸遠則光漸大。且如日在午，月在酉，則是近一遠三，

❶「胥」，原作「相」，今據朝鮮本及《尚書·梓材》改。

謂之弦。至日月相望，則去日十矣。故謂之既望。❶日在西而月在東，人在下面，得以望見其光之全。月之中有影者，蓋天包地外，地形小，日在地下則月在天中，日甚大，從地四面光起，池本作「衝上」。其影則地影也。地礙日之光，世所謂「山河大地影」是也。如星亦受日光。凡天地之光，皆日光也。自十六日生魄之後，其光之遠近如前之弦，謂之下弦。至晦，則月與日相沓，月在日後。光盡體伏矣。魄加日之上，則日食，在日之後則無食，謂之晦。朔則日月相並。又問：《步里客談》所載如何？曰：非。又問：月蝕如何？曰：至明中有暗處，池本作「暗虚」，下同。其暗至微。望之時，月與之正對，無分豪相差，月爲暗處所射，故蝕。雖是陽勝陰，畢竟不好。若陰有退避之意，則不至相敵而成蝕矣。義剛。

「庸庸祇祇威威顯民」，此等語既不可曉，只得且用古注。古注既是杜撰，如今便別求説，又杜撰不如他矣。僩。

「非汝封刑人殺人，無或刑人殺人。非汝封又曰劓刵人，無或劓刵人。」康叔爲周司寇，故一篇多説用刑。此但言非汝封刑人殺人，則無或敢有刑人殺人者，蓋言用刑之權止在康叔，不可不謹之意耳。廣。

酒誥

徐孟寶問：楊子雲言：「《酒誥》之篇俄空焉。」曰：孔《書》以巫蠱事不曾傳，漢儒不曾見者，多如鄭康成、晉杜預皆然。想楊

❶「故」，原作「既」，今據朝鮮本改。

子雲亦不曾見。大雅。

因論點書，曰：人説荆公穿鑿，只是好處亦用還他。且如「矧惟若疇圻父薄違，農父若保，宏父定辟」，古注從「父」字絶句，荆公則就「違」、「保」、「辟」絶句，敻出諸儒之表。道夫曰：更如先儒點「天降割于我家不少延」，「用寧王遺我大寳龜」，皆非注家所及。曰：然。道夫。

梓材

吴材老説，《梓材》是《洛誥》中書，甚好。其他文字亦有錯亂而移易得出人意表者，然無如才老此樣處恰恰好好。

《尚書》句讀有長者，如「皇天既付中國民越厥疆土于先王」是一句。㽦。

召誥　洛誥

問：周《誥》辭語艱澁，如何看？曰：此等是不可曉。林丈説，艾軒以爲方言。曰：只是古語如此。切意當時風俗，恁地説話，人便都曉得。如這物事喚做這物事，今風俗不喚做這物事，便曉他不得。如《蔡仲之命》、《君牙》等篇，乃當時與士大夫語，似今翰林所作制誥之文，故甚易曉。如誥是與民語，乃今官司行移曉諭文字，有帶時語在其中。今但曉其可曉者，不可曉處則闕之可也。如《詩》「景員維河」，上下文皆易曉，却此一句不可曉。又如「三壽作朋」，三壽是何物？歐陽公記古語亦有「三壽」之説，想當時自有此般説話，人都曉得，只是今不可曉。問：東萊《書説》如何？曰：

説得巧了。向嘗問他有疑處否？曰：都解得通。到兩三年後再相見，曰：儘有可疑者。淳。○義剛録云：問：五誥辭語恁地短促，如何？曰：這般底不可曉。林擇之云：艾軒以爲方言。曰：亦不是方言，只是古語如此。云云。

「王敬作所不可不敬德」，只是一句。道夫。

因讀《尚書》，曰：其間錯誤解不得處煞多。昔伯恭解《書》，因問之云：《尚書》還有解不通處否？曰：無有。因舉《洛誥》問之云：據成王只使周公往營洛，故伻來獻圖及卜。成王未嘗一日居洛。後面如何却與周公有許多答對？又云「王在新邑」，此如何解？伯恭遂無以答。後得書云：誠有解不得處。雉問先生近定《武成》新本。曰：前輩定本更差一節。「王若曰」一段，或接於「征伐商」之下，以爲誓師之辭；或連「受命于周」之下，以爲命諸侯之辭。以爲誓師之辭者，固是錯連下文説了；以爲命諸侯之辭者，此去祭日只爭一兩日，無緣有先誥命諸侯之理。某看却是諸侯來便教他助祭，此是祭畢臨遣之辭，當在《大誥》、《武成》之下。比前輩只差此一節。雉。

「周公曰，王肇稱殷禮」以後皆是論祭祀，然其中又雜得别説在。振。

無逸

柳兄言：東萊解《無逸》一篇極好。曰：伯恭如何解「君子所其無逸」？柳曰：東萊解「所」字爲「居」字。曰：若某則不敢如此説。諸友問：先生如何説？曰：恐有脱字，則不可知。若説不行而必强立一説，雖若可觀，只恐道理不如此。蓋卿。

舜功問：「徽柔懿恭」，是一字，是二字？曰：二字，上輕下重。柔者須徽，恭者須懿。柔而不徽則姑息，恭而不懿則非由中出。可學。○璘録云：柔易於暗弱，徽有發揚之意；恭形於外，懿則有蘊藏之意。

君奭

顯道問「召公不悦」之意。曰：召公不悦，只是《小序》恁地説，裏面却無此意。這只是召公要去後，周公留他，説道朝廷不可無老臣。又問：「又曰」等語不可曉。曰：這箇只是大綱綽得箇意脉子便恁地説，不要逐箇字去討，便無理會處。❶這箇物事難理會。又曰：「弗吊」只當作去聲讀。義剛。

「召公不悦」，這意思曉不得。若論事了，儘未在。看來是見成王已臨政，便也小定了，許多事周公自可當得，所以求去。

多方

艾軒云：「文字只看易曉處。」如《尚書》「惟聖罔念作狂，惟狂克念作聖」，下面便不可曉，只看這兩句。節。○或録云：此兩句不與上下文相似，上下文多不可曉。

立政

「文王惟克厥宅心」，人皆以「宅心」爲處心，非也，即前面所説「三有宅心」爾。若處心，則當云「克宅厥心」。方子。

❶「處」，原脱，今據朝鮮本補。

周官

漢人亦不見《今文尚書》。如以太尉、司徒、司空爲三公，當時只見《牧誓》有所謂「司馬、司空、司徒、亞旅」，遂以爲古之三公。不知此乃爲諸侯時制，古者諸侯只建三卿。如《周官》所謂三太、三少、六卿，及《周禮》書，乃天子之制，漢皆不及見。又如《中庸》「一戎衣」解作「殪戎殷」，亦是不見今《武成》「一戎衣」之文。義剛。

顧命　康王之誥

《康王之誥》釋斬衰而服衮冕，於禮爲非。孔子取之，又不知如何。設使制禮作樂，當此之職，只得除之。

伏生以《康王之誥》合於《顧命》，今除着《序》文讀着，則文勢自相連接。道夫。

銖問：太保稱成王，獨言「畢協賞罰」，何也？曰：只爲賞不當功，罰不及罪，故事事差錯。若畢協賞罰，至公至明，何以及此！又問「張皇六師」。曰：古者兵藏於農，故六軍皆寓於農。「張皇六師」則是整頓民衆底意思。❶至。

君牙

安卿問：《君牙》、《景命》等篇，❷見得穆王氣象甚好，而後來乃有車轍馬跡馳天下之事，如何？曰：此篇乃内史、太史之

❶「意思」，二字原誤倒，今據朝鮮本、萬曆本乙正。
❷「景」，萬曆本作「冏」，係避宋太宗名諱。

屬所作，猶今之翰林作制誥然。如《君陳》、《周官》、《蔡仲之命》、《微子之命》等篇亦是。當時此等文字自有箇格子，首呼其名而告之，末又爲「嗚呼」之辭以戒之，篇篇皆然，觀之可見。如《大誥》、《梓材》、《多方》、《多士》等篇，乃當時編人君告其民之辭，多是方言。如「卬」字即「我」字，沈存中以爲秦語平音而謂之「卬」。故諸誥等篇，當時下民曉得，而今士人不曉得。如尚書、尚衣、尚食，尚乃主守之意，而秦語作平音，與「常」字同。諸命等篇，今士人以爲易曉，而當時下民却曉不得。義剛。

冏命

問：「格其非心」之「格」訓「正」，是如「格式」之「格」，以律人之不正者否？曰：如今人言合格，是將此一物格其不正者。人傑録云：如合格之格，謂使之歸于正也。如「格其非心」是説得深者，「格君心之非」是説得淺者。子善因問：温公以格物爲扞格之「格」，不知「格」字有訓「扞」義否？曰：亦有之，如格鬬之「格」是也。深淺之説未詳。○銖。

吕刑

東坡解《吕刑》，「王享國百年耄」作一句，「荒度作刑」作一句，甚有理。如《洛誥》等篇不可曉處，❶只合闕疑。德明。

問：贖刑所以寬鞭扑之刑，則《吕刑》之贖刑如何？曰：《吕刑》蓋非先王之法

❶「處」，原脱，今據朝鮮本補。

也。故程子有一策問云：「商之《盤庚》，周之《吕刑》，聖人載之於《書》，其取之乎，抑將垂戒後世乎？」廣。

問：鄭敷文所論《甫刑》之意是否？曰：便是他門都不去攷那贖刑。如古之「金作贖刑」，只是刑之輕者。如「流宥五刑」之屬，皆是流竄。但有「鞭作官刑，扑作教刑」，❶便是法之輕者，故贖。想見穆王胡做亂做，到晚年無錢使，撰出這般法來。聖人也是志法之變處，但是他其中論不可輕於用刑之類，也有許多好説話，不可不知。又問：本朝之刑與古雖相遠，然也較近厚。曰：何以見得？義剛曰：如不甚輕殺人之類。曰：也是。但律較輕，勑較重。律是古來底，勑是本朝底。而今用時，勑之所無方用律。本朝自徒以下罪輕。古時流罪不刺面，只如今白面編管樣；是唐、五代方是黥面；決脊，如折杖，却是太祖方創起，這却較寬。安卿問律起於何時。曰：律是從古來底，逐代相承修過，今也無理會了。但是而今《刑統》便是古律，下面注底便是周世宗者。如宋莒公所謂「律應從而違，堪供而闕，此六經之亞文也」。所謂律者，《漢書》所引律便是，但其辭古，難曉。如當時數大獄引許多詞，便如而今款樣，引某罪引某法爲斷。本朝便多是用唐法。義剛曰：漢法較重於唐，當時多以語辭獲罪。曰：只是他用得如此，當時之法，却不曾恁地。他只見前世輕殺人，便恁地。且如楊惲一書，看得來有甚大段違法處？謂之不怨不可，但也無謗朝政之辭，却便謂之腹誹而腰斬。義剛。

❶「扑」，原作「朴」，今據朝鮮本改。

仲默論五刑不贖之意。曰：是穆王方有贖刑。嘗見蕭望之言古不贖刑，某甚疑之，後來方省得贖刑不是古。因取《望之傳》看畢，曰：説得也無引證。因論望之云：想見望之也是拗。義剛問：望之學術不知是如何？又似好樣，又却也有那差異處。先生徐應曰：他説底也是正。義剛曰：如殺韓延壽，分明是他不是。曰：望之道理短。義剛曰：看來他也是暗於事機，被那兩箇小人恁地弄後都不知。先生但應之而已。義剛。

國秀問：穆王去文、武、成、康時未遠，風俗人心何緣如此不好？曰：天下自有一般不好底氣象。聖人有那禮樂刑政在此維持，不好底也能革面。至維持之具一有廢弛處，那不好氣質便自各出來，和那革面底都無了，所以恁地不好。人之學問，逐日恁地恐懼修省，只得恰好；❶纔一日放倒，便都壞了。恪。

秦誓　費誓

《秦誓》、《費誓》亦皆有説不行、不可曉處。「民訖自若是多盤」，想只是説人情多要安逸之意。廣。

❶「只」，原脱，今據朝鮮本補。

朱子語類卷第八十 計二十四板

詩一

綱領

只是「思無邪」一句好，不是一部《詩》皆「思無邪」。振。

「温柔敦厚」，《詩》之教也。使篇篇皆是譏刺人，安得「温柔敦厚」！璘。

因論《詩》，曰：孔子取《詩》，只取大意。三百篇，也有會做底，有不會做底。如《君子偕老》：「子之不淑，云如之何！」此是顯然譏刺他。到第二章已下，又全然放寬，豈不是亂道！如《載馳》詩煞有首尾，委曲詳盡，非大段會底説不得。又如《鶴鳴》做得極巧，更含畜意思，全然不露。如《清廟》一倡三歎者，人多理會不得。注下分明説：「一人倡之，三人和之。」譬如今人挽歌之類。今人解者，又須要胡説亂説。祖道。

問刪《詩》。曰：那曾見得聖人執筆刪那箇存這箇？也只得就相傳上説去。賀孫。

問：《詩》次序是當如此否？曰：不見得。只是《楚茨》、《信南山》、《甫田》、《大田》諸詩，元初却當作一片。又曰：如《卷阿》説「豈弟君子」，自作賢者；如《泂酌》説「豈弟君子」，自作人君。大抵《詩》中有可以比並看底，有不可如此看，自有這般樣子。賀孫。○説《卷阿》與《詩傳》不同。○以下論《詩》次序、章句。

《詩》，人只見他恁地重三疊兩說，❶將謂是無倫理次序，不知他一句不胡亂下。文蔚曰：今日偶看《棫樸》一篇，凡有五章。前三章是説人歸附文王之德，後二章乃言文王有作人之功，及紀綱四方之德，致得人歸附者在此。一篇之意，次第甚明。曰：然。「遐不作人」，却是説他鼓舞作興底事。功夫細密處，又在後一章。如曰「勉勉我王，綱紀四方」，四方便都在他線索内，牽着都動。文蔚曰：「勉勉」，即是「純亦不已」否？曰：然。「追琢其章，金玉其相」，是那工夫到後，文章真箇是盛美，資質真箇是堅實。文蔚。

恭父問：《詩》章起於誰？曰：有「故言」者，是指毛公；無「故言」者，皆是鄭康成。有全章換一韻處，有全押韻處。如《頌》中有全篇句句是韻。如《殷武》之類無兩句不是韻，到「稼穡匪解」，自欠了一句。前輩分章都曉不得，某細讀，方知是欠了一句。賀孫。

李善注《文選》，其中多有《韓詩》章句，常欲寫出。「易直子諒」，《韓詩》作「慈良」。方子。

問：《王風》是他風如此，不是降爲《國風》。曰：其辭語可見。《風》多出於在下之人，《雅》乃士夫所作。《雅》雖有刺，而其辭莊重，與《風》異。可學。○以下論《風》、《雅》、《頌》。

《大序》言：「一國之事，係一人之本，謂之《風》。」所以析《衛》爲《邶》、《鄘》、《衛》？曰：《詩》，古之樂也，亦如今之歌曲，音各不同：衛有衛音，鄘有鄘音，邶有

❶「兩」，萬曆本作「四」。

邶音。故詩有鄘音者係之鄘，有邶音者係之邶。若《大雅》、《小雅》，則亦如今之商調、宮調，作歌曲者亦按其腔調而作爾。《大雅》、《小雅》亦古作樂之體格，按《大雅》體格作《大雅》，按《小雅》體格作《小雅》，非是做成詩後，旋相度其辭目爲《大雅》、《小雅》也。大抵《國風》是民庶所作，《雅》是朝廷之詩，《頌》是宗廟之詩。又云：《小序》，漢儒所作，有可信處絶少。《大序》好處多，然亦有不滿人意處。去僞。

器之問《風》、《雅》，與無天子之《風》之義。先生舉鄭漁仲之説言：出於朝廷者爲《雅》，出於民俗者爲《風》。文、武之時，周、召之作者謂之周、召之《風》。東遷之後，王畿之民作者謂之《王風》。似乎大約是如此，亦不敢爲斷然之説。但古人作詩，體自不同，《雅》自是《雅》之體，《風》自是《風》之體。如今人做詩曲，亦自有體製不同者，自不可亂，不必説《雅》之降爲《風》。今且就《詩》上理會意義，其不可曉處，不必反倒。因説：嘗見蔡行之舉陳君舉説《春秋》云：「須先看聖人所不書處，方見所書之義。」見成所書者更自理會不得，却又取不書者來理會，少間只是説得奇巧。木之。

《詩》有是當時朝廷作者，《雅》、《頌》是也。若《國風》乃採詩者採之民間，以見四方民情之美惡，二《南》亦是採民言而被樂章爾。程先生必要説是周公作以教人，不知是如何？某不敢從。若變風，又多是淫亂之詩，故班固言「男女相與歌詠，以言其傷」是也。聖人存此，亦以見上失其教，則民欲動情勝，其弊至此，故曰「《詩》可以觀」也。且「《詩》有六義」，先儒更不曾説得明。却因《周禮》説《豳詩》有《豳雅》、《豳頌》，即於一詩之中要見六義，思之皆不然。蓋所謂六義者，《風》、《雅》、《頌》乃是樂章之腔調，如言仲吕調、大石調、越調之類。至比、興、賦，又别。直指其名，直叙其事者，賦也；本要言其事，而虚用兩句釣起，因而接續去者，興也；引物爲況者，比也。立此六義，非特使人知其聲音之所當，又欲使歌者知作詩之法度也。問：《豳》之所以爲《雅》爲《頌》者，恐是可以用《雅》底腔調，又可用《頌》底腔調否？曰：恐是如此，某亦不敢如此斷，今只説恐是亡其二。大雅。

問二《雅》所以分。曰：《小雅》是所係者小，《大雅》是所係者大。「呦呦鹿鳴」，其義小；「文王在上，於昭于天」，其義大。問變雅。曰：亦是變用他腔調爾。大抵今人説《詩》，多去辨他《序》文，要求着落。至其正文「關關雎鳩」之義，却不與理會。王德修云：《詩序》只是「國史」一句可信，如「《關雎》，后妃之德也」。此下即講師説。如《蕩》詩自是説「蕩蕩上帝」，《序》却言是「天下蕩蕩」，《賚》詩自是説「文王既勤止，我應受之」，是説後世子孫賴其祖宗基業之意，他《序》却説「賚，予也」，豈不是後人多被講師瞞耶？曰：此是蘇子由曾説來，然亦有不通處。如《漢廣》，「德廣所及也」，有何義理？却是下面「無思犯禮，求而不可得」幾句却有理。若某，只上一句亦不敢信他。舊曾有一老儒鄭漁仲，更不信《小序》，只依古本與疊在後面。某今亦只如此，令人虚心看正文，久之其義自見。蓋所謂《序》者，類多世儒之談，不解詩人本意處甚多。且如「止乎禮義」，果能止禮義否？《桑中》之詩，禮義在何處？王曰：他要存戒。曰：此正文中無戒意，只是直述他淫亂事爾。若《鶉之奔奔》、《相鼠》等詩，却是譏罵，可以爲戒，此則不然。某今看得鄭詩自《叔于田》等詩之外，如《狡童》、《子衿》等篇，皆淫亂之詩，而說詩者誤以爲刺昭公、刺學校廢耳。衛詩尚可，猶是男子戲婦人。鄭詩則不然，多是婦人戲男子，所以聖人尤惡鄭聲也。《出其東門》却是箇識道理底人做。大雅。

林子武問「《詩》者，中聲之所止」。曰：這只是正《風》、《雅》、《頌》，是中聲，那變風不是。伯恭堅要牽合說是，然恐無此理。今但去讀看，便自有那輕薄底意思在了。如韓愈說數句「其聲浮且淫」之類，這正是如此。義剛。

問比興。曰：說出那物事來是興，不說出那物事是比。如「南有喬木」，只是說箇「漢有游女」；「奕奕寢廟，君子作之」，只說箇「他人有心，予忖度之」；《關雎》亦然。皆是興體。比底只是從頭比下來，不說破。興、比相近，却不同。《周禮》說「以六詩教國子」，其實只是這賦、比、興三箇物事。《風》、《雅》、《頌》，詩之標名。理會得那興、比、賦時，裏面全不大段費解。今人要細解，不道此說爲是。如「奕奕寢廟」，不認得意在那「他人有心」處，只管解那「奕奕寢廟」。植。○以下賦、比、興。

問：《詩》中說興處多近比。曰：然。如《關雎》、《麟趾》相似，皆是興而兼比。然雖近比，其體却只是興。且如「關關雎鳩」，本是興起，到得下面說「窈窕淑女」，此方是入題說那實事。蓋興是以一箇物事貼一箇物事說，上文興而起，下文便接說實事。如「麟之趾」，下文便接「振振公子」，一箇對一箇說。蓋公本是箇好底人，子也好，孫也好，族人也好。譬如麟，趾也好，定也好，角也好。及比，則却不入題了。如比那一物説，便是説實事。如「螽斯羽，詵詵兮。宜爾子孫，振振兮」，「螽斯羽」一句，便是説那人了，下面「宜爾子孫」，依舊是就「螽斯羽」上説，更不用説實事，此所以謂之比。大率《詩》中比、興皆類此。僩。

比雖是較切，然興却意較深遠。也有興而不甚深遠者，比而深遠者，又係人之高下，有做得好底，有拙底。常看後世如魏文帝之徒作詩，皆只是説風景。獨曹操愛説周公，其詩中屢説。便是那曹操意思也是較別，也是乖。義剛。

比是以一物比一物，而所指之事常在言外。興是借彼一物以引起此事，而其事常在下句。但比意雖切而却淺，興意雖闊而味長。賀孫。

《詩》之興，全無巴鼻，振録云：多是假他物舉起，全不取其義。後人詩猶有此體。如「青青陵上柏，磊磊澗中石。人生天地間，忽如遠行客」，又如「高山有涯，林木有枝。憂來無端，人莫之知」，「青青河畔草，綿綿思遠道」，皆是此體。方子。○振録同。

六義自鄭氏以來失之，后妃自程先生以來失之。后妃安知當時之稱如何？可學。

○以下六義。

或問「《詩》六義」注「三經、三緯」之説。曰：三經是賦、比、興，是做詩底骨子，無詩不有，才無，則不成詩。蓋不是賦，便是比；不是比，便是興。如《風》、《雅》、《頌》却是裏面橫弗底，都有賦、比、興，故謂之三緯。燾。

器之問：《詩傳》分別六義，有未備處。曰：不必又只管滯却許多，且看詩意義如何。古人一篇詩，必有一篇意思，且要理會得這箇。如《柏舟》之詩，只説到「静言思之，不能奮飛」；《緑衣》之詩説「我思古人，實獲我心」，此可謂「止乎禮義」。所謂「可以怨」，便是「喜怒哀樂發而皆中節」處。推此以觀，則子之不得於父，臣之不得於君，朋友之不相信，皆當以此意處之。如屈原之懷沙赴水，賈誼言「歷九州而相其君，何必懷此都也」，便都過當了。古人胸中發出意思自好，看着三百篇《詩》，則後世之詩多不足觀矣。木之。

問：《詩傳》説六義，以「托物興辭」爲興，與舊説不同。曰：覺舊説費力，失本指。如興體不一，或借眼前物事説將起，或別自將一物説起，大抵只是將三四句引起，如唐時尚有此等詩體。如「青青河畔草」、「青青水中蒲」，皆是別借此物，興起其辭，非必有感有見於此物也。有將物之無，興起自家之所有；將物之有，興起自家之所無。前輩都理會這箇不分明，如何説得《詩》本指！只伊川也自未見得。看所説有甚廣大處，子細看，本指却不如此。若上蔡怕曉得《詩》，如云「讀《詩》，須先要識得六義體面」，這是他識得要領處。問：《詩》雖是吟咏，使人自有興起，固不專在文辭。然亦須是篇篇句句理會着實，見得古人所以作此詩之意，方始於吟咏上有得。曰：固是。若不得其真實，吟咏箇甚麽？然古人已多不曉其意，如《左傳》所載歌詩，多與本意元不相關。問：《我將》「維天其右之」，「既右享之」，今所解都作「左右」之「右」，與舊不同。曰：《周禮》有「享右祭祀」之文。如《詩》中此例亦多，如「既右烈考，亦右文母」之類。如《我將》所云，作保祐說，更難。方說「維羊維牛」，如何便說保祐？到「伊嘏文王，既右享之」，也說未得「右助」之「右」。問：《振鷺》詩不是正祭之樂歌，乃獻助祭之臣，未審如何？曰：看此文意，都無告神之語，恐是獻助祭之臣。古者祭祀，每一受胙，主與賓尸皆有獻酬之禮；既畢，然後亞獻；至獻畢，復受胙。如此，禮意甚好，有接續意思。到唐時尚然。今併受胙於諸獻既畢之後，主與賓尸意思皆隔了。古者一祭之中所以多事，如季氏祭，逮闇而祭，日不足，繼之以燭。雖有強力之容、肅敬之心，皆倦怠矣。有司跛倚以臨祭，其爲不敬大矣！他日祭，子路與，室事交乎户，堂事交乎階，質明而始行事，晏朝而退。孔子聞之曰：「誰謂由也而不知禮乎！」古人祭禮，是大段有節奏。賀孫。

《詩序》起「《關雎》，后妃之德也」，止「教以化之」。《大序》起「詩者，志之所之也」，止「詩之至也」。敬仲。○以下《大序》。

聲發出於口，成文而節宣和暢謂之音，乃合於音調。如今之唱曲，合宮調、商調之類。敬仲。

《詩·大序》亦只是後人作，其間有病句。「國史」。方子。

《詩》，纔說得密，便說他不着。「國史明乎得失之迹」，這一句也有病。《周禮》、《禮記》中，史並不掌詩，《左傳》說自分曉。以此見得《大序》亦未必是聖人做，《小序》更不須說。他做《小序》，不會寬說，每篇便求一箇實事填塞了。他有尋得着底，猶自可通；不然，便與《詩》相礙。那解底，要就《詩》，却礙《序》；要就《序》，却礙《詩》。《詩》之興，是劈頭說那没來由底兩句，下面方說那事，這箇如何通解。「鄭聲淫」，所以鄭詩多是淫佚之辭，《狡童》、《將仲子》之類是也。今喚做忽與祭仲，與《詩》辭全不相似。這箇只似而今閑潑曲子。《南山有臺》等數篇，是燕享時常用底，叙賓主相好之意，一似今人致語。又曰：《詩·小序》不可信。而今看《詩》，有《詩》中分明説是某人某事者，則可知。其他不曾説者，而今但可知其説此等事而已。韓退之詩曰：「《春秋》書王法，不誅其人身。」高。

《大序》亦有未盡。如「發乎情，止乎禮義」，又只是説正《詩》，變風何嘗止乎禮義？振。

問「止乎禮義」。曰：如變風《柏舟》等詩，謂之「止乎禮義」可也。《桑中》諸篇曰「止乎禮義」，則不可。蓋大綱有「止乎禮義」者。嵤。

「止乎禮義」，如《泉水》、《載馳》固止乎禮義；如《桑中》有甚禮義？《大序》只是揀好底説，亦未盡。淳。

《詩·大序》只有「六義」之説是，而程先生不知如何，又却説從别處去。如《小序》亦間有説得好處，只是杜撰處多。不知先儒何故不虚心子細看這道理，便只恁説却。後人又只依他那箇説出，亦不看《詩》是有此意無。若説不去處，又須穿鑿説將去。又詩人當時多有唱和之詞，如是者有數十篇，❶《序》中都説從别處去。且如《蟋蟀》一篇，本其風俗勤儉，其民終歲勤勞，不得少休，及歲之暮，方且相與燕樂；而又遽相戒曰：「日月其除，無已太康。」蓋謂今雖不可以不爲樂，然不已過於樂乎！其憂深思遠固如此。至《山有樞》一詩，特以和答

❶「數十」，萬曆本作「十數」。

其意而解其憂爾，故説山則有樞矣，隰則有榆矣，「子有衣裳，弗曳弗婁；子有車馬，弗馳弗驅」。一旦宛然以死，則他人藉之以爲樂爾，所以解勸他及時而樂也。而序《蟋蟀》者則曰：「刺晉僖公儉不中禮。」蓋風俗之變，必由上以及下。今謂君之儉反過於禮，而民之俗猶知用禮，則必無是理也。至《山有樞》則以爲「刺晉昭公」，又大不然矣。《魚藻》，則天子燕諸侯，而諸侯美天子之詩也。《采菽》，則天子所以答《魚藻》矣。至《鹿鳴》，則燕享賓客也，《序》頗得其意。《四牡》，則勞使臣也，而《詩序》下文則安矣。《皇皇者華》，則遣使臣之詩也；《棠棣》，則燕兄弟之詩也：《序》固得其意。《伐木》，則燕朋友故舊之詩也。人君以《鹿鳴》而下五詩燕其臣，故臣受君之賜者，則歌《天保》之詩以答其上。《天保》之《序》雖略得此意，而古注言《鹿鳴》至《伐木》「皆君所以下其臣，臣亦歸美於上，崇君之尊，而福禄之，以答其歌」，却説得尤分明。又如《行葦》，自是祭畢而燕父兄耆老之詩。首章言開燕設席之初，而慇懃篤厚之意已見於言語之外，二章言侍御獻酬飲食歌樂之盛，三章言既燕而射以爲懽樂，末章祝頌其既飲此酒，皆得享夫長壽。今序者不知本旨，見有「勿踐履」之説，則便謂「仁及草木」；見「戚戚兄弟」，便謂「親睦九族」；見「黄耇台背」，便謂「養老」；見「以祈黄耇」，便謂「乞言」；見「介爾景福」，便謂「成其福禄」：細細碎碎，殊無倫理，其失爲尤甚！《既醉》，則父兄所以答《行葦》之詩也。《鳧鷖》，則祭之明日繹而賓尸之詩也。古者宗廟之祭皆有尸，既祭之明日，則煖其祭食，以燕爲尸之人，故有此詩。《假樂》則公尸之所以答《鳧鷖》也。今《序》篇皆失之。又曰：《詩》，即所謂樂章。雖有唱和之意，祇是樂工代歌，亦非是君臣自歌也。道夫。

《詩》、《書》序，當開在後面。升卿。○以下《小序》。

敬之問《詩》、《書》序。曰：古本自是別作一處。如《易大傳》、班固《序傳》並在後。京師舊本《楊子注》，其序亦總在後。德明。

王德脩曰：六經惟《詩》最分明。曰：《詩》本易明，只被前面《序》作梗。《序》出於漢儒，反亂《詩》本意。且只將四字成句底詩讀，却自分曉。見作《詩集傳》，待取《詩》令編排放前面，驅逐過，後面自作一處。文蔚。

《詩序》作，而觀《詩》者不知《詩》意。節。

《詩序》，東漢《儒林傳》分明說道是衛宏作。後來經意不明，都是被他壞了。某又看得亦不是衛宏一手作，多是兩三手合成一序，愈說愈疏。浩云：蘇子由却不取《小序》。曰：他雖不取下面言語，留了上一句，便是病根。伯恭專信《序》，又不免牽合。伯恭凡百長厚，不肯非毀前輩，要出脫回護。不知道只爲得箇解經人，却不曾爲得聖人本意。是便道是，不是便道不是，方得。浩。

《詩·小序》全不可信。如何定知是美刺那人？詩人亦有意思偶然而作者。又其《序》與《詩》全不相合。《詩》詞理甚順，平易易看，不如《序》所云。且如《葛覃》一篇，只是見葛而思歸寧，序得却如此！毛公全無序解，鄭間見之。《序》是衛宏作。

《序》極有難曉處，多是附會。如《魚藻》詩見有「王在鎬」之言，便以爲君子思古之武王。似此類甚多。可學。

因論《詩》，歷言：《小序》大無義理，皆是後人杜撰，先後增益湊合而成。多就《詩》中採摭言語，更不能發明《詩》之大旨。纔見有「漢之廣矣」之句，便以爲德廣所及；才見有「命彼後車」之言，便以爲不能飲食教載。《行葦》之《序》，但見「牛羊勿踐」，便謂「仁及草木」；但見「戚戚兄弟」，便謂「親睦九族」；見「黃耇台背」，便謂「養老」；見「以祈黃耇」，便謂「乞言」；見「介爾景福」，便謂「成其福禄」：隨文生義，無復倫理。《卷耳》之《序》以「求賢審官，知臣下之勤勞」爲后妃之志事，固不倫矣，況詩中所謂「嗟我懷人」，其言親暱太甚，寧后妃所得施於使臣者哉！《桃夭》之詩謂「婚姻以時，國無鰥民」爲「后妃之所致」，而不知其爲文王刑家及國，其化固如此，豈專后妃所能致耶？其他變風諸詩，未必是刺者，皆以爲刺；未必是言此人，必傅會以爲此人。《桑中》之詩放蕩留連，止是淫者相戲之辭，豈有刺人之惡，而反自陷於流蕩之中？《子衿》詞意輕儇，亦豈刺學校之辭？《有女同車》等，皆以爲刺忽而作。鄭忽不娶齊女，其初亦是好底意思，但見後來失國，便將許多詩盡爲刺忽而作。考之於忽，所謂淫昏暴虐之類，皆無其實。至遂目爲「狡童」，豈詩人愛君之意？況其所以失國，正坐柔懦闊疏，亦何狡之有？幽、厲之刺，亦有不然。《甫田》諸篇，凡詩中無詆譏之意者，皆以爲傷今思古而作。其他謬誤，不可勝説。後世但見《詩序》巍然冠於篇首，不敢復議其非，至有解説不通，多爲飾辭以曲護之者，其誤後學多矣！《大序》却好，或者謂補湊而成，亦有此理。《書・小序》亦未是。只如《堯典》、《舜典》便不能通貫一篇之意。《堯典》不獨爲遜舜一事。《舜典》到「歷試諸難」之外，❶便不該通了，其他《書序》亦然。至如《書・大序》，亦疑不是孔安國文字。大抵西漢文章渾厚近古，雖董仲舒、劉向之徒，言語自別。讀《書・大序》便覺軟慢無氣，未必不是後人所作也。謨。

《詩序》實不足信。向見鄭漁仲有《詩辨妄》，力詆《詩序》，其間言語太甚，以爲皆是村野妄人所作。始亦疑之，後來子細看一兩篇，因質之《史記》、《國語》，然後知《詩序》之果不足信。因是看《行葦》、《賓之初筵》、《抑》數篇，《序》與《詩》全不相似。以此看其他《詩序》，其不足信者煞多。以此知人不可亂説話，便都被人看破了。詩人假物興辭，大率將上句引下句。如《行葦》「勿踐履」、「戚戚兄弟，莫遠具爾」，「行葦」是比兄弟，「勿」字乃興「莫」字。此詩自是飲酒會賓之意，序者却牽合作周家忠厚之詩，遂以行葦爲「仁及草木」。如云「酌以大斗，以祈黄耇」，亦是歡合之時祝壽之意，序者遂以爲「養老乞言」，豈知「祈」字本只是祝頌其高壽，無乞言意也。《抑》詩中間煞有好語，亦非刺厲王。如「於乎小子」，豈是以此指其君？兼厲王是暴虐大惡之主，詩人不應不述其事實，只説謹言節語。況厲王無道，謗訕者必不容，武公如何恁地指斥曰「小子」？《國語》以爲武公自警之詩，却是可信。大率古人作詩，與今人作詩一般，其間亦自有感物道情，吟詠情性，幾時盡是譏刺他人？只緣序者立例，篇篇要作美刺説，將詩人意思盡穿鑿壞了。且如今人見

❶「難」，萬曆本作「艱」。

人纔做事，便作一詩歌美之，或譏刺之，是甚麽道理？如此，一似里巷無知之人，胡亂稱頌諛説，把持放鵰，何以見先王之澤？何以爲情性之正？《詩》中數處皆應答之詩，如《天保》乃與《鹿鳴》爲唱答，《行葦》與《既醉》爲唱答，《蟋蟀》與《山有樞》爲唱答。唐自是晉未改號時國名，自序者以爲刺僖公，便牽合謂此晉也，而謂之唐，乃有堯之遺風。本意豈因此而謂之唐！是皆鑿説。但《唐風》自是尚有勤儉之意，作詩者是一箇不敢放懷底人，説「今我不樂，日月其除」，便又説「無已太康，職思其居」。到《山有樞》是答者，便謂「子有衣裳，弗曳弗婁」、「宛其死矣，他人是愉」、「子有鍾鼓，弗鼓弗考。宛其死矣，他人是保」。這是答他不能享些快活，徒恁地苦澁。《詩序》亦有一二有憑據，如《清人》、《碩人》、《載馳》諸詩是也。《昊天有成命》中説「成王不敢康」，「成王」只是成王，何須牽合作成王業之王？自序者恁地附會，便謂周公作此以告成功。他既作周公告成功，便將「成王」字穿鑿説了，又幾曾是郊祀天地？被序者如此説，後來遂生一場事端，有南北郊之事。此詩自説「昊天有成命」，又不曾説着地，如何説道祭天地之詩？設使合祭，亦須幾句説及后土。如漢諸郊祀詩，祭某神便説某事。若用以祭地，不應只説天，不説地。東萊《詩記》却編得子細，只是大本已失了，更説甚麽？向嘗與之論此，如《清人》、《載馳》一二詩可信。渠却云：「安得許多文字證據？」某云：「無證而可疑者，只當闕之，不可據《序》作證。」渠又云：「只此《序》便是證。」某因云：「今人不以《詩》説《詩》，却以《序》解《詩》，是以委曲牽合，必欲如序者之意，寧失詩人之本意不恤也。此是序者大害處。」賀孫。

《詩序》多是後人妄意推想詩人之美刺，非古人之所作也。古人之詩雖存，而意不可得。❶序《詩》者妄誕其説，但疑見其人如此，便以爲是詩之美刺者，必若人也。如莊姜之詩，却以爲刺衛頃公。今觀《史記》所述，頃公竟無一事可紀，但言某公卒，子某公立而已，都無其事。頃公固亦是衛一不美之君，序《詩》者但見其詩有不美之迹，便指爲刺頃公之詩。此類甚多，皆是妄生美刺，初無其實。至有不能攷者，則但言「刺詩也」、「思賢妃也」。然此是汎汎而言。如《漢廣》之《序》言「德廣所及」，此語最亂道。詩人言「漢之廣矣」，其言已分曉。至如下面《小序》却説得是，謂「文王之化被于南國，美化行乎江、漢之域，無思犯禮，求而不可得也」，此數語却好。又云：看來《詩序》當時只是箇山東學究等人做，不是箇老師宿儒之言，故所言都無一事是當。如《行葦》之《序》，雖皆是詩人之言，但却不得詩人之意。不知而今做義人到這處將如何做，於理决不順。某謂此詩本是四章，章八句；他不知，作八章、章四句讀了。如「敦彼行葦，牛羊勿踐履。方苞方體，惟葉泥泥。戚戚兄弟，莫遠具爾。或肆之筵，或授之几」，此詩本是興詩，即是興起下四句言，以「行葦」興兄弟，「勿踐履」是莫遠意也。又云：鄭、衛詩多是淫奔之詩。鄭詩如《將仲子》以下，皆鄙俚之言，只是一時男女淫奔相誘之語。如《桑中》之詩云：「衆散民流，而不可止。」故《樂記》云：「桑間濮上之

❶ 「存而」，二字原倒，今據朝鮮本、萬曆本乙正。

音，亡國之音也。其衆散，其民流，誣上行私而不可止也。」鄭詩自《緇衣》之外，亦皆鄙俚，如「采蕭」、「采艾」、「青衿」之類是也。故夫子「放鄭聲」。如《抑》之詩，非詩人作以刺君，乃武公爲之以自警。又有稱「小子」之言，此必非臣下告君之語，乃自謂之言無疑也。卓。

問：《詩傳》盡撤去《小序》，❶何也？曰：《小序》如《碩人》、《定之方中》等，見於《左傳》者，自可無疑。若其他刺詩無所據，多是世儒將他謚號不美者挨就立名爾。今只考一篇見是如此，故其他皆不敢信。且如蘇公刺暴公，固是姓暴者多；萬一不見得是暴公，則「惟暴之云」者，只作一箇狂暴底人説，亦可。又如《將仲子》，如何便見得是祭仲？某由此見得《小序》大故是後世陋儒所作。但既是千百年已往之詩，今只見得大意便了，又何必要指實得其人姓名？於看《詩》有何益也？大雅。

問：《詩傳》多不解《詩序》，何也？曰：某自二十歲時讀《詩》，便覺《小序》無意義。及去了《小序》，只玩味《詩》詞，却又覺得道理貫徹。當初亦嘗質問諸鄉先生，皆云《序》不可廢，而某之疑終不能釋。後到三十歲，斷然知《小序》之出於漢儒所作，其爲繆戾有不可勝言。東萊不合只因《序》講解，便有許多牽强處。某嘗與之言，終不肯信。《讀詩記》中雖多説《序》，然亦有説不行處，亦廢之。某因作《詩傳》，遂成《詩序辨説》一册，其他繆戾，辨之頗詳。煇。

鄭漁仲謂《詩・小序》只是後人將史傳去揀，并看謚，却附會作《小序》美刺。振。

❶「詩」，原作「語」，今據朝鮮本改。

伯恭黨得《小序》不好，使人看着轉可惡。振。

器之問《詩》叶韻之義。曰：只要音韻相叶，好吟哦諷誦，易見道理，亦無甚要緊。今且要將七分工夫理會義理，三二分工夫理會這般去處。若只管留心此處，而於《詩》之義却見不得，亦何益也？又曰：叶韻多用吴才老本，或自以意補入。木之。以下論《詩》韻。

問：《詩》叶韻，是當時如此作？是樂歌當如此？曰：當時如此作。古人文字多有如此者，如正考父《鼎銘》之類。可學。

問：先生説《詩》，率皆叶韻，得非《詩》本樂章，播諸聲詩，自然叶韻，方諧律呂，其音節本如是耶？曰：固是如此。然古人文章亦多是叶韻。因舉《王制》及《老子》叶韻處數段。又曰：《周頌》多不叶韻，疑自有和底篇相叶。「《清廟》之瑟，朱絃而疏越，一唱而三歎」，歎，即和聲也。儒用。

詩之音韻，是自然如此，這箇與天通。古人音韻寬，後人分得密後隔開了。《離騷注》中發兩箇例在前：「朕皇考曰伯庸」，「庚寅吾以降」；洪。「又重之以脩能」，耐。「紉秋蘭以爲佩」。後人不曉，却謂只此兩韻如此。某有《楚詞叶韻》，作「子厚」名字，刻在漳州。方子。

叶韻，恐當以頭一韻爲準。且如「華」字叶音「敷」，如「有女同車」是第一句，則第二句「顔如舜華」，當讀作「敷」字，然後與下文「佩玉瓊琚」、「洵美且都」皆叶。至如「何彼穠矣，唐棣之華」，是第一韻，則當依本音讀，而下文「王姬之車」却當作尺奢反，如此方是。今只從吴才老舊説，不能又創得此例。然《楚詞》「紛余既有此内美兮，又重之以脩能」，「能」音「耐」，然後下文「紉秋蘭以爲佩」叶。若「能」字只從本音，則「佩」字遂無音。如此，則又未可以頭一韻爲定也。閎祖。

吴才老《補韻》甚詳，然亦有推不去者。某煞尋得，當時不曾記，今皆忘之矣。如「外禦其務」叶「烝也無戎」，才老無尋處，却云「務」字古人讀做「蒙」，不知「戎」，汝也，汝、戎二字，古人通用，是協音汝也。如「南仲太祖，太師皇父；整我六師，以脩我戎」，亦是協音汝也。「下民有嚴」叶「不敢怠遑」。才老欲音「嚴」爲「莊」，云避漢諱，却無道理。某後來讀《楚辭·天問》見一「嚴」字乃押從「莊」字，乃知是叶韻，「嚴」讀作「昂」也。《天問》，才老豈不讀？往往無甚意義，只恁打過去也。義剛。○饒、何氏録云：《中庸》「奏格無言」，奏，音族，平聲，音騣，所以《毛詩》作「鬷」字。

或問：吴氏叶韻何據？曰：他皆有據。泉州有其書，每一字多者引十餘證，少者亦兩三證。他説，元初更多，後删去，姑存此耳。然猶有未盡。因言：《商頌》「天命降監，下民有嚴。不僭不濫，不敢怠遑」。吴氏云，「嚴」字恐是「莊」字，漢人避諱，改作「嚴」字。某後來因讀《楚辭·天問》，見「嚴」字都押入「剛」字、「方」字去。又此間鄉音「嚴」作户剛反，乃知「嚴」字自與「皇」字叶。然吴氏豈不曾看《楚詞》？想是偶然失之。又如「兄弟鬩于牆，外禦其務。每有良朋，烝也無戎」。吴氏復疑「務」當作「蒙」，❶以叶「戎」字。某却疑古人訓「戎」爲

❶「務」，原作「侮」，今據前文改。「蒙」，原作「霧」，今據朝鮮本改。

「汝」，如「以佐戎辟」、「戎雖小子」，則「戎」、「女」音或通。後來讀《常武》詩有云「南仲大祖，大師皇父，整我六師，以脩我戎」，則與「汝」叶，明矣。因言：古之謠諺皆押韻，如夏諺之類。散文亦有押韻者，如《曲禮》「安民哉」叶音「兹」，則與上面「思」、「辭」二字叶矣。又如「將上堂，聲必揚；將入户，視必下」，下，叶音護。《禮運》、《孔子閒居》亦多押韻。《莊子》中尤多。至於《易·彖辭》，皆韻語也。又云：《禮記》「五至」、「三無」處皆協。○廣。

「知子之來扐。之，雜佩以贈入。之」，此例甚多。「作」字作「做」，「保」字作「補」。「往近王舅」，近，音「既」，《説文》作「訢」，誤寫作「近」。僴。

問：《詩》叶韻，有何所據而言？曰：叶韻乃吳才老所作，某又續添減之。蓋古人作詩皆押韻，與今人歌曲一般。今人信口讀之，全失古人詠歌之意。煇。

《詩》音韻間有不可曉處。因説：如今所在方言，亦自有音韻與古合處。子升因問：今「陽」字却與「唐」字通，「清」字却與「青」字分之類，亦自不可曉。曰：古人韻疏，後世韻方嚴密。見某人好考古字，却説「青」字音自是「親」，如此類極多。木之。

器之問《詩》。曰：古人情意温厚寬和，道得言語自恁地好。當時叶韻，只是要便於諷詠而已。到得後來，一向於字韻上嚴切，却無意思。漢不如周，魏、晉不如漢，唐不如魏、晉，本朝又不如唐。如元微之、劉禹錫之徒，和詩猶自有韻相重密。本朝和詩便定不要一字相同，不知却愈壞了詩。木之。

論讀詩

《詩》中頭項多，一項是音韻，一項是訓詁名件，一項是文體。若逐一根究，然後討得些道理，則殊不濟事，須是通悟者方看得。方子。○以下總論讀《詩》之方。

聖人有法度之言，如《春秋》、《書》、《禮》是也，一字皆有理。如《詩》亦要逐字將理去讀，便都礙了。淳。

問：聖人有法度之言，如《春秋》、《書》與《周禮》，字較實。《詩》無理會，只是看大意。若要將《序》去讀，便礙了。問：變風、變雅如何？曰：也是後人恁地説，今也只依他恁地説。如《漢廣》、《汝墳》皆是説婦人。如此，則是文王之化只及婦人，不及男子。只看他大意恁地，拘不得。寓。

公不會看《詩》。須是看他詩人意思好處是如何，不好處是如何。看他風土，看他風俗，又看他人情、物態。只看《伐檀》詩，便見得他一箇清高底意思；看《碩鼠》詩，便見他一箇暴斂底意思。好底意思是如此，不好底是如彼。好底意思，令自家善意油然感動而興起。看他不好底，自家心下如着槍相似。如此看，方得《詩》意。僩。

《詩》有説得曲折後好底，有只恁平直説後自好底。如《燕燕》末後一章，這不要看上文考下章，便知得是恁地意思，自是高遠，自是説得那人着。義剛。

林子武説《詩》。曰：不消得恁地求之太深。他當初只是平説，横看也好，豎看也好。今若要討箇路頭去裏面尋，却怕迫窄了。義剛。

讀《詩》之法，且如「白華菅兮，白茅束

兮。之子之遠，俾我獨兮」，蓋言白華與茅尚能相依，而我與子乃相去如此之遠，何哉？又如「倬彼雲漢，爲章于天。周王壽考，遐不作人」，只是説雲漢恁地爲章于天，周王壽考，豈不能作人也？上兩句皆是引起下面説，略有些意思傍著，不須深求，只此讀過便得。僩。

看《詩》，且看他大意。如衛諸詩，其中有説時事者，固當細考。如鄭之淫亂底詩，若苦搜求他，有甚意思？一日看五六篇可也。僩。

看《詩》，義理外更好看他文章。且如《谷風》，他只是如此説出來，然而叙得事曲折先後，皆有次序。而今人費盡氣力去做後，尚做得不好。義剛。

讀《詩》，且只將做今人做底詩看。或每日令人誦讀，却從旁聽之。其詁有未通者，略檢注解看，却時時誦其本文，便見其語脉所在。又曰：念此一詩，既已記得其語，却逐箇字將前後一樣字通訓之。今注解中有一字而兩三義者，如「假」字，有云「大」者，有云「至」者，只是隨處旋紐捏耳，非通訓也。㽦。

先生因言，看《詩》須并叶韻讀，便見得他語自整齊。又更略知叶韻所由來，甚善。又曰：伊川有《詩解》數篇，説到《小雅》以後極好。蓋是王公大人好生地做，都是識道理人言語，故它裏面説得儘有道理，好子細看。非如《國風》或出於婦人小夫之口，但可觀其大概也。銖。

問：以《詩》觀之，雖千百載之遠，人之情僞只此而已，更無兩般。曰：以某看來，須是別換過天地，方別換一樣人情。釋氏之説固不足據，然其書説盡百千萬劫，其事情亦只如此而已，况天地無終窮，人情安得有異？必大。

看《詩》，不要死殺看了，見得無所不包。今人看《詩》，無興底意思。節。○以下論讀《詩》在興起。

讀《詩》便長人一格。如今人讀《詩》，何緣會長一格？《詩》之興，最不緊要。然興起人意處，正在興。會得詩人之興，便有一格長。「豐水有芑，武王豈不仕？」蓋曰豐水且有芑，武王豈不有事乎？此亦興之一體，不必更注解。如龜山説《關雎》處意亦好，然終是説死了，如此便詩眼不活。必大。

問：向見吕丈，問讀《詩》之法。吕丈舉横渠「置心平易」之説見教。某遵用其説去誦味來，固有箇涵泳情性底道理，然終不能有所啓發。程子謂：「興於《詩》，便知有着力處。」今讀之，止見其善可爲法、惡可爲戒而已，不知其他如何著力？曰：善可爲法，惡可爲戒，不特《詩》也，他書皆然。古人獨以爲「興於《詩》」者，《詩》便有感發人底意思。今讀之無所感發者，正是被諸儒解殺了，死着《詩》義，興起人善意不得。如《南山有臺》，《序》云：「得賢，則能爲邦家立太平之基。」蓋爲見《詩》中有「邦家之基」字，故如此解。此序自是好句，但纔如此説定，便局了一詩之意。若果先得其本意，雖如此説亦不妨。正如《易》解，若得聖人《繫辭》之意，便横説竪説都得。今斷以一義解定，《易》便不活。《詩》所以能興起人處，全在興。如「山有樞，隰有榆」，別無意義，只是興起下面「子有車馬」、「子有衣裳」耳。《小雅》諸篇，皆君臣燕飲之詩，道主人之意以譽賓，如今人宴飲有「致語」之類，亦間有叙賓客答辭者。《漢書》載客歌《驪駒》，主人歌《客毋庸歸》，亦是此意。古人以魚爲重，故《魚麗》、《南有嘉魚》，皆特舉以歌之。《儀禮》載「乃間歌《魚麗》，笙《由庚》；歌《南有嘉魚》，笙《崇丘》；歌《南山有臺》，笙《由儀》」，本一套事。後人移《魚麗》附於《鹿鳴》之什，截以《嘉魚》以下爲成王詩，遂失當時用詩之意，故胡亂解。今觀《魚麗》、《嘉魚》、《南山有臺》等篇，辭意皆同。《菁莪》、《湛露》、《蓼蕭》，皆燕飲之詩。詩中所謂君子，皆稱賓客，後人却以言人君，正顛倒了。如以湛露爲恩澤，皆非詩義。故「野有蔓草，零露漙兮」，❶亦以爲「君之澤不下流」，皆局於一箇死例，所以如此。《周禮》以六詩教國子，當時未有注解，不過教之曰：此興也，此比也，此賦也。興者，人便自作興看；比者，人便自作比看。興，只是興起，謂下句直說不起，故將上句帶起來說，如何去上頭討義理？❷今欲觀《詩》，不若且置《小序》及舊說，只將元詩虛心熟讀，徐徐玩味。候彷彿見箇詩人本意，却從此推尋將去，方有感發。如人拾得一箇無題目詩，再三熟看，亦須辨得出來。若被舊說一局局定，便看不出。今雖說不用舊說，終被他先入在內，不期依舊從它去。某向作《詩解》，文字初用《小序》，至解不行處，亦曲爲之說。後來覺得不安，第二次解者，雖存《小序》，間爲辨破，然終是不見詩人本意。後來方知只盡去《小序》，便自可通。於是盡滌舊說，《詩》意方活。又曰：變《風》中固多好詩，雖其間有没意思者，然亦

❶「漙」，原作「滑」，今據朝鮮本改。

❷「頭」，原脱，今據朝鮮本補。

須得其命辭遣意處，方可觀。後人便自做箇道理解説，於其造意下語處，元不及究。只後代文集中詩，亦多不解其辭意者。樂府中《羅敷行》，羅敷即史君之妻，❶史君即羅敷之夫。其曰「史君自有婦，羅敷自有夫」，正相戲之辭。又曰：「夫婿從東來，千騎居上頭。」觀其氣象，即史君也。後人亦錯解了。須得其辭意，方見好笑處。必大。

學者當「興於《詩》」。須先去了《小序》，只將本文熟讀玩味，仍不可先看諸家注解。看得久之，自然認得此詩是説箇甚事。謂如拾得箇無題目詩，説此花既白又香，是盛寒開，必是梅花詩也。《卷阿》，召康公戒成王，其始只説箇好意思，如「豈弟君子」，皆指成王。「純嘏」、「爾壽」之類，皆説優游享福之事，至「有馮有翼」以下，方説用賢。大抵告人之法亦當如此，須先令人歆慕此事，則其肯從吾言，必樂爲之矣。人傑。

讀《詩》正在於吟咏諷誦，觀其委曲折旋之意，如吾自作此詩，自然足以感發善心。今公讀《詩》，只是將己意去包籠他，如做時文相似。中間委曲周旋之意，盡不曾理會得，濟得甚事？若如此看，只一日便可看盡，何用逐日只睚得數章，而又不曾透徹耶？且如人入城郭，須是逐街坊里巷，屋廬臺榭，車馬人物，一一看過，方是。今公等只是外面望見城是如此，便説我都知得了。如鄭詩雖淫亂，然《出其東門》一詩，却如此好。《女曰鷄鳴》一詩，意思亦好。讀之，真箇有不知手之舞足之蹈者。僩。○以下論《詩》在熟讀玩味。

《詩》，如今恁地注解了，自是分曉，易

❶「史」，萬曆本作「使」。下同。

理會。但須是沉潛諷誦，玩味義理，咀嚼滋味，方有所益。若只草草看過，一部《詩》只三兩日可了。但不得滋味，也記不得，全不濟事。古人説「《詩》可以興」，須是讀了有興起處，方是讀《詩》。若不能興起，便不是讀《詩》。因説：永嘉之學，只是要立新巧之説，少間指摘東西，鬭湊零碎，便立説去。縱説得是，也只無益，莫道又未是。木之。

讀《詩》之法，只是熟讀涵味，❶自然和氣從胸中流出，其妙處不可得而言。不待安排措置，務自立説，只恁平讀着，意思自足。須是打疊得這心光蕩蕩地，不立一箇字，只管虛心讀他，少間推來推去，自然推出那箇道理。所以説「以此洗心」，便是以這道理盡洗出那心裏物事，渾然都是道理。上蔡曰：「學《詩》，須先識得六義體面，而諷味以得之。」此是讀《詩》之要法。看來書只是要讀，讀得熟時，道理自見，切忌先自布置立説。僩。

問學者：誦《詩》，每篇誦得幾遍？曰：也不曾記，只覺得熟便止。曰：便是不得。須是讀熟了，文義都曉得了，涵泳讀取百來遍，方見得那好處，那好處方出，方見得精怪。見公每日説得來乾燥，元來不曾熟讀。若讀到精熟時，意思自説不得。如人下種子，既下得種了，須是討水去灌溉他，討糞去培擁他，與他耘鋤，方是下工夫養他處。今却只下得箇種子了便休，都無耘治培養工夫。如人相見，纔見了，便散去，都不曾交一談，如此何益？所以意思都不生，與自家都不相入，都恁地乾燥。這箇貪多不得。讀得這一篇，恨不得常熟讀

❶「味」，朝鮮本作「泳」，萬曆本作「詠」。

此篇，如無那第二篇方好。而今只是貪多，讀第一篇了，便要讀第二篇；讀第二篇了，便要讀第三篇。恁地不成讀書，此便是大不敬！此句厲聲説。須是殺了那走作底心，方可讀書。僩。

大凡讀書，先曉得文義了，只是常常熟讀。如看《詩》，不須得着意去裏面訓解，但只平平地涵泳自好。因舉「池之竭矣，不云自頻？泉之竭矣，不云自中」四句，吟咏者久之。又曰：《大雅》中如《烝民》、《板》、《抑》等詩，自有好底。董氏舉侯苞言，衛武公作《抑》詩，使人自誦於其側，❶不知此出在何處。他讀書多，想見是如此。又曰：如《孟子》，也大故分曉，也不用解他，熟讀滋味自出。夔孫。

先生問林武子：看《詩》何處？曰：至《大雅》。大聲曰：公前日方看《節南山》，如何恁地快？恁地不得！而今人看文字，敏底一揭開板便曉，但於意味却不曾得。便只管看時，也只是恁地。但百遍自是强五十遍時，二百遍自是强一百遍時。「題彼脊鴒，載飛載鳴。我日斯邁，而月斯征。夙興夜寐，無忝爾所生！」這箇看時，也只是恁地，但裏面意思却有説不得底。解不得底意思，却在説不得底裏面。又曰：《生民》等篇，也可見祭祀次第，此與《儀禮》正相合。義剛。

問時舉：看文字如何？曰：《詩傳》今日方看得綱領。要之，緊要是要識得六義頭面分明，則《詩》亦無難看者。曰：讀《詩》全在諷詠得熟，則六義將自分明。須使篇篇有箇下落，始得。且如子善向看《易

❶「自」，四庫本作「日」。

傳》，往往畢竟不曾熟。如此，則何緣會浹洽？横渠云：「書須成誦，精思多在夜中或静坐得之。不記，則思不起。」今學者看文字，若記不得，則何緣貫通？時舉曰：緣資性魯鈍，全記不起。曰：只是貪多，故記不得。福州陳正之極魯鈍，每讀書，只讀五十字，必三二百遍而後能熟；積習讀去，後來却赴賢良。要知人只是不會耐苦耳。凡學者要須做得人難做底事，方好。若見做不得，便不去做，要任其自然，何緣做得事成？切宜勉之！時舉。

問：看《詩》如何？曰：方看得《關雎》一篇，未有疑處。曰：未要去討疑處，只孰看。某注得訓詁字字分明，便却玩索涵泳，方有所得。若便要立議論，往往裏面曲折，其實未曉，只髣髴見得，便自虚説耳，恐不濟事。此是《三百篇》之首，可更熟看。時舉。

先生謂學者曰：公看《詩》，只看《集傳》，全不看古注。曰：某意欲先看了先生《集傳》，却看諸家解。曰：便是不如此，無却看底道理。才説却理會，便是悠悠語。今見看《詩》，不從頭看一過，云且等我看了一箇了，却看那箇，幾時得再看？如厮殺相似，只是殺一陣便了。不成説今夜且如此厮殺，明日又重新殺一番？僩。

文蔚泛看諸家《詩》説。先生曰：某有《集傳》。後只看《集傳》，先生又曰：曾參看諸家否？曰：不曾。曰：却不可。文蔚。

解詩

《漢書》傳訓皆與經别行。三《傳》之文不與經連，故石經書《公羊傳》皆無經文。《藝文志》云：「《毛詩經》二十九卷，《毛詩詁訓傳》三十卷。」是毛爲詁訓，亦不與經連也。馬融爲《周禮注》，乃云：欲省學者兩讀，故具載本文。然則後漢以來始就經爲注。未審此《詩》引經附傳，是誰爲之？其《毛詩》二十九卷，不知併何卷也。

毛、鄭，所謂山東老學究。歐陽會文章，故《詩》意得之亦多。但是不合以今人文章如他底意思去看，故皆局促了《詩》意。古人文章，有五七十里不回頭者。蘇黃門《詩説》疏放，覺得好。振。

歐陽公有《詩本義》二十餘篇，煞説得有好處。有《詩本末論》。❶又有論云：「何者爲《詩》之本？何者爲《詩》之末？《詩》之本，不可不理會；《詩》之末，不理會得也無妨。」其論甚好。近世自集注文字出，此等文字都不見了，也害事。如呂伯恭《讀詩記》，人只是看這箇。它上面有底便看，無底更不知看了。僩。

因言歐陽永叔《本義》，而曰：理義大本復明於世，固自周、程，然先此諸儒亦多有助。舊來儒者不越注疏而已，至永叔、原父、孫明復諸公，始自出議論，如李泰伯文字亦自好。此是運數將開，理義漸欲復明於世故也。蘇明允説歐陽之文處，形容得極好。近見其奏議文字，如《回河》等劄子，皆説得盡，誠如老蘇所言。便如《詩本義》中辨毛、鄭處，文辭舒緩，而其説直到底，不可移易。㽦。

程先生《詩傳》取義太多。詩人平易，恐不如此。

橫渠云：「置心平易始知《詩》。」然橫渠解《詩》多不平易。程子説胡安定解九四

❶「論」，萬曆本作「篇」。

作太子事，云：「若一爻作一事，只做得三百八十四事。」此真看《易》之法。然《易傳》中亦有偏解作一事者。林艾軒嘗云：「伊川解經，有説得未的當處。此文義間事，安能一一皆是？若大頭項，則伊川底却是。」此善觀伊川者。陸子静看得二程低，此恐子静看其説未透耳。譬如一塊精金，却道不是金，非金之不好，蓋是不識金也。人傑。○必大録云：横渠解「悠悠蒼天，此何人哉」，却不平易。

子由《詩解》好處多，歐公《詩本義》亦好。因説：東萊改本《書解》，無闕疑處，只據意説去。木之問：《書解》誰底好看？曰：東坡《解》，大綱也好。只有失，如説「人心惟危」這般處，便説得差了。如今看他底，須是識他是與不是處，始得。木之。

問《讀詩記》序中「雅、鄭、邪、正」之説未明。曰：向來看《詩》中鄭詩、邶鄘衛詩，便是鄭、衛之音，其詩大段邪淫。伯恭直以謂《詩》皆賢人所作，皆可歌之宗廟，用之賓客，此甚不然。如《國風》中亦多有邪淫者。又問「思無邪」之義。曰：此只是三百篇可蔽以《詩》中此言。所謂「無邪」者，讀《詩》之大體，善者可以勸，而惡者可以戒。若以爲皆賢人所作，賢人決不肯爲此。若只一鄉一里中有箇恁地人，專一作此怨刺，恐亦不静。至於皆欲被之絃歌，用之宗廟，如鄭、衛之詩，豈不褻瀆！用以祭幽、厲、褒姒可也。施之賓客燕饗，亦待好賓客不得，須衛靈、陳幽乃可耳。所謂「《詩》可以興」者，使人興起有所感發，有所懲創。「可以觀」者，見一時之習俗如此，所以聖人存之，不盡删去，便盡見當時風俗媺惡，非謂皆賢人所作耳。《大序》説「止乎禮義」，亦可疑；《小序》尤不可信，皆是後人託之，仍是不識義理，不曉事。如山東學究者，皆是取之《左傳》、《史記》中所不取之君，隨其謚之美惡，有得惡謚，及《傳》中載其人之事者，凡一時惡詩，盡以歸之。最是鄭忽可憐，凡《鄭風》中惡詩皆以爲刺之。伯恭又欲主張《小序》，煅煉得鄭忽罪不勝誅。鄭忽却不是狡，若是狡時，它却須結齊國之援，有以鉗制祭仲之徒，決不至於失國也。《謚法》中如「墮覆社稷曰頃」，便將《柏舟》一詩，硬差排爲衛頃公，便云「賢人不遇，小人在側」，更無分疏處。「愿而無立曰僖」，《衡門》之詩便以誘陳僖「愿而無立志」言之。如《子衿》只是淫奔之詩，豈是學校中氣象！《褰裳》詩中「子惠思我，褰裳涉溱」，至「狂童之狂也且」，豈不是淫奔之辭！只緣《左傳》中韓宣子引「豈無他人」，便將做「國人思大國之正己」。不知古人引《詩》，但借其言以寓己意，初不理會上下文義，偶一時引之耳。伯恭只《詩綱領》第一條，便載上蔡之説。上蔡費盡辭説，只解得箇「怨而不怒」。纔先引此，便是先瞎了一部文字眼目。㽦。

問：今人自做一詩，其所寓之意，亦只自曉得，前輩詩如何可盡解？曰：何況《三百篇》，後人不肯道不會，須要字字句句解得麽！

當時解《詩》時，且讀本文四五十遍，已得六七分。却看諸人説與我意如何，大綱都得之，又讀三四十遍，則道理流通自得矣。

或問《詩》。曰：《詩》幾年埋没，被某取得出來做。公門看得恁地搭滯，看十年，仍舊死了那一部《詩》。今若有會讀書底人看某《詩傳》，有不活絡處都塗了方好。而今《詩傳》只堪減，不堪添。胡泳。

伯恭說《詩》太巧，亦未必然，古人直不如此。今某說，皆直靠直說。揚。

李茂欽問：先生曾與東萊辨論淫奔之詩。東萊謂詩人所作，先生謂淫奔者之言，至今未曉其說。曰：若是詩人所作譏刺淫奔，則婺州人如有淫奔，東萊何不作一詩刺之？茂欽又引他事問難。先生曰：未須別說，只爲我答此一句來。茂欽辭窮。先生曰：若人家有隱僻事，便作詩訐其短譏刺，此乃今之輕薄子，好作謔詞嘲鄉里之類，爲一鄉所疾害者。詩人溫醇，必不如此。如《詩》中所言有善有惡，聖人兩存之，善可勸，惡可戒。杞。

某解《詩》，多不依他《序》。縱解得不好，也不過只是得罪於作《序》之人。只依《序》解，而不攷本詩上下文意，則得罪於聖賢也。揚。

因說學者解《詩》，曰：某舊時看《詩》，數十家之說一一都從頭記得，初間那裏敢便判斷那說是，那說不是？看熟久之，方見得這說似是，那說似不是；或頭邊是，尾說不相應；或中間數句是，兩頭不是；或尾頭是，頭邊不是。然也未敢便判斷，疑恐是如此。又看久之，方審得這說是，那說不是。又熟看久之，方敢決定斷說這說是，那說不是。這一部《詩》并諸家解都包在肚裏。公而今只是見已前人解《詩》，便也要注解，更不問道理。只認捉着，便據自家意思說，於己無益，於經有害，濟得甚事？凡先儒解經，雖未知道，然其盡一生之力，縱未說得七八分，也有三四分。且須熟讀詳究，以審其是非而爲吾之益。今公纔看着便妄生去取，肆以己意，是發明得箇甚麽道理？公且說，人之讀書，是要將作甚麽用？所貴乎讀書者，是要理會這箇道理，以反之於身，爲我之益而已。僩。

《詩傳》中或云「姑從」，或云「且從其說」之類，皆未有所攷，不免且用其說。拱壽。

《詩傳》只得如此說，不容更着語，工夫却在讀者。必大。

問：分《詩》之經、《詩》之傳，何也？曰：此得之於呂伯恭。《風》、《雅》之正則爲經，《風》、《雅》之變則爲傳。如屈平之作《離騷》，即經也。如後人作《反騷》與夫《九辯》之類，則爲傳耳。煇。

朱子語類卷第八十一 計三十二板

詩　二

周南關雎兼論二南

《詩》未論音律，且如讀二《南》，與鄭、衛之詩相去多少！

問：程氏云：「《詩》有二《南》，猶《易》有《乾》、《坤》。」莫只是以功化淺深言之？曰：不然。問：莫是王者、諸侯之分不同？曰：今只看《大序》中說，便可見。《大序》云：「《關雎》、《麟趾》之化，王者之風，故繫之周公；《鵲巢》、《騶虞》之德，諸侯之風，先王之所以教，故繫之召公。」只看那「化」字與「德」字，及「所以教」字，便見二《南》猶《乾》、《坤》也。文蔚。

前輩謂《二南》猶《易》之《乾》、《坤》，其詩粹然無非道理，與他詩不同。曰：須是寬中看緊底意思。因言康衡漢儒幾語亦自說得好。曰：便是他做處却不如此。炎。

《關雎》一詩，文理深奧，如《乾》、《坤》卦一般，只可熟讀詳味，不可說。至如《葛覃》、《卷耳》，其言迫切，主於一事，便不如此了。又曰：讀《詩》須得他六義之體，如《風》、《雅》、《頌》則是詩人之格。後人說《詩》以爲雜《雅》、《頌》者，緣釋《七月》之詩者以爲備《風》、《雅》、《頌》三體，所以啓後人之說如此。又曰：興之爲言起也，言興物而起其意。如「青青陵上柏」、「青青河畔草」，皆是興物詩也。如「藁砧今何在」、「何當大刀頭」，皆是比詩體也。卓。

敬子說《詩·周南》。曰：他大綱領處只在戒謹恐懼上。只自「關關雎鳩」，便從這裏做起，後面只是漸漸推得闊。僩。

讀《關雎》之詩，便使人有齊莊中正意思，所以冠于《三百篇》；與《禮》首言「毋不敬」，《書》首言「欽明文思」，皆同。砥。

問：二《南》之詩，真是以此風化天下否？曰：亦不須問是要風化天下與不風化天下，且要從「關關雎鳩，在河之洲」云云。裏面看義理是如何。今人讀書，只是說向外面去，却於本文全不識。木之。

《關雎》之詩，非民俗所可言，度是宮闈中所作。問：程子云是周公作。曰：也未見得是。木之。

《關雎》，看來是妾媵做，所以形容得寤寐反側之事，外人做不到此。明作。

樂得淑女，以配君子。憂在進賢，不淫其色。天理、人欲。○方。

說后妃多，失却文王了。今以「君子」爲文王。伊川《詩說》多未是。璘。

問器遠：君舉所說《詩》，謂《關雎》如何？曰：謂后妃自謙，不敢當君子。謂如此之淑女，方可爲君子之仇匹，這便是后妃之德。曰：這是鄭氏也如此說了。某看來，恁地說也得。只是覺得偏主一事，無正大之意。《關雎》如《易》之《乾》、《坤》意思，如何得恁地無方際！如下面諸篇，却多就一事說。這只反覆形容后妃之德，而不可指說道甚麼是德。只恁地渾淪說，這便見后妃德盛難言處。賀孫。

問曹兄云：陳丈說《關雎》如何？曹云：言《關雎》以美夫人，有謙退不敢自當君子之德。曰：如此，則淑女又別是一箇人也。曹云：是如此。先生笑曰：今人説經，多是恁地回互説去。如史丞相説《書》，多是如此。説「祖伊恐，奔告于受」處，亦以紂爲好人而不殺祖伊；若他人，則殺之矣。先生乃云：讀書且虚心去看，未要自去取舍。且依古人書恁地讀去，久後自然見得義理。卓。

魏兄問「左右芼之」。曰：芼，是擇也；左右，擇而取之也。卓。

解《詩》，如抱橋柱浴水一般，終是離脱不得鳥獸、草木。今在眼前識得底，便可窮究。且如雎鳩，不知是箇甚物，亦只得從他古説，道是「鷙而有别」之類。

魏才仲問：《詩·關雎》注：「摯，至也。」至，先生作「切至」説，似形容其美，何如？曰：也只是恁地。問「芼」字。曰：擇也。讀《詩》，只是將意思想象去看，不如他書字字要捉縛教定。《詩》意只是疊疊推上去，因一事上有一事，一事上又有一事。如《關雎》形容后妃之德如此，又當知君子之德如此；又當知詩人形容得意味深長如此，必不是以下底人；又當知所以齊家，所以治國，所以平天下，人君則必當如文王，后妃則必當如大姒，其原如此。賀孫。

雎鳩，毛氏以爲「摯而有别」。一家作「猛摯」説，謂雎鳩是鶚之屬。鶚自是沉鷙之物，恐無和樂之意。蓋「摯」與「至」同言，其情意相與深至，而未嘗狎，便見其樂而不淫之意。此是興詩。興，起也，引物以起吾意。如雎鳩是「摯而有别」之物，荇菜是潔净和柔之物，引此起興，猶不甚遠。其他亦有全不相類，只借它物而起吾意者，雖皆是興，與《關雎》又略不同也。時舉。

古説關雎爲王雎，摯而有别，居水中，

善捕魚。説得來可畏，當是鷹鶻之類。❶做得勇武氣象，恐后妃不然。某見人説淮上有一般水禽名王雎，雖兩兩相隨，然相離每遠，此説却與《列女傳》所引義合。浩。

王鳩，嘗見淮上人説淮上有之，狀如此間之鳩，差小而長，常是雌雄二箇不相失。雖然二箇不相失，亦不曾相近而立處，須是隔丈來地，所謂「摯而有別」也。「人未嘗見其匹居而乘處。」乘處，謂四箇同處也。只是二箇相隨，既不失其偶，又未嘗近而相狎，所以爲貴也。余正甫云：「宵行」，自是夜光之蟲，夜行於地。「熠耀」，言其光耳，非螢也。芑，今之苦馬。賀孫。

卷耳

問：《卷耳》與前篇《葛覃》同是賦體，又似略不同。蓋《葛覃》直叙其所嘗經歷之事，《卷耳》則是託言也。曰：亦安知后妃之不自采卷耳？設便不曾經歷，而自言我之所懷者如此，則亦是賦體也。若《螽斯》則只是比，蓋借螽斯以比后妃之子孫衆多。「宜爾子孫，振振兮」，却自是説螽斯之子孫，不是説后妃之子孫也。蓋比詩多不説破這意，然亦有説破者。此前數篇，賦、比、興皆已備矣。自此推之，令篇篇各有着落，乃好。時舉因云：螽，只是《春秋》所書之螽。切疑「斯」字只是語辭，恐不可把「螽斯」爲名。曰：《詩》中固有以「斯」爲語者，如「鹿斯之奔」、「湛湛露斯」之類是也。然《七月》詩乃云「斯螽動股」，則恐「螽斯」即便是名也。時舉。

❶「鶻」，萬曆本作「鶚」。

樛木

問：《樛木》詩「樂只君子」，作后妃，亦無害否？曰：以文義推之，不得不作后妃。若作文王，恐太隔越了。某所著《詩傳》，蓋皆推尋其脉理，以平易求之，不敢用一豪私意。大抵古人道言語，自是不泥著。某云：詩人道言語，皆發乎情，又不比他書。曰：然。可學。

螽斯

不妬忌，是后妃之一節。《關雎》所論是全體。方子。

兔罝

問：《兔罝》詩作賦看，得否？曰：亦可作賦看。但其辭上下相應，恐當爲興。然亦是興之賦。可學。

漢廣

問：文王時，紂在河北，政化只行於江、漢？曰：然。西方亦有玁狁。可學。

《漢廣》游女，「求而不可得」。《行露》之男，❶「不能侵陵正女」。豈當時婦人蒙化，而男子則非？亦是偶有此樣詩說得一

❶「男」，原作「勇」，今據朝鮮本、萬曆本及《詩・召南》改。

邊。淳。

問：「漢之廣矣，不可泳思。江之永矣，不可方思。」此是興，何如？曰：主意只説「漢有游女，不可求思」兩句。六句是反覆説。如「奕奕寢廟，君子作之。秩秩大猷，聖人莫之。他人有心，予忖度之。躍躍毚兔，遇犬獲之」上下六句，亦只興出「他人有心」兩句。賀孫。○《詩傳》今作「興而比」。

汝墳

君舉《詩》言，《汝墳》是已被文王之化者，江、漢是聞文王之化而未被其澤者。却有意思。大雅。❶

麟趾

問：《麟趾》、《騶虞》之詩，莫是當時有此二物出來否？曰：不是。只是取以爲比，云即此便是麟，便是騶虞。又問：《詩序》説「麟趾之時」無義理。曰：此語有病。木之。

時舉説：「雖衰世之公子，皆信厚如麟趾之時」，似亦不成文理。曰：是。時舉。

召南鵲巢

問：《召南》之有《鵲巢》，猶《周南》之有《關雎》。《關雎》言「窈窕淑女」，則是明

❶「大雅」，二字原無，今據朝鮮本補。

言后妃之德也。惟《鵲巢》三章，皆不言夫人之德，如何？曰：鳩之爲物，其性專静無比，可借以見夫人之德也。時舉。

采蘩

問：采蘋蘩以供祭祀，采枲耳以備酒漿，后妃、夫人恐未必親爲之。曰：詩人且是如此說。德明。

器之問：《采蘩》何故存兩說？曰：如今不見得果是如何，且與兩存。從來說蘩所以生蠶，可以供蠶事。何必底死說道只爲奉祭事，不爲蠶事？木之。

問：《采蘩》詩若只作祭事說，自是曉然。若作蠶事說，雖與《葛覃》同類，而恐實非也。葛覃是女功，采蘩是婦職，以爲同類，亦無不可，何必以蠶事而後同耶？曰：此說亦姑存之而已。時舉。

殷其雷

問：《殷其雷》，比《君子于役》之類，莫是寬緩和平，故入正風？曰：固然。但正、變風，亦是後人如此分別，當時亦只是大約如此取之。聖人之言，在《春秋》、《易》、《書》無一字虛；至於《詩》，則發乎情，不同。可學。

摽有梅

問：《摽有梅》何以入於正風？曰：此乃當文王與紂之世，方變惡入善，未可全責備。可學。

問：《摽有梅》之詩固出於正，只是如

此急迫，何耶？曰：此亦是人之情。嘗見晉、宋間有怨父母之詩。讀《詩》者於此，亦欲達男女之情。文蔚。

江有汜

器之問《江有汜序》「勤而無怨」之説。曰：便是《序》不可信如此。《詩序》自是兩三人作。今但信《詩》不必信《序》。只看《詩》中説「不我以」、「不我過」、「不我與」，便自見得不與同去之意，安得「勤而無怨」之意？因問器之：此詩，《召南》詩。如何公方看《周南》，便又説《召南》？讀書且要逐處沉潛，次第理會，不要班班剥剥，指東摘西，都不濟事。若能沉潛專一看得文字，只此便是治心養性之法。木之。

何彼襛矣

問：《何彼襛矣》之詩，何以録於《召南》？曰：也是有些不穩當。但先儒相傳如此説，也只得恁地就他説。如定要分箇正經及變詩，也自難考據。如《頌》中儘多周公説話，而《風》、《雅》又未知如何。賀孫。

「雖則王姬，亦下嫁於諸侯，車服不繫其夫，下王后一等。」只是一句，其語拙耳。璘。

騶虞

《騶虞》之詩，蓋於田獵之際，見動植之蕃庶，因以贊詠文王平昔仁澤之所及，而非指田獵之事爲仁也。《禮》曰：「無事而不田曰不敬。」故此詩「彼茁者葭」，仁也；「一發五豝」，義也。必大。

仁在一發之前。使庶類蕃殖者，仁也；「一發五豝」者，義也。人傑。

「于嗟乎騶虞！」看來只可解做獸名。以「于嗟麟兮」類之，可見。若解做騶虞官，終無甚意思。僩。

邶柏舟

問：「汎彼柏舟，亦汎其流」，注作比義。看來與「關關雎鳩，在河之洲」亦無異，彼何以爲興？曰：他下面便説淑女，見得是因彼興此。此詩纔説柏舟，下面更無貼意，見得其義是比。時舉。

陳器之疑《柏舟》詩解「日居月諸，胡迭而微」太深。又屢辨賦、比、興之體。曰：賦、比、興固不可以不辨。然讀《詩》者須當諷味，看他詩人之意是在甚處。如《柏舟》，婦人不得於其夫，宜其怨之深矣。而其言曰：「我思古人，實獲我心。」又曰：「静言思之，不能奮飛。」其詞氣忠厚惻怛，怨而不過如此，所謂「止乎禮義」而中喜怒哀樂之節者。所以雖爲變風，而繼二《南》之後者以此。臣之不得於其君，子之不得於其父，弟之不得於其兄，朋友之不相信，處之皆當以此爲法。如屈原不忍其憤，懷沙赴水，此賢者過之也。賈誼云：「歷九州而相其君兮，何必懷此都也？」則又失之遠矣。讀《詩》須合如此看。所謂《詩》「可以興，可以觀，可以群，可以怨」，是《詩》中一箇大義，不可不理會得也。閎祖。

器之問：「静言思之，不能奮飛」，似猶

未有和平意？曰：也只是如此説，無過當處。既有可怨之事，亦須還他有怨底意思，終不成只如平時，却與土木相似！只看舜之號泣旻天，更有甚於此者。喜怒哀樂，但發之不過其則耳，亦豈可無？聖賢處憂患，只要不失其正。如《緑衣》言「我思古人，實獲我心」，這般意思却又分外好。木之。

緑衣

或問《緑衣》卒章「我思古人，實獲我心」二句。曰：言古人所爲，恰與我合，只此便是至善。前乎千百世之已往，後乎千百世之未來，只是此箇道理。孟子所謂「得志行乎中國，若合符節」，政謂是爾。胡泳。

燕燕

或問：《燕燕》卒章，戴嬀不以莊公之已死，而勉莊姜以思之，可見温和惠順而能終也。亦緣他之心塞實淵深，所稟之厚，故能如此。曰：不知古人文字之美，詞氣温和，義理精密如此！秦、漢以後，無此等語。某讀《詩》，於此數句；讀《書》，至「先王肇修人紀，從諫弗咈，先民時若。居上克明，爲下克忠，與人不求備，檢身若不及。以至于有萬邦，兹惟艱哉」，深誦嘆之。胡泳。

時舉説：《燕燕》詩前三章，但見莊姜拳拳於戴嬀，有不能已者。及四章，乃見莊姜於戴嬀非是情愛之私，由其有塞淵温惠之德，能自淑謹其身，又能以先君之思而勉己以不忘，則見戴嬀平日於莊姜相勸勉以善者多矣。故於其歸而愛之若此，無非情性之正也。先生頷之。時舉。

日月　終風

又說：《日月》、《終風》二篇，據《集注》云，當在《燕燕》之前。以某觀之，《終風》當在先，《日月》當次之，《燕燕》是莊公死後之詩，當居最後。蓋詳《終風》之辭，莊公於莊姜猶有往來之時，但不暴則狎，莊姜不能堪耳。至《日月》，則見莊公已絶不顧莊姜，而莊姜不免微怨矣。以此觀之，則《終風》當先，而《日月》當次。曰：恐或如此。時舉。

式　微

器之問：《式微》詩以爲勸耶？戒耶？曰：亦不必如此看，只是隨它當時所作之意如此，便與存在，也可以見得有羈旅狼狽之君如此，而方伯連帥無救卹之意。今人多被「止乎禮義」一句泥了，只管去曲說。且要平心看詩人之意。如《北門》，只是說官卑禄薄，無可如何。又如《摽有梅》，女子自言婚姻之意如此。看來自非正理，但人情亦自有如此者，不可不知。向見伯恭《麗澤詩》，有唐人女言兄嫂不以嫁之詩，亦自鄙俚可惡。後來思之，亦自是見得人之情處。爲父母者，能於是而察之，則必使之及時矣，此所謂「《詩》可以觀」。子升問：《麗澤詩》編得如何？曰：大綱亦好，但自據他之意揀擇。大率多喜深巧有意者，若平淡底詩，則多不取。問：此亦有接續《三百篇》之意否？曰：不知。他亦須有此意。木之。

簡兮

問：《簡兮》詩，張子謂「其迹如此，而其中固有以過人者」。夫能卷而懷之，是固可以爲賢。然以聖賢出處律之，恐未可以爲盡善。曰：古之伶官，亦非甚賤，其所執者，猶是先王之正樂。故獻工之禮，亦與之交酢。但賢者而爲此，則自不得志耳。時舉。

泉水

問：「駕言出遊，以寫我憂」，注云：「安得出遊於彼，而寫其憂哉？」恐只是因思歸不得，故欲出遊於國，以寫其憂否？曰：夫人之遊，亦不可輕出，只是思遊於彼地耳。時舉。

北門

問：《北門》詩，只作賦説，如何？曰：當作賦而比。當時必因出北門而後作此詩，亦有比意思。可學。

問：「莫赤匪狐，莫黑匪烏」，狐與烏，不知詩人以比何物？曰：不但指一物而言。當國將危亂時，凡所見者無非不好底景象也。時舉。

靜女

問：《靜女》，注以爲淫奔期會之詩，以靜爲閒雅之意。不知淫奔之人方相與狎溺，又何取乎閒雅？曰：淫奔之人不知其爲可醜，但見其爲可愛耳。以女而俟人於城隅，安得謂之閒雅？而此曰「静女」者，猶《日月》詩所謂「德音無良」也。無良，則不足以爲德音矣，而此曰「德音」，亦愛之之辭也。時舉。

二子乘舟

問：《二子乘舟》，注取太史公語，謂二子與申生不明驪姬之過同。其意似取之，未知如何？曰：太史公之言有所抑揚，謂三人皆惡傷父之志，而終於死之，其情則可取。雖於理爲未當，然視夫父子相殺、兄弟相戮者，則太相遠矣。時舉。

因說：宣姜生衛文公、宋桓夫人、許穆夫人、衛伋、壽。以此觀之，則人生自有秉彝，不係氣類。燾。

干旄

問文蔚：「彼姝者子」，指誰而言？文蔚曰：《集傳》言大夫乘此車馬，以見賢者。賢者言：「車中之人，德美如此，我將何以告之？」曰：此依舊是用《小序》説。此只是傍人見此人有好善之誠。曰：「彼姝者子，何以告之？」蓋指賢者而言也。如此説，方不費力。今若如《集傳》説，是説斷了再起，覺得費力。文蔚。

淇澳

文蔚曰：《淇澳》一篇，衛武公進德成德之序，始終可見。一章言切磋琢磨，則學問自脩之功精密如此。二章言威儀服飾之盛，有諸中而形諸外者也。三章言如金錫圭璧，則煅煉已精，❶温純深粹，而德器成矣。前二章皆有「瑟、僩、赫、咺」之詞，三章但言「寬、綽、戲、謔」而已。於此可見不事矜持，而周旋自然中禮之意。曰：說得甚善。衛武公學問之功甚不苟，年九十五歲，猶命群臣使進規諫。至如《抑》詩是他自警之詩，後人不知，遂以爲戒厲王。畢竟周之卿士去聖人近，氣象自是不同。且如劉康公謂「民受天地之中以生」，便說得這般言語出。文蔚。

君子陽陽

「君子陽陽」，先生不作淫亂說，何如？曰：有箇「君子于役」，如何別將這箇做一樣說？「由房」，只是人出入處。古人屋，於房處前有壁，後無壁，所以通内。所謂「焉得諼草，言樹之背」，蓋房之北也。賀孫。

狡童 兼論鄭詩

鄭、衛皆淫奔之詩，《風雨》、《狡童》皆是。又豈是思君子，刺忽？忽愚，何以爲狡？振。

經書都被人說壞了，前後相仍不覺。且如《狡童》詩是《序》之妄。安得當時人民敢指其君爲「狡童」？況忽之所爲，可謂之愚，何狡之有？當是男女相怨之詩。浩。

問：「《狡童》，刺忽也。」古注謂詩人以「狡童」指忽而言。前輩嘗舉《春秋》書忽之法，且引《碩鼠》以況其義。先生《詩》解取

❶「已」，萬曆本作「以」。

程子之言，謂作詩未必皆聖賢，則其言豈免小疵？孔子删詩而不去之者，特取其可以爲後戒耳。琮謂鄭之詩人果若指斥其君，目以「狡童」，其疵大矣，孔子自應删去。曰：如何見得？曰：似不曾以「狡童」指忽。且今所謂「彼」者，它人之義也；所謂「子」者，爾之義也。「他」與「爾」，似非共指一人而言。今詩人以「維子之故，使我不能餐兮」爲憂忽之辭，則「彼狡童兮」自應别有所指矣。曰：却是指誰？曰：必是當時擅命之臣。曰：「不與我言兮」，却是如何？曰：如祭仲賣國受盟之事，國人何嘗與知？琮因是以求《碩鼠》之義，烏知必指其君，而非指其任事之臣哉？曰：如此解經，盡是《詩序》悮人。鄭忽如何做得狡童？若是狡童，自會託婚大國，而借其助矣。謂之頑童可也。許多《鄭風》，只是孔子一言斷了，曰「鄭聲淫」。如《將仲子》，自是男女相與之辭，却干祭仲、共叔段甚事？如《褰裳》，自是男女相咎之辭，却干忽與突争國甚事？但以意推看狡童，便見所指是何人矣。不特《鄭風》，《詩序》大率皆然。問：每篇詩名下一句恐不可無，自一句而下却似無用。曰：蘇氏有此説。且如《卷耳》，如何是后妃之志？《南山有臺》，如何是樂得賢？甚至《漢廣》之詩，寧是「文王之道」？以下至「求而不可得也」，尚自不妨；却如「德廣所及也」一句，成甚説話？又問：《大序》如何？曰：其間亦自有鑿説處，如言「國史明乎得失之迹」。按《周禮》，史官如大史、小史、内史、外史，其職不過掌書，無掌詩者。不知「明得失之迹」却干國史甚事？曰：舊聞先生不取《詩序》之説，未能領受。今聽一言之下，遂活却一部《毛詩》！琮。

江疇問：「《狡童》，刺忽也。」言其疾之太重。曰：若以當時之暴斂於民觀之，爲言亦不爲重。蓋民之於君，聚則爲君臣，散則爲仇讎。如孟子所謂「君之視臣如草芥，則臣視君如寇讎」是也。然詩人之意，本不如此，何曾言「狡童」是刺忽？而序《詩》者妄意言之，致得人如此説。聖人言「鄭聲淫」者，蓋鄭人之詩，多是言當時風俗，男女淫奔，故有此等語。《狡童》，想説當時之人，非刺其君也。又曰：《詩》辭多是出於當時鄉談鄙俚之語，雜而爲之。如《鴟鴞》云「拮据」、「捋荼」之語，皆此類也。又曰：此言乃周公爲之。周公，不知其人如何，然其言皆聱牙難攷。如《書》中周公之言便難讀，如《立政》、《君奭》之篇是也。最好者惟《無逸》一書，中間用字亦有「譸張爲幻」之語。至若《周官》、《蔡仲》等篇，却是官樣文字，必出於當時有司潤色之文，非純周公語也。又曰：古人作詩，多有用意不相連續。如「嘒彼小星，三五在東」，釋者皆云「小星」者，是在天至小之星也；「三五在東」者，是五緯之星應在於東也。其言全不相貫。卓。

問：《碩鼠》、《狡童》之刺其君，不已甚乎？曰：《碩鼠》刺君重斂，蓋暴取虐民，民怨之極，則將視君如寇讎，故發爲怨上之辭至此。若《狡童》詩，本非是刺忽。纔做刺忽，便費得無限杜撰説話。鄭忽之罪，不至已甚。往往如宋襄這般人，大言無當，有甚狡處。《狡童》刺忽，全不近傍些子，若鄭突却是狡。詩意本不如此。聖人云「鄭聲淫」，蓋周衰，惟鄭國最爲淫俗，故諸詩多是此事。東萊將鄭忽深文詆斥得可畏。賀孫。

曹云：陳先生以此詩不是刺忽，但詩

人說他人之言。如「彼狡童兮，不與我言兮。微子之故，使我不能餐兮」，言狡童不與我言，則已之。曰：又去裏面添一箇「休」字也。這只是衛人當時淫奔，故其言鄙俚如此，非是爲君言也。卓。

鷄鳴

問：《雞鳴》詩《序》却似不妨，詩中却要理會。其曰「雞既鳴矣，朝既盈矣，匪雞則鳴，蒼蠅之聲」，舊注謂夫人以蠅聲爲雞聲，所以警戒其君使夙起耳。先生《詩》解亦取此說。然以琮觀之，賢妃貞女所恃以感君聽者，言有誠實而已。今雞本未鳴，乃借蠅聲以紿之，一夕偶然，其君尚以爲非信，它夕其復敢言乎？是。曰：莫是要作推托不肯起之意在否？鄙見政謂是酬答之辭。曰：如此說，亦可。琮。

著

問：《著》是刺何人？曰：不知所刺，但覺是親迎底詩。古者五等之爵，朝、祭祀似皆以充耳，亦不知是說何人親迎。所說「尚之以青、黃、素、瓊、瑶、瑛」，大抵只是壓韻。如衛詩說「良馬六」，此是天子禮，衛安得而有之？看來只是壓韻。不知古人充耳以瑱，或用玉，或用象，不知是塞於耳中，爲復是塞在耳外？看來恐只是以綿穿垂在當耳處。子蒙。

園有桃

《園有桃》，似比詩。升卿。

蟋蟀

問：如《蟋蟀》之序，全然鑿説，固不在言。然詩作於晉，而風係於唐，却須有説。曰：本是唐，及居晉水，方改號晉。琮曰：莫是周之班籍只有唐而無晉否？曰：《文侯之命》，《書序》固稱「晉」矣。想是紀事之詞。若如《春秋》書「晉」之法，乃在曲沃既命之後，豈亦係《詩》之意乎？曰：恁地説忒緊，恰似舉子做時文去。琮。

《蟋蟀》，自做起底詩；《山有樞》，自做到底詩，皆人所自作。升卿。

豳七月

問：豳詩本《風》，而《周禮》籥章氏祈年於田祖，則吹《豳雅》；蜡祭息老物，則吹《豳頌》。不知就豳詩觀之，其孰爲《雅》？孰爲《頌》？曰：先儒因此説，而謂《風》中自有《雅》，自有《頌》，雖程子亦謂然，似都壞了《詩》之六義。然有三説：一説謂豳之詩，吹之其調可以爲《風》，可爲《雅》，可爲《頌》。一説謂《楚茨》、《大田》、《甫田》是豳之《雅》，《噫嘻》、《載芟》、《豐年》諸篇是豳之《頌》，謂其言田之事如《七月》也。如王介甫則謂豳之詩自有《雅》、《頌》，今皆亡矣。數説皆通，恐其或然，未敢必也。道夫。

問：古者改正朔，如以建子月爲首，則謂之正月？抑只謂之十一月？曰：此亦不可攷。如《詩》之月數，即今之月。《孟子》「七八月之間旱」，乃今之五六月；「十一月徒杠成，十二月輿梁成」，乃今之九十月。《國語》「《夏令》曰『九月成杠，十月成梁』」，即孟子之十一月、十二月。若以爲改月，則與《孟子》、《春秋》相合，而與《詩》、《書》不相合。若以爲不改月，則與《詩》、《書》相合，而與《孟子》、《春秋》不相合。如秦元年以十月爲首，末又有正月，又似不改月。義剛。

問：東萊曰：「十月而曰『改歲』，三正之通于民俗尚矣，周特舉而迭用之耳。」據《詩》，如「七月流火」之類，是用夏正；「一之日觱發」之類，是周正，即不見其用商正。而吕氏以爲「舉而迭用之」，何也？曰：周歷夏、商，其未有天下之時，固用夏、商之正朔。然其國僻遠，無純臣之義，又自有私紀其時月者，故三正皆曾用之也。時舉。○「無純臣」語，恐記誤。

問：「躋彼公堂，稱彼兕觥」，民何以得升君之堂？曰：周初國小，君民相親，其禮樂法制未必盡備。而民事之艱難，君則盡得以知之。成王時，禮樂備，法制立，然但知爲君之尊，而未必知爲國之初此等意思。故周公特作此詩，使之因是以知民事也。時舉。

鴟鴞

因論《鴟鴞》詩，問：周公使管叔監殷，豈非以愛兄之心勝，故不敢疑之耶？曰：若說不敢疑，則已是有可疑者矣。蓋周公以管叔是吾之兄，事同一體，今既克商，使之監殷，又何疑焉？非是不敢疑，乃是即無可疑之事也。不知他自差異，造出一件事，周公爲之奈何哉！叔重因云：孟子所謂「周公之過，不亦宜乎」者，正謂此也。曰：然。時舉。

或問：「既取我子，無毀我室」，解者以

爲武庚既殺我管、蔡，不可復亂我王室，不知是如此否？畢竟當初是管、蔡挾武庚爲亂。武庚是紂子，豈有父爲人所殺，而其子安然視之不報讎者？曰：詩人之言，只得如此，不成歸怨管、蔡！周公愛兄，只得如此說，自是人情是如此。不知當初何故忽然使管、蔡去監他，做出一場大疏脱。合天下之力以誅紂了，却使出屋裏人自做出這一場大疏脱。這是周公之過，無可疑者。然當初周公使管、蔡者，想見那時好在，必不疑他。後來有這樣事，管、蔡必是被武庚與商之頑民每日將酒去灌啗它，乘醉以語言離間之曰：「你是兄，却出來在此；周公是弟，反執大權以臨天下。」管、蔡獃，想被這幾箇唆動了，所以流言説：「公將不利於孺子！」這都是武庚與商之頑民教他，使得管、蔡如此。後來周公所以做《酒誥》，丁寧如此，必是當日因酒做出許多事。其中間想煞有説話，而今《書傳》只載得大概，其中更有幾多機變曲折在。僩。

東山

問：《東山》詩《序》，前後都是，只中間插「大夫美之」一句，便知不是周公作矣。曰：《小序》非出一手，是後人旋旋添續，往往失了前人本意，如此類者多矣。時舉。

《詩》曲盡人情。方其盛時，則作之於上，《東山》是也；及其衰世，則作之於下，《伯兮》是也。燾。

破斧

《破斧》詩，看聖人這般心下，詩人直是

形容得出！這是答《東山》之詩。古人做事，苟利國家，雖殺身爲之而不辭。如今人箇箇計較利害，看你四國如何不安也得，不寧也得，只是護了我斨、我斧，莫得闕壞了。此詩説出極分明。毛《注》却云四國是管、蔡、商、奄。《詩》裏多少處説「四國」，如「正是四國」之類，猶言四海。他却不照這例，自恁地説。賀孫。

《破斧》詩，須看那「周公東征，四國是皇」，見得周公用心始得。這箇却是箇好話頭。義剛。

問：《破斧》，《詩傳》何以謂「被堅執鋭，皆聖人之徒」？曰：不是聖人之徒，便是盜賊之徒。此語大概是如此，不必恁粘皮帶骨看，不成説聖人之徒便是聖人？且如「孳孳爲善」是舜之徒，然「孳孳爲善」亦有多少淺深。淳。○義剛録詳，別出。

安卿問：《破斧》，《詩傳》云：「被堅執鋭，皆聖人之徒。」似未可謂聖人之徒。曰：不是聖人之徒時，便是賊徒。公多年不相見，意此來必有大題目可商量，今却恁地，如何做得工夫恁地細碎！安卿因呈問目。先生曰：程子言：「有讀了後全然無事者，有得一二句喜者。」到這一二句喜處，便是入頭處，如此讀將去，將久自解踏着他關捩了，倏然悟時，聖賢格言自是句句好。須知道那一句有契於心，着實理會得那一句透。如此推來推去，方解有得。今只恁地包罩説道好。如喫物事相似，事事道好，若問那般較好，其好是如何，却又不知。如此濟得甚事？因云：如《破斧》詩，却是一箇好話頭，而今却只去理會那「聖人之徒」，便是不曉。義剛。

先生謂淳曰：公當初説《破斧》詩，某

不合截得緊了，不知更有甚疑？曰：當初只是疑「被堅執鋭」是麤人，如何謂之「聖人之徒」？曰：有麤底聖人之徒，亦有讀書識文理底盜賊之徒。淳。

《破斧》詩最是箇好題目，大有好理會處，安卿適來只說那一句没緊要底。淳曰：此詩見得周公之心分明，天地正大之情只被那一句礙了。曰：只泥那一句，便是未見得他意味。淳。

九罭

寬厚温柔，《詩》教也。若如今人說《九罭》之詩，乃責其君之辭，何處討寬厚温柔之意！賀孫。

《九罭》詩分明是東人願其東，故致願留之意。公歸豈無所？於汝但暫寓信宿耳。公歸將不復來，於汝但暫寓信處耳。「是以有衮衣兮」，「是以」兩字如今都不說。蓋本謂緣公暫至於此，是以此間有被衮衣之人。「無以我公歸兮，無使我心悲兮！」其爲東人願留之詩，豈不甚明白？止緣《序》有「刺朝廷不知」之句，故後之說《詩》者，悉委曲附會之，費多少辭語，到底鶻突！某嘗謂死後千百年須有人知此意。自看來，直是盡得聖人之心。賀孫。

「鴻飛遵渚，公歸無所」，「鴻飛遵陸，公歸不復」。「飛」、「歸」叶，是句腰亦用韻。《詩》中亦有此體。方子。

狼跋

「狼跋其胡，載疐其尾」，此興是反說，亦有些意義，略似程子之說。但程子說得深，如云狼性貪之類。「公孫碩膚」，如言「幸虜營」及「北狩」之意。言公之被毁，非四國之流言，乃公自遜此大美爾，此古人善於辭命處。必大。

問：「公孫碩膚」，注以爲此乃詩人之意，言「此非四國之所爲，乃公自讓其大美而不居耳。蓋不使讒邪之口，得以加乎公之忠聖。此可見其愛公之深，敬公之至」，云云。看來詩人此意，也回互委曲，却太傷巧得來不好。曰：自是作詩之體當如此，詩人只得如此説。如《春秋》「公孫于齊」，不成説昭公出奔？聖人也只得如此書，自是體當如此。僩。

問：「公孫碩膚」，《集傳》之説如何？曰：魯昭公明是爲季氏所逐，《春秋》却書云「公孫于齊」，如其自出云耳，是此意。必大。

二　雅

《小雅》恐是燕禮用之，《大雅》須饗禮方用。《小雅》施之君臣之間，《大雅》則止人君可歌。必大。

《大雅》氣象宏闊。《小雅》雖各指一事，説得精切至到。嘗見古人工歌《宵雅》之三，將作重事。近嘗令孫子誦之，則見其詩果是懇至。如《鹿鳴》之詩，見得賓主之間相好之誠，如「德音孔昭」，「以燕樂嘉賓之心」，情意懇切，而不失義理之正。《四牡》之詩，古注云：「無公義，非忠臣也；無私情，非孝子也。」此語甚切當。如既云「王事靡盬」，又云「不遑將母」，皆是人情少不得底，説得懇切。如《皇皇者華》，即首云「每懷靡及」，其後便須「咨詢」、「咨謀」。看此詩，不用《小序》，意義自然明白。畓。

鹿鳴諸篇

問：《鹿鳴》、《四牡》、《皇皇者華》三詩，《儀禮》皆以爲上下通用之樂。不知如君勞使臣，❶謂「王事靡盬」之類，庶人安得而用之？曰：鄉飲酒亦用。而「大學始教，《宵雅》肄三，官其始也」，正謂習此。蓋入學之始，須教他便知有君臣之義，始得。又曰：上下常用之樂，《小雅》如《鹿鳴》以下三篇，及《南有嘉魚》、《魚麗》、《南山有臺》三篇；《風》則是《關雎》、《卷耳》、《采蘩》、《采蘋》等篇，皆是。然不知當初何故獨取此數篇也。時舉。

常棣

「雖有兄弟，不如友生」，未必其人實以兄弟爲不如友生也。猶言喪亂既平之後，乃謂反不如友生乎？蓋疑而問之辭也。時舉。

蘇宜又問：《常棣》詩，一章言兄弟之大略，二章言其死亡相收，三章言其患難相救，四章言不幸而兄弟有鬩，猶能外禦其務，一節輕一節，而其所以著夫兄弟之義者愈重。到得喪亂既平，便謂兄弟不如友生，其「於所厚者薄」如此，則亦不足道也。六章、七章，就他逸樂時良心發處指出，謂酒食備而兄弟有不具，則無以共其樂；妻子

❶「如」，萬曆本作「爲」。

合而兄弟有不翕，則無以久其樂。蓋居患難，則人情不期而相親，故天理常易復；處逸樂，則多爲物欲所轉移，故天理常隱而難尋。所以詩之卒章有「是究是圖，亶其然乎」之句。反復玩味，真能使人孝友之心油然而生也。曰：所謂「生於憂患，死於安樂」。那二章，正是遏人欲而存天理，須是恁地看。胡泳。

聖人之言，自是精粗輕重得宜。呂伯恭《常棣》詩章說：「聖人之言，大小高下皆宜，而左右前後不相悖。」此句說得極好。銖。

伐木

問：《伐木》，大意皆自言待朋友不可不加厚之意，所以感發之也？曰：然。又問：「釃酒」，云「縮酌用茅」，是此意否？恐茅乃以酹。曰：某亦嘗疑今人用茅縮酒，古人芻狗乃酹酒之物。則茅之縮酒，乃今以酢酒也。想古人不肯用絹帛，故以茅縮酒也。榦。

問「神之聽之，終和且平」。曰：若能盡其道於朋友，雖鬼神亦必聽之相之，而錫之以和平之福。燾。

天保

「何福不除」，義如「除戎器」之「除」。必大。

問：「如松柏之茂，無不爾或承」，「承」是繼承相接續之謂，如何？曰：松柏非是葉不凋，但舊葉凋時新葉已生。木犀亦然。燾。

問：《天保》上三章，天以福錫人君；四章，乃言其先君先王亦錫爾以福；五章，言民亦「遍爲爾德」，則福莫大於此矣。故卒章畢言之。曰：然。榦。

時舉說：第一章至第三章，皆人臣頌祝其君之言。然辭繁而不殺者，以其愛君之心無已也。至四章，則以祭祀先公爲言；五章，則以「遍爲爾德」爲言。蓋謂人君之德，必上無媿於祖考，下無媿於斯民，然後福祿愈遠而愈新也。故末章終之以「無不爾或承」。先生頷之。叔重因云：《蓼蕭》詩云「令德壽豈」，亦是此意。蓋人君必有此德，而後可以稱是福也。曰：然。時舉。

采薇

又說：《采薇》首章，略言征夫之出，蓋以玁狁不可不征，故舍其室家而不遑寧處；二章，則既出而不能不念其家；三章，則竭力致死而無還心，不復念其家矣；四章、五章，則惟勉於王事，而欲成其戰伐之功也；卒章，則言其事成之後，極陳其勞苦憂傷之情而念之也。其序恐如此。曰：《雅》者，正也，乃王公大人所作之詩，皆有次序，而文意不苟，極可玩味。《風》則或出於婦人、小子之口，故但可觀其大略耳。時舉。

出車

問：先生《詩傳》舊取此詩與《關雎》詩，論「非天下之至静，不足以配天下之至健」處，今皆削之，豈亦以其太精巧耶？曰：正爲後來看得如此，故削去。曰：《關雎》詩今引康衡説甚好。曰：呂氏亦引，但不如此詳。便見古人看文字，亦寬博如此。銖。

子善問：《詩》「畏此簡書」。簡書，有二説：一説，簡書，戒命也。隣國有急，則以簡書相戒命。一説，策命臨遣之詞。曰：後説爲長，當以後説載前。前説只據《左氏》「簡書，同惡相恤之謂」。然此是天子戒命，不得謂之隣國也。又問：「胡不旆旆，東萊以爲初出軍時，旌旗未展，爲卷而建之，引《左氏》「建而不旆」。故曰此旗何不旆旆而飛揚乎？蓋以命下之初，我方憂心悄悄，而僕夫憔悴，亦若人意之不舒也。曰：此説雖精巧，然「胡不旆旆」一句，語勢似不如此。「胡不」，猶言「遐不作人」，言豈不旆旆乎！但我自「憂心悄悄」，而僕夫又況瘁耳。如此却自平正。伯恭説《詩》太巧，《詩》正怕如此看。古人意思自寬平，何嘗如此纖細拘迫！銖。

魚麗

「文、武以《天保》以上治内，《采薇》以下治外；始於憂勤，終於逸樂。」這四句儘説得好。道夫。

南有嘉魚

子善問《南有嘉魚》詩中「汕汕」字。曰：是以木葉捕魚，今所謂「魚花園」是也。問「枸」。曰：是機枸子，建陽謂之「皆拱子」，俗謂之「癩漢指頭」，味甘而解酒毒。有人家酒房一柱是此木，而醞酒不成。左右前後有此，則亦醞酒不成。節。

蓼蕭

時舉説《蓼蕭》、《湛露》二詩。曰：文義也只如此。却更須要諷詠，實見他至誠和樂之意，乃好。時舉。

六月

《六月》詩「既成我服」，不失機。「于三十里」。常度。○律。○方。

采芑

時舉説《采芑》詩。曰：宣王南征蠻荆，想不甚費力，不曾大段戰鬭，故只極稱其軍容之盛而已。時舉。

車攻

時舉説《車攻》、《吉日》二詩。先生曰：好田獵之事，古人亦多刺之。然宣王之田，乃是因此見得其車馬之盛，紀律之嚴，所以爲中興之勢者在此。其所謂田，異乎尋常之田矣。時舉。

庭燎

時舉説「庭燎有煇」。曰：煇，火氣也，天欲明而見其煙光相雜。此是吴材老之説，説此一字極有功也。時舉。

斯干

楊問：橫渠說《斯干》「兄弟宜相好，不要相學」，指何事而言？曰：不要相學不好處。且如兄去友弟，弟却不能恭其兄；兄豈可學弟之不恭，而遂亦不友？爲兄者但當盡其友可也。爲弟能恭其兄，兄乃不友其弟；爲弟者豈可亦學兄之不友，而遂忘其恭？爲弟者但當知其盡恭而已。如寇萊公撻倒用印事，王文正公謂他底既不是，則不可學他不是，亦是此意。然《詩》之本意，「猶」字作相圖謀說。寓。

「載弄之瓦」，瓦，紡磚也，紡時所用之物。舊見人畫《列女傳》，漆室乃手執一物，如今銀子樣。意其爲紡磚也，然未可必。時舉。

節南山

自古小人，其初只是它自竊國柄，少間又自不奈何，引得別人來，一齊不好了。如尹氏太師，只是它一箇不好；少間到那「瑣瑣姻婭」處，是幾箇人不好了。義剛。

「秉國之均」，均，本當從「金」，所謂「如泥之在鈞」者，不知「鈞」是何物。時舉曰：恐只是爲瓦器者，所謂「車盤」是也。蓋運得愈急，則其成器愈快，恐此即是鈞。曰：「秉國之鈞」，只是此義。今《集傳》訓「平」者，此物亦惟平乃能運也。時舉。

小弁

問：《小弁》詩，古今說者皆以爲此詩

之意，與舜怨慕之意同。切以爲只「我罪伊何」一句，與舜「於我何哉」之意同。至後面「君子秉心，維其忍之」，與「君子不惠，不舒究之」，分明是怨其親，却與舜怨慕之意似不同。曰：作《小弁》者自是未到得舜地位，蓋亦常人之情耳。只「我罪伊何」上面説「何辜于天」，亦一似自以爲無罪相似，未可與舜同日而語也。問：「莫高匪山，莫浚匪泉。君子無易由言，耳屬于垣。」《集傳》作賦體，是以上兩句與下兩句耶？曰：此只是賦。蓋以爲莫高如山，莫浚如泉，而君子亦不可易其言，亦恐有人聞之也。又曰：看《小雅》雖未畢，且併看《大雅》。《小雅》後數篇大概相似，只消兼看。因言：詩人所見極大，如《巧言》詩「奕奕寢廟，君子作之。秩秩大猷，聖人莫之。他人有心，予忖度之。躍躍毚兔，遇犬獲之」。此一章本意，只是惡巧言讒譖之人，却以「奕奕寢廟」與「秩秩大猷」起興。蓋以其大者興其小者，便見其所見極大，形於言者，無非理義之極致也。❶ 時舉云：此亦是先王之澤未泯，禮義根於其心，❷故其形於言者，自無非義理。先生頷之。時舉。

大東

「有饛簋飧，有捄棘匕」，《詩傳》云「興也」。問：似此等例，却全無義理。曰：興有二義，有一樣全無義理。炎。

「東有啓明，西有長庚」，庚，續也。啓明，金星；長庚，水星。金在日西，故日將

❶「理義」，萬曆本作「義理」。
❷「禮」，萬曆本作「理」。

出則東見；水在日東，故日將没則西見。泳。

楚茨

《楚茨》一詩，精深宏博，如何做得變《雅》！方子。

問：「神保是饗」，《詩傳》謂神保是鬼神之嘉號，引《楚詞》語「思靈保兮賢姱」。但詩中既説「先祖是皇」，又説「神保是饗」，似語意重複，如何？曰：近見洪慶善説靈保是巫。今詩中不説巫，當便是尸。却是向來解錯了此兩字。文蔚。

甫田

子善問《甫田》詩「志大心勞」。曰：《小序》説「志大心勞」，已是説他不好。人若能循序而進，求之以道，則志不爲徒大，心亦何勞之有！人之所期，固不可不遠大。然下手做時，也須一步斂一步，着實做始得。若徒然心務高遠，而不下着實之功，亦何益哉！銖。

「驕驕」，張王之意，猶曰暢茂桀敖耳。「桀桀」與「驕驕」之義同，今田畝間莠最硬搶。必大。

瞻彼洛矣

問：《瞻彼洛矣》，洛水或云兩處。曰：只是這一洛，有統言之，有説小地名。東、西京共千里，東京六百里，西京四百里。賀孫。

車舝

問：《烈女傳》引《詩》「辰彼碩女」作「展彼碩女」。先生以爲然，且云：向來煞尋得。方子。

賓之初筵

問：「韎韐有奭」，韎韐，毛、鄭以爲祭服，王氏以爲戎服。曰：只是戎服。《左傳》云「有韎韋之跗注」是也。又曰：《詩》多有酬酢應答之篇。《瞻彼洛矣》，是臣歸美其君，君子指君也。當時朝會於洛水之上，而臣祝其君如此。《裳裳者華》，又是君報其臣，《桑扈》、《鴛鴦》皆然。賀孫。

或問：《賓之初筵》詩是自作否？曰：有時亦是因飲酒之後作此自戒，也未可知。卓。

漸漸之石

周家初興時，「周原膴膴，堇荼如飴」，苦底物事亦甜。及其衰也，「牂羊墳首，三星在罶。人可以食，鮮可以飽」，直恁地蕭索。文蔚。

大雅文王

《大雅》非聖賢不能爲，其間平易明白，正大光明。㽦。

問：周受命如何？曰：命如何受於天？只是人與天同。然觀周自后稷以來，積仁累義，到此時人心奔赴，自有不可已。

又問：太王翦商，《左氏》云「太伯不從，是以不嗣」，莫是此意？曰：此事難明。但太王居於夷狄之邦，强大已久，商之政令亦未必行於周。大要天下公器，所謂「有德者易以興，無德者易以亡」。使紂無道，太王取之何害？今必言太王不取，則是武王爲亂臣賊子。若文王之事，則分明是盛德過人處。孔子於泰伯亦云「至德」。可學。

《文王》詩，直説出道理。振。

「帝命文王」，豈天諄諄然命之耶？只文王要恁地，便是理合如此，便是帝命之也。礪。

問：先生解「文王陟降，在帝左右」，文王既没，精神上與天合。看來聖人稟得清明純粹之氣，其生也，既有以異於人；則其散也，其死與天爲一；則其聚也，其精神上與天合。一陟一降，在帝左右。此又别是一理，與衆人不同。曰：理是如此。若道真有箇文王上上下下，則不可。若道詩人只胡亂恁地説，也不可。子蒙。

「在帝左右」，察天理而左右也。古注亦如此。《左氏傳》「天子所右，寡君亦右之；所左，亦左之」之意。人傑。

馬節之問「無遏爾躬」。曰：無自遏絶於爾躬，如家自毁，國自伐。蓋卿。

緜

「虞芮質厥成，文王蹶厥生」，蹶，動也；生，是興起之意。當時一日之間，虞、芮質成，而來歸者四十餘國，其勢張盛，一時見之，如忽然跳起。又曰：麤説時，如今人言軍勢益張。義剛。

舊嘗見横渠《詩傳》中説，周至太王辟

國已甚大，其所據有之地，皆是中國與夷狄夾界所空不耕之地，今亦不復見此書矣。意者周之興與元魏相似。初自極北起來，漸漸强大，到得後來中原無主，遂被他取了。廣。

棫樸

問：《棫樸》何以見文王之能官人？曰：《小序》不可信，類如此。此篇與前後數詩同爲稱揚之辭。作《序》者爲見棫樸近箇人材底意思，故云「能官人」也。《行葦序》尤可笑。第一章只是起興，何與仁及草木？「以祈黄耇」，是願頌之詞，如今人舉酒稱壽底言語。只見有「祈」字，便説是「乞言」。㽦。

《棫樸序》只下「能官人」三字，便晦了一篇之意。《楚茨》等十來篇，皆是好詩，如何見得是傷今思古？只被亂在變雅中，便被後人如此想像。如東坡説某處猪肉，衆客稱美之意。㽦。

「倬彼雲漢，爲章于天。周王壽考，遐不作人？」先生以爲無甚義理之興。或解云云。先生曰：解書之法，只是不要添字。「追琢其章」者，以「金玉其相」故也；「勉勉我王」者，以「綱紀四方」故也。「瑟彼玉瓚，黄流在中。豈弟君子，福禄攸降。」此是比得齊整好者也。璘。

《詩》無許多事。《大雅》精密。「遐」，是「何」字。以類推得之。❶ 又曰：解《詩》，多是推類得之。方。

「遐不作人」，古注并諸家皆作「遠」字，

❶「類」，萬曆本作「彙」。

甚無道理。《禮記注》訓「胡」字,甚好。人傑。○去僞録注云:道隨事著也。

皇矣

周人詠文王伐崇、伐密事,皆以「帝謂文王」言之,若曰此蓋天意云爾。文王既戡黎,又伐崇、伐密。已做得事勢如此,只是尚不肯伐紂,故曰「至德」。必大。

時舉説《皇矣》詩。先生謂:此詩稱文王德處,是從「無然畔援,無然歆羡」上説起,後面却説「不識不知,順帝之則」。見得文王先有這箇工夫,此心無一豪之私,故見於伐崇、伐密,皆是道理合着恁地。初非聖人之私怒也。問:「無然畔援,無然歆羡」,竊恐是説文王生知之資,得於天之所命,自然無畔援歆羡之意。後面「不識不知,順帝之則」,乃是文王做工夫處。曰:然。時舉。

下武

「昭茲來許」,漢碑作「昭哉」。洪氏《隸釋》「茲」、「哉」叶韻。《柏梁臺》詩末句韻亦同。方子。

文王有聲

問:鎬至豐邑止二十五里,武王何故自豐遷鎬?曰:此只以後來事推之可見。秦始皇營朝宫渭南,史以爲咸陽人多,先王之宫庭小,故作之。想得遷鎬之意,亦是如此。周得天下,諸侯盡來朝覲,豐之故宫不足以容之爾。廣。

生民

《生民》詩是叙事詩，只得恁地。蓋是叙那首尾要盡，《下武》、《文王有聲》等詩，却有反覆歌詠底意思。義剛。

問「履帝武敏」。曰：此亦不知其何如。但詩中有此語，自歐公不信祥瑞，故後人纔見説祥瑞，皆闢之。若如後世所謂祥瑞，固多僞妄。然豈可因後世之僞妄，而併真實者皆以爲無乎？「鳳鳥不至，河不出圖」，孔子之言，不成亦以爲非！廣。

時舉説「履帝武敏歆，攸介攸止」處。曰：「敏」字當爲絶句。蓋作母鄙反，叶上韻耳。履巨跡之事，有此理。且如契之生，《詩》中亦云「天命玄鳥，降而生商」。蓋以爲稷、契皆天生之爾，非有人道之感，非可以常理論也。漢高祖之生亦類此，此等不可以言盡，當意會之可也。時舉。

既醉

時舉説《既醉》詩：古人祝頌，多以壽考及子孫衆多爲言。如華封人祝堯「願聖人壽！願聖人多男子！」亦此意。曰：此兩事，孰有大於此者乎？曰：觀《行葦》及《既醉》二詩，見古之人君盡其誠敬於祭祀之時，極其恩義於燕飲之際。凡父兄耆老所以祝望之者如此，則其獲福也宜矣，此所謂「禍福無不自己求之者」也。先生頷之。時舉。

子善問「釐爾女士」。曰：女之有士行者。銖曰：荆公作《向后册》云：「唯昔先王，釐厥士女。」「士女」與「女士」，義自不同。蘇子由曾論及曰：「恐它只是倒用了一字耳。」因言：荆公誥詞中，唯此册做得極好，後人皆學之不能及。銖曰：曾子固作《皇太子册》亦放此。曰：子固誠是學它，只是不及耳。子固却是後面幾箇誥詞好。國朝之制，外而三公、三少，内而皇后、太子、貴妃，皆有册。但外自三公而下，内自嬪妃而下，皆聽其辭免。一辭即免。惟皇后太子用册。銖。

假樂

「干禄百福，子孫千億」，是願其子孫之衆多。「穆穆皇皇，宜君宜王。不愆不忘，率由舊章」，是願其子孫之賢。道夫。

舜功問：「不愆不忘，率由舊章」，是「勿忘勿助長」之意？曰：不必如此説。不愆，是不得過；不忘，是不得忘。能如此，則能「率由舊章」。可學。

此詩末章，即承上章之意，❶故上章云「四方之綱」，而下章即繼之曰「之綱之紀」。蓋張之爲綱，理之爲紀。下面「百辟卿士」，至於庶民，皆是賴君以爲綱。所謂「不解于位」者，蓋欲綱常張而不弛也。時舉。

公劉

問：第二章説「既庶既繁，既順乃宣」，而第四章方言居邑之成。不知未成邑之時，何以得民居之繁庶也？曰：公劉始於草創，而人從之者已若是其盛，是以居邑由是而成也。問第四章「君之宗之」處。曰：

❶「即」，萬曆本作「則」。

東萊以爲爲之立君、立宗，恐未必是如此，只是公劉自爲群臣之君宗耳。蓋此章言其一時燕饗，恐未説及立宗事也。問「徹田爲糧」處。先生以爲：「徹，通也」之説，乃是横渠説。然以《孟子》考之，只曰「八家皆私百畝，同養公田」。又《公羊》云「公田不治則非民，私田不治則非吏」，似又與横渠之説不同，蓋未必是計畝而分也。又問：此詩與《豳·七月》詩皆言公劉得民之盛。想周家自后稷以來，至公劉始稍盛耳。曰：自后稷之後，至於不窋，蓋已失其官守，故云「文、武不先不窋」。至於公劉，乃始復修其業，故周室由是而興也。時舉。

時舉説：《公劉》詩「鞞琫容刀」，注云：「或曰：容刀，如言容臭，謂鞞琫之中，容此刀也。」如何謂之容臭？曰：如今香囊是也。時舉。

卷阿

時舉説《卷阿》詩畢，以爲：《詩》中凡稱頌人君之壽考福禄者，必歸於得人之盛。故《既醉》詩云「君子萬年，介爾景福」，而必曰「朋友攸攝，攝以威儀」。《假樂》詩言「受天之禄」與「干禄百福」，而必曰「率由群匹」與「百辟卿士，媚于天子」。蓋人君所以致福禄者，未有不自得人始也。先生頷之。時舉。

民勞

時舉竊謂：每章上四句是刺厲王，下六句是戒其同列。曰：皆只是戒其同列。鋪叙如此，便自可見。故某以爲古人非是直作一詩以刺其王，只陳其政事之失，自可以爲戒。時舉因謂：第二章末謂「無棄爾勞，以爲王休」，蓋以爲王者之休，莫大於得人；惟群臣無棄其功，然後可以爲王之休美。至第三章後二句，❶謂「敬慎威儀，以近有德」，蓋以爲既能拒絶小人，必須自反於己，又不可以不親有德之人。不然，則雖欲絶去小人，未必有以服其心也。後二章「無俾正敗」、「無俾正反」，尤見詩人憂慮之深。蓋「正敗」，則惟敗壞吾之正道；而「正反」，則全然反乎正矣。其憂慮之意，蓋一章切於一章也。先生頷之。時舉。

板

「昊天曰明，及爾出王。昊天曰旦，及爾游衍」，且與明，衹一意。這箇豈是人自如此？皆有來處。纔有些放肆，他便知。賀孫録云：這裏若有些違理，恰似天知得一般。所以曰「日監在兹」，又曰「敬天之怒，無敢戲豫」，「敬天之渝，無敢馳驅」。問：「渝」字如何？曰：變也。如「迅雷風烈必變」之「變」，但未至怒耳。道夫。○賀孫録同。

道夫言：昨來所論「昊天曰明」，云云。至「游衍」，此意莫衹是言人之所以爲人者，皆天之所爲，故雖起居動作之頃，而所謂天者未嘗不在也？曰：公説「天體物不遺」，既説得是，則所謂「仁體事而無不在」者，亦不過如此。今所以理會不透，衹是以天與仁爲有二也。今須將聖賢言仁處，就自家身上思量，久之自見。《記》曰：「兩君相見，揖讓而入門，入門而縣興，揖讓而陞堂，

❶「章」，原作「句」，今據萬曆本及《詩・大雅・民勞》第三章改。

陛堂而樂闋。下管象武，夏籥序興，陳其薦俎，序其禮樂，備其百官，如此而後君子知仁焉。」又曰：「賓入大門而奏《肆夏》，示易以敬也。卒爵而樂闋，孔子屢嘆之。」道夫曰：如此，則是合正理而不紊其序，便是仁。曰：恁地猜，終是血脉不貫，且反復熟看。道夫。

時舉説《板》詩，問：「天體物而不遺」，是指理而言；「仁體事而無不在」，是指人而言否？曰：「體事而無不在」，是指心而言也。天下一切事，皆此心發見爾。因言：讀書窮理，當體之於身。凡平日所講貫窮究者，不知逐日常見得在吾心目間否？不然，則隨文逐義，趕趁期限，不見悦處，恐終無益。時舉。○餘見《張子書》類。

蕩

時舉説：首章前四句，有怨天之辭。後四句，乃解前四句，謂天之降命，本無不善；惟人不以善道自終，故天命亦不克終，如疾威而多邪僻也。此章之意既如此，故自次章以下，託文王言紂之辭，而皆就人君身上説，使知其非天之過。如「女興是力」、「爾德不明」，與「天不湎爾以酒」、「匪上帝不時」之類，皆自發明首章之意。先生頷之。時舉。

抑

《抑》非刺厲王，只是自警。嘗考衛武公生於宣王末年，安得有刺厲王之詩？據《國語》，只是自警。詩中辭氣，若作自警，甚有理；若作刺厲王，全然不順。伯恭却謂《國語》非是。浩。

《抑》，《小序》：「衛武公刺厲王，亦以自警。」不應一詩既刺人，又自警之理。且厲王無道，一旦被人「言提其耳」，以「小子」呼之，必不素休。且厲王監謗，暴虐無所不至。此詩無限大過，都不問著，却只點檢威儀之末，此決不然。以《史記》考之，武公即位在厲王死之後，宣王之時。説者謂是追刺，尤不是。伯恭主張《小序》，又云《史記》不可信，恐是武公必曾事厲王。若以爲武公自警之詩，則其意味甚長。《國語》云：武公九十餘歲作此詩。其間「匪我言耄」，可以爲據。又如「謹爾侯度」，注家云，所以制侯國之度，只是侯國之度耳。「曰喪厥國」，則是諸侯自謂無疑。蓋武公作此詩，使人日夕諷誦以警己耳，所以有「小子」、「告爾」之類，皆是箴戒作文之體自指耳。後漢侯芭亦有此説。○僩。

先生説：《抑》詩煞好。鄭謂：東萊硬要做刺厲王，緣以「爾」、「汝」字礙。曰：如「幕中之辨，人反以汝爲叛；臺中之評，人反以汝爲傾」等類，亦是自謂。古人此樣多。大抵他説《詩》，其原生於不敢異先儒，將《詩》去就那《序》。被這些子礙，便轉來穿鑿胡説，更不向前來廣大處去。或有兩三説，則俱要存之。如一句或爲興，或爲比，或爲賦，則曰「《詩》兼備此體」。某謂既取興體，則更不應又取比體；既取比體，則更不應又取賦體。説《狡童》，便引石虎事證，且要有字不曳白。南軒不解《詩》，道《詩》不用解，諸先生説好了。南軒却易曉，説與他便轉。淳。

衛武公《抑》詩，自作懿戒也。中間有

「嗚呼小子」等語，自呼而告之也。其警戒持循如是，所以詩人美其「如切如磋」。方。

雲　漢

問：《雲漢》詩，乃他人述宣王之意，然責己處太少。曰：然。可學。

崧　高

問：《崧高》、《烝民》二詩，是皆遣大臣出爲諸侯築城。曰：此也曉不得。封諸侯固是大事。看《黍苗》詩，當初召伯帶領許多車徒人馬去，❶也自勞攘。古人做事有不可曉者，如漢築長安城，都是去別處調發人來，又只是數日便休。《詩》云「溥彼韓城，燕師所完」，注家多説是燕安之衆，某説即召公所封燕國之師。不知當初何故不只教本土人築，又須去別處發人來，豈不大勞攘？古人重勞民，如此等事又却不然，更不可曉，强説便成穿鑿。又曰：看《烝民》詩，及《左傳》、《國語》周人説底話，多有好處。也是文、武、周公立學校，教養得許多人，所以傳得這些言語，如《烝民》詩大故細膩。劉子曰：「人受天地之中以生。」皆説得好。夔孫。〇義剛録小異。

烝　民

問：《烝民》詩，解云「仲山甫蓋以冢宰兼太保」，何以知之？曰：其言「式是百辟」，則是爲宰相可知。其曰「保兹天子」、

❶「徒」，萬曆本作「從」。

「王躬是保」，則是爲太保可知，此正召康公之舊職。廣。

「仲山甫之德，柔嘉維則」，《詩傳》中用東萊吕氏説。先生曰：記得他甚主張那「柔」字。文蔚曰：他後一章云：「柔亦不茹，剛亦不吐。」此言仲山甫之德剛柔不偏也。而二章首舉「仲山甫之德」，獨以「柔嘉維則」蔽之。《崧高》稱「申伯番番」，終論其德，亦曰「柔惠且直」，然則入德之方其可知矣。曰：如此，則乾卦不用得了，人之姿稟，❶自有柔德勝者，自有剛德勝者。如本朝范文正公、富鄭公輩，是以剛德勝；如范忠宣、范淳夫、趙清獻、蘇子容輩，是以柔德勝。只是他柔却柔得好。今仲山甫「令儀令色，小心翼翼」，却是柔。但其中自有骨子，不是一向如此柔去。便是人看文字，要得言外之意。若以仲山甫「柔嘉維則」，必要以此爲入德之方，則不可。人之進德，須用剛健不息。文蔚。

「既明且哲，以保其身。」曰：只是上文「肅肅王命，仲山甫將之。邦國若否，仲山甫明之」，便是明哲。所謂明哲者，只是曉天下事理，順理而行，自然災害不及其身，可以保其禄位。今人以邪心讀《詩》，謂明哲是見幾知微，先去占取便宜。如楊子雲説「明哲煌煌，旁燭無疆。遜于不虞，以保天命」，便是占便宜底説話，所以它一生被這幾句誤。然「明哲保身」，亦只是常法，若到那舍生取義處，又不如此論。文蔚。

問：「既明且哲，以保其身」，有些小委曲不正處否？曰：安得此！只是見得道理分明，事事處之得其理，有可全之道。便

❶「姿」，萬曆本作「資」。

有委曲處，亦是道理可以如此，元不失正，特不直犯之耳。若到殺身成仁處，亦只得死。古人只是平説中庸，無一理不明，即是明哲。若只見得一偏，便有蔽，便不能見得理盡，便不可謂之明哲。學至明哲，只是依本分行去，無一事不當理，即是保身之道。今人皆將私看了，必至於孔光之徒而後已。

周頌清廟

「假以溢我」，當從《左氏》，作「何以恤我」。「何」、「遐」通轉而爲「假」也。方子。

昊天有成命

《昊天有成命》詩「成王不敢康」，《詩傳》皆斷以爲成王誦。某問：《下武》言「成王之孚」，如何？曰：這箇且只得做武王説。炎。

我將

問：《我將》，乃祀文王於明堂之樂章。《詩傳》以謂「物成形於帝，人成形於父，故季秋祀帝於明堂，而以父配之，取其成物之時也。此乃周公以義起之，非古禮也」。不知周公以後，將以文王配耶？以時王之父配耶？曰：諸儒正持此二議，至今不決，看來只得以文王配。且周公所制之禮，不知在武王之時、在成王之時？若在成王，則文王乃其祖也，亦自可見。又問：繼周者如何？曰：只得以有功之祖配之。僩。

敬之

「日就月將」，是日成月長。就，成也；將，大也。節。

絲衣

繹，祭之明日也。賓尸，以賓客之禮燕爲尸者。敬仲。

魯頌泮水

《泮宮小序》，《詩傳》不取。或言詩中「既作泮宮」，則未必非修也。直卿云此落成之詩。佐。

閟宮

太王剪商，武王所言。《中庸》言「武王纘太王、王季、文王之緒」，是其事素定矣。横渠亦言，周之於商有不純臣之義。蓋自其祖宗遷豳、遷郃，皆其僻遠自居，非商之所封土也。揚。

商頌

《商頌》簡奥。方子。

伯豐問：《商頌》恐是宋作？曰：宋襄一伐楚而已，其事可考，安有「莫敢不來王」等事！又問：恐是宋人作之，追述往事，以祀其先代。若是商時所作，商尚質，不應《商頌》反多於《周頌》。曰：《商頌》雖多如

《周頌》，覺得文勢自別。《周頌》雖簡，文自平易；《商頌》之辭，自是奧古，非宋襄可作。又問：《頌》是告于神明，却《魯頌》中多是頌當時之君。如「戎狄是膺，荆舒是懲」，僖公豈有此事？曰：是頌願之辭。又問：「戎狄是膺，荆舒是懲」，孟子引以爲周公，如何？曰：孟子引經自是不子細。又問：或謂《魯頌》非三百篇之類，夫子姑附於此耳。曰：「思無邪」一句，正出《魯頌》。㽦。

玄鳥

問：《玄鳥》詩吞卵事，亦有此否？曰：當時恁地説，必是有此。今不可以聞見不及，定其爲必無。淳。

長發

「湯降不遲，聖敬日躋。」天之生湯，恰好到合生時節。湯之脩德，又無一日間斷。㽦。

鳴謝

《儒藏》精華編惠蒙善助，共襄斯文；謹列如左，用伸謝忱。

本焕法師　壹佰萬元

智海企業集團董事長　馮建新先生　壹佰萬元

NE・TIGER時裝有限公司董事長　張志峰先生　壹佰萬元

張貞書女士　壹佰萬元

方正控股有限公司、金山軟件有限公司創始人　張旋龍先生　壹佰萬元

北京大學《儒藏》編纂與研究中心

本册审稿人　高海波　甘祥满

本册责任编委　楊　浩

圖書在版編目(CIP)數據

儒藏.精華編.一八八:上下册/北京大學《儒藏》編纂與研究中心編.—北京：北京大學出版社，2022.3

ISBN 978-7-301-11906-8

Ⅰ.①儒… Ⅱ.①北… Ⅲ.①儒家 Ⅳ.①B222

中國版本圖書館CIP數據核字（2022）第036344號

書　　名	儒藏（精華編一八八）（上下册） RUZANG（JINGHUABIAN YIBABA）（SHANGXIA CE）
著作責任者	北京大學《儒藏》編纂與研究中心　編
責任編輯	王　應　吴冰妮
標準書號	ISBN 978-7-301-11906-8
出版發行	北京大學出版社
地　　址	北京市海淀區成府路205號　100871
網　　址	http://www.pup.cn　　新浪微博:@北京大學出版社
電子信箱	dianjiwenhua@126.com
電　　話	郵購部 010-62752015　發行部 010-62750672　編輯部 010-62756449
印 刷 者	北京中科印刷有限公司
經 銷 者	新華書店
	787毫米×1092毫米　16開本　72.5印張　708千字
	2022年3月第1版　2022年3月第1次印刷
定　　價	1200.00元（上下册）

ISBN 978-7-301-11906-8
9 787301 119068 >
定價：1200.00元
（上下册）

國家出版基金項目

国家出版基金项目
NATIONAL PUBLICATION FOUNDATION

教育部哲學社會科學研究重大課題攻關項目

「十一五」「十二五」「十三五」國家重點圖書出版規劃項目・重大工程出版規劃

「十四五」國家重點出版物出版专項規劃項目・古籍出版規劃

國家社會科學基金重大項目

北京大學「九八五工程」重點項目

儒藏

精華編一八八冊上

子部儒學類

儒藏

北京大學《儒藏》編纂與研究中心

《儒藏》精華編第一八八册

首席總編纂　季羡林

項目首席專家　湯一介

總　編　纂　湯一介　龐　樸　孫欽善　安平秋　（按年齡排序）

本册主編　嚴佐之

《儒藏》精華編凡例

一、中國傳統文化以儒家思想爲中心。《儒藏》爲儒家經典和反映儒家思想、體現儒家經世做人原則的典籍的叢編。收書時限自先秦至清代結束。

二、《儒藏》精華編爲《儒藏》的一部分，選收《儒藏》中的精要書籍。

三、《儒藏》精華編所收書籍，包括傳世文獻和出土文獻。傳世文獻按《四庫全書總目》經史子集四部分類法分類，大類、小類基本參照《中國叢書綜録》和《中國古籍善本書目》，於個别處略作調整。凡單書已收入入選的個人叢書或全集者，僅存目録，並注明互見。出土文獻單列爲一個部類，原件以古文字書寫者一律收其釋文文本。韓國、日本、越南儒學者用漢文寫作的儒學著作，編爲海外文獻部類。

四、所收書籍的篇目卷次，一仍底本原貌，不選編，不改編，保持原書的完整性和獨立性。

五、對入選書籍進行簡要校勘。以對校爲主，確定内容完足、精確率高的版本爲底本，精選有校勘價值的版本爲校本。出校堅持少而精，以校正誤爲主，酌校異同。校記力求規範、精煉。

六、根據現行標點符號用法，結合古籍標點通例，進行規範化標點。專名號除書名號用角號（《》）外，其他一律省略。

七、對較長的篇章，根據文字内容，適當劃分段落。正文原已分段者，不作改動。千字以内的短文一般不分段。

八、各書卷端由整理者撰寫《校點説明》，簡要介紹作者生平、該書成書背景、主要内容及影響，以及整理時所確定的底本、校本（舉全稱後括注簡稱）及其他有關情況。重複出現的作者，其生平事蹟按出現順序前詳後略。

九、本書用繁體漢字竪排，小注一律排爲單行。

《儒藏》精華編第一八八册

子部儒學類

性理之屬

上册

下册

《儒藏》精華編第一八八册

子部儒學類

性理之屬

上册

朱子語類卷第四十一 計二十三板

論語二十三

顔淵篇上

顔淵問仁章

顔子生平，只是受用「克己復禮」四箇字。不遷，不貳。三月不違。不改其樂。○道夫。

顔子克己，如紅爐上一點雪。道夫。

「克己復禮」，間不容髮。無私便是仁。道夫。

「克己復禮」，如通溝渠壅塞，仁乃水流也。可學。

「克己復禮」，「如火烈烈，則莫我敢遏」！若海。

克己，亦別無巧法，譬如孤軍猝遇强敵，只得盡力舍死向前而已，尚何問哉！謨。

龔郯伯說：克去己私後，却方復禮。曰：「克己復禮」，一如將水去救火相似。又似一件事，又似兩件事。時舉。○植同。

克己，則禮自復；閑邪，則誠自存。非克己外別有復禮，閑邪外別有存誠。賀孫。○此非定說。

「克己復禮」。所以言禮者，謂有規矩則防範自嚴，更不透漏。必大。

「克己復禮爲仁」，與「可以爲仁矣」之「爲」，如「謂之」相似；與「孝弟爲仁之本」、「爲仁由己」之「爲」不同。節。

一於禮之謂仁。只是仁在内，爲人欲所蔽，如一重膜遮了。克去己私復禮，乃見仁。仁、禮非是二物。可學。

問：「克己復禮」，「如見大賓」之時，指何者爲仁？曰：存得心之本體。節。

因說克己，或曰：若是人欲則易見。但恐自說是天理處，却是人欲，所以爲難。曰：固是如此。且從易見底克去，又却理會難見底。如剥百合，須去了一重，方始去那第二重。今且將「義利」兩字分箇界限，緊緊走從這邊來。其間細碎工夫，又一面理會。如做屋柱一般，且去了一重粗皮，又慢慢出細。今人不曾做得第一重，便要做第二重工夫去。如《中庸》說「戒慎乎其所不睹，恐懼乎其所不聞。莫見乎隱，莫顯乎微，故君子慎其獨」。此是尋常工夫都做了，故又說出向上一層工夫，以見義理之無窮耳。不成「十目所視，十手所指」處不謹，便只去謹獨？無此理也。雉。

元翰問：克去己私，最是難事。如今且於日用間每事尋箇是處。只就心上驗之，覺得是時，此心便安。此莫是仁否？曰：此又似說義，却未見得仁。又況做事只要靠着心。但恐己私未克時，此心亦有時解錯認了。不若日用間只就事上子細思量體認，那箇是天理，那箇是人欲。着力除去了私底，不要做，一味就理上做去，次第漸漸見得，道理自然純熟，仁亦可見。且如聖賢千言萬語雖不同，都只是說這道理。且將聖賢說底看，一句如此說，一句如彼說，逐句把來湊看，次第合得，都是這道理。或說：如今一等非理事，固不敢做。只在書院中時，亦自有一般私意難識。所謂「孜孜爲善，孜孜爲利」，於善利之中，却解錯認。曰：且做得一重，又做一重，大概且要得界限分明。遂以手畫扇中間云：這一邊是善，這一邊是利。認得善、利底界限了，又却就這一邊體認纖悉不是處，克將去。聖人所以下箇「克」字，譬如相殺相似，定要克勝得他。大率克己工夫，是自着力做底事，與他人殊不相干。緊緊閉門，自就身上子細體認，覺得才有私意，便克去，故曰：「爲仁由己，而由人乎哉！」夫子説得大段分曉。吕與叔《克己銘》却有病。他説須於與物相對時克。若此，則是併物亦克也。己私可克，物如何克得去？己私是自家身上事，與物未相干在。明作。

林安卿問：克復工夫，全在「克」字上。蓋是就發動處克將去，必因有動，而後天理、人欲之幾始分，方知所決擇而用力也。曰：如此，則未動以前不消得用力，只消動處用力便得。如此得否？且更子細。次早問：看得如何？林舉《注》中程子所言『克己復禮』乾道，主敬行恕坤道」爲對。曰：這箇也只是微有些如此分。若論敬，則自是徹頭徹尾要底。如公昨夜之説，只是發動方用克，則未發時，不成只在這裏打瞌睡懞憧，等有私欲來時，旋捉來克！如此得否？又曰：若待發見而後克，不亦晚乎！發時固是用克，未發時也須致其精明，如烈火之不可犯，始得。僩。

或問：克己之私有三：氣禀，耳目鼻口之欲，及人、我是也。不知那箇是夫子所指者？曰：三者皆在裏。然非禮勿視、聽、言、動，則耳目口鼻之欲較多。又問：「克者，勝也」，不如以「克」訓「治」較穩。曰：「治」字緩了。且如捱得一分，也是治；捱得二分，也是治。勝，便是打疊殺了他。

學蒙。

或曰：克己，是勝己之私之謂克否？曰：然。曰：如何知得是私後克將去？曰：隨其所知者，漸漸克去。或曰：南軒作《克己齋銘》，不取子雲之説，如何？曰：不知南軒何故如此説。恐只是一時信筆寫將去，殊欠商量。曰：聞學中今已開石。曰：悔不及矣！去僞。

「克己復禮」，不可將「理」字來訓「禮」字。克去己私，固即能復天理。不成克己後，便都没事。惟是克去己私了，到這裏恰好着精細底工夫，故必又復禮，方是仁。聖人却不只説克己爲仁，須説「克己復禮爲仁」。見得禮，便事事有箇自然底規矩準則。

「克己，須着復於禮。」賀孫問：非天理，便是人欲。克盡人欲，便是天理。如何却説克己了，又須着復於禮？曰：固是克了己便是理。然亦有但知克己而不能復於禮，故聖人對説在這裏。却不只道「克己爲仁」，須着箇「復禮」，庶幾不失其則。下文云：「非禮勿聽，非禮勿視，非禮勿言，非禮勿動。」緣本來只有此禮，所以克己是要得復此禮。若是佛家，儘有能克己者，雖謂之無己私可也，然却不曾復得禮也。聖人之教，所以以復禮爲主。若但知克己，則下梢必墮於空寂，如釋氏之爲矣。亞夫又問。曰：如「坐如尸，立如齊」，此是理；如箕踞跛倚，此是非理。去其箕踞跛倚，宜若便是理。然未能「如尸如齊」，尚是己私。賀孫。

○此下三條，疑聞同録異，而植録尤詳。

亞夫問「克己復禮」章。曰：今人但説克己，更不説復禮。夫子言非禮勿視、聽、言、動，即是「克己復禮」之目也。顏子會問，夫子會答，答得來包括得盡。「己」字與「禮」字正相對説。禮，便有規矩準繩。且以坐、立言之：己便是箕踞，禮便是「坐如尸」；己便是跛倚，禮便是「立如齊」。但如此看便見。又曰：克己是大做工夫，復禮是事事皆落腔窠。克己便能復禮，步步皆合規矩準繩；非是克己之外，别有復禮工夫也。釋氏之學，只是克己，更無復禮工夫，所以不中節文，便至以君臣爲父子、父子爲君臣，一齊亂了。吾儒克己便復禮，見得工夫精細。聖人説得來本末、精粗具舉。下面四箇「勿」字，便是克與復工夫，皆以禮爲準也。「克己復禮」，便是捉得病根，對證下藥。仲弓主敬行恕，是且涵養將去，是非猶未定。涵養得到，一步又進一步，方添得許多見識。「克己復禮」，便剛决克除將去。南升。

亞夫問：「克己復禮」，疑若克己後便已是仁，不知復禮還又是一重工夫否？曰：「己」與「禮」對立。克去己後，必復於禮，然後爲仁。若克去己私便無一事，則克之後，須落空去了。且如坐當如尸，立當如齊，此禮也。坐而倨傲，立而跛倚，此己私也。克去己私，則不容倨傲而跛倚；然必使之如尸、如齊，方合禮也。故克己者必須復此身於規矩準繩之中，乃所以爲仁也。又問：若以「禮」與「己」對看，當從禮説去。禮者，天理之節文，起居動作，莫非天理。若起居動作之間，莫不渾全是禮，則是仁。若皆不合節文，便都是私意，不可謂仁。曰：不必皆不合節文。但才有一處不合節文，便是欠闕。若克去己私，而安頓不着，便是不入他腔窠。且如父子自是父子之禮，君臣自是君臣之禮。若把君臣做父子，父子做君臣，便不是禮。又問「克己復禮」與「主敬行恕」之別。曰：仲弓方始是養在這裏，中間未見得如何。顔子「克己復禮」，便規模大，精粗、本末一齊該貫在這裏。又問：「克己復禮」如何分精粗？曰：若以克去己私言之，便克己是精底工夫；到禮之節文有所欠闕，便是粗者未盡。然克己又只是克去私意，若未能有細密工夫，一一入他規矩準繩之中，便未是復禮。如此，則復禮却乃是精處。時舉因問：夜來先生謂「坐如尸，立如齊」是禮，倨傲、跛倚是己。有知倨傲、跛倚爲非禮而克之，然乃未能「如尸」、「如齊」者，便是雖已克己而未能復禮也？曰：跛倚、倨傲，亦未必盡是私意，亦有性自坦率者。伊川所謂「人雖無邪心，苟不合正理，乃邪心也」。佛氏之學，超出世故，無足以累其心，不可謂之有私意。然只見他空底，不見實理，所以都無規矩準繩。曰：佛氏雖無私意，然源頭是自私其身，便是有箇大私意了。曰：他初間也未便盡是私意，但只是見得偏了。時舉曰：先生向所作《克齋記》云：「克己者，所以復禮；非克己之外，别有所謂復禮之功。」是如何？曰：便是當時也説得忒快了。明道謂：「克己則私心去，自能復禮；雖不學文，而禮意已得。」如此等語，也説忒高了。孔子説「克己復禮」，便都是實。曰：如此，則「克己復禮」分明是兩節工夫。曰：也不用做兩節看。但不會做工夫底，克己了，猶未能復禮；會做工夫底，才克己，便復禮也。先生因言：學者讀書，須要體認。靜時要體認得親切；動時要別白得分明。如此讀書，方爲有益。時舉。

㬊問「克己復禮」。曰：人只有天理、

人欲兩途，不是天理，便是人欲。即無不屬天理又不屬人欲底一節。且如「坐如尸」是天理，跛倚是人欲。克去跛倚而未能如尸，即是克得未盡；却不是未能如尸之時，不係人欲也。須是立箇界限，將那未能復禮時底都把做人欲斷定。先生又曰：禮是自家本有底，所以説箇「復」，不是待克了己，方去復禮。克得那一分人欲去，便復得這一分天理來；克得那二分己去，便復得這二分禮來。且如箕踞非禮，自家克去箕踞，稍稍端坐，雖未能「如尸」，便復得這些箇來。又問：如磨昏鏡相似，磨得一分塵埃去，復得一分明。曰：便是如此。❶然而世間却有能克己而不能復禮者，佛、老是也。佛、老不可謂之有私欲。只是他元無這禮，克己私了，却空蕩蕩地。他是見得這理元不是當。克己了，無歸着處。又問：所以喚做禮，而不謂之理者，莫是禮便是實了，有準則、有着實處？曰：只説理，却空去了。這箇禮，是那天理節文，教人有準則處。佛、老只爲元無這禮，克來克去，空了。只如曾點見處，便見這意思。又問：曾點見得了，若能如顔子實做工夫去，如何？曰：曾點與顔子見處不同：曾點只是見他精英底，却不見那粗底。顔子天資高，精粗、本末一時見得透了，便知得道合恁地下學上達去。只是被他一時見透，所以恁做將去。曾點但只見得這向上底道理，所以胸中自在受用處從容。因問：曾點資質，莫是與顔子相反？曰：不是與顔子相反，却與曾參相反。他父子間爲學大不同。曾

❶「曰」，萬曆本作「白」，則當屬上。

參是逐些子捱將去，❶曾點是只見得向上底了，便不肯做。又問：子路若達「爲國以禮」道理，如何便是這氣象？曰：若達時，事事都見得是自然底天理。既是天理，無許多費力生受。又問：子路就使達得，却只是事爲之末，如何比得這箇？曰：理會得這道理，雖事爲之末，亦是道理。「暮春者，春服既成」，何嘗不是事爲來。又問：三子皆事爲之末，何故子路達得便是這氣象？曰：子路才氣去得，他雖粗暴些，纔理會這道理，便就這箇「比及三年，可使有勇且知方」上面，却是這箇氣象。求、赤二子雖似謹細，却只是安排來底，又更是他才氣小了。子路是甚麼樣才氣！先生又曰：曾點之學，無聖人爲之依歸，便是佛、老去。如琴張、曾晳，❷已做出這般事來。又曰：其克己，往往吾儒之所不及，但只他無那禮可復。晏再舉「未能至於復禮以前，皆是己私未盡克去」。曰：這是旋克將去。晏因説：夜來説「浴乎沂」等數句，意在言外。本爲見得此數句，只是見得曾點受用自在處，却不曾見得曾點見那道理處。須當分明先從這數句上體究出曾點所以如此灑落，因箇甚麼。曰：這數句，只是見得曾點從容自在處，見得道理處却不在此，然而却當就這看出來。又曰：只爲三子見得低了，曾點恁地説出來，夫子所以與之。然而終不似説顏子時，説他只説是狂者，正爲只見得如此，做來却不恁地。又曰：「爲國以禮」之「禮」，却不只是繁文末節。晏問：莫便是那「克己復禮」之「禮」？曰：禮是那

❶「捱」，萬曆本作「推」。
❷「晳」，朝鮮本作「點」。

天地自然之理。理會得時，繁文末節皆在其中。「禮儀三百，威儀三千」，却只是這箇道理。千條萬緒，貫通來只是一箇道理。夫子所以説「吾道一以貫之」，曾子曰「忠恕而已矣」是也。蓋爲道理出來處，只是一源。散見事物，都是一箇物事做出底。一草一木，與他夏葛冬裘，渴飲飢食，君臣、父子，禮樂、器數，都是天理流行，活潑潑地，那一件不是天理中出來！見得透徹後，都是天理。理會不得，則一事各自是一事，一物各自是一物，草木各自是草木，不干自己事。倒是莊、老有這般説話。莊子云：「言而足，則終日言而盡道；言而不足，則終日言而盡物。」晏因問：這「禮」字恁地重看？曰：只是這箇道理，有説得開朗底，有説得細密底。「復禮」之「禮」，説得較細密。「博文、約禮」，「知崇、禮卑」，「禮」字都説得細密。知崇，是見得開朗；禮卑，是要確守得底。又曰：早間與亞夫説得那「克己復禮」，是克己便是復禮，不是克己了，方待復禮，不是做兩截工夫。就這裏克將去，這上面便復得來。明道説那「克己則私心去，自能復禮；雖不學禮文，而禮意已得」。這箇説得不相似。又曰：「克己復禮」，是合掌説底。植。

孔子告顔淵，只説「克己復禮」，若是克得己，復得禮，便自見仁分曉。如往長安，元不曾説與長安有甚物事如何。但向説向西去，少間他到長安，自見得。夔孫。

因論「克己復禮」，洽歎曰：爲學之艱，未有如私欲之難克也！先生曰：有奈他不何時，有與他做一片時。洽。○謙之録云：有言私欲難去。曰：難。有時忘了他，有時便與人爲一片了！

非禮即己，克己便復禮。「克己復禮」，便是仁。「天下歸仁」，天下以仁歸之。閎祖。

問：「克己復禮」即仁乎？曰：「克己復禮」當下便是仁，非復禮之外別有仁也。此間不容髮。無私便是仁，所以謂「一日克己復禮，天下歸仁」。若真箇一日打併得浄潔，便是仁。如昨日病，今日愈，便是不病。伯羽。

一日「克己復禮」，則一日「天下歸仁」；二日「克己復禮」，則二日「天下歸仁」。夔孫。

或問「天下歸仁」。曰：「一日克己復禮」，使天下於此皆稱其仁。又問：一日之間，安能如此？曰：非是一日便能如此，只是有此理。節。

或問：「一日克己復禮」，天下何故以仁與之？曰：今一日克己復禮，天下人來點檢他，一日内都是仁底事，則天下都以仁與之；一月能克己復禮，天下人來點檢他，一月内都無不仁底事，則一月以仁與之。若今日如此，明日不如此，便不會以仁與之也。銖。

問：「一日克己」，「天下歸仁」。若是聖人，固無可克；其餘則雖是大賢，亦須著工夫。如何一日之間便能如此？雖顏子亦須從事於「四勿」。曰：若是果能「克己復禮」了，自然能如此。吕氏曰：「一日有是心，則一日有是德。」廣。

因問「一日克己復禮」，曰：吕氏説得兩句最好，云「一日有是心，則一日有是德」。蓋一日真箇能「克己復禮」，則天下之人須道我這箇是仁，始得。若一日之内事事皆仁，安得天下不以仁歸之！雉。○祖道録云：事事皆仁，故曰「天下歸仁」。

一日存此心，則一日有此德。「一日克己復禮，天下歸仁」，不是恁地略用工夫，便一日自能如此，須是積工夫到這裏。若道是「一日克己復禮」，天下便一向歸其仁，也不得。若「一日克己復禮」，則天下歸其仁；明日若不「克己復禮」，天下又不歸仁。賀孫。

問：「天下歸仁」，先生言一日能「克己復禮」，天下皆以仁之名歸之，與前説不同，何也？曰：所以「克己復禮」者，是先有爲仁之實，而後人以仁之名歸之也。卓。

問：「一日克己復禮」，如何使天下便能歸仁？曰：若真能「一日克己復禮」，則天下有歸仁之理。這處亦如「在家無怨，在邦無怨」意思。「在家無怨」，一家歸其仁；「在邦無怨」，一邦歸其仁。就仲弓告，止於邦家。顔子體段如此，便以其極處告之。又曰：歸，猶歸重之意。寓。

問「克己復禮爲仁」。曰：克去己私，復此天理，便是仁。只「克己復禮」，如以刀割物。刀是自己刀，就此便割物，不須更借別人刀也。「天下歸仁」，天下之人以仁稱之也。解釋經義，須是實歷其事，方見着實。如説「反身而誠，樂莫大焉」，所謂誠者，必須實能盡得此理。仁、義、禮、智，無一些欠闕他底，如何不樂！既無實得，樂自何而生？天下歸仁之義，亦類此。既能「克己復禮」，豈更有人以不仁見稱之理？謨。

或問「『克己復禮』，則事事皆仁」。曰：人能克己，則日間所行，事事皆無私意而合天理耳。

問：顔淵問仁，孔子對以「克己復禮」。顔淵請問其目，則對以「非禮勿視、聽、言、動」。看得用力只在「勿」字上。曰：亦須是要睹當得是禮與非禮。文蔚。

「非禮勿視」，《説文》謂「勿」字似旗脚。此旗一麾，三軍盡退，工夫只在「勿」字上。纔見非禮來，則以「勿」字禁止之；纔禁止，便克己；纔克去，便能復禮。又云：顔子力量大，聖人便就他一刀截斷。若仲弓，則是閉門自守，不放賊入來底，然敬恕上更好做工夫。明作。

或問「非禮勿視、聽、言、動」。曰：目不視邪色，耳不聽淫聲，如此類工夫却易。「視遠惟明」，才不遠，便是不明；「聽德惟聰」，才非德，便是不聰，如此類工夫却難。視、聽、言、動，但有些箇不循道理處，便是非禮。

非禮勿視、勿聽，「姦聲亂色，不留聰明；淫樂慝禮，❶不接心術」。非是耳無所聞，目無所視。寓。

元翰問：「非禮勿視、聽、言、動」，看來都在視上。曰：不專在視上，然聽亦自不好。只緣先有視、聽，便引惹得言、動，所以先説視、聽，後説言、動。佛家所謂視、聽，甚無道理。且謂物雖現前，❷我元不曾視，與我自不相干。如此，却是將眼光逐流入鬧可也。聽亦然。天下豈有此理！ 坐間舉佛書亦有克己底説話。先生曰：所以不可行者，却無「復禮」一段事。既克己，若不復禮，如何得？ 東坡説「思無邪」，有數語極好。他説：「纔有思，便有邪；無思時，又只如死灰。」却要得無思時不如死灰，有思時却不邪。明作。

❶「慝」，原作「忒」，今據萬曆本及《禮記·樂記》原文改。
❷「現」，原作「視」，今據朝鮮本改。

敬之問：上面「克己復禮」，是要克盡己私；下面「四勿」，是嚴立禁制，使之用力。曰：此一章，聖人説只是要他「克己復禮」。「一日克己復禮」，則「天下歸仁」，是言「克己復禮」之效。「爲仁由己，而由人乎哉」，是言「克己復禮」工夫專在我而不在人。❶下面「請問其目」，則是顔子更欲聖人詳言之耳。蓋「非禮勿視」，便是要在視上「克己復禮」；「非禮勿聽」，是要在聽上「克己復禮」；「非禮勿言」，是要在言上「克己復禮」；「非禮勿動」，是要在動上「克己復禮」。前後反復，只説這四箇字。若如公説，却是把做兩截意思看了！時舉。

問：顔淵問仁，子曰「非禮勿視、聽、言、動」。嘗見南軒云：「『勿』字雖是禁止之辭，然中須要有主宰，始得。不然，則將見禁止於西，而生於東；禁止於此，而發於彼，蓋有力不暇給者矣。主宰云何？敬而已矣。」先生曰：不須更添字，又是兩沓了。先生問祖道曰：公見南軒如何？曰：初學小生，何足以窺大賢君子！曰：試一言之。曰：南軒大本完具，資禀粹然，却恐玩索處更欠精密。曰：未可如此議之。某嘗論「未發之謂『中』」字，以爲在中之義，南軒深以爲不然。及某再書論之，書未至，而南軒遺書來，以爲是。南軒見識純粹，踐行誠實，使人望而敬畏之，某不及也。祖道。

問：顔淵，孔子未告以「克己復禮」，當如何用工夫？曰：如「博我以文，約我以禮」等，可見。又問。云云。曰：只消就「克己復禮」上理會便了，只管如此説甚麽！

❶「專」，萬曆本作「處」。

賀孫。

問：《論語》顔淵問仁，與問爲邦，必竟先是問仁，先是問爲邦？曰：看他自是有這「克己復禮」底工夫後，方做得那四代禮樂底事業。卓。

顔子聞「克己復禮」，又問其目，直是詳審。曾子一「唯」悟道，直是直截。如何？曰：顔子資質固高於曾子。顔子問目却是初學時，曾子一「唯」，年老成熟時也。謨。

人須會問始得。砥録作：爲學須善問。聖門顔子也是會問。他問仁，曰：「克己復禮爲仁。」聖人恁地答他。若今人到這裏，須問如何謂之克己，如何謂之復禮。顔子但言請問其目，到聖人答他「非禮勿視，非禮勿聽，非禮勿言，非禮勿動」，他更不再問非禮是如何，勿視是如何，勿聽是如何，勿言、勿動又是如何，但言「回雖不敏，請事斯語矣」。這是箇答問底樣子。到司馬牛問得便乖。聖人答他問仁處，他說：「『其言也訒』，斯謂之仁已乎？」他心都向外去，未必將來做切己工夫，所以問得如此。又謂「不憂不懼」，斯謂之君子已乎？」恰似要與聖人相拗底說話。砥録云：却不向裏思量，只管問出外來。正明道所謂「塔前說塔」也。這處亦是箇不會問樣子。寓。

孔門弟子如「仁」字、「義」字之說，已各各自曉得文義。但看答問中不曾問道如何是仁，只問如何行仁；夫子答之，亦不曾說如何是仁，只說道如何可以至仁。如顔子之問，孔子答以「克己復禮」；仲弓之問，孔子答以「出門如見大賓，使民如承大祭，己所不欲，勿施於人」；司馬牛之問，孔子答以「仁者其言也訒」；樊遲之問，孔子答以「居處恭，執事敬，與人忠」。想是「仁」字都自解理會得，但要如何做。賀孫。

國秀問：聖人言仁處，如「克己復禮」一句，最是言得仁之全體否？曰：聖人告人，如「居處恭，執事敬，與人忠」之類，無非言仁。若見得時，則何處不是全體？何嘗見有半體底仁？但「克己復禮」一句，却尤親切。時舉。

曹問：「一日克己復禮」，便是仁否？曰：今日「克己復禮」，是今日事；明日「克己復禮」，是明日事。「克己復禮」有幾多工夫在，須日日用工。聖人告顏淵如此，告仲弓如此，告樊遲，又曰：「居處恭，執事敬，與人忠。」各隨人說出來，須着究竟。然大概則一聖人之意，千頭萬緒，終歸一理。

林正卿問：夫子答顏淵「克己復禮爲仁」之問，說得細密。若其他弟子問，多是大綱說，如語仲弓以「己所不欲，勿施於人」之類。先生大不然之，曰：以某觀之，夫子答群弟子却是細密，答顏子者却是大綱。蓋顏子純粹，無許多病痛，所以大綱告之。至於「請問其目」，答以「四勿」，亦是大綱說。使答其他弟子者如此，必無入頭處。如答司馬牛以「其言也訒」，是隨其病處使之做工夫。若能訒言，即牛之「克己復禮」也。至於答樊遲、答仲弓之類，由其言以行之，皆「克己復禮」之功也。人傑。

或問：仁之全體，在克己上？曰：若論全體，是處可見。且如「其言也訒」，若於此理會得透徹，亦見得全體。須是知得那親切處。如「求生以害仁，殺身以成仁」，須理會得害箇甚麼，成箇甚麼。趙師夏云：莫只要不失這道理，而滿足此心？先生曰：如「求生以害仁」，言身雖生，已是傷壞了這箇心；「殺身以成仁」，身雖死，這箇心却自完全得在。

孔子告顔子以「克己復禮」，語雖切，看見不似告樊遲。「居處恭，執事敬，與人忠」更詳細。蓋爲樊遲未會見得箇己是甚，禮是甚，只分曉説教恁地做去。顔子便理會得，只未敢便領略，却問其目。待説得上下周匝了，方承當去。賀孫。

子壽言：孔子答群弟子所問，隨其材答之，不使聞其不能行之説，故所成就多。如「克己復禮爲仁」，唯以分付與顔子，其餘弟子不得與聞也。今教學者，説着便令「克己復禮」，幾乎以顔子望之矣！今釋子接人，猶能分上、中、下三根，云「我則隨其根器接之」。吾輩却無這箇。先生曰：此説固是。如克己之説，却緣衆人皆有此病，須克之乃可進；使肯相從，却不誤他錯行了路。今若教他釋子輩來相問，吾人使之「克己復禮」，他還相從否？子壽云：他不從矣。曰：然則彼所謂根器接人者，又如何見得是與不是？解后却錯了，不可知。大雅。

或問顔子「克己復禮」。曰：公且未要理會顔子如何「克己復禮」，且要理會自家身己如何須着「克己復禮」。這也有時須曾思量到這裏，顔子如何若死要「克己復禮」？自家如何不要「克己復禮」？如今説時，也自説得儘通，只是不曾關自家事。也有被別人只管説，説來説去，無奈何去克己，少間又忘了。這裏須思量顔子如何心肯意肯要「克己復禮」，自家因何不心肯意肯去「克己復禮」。這處須有病根，先要理會這路頭，方好理會所以克之之方。須是識得這病處，須是見得些小功名利達真箇是輕，「克己復禮」事真箇是重，真箇是不恁地不得。

梁謙問「克己復禮」。曰：莫問顏子當時却不解做别事，只恁地「克己復禮」作甚？顏子聞一知十，又不是箇不聰明底人。而今須是獨自做工夫，説要自家己身上説。顏子見得。便如上蔡聞程先生之言，自然面赤汗流。却是見得他從前不是處，而今却能遷善改過，這箇便是透處。卓。

問：「一日克己復禮，天下歸仁。」向來徐誠叟説，此是克己工夫積習有素，到得一日果能「克己復禮」，然後「天下歸仁」。如何？曰：不必如此説，只是一日用其力之意。問：有人一日之中「克己復禮」，安得天下便歸仁？曰：只爲不曾「克己復禮」。「一日克己復禮」，即便有一日之仁。顏子「三月不違仁」，只是「拳拳服膺而弗失」。「惟聖罔念作狂，惟狂克念作聖」。今日克念，即可作聖；明日罔念，即爲狂矣。曰：到顏子地位，其德已成，恐不如此。曰：顏子亦只是「有不善未嘗不知，知之未嘗復行」。除是夫子「七十而從心所欲，不踰矩」，方可説此。德明。

問：顏子已是知非禮人，如何聖人更恁地向他説？曰：也只得恁地做。榦。

黄達才問：顏子如何尚要克己？先生厲聲曰：公而今去何處勘驗他不用克己！既是夫子與他説時，便是他要這箇工夫，却如何硬道他不用克己！這只是公那象山先生好恁地説道，「顏子不似他人樣有偏處要克，只是心有所思，便不是了」。嘗見他與某人一書説道：「才是要克己時，便不是了。」這正是禪家之説，如杲老説「不可説，不可思」之類。他説到那險處時，又却不說破，却又將那虛處說起來。如某所說克己，便是說外障；如他說，是說裏障。他所以嫌某時，只緣是某捉着他緊處。別人不曉禪，便被他謾；某却曉得禪，所以被某看破了。夫子分明說「非禮勿視，非禮勿聽，非禮勿言，非禮勿動」。顔子分明是「請事斯語」，却如何恁地說得？又問：上蔡「先從偏處克將去」，其說如何？曰：也不特恁地。夫子說非禮勿視、聽、言、動，便盡包得了。如偏底固是要克，也有不偏而事爲有不穩當底，也當克。且如偏於嚴，克而就寬，那寬中又有多少不好處要克。今看顔子說：「夫子循循然善誘人，博我以文，約我以禮。」便是也要博文。博文又是前一段事。博文須是窮究得箇事理都明，方解去「克己復禮」。若不博文，則自家行得是與不是，皆不知。所以《大學》先要致知、格物，方去正心、誠意。「博學之，審問之，慎思之，明辨之，篤行之」，前面四項，只是理會這物事；理會得後，方去行。今若不博文，只要撮箇尖底，也不解說得親切，也只是大概綽得，終不的當。又問「天下歸仁」。曰：只是天下稱其仁。而今若能「克己復禮」，天下自是稱他是仁人，這也不須理會，只去理會那頭一件。如喫飯相似，只管喫，自解飽；若不去喫，只想箇飽，也無益。義剛。

問：「天下歸仁」，《集注》云：「歸，猶與也。」謂天下皆與其仁。後面却載伊川語「天下歸仁，謂事事皆仁」，恰似兩般，如何？曰：爲其「事事皆仁」，所以「天下歸仁」。文蔚。《集注》。

問：「克己復禮爲仁」，這「爲」字，便與子路「爲仁」之「爲」字同否？曰：然。又問：程先生云：「須是克盡己私，皆歸於禮，方始是仁。」恐「是仁」字與「爲仁」字意不相似。曰：克去那箇，便是這箇。蓋克去己私，便是天理，「克己復禮」所以爲仁也。仁是地頭，「克己復禮」是工夫，所以到那地頭底。又問「天下歸仁」。曰：自家既事事是仁，則天下之人見自家事事合仁，亦皆曰是仁。若自家設有一事未是仁，有一箇人來說不是仁時，便是天下不曾皆與以仁在。又問：孔子答問仁之說甚多，惟此說「克己復禮」恐是僩録作「說得」。仁之全體。曰：只見得破，做得徹，都是全體。若見不破，做不徹時，便是「克己復禮」，也是閑說。僩録云：若真見得，則孔子所答無非是全體；若見不得，雖是「克己復禮」，也只没理會。〇燾。

問：程先生云：「克己復禮，則事事皆仁，故曰天下歸仁。」如何？曰：不若他更有一說云：「一日克己復禮，則天下稱其仁」爲是。大雅。

問：程子曰：「事事皆仁，故曰『天下歸仁』。」一日之間，如何得事事皆仁？曰：「一日克己復禮」了，雖無一事，亦不害其爲「事事皆仁」；雖不見一人，亦不害其爲「天下歸仁」。植。

聖人說話甚實，不作今人談空。故伊川說「天下歸仁」，只作天下之人以仁與之。此是微言，惟顔子足以當之。浩。

問：謝氏說：「克己，須從性偏難克處克將去。」此性是氣質之性否？曰：然。然亦無難易。凡氣質之偏處，皆須從頭克去。謝氏恐人只克得裏面小小不好底氣質，而忘其難者，故云然。僩。

問「勿者，勝私復禮之機」。曰：主在「勿」字上。纔覺非禮意思萌作，便提却這

「勿」字，一刀兩段，己私便可去。私去，則能復禮而仁矣。都是自用着力，使他人不着，故曰「爲仁由己，而由人乎哉」？或問：顔子地位，有甚非禮處？何待下此「四勿」功夫？曰：只心術間微有些子非禮處，也須用浄盡截斷了。他力量大，聖人便教他索性克去。譬如賊來，顔子是進步與之厮殺。教仲弓以敬恕，是教他堅壁清野，截斷路頭，不教賊來。銖因問：「『克己復禮』，乾道也；主敬行恕，坤道也。」乾道是健决意，坤道是確守意？曰：顔子是近前與他一刀兩斷；仲弓是一面自守，久而賊自遁去。此亦只是一箇道理。聖人教人，因其資之高下，故不同。要之，用功成德則一耳。先生因曰：今人只争箇「勿」字。常記胡侍郎云：「我與顔子只争一箇『勿』字。顔子非禮便勿視，我非禮亦視，所以不及顔子。」因舉《説文》云，「勿」字勢似旗。旗是揮止禁約之物，❶勿者，欲人揮止禁約其私欲也。銖。

問伊川《四箴》。曰：這箇須着子細去玩味。因言：工夫也只恁地做將去，也别無道理拘迫得他。譬如做酒，只是用許多麯，時日到時，便自迸酒出來。凡看文字，只要「温故知新」。只温箇故底，便新意自出。若捨了故底，别要討箇新意，便不得也。時舉。

「由乎中而應乎外」，這是勢之自然；「制於外所以養其中」，這是自家做工夫處。道夫。

「由乎中而應乎外，制於外所以養其中。」上句是説視、聽、言、動皆由中出，㽦録

❶「約」，萬曆本作「止」。

作：自此心形見。下句是用功處。㽦録作：❶即是克己工夫。問：須是識别得如何是禮，如何是非禮？曰：固是用分别得。然緊要在「勿」字上，不可放過。閎祖。㽦略。

讀伯豐《克己復禮爲仁説》，曰：只克己，便是復禮。「克己復禮」，便似「著誠去僞」之類。蓋己私既克，無非天理，便是禮。大凡才有些私意，便非禮。若截爲兩段，中間便有空闕處。必大録此云：「著誠去僞」，不彼即此。非克己之後，中間又空一節，須用復禮也。伊川説「由乎中而應乎外」，是説視、聽、言、動四者皆由此心；「制乎外所以養其中」，却是就視、聽、言、動上克去己私做工夫。必大録此云：上句言其理，下句是工夫。如尹彦明書《四箴》，却云：「由乎中所以應乎外。」某向見傳本，上句初無「所以」字。㽦。

先生顧炎曰：程子曰「制於外所以養其中」，這一句好看。炎。

直卿問：「制於外所以養其中」，此是説仁之體而不及用？曰：「制於外」，便是用。又曰：視、聽自外入，言、動自内出，聖人言語緊密如此。聖人於顔子、仲弓都是就綱領上説，其他則是就各人身上説。道夫。

問：「由乎中而應乎外，制於外所以養其中。」克己工夫從内面做去，❷反説「制於外」，如何？曰：制却在内。又問：《視箴》何以特説心？《聽箴》何以特説性？曰：互換説也得。然諺云：「開眼便錯。」視所以就心上説。「人有秉彝，本乎天性。」道理本自好在這裏，却因雜得外面言語來誘化，聽所以就理上説。植。

❶「㽦」字，原爲空格，今據萬曆本補。
❷「面」，原作「而」，今據萬曆本改。

「操之有要，視爲之則」，只是人之視、聽、言、動，視最在先，爲操心之準則。此兩句未是不好。至「蔽交於前」，方有非禮而視；故「制之於外，以安其内」，則克己而復禮也。如是工夫無間斷，則久而自從容不勉矣，故曰「久而誠矣」。端蒙。

或問：非禮勿視、聽、言、動，程子以爲「制之於外，以安其内」，却是與「克伐怨欲不行」底相似。曰：克己工夫，其初如何便得會自然？也須着禁制始得。到養得熟後，便私意自漸漸消磨去矣。今人須要揀易底做，却不知若不自難處入，如何得到易處。所謂「非禮勿」者，只要勿爲耳。眼前道理，善惡是非，阿誰不知？只是自冒然去做。若於眼前底識得分明，既不肯去做，便却旋旋見得細密底道理。蓋天下事有似是而實非者，亦有似非而實是者，這處要得講究。若不從眼前明白底做將來，這箇道理又如何得會自見。時舉。

李問：伊川云：「制乎外以安其内。」顔子心齋坐忘都無私意，似更不必制於外。曰：顔子若便恁地，聖人又何必向他説「克己復禮」！便是他也更有些私意。莫把聖人令做一箇人看，便只是這樣人。「如有周公之才之美，使驕且吝」，若驕吝，便不是周公。「惟聖罔念作狂」。若使堯、舜爲桀、紂之行，便狂去，便是桀、紂！賀孫。

問《四箴》。曰：視是將這裏底引出去，所以云「以安其内」；聽是聽得外面底來，所以云「閑邪存誠」。又問：四者還有次第否？曰：視爲先，聽次之。又曰：「哲人知幾，誠之於思」，此是動之於心；「志士勵行，守之於爲」，此是動之於身。雉。

問：《聽箴》「人有秉彝」，云云。前面亦

大概說。至後兩句言「閑邪存誠，非禮勿聽」，不知可以改「聽」字作《視箴》用得否？曰：看他《視箴》說又較力。視最在先，開眼便是，所以說得力。❶ 至於聽處，却又較輕也。寓。

問：「知誘物化，遂忘其正」，這箇「知」是如何？曰：《樂記》云：「人生而静，天之性也；感於物而動，性之欲也。物至知知，然後好惡形焉。好惡無節於内，知誘於外，不能反躬，天理滅矣！」人莫不有知，知者，所當有也。物至，則知足以知之而有好惡，這是自然如此。到得「好惡無節於内，知誘於外」，方始不好去。賀孫。

賀孫說「顔淵問仁」章《集注》之意。曰：如此只就上面說，又須自家肚裏實理會得，始得。固是說道不依此說，去外面生意不可。若只誦其文，而自不實曉認得其意，亦不可。又曰：且依許多說話，常常諷詠，下稍自有得。又曰：《四箴》意思都該括得盡。四箇箴，有說多底，有說少底，多底減不得，少底添不得。如《言箴》說許多，也是人口上有許多病痛？從頭起，至「吉凶榮辱，惟其所召」，是就身上謹；「傷易則誕」，至「出悖來違」，是當謹於接物間，都說得周備。「哲人知幾，誠之於思；志士勵行，守之於爲。」這說兩般人：哲人只於思量間，便見得合做與不合做；志士便於做出了，方見得。雖則是有兩樣，大抵都是順理便安裕，從欲便危險。《集注》所録，都說得意思盡了，此外亦無可說。只是須要自實下工夫，實見是如何。看這意思，都克去

❶「力」，萬曆本作「乃」，則當屬下。

己私。❶無非禮之視，無非禮之聽，無非禮之言，無非禮之動，這是甚麽氣象？這便是渾然天理，這便是仁，須識認得這意思。賀孫問：視、聽之間，或明知其不當視，而自接乎目；明知其不當聽，而自接乎耳，這將如何？曰：視與看見不同，聽與聞不同。如非禮之色，若過目便過了，只自家不可有要視之之心；非禮之聲，若入耳也過了，只自家不可有要聽之之心。然這般所在也難。古人於這處，亦有以禦之。如云：「姦聲亂色，不留聰明；淫樂慝禮，不接心術。」賀孫。

問：承誨，《言箴》自「人心之動，因言以宣」至「吉凶榮辱，惟其所召」，是謹諸己；以下是説接物許多病痛？曰：上四句是就身上最緊物處，須是不躁妄，方始静專。纔不静專，自家這心自做主不成，如何去接物？下云「矧是樞機，興戎出好」四句，都是説謹言底道理。下四句却説四項病：「傷易則誕，傷煩則支，己肆則物忤，出悖則來違。」賀孫問：如今所以難克，也是習於私欲之深。今雖知義理，而舊所好樂，未免沉伏於方寸之間，所以外物纔誘，裏面便爲之動，所以要緊只在「克」字上。克者，勝也。日用之間，只要勝得他。天理纔勝，私欲便消；私欲纔長，天理便被遮了。要緊最是勝得去，始得。曰：固是如此。如權衡之設，若不低便昂，不昂便低。凡天地陰陽之消長，日月之盈縮，莫不皆然。又云：這「克己復禮」，事體極大。非顔子之聰明剛健，不足以擔當，故獨以告顔子。若其他所言，如「出門如見大賓，使民如承大

❶「克」，萬曆本作「説」。

祭」，如「仁者其言也訒」，又如「居處恭，執事敬」，都是克己事，都是爲仁事。但且就一事説。然做得工夫到，也一般。問「仲弓問仁」一章。曰：看聖人言，只三四句，便説得極謹密。説「出門如見大賓，使民如承大祭」，下面便又説「己所不欲，勿施於人」，都無些闕處。尋常人説話，多是只説得半截。問：看此意思，則體、用兼備。曰：是如此。自家身己上常是持守，到接物又如此，則日用之間無有間隙，私意直是何所容！可見聖人説得如此極密。問：《集注》云：「事斯語而有得，則固無己之可克矣。」此固分明。下云：「學者審己而自擇焉可也。」未審此意如何？曰：看自家資質如何。夫子告顔淵之言，非大段剛明者不足以當之。苟惟不然，❶只且就告仲弓處着力。告仲弓之言，只是淳和底人皆可守。這兩節一似《易》之《乾》，一似《易》之《坤》。聖人於《乾》，説「忠信，所以進德也；脩辭立其誠，所以居業也」，説得煞廣闊。於《坤》，只説「敬以直内，義以方外」。止緣「乾」是純剛健之德，❷「坤」是純和柔之德。又云：看《集義》聚許多説話，除程先生外，更要揀幾句在《集注》裏，都拈不起。看諸公説，除是上蔡説得猶似。如游、楊説，直看不得！賀孫。

問：「哲人知幾，誠之於思；志士勵行，守之於爲」，此是兩般人否？曰：非也。只是「誠之於思」底，却覺得速；「守之於爲」者，及其形於事爲，早是見得遲了。此却是覺得有遲速，不可道有兩般，却兩脚做

❶「惟」，萬曆本作「爲」。
❷「止」，萬曆本作「只」。

功夫去。端蒙。

尹叔問：「哲人知幾，誠之於思；志士勵行，守之於爲」，四句莫有優劣否？曰：寓録云：只是兩項。思是動之微，爲是動之著。這箇是該動之精粗。爲處動，思處亦動；思是動於内，爲是動於外。蓋思於内，不可不誠；爲於外，不可不守。然專誠於思，而不守於爲，不可；專守於爲，而不誠於思，亦不可。又曰：看文字須是得箇骨子。諸公且道這《動箴》那句是緊要？道夫云：「順理則裕」，莫是緊要否？曰：更連「從欲則危」，兩句都是。這是生死路頭！又曰：四者惟視爲切，所以先言視；而《視箴》之説，尤重於聽也。道夫。

程子曰：「人能克己，則仰不愧，俯不怍，心廣體胖，其樂可知。有息，則餒矣。」如今見得直如此説得好！儒用。○閎祖録云：此説極有味。○《集義》。

問：「克己復禮」章，《外書》有曰：「不能克己，是爲楊氏之爲我；不能復禮，是爲墨氏之兼愛。故曰：『親親而仁民，仁民而愛物。』」曰：「克己復禮」，只是一事。《外書》所載，殊覺支離，此必記録之誤。向來所以別爲一編，而目之曰「外書」者，蓋多類此故也。伊川嘗曰：「非禮處，便是私意。既是私意，如何得仁？須是克盡己私，皆歸於禮，方始是仁。」此説最爲的確。謨。

正淳問：程子曰：「禮，即理也。不是天理，便是人欲。」尹氏曰：「禮者，理也。去人欲，則復天理。」《或問》不取尹説，以爲失程子之意，何也？曰：某之意，不欲其只説復理而不説「禮」字。蓋説復禮，即説得着實；若説作理，則懸空，是箇甚物事？如謝氏曰：「以我視，以我聽，以我言，以我動。」夫子分明說是「非禮勿視、聽、言、動」，謝氏却以「以我」言之，此則自是謝氏之意，非夫子所以告顔淵者矣。又如游氏曰：「顔淵『事斯語』，至於『非禮勿動』，則不離於中，其誠不息而可久。」將幾箇好字總聚在此，雖無甚病，終不是本地頭話。問：游氏專說「非禮勿動」，遺却視、聽、言三事。曰：此却只是提此一語，以概其餘。又問：謝氏前篇謂「曾點胸中無一事」，此章乃云：「仁者心與事一，無一忘一助之失。」曰：「心與事一」，只是做此一事，則主在此一事，如此說亦無礙。惟其「心與事一」，故能「胸中無一事」也。必大。

聖人只說做仁，如「克己復禮爲仁」，是做得這箇模樣，便是仁。上蔡却說「知仁」、「識仁」，煞有病。節。

問「天下歸仁」。曰：只是天下以仁稱之。又問：謝說如何？曰：只是他見得如此。大抵謝與范，只管就見處，却不若行上做工夫。只管扛，扛得大，下梢直是没著處。如夫子告顔子「非禮勿視、聽、言、動」，只是行上做工夫。去僞。

「天下歸仁」，言天下皆與其仁。伊川云「稱其仁」是也。此却說得實。至楊氏以爲「天下皆在吾之度内」，則是謂見得吾仁之大如此，而天下皆囿於其中，則說得無形影。吕氏《克己銘》，如「洞然八荒，皆在我闥」之類同意。端蒙。

問：「克己復禮，天下歸仁。」南軒謂：克盡己私，天理渾然，斯爲仁矣。天下歸仁者，無一物之不體也。故《克己銘》謂「洞然八荒，皆在我闥」。近得先生《集注》却云：「『一日克己復禮』，則天下之人皆與其仁。」似與諸公之意全不相似。程子曰：「『克己復禮』，則事事皆仁，故曰：『天下歸仁。』」此意又是如何？曰：某向日也只同欽夫之説，看得來文義不然，今解却是從伊川説。孔子直是以二帝三王之事許顔子。此是微言，自可意會。孔子曰：「雍也，可使南面。」當其問仁，亦以「在邦無怨，在家無怨」告之。浩。

某解「顔淵問仁」章畢，先生曰：克是克去己私。己私既克，天理自復。譬如塵垢既去，則鏡自明；瓦礫既掃，則室自清。如吕與叔《克己銘》，則初未嘗説克去己私。大意只説物我對立，須用克之。如此，則只是克物，非克己也。枅。

《克己銘》不合以己與物對説。謨。

吕與叔説克己，從那己、物對處克。此説雖好，然不是夫子與顔子説底意。夫子説底，是説未與物對時。若與物對時方克他，却是自家已倒了幾多。所謂己，只是自家心上不合理底便是，不待與物對方是。又曰：吕與叔《克己銘》只説得一邊。佐。

包詳道言：克去勝心、忌心。先生曰：克己有兩義：物我亦是己，私欲亦是己。吕與叔作《克己銘》，只説得一邊。方子。

問：公便是仁否？曰：非公便是仁，盡得公道所以爲仁耳。求仁處，聖人説了：「克己復禮爲仁。」須是克盡己私，以復乎禮，方是公；公，所以能仁。問：《克己銘》：「癢痾疾痛，舉切吾身。」不知是這道理否？曰：某見前輩一項議論説忒高了，不只就身上理會，便説要與天地同其體、同其大，安有此理！如「初無吝驕，作我蟊賊」，云云。只説得克己一邊，却不説到復禮處。須先克己私，以復于禮，則爲仁。且仁譬之水，公則譬之溝渠，要流通此水，須開浚溝渠，然後水方流行也。寓。

問：《或問》深論《克己銘》之非，何也？曰：「克己」之「己」，未是對人物言，只是對「公」字説，猶曰「私」耳。吕與叔極口稱揚，遂以「己既不立，物我並觀」，則雖天下之大，莫不皆在於吾仁之中，説得來恁大，故人皆喜其快。纔不恁説，便不滿意，殊不知未是如此。道夫云：如此，則與叔之意與下文克己之目全不干涉。此自是自修之事，未是道著外面在。曰：須是恁地思之。公且道，視、聽、言、動干人甚事！又問「天下歸仁」。曰：「克己復禮」，則事事皆是，天下之人聞之見之，莫不皆與其爲仁也。又曰：有幾處被前輩説得來大，今收拾不得。謂如「君子所過者化」，本只言君子所居而人自化；「所存者神」，本只言所存主處便神妙。横渠却云：「性性爲能存神，物物爲能過化。」至上蔡便道：「唯能『所存者神』，是以『所過者化』。」此等言語，人皆爛熟，以爲必須如此説。纔不如此説，便不快意矣。道夫。

林正卿問「天下歸仁」。曰：「癢痾疾痛，舉切吾身」，只是存想「天下歸仁」。恁地，則不須克己，只坐定存想月十日，便自「天下歸仁」，豈有此理！時舉問：程先生曰：「事事皆仁，故曰天下歸仁。」是如何？曰：「事事皆仁」，所以「天下歸仁」。於這事做得恁地，於那事亦做得恁地，所以天下皆稱其仁。若有一處做得不是，必被人看破了。時舉。

林正卿問：吕與叔云：「癢痾疾痛，舉切吾身。」不知此語説「天下歸仁」如何？曰：聖人尋常不曾有這般説話。近來人被佛家説一般大話，他便做這般底話去敵他。

此「天下歸仁」，與「在邦無怨，在家無怨」一般，此兩句便是歸仁樣子。又問：怨，是人怨？己怨？曰：人怨。恪。

問：《克己銘》只説得公底意思？曰：《克己銘》不曾説着本意。楊子雲曰：「勝己之私之謂克。」「克」字本虚，如何專以「勝己之私」爲訓？「鄭伯克段于鄢」，豈亦勝己之私耶！閎祖。

上蔡説「先難」，便生受。如伊川，便説「制之於外，以安其内」，其説平。方。

「以我視，以我聽」。若以爲心先有主，則視、聽不好事亦得，大不便也。方。

「以我視，以我聽」，恐怕我也没理會。方。

游定夫有《論語要旨》。「天下歸仁」，引龐居士，云云。黄簡肅親見其手筆。閎祖。

曾天游見陳幾叟，曰：「『克己復禮』，舊曉不得。因在京師委巷中下轎涉泥看謁，方悟有箇快活處。後舉以問薛丈。薛昂，曾之外甥。薛云：『情盡性復，正是如此。』」陳曰：「又問薛丈做甚？」曾又曰：「又嘗以問游丈，亦以爲然。」陳復曰：「又更問那游丈！」蓋定夫以「克己復禮」與釋氏一般，❶只存想此道理而已。舊南本游氏《語解》中全用佛語解此一段，某已削之。若只以想像言克復，則與下截「非禮勿視」四句有何干涉？㽦。

❶「禮」，原作「復」，今據萬曆本改。

朱子語類卷第四十二計二十板

論語二十四

顔淵篇下

仲弓問仁章

文振説「仲弓問仁」，謂：上四句是主敬行恕，下兩句是以效言。曰：此六句，又須作一片看始得。若只以下兩句作效驗説，却幾乎閑了這兩句。蓋内外無怨，是箇應處，到這裏方是充足飽滿。如上章説「天下歸仁」，亦是如此。蓋天下或有一人不許以仁，便是我爲仁工夫有所未至。如此看，方見「出門」、「使民」兩句綴箇「己所不欲，勿施於人」兩句，這兩句又便綴着箇「無怨」兩句，上下貫通，都無虧欠，方始見得告顔淵、仲弓問仁規模。只依此做工夫，更不容别閑用心矣。時舉。○植同。

「己所不欲，勿施於人」，緊接着那「出門」、「使民」；「在邦無怨，在家無怨」，緊接着那「己所不欲，勿施於人」。直到這裏，道理方透徹。似一片水流注出來，到這裏方住，中間也間斷不得。效驗到這處，方是做得透徹，充足飽滿，極道體之全而無虧欠。外内間纔有一人怨它，便是未徹。便如「天下歸仁」底，纔有一箇不歸仁，便是有未到處。又云：内外無怨，便是應處。如《關雎》之仁，則有《麟趾》之應；《鵲巢》之仁，則有《騶虞》之應。問仁者甚多，只答顔子、仲弓底,說得來大。又曰:顔子天資明,便能於幾微之間,斷制得天理、人欲了。植。

或問「推己及物之謂恕」。曰:「推己及物」,便是「己所不欲,勿施於人」,然工夫却在前面。「出門如見大賓,使民如承大祭」,須是先主於敬,然後能行其恕。或問:未「出門」、「使民」之前,更有工夫否?曰:未「出門」、「使民」之時,只是如此。惟是到「出門」、「使民」時易得走失,故愈着用力也。時舉。

問:「己所不欲,勿施於人」,如己欲爲君子,則欲人皆爲君子;己不欲爲小人,則亦不欲人爲小人。曰:此兩句亦是大綱說。如富壽康寧,人之所欲;死亡貧苦,人之所惡。所欲者必以同於人,所惡者不以加於人。必大。

先生自唐石歸,曰:路上有人問:「『己所不欲,勿施於人』,是恕。如以刑罰加人,豈其人之所欲!便是不恕,始得。」且說如何?衆人各以意對。先生曰:皆未分明。伊川云:「『恕』字,須兼『忠』字說。」此說方是。蓋忠是盡己也,❶盡己而後爲恕。以刑罰加人,其人實有罪,其心亦自以爲當然,故以刑加之,而非强之以所不欲也。其不欲被刑者,乃其外面之私心。若其真心,既已犯罪,亦自知其當刑矣。今人只爲不理會忠,而徒爲恕,其弊只是姑息。張子韶《中庸》有云:「聖人因己之難克,而知天下皆可恕之人。」即此論也。今人只爲不能盡己,故謂人亦只消如此,所以泛然亦不責人,遂至於彼此皆自恕而已。璘。○可學録:云云。如刑人、殺人之事,己亦不欲,到其時爲之則傷恕,如

❶「蓋」,萬曆本作「盡」。

何？可學云：但觀其事之當理，則不欲變爲欲。曰：設如人自犯罪，至於死。到刑時，其心欲否？諸友皆無以答。曰：此當合「忠」字看。忠者，盡己之謂。若看得己實有是罪，則外雖不欲，而亦知其當罪。到此，則「不欲」字使不着。若不看「忠」字，只用一「恕」字，則似此等事放不過，必流而爲姑息。張子韶解《中庸》云：「以己之難克，而知天下皆可恕之人。」因我不會做，皆使天下之人不做，如此則相爲懈怠而已。此言最害理！

問：在家、在邦之怨，是屬己？屬人？曰：如何說得做在己之怨！聖人言語，只要平看。儒者緣要切己，故在外者，多拽入來做内說；在身上者，又拽來就心上說。必大。

問「在家無怨，在邦無怨」。曰：此以效驗言。若是主敬行恕，而在家、在邦皆不能無怨，則所謂「敬恕」者未是敬恕。問：怨，有是有非，如何都得他無怨？曰：此且說怨得是底，未說到不是底。雉。

問：「在邦無怨，在家無怨」，或以爲其怨在己，或以爲其怨在人。曰：若以爲己自無怨，却有甚義理？此言能以敬爲主而行之恕，則人自不怨也。人不我怨，此仁之效。如孔子告顏淵「克己」，則言「天下歸仁」；告仲弓以「己所不欲，勿施於人」，則言「在邦無怨，在家無怨」。此皆以效言，特其效有小大之異耳。去僞。

希遜問夫子答顏子、仲弓「問仁」之異。曰：此是各就它資質上說。然持敬行恕，便自能克己；克己，便自能持敬行恕，亦不必大段分別。時舉。○以下通論二章。

曰：「克己復禮」，是剛健勇決，一上便做了。若所以告仲弓者，是教他平穩做去，慢慢地消磨了。譬如服藥，克己者，要一服便見效；敬恕者，漸漸服藥，磨去其病也。人傑。

持敬行恕，雖不曾着力去「克己復禮」，然却與「克己復禮」只一般。蓋若是把這箇養來養去，那私意自是着不得。「出門如見大賓，使民如承大祭」時，也着那私意不得；「己所不欲，勿施於人」時，也着那私意不得。義剛。

問：克己工夫與主敬行恕如何？曰：「克己復禮」，是截然分別箇天理、人欲，是則行之，非則去之。敬恕，則猶是保養在這裏，未能保它無人欲在。若將來保養得至，亦全是天理矣。「克己復禮」，如撥亂反正；主敬行恕，如持盈守成，二者自有優劣。雉。

「克己復禮」，如内修政事，外攘夷狄；「出門」、「使民」，如上策莫如自治。問：程先生説：「學質美者明得盡，查滓便渾化；其次惟莊敬持養。及其成功，一也。」此可以分顔子、仲弓否？曰：不必如此説。賀孫。

仲弓「出門如見大賓」爲仁，如把截江、淮；顔子「克己」爲仁，便如欲復中原。燾。

讀書，須要將聖賢言語體之於身。如「克己復禮」與「出門如見大賓」，須就自家身上體看我實能克己與主敬行恕否？件件如此，方始有益。又因晞遜問「克己復禮」，曰：人之私意，有知得便克去者，有忘記去克他者，有不獨是忘記去克他，却反與他爲朋者。時舉。

問朱飛卿：讀書何所疑？曰：《論語》切要處在言仁。言仁處多，某未識門路。日用至親切處，覺在告顔子一章。答仲弓又却別。《集注》云：「仲弓未及顔子，故特告以操存之要。」不知告顔子者亦只是操存否？曰：這須子細玩味。所告二人氣象自不同。顧問賀孫：前夜曾如何說？賀孫舉先生云：告仲弓底是防賊工夫，告顏淵底是殺賊工夫。飛卿問：如何？曰：且子細看大意是如此。告顏子底意思，是本領已自堅固了，未免有些私意，須一向克除教盡。告仲弓底意思，是本領未甚周備，只是教他防捍疆土，爲自守計。賀孫。

問：孔子答顏淵、仲弓「問仁」處，旨同否？曰：不爭多，大概也相似。只答顏子處是就心上說，工夫較深密爲難。問：二條在學者則當並行不悖否？曰：皆當如此做。當「克己」，則須「克己」；當「出門如見大賓」，則須「出門如見大賓」。「克己復禮」，不是克己了，又復禮。只克去己私，便是禮。有是有非，只去了非，便是是。所以孔子只說非禮勿視、聽、言、動。只克去那非，便是禮。曰：呂《銘》「癢痾疾痛，皆切吾身」句，是否？曰：也說得。只是不合將己對物說，一篇意都要大同於物。克，只是克這箇。孔子當初本意，只是說克自己私欲。淳。

伯羽問：持敬、克己，工夫相資相成否乎？曰：做處則一。但孔子告顏子、仲弓，隨他氣質地位而告之耳。若不敬，則此心散漫，何以能克己。若不克己，非禮而視、聽、言、動，安能爲敬。仲思問：「敬則無己可克」，如何？曰：鄭子上以書問此。因示鄭書，曰：說得也好。鄭書云：孔子惟顏子、仲弓實告之以爲仁之事，餘皆因其人而進之。顏子地位高，擔當得克己矣，故以此告之。仲弓未至此，姑告以操存之方，涵養之要。克己之功難爲，而至仁也易；敬恕之功易操，而至仁也難。其成功則一。故程子云「敬則無己可克」是也。但學者爲仁，如謝氏云「須於性偏處勝之」，亦不可緩。特不能如顏子深於天理人欲之際，便可至仁耳。非只敬恕而不克己也。又曰：鄭言學者克己處，亦好。大抵告顔子底，便體、用全似仲弓底。若後人看不透，便只倒歸裏去，做仲弓底了，依舊用做顔子底。克己，乾道也；敬恕，坤道也。「忠信進德」，「脩辭立誠」，表裏通徹，無一豪之不實，何更用直内。坤卦且恁地守。顔子如將百萬之兵，操縱在我，拱揖指揮如意。仲弓且守本分。敬之至，固無己可克；克己之至，亦不消言敬。「敬則無己可克」者，是無所不敬，故不用克己。此是大敬，如「聖敬日躋」，「於緝熙敬止」之「敬」也。伯羽。○道夫略。

李時可問：仲弓問仁，孔子告之以「出門如見大賓」，云云。伊川只説作敬，先生便説「敬以持己，恕以及物」。看來須如此説，方全。曰：程子不是就經上説，是偶然摘此兩句，所以只説做敬。又問：伊川曰：「孔子言仁，只説『出門如見大賓，使民如承大祭』，觀其氣象，便須『心廣體胖』，『動容周旋中禮』自然。」看來孔子方是教仲弓就敬上下工夫。若是言仁，亦未到得這處。曰：程子也不是就經上説，公今不消得恁地看。但且就他這二句上，看其氣象是如何。又問：孔子告顔子以「克己復禮爲仁」。若不是敬，也如何克得己，復得禮？曰：不必如此説。聖人説話，隨人淺深。「克己」工夫較難，「出門」、「使民」較易。然工夫到後，只一般，所謂「敬則無己可克」也。賀孫。○《集注》。

程子言仁，只説「出門如見大賓，使民如承大祭」，❶看其氣象，便須「心廣體胖」，「動容周旋中禮」。問：孔子告仲弓，方是持敬底事。程子如此説，豈不有自然、勉强

❶「祭」，原作「發」，今據萬曆本及《論語·顔淵》改。

之異乎？曰：程子之言，舉敬之極致而言也。又，程子云：「『敬以直内，義以方外』，仁也。」問：言敬義内外，❶方是做工夫，而程子又何以遽言仁也？曰：此亦言「敬以直内」，則無一豪私意，仁自在其中爾。大抵這般處要寬看，識得他意，不可迫切求之。端蒙。

或問：伊川云：孔子言仁，只説「出門」云云，至「中禮」。惟謹獨便是守之之法。曰：亦須先見得箇意思，方謹獨以守之。又曰：此前面説敬而不見得。此便是見得底意思，便是見得敬之氣象功效恁地。若不見得，即黑淬淬地守一箇敬，也不濟事。賀孫。

問：程先生説：云云。「看其氣象，便須『心廣體胖』，『動容周旋中禮』。」看來也是平日用功，方能如此。非一旦「出門如見大賓，使民如承大祭」，便能如此。曰：自這裏做去，方能如此。只是常能存得此心，便能如此。又問：「克己復禮」，乾道；「主敬行恕」，坤道。曰：乾道者，是見得善惡精粗分明，便一刀兩段斬截了。坤道，便順這一邊做將去，更不犯着那一邊。又云：乾道是創業之君，坤道是繼體守成之君。燾。

或問：伊川未出門、未使民時如何？曰：此「儼若思」時也。聖人之言，得他恁地説也好。但使某答那人，則但云：公且去「出門如見大賓，使民如承大祭」。因曰：那未「出門」、「使民」時，自是當敬。不成未「出門」、「使民」時不敬，却待出門時，旋旋如見大賓；使民時，旋旋如承大祭，却成甚舉止！聖人所以只直説「出門如見大

❶「言」字，原爲空格，今據萬曆本補。

賓，使民如承大祭」，更不說那未「出門」、「使民」時如何。如今恁地說，却較淡了。義剛。○夔孫録云：伊川答此問固好，足以明聖人之說，見得前面有一段工夫。但當初正不消恁地答他，却好與他說：今且就「出門」、「使民」時做去。❶若是「出門」、「使民」時果能如見大賓、承大祭，則未「出門」、「使民」以前，自住不得了。

子升問：「『克己復禮』，乾道也。」此莫是知至已後工夫否？曰：也不必如此說。只見得一事，且就一事上克去，便是克己。終不成說道我知未至，便未下工夫！若以《大學》之序言之，誠意固在知至之後，然亦須隨事脩爲，終不成說知未至，便不用誠意、正心！但知至已後，自不待勉强耳。木之。

袁子節問：「克己復禮」，何以謂之乾道？「主敬行恕」，何以謂之坤道？曰：乾道，奮發而有爲；坤道，靜重而持守。一作「有守」。○時舉。

或問：「克己復禮」者，乾道；莊敬持守者，坤道，如何分別？曰：乾道，奮發而有爲，如「庸言之信，庸行之謹」，「閑邪存其誠」之類是也。「忠信，所以進德；脩辭立其誠，所以居業」。坤道，靜重而持守，如「敬以直内，義以方外」之類是也。❷觀夫子告二子氣象，各有所類。洽。

或問：顔、冉之學，何以有乾道、坤道之別？曰：顔子是奮發而有爲，冉子是謙退而持守。顔子高明强毅，夫子故就其資質而教以「克己復禮」之學。冉子温厚靜重，故以持敬行恕教之。必大。

問：「克己復禮」，乾道；「主敬行恕」，

❶「且」，萬曆本作「日」。

❷「以」字，原脱，今據《易坤》文言補。

坤道，如何？曰：仲弓資質温粹，顔子資質剛明。「克己復禮，天下歸仁。爲仁由己，而由人乎哉！」顔子之於仁，剛健果決，如天旋地轉，雷動風行做將去！仲弓則斂藏嚴謹做將去。顔子如創業之君，仲弓如守成之君。顔子如漢高祖，仲弓如漢文帝。伊川曰：「質美者明得盡查滓便渾化，却與天地同體。其次惟莊敬以持養。」顔子則是明得盡者也，仲弓則是莊敬以持養之者也，及其成功一也。潛夫曰：舊曾聞先生説：「顔、冉二子之於仁，譬如捉賊，顔子便赤手擒那賊出！仲弓則先去外面關防，然後方敢下手去捉他。」廣。

周貴卿問「『克己復禮』，乾道；『持敬行恕』，坤道」。曰：乾道是「見群龍无首吉」。既變則成坤，故「先迷失道，後順得常」，「西南得朋，東北喪朋」。坤則都無頭，但「利牝馬之貞」而已。所以《乾卦》自「君子進德修業」，以至於「知至至之，可與幾也；知終終之，可與存義也」，從知處説來。如《坤》，則但説「敬以直内，義以方外」，只就持守處説，只説得一截。如顔子「克己復禮」工夫，却是從頭做起來，是先要見得後却做去，大要着手脚。仲弓却只是據見成本子做，只是依本畫葫蘆，都不問着那前一截了。仲弓也是和粹，但精神有所不及。顔子是大故通曉。向時陸子静嘗説顔子不如仲弓。而今看着，似乎是「克己復禮」底較不如那「持敬行恕」底較無事，但「克己復禮」工夫較大。顔子似創業之君，仲弓似守成之君。仲弓不解做得那前一截，只據見在底道理持守將去。又一條云：「克己復禮」，是要見得天理後，方做將去。仲弓却只是據見在持將去。又問：「仲弓寬洪簡重」，如何見得？曰：也只想得是恁地。夫子許他南面，非如此不可。如「不佞」等處，也見得他簡重。而今觀他說「居敬行簡」之類，見得他工夫也大故細密。❶義剛。○夔孫録云：坤是箇無頭底。其《繇辭》曰「利牝馬之貞」，「先迷後得」。乾爻皆變而之坤，其《辭》曰：「見群龍无首，吉。」乾便從知處說起，故云「知至至之，知終終之」。坤只是從持守處說，故云「敬以直內，義以方外」。「克己復禮」，也是有知底工夫在前。主敬行恕，只是據見定依本分做將去。或說仲弓勝似顏淵，謂「出門如見大賓，使民如承大祭」，勝如克己底費脚手。然而顏子譬如創業底，仲弓是守成底。顏子極聰明警悟，仲弓儘和粹。

問：顏子問仁與仲弓問仁處，看來仲弓才質勝似顏子。曰：陸子靜向來也道仲弓勝似顏子，然却不是。蓋「克己復禮」，乾道也，是喫一服藥便效。主敬行恕，坤道也，是服藥調護，漸漸消磨去。公看顏子大小大力量，❷一「克己復禮」便了！仲弓只是循循做將去底，如何有顏子之勇！祖道曰：雖是如此，然仲弓好做中人一箇準繩。至如顏子，學者力量打不到，不如且學仲弓。曰：不可如此立志，推第一等與別人做。顏子雖是勇，然其着力下手處也可做。因舉釋氏云：有一屠者「放下屠刀，立地成佛」底事。或曰：如「不遷」、「不貳」，却是學者難做底。曰：重處不在「怒」與「過」，只在「遷」與「貳」字上看。今不必論「怒」與「過」之大小，只看「不遷」、「不貳」是甚模樣。又云：貳，不是一二之「二」，是長貳之「貳」。蓋一箇邊又添一箇，此謂之貳。又問：「守之也，非化之也」，如何？曰：聖人則却無這箇。顏子則疑於遷、貳與不遷、貳

❶「他」，萬曆本作「仁」。

❷上「大」字，萬曆本作「多」。

之間。又問：先生適説：「『克己復禮』，是喫一服藥便效。」可以着力下手處，更望力爲開發。曰：非禮勿視、勿聽、勿言、勿動處，便是克己。蓋人只有天理、人欲。日間行住坐卧，無不有此二者，但須自當省察。譬如「坐如尸，立如齊」，此是天理當如此。若坐欲縱肆、立欲跛倚，此是人欲了。至如一語一默，一飲一食，盡是也。其去復禮，只争這些子。所以禮謂之「天理之節文」者，蓋天下皆有當然之理。今復禮，便是天理。但此理無形無影，故作此禮文，畫出一箇天理與人看，教有規矩可以憑據，故謂之「天理之節文」，有君臣，便有事君底節文；有父子，便有事父底節文；夫婦、長幼、朋友，莫不皆然，其實皆天理也。天理、人欲，其間甚微。於其發處，子細認取那箇是天理，那箇是人欲。知其爲天理，便知其爲人欲。既知其爲人欲，則人欲便不行。譬如路然，一條上去，一條下去，一條上下之間。知上底是路，便行；下底差了，便不行。此其所操豈不甚約，言之豈不甚易，却是行之甚難。學者且恁地做將去，久久自然安泰。人既不隨私意，則此理是本來自有底物，但爲後來添得人欲一段。如「孩提之童，無不知愛其親；及長，無不知敬其兄」，豈不是本來底。却是後來人欲肆時，孝敬之心便失了。然而豈真失了？於静處一思念道，我今日於父兄面上孝敬之心頗虧，則此本來底心便復了也。只於此處牢把定其功，積久便不可及。祖道。

問：「『出門如見大賓，使民如承大祭』，伊川謂：『大賓、大祭，只是敬也。』今若專主於大賓、大祭之心，而不容其私欲之害，亦可爲仁否？曰：下一節所謂「不欲、勿施」與「無怨」，此乃以接物而言。敬是此心，接物亦以此心。佐。○《集義》。

問「仲弓問仁」。曰：能敬能恕，則仁在其中。問：吕氏之説却是仁在外？曰：説得未是。又問：只用敬否？曰：世有敬而不能恕底人，便只理會自守，却無温厚愛人氣象。若恕而無敬，則無以行其恕。問：在家、在邦「無怨」，諸説不同。曰：覺得語脉不是。又問：伊川謂怨在己，却是自家心中之怨？曰：只是處己既能敬，而接人又能恕，自然是在邦、在家人皆無得而怨之。此是爲仁之驗，便如「天下歸仁」處一般。僩。

司馬牛問仁章

或問「仁者其言也訒」。曰：仁者常存此心，所以難其言。❶不仁者，已不識痛癢，得説便説，如人夢寐中讝語，豈復知是非善惡！仁者，只知「爲之難」，「言之得無訒乎」！寓。

宜久問「仁者其言也訒」。曰：仁者心常醒在，見箇事來，便知道須要做得合箇道理，不可輕易；便是知得道「爲之難」，故自不敢輕言。若不仁底人，心常如瞌睡底相似，都不見箇事理，❷便天來大事，也敢輕輕做一兩句説了。時舉。

仲蔚問：「仁者其言也訒」，只是「訥於言」意思否？曰：「訥於言而敏於行。」是怕人説得多後，行不逮其言也。訒，是説持守得那心定後，説出來自是有斟酌，恰似肚裏先商量了方説底模樣。而今人只是信口

❶「言」，原作「出」，今據朝鮮本改。
❷「不」下，萬曆本有「曾」字。

說，方說時，它心裏也自不知得。義剛。

仁者之人，言自然訒。在學仁者，則當自謹言語中，以操持此心。且如而今人愛胡亂說話、輕易言語者，是他此心不在，奔馳四出，如何有仁！明作。

「仁者其言也訒」，這是司馬牛身上一病。去得此病，方好將息充養耳。道夫。

「爲之難，言之得無訒乎」！心存，則自是不敢胡亂說話。大率說得容易底，便是他心放了，是實未嘗爲之也。若不敢胡亂做者，必不敢容易說，然亦是存得這心在。或曰：言行常相表裏。又曰：人到得少說話時，也自是心細了。○燾。○僩録略。

問：聖人答司馬牛「其言也訒」，此句通上下言否？曰：就他身上說，又較親切。人謹得言語不妄發，即求仁之端。此心不放，便存得道理在這裏。

學者千章萬句，只是理會一箇心。且如「仁者其言也訒」，察其言，便可知其本心之存與不存，天理、人欲之勝負。端蒙。

或問：顏子、仲弓、司馬牛問仁，雖若各不同，然克己工夫，也是主敬；「其言也訒」，也是主敬。曰：司馬牛如何做得顏子、仲弓底工夫，須是逐人自理會。仁譬之屋，克己是大門，打透便入來；主敬行恕是第二門；言訒是箇小門。雖皆可通，然小門更迂迴得些，❶是它病在這裏。如「先難後獲」，亦是隨它病處說。銖。

司馬牛問君子章

「不憂不懼」，司馬牛將謂是塊然頑然，

❶「更」，萬曆本作「便」。

不必憂懼。不知夫子自説是「内省不疚」，自然憂懼不來。明作。

爲學須先尋得一箇路逕，然後可以進步，可以觀書。不然，則書自書，人自人。且如孔子説「内省不疚，夫何憂何懼」！須觀所以「不憂不懼」，由「内省不疚」。學者又須觀所以「内省不疚」如何得來。可學。

司馬牛憂曰章

「死生有命」，是合下稟得已定，而今着力不得。「富貴在天」，是你着力不得。僩。

「富貴在天」，非我所與，如有一人爲之主宰然。升卿。

「死生有命，富貴在天。」子夏之意，只説是死生是稟於有生之初，不可得而移；富貴是眼下有時適然遇着，非我所能必。若推其極，固是都稟於有生之初。因問伊川、横渠命、遇之説。曰：所謂命者，如天子命我作甚官，其官之閑易繁難，甚處做得，甚處做不得，便都是一時命了，自家只得去做。故孟子只説「莫非命也」，却有箇正與不正。所謂正命者，蓋天之始初命我，如事君忠、事父孝，便有許多條貫在裏。至於有厚薄淺深，這却是氣稟了；然不謂之命不得，只不是正命。如「桎梏而死」，喚做非命不得。蓋緣它當時稟得箇乖戾之氣，便有此，然謂之「正命」不得。故君子戰兢，如臨深履薄，蓋欲「順受其正」者，而不受其不正者。且如説當死於水火，不成便自赴水火而死！而今只恁地看，不必去生枝節，説命説遇、説同説異也。夔孫。

問「敬而無失」。曰：把捉不定，便是失。雉。

或言：司馬牛所憂，人當兄弟如此，也是處不得。曰：只是如子夏說「敬而無失，與人恭而有禮」。若大段着力不得，也不奈何。若未然底可諫，尚可着力；做了時，也不奈何得。明作。

問：「四海」「皆兄弟」，胡氏謂「意圓語滯」，以其近於二本否？曰：子夏當初之意，只謂在我者「敬而無失」，與人又「恭而有禮」，如此則四海之内皆親愛之，何患乎無兄弟！要去開廣司馬牛之意。只不合下箇「皆兄弟」字，便成無差等了。淳。

子張問明章

問「浸潤之譖，膚受之愬」。曰：譖，是譖人，是不干己底事。才說得驟，便不能入他，須是閑言冷語，掉放那裏，說教來不覺。愬，是逆，是切己底事。方說得緩慢，人便不將做事，須是說得緊切，要忽然間觸動他。如被人罵，便說被人打；被人打，便說人要殺。蓋不如此，不足以觸動他也。又問：明而遠，是見得到否？曰：是。「明」字說不足，又添箇「遠」字贊之。燾。

或問：「膚受之愬」，「切近灾也」。若他父兄有急難，其事不可緩，來愬時，便用周他。若待我審究得實，已失事了，此當如何？曰：不然。所以說「明」，又說「遠」，須是眼裏識箇真僞始得，若不識箇真僞，安得謂之明遠！這裏自有道理，見得過他真僞，却來瞞我不得。譬識藥材，或將假藥來賣，我識得過；任他說千言萬語，❶我既見

❶「千」，原作「十」，今據萬曆本改。

破僞了，看如何說也不買。此所以謂之明遠。只是這些子。明作。

問：浸潤、膚受之說，想得子張是箇過高底資質，於此等處有不察，故夫子語之否？曰：然。廣。

子貢問政章

文振問「足食、足兵，民信之矣」。曰：看來此只是因足食、足兵而後民信，本是兩項事，子貢却做三項事認了。「信」字便是在人心不容變底事也。時舉。

問：「民無信不立」，是民自不立？是國不可立？曰：是民自不立。民不立，則國亦不能以立矣。問：民如何是不立？曰：有信，則相守而死。無信，則相欺相詐，臣棄其君，子棄其父，各自求生路去。淳。

棘子成曰章

問「惜乎！夫子之說，君子也」。曰：此說君子，與說「其爭也君子」同，蓋說得話來也君子。燾。

問：「惜乎！夫子之說，君子也。」古注只作一句說，先生作兩句說，如何？曰：若作一句說，則「惜乎」二字無着落。廣。

問：「文猶質也，質猶文也；虎豹之鞟，猶犬羊之鞟。」如何以文觀人？曰：無世間許多禮法，如何辨得君子、小人？如老、莊之徒，絕滅禮法，則都打箇没理會去。但子貢之言似少差別耳，如孔子說「禮與其奢也寧儉」、「與其不遜也寧固」，便說得好。雉。

棘子成全説質，固未盡善；子貢全説文以矯子成，又錯。若虎皮、羊皮，雖除了毛，畢竟自别，事體不同。使一箇君子與一箇屠販之人相對坐，並不以文見，畢竟兩人好惡自别。大率固不可無文，亦當以質爲本，如「寧儉」、「寧戚」之意。明作。

哀公問於有若章

問「盍徹乎」。曰：徹，是八家皆通出力合作九百畝田，收則計畝均收，公取其一；如助，則八家各耕百畝，同出力共耕公田，此助、徹之别也。燾。

問「百姓足，君孰與不足」。曰：「未有府庫財非其財者也。」百姓既足，不成坐視其君不足，亦無此理。蓋「有人斯有土，有土斯有財」。若百姓不足，君雖厚斂，亦不濟事。雉。

或問有若對哀公「盍徹乎」之説云云。曰：今之州郡，盡是於正法之外，非泛誅取。且如州郡倍契一項錢，此是何名色？然而州縣無這箇，便做不行。當初經、總制錢，本是朝廷去賴取百姓底，州郡又去瞞經、總制錢，都不成模樣！然不如此，又便做不行。或曰：今州郡有三項請受最可畏，宗室、歸正、添差使臣也。曰：然。歸正人今却漸少，宗室則日盛，可畏。小使臣猶不見得，更有那班裏換受底大使臣，這箇最可畏，每人一月自用四五百千結裹它！僩。

子張問崇德辨惑章

問「主忠信，徙義」。曰：「主忠信」者，每事須要得忠信。且如一句話不忠信，便是當得沒這事了。「主」字須重看。喚做「主」，是要將這箇做主。「徙義」，是自家一事未合義，遷徙去那義上；見得又未甚合義，須更徙去，令都合義。「主忠信」，且先有本領了，方「徙義」，恁地便德會崇。若不先「主忠信」，即空了，徙去甚處？如何會崇！「主忠信」而不「徙義」，却又固執。植。

「主忠信」是劄脚處，「徙義」是進步處。漸漸進去，則德自崇矣。方子。

問：《易》只言「忠信所以進德」，而孔子答子張崇德之問，又及於「徙義」者，是使學者於所存、所行處兩下都做工夫否？曰：「忠信」是箇基本，「徙義」又是進處。無基本，徙進不得；有基本矣，不「徙義」，亦無緣得進。廣。

問：子張問「崇德辨惑」，孔子既答之矣，末又引「我行其野」之詩以結之。❶「誠不以富，亦祇以異。」伊川言：「此二句當冠之『齊景公有馬千駟』之上，後之傳者因齊景公問政而誤之耳。」至范氏則以爲人之成德不以富，亦祇以行異於野人而已。此二說如何？曰：如范氏說，則是牽合。如伊川說，則是以「富」言「千駟」，「異」言夷、齊也。今只得如此說。謨。

❶「行其」，原作「其行」，今據《詩經・小雅・我行其野》改。

齊景公問政章

問：齊景公問政，孔子告以「君君、臣臣，父父、子子」。然當時陳氏厚施於國，根株盤據如此。政使孔子爲政，而欲正其君臣、父子，當於何處下手？曰：此便是難。據晏子之説，則曰「惟禮可以已其亂」。然當時舉國之人皆欲得陳氏之所謀成，豈晏子之所謂禮者可得而已之！然此豈一朝一夕之故？蓋其失在初，履霜而至堅冰，亦末如之何也已。如孔子相魯，欲墮三家，至成則爲孟氏所覺，遂不可墮。要之，三家孟氏最弱，季、叔爲强。强者墮之，而弱者反不可墮者，强者不覺，而弱者覺之故也。問：成既不可墮，夫子如何別無處置了便休？曰：不久夫子亦去魯矣。若使聖人久爲之，亦須別有箇道理。廣。

問：「齊景公問政」與「待孔子」二章，想是一時説話。觀此兩段，見得景公是箇年老志衰，苟且度日，不復有遠慮底人。曰：景公平日自是箇無能爲底人，不待老也。廣。

子路無宿諾章

問「子路無宿諾」。曰：子路許了人，便與人去做這事。不似今人許了人，却掉放一壁不管。雉。

子張問政章

亞夫問「居之無倦，行之以忠」。曰：「居之無倦」，在心上説；「行之以忠」，在事上説。「居之無倦」者，便是要此心長在做主，不可放倒，便事事都應得去。「行之以忠」者，是事事要着實。故某《集注》云：「以忠則表裏如一。」謂心裏要如此，❶便外面也如此，事事靠實去做也。時舉。

問「居之無倦，行之以忠」。曰：若是有頭無尾底人，便是忠也不久，所以孔子先將箇「無倦」逼截它。賀孫。

問「居之無倦，行之以忠」。曰：所居，是自己事，要終始如一。「行之以忠」，是對人言之，謂應接時恐有不誠處。必大。

子張是箇有鋭氣底人。它做事初頭乘些鋭氣去做，少間做到下梢，多無殺合，故告以「居之無倦」。又且不樸實，故告之以「行之以忠」，欲其盡心力也。燾。

亞夫問：「居，謂存諸心；無倦，謂始終如一。行，謂施諸事；以忠，謂表裏如一。」此固分明。然行固是行其所居，但不知居是居箇甚物事？曰：常常恁地提省在這裏，若有頃刻放倒，便不得。賀孫。

君子成人之美章

問：「君子成人之美，不成人之惡。」「成」字如何？曰：「成」字只是「欲」字。𥳑。

季康子患盜章

問：楊氏謂：「欲民之不爲盜，在不欲而已。」横渠謂：「欲生於不足，則民盜。能使無欲，則民自不爲盜。假設以子不欲之物賞子使竊，子必不竊。故爲政在乎足民，使無所欲而已。」如横渠之説，則是孔子當

❶「心」字，萬曆本無。

面以季康子比盜矣。孔子於季康子雖不純於爲臣，要之孔子必不面斥之如此。聖人氣象，恐不若是。如楊氏所説，只是責季康子之貪，然氣象和平，不如此之峻厲。今欲且從楊説，如何？曰：善。謨。

季康子問政章

或問「子爲政，焉用殺」。曰：尹氏謂：「殺之爲言，豈爲人上之語哉！」此語固好。然聖人只説「焉用殺」三字，自是不用解了。蓋上之人爲政欲善，則民皆善，自是何用殺。聖人之言混成如此。時舉。

子張問士章

問「何如斯可謂之達」。曰：行得無窒礙謂之「達」。「在家必達，在邦必達」，事君則得乎君，治民則得乎民，事親則孝，事長則弟，無所不達。植録云：如事親則得乎親，事君則得乎君之類。又曰：「色取仁而行違，居之不疑」，正是指子張病痛處。謙之。

周問聞、達之别。曰：達，是退一步底；聞，是近前一步做底。退一步底卑遜篤實，不求人知，一旦工夫至到，却自然會達。聞是近前一步做，惟恐人不知，故矜張夸大，一時若可喜，其實無足取者。雉。

問「達」字之義。曰：此是聞達之「達」，非明達之「達」。但聞只是求聞於人，達却有實，實方能達。畓。

達者，實有而不居；聞者，却是要做這模樣。端蒙。

「質直而好義」，便有箇觸突人底意思。到得「察言觀色，慮以下人」，便又和順底細，不至觸突人矣。慮，謂思之詳審，常常如此思慮，恐有所不覺知也。聖人言語，都如此周遍詳密。僩。

問「察言而觀色」。曰：此是實要做工夫。蓋察人之言，觀人之色，乃是要驗吾之言是與不是。今有人自任己意説將去，更不看人之意是信受它，還不信受它？如此，則只是自高，更不能謙下於人，實去做工夫也。大抵人之爲學，須是自低下做將去；才自高了，便不濟事。時舉。

問：「察言觀色」，想是子張躐等，爲大賢「於人何所不容」之事，於人不辨别邪正與賢不肖，故夫子言此以箴之。曰：子張是做箇大底意思包他人。至之問：「堂堂乎張也」，它是有箇忽略底意思否？曰：他做箇大底意思包人，便是忽略。時舉。

「色取仁而行違」，這是占外面地位闊了，裏面填不足。植。

問子張「問達與聞」一章。曰：達者，是自家實去做，而收斂近裏底。如「質直好義」，便是自去做。「察言觀色」，便是察人辭色而與之言。又「慮以下人」，惟恐其不收斂也。若是只據自家意只管説去，更不問人聽與不聽，便是不「察言觀色」。然而能如此，則德脩於己，而自孚於人，所行自無窒礙矣，故曰達。聞者，是箇做作底，專務放出，外求人知而已。如「色取仁而行違」，便是不務實而專務外。「居之不疑」，便是放出外而收斂不得，只得自擔當不放退。蓋才放退，則連前面都壞，只得大拍頭居之不疑，此其所以駕虚而無實行也。某向來未曉「聞達」二字。因見鄉中有人，其傳楊説好者甚衆，以至傳楊於外，莫不皆然。及細觀其所爲，皆不誠實。以此方見得聖人分「達」與「聞」之别意思，如此段形容得「達」與「聞」極精。又云：「色取仁而行違」，不惟是虚有愛憐之態，如「正顔色」而不「近信」，「色厲而内荏」，皆「色取仁而行違」也。燾。

問：子張問聞與達一章，達是躬行實踐做出來底，聞是沽名要譽底。曰：然。達是常自貶損，不求名而名自達者。聞是向前求名底。又云：「慮以下人」，慮是子細思量，謂如做一事，便思量惟恐有觸突人處。又云：「質直好義」，是質直好底。有那質直粗底，又不好義。燾。

質，是質實。直，又自是一字。質，就性資上説；直，漸就事上説。到得好義，又多在事上。直固是一直做去，然至於好義，則事事區處要得其宜。這一項都是詳細收斂工夫。如「色取仁而行違，居之不疑」，這只是粗謾將去。世上有此等人，專以大意氣加人。子張平日是這般人，故孔子正救其病。此章大意，不出一箇是名，一箇是實。賀孫。

問：「色取仁而行違，居之不疑，在邦必聞，在家必聞」，與鄉原如何？曰：却不同。那「在邦必聞，在家必聞」底，是大拍頭做，要壓倒人。鄉原却是不做聲，不做氣，陰沈做罪過底人。義剛言：二者皆是要譽，而天理都不存了。曰：固是如此。但一箇是向前去做，一箇是退來做。義剛。

問：子張以聞爲達，伊川以爲明達之「達」，上蔡以爲令聞四達之「達」，尹氏以爲「充於内而發於外爲達」。三説如何？曰：此所謂達者，只是言所行要無窒礙。如事君必得乎上，治民必得乎下，而無所不行，無所不通，與子張問行大抵相似。吕氏謂「德孚於人者必達，矯行求名者必聞」，此

說却是好。去僞。○《集義》。❶

楊問：「質直而好義」，質直是質性之直？或作兩件說？曰：質與直是兩件。「察言觀色」，龜山說：「察言，故不失口於人；觀色，故不失色於人。」如何？曰：自家色如何觀得？只是察人言，觀人色。若照管不及，未必不以辭氣加人。此只做自家工夫，不要人知。既有工夫，以之事親則得乎親，以之事君則得乎君，以之交朋友而朋友信，「雖蠻貊之邦行矣」。此是在邦、在家必達之理。子張只去聞處着力，聖人此語正中其膏肓。「質直好義」等處，專是就實；「色取仁而行違」，專是從虛。寓。

問：「質直而好義」，和靖謂「立志質直」，如何？曰：這箇莫不須說立志質直，但只是無華僞。質是樸實，直是無遍曲，而所行又合宜。觀人之言而察人之色，審於接物，慮以下人，只是一箇謙。如此便做得去。達是做得去。又問：仁如何以顏色取？曰：此處與前說相反，只是顏色雖做仁者舉止，而所行又却不如此。此恐是就子張身上說。驤。

樊遲從遊舞雩之下章

問：如何「先事後得」，便可以崇德？曰：人只有這一箇心，不通着兩箇物事。若一心做事，又有一箇求得之心，便於這上不專，如何有積累之功！這一條心路只是一直去，更無它岐；纔分成兩邊，便不得。且如今做一事，一心在此做，一心又去計較功勞，這一件事定是不到頭，不十分精緻。

❶「義」，萬曆本作「注」。

若是做一事，只是做一事。要做這箇，又要做那箇，便自不得。雖二者皆出於善也不得，況於不善者乎！賀孫。

陳希真問「先事後得，非崇德與」。曰：今人做事，未論此事當做不當做，且先計校此事有甚功效。既有計較之心，便是專爲利而做，不復知事之當爲矣。德者，理之得於吾心者也。凡人若能知所當爲，而無爲利之心，這意思便自高遠。才爲些小利害，討些小便宜，這意思便卑下了。所謂崇者，謂德自此而愈高起也。時舉。

問「先事後得」。曰：但做自家合做底事，不必望他功效。今做一件好事，便望它功效，則心便兩岐了。非惟是功效不見，連那所做底事都壞了。而今一向做將去，不望他功效，則德何緣不崇！時舉。

論「先事後得」，曰：正如韓信背水陣，都忘了反顧之心，戰必勝矣。又云：當思「先事後得」，如何可以崇德。蓋不可有二心。一心在事，則德自崇矣。方子。

亞夫問：「先難而後獲」，「先事後得」，莫是因樊遲有計較功利之心，故如此告之？曰：此是後面道理。而今且要知「先事後得」如何可以崇德。蓋做合做底事，便純是天理。才有一豪計較之心，便是人欲。若只循箇天理做將去，德便自崇。才有人欲，便這裏做得一兩分，却那裏缺了一兩分，這德便消削了，如何得會崇。聖人千言萬語，正要人來這裏看得破。時舉。

「攻其惡，無攻人之惡。」須是截斷了外面它人過惡，只自檢點，方能自攻其惡。若纔去檢點它人，自家這裏便疏，心便粗了。僩。

問：子張、樊遲「崇德、辨惑」之問，何

故答之不同？曰：子張是矜張不實底人，故夫子於崇德，則告之以「主忠信，徙義」，欲收斂着實做工夫。常人之情，好人、惡人，只是好之惡之而已，未至於必欲其生、必欲其死處。必是子張平日於喜怒之間用心過當，故又告之以此。樊遲爲人雖無所考，以學稼、學圃及夫子答問觀之，必是箇鄙俗粗暴底人，故夫子告之以「先難後獲」，此又以「先事後得」告之。蓋鄙俗則有近利之意，粗暴則有因忿忘身之患，皆因其失而救之也。雉。

樊遲問仁章

樊遲未達者，蓋愛人且是泛愛，知人則有所擇，二者相反，故疑之。夫子曰：「舉直錯諸枉，能使枉者直。」「能使枉者直」，便是仁。樊遲誤認二句只是知，故見子夏而問之，子夏遂言之。至於「不仁者遠」，然後仁、知之義皆備。德明。

樊遲問仁，孔子答以「愛人」；問知，答以「知人」。有甚難曉處？樊遲因甚未達？蓋愛人則無所不愛，知人則便有分別，兩箇意思自相反，故疑之。只有曾吉甫説得好：「舉直錯諸枉」，便是知人；「能使枉者直」，便是愛人。曾解一部《論語》，只曉得這一段。

每常説：仁、知，一箇是慈愛，一箇是辨別，各自向一路。惟是「舉直錯諸枉，能使枉者直」，方見得仁、知合一處，仁裏面有知，知裏面有仁。僩。

「愛人、知人」，自相爲用。若不論直與枉，一例愛他，也不得。大抵惟先知了，方能頓放得箇仁也。聖人只此兩句，自包上下。後來再與子夏所言，皆不出此兩句意，所以爲聖人之言。時舉。

文振説「樊遲問仁，曰『愛人』」一節。先生曰：愛人、知人，是仁、知之用。聖人何故但以仁、知之用告樊遲，却不告之以仁、知之體？文振云：聖人説用，則體在其中。曰：固是。蓋尋這用，便可以知其體，蓋用即是體中流出也。時舉。

或問：愛人者，仁之用；知人者，知之用。孔子何故不以仁、知之體告之，乃獨舉其用以爲説？莫是仁、知之體難言，而樊遲未足以當之，姑舉其用，使自思其體？曰：「體」與「用」雖是二字，本未嘗相離，用即體之所以流行。賀孫。

問：「不仁者遠矣」，謂不仁者皆爲仁，則不仁之事無矣。曰：是。雉。

問：「樊遲問仁、知」一章，燾看來不惟治天下國家如此。而今學者若在一家一鄉而處置得合義時，如此。如「不仁者遠矣」之類。曰：這「仁」、「知」兩字相須。但辨別得分曉，舉措得是當，便是仁之事。且如人在鄉曲處置得事是當，教一鄉之人不至於爭鬭，即所以仁之也。燾。

子貢問友章

問「忠告」、「善道」。曰：告之之意固是忠了，須又教道得善，始得。雉。

問「忠告」、「善道」。曰：「善道」，是以善道之。如有人雖敢忠言，未必皆合道理者，則是未善也。時舉。

朱子語類卷第四十三計一十三板

論語二十五

子路篇

子路問政章

問：「先之，勞之」，「勞」字既有兩音，有兩說否？曰：勞之以身，勤之以事，亦須是自家喫些辛苦，方能令得他。《詩》所謂「星言夙駕，說于桑田」。古人戴星而出，戴星而入，必是自耐勞苦，方能率得人。❶欲民之親其親，我必先之以孝；欲民之事其長，我必先之以弟。子路請益，聖人告之「無倦」。蓋勞苦亦人之難事，故以「無倦」勉之。寓。

問「勞之」，恐是以言語勸勉他？曰：如此說，不盡得爲政之理。若以言語勸勉它，亦不甚要緊，亦是淺近事。聖人自不用說，亦不見得無倦底意。勞是勤於事，勤於事時，便有倦底意，所以教它勞。東坡下「行」字與「事」字，最好。或問：「愛之能勿勞乎」，有兩箇「勞」字？曰：這箇「勞」，是使它勞。謙之。

文振問：《注》云：「凡民之事，以身先之，則雖勞不怨。」如何？曰：凡是以勞苦之事役使人，自家須一面與它做，方可率得它。如勸課農桑等事，也須是自家不憚勤

❶「率」，萬曆本作「說」。

勞，親履畎畝，廣録作「循行阡陌」。與他勾當，方得。賀孫。○《集注》。

問：蘇説「勞」字未甚明。曰：先是率他；勞，是爲他勤勞。銖。

問：「先之，勞之」，諸説孰長？曰：横渠云：「必身爲之唱，且不愛其勞，而又益之以不倦。」此説好。又問：以身爲之唱者果勞乎？曰：非是之謂也。既以身爲之唱，又更不愛其勞，而終之以無倦，此是三節事。去僞。○《集義》。

仲弓爲季氏宰章

潘立之問「先有司」。曰：凡爲政，隨其大小，各自有有司。須先責他理會，自家方可要其成。且如錢穀之事，其出入盈縮之數，須是教它自逐一具來，自家方可考其虛實之成。且如今做太守，人皆以爲不可使吏人批朱。某看來，不批不得。如詞訴反覆，或經已斷，或彼處未結絶，或見在催追，他埋頭又來下狀；這若不批出，自家如何與它判得？只是要防其弊。若既如此後，或有人詞訴，或自點檢一兩項，有批得不實，即須痛治，以防其弊。賀孫。

問：程子曰：「便見仲弓與聖人用心之大小。推此義，一心可以興邦，一心可以喪邦，只在公私之間。」所謂公私者，豈非仲弓必欲人材皆由己舉，聖人則使人各得而舉之否？曰：仲弓只是見不到。纔見不到，便陷於私。學者見程子説「興邦」、「喪邦」，説得甚險，故多疑於此，然程子亦曰推其義爾。必大。○《集注》。

問：程子謂：「觀仲弓與聖人，便見其用心之小大。」以此知「樂取諸人以爲善」，所以爲舜之聖，而凡事必欲出乎己者，真成小人之私矣。曰：於此可見聖賢用心之大小。仲弓只緣見識未極其開闊，故如此。人之心量本自大，緣私故小。蔽固之極，則可以喪邦矣。廣。

問：「先有司，赦小過，舉賢才」，各是一事。蘇氏、楊氏乃相須而言之。曰：《論語》中有一二處，如「道千乘之國，敬事而信，節用而愛人，使民以時」，雖各是一事，然有相須之理。必大。○《集義》。

子路曰衛君待子章

亞夫問「衛君待子爲政」章。曰：其初只是一箇「名不正」，便事事都做不得。「禮樂不興，刑罰不中」，便是箇大底「事不成」。

問：「禮樂不興」，疑在「刑罰不中」之後，今何故却云「禮樂不興」而後「刑罰不中」？曰：禮之所去，刑之所取。禮樂既不興，則刑罰宜其不中。又曰：禮是有序，樂是和樂。既事不成，如何得有禮樂耶？時舉。

文振問：何以謂之「事不成則禮樂不興」？曰：「事不成」，以事言；「禮樂不興」，以理言。蓋事不成，則事上都無道理了。說甚禮樂！亞夫問：此是禮樂之實，還是禮樂之文？曰：實與文元相離不得。譬如影便有形，要離那形說影不得。時舉。

「事不成」，是粗說那事做不成。「禮樂不興」，是和這理也没了。事，只是說它做出底；禮樂，却是那事底理。禮樂只是一件物事。安頓得齊齊整整，有次序，便是禮；無那乖争底意思，便是樂。植。

或問：如何是事不成後禮樂便不興？「禮樂不興」後却如何便「刑罰不中」？

曰：大凡事須要節之以禮，和之以樂。事若不成，則禮樂無安頓處。「禮樂不興」，則無序不和。如此，則用刑罰者安得不顛倒錯亂？諸家説各有所長，可會而觀之。去僞。

楊問：《注》謂：「言不順，則無以考實而事不成。」此句未曉。曰：實，即事也。又問：言與事，似乎不相涉。曰：如何是不相涉？如一人被火，急討水來救始得，却教它討火來，此便是「言不順」，如何濟得事！又如人捉賊，走東去，合從東去捉，却教它走從西去，如何捉得，皆言不順做事不成。若就衛論之，輒，子也，蒯聵是父。今也，以兵拒父，是以父爲賊，多少不順！其何以爲國，何以臨民？事既不成，則顛沛乖亂，禮樂如何會興，刑罰如何會中？明道所謂「一事苟，其餘皆苟」，正謂此也。又問：子路之死於衛，其義如何？曰：子路只見得下一截道理，不見上一截道理。孔悝之事，它知道是「食焉不避其難」，却不知食出公之食爲不義。東坡嘗論及此。問：如此，是它當初仕衛便不是？曰：然。寓。

○《集注》總論。

問：衛君欲召孔子爲政，而孔子欲先正名。孔子既爲之臣，復欲去出公，亦豈人情？曰：惟孔子而後可。問：靈公既逐蒯聵，公子郢辭不立，衛人立輒以拒蒯聵。論理，輒合下便不當立，不待拒蒯聵而後爲不當立也。曰：固是。輒既立，蒯聵來争必矣。僩。

「必也正名乎！」孔子若仕衛，必先正其君臣、父子之名。如蒯聵不當立，輒亦不當立，當去輒而别立君以拒蒯聵。晉趙鞅欲立蒯聵。聖人出時，必須大與他剖判一番，教它知箇是與不是。亞夫問：論道理，固是去輒，使國人自拒蒯聵。以事情論之，晉人正主蒯聵，勢足以壓魯，聖人如何請于天子，請于方伯？天子既自不奈何，方伯又是晉自做，如何得？曰：道理自是合如此了。聖人出來，須自能使晉不爲蒯聵。賀孫因問：如請討陳常之事，也只是據道理，不論事情。曰：如這一兩件大事，可惜聖人做不透。若做得透，使三綱五常既壞而復興，千條萬目自此而更新。聖人年七八十歲，拳拳之心，終做不成。賀孫。

吴伯英問：若使夫子爲衛政，不知果能使出公出從蒯聵否？曰：聖人行事，只問義之合與不合，不問其能與不能也。若使每事只管計較其能與不能，則豈不惑於常情利害之私乎？此在學者尤宜用力，而況聖人乎！壯祖。

問：夫子得政於衛，須有所廢立否？曰：亦只是説與他，令自爲去就，亦難爲迫逐之。必大。

胡文定説輒事，極看得好。可學。

問：胡氏之説，只是論孔子爲政正名事，理合如此。設若衛君用孔子，孔子既爲之臣而爲政，則此説亦可通否？曰：聖人必不肯北面無父之人。若輒有意改過遷善，則孔子須先與斷約，如此方與他做。以姚崇猶先以十事與明皇約，然後爲之相，而况孔子乎！若輒不能然，則孔子决不爲之臣矣。淳。

問：胡氏云云。使孔子得政，則是出公用之也，如何做得此等事？曰：據事理言之，合當如此做耳。使孔子仕衛，亦必以此事告之出公。若其不聽，則去之耳。廣。

蒯聵與輒，若有一人識道理，各相避就去了。今蒯聵欲入衛，輒不動，則所以處其事者當如何？後世議者皆以爲當立郢，不知郢不肯做。郢之不立，蓋知其必有紛争也。若使夫子爲政，則必上告天子，下告方伯，拔郢而立之，斯爲得正。然夫子固不欲與其事也。或謂：《春秋》書「晉趙鞅納世子蒯聵于戚」。稱「世子」者，謂其當立。曰：若不如此書，當如何書之？說《春秋》者多穿鑿，往往類此。人傑。

叔器問：子郢不肯立，也似不是。曰：只立輒時，只是蒯聵一箇來争。若立它時，則又添一箇來争，愈見事多。人以千乘之國與之而不肯受，❶它畢竟是看得來惹手難做後，不敢做。義剛。

樊遲請學稼章

樊遲學稼，當時須自有一種説話，如有爲神農之言許行「君民並耕」之説之類。炎。

誦詩三百章

亞夫問：「誦《詩》三百」，何以見其必達於政？曰：其中所載可見。如小夫賤隸閭巷之間，至鄙俚之事，君子平日耳目所不曾聞見者，其情狀皆可因此而知之。而聖人所以修德於己，施於事業者，莫不悉備。於其間所載之美惡，讀誦而諷詠之，如是而爲善，如是而爲惡；吾之所以自修於身者，如是是合做底事，如是是不合做底事。待得施以治人，如是而當賞，如是而當罰，莫不備見，如何於政不達？若讀《詩》而不達於政，則是不曾讀也。又問：如何使於四方必能專對？曰：於

❶「與」，萬曆本作「讓」。

《詩》有得，必是於應對言語之間，委曲和平。賀孫。

子謂衛公子荊章

問：「公子荊善居室」，也無甚高處，聖人稱善，何也？曰：公子荊所爲正合道理恰好處。常人爲屋室，不是極其華麗，則牆崩壁倒全不理會。子荊自合而完，完而美，循循有序，而又皆曰苟而已，初不以此累其心。在聖人德盛，此等事皆能化了，不足言。在公子荊能如此，故聖人稱之。謙之。○時舉録小異。

問：衛公子荊，夫子止稱其居室之善，如何？曰：此亦姑舉其一事之善而稱之，又安知其他無所長乎？必大。

子適衛章

宜久説「子適衛」一章。先生因言：古者教人有禮樂，動容周旋，皆要合他節奏，使性急底要快也不得，性寬底要慢也不得，所以養得人情性。如今教人既無禮樂，只得把兩册文字教他讀。然而今未論人會學，喫緊自無人會教。所以明道欲得招致天下名儒，使講明教人之方，其德行最高者，❶留以爲太學師，却以次分布天下，令教學者。須是如此，然後學校方成次第也。時舉。

衣食不足，則不暇治禮義；而飽暖無教，則又近於禽獸，故既富而教之。燾。

❶「其」上，萬曆本有「選」字。

苟有用我章

立之説「苟有用我者」一章。曰：聖人爲政，一年之間，想見以前不好底事都革得盡。到三年，便財足兵强，教行民服。時舉。

「如有用我者，期月而已可也。」聖人做時，須一切將許多不好底撤换了，方做自家底。所以伊川云，紀綱布置，必三年方可有成也。賀孫。

善人爲邦章

安卿問：《集注》云：「民化於善，可以不用刑殺。」恐善人只是使風俗醇樸。若化於善，恐是聖君之事？曰：大概論功效是如此。其深淺在人，不必恁地粘皮着骨去説。不成説聖人便得如此，善人便不得如此？不必恁地分別。善人是他做百年工夫，積累到此，自是能使人興善，人自是不陷於刑辟。如文、景恁地，後來海内富庶，豈不是「勝殘去殺」。如漢循吏，許多人才循良，也便有效。如陳太丘、卓茂、魯恭只是縣令，也能如此。不成説你不是聖人，❶如何做得這箇！只看他功效處，又何必較量道聖人之效是如此，善人之效是如彼？聖人比善人自是不同。且如「綏之斯來，動之斯和」；「殺之而不怨，利之而不庸，民日遷善而不知爲之」，善人定是未能到這田地。但是有這般見識，有這般心胸，積累做將去，亦須有效。且如而今寬刑薄賦，民亦自能興起而不陷於刑。聖人論功效亦是大概如此。

❶「你」下，萬曆本有「便」字。

只思量他所以致此效處如何便了，何必較他優劣。便理會得，也無甚切己處。義剛。

問：「善人爲邦百年」，又「教民七年」，又「必世後仁」，與「期月可也，三年有成」之義，如何？曰：此須有聖人作用，方得如此。今大概亦自可見。惟明道《文集》中一策答得甚詳，與今人答策專是謾策題者甚別。試讀之可見。去僞。

如有王者章

或問：「三年有成」，「必世後仁」，遲速不同，何也？曰：伊川曰：「三年，謂法度紀綱有成而化行也。」漸民以仁，摩民以義，使之浹於肌膚，淪於骨髓，天下變化，風移俗易，民歸于仁，而禮樂可興，所謂仁也。此非積久何以能致？又曰：自一身之仁而言之，這箇道理浸灌透徹；自天下言之，舉一世之仁，皆是這箇道理浸灌透徹。植。

苟正其身章

問：范氏以先正其身，爲王者以德行仁之事；不能正其身而正人，爲以力假仁之事。曰：王者、霸者，只是指王、霸之道。范氏之説，緩而不切。必大。

定公問一言興邦章

聖人説話，無不子細，磨稜合縫，盛水不漏。如説「以德報怨」，如説「一言興邦」。其他人便只説「予無樂乎爲君，惟其言而莫予違也」，便可以喪邦，只此一句便了。聖人則須是恁地子細説，方休。如孟子説得便粗，如「今之樂猶古之樂」，大王、公劉好色好貨之類。故横渠説：「孟子比聖人自是粗。顔子所以未到聖人，亦只是心尚粗。」義剛。

葉公問政章

曾問：「近者悦，遠者來。」夫子答葉公之問政者，專言其效，與答季康子、子夏等不同，如何？曰：此須有施爲之次第。葉公老成，必能曉解也。人傑。

近者悦而遠者來，則大小强弱，非所論矣。燾。

樊遲問仁章

孔門教人，多以數語能使人自存其心。如「居處恭」，纔恭，則心不放也。如此之類。

問「雖之夷狄不可棄」。曰：上三句散着，下一句方擫得緊。謙之。

亞夫問：如何「雖之夷狄不可棄」？曰：「道不可須臾離，可離非道。」須是無間斷方得。若有間斷，此心便死了。在中國是這箇道理，在夷狄也只是這箇道理。子善云：若「居處恭，執事敬，與人忠」時，私心更無着處。曰：若無私心，當體便是道理。南升。

或問：「樊遲問仁」一段，聖人以是告之，不知樊遲果能盡此否？曰：此段須反求諸己，方有工夫。若去樊遲身上討，則與我不相干矣。必當思之曰：居處恭乎？執事敬乎？與人忠乎？不必求諸樊遲能盡此與否也。又須思「居處恭」時如何，不恭時如何；「執事敬」時如何，不敬時如何；

「與人忠」時如何，不忠時如何，方知須用恭敬與忠也。今人處於中國，飽食煖衣，未至於夷狄，猶且與之相忘；而不知其不可棄，而況之夷狄，臨之以白刃，而能不自棄者乎！履孫。

大凡讀書，須是要自家日用躬行處着力，方可。且如「居處恭，執事敬，與人忠，雖之夷狄不可棄也」，與那「言忠信，行篤敬，雖蠻貊之邦行矣；言不忠信，行不篤敬，雖州里行乎哉」，此二事須是日日粘放心頭，不可有些虧欠處。此最是爲人日下急切處，切宜體之！椿。

亞夫問「居處恭，執事敬」一章。曰：這箇道理，須要到處皆在，使生意無少間斷，方好。譬之木然，一枝一葉，無非生意。才有一豪間斷，便枝葉有不茂處。時舉云：看來此三句，動靜出處，待人接物，無所不該，便私意自無容處。因兼「仲弓問仁」一章說曰：大抵學問只要得箇門户子入。若入得門了，便只要理會箇仁。其初入底門户，不必只說道如何如何。若纔得箇門户子入，須便要入去。若只在外面說道如何，也不濟事。時舉。

或問：胡氏謂：「樊遲問仁者三：此最先，『先難』次之，『愛人』其最後乎！」何以知其然？曰：雖無明證，看得來是如此。若未嘗告之以恭、敬、忠之說，則所謂「先難」者，將何從下手？至於「愛人」，則又以發於外者言之矣。廣。

子貢問士章

問：「行己有耻，使於四方，不辱君命」，兩句似不連綴。恐是「行己有耻」，則足以成其身；推是心以及職分，則「不辱君命」，又可以成其職分之所當爲。曰：「行己有耻」，則不辱其身；「使於四方」，能盡其職，則「不辱君命」。廣。

「宗族稱孝，鄉黨稱弟」，是能守一夫之私行，而不能廣其固有之良心。賀孫。

文振舉程子曰：「子貢欲爲皎皎之行聞於人者，夫子告之皆篤實自得之事。」謂子貢發問節次正如此。曰：子貢平日雖有此意思，然這一章却是他大段平實了。蓋渠見「行己有耻，使於四方」，不是些小事，故又問其次。至「宗族稱孝，鄉黨稱弟」，他亦未敢自信，故又問其次。凡此節次，皆是他要放平實去做工夫，故每問皆下。到下面問「今之從政者何如」，却是問錯了。聖人便云「何足算也」，乃是爲他截斷了也。此處更宜細看。時舉。

子貢問士，都是退後説。子貢看見都不是易事，又問其次。子貢是着實見得那説底也難，故所以再問其次。這便是伊川所謂「子貢欲爲皎皎之行，夫子告之皆篤實自得之事」底意。植。

或説某人可奉使。云：子貢問士，孔子告之，云云。伊川云「篤實自得之事」，謂如有耻不辱，其次常行，又其次雖小人亦可，只是退步意思。如「使乎使乎」。意，則是深厚足有爲者。又如行三軍，「臨事而懼，好謀而成」，此八字極有意。然言之謙謙氣象，正如出軍之「憂心悄悄」也。若軒然自表於衆人之上，安可爲將！如孔明用兵如此，然未嘗謂精。又如曹公賞諫烏桓者。❶至如徐禧云「左縈右拂，直前刺之，一步三

❶「桓」，原作「柏」，據《三國志·魏書·武帝紀》改。

人」，則其死可見矣。狄青殺伐，敗之而已。至于太原，出境而止。段潁則不然。方。

不得中行而與之章

狂者，知之過；狷者，行之過。僩。

問「不得中行而與之」一段。曰：謹厚者雖是好人，無益於事，故有取於狂狷。然狂狷者又各墮於一偏。中道之人，有狂者之志，而所爲精密；有狷者之節，又不至於過激，此極難得。時舉。

人須是氣魄大，剛健有立底人，方做得事成。而今見面前人都恁地衰，做善都做不力；便做惡，也做不得那大惡，所以事事不成。故孔子歎「不得中行而與之，必也狂狷乎」，人須有些狂狷，方可望。僩。

聖人不得中行而與之，必求狂狷者，以狂狷者尚可爲。若鄉原，則無説矣。今之人，纔説這人不識時之類，便須有些好處；纔説這人圓熟識體之類，便無可觀矣。揚。

問「狂狷」，《集注》云：「善人胡爲亦不及狷者。」曰：善人只循循自守，據見定，不會勇猛精進；循規蹈矩則有餘，責之以任道則不足。淳録下云：故無可望。狷者雖非中道，然這般人終是有筋骨。淳録作：骨肋。其志孤介，知善之可爲而爲之，知不善之不可爲而不爲，直是有節操。狂者志氣激昂。聖人本欲得中道而與之，晚年磨來磨去，難得這般恰好底人，如狂狷，尚可因其有爲之資，裁而歸之中道。道夫録云：得聖人裁抑之，則狂者不狂，狷者不狷矣。○淳録云：末年無奈何，方思得此等人，可見道之窮矣。問：何謂狷？曰：介然有守也。且如孔門只一箇顔子如此純粹。道夫録作：合下天資純粹。到曾子，道夫録有「氣質」字。便過於剛，與孟子相似。世衰道微，人欲横流，若不是剛介有脚跟底人，定立不住。漢文帝謂之善人，武帝却有狂底氣象。陸子静《省試策》：「世謂文帝過武帝，愚謂武帝勝文帝。」其論雖偏，容有此理。文帝天資雖美，然止此而已。道夫録云：若責之以行聖人之道，則必不能，蓋他自安於此。觀其言曰：「卑之無甚高論，令今可行也。」武帝多有病痛，然天資高，足以有爲。使合下得真儒輔佐它，豈不大可觀！惜夫輔非其人，不能勝其多欲之私，做從那邊去了。末年天下虚耗，其去亡秦無幾，然它自追悔，亦其天資高也。如與衛青言：「若後世又如朕所爲，❶是襲亡秦之迹。太子厚重好静，欲求守文之主，安有賢於太子者乎！」見得它知過處。胡氏謂：「武帝能以仲舒爲相，汲黯爲御史大夫，豈不善乎？」寓。○道夫録、淳録同。

南人有言章

問「不占而已矣」。曰：如只是不讀書之意。僩。

或問「或承之羞」。曰：承，如奉承之「承」，如人送羞辱與之也。燾。

君子和而不同章

問：諸説皆以「和」如「和羹」爲義，如何？曰：不必專指對人説。只君子平常自處亦自和，自然不同。大抵君子、小人只在公私之間，淳録云：君子、小人只是這一箇事，而心有公私不同。孔子論君子、小人，皆然。和是公底同，同

❶「如」，萬曆本作「爲」。

是私底和。如「周而不比」，亦然。周是公底比，比是私底周，同一事而有公私。五峰云：「天理、人欲，同體異用，同行異情。」說「同行異情」，却是。所謂同體者，却只是言同一事。但既犯了「體用」字，却成同體，❶則是體中亦有人欲。❷五峰只緣錯認了性無善惡，便做出無限病痛。《知言》中節節如此。㽦。

立之問：「君子和而不同」，如温公與范蜀公議論不相下之類。不知「小人同而不和」，却如誰之類？曰：如吕吉甫、王荆公是也。蓋君子之心，是大家只理會這一箇公當底道理，故常和而不可以苟同。小人是做箇私意，故雖相與阿比，然兩人相聚也便分箇彼己了；故有些少利害，便至紛争而不和也。時舉。

君子易事而難説章

問「君子易事而難説」。曰：君子無許多勞攘，故易事。小人便愛些便宜，人便從那罅縫去取奉他，故易説。燾。

君子泰而不驕章

問「君子泰而不驕」。曰：泰，是從容自在底意思；驕，便有私意。欺負他無，❸欺負他理會不得，是靠我這些子，皆驕之謂也。如漢高祖有箇粗底泰而不驕。他雖如

❶「同體」二字，原無，今據朝鮮本補。
❷「則」字，原無，今據朝鮮本補。
❸「欺」，原作「數」，今據萬曆本改。

此胡亂罵人之屬，却無許多私意。唐太宗好作聰明，與人辯，便有驕底意思。燾。

剛毅木訥近仁章

問：「剛毅木訥近仁」，剛與毅如何分別？曰：剛是體質堅强，如一箇硬物一般，不軟不屈；毅却是有奮發作興底氣象。寓。

仁之爲物難説，只是箇惻隱、羞惡未發處。這箇物事，能爲惻隱、羞惡，能爲恭敬、是非。剛毅木訥，只是質樸厚重，守得此物，故曰「近仁」。震。

子路問士章

問「何如斯可謂之士」一段。曰：聖人見子路有粗暴底氣象，故告之以「切切」、「怡怡」。又恐子路一向和説去了，又告之以「朋友切切偲偲」，「兄弟」則「怡怡」。聖人之言是恁地密。謙之。

問：胡氏説：「切切，懇到也；偲偲，詳勉也。」如何是懇到詳勉意思？曰：古人多下聯字去形容那事，亦難大段解説，想當時人必是曉得這般字。今人只是想象其聲音，度其意是如此耳。「切切、偲偲」，胡氏説爲當。懇到，有苦切之意。然一向如此苦切，而無浸灌意思，亦不可。又須着詳細相勉，方有相親之意。寓。

善人教民七年章

問：「善人教民七年，亦可以即戎矣。」如何恰限七年？曰：如此等，他須有箇分明界限。如古人謂「三十年制國用，則有九年之食」，至班固，則推得出那三十年果可以有九年食處。料得七年之類亦如此。廣。

問：孔子云：「善人教民七年，亦可以即戎矣。」❶晉文公自始入國至僖公二十七年，教民以信、以義、以禮，僅得四年，遂能一戰而霸。此豈文公加善人一等也耶？曰：大抵霸者尚權譎、要功利，此與聖人教民不同。若聖人教民，則須是七年。謨。

問：《集注》先只云「教民者，教之孝悌忠信。」後又添入「務農講武之法」。曰：古人政事，大率本末兼具。因說：向來此間有盜賊之害，嘗與儲宰議起保伍，彼時也商量做一箇計畫。後來賊散，亦不成行。後來思之，若成行，亦有害。蓋纔行此，便着教他習武事。然這裏人已是殺人底，莫更教得他會越要殺人。如司馬温公嘗行保伍之法，春秋教習，以民爲兵。後來所教之人歸，更不去理會農務生事之屬，只管在家作鬧，要酒物喫，其害亦不淺。古人兵出於民，却是先教之以孝悌忠信，而後驅之於此，所以無後來之害。燾。

以不教民戰章

或疑：「不教民戰。」善人教民也七年，固是教之以孝弟忠信，不須兼戰法而教之否？曰：不然。戰法自不用了。孔子却是爲見春秋時忒會戰，故特說用教之以孝悌忠信之意。伯羽。

❶「戎」，原作「戌」，今據萬曆本及《論語・子路》改。

朱子語類卷第四十四 計二十五板

論語二十六

憲問篇

憲問恥章

問：《集注》云：「憲之狷介，其於『邦無道穀』之可恥，固知之；至於『邦有道穀』之可恥，恐未必知。」何也？曰：邦有道之時，不能有爲，只小廉曲謹，濟得甚事？且如舊日秦丞相當國，有人壁立萬仞，和宮觀也不請，此莫是世間第一等人！及秦既死，用之爲臺諫，則不過能論貪污而已，治録云：爲侍從，不過做得尋常事，此不免蹈聖人所謂恥也。於國家大計，亦無所建立。且如「子貢問士」一段，「宗族稱孝，鄉黨稱弟」之人，莫是至好；而聖人必先之以「行己有恥，不辱君命」爲上。蓋孝弟之人，亦只是守得那一夫之私行，不能充其固有之良心。然須是以孝弟爲本，無那孝弟，也做不得人，有時方得恰好。須是充那固有之良心，到有恥、不辱君命處，方是。謙之。○治録云：子貢問士，必先答以「行己有恥，使於四方不辱君命」。自今觀之，宗族、鄉黨皆稱孝弟，豈不是第一等人？然聖人未以爲士之至行者，僅能行其身無過，而無益於人之國，不足深貴也。

問：「邦有道穀，邦無道穀，恥也。」諸家只解下一脚爾，上一句却不曾説着。此言「邦有道穀，邦無道穀」，而繼之以「恥也」者，豈非爲世之知進不知退者設耶？曰：

「穀」之一字，要人玩味。穀有食祿之義。言有道、無道，只會食祿，略無建明，豈不可深耻！謨。

克伐怨欲不行章

「克、伐、怨、欲」，須從根上除治。閎祖。

「克、伐、怨、欲不行」，只是遏殺得在此心不問存亡，須是克己。祖道。

「克、伐、怨、欲不行」，所以未得爲仁者，如面前有一事相觸，雖能遏其怒，畢竟胸中有怒在，所以未得爲仁。蓋卿。

晞遜問：「克、伐、怨、欲不行」，如何？曰：此譬如停賊在家，豈不爲害？若便趕將出去，則禍根絶矣。今人非是不能克去此害，却有與它打做一片者。人傑。

問：「克、伐、怨、欲不行」，孔子不大段與原憲。學者用工夫，且於此不行焉亦可。曰：須是克己，涵養以敬，於其方萌即絶之。若但欲不行，只是遏得住，一旦決裂，大可憂！可學。

問「可以爲難矣」。曰：這箇也是他去做功夫，只是用功淺在。燾。

問「克、伐、怨、欲不行」。曰：不行，只是遏在胸中不行耳，畢竟是有這物在裏，才說無，便是合下掃去，不容它在裏。譬如一株草，剗去而留其根，與連其根剗去，此箇意思如何？而今人於身上有不好處，須是合下便剗去。若只是在人面前不行，而此箇根苗常留在裏，便不得。又問：而今覺得身上病痛，閑時自謂都無之，才感物時便自發出，如何除得？曰：閑時如何會發？只是感物便發。當其發時，便剗除去，莫令發便了。又問：而今欲到無欲田地，莫只是剗除熟後，自會如此否？曰：也只是剗除熟。而今人於身上不好處，只是常剗去之。才發便剗，自到熟處。夔孫。

問：「克、伐、怨、欲不行」，此是禁制之，未能絶去根苗也。曰：說也只是恁地說。但要見得那絶去根苗底是如何用功，這禁制底是如何用功，分別這兩般功夫是如何。又問：恐絶去根苗底，如顔子克己否？曰：如「勿」字，也是禁止之。公更去子細思量。只恁地如做時文樣抵說，❶不濟事。燾。

問：「克、伐、怨、欲」須要無。先生前日令只看大底道理，這許多病自無。今看來莫是見得人己一體，則求勝之心自無；見得事事皆己當爲，則矜伐之心自無；見得「死生有命，富貴在天」，則忿怨貪欲之心自無否？曰：固是如此。這已是第二着了。問：莫是見得天地同然公共底道理否？曰：這亦是如此，亦是第二着。若見得本來道理，亦不待說與人公共不公共。見得本來道理只自家身己上，是勝箇甚麽？是伐箇甚麽？是怨、欲箇甚麽？所以夫子告顔子，只是教他「克己復禮」。能恁地，則許多病痛一齊退聽。「出門如見大賓，使民如承大祭」，這是防賊工夫。「克己復禮」，這是殺賊工夫。賀孫。

「克己」底是一刀兩段，而無「克、伐、怨、欲」了。「克、伐、怨、欲不行」底，則是忍着在内，但不放出耳。燾。

「克、伐、怨、欲不行」，只是禁止不使之行；其要行之心，未嘗忘也。「克己復禮」，

❶「抵」，萬曆本作「底」。

便和那要行之心都除却。此「克己」與「克、伐、怨、欲不行」，所以氣象迥別也。枅。

問：「克、伐、怨、欲不行」，何以未足爲仁？必「克己復禮」乃得爲仁？曰：「克己」者，一似家中捉出箇賊，打殺了便没事。若有「克、伐、怨、欲」而但禁制之，使不發出來，猶關閉所謂賊者在家中；只是不放出去外頭作過，畢竟窩藏。必大。

問「克己」與「克、伐、怨、欲不行」。曰：「克己」是拔去病根。「不行」是捺在這裏，且教莫出，然這病根在這裏。譬如捉賊，「克己」便是開門趕出去，索性與它打殺了，便是一頭事了。「不行」是閉了門，藏在裏面，教它且不得出來作過。謙之。

「克己」，如誓不與賊俱生；「克、伐、怨、欲不行」，如「薄伐玁狁，至于大原」，但逐出境而已。僩。

安卿説「克、伐、怨、欲不行」。先生問曰：這箇禁止不行，與那非禮勿視、聽、言、動底「勿」字，也只一般。何故那箇便是爲仁？這箇禁止却不得爲仁？必有些子異處，試説看。安卿對曰：非禮勿視、聽、言、動底，是於天理、人欲之幾，既曉然判別得了，便行從天理上去。「克、伐、怨、欲不行」底，只是禁止不行這箇人欲，却不知於天理上用功，所以不同。曰：它本文不曾有此意。公何據輒如此説？久之，曰：有一譬喻：如一箇人要打人，一人止之曰：「你不得打！才打他一拳，我便解你去官裏治你。」又一人曰：「你未要打它。」此二者便是「克己」與「不行」之分。「克己」是教它不得打底，「不行」是教它未要打底。教它不得打底，便是從根源上與它説定不得打。未要打底，是這裏未要打，及出門去，則有時而打之矣。觀此可見「克己」者是從根源上一刀兩斷，便斬絶了，更不復萌；「不行」底只是禁制它不要出來，它那欲爲之心未嘗忘也。且如怨箇人，却只禁止説莫要怨它，及至此心欲動，又如此禁止。雖禁止得住，其怨之之心則未嘗忘也。如自家飢，見芻豢在前，心中要喫，却忍得不喫。雖强忍住，然其欲喫之心未嘗忘。「克己」底，則和那欲喫之心也打疊殺了。僩。

李閎祖問目中有「『克、伐、怨、欲不行』及『非禮勿視、聽、言、動』」一段。先生問德明云：謂之「勿」，則與「不行」者亦未有異，何以得仁？德明對曰：「勿」者，禁止之詞。顔子工夫只是積漸克將去，人欲漸少，天理漸多，久之則私意剥盡，天理復全，方是仁。曰：雖如是，終是「勿」底意猶在，安得謂之仁？再三請益。曰：到此説不得。只合實下工夫，自然私意留不住。德明。

問：「克伐」與「克復」只是一箇「克」字，用各不同。切謂「克己」是以公勝私，「克伐」是有意去勝人。曰：只是箇出入意。「克己」是入來勝己，「克伐」是出去勝人。問：楊敬仲説：「『克』字訓能。此己，元不是不好底。『爲仁由己』，何嘗不好？『克己復禮』，是能以此己去復禮也。」曰：艾軒亦訓「克」作能，❶謂能自主宰。此説雖未善，然猶是着工夫。若敬仲之言，是謂無己可克也。德明。

問：「克、伐、怨、欲」章，不知原憲是合下見得如此，還是他氣昏力弱，没奈何如此？曰：是他從來只把這箇做好了，只要得不行便了，此所以學者須要窮理。只緣

❶「克」，萬曆本作「是」。

他見得道理未盡，只把這箇做仁。然較之世之沉迷私欲者，他一切不行，已是多少好。惟聖道廣大，只恁地不濟事，須着進向上去。「克、伐、怨、欲」，須要無始得。若藏蓄在這裏，只是做病。問：憲本原也不是要藏蓄在這裏。曰：這也未見他要藏蓄在。只是據他說，便不是了。公不消如此看。只那箇是是，那箇是不是。聖人分明說這箇不是仁，公今只看合要無，合要有了不行。若必定要無，下梢猶恐未能盡去。若合下只要不行便了，下梢道如何？❶問：孔子既云「不知其仁」，原憲却不問仁，何也？曰：這便是它失問。這也是他從來把自見做好了如此。明道亦說：「原憲承當不得，所以不復問。」他非獨是這句失問，如「邦有道穀，邦無道穀，恥也」，也失問。邦無道，固不當受禄；若有道，如何也不可受禄？當時未見得意思，也須着較量。蓋邦無道而受禄，固不可；有道而苟禄，亦不可。問：原憲也不是箇氣昏力弱底人，何故如此？曰：他直是有力。看他孤潔節介，卒未易及，只是見識自如此。若子路見識較高，他問時須問到底。然教原憲去爲宰從政，未必如子路、冉求之徒。若教子路、冉求做原憲許多孤介處，也做不得。孟子曰：「人有不爲也，而後可以有爲。」原憲却似只要不爲，却不理會有爲一節。如今看道理，也恁地漸漸看將去。不可說道無所見、無所得，便放倒休了；也不可道有些小所見，有些小所得，便自喜道：「只消如此。」這道理直是無窮。賀孫。

❶「下梢」二字，萬曆本無。

問：原憲强制「克、伐、怨、欲」，使之不行，是去半路上做工夫，意思與告子相似。觀其辭所合得之粟，亦是此意。曰：憲是箇狷者。傳中説憲介狷處亦多。廣。

或説：憲問仁，是原憲有所感。曰：不必如此説。凡觀書，且論此一處文義如何，不必它説。可學。

有德者必有言章

問范氏之説。曰：以心譬仁，以四肢譬勇，此説亦無甚病。若欲以勇爲義之屬，則是夫子亦不合説「仁者必有勇」也。范氏之失，却在首句所謂「仁之爲力，舉者莫能勝」上。蓋欲以此形容「勇」字，却不知其不類也。必大。

南宮适問於孔子章

南宮适大意是説德之可貴，而力之不足恃。説得也好，然説不透，相似説堯、舜賢於桀、紂一般。故聖人不答，也是無可説。蓋他把做不好，又説得是；把做好，又無可説，只得不答而已。亦見孔子不恁地作閙，得過便過。淳。

問：如何見得以禹、稷比夫子？曰：舊説如此。觀夫子不答，恐有此意，但問得鶻突。蓋适意善而言拙，儗人非其倫爾。❶太史公亦以盜跖與伯夷並説，《伯夷傳》乃史遷自道之意。必大。

問：明道謂适以禹、稷比夫子，故夫子

❶「儗」，萬曆本作「擬」。

不答。上蔡以爲首肯之意，非直不答也。龜山以爲禹、稷有天下不止躬稼，夫子未盡然其言，故不答。三説孰是？曰：适之言亦不爲不是，問得也疏。禹、稷是好人，羿、奡自是不好底人，何消恁地比並説。夫子也只是不答，緣問得騃。正如仲尼賢於盗跖，❶這般説話，豈不是騃！然它意思却好，所以出而聖人稱美之曰：「君子哉若人！尚德哉若人！」如孟子所謂「孳孳爲善者，舜之徒也」云云，「不以舜之所以事堯事君」云云，這般言語多少精密！适之問如何似得這般話。舉似某人詩云云，「何似仲尼道最良。張僧、范寇知何物，却與宣尼較短長！」寓。

問：夫子不答南宮适之問，似有深意。曰：如何？過謂：禹、稷之有天下，羿、奡不得其死，固是如此。亦有德如禹、稷而不有天下者，孔子終身爲旅人是也；亦有惡如羿、奡而得其終者，盗跖老死於牖下是也。凡事應之必然，有時而或不然。惟夫子之聖，所以能不答。君子之心，亦爲其所當爲，而不計其效之在彼。蜀録云：必然之中，或有不然者存。學者之心，惟知爲善而已，他不計也。夫子不答，固有深意，非聖人不能如是。曰：此意思較好。過。

君子而不仁者章

問：此君子莫只是輕説，不是指那成德者而言否？曰：「君子而不仁者有矣夫」，他只是用這般見成句。義剛。

問此章。曰：君子譬如純白底物事，

❶「於」，萬曆本作「如」。

雖有一點黑，是照管不到處。小人譬如純黑底物事，雖有一兩點白處，❶却當不得白也。燾。

愛之能勿勞乎章

至之問「愛之能勿勞乎」。曰：愛之而弗勞，是姑息之愛也。凡人之愛，多失於姑息。如近有學者持服而來，便自合令他歸去。却念他涉千里之遠，難爲使他徒來而徒去，遂不欲却他。此便是某姑息處，乃非所以爲愛也。時舉。

爲命章

問「爲命，裨諶草創之」。曰：春秋之辭命，猶是說道理。及戰國之談說，只是說利害，說到利害的當處便轉。謙之。

或問子產章

子產心主於寬，雖說道「政尚嚴猛」，其實乃是要用以濟寬耳，所以爲惠人。賀孫。

「問管仲，曰：『人也。』」范、楊皆以爲盡人道，《集注》以爲「猶云，此人也」，如何？曰：古本如此說，猶《詩》所謂「伊人」，《莊子》所謂「之人」也。若作盡人道說，除管仲是箇人，他人便都不是人！更管仲也未盡得人道在，「奪伯氏駢邑」，正謂奪爲己有。問：《集注》言管仲、子產之才德。使二人從事於聖人之學，則才德可以兼全否？曰：若工夫做到極處，也會兼

❶「兩」，萬曆本無。

全。寓。

問：孔子所稱管仲奪伯氏邑，「没齒無怨言」，此最難，恐不但是威力做得。曰：固是。雖然，亦只是霸者事。問：武侯於廖立、李平是如何？曰：看武侯事迹，儘有駁雜去處；然事雖未純，却是王者之心。管仲連那心都不好。程先生稱武侯「有王佐之才」，亦即其心而言之，事迹間有不純也。然其要分兵攻魏，先主將一軍入斜谷，關羽將荆州之衆北向，則魏首尾必不相應，事必集矣。蜀人材難得，都是武侯逐旋招致許多人，不似高祖、光武時雲合響應也。賀孫。

問：《集注》云：「管仲之德，不勝其才；子産之才，不勝其德。其於聖人之道，概乎其未有聞也。」若據二子所成之事迹，則誠未知聖人之學。然觀管仲「非鬼神通之，精神之極也」之語，與子産論伯有事，其精思察理如此，恐亦未可謂全不知聖人之學。曰：大處他不知，如此等事，他自知之。且使子路爲鄭國，必須强似子産。觀其自謂三年爲國，「可使有勇，且知方也」，則必不爲强國所服屬矣。廣。

貧而無怨章

問「貧而無怨難，富而無驕易」。曰：貧則無衣可着，無飯可喫，存活不得，所以無怨難。富則自有衣着，自有飯喫，但略知義理，稍能守本分，便是無驕，所以易。二者其勢如此。燾。

「貧而無怨」，不及於「貧而樂」者，又勝似「無諂」者。

子路問成人章

至之問：「子路問成人」一章，曰「知」，曰「不欲」，曰「勇」，曰「藝」，有是四德，而「文之以禮樂」，固「可以爲成人」。然聖人却只舉臧武仲、公綽、卞莊子、冉求，恐是就子路之所及而言。曰：也不是揀低底説，是舉這四人，要見得四項。今有人知足以致知，又無貪欲，又勇足以決，又有才能，這箇亦自是甚麽樣人了！何况又「文之以禮樂」，豈不足爲成人！又問：《集注》謂「才全德備，渾然不見一善成名之迹，粹然無復偏倚駁雜之弊」，雖聖人亦不過如此。後面又説：「若論其至，則非聖人盡人道不足以語此。」然則聖人之盡人道，事體似又别？曰：若聖人，則不用件件恁地説。又問：下面説：「見利思義，見危授命，久要不忘平生之言。」覺見子路也盡得此三句，不知此數語是夫子説，是子路説？曰：這一節難説。程先生説「有忠信而不及於禮樂」，也偏。至之云：先生又存胡氏之説在後，便也怕是胡氏之説是，所以存在後。倪。○時舉録略，别出。

至之問「子路問成人」一章。曰：有知而不能不欲，則無以守其知；能不欲而不能勇，則無以決其爲知。不欲且勇矣，而於藝不足，則於天下之事有不能者矣。然有是四者，而又「文之以禮樂」，兹其所以爲成人也。又問：若聖人之盡人道，則何以加此？曰：聖人天理渾全，不待如此逐項説矣。時舉。

或問「文之以禮樂」。曰：此一句最重。上面四人所長，且把做箇樸素子，唯

「文之以禮樂」，始能取四子之所長，而去四子之所短。然此聖人方以爲「亦可爲成人」，則猶未至於踐形之域也。時舉。

亞夫問「子路成人」章。曰：這一章最重在「文之以禮樂」一句上。「今之成人者」以下，胡氏以爲是子路之言，恐此說却是，蓋聖人不應只說向下去。且「見利思義」至「久要不忘平生之言」三句，自是子路已了得底事，亦不應只恁地說。蓋子路以其所能而自言，故胡氏以爲「有『終身誦之』之固」也。亞夫云：若如此，夫子安得無言以繼之？曰：恐是他退後說，也未可知。時舉。

楊尹叔問：「今之成人」以下，是孔子言，抑子路言？曰：做子路說方順。此言亦似子路模樣。然子路因甚如此說？畢竟亦未見得。又問：公綽不欲等，可以事證否？曰：亦不必證。此只是集衆善而爲之，兼體用、本末而言。淳。

子問公叔文子章

「時然後言」者，合說底不差過它時節。植。

問「子問公叔文子」章。曰：且說這三箇「不厭」字意思看。或云：緣它「時然後言」，「樂然後笑」，「義然後取」，❶所以人不厭之。曰：惟其人不厭之，所以有「不言、不笑、不取」之稱也。蓋其言合節拍，所以雖言而人不厭之，雖言而實若不言也。這「不厭」字意，正如孟子所謂「文王之囿，方七十里，民猶以爲小」相似。僩。

❶「樂」、「義」，原皆作「時」，今據《論語・憲問》改。

魏才仲問：「子問公叔文子」一段，當時亦未必是誇。曰：若不是誇，便是錯説了。只當時人稱之已過當，及夫子問之，而賈所言又愈甚，故夫子不信。可學。

如「不言、不笑、不取」，似乎小，却難。若真能如此，只是一偏之行。然公明賈却説「以告者過也」。「時然後言」，「樂然後笑」，「義然後取」，似乎易，却説得大了。蓋能如此，則是「時中」之行也。燾。

晉文公譎而不正章

因論威、文譎正，曰：威公是較本分得些子。文公所爲事，却多有曲折處，《左傳》所載可見，蓋不特天王狩河陽一事而已。義剛。

問：晉文公「譎而不正」，諸家多把召王爲晉文之譎。《集注》謂「伐衛以致楚師，而陰謀以取勝」，這説爲通。曰：晉文舉事，多是恁地，不肯就正做去。吕伯恭《博議》論此一段甚好，然其説忒巧。逐節看來，却都是如此。晉文用兵，便是戰國孫、吴氣習。寓。

東萊《博議》中論桓、文正譎甚詳，然説亦有過處。又曰：桓公雖譎，却是直拔行將去，其譎易知。如晉文，都是藏頭没尾，也是蹺蹊。驤。

子路曰桓公殺公子糾章

周衰，王道不振，管仲乃能「九合諸侯，不以兵車」，功被當時，澤流後世，誰得如他之仁！「如其仁」，夫子許其有仁之事功也。砥。

江彝叟問：管仲，「如其仁」，顏漕説作

管仲之仁如召忽，是否？曰：聖人於上面豈曾許召忽仁來。聖人分明直許管仲云：「九合諸侯，不以兵車，管仲之力也。如其仁！」「如其仁」者，誰得似他這仁！又云：公且子細看他是許管仲，不是許管仲？聖人上面既說得管仲如此大了，後面却如何只恁地小結殺得？且如公做文字，上面說幾句重了，下面如何恁地輕去得？江兄又問：顏灃之意，以召忽之意爲仁，而管仲似之。曰：聖人於上面已自說「自經於溝瀆」一項，已結之矣，豈得更如此？先生因說：楊雄言：「爰變丹青，如其智！」這句便是不許他底說話。且如《易》中所謂「又誰咎也」自有三箇，而其義則有兩樣：如「不節之嗟」與「自我致寇」言之，則謂咎皆由己，不可咎諸人；如「出門同人」言之，則謂人誰有咎之者矣。以此見古人立言，有用字雖同而其義則不同。卓。○賀孫疑同聞別出。

江問：「如其仁」，或說如召忽之仁。曰：公且道此是許管仲，是不許管仲？看上面如此說，如何喚做不許他？上面說得如此大了，下面豈是輕輕說過。舊見人做時文，多做似仁說，看上文是不如此。公且道自做數句文字，上面意如此，下面意合如何？聖人當時舉他許多功，故云誰如得他底仁。終不成便與許顏子底意相似。管仲莫說要他「三月不違仁」，若要他三日，也不會如此。若子貢、冉求諸人，豈不强得管仲？賀孫。

亞夫問：管仲之心既已不仁，何以有仁者之功？曰：如漢高祖、唐太宗，未可謂之仁人。然自周室之衰，更春秋、戰國以至暴秦，其禍極矣！高祖一旦出來平定天下，至文、景時幾致刑措。自東漢以下，更六朝、五胡以至于隋，雖曰統一，然煬帝繼之，殘虐尤甚，太宗一旦掃除以致正觀之治。❶此二君者，豈非是仁者之功耶！若以其心言之，本自做不得這箇功業。然謂之非仁者之功，可乎？管仲之功，亦猶是也。時舉。

才仲問：南軒解子路、子貢問管仲，疑其「未仁」、「非仁」，故舉其功以告之。若二子問「管仲仁乎」，則所以告之者異。此說如何？先生良久曰：此說却當。可學。

問：《集注》說：「子路疑管仲忘君事讎，忍心害理，不得爲仁。」此忍心之「忍」，是殘忍之「忍」否？方天理流行時，遽遏絶之使不得行，便是忍心害理矣。曰：傷其惻隱之心，便是忍心。如所謂「無求生以害仁」，害仁便是忍心也。故謝子說「三仁」云：「三子之行，同出於至誠惻怛之意。」此說甚好。廣。

子貢曰管仲非仁者章

安卿問：伊川言：「仲始與之同謀，遂與之同死，可也。知輔之爭爲不義，將自免以圖後功，亦可也。」切謂天下無兩可之理，一是則一非，如兩可之說，恐亦失之寬否？曰：雖無兩可，然前說亦是可。但自免以圖後功，則可之大者。淳曰：孟子「可以死，可以無死」，是始者見其可以死，後細思之，又見其可以無死，則前之可者爲不可矣。曰：即是此意。安卿又問：《集注》謂：「王、魏先有罪而後有功，不可以相

❶「正」，當爲「貞」，係避宋仁宗諱。下同。

揜。」只是論其罪則不須論其功，論其功則不須論其罪否？曰：是。堯卿問：管仲功可揜過否？曰：他義不當死。久之，又曰：這般處也説得不分曉。大抵後十篇不似前十篇。如「子路問成人」處，説得也粗。安卿云：只是臧武仲之知等，皆不是十分底事。曰：是。❶ 義剛。○淳録同。

問：《集解》云：「管仲有功而無罪，故聖人獨稱其功。王、魏先有罪而後有功，則不以相掩可也。」其視程子説，固平實矣。然人之大節已失，其餘莫不足觀否？曰：雖是大節已失，畢竟他若有功時，只得道他是有功，始得。廣。

管仲不死子糾，聖人無説，見得不當死。後又有功可稱，不是後功可以償前不死之罪也。伊川有此意，亦恐看得不曾子細。魏鄭公則是前仕建成矣，不當更仕太宗，後却有功。温公論嵇紹、王裒，謂紹後有死節之功，須還前不是。後既策名委質，只得死也，不可以後功掩前過。王、魏二公謂功可以補過，猶可。管仲則前無過而後有功也。揚。

管仲，孔子自有説他過處，自有説他功處，過不能以揜功。如唐之王、魏亦然。或問：設有弑父、弑君不可贖之罪，雖有功，亦在所不説矣。曰：如此，則無可言者。文蔚。

問：聖人分明是大管仲之功，而孟子硬以爲卑，如何？曰：孟子是不肯做他底，是見他做得那規模來底。❷ 因云：若仲輔其君，使佐周室以令天下，俾諸侯朝聘貢

❶「曰」，萬曆本作「亦」。
❷「底」，原作「低」，今據萬曆本改。

賦皆歸於王室，而盡正名分，致周之命令復行於天下，己乃退就藩臣之列，如此乃是。今仲糾合諸侯，雖也是尊王室，然朝聘貢賦皆是歸己，而命令皆由己出。我要如此便如此，初不禀命於天子。不過只是要自成霸業而已，便是不是。義剛。

陳成子弑簡公章

問「陳成子弑簡公」一章。曰：哀公若委之孔子，孔子須有計畫以處之，必不空言而但已也。謂須有後手。意孔子，若哀公委之以權，必有道理以制三子，但有些罅縫，事便可成。謂舉國不從，而三子內一箇動便得。又問：程子云：「左氏記孔子之言曰：『陳恒弑其君，民之不與者半。以魯之衆，加齊之半，可克也。』此非孔子之言。誠若此言，是以力不以義也。」曰：聖人舉事，也不會只理會義理，都不問些利害，事也須是可行方得。但云「以魯之衆，加齊之半」，須是先得魯之衆，方可用齊之半。蓋齊之半雖未必難動，而魯之衆却未便得他從。然此事聖人亦必曾入思慮，但却不專主此也。燾。

問：「陳成子弑簡公」章云：「三子有無君之心，夫子所以警之。」曰：須先看得聖人本意。夫子初告時，真箇是欲討成子，未有此意。後人自流泝源，知聖人之言可以警三子無君之心，非是聖人托討成子以警三子。聖人心術，不如此枉曲。雉。

子路問事君章

亞夫問「勿欺也，而犯之」。曰：犯，只

是「有犯無隱」之「犯」。如「三諫不聽」之類，諫便是犯也。時舉。

徐問：「勿欺也，而犯之。」子路豈欺君者？莫只是他勇，便解恁地否？曰：是恁地。子路性勇，凡言於人君，要他聽，或至於說得太過，則近乎欺。如唐人諫敬宗遊驪山，謂驪山不可行，若行必有大禍。夫驪山固是不可行，然以爲有大禍，則近於欺矣。要之，其實雖不失爲愛君，而其言則欺矣。

問：如何是欺？曰：有意瞞人，便是欺。曰：看得子路不是瞞人底人。曰：「無臣而爲有臣」，乃欺也。廣。

君子上達章

「君子上達」，一日長進似一日；「小人下達」，一日沉淪似一日。賀孫。

問：《注》云：「君子循天理，❶故日進乎高明；小人徇人欲，故日究乎污下。」「究」字之義如何？曰：究者，究竟之義，言究竟至於極也。此段本橫渠、呂與叔之言，將來湊說，語意方備。小人徇人欲，只管被它墜下去，只見沈了，如人墜水相似。因又言究竟之義：今人多是如此。初間只是差些子，少間究竟將去，越見差得多。如說道理亦是如此。初間錯些子，少間只管去救，救來救去，越弄得大。無不如此。如人相訟，初間本是至沒緊要底事，喫不過，胡亂去下一紙狀。少間公吏追呼，出入搔擾，末稍計其所費，或數十倍於所爭之多。今人做錯一件事，說錯一句話，不肯當下覺

❶「循」，原作「反」，今據萬曆本及《論語集注》改。

悟便改，却只管去救其失，少間救得過失越大。無不是如此。僩。

問「君子上達，小人下達」。曰：伊川之説爲至，其次則吕氏得之。達，只是透向上去。君子只管進向上，小人只管向下。横渠説亦是。尹氏之所謂達，却只是説得「君子喻於義」之意，却只是喻曉之義。楊氏之説舜、跖，却是伊川之意。謝氏之説，大段遠了，不干事。范氏之説，初是喻於義利，次是達於上下，其末愈上愈下，却有伊川之意。大抵范氏説多如此，其人最好編類文字，觀書多匆遽，不子細。好《學而》首章，❶説得亂董董地，覺得他理會這物事不下。大抵范氏爲人宏博純粹，却不會研窮透徹。如《唐鑑》，只是大體好，不甚精密；議論之間，多有説那人不盡。如孫之翰《唐論》雖淺，到理會一事，直窮到底，教他更無轉側處。㽦。

古之學者爲己章

立之問「古之學者爲己，今之學者爲人」。曰：此只是初間用心分豪之差耳。所謂「上達」、「下達」者，亦只是自此分耳。下達者只因這分豪有差，便一日昏蔽似一日。如人入爛泥中行相似，只見一步深似一步，便渾身陷没，不能得出也。君子之學既無所差，則工夫日進，日見高明，便一日高似一日也。因言秦檜之事云云：其所以與張魏公有隙之由，乃因魏公不薦他作宰相，而薦趙丞相。故後面生許多怨惡，蓋皆始於此耳。時舉。

❶「好」，朝鮮本作「如」。

問：伊川云：「爲己，欲得之於己也；爲人，欲見知於人也。」後又云：「『古之學者爲己』，其終至於成物；『今之學者爲人』，其終至於喪己。」兩説不同，何也？曰：此兩段意思自別，前段是低底爲人，後段是好底爲人。前爲人，只是欲見知於人而已。後爲人，却是真箇要爲人。然不曾先去自家身己上做得工夫，非唯是爲那人不得，末後和己也喪了。雉。

蘧伯玉使人於孔子章

問：莊子説：「蘧伯玉行年五十，而知四十九年之非。」此句固好。又云：「行年六十而六十化。」化是如何？曰：謂舊事都消忘了。又曰：此句亦説得不切實。伯玉却是箇向裏做工夫人，莊子之説，自有過當處。廣。

李公晦問「行年六十而六十化」。曰：只是消融了，無固滯。蓋卿。

君子耻其言過其行章

「君子耻其言而過其行。」過，猶「行過恭，喪過哀」之「過」，謂力行也。潘叔恭。○端蒙。

子貢方人章

「賜也賢乎哉！夫我則不暇。」學者須思量不暇箇甚麽，須於自己體察方可見。友仁。

不逆詐章

問「不逆詐」章。曰：雖是「不逆詐，不億不信」，然也須要你能先覺方是賢。蓋逆詐，億不信，是才見那人便逆度之。先覺，却是他詐與不信底情態已露見了，自家這裏便要先覺。若是在自家面前詐與不信，却都不覺時，自家却在這裏做什麽？理會甚事？便是昏昧呆底相似。此章固是要人不得先去逆度，亦是要人自着些精采看，方得。又問楊氏「誠則明矣」之説。曰：此説大了，與本文不相干。如待誠而後明，其爲覺也後矣。蓋此章人於日用間便要如此。燾。

或問：「不逆詐，不億不信」，如何又以先覺爲賢？曰：聰明底人，便自覺得。如目動言肆，便見得是將誘我。燕王告霍光反，漢昭帝便知得霍光不反。燕在遠，如何知得？便是它聰明見得，豈非賢乎！若當時便將霍光殺了，安得爲賢？銖。

才仲問：南軒解「不逆詐」一段，引孔注：「先覺人情者，是能爲賢乎！」此説如何？曰：不然。人有詐、不信，吾之明足以知之，是之謂「先覺」。彼未必詐，而逆以詐待之；彼未必不信，而先億度其不信，此則不可。周子曰：「明則不疑。」凡事之多疑，皆生於不明。如以察爲明，皆至暗也，唐德宗之流是也。❶如放齊稱「胤子朱啓明」，而堯知其嚚，堯之明有以知之，是先覺也。凡「抑」字，皆是挑轉言語。舊見南軒用「抑」字，多未安。可學。

❶「德」，萬曆本作「高」。

微生畝謂孔子章

微生畝蓋晨門之徒。當時多有此般人，如棘子成亦此類。淳。

驥不稱其力章

問：「驥不稱其力」一章，謂「有德者必有才，有才者不必有德」。後世分才、德爲二者，恐失之。曰：世固有有才而無德者，亦有有德而短於才者，夫子亦自以德與力分言矣。必大。

以德報怨章

亞夫問「以德報怨」章。曰：「以德報怨」，不是不好，但上面更無一件可以報德。譬如人以千金與我，我以千金酬之，便是當然。或有人盜我千金，而吾亦以千金與之，却是何理！視與千金者更無輕重，斷然是行不得也！時舉。

「以直報怨」，則無怨矣。「以德報怨」，亦是私。璘。

問「以直報怨，以德報德」。曰：聖人答得極好。「以德報怨」，怨乃過德。以怨報德，豈是人情？「以直報怨」，則於彼合爲則爲，是無怨也，與《孟子》「三反」於「不校」同。《禮記》云：「以德報怨，寬身之仁也。」言如此亦是寬身，終不是中道。可學。

問：《禮記注》改「仁」作「人」。曰：亦不必改。通老問：在官遇故舊，有公事，如何？曰：亦權其輕重，只看此心。其事小，亦可周旋；若事大，只且依公。某問：蘇章夜與故人飲，明日按之，此莫太不是？曰：此是甚人？只是以故人爲貨！如往時秦檜當國，一日招胡明仲飲極歡；歸則章疏下，又送路費甚厚，殷勤手簡。秦檜有數事，往日親聞之胡侍郎及籍溪先生：太上在河北爲虜騎所逐，禱於崔府君廟，歸而立其祠於郊壇之旁。檜一日奏事，因奏：「北使將來，若見此祠而問，將何以對？」遽命移於湖上。可學。

問「以德報德，以直報怨」。曰：「以德報德」，蓋它有德於我，自是着饒潤它些子。所謂公法行於上，私義伸於下也。「以直報怨」，當賞則賞之，當罰則罰之，當生則生之，當死則死之，怨無與焉。不説自家與它有怨，便增損於其間。問：如此，所以「怨有不讎，德無不報」。曰：然。又云：「以德報怨」，是着意要饒他。如呂晦叔爲賈昌朝無禮，捕其家人坐獄。後呂爲相，適值朝廷治賈事，呂乃乞寬賈之罪，「恐渠以爲臣與有私怨」。後賈竟以此得減其罪。此「以德報怨」也。然不濟事，於大義都背了。蓋賞罰出於朝廷之公，豈可以己意行乎其間？又問：「以德報怨，寬身之仁也；以怨報怨，刑戮之民也。」此有病否？曰：此也似説得好。「以德報怨」，自家能饒人，則免得人只管求怨自家，故曰「寬身之仁」也。如「以怨報怨」，則日日相搥鬭打，幾時是了？故曰「刑戮之民」也。燾。

問：「以德報怨」章，《注》謂「旨意曲折反覆，微妙無窮」，何也？曰：「以德報怨」本老氏語。「以德報怨」，於怨者厚矣，而無物可以報德，則於德者不亦薄乎！呂申公爲相，曾與賈種民有怨，却與之郡職，可謂「以德報怨」，厚於此人矣，然那裏人多少被其害！賈素無行，元豐中在大理爲蔡確鷹犬，申公亦被誣搆。及公爲相，而賈得罪，公復爲請知通利軍。「以直報怨」則不然，如此人舊與吾有怨，今果賢邪，則引之薦之；果不肖耶，則棄之絶之，是蓋未嘗有怨矣。老氏之言死定了。孔子之言意思活，移來移去都得。設若不肖者後能改而賢，則吾又引薦之矣。淳。

莫我知也夫章

問：孔子告子貢曰「莫我知也夫」一段，子貢又不曾問，夫子告之，必有深意。莫是警子貢否？曰：《論語》中自有如此等處，如告子路「知德者鮮」，告曾子「一以貫之」，皆是一類。此是大節目，要當自得。這却是箇有思量底事，要在不思量處得。文蔚。

問「莫我知也夫」。曰：夫子忽然説這一句做甚？必有箇落着處。當時不特門人知孔子是聖人，其它亦有知之者，但其知處不及門人知得較親切。然孔子當是時説這話，他人亦莫知着落。惟是子貢便知得這話必有意思在，於是問説：「是人皆知夫子是聖人，何爲説道莫之知？」夫子於是説出三句，大抵都是退後底説話，這箇不喚不響。在這裏但説是「不怨天」，於天無所怨；「不尤人」，於人無所忤。「下學而上達」，自在這裏做，自理會得。如水無石，如木無風，貼貼地在這裏，人亦無緣知得。而今人所以知於人者，都是兩邊作得來張眉努眼，大驚小怪。「知我者其天乎！」便是人不及知，但有天知而已，以其與天相合也。此與對葉公之語略相似，都是放退一步說。大概聖人説話平易。若孟子，便早自不同。夔孫。○義剛録云：子曰：「莫我知也夫！」當時不惟門人知夫子，別人也知道是聖人。今夫子却恁地說，是如何？如子貢之聰明，想見也大故知聖人。但尚有知未盡處，故如此說。子貢曰：「何爲其莫知子也？」子貢説是他不爲不知夫子，所以怪而問之。夫子便説下面三句。這三句，便似葉公問孔子於子路處樣，皆是退後一步說。「不怨天」，是於天無所逆；「不尤人」，是於人無所違忤。「下學」，是只恁地去做；「上達」，是做後自理會得。這箇不響不喚，如水之無石，木之無風，只帖帖地在這裏，宜其人不能知。若似其他人撑眉努眼，恁地叫喚去做，時人却便知。但聖人却不恁地，只是就平易去做。只這平易，便是人不能及處。便如「發憤忘食，樂以忘憂」，看着只是恁地平説，但是人自不可及。人既不能知，則只有天知。所以只有天知者，是道理與天相似也。

問：「不怨天，不尤人。」此二句，體之於身，覺見「不尤人」易，「不怨天」難。何以能「不怨天」？曰：此是就二句上生出意。看了且未論恁地，且先看孔子此段本意，理會得本意便了。此段最難看。若須要解如何是「不怨天」，如何是「不尤人」，如何是「下學」，如何是「上達」，便粘滯了。天又無心無腸，如何知得？孔子須是看得脱灑，始得。此段只渾淪一意。寓録云：此段語意自是零亂星散，難捉摸，只渾崙一意。蓋孔子當初歎無有知我者，子貢因問：「何爲莫知子？」夫子所答辭，只是解「何爲莫知子」一句。大凡不得乎天，則怨天；不得乎人，則尤人。我不得乎天，亦不怨天；不得乎人，亦不尤人，與世都不相干涉。方其下學人事之卑，與衆人所共，寓録云：畢竟是尋常事，人所能共。又無奇特聳動人處。及其上達天理之妙，忽然上達去，人又捉摸不着，如何能知得我。知我者，畢竟只是天理與我默契耳。以此見孔子渾是天理。伯羽録云：所謂下學人事者，又不異常人，而無可得知，❶至上達天理處，而人又不能知。以此兩頭蹉過了，故人終不知，獨有箇天理與聖人相契耳。彼天畢竟知之。久之，又曰：聖人直是如此瀟灑，正如久病得汗，引箭在手，忽然破的也。又曰：孔子當初説這般話與子貢時，必是子貢有堪語這道理模樣。然孔子説了，子貢又無以承之，畢竟也未曉得。寓録云：問：《集注》言：「惜乎子貢猶有所未達也。」若子貢能達之，如何？曰：他若達之，必須有説，惜乎見夫子如此説，便自住了。聖門自顔、曾以下，惟子貢儘曉得聖人，多是將這般話與子貢説。他若未曉，聖人豈肯説與？但他只知得箇頭耳。若曉得，亦必有語。如「予欲無言」、「予一以貫之」，也只如此住了。如曾子聞「一貫」語，便曰「唯」。是他曉得。童問：寓録作「寓問」。伯羽録作「仲思問」。子貢後來聞性與天道，如何？曰：亦只是方聞得，畢竟也未見得透徹。又曰：「不怨天，不尤人，下學而上達」這三句，與「發憤忘食，樂以忘憂，不知老之將至」三句，以爲夫子自譽，則又似自貶；以爲自貶，則又似自譽。淳。○寓録、伯羽録少異。饒録殊略。

問：「不怨天，不尤人，下學而上達，知我者其天乎！」知，恐是與天契合，不是真有箇知覺否？先生曰：又似知覺，又不似知覺，這裏也難説。「不怨天，不尤人」，聖人都不與己相干。聖人只是理會下學，而自然上達。下學是立脚只在這裏，上達是見識自然超詣。到得後來，上達便只是這下學，元不相離。下學者，下學此事；上達者，上達此理。問：聖人亦有下學，如何？曰：聖人雖是生知，亦何嘗不學。如「入太廟，每事問」、「吾十有五而志于學」，便是學也。銖。

❶「可」，萬曆本作「所」。

「下學而上達」，每學必自下學去。泳。

未到上達，只有下學。芝。

下學、上達，雖是二事，只是一理。若下學得透，上達便在這裏。道夫。

下學者，事也；上達者，理也。理只在事中。若真能盡得下學之事，則上達之理便在此。道夫。

下學只是事，上達便是理。下學、上達，只要於事物上見理，使邪正是非各有其辨。若非子細省察，則所謂理者，何從而見之。謨。

下學，是低心下意做。到那做得超越，便是上達。佐。

道理都在我時，是上達。譬如寫字，初習時是下學，及寫得熟，一點一畫都合法度，是上達。明作。

問「下學而上達」。曰：學之至，即能上達，但看着力不着力。十五而志乎學，下學也；能立，則是上達矣。又自立而學，能不惑，則上達矣。層層級級達將去，自然日進乎高明。洽。

問：「下學上達」，聖人恐不自下學中來。曰：不要說高了聖人。高後，學者如何企及？越說得聖人低，越有意思。季札。

蔡問：有一節之上達，有全體之上達。曰：不是全體。只是這一件理會得透，那一件又理會得透，積累多，便會貫通。不是別有一箇大底上達，又不是下學中便有上達。須是下學，方能上達。今之學者於下學便要求玄妙，則不可。「洒掃應對，從此可到形而上，未便是形而上」，謝氏說過了。鄭曰：今之學者，多說文章中有性、天道。南軒亦如此說。曰：它太聰敏，便說過了。淳。

須是下學，方能上達。然人亦有下學而不能上達者，只緣下學得不是當。若下學得是當，未有不能上達。釋氏只說上達，更不理會下學。然不理會下學，如何上達！道夫。

問「不怨天」一段。曰：如此，故天知。可學。

問：「知我者其天乎！」只是孔子自知否？曰：固然。只是這一箇道理。廣。

問「莫我知也夫」一節。曰：此語乃是提撕子貢。「不怨天，不尤人，下學」處，聖人無異於衆人；到那「上達」處不同，所以衆人却莫能知得，惟是天知。又曰：《中庸》：「苟不固聰明聖知達天德者，其孰能知之！」古注云：「惟聖人能知聖人。」此語自好。所謂天知者，但只是他理一般而已。樂天，便是「不怨天」；安土，便是「不尤人」。人事、天理間，便是那「下學上達」底。植。

先生顧義剛云：公前日看「知我者其天乎」，說得也未分曉。這箇只管去思量不得，須時復把起來看。若不曉，又且放下。只管恁地，久後自解曉得。這須是自曉，也十分着說不得。義剛。

問：「莫我知也夫」與「予欲無言」二段，子貢皆不能復問，想是不曉聖人之意。曰：非是不曉聖人語意，只是無默契合處。不曾有默地省悟，觸動他那意思處。若有所默契，須發露出來，不但已也。僩。

問：「方其爲學，雖上智不容於不下；及其爲達，雖下愚不容於不上。」此與「上智下愚不移」，不相梗否？曰：不干那事。若恁地比並理會，將間都没理會了。且看此處直意。方其學時，雖聖人亦須下學。如孔子問禮、問官名，未識須問，問了也須記。及到達處，雖下愚也會達，便不愚了。

某以學者多不肯下學，故下此語。問：何謂達？曰：只是下學了，意思見識，便透過上面去。淳。

問：明道言：「『下學而上達』，意在言表。」曰：「意在言表」，如下學只是下學，如何便會上達？自是言語形容不得。下學、上達雖是兩件，理會得透徹，厮合只一件。下學是事，上達是理。理在事中，事不在理外。一物之中，皆具一理。就那物中見得箇理，便是上達，如「大而化之之謂聖，聖而不可知之之謂神」。然亦不離乎人倫日用之中，但恐人不能盡所謂學耳。果能學，安有不能上達者！寓。

程子曰「『下學上達』，意在言表」，何也？曰：因其言以知其意，便是「下學上達」。淳。

問：「意在言表」是如何？曰：此亦無可說。說那「下學上達」，便是「意在言表」了。廣。

公伯寮愬子路章

問「公伯寮其如命何」。曰：這「命」字，猶人君命人以官職，是交你做這事。天之命人，亦是交你去做這箇，但做裏面自有等差。燾。

聖人不自言命。凡言命者，皆爲衆人言也。「道之將行也與？命也。」爲公伯寮愬子路言也。「天生德於予」，亦是門人促之使行，謂可以速矣，故有是說。「不知命無以爲君子」，亦是對衆人言。燾。

問：吕氏曰：「道出乎天，非聖人不興，無聖人，則廢而已。故孔子以道之廢興付之命，以文之得喪任諸己。」曰：道，只是有廢興，却喪不得。文，如三代禮樂制度，若喪，便掃地。僩。

賢者辟世章

問「賢者辟世」一章。曰：凡古之隱者，非可以一律看。有可以其時之所遇而觀之者，有可以其才德之高下而觀之者。若長沮、桀溺之徒，似有長往而不返之意。然設使天下有道而出，計亦無甚施設，只是獨善其身，如老、莊之徒而已。大抵天下有道而見，不必待其十分太平，然後出來；天下無道而隱，亦不必待其十分大亂，然後隱去。天下有道，譬如天之將曉，雖未甚明，然自此只向明去，不可不出爲之用。天下無道，譬如天之將夜，雖未甚暗，然自此只向暗去，知其後來必不可支持，故亦須見幾而作可也。時舉。

「賢者辟世」，浩然長往而不來，舉世棄之而不顧，所謂「遯世不見知而不悔」者也。問：沮、溺、荷蓧之徒，可以當此否？曰：可以當之。或云：《集注》以太公、伊尹之徒當之，恐非沮、溺之徒可比也。曰：也可以當，只是沮、溺之徒偏耳。伊、呂平正。僩。

子路宿於石門章

問：「石門」章，先生謂聖人「無不可爲之時」。且以人君言之，堯之所以處丹朱而禪舜，舜之處頑父、嚚母、傲弟之間，與其所以處商均而禪禹；以人臣言之，伊尹之所以處太甲，周公之所以處管、蔡，此可見聖人無不可爲之時否？曰：然。廣。

子擊磬於衛章

「子擊磬於衛」。先生云：如何聞擊磬而知有憂天下之志？或對曰：政如聽琴而知其心在螳螂捕蟬耳。久之，先生曰：天下固當憂，聖人不應只管憂。如「樂亦在其中」，亦自有樂時。或云：聖人憂天下，其心自然如此，如天地之造化萬物，而憂不累其心。曰：然則擊磬之時，其心憂乎，樂乎？對曰：雖憂而未嘗無樂。又有曰：其憂世之心，偶然見於擊磬之時。先生皆不然之，曰：此是一箇大題目，須細思之。拱壽。

問：荷蕢聞磬聲，如何便知夫子之心不忘天下？曰：他那箇人煞高，如古人於琴聲中知有殺心者耳。因説泉州醫僧妙智大師後來都不切脉，只見其人，便知得它有甚病。又後來雖不見其人，只教人來説，因其説，便自知得。此如「他心通」相似。蓋其精誠篤至，所以能知。又問：「硜硜乎」是指磬聲而言否？曰：大約是如此。廣。

問「子擊磬於衛」一章。曰：荷蕢亦是出乎世俗數等底人，在鄭子産、晏平仲之上。或問：如蘧伯玉，又知學。或曰：蘧伯玉恐未爲知道。曰：謂之知道之全，亦不可；謂之全不知道，亦不可。燾。

或問：荷蕢、沮、溺之徒，賢於世俗之人遠矣！不知比蘧伯玉如何？曰：荷蕢之徒，高於子産、晏平仲輩，而不及伯玉，蓋伯玉知爲學者也。僩。

上好禮章

「禮達而分定」。達，謂達於下。廣。

子路問君子章

陳仲卿問「修己以敬」。曰：敬者，非但是外面恭敬而已，須是要裏面無一豪不直處，方是所謂「敬以直內」者是也。時舉。○或録詳，別出。

陳仲卿問「修己以敬」、「修己以安人」、「修己以安百姓」。曰：須看「敬以直內」氣象。敬時內面一齊直，徹上徹下，更無些子私曲。若不敬，則內面百般計較，做出來皆是私心。欲利甲，必害乙；利乙，必害丙，如何得安！

或問：修己如何能安人？曰：且以一家言之，一人不修己，看一家人安不安？節。

「惟上下一於恭敬」，這却是上之人有以感發興起之。「體信」是忠，「達順」是恕。「體信」是無一豪之僞，「達順」是發而皆中節，無一物不得其所。「聰明睿知皆由此出」，這便是自誠而明。礪。○賀孫録云：是自誠而明意思。「體信」是真實無妄，「達順」是使萬物各得其所。○《集注》。

因問「上下一於恭敬」。上之人、下之人也。「同寅協恭」出。聖人之敬熏天炙地，不是獨脩於九重，而天下之人侮慢自若也，如《漢廣》之化可見。方。

問「體信達順」。曰：「體信」，是實體此道於身；「達順」，是發而中節，推之天下而無所不通也。燾。

問：「體信」是體其理之實，「達順」是行其理之宜否？曰：如「忠恕」二字之義。廣。

問「體信達順」。曰：信，只是實理；

順，只是和氣。「體信」是致中底意思，「達順」是致和底意思。燾録云：「體信達順」，如「致中和」之謂。此是《禮記》中語，言能恭敬則能「體信達順」。「聰明睿智由此出」者，言能恭敬，自然心便開明。銖。

問：如何是「體信達順」？曰：「體信」只盡這至誠道理，順即自此發出，所謂「和者天下之達道」，「體信達順」即是「主忠行恕」。問：「聰明睿智皆由是出」，是由恭敬出否？曰：是。心常恭敬，則常光明。先生又贊言：「脩己以敬」一句，須是如此。這處差，便見顛倒錯亂。《詩》稱成湯「聖敬日躋」。聖人所以爲聖人，皆由這處來。這處做得工夫，直是有功。寓。○道夫録略。

亞夫問：程先生說「脩己以敬」，因及「聰明睿知皆由此出」，不知如何？曰：且看敬則如何不會聰明！敬則自是聰明。人之所以不聰不明，止緣身心惰慢，便昏塞了。敬則虛静，自然通達。賀孫因問：周子云「静虛則明，明則通」，是此意否？曰：意亦相似。賀孫。

「體信」是體這誠信，「達順」是通行順道。「聰明睿智皆由是出」者，皆由敬出。「以此事天饗帝」，「此」即敬也。植。

程子曰君子「脩己以安百姓」，「篤恭而天下平」，至「以此事天享帝」，此語上下不難曉。惟中間忽云「聰明睿智皆由此出」，則非容易道得，是他曾因此出些聰明睿智來。夔孫。

楊至之問：如何程氏說到「祀天享帝」了，方說「聰明睿智皆由此出」？曰：如此問，乃見公全然不用工夫。「聰明睿智」如何不由敬出？且以一國之君看之：此心纔不專静，則姦聲佞辭雜進而不察，何以爲聽？亂色諛説之容交蔽而莫辨，何以爲明？睿智皆出於心。心既無主，則應事接物之間，其何以思慮而得其宜？所以此心常要肅然虛明，然後物不能蔽。又云：「敬」字，不可只把做一箇「敬」字説過，須於日用間體認是如何。此心常卓然公正，無有私意，便是敬；有些子計較，有些子放慢意思，便是不敬。故曰「敬以直内」，要得無些子偏邪。又與文振説：平日須提掇精神，莫令頽塌放倒，方可看得義理分明。看公多恁地困漫漫地，「則不敬莫大乎是！」賀孫。

原壤夷俟章

原壤無禮法，淳于髡是箇天魔外道，本非學於孔、孟之門者，陸子静如何將來作學者並説得！道夫。

問：原壤登木而歌，「夫子爲弗聞也者而過之」，待之自好。及其夷俟，則以杖叩脛，近於太過。曰：這裏説得却差。如原壤之歌，乃是大惡，若要理會，不可但已，且只得休。至於夷俟之時，不可教誨，故直責之，復叩其脛，自當如此。若如正淳之説，則是不要管他，却非朋友之道矣。人傑。

闕黨童子將命章

「欲速成者」，是越去許多節次，要到至處，無是理也。方。

朱子語類卷第四十五計一十七板

論語二十七

衛靈公篇

衛靈公問陳章

問：「明日遂行。在陳絶糧。」想見孔子都不計較，所以絶糧。曰：若計較，則不成行矣。燾。

周問：「固窮」有二義，不知孰長？曰：固守其窮，古人多如此説。但以上文觀之，則恐聖人一時答問之辭，未遽及此。蓋子路方問「君子亦有窮乎？」聖人答之曰：「君子固是有窮時，但不如小人窮則濫爾。」以「固」字答上面「有」字，文勢乃相應。雉。

子曰賜也章

孔子告子貢曰：「女以予爲多學而識之者與？」「予一以貫之」。蓋恐子貢只以己爲多學，而不知一以貫之之理。後人不會其意，遂以爲孔子只是一貫，元不用多學。若不是多學，却貫箇甚底！且如錢貫謂之貫，須是有錢，方貫得；若無錢，却貫箇甚！孔子實是多學，無一事不理會過。若不是許大精神，亦吞不得許多。只是於多學中有一以貫之耳。文蔚。

問「子貢一貫」章。曰：聖人也不是不

理會博學多識。只是聖人之所以聖，却不在博學多識，而在「一以貫之」。今人有博學多識而不能至於聖者，只是無「一以貫之」。然只是「一以貫之」，而不博學多識，則又無物可貫。夔孫。

問「子貢一貫」章。曰：「『一以貫之』，固是以心鑒照萬物而不遺。然也須『多學而識之』，始得。未有不學而自能一貫者也。」時舉。

夫子謂子貢曰：「女以予爲多學而識之者與？」曰：「然。非與？」聖人説此一句，不是且恁地虛説。故某嘗謂：子貢曰：「然。非與？」「然」字也是，「非與」也是。而今只管懸想説道「一貫」，却不知貫箇甚麽。聖人直是事事理會得。如云「好古敏以求之」，不是驀直恁地去貫得它。如曾子問許多曲折，它思量一一問過，而夫子一一告之，末云：「吾聞諸老聃云。」是聖人當初都曾事事理會過，如天下之理。❶説道事親，事親中間有多少事？説道事君，事君中間有多少事？而今正患不能一一見箇恰好處，如何便説「一貫」？近見永嘉有一兩相識，只管去考制度，却都不曾理會箇根本。一旦臨利害，那箇都未有用處，却都不濟事。❷呂伯恭向來教人亦云：「《論語》皆虛言，不如論實事。」便要去攷史。如陸子静又只説箇虛静，云：「全無許多事。顔子不會學，『擇乎中庸，得一善則拳拳勿失』。善則一矣，何用更擇？『子路有聞，未之能行，唯恐有聞。』一聞之外，何用再聞？」便都與禪家説話一般了。聖人道理，都不恁

❶「理」，萬曆本作「聖」。
❷「濟」，萬曆本作「將」。

地，直是周遍。夔孫。

問：謝氏謂「如天之於衆形，非物刻而雕之」，是如何？曰：天只是一氣流行，萬物自生自長，自形自色，豈是逐一粧點得如此？聖人只是一箇大本大原裏發出，視自然明，聽自然聰，色自然温，貌自然恭，在父子則爲仁，在君臣則爲義。從大本中流出，便成許多道理。只是這箇一，便貫將去。所主是忠，發出去無非是恕。寓。○淳同。

問：謝氏解云：「聖人豈務博者哉！如天之於衆形，匪物刻而雕之也。故曰：『予一以貫之。』『德輶如毛』，毛猶有倫；『上天之載，無聲無臭』，至矣！」所以引此詩者，莫只是贊其理之密否？曰：固是。到此則無可得說了。然此須是去涵泳，只恁地說過，亦不濟事。「多學而識之」，亦不是不是。故子貢先曰「然」，又曰「非與」。學者固有當「多學而識之」者，然又自有箇一貫底道理。但「多學而識之」，則可說；到「一以貫之」，則不可說矣。廣。

子張問行章

「言忠信，行篤敬。」去其不忠信、篤敬者而已。○方。

問「行篤敬」。曰：篤者，有重厚深沉之意。敬而不篤，則恐有拘迫之患。時舉。

忠信篤敬，立則見其參前，在輿則見其倚衡，如此念念不忘。伊川謂：「只此是學。」銖。

至之問：「學要鞭辟近裏」，「鞭辟」如何？曰：此是洛中語，一處說作「鞭約」，大抵是要鞭督向裏去。今人皆不是鞭督向裏，心都向外。明道此段下云「『切問近思』，『言忠信，行篤敬』」，云云，何嘗有一句説做外面去。學要博，志須要篤。志篤，問便切，思便近，只就身上理會。伊川言「『仁在其中』，即此是學」。元不曾在外，這箇便是「近裏着己」。今人皆就外面做工夫，恰似一隻船覆在水中，須是去翻將轉來便好，便得使。吾輩須勇猛着力覆將轉。先生轉身而言曰：須是翻將轉來，始得。寓。○《集注》。

楊問：「學要鞭辟近裏」，何謂「鞭辟」？曰：「辟」，如驅辟一般。又問：「質美者明得盡查滓便渾化，與天地同體」，是如何？曰：明得透徹，查滓自然渾化。又問：查滓是甚麽？曰：查滓是私意人欲。天地同體處是義理之精英，查滓是私意人欲之未消者。人與天地本一體，只緣查滓未去，所以有間隔。若無查滓，便與天地同體。「克己復禮爲仁」，「己」是查滓，「復禮」便是天地同體處。「有不善未嘗不知」，不善處是查滓。顔子「三月不違仁」，既有限，此外便未可知。如曾子「爲人謀而不忠，與朋友交而不信，傳而不習」，是曾子查滓處。漆雕開言「吾斯之未能信」，皆是有些查滓處。只是質美者，也見得透徹，那查滓處都盡化了。若未到此，須當莊敬持養，旋旋磨擦去教盡。寓。

問：「學要鞭辟近裏」，至「莊敬持養」。切謂如顔子「克己復禮」，天理人欲便截然兩斷，此所謂「明得盡，查滓便渾化」。如仲弓「出門如見大賓，使民如承大祭」，便且是「莊敬持養」。曰：然。顔子「克己復禮」，不是盲然做，却是他先見得分曉了。便是聖人説話渾然。今「克己復禮」一句，近下人亦用得。不成自家未見得分曉，便不克己？只得克將去。只是顏子事與此別。又曰：知得後，只是一件事。如適間説「博學篤志，切問近思」，亦只是本體上事。又如「博我以文，約我以禮」，亦是本體上事。只緣其初未得，須用如此做功夫；及其既得，又只便是這箇。文蔚曰：且如「博學於文」，人心自合要無所不知。只爲而今未能如此，須用博之以文。曰：人心固是無所不知，若未能如此，却只是想像。且如釋氏説心，亦自謂無所不知。他大故將做一箇光明瑩徹底物事看，及其問他，他便有不知處。如程先生説窮理，却謂「不必盡窮天下之理，只是理會得多後，自然貫通去」。某嘗因當官，見兩家爭産，各將文字出拖照。其間亦有失却一兩紙文字，只將他見在文字推究，便自互換見得出。若是都無文字，只臆度説，兩家所競須有一曲一直，便不得。元不曾窮理，想像説我這心也自無所不知，便是如此。文蔚。

「學要鞭辟近裏」一段。明得盡者，一見便都明了，更無查滓。其次惟是莊敬持養，以消去其查滓而已。所謂持養，亦非是作意去穿鑿以求其明。但只此心常敬，則久久自明矣。廣。

因歐兄問「質美者，明得盡，查滓便渾化」，洽曰：尹和靖以「查滓」二字不當有，如何？曰：和靜議論每如此。所謂查滓者，私意也。質美者明得盡，所以查滓一齊渾化無了。洽。

問：程子曰：「質美者明得盡，查滓便渾化，與天地同體。」求之古人，誰可當之？顏子，孔門高第，猶或有違仁時，不知已上别有人否？曰：想須有之。曰：湯、武如何？先生却問：湯、武與顏子孰優？未及對。先生徐曰：呂與叔云：「論成德，顏子不若湯、武之廣大；論學，則湯、武不若顏子之細密。」湯、武功夫誠恐不若顏子細密。如湯「聖敬日躋」，猶是密切處。至武王，並不見其切己事。必大。

直哉史魚章

正淳問：「直哉，史魚！君子哉，蘧伯玉！」諸儒以爲史魚不及蘧伯玉，如何？曰：試將兩人對換說，看如何？直固是好，然一向直，便是偏，豈得如蘧伯玉之君子？必大。

志士仁人章

或問仁。曰：仁者，只是吾心之正理。「志士仁人無求生以害仁，有殺身以成仁。」須知道求生害仁時，雖以無道得生，却是抉破了我箇心中之全理；殺身成仁時，吾身雖死，却得此理完全也。時舉。

余正叔謂：殺身者，只是要成這仁。曰：若說要成這仁，却不是，只是行所當行而已。文蔚。

問：「無求生以害仁，有殺身以成仁」一章，思之，死生是大關節；要之，工夫却不全在那一節上。學者須是於日用之間，不問事之大小，皆欲即於義理之安，然後臨死生之際，庶幾不差。若平常應事，義理合如此處都放過，到臨大節，未有不可奪也！曰：然。賀孫。

曾見人解「殺身成仁」，言殺身者所以全性命之理。人當殺身時，何暇更思量我是全性命之理？只爲死便是，生便不是，不過就一箇是。故伊川說「生不安於死」。至於全其性命之理，乃是旁人看他說底話，非是其人殺身時有此意也。直卿云：若如此，則是「經德不回」，所以「干祿也」。○方子。

子貢問爲仁章

問「子貢問爲仁」章。曰：大夫必要事其賢者，士必友其仁者，便是要琢磨、勉厲以至於仁。如欲克己而未能克己，欲復禮而未能復禮，須要更相勸勉，乃爲有益。因云：時舉說文字，見得也定，然終是過高而傷巧。此亦不是些小病痛，須要勇猛精進，以脫此科臼，始得。又云：且放令心地寬平，不要便就文字上起議論。時舉。

問：子貢問爲仁，何以答以「事其大夫之賢者，友其士之仁者」？曰：也是箇入德之方。又問：事與友孰重？曰：友爲親切。賢只是統言；友徑指仁上說。銖。

顏淵問爲邦章

「行夏之時」，行《夏小正》之事。德明。

才仲問「行夏之時」。曰：夏時，人正也，此時方有人；向上，人猶芒昧。子時，天正也，此時天方開。丑時，地正也，言地方萌。夫子以正月人可施功，故從其一，此亦是後來自推度如此。如曆家說，則以爲子起於林鍾，寅起於太簇。又問「輅」注云：禮文有異。曰：有制度與車不同。❶以前只謂之車，今南郊五輅，見說極高大。問：何不作車，與行事官乘？著法服騎馬

❶「有」，朝鮮本作「其」。

亦不好看。曰：在中原時，亦有乘車者。若舊制，亦有着法服騎馬，如散騎常侍在於輅之左右是也。因舉上蔡《論語》舉王介甫云：「事衰世之大夫，友薄俗之士，聽淫樂，視慝禮，皦然不惑於先王之道，難矣哉！」此言甚好。楊通老問：既如此言，後來何故却相背？曰：只是把做文章做，不曾反己求之。璘録云：介甫此語，只是做文字說去，不曾行之於身。聞其身上極不整齊，所以明道對神宗「王安石聖人」之問，引「赤舄几几」。見說平日亦脱冠露頂地卧，然當初不如此。觀曾子固《送黄生序》，以其威儀似介卿。介卿，渠舊字也，故名其序曰「喜似」。渠怪誕如此，何似之有！璘録云：恐介甫後生時不如此。恐是後來學佛了，禮法一時掃去。渠少年亦不喜釋、老，晚年大喜，不惟錯說了經書，和佛經亦錯解了。「揭諦揭諦，波羅僧揭諦」，此胡語也。渠注云：「揭真諦之道以示人。」大可笑。可學。○璘録略。

問「行夏之時」。曰：前輩說多不同，有說三代皆建寅，又說只是建子與寅，無建丑者。劉和夫《書解》又說自五帝以來，便迭建三正，不止於三代。其引證甚詳。據《皇極經世》，亦起於子。他以幾萬幾千年爲一會，第一會起於子，第二會起於丑，第三會起於寅，至寅上方始注一「開物」字。恐是天氣肇於子，至丑上第二會處，地氣方凝結；至寅上第三會，人物始生耳。蓋十一月斗指於子，至十二月斗雖指於丑，而日月乃會於子，故商正、周正皆取於此。然以人事言之，終不若夏正之爲善也。雉。

楊尹叔問：「天開於子，地闢於丑，人生於寅」，如何？曰：康節說，一元統十二會，前面虛却子、丑兩位，至寅位始紀人物，云人是寅年寅月寅時生。以意推之，必是先有天，方有地，有天地交感，方始生出人物來。淳。○「夏時」注。

問「天開於子，地闢於丑，人生於寅」。曰：此是《皇極經世》中説，今不可知。他只以數推得是如此。他説寅上生物，是到寅上方有人物也。有三元、十二會、三十運、十二世。十二萬六百九十年爲一元。歲月日時，元會運世，皆自十二而三十，自三十而十二。至堯時會在巳、午之間，今則及未矣。至戌上説閉物，到那裏則不復有人物矣。問：不知人物消靡盡時，天地壞也不壞？曰：也須一場鶻突。既有形氣，如何得不壞？但一箇壞了，又有一箇。廣。

至之問：康節説「天開於子，地闢於丑，人生於寅」，是否？曰：模様也是如此。《經世》書以元統會，十二會爲一元，一萬八百年爲一會。初間一萬八百年而天始開，又一萬八百年而地始成，又一萬八百年而人始生。初間未有物，只是氣塞。及天開些子後，便有一塊查滓在其中，初則溶軟，後漸堅實。今山形自高而下，便似滲義剛録作「傾瀉」。出來模様。淳曰：每常見山形如水漾沙之勢，想初間地未成質之時，只是水，後來漸漸凝結，勢自如此。凡物皆然。如鷄子殼之類，自氣而水，水而質，尤分曉。曰：是。淳問：天有質否？抑只是氣？曰：只似箇旋風，下面軟，上面硬，道家謂之「剛風」。世説天九重，分九處爲號，非也。只是旋有九重，上轉較急，下面氣濁，較暗。上面至高處，至清且明，與天相接。淳問：《晉志》論渾天，以爲天外是水，所以浮天而載地，是否？曰：天外無水，地下是水載。某五六歲時，心便煩惱箇天體是如何？外面是何物。淳。○義剛同。

周問：「三正之建不同，如何？」曰：「天開於子，地闢於丑，人生於寅。」蓋至子始有天，故曰「天正」；至丑始有地，故曰「地正」；至寅始有人，故曰「人正」。康節分十二會，言到子上方有天，未有地；到丑上方有地，未有人；到寅上方始有人。子、丑、寅，皆天、地、人之始，故三代即其始處建以爲正。康節十二會，以堯、舜時在午，今在未，至戌則人物消盡。銖。

問：顏子問爲邦，孔子止告之以四代之禮樂，却不及治國平天下之道。莫是此事顏子平日講究有素，不待夫子再言否？曰：固是如此。只是他那「克己復禮」，陋巷簞瓢，便只是這事。窮時是恁地着衣喫飯，達時亦只是恁地着衣喫飯。❶他日用間是理會甚事，想每日講論甚熟。三代制度却是不甚曾説處，却是生處。如堯、舜、禹却只是就事上理會，及到舉大事，却提起那本領處説。謂「精一執中」等語。又問：聖人就四代中各舉一事，亦只是立一箇則例，教人以意推之，都要如此否？曰：固是。凡事皆要放此。文蔚。

問「顏淵問爲邦」。曰：顏子於道理上不消説，只恐它這制度尚有欠闕，故夫子只與説這箇。他這箇問得大，答得大，皆是大經大法。莊周説顏子「坐忘」，是他亂説。又曰：顏子着力做將去，如「克己復禮」，非禮勿視、聽、言、動，在它人看見是没緊要言語，它做出來多少大一件事！植。

問「顏淵問爲邦」。曰：顏淵爲政，其他如「敬事而信，節用愛人」，與夫「居之無

❶「地」字，原脱，今據朝鮮本補。

倦，行之以忠」之類，更不用説，所以斟酌禮樂而告之也。時舉。

亞夫問「顔淵問爲邦」。曰：顔子事事了得了，只欠這些子。故聖人斟酌禮樂而告之。近有學者欲主張司馬遷，謂渠作《漢高祖贊》「黄屋左纛，朝以十月」，是他惜高祖之不能「行夏之時，乘商之輅」；謂他見識直到這裏，與孔子答顔淵之意同。某謂漢高祖若「行夏之時，乘商之輅」，也只做得漢高祖，却如何及得顔子！顔子平日是多少工夫？今却道漢高祖只欠這一節，是都不論其本矣！時舉。

恭父問：「顔淵問爲邦」，此事甚大，不知使其得邦家時，與聖人如何？曰：終勝得孟子，但不及孔子些。問：莫有「綏之斯來，動之斯和」底意思否？曰：亦須漸有這意思。又問：「文、武之道，未墜於地」，此是孔子自承當處否？曰：固是。惟是孔子便做得，它人無這本領，當不得。且如四代之禮樂，惟顔子有這本領，方做得。若無這本領，禮樂安所用哉！所謂行夏時、乘商輅、服周冕、舞《韶》舞，亦言其大略耳。恪。○賀孫録「又問」以下不同，云：正卿問：顔子涵養之功多？曾子省察之功多？曰：固不可如此説。然顔子資禀極聰明，凡是涵養得來都易。如「聞一知十」，如「於吾言無所不説」，如「亦足以發」，如「問爲邦」，一時將許多大事分付與他，是他大段了得。看「問爲邦」，而孔子便以四代禮樂告之，想是所謂夏時、商輅、周冕、《韶》舞當「博我以文」之時都理會得了。

或問：孔子答顔淵之問，欲用四代禮樂。至論「郁郁乎文」，則曰「吾從周」，何故？曰：此正適來説，心小則物物皆病。賢心中只著得上一句，不着得下一句。可學。

賜問：「顔淵問爲邦」章，程子謂「發此以爲之兆」。曰：兆，猶言準則也。非謂爲邦之道盡於此四者。略說四件事，做一箇準則，則餘事皆可依倣此而推行之耳。雉。

子曰已矣乎章

楊至之問：「好德如好色」，即是《大學》「如惡惡臭，如好好色」，要得誠如此。然《集注》載衛靈公事，與此意不相應，恐未穩否？曰：書都不恁地讀。除了衛靈公，便有何發明？在衛靈公上，便有何相礙？此皆没緊要，較量他作甚？聖人當初只是恁地歎未見好德如那好色者，自家當虛心去看。又要反來思量自己如何便是好德，如何便是好色，如此方有益。若只管去較量他，與聖人意思愈見差錯。聖人言語，自家當如奴僕，只去隨他。他教住便住，他教去便去。而今却與他做師友，只是去較量他。《大學》之說，自是《大學》之意；《論語》之說，自是《論語》之意。《論語》只是說過去，尾重則首輕，這一頭低，那一頭便昂。《大學》是將兩句平頭說得尤力，如何合得來做一說？淳。○寓録少異。

躬自厚章

問：「躬自厚而薄責於人」，自責厚，莫是周備篤切意思否？曰：厚是自責得重，責了又責，積而不已之意。賀孫。○或録云：只是責己要多，責人要少。

不曰如之何章

林問「不曰如之何」。曰：只是要再三反覆思量。若率意妄行，雖聖人亦無奈何。淳。

君子義以爲質章

問「君子義以爲質」一章。曰：「義以爲質」，是制事先決其當否了，其間節文次第須要皆具，此是「禮以行之」；然徒知盡其節文，而不能「孫以出之」，則亦不可。且如人知尊卑之分，須當讓他。然讓之之時，辭氣或不能婉順，便是不能孫而出之。❶「信以成之」者，是終始誠實以成此一事，却非是「孫以出之」後，方「信以成之」也。時舉。

或問「君子義以爲質」一章。曰：義，只是合宜。義有剛决意思，然不可直撞去。禮有節文度數，故用「禮以行之」。「孫以出之」，是用「和爲貴」。義不和，用「禮以行之」，已自和。然禮又嚴，故「孫以出之」，使從容不迫。信是樸實頭做，無信則義、禮、孫皆是僞。甘吉父問：行與出何别？曰：行，是當恁地行；出，是做處。賀孫。

問：「君子義以爲質」一章，看來有義以爲本，必有下面三者，方始成就得。曰：然。「義以爲質」，是應事處。又問：以敬爲主，則義爲用；以義爲本，則下面三者爲用。曰：然。燾。

周貴卿問：義是就事上説。蓋義則裁斷果决，若不行之以節文，出之以退遜，則恐有忤於物。「信以成之」，這一句是繳上三句，言若不誠實，則義必不能盡，禮必不能行，而所謂孫特是詐僞耳。曰：也是恁地。義剛。

問：禮行、孫出，何以别？曰：行是安

---

❶「而」，萬曆本作「以」。

排佸地行，出是從此發出。禮而不遜，則不免矯世以威嚴加人。拱壽。

問：「義以爲質」至「信以成之」章，如孔子之對陽貨，孟子之不與王驩言，莫全得此理否？曰：然。問：行與出如何分？曰：行，是大綱行時；出，則始自此出去也。人固有行之合禮而出之不遜者。廣。

至之問：明道謂：「君子『敬以直内』，則『義以方外』；『義以爲質』，則『禮以行之，孫以出之，信以成之』。」曰：只是一箇義。「義以爲質」，便是自「義以方外」處説起來。若無「敬以直内」，也不知義之所在。時舉。

君子矜而不争章

問「矜而不争」。曰：矜是自把捉底意思，故《書》曰：「不矜細行，終累大德。」雉。

或問：「不矜細行」與「矜而不争」之「矜」，如何？曰：相似，是箇珍惜持守之意。人傑。

子貢問有一言可以終身行之章

「恕可以終身行之，是行之無窮盡。」問：孔子言恕必兼忠，如何此只言恕？曰：不得忠時，不成恕；説恕時，忠在裏面了。榦。

問：可以終身行之之恕，恐推到極處，便是「以己及物爲仁」否？曰：這未説那一邊，只説推在。燾。

問：「終身行之」，「其恕乎」。「絜矩之道」，是恕之端否？曰：絜矩正是恕。浩。

問：「終身行之」，「其恕乎」。如何只説恕，不説忠？看得「忠」字尤爲緊要。曰：分言忠、恕，有忠而後恕；獨言恕，則忠在其中。若不能恕，則其無忠可知。恕是忠之發處，若無忠，便自做恕不出。問：忠恕，看來也是動静底道理。如静是主處，動是用處，不知是否？曰：聖人每就用處教人，亦不是先有静而後有動。問：看來主静是做工夫處。曰：雖説主静，亦不是棄事物以求静。既爲人，亦須着事君親、交朋友、綏妻子、御僮僕。不成捐棄了，閉門静坐，事物來時也不去應接，云「且待我去静坐，不要應」。又不可只茫茫隨他事物中走。二者中，須有箇商量倒斷，始得。這處正要着力做工夫，不可皮膚説過去。又曰：動静亦不是截然動、截然静。動時，静便在這裏。如人來相問，自家去答他，便是動。才答了，便静。這裏既静，到事物來便着去應接。不是静坐時守在這裏，到應接時便散亂了去。然動静不出是一箇理。知這事當做，便順理做去，便見動而静底意思。故曰：「知止而後有定，定而後能静。」事物之來，若不順理而應，則雖塊然不交於物，心亦不能得静。惟動時能順理，則無事時始能静；静而能存養，則應接處始得力。須動時做工夫，静時也做工夫，兩莫相靠，莫使工夫間斷，始得。若無間斷，静時固静，動時心亦不動。若無工夫，動時固動，静時雖欲求静，亦不可得而静矣。動静恰似船一般，須隨他潮去，始得。浪頭恁地高，船也隨他上；浪頭恁地低，船也隨他下。動静只是隨他去，當静還他静，當動還他動。又如與兩人同事相似，這人做得不是，那人便着救他；那人做得不是，這人便着去救他。終不成兩人相推，這人做不是，却推説不干我事，是那人做得如此；那人做不是，推説不干我事，是他做得如此。便不是相爲底道理。又曰：所以程子言「未有致知而不在敬者」，又言「涵養當用敬，進學則在致知」。若不能以敬養在這裏，如何會去致得知？若不能致知，又如何成得這敬？寓。

吾之於人也章

問「吾之於人也，誰毀誰譽？如有所譽者，其有所試矣」。曰：毀者，那人本未有十分惡，自家將做十分說他，便是毀。若是只據他之惡而稱之，則不可謂之毀。譬如一物本完全，自家打破了，便是毀。若是那物元來破了，則不可謂之毀。譽亦是稱獎得來過當。「其有所試矣」，那人雖未有十分善，自家却遂知得他將來如此。毀人則不可如此也。燾。

先生忽問王子合曰：「吾之於人也，誰毀誰譽？如有所譽者，其有所試矣。斯民也，三代之所以直道而行也。」尋常作如何說？子合對曰：三代之時，公道行，不妄毀譽人。如有毀譽，須先試得其實方言之。曰：便是看錯了。下面只言「如有所譽者，其有所試」，如何不說「如有所毀」？須知道是非與毀譽不同，方說得。蓋當其實曰是非，過其實曰毀譽。當時公道行，是言是，非言非，而無有過其實者。然亦忠厚褒借而譽者，容或有之，然亦已試其實矣。其過實而毀者必無也。浩。

先生說「如有所譽者，其有所試矣」數句。季通在坐，證曰：「雍也可使南面」之類是也。先生然之。過。

聖人之言，與後世別。如「斯民也，三代之所以直道而行也」，有合下底字，無乃便不成文，此句全在「所以」上。言三代之直道行於斯民也。古亦此民，今亦此民，三代能行之耳。「誰毀誰譽」者，凡人未至於惡而惡之，故謂之毀；未至於善而善之，故謂之譽。聖人於下又曰：「如有所譽，其有所試矣。」此一句却去了毀。蓋以不得已而譽，亦嘗試之。此乃「善人之意長，惡人之意短」之意。可學問：若到於合好惡處，却不用此二字。先生曰：然。可學。

伯豐問「三代直道而行」。曰：此緊要在「所以」字上。民是指今日之民，即三代之民。三代蓋是以直道行之於民，今亦當以直道行之於民。直是無枉，不特不枉毀，雖稱譽亦不枉也。舊嘗有此意。因讀班固作《景帝贊》引此數語起頭，以明「秦、漢不易民而化」之意，曰：孔子稱「斯民也，三代之所以直道而行也」，信哉！其意蓋謂民無古今，周、秦網密文峻，故姦軌不勝；到文、景恭儉，民便醇厚。只是此民在所施何如耳，此政得之。㽦。

問「斯民也，三代之所以直道而行也」。斯民，是主當時之人言之。言三代所以直道而行，只是此民。言毀人固不可過實，譽人亦不可過實。言吾所以不敢妄加毀譽之民，只是三代行直道之民。班固舉此贊漢景帝，甚好。人傑。

問「斯民」。是今此之民，即三代之時所以爲善之民，如說「高皇帝天下」相似。嘗怪《景帝贊》引此一句，不曉他意。蓋是說周、秦雖網密文峻，而不勝其弊；到文、景，黎民醇厚，亦只是此民也。聖人說一句話，便是恁地闊，便是從頭說下來。義剛。

問：「所以」字本虛，然意味乃在此。如云斯民也，三代嘗以此行直道矣。聖人知毀譽之非正，於人無所毀，而猶有所譽，蓋將以試其人。所以見聖人至公之道，又以見聖人進人之爲善也。璘。

亞夫問「三代直道而行」。曰：此民乃是三代時直道而行之民，❶我今若有所毀譽，亦不得迂曲而枉其是非之實。且舉《漢景帝贊》所引處云，意却似不同。時舉。

巧言亂德章

問「小不忍則亂大謀」。曰：「忍」字有兩説，只是一意。「有忍乃有濟」，王介甫解作强忍之「忍」，前輩解作慈忍之「忍」，某謂「忍」是含忍不發之意。如婦人之仁，是不能忍其愛；匹夫之勇，是不能忍其忿，二者只是一意。雉。

問：「小不忍」，如婦人之仁、匹夫之勇，似是兩意，皆説得。婦人之仁是姑息，匹夫之勇是不能涵容。曰：只是一意。婦人之仁，不能忍於愛；匹夫之勇，不能忍於忿。皆能亂大謀，如項羽是也。夔孫。○閎祖録略。

人能弘道章

問「人能弘道」。曰：道不可須臾離，可離非道。是故君子戒謹乎其所不睹，恐懼乎其所不聞。莫見乎隱，莫顯乎微，故君子慎其獨。又曰：天下之達道五，所以行之者三。君臣、父子、兄弟、夫婦、朋友，古今所共底道理，須是知知、仁守、勇決。繼又曰：「人者，天地之心。」没這人時，天地

❶「乃」，原作「了」，今據朝鮮本改。

便没人管。植。

問「人能弘道」。先生以扇喻曰：❶道如扇，人如手。手能摇扇，扇如何摇手？夔孫。

吾嘗終日不食章

問：聖人真箇「終日不食，終夜不寢，以思」否？曰：聖人也曾恁地來。聖人説「發憤忘食」，却是真箇。惟横渠知得此意，嘗言：「孔子煞喫辛苦來！」横渠又言：「堯不曾喫辛苦，舜喫辛苦。但三十徵庸，後來便享富貴。孔子一生貧賤，是事都去理會過來。」問：堯不曾喫辛苦做工夫，依舊聰明聖知。曰：堯固是聰明聖知，無欠缺，但不如孔子於事理又周匝詳盡。德輔。

「吾嘗終日不食，終夜不寢，以思，無益，不如學也。」某注云：「蓋勞心以必求，不如遜志而自得。」思，是硬要自去做底；學，是依這本子去做，便要小著心，隨順箇事理去做。而今人都是硬去做，要必得，所以更做不成。須是軟着心，貼就它去做。孟子所謂「以意逆志」，極好。逆，是推迎它底意思。僩。❷

問：《注》云「遜志而自得」，如何是遜志？曰：遜志，是卑遜其志，放退一着，寬廣以求之；不忒恁地迫窄，便要一思而必得。雉。

君子謀道不謀食章

問「君子謀道不謀食」。曰：上面説

❶「喻」，萬曆本作「吟」。

❷「僩」，原作「澗」，今據朝鮮本改。

「君子謀道不謀食」，蓋以「耕也，餒在其中矣；學也，禄在其中矣」。又恐人錯認此意，却將學去求禄，故下面又繳一句。謂君子所以爲學者，所憂在道耳，非憂貧而學也。雉。

學固不爲謀禄，然未必不得禄。如耕固不求餒，然未必得食。雖是如此，然君子之心，却只見道不見禄。如「先難後獲」、「正義不謀利」，睹當不到那裏。閎祖。

《論語》凡言「在其中矣」，當以「餒」字推之。蓋言不必在其中而在焉者矣。方。

因言：近來稍信得命。及孔子説「君子謀道不謀食」，「憂道不憂貧」，觀此一段，則窮達當付之分定，所當謀者惟道爾。曰：此一段，不專爲有命，蓋專爲學者當謀道而設。只説一句，則似緩而不切，故又反覆推明，以至「憂道不憂貧」而止。且君子之所急，當先義。語義，則命在其中。如「行一不義、殺一不辜而得天下，不爲」，此只説義。若不恤義，惟命是恃，則命可以有得，雖萬鍾有「不辨禮義而受之」矣。義有可取，如爲養親，於義合取而有不得，則當歸之命爾。如「澤無水，困」，則不可以有爲，只得「致命遂志」，然後付之命可也。大雅。

知及之章

問「知及之，仁能守之」。曰：此是説講學。「莊以蒞之」以後説爲政。時舉。

亞夫問：「知及之，仁不能守之」一章，上下文勢相牽合不來相似。曰：「知及之，仁能守之」，是明德工夫，下面是新民工夫。亞夫云：「克己復禮爲仁」，到仁便是極了。今却又有「莊以蒞之」與「動之以禮」底工夫，是如何？曰：今自有此心純粹，更不走失，而於接物應事時，少些莊嚴底意思，闒闒翣翣底，自不足以使人敬他，此便是未善處。宜久問：此便是要本末工夫兼備否？曰：固是。但須先有「知及之，仁能守之」做箇根本了，却方好生去點檢其餘，便無處無事不善。若根本不立，又有何可點檢處？時舉。

「知及之」，如《大學》「知至」；「仁守之」，如「意誠」；蒞不莊，動不以禮，如所謂「不得其正」，與所謂「敖惰而辟」之類。到仁處，大本已好，但小節略略有些未善。如一箇好物，只是安頓得略傾側，少正之則好矣，不大故費力也。夔孫。

問「知及之」一章。曰：「莊以蒞之」，是自家去臨民。「動之不以禮」，這「動」字不是感動之「動」，是使民底意思。謂如使民去做這件事，亦有禮，是使之以禮，下梢「禮」字歸在民身上。又問：是使他做事，要他做得來合節拍否？曰：然。又問：是合禮底事，便以使之；不合禮底事，便不以使之？曰：然。看那「動之」字，便是指那民說。使他向善，便是「以禮」；不使他向善，便是「不以禮」。如古所謂「蒐田獮狩」，就其中教之少長有序之事，便是使之以禮。蓋是使他以此事，此事有禮存也。燾。

或問此章。曰：此一章當以仁爲主。所謂「知及之」，所以求吾仁；「蒞之」、「動之」，所以持養吾仁者，得之矣。謨。

或問：「不莊以蒞之」一章，上兩句《集注》以爲氣質之小疵。曰：固有生成底，然亦不可專主氣質，蓋亦有學底。燾。

君子不可小知章

問：「小知」，是小有才；「大受」，是大有德。如盆成括小有才，未聞大道是也。曰：却如何說「可」、「不可」字義理？且看他本文正意是如何說。今不合先以一說横着胸中，便看不見。必大。

當仁不讓於師章

或問：「當仁不讓於師」，這「當」字是承當之「當」否？曰：然。亦是「任」字模樣。燾。

子善問：直卿云：「當仁，只似適當爲仁之事。」《集注》似以「當」爲擔當之意。曰：如公說「當」字，謂值爲仁則不讓。如此恐不值處煞多，所以覺得做「任」字說是。恐這「仁」字是指大處、難做處說。這般處須着擔當，不可說道自家做不得，是師長可做底事。賀孫。

君子貞而不諒章

亞夫問「貞而不諒」。曰：貞者，正而固也。蓋見得道理是如此，便須只恁地做，所謂知斯二者，弗去是也。爲「正」字說不盡，故更加「固」字，如《易》所謂「貞固足以幹事」。若諒者，是不擇是非，必要如此。故貞者，是正而固守之意；諒，則有固必之心也。時舉。

「諒」字，《論語》有三箇：「匹夫之諒」、「貞而不諒」是不好，「友諒」却是好。以貞對諒，則諒爲不好。若是友，與其友無信之人，又却不如友諒也。諒，信之小者。孟子所謂「亮」，恐當訓「明」字。廣。

辭達而已矣章

「辭達而已矣」，也是難。道夫。

朱子語類卷第四十六 計六板

論語二十八

季氏篇

季氏將伐顓臾章

問「焉用彼相」。曰：看「扶持」兩字，恐只是相瞽者之義。舊見一人亦如此說。又問「相夫子」之義。曰：相，亦是贊相之義。瞽者之相，亦是如此。畓。

問：《集注》顓臾「在魯地七百里之中」，從孟子「百里」之說，則魯安得七百里之地？曰：七百里是《禮記》如此說，封周公曲阜之地七百里。如《左傳》也有一同之說。某每常疑：此處若是百里，無此間龍溪、漳浦縣地大，❶如何做得侯國？如何又容得顓臾在其中？所謂「錫之山川，土田附庸」，其勢必不止於百里。然此處亦難考究，只得且依《禮記》恁地說。寓。○砥録云：《周禮》、《國語》皆說五百里，《禮記》說七百里。若如《孟子》說百里，則未若今之一邑，何以爲國？又如何容得一箇顓臾在肚裏？

問：諸家多把「虎兕」喻季氏，「龜玉」喻公室，是否？曰：文義未有此意。且是答他「二臣者皆不欲」之意。虎在山上，龜玉在他處，不干典守者事。今在柙中走了，在櫝中毀了，便是典守者之過。上面冉求

❶「大」，萬曆本作「又」，則當屬下。

分疏，言「夫子欲之，吾二臣者皆不欲也」。孔子責他，以比乃守者之過。此伐顓臾，實二子與謀之過。答問間方且隨話恁地說，未說到季氏、公室處，不必又生枝蔓。仲思問：獨責求，何也？曰：想他與謀較多，一向倒在他身上去，亦可知也。寓。

問：「蕭牆」，「蕭」字爲義如何？曰：也不曾考究。但據舊說云，諸侯至屏内，當有肅敬之意，亦未知是否。燾。

益者三樂章

問「樂節禮樂」。曰：此說得淺。只是去理會禮樂，理會得時，自是有益。燾。

味道問「損者三樂」。曰：惟宴樂最可畏，所謂「宴安酖毒」是也。時舉。

問：三者損益相反。❶「佚遊則傲惰而惡聞善」，如何與「樂道人之善」相反？曰：「樂道人之善」，則心常汲汲於好善。若是佚遊，則是放蕩閑過了日子。雖所損稍輕，亦非是小害。又問：「樂道人之善」，則有勉思企及之意。佚遊，則一向懶惰，無向善之心。此所以見其相反。曰：三者，如驕樂只是放恣侈靡，最害事；到得宴樂，便須狎近小人，疏遠君子。賀孫。

侍於君子有三愆章

問：「未見顏色而言謂之瞽」，莫是未見事實否？曰：「未見顏色」，是不能察言觀色。曰：如此，則顏色是指所與言者。曰：向時范某每奏事，未嘗看着聖容。時

❶「反」，原作「友」，今據朝鮮本、萬曆本改。

某人爲宰相，云：「此公必不久居此。」未幾，果以言不行而去。人或問之，云：「若看聖容，安能自盡其言？」自是説得好。但某思之，不如此。對人主言，也須看他意思是如何，或有至誠傾聽之意，或不得已貌爲許可。自家這裏也須察言觀色，因而盡誘掖之方。不可泛然言之，使泛然受之而已。固是有一般小人，伺候人主顔色，迎合趨湊，此自是大不好。但君子之察言觀色，用心自不同耳。若論對人主要商量天下事，如何不看着顔色，只恁地説將去便了？賀孫。

君子有三戒章

或問君子三戒。曰：血氣雖有盛衰，君子常當隨其偏處警戒，勿爲血氣所役也。因論血氣移人，曰：疾病亦能移人。呂伯恭因病後讀「躬自厚而薄責於人」，忽有見，遂一意向這下來。大雅。

問《注》引范氏説血氣、志氣之辨。曰：到老而不屈者，此是志氣。時舉。

問：「君子有三戒」章，謝曰：「簞食豆羹，呼爾而與之，有所不就；蹴爾而與之，有所不屑。此非義心勝，血氣壯故也。」恐是義心之勝，非血氣之壯。謝又曰：「萬鐘與不得則死，遠矣。有不辨禮義而受之者，血氣衰故也。」恐是不辨禮義則受，奚必血氣之衰？曰：謝説只是傷急，闕三數字。當云：「此非特義心自勝，亦血氣之壯故也。」蓋血氣助得義心起來。人之血氣衰時，則義心亦從而衰。夫子三戒，正爲血氣而言。又問「謝氏以血氣爲氣質」。曰：氣，只是一箇氣。便浩然之氣，也只是這箇氣，但只是以道義充養起來。及養得浩然，却又能配助義與道也。必大。

君子有三畏章

「畏天命」三字好。是理會得道理，便謹去做，不敢違，便是畏之也。如非禮勿視、聽、言、動，與夫戒慎恐懼，皆所以畏天命也。然亦須理會得天命是恁地，方得。燾。

問：「大人」，是指有位者言之否？曰：不止有位者，是指有位、有齒、有德者，皆謂之「大人」。問：此三句，要緊都在「畏天命」上？曰：然。纔畏天命，自是於大人、聖言皆畏之。問：固是當先畏天命，但要緊又須是知得天命。天命即是天理，若不先知這道理，自是懵然，何由知其可畏？此小人所以無忌憚。曰：要緊全在「知」上。纔知得，便自不容不畏。問：知有淺深，大抵纔知些道理，到得做事有少差錯，心也便惕然。這便見得不容於不畏。曰：知固有淺深，然就他淺深中，各自有天然不容已者。且如一件事是合如此，是不合如此，本自分曉，到臨事又却不如此，道：「如此也不妨，如此也無害」，又自做將去。這箇是雖知之而不能行。然亦是知之未盡，知之未至，所以如此。聖人教人，於《大學》中劈初頭便說一箇格物致知。「物格而後知至」，最是要知得至。人有知不善之不當爲，及臨事又爲之，只是知之未至。人知烏喙之殺人不可食，斷然不食，是真知之也。知不善之不當爲，而猶或爲之，是特未能真知也。所以未能真知者，緣於道理上只就外面理會得許多，裏面却未理會得十分瑩净，所以有此一點黑。這不是外面理會不得，只是裏面骨子有些見未破。所以《大學》之教，使人即事即物，就外面看許多，一一教周遍；又須就自家裏面理會體驗，教十分精切也。賀孫。○恪録云：味道問：「畏天命」是箇總頭否？曰：固是。人若不畏這箇道理，以下事無緣會做得。又問：若不知得這箇道理，如何會畏？曰：須是先知得，方會畏。但知得有深淺，工夫便隨深淺做去。事事物物皆有箇天命，若知得盡，自是無所不畏，惟恐走失。

君子有九思章

問「九思」。曰：不是雜然而思。當這一件上，思這一件。㽦。

或問「君子有九思」。曰：公且道，❶色與貌，可以要得他温，要得他恭。若是視聽，如何要得他聰明？曰：這只是意誠了，❷自會如此。曰：若如公説，都没些事了。便是聖人教人意思不如此。有物必有則，只一箇物，自各家有箇道理。況耳目之聰明得之於天，本來自合如此，只爲私欲蔽惑而失其理。聖人教人，不是理會一件，其餘自會好。須是逐一做工夫，更反復就心上看，方知得外面許多費整頓，元來病根都在這裏。這見聖人教人，内外夾持起來，恁地積累成熟，便會無些子滲漏。如公所説，意誠便都無事。今有人自道心正了，外面任其箕踞無禮，是得不得？亦有人心下已自近正，外面視聽舉止自大段有病痛，公道如何視會明、聽會聰？也只是就視聽上理

❶「道」，原作「這」，今據朝鮮本、萬曆本改。

❷「這」，原作「道」，今據朝鮮本、萬曆本改。

會。「視遠惟明，聽德惟聰」。如有一件可喜底物事在眼前，便要看他，這便被他蔽了。到這時節，須便知得有箇義理，在所可喜，此物在所不當視。這便是見得道理，便是見得遠，不蔽於眼前近底，故曰「視遠惟明」。有無益之言，無稽之言，與夫諂諛甘美之言；有仁義忠信之言。仁、義、忠、信之言，須是將耳常常聽着；那許多不好說話，須莫教他入耳，故曰「聽德惟聰」。賀孫。

問：程子曰：「九者各專其一。」曰：專一者，非雜然而思也。或曰：是「主一」之義否？曰：然。又云：「忿思難」，如「一朝之忿，亡其身，❶及其親」，此不思難之故也。燾。

見善如不及章

「行義以達其道」，所行之義，即所達之道也。未行，則蘊諸中；行，則見諸事也。燾。

問：「行義以達其道」，莫是所行合宜否？曰：志，是守所達之道；道，是行所求之志。隱居以求之，使其道充足。行義，是得時得位而行其所當爲。臣之事君，行其所當爲而已。行所當爲，以達其所求之志。又問：如孔明，可以當此否？曰：也是。如「伊尹耕於有莘之野，而樂堯、舜之道」，是「隱居以求其志」。及幡然而起，「使是君爲堯、舜之君」，「使是民爲堯、舜之民」，是「行義以達其道」。蜚卿曰：如漆雕開之未能自信，莫是求其志否？曰：所以未能信者，但以「求其志」，未說「行義以達其道」。又曰：須是篤信。如讀聖人之書自朝至暮，及行事無一些是，則曰：「聖人且如此

❶「亡」，萬曆本作「忘」。

説耳！」這却是不能篤信。篤信者，見得是如此，便決然如此做。孔子曰：「篤信好學，守死善道。」學者須是篤信。驤曰：見若鹵莽，便不能篤信。曰：是如此。須是一下頭見得是。然篤信又須好學，若篤信而不好學，是非不辨，其害却不小。既已好學，然后能守死以善其道。又問：如下文所言，莫是篤信之力否？曰：既是信得過，危邦便不入，亂邦便不居；天下有道便不隱，天下無道便不見，決然是恁地做。驤。

問：「見善如不及，見不善如探湯。」上一截是進德之事，下一截是成德之事。兼出處有非人力所能爲者，故曰「未見其人」。曰：公只管要粧兩句恁地好做甚麽？這段緊要却不在「吾見其人」、「未見其人」上。若將「見善如不及，見不善如探湯」，與「隱居以求其志，行義以達其道」這幾句意思涵泳，是有多少意思！公看文字有箇病，不只就文字裏面看，却要去別生閑意。大抵看文字，須是只就他裏面看，儘有意思。公今未見得本意是如何，却將一兩句好言語，裹了一重没理會在裏面，此是讀書之大病。須是且就他本文逐字剔碎了，見這道理直透過，無些子窒礙，如此，兩段淺深自易見。賀孫。

問：楊氏引「達可行於天下」解「隱居以求其志，行義以達其道」，《或問》以爲未穩，何也？曰：解經當取易曉底句語解難曉底句，不當反取難曉底解易曉者。「隱居以求其志，行義以達其道」，此兩句本自易理會。今引「達可行於天下」解之，則所引之句反爲難曉。「天民者，達可行於天下而後行之者也。」横渠所謂「必德覆生民而後出，伊、吕是也」。若只是澤被一國，道行一鄉，此人亦不輕出。謂之天民者，蓋謂不是尋常之人，乃天之民耳。天民之云，亦猶曰「天下之善士」云爾，與「隱居以求其志，行義以達其道」者又不同。必大。

朱子語類卷第四十七

論語二十九

陽貨篇

陽貨欲見孔子章

或問：陽貨矙亡以饋孔子，孔子矙亡而往拜之。陽貨之矙亡，此不足責。如孔子亦矙亡而往，則不幾於不誠乎？曰：非不誠也，據道理合當如此。彼人矙亡來，我亦矙亡往；一往一來，禮甚相稱。但孔子不幸遇諸塗耳。去僞。

亞夫問：楊子雲謂孔子於陽貨，「敬所不敬」，爲「詘身以信道」，不知渠何以見聖人爲詘身處？曰：陽貨是惡人，本不可見，孔子乃見之，亦近於詘身。却不知聖人是禮合去見他，❶不爲詘矣。到與他說話時，只把一兩字答他，辭氣温厚而不自失，非聖人斷不能如此也。時舉。

性相近章

「性相近」，以氣質言；「性善」，以理言。祖道。

問：「性相近」，是本然之性？是氣質之性？曰：是氣質之性。本然之性一般，無相近。程子曰：「性與聖，不可一概

❶「禮」，萬曆本作「理」。

論。」節。

「性相近」，唤做近，便是兩箇物事，這便是説氣質之性。若是降衷底，便是没那相近了，箇箇都只一般。佐。

「性相近」，是通善惡智愚説。「上智」、「下愚」是就中摘出懸絶者説。僩。

問：「性相近，習相遠」，「惟上智與下愚不移」，《書》中謂「惟聖罔念作狂，惟狂克念作聖」，又有移得者，如何？曰：上智、下愚不移。如狂作聖，則有之。既是聖人，決不到得作狂。此只是言其人不可不學。又問：或言：「人自不移耳。」此説如何？曰：此亦未是。有一般下愚底人，直有不可移者。問：「雖愚必明」，又是如何？曰：那箇是做甚次第工夫。人一能之，己百之；人十能之，己千之。去僞。

問此章。曰：此所謂性，亦指氣質之性而言。性習遠近，與「上智下愚」本是一章。「子曰」二字，衍文也。蓋習與性成而至於相遠，則固有不移之理。然人性本善，雖至惡之人，一日而能從善，則爲一日之善人，夫豈有終不可移之理？當從伊川之説，所謂「雖强戾如商辛之人，亦有可移之理」是也。謨。

先生問木之：前日所説氣質之性，理會得未？對曰：雖知其説，終是胸中未見得通透。兼《集注》「上智下愚」章，先生與程子説，未理會得合處。曰：便是莫要只管求其合，且看聖人所説之意。聖人所言，各有地頭。孔子説「相近」至「不移」，便定是不移了。人之氣質，實是有如此者，如何必説道變得？所以謂之下愚。而其所以至此下愚者是怎生？這便是氣質之性。孔子説得都渾成。伊川那一段却只説到七分，不説到底。孟子却只説得性善。其所言地頭，各自不同。正如今喫茶相似，有喫得盡底，有喫得多底、少底，必要去牽合，便成穿鑿去。木之。

問：《集注》謂：「氣質相近之中，又有一定而不可易者。」復舉程子「無不可移」之説，似不合。曰：且看孔子説底。如今却自有不移底人，如堯、舜之不可爲桀、紂，桀、紂之不可使爲堯、舜。夫子説底只如此，伊川却又推其説，須知其異而不害其爲同。因説：氣化有不可曉之事。但終未理會得透，不能無疑。釋氏之學，只是定静，少間亦自有明識處。或問：他有靈怪處，是如何？曰：多是真僞相雜。人都貪財好色，都重死生，却被他不貪財、不好色、不重死生，這般處也可以降服得鬼神。如六祖衣鉢，説移不動底，這只是胡説。果然如此，何不鳴鼓集衆，白晝發去？却夜間發去做甚麽？曰：如今賢者都信他向上底説，下愚人都信他禍福之説。曰：最苦是世間所謂聰明之人，却去推演其説，説到神妙處。如王介甫、蘇東坡，一世所尊尚，且爲之推波助瀾多矣。今若得士大夫間把得論定，猶可耳。木之。

子之武城章

問「君子學道則愛人，小人學道則易使」。曰：君子學道，是曉得那「己欲立而立人，己欲達而達人」，與「乾稱父，坤稱母」底道理，方能愛人。小人學道，不過曉得孝弟忠信而已，故易使也。燾。

公山弗擾章

夫子曰：「吾其爲東周乎！」興東周之治也。孔子之志在乎東周。然苟有用我者，亦視天命如何爾！❶聖人胸中自有處置，非可執定本以議之也。人傑。

問：「吾其爲東周乎！」使聖人得行其志，只是就齊、魯東方做起否？曰：也只得就這裏做。又問：其如周何？曰：這般處難説，只看挨到臨時事勢如何。若使天命人心有箇響合處，也自不由聖人了。使周家修其禮物，作賓于王家，豈不賢於赧王之自獻其邑而滅亡乎！問：孔子猶説着周，至孟子則都不説了。曰：然。只是當時六國如此强盛，各自擡夯得箇身己如此大了，勢均力敵，如何地做？不知孟子奈何得下，奈何不下？想得也須滅一兩箇，方做得。看來六國若不是秦始皇出來從頭打疊一番，做甚合殺！問：王者雖曰不殺一不辜、行一不義，事勢到不得已處，也只得如此做。曰：然。湯東征西怨，南征北怨，武王滅國五十，便是如此。只是也不唤做殺不辜、行不義。我這裏方行仁義之師，救民於水火之中，你却抗拒不服，如何不伐得？聖人做處如此，到得後來，都不如此了。如劉先主不取劉琮而取劉璋，更不成舉措。當初劉琮孱弱，爲曹操奪而取之。若乘此時，明劉琮之孱弱將爲曹操所圖，起而取之，豈不正當！到得臨了，却淬淬地去取劉璋，全不光明了。當初孔明便是教他先取荆州，他却不從。或曰：終是先主

❶「視」，萬曆本作「是」。

規模不大，索性或進或退，所以終做事不成。曰：然。又曰：唐太宗殺諸盜，如竇建德猶自得猶殺之，❶惟不殺王世充，後却密使人殺之，便不成舉措。蓋當初王世充立越王於東都，高祖立代王於關中，皆是叛煬帝，立少主以輔之。事體一般，故高祖負愧而不敢明殺世充也。此最好笑。負些子曲了，更擡頭不起。又曰：漢高祖之起，與唐太宗之起不同。高祖是起自匹夫，取秦所以無愧；唐却是爲隋之官，因其資而取之，所以負愧也。要之，自秦、漢而下，須用作兩節看。如太宗，都莫看他初起一節，只取他濟世安民之志，他這意思又却多。若要檢點他初起時事，更不通看。或曰：若以義理看，太宗更無三兩分人。曰：然。僩。

問：諸家皆言不爲東周。《集注》却言「興周道於東方」，何如？曰：這是古注如此說。「其」字、「乎」字，只是閑字。只是有用我者，我便也要做些小事，如釋氏言「竿木隨身，逢場作戲」相似。那處是有不爲東周底意？這與「二十年之後，吴其爲沼乎」辭語一般，亦何必要如此翻轉？文字須寬看，子細玩味，方見得聖人語言。如「小人之中庸」，分明這一句是解上文。人見他偶然脱一箇「反」字，便恁地硬説去，小人中庸，做小人自爲中庸，下面文勢且直解兩句。未有那自以爲中庸底意，亦何必恁地翻轉！寓。

問：公山弗擾果能用夫子，夫子果往從之，亦不過勸得他改過自新，舍逆從順而已，亦如何能興得周道？曰：便是理會不得。良久，却曰：聖人自不可測。且是時

❶ 下「猶」字，萬曆本作「而」。

名分亦未定，若謂公山弗擾既爲季氏臣，不當畔季氏，所謂「改過」者，不過令其臣順季氏而已。此只是常法，聖人須别有措置。問：如此，則必大有所更張否？曰：聖人做時，須驚天動地。然卒於不往者，亦料其做不得爾。夫子爲魯司寇，齊人來歸女樂，夫子便行。以人情論之，夫子何不略説令分曉，却只默默而去？此亦不可曉處。且説齊人歸女樂，夫子所以便行者，何也？説《論語》者謂，受女樂則必怠於政事。然以《史記》觀之，又以夫子懼其讒毁而去。如曰：「彼婦之口，可以出走！」是以魯仲連論帝秦之害，亦曰：「彼又將使其子女讒妾爲諸侯妃，處梁之宫，梁君安得晏然而已乎？」想當時列國多此等事，夫子不得不星夜急走。又曰：夫子墮三都，亦是瞞着三家了做。如季氏已墮術中，及圍成，公斂處父不肯，曰：「若無成，是無孟氏也。」遂連季氏唤醒，夫子亦便休。且説聖人處事，何故亦有做不成者？必大以「夫子之得邦家」爲對。曰：有土有民，便伸縮在我。若靠他人，則只是羈旅之臣。若不見信用，便只得縮手而退。又曰：陽虎云：「吾欲張公室也。」人曰：「家臣而欲張公室，罪莫大焉！」此是當時一種議論。必大。○人傑録頗異，别出。

伯豐問：夫子欲從公山之召，而曰：「如有用我者，吾其爲東周乎！」如何？曰：理會不得，便是不可測度處。人傑問：墮三都事，費、郈已墮，而成不可墮，是不用夫子至於此否？曰：既不用，却何故圍成？當時夫子行乎？季孫三月不違，則費、郈之墮，出於不意。及公斂處父不肯墮成，次第唤醒了叔、季二家，便做這事不成。

又齊人以女樂歸之，遂行。不然，當別有處置也。問：女樂既歸，三日不朝，夫子自可明言於君相之前，討箇分曉，然後去亦未晚，何必忽遽如此？曰：此亦難曉。然據《史記》之説，却是夫子恐其害己，故其去如此之速。魯仲連所謂「秦將使其子女讒妾爲諸侯妃」，則當時列國蓋有是事也。又云：夫子能墮費、郈，而不能墮成，雖聖人，亦有做不成底事。伯豐謂：如「夫子之得邦家者，所謂『立之斯立』」云云。曰：固是。須是有土有民，方能做得。若羇旅之臣，靠着他人，便有所牽制，做事不成。又問：是時三家衰微，陪臣執命，故陽虎奔齊，有「吾欲張公室」之語。或謂：「家臣而欲張公室，罪莫大焉！」曰：便是當時有此一種議論，視大夫專命，以爲固然。又問：舊見人議論子産、叔向輩之賢，其議論遠過先軫、咎犯之徒，❶然事實全不及它。曰：如元祐諸臣愛説一般道理相似。又云：衛靈公最無道，夫子何故戀戀其國，有欲扶持之意，更不可曉。人傑。

子張問仁章

問：恭寬信惠，固是求仁之方，但「敏」字於求仁功夫似不甚親切。莫是人之爲事才悠悠，則此心便間斷之時多，亦易得走失。若能勤敏去做，便此心不至間斷，走失之時少，故敏亦爲求仁之一。是如此否？曰：不止是悠悠。蓋不敏於事，則便有怠忽之意。才怠忽，便心不存而間斷多，便是不仁也。時舉。

❶「咎」，萬曆本作「舅」。

或問「信則人任焉」。曰：任，是人靠得自家。如謂任俠者，是能爲人擔當事也。燾。

任，是堪倚靠。僩。

佛肸召章

「焉能繫而不食」，古注是。榦。

夫子於佛肸之召，但謂其不能浼我而已；於公山之召，却真箇要去做。必大。

味道問：佛肸與公山弗擾召孔子，孔子欲往，此意如何？曰：此是二子一時善意，聖人之心適與之契，所以欲往。然更思之，則不往矣。蓋二子暫時有尊賢向善之誠心，故感得聖人欲往之意。然違道叛逆，終不能改，故聖人亦終不往也。譬如重陰之時，忽略開霽，有些小光明，又被重陰遮閉了。曰：陽貨欲見孔子，却終不許他，是如何？曰：陽貨全無善意，來時便已不好了，故亦不能略感聖人也。時舉。○賀孫録詳，別出。

聖人見萬物不得其所，皆陷於塗炭，豈不爲深憂？思欲出而救之。但時也要出不得，亦只得且住。聖人於斯世，固不是苟且枉道以徇人。然世俗一種説話，便謂聖人泊然不以入其心，這亦不然。如孔子云：「天下有道，丘不與易也。」這箇是十分要做不得，亦有不能自已之意。如説聖人無憂世之心固不可，謂聖人視一世未治，常恁戚戚憂愁無聊過日，亦非也。但要出做不得，又且放下。其憂世之心要出仕者，聖人愛物之仁。至於天命未至，❶亦無如之何。如云：「君子之仕也，行其義也。」道之

❶「未」，原作「永」，今據萬曆本改。

不行，已知之矣。」若就「道之不行，已知之矣」上看，恰似一向没理會，明知不可以行道，且漫去做看，這便不得。須看「行其義也」，便自是去就出處之大義，亦在這裏。賀孫因舉公山、佛肸之召，皆欲往而終不往者，度得是時終不可爲，其人終不可與有爲。如南軒云：「守身之常法，體道之大權。」又云：「欲往者，愛物之仁；終不往者，知人之智。」這處說得分明。❶曰：然。但聖人欲往之時，是當他召聖人之時，有這些好意來接聖人。聖人當時亦接他這些好意思，所以欲往。然他這箇人終是不好底人，聖人待得重理會過一番，他許多不好又只在，所以終於不可去。如陰雨蔽翳，❷重結不解，忽然有一處略略開霽，雲收霧斂，見得青天白日，這處自是好。賀孫。

子曰由也章

問「好信不好學，其蔽也賊」。曰：只爲不擇是，我要恁地便恁地，終是害事。燾。

楊問：「好信不好學」，何故便到賊害於物處？曰：聖人此等語多有相類，如「恭而無禮則勞」處一般。此皆是就子路失處正之。昔劉大諫從温公學，温公教之誠，謂「自不妄語始」。劉公篤守其說。及調洛州司法時，運使吴守禮至州，欲按一司户贓，以問劉公。公對以不知，吴遂去。而公常心自不足，謂此人實有贓，而我不以誠告，其違温公教乎！後因讀《楊子》「避礙」

❶「處」下，原有一墨丁，今據萬曆本删。

❷「翳」，原作「醫」，今據萬曆本改。

通諸理，始悟那處有礙，合避以通之。若只「好信不好學」，固守「不妄語」之說，直說那人有贓，其人因此得罪，豈不是傷害於物？李謂：亦有自賊之理。○淳。○道夫録云：問：「好信不好學」，如何便至於相賊害？曰：「其父攘羊而子證之」是也。昔劉忠定云云。

「六言、六蔽、五美」等話，雖其意亦是，然皆不與聖人常時言語一樣。《家語》此樣話亦多。大抵《論語》後數篇間不類以前諸篇。淳。

問：《集注》云：「剛者，勇之體；勇者，剛之發。」曰：《春秋傳》云：「使勇而無剛者嘗寇。」則勇者，發見於外者也。人傑謂：以五常揆之，則專言勇者，勇屬於義；言剛柔，則剛屬於仁。曰：便是這箇物事，看他用處如何，不可以一定名之。楊子雲說：「君子於仁也柔，於義也剛。」亦只是一說。人傑謂：以仁爲柔，以義爲剛，止說得箇情狀體段耳。曰：然。人傑。

小子何莫學夫詩章

「《詩》可以興」，須是反復熟讀，使書與心相乳入，自然有感發處。閎祖。

問：《詩》如何可以興？曰：讀《詩》，見其不美者，令人羞惡；見其美者，令人興起。節。

子謂伯魚章

問「爲《周南》、《召南》」。曰：「爲」字如「固哉，高叟之爲《詩》」之「爲」，只是謂講論爾。横渠所謂「近試令家人爲《周南》、《召南》之事」，不知其如何地爲？必大。

亞夫問「不爲《周南》、《召南》，其猶正牆面而立」。曰：不知所以脩身齊家，則不待出門，便已動不得了。所以謂之「正牆面」者，謂其至近之地亦行不得故也。時舉。

問「正牆面而立」。曰：脩身齊家，自家最近底事，不待出門，便有這事。去這箇上理會不得，便似那當牆立時，眼既無所見，要動也行不去。植。

問：先生解「正牆面而立」曰：「言即其至近之地，而一物無所見，一步不可行。」人若不知脩身齊家，則自然推不去，是「一步不可行」也。如何是「一物無所見」？曰：自家一身一家，已自都理會不得，又況其遠者乎？問：此可見知與行相須之義否？曰：然。廣。

明道謂：「二《南》，人倫之本，王化之基。苟不爲之，『其猶正牆面而立』。」是才出門便不知，便錯了。士毅。

色厲内荏章

問：「色厲而内荏」，何以比之「穿窬」？曰：爲他意只在要瞞人，故其心常怕人知，如做賊然。大雅。

不直心而私意如此，便是穿窬之類。又云：裏面是如此，外面却不如此；外面恁地，裏面却不恁地。○燾。

鄉原德之賊章

李問「鄉原德之賊」。曰：最是孟子説得數句好，曰：「生斯世也，爲斯民也，善斯可矣。」此是鄉原本情。雉。

或問：鄉原引《荀子》愿慤之説，何

也？曰：鄉原無甚見識。其所謂愿，亦未必真愿，乃卑陋而隨俗之人耳。

義剛云：去冬請問鄉原比老子如何？蒙賜教，謂：「老子害倫理，鄉原却只是箇無見識底人。」今春又問「色取仁而行違」比鄉原如何？蒙賜教，謂：「『色取仁而行違』底是大拍頭揮人，鄉原是不做聲、不做氣、做罪過底人。」深玩二説，微似不同。先生笑云：便是世間有這一般半間不界底人，無見識，不顧理之是非，一味謾人。看時也似是箇好人，然背地裏却乖，却做罪過。義剛。

敬之問「鄉原德之賊」。曰：鄉原者，爲他做得好，便人皆稱之，而不知其有無窮之禍。如五代馮道者，此真鄉原也。本朝范質，人謂其好宰相，只是欠爲世宗一死爾。如范質之徒，却最敬馮道輩，雖蘇子由議論亦未免此。本朝忠義之風，却是自范文正公作成起來也。時舉。

問「鄉原」一章。曰：此章「賊」字、「棄」字説得重而有力。蓋鄉原只知偷合苟容，似是而非，而人皆稱之，故曰「德之賊」。既道聽塗説者纔聽來便説了，更不能蓄。既不能有之於心，不能行之於身，是棄其德也，故曰「德之棄」。必大。

古者民有三疾章

問「古之矜也廉」。曰：廉，是側邊廉隅。這則是那分處。所謂廉者，爲是分得那義利去處。譬如物之側稜，兩下分去。植。

惡紫之奪朱章

問「紫之奪朱」。曰：不但是易於惑人。蓋不正底物事，自常易得勝那正底物事。且如以朱染紫，一染了便退不得，朱却不能變得紫也。紫本亦不是易惑人底，只爲他力勢大了，便易得勝。又如孔子云「惡莠之亂苗」。莠又安能惑人？但其力勢易盛，故苗不能勝之耳。且一邦一家，力勢也甚大，然被利口之人説一兩句，便有傾覆之慮，❶此豈不可畏哉！時舉。

紫近黑色，蓋過了那朱。既爲紫了，更做朱不得，❷便是奪了。元只是一箇色做出來，紫是過則箇。鄭、雅也只是一箇樂，雅較平淡，鄭便過而爲淫哇。蓋過了那雅，便是「亂雅」。植。

問：范氏謂：「天下之理，正而勝者常少，不正而勝者常多。」曰：此當以時運言之。譬如一日與人一生，能有幾多好底時節？廣。

予欲無言章

問：「予欲無言」一章，恐是言有所不能盡，故欲無言否？曰：不是如此。只是不消得説，蓋已都撒出來了。如「四時行焉，百物生焉」，天又更説箇甚底！若是言不能盡，便是有未盡處。聖人言處也盡，做處也盡，動容周旋無不盡。惟其無不盡，所以不消得説了。燾。

先生問林擇之：「天何言哉？四時行

❶「慮」，萬曆本作「患」。
❷「更」，萬曆本作「便」。

焉，百物生焉。」此三句何句較好？對曰：「四時行」、「百物生」二句好。先生因說：擇之看得是。只四時百物生，所謂「天何言哉」者，已在其中矣。德明。

問尹氏之說。曰：尹氏自說得不緊要了。又辨其不緊要話，愈更不緊要矣。必大。

孺悲欲見孔子章

先生云：南康一士人云：「聖賢亦有不誠處。如取瑟而歌，出吊東郭之類，說誠不如只說中。」某應之曰：「誠而中，『君子而時中』；不誠而中，『小人之無忌憚』。」閎祖。

宰我問三年之喪章

問「鑽燧改火」，直卿曰：若不理會細碎，便無以盡精微之義。若一向細碎去，又無以致廣大之理。曰：須是大細兼舉。淳。

問：「宰我問三年之喪」，爲自居喪時問，或爲大綱問也？曰：必是他居喪時。

問「成布」。曰：成布，是稍細成布，初來未成布也。問「縓緣」。曰：縓，今淺絳色。小祥以縓爲緣。看古人小祥，縓緣者一入。謂縓禮有「四入」之說，亦是漸漸加深色耳。然古人亦不專把素色爲凶。蓋古人常用皮弁，皮弁純白，自今言之，則爲大凶矣。劉問布升數。曰：八十縷爲一升。古尺一幅只闊二尺二寸，算來斬衰三升，❶如今網一般。又云：如今漆布一般，所以未爲成布也。如深衣十五升布，似如今極細絹一般，

❶「二」，萬曆本作「三」。

這處升數又曉未得。古尺又短於今尺，❶若盡一十二百縷，須是一幅闊不止二尺二寸，方得如此。所謂「布帛精粗不中數，不粥於市」，又如何自要闊得？這處亦不可曉。寓。

亞夫問宰我問短喪處。曰：此處聖人責之至嚴。植録云：聖人尋常未嘗輕許人以仁，亦未嘗絶人以不仁。所謂「予之不仁」者，便謂他之良心已死了也。前輩多以他無隱於聖人而取之。蓋無隱於聖人，固是他好處，然却不可以此而掩其不仁之罪也。時舉。

飽食終日章

問：「飽食終日，無所用心，難矣哉！」心體本是運動不息，若頃刻間無所用之，則邪僻之念便生。聖人以爲「難矣哉」，言其至危而難安也。曰：心若有用，則心有所主。只看如今纔讀書，心便主於讀書；纔寫字，心便主於寫字。若是悠悠蕩蕩，未有不入於邪僻。賀孫。

君子尚勇乎章

子路之勇，夫子屢箴誨之，是其勇多有未是處。若知勇於義，知大勇，則不如此矣。又其勇有見得到處，便行將去。如事孔悝一事，却是見不到。蓋不以出公之立爲非，觀其謂正名爲迂，斯可見矣。人傑。○僩録云：若是勇於義，必不仕季氏。❷

❶「又」，萬曆本作「大」。
❷「必」，萬曆本作「已」。

君子亦有惡乎章

問：「惡勇而無禮者，惡果敢而窒者。」勇與果敢如何分？曰：勇是以氣加人，故易至於無禮。果敢是率然敢爲。蓋果敢而不窒，則所爲之事必當於理。窒而不果敢，則於理雖不通，然亦未敢輕爲。惟果敢而窒者，則不論是非而率然妄作，此聖人所以惡之也。時舉。

朱子語類卷第四十八 計五板

論語三十

微子篇

微子去之章

問：箕子當時何必佯狂？曰：他已爲囚奴，做人不成了，故只得佯狂受辱。又問：若箕子地位尚可以諫，想亦未肯住在。必是既已爲囚奴，則不復可諫矣。曰：既已爲囚奴，如何更可以諫！廣。

問「殷有『三仁』」。曰：而今也難看。或是孔子當時見他事實。子蒙。

問：或去、或奴、或諫不同，如何同歸於仁？曰：三子皆詣其至理，故謂之仁。如箕子亦是諫，諫至於極，有所不行，故若此也。一之。

「三仁」，且只據他去就、死生論之。然以此一事推及其他，則其所爲之當理無私，亦可知矣！閎祖。

問：「三仁」，不知易地而施，皆能遂其本心否？曰：都自各就他分上做。自今觀之，微子去之，尚在活地上；如箕子之囚、比干之死，便是在死地上了，較之尤難。箕子雖不死，然便死却又倒了。❶唯是被囚，不死不活，這地位如何處？直是難！看「三仁」惓惓憂國之心，直是念念不斷。

❶「倒」，原作「到」，今據朝鮮本改。

若如避世之徒，一齊割斷，高舉遠引，這却無難。故孔子曰：「果哉，末之難矣！」若果於忘世，是不難。賀孫。

問：「三仁」之事，必不可偏廢否？曰：也不必如此看。只是微子是商之元子，商亡在旦暮，必着去之以存宗祀。若箕子、比干，則自當諫，其死與奴，特適然耳。又問：當時若只有微子一人，當如何？曰：亦自着去。吴仁甫問：夷、齊之事，如伯夷已逃去，叔齊以父命與宗社之重，亦自可立否？曰：叔齊却難處。子升問：使當時無中子可立，國祀當如何？曰：亦須自有宗室等人。子升問：令尹子文、陳文子之事，《集注》云：「未知其心果出於天理，而無人欲之私。」又其他行事多悖於道理，但許其忠清，而不許其仁。若其心果出於天理之公，而行事又不悖於道，則可以謂之仁否？曰：若果能如此，亦可以謂之仁。子升又問：令尹子文、陳文子之事，則原其心而不與其仁；至管仲，則以其功而許其仁，若有可疑。曰：管仲之功自不可泯没，聖人自許其有仁者之功。且聖人論人，功過自不相掩，功自還功，過自還過。所謂彼善於此，則有之矣。若以管仲比伊、周，固不可同日語；若以當時大夫比之，則在所當取。當是之時，楚之勢駸駸可畏，治之少緩，則中國皆爲夷狄，故曰：「微管仲，吾其被髮左衽矣！」如本朝趙韓王，若論他自身，煞有不是處。只輔佐太祖，區處天下，收許多藩鎮之權，立國家二百年之安，豈不是仁者之功？使聖人當時說管仲無克、伐、怨、欲，而一純於天理之仁，則不可。今亦不過稱其「九合諸侯，一正天下」之事耳。因說：看文字，不要般遞來說。方說這一事未了，又取那一事來比並說。般來愈多，愈理會不得。少間便撰出新奇說話來說將去，❶元不是真實道理，最不要如此。木之。

問：「三仁」皆出於至誠惻怛之公。若箕子不死而爲之奴，何以見惻怛之心？曰：箕子與比干，心只一般。箕子也嘗諫紂，偶不逢紂大怒，不殺他。也不是要爲奴，只被紂囚係在此，因佯狂爲奴。然亦不須必死於事。蓋比干既死，若更死諫，也無益，適足長紂殺諫臣之罪，故因得佯狂。然他處此最難，微子去却易，比干則索性死。他在半上半下處，最是難。所以《易》中特說「箕子之明夷」，「利艱貞，晦其明也。内難而能正其志」。外雖佯狂，而心却守得定。淳。○寓録云：寓問：《注》言：「三子之行不同，而同出於至誠惻怛之意。」微子之去，欲存宗祀；比干之死，欲紂改行，可見其至誠惻怛處。不知箕子至誠惻怛何以見？曰：箕子、比干都是一樣心。箕子偶然不衝着紂之怒，自不殺他。然他見比干恁地死，若更死諫，無益於國，徒使人君有殺諫臣之名。就他處此最難，微子去却易，比干一向諫死，又却索性。箕子在半上落下，最是難處。被他監繫在那裏，不免佯狂。所以《易》中特說「箕子之明夷」，可見其難處。故曰：「利艱貞，晦其明也。内難而能正其志，箕子以之。」外雖狂，心則定也。

或問：「比干不止是一事之仁」，先生嘗有此語。莫是它分上大節目處看得見，❷做得徹頭徹尾，與一時一事之仁不同，但未可望聖人之全仁耳。曰：箕子、微子、夷、齊之仁，亦是此類。各隨它分上，或去、或奴、或讓底，亦皆可見其終身大體處。又曰：諸子之仁雖如此，料得縝密工夫純粹

❶「話」，原作「活」，今據朝鮮本、萬曆本改。
❷「看」，萬曆本作「有」。

體段，未如顏子之仁是從實地上做來。又曰：曾子啓手足易簀時底心，見得時便是曾子之仁。更以求仁、害仁處參之，便見「三仁」、夷、齊所以全其心德者，而堯卿所問管仲之事，亦可見也。

觀鳳一羽，則知五色之備。「三仁」。○僩。

柳下惠爲士師章

問「柳下惠爲士師」。曰：三黜非君子之所能免。但不去，便是他失於和處。時舉。

亞夫問柳下惠三黜。曰：柳下惠瑩然處，皆與伯夷一般。伯夷如一顆寶珠，只常要在水裏。柳下惠亦如一寶珠，在水裏也得，在泥裏也得。時舉。

問：柳下惠「直道而事人，焉往而不三黜；枉道而事人，何必去父母之邦」。雖可以見其「必以其道而不失焉者」，然亦便有箇不恭底意思，故記者以孔子兩事序於其後。觀孔子之事，則知柳下惠之事亦未得爲中道。曰：也是如此。惟是孟子說得好，曰：「聖人之行，或遠或近，或去或不去，歸潔其身而已矣。」下惠之行，雖不比聖人合於中道，然「歸潔其身」，則有餘矣。問：「或遠或近」，是相去之遠近否？曰：不然。謂其去人有遠近，若伯夷則直是去人遠矣！廣。

齊景公待孔子章

晏問：齊景公待孔子，雖欲「以季、孟之間」，乃以虛禮待之，非舉國以聽孔子。故曰「吾老矣，不能用也」，遂行。如齊人欲以孟子爲矜式，❶亦是虛禮，非舉國以聽孟子。曰：固是。植。

齊人歸女樂章

問：「齊人歸女樂」，季桓子纔受，孔子不安，便行。孔子向來相定公，做得許多事業，亦是季桓子聽孔子之所爲，方且做得。曰：固是。又曰：當時若致膰胙，孔子去得更從容。惟其不致，故孔子便行。植。

問：《史記》載：「魯今且郊，如致膰于大夫，則吾可以止。」設若致膰，則夫子果止否？曰：也須去。只是不若此之速，必別討一事故去。且如致膰，亦不是大段失禮處，聖人但因此且求去爾。寓。

問：今欲出來作事，亦須成敗有命，無必成之理。曰：固是。且如孔子所作，亦須見有必成處。但有小人沮之，則不可乃是天。孔子當時在魯，全屬季桓子。❷其墮三都，乃是乘其機而爲之，亦是難。女樂事，《論語》所載與《史記》異。若如《論語》所載，似太匆遽。魯是父母之國，君大夫豈得不且告之？❸告之不從而行，亦未晚，今乃去得如此其急。此事未易輕議，當闕。可學。

楚狂接輿章

問：楚狂接輿等，伊川謂荷蓧稍高。曰：以其尚可告語。若接輿，則全不可曉。

問：當亂世，必如孔子之才可以救世而後

❶「人」，萬曆本作「王」。
❷「桓」，原作「相」，今據萬曆本改。
❸「且」，萬曆本作「直」。

可以出，其他亦何必出？曰：亦不必如此執定。「君子之仕，行其義也」。亦不可一向滅迹山林。然仕而道不行，則當去耳。可學。

子路從而後章

問「不仕無義」。曰：仕則可以行其義，不仕則無以行其義，便無這君臣之義了。又問：下文所謂君臣之義，即是這義否？曰：然。燾。

「君子之仕也，行其義也。」義便有進退去就在裏。如丈人，直是截斷。只見一邊。閎祖。

亞夫問「君子之仕也，行其義也」。曰：這時雖大綱做行不得，亦自有小小從違處，所謂義也。如孟子「迎之致敬以有禮，則就之；禮貌衰，則去之」之意，不如長沮、桀溺之徒，纔見大綱行不得，便去了。植。

問：《集注》云：「仕所以行君臣之義，故雖知道之不行，而不可廢。」末云：「亦非忘義徇禄也。」此「義」字似有兩意。曰：如何是有兩意？只是一意。纔説義，便是總去就都説。道合則從，不合則去，即此是義，非但只説要出仕爲義。然道合則從，不合則去，唯是出仕方見得。「不仕無義」，纔説不仕，便都無了這義。聖人憂世之心，固是急欲得君行道。到得靈公問陳，「明日遂行」；景公「以季、孟之間待之，曰『吾老矣，不能用也』」，孔子行」；季桓子受女樂，「孔子行」，無一而非義。賀孫。

亞夫問：《集注》云：「謂之義，則事之可否，身之去就，誠有不苟然者。」曰：舊時人説此段，只説道合出仕纔仕，便是義。殊不知所謂仕，不是埋頭一向只要仕。如孟子説「所就三，所去三」，與「孔子有見行可之仕，有際可之仕，有公養之仕」，雖是未嘗不欲仕，亦未嘗不顧其義之如何。賀孫。

逸民章

孔子論逸民，先伯夷。道夫。

朱子語類卷第四十九 計一十三板

論語三十一

子張篇

執德不弘章

舜功問「執德不弘」。曰：言其不廣也。纔狹隘，則容受不得。不特是不能容人，自家亦自不能容。故纔有片善必自矜，見人之善必不喜，人告之以過亦不受，從狹隘上生萬般病痛。問：子張以爲「焉能爲有，焉能爲亡」，世間莫更有不好人？曰：渠德亦自執，道亦自信，只是不弘不篤，不足倚靠耳。通老云：亦有人將此二句於道德上說。曰：不然。先儒說「弘」字，多只說一偏。可學。

執德須弘，不可道已得此道理，不信更有道理。須是既下工夫，又下工夫，已理會，又理會。若只理會得三二分，便謂只消恁地也得，如此者，非是無，只是不弘。故子張云：「焉能爲有，焉能爲亡。」弘便知道理儘有，自家心下儘有地步，寬闊着得在。㽦。

「執德不弘」，弘是深潛玩味之意，不弘是着不得。明道云：「所貴者資。便儇皎厲兮，去道遠而！」此說甚好。可學。

亞夫問：如何是「執德不弘」底樣子？曰：子貢若只執「貧而無諂，富而無驕」之德，而不聞夫子樂與好禮之說；子路若只執不耻緼袍之德，而不聞夫子「何足以臧」之説，則其志皆未免止於此。蓋義理無窮，心體無限。賀孫。

信道篤。如何得他信得篤？須是你自去理會始得。而今人固有與他説他信不篤者，須要你自信，始得。僩。

魏才仲問「執德不弘，信道不篤」。曰：此須着下兩句。此兩句似若相反。蓋弘是廣大之意，若「信道不篤」，則容受太廣後隨人走作，反不能守正理。信道篤而不弘，則是確信其一説，而或至於不通，故須着下兩句。弘篤，猶言弘毅相似。璘。

問：「執德不弘，信道不篤」一章，還合看得否？曰：各自是一箇病。世固有自執其小善者，然不害其爲信道之篤，亦有信道不篤，然却有兼取衆善之意者。自不相害也。時舉。

問「焉能爲有，焉能爲亡」。曰：有此人亦不當去聲。得是有，無此人亦不當得是無，言皆不足爲輕重。淳。

子夏之門人問交於子張章

泛交而不擇，取禍之道。故子張之言泛交，亦未嘗不擇。蓋初無拒人之心，但其間自有親疏厚薄爾。和靖非以子張爲不擇也。鎬。

雖小道必有可觀章

小道不是異端，小道亦是道理，只是小。如農、圃、醫、卜、百工之類，却有道理在。只一向上面求道理，便不通了。若異端，則是邪道，雖至近亦行不得。淳。

小道易行，易見效。漢文尚黄、老。本朝李文靖便是以釋氏之學致治。孔、孟之道規模大，若有理會得者，其致治又當如何！廣。

日知其所亡章

「知其所亡」，「無忘所能」，檢校之意。方。

問「日知其所亡，月無忘其所能」。曰：「知其所亡」，便是一日之間知得所未知；「月無忘其所能」，便是長遠後也記得在這裏。而今學者，今日知得，過幾日又忘了。若不真在此做工夫，如何會到一月後記得！謙之。

周問：「月無忘其所能」，還是温故否？曰：此章與「温故知新」意却不同。「温故知新」，是温故之中而得新底道理，此却是因新知而帶得温故。雉。

問：「月無忘其所能」，積累多，則如何温習？曰：也須漸漸温習。如「得一善則拳拳服膺，而弗失之矣」，「子路有聞，未之能行，惟恐有聞」，若是如此，則子路只做得一件事，顔子只着得一件事。節問：既恁地，却如何？曰：且思量。節。

子夏學煞高，自曾子外説他。看他答問處，如「博學而篤志，切問而近思」，如「日知其所亡，月無忘其所能」等處可見。泳。

博學而篤志章

問「博學而篤志，切問而近思，仁在其中矣」。曰：此全未是説仁處，方是尋討箇求仁門路。當從此去，漸見效在其中，謂有此理耳。問：明道言：「學者須先識仁。」識得仁，以敬養，不須防檢。曰：未要看此，不如且就「博學篤志，切問近思」做去。寓。

問：「博學而篤志，切問而近思」，何以言「仁在其中」？曰：此四事只是爲學功夫，未是爲仁。必如夫子所以語顔、冉者，乃正言爲仁耳。然人能「博學而篤志，切問而近思」，則心不放逸，天理可存，故曰「仁在其中」。必大。○節録云：心存理得。

元昭問：「博學而篤志，切問而近思」，何以言「仁在其中」？曰：只是爲學工夫，反求之己。必如「克己復禮」，乃正言爲仁。《論語》言「在其中」，只是言其可至耳。明道云：「學要鞭辟近裏。」可學。

楊至之問「博學篤志」章。曰：明道常説「學只要鞭辟近裏着己而已」，若能如此，便是心在，已是有七八分仁了。南升。

問：「博學而篤志，切問而近思」，如何謂之仁？曰：非是便爲仁。大抵聖人説「在其中矣」之辭，如「禄在其中」、「直在其中」，意言行寡尤悔，非所以干禄，而禄在其中；父子相爲隱，非所以爲直，而直在其中；「博學而篤志，切問而近思」，雖非所以爲仁，然學者用力於此，仁亦在其中矣。去僞。

問：如何「切問近思」，則仁便在其中？曰：這有四事：博學、篤志、切問、近思。四者俱至，本止是講學，未是如「克己復禮」，斷然爲仁，❶而仁已在其中。凡《論語》言「在其中」，皆是反説。如「耕也，則餒在其中」，耕非能餒也，然有旱乾水溢，則餒在其中。「學也，禄在其中」，學非干禄也，

❶「斷」字，原無；「爲」，原作「求」，今據朝鮮本補改。

然學則祿在其中。「父爲子隱，子爲父隱」，本非直也，而直已在其中。若此類，皆是反說。驤。

問：明道謂：「學者須當思而得之，了此便是徹上徹下底道理。」莫便是先生所謂「從事於此，則心不外馳而所存自熟」之意？曰：然。於是四者中見得箇仁底道理，便是徹上徹下之道也。廣。

問：「博學而篤志，切問而近思，仁在其中矣。了此，便是徹上徹下道理。」此是深說也恁地，淺說也恁地否？先生首肯，曰：是。徹上徹下，只是這箇道理。深說淺說都恁地。淳。

蜚卿問：伊川謂：「近思只是以類推去。」曰：程子說得「推」字極好。問：「比類」，莫是比這一箇意思推去否？曰：固是。如爲子則當止於孝，爲臣當止於忠，自此節節推去。然只一「愛」字，雖出於孝，畢竟千頭萬緒，皆當推去須得。驤。

有問伊川曰：「如何是近思？」曰：「以類而推。」今人不曾以類而推，蓋謂不曾先理會得一件，却理會一件。若理會得一件，逐件件推將去，相次亦不難。須是劈初頭要理會，教分曉透徹。且如煮物事，合下便用熳火養，便似煮肉，却煮得頑了，越不能得軟。政如義理，只理會得三二分，便道只恁地得了，却不知前面撞頭搕腦。人心裏若是思索得到時，遇事自不難。須是將心來一如鏖戰一番，見了行陣，便自然向前得去，如何不教心經履這辛苦。若是經一番，便自知得許多路道，方透徹。僩。

楊問：程子曰：「近思，以類而推。」何謂類推？曰此語道得好。不要跳越望遠，亦不是縱橫陡頓，只是就這裏近傍那曉得處挨將去。如這一件事理會得透了，又因這件事推去做那一件事，知得亦是恁地。如識得這燈有許多光，便因這燈推將去，識得那燭亦恁地光。如升階，升第一級了，便因這一級進到第二級，又因第二級進到三級。只管恁地挨將去，只管見易，不見其難，前面遠處只管會近。若第一級便要跳到第三級，舉步闊了便費力，只管見難，只管見遠。如要去建寧，須從第一鋪，便去到柳營江，柳營江便去到魚峬驛。只管恁地去，這處進得一程，那處又減得一程，如此，雖長安亦可到矣。不然，只要一日便到，如何得？如讀書，讀第一段了，便到第二段；第二段了，便到第三段。只管挨將去，次第都能理會得。若開卷便要獵一過，如何得？直卿問：是理會得孝，便推去理會得弟否？曰：只是傍易曉底挨將去。如理會得親，親便推類去仁民，仁民是親親之類。理會得仁民，便推類去愛物，愛物是仁民之類。如「刑于寡妻」，便推類去「至于兄弟」；「至于兄弟」，便推類去「御于家邦」。如脩身，便推去齊家；齊家，便推去治國。只是一步了，又一步。《學記》謂：「善問者，如攻堅木，先其易者，後其節目。」此說甚好。且如中央一塊堅硬，四邊軟，不先就四邊攻其軟，便要去中央攻那硬處，寓録云：其中堅硬，被那軟處抨在這裏。如何攻得？枉費了氣力，那堅硬底又只在。須是先就四邊旋旋抉了軟處，中央硬底自走不得。兵書所謂「攻瑕則堅者瑕，攻堅則瑕者堅」，亦是此意。寓録云：不會問底人，先去節目處理會。枉費了工夫，這箇堅又只在。問：博學與近思，亦不相妨否？曰：博學是都要理會過，近思是注心着力處。博學是箇大規模，近思是漸進工夫。如「明明德於天下」，是大規模，其中格物、致知、誠意、正心、脩身、齊家等，便是次序。寓録云：格物、正心、脩身、齊家等，循次序都着學。豈可道是理會得一件，其他皆不去理會！然亦須理會一件了，又去理會一件。博學亦豈是一旦硬要都學得了？如博學，亦豈一日便都學得了？亦是漸漸學去。問：篤志，未説到行處否？曰：篤志，只是至誠懇切以求之，不是理會不得又掉了。若只管泛泛地外面去博學，更無懇切之志，反看這裏，便成放不知求底心，便成頑麻不仁底死漢了，那得仁？惟篤志，又切問近思，便有歸宿處。這心便不泛濫走作，只在這坎窠裏不放了，仁便在其中。横渠云：讀書以維持此心，一時放下，則一時德性有懈。淳。○寓録同。○道夫録略。

問：「以類而推」是如何？曰：只是就近推將去。曰：如何是就近推去？曰：且如十五志學，至四十不惑，學者尚可以意會。若自知命以上，則雖苦思力索，終摸索不着。縱然説得，亦只是臆度。除是自近而推，漸漸看將去，則自然見得矣。廣。

百工居肆章

問：《集注》所引二説，云：「二説相須，其義始備。」曰：前説蓋謂居肆方能做得事成，不居肆則做事不成。君子學便可以致其道，不學則不能致其道。然而居肆亦有不能成其事，如閑坐打鬨過日底。學亦有不能致其道，如學小道，與夫「中道而廢」之類。故後説云：「居肆必須務成其事，學必須務致其道。」是皆各説得一邊，故必相須而其義始備也。燾。

問：「百工居肆」，二説合如何看？

曰：君子不學固不足以致道，然亦有學而不知道者多矣。此二説要合爲一，又不欲揜先輩之名，故姑載尹氏之本文。雉。

大德不踰閑章

「大德不踰閑，小德出入可也」。大節是當，小節無不可者。若大節未是，小節何緣都是？謨。

「小德出入可也」，此自是「可與權」之事。謂之出入，則似有不得已之意，非德盛者不能。如嫂溺不援，是豺狼也。嫂溺，是所當援也，更着「可也」字不得，所以吴氏謂此章有弊。道夫。

問大德、小德。曰：大德、小德，猶言大節、小節。大節既定，小節有差亦所不免。然吴氏謂此章不能無弊，學者正不可以此自恕。一以小差爲無害，則於大節必將有枉尋而直尺者矣！謨。

問：伊川謂小德如援溺之事，更推廣之。吴氏謂此章不能無弊。如何？曰：恁地推廣，援溺事却是大處。嫂溺不援是豺狼，這處是當做，更有甚麼出入？隨他門説，如湯、武征伐，「三分天下有其二」，都將做可以出入！恁地却是大處，非聖人不能爲，豈得謂之小德？乃是道之權也。子夏之意，只爲大節既是了，小小處雖未盡善，亦不妨。然小處放過，只是力做不徹，不當道是「可也」。寓。

「大德不踰閑，小德出入可也」。如横渠之説「時中」，却是一串説。如「小德出入」，亦把做好了。若是「時中」，却是合當如此，如何却只云「可也」？只是且恁地也得之意。且如「嫂溺援之以手」，亦是合當如此，却説道「可也」不得。大抵子夏之説自有病，只是他力量有行不及處。然既是有力不及處，不免有些小事放過者，已是不是，豈可謂之「可也」？却是垂訓於人，教人如此，則甚不可耳！蓋子夏爲人不及，其質亦弱，夫子亦每捉他，❶如「汝爲君子儒，無爲小人儒」、「無欲速，無見小利」之類。子夏亦自知之，故每亦要做夾細工夫。只這子細，便是他病處。徐彦章以子夏爲狷介，只是把論交處説。子夏豈是狷介，只是弱耳！畬。

子夏之門人小子章

孔門除曾子外，只有子夏守得規矩定，故教門人皆先「灑掃、應對、進退」，所以孟子説「孟施舍似曾子，北宮黝似子夏」。文蔚。

君子之道，孰以末爲先而可傳？孰以本爲後而倦教？蓋學者之質不同，如草木之區別耳。德明。

問子夏門人「灑掃、應對、進退」一段。曰：人只是將上達意思壓在頭上，故不明子夏之意，但云君子之道孰爲當先而可傳，孰爲可後而倦不傳。「譬諸草木，區以別矣」，只是分別其小大耳。小子之學但當如此，非無本末之辨。祖道。

古人初學，只是教他「灑掃、應對、進退」而已，未便説到天理處。子夏之教門人專以此，子游便要插一本在裏面。「民可使由之，不可使知之」，只是要他行矣而著，習矣而察，自理會得。須是「匡之直之，輔之翼之，使自得之，然後從而振德之」。今教

❶「捉」，朝鮮本作「提」。

小兒，若不匡不直、不輔不翼，便要振德，只是撮那尖利底教人，非教人之法。淳。

問：「有始有卒」，乃竭兩端之教否？曰：此不是説聖人教人事，乃是聖人分上事。惟聖人道頭便知尾，下學便上達。若教學者，則須循其序也。必大。

「子夏門人小子」一章，明道説是。《集注》第一條。區是分限，自然有大小。自有分限，也不必言人去畦分之。方。○《集注》。

問「子夏之門人小子灑掃應對進退」章。曰：某少時都看不出，將謂無本末，無大小。雖如此看，又自疑文義不是如此。後來在同安作簿時，因睡不着，忽然思得，乃知却是有本末、小大。然不得明道説「君子教人有序」四五句，也無縁看得出。聖人「有始有卒」者，不是自始做到終，乃是合下便始終皆備。「灑掃應對」，「精義入神」，便都在這裏了。若學者便須從始做去方得，聖人則不待如此做也。時舉。

問「灑掃應對」章程子四條。曰：此最難看。少年只管不理會得「理無大小」是如何。此句與上條「教人有序」都相反了。多問之前輩，亦只似謝氏説得高妙，更無捉摸處。因在同安時，一日差入山中檢視，夜間忽思量得不如此。其曰「理無小大」，無乎不在，本末、精粗皆要從頭做去，不可揀擇，此所以爲「教人有序」也。非是謂「灑掃應對」便是「精義入神」，更不用做其他事也。雉。

亞夫問：伊川云：「『灑掃應對』便是形而上者，理無大小故也。故君子只在謹獨。」又曰：「聖人之道，更無精粗。從『灑掃應對』與『精義入神』，貫通只一理。雖『灑掃應對』，只看所以然如何。」曰：某向來費無限思量，理會此段不得。如伊川門人，都説差了。且是不敢把他底做不是，只管就他底解説。解來解去，只見與子夏之説相反，常以爲疑。子夏正説有本有末，如何諸公都説成末即是本？後在同安，出往外邑定驗公事，路上只管思量，方思量得透。當時説與同官某人，某人亦正思量此話起，頗同所疑。今看伊川許多説話時，復又説錯了。所謂「『灑掃應對』與『精義入神』，貫通只一理。雖『灑掃應對』，只看所以然如何」，此言「灑掃應對」與「精義入神」是一樣道理。「灑掃應對」，必有所以然，「精義入神」，亦必有所以然。其曰「通貫只一理」，言二者之理只一般，非謂「灑掃應對」便是「精義入神」。固是「精義入神」有形而上之理，即「灑掃應對」亦有形而上之理。亞夫問：《集注》云：「始終本末，一以貫之，惟聖人爲然。」此解得已分明。但聖人事是甚麼樣子？曰：如云「下學而上達」，當其下學時，便上達天理是也。賀孫。

齊卿問：程子云云。故君子只在謹獨，何也？曰：事有小大，理却無小大。合當理會處，便用與他理會，故君子只在謹獨。不問大事小事、精粗巨細，盡用照管，盡用理會。不可説箇是粗底事，不理會，只理會那精底。既是合用做底事，便用做去。又不可説「灑掃應對」便是「精義入神」。「灑掃應對」只是粗底，「精義入神」自是精底。然道理都一般，須是從粗底、小底理會起，方漸而至於精者、大者。所以明道曰：「君子教人有序，先傳以近者、小者，而後教以大者、遠者。非先傳以近、小，而後不教以遠、大也。」或云：「灑掃應對」非道之全體，只是道中之一節。曰：合起來便是道之全體，非大底是全體，小底不是全體也。問：伊川言：「凡物有本末，不可分作兩段。」曰：須是就事上理會道理，非事何以識理？「灑掃應對」，末也；「精義入神」，本也。不可說這箇是末，不足理會，只理會那本，這便不得。又不可說這末便是本，但學其末，則本便在此也。僩。

「灑掃應對」，「精義入神」，事有大小，而理無大小。池録作「精粗」，下同。事有大小，故其教有等而不可躐；理無大小，故隨所處而皆不可不盡。池録作：故唯其所在，而皆不可不用其極。謝氏所謂「不着此心，如何做得」者，失之矣！道夫。

問：程子曰：「『灑掃應對』，便是形而上者。理無大小，故君子只在謹獨。」此只是獨處少有不謹，則形而上下便相間斷否？曰：亦是。蓋不能謹獨，只管理會大處，小小底事便照管不到。理無小大，大處、小處都是理。小處不到，理便不周匝。淳。

問：「『灑掃應對』即是『精義入神』之理」，此句如何？曰：皆是此理。其爲上下、大小不同，而其理則一也。問：莫只是盡此心而推之，自小以至大否？曰：謝顯道却說要着心。此自是說理之大小不同，未可以心言也。「灑掃應對」是此理，而其「精義入神」亦是此理。「灑掃應對」是小學事，「精義入神」是大學事。精究其義以入神，正大學用功以至于極致處也。若子夏之門人，止當爲「灑掃應對」而已，以上又未暇也。因問：「『灑掃應對』是其然，必有所以然者」，如何？曰：所以然者，亦只是理也。惟窮理，則自知其皆一致。此理惟延平之説在《或問》「格物」中。與伊川差合，雖不顯言其窮理，而皆體此意。後先生一番説伊川「是其然」，爲伊川只舉得一邊在此，「是其然」。「灑掃應對」與「精義入神」，皆是「是其然，必有所以然」。「灑掃應對」與「精義入神」，皆有所以然之理。○寓。

問：「『灑掃應對』是其然，必有所以然。」所以然者，是如何？曰：若無誠意，如何「灑掃應對」？節。

「是其然，必有所以然」。治心、脩身是本，「灑掃應對」是末，皆其然之事也。至於所以然，則理也。理無精粗、本末，皆是一貫。升卿。

義剛呈問目云：子游知有本，而欲棄其末。子夏則以本末有先後之序。程子則合本末以爲一而言之。詳味先生之説，則所謂「灑掃應對」，固便是「精義入神」事。只知於「灑掃應對」上做工夫，而不復深究「精義入神」底事，則亦不能通貫而至於渾融也。惟是下學之既至，而上達益加審焉，則本末透徹而無遺矣。曰：這是説「灑掃應對」，也是這道理；若要「精義入神」，須是從這裏理會將去。如公説，則似理會了「灑掃應對」了，又須是去理會「精義入神」，却不得。程子説又便是子夏之説。義剛。

「先傳後倦」，明道説最好。伊川與上蔡説，須先理會得子夏意，方看得。閎祖。○《集義》。

伯豐問：程子曰「『灑掃應對』與佛家默然處合」，何也？曰：默然處，只是都無作用。非是取其説，但借彼明此。「灑掃應對」即「無聲無臭」之理也。㽦。

問：「灑掃應對」與「盡性至命」是一統底事，無有本末、精粗。在理固無本末、精粗，而事須有本末、精粗否？曰：是。淳。

一日夜坐，聞子規聲。先生曰：舊爲同安簿時，下鄉宿僧寺中，衾薄不能寐。是時正思量「子夏之門人小子」章，聞子規聲甚切。文蔚録云：思量此章，理會不得。横解竪解，更解不行，又被杜鵑叫不住聲。今纔聞子規啼，便記得是時。當時亦不能問。泳續檢尋《集注》此章，乃是程子諸説，多是明精粗、本末，分雖殊而理則一，似若無本末、無小大。獨明道説「君子教人有序」四五句分曉。乃是有本末、小大，在學者則須由下學乃能上達，惟聖人合下始終皆備耳。此是一大統會，當時必大有所省，所恨愚闇不足以發師誨耳。○胡泳。

仕而優則學章

問「仕而優則學」。曰：某嘗見一親戚説得好，謂子夏此語蓋爲仕而不問學者設爾。「優」，當作「暇」字解。去僞。

問「仕而優則學」。曰：此爲世族子弟而設。有少年而仕者，元不曾大，故學，故職事之暇可以學。時舉録云：到職事了辦後，也着去學。

「學而優則仕」，無可説者。謙之。

問「仕而優則學」。曰：有一鄉人作縣尉，請教於太守沈公云：「某欲脩學，先讀何書？」沈答云：「公且去做了縣尉，歸家去款款讀書。」此説亂道。居官豈無閒暇時可讀書？且如轎中亦可看册子。但不可以讀書而廢居官之事耳。雉。

孟莊子之孝章

「孟莊子之孝」，「其他可能」，言其他只尋常。「是難能也」，這箇則不可及。蓋莊子父獻子自賢，渠却能用父之人，守父之政而不變，夫子所以稱之。端蒙。

問：孟莊子之孝，當然事，何以爲難能？曰：爲是人多不能，所以爲難。然若用人立政未是，又不可以不改。銖。

問：孟莊子何以謂之難能？曰：這箇便是難能處。人固有用父之臣者，然稍拂他私意，便自容不得。亦有行父之政者，於私欲稍有不便處，自行不得。古今似此者甚多。如唐太宗爲高宗擇許多人，如長孫無忌、褚遂良之徒，高宗因立武昭儀事，便不能用。又季文子相三君，無衣帛之妾，無食粟之馬，到季武子便不如此，便是不能行父之政。以此知孟莊子豈不爲難能？和之因問：唐太宗當初若立魏王泰時如何？魏王泰當時也自英武。曰：他當初却有心傾太子承乾，只此心便不好，然亦未知果是賢與不賢。且看隋煬帝劈初如何？下梢又如何？問：「爲天下得人謂之仁」，又有嫡長之説，此事不知如何處？曰：所謂「可與立，未可與權」，此事最要權輕重，若是聖賢便處得。須是見他嫡長真是不賢，庶真賢，方得。大賢以上，方了得此事。如太王立王季之事是也。如他人見不到，不如且守嫡長之説。如晉獻公溺於驪姬，要去申生；漢高祖溺於戚姬，要立趙王如意，豈是真見得他賢否！倪録云：倪曰：若嫡長不賢，便只得付之命。先生曰：是。先生又云：兩漢而下，多有英武之資爲用事者所忌，如清河王是也。時舉。○倪同。

衛公孫朝問於子貢章

或問：「文武之道未墜於地」，是掃地否？曰：未墜地，非掃地，掃地則無餘矣。此只是説未墜落於地，而猶在人。且賢者則能記其道之大者，不賢者則能記其道之小者，皆有文武之道，夫子皆師之也。大雅。

「賢者識其大者，不賢者識其小者。」大者如《周禮》所載，皆禮之大綱領是也。小者如《國語》所載，則只是零碎條目是也。燾。

叔孫武叔語大夫章

「子貢賢於仲尼」。聖人固自難知。如子貢在當時，想是大段明辨果斷，通曉事務，歆動得人。孔子自言：「達不如賜，勇不如由。」賀孫。

或問：「夫子之牆數仞，不得其門而入」，夫子之道高遠，故不得其門而入也。曰：不然。顔子得入，故能「仰之彌高，鑽之彌堅」，至于「在前在後，如有所立，卓爾」。曾子得入，故能言「夫子之道忠恕」。子貢得入，故能言「性與天道不可得聞，文章可得而聞」。他人自不能入耳，非高遠也。七十子之徒，幾人入得？譬如與兩人説話，一人理會得，一人理會不得；會得者便是入得，會不得者便是入不得。且孔子之教衆人，與教顔子何異？顔子自入得，衆人自入不得，多少分明！大雅。

陳子禽謂子貢章

「立之斯立」，如「五畝之宅，樹之以桑」之類。蓋此有以立之，便自立得住也。「動之斯和」，如「又從而振德之」。振德有鼓舞之意。寓録云：使之歡喜踴躍，遷善遠罪而不自知。❶

❶「善」，萬曆本作「義」。

如舜之從欲以治，「惟動丕應徯志」，便是動而和處。問：伊川云：「『夫子之言性與天道，不可得而聞』，是就聖人聰明上説；立斯立，綏斯來，是就德性上説。」如何？曰：聰明是言聖人見處高，常人所不能測識。德性是言其精粹純一，本領深厚。其間自如此。道夫。○寓録云：「言性與天道」，是所見直恁地高，人自描摸他不着，見得是聰明。言德性，是就本原處説。根基深厚，德盛仁熟，便能如此，便是「所過者化」。

朱子語類卷第五十 計二板

論語三十二

堯曰篇

堯曰咨爾舜章

林恭甫問：《論語》記門人問答之辭，而《堯曰》一篇乃記堯、舜、湯、武許多事，何也？曰：不消恁地理會文字。嘗見説《堯曰》一篇是夫子誦述前聖之言，弟子類記於此。先儒亦只是如此説。然道理緊要却不在這裏。義剛。

楊問：「簡在帝心」，何謂簡？曰：如天檢點數過一般。善與罪，天皆知之。爾之有善，也在帝心；我之有罪，也在帝心。寓。

問：「雖有周親」，《注》「紂之至親雖多」，他衆叛親離，那裏有至親？曰：紂之至親豈不多，唯其衆叛親離，所以不濟事。故《書》謂「紂有億兆夷人，離心離德」是也。寓。

子張問章

問：「欲仁得仁，又焉貪？」如何？曰：仁是我所固有，而我得之，何貪之有？若是外物，欲之則爲貪。此正與「當仁不讓於師」同意。曰：於問政及之，何也？曰：治己治人，其理一也。廣。

問：「猶之與人也，出納之吝」，何以在四惡之數？曰：此一惡比上三惡似輕，然亦極害事。蓋此人乃是箇多猜嫌疑慮之人，賞不賞，罰不罰，疑吝不決，正如唐德宗是也。大雅。

「猶之」，猶均之也。均之，猶言一等是如此。史家多有此般字。問：「出納之吝」是不好，所以謂之惡。曰：此「吝」字説得來又廣，只是戒人遲疑不決底意思。當賞便用賞，當做便用做。若遲疑怠忽之間，澀縮靳惜，便誤事機。如李絳勸唐憲宗速賞魏博將士，曰：「若待其來請而後賞之，則恩不歸上矣！」正是此意。如唐家藩鎮之患，新帥當立，朝廷不即命之，却待軍中自請而後命之，故人不懷恩，反致敗事。若是有司出納之間，吝惜而不敢自專，却是本職當然。只是人君爲政大體，則凡事皆不可如此，當爲處便果決爲之。僩。

「興滅國，繼絶世，舉逸民」，此聖人之大賞；「兼弱攻昧，取亂侮亡」，此聖人之大罰。

不知命章

《論語》首云：「學而時習之，不亦説乎！有朋自遠方來，不亦樂乎！人不知而不愠，不亦君子乎！」終云：「不知命，無以爲君子也。」此深有意。蓋學者所以學爲君子者，不知命則做君子不成。死生自有定命，若合死於水火，須在水火裏死；合死於刀兵，須在刀兵裏死，看如何逃不得。此説雖甚粗，然所謂知命者不過如此。若這裏信不及，才見利便趨，見害便避，如何得成君子？閎祖。

朱子語類卷第五十一 計一十板

孟子一

題辭

陳丈言：《孟子》，趙岐所記者，却做得好。曰：做得絮氣悶人，東漢文章皆如此。卓。

解書難得分曉，趙岐《孟子》拙而不明，王弼《周易》巧而不明。辛。❶

梁惠王上

孟子見梁惠王章

希真説孟子對梁惠王以仁義章曰：「凡事不可先有箇利心，才説着利，必害於義。聖人做處，只向義邊做。然義未嘗不利，但不可先説道利，不可先有求利之心。蓋緣本來道理只有一箇仁義，更無別物事，義是事事要合宜。」賀孫。

説義利處曰：聖賢之言，所以要辨別教分明。但只要向義邊一直去，更不通思量第二着。才説義，乃所以爲利，固是義有大利存焉。若行義時便説道有利，則此心

❶「辛」字，原脱，今據朝鮮本補。

只邪向那邊去，固是「未有仁而遺其親，未有義而後其君」。纔於爲仁時，便説要不遺其親；爲義時，便説要不後其君，則是先有心於爲利。聖賢要人止向一路做去，不要做這一邊，又思量那一邊，仲舒所以分明説「不謀其利」，「不計其功」。賀孫。

孟子大綱都剖析得分明，如説義利等處，如答宋牼處。見得事只有箇是非，不通去説利害，看來惟是孟子説得斬釘截鐵。賀孫。

正淳問：「仁者，心之德，愛之理。義者，心之制，事之宜。」德與理俱以體言，制與宜俱以用言否？曰：「心之德」是渾淪説，「愛之理」方説到親切處。「心之制」却是説義之體，程子所謂「處物爲義」是也。楊雄言「義以宜之」，韓愈言「行而宜之之謂義」，若只以義爲宜，則義有在外意。須如程子言「處物爲義」，則是處物者在心而非外也。又云：大概説道理只渾淪説，又使人無捉摸處。若要説得親切，又却局促有病。如伊川説「仁者，天下之公，善之本也」，説得渾淪開闊無病。《知言》説理是要親切，所以多病。賀孫。○廣録詳，别出。○《集注》。

或問：「心之德，愛之理」以體言，「心之制，事之宜」以用言？曰：也不是如此，義亦只得如此説。「事之宜」雖若在外，然所以制其義，則在心也。程子曰「處物爲義」，非此一句，則後人恐未免有義外之見。如「義者事之宜」，「事得其宜之謂義」，皆説得未分曉。蓋物之宜雖在外，而所以處之使得其宜者，則在内也。曰：仁言「心之德」便見得可包四者，義言「心之制」却只是説義而已。曰：然。程子説「仁者，天下之公，善之本也」固是好，然説得太渾淪，只恐人理會不得。大抵説得寬廣，自然不受指點。若説得親切，又覺得意思局促，不免有病。《知言》則是要説得親切，而不免有病者也。又曰：也須説教親切。因言：漢、唐諸人説義理只與説夢相似，至程先生兄弟方始説得分明。唐人只有退之説得近旁，然也只似説夢。但不知所謂劉迅者如何？曰：迅是知幾之子。據本傳説，迅嘗注釋六經，以爲舉世無可語者，故盡焚之。曰：想只是他理會不得。若是理會得，自是著説與人。廣。

至問：「心之德」是就專言之統體上説，「愛之理」是就偏言之一體上説。雖言其體，而用未嘗不包在其中。「心之制」是説義之主於中，「事之宜」是説義之形於外，合内外而言之也。曰：「心之制」亦是就義之全體處説，「事之宜」是就千條萬緒各有所宜處説。「事之宜」亦非是就在外之事説，看甚麽事來，這裏面便有箇宜處，這便是義。又舉伊川曰：「在物爲理，處物爲義。」又曰：義似一柄利刀，看甚物來皆割得去。非是刀之割物處是義，只這刀便是義。○時舉録略，別出。

至之問「義者，心之制，事之宜」。曰：「事之宜」也是説在外底「事之宜」，但我才見箇事來便知這箇事合恁地處，此便是「事之宜」也。義如刀相似，其鋒可以割制他物，才到面前便割將去。然鋒與刀，則初未嘗相離也。時舉。

「義者，心之制，事之宜。」所謂「事之宜」，方是指那事物當然之理，未説到處置合宜處也。僩。

問：「心之制」是裁制？曰：是裁制。心

問：莫是以制其心？曰：心自有這制。

自是有制。制如快利刀斧，事來劈將去，可底從這一邊去，不可底從那一邊去。節。

梁惠王問利國，便是爲己，只管自家國，不管他人國。義利之分，其争豪釐。范氏只爲説不到聖賢地位上，蓋「義者，利之和也」。謨。○《集義》。

王立於沼上章

德修説「王立於沼上」一章，引「齊宣王見孟子於雪宫」事，云：梁惠王其辭遜，齊宣王其辭誇。先生曰：此説好。又説「寡人願安承教」一章有「和氣致祥，乖氣致異」之説，曰：恐孟子之意未到此。文蔚。

寡人之於國章

移民移粟，荒政之所不廢也。燾。

晉國天下莫强焉章

問：孟子告梁王：省刑罰，薄税斂，便可以撻秦、楚之甲兵。夫魏地迫近於秦，無時不受兵，割地求城無虚日。孟子之言似大容易否？曰：自是響應如此。當時之人焦熬已甚，率歡欣鼓舞之民而征之，自是見效速。後來公子無忌縞素一舉，直擣至函谷關可見。德明。

孟子亦是作爲底人。如云：「彼陷溺其民，王往而征之，夫誰與王敵？」非不用兵也，特其用兵不若當時戰國之無義理耳。如「五畝之宅，樹之以桑」而下，爲政之實行之既至，則視當時無道之國，豈可但已哉！人傑。

孟子見梁襄王章

問：「望之不似人君」，此語孔子還道否？曰：孔子不説，孟子忍不住便説。安卿煞不易，他會看文字，疑得都是合疑處。若近思，固不能疑。蜚卿又疑得曲折，多無事生出事。又曰：公疑得太過，都落從小路去了。伯羽。

齊宣王問齊桓晉文之事章

「無道桓、文之事」，事者，營霸之事，儒者未嘗講求。如桓公霸諸侯，一匡天下，則誰不知。至於經營霸業之事，儒者未嘗言也。謨。

或問：「仁術」字當何訓？曰：此是齊王見牛觳觫而不忍之心萌，故以羊易之，孟子所謂「無傷」，蓋能護得齊王仁心發見處。「術」，猶方便也。履孫。

「仁術」，謂已將牛去殺，是其仁心無可爲處了，却令以羊易之，又却存得那仁心，此是爲其仁之術也。振。

陳晞周問「仁術」。曰：術未必便是全不好，且如仁術見牛之觳觫，是仁心到這裏處置不得，無術以處之，是自家這仁心抑遏不得流行。故以羊易之，這是用術處。有此術，方得自家仁心流行。植。○時舉録詳。

陳希周問「仁術」。曰：術字本非不好底字，只緣後來把做變詐看了，便道是不好。却不知天下事有難處處，須着有箇巧底道理始得。當齊王見牛之時，惻隱之心已發乎中，又見釁鍾事大似住不得，只得以所不見者而易之。乃是他既周旋得那事，又不抑遏了這不忍之心，此心乃得流行。若當時無箇措置，便抑遏了這不忍之心，遂不得而流行矣。此乃所謂術也。時舉。

「見牛未見羊也」，「未」字有意味。蓋言其體則無限量，言其用則無終窮。充擴得去，有甚盡時？要都盡，是有限量。方。

問：先生解「物皆然，心爲甚」。曰：「人心應物，其輕重長短之難齊，而不可不度以本然之權度，又有甚於物者。」不知如何是本然之權度？曰：本然之權度亦只是此心。此心本然，萬理皆具。應物之時，須是子細看合如何，便是本然之權度也。如齊宣王見牛而不忍之心見，此是合權度處。及至「興甲兵，危士臣，構怨於諸侯」，又却忍爲之，便是不合權度，失其本心。又問：莫只是無所爲而發者便是本心？曰：固是。然人又多是忘了。問：如何忘了？曰：當惻隱時却不惻隱是也。問：此莫是養之未至否？曰：亦是察之未精。廣。

黄先之問「物皆然，心爲甚」。曰：物之輕重、長短之差易見，心之輕重、長短之差難見；物之差無害，心之差有害，故曰「心爲甚」。又曰：物易見，心無形。度物之輕重、長短易，度心之輕重、長短難。度物差了，只是一事差；心差了時，萬事差，所以「心爲甚」。又曰：以本然之權度度心。又曰：愛物宜輕，仁民宜重，此是權度。以此去度。節。

問：孟子論齊王事，考之《史記》，後來無一不效。曰：雖是如此，已是見得遲了。須看他一部書，見得句句的確有必然之效方是。德明。

至云：看《孟子》，已看到七八章。見孟子於義利之辨、王霸之辨，其剖判爲甚嚴。至於顧鴻鴈麋鹿之樂與好世俗之樂，此亦是人情之常，故孟子順而導之以與民同樂之意。至於誤認移民移粟以爲盡心，而不能制民之産以行仁政；徒有愛牛之心，而不能推廣以行仁政，以開導誘掖以先王之政，可謂詳明。至皆未見所疑處。只伊川説：「孟子説齊、梁之君行王政，王者，天下之義主也，聖賢亦何心哉？視天命之改與未改爾。」於此數句，未甚見得明。先生却問至云：天命之改與未改，如何見得？曰：莫是周末時禮樂征伐皆不出於天子，生民塗炭，而天王不能正其權以救之否？曰：如何三晉猶尚請命於周？曰：三晉請命既不是，而周王與之亦不是。如温公所云云，便是天王已不能正其權。如曰：如何周王與之不是，便以爲天命之改？曰：至見得未甚明。舊曾記得程先生説：「譬如一株花，可以栽培，則須栽培。」莫是那時已是栽培不得否？曰：大勢已去了。三晉請命於周，亦不是知尊周，謾假其虚聲耳，大抵人心已不復有愛戴之實。自入春秋以來，二百四十年間，那時猶自可整頓。不知周之子孫何故都無一人能明目張膽出來整頓！到孟子時，人心都已去。曰：程子説「天命之改」，莫是大勢已去？曰：然。至。○《集義》。

梁惠王下

莊暴見孟子章

孟子開道時君，故曰：「今之樂猶古之樂。」至於言百姓聞樂音欣欣然有喜色處，則關閉得甚密，如「好色」、「好貨」亦此類也。謨。

齊宣王問文王之囿章

孟子言文王由百里興，亦未必然。問：孟子謂「文王之囿，方七十里」，先生以爲三分天下有其二以後事。若只百里，如何有七十里之囿？然孟子所謂「傳有之」者，如何？曰：想他須有據。但孟子此説，其意亦只主在風齊宣王爾。若文王之囿果然縱一切人往，則雖七十里之大，不過幾時，亦爲赤地矣，又焉得有林木鳥獸之長茂乎？周之盛時，雖天下山林，猶有厲禁，豈有君之苑囿反縱芻獵恣往而不禁乎？亦無是理。漢武帝規上林苑只有二三十里，當時諸臣已皆以爲言，豈有文王之囿反如是之大？廣。

問交鄰國有道章

「湯事葛，文王事昆夷。」昆夷不可考。大抵湯之事葛，文王事昆夷，其本心所以事之之時，猶望其有悔惡之心。❶必待伐之，豈得已哉？亦所當然耳。謨。

問：「仁者爲能以大事小」，是仁者之心寬洪惻怛，便是小國不恭，亦撓他不動。「智者爲能以小事大」，蓋智者見得利害甚明，故秖得事大。曰：也不特是見得利害明，道理自合恁地。小之事大，弱之事强，皆是道理合恁地。至問「樂天者保天下，畏天者保其國」。曰：只是説其規模氣象如此。時舉録作「有大小耳」。○至。

❶「惡」，萬曆本作「悟」。

問「樂天、畏天者」。曰：樂天，是聖人氣象；畏天，是賢人氣象。孟子只是說大概聖賢氣象如此。使智者當以大事小時，也必以大事小；使仁者當以小事大處，也必以小事大。不可將太王、文王交互立說，便失了聖賢氣象。此自是兩層事。孟子之說是前面一層，又須是看得後面一層。所以貴乎「不以文害辭」者，正是此類。人須見得言外之意好。去僞。

問人皆謂我毀明堂章

問：孟子以公劉、太王之事告其君，恐亦是委曲誘掖之意？曰：這兩事却不是告以「好色」、「好貨」，乃是告以公劉、太王之事如此。兩事看來却似易，待去做時多少難。大凡文字須將心體認看，這箇子細看來甚是難。如孟子又說：「子服堯之服，誦堯之言，行堯之行，是堯而已矣。」看來也似易，這如何便得相似。又如說：「徐行後長者謂之弟，疾行先長者謂之不弟。堯、舜之道，孝弟而已矣。」看來也似易。賀孫。

問：孟子語「好貨」、「好色」事，使孔子肯如此答否？曰：孔子不如此答，但不知作如何答。問：孟子答梁王問利，直掃除之，此處又却如此引導之。曰：此處亦自分義利，特人不察耳。可學。

問湯放桀章

「賊仁」者，無愛心而殘忍之謂也；「賊義」者，無羞惡之心之謂也。節。

先生舉「賊仁者謂之賊，賊義者謂之殘」，問何以別。近思云：賊仁是害心之理，賊義是見於所行處傷其理。曰：以義爲見於所行，便是告子義外矣。義在內，不在外。義所以度事，亦是心度之。然此果何以别？蓋賊之罪重，殘之罪輕。仁義皆是心。仁是天理根本處，賊仁則大倫大法虧滅了，便是殺人底人一般。義是就一節一事上言，一事上不合宜，便是傷義。似手足上損傷一般，所傷者小，尚可以補。淳。○寓録同。

問：孟子言「賊仁」、「賊義」，如何？力行曰：譬之伐木，賊仁乃是伐其本根，賊義只是殘害其一枝一葉。人而賊仁，則害了本心。曰：賊仁，便是將三綱五常、天叙之典、天秩之理一齊壞了。義隨事制宜。賊義，只是於此一事不是，更有他事在。力行。

問：賊仁是「絶滅天理」，賊義是「傷敗彝倫」。如臣弒君、子弒父，及齊襄公鳥獸之行等事，皆人倫大惡，不審是絶滅天理，是傷敗彝倫？曰：傷敗彝倫，只是小小傷敗常理。若此等，乃是切害天理了。義剛録云：傷敗彝倫，只是小小傷敗常理，如「不以禮食」、「不親迎」之類。若「紾兄之臂」、「踰東家牆」底便是「絶滅天理」。《丹書》「怠勝敬者滅」，即「賊仁者謂之賊」意；「欲勝義者凶」，即「賊義者謂之殘」意。賊義是就一事上説，賊仁是就心上説。其實賊義便即是賊那仁底，但分而言之則如此。淳。○義剛録同。

爲巨室章

問：「教玉人彫琢玉」，《集注》云：「不敢自治而付之能者，愛之甚也。治國家則不能用賢而徇私欲，是愛國家不如玉也。」

此莫是餘意否？曰：正意是如何？曰：正意只是説玉人自會琢玉，何消教他？賢者自有所學，何用教他舍其所學？後譬只是申解前譬。曰：兩譬又似不相似，不知如何做得恁地嵯峨。至。❶

齊人伐燕勝之章

齊人伐燕，《孟子》以爲齊宣，《史記》以爲湣王。温公平生不喜孟子，及作《通鑑》，却不取《史記》而獨取《孟子》，皆不可曉。荀子亦云「湣王伐燕」，然則非宣王明矣。問：孟子必不誤？曰：想得湣王後來做得不好，門人爲孟子諱，故改爲宣王爾。問：湣王若此之暴，豈能慙於孟子？曰：既做得不是，説得他底是，他亦豈不愧也？温公《通鑑》中自移了十年。據《史記》，湣王十年伐燕。今温公信《孟子》，改爲宣王，遂硬移進前十年。温公硬拗如此。又云：《史記》魏惠王三十六年惠王死，襄王立。襄王死，哀王立。今《汲冢竹書》不如此，以爲魏惠王先未稱王時爲侯，三十六年乃稱王，遂爲後元年，又十六年而惠王卒，即無哀王。惠王三十六年了，便是襄王。《史記》誤以後元年爲哀王立，故又多了一哀王。汲冢是魏安釐王冢，《竹書》記其本國事，必不會錯。温公取《竹書》，不信《史記》，此一段却是。僩。○此條有誤，當從《春秋解後序》。

居之問：「取之而燕民悦，則取之」至「文王是也」，竊疑文王豈有革商之念？曰：此等難説。孔子謂「可與立，未可與

❶「至」字，原脱，今據朝鮮本補。

權」。到那時事勢，自是要住不得。後人把文王説得忒恁地，却做一箇道行看着，不做聲，不做氣。如此形容文王，都没情理。以《詩》、《書》考之，全不是如此。如《詩》自從太王、王季説來，如云「至于太王，實始剪商」。如《下武》之詩、《文王有聲》之詩，都説文王做事。且如伐崇一事，是做甚麽？又不是一項小小侵掠，乃是大征伐。「詢爾仇方，同爾兄弟，以爾鉤援，與爾臨衝，以伐崇墉」。此見大段動衆。岐山之下與崇相去自是多少，因甚如此？這般處要做文王無意取天下，池録作「出做事」。都不得。又如説「侵自阮疆，陟我高岡。無矢我陵，我陵我阿。無飲我泉，我泉我池」，這裏見都自據有其土地，自是大段施張了。或云：「紂命文王得專征伐，紂不得已命之，文王不得已受之。」横渠云：「不以聲色爲政，不以革命有中國。默順帝則，而天下歸焉，其惟文王乎！」若如此説，恰似内無純臣之義，外亦不屬於商，這也未必如此，只是事勢自是不可已。只當商之季，七顛八倒，上下崩頽，忽於岐山下突出許多人，也是誰當得？文王之事，惟孟子識之，故七篇之中所以告列國之君，莫非勉之以王道。賀孫。

滕文公問滕小國也章

問：孟子答滕文公三段皆是無可奈何，只得勉之爲善之辭。想見滕國至弱，都主張不起，故如此。曰：只是如此，只是「吾得正而斃焉」之意。蓋滕是必亡，無可疑矣。况王政不是一日行得底事，他又界在齊、楚之間，二國視之，猶太山之壓雞卵耳。若教他粗成次第，此二國亦必不見容也。當時湯與文王之興，皆在空閑之地，無人來覷他，故日漸盛大。若滕，則實是難保也。立之云：若教他能舉國以聽孟子，如何？曰：他若能用得孟子至二三十年，使「鄰國之民仰之若父母」，則大國亦想不能動他，但世間事直是難得恰好耳。齊、梁之國甚彊，可以有爲，而孟子與其君言，恬然不恤。滕文公却有善意，又以國小主張不起，以此知機會真不易得也。時舉。

魯平公將出章

魯平公極是箇衰弱底人，不知孟子要去見他是如何。孟子平生大機會，只可惜齊宣一節這箇不相遇，其他也應是無可成之理。如見滕文公説許多井田，也是一場疏脱。云「有王者起，必來取法」，孟子也只是説得在這裏，滕也只是做不得。賀孫。

朱子語類卷第五十二計三十八板

孟子二

公孫丑上

問夫子當路於齊章

「以齊王，猶反手」，不知置周王於何地？曰：此難言，可以意會，如湯、武之事是也。春秋定、哀間，周室猶得。至孟子時，天命、人心已離矣。去僞。

問夫子加齊之卿相章

或問：「雖由此霸王不異矣」如何分句？曰：只是「雖由此霸王不異矣」，言從此爲霸、爲王，不是差異。蓋布衣之權重於當時，如財用兵甲之類，盡付與他。樂毅統六國之師長驅入齊。○蓋卿。

公孫丑問孟子「動心否乎」，非謂以卿相富貴動其心，謂伯王事大，恐孟子擔當不過，有所疑懼而動其心也。閎祖。

孟子之不動心，非如楊雄之説。「霸王不異矣」，蓋言由此可以行伯王之事。公孫丑見其重大，恐孟子或懼而動心。德明。

德修説：公孫丑問不動心，❶是以富貴

❶「問」，萬曆本作「説」。

而動其心？先生曰：公孫丑雖不知孟子，必不謂以富貴動其心。但謂霸王事大，恐孟子了這事不得，便謂孟子動心，不知霸王當甚閑事。因論「知言」、「養氣」。德修謂：養氣爲急，知言爲緩。曰：孟子須先説「我知言」，然後説「我善養吾浩然之氣」。公孫丑先問浩然之氣，次問知言者，因上面説氣來，故接續如此。問：不知言，如何養得氣？德修云：先須養，有尺，便量見天下長短。曰：須要識這尺。文蔚。

先生問趙丞：看「不動心」章，如何？曰：已略見得分明。曰：公孫丑初問不動心，只道加以卿相重任，怕孟子心下怯慴了，故有動心之問。其意謂必有勇力擔當得起，方敢不動其心，故孟子下歷言所以不動心之故。公道那處是一章緊要處？趙舉「持其志無暴其氣」爲對。曰：不如此。趙舉「集義所生」以爲對。曰：然。因言：欲養浩然之氣，則在於直。要得直，則在於集義。集義者，事事要得合義也。事事合義，則仰不愧，俯不怍。趙又問：「夫有所受之也」是如何？曰：公如此看文字不得，且須逐項理會。理會這一項時，全不知有那一項，始得。讀《大學》時，心只在《大學》上；讀《論語》時，心只在《論語》上，更不可又去思量别項。這裏一字理會未得，且理會這一字；一句理會未得，且理會這一句。如「不動心」一段，更着子細去看，看着方知更有未曉處。須待十分曉得，無一句一字窒礙，方可看别處去。因云：横渠《語録》有一段説：「讀書須是成誦，不成誦，則思不起。」直須成誦，少間思量起，便要曉得，這方是浹洽。賀孫。

先生問周看「公孫丑不動心」章，答：云

云。先生曰：公孫丑初間謂任此重事，還動心不動心？孟子答以不動心，極容易底事，我從四十已不動了，告子又先我不動心。公孫丑又問不動心有道理、無道理，孟子又告以有，於是又舉北宮黝、孟施舍之勇也是不動。然彼之所以不動者，皆强制於外，不是存養之致。❶故又舉曾子之言云，自反縮與不縮，所以不動只在方寸之間。若仰不愧，俯不怍，看如何大利害，皆不足以易之。若有一豪不直，則此心便索然。公孫丑又問孟子所以不動者如何，孟子遂答以「我知言，我善養吾浩然之氣」。若依序問，當先問知言。公孫丑只承孟子之言，便且先問浩然之氣。❷賀孫。

器之問「不動心」一條。曰：此一段爲被他轉换問，所以答得亦周匝。然止就前段看，語脉氣象雖無後截亦自可見，前一截已自見得後面許多意足。賀孫。

問：告子之不動心，是否？曰：告子之不動心，是粗法。或强制不動，金録作「脩身不能不動」。不可知；或臨大事而金録作「不」。能不動，亦未可知，非若孟子酬酢萬變而不動也。又問：正如北宮黝之勇一作「養勇」。否？曰：然。謨。○去僞同。

告子不動心，是硬把定。閎祖。

北宮黝、孟施舍只是粗勇不動心。德明。

孟施舍、北宮黝是不畏死而不動心，告子是不認義理而不動心，告子惟恐動着他心。德明。

問：《集注》解「孟施舍」云：❸「施是

❶「致」，原作「政」，今據朝鮮本改。萬曆本作「功」。
❷「先」字，原無，今據朝鮮本補。
❸「解孟施舍」四字，原無，今據朝鮮本補。

發語聲」，何也？曰：此是古注說，後面只稱「舍」字可見。問：有何例可按？曰：如孟之反、舟之僑、尹公之他之類。德明。

問：《集注》云「子夏篤信聖人」，何以言之？曰：這箇雖無事實，儒用録云：此因孟子說處文義推究，亦無事實可指。但看他言語，如「日知其所亡，月無忘其所能」，「博學而篤志，切問而近思」，看他此處閎祖録云：便見得他有箇緊把定底意思。又把孟子北宮黝來比，便見它篤信聖人處。夔孫。○儒用録云：詳味之，有篤信聖人氣象。○閎祖略。

問：孟施舍量敵慮勝，似有懼也，孟子乃曰：「能無懼。」如何？曰：此孟施舍譏他人之言，舍自云：「我則能無懼而已。」

問：那是孟施舍守約處？曰：孟施舍本與北宮黝皆只是勇夫，比曾子不同。如北宮黝、孟施舍、孟賁，只是就勇上言；如子襄、曾子、告子，就義理上言。去僞。

問：如何是孟施舍守約處？曰：北宮黝便勝人，孟施舍却只是能無懼而已矣。如曰「視不勝，猶勝也」，此是孟施舍自言其勇如此。若他人，則量敵而進，慮勝而會，「是畏三軍者」爾，「豈能爲必勝哉？能無懼而已矣」。去僞。

引曾子謂子襄之言，以明不動心之由，在於自反而縮。下文詳之。閎祖。

曾子守約，不是守那約，言所守者約耳。僴。

今人把「守氣不如守約」做題目，此不成題目。氣是實物，「約」是半虛半實字，對不得。守約只是所守之約，言北宮黝之守氣不似孟施舍守氣之約，孟施舍之守氣又不如曾子所守之約也。孟施舍就氣上做工夫，曾子就理上做工夫。淳。

尋常人説「守約」二字極未穩，如云「守氣不如守約」，分明將「約」字做一物，遂以「約」字對「氣」字，所謂「守約」者，所守者約耳。謨。○去僞同。

孟子説「曾子謂子襄」一段已自盡了，只爲公孫丑問得無了期，故有後面許多説話。自修。

「不得於言」，只是不曉這説話。「言」，只似「道理」字。淳。

「不得於言，勿求於心。不得於心，勿求於氣。」此告子不動心之法。告子只就心上理會，堅持其心，言與氣皆不理會。「不得」，謂失也。有失於其言，則曰無害於心。但心不動，言雖失，不必問也。惟失之於心，則就心上整理，不復更求於氣。德明。

「不得於言，勿求於心」，此正孟子告子不動心之差別處。當看上文云「敢問夫子之不動心與告子之不動心」，孟子却如此答，便見得告子只是硬做去，更不問言之是非，便錯説了也不省。如與孟子論性，説「性猶杞柳也」，既而轉「性猶湍水也」，他只不問是非，信口説出，但要硬把得心定。❶「不得於言」謂言之失也，「勿求於心」謂言之失非干心事也。此其學所以與孟子異。故孟子章末云：「我故曰『告子未嘗知義，以其外之也』。」端蒙。

「不得於言，勿求於心。不得於心，勿求於氣。」「不得」，猶曰失也，謂言有所不知者，則不可求之於心；心有不得其正者，則不可求之於氣。孟子謂言有所不能知，正以心有所不明，故「不得於言，勿求於心，不可」。其不得於心者，固當求之心。然氣不

❶「但」，萬曆本作「定」。

得所養，亦反能動其心，故「不得於心，勿求於氣」，雖可而未盡也。蓋知言只是知理。告子既不務知言，亦不務養氣，但只硬把定中間箇心，要他不動。孟子則是能知言，又能養氣，自然心不動。蓋「知言」，本也；「養氣」，助也。三者恰如行軍，知言則其先鋒，知虛識實者。心恰如主帥，氣則卒徒也。孟子則前有引導，後有推助，自然無恐懼紛擾，而有以自勝。告子則前後無引助，只恁孤立硬做去，所以與孟子不動心異也。「不得於言」以下但作如此看，則此一章血脉貫通，而於知言養氣、詖淫邪遁之辭方爲有下落也。至於集義工夫，乃在知言之後。不能知言，則亦不能集義。言，如觀古聖賢之言與聽今人之言，皆是。○端蒙。

「不得於心，勿求於氣」者，不失其本，則猶可也。不得於言，而不求於心以考其所失，則其中頑然無所知覺，無以擇其義之所安，故斷之以「不可」。端蒙。

「不得於言，勿求於心」，是心與言不相干。「不得於心，勿求於氣」，是心與氣不相貫。此告子說也。告子只去守箇心得定，都不管外面事。外面是亦得，不是亦得。孟子之意，是心有所失則見於言，如肝病見於目相似。陸子靜說：「告子亦有好處，今人非但不識孟子，亦不識告子，只去言語上討不着。」陸子靜却說告子只靠外面語言，更不去管內面。以某看，告子只是守着內面，更不管外面。泳。

問：告子謂「不得於言，勿求於心」，是自己之言耶，是他人之言耶？若要得後面知言處相貫，則是他人之言。曰：這一段前後都相貫，即是一樣言語。告子於此不達，則不復反求其理於心。嘗見陸子靜說這一段，大段稱告子所見高。告子固是高，亦是陸子之學與告子相似，故主張他。然陸氏之學更鶻突似告子。至云：陸氏之學不甚教人讀書看文字，與告子相似否？先生曰：便是。先生又謂：養氣一段，緊要處是「自反而縮」，「以直養而無害」，「是集義所生者」，緊要處在此三句上看。至。

林問「不得於言，勿求於心」。曰：此章文義節節相承，須逐節次第理會。此一節只言告子所以「先我不動心者」，皆是以義爲外，故就告子所言以辯其是非爾。又問：浩然之氣，便是《西銘》意思否？曰：考論文義，且只據所讀本文，逐句逐字理會教分明。不須旁引外說，枝蔓游衍，反爲無益。如論浩然之氣，便直看公孫丑所問意思如何，孟子所答如何，一徑理會去。使當時問答之意，一一明白了，然後却更理會四旁餘意未晚。今於孟子之意未能曉得，又却轉從別處去，末梢都只恁休去。又問：詖、淫、邪、遁之意如何辨別？曰：詖、淫、邪、遁雖是四般，然纔有一般，則其餘牽連而生，大概多從詖上起。詖只是偏，才偏便自是一邊高一邊低，不得其正。如楊氏「爲我」則蔽於仁，墨氏「兼愛」則蔽於義。由其蔽，故多爲蔓衍，推之愈闊，如爛物相似，只管浸淫，陷在一處，都轉動不得。如墨者夷之所謂「愛無差等，施由親始」。「愛無差等」是其本說，又却假托「施由親始」之言，栽接以文其說是也。淫辭如此，自不知其爲邪。如列子達生之論，反以好色、飲酒爲善事，而不覺其離於道也。及其說不行，又走作逃遁，轉從別處去。釋氏毀人倫，去四大，人謂其不可行，則曰：「雖不毀棄人倫，亦可以行吾說。」此其所以必窮也。又問：

性善之論與浩然之氣如何？曰：性善自是性善，何與於此？方理會浩然之氣，未有一些涯際，又却説性善，又如適來《西銘》之問也。譬如往一處所，在路留連濡滯，正所要往之地愈不能達。何如且一徑直截去，到此處了，却往他所，何害？此爲學者之大病。謨。

問「氣體之充」。曰：都是這一點母子上生出，如人之五臟，皆是從這上生出來。夔孫。

問「血氣」之「氣」與「浩然之氣」不同。曰：氣便只是這箇氣，所謂「體之充也」便是。炎。

志乾，氣坤。升卿。

問「志至焉，氣次焉」。曰：志最緊，氣亦不可緩。「志至焉」，則氣便在這裏，是氣亦至了。卓。

李問：「志至焉，氣次焉」，此是説志氣之小大，抑志氣之先後？曰：也不是先後，也不是以大小，只是一箇緩急底意思。志雖爲至，然氣亦次那志，所争亦不多。蓋爲告子將氣忒放低説了，故説出此話。淳。

鄭大錫問「志至焉，氣次焉」。曰：志最緊要，氣亦不可緩，故曰「志至焉，氣次焉」，「持其志，毋暴其氣」，是兩邊做工夫。志，只是心之所向，而今欲做一件事，這便是志。持其志，便是養心，不是持志外别有箇養心。問：志與氣如何分别？曰：且以喜怒言之：有一件事，這裏便合當審處，是當喜，是當怒？若當喜，也須喜；若當怒，也須怒，這便是持其志。若喜得過分，一向喜；怒得過分，一向怒，則氣便粗暴了，便是「暴其氣」，志却反爲所動。「今夫蹶者趨者是氣也」，他心本不曾動，只是忽然喫一跌，氣打一暴，則其心便動了。賀孫。

或問：「志至焉，氣次焉」，此是説養氣次第。志是第一件，氣是第二件。又云「持其志，無暴其氣」，此是言養氣功夫，内外須是交盡，不可靠自己自守其志，便謂無事。氣纔不得其平，志亦不得其安，故孟子以蹶、趨形容之。告子所謂「不得於心，勿求於氣」，雖是未爲全論，程子所以言「氣動志者什一」，正謂是爾。曰：然。兩者相夾著，方始「德不孤」。胡泳。

「志至氣次」只是先後，志在此，氣亦隨之。公孫丑疑只就志理會，理會得志，氣自隨之，不必更問氣也，故云。又曰：「持其志，無暴其氣」，何也？孟子下文專説氣，云蹶、趨之氣，亦能動心。德明。

「持其志，無暴其氣」，内外交相養。蓋既要持志，又須無暴其氣。持志、養氣二者，功夫不可偏廢。以「氣一則動志，志一則動氣」觀之，則見交相爲養之理矣。端蒙。

既持其志，不必言「無暴其氣」可也。然所以言者，聖賢有這物，便做這事。公孫丑猶疑而問曰：「既曰『志至焉，氣次焉』，又曰『持其志，無暴其氣』者，何也？」「持其志」，只是輕輕地做得去；「無暴其氣」，只是不縱喜怒哀樂，凡人縱之。節。

問：「持其志，無暴其氣」處，古人在車聞鸞和，行則有佩玉，凡此皆所以無暴其氣。今人既無此，不知如何而爲無暴？曰：凡人多動作，多語笑，做力所不及底事，皆是暴其氣。且如只行得五十里，却硬要行百里；只舉得五十斤重，却硬要舉百斤，凡此類皆能動其氣。今學者要須事事節約，莫教過當，此便是養氣之道也。時舉。

先生問：公每讀「毋暴其氣」，如何？

鄭云：只是喜怒哀樂之時，持之不使暴戾。曰：此乃是「持其志」。志者，心之所向。持志却是養心，也不是持志之外別有箇養心。持者，把捉教定，當喜時，也須喜；當怒時，也須怒；當哀時，也須哀；當樂時，也須樂。審教定後，發必中節，這是持志。若毋暴其氣，又是下面一截事。若不當喜而喜，與喜之過分；不當怒而怒，與怒之過分；不當哀樂而哀樂，與哀樂之過其節者，皆是暴其氣。暴其氣者，乃大段粗也。卓。

或問：人之氣有清明時，有昏塞時，如何？曰：人當持其志。能持其志，則氣當自清矣。然孟子既説「持其志」，又説「無暴其氣」，聖賢之言不偏於一類。如此，蓋恐人專於志而略於氣故也。正如説「必有事焉」，又説「勿正心」；説「勿忘」，又説「勿助長」，皆此意也。問：伊川論持其志曰：「只這箇也是私，然學者不恁地不得。」先生曰：此亦似涉於人爲。然程子之意恐人走作，故又救之，曰「學者不恁地不得」。因舉程子云：「學者爲習所奪，氣所勝，只可責志。」又問：既得後，須放開。不然，却只是守。曰：如「從心所欲，不踰矩」是也。然此理既熟，自是放出，但未能得如此耳。人傑。

或疑氣何以能動志。曰：志動氣，是源頭濁者，故下流亦濁也。氣動志者，却是下流壅而不泄，反濁了上面也。蓋卿。

氣若併在一處，自然引動著志，古人所以動息有養也。升卿。

《遺書》曰：「志一動則動氣，氣一動則動志。」《外書》曰：「志專一則動氣，氣專一則動志。」二説孰是？曰：此必一日之語，學者同聽之，而所記各有淺深，類多如此。

「志一動則動氣，氣一動則動志」，此言未説「動氣動志」，而先言「志動氣動」，又添入一「動」字，不若後説所記得其本旨。蓋曰志專一則固可以動氣，而氣專一亦可以動其志也。謨。

「蹶者、趨者，是氣也而反動其心。」今人奔走而來，偶喫一跌，其氣必逆而心不定，是氣之能動其心。如人於忙急之中，理會甚事，亦是氣未定也。卓。

問：蹶、趨「反動其心」。若是志養得堅定，莫須蹶、趨亦不能動得否？曰：蹶、趨自是動其心，人之奔走，如何心不動得？曰：蹶、趨多遇於猝然不可支捂之際，所以易動得心。曰：便是。淳。

知言，知理也。節。

知言，然後能養氣。閎祖。

孟子説養氣，先説知言。先知得許多説話，是非邪正人傑録作「得失」。都無疑後，方能養此氣也。㽦。〇人傑同。

孟子論「浩然之氣」一段，緊要全在「知言」上，所以《大學》許多工夫全在格物、致知。僩。

知言、養氣，雖是兩事，其實相關，正如致知、格物、正心、誠意之類。若知言，便見得是非邪正。義理昭然，則浩然之氣自生。人傑。〇去僞同。

問：養氣要做工夫，知言似無工夫得做？曰：豈不做工夫！知言便是窮理，不先窮理見得是非，如何養得氣？須是道理一一審處得是，其氣方充大。德明。

知言，則有以明夫道義，而於天下之事無所疑。養氣，則有以配夫道義，而於天下之事無所懼。燾。

「敢問夫子惡乎長？」曰：「我知言，我

善養吾浩然之氣。」公孫丑既知告子之失，而未知孟子之所以得，敢問焉，而孟子告之。「我知言」者，能識群言之是非也。浩然，盛大流行之貌，蓋天地之氣，而吾之所得以充其體者也。孟子能知人言之是非，告子乃自以其言爲外，而不復考其得失。孟子善養其氣，而告子乃以爲末而不求，其得失可見矣。端蒙。

胡文定說：「知言，知至也。養氣，誠意也。」亦自說得好。木之。

胡氏云：「格物，則能知言；誠意，則能養氣。」閎祖。

問：知言在養氣之先，如何？曰：知，是知得此理。告子便不理會，故以義爲外。如云「不得於言，勿求於心」，雖言亦謂是在外事，更不管着，只强制其心。問：向看此段，以告子「不得於言」是偶然失言，非謂他人言也。曰：某向來亦如此說，然與知言之義不同。此是告子聞他人之言不得其義，理，又如讀古人之書，有不得其言之義，皆以爲無害事，但心不動足矣。不知言，便不知義，所以外義也。如詖、淫、邪、遁，亦只是他人言，故曰「生於其心」，「其」字便是謂他人也。又言：聖門以言語次於德行，言語亦大難。若非燭理洞徹，胸次坦然，即酬酢應對，蹉失多矣。因論奏事而言。問：此須要記問熟，方臨時一一舉得出？曰：亦未說記問。如沙中之事，張良只云「陛下不知乎？此乃謀反耳」。何嘗别有援引？至借箸發八難，方是援引古今。問：伊川、龜山皆言張良有儒者氣象，先生却以良爲任數？曰：全是術數。問：養虎自遺患等事，切謂機不可失。曰：此時便了却項羽，却較容易。然項羽已是無能爲，終必就禽也。德明。○今按：「聞他人言」之説與《集注》異。

有問「知言」。先生曰：言之所發，便是道理。人只將做言看，做外面看。且如而今對人説話，人説許多，自家對他，便是自家己事，如何説是外面事。坐中有聶尉，亦建昌人，與謙言：先生向日説：「傅子囦是天理戰罷，人欲宅眷。」又云：「傅子囦是擔著官綱擔子，到處胡撞人，胡把競人。」謙。

氣，一氣，浩然之氣，義理之所發也。閎祖。

浩然之氣，是養得如此。方子。

浩然之氣，清明不足以言之。才説浩然，便有箇廣大剛果意思，如長江大河浩浩然而來也。富貴、貧賤、威武不能移屈之類，皆低，不可以語此。公孫丑本意只是設問孟子能擔當得此樣大事否，故孟子所答只説許多剛勇，故説出浩然之氣。只就問答本文看之，便見得子細。謨。

氣，只是一箇氣，但從義理中出來者，即浩然之氣；從血肉身中出來者，爲血氣之氣耳。閎祖。

問：浩然之氣是禀得底否？曰：只是這箇氣。若不曾養得，剛底便粗暴，弱底便衰怯。又曰：氣魄大底，雖金石也透過了。夔孫。

或問：孟子説浩然之氣，却不分禀賦清濁説。曰：文字須逐項看。此章孟子之意，不是説氣禀，只因説不動心，衮説到這處，似今人説氣魄相似。有這氣魄，便做得這事；無氣魄，便做不得。

文振説浩然之氣。曰：不須多言，這只是箇有氣魄、無氣魄而已。人若有氣魄，方做得事成，於世間禍福、得喪、利害方敵得去，不被他恐動。若無氣魄，便做人衰颯懾怯，於世間禍福、利害易得恐動，只是如此。他本只是答公孫丑「不動心」，纏來纏去，説出許多「養氣」、「知言」、「集義」，其實只是箇「不動心」。人若能不動心，何事不可爲？然其所謂「不動心」，不在他求，只在自家知言、集義。則此氣自然發生於中。不是只行一兩事合義，便謂可以掩襲於外而得之也。孔子曰：「不得中行而與之，必也狂狷乎。」看來這道理須是剛硬，立得脚住，方能有所成。只觀孔子晚年方得箇曾子，曾子得子思，子思得孟子，此諸聖賢都是如此剛果決烈，方能傳得這箇道理。若慈善柔弱底，終不濟事。如曾子之爲人，《語》、《孟》中諸語可見。子思亦是如此，如云「摽使者出諸大門之外」，又云「以德，則子事我者也，奚可以與我友」。孟子亦是如此，所以皆做得成。學聖人之道者，須是有膽志。其決烈勇猛，於世間禍福、利害、得喪不足以動其心，方能立得脚住。若不如此，都靠不得。況當世衰道微之時，尤用硬着脊梁，無所屈撓方得。然其工夫只在自反常直，仰不愧天，俯不怍人，則自然如此，不在他求也。又曰：如今人多將顏子做箇柔善底人看，殊不知顏子乃是大勇，反是他剛果得來細密，不發露。如箇有大氣力底人，都不使出，只是無人抵得他。孟子則攘臂扼腕，盡發于外。論其氣象，則孟子粗似顏子，顏子較小如孔子。孔子則渾然無迹，顏子微有迹，孟子其迹盡見。然學者則須自粗以入細，須先剛硬有所卓立，然後漸漸加功，如顏子、聖人也。僩。

問：浩然之氣即是人所受於天地之正氣否？曰：然。又問：與血氣如何？曰：只是一氣，義理附于其中，則爲浩然之氣。若不由義而發，則只是血氣。然人所稟氣亦自不同：有稟得盛者，則爲人强壯，隨分亦有立作，使之做事，亦隨分做得出；若稟得衰者，❶則委靡巽懦，都不解有所立作。唯是養成浩然之氣，則却與天地爲一，更無限量。廣。

或問：浩然之氣是天地正氣，不是粗厲底氣。曰：孟子正意，只説人生在這裏便有這氣，能集義以養之，便可以充塞宇宙，不是論其粗與細、正與不正。如所謂「惻隱之心，人皆有之」，只是理如此。若論盜跖，便幾於無此心矣。不成孟子又説箇「有惻隱之心，無惻隱之心」。

問「浩然之氣」。曰：這箇孟子本説得來粗，只看他一章本意，是説箇「不動心」。所謂「浩然之氣」，只似箇粗豪之氣。他做工夫處雖細膩，然其成也却只似箇粗豪之氣，但非世俗所謂粗豪者耳。僩。

「浩然之氣」一章説得稍粗，大意只是要「仰不愧於天，俯不怍於人」，氣便浩然。如「彼以其富，我以吾仁；彼以其爵，我以吾義，吾何慊乎哉」，如「在彼者皆我所不爲也，在我者皆古之制也，吾何畏彼哉」，自家有道理，對着他没道理，何畏之有！閎祖。

孟子「養氣」一章，大綱是説箇「仰不愧於天，俯不怍於人」。上面從北宫黝、孟施舍説將來，只是箇不怕。但二子不怕得粗，孟子不怕得細。或問：「合而有助」，「助」字之訓如何？曰：道義是虚底物，本自孤單。得這氣帖起來，便自張王皆去聲。無所不達。如今人非不爲善，亦有合於道義者。若無此氣，便只是一箇衰底人。李先生

❶「衰」，萬曆本作「弱」。

曰：「『配』是襯貼起來。」又曰：「若說道『襯貼』，却是兩物。氣與道義只是一衮發出來，思之。」「一衮發出來」，說得道理好。「襯貼」字，說「配」字極親切。從周。○蓋卿録云：先生因舉延平之言曰：「『配』是襯貼起來。若道箇『襯貼』，却是兩物。道義與氣，只是一衮發出來，後來思之。」「一衮發出來」，說得道理好。「襯貼」字，却說得「配」字親切。孟子分明說「配義與道」，只是襯貼。不是兩物相襯貼，只是一衮發出來。但道義得此浩然之氣襯貼起，❶方有力量，事可擔當。若無是，則餒矣。○曰：❷義與道若無浩然之氣襯貼起，縱有一二合於道義，未免孤單。○後蓋卿録、震録記黎季成所問兩條，疑同聞而有詳略。

「浩然之氣」一章，孔子兩句盡之，曰：「內省不疚，夫何憂何懼。」僩。

問：他書不說養氣，只孟子言之，何故？曰：這源流便在那「心廣體胖」、「內省不疚，夫何憂何懼」處來。大抵只是這一箇氣，又不是別將箇甚底去養他。但集義便是養氣，知言便是知得這義。人能仰不愧、俯不怍時，看這氣自是浩然塞乎天地之間。榦。

問：「養氣」一章，皆自《大學》「誠意」一章來。曰：不必說自那裏來，只是此一箇道理，說來說去，自相湊着。道夫。

問：向看「誠意」章，或問云：孟子所論浩然之氣，其原蓋出於此。道夫因誦其所謂浩然之說。先生謂：「也是恁地，只是不要忙。」不知此語是爲始學者言養氣之理如此？曰：不是恁地。這工夫是忙不得，他所以有「勿忘」、「勿助長」之論。道夫。

問：浩然之氣如何看？曰：仁義禮智

❶「義」，萬曆本作「理」。
❷「○」，萬曆本作「又」。

充溢於中，睟然見面盎背，心廣體胖，便自有一般浩然氣象。曰：此説甚細膩，然非孟子本意。此段須從頭看來，方見得孟子本意。孟子當初如何便當大任而不動心？如何便「過孟賁遠矣」？如何便「自反而縮，千萬人吾往矣」？只此勇爲不懼，便是有浩然之氣。此説似粗而實精。以程子説細考之，當初不是説不及此，只門人記録緊要處脱一兩字，便和全意失了。浩然之氣只是這血氣之「氣」，不可分作兩氣。人之語言、動作所以充滿於一身之中者，即是此氣。只集義積累到充盛處，仰不愧、俯不怍，這氣便能浩然。問：「配義」之「配」，何謂「合而有助」之意？曰：此語已精。如有正將，又立箇副將以配他，乃所以助他。天下莫强於理義，當然是義。總名是道。以道義爲主，有此浩然之氣去助他，方勇敢果决以進。如這一事合當恁地做，是義也。自家勇敢果决去做，便是有這浩然之氣去助他。有人分明知得合當恁地做，又恧縮不敢去做，便是餒了，無此浩然之氣。如君有過，臣諫之，是義也。有到冒死而不顧者，便是浩然之氣去助此義。如合説此話，却恧縮不對，便是氣餒，便是欿然之氣。只此一氣餒了，便成欿然之氣。不調和，便成忿厲之氣。所以古人車則有和鸞，行則有佩玉，貴於養其氣。問：「氣一則動志」，這「氣」字是厲氣否？曰：亦不必把作厲氣。但動志，則已是不好底氣了。「志動氣者十九，氣動志者十一」，須是以志爲主，無暴其氣。孟子當初乃剩説此一句，所以公孫丑復辯。問：集義到成此浩然之氣，則氣與義爲一矣。及配助義道，則又恐成二物否？曰：氣與義自是二物。只集義到充盛處，則能强壯，此氣便自浩然，所以又反來助這道義。無是氣，便餒而不充了。問：配者，助也。是氣助道義而行。又曰：「集義所生」，是氣又因義集而後生。莫是氣與道義兩相爲用否？曰：是兩相助底意。初下工夫時，便自集義，然後生那浩然之氣。及氣已養成，又却助道義而行。淳。

厚之問：浩然之氣，迫於患難方失。曰：是氣先歉，故臨事不能支捂。浩然之氣與清明之氣自不同，浩然猶江海浩浩。可學。

浩然之氣乃是於剛果處見。以前諸儒於此却不甚説，只上蔡云「浩然是無虧欠處」。因舉屏山喜孫賓一段。可學。

問：上蔡嘗曰「浩然之氣須於心得其正時識取」，又曰「浩然是無虧欠時」。切謂夜氣清明，以至平旦，此氣無虧欠而得其正，即加「勿忘、勿助長」之功以存養之，如何？曰：夜氣者，乃清明自然之氣。孟子示人要切處，固當存養。若浩然之氣，却當從「吾嘗聞大勇於夫子」之語觀之，❶至「配義與道，無是餒也」。於此得其正而無虧欠，則其氣浩然，天下大事何所做不得？又問：浩然之氣原本在於至大至剛，若用工處，只在「必有事焉，而勿正，心勿忘，勿助長」否？曰：「勿忘、勿助長」亦止是涵泳底意思，用工全在集義。佐。

信州刊李復《潏水集》有一段説：「浩然之氣只是要仰不愧、俯不怍，便自然無怯懼。」其言雖粗，却盡此章之意。前輩説得太高，如龜山爲某人作《養浩堂記》，都説從别處去。閎祖。

❶「觀」，萬曆本作「看」。

《孟子》「養氣」一段，某説得字字甚子細，請子細看。

浩然之氣，須是識得分明，自會養得成。若不見得直是是、直是非，欲説不説，只恁地含含胡胡，依違鶻突，要説又怕不是，這如何得會浩然？人自從生時受天地許多氣，自恁地周足。只緣少間見得没分曉，漸漸衰颯了。又不然，便是「行有不慊於心」，氣便餒了。若見得道理明白，遇事打併浄潔，又仰不愧、俯不怍，這氣自浩然。如豬胞相似，有許多氣在裏面，便恁地飽滿周遍；若無許多氣，便厭了，只有許多筋膜。這氣只論箇浩然與餒，又不然，只是驕吝。有些善，只是我自會，更不肯向人説。恁地包含，這也只會餒。天地、吾身之氣非二。賀孫。

兩箇「其爲氣也」，前箇是説氣之體段如此，後箇是説這氣可將如此用。僩。

問：伊川以「至大至剛以直」爲絶句，如何？曰：此是趙岐説，伊川從之。以某觀之，只將「至大至剛」爲絶句，亦自意義分明。煇曰：如此却不費力。曰：未可如此説，更宜將伊川之説思之。煇。

問：程子以「直」字爲句，先生以「以直」字屬下句。曰：文勢當如此説。若以「直」字爲句，當言「至大至剛至直」。又此章前後相應，皆是此意。先言「自反而縮」，後言「配義與道」。所謂「以直養而無害」，乃「自反而縮」之意，大抵某之解經，只是順聖賢語意，看其血脉通貫處爲之解釋，不敢自以己意説道理也。人傑。

古注及程氏皆將「至大至剛以直」做一句，據某所見，欲將「至大至剛」爲一句，「以直養而無害」爲一句。今人説養氣，皆謂在

「必有事焉，而勿正，心勿忘，勿助長」四句上。要緊未必在此，藥頭只在那「以直養而無害」及「集義」上。這四句却是箇炮炙煅煉之法。直，只是無私曲。集義，只是事事皆直。「仰不愧於天，俯不怍於人」，便是浩然之氣。而今只將自家心體驗到那無私曲處，自然有此氣象。文蔚云：所以上蔡説「於心得其正時識取」。曰：是。文蔚問：塞天地莫只是一箇無虧欠否？曰：他本自無虧欠，只爲人有私曲，便欠却他底。且如「萬物皆備於我，反身而誠，樂莫大焉」，亦只是箇無虧欠。君仁臣忠、父慈子孝，自家欠却他底，便不快活。「反身而誠，樂莫大焉」，無欠闕也。以此見浩然之氣只是一箇「仰不愧於天，俯不怍於人」。王德修云：伊川却將「至大至剛以直」與《坤卦》「直方大」同説。曰：便是不必如此。且只將《孟子》自看，便見《孟子》説得甚粗，《易》却説得細。文蔚。

伯豐問：「至大至剛以直」字絶句？❶曰：古注如此，程氏從之。然自上下文推之，故知「以直」字屬下句，不是言氣體，正是説用工處。若只作「養而無害」，却似禿筆寫字，其話没頭。觀此語脉，自前章「縮不縮」來，下章又云「是集義所生」，義亦是直意。若「行有不慊於心，則餒矣」，故知是道用功夫處。「必有事焉，而勿正心」，「心」字連上句，亦得。但避《大學》「正心」字，故將「心」字連下句。然初不相干，各自取義。古注「正」字作「望」字解。如將「心勿忘」屬上文，「勿助長」屬下文，亦不須如此。只是浩然之氣養之未至，而望有之便是正。如

❶「字」下，萬曆本有「自」字。

其正時，只是望之而已。至於助長，則是强探力取，氣未能養，遽欲加人力之私，是爲揠苗而已。夔。○饒録云：至於期望不得浩然時，却未能養。遽欲强加力作弄，要教浩然，便是助長也。

黎季成問：伊川於「以直」處點句，先生却於「剛」字下點句。曰：若於「直」字斷句，則「養」字全無骨肋。只是「自反而縮」是「以直養而無害」也。又問「配義與道」。曰：道義在人。須是將浩然之氣襯貼起，則道義自然張王，所謂「配合而助之」者，乃是貼起來也。先生作而言曰：此語若與孟子不合者，天厭之！天厭之！蓋卿。

黎季成問：「至大」、「至剛」、「以直」三者乃氣之本體，闕一不可。三者之中，「直」字尤切。今《集注》却似以「直」來養此氣。曰：不用「直」，却著甚底來養？黎云：集義工夫是養。曰：義便是直。此「直」字從曾子「聞大勇於夫子，自反而縮」處説起，後來又説「集義」與此「以直養而無害」皆一章緊切處。所謂浩然之氣，粗説是「仰不愧於天，俯不怍於人」，無所疑畏。故上面從北宫黝、孟施舍説來，只是説箇不怕。但二子不怕得粗，曾子不怕得細膩。黎又問：「配義與道」，《集注》云「配者，合而有助」之意。切疑「配」字罕有以助爲釋者。曰：公如何説？正好商量。曰：浩然之氣集義而成者，其用則無非義，其體則道也。曰：却如何是合？曰：浩然之氣與道義無間異。曰：如此則是無分別，此一段都緩慢了。公歸去仰卧思量，心必不安。黎又云：先生之意甚明切，某所疑「配」字非助。曰：此謂道義得浩然之氣助之，方張王。❶ 如以

❶「方」下，萬曆本有「有」字。

一椀水攙一椀水，則剛果勇決，無所疑憚，有以任重做得去。若箇人做得一件半件事合道義，而無浩然之氣來配助，則易頽墮了，未必不爲威武所屈、貧賤所移，做大丈夫不得。又云：「助」字釋「配」字乃得之。李先生云：助，是陪貼底字。先生又曰：某解此段，若有一字不是孟子意，天厭之！又曰：無此氣以扶持之，仁或見困於不仁，義或見陵於不義。震。

《遺書》以李端伯所録最精，故冠之篇首。然端伯載明道所言以「至大至剛」爲句，以「直養」二字屬下句，及楊遵道録伊川之言，則曰「先兄無此説」，❶斷然以「至大至剛以直」爲一句，二説正相抵牾。曰：「至大至剛以直」，趙臺卿如此解。「直養」之説，伊川嫌其以一物養一物，故從趙注。舊嘗用之，後來反覆推究，却是「至大至剛」作一句，「以直養而無害」作一句者，爲得孟子之意。蓋聖賢立言，首尾必相應。如云「自反而縮」，便有直養意思。集義之説亦然。端伯所記明道語未必不親切，但恐伊川又自主張得別，故有此議論。今欲只從明道之説也。謨。

問：明道以「以直養而無害」爲句，伊川云：「先兄無此説。」何也？曰：看那一段意思，明道説得似乎有理。孟子所謂「以直」者，但欲其無私意耳，以前頭説「自反而縮」、「自反而不縮」處，都是以直養底意思。氣之體段本自剛大，自是能塞天地，被人私意妄作，一向蔽了他一箇大底體段。故孟子要人自反而直，不得妄有作爲，以害其本體。如明道所説，真箇見得孟子本意。又

❶「兄」，萬曆本作「生」。

云：伊川爲人執，便道是「先兄無此言」也。枅。

問：伊川作「以直」點，如何？曰：氣之體段，若自剛大外更着一兩字形容也得，然工夫却不在上面，須要自家自反而直，然後能養而無害也。又問「詖淫邪、遁」。曰：詖只是偏，詖如人足跛相似，斷行不得。且楊、墨說「爲我」、「兼愛」，豈有人在天地間孑然自立，都不涉着外人得？又豈有視人如親，一例兼愛得？此二者皆偏而不正，斷行不得，便是蔽於此了。至淫辭，則是說得愈泛濫，陷溺於中，只知有此而不知有他也。邪辭，則是陷溺愈深，便一向離了正道。遁辭，則是說得窮後，其理既屈，自知去不得，便別換一箇話頭。如夷之說「施由親始」之類，這一句本非他本意，只臨時撰出來也。先生又云：「生於其心，害於其政」者，是才有此心，便大綱已壞了。至「發於其政，害於其事」，則是小底節目都以次第而壞矣。因云：孟子是甚麽底資質，甚麽底力量，却纖悉委曲，都去理會，直是要這道理無些子虧欠。以此知學問豈是執一箇小小底見識便了得，直是要無不周匝，方是道理。要須整頓精神，硬着脊骨與他做將去，始得。時舉。○植同。

王德修說：浩然之氣大、剛、直，是氣之體段，實養處是「必有事焉」以下。曰：孟子浩然之氣要處只在集義，集義是浩然之氣生處。大、剛與直，伊川須要說是三箇，何也？大雅云：欲配直、方、大三德。曰：《坤》「直方」自是要「敬以直內，義以方外」，「大」自是「敬義立而德不孤」。孔子說或三或五，豈有定例。據某看得，孟子只說浩然之氣「至大至剛」，養此剛、大須是直，

「行有不慊於心」是不直也，便非所以集義，浩然從何而生？曾子說「自反而縮」、「自反而不縮」，亦此類也。如「必有事焉」是事此集義也，「而勿正」是勿必此浩然之生也。正，待也，有期必之意。《公羊》曰：「師出不正反，戰不正勝。」古語有然。「心勿忘」是勿忘此義也，「勿助長」是勿助此氣也，四句是籠頭說。若論浩然之氣，只是剛、大，養之須是直。蓋「以直」只是無私曲之心，仰不愧，俯不怍。如此養，則成剛、大之實而充塞天地之間不難也。所以必要集義，方能直也。龜山謂「嫌以一物養一物」，及他說又自作「直養」。某所以不敢從伊川之說。大雅。

氣雖有清濁、厚薄之不齊，然論其本則未嘗異也。所謂「至大至剛」者，乃氣之本體如此，但人不能養之而反害之，故其大者小、剛者弱耳。閎祖。

「以直養而無害」，謂「自反而縮」，俯仰不愧，故能養此氣也，與《大學》「自慊」之意不同。自慊者，「如好好色，如惡惡臭」，皆要自己慊足，非爲人也。謨。

「以直養」是「自反而縮」，「集義」是「直養」，然此工夫須積漸集義，自能生此浩然之氣。不是行一二件合義底事，能搏取浩然之氣也。集義是歲月之功，襲取是一朝一夕之事。從而掩取，終非己有也。德明。

「養而無害」，要養又要無害，助長是害處。又曰：「必有事焉」只是「集義」。炎。

「至大至剛」，氣之本體。「以直養而無害」是用功處，「塞乎天地」乃其效也。問：塞乎天地，氣之體段本如此。充養到浩然處，然後全得箇體段，故曰「塞乎天地」。如但能之，恐有誤字。所謂「推之天地之間，無往而不利」，恐不然。曰：至塞乎天地，便無往不可。德明。

問：浩然之氣如何塞乎天地？曰：塞乎天地之間，是天地之正氣。人之血氣有限，能養之，則與天地正氣亦同。又問：塞，莫是充塞否？曰：是遍滿之意也。去僞。

問「塞乎天地之間」。曰：天地之氣無處不到，無處不透，是他氣剛，雖金石也透過。人便是禀得這箇氣無欠闕，所以程子曰：「天人一也，更不分别。浩然之氣，乃吾氣也，養而無害，則塞乎天地。一爲私意所蔽，則慊然而餒，却甚小也。」又曰：浩然之氣，只是氣大敢做。而今一樣人，畏避退縮，事事不敢做，只是氣小。有一樣人未必識道理，然事事敢做，是他氣大，如項羽「力拔山兮氣蓋世」，便是這樣氣。人須是有蓋世之氣方得。文蔚録云：塞天地只是氣魄大，如所謂「氣蓋世」。又曰：如古人臨之以死生禍福而不變，敢去駡賊，敢去徇國，是他養得這氣大了，不怕他，又也是他識道理，故能如此。

問：「塞乎天地之間」是元氣體段合下如此。或又言「只是不疑其行，無往不利」，何也？曰：只爲有此體段，所以無往不利。不然，須有礙處。問：程子「有物始言養，無物養箇甚」？此只要識得浩氣體段否？曰：只是説箇大意如此。問：先生解《西銘》「天地之塞」作室塞之「塞」，如何？曰：後來改了，只作充塞。横渠不妄下字，各有來處。其曰「天地之塞」是用《孟子》「塞乎天地」，其曰「天地之帥」是用「志氣之帥」也。德明。

氣，只是這箇氣，才存此心在，此氣便塞乎天地之間。泳。

問：人能仰不愧、俯不怍，便有充塞天地底氣象否？曰：然。才有不歉於心，便是餒了。廣。

上章既説浩然如此，又言「其爲氣也，配義與道」，謂養成浩然之氣以配道義，方襯貼得起。不然，雖有道義，其氣懾怯，安能有爲？「無是，餒也」，謂無浩氣，即如饑人之不飲食而餒者也。德明。

氣配道義。有此氣，道義便做得有力。淳。

鄭問：「配義與道」，「配」是合否？曰：「配」亦是合底意思。須是養得這氣，做得出，方合得道義。蓋人之氣當於平時存養有素，故遇事之際，以氣助其道義而行之。配，合也，助也。若於氣上存養有所不足，遇事之際，便有十分道理，亦畏怯而不敢爲。鄭云：莫是「見義而不爲，無勇也」底意思否？曰：亦是這箇道理。又曰：所謂「氣」者，非干他事。只是自家平時仰不愧，俯不怍，存養於中，其氣已充足飽滿，以之遇事，自然敢爲而無畏怯。若平時存養少有不足，則遇事之際，自是索然而無餘矣。卓。○賀孫同。

或問「浩然之氣，配義與道」。曰：如今説得大錯，不肯從近處説。且如「配」字，是將一物合一物，義與道得此浩然之氣來貼助配合，自然充實張王。若無此氣，便是餒了。「至大至剛」當讀斷。「以直養而無害」，以直方能養得，便是前面説「自反而縮」道理。「是集義所生」，是氣是積集許多義理而生，非是將義去外面襲取掩撲此氣來。粗説，只是中有所主，❶見得道理分明，

❶「所」，萬曆本無。

直前不畏爾。孟施舍、北宮黝便粗糙，曾子便細膩爾。謙。

「配義與道」，配，從而合之也，氣須是隨那道義。如云地配天，地須在天後，隨而合之，婦配夫亦然。畢竟道義是本，道義是形而上者，氣是形而下者。若道義别而言，則道是體，義是用。體是舉他體統而言，義是就此一事所處而言。如父當慈，子當孝，君當仁，臣當敬，此義也。所以慈孝，所以仁敬，則道也。故孟子後面只説「集義」。端蒙。

問「配義與道」。曰：道義是公共無形影底物事，是自家身上底物。道義無情，若自家無這氣，則道義自道義，氣自氣，如何能助得他？又曰：只有氣魄，便做得出。問：氣是合下有否？曰：是合下有。若不善養，則無理會，無主宰，或消滅不可知。或使從他處去，亦不可知。夔孫。

「養氣」章道義與氣不可偏廢，雖有此道義，苟氣不足以充其體，則歉然自餒，道氣亦不可行矣。如人能勇於有爲，莫非此氣。苟非道義，則亦强猛悍戾而已。道義而非此氣以行之，又如人要舉事，而終於委靡不振者，皆氣之餒也。「必有事焉而勿正」，趙氏以希望之意解「正」字，看來正是如此，但説得不甚分明。今以爲期待之意，則文理不重複。蓋必有事於此，然後心不忘於此。正之不已，然後有助長之患。言意先後，各有重輕。「孟施舍似曾子，北宮黝似子夏」。數子所爲本不相侔，只論養勇，借彼喻此，明其所養之不同爾。正如公孫丑謂「夫子過孟賁遠矣」，孟賁豈孟子之流，只是言其勇爾。謨。

方「集義」以生此氣，則須要勉强。及

到氣去配義與道，則道義之行愈覺剛果，更無凝滯，尚何恐懼之有？謨。

問「配義與道」。曰：此爲理會得道理底，也須養得氣方才助得它。❶夔孫。

「配義與道」，只是說氣會來助道義，若輕易開口，胡使性氣，却只助得客氣。人纔養得純粹，便助從道義好處去。賜。

「配義與道」，道是體，一事有一理是體，到隨事區處便是義。士毅。

問：氣之所配者廣矣，何故只說義與道？曰：道是體，義是用。程子曰：「在物爲理，處物爲義。」道則是物我公共自然之理，義則吾心之能斷制者，所用以處此理者也。廣。

「配義與道」，如云「人能弘道」。可學。

氣、義互相資。可學。

問：浩然之氣人人有之，但不養則不浩然爾？曰：是。又問：「配」字從前只訓「合」，先生以「助」意釋之，有據否？曰：非謂配便是助，但養得那氣充，便不餒。氣充，方合得那道義，所以說有助之意。義剛。

「配義與道」，《集注》云：「配者，合而有助之謂。」炎謂：此一句從來說不分曉。先生作「合而有助」，便覺得賓主分曉，工夫亦自有徑捷。曰：語意是如此，氣只是助得道義。炎。

問「合而有助」之意。曰：若無氣以配之，則道義無助。輝。

問「合而有助」之意。曰：氣自氣，道義自道義，若無此氣，則道義亦不可見。世之理直而不能自明者，正爲無其氣耳。譬如利刀不可斬割，須有力者乃能用之。若

❶「方」，萬曆本無。

自無力，利刃何爲？❶力行。

「其爲氣也，配義與道。無是，餒也。」有一樣人，非不知道理，但爲氣怯，更貼襯義理不起。閎祖。

「其爲氣也，配義與道。無是，餒也。」配，合也。義者，人心節制之用；道者，人事當然之理。餒，不飽也。氣由道義而有，而道義復乘氣以行，無異體也。得其所養，則氣與道義初不相離，而道義之行，得以沛然無所疑憚者。若其無此，則如食之不飽，雖欲勉於道義，而亦無以行矣。氣者，道義之成質，故必集義乃能生之。集義，猶言「積善」。端蒙。

「配義與道，無是，餒也。」將這氣去助道義，方能行得去。若平時不得養，此氣自衰颯了。❷合當做底事，也畏縮不敢去做。如朝廷欲去這一小人，我道理直了，有甚怕他不敢動着。知他是小人不敢去他，只是有這氣自衰了。其氣如此，便是合下無工夫。所謂「是集義所生者」，須是平時有集義工夫，始得。到行這道義時，氣自去助他。集義是平時積累工夫，「配義與道」是卒然臨事，氣配道義行將去。此兩項各自有頓放處，但將粗處去看，便分曉。春秋時欲攻這敵國，須先遣問罪之詞。我這裏直了，將這箇去摧他勢，他雖有些小勢力，亦且消沮去了。漢高祖爲義帝發喪，用董公言「明其爲賊，敵乃可服」。我這箇直了，行去自不怕得它。寓。

或問：「配義與道」，蓋人之能養是氣，本無形聲可驗，惟於事物當然之理上有所

❶「刃」，萬曆本作「刀」。
❷「自」，萬曆本無。

裁制，方始得見其行之勇、斷之決。緣這道義與那氣厮合出來，所以「無是，餒也」。曰：更須子細。是如此，其間但有一兩字轉换費力，便説意不出。又問：後面説「集義所生」，這箇養氣底規模，如何下手？都由酬酢應接，舉皆合義。人既如此俯仰無愧，所以其氣自然盛大流行。燾録云：問養氣。曰：酬酢應接，舉皆合義，則俯仰並無愧怍，故其氣自然盛大流行。曰：這後方可説配義。集義與配義，是相向説。初間其氣由集義而生，後來道義却須那氣相助，是以無所疑憚。胡泳。

李問：「無是，餒也」，是指義，是指氣？曰：這是説氣。曰：下面如何便説「集義所生」？曰：上截説須養這氣，下再起説所以生此氣。每一件事做得合義，便會生這氣。生得這氣，便自會行這義。伊川云：「既生得此氣，語其體，則與道合；語其用，則莫不是義。譬之以金爲器，及其器成，方命得此是金器。」「生」正與「取」字相對説。生，是自裏面生出；取，是自外面取來。且如今人有氣魄，合做事，便做得去。若無氣魄，雖自見得合做事，却做不去。氣只是身中底氣，道義是衆人公共底天地浩然之氣，到人得之，便自有不全了，所以須着將道理養到浩然處。賀孫。

問：前賢云：「譬如以金爲器，器成方得命爲金器。」舊聞此説，遂謂「無是，餒也」，「是」字指道義而言。先生曰：不知當時如何作如此説。力行。

孟子做義上功夫，多大小大。養氣只是一箇集義。

孟子許多論氣處，只在「集義所生」一句上。去僞。

或問「集義」。曰：只是無一事不求箇

是而已矣。恪。

或問「集義」。曰：「集義」只是件件事要合宜，自然積得多。蓋卿。

或問「集義」。曰：事事都要合道理，才有些子不合道理，心下便不足。才事事合道理，便仰不愧、俯不怍。因云：如此一章，初看道，如何得許多頭緒，恁地多，後來看得却無些子窒礙。❶賀孫。

問「集義」。曰：集，猶聚也，「處物爲義」須是事事要合義。且如初一件合義了，第二、第三件都要合義，此謂之「集義」。或問：伊川「義莫是中理否？此理如何」？曰：如此說，却是義在外也。蓋有是有非，而我有以處之，故爲義。端蒙。

「集義」，謂如十事有一事不合義，則便有愧。須是集聚衆義，然後是氣乃生。「非義襲而取之」，非是於外求得是義，而搏出此氣也。震。

「養浩然之氣」只在「集義所生」一句上。氣，不是平常之氣，集義以生之者。義者，宜也。凡日用所爲所行，一合於宜。今日合宜，明日合宜，集得宜多，自覺胸中慊足，無不滿之意。不然，則餒矣。「非義襲而取之」，非是外取其義以養氣也。「配義與道」者，大抵以坤配乾，必以乾爲主；以妻配夫，必以夫爲主。配，作「隨」底意思。以氣配道義，必竟以道義爲主，而氣隨之，是氣常隨着道義。謨。

或問「是集義所生者」一句。曰：「是集義」者，言是此心中分別這是義了，方做出來，使配合得道義而行之，非是自外面襲得來也。「生」字便是對「取」字而言。卓。

❶「却」，萬曆本無。

或問：人有生之初，理與氣本俱有。後來欲動情流，既失其理而遂喪其氣。集義，則可以復其性而氣自全。曰：人只怕人說氣不是本來有底，須要說人生有此氣。孟子只說「其爲氣也，至大至剛，以直養而無害」；又說「是集義所生者」，自不必添頭上一截說。呂子約亦是如此數摺價說不了。某直敢說，人生時無浩然之氣，只是有那氣質昏濁頹塌之氣，這浩然之氣，方是養得恁地。孟子只謂此是「集義所生」，未須別說。若只管謂氣與道義，皆是我本來有底，少間要行一步，既怕失了道義，又怕失了氣。恰似兩隻脚併著一隻袴，要東又牽了西，要西又牽了東，更行不得。胡泳。

問：此氣是當初稟得天地底來，便自浩然，抑是後來集義方生？曰：本是浩然，被人自少時壞了，今當集義方能生。曰：有人不因集義，合下來便恁地剛勇，如何？曰：此只是粗氣，便是北宮黝、孟施舍之勇底，亦終有餒時。此章須從頭節節看來看去，首尾貫通，見得活方是，不可只略獵涉說得去便是了。淳。

問：孟子養浩然之氣，如所謂「集義」、「勿忘、勿助」、「持其志，無暴其氣」，似乎皆是等級。曰：他秖是集義。合當做底便做將去，自然塞乎天地之間。今若謂我要養氣，便是正，便是助長。大抵看聖賢文字，須要會得他這意。若陷在言語中，便做病來。道夫。

「集義，故能生浩然之氣。」問：何以不言仁？曰：浩然之氣無他，只是仰不愧、俯不怍，無一豪不快於心，自生浩然之氣。只合說得義。義，便事事合宜。德明。

先生問一之：❶看浩然之氣處如何？曰：見集義意思，是要得安穩。如講究書中道理，便也要見得安穩。曰：此又是窮理，不是集義。集義是行底工夫，只是事事都要合義。窮理，則在知言之前。窮理是做知言工夫，能窮理，然後能知言。淳。

問：浩然之氣，集義是用功夫處否？曰：須是先知言，知言則義精而理明，所以能養浩然之氣。知言正是格物、致知。苟不知言，則不能辨天下許多淫、邪、詖、遁。將以爲仁，不知其非仁；將以爲義，不知其非義，則將何以集義而生此浩然之氣！氣只是充乎體之氣，元與天地相流通。只是仰不愧、俯不怍，自然無恐無懼，塞乎天地。今人心中才有歉愧，則此氣自然消餒，作事更無勇鋭。「配義與道」者，配是相合而有助。譬如與人鬭敵，又得一人在後相助，自然愈覺氣勝。告子「不得於言，勿求於心；不得於心，勿求於氣」，只是一味勃然不顧義理。如此養氣，則應事接物皆去不得。孟子是活底不動心，告子是死底不動心。如孟子自是沉潛積養，「自反而縮」，只是理會得道理是當。雖加齊卿相，是甚做不得？此章正要反覆子細看：公孫丑如何問，孟子如何答。孟子才説「志至焉，氣次焉，持其志，無暴其氣」，公孫丑便以志爲至，以氣爲第二等事，故又問何故又要無暴其氣。孟子方告之以不特志能動氣，而氣亦能動志也。氣能動志，須是尋常體察。如飲酒固能動志，然苟能持其志，則亦不能動矣。侍坐者有於此便問：直、方、大，如何？曰：議論一事未分明，如何隔向別處

❶「先生」二字，原無，今據朝鮮本補。

去？下梢此處未明，彼又不曉，一切泛然無入頭處。讀書理會義理，須是勇猛徑直理會將去。正如關羽擒顏良，只知有此人，更不知有別人，直取其頭而歸。若使既要斫此人，又要斫那人，非惟力不給，而其所得者不可得矣。又如行路，欲往一處所，却在道邊閑處留滯，則所欲到處，何緣便達？看此一章，便須反覆讀誦，逐句逐節互相發明。如此三二十過而曰不曉其義者，吾不信也。謨。

「養氣」一段，緊要只在「以直養而無害」、「是集義所生」、「自反而縮」等處。又曰：「非義襲而取之」，其語勢如「人之有是四端，猶其有四體」，却不是說有無四體底人。言此氣須是集義方生得，不是一旦向義外面去襲取得那氣來，教恁地浩然。植。

問：浩然之氣是「集義所生，非義襲而取之也」，如何？曰：此是反覆說，正如所謂「仁義禮智，非由外鑠我也，我固有之也」。是積集衆義所生，非是行一事偶然合義，便可掩襲於外而得之。浩然之氣，我所固有者也。廣。

問：「集義」是以義爲內，「義襲」是以義爲外否？曰：不必如此說。此兩句是掉轉說，如云「我固有之也，非由外鑠我也」。蓋義本於心，不自外至。積集此義而生此氣，則此氣實生於中。如北宮黝、孟施舍之勇，亦自心生。又問：《集注》云：「非由只行一事，偶合於義，便可以掩襲於外而得之。」曰：「集義」是集衆義，故與只行一事相對說。襲，猶兵家掩襲之「襲」，出其不意，如刼寨相似，非順理而行，有積集工夫者也。人傑。

「非義襲而取之」，謂積集於義，自然生

得此氣，非以浩然爲一物，可以義襲取之也。德明。

「是集義所生者，非義襲而取之也。」須是積習持養，則氣自然生，非謂一事合宜，便可掩取其氣以歸於己也。閎祖。

問「是集義所生者，非義襲而取之也」。曰：今説「集義」如學者工夫，須是於平日所爲之事，求其合於義者而行之。積集既久，浩然氣自生。若説「義襲」，則於一事之義勇而爲之，以壯吾氣耳。襲，如用兵掩襲之「襲」，猶曰於一事一行之義，勇而爲之，以襲取其氣也。人傑。

正淳問：「非義襲而取之」，如何？曰：所謂「義襲而取之」者，襲如用兵之襲，有襲奪之意，如掩人不備而攻襲之。謂如才得行一件事合義，便將來壯吾氣，以爲浩然之氣可以攫拏而來，夫是之謂襲。若集義者，自非生知，須是一一見得合義而行。若是本初清明，自然行之無非是義，此舜「由仁義行」者。其他須用學知。凡事有義有不義，便於義行之。今日行一義，明日行一義，積累既久，行之事事合義，然後浩然之氣自然而生。如金溪之學，向來包子只管説「集義」、「襲義」。某嘗謂之曰：「如此説《孟子》，《孟子》初無襲義。今言襲義，却是包子矣。其徒如今只是將行得一事合義，便指準將來長得多少精神，乃是告子之意，但其徒禁錮着不説出來。」僩。

「非義襲而取之」，見江西人只愛説「義襲」，不知如何襲，只是説非以義掩取是氣。蓋氣自内而生，非由外而入。蓋卿。

問：無浩然之氣，固是襯貼他義不起。然義有欠闕，即氣亦餒，故曰「行有不慊于心，則餒矣」。切謂氣與義必相須。曰：無義即做浩然之氣不成，❶須是集義，方成得浩然之氣。德明。

浩然，要事事合義，一事餒，便行不得。可學。

問：明道說浩然之氣曰：「一爲私意所蔽，則欿然而餒，知其小矣。」據孟子後面說「行有不慊於心，則餒」，先生解曰：「所行一有不合於義，而自反不直，則不足於心，而體自有所不充。」只是說所行不義，則欿然而餒。今說「蔽」字，則是說知之意，不知如何？曰：蔽，是遮隔之意，氣自流通不息，一爲私意所遮隔，則便去不得。今且以粗言之：如項羽一箇意氣如此，❷纔被漢王數其罪十，便覺沮屈去不得了。❸廣。

問：《集注》云：「告子外義，蓋外之而不求，非欲求之於外也。」曰：告子直是將義屏除去，只就心上理會。因說：陸子靜云：「讀書講求義理，正是告子義外工夫。」某以爲不然。如子靜不讀書、不求義理，只靜坐澄心，却似告子外義。德明。○《集注》非定本。

養氣二項：「敬以直內，「必有事」。義以方外。」《集義》。○方。

孟子論養氣，只全就已發處說。程子論養志，自當就未發處說。養志莫如「敬以直內」。各是一義，自不妨內外交養。不可說孟子救告子義外之失，而姑爲此言也。

「必有事焉」，是須把做事做。如主敬，也須是把做事去主；如求放心，也須是把做事去求；如窮理，也須是把做事去

❶「即」，萬曆本作「則」。
❷「項」，原作「須」，今據朝鮮本、萬曆本改。
❸「屈」，萬曆本無。

窮。僩。

鄭天禧問：「必有事焉而勿正」，當作絶句否？曰：元舊是恁地讀。卓。

「必有事焉，而勿正心」，此言「正心」，自與《大學》語脉不同。此「正」字是期待其效之意。「仁者先難而後獲」，正心似先獲意思，先獲是先有求獲之心。古人自有這般語。《公羊傳》云：「師出不正反，戰不正勝。」此「正」字與《孟子》説正心之「正」一般，言師出不可必期其反，戰不可必期其勝也。賀孫。

問「必有事焉而勿正」之義。曰：正，猶等待之意，趙岐解云：「不可望其福。」雖説意粗了，其文義却不錯，此正如「師出不正反，戰不正勝」之「正」。古人用字之意如此，言但當從事於此，而勿便等待其效之意。或問：此便是助長否？曰：「正」未是助長，待其效而不得，則漸漸助之長矣。譬之栽木，初栽即是望其長，望之之久而不如意，則揠苗矣。明道曰「下言之漸重」，此言却是。後因論「仁者先難而後獲」，洽曰：先生解「勿正」字頗有後獲之意。❶曰：然。❷頗有此意。曰：如此解，則於用工處儘有條理。曰：聖賢之言條理精密，往往如此。但看得不切，錯認了他文義，則并與其意而失之耳。洽。

「必有事焉，而勿正」，有事，有所事也；正，預期也。言人之養氣，須是集義。苟有未充，不可預期其效，而必强爲以助其長也。端蒙。

「必有事焉，而勿正」，這裏是天命流行

❶「生」，萬曆本無。

❷「然」，萬曆本無。

處。謨。

「勿正」所以爲預期者，亦猶程子所謂「思而曰善，然後爲之，是正之之意」歟？曰：程子此言稍寬。今以「正」爲預期者，却有引據，所謂「戰不正勝」是也。謨。

「必有事焉，而勿正，心勿忘，勿助長」，是養氣中一節目。饒本作「集義中小節目」。不要等待，不要催促。淳。

事、正、忘、助相因。無所事，必忘。正，必助長。閎祖。

「集義」如藥頭，「必有事，勿正，心勿忘，勿助長」如製度。閎祖。

「必有事焉」，謂有所事，只是集義也。正，則有所待，蓋必之之意。「勿忘，勿助長」，但勿忘則自然長，助長則速之如揠苗者也。德明。

或問「必有事焉，而勿正」。曰：正，便是期必。集義多，則浩然之氣自生。若著一箇意在這裏等待他生，便爲害。今日集得多少義，又等他氣生。明日集得多少義，又等他氣生，這都是私意，只成得一箇助長。恁地，則不惟氣終不會生，只這所集之義已不得爲是了。❶

或問「必有事焉，而勿正」。曰：正，是等待之意。如一邊集義，一邊在此等待那氣生，今日等不見，明日又等不見，等來等去，便却去助長。恪。

「勿正心」，勿期其浩然也。「勿忘」者，勿忘其下工夫也。「助長」者，無不畏之心，而强爲不畏之形。節。

「勿忘、勿助長」，本連上文「集義」而言，故「勿忘」謂勿忘集義也。一言一動之

❶「只」，萬曆本無。

間皆要合義，故勿忘。「助長」，謂不待其充而强作之使充也。如今人未能無懼却强作之，道我不懼；未能無惑却强作之，道我不惑，是助長也。有事，有事於集義也。勿正，謂勿預等待他，聽其自充也。升卿。

「必有事焉，而勿正，心勿忘，勿助長也。」下兩句非是覆解上兩句，此自有淺深。「勿正」，是勿期必其如此；「勿助長」，是不到那地位了，不可硬要充去。如未能集義，不可硬要浩然。纔助長，在我便有那欺僞之心，施於事，末梢必不勝任，譬如十鈞之力而負千鈞，故助長之害最大。端蒙。

「必有事焉」，謂集義；「正」，是期望；「忘」，是不把做事；「助長」，是作弄意思。世自有此等人，孟子之意只是如此粗言之。要之，四者初無與養氣事。只是立此界至，如東至某，西至某，其中間一段方是浩然處也。必大。

問：預期其效如何？曰：集義於此，自生浩然之氣，不必期待他。如種木焉，自是生長，不必日日看覷他。若助長，直是拔起令長。如今說不怕鬼，本有懼心，强云不懼。又如言不畏三軍者，出門聞金鼓之聲乃震怖而死。事見《孟子注》。須積習之功至，則自然長，不可助長也。德明。

「養氣」一章在不動心，不動心在勇，勇在氣，氣在集義。「勿忘」、「勿助長」，又是那集義底節度。若告子則更不理會言之得失，事之是非，氣之有平、不平，只是硬制壓那心便不動，恰如說打硬修行一般。端蒙。

問「必有事焉而勿正」章。曰：「必有事焉」，孟子正說工夫處。且從上面集義處看來，便見得「必有事焉」者，言養氣當必以集義爲事；「勿正」者，勿待也；「勿忘」者，勿忘其以集義爲事也；「助長」者，是待之不得而拔之使長也。言人能集義以養其浩然之氣，故事物之來，自有以應之，不可萌一期待之心。少間待之不得，則必出於私意有所作爲，而逆其天理矣，是助之長也。今人之於物，苟施種植之功，至於日至之時，則自然成熟。若方種而待其必長，不長則從而拔之，其逆天害物也甚矣。又云：「集義」是養氣底丹頭，「必有事」便是集義底火法。言必有事者，是養氣之法度也。養得這氣在此，便見得這箇自重，那箇自輕。如公孫丑言「加齊卿相，得行道焉」，以爲孟子動心於此。不知孟子所養在此，見於外者，皆由這裏做出來。又曰：孔子與顔淵「用之則行，舍之則藏，唯我與爾有是夫」。這「有是夫」，言我有這箇道理在，不是言有用舍、行藏也。又云：心有所主宰，則氣之所向者無前，所謂「氣蓋世」之類是也。有其心而無其氣，則雖十分道理底事，亦有不敢爲者，氣不充也。卓。

看「助長」説，曰：孟子「必有事焉」、「勿忘」，是論集義工夫；「勿正」與「勿助長」是論氣之本體上添一件物事不得。若是集義，便過用些力亦不妨，却如何不著力得？苗固不可揠，若灌溉耘治，豈可不盡力？今謂克治則用嚴，養氣則不可助長，如此則二事相妨，如何用功？㽦。

「勿忘，勿助長」，自是孟子論養氣到這裏，不得不恁地説。如今學者先要把箇「勿忘，勿助長」來安排在肚裏了做工夫，却不得。

明道云：「『勿忘，勿助長』之間，正當處也。」此等語更宜玩味。大凡觀書，從東頭直築着西頭，南頭築着北頭，七穿八透，皆是一理，方是貫通。古人所以貴一貫也。必大。

「必有事焉」，只消此一句，這事都了。下面「而勿正，心勿忘，勿助長」恰似剩語，却被這三句撑拄夾持得不活轉，不自在。然活轉自在人，却因此三句而生。只是纔喚醒，這物事便在這裏，點着便動。只此便是天命流行處，便是「天命之謂性，率性之謂道」，便是仁義之心，便是「惟皇上帝降衷于下民」。謝氏所謂「活潑潑地」只是這些子，更不待想象尋求，分明在這裏觸着便應。《通書》中「元亨誠之通，利貞誠之復」一章便是這意思。見得這箇物事了，動也如此，静也如此，自然虛静純一，不待更去求虛静，不待體認，只喚着便在這裏。或曰：吾儒所以與佛氏異者，吾儒則有條理，有準則，佛氏則無此爾。曰：吾儒見得箇道理如此了，又要事事都如此。佛氏則說「便如此做也不妨」，其失正在此。僩。

侯師聖說「必有事焉，而勿正心」，伊川舉禪語爲況曰「事則不無，❶擬心則差」。當時於此言下有省，某甚疑此語引得不相似。「必有事」是須有事於此，「勿正心」是不須恁地等待。今說「擬心則差」是如何？言須擬之而後言，行須擬之而後動，方可中節。不成不擬不議，只恁地去。此語似禪，某不敢編入《精義》。義剛。○可學録云：「擬心則差」是借語。

問：「必有事焉，而勿正心，勿忘，勿助長。」據《孟子》，只是養氣節次。近世諸儒之語，把來作一段工夫，莫無妨否？曰：無妨，只看大意如何。曰：諸儒如此說，雖

❶「況」，據真德秀《四書集編》所引，似當作「說」。

無害，只是孟子意已走作，先生解此却好。曰：此一段趙岐注乃是就《孟子》説，只是頗緩慢。可學。

「必有事焉，而勿正」，却似「鳶飛魚躍」之言，此莫是順天理自然之意否？曰：孟子之説只是就養氣上説，程子説得又高。須是看《孟子》了，又看程先生説，便見得孟子只説「勿忘，勿助長」。程先生之言，於其中却有一箇自然底氣象。去僞。

問「鳶飛魚躍」與「必有事焉」之意。曰：説着相似，又不甚相似；説不相似，又却相似。「必有事焉」是才舉這事，理便在裏了。如説話未斷，理便在此了。夔孫。

韓退之詩云：「强懷張不滿，弱念闕易盈。」「無是，餒也」，雖强支撑起來，亦支撑不得，所謂「揠苗」者也。閎祖。○雉録見《詩類》。❶

或問「知言養氣」一章。曰：此一章專以知言爲主。若不知言，則自以爲義而未必是義，自以爲直而未必是直，是非且莫辨矣。然説知言，又只説知詖、淫、邪、遁之四者。❷蓋天下事，只有一箇是與不是而已。若辨得那不是底，則便識得那是底了。謂如人説十句話，有四句不是，有六句是。若辨得那四句不是，則那六句便是是底了。然非見得道理十分分明，則不能辨得親切。且如集義，皆是見得道理分明，則動静出處皆循道理，無非集義也。而今人多見理不明，於當爲者反以爲不當爲，於不當爲者反以爲當爲，則如何能集義也？惟見理明則

❶「詩」，萬曆本作「語」。
❷「詖」，原作「蔽」，今據萬曆本及《孟子·公孫丑上》改。

義可集，義既集則那「自反而縮」便不必說，自是在了。又曰：孟子先說知言，後說養氣，而公孫丑便問養氣。某向來只以爲是他承上文方論氣而問，今看得不然，乃是公孫丑會問處。留得知言在後面問者，蓋知言是末後合尖上事。如《大學》說「正心脩身」只合殺在「致知在格物」一句，蓋是用功夫起頭處。燾。

「詖辭知其所蔽」。詖是偏詖，只見得一邊。此理本平正，他只說得一邊，那一邊看不見，便是爲物蔽了。字凡從「皮」，皆是一邊意。如「跛」是脚一長一短，「坡」是山一邊斜。淳。

「淫辭知其所陷」。陷是身溺在那裏，如陷溺於水，只是見水而不見岸了。夔孫。

陳正己問：詖、淫、邪、遁，如何是遁底模樣？曰：如墨者夷之之說窮，遂又牽引「古之人若保赤子」之說爲問。如佛家初說剃除鬚髮，絕滅世事，後其說窮，又道置生產業自無妨礙。賀孫。

孟子說「知言」處，只有詖、淫、邪、遁四者。知言是幾多工夫，何故只說此四字？蓋天地之理不過是與非而已。既知得箇非，便識箇是矣。且如十句言語，四句是有詖、淫、邪、遁之病，那六句便是矣。僩。

或問「詖、淫、邪、遁」。曰：詖辭，偏詖之辭也。見詖辭，則知其人之蔽於一偏，如楊氏蔽於「爲我」、墨氏蔽於「兼愛」，皆偏也。淫辭，放蕩之辭也。見淫辭，則知其人之陷於不正，而莫知省悟也。見邪辭，則知其人之離於道。見遁辭，則知其人之說窮而走也。去僞。

問：此四辭如何分別？曰：詖辭乃是偏於一邊，如楊氏之仁、墨氏之義。蔽者，蔽於一而不見其二。淫者，廣大無涯，陷於其中而不自知。邪，則已離於正道而自立一箇門庭。遁辭，辭窮無可說，又却自爲一說，如佛家言治產業皆實相。既如此說，怎生不出來治產業？如楊朱云「一毫何以利天下」，此是且分解其說。你且不拔一毫，況其他乎？大抵吾儒一句言語，佛家只管說不休，如莊周末篇說話亦此類。今人與佛辨，最不得便宜，他却知吾說而用之，如橫渠《正蒙》乃是將無頭事與人作言語。可學。

「詖辭知其所蔽」，詖是偏詖之詖，偏於一邊，不見一邊，只是蔽耳，如遮蔽相似。到得就偏說中說得淫，辭便廣闊。至有所陷溺，如陷在水中，不見四旁矣，遂成一家邪說，離於正道。到得後來說不通時，便作走路，所謂「遁辭」也。如釋氏論理，其初既偏，反復譬喻，其辭非不廣矣，然畢竟離於正道，去人倫，把世事爲幻妄。後來亦自行不得，到得窮處，便說走路，如云「治生產業，皆與實相不相違背」，豈非遁辭乎？孟子「知言」只是從知其偏處始。璘。

詖是偏詖，說得來一邊長、一邊短。其辭如此，則知其心有所蔽矣。淫是放蕩，既有所蔽，說得來漸次夸張。其辭如此，則知其心有所陷矣。邪辭，是既陷後一向邪僻離叛將去。遁詞，是既離後走脚底話。如：楊氏本自「不拔一毛而利天下」，却說天下非一毛所能利；夷子本說「愛無差等」，却說「施由親始」；佛氏本無父母，却說《父母經》，皆是遁辭。人傑。○賜録云：詖辭是一邊長、一邊短，如人之跛倚。緣它只見這一邊，都不見那一邊，是以蔽。少間說得這一邊闊大了，其辭放蕩，便知他心陷在這裏。邪説是一向遠了。遁辭是走脚底語，❶如墨者夷之云云。

詖是險詖不可行，故蔽塞。淫是説得虚大，故有陷溺。邪則離正道。遁則窮，惟窮故遁。如儀、秦、楊、墨、莊、列之説，皆具四者。德明。

詖、淫、邪、遁，蔽、陷、離、窮，四者相因。心有所蔽，只見一邊，不見一邊，如楊氏「爲我」、墨氏「兼愛」，各只見一邊，故其辭詖而不平。蔽則陷溺深入之義也，❷故其辭放蕩而過。陷則離，離是開去愈遠也，故其辭邪。離則窮，窮是説不去也，故其辭遁，遁如夷之之言是也。閎祖。

先之問：詖、淫、邪、遁「四者相因」之説如何？曰：詖辭，初間只是偏了。所以偏者，止緣他蔽了一邊，如被物隔了，只見一邊。初間是如此，後來只管陷入裏面去，漸漸只管説得闊了，支蔓淫溢，才恁地陷入深了。於是一向背却正路，遂與正路相離了。既離了正路，他那物事不成物事，畢竟用不得，其説必至於窮。爲是他説窮了，又爲一説以自遁，如佛家之説。賀孫。

或問詖、淫、邪、遁「四者相因」之説。曰：詖字是遮了一邊，只見一邊。如：「陂」字亦是一邊高、一邊低；「跛」字亦是脚一邊長、一邊短，皆是只有一邊之意。「淫辭知其所陷」，淫便是就所詖處多了，被他只看得這一邊，都蓋了那一邊。如人擲在水裏，只見得那水，更不見有平正底道理。詖是少了那一邊，淫是添了這一邊。然詖與淫只是見偏了，猶自是道理在。然只管淫

❶「語」，萬曆本作「話」。
❷「溺」，原作「陷」，今據萬曆本改。

而不止，便失了那道理。既是不正，無緣立得住，便至於遁。遁則多討物理前來遮蓋。文蔚

沈莊仲問詖、淫、邪、遁之辭。文蔚曰：如莊周放浪之言，所謂「淫辭」。曰：如此分不得。只是心術不正，便自節次生此四者。如楊、墨自有楊、墨底詖、淫、邪、遁，佛、老自有佛、老底詖、淫、邪、遁，申、韓自有申、韓底詖、淫、邪、遁。如近世言功利者，又自有一種詖、淫、邪、遁。不特是如此，有一樣苟且底人，議論不正，亦能使是非反覆。張安道說：「本朝風俗淳厚，自范文正公一變，遂爲崖異刻薄。」後來安道門人和其言者甚衆，至今士大夫莫能辨明，豈不可畏！文蔚。

問：詖、淫、邪、遁之辭，楊、墨似詖，莊、列似淫，儀、秦似邪，佛似遁。曰：不必如此分別，有則四者俱有，其序自如此。詖是偏詖不平，譬似路一邊高、一邊低，便不可行，便是蔽塞了一邊。既蔽塞，則其勢必至於放蕩而陷溺，淫而陷溺，必至於邪僻而叛道。才問着，便遁而窮。且如楊、墨「爲我」、「兼愛」之說，可謂是偏頗。至於「摩頂放踵」、「拔一毛利天下不爲」，便是不可行。夷之云「愛無差等，施由親始」，不是他本意，只爲被孟子勘破，其詞窮，遂爲此說，是遁也。如佛學者初有「桑下一宿」之說，及行不得，乃云「種種營生，無非善法」，皆是遁也。德明。

淫、邪辭相互。可學。

孟子離此四病，所以知人言有四病。方。

問：程子說：「孟子知言，譬如人在堂上，方能辨堂下人曲直。」所謂「在堂上」者，莫只是喻心通於道者否？曰：此只是言見識高似他，方能辨他是非得失。若見識

與他一般，如何解辨得他。廣。○士毅録云：緣高於衆人了，❶方見得。與衆人一般低，立在堂下，如何辨得人長短？

問：孟子知言處「生於其心，害於其政」，先政而後事；闢楊、墨處説「作於其心，害於其事」，先事而後政。曰：先事而後政，是自微而至著；先政而後事，是自大綱而至節目。雉。

孟子説「知言」、「養氣」處，止是到「聖人復起必從吾言矣」住。公孫丑疑孟子説「知言」、「養氣」忒擔當得大，故引「我於辭命則不能」以詰孟子。孟子對以「惡，是何言也」。丑又問「昔者子夏、子游、子張皆得聖人之一體」，意欲以孟子比聖人。故孟子推尊聖人，以爲己不敢當，遂云「姑舍是」。去僞。

問：顏子「具體而微」，「微」是微小或隱微之「微」？曰：微只是小，然文意不在小字上，只是説體全與不全。寓。

顏子所知所行，事事只與聖人争些子，所以曰「具體而微」。燾。

「具體而微」，伊川言「合下小」，是言氣禀。如「三月不違」，則有乏處。因五峰與張肅説。○方。

問：「浩然之氣」後面説伯夷、伊尹、孔子「是則同」處。曰：後面自是散説出去，不須更回引前頭。這裏地位極高，浩然之氣又不足言，不須更説氣了。有百里之地，則足以有天下，然「行一不義，殺一不辜」則有所不爲，此是甚麽樣氣象？大段是極至處了。雖使可以得天下，然定不肯將一豪之私來壞了這全體。古之聖人其大根脚同

❶「緣」，萬曆本作「纔」。

處，皆在此。如伊尹「非其義也，非其道也，一介不以與人，一介不以取諸人」，「繫馬千駟」、「禄之以天下」「弗視」「弗顧」，與此所論一般。聖人同處大概皆在此，於此而不同，則不足以言聖人矣。某舊説：孟子先説「知言」、而公孫丑先問「養氣」者，承上文方論志氣而言也。今看來他問得却自有意思。蓋「知言」是那後面合尖末梢頭處，合當留在後面問，如《大學》所論，自脩身、正心却説到致知、格物。蓋致知、格物是末梢尖處，須用自上説下來，方爲有序也。又曰：公孫丑善問，問得愈密，盛水不漏。若論他會恁地問，則不當云「軻之死不得其傳」。不知後來怎生不可曉。或是孟子自作此書，潤飾過不可知。僩。

「得百里」皆能「朝諸侯」，是德之盛；「行一不義，殺一不辜」不爲，是心之正，不肯將那小處害了那大處。亦如伊尹雖「禄之天下不顧」、「千駟弗視」，到那一介處亦不輕取予。燾。

根本節目，不容不同。「得百里之地而朝諸侯，有天下」，此是甚次第。人「行一不義，殺一不辜而得天下」不爲，直是守得定。閎祖。

問：夷、尹得百里之地，❶果能朝諸侯、有天下否？曰：孟子如此説，想是如此。然二子必不肯爲。問：孟子比顔子如何？曰：孟子不如顔子，顔子較細。問：孟子亦有任底意否？曰：然。孟子似伊尹。僩。

問夷、惠。曰：伯夷格局更高似柳下惠。道夫曰：看他伯夷有壁立萬仞之氣。曰：然。道夫。

或問「宰我、子貢、有若智足以知聖人，

❶「尹」，原作「惠」，據萬曆本及《孟子·公孫丑上》改。

污不至阿其所好」。曰：污是污下不平處，或當時方言未可知，當屬上文讀。去僞。

古人之政不可得而見，只是當時所制之禮，便知得當時所施之政。淳。

伯豐問：「見其禮而知其政，聞其樂而知其德」，是謂夫子，是謂他人？曰：只是大概如此說。子貢之意，蓋言見人之禮便可知其政，聞人之樂便可知其德。所以「由百世之後，等百世之王」，莫有能違我之見者，所以斷然謂「自生民以來，未有孔子」。此子貢以其所見而知夫子之聖如此也。一說夫子見人之禮而知其政，聞人之樂而知其德。「由百世之後，等百世之王」，莫有能逃夫子之見者，此子貢所以知其爲「生民以來未有」也。然不如前說之順。

朱子語類卷第五十三計二十板

孟子三

公孫丑上之下

以力假仁章

彝叟問：「行仁」與「假仁」如何？曰：公且道如何是「行仁」、「假仁」。曰：莫是誠與不誠否？曰：這箇自分曉，不須問得。如「由仁義行，非行仁義」處却好問。如行仁，便自仁中行出，皆仁之德。若假仁，便是恃其甲兵之强、財賦之多，足以欺人，是假仁之名以欺其衆，非有仁之實也。故下文言「伯必有大國」，其言可見。又曰：成湯東征西怨，南征北怨，皆是拯民於水火之中，此是行仁也。齊威公時，周室微弱，夷狄强大，威公攘夷狄、尊王室，「九合諸侯，不以兵車」，這只是仁之功，終無拯民塗炭之心，謂之「行仁」則不可。卓。

問「以力假仁」、「以德行仁」。曰：「以力假仁」，仁與力是兩箇。「以德行仁」，仁便是德，德便是仁。問「霸」字之義。曰：霸，即伯也。《漢書》引「哉生魄」作「哉生霸」，古者霸、伯、魄三字通用。夔孫。

「以德行仁者王。」所謂德者，非止謂有拯民於水火之誠心。這「德」字又説得闊，是自己身上事都做得，是無一不備了，所以行出去便是仁。僩。

問「以德行仁者王」。曰：且如成湯「不

邇聲色，不殖貨利；德懋懋官，功懋懋賞；用人惟己，改過不吝；克寬克仁，彰信兆民」。是先有前面底，方能「彰信兆民」，救民於水火之中。若無前面底，雖欲救民於水火之中，不可得也。武王「亶聰明，作元后」，是亶聰明，方能作元后，救民於水火之中。若無這亶聰明，雖欲救民，❶其道何由？燾。

仁則榮章

「仁則榮，不仁則辱」，此亦只是爲下等人言。若是上等人，他豈以榮辱之故而後行仁哉？伊川《易傳・比》彖辭有云：「以聖人之心言之，固至誠求天下之比，以安民也。以後王之私言之，不求下民之附，則危亡至矣。」蓋且得他畏危亡之禍，而求所以比附其民，猶勝於全不顧者，政此謂也。僩。

尊賢使能章

「市廛而不征」，問：此市在何處？曰：此都邑之市，人君國都如井田樣，畫爲九區，面朝背市，左祖右社，中間一區則君之宫室。宫室前一區爲外朝，凡朝會藏庫之屬皆在焉。後一區爲市，市四面有門，每日市門開，則商賈百物皆入焉。賦其廛者，謂收其市地錢，如今民間之鋪面錢。蓋逐末者多，則賦其廛以抑之；少則不廛，而但治以市官之法，所以招徠之也。市官之法，如《周禮・司市》平物價，治争訟，譏察異服異言之類。市中惟民乃得入，凡公卿大夫有爵位及士者皆不得入，入則有罰。如國

❶「雖欲」，原作「欲雖」，今據萬曆本改。

君過市，則刑人赦；夫人過市，則罰一幕；世子過市，則罰一帟；命夫命婦過市，則罰一蓋帷之類。左右各三區，皆民所居。而外朝一區，左則宗廟，右則社稷在焉。此國君都邑規模之大概也。僩。

或問：「法而不廛」，謂治以市官之法，如何是市官之法？曰：《周禮》自有，如司市之屬平價，治爭訟，謹權量等事，皆其法也。又問「市，廛而不征，法而不廛」。曰：「市廛而不征」，謂使居市之廛者，各出廛賦若干，如今人賃鋪面相似，更不征稅其所貨之物。「法而不廛」，則但治之以市官之法而已，雖廛賦亦不取之也。又問：古之爲市者，以其所有易其所無者，有司者治之耳。此便是市官之法否？曰：然。如漢之獄市、軍市之類，皆是古之遺制。蓋自有一箇所在以爲市，其中自有許多事。廣。

「市，廛而不征，法而不廛」，伊川之説如何？曰：伊川之説不可曉。横渠作二法，其説却似分明。謨。

問：「廛無夫里之布。」《周禮》：「宅不毛者有里布，民無職事，出夫家之征。」鄭氏謂宅不種桑麻者，罰之，使出一里二十五家之布。不知一里二十五家之布是如何？曰：亦不可考。又問：鄭氏謂民無常業者罰之，使出一夫百畝之税，一家力役之征。如何罰得恁地重？曰：後世之法與此正相反，農民賦税丁錢却重，而游手浮浪之民泰然，都不管他。因説：浙間農民丁錢之重，民之彫困，不可開眼。至。

人皆有不忍人之心章

「人皆有不忍人之心」者，是得天地生

物之心爲心也。蓋無天地生物之心，則沒這身。才有這血氣之身，便具天地生物之心矣。燾。

「人皆有不忍人之心」，人皆自和氣中生。天地生人物，須是和氣方生。要生這人，便是氣和，然後能生。人自和氣中生，所以有不忍人之心。

「天地以生物爲心」，天包着地，別無所作爲，只是生物而已。亘古亘今，生生不窮。人物則得此生物之心以爲心，所以箇箇肖他。本不須説以生物爲心，緣做箇語句難，故着箇以生物爲心。❶ 僩。

問：天地以生物爲心，而所生之物，因各得夫天地之心以爲心，所以「人皆有不忍人之心」。曰：天地生物，自是温煖和煦，這箇便是仁。所以人物得之，無不有慈愛惻怛之心。又曰：人物皆得此理，只緣他上面一箇母子如此，所以生物無不肖他。又曰：心如界方，一面青，一面赤，一面白，一面黑。青屬東方，仁也；赤屬南方，禮也；白屬西方，義也；黑屬北方，智也。又如寅卯辰屬東方，爲春；巳午未屬南方，爲夏；申酉戌屬西方，爲秋；亥子丑屬北方，爲冬。寅卯辰是萬物初生時，是那生氣方發，這便是仁。至巳午未，則萬物長茂，只是那生氣發得來盛。及至申酉戌，則那生氣到此生得來充足無餘，那物事只有許多限量，生滿了更生去不得，須用收斂。所以秋訓揫，揫，斂也。揫斂箇什麽？只是生氣到這裏都揫斂耳。若更生去，則無合殺矣。及至亥子丑屬冬。冬，終也。終，藏也。生氣到此都終藏了，然那生底氣早是

❶「故」，萬曆本作「做」。

在裏面發動了，可以見生氣之不息也，所以説「復見天地之心」也。胡泳。

「天地以生物爲心」。譬如甑蒸飯，氣從下面衮到上面，又衮下，只管在裏面衮，便蒸得熟。天地只是包許多氣在這裏無出處，衮一番，便生一番物。他别無勾當，只是生物，不似人便有許多應接。所謂「爲心」者，豈是切切然去做，如云天命之，豈諄諄然命之也？但如磨子相似，只管磨出這物事。人便是小胞，天地是大胞。人首圓，象天；足方，象地；中間虚，包許多生氣，自是惻隱。不是爲見人我一理後，方有此惻隱。而今便教單獨只有一箇人，也自有這惻隱。若謂見人我一理而後有之，便是兩人相夾在這裏，方有惻隱，則是仁在外，非由内也。且如乍見孺子入井時有惻隱，若見他人入井時，也須自有惻隱在。池録作：若未見孺子入井，亦自是惻隱。問：怵惕莫是動處？因怵惕而後惻隱否？曰：不知孟子怎生尋得這四箇字恁地好。夔孫。

《孟子》「赤子入井」章，間架闊，須恁地看。夔孫。

説仁，只看孺子將入井時，尤好體認。季札。

問：如何是「發之人心而不可已」？曰：見孺子將入井，惻隱之心便發出來，如何已得。此樣説話，孟子説得極分明。世間事若出於人力安排底，便已得；若已不得底，便是自然底。祖道。

方其乍見孺子入井時，也着脚手不得。縱有許多私意，要譽鄉黨之類，也未暇思量到。但更遲霎時，則了不得也。是非、辭遜、羞惡，雖是與惻隱並説，但此三者皆自惻隱中發出來。因有那惻隱後，方有此三者。惻隱比三者又較大得些子。義剛。

「非惡其聲」，非惡其有不救孺子之惡聲也。升卿。

問：惡其聲而然，何爲不可？曰：惡其聲，已是有些計較。乍見而惻隱，天理之所發見，而無所計較也。惡其聲之念一形，則出於人欲矣。人欲隱於天理之中，其幾甚微，學者所宜體察。燾。

或問：非内交、要譽、惡其聲，而怵惕惻隱形焉，是其中心不忍之實也。若内交、要譽、惡其聲之類一豪萌焉，則爲私欲蔽其本心矣。舉南軒如此說，《集注》却不如此說。曰：這當作兩截看。初且將大界限看，且分别一箇義利了，却細看。初看，惻隱便是仁，若恁地殘賊，便是不仁；羞惡是義，若無廉耻，便是不義；辭遜是禮，若恁地争奪，便是無禮；是非是知，若恁地顛顛倒倒，便是不知。且恁地看了，又却於惻隱、羞惡上面看。有是出於至誠如此底，有不是出於本來善心底。賀孫。

先生問節曰：孺子入井，如何不推得羞惡之類出來，只推得惻隱出來？節應曰：節以爲當他出來。曰：是從這一路子去感得他出來。節。

如孺子入井，如何不推得其他底出來，只推得惻隱之心出來？蓋理各有路。如做得穿窬底事，如何令人不羞惡。偶遇一人衣冠而揖我，我便亦揖他，如何不恭敬。事有是非，必辨别其是非。試看是甚麼去感得他何處一般出來。節。

孟子論「乍見孺子將入於井」，「怵惕惻隱」一段，如何說得如此好？只是平平地說去，自是好。而今人做作說一片，只是不如他。又曰：怵惕、惻隱、羞惡，都是道理自然如此，不是安排。合下制這「仁」字，纔是那傷害底事，便自然惻隱。合下制這「義」字，纔見那不好底事，便自然羞惡。這仁與義，都在那惻隱、羞惡之先。未有那惻隱底事時，已先有那愛底心了；未有那羞惡底事時，已先有那斷制裁割底心了。又曰：日用應接動静之間，這箇道理從這裏迸將出去。如箇寶塔，那毫光都從四面迸出去。僩。

或問「滿腔子是惻隱之心」。曰：此身軀殼，謂之腔子。而今人滿身知痛處可見。銖。○池録作：疾痛痾痒，舉切吾身，何處不有。

問「滿腔子是惻隱之心」。曰：此身軀殼，謂之腔子。能於此身知有痛，便見於應接，方知有箇是與不是。季札。

問：「滿腔子是惻隱之心」，只是此心常存，纔有一分私意，便闕了他一分。曰：只是滿這箇軀殼，都是惻隱之心。纔築着，便是這箇物事出來，大感則大應，小感則小應。恰似大段痛傷固是痛，只如針子略挑，血也出，也便痛。故日用所當應接，更無些子間隔。癢痾疾痛，莫不相關。纔是有些子不通，便是被些私意隔了。賀孫。

問：「滿腔子是惻隱之心」，或以爲京師市語「食飽時心動」。吕子約云。曰：不然。此是爲「動」字所拘。腔子，身裏也，言滿身裏皆惻隱之心。心在腔子裏，亦如云心只是在身裏。問：心所發處不一，便説惻隱，如何？曰：惻隱之心，渾身皆是，無處不發。如見赤子有惻隱之心，見一蟻子亦豈無此心？可學。

問：如何是「滿腔子皆惻隱之心」？曰：腔，只是此身裏虛處。問：莫是人生來惻隱之心具足否？曰：如今也恁地看。

事有箇不穩處，便自覺不穩，這便是惻隱之心。林擇之嘗説：「人七尺之軀，一箇針劄着便痛。」問：吾身固如此，處事物亦然否？曰：此心應物不窮。若事事物物常是這箇心，便是仁。若有一事不如此，便是這一處不仁了。問：本心依舊在否？曰：如今未要理會在不在。論着理來，他自是在那裏。只是這一處不恁地，便是這一處不在了。如「率土之濱，莫非王臣」，忽然有一鄉人自不服化，稱王稱伯，便是這一處無君，君也只在那裏，然而他靠不得。不可道是天理只在那裏，自家這私欲放行不妨。王信伯在館中，范伯達問：「人須是天下物物皆歸吾仁？」王指窻櫺問范曰：「此窻還歸仁否？」范默然。某見之，當答曰：「此窻不歸仁，何故不打壞了？」如人處事，但箇箇處得是，便是事事歸仁。且如窻也要糊得在那裏教好，不成没巴鼻打壞了。問：「仁者以萬物爲一體」，如事至物來，皆有以處之。如事物未至，不可得而體者，如何？曰：只是不在這裏。然此理也在這裏，若來時，便以此處之。榦。

問：「滿腔子是惻隱之心」，如何是滿腔子？曰：滿腔子，是只在這軀殼裏。「腔子」乃洛中俗語。又問：惻隱之心固是人心之懿，因物感而發見處。前輩令以此操而存之，充而達之，不知如何要常存得此心？曰：此心因物方感得出來，如何强要尋討出？此心常存在這裏，只是因感時識得此體。平時敬以存之，久久會熟。善端發處，益見得分曉，則存養之功益有所施矣。又問：要惻隱之心常存，莫只是要得此心常有發生意否？曰：四端中，羞惡、辭讓、是非亦因事而發爾。此心未當起羞惡之時，而强要憎惡那人，便不可。如惻隱，亦因有感而始見，欲强安排教如此，也不得。如天之四時，亦因發見處見得。欲於冬時要尋討箇春出來，不知如何尋。到那陽氣發生萬物處，方見得是春耳。學者但要識得此心，存主在敬，四端漸會廣充矣。寓。

「滿腔子是惻隱之心」。不特是惻隱之心，滿腔子是羞惡之心，滿腔子是辭遜之心，滿腔子是是非之心，彌滿充實，都無空闕處。「滿腔子是惻隱之心」，如將刀割著固是痛，若將針劄著也痛，如爛打一頓固是痛，便輕掐一下也痛，此類可見。僩。

「滿腔子是惻隱之心」，腔子猶言郛郭，此是方言，指盈於人身而言。因論：方言難曉，如横渠《語録》是吕與叔諸公隨日編者，多陝西方言，全有不可曉者。嵤。

惻隱之心，頭尾都是惻隱。三者則頭是惻隱，尾是羞惡、辭遜、是非。若不是惻隱，則三者都是死物。蓋惻隱是箇頭子，羞惡、辭遜、是非便從這裏發來。夔孫。

既仁矣，合惻隱則惻隱，合羞惡則羞惡。節。

不成只管惻隱，須有斷制。德明。

惻隱、羞惡，也有中節、不中節。若不當惻隱而惻隱，不當羞惡而羞惡，便是不中節。淳。

仁、義、禮、智，性也，且言有此理。至惻隱、羞惡、辭遜、是非，始謂之心。德明。

惻隱、羞惡、辭讓、是非，情也。仁、義、禮、智，性也。心，統性、情者也。端，緒也。因情之發露，而後性之本然者可得而見。季札。

四端本諸人心，皆因所寓而後發見。

季札。

王丈說：《孟子》「惻隱之心」一段，論心不論性。曰：心、性只是一箇物事，離不得。孟子說四端處最好看。惻隱是情，惻隱之心是心，仁是性，三者相因。橫渠云「心統性、情」，此說極好。閎祖。

王德修解四端，謂和靜言：「此只言心，不言性。如『操則存，舍則亡，出入無時，莫知其鄉』，亦只是言心。」曰：固是言心，畢竟那仁義禮智是甚物？仁義禮智是性，端便是情。纔說一箇「心」字，便是着性情。果判然是二截如何？此處疑有闕誤。德修曰：固是「心統性、情」，孟子於此只是說心。文蔚。

問：四端之「端」，《集解》以爲端緒，向見季通說「端乃尾」，如何？曰：以體用言之，有體而後有用，故端亦可謂之尾。若以始終言之，則四端是始發處，故亦可以端緒言之。二說各有所指，自不相礙也。廣。

四端未是盡，所以只謂之端。然四端八箇字，每字是一意：「惻」是惻然有此念起；「隱」是惻然之後隱痛，比惻是深；「羞」者，羞己之非；「惡」者，惡人之惡；「辭」者，辭己之物；「讓」者，讓與他人；「是」、「非」自是兩樣分明。但仁是總名。若說仁義，便如陰陽；若說四端，便如四時；若分四端八字，便如八節。又曰：天地只是一氣，便自分陰陽。緣有陰陽二氣相感，化生萬物，故事物未嘗無對。天便對地，生便對死，語嘿動靜皆然，以其種如此故也。所以四端只舉仁義言，亦如陰陽。故曰：「立天之道，曰陰與陽；立人之道，曰仁與義。」明作。

四端皆是自人心發出。惻隱本是說愛，愛則是說仁。如見孺子將入井而救之，此心只是愛這孺子。惻隱元在這心裏面，被外面事觸起。羞惡、辭遜、是非亦然。格物便是從此四者推將去，要見裏面是甚底物事。賜。

仁言惻隱之端，如水之動處。蓋水平静而流，則不見其動。流到灘石之地，有以觸之，則其勢必動，動則有可見之端。如仁之體存之於心，若愛親敬兄，皆是此心本然，初無可見。及其發而接物，有所感動，此心惻然，所以可見，如怵惕於孺子入井之類是也。卓。

或問四端。曰：看道理也有兩般：看得細時，却見得義理精處；看得粗時，却且見得大概處。四端未見精細時，且見得惻隱便是仁，不惻隱而殘忍便是不仁；羞惡便是義，貪利無廉耻便是不義；辭遜便是禮，攘奪便是非禮；是非便是智，大段無知顛倒錯繆，便是不智。若見得細時，雖有惻隱之心，而意在於内交、要譽，亦是不仁了。然孟子之意本初不如此，只是言此四端皆是心中本有之物，隨觸而發。方孺子將入於井之時，而怵惕惻隱之心便形於外，初無許多涯涘。卓。

惻隱、羞惡是仁義之端。惻隱自是情，仁自是性，性即是這道理。仁本難説，中間却是愛之理，發出來方有惻隱。義却是羞惡之理，發出來方有羞惡。禮却是辭遜之理，發出來方有辭遜。智却是是非之理，發出來方有是非。仁、義、禮、智是未發底道理，惻隱、羞惡、辭遜、是非是已發底端倪。如桃仁、杏仁是仁，到得萌芽，却是惻隱。又曰：分别得界限了，更須日用常自體認，看仁、義、禮、智意思是如何。又曰：如今只因孟子所説惻隱之端，可以識得仁意思；因說羞惡之端，可以識得義意思；因說恭敬之端，可以識得禮意思；因說是非之端，可以識得智意思。緣是仁、義、禮、智本體自無形影，要捉摸不著，一作「得」。只得將他發動處看，却自見得。恰如有這般兒子，便知得是這樣母。程子云：「以其惻隱，知其有仁。」此八字說得最親切分明。也不道惻隱便是仁，又不道掉了惻隱，別取一箇物事說仁。譬如草木之萌芽，可以因萌芽知得他下面有根。也不道萌芽便是根，又不道掉了萌芽別取一箇根。又曰：孟子說性，不曾說着性，只說「乃若其情，則可以爲善」。看得情善，則性之善可知。又曰：惻隱、羞惡多是因逆其理而見。惟有所可傷，這裏惻隱之端便動；惟有所可惡，這裏羞惡之端便動。若是事親從兄，又是自然順處見之。又曰：人須廣而充之，人誰無惻隱，只是不能常如此。能常如此，便似孟子說「火之始然，泉之始達，苟能充之，足以保四海」。若不能常如此，恰似火相似，自去打滅了；水相似，自去淤塞了；如草木之萌芽相似，自去踏折了便是了，❶更無生意。又曰：孟子云「仁義禮智根於心」，心統性、情，故說心亦得。賀孫。

問喜怒哀樂未發、已發之別。曰：未發時無形影可見，但於已發時照見。謂如見孺子入井而有怵惕、惻隱之心，便照見得有仁在裏面；見穿窬之類而有羞惡之心，便照見得有義在裏面。蓋這惻隱之心屬仁，必有這仁在裏面，故發出來做惻隱之心；羞惡之心屬義，必有這義在裏面，故發出來做羞惡之心。譬如目屬肝，耳屬腎，若

❶「是」，中華本作「死」。

視不明，聽不聰，必是肝腎有病。若視之明，聽之聰，必是肝腎之氣無虧，方能如此。然而仁未有惻隱之心，只是箇愛底心；義未有羞惡之心，只是箇斷制底心。惟是先有這物事在裏面，但隨所感觸便自是發出來。故見孺子入井，便有惻隱之心；見穿窬之類，便有羞惡之心；見尊長之屬，便有恭敬之心；見得是，便有是之之心；見得非，便有非之之心。從那縫罅裏迸將出來，恰似寶塔裏面四面毫光放出來。又云：《孟子》此一章其初只是匹自閑容易說出來，然說得來連那本末内外、體用精粗都包在裏面，無些欠闕處。如孔子許多門弟，都不曾恁地說得分曉。想是曾子、子思後來講來講去講得精，所以孟子說得來恁地。若子思亦只說得箇大體分曉而已。燾。

問：前面專說不忍之心，後面兼說四端，亦是仁包四者否？曰：然。道夫。

問：惻隱之心如何包得四端？曰：惻隱便是初動時，羞惡、是非、恭敬，亦須是這箇先動一動了，方會恁地，只於動處便見。譬如四時，若不是有春生之氣，夏來長箇甚麽？秋時又把甚收？冬時又把甚藏？時舉。

惻隱是箇腦子，羞惡、辭遜、是非須從這裏發來。若非惻隱，三者俱是死物了。惻隱之心通貫此三者。賜。

因說仁、義、禮、智之別，曰：譬如一箇物，自然有四界，而仁則又周貫其中。以四端言之，其間又自有小界限，各各是兩件事。惻是惻然發動處，隱是漸漸及着隱痛處，羞是羞己之非，惡是惡人之惡，辭是辭之於己，遜是遜之於人，是、非固是兩端。雉。

問：四端之根於心，覺得一者纔動，三者亦自次第而見。曰：這四箇界限自分明，然亦有隨事相連而見者，如事親孝是愛之理。才孝，便能敬兄，便是義。問：有節文便是禮，知其所以然便是智。曰：然。問：據看來多是相連而至者：如惻隱於所傷，便惡於其所以傷，這是仁帶義意思；惡於其所以傷，便須惜其本來之未嘗傷，這是義帶仁意思。曰：也是如此。嘗思之：孟子發明四端，乃孔子所未發。人只道孟子有闢楊、墨之功，殊不知他就人心上發明大功如此。看來，此說那時若行，楊、墨亦不攻而自退。闢楊、墨是扞邊境之功，發明四端是安社稷之功。若常體認得來，所謂活潑潑地，真箇是活潑潑地。賀孫。

伊川嘗說：「如今人說力行是淺近事，惟知爲上，知最爲要緊。」《中庸》說「知、仁、勇」，把知做擗初頭說，可見知是要緊。賀孫問：《孟子》四端，何爲以知爲後？曰：孟子只循環說。智本來是藏仁、義、禮，惟是知恁地了，方恁地，是仁禮義都藏在智裏面。如元亨利貞，貞是智，貞却藏元、亨、利意思在裏面。如春夏秋冬，冬是智，冬却藏春生、夏長、秋成意思在裏面。且如冬伏藏，都似不見，到一陽初動，這生意方從中出，也未發露，十二月也未盡發露。只管養在這裏，到春方發生，到夏一齊都長，秋漸成漸藏，冬依舊都收藏了。只是「大明終始」，亦見得無終安得有始。所以《易》言「先王以至日閉關，商旅不行，后不省方」。賀孫。

《孟子》四端處極好思索玩味，只反身而自驗其明昧深淺如何。升卿。

著意讀《孟子》四端之類切要處，其他論事處且緩不妨。

子細看《孟子》説四端處兩段、未發明一段處，意思便與發明底同。又不是安排，須是本源有，方發得出來，着實見得皆是當爲底道理。又不是外面事如此。知得果性善，便有賓有主，有輕有重。又要心爲主，心把得定，人慾自然没安頓處。孟子言「仁，人心也」一段，兩句下只説心。祖道。

至問：「凡有四端於我者，知皆廣而充之矣。」莫是知得了，方能廣而充之否？曰：「知皆廣而充之」，即是苟能知去廣充，則此道漸漸生長，「如火之始然，泉之始達」。中間「矣」字文意不斷。充，是滿其本然之量，却就上有「廣」字，則是方知去推廣，要充滿他，所以「如火之始然，泉之始達」。

問：「知皆廣而充之矣」，「知」字是重字還是輕字？曰：不能廣充者，正爲不知，都只是冷過了。若能知而廣充，其勢甚順，如乘快馬、放下水船相似。文蔚。

劉居之問：「知皆廣而充之」章兩説「充」字，寬夫未曉。曰：上只説「知皆廣而充之」，只説知得了，要推廣以充滿此心之量。下云「苟能充之，足以保四海」，是能充滿此心之量。上帶「知皆廣」字説，下就能充滿説。惟廣而後能充，❶能充則不必説廣也。賀孫。

劉居之問「人皆有不忍人之心」一節。曰：「惻隱之心，仁之端也。」乍見孺子入井，此只是一件事。仁之端，只是仁萌芽處。如羞惡、辭遜、是非，方是義、禮、智之萌芽處。要推廣充滿得自家本然之量，不特是孺子入井便恁地，其他事皆恁地。如羞惡、辭遜、是非，不特於一件事上恁地，要

❶「惟」，萬曆本作「推」。

事事皆然，方是充滿慊足，無少欠闕也。「知皆廣而充之矣」，知，方且是知得如此。至説到「苟能充之，足以保四海」，即掉了「廣」字，只説「充」字。蓋「知」字與「始然」、「始達」字相應，「充」字與「保四海」相應。才知得，便自不能已。若火始然，便不可遏；泉才達，便涓涓流而不絶。時舉。

問「知皆廣而充之」。曰：上面言「廣而充之」，是方知要廣充。到下面「苟能充之」，便掉了箇「廣」字。蓋「充」字是充滿得了，如已到地頭相似。「廣」字是方在箇路裏相似。時舉。

「知皆廣而充之」，南軒把知做重，文勢未有此意。「知」字只帶「廣充」説。「知皆廣而充之」，與「苟能充之」句相應。上句是方知去充，下句是真能恁地充。淳。

問「知皆廣而充之」。曰：這處與「於止，知其所止」語意略同。上面在「知」字上，下在「能」字上。既知得，則皆當廣而充之。如惻隱之心是仁，則每事皆當廣而爲仁；羞惡之心是義，則每事皆當廣而爲義。爲禮、爲知，亦各如此。今有一種人，雖然知得，又道是這箇也無妨。而今未能理會得，又且恁地。如知這事做得不是，得人憎，面前也自皇恐，識得可羞，又却不能改。如今人受人之物，既知是不當受，便不受可也，心裏又要，却説是我且受去莫管，這便是不能充。但當於知之之初，便一向從這裏充將去，便廣大「如火之始然，泉之始達」。始然、始達，能有幾多。於這裏便當幹開放出，使四散流出去，便是能廣。如怵惕孺子入井之心，這一些子能做得甚事。若不能充，今日這些子發了，又過却，明日這些子發了，又過却，都只是閑。若能廣充，於這一事發見，知得這是惻隱之心，是仁。於別底事便當將此心充去，使事事是仁。如不欲害人，這是本心，這是不忍處。若能充之於每事上，有害人之處便不可做，這也是充其惻隱。如齊宣王有愛牛之心，孟子謂「是乃仁術也」。若宣王能充著這心，看甚事不可做！只是面前見這一牛，這心便動，那不曾見底，便不如此了。至於「興甲兵，危士臣，構怨於諸侯」，這是多少傷害。只爲利心一蔽，見得土地之美，却忘了這心。故孟子曰：「不仁哉，梁惠王也！仁者以其所愛及其所不愛，不仁者以其所不愛及其所愛。」且如土地無情之物，自是不當愛，自家不必愛之，愛他作甚。梁惠王其始者愛心一萌，「糜爛其民」以戰已自不是了。又恐不勝，盡驅所愛子弟以徇之。這是由其不愛之心，反之以至害其所愛處，這又是反著那心處。子蒙。

「凡有四端於我者，知皆廣而充之」，只是要廣而充之。而今四端之發，甚有不整齊處。有惻隱處，有合惻隱而不惻隱處；有羞惡處，又有合羞惡而不羞惡處。且如齊宣不忍於一牛，而却不愛百姓。嘑爾之食，則知惡而弗受；至於萬鍾之禄，則不辨禮義而受之。而今則要就這處理會。夔孫。

人於仁義禮智，惻隱、羞惡、辭遜、是非此四者，須當日夕體究，令分曉精確。此四者皆我所固有，其初發時毫毛如也。及推廣將去，充滿其量，則廣大無窮，故孟子曰：「知皆廣而充之。」且如人有當惻隱而不惻隱，當羞而不羞，當惡而不惡，當辭而不辭，當遜而不遜，是其所非，非其所是者，皆是失其本心。此處皆當體察，必有所以然也。只此便是日用間做工夫處。廣。

人只有箇仁、義、禮、智四者是一身綱紐，其他更無。當於其發處體驗廣充將去。惻隱、羞惡、是非、辭遜，日間時時發動，特人自不能廣充之耳。❶又言四者時時發動，特有正不正耳。如暴戾愚很，便是發錯了羞惡之心；含糊不分曉，便是發錯了是非之心；如一種不遜，便是發錯了辭遜之心。日間一正一反，無往而非四端之發。方子。

子武問：四端須着逐處廣充之？曰：固是。纔常常如此推廣，少間便自會密，自會闊。到得無間斷，少間却自打合作一片去。木之。

問：如何廣而充之？曰：這事恭敬，那事也恭敬，事事恭敬方是。節。

問：推四端而行，亦無欠闕。曰：無欠闕，只恐交加了。合惻隱底不惻隱，合羞惡底不羞惡，是是非非交加了。四端本是對着，他後流出來，恐不對窠臼子。問：不對窠臼子，莫是爲私意隔了？曰：也是私意，也是不曉。節又問：恭敬却無當不當？曰：此人不當拜他，自家也去拜他，便不是。節。

問「推」字與「充」字。曰：推，是從這裏推將去，如「老吾老以及人之老，幼吾幼以及人之幼」。到得此，充則填得來滿了。注水相似，推是注下水去，充則注得這一器滿了。蓋仁義之性，本自充塞天地。若自家不能廣充，則無緣得這箇殼子滿，只是箇空殼子。又曰：充是占得這地位滿，推是推吐雷反。向前去。僩。

問：推四端，無出乎守？曰：學者須

❶「之」字，原無，今據朝鮮本補。

見得守底是甚底物事，人只是一箇心。識得箇心，卓然在這裏無走作，雖不守，亦自在，學者且恁地守將去。賜。

問「知皆廣而充之，若火之始然」至「以事父母」。曰：此心之量，本足以包括天地，兼利萬物。只是人自不能充滿其量，所以推不去。或能推之於一家，而不能推之於一國；或能推之於一國，而不足以及天下，此皆是未盡其本然之量。須是充滿其量，自然足以保四海。僩。

胡問廣充之義。曰：廣，是張開；充，是放滿。惻隱之心，不是只見孺子時有，事事都如此。今日就第一件事上推將去，明日又就第二件事上推將去，漸漸放開，自家及國，自國及天下，至足以保四海處，便是充得盡。問：廣充亦是盡己、推己否？曰：只是廣而充之，那曾有界限處。如手把筆落紙，便自成字，不可道手是一樣，字又是一樣。孺子入井在彼，惻隱之心在我，只是一箇物事，不可道孺子入井是他底，惻隱之心是我底。義剛。

問：前日承教，令於日用間體認仁義禮知意思。且如朋友皆異鄉人，一日會聚，恩意便自相親，❶這可見得愛之理形見處；同門中或有做不好底事，或有不好底人，便使人惡之，這可見得羞惡之理形見處；每時升堂，尊卑序齒，秩然有序而不亂，這可見得恭敬之理形見處；聽先生教誨而能辨別得真是真非，這可見得是非之理形見處。凡此四端，時時體認，不使少有間斷，便是所謂廣充之意否？曰：如此看得好，這便是尋得路，踏着了。賀孫。

❶「恩」，萬曆本作「思」。

問：體認四端廣充之意，如：朋友相親，充之而無間斷，則貧病必相卹，患難必相死，至於仁民愛物莫不皆然，則仁之理得矣；如朋友責善，充之而無間斷，則見惡必「如惡惡臭」，以至於除殘去穢，戢暴禁亂，莫不皆然，則義之理得矣；如尊卑秩序，充之而無間斷，則不肯一時安於不正，以至於正天下之大倫，定天下之大分，莫不皆然，則禮之理得矣；如是是非非，充之而無間斷，則善惡、義利、公私之別，截然而不可亂，以至於分別忠佞，親君子，遠小人，莫不皆然，則智之理得矣。曰：只要常常恁地體認。若常常恁地體認，則日用之間匝匝都滿，密拶拶地。問：人心陷溺之久，四端蔽於利欲之私，初用工亦未免間斷。曰：固是。然義理之心纔勝，則利欲之念便消。且如惻隱之心勝，則殘虐之意自消；羞惡之心勝，則貪冒無耻之意自消；恭敬之心勝，則驕惰之意自消；是非之心勝，則含糊苟且頑冥昏謬之意自消。賀孫。

楊至之云：看《孟子》，見得一箇大意，是性之本體，仁義之良心，到戰國時君臣上下都一齊埋没了。孟子所以推明發見之端緒，教人去體認廣充。曰：孟子高，他都未有許多意思。今説得一「體認」字，蚤是遲鈍了孟子。孟子大段見得敏，見得快。他説話，恰似箇獅子跳躍相似。且如他説箇惻隱之心，便是仁之端；羞惡之心，便是義之端。只他説在那裏底便是，似他説時見得聖賢大段易做，全無許多等級。所以程子云：「孟子才高，學之無可依據。」道夫。

周季儼云：在興化攝學事，因與諸生説得一部《孟子》。先生因問：《孟子》裏面大綱目是如何？答云：要得人充廣。惻隱、羞惡，許多固要充廣。如說無欲害人，無穿窬之心，亦要充廣。先生曰：人生本來合有許多好底，到得被物遮蔽了，却把不好處做合着做底事。周云：看孟子說性，只是道順底是，纔逆便不是。曰：止緣今人做不好事却順。因問：孟子以下諸人言性，誰說得庶幾？周云：似乎荀子以爲惡，却索性。只荀子有意於救世，故爲此說。先生久之曰：韓公之意，人多看不出。他初便說：「所以爲性者五，曰仁、義、禮、知、信；所以爲情者七，曰喜、怒、哀、懼、愛、惡、欲」；下方說「三品」。看其初語，豈不知得性善？他只欠數字便說得出。黄嵩老云：韓子欠說一箇氣稟不同。曰：然。他道仁、義、禮、知、信，自是了。只說到「三品」，不知是氣稟使然，所以說得不盡。賀孫因云：自孟子說，已是欠了下意，所以費無限言語。先生即舉程子之言：「論性不論氣，不備；論氣不論性，不明。」若如說「性惡」、「性善惡混」都只說得氣，如孟子、韓子之言，便是不論氣，所以不全。賀孫。

或問：性中只有四端，信是如何？曰：且如惻隱、羞惡，實是惻隱、羞惡，便信在其中。祖道。

問：四端不言信，周子謂「五性動而善惡分」。如信之未發時如何，已發時如何？曰：如惻隱真箇惻隱，羞惡真箇羞惡，此便是信。曰：此却是已發時，方有這信。曰：其中真箇有此理。賜。

問：四端不言信，如何？曰：公潑了椀中飯，却去椀背拾。振。

問：四端便是明德？曰：此是大者。節問：「明明德」只是廣充得他去？曰：不昏着他。節。

四端是理之發，七情是氣之發。問：看得來如喜怒愛惡欲，却似近仁義。曰：固有相似處。廣。

或問：孟子言四端處有二，大抵皆以心爲言。明道却云「惻隱之類皆情也」，伊川亦云「人性所以善者，於四端之情可見」。一以四端屬諸心，一以四端屬諸情，何也？曰：心包情、性者也，自其動者言之，雖謂之情亦可也。去僞。○《集義》。

黄景申嵩老問：仁兼四端意思，理會不透。曰：謝上蔡見明道先生，舉史文成誦，明道謂其「玩物喪志」。上蔡汗流浹背，面發赤色，明道云：「此便見得惻隱之心。」公且道上蔡聞得過失，恁地慚皇，自是羞惡之心，如何却説道「見得惻隱之心」？公試思。久之，先生曰：惟是有惻隱之心，方會動；若無惻隱之心，却不會動。惟是先動了，方始有羞惡，方始有恭敬，方始有是非。動處便是惻隱。若不會動，却不成人。若不從動處發出，所謂羞惡者非羞惡，所謂恭敬者非恭敬，所謂是非者非是非。天地生生之理，這些動意未嘗止息，看如何梏亡，亦未嘗盡消滅，自是有時而動，學者只怕間斷了。賀孫。

問：何謂惻隱？曰：惻，惻然也。隱，痛也。又問：明道先生以上蔡面赤爲惻隱之心，何也？曰：指其動處而言之，只是羞惡之心。然惻隱之心必須動，則方有羞惡之心。如肅然恭敬，其中必動。羞惡、恭敬，是非之心，皆自仁中出。故仁專言則包四者，是箇蒂子。無仁則麻痺死了，安有羞惡、恭敬、是非之心？仁則有知覺，痒則覺得痒，痛則覺得痛。痒、痛雖不同，其覺則一也。又問：若指動言仁，則近禪。曰：這箇如何占得斷，是天下公共底。釋氏也窺見些子，只是他只知得這箇，合惻隱底不惻隱，合羞惡底不羞惡，合恭敬底不恭敬。又問：他却無惻隱、羞惡、恭敬、是非？曰：然。節。

仁言惻隱之端，程云：「端如水之動處。」蓋水平静則不見其動流。愛親敬兄，皆是此心本然，初無可見。及其發而接物，有所感動，此心惻然，所以可見，如怵惕於孺子入井之類是也。卓。○按：《集義》不見程説。

四端，伊川云：「聖人無端，故不見其心。」今按：《遺書》中止云：「復非天地心，復則見天地心。聖人無復，故未嘗見其心。」今云「無端」，義亦不通，恐誤。○閎祖。

龜山答人問赤子入井，令求所以然一段，好。方。

矢人豈不仁於函人章

問：「『仁，天之尊爵。』先生解曰：『仁者，天地生物之心，得之最先。』如何是得之最先？曰：人得那生底道理，所謂『心生道也。有是心，斯具是形以生』也。廣。

「仁者如射」，但那發時豪釐不可差。

子路人告以有過則喜章

「禹聞善言則拜」，猶著意做。舜「與人同」，是自然氣象。聖人之拜固出於誠意，然拜是容貌間，未見得行不行。若舜則真見於行事處，己未善，則舍己之未善而從人之善；人有善，則取人之善而爲己之善。人樂於見取，便是許助他爲善也。淳。

問：「是與人爲善」，當其取人之際，莫未有助之之意否？曰：然。曰：三者本意，似只是取人，但有淺深。而「與人爲善」乃是孟子再疊一意以發明之否？曰：然。道夫。

大舜「樂取諸人以爲善」，是成己之善，是與人爲善，也是著人之善。端蒙。

「與人爲善」，蓋舜不私己，如爲人爲此善一般。升卿。

伯夷非其君不事章

問「進不隱賢，必以其道」。曰：「不隱賢」，謂不隱避其賢。如己當廉，却以利自污，己當勇，却以怯自處之類，乃是隱賢，是枉道也。又問：所以不解作不蔽賢，❶謂其下文云「必以其道」。若作不蔽賢説，則下文不同矣。曰：然。人傑。

至問：《集注》云：「進不隱賢，不枉道也。」似少字。曰：「進不隱賢」，便是「必以其道」。人有所見，不肯盡發出，尚有所藏，便是枉道。至云：尋常看此二句，只云進雖不敢自隱其賢，凡有所藴，皆樂於發用，然而却不妄進，二句做兩意看。曰：恁地看也得。

伯夷「不屑就已」，注云：「屑，潔也。潔，猶美也。苟以其辭命禮意之美而就之，是切切於是也。」然伯夷「雖有善其辭命而至者」亦不肯就，而況不道而無禮者，固速去之矣。世之所謂清者，不就惡人耳。若善辭令而來者，固有時而就之。惟伯夷不然，此其所以爲聖之清也，柳下惠不屑之意亦然。夷隘，惠不恭，不必言效之而不至

❶「不」字，原無，今據朝鮮本補。

者，其弊乃如此，只二子所爲，已有此弊矣。僩。

「不屑去」，《説文》説「屑」字云：「動作切切也。」只是不汲汲於就，不汲汲於去。「屑」字却是重。必大録云：不以就爲重，而切切急於就；不以去爲重，而切切急於去。○㽦。

問：「伯夷隘，柳下惠不恭」，莫是後來之弊至此否？曰：伯夷自是有隘處，柳下惠自是有不恭處，且如「雖袒裼裸裎於我側」，分明是不將人做人看了。去僞。

問：「柳下惠不恭」，是待人不恭否？曰：是他玩世，不把人做人看，如「袒裼裸裎於我側」是已。邵堯夫正是這意思，如《皇極經世》書成，封做一卷，題云「文字上呈堯夫」。㽦。

或問：明道云「此非瑕疵夷、惠之語，言其弊必至於此」。今觀伯夷與惡人處，「如以朝衣朝冠坐於塗炭」，則伯夷果似隘者。柳下惠「雖袒裼裸裎於我側，爾焉能浼我哉」，柳下惠果似不恭者。豈得謂其弊必至於此哉？曰：伯夷既清，必有隘處。柳下惠既和，必有不恭處。道理自是如此。孟子恐後人以隘爲清，以不恭爲和，故曰「隘與不恭，君子不由也」。去僞。

朱子語類卷第五十四 計四板

孟子四

公孫丑下

天時不如地利章

「孤虛」以方位言，如俗言向某方利、某方不利之類。「王相」指日時。《集注》。○僩。

孟子將朝王章

問：「孟子將朝王」，齊王託疾召孟子，孟子亦辭以疾，莫是以齊王不合託疾否？曰：未論齊王託疾。看孟子意，只說他不合來召。蓋在他國時，諸侯無越境之禮，只得以幣來聘，❶故賢者受其幣而往見之，所謂答禮行義是也。如見梁惠王，也是惠王先來聘之。既至其國，或爲賓師，有事則王自來見，或自往見王，但召之則不可。召之，則有自尊之意，故不往見也。答陳代：「如不待其招而往，何哉？」此以在他國而言。答萬章：「天子不召師，而況諸侯乎？」此以在其國而言。僩。

或問「孟子將朝王」一段。曰：賢者在異國，諸侯可以使幣聘之。若既在本國，賢者可以自去相見，諸侯却不當去召他了。蓋異國則諸侯不能親往，故可以聘；在國，

❶「得」，萬曆本作「因」。

則君自當去相見，又豈可以召哉。要見孟子出處之義，更兼陳代與公孫丑問不見諸侯處，及天子不召師，并之齊不見平陸事一道看，方見得孟子自有一箇方法在。問：孟子不去，莫亦兼惡其託疾不實否？曰：觀其終篇，不如此説。又問：平陸大夫既以幣交得不是，何故又受他底？曰：又恐他忽地自來。

「夫豈不義而曾子言之」，文勢似「使管子而愚人也，則可」。若是義理不是，則曾子豈肯恁地説？

孟子之平陸章

「王之爲都」。《左傳》：「邑有先君之廟曰都。」看得來古之王者嘗爲都處，便自有廟。賀孫録云：古人之廟不遷。如太王廟在岐，文王廟在豐。武王祭太王則於岐，祭文王則於豐。賀孫云：鎬京却無二王之廟。「王朝步自周」，「至于豐」，是自鎬至豐以告文王廟也。又如晉獻公使申生祭于曲沃。武公雖自曲沃入晉，而其先君之廟則仍在曲沃而不徙也。又如魯祖文王，鄭祖厲王，則諸侯祖天子矣。三威祖威公，則大夫祖諸侯矣。故《禮運》曰：「諸侯不得祖天子，大夫不得祖諸侯。公廟之設私家，非禮也，自三桓始也。」是三桓各立桓公廟於其邑也。又問：漢原廟如何？曰：原，再也，如原蠶之原。謂既有廟，而再立一廟，如本朝既有太廟，又有景靈宮。又問：此於禮當否？曰：非禮也。賀孫云：問郡國有原廟否？曰：行幸處有之，然皆非禮也。然以洛邑有文、武廟言之，則似周亦有兩廟。又問：原廟之制如何？曰：

《史記》「月出衣冠遊之」，❶賀孫云：漢之原廟是藏衣冠之所。謂藏高帝之衣冠於其中，月一取其衣冠，出遊於國中也。古之廟制，前廟後寢，寢所以藏亡者之衣冠，故《周禮·守祧》：「掌守先王先公之廟祧，其遺衣服藏焉。」至漢時却移寢於陵，所謂「陵寢」，故明帝於原陵見太后鏡奩中物而悲哀。蔡邕因謂：「上陵亦古禮，明帝猶有古之餘意。」然此等議論皆是他講學不明之故，他只是偶見明帝之事，故爲是説。然何不使人君移此意於宗廟中耶？又曰：「王之爲都」，又恐是《周禮》所謂都鄙之都，《周禮》「四縣爲都」。廣。○賀孫録同。

孟子爲卿於齊章

問：孟子賓師之禮如何？曰：當時有所謂客卿者是也。大概尊禮之，而不居職任事，召之則不往，又却爲使出吊於滕。木之。

沈同以其私問章

孟子答沈同伐燕一章，誠爲未盡。「何以異於是」之下，合更説是吊民伐罪、不行殘虐之主方可以伐之，如此乃善。又孟子居齊許久，伐燕之事必親見之，齊王乃無一語謀於孟子，而孟子亦無一語諫之，何也？想得孟子亦必以伐之爲是，但不意齊師之暴虐耳。不然，齊有一大事如此，而齊王不相謀，孟子豈可更居齊耶？《史記》云：「鄒人孟軻勸齊王伐燕云：『此湯、武之舉

❶「之」下，萬曆本有「所」。

也。』」想承此誤，然亦有不可曉者。僩。

勸齊伐燕如何？曰：孟子言伐燕處有四，須合而觀之。燕之父子、君臣如此，固有可伐之理。然孟子不曾教齊不伐，亦不曾教齊必伐，但曰「爲天吏，則可以伐之」。又曰：若「殺其父兄，係累其子弟」，則非孟子意也。去僞。

燕人畔章

安卿問：周公誅管、蔡，自公義言之，其心固正大直截；自私恩言之，其情終有不自滿處。所以孟子謂：「周公之過，不亦宜乎？」曰：是。但他豈得已哉。莫到恁地較好。看周公當初做這一事，也大段疏脱，他也看那兄弟不過。本是怕武庚叛，故遣管、蔡、霍叔去監他，爲其至親可恃，不知他反去與武庚同作一黨。不知如何紂出得箇兒子也恁地狡猾。想見他當時日夜去炒那管叔，説道：「周公是你弟，今却欲篡爲天子。汝是兄，今却只恁地。」管叔被他炒得心熱，他性又急，所以便發出這件事來。

堯卿問：是時可調護莫殺否？曰：他已叛，只得殺，如何調護得。蔡叔、霍叔性較慢，罪較輕，所以只囚于郭鄰，降爲庶人。想見當時被管叔做出這事來，騷動許多百姓，想見也怕人。「鴟鴞鴟鴞，既取我子，毋毁我室。」當時也是被他害得猛。如《常棣》一詩是後來制禮作樂時作，這是先被他害，所以當天下平定後，更作此詩，故其辭獨哀切，不似諸詩和平。義剛曰：周公也豈不知管叔狡獪，但當時於義不得不封他。曰：看來不是狡獪，只是獃子。義剛。

孟子去齊章

陳希真問：孟子去齊處，《集注》引李氏説「憂則違之，而荷蕢所以爲果」，如何？曰：孟子與荷蕢皆是「憂則違之」，但荷蕢果於去，不若孟子「遲遲吾行」。蓋得時行道者，聖人之本心；不遇而去者，聖人之不得已。此與孔子去魯之心同。蓋聖賢憂世濟時之心，誠非若荷蕢之果於去也。時舉。

孟子去齊居休章

沙隨謂：「繼而有師命」，乃師友之「師」，非師旅也。正齊王欲「授孟子室，養弟子以萬鍾，使諸大夫國人皆有所矜式」時事。先生曰：舊已有此説。但欲授孟子室，乃孟子辭去時事。所謂「於崇吾得見王」，則初見齊王時事。以此考之，則師旅爲當。道夫。

朱子語類卷第五十五計一十三板

孟子五

滕文公篇

滕文公爲世子章

「孟子道性善，言必稱堯、舜」，須看因何理會箇性善作甚底。賜。

性善，故人皆可爲堯、舜。「必稱堯、舜」，所以驗性善之實。德明。

孔子罕言性。孟子見滕文公便「道性善」，「必稱堯、舜」，恰似孟子告人躐等相似。然他亦欲人先知得一箇本原，則爲善必力，去惡必勇。今於義理須是見得了，自然循理，有不得不然。若説我要做好事，所謂這些意，能得幾時子。端蒙。

劉棟問：人未能便至堯、舜，而孟子言必稱之，何也？曰：「道性善」與「稱堯、舜」二句正相表裏，蓋人之所以不至於堯、舜者，是他力量不至，固無可奈何。然人須當以堯、舜爲法，如射者之於的，箭箭皆欲其中。其不中者，其技藝未精也。人到得堯、舜地位，方做得一箇人，無所欠闕。然也只是本分事，這便是「止於至善」。道夫。

問：孟子言性，何必於其已發處言之？曰：未發是性，已發是善。可學。

「孟子道性善」，其發於外也，必善無惡。惡，非性也，性不惡矣。節。

問：「孟子道性善」，不曾説氣稟。曰：

是孟子不曾思量到這裏，但説本性善，失却這一節。問：氣禀是偶然否？曰：是偶然相值着，非是有安排等待。問：天生聰明，又似不偶然。曰：便是先來説主宰底一般，忽生得箇人恁地，便是要他出來作君作師。《書》中多説「聰明」，蓋一箇説白，一箇説黑，若不是聰明底，如何遏伏得他衆人？所以《中庸》亦云「惟天下至聖，爲能聰明睿知足以有臨」。且莫説聖賢，只如漢高祖、光武、唐憲宗、武宗，他更自了得。某嘗説：韓退之可憐。憲宗也自知他，只因佛骨一事忤意，未一年而憲宗死，亦便休了，蓋只有憲宗會用得他。池録作：憲宗也會用人。或曰：用李絳亦如此。曰：憲宗初年許多伎倆是李絳教他，絳本傳説得詳。然絳自有一書，名《論事記》，記得更詳，如李德裕《獻替録》之類。夔孫。

李仲實問：注云：「惟堯、舜爲能無物欲之蔽，而充其性。」人蓋有恬於嗜欲而不能充其性者，何故？曰：不蔽於彼，則蔽於此；不蔽於此，則蔽於彼，畢竟須有蔽處。物欲亦有多少般，如白日須是雲遮方不見，若無雲，豈應不見耶？此等處，緊要在「性」字上，今且合思量如何是性？在我爲何物？反求吾心，有蔽無蔽，能充不能充？不必論堯如何，舜又如何，如此方是讀書。閎祖。

或問「孟子道性善」章：看來孟子言赤子將入井，有怵惕、惻隱之心，此只就情上見，亦只説得時暫發見處。如言「孩提之童，無不親其親」，亦只是就情上説得他人事，初無預於己。若要看得自己日用功夫，惟程子所謂：「天下之理，原其所自，未有不善。喜怒哀樂未發，何嘗不善。發而中節，即無往而不善；發不中節，然後不善。」此語最爲親切。學者知此，當於喜怒哀樂未發加持敬功夫，於喜怒哀樂已發加省察功夫，方爲切己。曰：不消分這箇是親切，那箇是不親切，如此則成兩截了。蓋是四者未發時，那怵惕、惻隱與孩提愛親之心皆在裏面了。少間發出來，即是未發底物事。静也只是這物事，動也只是這物事。如孟子所説，正要人於發動處見得是這物事。蓋静中有動者存，動中有静者存。人但要動中見得静，静中見得動。若説動時見得是一般物事，静時又見得别是一般物事；静時見得是這般物事，動時又見得不是這般物事，没這説話。蓋動時見得是這物事，即是静時所養底物事。静時若存守得這物事，則日用流行即是這物事。而今學者且要識得動静只是一箇物事。燾。

性圖。

惡。惡不可謂從善中直下來，只是不能善，則偏於一邊爲惡。

性善。性無不善。善。發而中節，無往不善。

孟子初見滕世子，想是見其資質好，遂即其本原一切爲他啓迪了。世子若是負荷得時，便只是如此了。及其復見孟子，孟子見其領略未得，更不説了。只是發他志，但得於此勉之，亦可以至彼，若更説便漏逗了。當時啓迪之言想見甚好，惜其不全記，不得一觀。揚。

問《集注》云云。曰：大概是如此。《孟子》七篇論性處，只此一處已説得盡。須是日日認一過，只是要熟。又曰：程子説才與孟子説才自不同，然不相妨，須是子細看始得。賀孫。

問：三子之事：成覸則若參較彼己，顔

子則知聖人學之必可至，公明儀則篤信好學者也。三者雖有淺深，要之皆是尚志。曰：也略有箇淺深。恁地看文字，且須看他大意。又曰：大抵看文字，不恁地子細分別出來，又却鶻突。到恁地細碎分別得出來，不曾看得大節目處。又只是在落草處尋。道夫曰：這般緊要節目，其初在「道性善」，其中在「夫道一而已矣」，其終在「若藥不瞑眩，厥疾弗瘳」。曰：然。道夫。

符舜功問：滕世子從孟子言，何故後來不濟事？曰：亦是信不篤。如自楚反，復問孟子，孟子已知之，曰：「世子疑吾言乎？」則是知性不的。他當時地步狹，本難做。又識見卑，未嘗立定得志。且如許行之術至淺下，且延之，舉此可見。可學。

或問：孟子初教滕文公如此，似好。後來只恁休了，是如何？曰：滕，國小，絶長補短，止五十里，不過如今一鄉。然孟子與他説時，也只説「猶可以爲善國」而已。終不成以所告齊、梁之君者告之。兼又不多時，便爲宋所滅。因言：程先生説：「孔子爲乘田則爲乘田，爲委吏則爲委吏，爲司寇則爲司寇，無不可者。至孟子，則必得賓師之位方能行道，此便是他能大而不能小處。惟聖人則無不遍，大小方圓，無所不可。」又曰：如孟子説「諸侯之禮，吾未之學也」，此亦是講學之有闕。蓋他心量不及聖人之大，故於天下事有包括不盡處。天下道理儘無窮，人要去做，又做不辦。極力做得一兩件，又困了。唯是聖人便事事窮到徹底，包括浄盡，無有或遺。正淳曰：如夏、商之禮，孔子皆能言之，却是當時杞、宋之國文獻不足，不足取以證聖人之言耳。至孟子則曰「吾未之學也」而已，「嘗聞其略也」而已。廣。

滕定公薨章

今欲處世事於陵夷之後，乃一向討論典故，亦果何益。孟子於滕文公乃云「諸侯之禮，吾未之學」，便説與「齊疏之服，飦粥之食」，哭泣盡哀，大綱先正了。可學。

古宗法，如周公兄弟之爲諸侯者，則皆以魯國爲宗。至戰國時，滕猶稱魯爲宗國也。廣。

滕文公問爲國章

因説今日田賦利害，曰：某嘗疑孟子所謂「夏后氏五十而貢，殷人七十而助，周人百畝而徹」，恐不解如此。先王疆理天下之初，做許多畎溝澮洫之類，大段費人力了。若自五十而增爲七十，自七十而增爲百畝，則田間許多疆理都合更改，恐無是理。孟子當時未必親見，只是傳聞如此，恐亦難盡信也。廣。

孟子説「夏后氏五十而貢，商人七十而助，周人百畝而徹」，恐亦難如此移改。《禮記正義》引劉氏、皇氏之説，正是獃人説話。蓋田地一方，溝洫廬舍成之亦難。自五十畝而改爲七十畝，❶既是七十畝，却改爲百畝，便都著那攢動，此擾亂之道。如此則非三代田制，乃王莽之制矣。必大。

孟子説貢、助、徹亦有可疑者。若夏后氏既定「五十而貢」之制，不成商、周再分其

❶「自五十畝而改爲七十畝既是七十畝却改爲百畝」，四「畝」字原皆作「里」，今據《孟子·滕文公上》改。

田，遞相增補，豈不大擾。聖人舉事，恐不如此。如王莽之封國，割某地屬某國，至於淮陽太守無民可治，來歸京師，此尤可笑。《正義》引劉氏、皇氏、熊氏說皆是臆度，迂僻之甚。人傑。

孟子說制度，皆舉其綱而已。如田之十一，喪之「自天子達」之類。方。

世祿，是食公田之人。問：鄰長、比長之屬有祿否？曰：恐未必有。問：士者之學如何？曰：亦農隙而學。「孰與教之？」曰：鄉池録作「卿」。大夫有德行而致其仕者，俾教之。德明。

孟子只把「雨我公田」證周亦有公田，讀書亦不須究盡細微。因論永嘉之學，於制度、名物上致詳。○方子。

問：滕文公爲善，如何行王道不得，只可爲後法？曰：他當時大故展拓不去，只有五十里，如何做得事？看得來渠國亦不甚久便亡。問：所謂「小國七年」者，非是封建小國，恐是燕、韓之類。曰：然。可學。

「請野九一而助，國中什一使自賦」，如古注之說，如何？曰：若將《周禮》一一求合其說，則難。❶此二句大率有《周禮》制度。野，謂甸、稍、縣、都，行九一法。國中什一，以在王城，豐凶易察。去僞。

或問「請野九一而助，❷國中什一使自賦」。曰：國中行鄉遂之法，如「五家爲比，五比爲閭，四閭爲族，五族爲黨，五黨爲州」，又如「五人爲伍，五伍爲兩，四兩爲卒，五卒爲旅，五旅爲師，五師爲軍」，皆是五五相連屬，所以行不得那九一之法，故只得什

❶「則」，萬曆本作「亦」。
❷「請」，原作「耕」，今據《孟子·滕文公上》改。

一使自賦。如鄉遂却行井牧之法，次第是一家出一人兵。且如「五家爲比」，比便有一箇長了。井牧之法，次第是三十家方出得士十人、徒十人。井田之法，孟子説「夏五十而貢，殷七十而助，周百畝而徹」，此都是孟子拗處。先是五十，後是七十，又是一百，便是一番打碎一番，想聖人處事必不如是勞擾。又如先儒説封建，古者「公侯百里，伯七十里，子男五十里」。至周公則斥大疆界，始大封侯國：公五百里，侯四百里，伯三百里，子、男百里。如此，則是將那小底移動，添封爲大國，豈有此理！禹塗山之會，「執玉帛者萬國」。當時所謂國者，如今溪、洞之類。如五六十家，或百十家，各立箇長，自爲一處，都來朝王，想得禮數大段薿苴。後來到夏、商衰時，皆相吞併，漸漸大了，至周時只有千八百國。便是萬國吞并爲千八百國，不及五分之一矣，可見其又大了。周畢竟是因而封之，豈有移去許多小國，却封爲大國。然聖人立法，亦自有低昂，不如此截然。謂如封五百里國，這一段四面大山，如太行却有六百里，不成是又挑出那百里外？加封四百里，這一段却有三百五十里，不成又去別處討一段子五十里來添？都不如此殺定。蓋孟子時去周已七八百年，如今去隋時既無人記得，又無載籍可考，所以難見得端的。又周封齊、魯之地，是「誅紂伐奄，滅國者五十」，所以封齊、魯之地極廣。如魯地方千里，如齊東至海，西至河，南至穆陵，北至無棣，是多少廣闊。燾。

問：圭田，餘夫之田，是在公田、私田之外否？曰：卿受田六十邑，乃當二百四十井，此外又有「圭田五十畝」也。「餘夫二十五畝」，乃是十六歲以前所受，❶在一夫百畝之外也。孟子亦是言大概耳，❷未必曾見周禮也。時舉。

有爲神農之言章

德脩解君民並耕，以爲「有體無用」。曰：如何是有體無用？這箇連體都不是。德脩曰：食豈可無？但以君民並耕而食，則不可。不成因君民不可並耕却不耕？耕食自不可無，此是體。以君民並耕則無用。曰：「有大人之事，有小人之事」，若是以君民並耕，畢竟體已不是。文蔚。

「排淮、泗而注之江」。淮自不與江通，大綱如此說去。謨。

問：「振德」是施惠之意否？曰：是。然不是財惠之惠，只是施之以教化，上文匡、直、輔、翼等事是也。彼既自得之，復從而教之。「放勛曰」，「曰」字不當音「馹」。㽦。

墨者夷之章

夷子以謂「愛無差等，施由親始」，似知所先後者，其說如何？曰：人多疑其知所先後，而不知此正是夷子錯處。人之有愛，本由親立；推而及物，自有等級。今夷子先以爲「愛無差等」，而施之則由親始，此夷子所以二本矣。夷子但以此解厚葬其親之言，而不知「愛無差等」之爲二本也。去僞。

亞夫問：「愛無差等，施由親始」，與「親親而仁民，仁民而愛物」相類否？曰：

❶「是」，萬曆本無。
❷「亦」下，萬曆本有「只」。

既是「愛無差等」，何故又「施由親始」？這便是有差等了。然「施由親始」一句乃是夷之臨時譔出來揍孟子意，却不知「愛無差等」一句已不是了。他所謂「施由親始」，便是把「愛無差等」之心施之，然把愛人之心推來愛親，是甚道理。時舉。

問：愛有差等，此所謂一本，蓋親親、仁民、愛物具有本末也。所謂「二本」是如何？曰：「愛無差等」，何止二本？蓋千萬本也。退與彥忠論此，彥忠云：愛吾親，又兼愛他人之親，是二愛並立，故曰二本。德明。

或問「二本」。❶曰：事他人之親，如己之親，則是兩箇一樣重了，如一木有兩根也。❷燾。

問：人只是一父母所生，如木只是一根株。夷子却視他人之親猶己之親，如牽彼樹根，强合此樹根。曰：「愛無差等」便是二本。至曰：「命之矣」，「之」字作夷子名看，方成句法。若作虛字看，則不成句法。曰：是。至。

尹氏曰：「何以有是差等，一本故也，無僞也。」既是一本，其中便自然有許多差等。二本則二者並立，無差等矣。墨子是也。○僩。

滕文公下

陳代曰不見諸侯章

問「枉尺直尋」。曰：援天下以道，若

❶「二」，萬曆本作「一」。
❷「木」，萬曆本作「本」。

枉己，便已枉道，則是已失援天下之具矣，更説甚事？自家身既已壞了，如何直人？恪。

「招虞人以旌，不至將殺之。」刀鋸在前而不避，非其氣不餒，如何强得。閎祖。

「詭遇」是做人不當做底，「行險」是做人不敢做底。方子。

子路，則「範我馳驅」而不獲者也。管仲之功，詭遇而獲禽耳。燾。

射者、御者都合法度，方中。嬖奚不能正射，王良以詭御就之，故良不貴之。御法而今尚可尋，但是今人尋得，亦無用處，故不肯。侯景反時，士大夫無人會騎，此時御法尚存。今射亦有法，一學時便要合其法度。若只是胡亂射將來，又學其法不得。某舊學琴，且亂彈，謂待會了却依法。元來不然，其後遂學不得，知學問安可不謹厥始。楊。

景春曰公孫衍張儀章

敬之問「居天下之廣居，立天下之正位，行天下之大道」。曰：大概只是無些子偏曲。且如此心廓然，無一豪私意，直與天地同量，這便是「居天下之廣居」，便是「居仁」。到得自家立身更無些子不當於理，這便是「立天下之正位」，便是「守禮」。及推而見於事，更無些子不合於義，這便是「行天下之大道」，便是「由義」。論上兩句，則「居廣居」是體，「立正位」是用；論下兩句，則「立正位」是體，「行大道」是用。要知能「居天下之廣居」，自然能「立天下之正位，行天下之大道」。恪。

居之問「廣居」、「正位」、「大道」。曰：「廣居」是廓然大公，無私欲之蔽。「正位」

是所立處都無差過。「大道」是事事做得合宜。「居」字是就心上説，擇之云：廣居就存心上説。先生曰：是。「立」字是就身上説，「行」字是就施爲上説。賀孫。

居之問「廣居」、「正位」、「大道」。曰：「廣居」是不狹隘，以天下爲一家，中國爲一人，何廣如之。「正位」、「大道」只是不僻曲。「正位」就處身上説，「大道」就處事上説。植。

居者，心之所存。廣居，無私意也。才有私意，則一分爲二，二分爲四，四分爲八，只見分小著。立者，身之所處。正位者，當爲此官，則爲此官；當在此，則在此。行者，事之所由。大道者，非偏旁之徑，荆棘之場。人生只是此三事。節。

「居天下之廣居，立天下之正位，行天下之大道」，唯集義、養氣方到此地位。「富貴不能淫，貧賤不能移，威武不能屈」，以浩然之氣對着他，便能如此。「彼以其富，我以吾仁。彼以其爵，我以吾義。」「在彼者，皆我之所不爲也；在我者，皆古之制也。吾何畏彼哉？」閎祖。

問「居廣居，立正位，行大道」，是浩然之氣否？曰：然。浩然之氣須是養，有下工夫處。「居廣居」以下，是既有浩然之氣，方能如此。大雅。

問：「居天下之廣居」云云，如欲「授孟子室，養弟子以萬鍾」，孟子若去那裏立，便不是正位。林擇之云：如「不與驩言」之事，亦是正位。曰：然。

公孫丑問不見諸侯章

問：公孫丑言孟子不見諸侯，何故千

里來見梁惠王？曰：以《史記》考之，此是梁惠王招之而至。其曰「千里而來」者，亦是勞慰之辭爾。孟子出處，必不錯了。如平日在諸侯國内，雖不爲臣，亦有時去見他。若諸侯來召，則便不去。蓋孟子以賓師自處，諸侯有謀則就之。如孟子一日將見王，王不合使人來道：「我本就見，緣有疾，不可以風，不知可以來見否？」孟子才聞此語，便不肯去。時坐間有楊方縣丞者云：弟子稱其師不見諸侯，必是其師尋常如此。其見梁惠王，亦須有説。但今人不肯便信他説話，只管信後人言語，所以疑得孟子如此。謨。

孟子之時，時君重士，爲士者不得不自重，故必待時君致敬盡禮而後見。自是當時做得箇規模如此定了，如《史記》中列國之君擁篲先迎之類。却非是當世輕士，而孟子有意於矯之以自高也。因説孟子不見諸侯及此。○僩。

至云：看得孟子於辭受、取舍、進退、去就，莫非天理時中之妙，無一毫人欲之私，無一毫過不及之病。如謂「段干木踰垣而避之，泄柳閉門而不納，是皆已甚，迫斯可以見矣」，「充仲子之操，則蚓而後可」，「謂非其有而取之者盜也，充類至義之盡」。辭曰「聞戒」、「餽贐」，可受則受之，皆無一毫過不及，無一毫私意。曰：道理固是恁地，而今有此事到面前，這道理又却那裏安頓？至。

公都子問好辯章

居之問《孟子》「豈好辯」章。先生令看大意，曰：此段最好看。看見諸聖賢遭時之變，各行其道，是這般時節。其所以正救之者，是這般樣子。這見得聖賢是甚麽樣大力量，恰似天地有闕齾處，得聖賢出來補得教周全。補得周全後，過得稍久，又不免有闕，又得聖賢出來補。這見得聖賢是甚力量，直有闔闢乾坤之功。賀孫。

堯晚年方遭水。堯之水最可疑，禹治之尤不可曉。胡安定説不可信，掘地注海之事亦不知如何掘。蓋堯甚以爲儆，必不是未有江河而然。滔天之水，如何掘以注海？只是不曾見中原如何，此中江河皆有路通，常疑恐只是治黄河費許多力。黄河今由梁山泊入清河、楚州。振。

問：孔子作《春秋》，空言無補，亂臣賊子何緣便懼？且何足爲春秋之一治？曰：非説當時便一治，只是存得箇治法，使這道理光明粲爛，有能舉而行之，爲治不難。當時史書掌於史官，想人不得見。及孔子取而筆削之，而其義大明。孔子亦何嘗有意説用某字，使人知勸；用某字，使人知懼；用某字，有甚微詞奥義，使人曉不得，足以褒貶榮辱人來？不過如今之史書直書其事，善者惡者了然在目，觀之者知所懲勸，故亂臣賊子有所畏懼而不犯耳。近世説《春秋》者太巧，皆失聖人之意。又立爲凡例，加某字，其例爲如何；去某字，其例爲如何，盡是胡説。問：孔子所書辭嚴義簡，若非三傳詳著事迹，也曉它筆削不得。曰：想得孔子作書時，事迹皆在，門人弟子皆曉得聖人筆削之意。三家懼其久而泯没也，始皆筆之於書。流傳既久，是以不無訛謬，然孔子已自直書在其中。如云「夫人姜氏會齊侯于某」、「公與夫人姜氏會齊侯于某」、「公薨于齊」、「公之喪至自齊」、

「夫人孫于齊」，此等顯然在目，雖無傳亦可曉。且如楚子侵中國，得齊桓公與之做頭抵攔遏住他，使之不得侵。齊桓公死，又得晉文公攔遏住，如横流泛濫，硬做隄防。不然，中國爲渰浸必矣。此等義，何難曉？問讀《春秋》之法。曰：無它法，只是據經所書之事迹，而準折之以先王之道，某是某非，某人是底猶有未是處，不是底又有彼善於此處，自將道理折衷便見。如看《史記》，秦之所以失如何？漢之所以得如何？楚、漢交争，楚何以亡？漢何以興？其所以爲是非、得失、成敗、盛衰者何故？只將自家平日講明底道理去折衷看，便見。看《春秋》亦如此。只是聖人言語細密，要人子細斟量考索耳。問：胡文定《春秋解》如何？曰：説得太深。蘇子由教人看《左傳》，不過只是看它事之本末，而以義理折衷去取之耳。僩。

孟子苦死要與楊、墨辯，是如何？與他有甚冤惡，所以闢之如不共戴天之讎？「能言距楊、墨者，聖人之徒也。」才説道要距楊、墨，便是聖人之徒。如人逐賊，有人見了自不與捉，這便唤做是賊之黨。賊是人情之所當惡。若説道賊當捉當誅，這便是主人邊人。若説道賊也可捉，也可恕，這只唤做賊邊人。賀孫。

問《孟子》「好辯」一節。曰：當時如縱横刑名之徒，孟子却不管他，蓋他只壞得箇粗底。若楊、墨則害了人心，須著與之辯。是時舉謂：當時人心不正，趨向不一，非孟子力起而闢之，則聖人之道無自而明。是時真箇少孟子不得。曰：孟子於當時只在私下恁地説，所謂楊、墨之徒也未怕他。到後世却因其言而知聖人之道爲是，知異端之學爲非，乃是孟子有功於後世耳。時舉。

因居之看「好辯」一章，曰：墨氏「愛無差等」，故視其父如路人。楊氏只理會自己，所謂「修其身而外天下國家」者，故至於無君。要之，楊、墨即是逆理，不循理耳。如一株木，順生向上去是順理。今一枝乃逆下生來，是逆理也。如水本潤下，今洪水乃橫流，是逆理也。禹掘地而注之海，乃順水之性，使之潤下而已。暴君「壞宮室以爲汚池，棄田以爲園囿」，民有屋可居，有地可種桑麻，今乃壞而棄之，是逆理也。湯、武之舉，乃是順理。如楊、墨逆理，無父無君，邪説誣民，仁義充塞，便至於「率獸食人，人相食」。此孟子極力闢之，亦只是順理而已。此一段多推本先生意，非全語。○植。

敬之問楊、墨。曰：楊、墨只是差了些子，其末流遂至於無父無君。蓋楊氏見世間人營營於名利，埋没其身而不自知，故獨潔其身以自高，如荷蕢、接輿之徒是也。然使人皆如此潔身而自爲，則天下事教誰理會？此便是無君也。墨氏見世間人自私自利，不能及人，故欲兼天下之人而盡愛之。然不知或有一患難，在君親則當先救之，在他人則後救之。若君親與他人不分先後，則是待君親猶他人也，便是無父。此二者之所以爲禽獸也。孟子之辯，只緣是放過不得。今人見佛、老家之説，或以爲其説似勝吾儒之説，或又以爲彼雖説得不是，不用管他。此皆是看他不破，故不能與之辯。若真箇見得是害人心、亂吾道，豈容不與之辯？所謂孟子好辯者，非好辯也，自是住不得也。南升。

問：墨氏兼愛，何遽至於無父？曰：人也只孝得一箇父母，那有七手八脚，愛得許多？能養其父無闕，則已難矣。想得他之所以養父母者，粗衣糲食，必不能堪。蓋他既欲兼愛，則其愛父母也必疏，其孝也不周至，非無父而何！墨子尚儉惡樂，所以説「里號朝歌，墨子回車」。想得是箇淡泊枯槁底人，其事父母也可想見。又問：「率獸食人」亦深其弊而極言之，非真有此事也？曰：不然。即它之道，便能如此。楊氏自是箇退步愛身，不理會事底人。墨氏兼愛，又弄得没合殺，使天下倀倀然，必至於大亂而後已，非「率獸食人」而何？如東晉之尚清談，此便是楊氏之學。楊氏即老、莊之道，少間百事廢弛，遂啓夷狄亂華，其禍豈不慘於洪水猛獸之害？又如梁武帝事佛，至於社稷丘墟，亦其驗也。如近世王介甫，其學問高妙，出入於老、佛之間，其政事欲與堯、舜、三代争衡。然所用者盡是小人，聚天下輕薄無賴小人作一處，以至遺禍至今。他初間也何嘗有啓狄亂華、「率獸食人」之意？只是本原不正，義理不明，其終必至於是耳。或云：若論其脩身行己，人所不及。曰：此亦是他一節好，其他很厲偏僻，招合小人，皆其資質學問之差。亦安得以一節之好，而蓋其大節之惡哉？吁，可畏，可畏！僩。

問：墨氏兼愛，疑於仁，此易見。楊氏爲我，何以疑於義？曰：楊朱看來不似義，他全是老子之學，只是箇逍遥物外，僅足其身，不屑世務之人。只是他自愛其身界限齊整，不相侵越，微似義耳，然終不似也。僩。○論楊、墨，餘見《盡心上》及異端類。

孟子言：「我欲正人心。」蓋人心正，然後可以有所爲。今人心都不正了，如何可以理會。

朱子語類卷第五十六計十一板

孟子六

離婁上

離婁之明章

「上無道揆」則「下無法守」。儻「上無道揆」，則下雖有奉法守在官者，❶亦將不能用而去之矣。「朝不信道，工不信度」，信，如憑信之「信」。此理只要人信得及，自然依那箇行，不敢踰越。惟其不信，所以妄作。如胥吏分明知得條法，只是他冒法以爲姦，便是不信度也。因歎曰：看得道理然，❷見世間事才是苟且底，鮮有不害事。雖至小之事，以苟且行之，必亦有害，而況大事乎？只是信不及，所以苟且。凡云且如此作，且如此過去，皆其弊也。凡見人説某人做得事好，做得事無病，這便是循理。若見人説某人做得有害，其中必有病。如今人所以苟且者，只爲見理不明，故苟且之心多。若是見得道理熟，自然有所分別，而不肯爲惡矣。卓。○僩録略。

「上無禮，下無學」。此學，謂國之俊秀者。前面「工」是百官守法度者，此「學」字是責學者之事。惟上無教，下無學，所以不好之人並起而居高位，執進退黜陟之權，盡

❶「在」，原作「一」，今據朝鮮本改。

❷「然」，朝鮮本作「熟」。

做出不好事來，則國之喪亡無日矣，所以謂之「賊民」。蠹國害民，非賊而何！然其要只在於「仁者宜在高位」，所謂「一正君而國定」也。僩。

問：責難之恭，陳善閉邪之敬，何以別？曰：大概也一般，只恭意思較闊大，敬意思較細密。如以堯、舜、三代望其君，不敢謂其不能，便是責難於君，便是恭。陳善閉邪，是就事上説。蓋不徒責之以難，❶凡事有善則陳之，邪則閉之，使其君不陷於惡，便是敬。責難之恭，是尊君之詞，先立箇大志，以先王之道爲可必信，可必行。陳善閉邪是子細著工夫去照管，務引其君於當道，陳善閉邪便是做那責難底工夫。不特事君爲然，爲學之道亦如此。大立志尚，❷而細密著工夫。如立志以古聖賢遠大自期，便是責難。然聖賢爲法於天下，「我猶未免爲鄉人」，其何以到？須是擇其善者而從之，其非者而去之。如日用間，凡一事須有箇是，有箇非，去其非便爲是，克去己私便復禮。如此，雖未便到聖賢地位，已是入聖賢路了。淳。

「責難於君謂之恭」，以堯、舜望之，而不敢以中才常主責之，非尊之而何？「陳善閉邪謂之敬」，此是尊君中細密工夫。

問：人臣固當望君以堯、舜，若度其君不足與爲善而不之諫，❸或謂君爲中才可以致小康而不足以致大治，或導之以功利而不輔之以仁義，此皆是賊其君否？曰：然。人臣之道，但當以極等之事望其君。責他十

❶「責」，原作「貴」，今據朝鮮本、萬曆本改。
❷「尚」，萬曆本作「向」。
❸「與」，萬曆本作「以」。

分事，臨了只做得二三分；若只責他二三分，少間做不得一分矣。若論才質之優劣，志趣之高下，固有不同，然吾之所以導之者，則不可問其才志之高下優劣，但當以堯、舜之道望他。如飯必用喫，衣必用着，脾胃壯者喫得來多，弱者喫得來少，然不可不喫那飯也。人君資質縱説卑近不足與有爲，然不脩身得否？不講學得否？不明德得否？此皆是必用做底。到得隨他資質做得出來，自有高下大小，然不可不如此做也。孔子曰：「敬事而信，節用而愛人，使民以時。」這般言語是鐵定底條法，更改易不得。如此做則成，不如此做則敗，豈可謂吾君不能，而遂不以此望之也。僩。

問「責難於君謂之恭，陳善閉邪謂之敬」。曰：恭是就人君分上理會，把他做箇大底人看，致恭之謂也。敬只是就自家身上做，如陳善閉邪，是在己當如此做。燾。

賓師不以趨走承順爲恭，而以責難陳善爲敬；人君不以崇高富貴爲重，而以貴德尊士爲賢：則上下交而德業成矣。燾。

規矩方圓之至章

問「規矩，方圓之至也」。曰：規矩是方圓之極，聖人是人倫之極。蓋規矩便盡得方圓，聖人便盡得人倫，故物之方圓者有未盡處，以規矩爲之便見；於人倫有未盡處，以聖人觀之便見。惟聖人都盡，無一豪之不盡，故爲人倫之至。燾。

問：「欲爲君」至「堯、舜而已矣」。昨因看《近思録》，如看二《典》，便當求堯所以「治民」，舜所以「事君」。某謂堯所以治民，脩己而已；舜所以事君，誠身以獲乎上而已。曰：便是不如此看。此只是大概説讀書之法而已，如何恁地硬要椿定一句去包括他得？若論堯所以治民，舜所以事君，是事事做得盡。且如看《堯典》，自「欽明文思安安」以至終篇，❶都是治民底事。自「欽明文思」至「格于上下」是一段，自「克明俊德」至「於變時雍」又是一段，自「乃命羲和」至「庶績咸熙」又是一段，後面又説禪舜事，無非是治民之事。《舜典》自「濬哲文明」以至終篇，無非事君之事，然亦是治民之事，不成説只是事君了便了。只是大概言觀書之法如此。或曰：若論堯所以治民，舜所以事君，二《典》亦不足以盡之。曰：也大概可見。僩。

或問：「道二，仁與不仁而已矣。」不仁何以亦曰道？曰：此譬如説有小路，有大路，何疑之有？去僞。

「道二，仁與不仁而已矣」，猶言好底道理、不好底道理也。若論正當道理只有一箇，更無第二箇，所謂「夫道一而已矣」者也。因言，胡季隨主其家學云云。已下見胡仁仲類。○僩。

三代之得天下章

廢興存亡惟天命，不敢不從，若湯、武是也。呂。○燾。

愛人不親章

聖人説話是趲上去，更無退後來。孟子説「愛人不親，反其仁；治人不治，反其

❶「欽」，原作「聰」，今據萬曆本及《尚書·堯典》改。

智；禮人不答，反其敬。行有不得者，皆反求諸己，其身正而天下歸之」，這都是趲向上去，更無退下來。如今人愛人不親，更不反求諸己，教你不親也休；治人不治，更不反求諸己，教你不治也休；禮人不答，更不反求諸己，教你不答也休。我也不解恁地得。你也不仁不義，無禮無智；我也不仁不義，無禮無智，大家做箇鶻突没理會底人。范忠宣所説「以恕己之心恕人」。且如自家不孝，也教天下人不消得事其親；自家不忠，也教天下人不消事其君；自家不弟，也教天下人不消事其兄；自家不信，也教天下人不消信其友。恁地得不得？還有這道理否？又曰：張子韶説《中庸》「所求乎子以事父，未能也」，到「事父」下點做一句。看他説「以聖人之所難克」，這正是聖人因責人而點檢自家有未盡處，如何恁地説了？而今人多説章句之學爲陋，某看見人多因章句看不成句，却壞了道理。又曰：明道言：「『忠恕』二字，要除一箇，更除不得，須是忠方可以行其恕。」若自家不穿窬，便教你不穿窬，方喚做恕。若自家穿窬，却教别人不穿窬，這便不是恕。若自家穿窬，也教大家穿窬，這也不是恕。雖然，聖人之責人也輕，如所謂「以人治人，改而止」，教他且存得這道理也得。「小人革面」，教他且革面也得。又不成只恁地，也須有漸。又曰：「堯、舜其猶病諸。」聖人終是不足。賀孫。

爲政不難章

吴伯英問「不得罪於巨室」。曰：只是服得他心。佐。

天下有道章

「小德役大德，小賢役大賢」，是以賢德論。「小役大，弱役强」，全不睹是，只是以力論。振。

鄭問：「小役大，弱役强」，亦曰「天」，何也？曰：到那時不得不然，亦是理當如此。淳。

「仁不可爲衆」。爲，猶言「難爲弟，難爲兄」之「爲」。言兄賢，難做他弟；弟賢，難做他兄。仁者無敵，難做衆去抵當他。端蒙。

「仁不可爲衆也」，毛公注亦云：「盛德不可爲衆也。」「鳶飛戾天」，注亦曰：「言其上下察也。」此語必別有箇同出處。如「金聲玉振」，兒寬云：「天子建中和之極，兼總條貫，金聲而玉振之。」亦必是古語。甾。

「不能自强，則聽天所命；修德行仁，則天命在我。」今之爲國者，論爲治則曰「不消做十分底事，只隨風俗做便得。不必須欲如堯、舜、三代，只恁地做，天下也治」。爲學者則曰「做人也不須做到孔、孟十分事，❶且做得一二分也得」。盡是這樣苟且見識，所謂「聽天所命」者也。僩。

自暴者章

問「自暴」、「自棄」之別。曰：孟子説得已分明。看來自暴者便是剛惡之所爲，自棄者便是柔惡之所爲也。時舉。

❶「學」，萬曆本作「非」。

自暴，是非毀道理底；自棄，是自放棄底。賜。

「言非禮義」，以禮義爲非而拒之以不信。「自暴」，自賊害也。「吾身不能居仁由義」，自謂不能，而絶之以不爲。「自棄」，自棄絶也。閎祖。

先生問梁：自暴、自棄如何？梁未答，先生曰：「言非禮義」，「非」如「非先王之道」之「非」，謂所言必非詆禮義之説爲非道，是失之暴戾。我雖言而彼必不肯聽，是不足與有言也。自棄者，謂其意氣卑弱，志趣凡陋，甘心自絶以爲不能。我雖言其仁義之美，而彼以爲我必不能「居仁由義」，是不足有爲也。故自暴者强，自棄者弱。伊川云：「自暴者，拒之以不信；自棄者，絶之以不爲。」梁云：平日大爲科舉累。曰：便是科舉不能爲累。卓。

問：向所説「自暴」，作「自粗暴」，與今《集注》「暴，害也」不同。曰：也只是害底是。如「暴其民甚」、「言非禮義謂之自暴」，要去非議這禮義。如今人要罵道學一般，只説道這許多做好事之人，自做許多模樣。不知這道理是人人合有底，他自恁地非議，是他自害了這道理。賀孫。

「仁，人之安宅；義，人之正路。」自人身言之，則有動静；自理言之，則是仁義。祖道。

居下位章

誠是天道，在人只説得「思誠」。❶泳。

敬之問：「誠者，天之道也；思誠者，人

❶「在」，原作「纔」，今據萬曆本改。

之道也。」思誠，莫須是明善否？曰：明善自是明善，思誠自是思誠。明善是格物、致知，思誠是毋自欺、謹獨。明善固所以思誠，而思誠上面又自有工夫在。誠者都是實理了，思誠者恐有不實處，便思去實它。「誠者，天之道」，天無不實，寒便是寒，暑便是暑，更不待使它恁地。聖人仁便真箇是仁，義便真箇是義，更無不實處。在常人説仁時恐猶有不仁處，説義時恐猶有不義處，便着思有以實之始得。時舉。

問：「至誠而不動者，未之有也；不誠，未有能動者也。」此是以實理見之於用，故便有感通底道理？曰：不是以實理去見之於用，只是既有其實，便自能感動得人也。因言：孟子於義利間辨得豪釐不差，見一事來，便劈做兩片，便分箇是與不是，這便是集義處，義是一柄刀相似，才見事到面前，便與他割制了。時舉。

伯夷辟紂章

才卿問：伯夷是「中立而不倚」，下惠是「和而不流」否？曰：柳下惠和而不流之事易見，伯夷中立不倚之事，何以驗之？陳曰：扣馬之諫，餓而死，此是不倚。曰：此謂之偏倚，亦何可以見其不倚？文蔚録云：如此，却是倚做一邊去。文蔚曰：他雖如此，又却不念舊惡。曰：亦不相似。劉用之曰：伯夷居北海之濱，若將終身焉，及聞西伯善養老，遂來歸之，此可見其不倚否？曰：此下更有一轉，方是不倚。蓋初聞文王而歸之，及武王伐紂而去之，遂不食周粟，此可以見其不倚也。僩。○文蔚録意同。

求也爲季氏宰章

至之問：如李悝盡地力之類，不過欲教民而已，孟子何以謂任土地者亦次於刑？曰：只爲他是欲富國，不是欲爲民。但强占土地開墾將去，欲爲己物耳，皆爲君聚斂之徒也。時舉。

「辟草萊，任土地者次之」，「如李悝盡地力，商鞅開阡陌」。他欲致富强而已，無教化仁愛之本，所以爲可罪也。僩。

恭者不侮人章

聖人但顧義理之是非，不問利害之當否，衆人則反是。且如恭儉，聖人但知恭儉之不可不爲爾；衆人則以爲我不侮人則人亦不侮我，我不奪人則人亦不奪我，便是計較利害之私。要之，聖人與衆人做處，便是五峰所謂「天理、人欲，同行而異情」者也。道夫。

淳于髡曰章

事有緩急，理有大小，這樣處皆須以權稱之。或問：「執中無權」之「權」，與「嫂溺援之以手」之「權」微不同否？曰：「執中無權」之「權」稍輕，「嫂溺援之以手」之「權」較重，亦有深淺也。僩。

人不足與適章

大人「格君心之非」，此謂精神意氣自有感格處，然亦須有箇開導底道理，不但默默而已。伊川解「遇主于巷」，所謂「至誠以感動之，盡力以扶持之，明義理以致其知，杜蔽惑以誠其意」，正此意也。或曰：設遇暗君，將如何而格之？曰：孔子不能格魯哀，孟子不能格齊宣。諸葛孔明之於後主，國事皆出於一己，將出師，先自排布宮中府中許多人。後主雖能聽從，然以資質之庸，難以變化。孔明雖親寫許多文字與之，亦終不能格之。凡此皆是雖有格君之理，而終不可以致格君之效者也。謨。○可學録云：問：有不好君，如何格？曰：其精神動作之間亦須有以格之。要之，有此理在我，而在人者不可必。

「人不足與適」至「格君心之非」，三句當作一句讀，某嘗說，此處與「言不必信，行不必果，惟義所在」，皆須急忙連下句讀。若偶然脱去下句，豈不害事？方子。

人之患章

《孟子》一句者，如「人之患在好爲人師」之類，當時議論須多，今其所記者乃其要語爾。

孟子謂樂正子曰章

德修謂：樂正子從子敖之齊，未必徒哺啜。曰：無此事，豈可遽然加以此罪。文蔚。

仁之實章

或問「事親從兄」一段。曰：緊要在五箇實字上。如：仁是「親親而仁民，仁民而愛物」，義是長長、貴貴、尊賢。然在家時，未便到仁民愛物；未事君時，未到貴貴；未從師友時，未到尊賢。且須先從事親從兄上做將去，這箇便是仁義之實。仁民愛物、貴貴尊賢，是仁義之英華。若理會得這箇，便知得其他，那分明見得而守定不移，便是智之實。行得恰好，便是禮之實。由中而出，無所勉强，便是樂之實。大凡一段中必有緊要處，這一段便是這箇字緊要。胡泳。

「仁之實，事親是也；義之實，從兄是也。」此數句某煞曾入思慮來。嘗與伯恭說：「實」字有對名而言者，謂名實之實；有對理而言者，謂事實之實；有對華而言者，謂華實之實。今這「實」字不是名實、事實之「實」，正是華實之「實」。仁之實，本只是事親，推廣之，愛人利物，無非是仁。義之實，本只是從兄，推廣之，忠君弟長，無非是義。事親從兄，便是仁義之實；推廣出去者，乃是仁義底華采。文蔚。

問仁義之實。曰：須是理會得箇「實」字，方曉得此章意思，這「實」字便是對「華」字。且如愛親、仁民、愛物，無非仁也，但是愛親乃是切近而真實者，乃是仁最先發處。❶至於仁民、愛物，乃遠而大了。義之實亦然。夔孫。

事親是孝，從兄是弟。「堯、舜之道，孝弟而已」，今人將孝弟低看了。「孝弟之至，通于神明，光于四海」，直是如此。竇問：「仁之實，事親是也。」切謂：實者是事親得其驩心，當此時，直是和悦，此是實否？曰：不然，此乃「樂之實，樂斯二者」之事。但事親、從兄是仁義之根實處，最初發得來

❶「發」下，萬曆本有「去」字。

分曉。向亦曾理會此「實」字，却對得一箇「華」字。親親，仁也；仁民、愛物，亦仁也。事親是實，仁民、愛物乃華也。德明。

問：事親、從兄有何分别？曰：事親有愛底意思，從兄有嚴底意思。❶又曰：有敬底意思。問：從兄如何爲義之實？曰：言從兄，則有可否。問：所以同處如何？曰：不當論同。問：伊川以爲須自一理中别出，此意如何？曰：只是一箇道理，發出來偏於愛底些子，便是仁；偏於嚴底些子，便是義。又曰：某怕人便説「理一」。節。

問：事之當爲者，皆義也，如何專以從兄言之？曰：從兄乃事之當爲而最先者。又問：事親豈非事之當爲，而不歸之義，何也？曰：己與親乃是一體，豈可論當爲不當爲。柄。

問「義之實，從兄是也」。曰：義是那良知良能底發端處。雖小兒子莫不愛父母，到長大方理會得從兄。所謂「及其長也，無不知敬其兄」，此義發端處。植。

問：《孟子》言「義之實，從兄是也」，《中庸》却言「義者，宜也，尊賢爲大」，甚不同，如何？曰：義，謂得宜，「尊賢之等」，道理宜如此。曰：父子、兄弟皆是恩合，今以從兄爲義，何也？曰：以兄弟比父子，已是争得些。問：五典之常，義主於君臣。今曰「從兄」，又曰「尊賢」，豈以隨事立言不同，其實則一否？曰：然。德明。

問：孟子言：「羞惡之心，義之端也。」又曰：「義之實，從兄是也。」不知羞惡與從兄之意，如何相似？曰：不要如此看。且

❶「從」，萬曆本作「事」。

理會一處上義理教通透了，方可別看。如今理會一處未得，却又牽一處來衮同說，少間愈無理會處。聖賢說話，各有旨歸，且與他就逐句逐字上理會去。木之。

問：性中雖具四端五常，其實只是一理。故孟子獨以仁義二者爲主，而以禮爲「節文斯二者」，智爲「知斯二者」。柄謂：仁義二者之中又當以仁爲主，蓋仁者愛之理，愛之得其當則義也。曰：義却是當愛不當愛。柄。

問：「仁之實，事親是也」一段似無四者，只有兩箇：以禮爲「節文斯二者」，智是「知斯二者」。只是兩箇生出禮、智來。曰：太極初生，亦只生陰陽，然後方有其他底。節。

問：孟子言：「禮之實，節文斯二者；知之實，知斯二者。」禮、知似無專位。今以四德言，却成有四箇物事。曰：也只是一處如此說。有言四箇底，有言兩箇底，有言三箇底。不成說道他只說得三箇，遺了一箇，不說四箇。言兩箇，如扇一面青，一面白，一箇說這一邊謂之青扇，一箇說那一邊謂之白扇。不成道說青扇底是，說白扇底不是。節。

專言仁則包三者，言仁義則又管攝禮、智二者，如「智之實，知斯二者」，「禮之實，節文斯二者」是也。德明。

問「節文」之「文」。曰：文是裝裹得好，如升降揖遜。節。

節者，等級也。文，不直回互之貌。節。

朱飛卿問「樂則生矣，生則惡可已也」。曰：如今恁地勉強安排，如何得樂？到得常常做得熟，自然浹洽通快，周流不息，油然而生，不能自已。只是要到這樂處，實是難在。若只恁地把捉安排，纔忘記，又斷了，這如何得樂，如何得生？問：如今也且着恁地把捉。曰：固是且着恁地，須知道未是到處。須知道「樂則生」處，是當到這地頭。恰似春月，草木許多芽蘖一齊爆出來，更止遏不得。賀孫問：如「孩提之童，無不知愛其親。及其長也，無不知敬其兄」，這箇不是旋安排，這只就他初發上說。曰：只如今不能常會如此。孩提知愛其親，如今自失了愛其親意思；及其長也知敬其兄，如今自失了敬其兄意思，須着理會。孟子所以説「大人者，不失其赤子之心」，須要常常恁地。要之，須是知得這二者，使常常見這意思，方會到得「樂則生矣」處。要緊却在「知斯二者，弗去是也」二句上。須是知得二者是自家合有底，不可暫時失了。到得「禮之實，節文斯二者」，既知了，又須着檢點教詳密子細，節節應拍，方始會不間斷，方始樂，方始生。孟子又云：「知皆廣而充之，若火之始然，泉之始達。苟能充之，足以保四海；苟不充之，不足以事父母。」與「知斯二者，節文斯二者」一段，語勢有不同，一則説得緊急，一則説得有許多節次，次序詳密。又曰：「樂則生」，如水之流，撥盡許多擁塞之物，只恁底滔滔流將去。賀孫。

天下大悦章

「不得乎親，不可以爲人；不順乎親，不可以爲子。」「得乎親」者，不問事之是非，但能曲爲承順，則可以得其親之悦。苟父母有做得不是處，我且從之，苟有孝心者皆可然也。「順乎親」，則和那道理也順了。

非特得親之悅，又使之不陷於非義，此所以爲尤難也。僩。

恭父問：「不得乎親」，以心言；「不順乎親」，以道言，道謂喻父母於道。恐如此看得「不可爲人」、「不可爲子」兩字出。曰：「人」字只說大綱，「子」字却說得重。「不得乎親」之心，固有人承顏順色，❶看父母做甚麽事，不問是非，一向不逆其志。這也是得親之心，然猶是淺事。惟「順乎親」，則親之心皆順乎理，必如此而後可以爲子。所以又說「烝烝乂，不格姦」；「瞽叟底豫而天下化，瞽叟底豫而天下之爲父子者定」。賀孫。

「不順乎親，不可以爲子」，是無一事不是處，和親之心也順了，下面所以說「瞽瞍底豫」。

「舜盡事親之道而瞽瞍底豫，瞽瞍底豫而天下化，瞽瞍底豫而天下之爲父子者定」，此之謂盡性。人傑。

❶「颜」，萬曆本作「親」。

朱子語類卷第五十七計一十五板

孟子七

離婁下

舜生於諸馮章

「若合符節」，「以玉爲之，篆刻文字而中分之，彼此各藏其半。有故，則左右相合以爲信」。先生曰：古人符節多以玉爲之，如「牙璋以起軍旅」。《周禮》中有以玉爲符節，❶又有竹符，又有英蕩符。蕩，小節竹，今使者謂之「蕩節」也，刻之爲符。漢有銅虎符、竹使符。銅虎以起兵，竹使郡守用之。凡符節，右留君所，左以與其人。有故，則君以其右合其左以爲信也。《曲禮》曰：「獻田地者，執右契。」右者，取物之券也。如發兵、取物、徵召，皆以右取之也。卓。○僩同。

子產聽鄭國之政章

鄭之虎牢，即漢之成皋也。虎牢之下，即溱、洧之水，後又名爲汜水關，子產以乘輿濟人之所也。聞人務德以爲孟子之言非是。其説以爲：溱、洧之水其深不可以施梁柱，其淺不可以涉，豈可以濟乘輿？蓋溱、洧之水底皆是沙，故不可以施梁柱，但可用舟渡而已。李先生以爲疑，或是偶然

❶「符」，萬曆本作「竹」。

橋梁壞，故子産因用其車以渡人。然此類亦何必深考？孟子之意，但言爲政者當務民之宜，而不徒以小惠耳。僩。○卓録云：或問：車輿豈可以涉水？曰：想有可涉處。閩人，秀州人。

問：子産之事，以《左傳》考之，類非不知爲政者。孟子之言，姑以其乘輿濟人一事而議之耳。而夫子亦止以「惠人」目之，又謂其「猶衆人之母，知食而不知教」，豈非子産所爲終以惠勝歟？曰：致堂於「惠人也」論此一段甚詳，東坡云「有及人之近利，無經世之遠圖」，亦説得盡。「都鄙有章」，❶只是行惠人底規模。若後世所謂政者，便只是惠。必大。

中也養不中章

「中也養不中，才也養不才。」養者，非速使之中，使之才，「漸民以仁，摩民以義」之謂也。下「以善養人」同。節。

言人之不善章

「言人之不善，當如後患何？」恐是孟子因事而言之。人傑。

仲尼不爲已甚章

「仲尼不爲已甚」，言聖人所爲，本分之外不加豪末。如人合喫八棒，只打八棒，不可説這人可惡，更添一棒。稱人之善，不可有心於溢美；稱人之惡，不可溢惡：皆不爲

❶「都」，原作「封」，今據萬曆本及《春秋左傳正義》襄公三十年改。

已甚之事也。或上龜山書云：「徐行後長，得堯、舜之道；不爲已甚，知仲尼之心。」龜山讀之甚喜，蓋龜山平日喜說此兩句也。僩。

問：「仲尼不爲已甚」，此言本分之外無所增加爾。曰：已訓太。又問：「非其君不仕，非其民不使」，「治亦進，亂亦進」，「不羞污君，不辭小官」，氣象可謂已甚矣，而目之曰聖人之清、和，似頗難會。頃之乃曰：雖是聖，終有過當處。又問：伯夷「不念舊惡」，「求仁得仁」，似是清中之和；下惠「不以三公易其介」，似亦是和中之清。曰：然。凡所謂聖者，以其渾然天理，無一豪私意。若所謂「得百里之地而君之，皆能朝諸侯，有天下；行一不義，殺一不辜而得天下者，皆不爲也」。這便是聖人同處，便是無私意處，但只是氣質有偏，比之夫子，❶終有不中節處。所以《易》說「中正」，伊川謂：「正重於中，中不必正也。」言中，則正已在其中。蓋無正，則做中不出來；而單言正，則未必能中也。夷、惠諸子其正與夫子同，而夫子之中則非諸子所及也。又問：夷、惠皆言「風」，而不以言伊尹，何哉？曰：或者以伊尹爲得行其道，而夷、惠不得施其志，故有此論。似不必然，亦偶然爾。道夫曰：以意揣之，切恐伊尹勝似夷、惠得些。曰：也是伊尹體用較全。頃之復曰：夷、惠高似伊尹，伊尹大似夷、惠。道夫。

❶「夫子」，萬曆本作「失故」，則斷句當爲「氣質有偏比之失，故終有不中節處」。

大人者章

問「大人不失赤子之心」。曰：❶大人事事理會得，只是無許多巧僞曲折，便是赤子之心。時舉。○或録云：只恁地白直做將去，無許多曲折。❷○又云：坦然明白，事事理會得，都無許多姦巧。

敬之問「大人不失赤子之心」。曰：這須着兩頭看，大人無不知，無不能；赤子無所知，無所能。大人者，是不失其無所知、無所能之心。若失了此心，使些子機關，計些子利害，便成箇小底人，不成箇大底人了。大人心下没許多事。時舉。

大人無所不知，無所不能，赤子無所知，無所能。此兩句相拗，如何無所不知、無所不能，却是不失其無所知、無所能做出？蓋赤子之心純一無僞，而大人之心亦純一無僞。但赤子是無知覺底純一無僞，大人是有知覺底純一無僞。賀孫。○夔孫録云：大人之所以爲大人者，却緣是它存得那赤子之心。而今不可將大人之心只作通達萬變，赤子只作純一無僞說。蓋大人之心，通達萬變而純一無僞；赤子之心，未有所知而純一無僞。

厚之問「赤子之心」。曰：止取純一無僞，未發時雖與聖人同，然亦無知。但衆人既發時多邪僻，而赤子尚未然耳。可學。

問：赤子之心，指已發而言，然亦有未發時。曰：亦有未發時。但孟子所論，乃指其已發者耳。良久笑曰：今之大人，也無那赤子時心。義剛。

問：赤子之心莫是發而未遠乎中，不

❶「曰」字，原脱，今據朝鮮本補。
❷「多」字，萬曆本無。

可作未發時看否？曰：赤子之心也有未發時，也有已發時。今欲將赤子之心專作已發看，也不得。赤子之心方其未發時，亦與老稚賢愚一同，但其已發未有私欲，故未遠乎中耳。銖。

施問「赤子之心」。曰：程子道是「已發而未遠」。如赤子飢則啼、渴則飲，便是已發。寓。

養生者章

王德脩云：親聞和静説「惟送死可以當大事」曰：「親之生也，好惡取舍得以言焉。及其死也，好惡取舍無得而言。當是時，親之心，即子之心；子之心，即親之心，故曰『唯送死可以當大事』。」先生曰：亦説得好。閎祖。

君子深造之以道章

「君子深造之以道」，語勢稍倒，「道」字合在「深造」之前。趙岐云「道者，進爲之方」，亦不甚親切。道，只是進學之具，深造者從此挨向前去。如「之以」二字，尋常這般去處，多將作助語打過了。要之，却緊切。如「夜氣不足以存」與「三代所以直道而行」，「以」字皆不虛設，「既醉以酒，既飽以德」皆是也。謨。

問：「道者，進爲之方」，如何？曰：此句未甚安，却只是循道以進耳，「道」字在上。可學。

敬之問：《集注》云：❶「道者，進爲之

❶「集注云」三字，原無，今據朝鮮本補。

方。」曰：是事事皆要得合道理。「取之左右逢其原」，到得熟了，自然日用之間只見許多道理在眼前。東邊去也是道理，西邊去也是道理，都自湊合得着，故曰「逢其原」。如水之源，流出來這邊也撞着水，那邊也撞着水。賀孫。

深造之以道，欲其自得之。曰：只深造以道，便是要自得之，此政與淺迫相對。所謂「深造」者，當知非淺迫所可致。若欲淺迫求之，便是强探力取。只是既下工夫，又下工夫，直是深造，便有自得處在其中。又曰：優游饜飫，都只是深造後自如，此非是深造之外又別欲自得也。與下章「博學而詳說之，將以反說約」之意同。㽦。

「君子深造之以道」。道，只是道理恁地做，恁地做。深造，是日日恁地做。而今人造之不以其道，無緣得自得。「深造之以道」，方始「欲其自得」。看那「欲」字，不是深造以道便解自得。而今說得多，又剩了，說得少，又說不出，皆是不自得。夔孫。

「君子深造之以道，欲其自得之也」，如何？曰：「深造」云者，非是急迫遽至。要舒徐涵養，期於自得而已。「自得之」，則自信不疑而「居之安」，「居之安」則資之於道也深，「資之深」則凡動靜語嘿，一事一物，無非是理。所謂「取之左右逢其原」也。又問：「資」字如何說？曰：取也。資，有資藉之意。「資之深」，謂其所資藉者深，言深得其力也。謨。○去僞略。

或問「君子深造之以道」一章。曰：「深造之以道」，語似倒了，「以道」字在「深造」字上方是。蓋道是造道之方法，循此進進不已，便是深造之，猶言以這方法去深造之也。今曰「深造之以道」，是深造之以其方法也。「以道」是功夫，「深造」是做功夫。如博學、審問、謹思、明辨、力行之次序，即是造道之方法。若人爲學依次序，便是以道。不依次序，便是不以道。如爲仁而「克己復禮」，便是以道；若不「克己復禮」，別做一般樣，便是不以道。能以道而爲之不已，造之愈深，則自然而得之。既「自得之」而爲我有，「則居之安，居之安，則資之深」。「資之深」這一句，又要人看。蓋是自家既自得之，則所以資藉之者深，取之無窮，用之不竭。只管取，只管有，衮衮地出來無窮。自家資他，他又資給自家。如掘地在下，藉上面原頭水來注滿。若原頭深，則源源來不竭；若淺時，則易竭矣。又如富人大寶藏，裏面只管取，只管有。「取之左右逢其原」，蓋這件事也撞着這本來底道理，那件事也撞着這本來底道理，事事物物，頭頭件件，皆撞着這道理。如「資之深」，那原頭水只是一路來，到得左右逢原，四方八面都來。然這箇只在自得上，才自得，則下面節次自是如此。又云：「資」字如「萬物資始」、「資於事父以事君」之「資」，皆訓「取」字。○燾。

子善問「君子深造之以道，欲其自得之也」一節。曰：大要在「深造之以道」，此是做工夫處。資，是他資助我，資給我，不是我資他。他那箇都是資助我底物事，頭頭撞着，左邊也是，右邊也是，都湊着他道理原頭處。原頭便是那天之明命，滔滔汩汩底，似那一池有源底水。他那源頭只管來得不絕，取之不禁，用之不竭，來供自家用。似那魚湊活水相似，却似都湊着他源頭。且如爲人君，便有那仁從那邊來；爲人臣，便有那箇敬從那邊來；子之孝，有那孝從那邊來；父之慈，有那慈從那邊來，只是那道理原頭處。莊子説「將原而往」，便是説這箇。自家靠着他原頭底這箇道理，左右前後都見是這道理。莊子説「在谷滿谷，在坑滿坑」，他那資給我底物事深遠，自家這裏頭頭湊着他原頭。植。○賀孫録疑同，見下。

子善問：「君子深造之以道」，造，是造道。欲造道，又着「以道」，語意似「以道深造」。曰：此只是進爲不已，亦無可疑。公將兩箇「道」字來説，却不分曉。賀孫問：「深造」之「造」字，不可便做「已到」説，但言進進做將去，又必以其方。曰：然。又問：「取之左右逢其原」，是既資之深，則道理充足，取之至近之處，莫非道理。曰：「資」字恰似資給、資助一般。資助既深，看是甚事來，無不湊着這道理。不待自家將道理去應他，只取之左右，便撞着這道理。如有源之水衮衮流出，只管撞着他。若是所資者淺，略用出便枯竭了。莊子説庖丁「手之所觸，肩之所倚，足之所履，膝之所踦，砉然嚮然，奏刀騞然，莫不中音」，正是此意。爲人君，便是撞着箇仁道理；爲人臣，便自撞着箇敬道理；爲人子，便自撞着箇孝道理；爲人父，便自撞着箇慈道理；與國人交，便自撞着箇信道理，無適而不然。賀孫。

「居之安」，只是如人之居住得那裏安穩，只是從初本原如此。到熟處，左右皆逢之。謙。

或問：「自得」章文義莫有節次否？曰：此章重處只在自得後，其勢自然順下來，才恁地，便恁地，但其間自不無節次。若是全無節次，孟子何不説「自得之，則取之左右逢其原」？曰：尹先生却正如此説。曰：看他説意思自別。孟子之意是欲見其曲折而詳言之，尹先生之言是姑舉其首尾而略言之。自孟子後，更無人會下這般言語。

或問：程子之説如何？曰：必須以道，方可「潛心積慮，優游厭飫」。若不以道，則「潛心積慮，優游厭飫」做甚底。燾。

博學而詳説之章

「博學而詳説之，將以反説約也」。惟先難而後易，❶凡事皆然。道夫。

問：「博學而詳説之，將以反説約也」，如何？曰：約自博中來。既博學，又詳説，講貫得直是精確，將來臨事自有箇頭緒。才有頭緒，便見簡約。若是平日講貫得不詳悉，及至臨事只覺得千頭萬緒，更理會不下，如此則豈得爲約？去僞。

問「博學詳説，將以反説約也」。曰：貫通處便是約，不是通貫了又去裏面尋討箇約。公説約處，却是通貫了又别去尋討箇約，豈有此理。伊川説格物處云：「但積累多後，自然脱然有貫通處。」「積累多後」，便是學之博；「脱然有貫通處」，便是約。楊楫通老問：世間博學之人非不博，却又不知箇約處者，何故？曰：他合下博得來便不是了，如何會約？他更不窮究這道理是如何，都見不透徹，只是搜求隱僻之事，鉤摘奇異之説，以爲博，如此豈能得約？今世博學之士大率類此。不讀正當底書，不看正當注疏，偏揀人所不讀底去讀，欲乘人之所不知以誇人；不問義理如何，只認前人所未説、今人所未道者則取之以爲博。如此，如何望到約處？又曰：某嘗不喜楊

❶「惟」，原作「損」，今據萬曆本改。

子雲「多聞則守之以約，多見則守之以卓」。多聞，欲其約也；多見，欲其卓也。說多聞了，又更要一箇約去守他，正如公說。這箇是所守者約，不是守之以約也。僩。

徐子曰章

所謂「聲聞過情」，這箇大段務外郎當。且更就此中間言之，如爲善無真實懇惻之意，爲學而勉強苟且徇人，皆是不實，須就此反躬思量方得。僩。

人之所以異於禽獸章

敬之問「人之所以異於禽獸者幾希」。曰：人與萬物都一般者，理也；所以不同者，心也。人心虛靈，包得許多道理過，無有不通。雖間有氣稟昏底，亦可克治使之明。萬物之心便包許多道理不過，雖其間有稟得氣稍正者，亦止有一兩路明。如禽獸中有父子相愛、雌雄有別之類，只有一兩路明，其他道理便都不通，便推不去。人之心便虛明，便推得去。就大本論之，其理則一。纔稟於氣，便有不同。賀孫問：「幾希」二字，不是說善惡之間，乃是指這些好底說，故下云「庶民去之，君子存之」。曰：人之所以異於物者，只爭這些子。賀孫。○時舉録云：人物之所同者，理也；所不同者，心也。人心虛靈，無所不明。禽獸便昏了，只有一兩路子明。人之虛靈，皆推得去，禽獸便推不去。人若以私慾蔽了這箇虛靈，便是禽獸。人與禽獸只爭這些子，所以謂之「幾希」。

徐元昭問：「庶民去之，君子存之」，如何是存之？曰：存，是存所以異於禽獸者，何故至「存之」方問？因問元昭：存何物？元昭云：有所見。曰：不離日用之間。曰：何謂日用之間？曰：凡周旋運用。曰：此乃禽獸所以與人同，須求其所以與人異者。僧問佛：「如何是性？」曰：「耳能聞，目能見。」他便把這箇作性，不知這箇禽獸皆知。人所以異者，以其有仁義禮智。若爲子而孝，爲弟而悌，禽獸豈能之哉？元昭又云：「萬物皆備於我」，此言人能備禽獸之不備。曰：觀賢此言，元未嘗究竟。可學。○璘録别出。

元昭問「君子存之」。曰：存，是存其所以異於禽獸之道理，今自謂能存，只是存其與禽獸同者耳。飢食渴飲之類，皆其與禽獸同者也。釋氏云：「作用是性。」或問：「如何是作用？」云：「在眼曰見，在耳曰聞，在鼻辨香，在口談論，在手執捉，在足運奔。遍現俱該沙界，收攝在一微塵。」此是説其與禽獸同者耳。人之異於禽獸，是「父子有親，君臣有義，夫婦有别，長幼有序，朋友有信」，釋氏元不曾存得。璘。

知而不存者有矣，未有不知而能存者也。「君子存之」。○僩。

「明於庶物」，如物格。閎祖。

或問：「明於庶物，察於人倫」，明察之義有淺深否？曰：察深於明，明只是大概明得這箇道理爾。又問：與《孝經》「事天明，事地察」之義如何？曰：這箇明、察又别。此「察」字却訓「著」字，「明」字訓「昭」字。事父孝，則事天之道昭明；事母孝，則事地之道察著。孟子所謂明、察，與《易係》「明於天之道」，「察於人之故」同。去僞。

子善問：舜「明庶物，察人倫」，文勢自上看來，此「物」字恐合作禽獸説？曰：不然。「明於庶物」豈止是説禽獸？禽獸乃一物，凡天地之間眼前所接之事皆是物。然有多少不甚要緊底事，舜看來惟是於人倫最緊要。賀孫。

「明於庶物，察於人倫」。明、察是見得事事物物之理，無一豪之未盡。所謂仁義者，皆不待求之於外，此身此心渾然都是仁義。賀孫。

守約問：孟子何以只説「舜明於庶物，察於人倫，由仁義行，非行仁義也」？曰：堯自是渾然，舜却是就事物上經歷一一理會過。賀孫。

問：舜「由仁義行，非行仁義」。若學者，須是行仁義方得？曰：這便如適來説「三月不違」意。他是平日身常在仁義内，即恁地行出。學者身在外了，且須去求仁義就上行，然又須以「由仁義行」爲準的方得。賀孫。

符舜功言：只是「由仁義行」，好行仁義，便有善利之分。曰：此是江西之學。豈不見上面分明有箇「舜」字，惟舜便由仁義行，他人須窮理，知其爲仁爲義從而行之。且如「仁者安仁，智者利仁」，既未能安仁，亦須是利仁。利仁豈是不好底。知仁之爲利而行之。不然，則以人欲爲利矣。德明。

禹惡旨酒章

問：禹「惡旨酒」，「好善言」，湯「執中」，文王「望道未之見」，武王「不泄邇，不忘遠」，周公「坐以待旦」。此等氣象，在聖人則謂之「兢兢業業，純亦不已」，在學者則是「任重道遠，死而後已」之意否？曰：他本是説聖人。又曰：讀此一篇，使人心惕然而常存也。道夫。

問：「湯執中，立賢無方」，莫是執中道以立賢否？曰：不然。執中自是執中，立賢自是立賢，只這「執中」却與子莫之「執中」不同。故《集注》下謂：「執，謂守而不失。」湯只是要事事恰好，無過不及而已。時舉。

問：「周公思兼三王以施四事。」上文既是各舉一事言，四聖人之事亦多，周公如何施之？曰：此必是周公曾如此説。大抵所舉四事極好，此一處自舜推之至於孔子。可學。

「周公思兼三王以施四事」，此不可考，恐是周公自有此語。如「文王我師也，周公豈欺我哉」？此直是周公曾如此説，公明儀但舉之爾。四事極説得好。「泄」字有狎底意思。謨。

因論「泄邇」、「忘遠」，老蘇説乖，曰：聖人心如潮水上來，灣坳浦溆一時皆到，無有遠邇。方。

王者之迹熄章

問「王者之迹息而《詩》亡，《詩》亡然後《春秋》作」。❶曰：這道理緊要在「王者之迹息」一句上。蓋王者之政存，則「禮樂征伐自天子出」，故《雅》之詩自作於上，以教天下。王迹滅息，則禮樂征伐不自天子出，故《雅》之詩不復作於上，而《詩》降而爲《國風》。是以孔子作《春秋》，定天下之邪正，爲百王之大法也。燾。

莊仲問：王者之迹熄而《詩》亡，《詩》

❶「然」，原作「而」，今據《孟子》原文改。

亡然後《春秋》作。先儒謂自東遷之後，《黍離》降爲《國風》而《雅》亡矣，恐是孔子刪《詩》之時降之。曰：亦是他當時自如此。要識此《詩》，便如《周南》、《召南》。當初在鎬、豐之時，其詩爲二《南》，後來在洛邑之時，其詩爲《黍離》。只是自二《南》進而爲二《雅》，自二《雅》退而爲《王風》。二《南》之於二《雅》，便如登山；到得《黍離》時節，便是下坡了。文蔚。

可以取章

「可以取，可以無取」，是先見得可以取，後來却見得可以無取。如此而取之，則傷廉矣，蓋後來見者較是故也。「與」、「死」亦然。閎祖。

正卿問：「可以取，可以無取，取傷廉」，亦下二聯之義？曰：看來「可以取」是其初略見得如此，「可以無取」是子細審察見得如此，如夫子言「再思」一般。下二聯放此，庶幾不礙。不然，則不取却是過厚，而不與、不死却是過薄也。壯祖。

「可以取，可以無取」，此段正與孔子曰「再斯可矣」相似。凡事初看尚未定，再察則已審矣，便用決斷始得。若更加之思焉，則私意起，而非義理之本然。僩。

「可以取，可以無取」，云云。夫取爲傷廉，固也。若與者本惠，死者本勇，而乃云「傷惠」、「傷勇」者，謂其過予與無益之死耳。且學者知所當予而不至於吝嗇，知所當死而不至於偷生，則幾矣。人傑。

孟子言「可以取，可以無取，取傷廉。可以與，可以無與，與傷惠」，他主意只在「取傷廉」上，且將那「與傷惠」來相對說。

其實與之過厚些子，不害其爲厚。若纔過取便傷廉，便是不好。過與，畢竟當下是好意思。❶與了再看之，方見得傷惠與傷廉不同。所以子華使於齊，「冉子與之粟五秉」，聖人雖説他不是，然亦不大故責他。只是纔過取便深惡之，如冉求爲之聚斂而欲攻之是也。僩。

天下之言性也章

問：「則故而已矣」，故是如何？曰：故，是箇已發見了底物事，便分明易見。如公都子問性，孟子却云「乃若其情，則可以爲善矣」。蓋性自是箇難言底物事，惟惻隱、羞惡之類却是已發見者，乃可得而言。只看這箇，便見得性。《集注》謂「故」者是已然之迹也。是無箇字得下，故下箇「迹」字。時舉。

問「則故而已矣」。曰：性是箇糊塗不分明底物事，且只就那故上説，故却是實有痕迹底。故有兩件，如水之有順利者，又有逆行者。畢竟順利底是善，逆行底是惡，所以説「行其所無事」，又説「惡於鑿」，鑿則是那逆行底。又説「乃若其情，則可以爲善」。性是糊塗底物事，情却便似實也。如惻隱、羞惡、辭遜、是非，這便是情。植。

敬之問：「故」是已然之迹，如水之潤下，火之炎上。「以利爲本」是順而不咈之意？曰：利是不假人爲而自然者。如水之就下，是其性本就下，只得順他。若激之在山，是不順其性，而以人爲之也。如「無惻隱之心非人，無羞惡之心非人」，皆是自

❶「下」，萬曆本作「時」。

然而然。惟智者知得此理，不假人爲，順之而行。南升。○時舉録别出。

敬之問：「故者，以利爲本。」如火之炎上，水之潤下，此是故。人不拂他潤下炎上之性，是利？曰：故是本然底，利是他自然底。如水之潤下，火之炎上，固是他本然之性如此。然水自然潤下，火自然炎上，便是利。到智者行其所無事，方是人知得自然底，從而順他。時舉。倪同。

故是已然之迹，如水之下、火之上、父子之必有親、孟子説四端皆是。然雖有惻隱，亦有殘忍，故當以順爲本。如星辰亦有逆行，大要循躔度者是順。問：南軒説「故」，作『本然』」。曰：如此，則善外别有本然。孟子説性乃是於發處見其善，荀、楊亦於發處説，只是道不著。問：既云「於發處見」，伊川云「孟子説性，乃拔本塞原之理」，莫是因發以見其原？❶曰：然。可學。

器之説：「故者以利爲本」，如流水相似，有向下，無向上，是順他去。曰：故是本來底，以順爲本，許多惻隱、羞惡自是順出來，其理自是如此。孟子怕人將不好底做出去，故説此。若將惡者爲利之本，如水「搏而躍之，可使過顙」，這便是將不利者爲本。如伊川説楚子越椒之生，必滅若敖氏，自是出來便惡了。荀子因此便道人性本惡。據他説「塗之人皆可爲禹」，便是性善了。他只説得氣質之性，自是不覺。寓。

「故」只是已然之迹，如水之潤下，火之炎上，潤下炎上便是故也。父子之所以親，君臣之所以義，夫婦之别，長幼之序，然皆有箇已然之迹。但只順利處，便是故之本。

❶「是」字，原脱，今據朝鮮本補。

如水之性固下也，然搏之過顙，激之在山，亦豈不是水哉？但非其性爾。仁、義、禮、智是爲性也：仁之惻隱，義之羞惡，禮之辭遜，智之是非，此即性之故也。若四端，則無不順利。然四端皆有相反者，如殘忍饒録作「忮害」。之非仁，不耻之非義，不遜之非禮，昏惑之非智，即故之不利者也。伊川發明此意最親切，謂此一章專主「智」言。鑿於智者，非所謂以利爲本也。其初只是性上泛説起，不是專説性。但謂天下之説性者，只説得故而已。後世如荀卿言「性惡」，楊雄言「善惡混」，但皆説得下面一截，皆不知其所以謂之故者如何，遂不能「以利爲本」而然也。荀卿之言，只是横説如此，到底滅這道理不得。只就《性惡篇》謂「塗之人皆可爲禹」，只此自可見。「故」字若不將已然之迹言之，則下文「苟求其故」之言如何可推？曆家自今日推算而上，極於太古開闢之時，更無差錯，只爲有此已然之迹可以推測耳。天與星辰間或躔度有少差錯，久之自復其常。「以利爲本」，亦猶天與星辰循常度而行。苟不如此，皆鑿之謂也。謨。

「天下之言性，則故而已矣。」故，猶云所爲也。言凡人説性，只説到性之故，蓋故却「以利爲本」。利順者，從道理上順發出來是也，是所謂善也。若不利順，則是鑿，故下面以禹行水言之。「苟求其故」，此「故」與「則故」却同，故猶所以然之意。直卿云：先生言劉公度説此段意云「孟子專爲智而言」甚好。端蒙。

問「天下之言性，則故而已」。先生引程子之言曰：此章意在「知」字。此章言性，只是從頭説下。性者，渾然不可言也，惟順之則是，逆之則非。天下之事，逆理者如何行得？便是鑿也，鑿則非其本然之理。禹之行水，亦只端的見得須是如此，順而行之而已。鯀績之不成，正爲不順耳。力行。

問：伊川謂：「則，語助也。故者，本如是者也。今言天下萬物之性必求其故者，只是欲順而不害之也。」伊川之說如何？曰：「則」字不可做助語看了，則，有不足之意。性最難名狀。天下之言性者，止說得故而已矣。「故」字外，難爲別下字。如故，有所以然之意。利，順也；順其所以然，則不失其本性矣。水性就下，順而導之，水之性也。「搏而躍之」，固可使之在山矣，然非水之本性。或問：「天下之言性」，伊川以爲言天下萬物之性，是否？曰：此倒了。他文勢只是云「天下之言性者，止可說故而已矣」。如此，則天下萬物之性在其間矣。又問：後面「苟求其故」，此「故」字與前面「故」字一般否？曰：然。去僞。

君子所以異於人者章

問：「君子以仁存心，以禮存心」，是我本有此仁此禮，只要常存而不忘否？曰：非也。他這箇在存心上說下來，❶言君子所以異於小人者，以其存心不同耳。君子則以仁以禮而存之於心，小人則以不仁不禮而存之於心，須看他上下文主甚麽說，始得。僩。

問：先生注下文言「存仁」、「存禮」，何也？曰：這箇「存心」與「存其心，養其性」底「存心」不同，只是處心。又問：如此，則是君子之所以異於人者，以其處心也。

❶「他」，萬曆本作「便」。

曰：以其處心與人不同。又問：何謂處心？曰：以仁處於心，以禮處於心。《集注》非定本。○節。

蔡問：「以仁存心」，如何下「以」字？曰：不下「以」字也不得。吕氏云「以此心應萬事之變」，亦下一「以」字。不是以此心，是如何？問：程子謂「以敬直内，則不直矣」，何也？曰：此處又是解「直方」二字。從上説下來，「敬以直内」方順，「以敬」則不順矣。淳。

「我必不忠」，恐所以愛敬人者，或有不出於誠實也。人傑。

問「自反而忠」之「忠」。曰：忠者，盡己也。盡己者，仁禮無一豪不盡。節。

「舜，人也，我亦人也，舜爲法於天下，可傳於後世，我猶未免爲鄉人也，是則可憂也。」此便是知耻。知耻，則進學安得不勇。閎祖。

禹稷當平世章

問：「禹、稷當平世，三過其門而不入」，似天下之事重乎私家也。若家有父母，豈可不入？曰：固是。然事亦須量緩急。問：何謂緩急？曰：若洪水之患不甚爲害，只是那九年泛泛底水，未便會傾國覆都，過家見父母亦不妨。若洪水之患其急有傾國溺都、君父危亡之災，也只得且奔君父之急。雖不過見父母，亦不妨也。又問：「鄉隣有鬭者，雖閉户可也」，此便是用權。若鄉隣之鬭有親戚兄弟在其中，豈可一例不救？曰：有兄弟固當救，然事也須量大小。若只是小小鬭毆，救之亦無妨。若是有兵戈殺人之事，也只得閉門不管而已。僩。

公都子問康章❶

孟子之於康章，蓋怜之耳，非取其孝也。故楊氏以爲康章不孝，「孟子非取之也，特哀其志而不與之絶耳」。據章之所爲，因責善於父而不相遇，❷雖是父不是，已是，然便至如此蕩業，「出妻屏子，終身不養」，則豈得爲孝？ 故孟子言「父子責善，賊恩之大者」，此便是責之以不孝也。但其不孝之罪，未至於可絶之地爾。然當時人則遂以爲不孝而絶之，故孟子舉世之不孝者五以曉人。若如此五者，則誠在所絶爾。後世因孟子不絶之，則又欲盡雪康子之不孝而以爲孝，此皆不公不正，倚於一偏也。必若孟子之所處，然後可以見聖賢至公至仁之心矣。或云：看得康章想是箇拗强底人，觀其意屬於陳仲子，則可見其爲人耳。先生甚然之，曰：兩箇都是此樣人，故說得合。味道云：「舜不告而娶」，蓋不欲「廢人之大倫，以懟父母」耳，如康章則其懟也甚矣。廣。

❶「康」，係避宋太祖趙匡胤諱，下「康」字同。

❷「父」下，萬曆本有「母」。

朱子語類卷第五十八計一十四板

孟子八

萬章上

問舜往于田章并下章

黄先之説：舜事親處，見得聖人所以孝其親者全然都是天理，略無一豪人欲之私。所以舉天下之物皆不足以解憂，惟順於父母可以解憂。曰：聖人一身渾然天理，故極天下之至樂，不足以動其事親之心；極天下之至苦，不足以害其事親之心。一心所慕，惟知有親。看是甚麽物事，皆是至輕。施於兄弟亦然。但知我是兄，合當友愛其弟，更不問如何。且如父母使之完廩，待上去又捐階焚廩，到得免死下來，當如何？父母教他去浚井，待他入井，又從而揜之，到得免死出來，又當如何？若是以下等人處此，定是喫不過。非獨以下人，雖平日極知當孝其親者，到父母以此施於己，此心亦喫不過，定是動了。象爲弟，「日以殺舜爲事」。若是别人，如何也須與他理會，也須喫不過。舜只知我是兄，惟知友愛其弟，那許多不好景象都自不見了。這道理非獨舜有之，人皆有之；非獨舜能爲，人人皆可爲。所以《大學》只要窮理。舜「明於庶物，察於人倫」，唯是於許多道理見得極盡，無有些子未盡。但舜是生知，不待窮索，如今須着窮索教盡。莫説道只消做六七分，那兩三分不消做盡也得。賀孫。

林子淵說舜事親處曰：自古及今，何故衆人都不會恁地，獨有舜恁地，是何故？須就這裏剔抉看出來始得。默然久之曰：聖人做出，純是道理，更無些子隔礙。是他合下渾全，都無欠闕。衆人却是已虧損了，須加修治之功。如《小學》前面許多恰似勉强使人爲之，又須是恁也勉强。到《大學》工夫，方知箇天理當然之則。如世上固是無限事，然大要也只是幾項大頭項，如「爲人君，止於仁；爲人臣，止於敬；爲人子，止於孝；爲人父，止於慈；與國人交，止於信」。須看見定是着如此，不可不如此，自家何故却不如此？意思如何便是天理？意思如何便是私慾？天理發見處，是如何却被私慾障蔽了？賀孫。

叔器問：舜不能掩父母之惡，如何是大孝？曰：公要如何與他掩？他那箇頑嚚已是天知地聞了，如何地掩？❶公須與他思量得箇道理始得，如此便可以責舜。❷義剛。

問「象憂亦憂，象喜亦喜」事。曰：象謀害舜者，舜隨即化了，更無一豪在心，但有愛象之心。常有今人被弟激惱，便常以爲恨，而愛弟之心減少矣。

舜誠信而喜象，周公誠信而任管叔，此天理人倫之至，其用心一也。燾。

象日以殺舜爲事章

或問：「仁之至，義之盡」，是仁便包

❶「地」，原作「他」，今據朝鮮本改。
❷「責」，原作「青」，今據朝鮮本改。

義，何如？曰：自是兩義。如舜封象于有庳，不藏怒宿怨而富貴之，是仁之至。使吏治其國而納其貢税，是義之盡。因舉「明皇長枕大被，欲爲仁而非仁」云云。賀孫。○不知何氏録，詳别出。

「仁與義相拗，禮與智相拗」。問云：須是「仁之至，義之盡」，方無一偏之病？曰：雖然如此，仁之至自是仁之至，義之盡自是義之盡。舜之於象，便能如此。「封之有庳，富貴之也」，便是仁之至。「使吏治其國而納其貢賦」，便是義之盡。後世如景帝之於梁王，始則縱之太過，不得謂之仁；後又窘治之甚峻，義又失之，皆不足道。唐明皇於諸王爲長枕大衾，雖甚親愛，亦是無以限制之，無足觀者。

舜之於象，是平日見其不肖，故處之得道。封之有庳，但富貴之而已。周公於管、蔡，又别。蓋管、蔡初無不好底心，後來被武庚煽惑至此。使先有此心，周公必不使之也。燾。

咸丘蒙問章

「以意逆志」，此句最好。「逆」是前去追迎之之意，蓋是將自家意思去前面等候詩人之志來。又曰：謂如等人來相似。今日等不來，明日又等，須是等得來，方自然相合。不似而今人，便將意去捉志也。燾。

董仁叔問「以意逆志」。曰：此是教人讀書之法。自家虚心在這裏，看他書道理如何來，自家便迎接將來。而今人讀書都是去捉他，不是逆志。學蒙。

董仁叔問「以意逆志」。曰：是以自家意去張等他。譬如有一客來，自家去迎他。

他來則接之，不來則已。若必去捉他來，則不可。蓋卿。

問堯以天下與舜章

董仁叔問「堯薦舜於天」。曰：只是要付他事，看天命如何。又問「百神享之」。曰：只陰陽和，風雨時，便是百神享之。佐。

問「百神享之」。云：如祈晴得晴，祈雨得雨之類。蓋卿。

問人有言章

莊仲問「莫之致而至者，命也」。曰：命有兩般：「得之不得曰有命」，自是一樣。「天命之謂性」，又自是一樣。雖是兩樣，却只是一箇命。文蔚問：「得之不得曰有命」，是所賦之分；「天命之謂性」，是所賦之理。曰：固是。天便如君，命便如命令，性便如職事條貫。君命這箇人去做這箇職事，其俸禄有厚薄，歲月有遠近，無非是命。天之命人，有命之以厚薄脩短，有命之以清濁偏正，無非是命。且如「舜、禹、益相去久遠」，是命之在外者；「其子之賢不肖」，是命之在內者。聖人「窮理盡性以至於命」，便能贊化育。堯之子不肖，他便不傳與子，傳與舜。本是箇不好底意思，却被他一轉，轉得好。文蔚。

問：「莫之致而至者命也。」如比干之死，以理論之，亦可謂之正命。若以氣論之，恐非正命。曰：如何恁地説得。「盡其道而死者」，皆正命也。當死而不死，却是失其正命。此等處當活看。如孟子説「桎梏而死者非正命」，須是看得孟子之意如何。且如公治長「雖在縲紲，非其罪也」。若當時公治長死於縲紲，不成説他不是正命。有罪無罪，在我而已。古人所以殺身以成仁。且身已死矣，又成箇甚底？直是要看此處。孟子謂「舍生取義」，又云「志士不忘在溝壑，勇士不忘喪其元」。學者須是於此處見得定，臨利害時，便將自家斬剉了，也須壁立萬仞始得。而今人有小利害，便生計較，説道恁地死非正命，如何得。賜。○夔孫録云：「問：人或死於干戈，或死於患難，如比干之類，亦是正命乎？曰：固是正命。問：以理論之，則謂之正命。以死生論之，則非正命。曰：如何恁地説得。」下同。

問：「外丙二年，仲壬四年」，先生兩存趙氏、程氏之説，則康節之説亦未可據耶？曰：也怎生便信得他。又問：如此，則堯即位於甲辰，亦未可據也？曰：此却據諸歷書如此説，恐或有之，然亦未可必。問：若如此，則二年、四年亦可推矣。曰：却爲中間年代不可紀，自共和以後方可紀，則湯時自無由可推。此類且當闕之，不必深考。廣。

問：「外丙二年，仲壬四年」，二説孰是？曰：今亦如何知得？然觀外丙、仲壬，必是立二年、四年，不會不立。如今人都被《書序》誤，《書序》云：「成湯既没，太甲元年」，故以爲外丙、仲壬不曾立。殊不知《書序》是後人所作，豈可憑也。子蒙。

問伊尹以割烹要湯章

問竇從周云：如何是伊尹樂堯、舜之道？竇對以「飢食渴飲，鑿井耕田，自有可樂」。曰：龜山答胡文定書是如此説，要之不然。須是有所謂「堯舜之道」，如《書》云

「人心惟危，道心惟微，惟精惟一，允執厥中」，此便是堯、舜相傳之道。如「克明俊德，以親九族」至「協和萬邦，黎民於變時雍」，如「欽明文思」「温恭允塞」之類，伊尹在莘郊時，須曾一一學來，不是每日只耕鑿食飲過了。德明問：看伊尹升陑之事，亦是曾學兵法。曰：古人皆如此。如東漢李膺爲度遼將軍，必是曾親履行陳。賓問：傅説版築，亦讀書否？曰：不曾讀書，如何有《説命》三篇之文？舜居深山之中，與木石居，與鹿豕遊，後來乃能作「股肱元首」之歌。便如顔子，亦大段讀書。其問爲邦，夫子告以「行夏之時，乘殷之輅，服周之冕，樂則《韶》舞」。顔子平時於四代禮樂、《夏小正》之類，須一一曾理會來。古人詳於禮樂之事，當時自有一種書，後世不得而見。如孟子説葛伯事，以爲「有童子以黍肉餉，殺而奪之」，便是孟子時有此等書。今《書》中只有「葛伯仇餉」一句。上古無書可讀，今既有書，亦須是讀，此由博以反約之義也。德明。

問：「伊尹樂堯、舜之道」，《集注》作「誦其詩，讀其書」，乃是指其實事而言？曰：然。或謂耕田鑿井，便是堯、舜之道，此皆不實。不然，何以有「豈若吾身親見之哉」一句？若是不着實，只是脱空。今人有一等杜撰學問，皆是脱空狂妄，不濟一錢事。如「天下歸仁」，只管自説「天下歸仁」，須是天下説歸仁方是。「非禮勿視，非禮勿聽，非禮勿言，非禮勿動」只管去説，到念慮起處却又是非禮。此皆是妄論。子韶之學正如此。須是「居處恭，執事敬」、「坐如尸，立如齊」方是禮，不然便不是禮。履孫。

龜山說「伊尹樂堯、舜之道」云：「日用飲食，出作入息，便是樂堯、舜之道。」這箇似說得渾全，却不思他下面說「豈若吾身親見之哉」，這箇便是真堯、舜，却不是泛說底道皆堯、舜之道。如論「文、武之道未墜於地」，此亦真箇指文、武之道。而或者便說日用間皆是文、武之道，殊不知聖賢之言自實。後來如莊子便說「在坑滿坑，在谷滿谷」。及佛家出來，又不當說底都說了。佐。

理不外物，若以物便爲道，則不可。如龜山云：「寒衣飢食，出作入息，無非道。『伊尹耕於有莘之野，以樂堯、舜之道』。夫堯、舜之道，豈有物可玩哉？即『耕於有莘之野』是已。」恁地說，却有病。物只是物，所以爲物之理，乃道也。閎祖。

龜山以飢食渴飲便是道，是言器而遺道，言物而遺則也。燾。

伊尹是二截人，方其耕于莘野，若將終身焉，是一截人；及湯三聘，翻然而往，便以天下之重爲己任，是一截人。燾。

伊尹之耕於莘也，傅說之築於傅巖也，太公之釣於渭濱也，其於天下，非事事而究其利病也，非人人而訪其賢否也，明其在己者而已矣。及其得志行乎天下，舉而措之而已。𥗽。

伊尹、孔明必待三聘三顧而起者，踐坤順也。

先知者，因事而知；先覺者，因理而覺。知者因事因物皆可以知，覺則是自心中有所覺悟。敬仲。

「先覺」、「後覺」之覺，是自悟之覺，似《大學》說「格物致知」豁然貫通處。今人知得此事，講解得這箇道理，皆知之之事。及其自悟，則又自有箇見解處。「先知覺後知，先覺覺後覺」，中央兩箇「覺」字皆訓喚醒，是我喚醒他。僩。

行夫問「覺」。曰：程子云：「知是知此事，覺是覺此理。」蓋知是知此一事，覺是忽然自理會得。又問「思曰睿」。曰「視曰明」，是視而便見之謂明；「聽曰聰」，是聽而便聞之謂聰；「思曰睿」，是思而便通謂之睿。道夫。

問或謂孔子於衛章

「進以禮」，揖讓辭遜；「退以義」，果決斷割。閎祖。

論「進以禮，退以義」曰：三揖而進，一辭而退。道夫。

萬章下

伯夷目不視惡色章

厚之問：三聖事，是當初如此，是後來如此？曰：是知之不至。三子不惟清不能和，和不能清，但於清處、和處亦皆過。如射者皆中，而不中鵠。某問：既是如此，何以爲聖人之清、和？曰：却是天理中流出，無駁雜。雖是過當，直是無纖豪查滓。曰：三子是資禀如此否？曰：然。可學。

問：伯夷、下惠、伊尹謂之清、和、任，孟子云「皆古聖人」，如何？曰：清、和、任，已合於聖人。問：如孟子言，只是得一節。曰：此言其所得之極耳。可學。

夷清惠和，皆得一偏，他人學之，便有

隘、不恭處。使懦夫學和，愈不恭；鄙夫學清，愈隘也。「可爲百世師」，謂能使薄者寬，鄙者敦，懦者立。「君子不由」，不由其隘與不恭。謨。

或問：如伯夷之清而「不念舊惡」，柳下惠之和而「不以三公易其介」，此其所以爲聖之清、聖之和也，但其流弊則有隘與不恭之失。曰：這也是諸先生恐傷觸二子，所以説流弊。今以聖人觀二子，則二子多有欠闕處。才有欠闕處，便有弊。所以孟子直説他隘與不恭，不曾説其末流如此。如「不念舊惡」、「不以三公易其介」，固是清、和處。然十分只救得一分，救不得那九分清、和之偏處了，如何避嫌，只要回互不説得。大率前輩之論多是如此。堯、舜之禪授，湯、武之放伐，分明有優劣不同，却要都回護教一般，少間便説不行。且如孔子謂「《韶》盡美矣，又盡善也」、「《武》盡美矣，未盡善也」，分明是武王不及舜。文王「三分天下有其二，以服事殷」，武王勝殷殺紂，分明是不及文王。泰伯「三以天下讓，其可謂至德也矣」，分明太王有剪商之志，是太王不及泰伯。蓋天下有萬世不易之常理，又有權一時之變者。如「君君、臣臣、父父、子子」，此常理也。有不得已處，即是變也。然畢竟還那常理底是。今却要以變來壓着那常底説，少間只見説不行，説不通了。若是以常人去比聖賢，則説是與不是不得。若以聖賢比聖賢，則自有是與不是處，須與他分箇優劣。今若隱避回互不説，亦不可。又云：如「可與立」、「可與權」，若能「可與立」時固是好，然有不得已處，只得用權。蓋用權是聖人不得已處，那裏是聖人要如此。又問：堯、舜揖遜雖是盛德，亦是不得已否？曰：然。燾。

敬之問伊尹之任。曰：伊尹之任是「自任以天下之重」，雖云「禄之天下弗顧」，「繫馬千駟弗視」，然終是任處多。如柳下惠「不以三公易其介」，固是介，然終是和處多。恪。

敬之問：「伊尹聖之任」，非獨於「自任以天下之重」處看，如所謂「禄之以天下弗顧，繫馬千駟弗視，非其義，非其道，一介不以與人，一介不以取諸人」，這般也見得任處。曰：不要恁底看。所謂任，只就他「治亦進，亂亦進」處看，其「自任以天下之重」如此。若如公説，却又與伯夷之清相類。問：聖人若處伊尹之地，如何？曰：夫子若處此地，自是不同，不如此着意。或問：伊尹「治亦進，亂亦進」，「無可無不可」，似亦可以爲聖之時？曰：伊尹終是有任底意思在。賀孫。

問：伊川云「伊尹終有任底意思在」，謂他有擔當作爲底意思，只這些意思，便非夫子氣象否？曰：然。然此處極難看，且放那裏，久之看道理熟自見，强説不得。若謂伊尹有這些意思在爲非聖人之至，則孔、孟皇皇汲汲，去齊、去魯，之梁、之魏，非無意者，其所以異伊尹者何也。僩。

問：孔子時中，所謂隨時而中否？曰：然。問：三子之德，各偏於一，亦各盡其一德之中否？曰：非也。既云偏，則不得謂之中矣。三子之德，但各至於一偏之極，不可謂之中。如伯夷「雖有善其辭命而至者，不受也」，此便是偏處。若善其辭命而至，受之亦何妨？只觀孔子便不然。問：既云一偏，何以謂之聖？曰：聖只是做到極至處，自然安行，不待勉强，故謂之聖。聖，非中之謂也。所謂「智譬則巧，聖譬則力。猶射於百步之外，其至，爾力也；其中，非爾力也」。中，便是中處。如顏子之學，則已知夫中處，但力未到耳，若更加之功，則必中矣。蓋渠所知已不差也。如人學射，發矢已直而未中者，人謂之「箭苗」，言其已善發箭。雖未至的，而必能中的。若更開拓，則必能中也。僩云：顏子則已知中處而力未至，三子力有餘而不知中處否？曰：然。僩。

問孔子「集大成」。曰：孔子無所不該，無所不備，非特兼三子之所長而已。但與三子比並說時，亦皆兼其所長。問：始終條理，如所謂「始作，翕如也」，「皦如也，繹如也，以成」之類否？言「八音克諧，不相奪倫」，各有條理脈絡也。曰：不然。條理脈絡如一把草，從中縛之，上截爲始條理，下截爲終條理。若上截少一莖，則下截亦少一莖。上截不少，則下截亦不少，此之謂始終條理。又問：「始條理者智之事，終條理者聖之事。」功夫緊要處，全在「智」字上。三子所以各極於一偏，緣他合下少却致知工夫，看得道理有偏，故其終之成也，亦各至於一偏之極。孔子合下盡得致知工夫，看得道理周遍精切，無所不盡，故其德之成也，亦兼該畢備，而無一德一行之或闕。故《集注》云：「所以偏者，由其蔽於始，是以闕於終。所以全者，由其知之至，是以行之盡。」「智譬則巧，聖譬則力。」「三子則力有餘而巧不足」，何以見之？只觀其清、和之德，行之便到其極，無所勉强，所以謂之聖。使其合下工夫，不倚於一偏，安知不如孔子也？曰：然。更子細看。僩。

問：「孔子之謂集大成」，此一節在「知」、「行」兩字上面。源頭若見得偏了，便徹底是偏。源頭若知得周匝，便下來十全而無虧。所謂始終條理者，《集注》謂「條理猶言脉絡」，莫是猶一條路相似，初間下步時纔差，便行得雖力，終久是差否？曰：始條理，猶箇絲線頭相似。孔子是挈得箇絲頭，故許多條絲都在這裏。三子者，則是各拈得一邊耳。問：孟子又以射譬喻，最親切。孔子是望得那準的正了，又發得正，又射得到，故能中、能至。三子者，是望得箇的不正，又發得不正，故雖射得到，只是不中耳。然不知有望得正，發得正，而射不至者否？曰：亦有之。如所謂「遵道而行，半塗而廢」者是也。如顔子却是會恁地去，只是天不與之以年，故亦不能到也。時舉。

問：「金聲玉振」，舊説三子之偏，在其初不曾理會得許多洪纖高下，而遽以玉振之。今又却以「金聲玉振」盡爲孔子事，而三子無與，如何？曰：孟子此一句只是專指孔子而言，若就三子身上説，則三子自是失於其始，所以虧於其終。所謂「聖之清」，只是就清上聖；所謂「聖之和」，只是就和上聖。「聖之任」亦然。蓋合下便就這上面徑行將去，更不回頭，不自覺其爲偏也。所以偏處，亦只是有些私意，却是一種義理上私意。見得這清、和、任是箇好道理，只管主張這一邊重了，亦是私意。謨。

問：三子之清、和、任於金聲亦得其一，而玉振亦得其一否？曰：金聲玉振，只是解集大成。聲，猶「聲其罪」之聲。古人作樂，擊一聲鍾，衆音遂作。又擊一聲鍾，衆音又齊作。金所以發衆音，末則以玉振之，所以收合衆音在裏面。三子亦有金聲玉振，但少爾，不能管攝衆音。蓋伯夷合下只見得清底，其終成就亦只成就得清底。伊尹合下只見得任底，其終成就亦只成就得任底。下惠合下只見得和底，其終成就亦只成就得和底。淳。

至之問「金聲玉振」。先生因説及樂：金聲初打聲高，其後漸低，於衆樂之作，必以此聲之。玉聲先後一般，初打恁地響，到住時也恁地響。❶但玉聲住時，截然便住，於衆樂之終，必以此振之。賀孫。

「金聲玉振」。金聲有洪殺，始震終細。玉聲則始終如一，叩之其聲詘然而止。僩。

「金聲玉振」一章甚好。然某亦不見作樂時如何，亦只是想象説。兒寬：「金聲者，考其條貫之是非；玉振者，斷而歸一。」節。

或問「始終條理」章。曰：「集義」一段便緊要。如這一段未理會，也未害。如今樂之始作，先撞鐘，是金聲之也；樂終擊磬，是玉振之也。始終如此，而中間乃大合樂，六律、五聲、八音一齊莫不備舉。孟子以此譬孔子，如伯夷「聖之清」，伊尹「聖之任」，柳下惠「聖之和」，都如樂器有一件相似。是金聲底，從頭到尾只是金聲；是玉聲底，從頭到尾只是玉聲；是絲竹聲底，從頭到尾只是絲竹之聲。賀孫。

問「始終條理」。曰：條理，條目件項也。始終條理本是一件事，但是上一截爲始，下一截爲終。始是知，終是行。節。

始條理是致知，終條理是力行。如《中庸》説「博學」、「審問」、「謹思」、「明辨」，與

❶「住」，萬曆本作「作」。

《大學》「物格」、「知至」，這是始條理。如「篤行」與「誠意」、「正心」、「脩身」以下，這是終條理。賀孫。

敬之問：「智譬則巧，聖譬則力」，此一章，智却重。曰：以緩急論，則智居先。若把輕重論，則聖爲重。且如今有一等資質好底人，忠信篤實，却於道理上未甚通曉，又有一樣資質淺薄底人，却自會曉得道理，這須是還資質忠厚底人做重始得。賀孫。

問「聖知」。曰：知是知得到，聖是行得到。蓋卿。

問「巧力」。曰：伯夷、伊尹、柳下惠力已至，但射不親。❶ 孔子則既聖且智，巧力兼全。故孔子箭箭中的，三子者皆中垜也。大雅。

黄子功問：「其至爾力，其中非爾力」，還是三子只有力無智否？曰：不是無智。知處偏，故至處亦偏。如孔子則箭箭中紅心，三子則每人各中一邊。緣他當初見得偏，故至處亦偏。子功曰：如此，則三子不可謂之聖。曰：不可謂之聖之大成，畢竟那清是聖之清，和是聖之和，雖使聖人清、和亦不過如此。顏子則巧處功夫已至，點點皆可中，但只是力不至耳。使顏子力至，便與孔子一般。文蔚。

問：「集大成」章以智比聖，智固未可以言聖。然孟子以智譬巧，以聖譬力，力既不及於巧，則是聖必由於智也，明矣。而尹和靖乃曰「始條理」者猶可以用智，「終條理」則智不容於其間矣。則是以聖智淺深而言，與孟子之意似相戾。惟伊川引《易》

❶ 「親」，萬曆本作「巧」。

「知至至之，知終終之」，其意若曰：夫子所以能集三子而大成者，由其始焉知之之深也。蓋知之至，行之必至。三子之智，始焉知之未盡，故其後行之雖各極其至，終未免各失於一偏。非終條理者未到，以其始條理者已差之矣。不知伊川之意是如此否？曰：甚好。金聲者，洪纖高下有許多節目；玉振者，其始末如一。兒寬亦引金聲玉振，欲天子自致其知。是時未有《孟子》之書，此必古曲中有此語。非孟子知德之奥，焉能語此。去僞。

或問：「玉振金聲」，伊川以喻始終。或者之意，以此有變有不變。其説孰是？曰：二説相關，不可偏廢。金聲固是喻其始，然始則有變。玉振固是喻其終，至終則無變也。去僞。

北宫錡問曰章

問：孟子所答周室班爵禄與《周禮》、《王制》不同，不知孰是？❶曰：此也難考，然畢竟《周禮》底是。蓋《周禮》是箇全書，經聖人手作，必不會差。孟子之時，典籍已散亡，想見没理會。何以言之？太公所封，「東至于海，西至于河，南至于穆陵，北至于無棣」。穆陵，今近徐州。無棣，今棣州也。這中間多少闊，豈止百里。《孟子》説「太公之封於齊也，❷地非不足也，而儉於百里」，恐也不然。又問：天子六卿，諸侯大國三卿，次國二卿，小國孤卿。一國之土

❶「不知孰是」四字，原脱，今據朝鮮本補。
❷「也」下，朝鮮本有「亦爲方百里也」六字。

地爲卿、大夫、士分了，國君所得殊不多。曰：「君十卿禄」，禄者，猶今之俸禄，蓋君所得得爲私用者。至於貢賦賓客、朝覲祭饗、交聘往來，又别有財儲爲公用，非所謂禄也。如今之太守既有料錢，至於貢賦公用，又自别有錢也。僩。

問：百畝之田，可食九人，其次八人、七人，又其次六人、五人，此等差别是地有肥瘠耶，抑糞灌之不同耶？曰：皆人力之不同耳，然亦大約如此。緣有此五等之禄，故百畝所食有此五等。問：府、史、胥、徒，不知皆民爲之，抑别募游手爲之？曰：不可曉，想只是民爲之。然府、史、胥、徒各自有禄以代耕，則又似别募游手矣。以《周禮》考之，人數極多，亦安得許多閑禄給之？某嘗疑《周禮》一書，亦是起草，未曾得行。❶蓋左氏所紀當時官號職位甚詳，而未嘗及於府、史、胥、徒，則疑其方出於周公草定之本而未經施行也。使其有之，人數極多，何不略見於他書？如至没要緊職事，亦破人甚多，❷不知何故。但嘗觀自漢以來，及前代題名碑所帶人從胥吏亦甚多，又不知如何，皆不可曉。僩。

孟子論三代制度，多與《周禮》不合。蓋孟子後出，不及見王制之詳，只是大綱約度而説。廣。

萬章曰敢問交際章

「殷受夏，周受殷，所不辭也。」言受天下而不辭，則舜受天下不爲泰。「於今爲

❶「行」下，朝鮮本有「何以知之」四字。
❷「破」，萬曆本作「説」。

烈」，是暴烈之烈，如「宣王承厲王之烈」。人傑。

「爲之兆也。」兆是事之端，猶縫罅也。僩。

問：孔子「於季桓子見行可之仕」。孔子仕於定公而言桓子，何也？曰：當時威子執國柄，定公亦自做主不起。孔子之相，皆由桓子。受女樂，孔子便行矣。如陳常弒齊君，孔子沐浴而告魯公，又告桓子，事勢可見。

問：墮三都，季氏何以不怨？曰：季氏是時自不奈陪臣何，故假孔子之力以去之。及既墮三都，而三桓之勢遂衰。所以桓子甚悔，臨死謂康子曰：「使仲尼之去，而魯不終治者，由我故也。」正如五代羅紹威，不奈魏博牙軍何，假朱温之勢以除之。既除牙軍，而魏博之勢大弱，紹威大悔，正此類也。孔子是時也失了這機會，不曾做得成。僩。

子升問孔子仕季氏之義。曰：此亦自可疑，有難說處。因言：三家後來亦被陪臣撓，也要得夫子來整頓，孔子却因其機而爲之，如墮邑之事。若漸漸掃除得去，其勢亦自削弱，可復正也。孟氏不肯墮成，遂不能成功。因說：如今且據史傳所載，亦多可疑處。如魯國司徒、司馬、司空之官乃是三家世爲之，不知聖人如何得做司寇？又問：群弟子皆仕家臣，聖人亦不甚責之。曰：當時列國諸臣皆世其官，無插手處，故諸子不擇地而爲之耳。木之。

仕非爲貧章

說「位卑而言高，罪也」。曰：此只是說爲貧而仕。聖賢在當時，只要在下位，不當言責之地，亦是聖賢打乖處。若是合言處，便須當説，非是教人都不得言。若「立乎人之本朝而道不行」，則耻矣，故「辭尊居卑，辭富居貧」。畬。

「位卑而言高，罪也」。以君臣之分言之，固是如此。然時可以言而言，亦豈得謂之出位？曰：前世固有草茅韋布之士獻言者，然皆有所因，皆有次第，未有無故忽然犯分而言者。縱言之，亦不見聽，徒取辱爾。若是明君，自無壅蔽之患，有言亦見聽。不然，豈可不循分而徒取失言之辱哉。如《史記》説商鞅、范雎之事，彼雖小人，然言皆有序，不肯妄發。商鞅初説孝公以帝道，次以王道，而後及霸道。彼非能爲帝王之事也，特借是爲漸進之媒，而後吐露其胸中之所欲言。先説得孝公動了，然後方深説。范雎欲奪穰侯之位以擅權，未敢便深説穰侯之惡，先言外事以探其君，曰「穰侯越韓、魏而取齊之剛壽，非計也」。昭王信之，然後漸漸深説。彼小人之言尚有次序如此，君子之言豈可妄發也。某嘗説，賈誼固有才，文章亦雄偉，只是言語急迫，失進言之序，看有甚事，都一齊説了，宜絳、灌之徒不説，而文帝謙讓未遑也。且如一間破屋，教自家修，須有先後緩急之序。不成一齊拆下，雜然並修？看他會做事底人便別，如韓信、鄧禹、諸葛孔明輩，無不有一定之規模，漸漸做將去，所以所爲皆卓然有成。這樣人方是有定力，會做事。如賈誼胸次終是閙，着事不得，有些子在心中，盡要迸出來，只管跳躑爆趠不已，如乘生駒相似，制御他未下，所以言語無序，而不能有所爲也。《易》曰：「艮其輔，言有序，悔亡。」聖人之意可見矣。僩。

萬章問士不託諸侯章

至之問：孟子所以出處、去就、辭受，都從「義路也，❶禮門也，惟君子能由是路，出入是門也」做出。曰：固是不出此二者。然所謂義，所謂禮，裏面煞有節目。至録云：「其中豪釐必辨。」如「往役，義也；往見，不義也」，「周之則受，賜之則不受」之類，便都是義之節目。如云「廩人繼粟，庖人繼肉，不以君命將之」之類，都是禮之節目，此便是禮。「以君命將之」，「使己僕僕爾亟拜」也，便不是禮。又如「於齊，王餽兼金一百而不受。於宋，餽五十鎰而受。❷於薛，餽七十鎰而受」，❸這箇都有箇則，❹都有義。君子於細微曲折，一一都要合義，所以《易》中説「精義入神，以致用也」。義至於精，則應事接物之間，無一非義。不問小事、大事，千變萬化，改頭換面出來，自家應副他如利刀快劍相似，迎刃而解，件件剖作兩片去。孟子平日受用，便是得這箇氣力。今觀其所言所行，無不是這箇物事。初見梁惠王，劈初頭便劈作兩邊去。賀孫。○至録云：孟子是義精，所以不放過。義是一柄利刀，凡事到面前便割成兩片，所以精之。❺集義者，蓋豪釐微細處各有義。❻「精義入神以致用也」。所以要「精義入神」者，蓋欲「以致用也」。

❶「義路也，禮門也」，原作「禮門也，義路也」，今據《孟子·萬章下》改。
❷「五」，《孟子·公孫丑下》作「七」。
❸「七」，《孟子·公孫丑下》作「五」。
❹「都有箇」三字，朝鮮本無。
❺「精」，朝鮮本作「謂」，則「所以謂之」當屬下。
❻「處」字，原脱，今據朝鮮本補。

朱子語類卷第五十九 計三十八板

孟子九

告子篇

性猶杞柳章

問：告子謂「以人性爲仁義，猶以杞柳爲桮棬」，何也？曰：告子只是認氣爲性，見得性有不善，須拗他方善。此惟是程先生斷得定，所謂「性即理也」。至。

孟子與告子論杞柳、桮棬處，❶大概只是言杞柳、桮棬不可比性與仁義。杞柳必矯揉而爲桮棬，性非矯揉而爲仁義。孟子辯告子數處，皆是辯倒着告子便休，不曾説盡道理。節。

桮棬，想如今卷杉台子模樣。杞柳只是而今做合箱底柳，北人以此爲箭，謂之柳箭，即蒲柳也。義剛。

性猶湍水章

人性無不善，雖桀、紂之爲窮凶極惡，也知此事是惡，恁地做不奈何，此便是人欲奪了。銖。

生之謂性章

生之謂氣，生之理謂性。閎祖。

❶「桮棬」二字，原脱，今據朝鮮本補。

性，孟子所言理，告子所言氣。同。

問「生之謂性」。曰：告子只説那生來底便是性，手足運行，耳目視聽，與夫心有知覺之類。他却不知生便屬氣稟，自氣稟而言，人物便有不同處。若説「理之謂性」則可，然理之在人在物，亦不可做一等説。植。

問「生之謂性」。曰：他合下便錯了。他只是説生處，精神魂魄，凡動用處是也。正如禪家説「如何是佛」？曰：「見性成佛。」「如何是性？」曰：「作用是性。」蓋謂目之視、耳之聽、手之捉執、足之運奔皆性也。説來説去，只説得箇形而下者。故孟子闢之曰：「『生之謂性』也，猶白之謂白歟？」又闢之曰：「犬之性猶牛之性，牛之性猶人之性歟？」三節語猶戲謔。然只得告子不知所答，便休了，竟亦不曾説得性之本體是如何。或問：董仲舒言「性者生之質也」。曰：其言亦然。大雅。

飛卿問：「生之謂性」，莫止是以知覺運動爲性否？曰：便是。此正與「食色性也」同意。孟子當時辯得不恁地平鋪，就他蔽處撥啓他，却一向窮詰他，止從那一角頭攻將去，所以如今難理會。若要解，煞用添言語。犬、牛、人，謂其得於天者未嘗不同。惟人得是理之全，至於物，止得其偏。今欲去犬、牛身上全討仁義，便不得。告子止是不曾分曉道這子細，到這裏説不得。却道天下是有許多般性，牛自是牛之性，馬自是馬之性，犬自是犬之性，則又不是。又曰：所以謂「性即理」，便見得惟人得是理之全，物得是理之偏。告子止把生爲性，更不説及理。孟子却以理言性，所以見人物之辨。賀孫。

「生之謂性」，只是就氣上説得。蓋謂人也有許多知覺運動，物也有許多知覺運動，人、物只一般。却不知人之所以異於物者，以其得正氣，故具得許多道理。如物，則氣昏而理亦昏了。或問：如螻蟻之有君臣，喬梓之有父子，此亦是理？曰：他只有這些子，不似人具得全，然亦不知如何只是這幾般物具得些子。或曰：恐是元初受得氣如此，所以後來一直是如此。曰：是氣之融結如此。燾。

告子説「生之謂性」，二程都説他説得是，只下面接得不是。若如此説，却如釋氏言「作用是性」，乃是説氣質之性，非性善之性。文蔚問：「形色天性」如何？曰：此主下文「惟聖人可以踐形」而言。因問：孔子言「性相近也，習相遠也」，亦是言氣質之性？王德修曰：據某所見，此是孔子爲陽貨而説。人讀《論語》，多被「子曰」字隔，上下便不接續。曰：若如此説，亦是説氣質之性。文蔚。

犬、牛稟氣不同，其性亦不同。節。

問：犬、牛之性與人之性不同，天下如何解有許多性？曰：人則有孝悌忠信，犬、牛還能事親孝、事君忠也無？問：廉溪作《太極圖》，自太極以至萬物化生只是一箇圈子，何嘗有異？曰：人、物本同，氣稟有異，故不同。又問：「是萬爲一，一實萬分」，又如何説？曰：只是一箇，只是氣質不同。問：《中庸》説：「能盡其性，則能盡人之性；能盡人之性，則能盡物之性。」何故却將人、物衮作一片説？曰：他説「能盡其性，則能盡人之性；能盡人之性，則重聲言兩「則」字。能盡物之性」，初未嘗一片説。節。

或說告子「生之謂性」章。曰：說得也是，不須別更去討說，只是子細看，子細認分數，各有隊伍，齊整不紊，始得。今只是恁地說過去，被人詰難，便說不得。知覺運動，人物皆異，而其中却有同處。仁義禮智是同，而其中却有異處。須是子細與看，梳理教有條理。又曰：物也有這性，只是稟得來偏了，這性便也隨氣轉了。又曰：畜獸稟得昏塞底氣，然間或稟得些小清氣，便也有明處，只是不多。義剛。

因說「生之謂性」曰：既知此說非是，便當曳翻看何者爲是，即道理易見也。閎祖。

孟子闢告子「生之謂性」處，亦傷急。要他倒，只就他言語上拶將去，己意却不曾詳說。非特當時告子未必服，後世亦未能便理會得孟子意也。僴。

孟子答告子「生之謂性」與孟季子「敬叔父乎，敬弟乎」兩段語，終覺得未盡，却是少些子直指人心、見性成佛底語。空如許撈攘重複，不足以折之也。只有「長者義乎，長之者義乎」此二語折得他親切。僴。

食色性也章

衆朋友說「食色性也」，先生問：告子以知覺處爲性，如何與「彼長而我長之」相干？皆未及對。先生曰：告子只知得人心，却不知有道心。他覺那趨利避害，飢寒飽煖等處，而不知辨別那利害等處正是本然之性，所以道「彼長而我長之」，蓋謂我無長彼之心，由彼長，故不得不長之，所以指義爲外也。義剛。

問：告子已不知性，如何知得仁爲內？曰：他便以其主於愛者爲仁，故曰內。以其制是非者爲義，故曰外。又問：他說義固不是，說仁莫亦不是？曰：固然。可學。

告子謂仁愛之心自我而出，故謂之內；食色之可甘可悅，由彼有此，而後甘之悅之，故謂之外。又云：上面「食色性也」自是一截，下面「仁內」「義外」自是一截，故孟子辨告子只謂「何以謂仁內義外也」，愛便是仁之心，宜處便是義。又云：「彼白而我白之」，言彼是白馬，我道這是白馬。如着白衣服底人，我道這人是着白，言之則一。若長馬、長人則不同：長馬則是口頭道箇老大底馬。若長人，則是誠敬之心發自於中。推誠而敬之，所以謂內也。子蒙。

「白馬之白也，無以異於白人之白也。」看來孟子此語，答之亦未盡。謂白馬、白人不異，亦豈可也。畢竟「彼白而我白之」，我以爲白，則亦出於吾心之分別矣。僩。

李時可問「仁內義外」。曰：告子此說固不是。然近年有欲破其說者，又更不是。謂義專在內，只發於我之先見者便是。如「夏日飲水，冬日飲湯」之類是已。若在外面商量，如此便不是義，乃是「義襲」。其說如此，然不知飲水、飲湯固是內也。如「先酌鄉人」與「敬弟」之類，若不問人，怎生得知？今固有人素知敬父兄，而不知鄉人之在所當先者；亦有人平日知弟之爲卑，而不知其爲尸之時，乃祖宗神靈之所依，不可不敬者。若不因講問商量，何緣會自從裏面發出？其說乃與佛氏「不得擬議，不得思量，直下便是」之說相似，此大害理。又說「義襲」二字全不是如此，都把文義說錯了。只細看孟子之說，便自可見。時舉。

性無善無不善章

告子曰：「性無善無不善也。」或曰：「性可以爲善，可以爲不善。」或曰：「有性善，有性不善。」此三者雖同爲説氣質之性，然兩「或」之説猶知分别善惡，使其知以性而兼言之，則無病矣。惟告子「無善無不善」之説最無狀。他就此無善無惡之名渾然無所分别，雖爲惡爲罪，總不妨也。與今世之不擇善惡而顛倒是非稱爲本性者，何以異哉？ 僩。

告子説「性無善無不善」，非惟無善，并不善亦無之。謂性中無惡則可，謂無善則性是何物？ 節。

「性無善無不善」，告子之意謂這性是不受善、不受惡底物事。「受」字饒本作「管」。他説「食色性也」，便見得他只道是手能持、足能履、目能視、耳能聽便是性。釋氏説「在目曰視，在耳曰聞，在手執捉，在足運奔」，便是他意思。 植。

「乃若其情，則可以爲善。」性無定形，不可言。孟子亦説「天下之言性者，則故而已矣」。情者，性之所發。 節。

問「乃若其情」。曰：性不可説，情却可説。所以告子問性，孟子却答他情。蓋謂情可爲善，則性無有不善。所謂「四端」者，皆情也。仁是性，惻隱是情。惻隱是仁發出來底端芽，如一箇穀種相似，穀之生是性，發爲萌芽是情。所謂性，只是那仁義禮知四者而已。四件無不善，發出來則有不善，何故？ 殘忍便是那惻隱反底，冒昧便是那羞惡反底。 植。

問「乃若其情，則可以爲善矣」。曰：

孟子道性善，性無形容處，故説其發出來底，曰「乃若其情，可以爲善」，則性善可知。「若夫爲不善，非才之罪也」，是人自要爲不善耳，非才之不善也。情本不是不好底。李翺滅情之論，乃釋老之言，程子「情其性，性其情」之説，亦非全説情不好也。璘。

德粹問：孟子道性善，又曰「若其情，可以爲善」，是如何？曰：且道性、情、才三者是一物，是三物？德粹云：性是性善，情是反於性，才是才料。曰：情不是反於性，乃性之發處。性如水，情如水之流。情既發，則有善有不善，在人如何耳。才則可爲善者也，彼其性既善，則其才亦可以爲善。今乃至於爲不善，是非才如此，乃自家使得才如此，故曰「非才之罪」。某問：下云惻隱、羞惡、辭遜、是非之心，亦是情否？曰：是情。舜功問：才是能爲此者，如今人曰才能？曰：然。李翺「復性」則是，云「滅情以復性」則非。情如何可滅？此乃釋氏之説，陷於其中不自知。不知當時曾把與韓退之看否？可學。

問：孟子言情、才皆善，如何？曰：情本自善，其發也未有染污，何嘗不善。才只是資質，亦無不善。譬物之白者，未染時只是白也。德明。

孟子論才亦善者，是説本來善底才。淳。

孟子言才，不以爲不善。蓋其意謂善，性也，只發出來者是才。若夫就氣質上言，才如何無善惡？端蒙。

問：孟子論才專言善，何也？曰：才本是善，但爲氣所染，故有善、不善，亦是人不能盡其才。人皆有許多才，聖人却做許多事，我不能做得些子出，故孟子謂「或相倍蓰而無算者，不能盡其才者也」。砥。

或問：「不能盡其才」之意如何？曰：才是能去恁地做底。性本是好，發於情也只是好，到得動用去做也只是好。「不能盡其才」是發得略好，便自阻隔了，不順他道理做去。若盡其才，如盡惻隱之才，必當至於「博施濟衆」。盡羞惡之才，則必當至於「一介不以與人，一介不以取諸人」。禄之千乘弗顧，繫馬千駟弗視」。這是本來自合恁地滔滔做去，止緣人爲私意阻隔，多是略有些發動後，便遏折了。天，便似天子。命，便似將告勑付與自家。性，便似自家所受之職事，如縣尉職事便在捕盜，主簿職事便在掌簿書。情，便似去親臨這職事。才，便似去動作行移做許多工夫。邵康節《擊壤集序》云：「性者，道之形體也。心者，性之郛郭也。身者，心之區宇也。物者，身之舟車也。」賀孫。

「天生烝民，有物有則。」蓋視有當視之則，聽有當聽之則，如是而視，如是而聽，便是。不如是而視，不如是而聽，便不是。謂如「視遠惟明，聽德惟聰」。能視遠謂之明，所視不遠，不謂之明。能聽德謂之聰，所聽非德，不謂之聰。視聽是物，聰明是則。推至於口之於味，鼻之於臭，莫不各有當然之則。所謂窮理者，窮此而已。

又舉「天生烝民」，云云。孔子曰：「爲此詩者，其知道乎！故『有物』必『有則』，『民之秉彝』也，故『好是懿德』。」聖人所謂道者是如此，何嘗説物便是則。

或問：《集注》言「才猶材質」，「才」與「材」字之别如何？曰：「才」字是就理義上説，「材」字是就用上説。《孟子》上説「人見其濯濯也」，「則以爲未嘗有材」，是用木旁「材」字，便是指適用底説；「非天之降才爾殊」，便是就理義上説。又問：「才」字是以其能解作用底説，材質是合形體説否？曰：是。兼形體説，便是説那好底材。又問：如説材料相似否？曰：是。義剛。

孟子言人之才本無不善，伊川言人才所遇之有善、有不善也。道夫。

問：孟子言才與程子異，莫是孟子只將元本好處説否？曰：孟子言才正如言性，不曾説得殺，故引出荀、楊來。到程、張説出「氣」字，然後説殺了。士毅。

先生言：孟子論才是本然者，不如程子之備。蜚卿曰：然則才亦禀於天乎？曰：皆天所爲，但理與氣分爲兩路。又問：程子謂「才禀於氣」如何？曰：氣亦天也。道夫曰：理純而氣則雜。曰：然。理精一，故純；氣粗，故雜。道夫。

問孟、程所論「才」同異。曰：才只一般，能爲之謂才。問：《集注》説「孟子專指其出於性者言之，程子兼指其禀於氣者言之」，又是如何？曰：固是。要之，才只是一箇才。才之初，亦無不善，緣他氣禀有善惡，故其才亦有善惡。孟子自其同者言之，故以爲出於性。程子自其異者言之，故以爲禀於氣。大抵孟子多是專以性言，故以爲性善，才亦無不善。到周子、程子、張子，方始説到氣上。要之，須兼是二者言之方備。只緣孟子不曾説到氣上，覺得此段話無結殺，故有後來荀、楊許多議論出。韓文公亦見得人有不同處，然亦不知是氣禀之異，不妨有百千般樣不同，故不敢大段説開，只説「性有三品」。不知氣禀不同，豈三品所能盡耶。廣。

孟子説才，皆是指其資質可以爲善處。伊川所謂「才禀於氣，氣清則才清，氣濁則才濁」，此與孟子説才小異，而語意尤密，不可不考。「乃若其情」，「非才之罪也」，以「若」訓順者，未是。猶言如論其情，非才之罪也。蓋謂情之發有不中節處，不必以爲才之罪爾。退之論才之品有三，性之品有五，其説勝荀、楊諸公多矣。説性之品，便以仁義禮智言之，此尤當理。説才之品，若如此推究，則有千百種之多。姑言其大概如此，正是氣質之説，但少一箇「氣」字耳。伊川謂「論氣不論性，不明；論性不論氣，不備」，正謂如此。如性習遠近之類，不以氣質言之不可，正是二程先生發出此理，濂溪論太極便有此意。漢魏以來，忽生文中子，已不多得。至唐有退之，所至尤高。大抵義理之在天地間，初無泯滅。今世無人曉此道理，他時必有曉得底人。

金問：公都子問性，首以情對，如曰「乃若其情，則可以爲善矣」是也。次又以才對，如曰「若夫爲不善，非才之罪」是也。繼又以心對，如曰「惻隱」、「羞惡」之類是也。其終又結之曰「或相倍蓰而無算者，不能盡其才者也」。所問者性，而所對者曰才、曰情、曰心，更無一語及性，何也？明道曰：禀於天爲性，感爲情，動爲心。伊川則又曰：自性之有形者謂之心，自性之動者謂之情。如二先生之説，則情與心皆自夫一性之所發。彼問性而對以情與心，則不可謂不切所問者。然明道以動爲心，伊川以動爲情，自不相侔，不知今以動爲心是耶，以動爲情是耶？或曰：情對性言，静者爲性，動者爲情。是説固然也。今若以動爲情是，則明道何得却云「感爲情，動爲心」哉？横渠云「心統性、情者也」。既是心統性、情，伊川何得却云「自性之有形者謂之心，自性之有動者謂之情」耶？如伊川所言，却是性統心、情者也。不知以心統性、情爲是耶，性統心、情爲是耶？此性、情、心三者，未有至當之論也。至若伊川論才，則與孟子立意不同。孟子此章言才處，有曰「非才之罪也」，又曰「不能盡其才者也」，又曰「非天之降才爾殊也」，又曰「以爲未嘗有才焉」。如孟子之意，未嘗以才爲不善。而伊川却説「才有善、有不善」，其言曰「氣清則才善，氣濁則才惡」，又曰「氣清則才清，氣濁則才濁」。意者以氣質爲才也。以氣質爲才，則才固有善不善之分也。而孟子却止以才爲善者，何也？伊川又曰：孟子言「非才之罪」者，蓋公都子正問性善，孟子且答他正意，不暇一一辨之也。審如是説，則孟子云「非天之降才爾殊」與夫「以爲未嘗有才焉」者，豈皆答公都子之正問哉？其後伊川又引萬章之問爲證，謂萬章嘗問象殺舜事，❶孟子且答他這下意，未暇與他辨完廩、浚井之非。夫完廩、浚井自是萬章不能燭理，輕信如此。孟子且答正問，未暇與他言，此猶可言也。如此篇論才處，盡是孟子自家説得如此，即非公都子之言。其曰未暇一一辨之，却是孟子自錯了，未暇辨也，豈其然乎？又説孟子既又答他正意，亦豈容有一字之錯？若曰錯了一字，不惟啓公都子之詰難，傳之後世，豈不惑亂學者哉？此又「才」之一字未有至當之論也。曰：《近思録》中一段云：「心一也，有指體而言者。」注云：「『寂然不動』是也。」「有指用而言者。」注云：「『感而遂通天下之故』是也。」夫「寂然不動」是性，「感而遂

❶「萬章」，原作「孟子」，今據賀本及《孟子·萬章上》改。

通」是情。故横渠云：「心統性、情者也。」此説最爲穩當。如前二先生説話，恐是記録者誤耳。如明道「感爲情，動爲心」，感與動如何分得？若伊川云「自性而有形者謂之心」，某直理會他説不得。以此知是門人記録之誤也。若孟子與伊川論才，則皆是。孟子所謂才，止是指本性而言，性之發用無有不善處。如人之有才，事事做得出來。一性之中，萬善完備，發將出來便是才也。又云：惻隱、羞惡是心也。能惻隱、羞惡者，才也。如伊川論才，却是指氣質而言也。氣質之性，古人雖不曾説着，考之經典却有此意。如《書》云「惟人萬物之靈，亶聰明作元后」，與夫「天乃錫王勇智」之説皆此意也。孔子謂「性相近也，習相遠也」，孟子辨告子「生之謂性」，亦是説氣質之性。近世被濂溪拈掇出來，而横渠、二程始有「氣質之性」之説。此伊川論才，所以云「有善、不善者」，蓋主此而言也。如韓愈所引越椒等事，若不着箇氣質説，後如何説得他？韓愈論性，比之荀、揚最好，將性分三品，此亦是論氣質之性，但欠一箇「氣」字耳。謨。○此下去僞、人傑録皆云：又問：既是孟子指本性而言，則孟子謂才無不善，乃爲至論。至伊川却云未暇與公都子一一辨者，何也？曰：此伊川一時被他門逼，且如此説了。伊川如此等處亦多，不必泥也。

揚尹叔問：伊川曰「語其才則有下愚之不移」，與孟子「非天之降才爾殊」語意似不同？曰：孟子之説自是與程子之説小異。孟子只見得是性善，便把才都做善，不知有所謂氣禀各不同。如后稷岐嶷，越椒知其必滅若敖，是氣禀如此。若都把做善，又有此等處，須説到氣禀方得。孟子已見得性善，只就大本處理會，更不思量這下面善惡所由起處，有所謂氣禀各不同。後人看不出，所以惹得許多善惡混底說來相炒。程子說得較密。因舉「論性不論氣，不備；論氣不論性，不明。二之則不是」。須如此兼性與氣說，方盡此論。蓋自濂溪《太極》言陰陽、五行有不齊處，二程因其說推出氣質之性來。使程子生在周子之前，未必能發明到此。又曰：才固是善。若能盡其才，可知是善是好。所以不能盡其才處，只緣是氣禀恁地。問：才與情何分別？情是才之動否？曰：情是這裏以手指心。發出，有箇路脉曲折，隨物恁地去。才是能主張運用做事底。同這一事，有人會發揮得，有不會發揮得。同這一物，有人會做得，有人不會做得。此可見其才。又問：氣出於天否？曰：性與氣皆出於天，性只是理，氣則已屬於形象。性之善，固人所同，氣便有不齊處。因指天氣而言：如天氣晴明舒豁，便是好底氣，禀得這般氣，豈不好？到陰沉黯淡時，便是不好底氣，禀得這般氣，如何會好？畢竟不好底氣常多，好底氣常少，以一歲言之，一般天氣晴和，不寒不暖，却是好，能有幾時如此？看來不是夏寒，便是冬暖；不是愆陽，便是伏陰，所以昏愚凶狠底人常多。又曰：人之貧富、貴賤、壽夭不齊處，都是被氣衮亂了，都没理會。有清而薄者，有濁而厚者。顔夭而跖壽，亦是被氣衮亂汩没了。堯、舜自禀得清明純粹底氣，又禀得極厚，所以爲聖人，居天子之位，又做得許大事業，又享許大福壽，又有許大名譽。如孔子之聖，亦是禀得清明純粹。然他是當氣之衰，禀得來薄了，但有許多名譽，所以終身栖栖爲旅人，又僅得中壽。到顔子，又自没興了。淳。○寓同。

伊川「性即理也」，自孔、孟後，無人見得到此，亦是從古無人敢如此道。驤。○《集注》。

伊川「性即理也」四字攧撲不破，實自己上見得出來。其後諸公只聽得便說將去，實不曾就己上見得，故多有差處。道夫。

「論性不論氣，不備；論氣不論性，不明。」蓋本然之性，只是至善。然不以氣質而論之，則莫知其有昏明、開塞、剛柔、强弱，故有所不備。徒論氣質之性，而不自本原言之，則雖知有昏明、開塞、剛柔、强弱之不同，而不知至善之源未嘗有異，故其論有所不明。須是合性與氣觀之然後盡，蓋性即氣，氣即性也。若孟子專於性善，則有些是「論性不論氣」，韓愈三品之説則是「論氣不論性」。端蒙。

問：程子「論性不論氣，不備；論氣不論性，不明」。如孟子「性善」是論性不論氣；荀、揚異説，是論氣則昧了性。曰：程子只是立説，未指孟子。然孟子之言却是專論性。過。

問：氣者性之所寄，故「論性不論氣，則不備」；性者氣之所成，故「論氣不論性，則不明」。曰：如孟子説性善，是「論性不論氣」也。但只認説性善，雖説得好，終是欠了下面一截。自荀、楊而下，便秖「論氣不論性」了。道夫曰：子雲之説，雖兼善惡，終只論得氣。曰：他不曾説着性。道夫。

「論氣不論性」，荀子言性惡，楊子言善惡混是也。「論性不論氣」，孟子言性善是也。性只是善，氣有善、不善。韓愈説生而便知其惡者，皆是合下稟得這惡氣。有氣便有性，有性便有氣。節。

「論性不論氣，不備；論氣不論性，不

明。」孟子終是未備，所以不能杜絕荀、楊之口。厚之問：氣稟如何？曰：稟得木氣多，則少剛强；稟得金氣多，則少慈祥。推之皆然。可學。

問「二之則不是」。曰：不可分作兩段説，性自是性，氣自是氣。如何不可分作兩段説？他所以説不備、不明，須是兩邊都説，理方明備，故云「二之則不是」。二之者，正指上兩句也。嗇録云：「論性不論氣，論氣不論性」，便是二之。或問：明道説「生之謂性」，云「性即氣，氣即性」，便是不可分兩段説。曰：那箇又是説性便在氣稟上。稟得此氣，理便搭附在上面，故云「性即氣，氣即性」。若只管説氣便是性，性便是氣，更没分曉矣。僩。

或問「二之則不是」。曰：若只論性而不論氣，則收拾不盡，孟子是也。若只論氣而不論性，則不知得那原頭，荀、楊以下是也。韓愈也説得好，只是少箇「氣」字。若只説一箇氣而不説性，只説性而不説氣，則不是。又曰：須是去分別得他同中有異，異中有同，始得。其初那理未嘗不同，才落到氣上，便只是那粗處相同。如飢食渴飲，趨利避害，人能之，禽獸亦能之。若不識箇義理，便與他一般也。又曰：「惟皇上帝降衷于下民」、「民之秉彝」，這便是異處。「庶民去之，君子存之」，須是存得這異處，方能自別於禽獸。不可道蠢動含靈皆有佛性，與自家都一般。義剛。

性、氣二字，兼言方備。孟子言性不及氣，韓子言氣不及性。然韓不知爲氣，亦以爲性然也。

橫渠曰：「形而後有氣質之性，善反之，則天地之性存焉。」如稟得氣清明者，這道理只在裏面；禀得氣昏濁者，這道理亦只在裏面，只被這昏濁遮蔽了。譬之水，清底，裏面纖微皆可見；渾底，裏面便見不得。孟子説性善，只見得大本處，未説到氣質之性細碎處。程子謂「論性不論氣，不備；論氣不論性，不明。二之則不是」。孟子只論性，不知論氣，便不全備。若三子雖論性，却不論得性，都只論得氣，性之本領處又不透徹。荀子只見得不好人底性，便説做惡；楊子只見得半善半惡人底性，便説做善惡混；韓子見得天下有許多般人，故立爲三品，説得較近。其言曰：「仁義禮智信，性也；喜怒哀樂愛惡欲，情也。」似又知得性善。荀、楊皆不及，只是過接處少一箇「氣」字。淳。

問：横渠言「氣質之性」，去僞終未曉。曰：性是天賦與人，只一同，氣質所禀却有厚薄。人只是一般人，厚於仁而薄於義，有餘於禮而不足於智，便自氣質上來。去僞。

富歲子弟多賴章

「心之所同然者，謂理也、義也。」《孟子》此章自「富歲子弟多賴」之下，逐旋譬喻至此。其意謂人性本善，其不善者陷溺之爾。「同然」之「然」，如然否之「然」，不是虚字，當從上文看。蓋自口之同嗜、耳之同聽而言，謂人心豈無同以爲然者？只是理義而已。故「理義悦心，猶芻豢之悦口」。㽦。

問：「理義之悦我心」，理義是何物？心是何物？曰：此説理義之在事者。節。

「理義之悦我心」章。云：人之一身，如目之於色、耳之於聲、口之於味，莫不皆同，於心豈無所同？「心之所同然者，理也，義也。」且如人之爲事，自家處之當於義，人莫不以爲然，無有不道好者。如子之於父，臣之於君，其分至尊無加於此。人皆知君父之當事，我能盡忠盡孝，天下莫不以爲當然，此心之所同也。今人割股救親，其事雖不中節，其心發之甚善，人皆以爲美。又如臨難赴死，其心本於愛君，人莫不悦之，而皆以爲不易。且如今處一件事，苟當於理，則此心必安，人亦以爲當然。如此，則其心悦乎，不悦乎？悦於心，必矣。先生曰：諸友而今聽某這説話，可子細去思量看。認得某這話，可以推得孟子意思。子蒙。

黄先之問「心之所以同然者，何也？謂理也、義也。聖人先得我心之所同然耳」。先生問：諸公且道是如何？所應皆不切。先生曰：若恁地看文字，某决定道都不曾將身去體看。孟子這一段前面説許多，只是引喻理義是人所同。有那許多既都相似，這箇如何會不相似。理只是事物當然底道理，義是事之合宜處。程先生曰：「在物爲理，處物爲義。」這心下看甚麽道理都有之，如此做，人人都道是好；才不恁地做，人人都道不好。如割股以救母，固不是王道之中，然人人都道是好，人人皆知愛其親，這豈不是理義之心人皆有之。諸公適來都説不切，當都是不曾體之於身，只略説得通便道是了。賀孫。

器之問「理義之悦我心，猶芻豢之悦我口」。顔子「欲罷不能」，便是此意否？曰：顔子固是如此，然孟子所説，正是爲衆人説，當就人心同處看。我恁地，他人也恁地，只就粗淺處看，自分曉，却有受用。若必討箇顔子來證如此，只是顔子會恁地，多少年來更無人會恁地。看得細了，却無受用。寓。

器之問：理義人心之同然，以顔子之樂見悦意。曰：不要高看，只就眼前看，便都是義理，都是衆人公共物事。且如某歸家來，見説某人做得好，便歡喜；某人做得不好，便意思不樂。見説人做官做得如何，見説好底，自是快活；見説不好底，自是使人意思不好。豈獨自家心下如此，別人都如此。這只緣人心都有這箇義理，都好善，都惡不善。賀孫。

或問：口、耳、目皆心官也。❶不知天所賦之氣質，不昏明清濁其口、耳、目，而獨昏明清濁其心，何也？然夷、惠、伊尹非拘於氣禀者，處物之義乃不若夫子之時，豈獨是非之心不若聖人乎？曰：口、耳、目等亦有昏明清濁之異。如易牙、師曠之徒是其最清者也，心亦由是而已。夷、惠之徒正是未免於氣質之拘者，所以孟子以爲不同而不願學也。

牛山之木章

孟子激發人，説放心、良心諸處，説得人都汗流。

問「牛山之木」一章。曰：「日夜之所息」底是良心，「平旦之氣」自是氣，是兩件物事。夜氣如雨露之潤，良心如萌蘖之生。人之良心，雖是有梏亡，而彼未嘗不生。梏，如被他禁械在那裏，更不容他轉動。亡，如將自家物失去了。又曰：「日夜之所息」却是心。夜氣清，不與物接。平旦之

❶「皆心」，賀本作「心皆」，是。

時，即此良心發處。惟其所發者少，而旦晝之所梏亡者展轉反覆，是以「夜氣不足以存」矣。如睡一覺起來，依前無狀。又曰：良心當初本有十分，被他展轉梏亡，則他長一分，自家止有九分。明日他又進一分，自家又退，止有八分。他日會進，自家日會退。此章極精微，非孟子做不得許多文章。別人縱有此意，亦形容不得。老蘇門只就孟子學作文，不理會他道理，然其文亦實是好。賀孫。

或問：「日夜之所息」，舊兼止息之義，今只作生息之義，如何？曰：近看得只是此義。問：凡物日夜固有生長，若良心既放，而無操存之功，則安得自能生長？曰：放之未遠者，亦能生長。但夜間長得三四分，日間所爲又放了七八分，却摺轉來都消磨了這些子意思，所以至於梏亡也。

吴仁父問「平旦之氣」。曰：氣清則能存固有之良心。如旦晝之所爲，有以汩亂其氣，則良心爲之不存矣。然暮夜止息，稍不紛擾，則良心又復生長。譬如一井水，終日攪動，便渾了。那水至夜稍歇，便有清水出。所謂「夜氣不足以存」者，便是攪動得太甚。則雖有止息時，此水亦不能清矣。銖。○節録別出。

仁父問「平旦之氣」。曰：心之存不存，係乎氣之清不清。氣清則良心方存立得。良心既存立得，則事物之來方不惑，如「先立乎其大者，則小者弗能奪也」。又曰：大者既立，則外物不能奪。又問：「平旦之氣」何故如此？曰：歇得這些時後，氣便清，良心便長。及旦晝，則氣便濁，良心便著不得。如日月何嘗不在天上？却被些雲遮了，便不明。吴知先問：夜氣如何存？曰：孟子不曾教人存夜氣，只是説歇得些時，氣便清。又曰：他前面説許多，這裏只是教人操存其心。又曰：若存得此心，則氣常時清，不特平旦時清；若不存得此心，雖歇得些時，氣亦不清，良心亦不長。又曰：睡夢裏亦七撈八攘。如井水，不打他便清，只管去打便濁了。節。

「平旦之氣」，只是夜間息得許多時節，不與事物接，才惺來便有得這些自然清明之氣，此心自恁地虚静。少間才與物接，依舊又汩没了。只管汩没多，雖夜間休息，是氣亦不復存。所以有終身昏沉，展轉流蕩，危而不復者。賀孫。

器之問：「平旦之氣」其初生甚微，如何道理能養得長？曰：亦只逐日漸漸積累，工夫都在「旦晝之所爲」。今日長得一分，夜氣便養得一分。明日又長得一分，明夜又養得兩分，便是兩日事。日日積累，歲月既久，自是不可禦。今若壞了一分，夜氣漸薄，明日又壞，便壞成兩分，漸漸消，只管無。故曰「旦晝之所爲，有梏亡之矣。梏之反覆，夜氣不足以存」。到消得多，夜氣益薄，雖息一夜，也存不得。又以愛惜錢物爲喻，逐日省節，積累自多。賀孫。○寓録别出。

器之問：《孟子》「平旦之氣」甚微小，如何會養得完全？❶曰：不能存得夜氣，皆是旦晝所爲壞了。所謂「好惡與人相近者幾希」，今只要得去這好惡上理會。日用間於這上見得分曉，有得力處，夜氣方與你存。夜氣上却未有工夫，只是去「旦晝」理會，這兩字是箇大關鍵，這裏有工夫。日間進得一分道理，夜氣便添得一分。到第二

❶「會」，朝鮮本作「涵」。

日更進得一分道理，夜氣便添得二分。第三日更進得一分道理，夜氣便添得三分。日間只管進，夜間只管添，添來添去，這氣便盛。恰似使錢相似，日間使百錢，使去九十錢，留得這十錢這裏。第二日百錢中使去九十錢，又積得二十錢。第三日如此，又積得三十錢。積來積去，被自家積得多了，人家便從容。日間悠悠地過，無工夫，不長進，夜間便減了一分氣。第二日無工夫，❶夜間又減了二分氣。第三日如此，又減了三分氣。如此梏亡轉深，夜氣轉虧損了。夜氣既虧，愈無根脚，日間愈見作壞。這處便是「梏之反覆」，「其違禽獸不遠矣」。亦似使錢，一日使一百，却侵了一百十錢，所有底便自減了，只有九十。第二日侵了百二十，所留底又減了，只有八十。使來使去轉多，這裏底日日都消磨盡了。因舉老子言「治人事天莫若嗇。夫惟嗇，是謂早復。早復，謂之重積德。重積德，則無不克」。大意也與孟子意相似，但他是就養精神處説，其意自別。平旦之氣，便是旦晝做工夫底樣子，日用間只要此心在這裏。寓。

器遠問：「平旦之氣」緣氣弱，易爲事物所勝，如何？曰：這也別無道理，只是漸漸崖將去，❷自有力。這處只是志不果。復説第一義云：如這箇，只有箇進步崖將去底道理，這只是有這一義。若於此不見得，便又説今日做不得，且待來日；這事做不得，且備員做些子，這都是第二、第三義。賀孫。

問：「平旦之氣」少頃便爲事物所奪，

❶「二」，原作「一」，今據朝鮮本改。
❷「崖」，朝鮮本作「生」。

氣禀之弱，如何可以得存？曰：這箇不容說。只是自去照顧，久後自慣，便自然別。卓。

敬子問：旦晝不梏亡，則養得夜氣清明？曰：不是靠氣爲主，蓋要此氣去養那仁義之心。如水之養魚，水多則魚鮮，水涸則魚病。養得這氣，則仁義之心亦好，氣少則仁義之心亦微矣。僩。

問：「夜氣」一章，又説心，又説氣，如何？曰：本是多説心。若氣清，則心得所養，自然存得清；氣濁，則心失所養，便自濁了。賀孫。

或問：夜氣、旦氣如何？曰：《孟子》此段首尾止爲良心設爾。人多將夜氣便做良心説了，非也。「夜氣不足以存」，蓋言夜氣至清，足以存得此良心爾。平旦之氣亦清，亦足以存吾良心，故其好惡之公猶與人相近，但此心存得不多時也。至「旦晝之所爲，則梏亡之矣」。所謂梏者，人多謂梏亡其夜氣，亦非也。謂旦晝之爲，能梏亡其良心也。謨。

「夜氣不足以存」，是存箇甚？人多説只是夜氣，非也。這正是説那本然底良心。且如氣，不成夜間方會清，日間都不會清？今人日用間，良心亦何嘗不發見，爲他又梏亡了。若存得這箇心，則氣自清。氣清，則養得這箇心常存。到「夜氣不足以存」，則此心陷溺之甚，雖是夜氣清時，亦不足以存之矣。此章前面譬諭甚切，到得後面歸宿處極有力，今之學者最當於此用功。

問「夜氣」一節。曰：今人只説夜氣，不知道這是因説良心來。得這夜氣來涵養自家良心，又便被他旦晝所爲梏亡之。旦晝所爲，交衮得没理會。到那夜氣涵養得好時，清明如一箇寶珠相似：在清水裏，轉明徹；若頓在濁水中，尋不見了。又曰：旦晝所爲，壞了清明之氣。夜氣微了，旦晝之氣越盛。一箇會盛，一箇會微。消磨得盡了，便與禽獸不遠。植。

景紹問「夜氣」、「平旦之氣」。曰：這一段，其所主却在心。某嘗謂：只有伊川說「夜氣之所存者，良知也，良能也」。諸家解注，惟此說爲當。仁義之心，人所固有，但放而不知求，則天之所以與我者始有所汩没矣。是雖如此，然其日夜之所休息，至於平旦，其氣清明，不爲利慾所昏，則本心好惡猶有與人相近處。至「其旦晝之所爲，又有以梏亡之。梏之反覆」，則雖有這些夜氣，亦不足以存養其良心。反覆，只是循環。「夜氣不足以存」，則雖有人之形，其實與禽獸不遠。故下文復云：「苟得其養，無物不長；苟失其養，無物不消。」良心之消長，只在得其養與失其養爾。「牛山之木嘗美矣」，是喻人仁義之心。「郊於大國，斧斤伐之」，猶人之放其良心。「日夜之所息，雨露之所潤，非無萌蘖之生」，便是「平旦之氣，其好惡與人相近」處。旦晝之梏亡，則又所謂「牛羊又從而牧之」，雖芽蘖之萌，亦且戕賊無餘矣。道夫問：此莫是心爲氣所動否？曰：然。章末所問，疑有未盡。○道夫。

問「夜氣」。曰：夜氣靜。人心每日梏於事物，斲喪戕賊，所餘無幾，唯夜氣靜，庶可以少存耳。至夜氣之靜而猶不足以存，則去禽獸不遠，言人理都喪也。前輩皆無明說，某因將《孟子》反覆熟讀，每一段三五十過，至此方看得出。後看程子却說「夜氣之所存者，良知良能也」，與臆見合，以此知觀書不可苟，須熟讀深思，道理自見。大雅。

問「夜氣」一章。曰：氣只是這箇氣，日裏也生，夜間也生。只是日間生底，爲物欲梏之，隨手又耗散了。夜間生底，則聚得在那裏，不曾耗散，所以養得那良心。且如日間目視、耳聽、口裏説話、手足運動，若不曾操存得，無非是耗散底時節。夜間則停留得在那裏，如水之流，夜間則閘得許多水住在這裏，這一池水便滿。次日又放乾了，到夜裏又聚得些小。若從平旦起時，便接續操存而不放，則此氣常生而不已。若日間不存得此心，夜間雖聚得些小，又不足以勝其旦晝之梏亡，少間這氣都乾耗了，便不足以存其仁義之心。如箇船閣在乾燥處，轉動不得了。心如箇寶珠，氣如水。若水清，則寶珠在那裏也瑩徹光明；若水濁，則和那寶珠也昏濁了。又曰：「夜氣不足以存」，非如公説心不存與氣不存，是此氣不足以存其仁義之心。伊川云：「夜氣所存，良知良能也。」這「存」字是箇保養護衛底意。又曰：此段專是主仁義之心説，所以「此豈山之性也哉」下便接云：「雖存乎人者，豈無仁義之心哉？」又曰：此章不消論其他，緊要處只在「操則存」上。僩。

問：兩日作工夫如何？某答略如舊所對。先生曰：❶「夜氣」章如何？答以萌蘖生上，便見得無止息本初之理。若完全底人，此氣無時不清明。却有一等日間營營梏亡了，至夜中静時猶可收拾。若於此更不清明，則是真禽獸也。先生曰：今用何時氣？曰：總是一氣。若就孟子所説，用平旦氣。先生曰：「夜氣不足以存」，先儒解多未是。不足以存，不足以存此心耳，

❶「先生」二字，原脱，今據朝鮮本補。下二「先生」同。

非謂存夜氣也。此心虛明廣大，却被他梏亡。日間梏亡既甚，則夜一霎時静亦不存，可見其都壞了。可學。

□卿問「夜氣」一章。❶曰：夜氣是母，所息者是子。蓋所息者本自微了，旦晝只管梏亡。今日梏一分，明日梏一分，所謂「梏之反覆」，而所息者泯，夜氣亦不足以存。若能存，便是息得仁義之良心。又曰：夜氣只是不與物接時。植。

問「夜氣」之説。曰：只是借夜氣來滋養箇仁義之心。炎。

夜氣存，則清過這邊來。閎祖。

子上問「夜氣」。曰：此段緊要，在「苟得其養，無物不長；苟失其養，無物不消」。璘。

「牛山之木」，譬人之良心，句句相對，極分明。天地生生之理，本自不息，惟旦晝之所爲有所梏亡。然雖有所梏亡，而夜氣之所息，平旦之氣自然有所生長。自此漸能存養，則良心漸復。惟其於梏亡之餘，雖略略生長得些子，至日用間依舊汨於物欲，又依然壞了，則是「梏之反覆」。雖夜間休息，其氣只恁地昏，亦不足以存此良心。故下面又説：「苟得其養，無物不長；苟失其養，無物不消。」見得雖梏亡之餘，有以養之，則仁義之心即存。緣是此心本不是外面取來，乃是與生俱生。下又説存養之要，舉孔子之言「操則存，舍則亡」，見此良心其存亡只在眇忽之間，才操便在這裏，才舍便失去。若能知得常操之而勿放，則良心常存。夜之所息，益有所養。夜之所養愈深，則旦晝之所爲，無非良心之發見矣。又

❶「□卿」二字，朝鮮本無，萬曆本作「蓋卿」。

云：氣與理本相依。旦晝之所爲不害其理，則夜氣之所養益厚。夜之所息既有助於理，則旦晝之所爲益無不當矣。日間梏亡者寡，則夜氣自然清明虛静，至平旦亦然。至旦晝應事接物時，亦莫不然。賀孫。

人心於應事時，只如那無事時方好。又舉《孟子》「夜氣」一章云：氣清，則心清。「其日夜之所息」，是指善心滋長處言之。人之善心雖已放失，然其日夜之間，亦必有所滋長。又得夜氣澄静以存養之，故平旦氣清時，其好惡亦得其同然之理。「旦晝之所爲有梏亡之矣」，此言人纔有此善心，便有不善底心來勝了，不容他那善底滋長耳。又曰：今且看那平旦之氣，自别。廣云：如童蒙誦書，到氣昏時，雖讀數百遍，愈念不得。及到明早，又却自念得。此亦可見平旦之氣之清也。曰：此亦只就氣上説，故孟子末後收歸心上去。曰：「操則存，舍則亡。」蓋人心能操則常存，豈特夜半平旦？又云：惻隱、羞惡是已發處。人須是於未發時有工夫，始得。廣。

問：良心與氣，合下雖是相資而生，到得後來，或消或長，畢竟以心爲主？曰：主漸盛則客漸衰，主漸衰則客漸盛。客盛然後勝這主，故曰「志動氣者十九，氣動志者十一」。賀孫云：若是客勝得主，畢竟主先有病。賀孫。

再三説「夜氣」一章，曰：氣清則心清。「其日夜之所息，平旦之氣」，蓋是静時有這好處發見。緣人有不好處多，所以纔有好處，便被那不好處勝了，不容他好處滋長。然孟子此説只爲常人言之。其實此理日間亦有發見時，不止夜與平旦。所以孟子收拾在「操則存，舍則亡」上，蓋爲此心操之則存也。人傑。

劉用之問「夜氣」之説。曰：他大意只在「操則存，捨則亡」兩句上。心一放時，便是斧斤之戕，牛羊之牧。一收斂在此，便是日夜之息，雨露之潤。他要人於旦晝時不爲事物所汩。❶文蔚。

問「夜氣」一章。曰：這病根只在放其良心上。蓋心既放，則氣必昏，氣既昏則心愈亡。兩箇互相牽動，所謂「梏之反覆」。如下文「操則存，捨則亡」，却是用功緊切處，是箇生死路頭。又云：「梏之反覆」，都不干別事，皆是人之所爲有以致之。燾。

孟子言「操則存，舍則亡，出入無時，莫知其鄉」，只是狀人之心是箇難把捉底物事，而人之不可不操，出入便是上面操存舍亡。入則是在這裏，出則是亡失了。此大約泛言人心如此，非指已放者而言，亦不必要於此論心之本體也。端蒙。

「操則存，捨則亡」，只是人能持此心則心在，若捨之便如去失了。求放心，不是別有一物在外，旋去收拾回來。只是此心頻要省察，才覺不在，便收之爾。接先生他語「只操，便存。只求，便是不放」。如《復》卦所謂「出入無疾」，出只是指外而言，入只是指内而言，皆不出乎一卦。孟子謂「出入無時」，心豈有出入，只要人操而存之耳。明道云：「聖賢千言萬語，只要人收已放之心。」釋氏謂「一大藏教，只是一箇注脚」。所謂「聖賢千言萬語」，亦只是一箇注脚而已。謨。

問「操則存」。曰：心不是死物，須把做活物看。不爾，則是釋氏入定、坐禪。操存者，只是於應事接物之時，事事中理，便

❶「汩」，原作「泊」，今據朝鮮本、萬曆本改。

是存。若處事不是當，便是心不在。若只管兀然守在這裏，驀忽有事至于吾前，操底便散了，却是「舍則亡」也。仲思問：於未應接之時如何？曰：未應接之時，只是戒謹恐懼而已。又問：若戒謹恐懼，便是把持？曰：也須是持，但不得硬捉在這裏。只要提教他醒，便是操，不是塊然自守。砥。

人心「操則存，舍則亡」，須是常存得，「造次顛沛必於是」，不可有一息間斷。於未發之前，須是得這虛明之本體分曉。及至應事接物時，只以此處之，自然有箇界限節制，揍着那天然恰好處。廣。

「操則存，舍則亡。」非無也，逐於物而忘返耳。驤。

子上問「操則存，舍則亡」。曰：若不先明得性善，有興起必爲之志，恐其所謂操存之時，乃舍亡之時也。璘。

「操則存」，須於難易間驗之。若見易爲力，則真能操也。難，則是别似一物，❶操之未真也。伯羽。

某嘗謂：這心若未正時，雖欲强教他正，也卒乍未能得他正。若既正後，雖欲邪，也卒乍邪未得。雖曰「操則存，舍則亡」，也不得恁地快，自是他勢恁地。伯羽。

「操則存，舍則亡，出入無時，莫知其鄉。」人更不知去操舍上做工夫，只去出入上做工夫。泳。

孟子言操舍存亡，都不言所以操存求放之法，只操之求之便是。《知言》問「以放心求心如何」，問得來好。他答不得，只舉齊王見牛事。殊不知只覺道我這心放了底便是心，何待見牛時方求得。伯羽。

❶「似」，原作「以」，今據萬曆本改。

蓋卿以爲「操則存」便是心未嘗放，「舍則亡」便是此心已放。曰：是如此。蓋卿。

求放、操存，皆兼動静而言，非塊然默守之謂。道夫。

操存舍亡，只在瞬息之間，不可不常常着精采也。又曰：孟子「求放心」語已是寬。若「居處恭，執事敬」二語，更無餘欠。賀孫。

「操則存，舍則亡，出入無時，莫知其鄉，惟心之謂與！」「爲仁由己，而由人乎哉！」這箇只在我，非他人所能與也。非禮勿視、聽、言、動，勿與不勿，在我而已。今一箇無狀底人，忽然有覺，曰「我做得無狀了！」便是此心存處。孟子言「求其放心」，亦説得慢了。人傑。

問：《注》云「出入無定時，亦無定處」。既云操則常存，則疑若有一定之所矣。曰：此四句但言本心神明不測，不存即亡，不出即入，本無定所。如今處處常要操存，安得有定所。某常説：「操則存」、「克己復禮」、「敬以直内」等語不須講量，不須論辨，只去操存、克復便了。只今眼下便是用功處，何待擬議思量，與辨論是非講究道理不同。若此等處，只下着頭做便是，不待問人。僩。

因操舍而有存亡出入。僩。

入不是已放之心入來。升卿。

觸物而放去是出，在此安坐，不知不覺被他放去，也是出，故學先求放心。升卿。

道夫言：嘗與子昂論心無出入。子昂謂心大無外，固無出入。道夫因思心之所以存亡者，以放下與操之之故，非真有出入也。曰：言有出入，也是一箇意思；言無出入，也是一箇意思。但今以夫子之言求之，他分明道「出入無時」。且看自家今汩汩沒沒在這裏，非出入而何？惟其神明不測，所以有出入；惟其能出入，所以神明不測。道夫。

或問：「出入無時」，非真有出入，只是以操舍言。曰：出入便是存亡。操便存，舍便亡。又曰：有人言無出入，説得是好。某看來，只是他偶然天姿粹美，不曾大段流動走作，所以自不見得有出入。要之，心是有出入。此亦只可以施於他一身，不可爲衆人言。衆人是有出入，聖賢立教通爲衆人言，不爲一人言。賀孫。

「操則存，舍則亡」，程子以爲操之之道惟在「敬以直內」而已。如今做工夫，却只是這一事最緊要。這「主一無適」底道理，却是一箇大底，其他道理總包在裏面。其他道理已具，所謂窮理，亦止是自此推之，不是從外面去尋討。一似有箇大底物事，包得百來箇小底物事。既存得這大底，其他小底只是逐一爲他點過，看他如何模樣，如何安頓。如今做工夫，只是這箇最緊要。若是閑時不能操而存之，這箇道理自是間斷。及臨事方要窮理，從那裏捉起？惟是平時常操得存，自然熟了，將這箇去窮理，自是分明。事已，此心依前自在。又云：雖是識得箇大底都包得，然中間小底又須着逐一點掇過。賀孫。《集義》。

「夜氣」之説常在日間，舊看此不分明，後來看伊川語有云「夜氣不足以存良知良能也」，方識得破。可學云：此一段首末自是論心。曰：然。可學。

人心緣境，出入無時。如看一物，心便在外，看了即便在此，隨物者是浮念，此是本心，浮念斷，便在此。其實不是出入，但欲人知出入之故耳。無出入是一種人，有出入是一種人，所以云「淳夫女知心而不知孟子」。此女當是完實，不勞擾，故云「無出入」。而不知人有出入者多，猶無病者不知人之疾痛也。方。

伯豐問：淳夫女子「雖不識孟子，却識心」，如何？曰：試且看程子當初如何說。及再問，方曰：人心自是有出入，然亦有資禀好底，自然純粹。想此女子自覺得他箇心常湛然無出入，故如此說，只是他一箇如此。然孟子之說却大，乃是爲天下人說。蓋心是箇走作底物。伊川之意，只謂女子識心，却不是孟子所引夫子之言耳。㽦。

范淳夫之女謂「心豈有出入」？伊川曰：「此女雖不識孟子，却能識心。」此一段說話正要人看。孟子舉孔子之言曰「出入無時，莫知其鄉」，此別有說。伊川言淳夫女「却能識心」，心却易識，只是不識孟子之意。去僞。

魚我所欲章

問「舍生取義」。曰：此不論物之輕重，只論義之所安耳。時舉。

義在於生，則舍死而取生；義在於死，則舍生而取死。上蔡謂：「義重於生，則舍生而取義；生重於義，則當舍義而取生。」既曰「義在於生」，又豈可言「舍義取生」乎？蜚卿問：生，人心；義，道心乎？曰：欲生惡死，人心也；惟義所在，道心也。權輕重却又是義。明道云：義無對。或曰：義與利對。道夫問：若曰「義者利之和」，則義依舊無對。曰：正是恁地。道夫。

上蔡謂：「義重於生，則舍生取義；生

重於義，則舍義取生。」此說不然，義無可舍之理。當死而死，義在於死；不當死而死，義在於不死，無往而非義也。閎祖。

因論夜氣存養之說，曰：某嘗見一種人，汲汲營利求官職，不知是勾當甚事。後來思量孟子說「所欲有甚於生者，所惡有甚於死者，非獨賢者有是心也，人皆有之，賢者能勿喪耳」。他元來亦有此心，只是他自失了。今却別是一種心，所以不見義理。文蔚云：他雖是如此，想羞惡之心亦須萌動，亦自見得不是，但不能勝利欲之心耳。曰：只是如此，濟甚事？今夜愧耻，明日便不做，方是。若愧耻後又却依舊自做，何濟於事？文蔚。

或曰：「萬鍾於我何加焉？」他日或爲利害所昏，當反思其初，則不爲所動矣。曰：此是克之之方。然所以克之者，須是有本領後，臨時方知克去得。不然，臨時比並，又却只是擇利處去耳。璘。

仁人心也章

「仁，人心也」，是就心上言；「義，人路也」，是就事上言。伯羽。

問：「仁，人心；義，人路。」路是設譬喻，仁却是直指人心否？曰：「路」字非譬喻，恐人難曉，故謂此爲人之路，在所必行爾。謨。

或問「仁，人心；義，人路」。曰：此猶人之行路爾。心即人之有知識者，路即賢愚之所共由者。孟子恐人不識仁義，故以此喻之。然極論要歸，只是心爾。若於此心常得其正，則仁在其中。故自「捨正路而不由，放其心而不知求」以下，一向說從心上去。大雅。

敬之問「仁，人心也」。曰：仁是無形迹底物事，孟子恐人理會不得，便説道只人心便是。却不是把仁來形容人心，乃是把人心來指示仁也。所謂「放其心而不知求」，蓋存得此心便是仁，若此心放了，又更理會甚仁？今人之心靜時昏，動時擾亂，便皆是放了。時舉。

問：楊氏謂：「孟子言『仁，人心也』最爲親切。」竊謂以心之德爲仁，則可。指人心即是仁，恐未安？曰：「仁，人心也；義，人路也。」此指而示之近。緣人不識仁義，故語之。以仁只在人心，非以人心訓仁。義，只是人之所行者是也。必大。

孟子説「仁，人心也」，此語最親切。心自是仁底物事，若能保養存得此心，不患他不仁。孔門學者問仁不一，聖人答之亦不一，亦各因其人而不同，然大概不過要人保養得這物事。所以學者得一句去，便能就這一句上用工。今人只説仁是如何，求仁是如何，待他尋得那道理出來，却不知此心已自失了。程子「穀種」之喻甚善。若有這種種在這裏，何患生理不存。

「人有雞犬放，則知求之；有放心而不知求。」某以爲雞犬放則有未必可求者，惟是心纔求則便在，未有求而不可得者。道夫。

孟子蓋謂雞犬不見尚知求之，至於心則不知求。雞犬之出，或遭傷害，或有去失，且有求而不得之時。至於此心，無有求而不得者。便求便在，更不用去尋討。那失底自是失了，這後底又在。節節求，節節在。只恐段段恁地失去，便不得。今日這段失去了，明日那段又失。一向失却，便不是。子蒙。

或問「求放心」。曰：此心非如雞犬出外又着去捉他，但存之，只在此，不用去捉他。放心，不獨是走作喚做放，才昏睡去也是放。只有些昏惰，便是放。格録恪。

或問：「求放心」，愈求則愈昏亂，如何？曰：即求者便是賢心也，知求則心在矣。今以已在之心，復求心，即是有兩心矣。雖曰譬之雞犬，雞犬却須尋求乃得。此心不待宛轉尋求，即覺其失。覺處即心，何更求爲？自此更求，自然愈失。此用力甚不多，但只要常知提惺爾。惺則自然光明，不假把捉。今言「操之則存」，又豈在用把捉。亦只是説欲常常惺覺，莫令放失，便是。此事用力極不多，只是些子力爾。然功成後，却應事接物，觀書察理，事事賴他。如推車子，初推却用些力，車既行後，自家却賴他以行。大雅。

放心，只是知得便不放。如雞犬之放，或有隔一宿求不得底，或有被人殺，終身求不得底。如心，則才知是放，則此心便在這裏。五峰有一段説得甚長，然説得不是。他説齊王見牛爲求放心。如終身不見此牛，不成此心便常不見？只消説知其爲放而求之，則不放矣，「而求之」三字亦剩了。從周。

或問「求放心」。曰：知得心放，此心便在這裏，更何用求？適見道人題壁云「苦海無邊，回頭是岸」，説得極好。《知言》中或問「求放心」，答語舉齊王見牛事。某謂不必如此説，不成不見牛時，此心便求不得？若使某答之，只曰「知其放而求之，斯不放矣」，「而求之」三字亦自剩了。學蒙。

季成問：爲學當求放心？曰：若知放心而求之，則心不放矣。知之則心已在此，但不要又放了可也。然思之，尚多了「而求之」三字。蓋卿從旁而言曰：蓋卿嘗以爲「操則存」便是心未嘗放，「舍則亡」便是此心已放。曰：是如此。蓋卿。

人心纔覺時便在，孟子説「求放心」，「求」字早是遲了。夔孫。

「求放心」，只覺道「我這心如何放了」，只此念纔起，此言未出口時，便在這裏。不用擬議別去求之，但常省之而勿失耳。伯羽。

「求放心」，也不是在外面求得箇放心來，只是求時便在。「我欲仁，斯仁至矣」，只是欲仁，便是仁了。義剛。

「求放心」，非以一心求一心，只求底便是已收之心。「操則存」，非以一心操一心，只操底便是已存之心。心雖放千百里之遠，只一收便在此，他本無去來也。伯羽。

季成問「放心」。曰：如「求其放心」、「主一之謂敬」之類，不待商量，便合做起。若放遲霎時，則失之。如辨明是非，經書有疑之類，則當商量。蓋卿。

孟子言「求放心」，你今只理會這物事常常在時，私欲自無着處，且須持敬。祖道。

收放心，只是收物欲之心。如理義之心，即良心，切不須收。須就這上看教熟，見得天理、人欲分明。從周。

叔重問：所謂「求放心」者，不是但低眉合眼，死守此心而已，要須常使此心頓放在義理上。曰：也須是有專静之功，始得。時舉因云：自來見得此理真無内外，外面有跬步不合道理，便覺此心慊然。前日侍坐，深有得於先生「醒」之一字。曰：若長醒在這裏，更須看惻隱、羞惡、是非、恭敬之心所發處，始得。當一念慮之發，不知是屬惻隱耶，羞惡、是非、恭敬耶？須是見得分明，方有受用處。時舉。

心兼攝性、情，則極好。然「出入無時，莫知其鄉」，難制而易放，則又大不好。所謂「求其放心」，又只是以心求其心。「心求心」說，易入謝氏「有物」之說，要識得。○端蒙。

「求放心」，初用求，後來不用求，所以病翁說：「既復其初，無復之者。」文蔚。

「學問之道無他，求其放心而已。」不是學問之道只有求放心一事，乃是學問之道皆所以求放心。如聖賢一言一語，都是道理。賀孫。

「學問之道無他，求其放心而已。」諸公爲學，且須於此着切用工夫。且學問固亦多端矣，而孟子直以爲無他。蓋身如一屋子，心如一家主。有此家主，然後能灑掃門户，整頓事務。若是無主，則此屋不過一荒屋爾，實何用焉？且如《中庸》言學、問、思、辨四者甚切，然而放心不收，則以何者而學、問、思、辨哉？此事其要，諸公每日若有文字思量未透，即可存着此事。若無文字思量，即收斂此心，不容一物，乃是用功也。壯祖。

學問之道，孟子斷然說在求放心。學者須先收拾這放心，不然此心放了，博學也是閑，審問也是閑，如何而明辨，如何而篤行？銖。

學須先以求放心爲本。致知是他去致，格物是他去格，正心是他去正，無忿懥等事；誠意是他自省悟，勿夾帶虚僞；脩身是他爲之主，不使好惡有偏。伯羽。

「學問之道無他，求其放心而已。」舊看此只云但求其放心，心正則自定。近看儘有道理，須是看此心果如何，須是心中明盡萬理，方可。不然，只欲空守此心，如何用得？如平常一件事合放重，今乃放輕，此心不樂，放重則心樂。此可見此處乃與《大學》致知、格物、正心、誠意相表裏。可學謂：若不於窮理上作工夫，遽謂心正，乃是告子不動心，如何守得？曰：然。又問：舊看「放心」一段，第一次看，謂不過求放心而已。第二次看，謂放心既求，儘當窮理。今聞此說，乃知前日第二說已是隔作兩段。須是窮理而後求得放心，不是求放心而後窮理。曰：然。可學。

問：孟子只說學問之道在「求放心」而已，不曾欲他爲。曰：上面煞有事在，注下說得分明，公但去看。又曰：說得太緊切，則便有病。孟子此說太緊切，便有病。節。

上有「學問」二字在，不只是「求放心」便休。節。

孟子曰「求其放心而已矣」，當於未放之前看如何，已放之後看如何，復得了又看是如何。作三節看後，自然習熟，此心不至於放。季禮。

孟子說：「學問之道無他，求其放心而已矣。」可煞是說得切。子細看來却反是說得寬了。孔子只云「居處恭，執事敬，與人忠」，「出門如見大賓，使民如承大祭」。若能如此，則此心自無去處，自不容不存，此孟子所以不及孔子。

問：先生向作《仁說》，大率以心具愛之理，故謂之仁。今《集注》「仁，人心也」，只以爲「酬酢萬變之主」，如何？曰：不要如此看，且理會箇「仁，人心也」，須見得是箇「酬酢萬變之主」。若只管以彼較此，失了本意。看書且逐段看，如喫物相似，只咀嚼看如何。向爲人不理會得仁，故做出此等文字，今却反爲學者爭論。賓云：先生之文似藥方，服食却在學者。曰：治病不治病，却在藥方；服食見效不見效，却在人。賓問：心中湛然清明，與天地相流通，此是仁否？曰：湛然清明時，此固是仁義禮智統會處。今人說仁，多是把做空洞底物看，却不得。當此之時，仁義禮智之苗脉已在裏許，只是未發動。及有箇合親愛底事來，便發出惻隱之心；有箇可厭惡底事來，便發出羞惡之心。禮本是文明之理，其發便知有辭遜；智本是明辨之理，其發便知有是非。又曰：仁是惻隱之母，惻隱是仁之子。又仁包義、禮、智三者，仁似長兄，管屬得義、禮、智，故曰「仁者善之長」。德明。

○《集注》。

飛卿問：孟子說「求放心」，從「仁，人心也」說將來，莫是收此心便是仁，存得此心可以存此仁否？曰：也只是存得此心，可以存此仁。若只收此心，更無動用生意，又濟得甚麽。所以明道又云：「自能尋向上去。」這是已得此心，方可做去，不是道只塊然守得這心便了。問：放心還當將放了底心重新收來，還只存此心便是不放？曰：看程先生所說，文義自是如此，意却不然。只存此心，便是不放。不是將已縱出了底，依舊收將轉來。如「七日來復」，終不是已往之陽，重新將來復生。舊底已自過去了，這裏自然生出來。這一章意思最好，須將來日用之間常常體認看。這箇初無形影，忽然而存，忽然而亡。「誠無爲，幾善惡」，《通書》說此一段尤好。「誠無爲」，只是常存得這箇實理在這裏。惟是常存得實理在這裏，方始見得幾，方始識得善惡。若此心放而不存，一向反覆顛錯了，如何別認得善惡？以此知這道理雖然說得有許多頭項，看得熟了，都自相貫通。聖賢當初也不是有意說許多頭項，只因事而言。賀孫。

明道說「聖賢千言萬語」云云，❶只是大概說如此。若「已放之心」，這箇心已放去了，如何會收得轉來？只是莫令此心逐物去，則此心便在這裏。不是如一件物事放去了又收回來。且如渾水自流過去了，如何會收得轉？後來自是新底水。周先生曰「誠心，復其不善之動而已」，只是不善之動消於外，則善便實於內。「操則存，舍則亡。」只是操，則此心便存。孟子曰「人有雞犬放，則知求之；有放心而不知求」，可謂善喻。然雞犬猶有放失求而不得者，若心則求着便在這裏。只是知求則心便在此，未有求而不可得者。池本作「便是反復入身來」。○賀孫。

孟子說：「學問之道無他，求其放心而已矣。」此最爲學第一義也。故程子云：「聖賢千言萬語，只是欲人將已放之心約之，使反復入身來，自能尋向上去。」某近因病中兀坐存息，遂覺有進步處。大抵人心流濫四極，何有定止。一日十二時中，有幾時在軀殼內？與其四散閑走，無所歸着，何不收拾令在腔子中？且今縱其營營思慮，假饒求有所得，譬如無家之商，四方營求，得錢雖多，若無處安頓，亦是徒費心力耳。大雅。

問：明道云：「聖賢千言萬語，只是收放心。」曰：所謂講學讀書，固是。然要知所以講學，所以讀書，所以致知，所以力行，以至習禮習樂，事親從兄，無非只是要收放

❶「千言萬語」，原作「千萬言語」，按程顥此語下文凡六出，皆作「千言萬語」，據改。

心。孟子之意，亦是爲學問者無他，皆是求放心爾。此政與「思無邪」一般，所謂「《詩》三百，一言以蔽之曰『思無邪』」。使人知善而勸，知惡而戒，亦只是一箇「思無邪」耳。㽦。

明道云：「聖賢千言萬語，只要人將已放之心反復入身來，自能尋向上去，下學而上達也。」伊川云：「人心本善，流而爲惡，乃放也。」初看亦自疑此兩處。諸公道如何？須看得此兩處自不相礙，乃可。二先生之言本不相礙，只是一時語體用未甚完備。大意以爲此心無不善，止緣放了。苟纔自知其已放，則放底便斷，心便在此。心之善，如惻隱、羞惡、恭敬、是非之端自然全得也。伊川所謂「人心本善」，便正與明道相合。惟明道語未明白，故或者錯看，謂是收拾放心，遂如釋氏守箇空寂。不知其意謂收放心只存得善端，漸能充廣，非如釋氏徒守空寂，有體無用。且如一向縱他去，與事物相靡相刃，則所謂惻隱、羞惡、恭敬、是非之善端何緣存得？賀孫。

明道曰：「聖賢千言萬語，只是教人將已放底心反復入身來，自能尋向上去，下學而上達。」池本下云：看下二句必不至空守此心，無所用也。伊川曰：「心本善，流入於不善。」須理會伊川此語，若不知心本善，只管去把定這箇心教在裏，只可靜坐，或如釋氏有體無用，應事接物不得。流入不善，池本云「四端備於吾心，心存然後能廣而充之，心放則顛冥莫覺，流入不善」云云。是失其本心。如「向爲身死而不受，今爲妻妾之奉爲之」，若此類是失其本心。又如心有忿懥、恐懼、好樂、憂患，則不得其正。池本下云：心不在焉，亦是放，二說未嘗相礙。○賀孫。

問：程子說「聖人千言萬語，云云。此下學上達工夫也」。切謂心若已放了，恐未易收拾，不審其義如何？曰：孟子謂「出入無時，莫知其鄉」，心豈有出入？出只指外而言，入只指内而言，只是要人操而存之耳，非是如物之散失而後收之也。煇。

文字極難理會。《孟子要略》内說放心處，又未是。前夜方思量得出，學問之道皆所以求放心，不是學問只有求放心一事。程先生說得如此，自家自看不出。問賀孫：曉得否？曰：如程子說「吾作字甚敬，只此便是學」，這也可以收放心，非是要字好也。曰：然。如灑掃應對，博學、審問、謹思、明辨，皆所以求放心。賀孫。

福州陳烈少年讀書不上，因見《孟子》「求放心」一段，遂閉門默坐。半月出來，遂無書不讀。亦是有力量人，但失之怪耳。因曰今人有養生之具，一失之便知求之。心却是與我同生者，因甚失而不求？或云：不知其失耳。曰：今聖賢分明說向你，教你求，又不求，何也？孟子於此段再三提起說，其諄諄之意豈苟然哉？今初求，須猛勇作力。如煎藥，初用猛火，既沸之後，方用慢火養之，久之須自熟也。大雅。

人之於身也章

《孟子》文義自分曉，只是熟讀，教他道理常在目前胸中流轉始得。又云「飲食之人，無有失也，則口腹豈適爲尺寸之膚哉？」此數句被恁地說得倒了，也自難曉。意謂使飲食之人真箇無所失，則口腹之養本無害。然人屑屑理會口腹，則必有所失無疑。是以當知養其大體，而口腹底他自會去討喫，不到得餓了也。賀孫。

公都子問鈞是人也章

耳目之官不能思，故蔽於物。耳目，一物也；外物，一物也。以外物而交乎耳目之物，自是被他引去。唯「心之官則思」，故「思則得之，不思則不得」，惟在人思不思之間耳。然此物乃天之與我者，所謂大者也。君子當於思處用工，能不妄思，是能「先立其大者」也。「立」字下得有力，夫然後耳目之官小者弗能奪也，是安得不爲大人哉？大雅。

耳目亦物也，不能思而交於外物，只管引將去。心之官固是主於思，然須是思方得。若不思，却倒把不是做是，是底却做不是。心雖主於思，又須着思，方得其所思。若不思，則邪思雜慮便順他做去，却害事。賀孫。

問：「不思而蔽於物。」蔽，是遮蔽否？曰：然。又問：如目之視色，從他去時便是爲他所蔽。若能思，則視其所當視，不視其所不當視，則不爲他所蔽矣。曰：然。若不思，則耳目亦只是一物，故曰「物交物，則引之而已矣」。廣。

問「物交物」。曰：上箇「物」字主外物言，下箇「物」字主耳目言。孟子說得此一段好，要子細看。耳目謂之物者，以其不能思。心能思，所以謂之大體。問：「官」字如何？曰：官是主。心主思，故曰「先立乎其大者」。昔汪尚書見焦先生，問爲學如何，焦先生只說一句：「先立乎其大者。」祖道。

「心之官則思」，固是元有此思。只恃

其有此，任他如何，❶却不得。須是去思，方得之。不思，則不得也。此最要緊。下云「先立乎其大者」，即此思也。心元有思，須是人自主張起來。賀孫。

孟子說：「先立乎其大者，則其小者弗能奪也。」此語最有力。且看他下一箇「立」字，昔汪尚書問焦先生爲學之道，焦只說一句曰：「先立乎其大者。」以此觀之，他之學亦自有要。卓然豎起自心，方子録云：立者，卓然豎起此心。便是立，所謂「敬以直内」也。故孟子又說：「學問之道無他，求其放心而已矣。」求放心，非是心放出去，又討一箇心去求他。如人睡着覺來，睡是他自睡，覺是他自覺，只是要常惺惺。趙昌父云：學者只緣斷續處多。曰：只要學一箇不斷續。文蔚。

「先立乎大者，則小者不能奪。」今忘前失後，心不主宰，被物引將去，致得膠擾，所以窮他理不得。德明。

「此天之所以與我者」，古本「此」皆作「比」，趙岐注亦作「比方」。天之與我者則心爲大，耳目爲小，其義則一般。但《孟子》文恐不如此，「比」字不似「此」字較好。廣。

問：《集注》所載范浚《心銘》，不知范曾從誰學？曰：不曾從人，但他自見得到，說得此件物事如此好。向見吕伯恭甚忽之。問：須取他銘則甚？曰：但見他說得好，故取之。曰：似恁說話，人也多說得到。曰：正爲少見有人能說得如此者，此意蓋有在也。廣。

❶「任他」，朝鮮本作「恁地」。

有天爵者章

問「修其天爵，而人爵從之」。曰：從，不必作聽從之從。只修天爵，人爵自從後面來，如「禄在其中矣」之意。修其天爵，自有箇得爵禄底道理，與要求者氣象大故相遠。去僞。

黄先之問此章。曰：那般處也自分曉，但要自去體認那箇是内，那箇是外。自家是向那邊去，那邊是是，那邊是不是，須要實見得如此。賀孫問：古人尚修天爵以要人爵，今人皆廢天爵以要人爵。曰：便是如此。賀孫。

欲貴者人之同心章

看「欲貴人之同心説」，曰：大概亦是。然如此説時，又只似一篇文字，却説不殺。如孟子於此只云「弗思耳」三字，便實知得功夫只在這裏。㽦。

仁之勝不仁也章

「仁之勝不仁也，猶水勝火。」以理言之，則正之勝邪，天理之勝人慾，甚易；而邪之勝正，人慾之勝天理，若甚難。以事言之，則正之勝邪，天理之勝人慾，甚難；而邪之勝正，人慾之勝天理，却甚易。蓋纔是蹉失一兩件事，便被邪來勝將去。若以正勝邪，則須是做得十分工夫，方勝得他，然猶自恐怕勝他未盡在。正如人身正氣稍不足，邪便得以干之矣。僩。

五穀種之美者章

一日，舉《孟子》「五穀者，種之美者也，苟爲不熟，不如稊稗」，誨諸生曰：和尚問話，只是一言兩句。稊，稗之熟者也。儒者明經，若通徹了，不用費辭，亦一言兩句義理便明白。否則，却是五穀「不熟，不如稊稗」。謨。

「苟爲不熟，不如稊稗」，「君子之志於道也，不成章不達」。如今學者要緊也成得一箇坯模定了，出治工夫却在人。❶只是成得一箇坯模了，到做出治工夫，却最難，正是天理、人欲相勝之地。自家這裏勝得一分，他那箇便退一分。自家這裏退一分，他那箇便進一分。如漢、楚相持於成皋、滎陽間，只爭這些子。賀孫。

告子下

任人有問屋廬子章

「親迎，則不得妻；不親迎，則得妻。」如古者國有凶荒，則殺禮而多昏。《周禮》荒政十二條中，亦有此法。蓋貧窮不能備親迎之禮，法許如此。僩。

曹交問曰章

孟子道「人皆可以爲堯、舜」，何曾便道是堯、舜更不假修爲？且如銀坑有鑛，謂鑛非銀，不可。然必謂之銀，不可。須用烹

❶「治」，萬曆本作「治」，下「治」字同。

煉，然後成銀。椿。

「堯、舜之道，孝弟而已矣。」這只是對那不孝不弟底説。孝弟便是堯、舜之道，不孝不弟便是桀、紂。僩。

「歸而求之，有餘師。」須是做工夫。若茫茫恁地，只是如此。如前夜説讀書，正是要自理會。如在這裏如此讀書，若歸去也須如此讀書。看《孟子》此一段發意如此大，却在疾行、徐行上面。要知工夫須是自理會，不是別人干預得底事。賀孫。

淳于髡曰先名實者章

「乃孔子則欲以微罪行，不欲爲苟去」，謂孔子於受女樂之後而遂行，則言之似顯君相之過，不言則己爲苟去。故因燔肉不至而行，則吾之去國，以其不致燔爲得罪於君耳。人傑。

魯欲使慎子爲將軍章

毅然問：孟子説齊、魯皆封百里，而先生向説齊、魯始封七百里者，何邪？曰：此等處皆難考。如齊「東至于海，西至于河，南至于穆陵，北至于無棣」，魯跨許、宋之境，皆不可謂非五七百里之闊。淳問：《王制》與《孟子》同，而《周禮》「諸公之地封疆方五百里，諸侯方四百里，伯三百里，子二百里，男百里」，鄭氏以《王制》爲夏、商制，謂夏、商中國方三千里，周公斥而大之，中國方七千里，所以不同。曰：鄭氏只文字上説得好看，然甚不曉事情。且如百里之國，周人欲增到五百里，須併四箇百里國地，方做得一國。其所併四國，又當別裂地以封之。如此，則天下諸侯東遷西移，改立宗廟，社稷皆爲之騷動矣。若如此趲去，不數大國，便無地可容了。許多國何以處之？恐不其然。切意其初只方百里，後來吞并，遂漸漸大。如「禹會諸侯於塗山，執玉帛者萬國」。到周時，只有千八百國。自非吞併，如何不見許多國？武王時諸國地已大，武王亦不奈何，只得就而封之。當時封許多功臣之國，緣當初「滅國者五十」，得許多空地可封。不然，則周公、太公亦自無安頓處。若割取諸國之地，則寧不謀反如漢晁錯之時乎？然則，孟子百里之説亦只是大綱如此説，不是實考得見古制。淳。

古者制國，土地亦廣，非如孟子百里之説。如齊地「東至于海，❶西至于河，南至穆陵，北至無棣」，土地儘闊。禹會塗山，「執玉帛者萬國」。後來更相吞噬，到周初只有千八百國，是不及五分之一矣，想得併來儘大。周封新國，若只用百里之地介在其間，豈不爲大國所吞？亦緣「誅紂伐奄，滅國者五十」，得許多土地，方封許多人。問：《周禮》所載諸公之國方五百里，諸侯之國方四百里云云者，是否？曰：看來怕是如此。孟子時去周初已六七百年，既無載籍可考，見不得端的。如「五十而貢，七十而助」，此説自是難行。問：《王制》疏載周初封建只是百里，後來滅國漸廣，方添至數百里。曰：此説非是。諸國分地先來定了，若後來旋添，便須移動了幾國徙去別處方得，豈不勞擾？僩。

❶「如」下，朝鮮本有「管仲責楚説」五字。

舜發於畎畝章

「動心忍性」者，動其仁義禮智之心，忍其聲色臭味之性。銖。

「困心衡慮，徵色發聲」，謂人之有過而能改者如此。「困心衡慮」者，心覺其有過。「徵色發聲」者，其過形於外。人傑。

明道曰：自「舜發於畎畝之中」云云，若要熟，也須從這裏過。只是要事事經歷過。賀孫。

問：❶「若要熟，也須從這裏過。」人須從貧困艱苦中做來，方堅牢。曰：若不從這裏過，也不識所以堅牢者，正緣不曾親歷了，不識。似一條路，須每日從上面往來，行得熟了，方認得許多險阻去處。若素不曾行，忽然一旦撞行將去，少間定墮坑落塹去也。僩。

教亦多術矣章

「子不屑之教誨也者」，趙氏曰：「屑，潔也。」考孟子「不屑就」與「不屑不潔」之言，「屑」字皆當作「潔」字解。所謂「不屑之教誨」者，當謂不以其人爲潔而教誨之。如「坐而言，不應隱几而卧」之類。大抵解經不可便亂說，當觀前後字義也。人傑。

❶「問」下，朝鮮本有「自『舜發於畎畝之中』至『孫叔敖舉於海』，明道謂」十八字。

朱子語類卷第六十計二十八板

孟子十

盡心上

盡其心者章

「盡其心者，知其性也。」「者」字不可不子細看。人能盡其心者，只爲知其性，❶知性却在先。文蔚。

李問「盡其心者，知其性也」。曰：此句文勢與「得其民者，得其心也」相似。雉。

人往往說先盡其心而後知性，非也。心、性本不可分，況其語脉是「盡其心者，知其性」，心只是包着這道理。盡知得其性之道理，便是盡其心。若只要理會盡心，不知如何地盡。㽦。

或問盡心、知性。曰：性者，吾心之實理。若不知得盡，却盡箇甚麽？

「盡其心者，知其性也。」所以能盡其心者，由先能知其性，知性則知天矣。知性知天，則能盡其心矣。不知性，不能以盡其心，「物格而後知至」。道夫。

盡其心者，由知其性也。先知得性之理，然後明得此心。知性猶格物，盡心猶知至。德明。

知性者，物格也。盡心者，知至也。「物」字對「性」字，「知」字對「心」字。節。

❶「只爲」，朝鮮本作「由於」。

知性，然後能盡心。先知然後能盡，未有先盡而後方能知者。蓋先知得，❶然後見得盡。節。

王德修問「盡心然後知性」。曰：以某觀之，性、情與心固是一理，然命之以心，却似包着這性、情在裏面。故孟氏語意却似說盡其心者，以其知性故也。此意橫渠得知，故說「心統性、情者也」，看得精。邵堯夫亦云「性者，道之形體；心者，性之郛郭；身者，心之區宇；物者，身之舟車」。語極有理。大雅云：橫渠言「心禦見聞，不弘於性」，則又是心小性大也。曰：「禦」字不可作「止」字與「當」字解，禦有梏之意。云心梏於見聞，反不弘於性耳。大雅。

問：橫渠謂「心能盡性，『人能弘道』也；性不知檢其心，『非道弘人』也」。如《孟子》「盡其心者，知其性也」，先生謂「盡其心者，必其能知性者也。知性是物格之事，盡心是知至之事」。如何？曰：心與性只一般，知與盡不同。所謂知，便是心了。問：知是心之神明，似與四端所謂智不同？曰：此「知」字義又大。然孔子多說仁、智，如「元亨利貞」，元便是仁，貞便是智。四端，仁、智最大。無貞，則元無起處；無智，則如何是仁？《易》曰：「大明終始。」有終便有始。智之所以爲大者，以其有知也。廣。

問：先生所解「盡其心者，知其性也」，正如云「得其民者，得其心也」語意同。先生曰：固自分曉，尋此樣子亦好。後見信州教授林德久未甚信此說，過欲因以其易曉者譬之，如欲盡其爲教授者，必知其職業

❶「得」下，朝鮮本有「性之理」三字。

乃能盡也。先生云：「存其心」，❶恰如教授在此，方理會得每日職業。過。

問「盡心者知至也」。曰：知得到時，必盡我這心去做。如事君必要極於忠，爲子必要極於孝，不是備禮如此，既知得到這處，若於心有些子未盡處，便打不過，便不足。賀孫。○專論「盡心」。

問：「盡心」只是知得盡，未説及行否？曰：某初間亦把做只是知得盡，如《大學》「知至」一般，未説及行。後來子細看，如《大學》「誠意」字模樣，是真箇恁地盡。「如惡惡臭，如好好色」，知至亦須兼誠意乃盡。如知得七分，自家去做，只着得五分心力，便是未盡。有時放緩，又不做了。如知得十分真切，自家須着過二十分心力實去恁地做，便是盡。「盡其心者，知其性也」。知性，所以能盡心。淳。○此段句意恐未真。

某前以《孟子》「盡心」爲如《大學》「知至」，今思之，恐當作「意誠」説。蓋孟子當時特地説箇「盡心」，煞須用功。所謂盡心者，言心之所存，更無一豪不盡，好善便「如好好色」，惡惡便「如惡惡臭」，徹底如此，没些虚僞不實。童云：如所謂盡心力而爲之之「盡」否？曰：然。砥。

黄先之問「盡心」。曰：「盡心」是竭盡此心。今人做事，那曾做得盡，只盡得四五分心便道了。若是盡心，只是一心爲之，更無偏旁底心。「如惡惡臭，如好好色」，必定是如此，如云盡心力爲之。賀孫。

「盡心」、「知性」、「知天」，工夫在「知性」上。盡心只是誠意，知性却是窮理。心

❶「存」，朝鮮本作「盡」。

有未盡，便有空闕。如十分只盡得七八分，❶便是空闕了二三分。須是「如惡惡臭，如好好色」，孝便極其孝，仁便極其仁。性即理，理即天。我既知得此理，則所謂盡心者自是不容已。如此説，却不重疊。既能盡心、知性，則胸中已是瑩白净潔。却只要時時省察，恐有污壞，故終之以存養之事。謨。

盡心者，發必自慊，而無有外之心，即《大學》「意誠」之事也。道夫。

問：盡心，莫是見得心體盡？或只是如盡性池録作「盡忠盡信」。之類否？曰：皆是。德明。

盡心以見言，盡性以養言。德明。

「盡心」、「盡性」之「盡」，不是做功夫之謂。蓋言上面功夫已至，至此方盡得耳。《中庸》言「唯天下至誠爲能盡其性」，《孟子》言「盡其心者知其性」是也。銖。

盡心，就見處説，見理無所不盡，如格物、致知之意。然心無限量，如何盡得？物有多少，亦如何窮得盡？但到那貫通處，則纔拈來便曉得，是爲盡也。存心，却是就持守處説。端蒙。

説「盡心」云：這事理會得，那事又理會不得。理會得東邊，又不理會得西邊。只是從來不曾盡這心，但臨事恁地胡亂挨將去。❷此心本來無有些子不備，無有些子不該。須是盡識得許多道理，無些子窒礙，方是盡心。如今人人有箇心，只是不曾使得他盡，只恁地苟簡鹵莽，便道是了。賀孫。

問：季通説「盡心」，謂「聖人此心纔見

❶「八」字，原脱，今據朝鮮本補。
❷「挨」，朝鮮本作「做」。

得盡，則所行無有不盡，故程子曰：『聖人無俟於力行。』」曰：固是聖人有這般所在。然所以爲聖人，也只説「好問」、「默而識之」；「好古」、「敏以求之」，那曾説知了便了。又曰：盡心如明鏡，無些子蔽翳。只看鏡子若有些少照不見處，便是本身有些塵污。如今人做事，有些子鶻突窒礙，便只是自家見不盡。此心本來虚靈，萬理具備，事事物物皆所當知。今人多是氣質偏了，又爲物欲所蔽，故昏而不能盡知，聖賢所以貴於窮理。又曰：萬理雖具於吾心，還使教他知始得。今人有箇心在這裏，只是不曾使他去知許多道理。少間遇事做得一邊，又不知那一邊，見得東，遺却西。少間只成私意，皆不能盡道理。盡得此心者，洞然光明，事事物物無有不合道理。又曰：學問之所以傳不傳者，亦是能盡心與不能盡心。問：若曾子易簀之事，此時若不能正，也只是不盡得心。曰：然。曾子既見得道理，自然便改了。若不便改了，這心下便闕了些。當時季孫之賜，曾子如何失點檢去上睡，是不是了。童子既説起，須着改始得。若不説，不及改也不妨；才説，便着改。賀孫。

問：先生解「盡心」、「知性」處云：❶心無體，以性爲體，如何？曰：心是虚底物，性是裏面穰肚餡草。性之理包在心内，到發時却是性底出來。性，不是有一箇物事在裏面喚做性，只是理所當然者便是性，只是人合當如此做底便是性。惟是孟子「惻隱之心，仁之端也」這四句，也有性，也有心，也有情，與横渠「心統性、情」一語好

❶「先生」，賀本作「程子」。

看。震。

盡心，謂事物之理皆知之而無不盡；知性，謂知君臣、父子、兄弟、夫婦、朋友各循其理；知天，則知此理之自然。人傑。

盡心，如何盡得？不可盡者心之事，可盡者心之理。理既盡之後，謂如一物初不曾識，來到面前，便識得此物，盡吾心之理。盡心之理，便是「知性」、「知天」。去僞。○末二句恐誤。

黄敬之問盡心、知性。曰：性是吾心之實理，若不知得，却盡箇甚麼？又問「知其性則知天矣」。曰：倪録云「知天是知源頭來處」。性以賦於我之分而言，天以公共道理倪録作「公共之本原」。而言。天便脱模是一箇大底人，人便是一箇小底天，吾之仁義禮智即天之元亨利貞。凡吾之所有者，皆自彼而來也。故知吾性，則自然知天矣。倪録。此下云：又問「存心養性」，曰：「存得父子之心盡，方養得仁之性；存得君臣之心盡，方養得義之性。」○時舉。

因看程子《語録》「心小性大，心不弘於性，滯於知思」說，及上蔡云「心有止」說，遂云：心有何窮盡？只得此本然之體，推而應事接物皆是。故於此知性之無所不有，知天亦以此。因省李先生云：「盡心者，如孟子見齊王問樂，則便對云云。言貨色則便對云云。每遇一事，便有以處置將去，此是盡心。」舊時不之曉，蓋此乃盡心之效如此，得此本然之心，則皆推得去無窮也。如「見牛未見羊」說，苟見羊，則亦便是此心矣。方。

「盡心」、「知性」、「知天」，此是致知；「存心」、「養性」、「事天」，此是力行。泳。○盡知存養。

「盡心」、「知性」，以前看得「知」字放

輕。今觀之，却是「知」字重，「盡」字輕。知性，則心盡矣。存養，有行底意思。可學。

問：盡、知、存、養四字如何分別？曰：盡、知是知底工夫，存、養是守底工夫。震。

問「盡心」、「盡性」。曰：「盡心」云者，知之至也；「盡性」云者，行之極也。盡心則知性、知天，以其知之已至也。若存心、養性，則是致其盡性之功也。人傑。

孟子説「知性」，是知得性中物事。既知得，須盡知得，方始是盡心。下面「存其心，養其性」方始是做工夫處。如《大學》説「物格而後知至」。物格者，物理之極處無不到，知性也；知至者，吾心之所知無不盡，盡心也。至於「知至而後意誠」，誠則「存其心，養其性」也。聖人説知必説行，不可勝數。泳。

飛卿問：「盡心」、「存心」，盡莫是極至地位，存莫是初存得這心否？曰：盡心，也未説極至，只是凡事便須理會，教十分周足，無少闕漏處，方是盡。存，也非獨是初工夫，初間固是操守存在這裏，到存得熟後，也只是存。這「存」字無終始，只在這裏。賀孫。

孟子説「存其心」，雖是緊切，却似添事。蓋聖人只爲學者立下規矩，守得規矩定，便心也自定。如言「居處恭，執事敬，與人忠」，人能如是存守，則心有不存者乎？今又説「存其心」，則與此爲四矣。如此處，要人理會。升卿。

存之、養之便是事，心、性便是天，故曰「所以事天也」。德明。

仲思問「存心」、「養性」先後。曰：先存心而後養性。養性云者，養而勿失之謂。

性不可言存。

問「存心養性以事天」。曰：天教你「父子有親」，你便用「父子有親」；天教你「君臣有義」，你便用「君臣有義」。不然，便是違天矣。古人語言下得字都不苟，如「存其心，養其性」，若作「養其心，存其性」，便不得。問：如何是「天者理之所從出」？曰：天便是那太虛，但能盡心、知性，則天便不外是矣。性便有那天。問：「四十而不惑，五十而知天命。」不惑，謂知事物當然之理；知天命，謂知事物之所以然；便是「知天」、「知性」之說否？曰：然。他那裏自看得箇血脉相牽連，要自子細看。龜山之說極好。龜山問學者曰：「人何故有惻隱之心？」學者曰：「出於自然。」龜山曰：「安得自然如此？若體究此理，知其所從來，則仁之道不遠矣。」便是此說。僩。

「存其心」，則能「養其性」，正其情。「養其性」，如不暴。方。

存心，便性得所養。季通說「存心」雖是，然語性已疏，性有動靜。蓋《孟子》本文甚切。方。

「夭壽不貳」，不以生死爲吾心之悅戚也。人傑。

問：「立命」是豎立得這天之所命，不以私意參雜，倒了天之正命否？曰：然。問：「莫非命也」，此一句是總說氣禀之命，與「天命謂性」之命同否？曰：孟子之意未說到氣禀。孟子自來不甚說氣禀。看來此句只是說人物之生，❶吉凶禍福皆天所命，人但順受其正。若桎梏而死，與立乎巖牆之下而死，便是你自取，不干天事，未說

❶「來」，萬曆本作「是」。

到氣禀在。僩。

敬之問「夭壽」至「命也」。曰：既不以夭壽貳其心，又須脩身以俟，方始立得這命。自家有百年在世，百年之中須事事教是當；自家有一日在世，一日之内也須教事事是當始得。若既不以夭壽動其心，一向胡亂做，又不可。如佛氏以絶滅爲事，亦可謂之「夭壽不貳」。然「脩身以俟」一段，全不曾理會，所以做底事皆無頭腦，無君無父，亂人之大倫。賀孫。

敬之問：「壽夭不貳，脩身以俟之，所以立命也。」壽夭是天命，修身是順天命。安於天理之正，無一豪人慾計較之私，而天命在我，方始流行。曰：「夭壽不貳」，是不疑他。若一日未死，一日要是當；百年未死，百年要是當，這便是立命。「夭壽不貳」便是知性、知天之力，「脩身以俟」便是存心、養性之功。「立命」一句，更用通下章看。又問：「莫非命也，順受其正。」若是人力所致者，如何是命？曰：前面事都見不得。若出門，吉凶禍福皆不可知，但有正不正，自家只順受他正底，自家身分無過，恁地死了，便是正命。若立巖牆之下，與桎梏而死，便不是正命。或如比干剖心，又不可不謂之正命。直卿說：先生向嘗譬喻，一似受差遣，三年滿罷，便是君命之正。若歲月間以罪去，也是命，便不是正底命。先生曰：若自家無罪，便歲月間去，又不可不謂之正命。子善問：孟子謂「知命者不立巖牆之下」，今人却道我命若未死，縱立巖牆之下，也不到壓死。曰：莫非命者，是活絡在這裏，看他如何來。若先說道我自有命，雖立巖牆之下也不妨，即是先指定一箇命，便是紂說「我生不有命在天」。因舉横渠

「行同報異」與「氣遇」等語，伊川却道他説遇處不是。又曰：這一段文勢直是緊，若精神鈍底，真箇趕他不上。如龍虎變化，直是捉搦他不住。僩。○時舉略。

問張子云「由太虚」云云。❶曰：本只是一箇太虚，漸漸細分，説得密耳。且太虚便是這四者之總體，而不雜乎四者而言。「由氣化有道之名」，氣化是那陰陽造化，寒暑晝夜、雨露霜雪、山川木石、金水火土，皆是。只這箇便是那太虚，只是便雜却氣化説。雖雜氣化，而實不離乎太虚，❷未説到人物各具當然之理處。問：太虚便是《太極圖》上面底圓圈，氣化便是圓圈裏陰静陽動否？曰：然。又曰：「合虚與氣有性之名」，有這氣，道理便隨在裏面；無此氣，則道理無安頓處。如水中月。須是有此水，方映得那天上月；若無此水，終無此月也。心之知覺，又是那氣之虚靈底。聰明視聽，作爲運用皆是。有這知覺，方運用得這道理。所以横渠説：「人能弘道」，是心能盡性。「非道弘人」，是性不知檢心。又邵子曰：「心者，性之郛郭。」此等語，皆秦漢以下人道不到。又問：人與鳥獸固有知覺，但知覺有通塞，草木亦有知覺否？曰：亦有。如一盆花，得些水澆灌，便敷榮；若摧抑他，便枯悴。謂之無知覺，可乎？周茂叔窗前草不除去，云「與自家意思一般」，便是有知覺。只是鳥獸底知覺不如人底，草木底知覺又不如鳥獸底。又如大黄喫着便會瀉，附子喫着便會熱。只是他知覺只從這一路去。又問：腐敗之物亦有否？曰：

❶「張子云」三字，原脱，今據朝鮮本補。
❷「離」，萬曆本作「雜」。

亦有。如火燒成灰，將來泡湯喫，也熻苦。因笑曰：頃信州諸公正説草木無性，今夜又説草木無心矣。僩。○《集注》。

先生問：「合虛與氣有性之名」，如何看？廣云：虛只是理，有是理，斯有是氣。曰：如何説「合」字？廣云：恐是據人物而言。曰：有是物則有是理與氣，故有性之名；若無是物，則不見理之所寓。「由太虛有天之名」，只是據理而言。「由氣化有道之名」，由氣之化，各有生長消息底道理，故有道之名。既已成物，則物各有理，故曰「合虛與氣有性之名」。廣。

「由太虛有天之名」，都是箇自然底。「由氣化有道之名」，是虛底物在實上見，無形底物因有形而見。所謂道者，如天道、地道、人道、父子之道、君臣之道，「率性之謂道」是也。「合虛與氣有性之名」，是自然中包得許多物事。夔孫。

「由太虛有天之名」，這全説理。「由氣化有道之名」，這説着事物上。如「率性之謂道」，性只是理，率性方見得是道，這説着事物上。且如君臣、父子之道，有那君臣、父子，方見這箇道理。「合虛與氣有性之名」，「虛」字便説理，理與氣合，所以有人。植。

問：知覺是氣之陽明否？曰：「由太虛有天之名，合虛與氣有性之名」，「天命之謂性」管此兩句。「由氣化有道之名」，「率性之謂道」管此一句。「合性與知覺有心之名」，此又是天命謂性，這正管此一句。賜。

問：當無事時，虛明不昧，此是氣。其中自然動處，莫是性否？曰：虛明不昧，此理具乎其中，無少虧欠，感物而動，便是情。橫渠説得好：「由太虛有天之名，由氣化有道之名」，此是總説。「合虛與氣有性之名，合性與知覺有心之名」，此是就人上説。賜。

問：「由氣化有道之名」，是自陰陽言？曰：方見其有許多節次。可學。

林問：氣化何以謂之道？曰：天地間豈有一物不由其道者？問：合虛與氣，何以有性？曰：此語詳看，亦得其意，然亦有未盡處，當言「虛即是性，氣即是人」。以氣之虛明寓于中，故「合虛與氣有性之名」。雖説略盡，而終有二意。劉問：如此則莫是性離於道邪？曰：非此之謂。到這處則有是名，在人如何看，然豈有性離於道之理？寓。

問「合虛與氣有性之名」。曰：惟五峰發明得兩句好：「非性無物，非氣無形。」燾。

問「合虛與氣有性之名，合性與知覺有心之名」。曰：虛，只是説理。横渠之言大率有未瑩處。有心則自有知覺，又何合性與知覺之有？蓋卿。

「由太虛有天之名」至「有心之名」，横渠如此議論，極精密。驤。

伊川云：「盡心然后知性。」此不然。「盡」字大，「知」字零星。饒録無此七字，却云「盡心者，以其知性」。若未知性便要盡心，則懸空無下手處。惟就知性上積累將去，自然盡心。學蒙。○《集義》。

問：盡心、知性，不假存、養，其惟聖人乎？佛本不假於存、養，豈竊希聖人之事乎？曰：盡、知、存、養，吾儒、釋氏相似而不同。只是他所存、所養、所知、所盡處，道理皆不是。如吾儒盡心，只是盡君臣、父子等心，便見有是理，性即是理也。如釋氏所謂盡心、知性，皆歸於空虛。其所存、養，却是閉眉合眼，全不理會道理。去僞。

或問：伊川云：「心具天德。心有未盡處，便是天德未能盡。」切嘗熟味其言，意者在天爲命，在人爲性，性無形質，而舍之於心。故一心之中，天德具足，盡此心則知性、知天矣。游氏以「心無餘蘊」爲盡心，謝氏以「擴充得去」爲盡心，皆此意也。然横渠、范侍講之説則又不然。范謂：「窮理者，孟子之所謂盡心也。」横渠曰：「大其心，則能體天下之物。物有未體，則心爲有外。」不知窮理、體物之説，亦信然否？如下一段言「存心養性，所以事天也」，游氏言之詳矣。其言曰：「『存其心』者，閑邪以存其誠也；『養其性』者，守静以復其本也。存、養如此，則可以事天矣。」此言事天，亦伊川所謂奉順之意，其説恐不出乎此。但不知存、養之説，謂存此以養彼耶？亦既存本心，又當養其性耶？曰：諸家解説「盡心」二字，少有發明得「盡」字出來者。伊川最説得完全，然亦不曾子細開説「盡」字。大抵「盡其心」只是窮盡其在心之理耳。窮得此，又却不能窮得彼，便不可喚做盡心。范侍講言窮理，却是言盡心以前底事。謝上蔡言充廣得去，却言盡心以後事。若横渠「大其心，則能體天下之物」之説，此只是言人心要廣大耳。亦不知未能盡得此心之理，如何便能盡其心得。兼「大其心」亦做盡心説不得。游氏「守静以復其本」，此語有病，守静之説近於佛、老，吾聖人却無此説。其言「知天爲智之盡，事天爲仁之至」，此却説得好。事天只是奉順之而已，非有他也。所謂存心、養性非二事，存心所以養性也。去僞。

問上蔡盡心、知性一段。曰：説盡心

不著。可學。

問：先生《盡心説》曰：「心者，天理在人之全體。」又曰：「性者，天理之全體。」此何以別？曰：分説時且恁地。若將心與性合作一處説，須有別。淳。

莫非命也章

「盡其道而死者」，順理而吉者也；「桎梏死者」，逆理而凶者也。以非義而死者，固所自取，是亦前定，蓋其所禀之惡氣有以致之也。人傑。

問：「桎梏死者，非正命也。」雖謂非正，然亦以命言。此乃自取，如何謂之命？曰：亦是自作而天殺之，但非正命耳。使文王死於羑里，孔子死於桓魋，却是命。可學。

敬之問「莫非命也」。曰：在天言之，皆是正命。在人言之，便是不正之命。❶

問：有當然而或不然，不當然而或然者，如何？曰：如孔、孟老死不遇，須喚做不正之命始得。在孔、孟言之，亦是正命。然在天之命，却自有差。恪。

問：「莫非命也。」命是指氣言之否？曰：然。若在我無以致之，則命之壽夭，皆是合當如此者，如顏子之夭、伯牛之疾是也。廣。

問「莫非命也，順受其正」。因推「惠迪吉，從逆凶」之意。曰：若是「惠迪吉，從逆凶」，自天觀之，也得其正命；自人得之，也得其正命。若惠迪而不吉，則自天觀之，却是失其正命。如孔、孟之聖賢而不見用於

❶「便」上，朝鮮本多「便有正有不正。如順其道而死者是正命，桎梏而死者」二十一字。

世，而聖賢亦莫不順受其正，這是於聖賢分上已得其正命。若就天觀之，彼以順感，而此以逆應，則是天自失其正命。賀孫。

「莫非命也，順受其正。」直卿云：如受得一邑之宰，教做三年，這是命。到做得一年被罪罷去，❶也是命。曰：有不以罪而枉罷者，亦是命。有罪而被罷者，非正命；無罪而被罷者，是正命也。賀孫。

孟子說命，至「盡心」章方說得盡。庚。❷

萬物皆備於我矣章

黄先之問「萬物皆備於我」。曰：如今人所以害事處，只是這些私意難除，才有些私意隔着了，便只見許多般。賀孫。

「萬物皆備於我」，須反身而實有之，無虧無欠，方能快活。若反身而不誠，雖是本來自足之物，然物自物，何干我事！砥。

「反身而誠」，孟子之意主於「誠」字，言反身而實有此理也。爲父而實有慈，爲子而實有孝，豈不快活！若反身不誠，是無此理。既無此理，但有恐懼而已，豈得樂哉！驤。

「反身而誠」，見得本具是理，而今亦不曾虧欠了他底。恪。

或問：「反身而誠」，是要就身上知得許多道理否？曰：是。這知見得最爲要緊。賀孫。

「反身而誠」，則恕從這裏流出，不用勉强。未到恁田地，須是勉强。此因林伯松問「强恕」說。○淳。

❶「罪」字，原無，今據朝鮮本補。
❷「庚」字，原無，今據朝鮮本補。

所謂「萬物皆備於我」，在學者也知得此理是備於我，只是未能「反身而誠」。若勉强行恕，拗轉這道理來，便是恕。所謂勉强者，猶未能恕，必待勉强而後能也。所謂恕者，也只是去得私意盡了，這道理便真實備於我無欠闕。僩。

或問：「萬物皆備於我」章後面說「强恕而行，求仁莫近焉」，如何？曰：恕便是推己及物。恕若不是推己及物，別又是箇什麽！然這箇强恕者，亦是他見得「萬物皆備於我」了，只争着一箇「反身而誠」，便須要强恕上做功夫。所謂强恕，蓋是他心裏不能推己及人，便須强勉行恕，拗轉這道理，然亦只是要去箇私意而已。私意既去，則萬理自無欠闕處矣。燾。

子武問「萬物皆備於我」章。曰：這章是兩截工夫。「反身而誠」，蓋知之已至，而自然循理，所以樂。「强恕而行」，是知之未至，且恁把捉勉强做去，少間到純熟處，便是仁。木之。

問：「萬物皆備於我」，下文既云「樂莫大焉」，何故復云「强恕」？曰：四句二段，皆是蒙上面一句。問：「反身而誠，樂莫大焉」，是大賢以上事；「强恕求仁」，是學者身分上事否？曰：然。問：大賢以上，是知與行俱到；大賢以下，是知與行相資發否？曰：然。頃之，復曰：「反身而誠」，只是箇真知。真實知得，則滔滔行將去，見得萬物與我爲一，自然其樂無涯。所以伊川云「異日見卓爾有立於前，然後不知手之舞，足之蹈」，正此意也。道夫。

强，是勉强而行；恕，是推己及物。「强恕而行」，是要求至於誠。去僞。

敬之說：强恕，只事事要廣充教是當。

雖是自家元未免有些病痛，今且着事事勉强做去。曰：未至於「反身而誠，樂莫大焉」處，且逐事要推己及人，庶幾心公理得。此處好更子細看。賀孫。

問「强恕而行」。曰：此是其人元不曾恕在，故當凡事勉强，推己及人。若「反身而誠」，則無待於勉强矣。又問：莫須卓然立志方得？曰：也不須如此，飢時便討飯喫。夔孫録云：才見不恕時，便須勉强，如飢便喫飯。初頭硬要做一餉，少時却只恁消殺了，到没意思。儒用。○夔孫同。

「强恕而行，求仁莫近」，不可將「恕」字低看了。求仁莫近於恕，「恕」字甚緊。蓋卿。

問「萬物皆備於我」。曰：未當如此。須從「孟子見梁惠王」看起，却漸漸進步。如看《論語》，豈可只理會「吾道一以貫之」一句？須先自《學而篇》漸漸浸灌到純熟處，其間義理却自然出。季札。

問：伊川説「萬物皆備於我」，謂「物亦然，皆從這裏出去」，如何？曰：未須問此，枉用工夫，且於事上逐件窮看。凡接物遇事，見得一箇是處，積習久自然貫通，便真箇見得理一。禪者云「如桶底脱相似」，可謂大悟，到底不曾曉得，才遇事，又却迷去。德明。○《集義》。

或問：明道説：「學者須先識仁，仁者渾然與物同體。孟子言『萬物皆備於我』，『反身而誠』則爲大樂。若反身未誠，則猶是二物有對，又安得樂？《訂頑》意思乃備言此體。」横渠曰：「『萬物皆備於我』，言萬事皆有素於我也，『反身而誠』，謂行無不慊於心，則『樂莫大焉』。」如明道之説，則物只是物，更不須作「事」字説，且於下文「求仁」之説意思貫串。横渠解「反身而誠」爲行無不慊之義，又似來不得。不唯以物爲事，如下文「强恕而行，求仁莫近焉」，如何通貫得爲一意？曰：横渠之説亦好。「反身而誠」，實也。謂實有此理，更無不慊處，則仰不愧，俯不怍，「樂莫大焉」。「强恕而行」，即是推此理以及人也。我誠有此理，在人亦各有此理。能使人有此理亦如我焉，則近於仁矣。如明道這般説話極好，只是説得太廣，學者難入。去僞。銖同。

「萬物皆備於我矣，反身而誠，樂莫大焉。」萬物不是萬物之迹，只是萬物之理皆備於我。如萬物莫不有君臣之義，自家這裏也有；萬物莫不有父子之親，自家這裏也有；萬物莫不有兄弟之愛，自家這裏也有；萬物莫不有夫婦之别，自家這裏也有，是這道理本來皆備於吾身。反之於吾身，於君臣必盡其義，於父子必盡其親，於兄弟必盡其愛，於夫婦必盡其别。莫不各盡其當然之實理，而無一毫之不盡，則仰不愧，俯不怍，自然是快活。若是反之於身有些子未盡，有些子不實，則中心愧怍，不能以自安，如何得會樂？横渠曰：「萬物皆備於我矣」，言萬物皆素定於我也。行有不慊於心則餒矣，故「反身而誠，樂莫大焉」。若不是實做工夫到這裏，如何見得恁地。賀孫。

「萬物皆備於我」，横渠一段將來説得甚實。所謂萬物皆在我者，便只是君臣本來有義，父子本來有親，夫婦本來有别之類，皆是本來在我者。若事君有不足於敬，事親有不足於孝，以至夫婦無别、兄弟不友、朋友不信，便是我不能盡之。反身則是不誠。其苦有不可言者，安得所謂樂。若如今世人説，却是無實事。如禪家之語，只虛空打箇筋斗，却無着力處。○㽦。

問：「樂莫大焉」，莫是見得「萬物皆備於我」，所以樂否？曰：誠是實有此理。檢點自家身命果無欠闕，事君真箇忠，事父真箇孝，仰不愧於天，俯不怍於人，其樂孰大於此？橫渠謂「反身而誠」，則不慊於心，此說極有理。去僞。

行之而不著焉章

方行之際，則明其當然之理，是行之而著；既行之後，則識其所以然，是習矣而察。初間是照管向前去，後來是回顧後面，看所行之道理如何。如人喫飯，方喫時知得飯當喫，既喫後則知飯之飽如此。僩。

著，曉也。察，識也。方其行之，而不曉其所當然；既習矣，而猶不識其所以然。人傑。

「習矣而不察」，「習」字重，「察」字輕。可學。

「習矣不察」，「行矣不著」。如今人又不如此。不曾去習，便要說察，不曾去行，便要說著。「可與共學，未可與適道」。今人未曾理會「可與共學」，便要適道。賀孫。

待文王而後興章

「待文王而後興者，凡民也。若夫豪傑之士，雖無文王猶興。」豪傑質美，生下來便見這道理，何用費力？今人至於沈迷而不反，而聖人爲之屢言之，方始肯求，已是下愚了。況又不知求之，則終於爲禽獸而已。蓋人爲萬物之靈，自是與物異。若迷其靈而昏之，則是與禽獸何別。大雅。

霸者之民章

自「王者之民皞皞如也」而下至「豈曰小補之哉」，皆說王者功用如此。人傑。

「所過者化」，只是身所經歷處，如舜耕歷山、陶河濱者是也。略略做這裏過，便自感化，不待久留，言其化之速也。謙之云：「所存者神」，是心中要恁地便恁地否？曰：是。「上下與天地同流，豈曰小補之哉。」小補，只是逐片逐些子補綴。「上下與天地同流」，重新鑄一番過相似。恪。

問：《集注》云：「所存主處，便神妙不測，所經歷處皆化。」如此，即是民化之也，非「大而化之」之「化」？曰：作「大而化」之「化」有病，則是過了者化物，未過時却凝滯於此。只是所經歷處，才霑著些便化也。雷一震而萬物俱生動，霜一降而萬物皆成實，無不化者。《書》曰「俾予從欲以治，四方風動」，亦是此意。「所存主處，便神妙不測」。「立之斯立，道之斯行，綏之斯來，動之斯和」，莫知其所以然而然也。問：「同流」是與天地同其神化否？曰：此難言，各有一分去聲。在裏。曰：是箇參贊意否？曰：亦不是參贊。德明。

「存神」、「過化」，程說甚精，正得孟子本意。過，是身所經歷處，無不感動，如「黎民於變」，便是化。存，是存主處，不是主宰，是存這事，這事便來應。二程看文字最精密，如《中庸說》，門人多不能曉其意。淳。○《集義》。

「過化」、「存神」，伊川說好。過，只是經歷處，以舜觀之，可見。存，則存主處，便如「綏來」、「動和」之意。都就事上說，反覆此一段自可見。端蒙。

「所過者化」，程子經歷之説甚好。蓋不獨是所居久處，只曾經涉處便皆化。「所存者神」，存是自家主意處。便不測，亦是人見其如此。㽦。

黄子功問：❶伊川説過是經歷處，是否？曰：只是過處人便化，更不待久。問「所存者神」。曰：此纔有所存，彼便應，言感應之速也。所以荀子云「仁人之兵，所過者化，所存者神」。只是「簞食壺漿以迎王師」處，便是神。子功曰：如「舞干羽于兩階，七旬有苗格」，亦是此理。曰：然。文蔚。

問：經歷處則無不化，不經歷處如何？曰：此言經歷處便化，如在鄉則一鄉化，在天下則天下化。過者，言其感人之速如此，只被後來人説得太重了。「所存者神」，吾心之所存處，便成就如神耳。如《書》云「從欲以治，四方風動」之意。化，是人化也。神，是事之成就如神也。去僞。

「君子所過者化」，伊川本處解略。《易傳》「大人虎變」，却説得詳。荀子亦有「仁人過化存神」之語，此必古語。如「克己復禮」亦是古語，《左傳》中亦引「克己復禮，仁也」。如「崇德、脩慝、辨惑」亦是古語，蓋是兩次問了。燾。

「所過者化，所存者神。」伊川解《革》卦言「所過變化，事理炳著」。所過，謂身所經歷處也。文蔚。

「君子所過者化，所存者神。」存是存主，過是經歷。聖人「綏之斯來，動之斯和」，才過便化。横渠説却是兩截。從周。

問：「過化」、「存神」有先後否？曰：

❶「問」下，朝鮮本有「所過者化所存者神」八字。

初無先後，便如横渠之説亦無先後。去僞。

「過化」、「存神」，舊説所應之事過而不留，便能「所存者神」。神即神妙不測。故上蔡云「所過者化」，故「所存者神」；「所存者神」，故「所過者化」。鄉里李朅才云：譬如一面鏡，先來照者既去不見了，則後來者又可以照。若先底只在，則不復能照矣。將做一事説，亦自好。但據《孟子》本文，則只是身所經歷處便化，心所存主處便神，如「綏斯來，動斯和」。又荀子亦言「仁人之兵，所過者化，所存者神」，似是見成言語，如「金聲玉振」之類，故孟、荀皆用之。荀卿非孟子，必不肯用其語也。方子。

問：尋常人説，皆云「所過者化」，便能「所存者神」。曰：他是就心説。據孟子意，乃是就事説。問：注引舜事，如何？曰：舜在下，只得如此。及見用，則賓四門之屬，皆是化。聖人豈能家至户曉，蓋在吾化中者皆是過。問：「存神」與「過化」如何别？曰：「過化」言所過即化，「存神」便有響應意思。問：上蔡云：「所過者化」便「所存者神」，「所存者神」便「所過者化」。曰：此是就心説。事來不留於心，便是存神，存神便能過化。横渠云：「性性爲能存神，物物爲能過化。」亦是此説。可學。

人之所不學而能者章

至之問：「達之天下也」，方爲仁義。曰：「親親，仁也。敬長，義也。」不待達之天下方始謂之仁義。「無他，達之天下」，只説達之天下，無别道理。賀孫。

舜居深山之中章

問：「舜聞善言，見善行，若決江河，沛然莫能禦。」其未有所聞見時，氣象如何？曰：湛然而已。其理充塞具備，一有所觸，便沛然而不可禦。問：學者未有聞見之時，莫須用持守而不可放逸否？曰：纔知持守，已自是聞善言、見善行了。道夫。

無爲其所不爲章

敬之問「無爲其所不爲，無欲其所不欲」。曰：人心至靈，其所不當爲、不當欲之事，何嘗不知。但初間自知了，到計較利害，却自以爲不妨，便自冒昧爲之、欲之耳。今既知其所不當爲、不當欲者，便要來這裏截斷，斷然不爲、不欲，故曰「如此而已矣」。恪。

人之有德慧術知章

或問「德慧、術知」。曰：德慧純粹，術知聰明。須有樸實工夫，方磨得出。履孫。

廣土衆民章

敬之問：「君子所性，雖大行不加焉，雖窮居不損焉。」君子但當自盡吾心之天理，雖達而在上，做出事業功名，亦只似雲浮於太虛之中，於我何有哉？曰：「中天下而立，定四海之民」，固是人所欲。與其處畎畝之中，孰若進而得行其道，使天下皆被其澤。要得出行其道者，亦是人之所欲。

但其用其舍，於我性分之内，本不相關。進而大行，退而窮居，於我性分之内無所加損。賀孫。

問「君子所性」章。曰：只是這一箇道理。雖達而爲堯、舜在上，亦不是添加些子；窮而爲孔、孟在下，亦不是減少些子。蓋這一箇道理，合下都定了，更添減不得。又云：這「所性」字説得虚，如「堯、舜性之」之「性」字。燾。

敬之問「君子所性」。曰：此是説生來承受之性。「仁義禮智根於心」，便見得四端着在心上，相離不得。才有些子私意，便剗斷了那根，便無生意。譬如木根着在土上，方會生，其色也睟然，都從那根上發出來。且「性」字從「心」，便見得先有這心，便有許多物在其中。恪。

問「仁義禮智根於心」。曰：上説君子，是通聖人言。蓋君子氣宇清明，❶無物欲之累，故合下生時，這箇根便着土，所以生色形見於外。衆人則合下生時，便爲氣禀物欲一重隔了，這箇根便未著土在。蓋有殘忍底心，便没了仁之根；有頑鈍底心，便没了義之根；有忿很底心，便没了禮之根；有黑暗底心，便没了智之根，都各有一重隔了。而今人只要去其氣質物欲之隔，教四者之根著土而已。如「堯、舜性之」，便是根已著土了。「湯、武反之」，便是元來未曾著土，而今方移得來著土了。燾。

問「仁義禮智根於心」。曰：雖是自家合下都有這箇物，若有些子私欲夾雜在其中，便把好底和根都剗去了。賀孫。

安卿問：「仁義禮智根於心」，何謂

❶「宇」，萬曆本作「禀」。

根？曰：養得到，見得明，便自然生根，此是人功夫做來。義剛。

看文字當看大意，又看句語中何字是切要。孟子謂「仁義禮智根於心」，只「根」字甚有意，如此用心，義理自出。季札。

問「四體不言而喻」。曰：是四體不待命令而自如此。謂「手容恭」，不待自家教他恭而自然恭；「足容重」，不待自家教他重而自然重，不待教他如此而自如此也。❶燾。

孔子登東山而小魯章

「遊於聖人之門者難爲言。」學而不從這裏，則所爲雖善，要爲好事，終是有不是處。因言：舊見劉子澄作某處學記，其中有雖不能爲向上事，亦可以做向下一等之意，大概是要退，如此便不得。人傑。

至之問「孔子登東山而小魯」一節。曰：此一章如《詩》之有比、興。比者，但比之以他物，而不說其事如何。興，則引物以發其意，而終說破其事也。如「孔子登東山而小魯」至「遊於聖人之門者難爲言」，此興也。「觀水有術，必觀其瀾」至「容光必照焉」，此比也。「流水之爲物也」至「不成章不達」，此又是興也。比者，如「鶴鳴于九皋」之類。興者，如「他人有心，予忖度之」、上引「毚兔」、「柔木」之類是也。「流水之爲物也，不盈科不行；君子之志於道也，不成章不達。」蓋人之爲學，須是務實乃能有進。若這裏工夫欠了些分豪，定是要透過那裏不得。時舉。

❶「他」，萬曆本作「化」。

問：「必觀其瀾」，是因其瀾處便見其本耶？抑觀其瀾，知其有本了，又須窮其本之所自來？曰：若論水之有原本，則觀其流，必知其有原。然流處便是那原本，更去那裏别討本？只那瀾便是那本了。若非本，何處有那流？若説觀其瀾，又須觀其本，則孟子何不曰「必觀其本」？他説「觀其瀾」，便是就瀾處便見其本。僩。

雞鳴而起章

敬之問：「利與善之間也」，這箇利，非是有心於爲利，只見理不明，才差些，便入那邊去？曰：然。才差向利邊去，只見利之爲美。賀孫。

或問「利與善之間」。曰：間是兩者相並在這裏，一條路做這邊去，一條路做那邊去，所以謂之間。

「利與善之間」，不是冷水，便是熱湯，無那中間温吞煖處也。僩。

利、善若只是利、善，則易理會。今人所爲處都是利，只管硬差排道是善。今人直是差處多，只一條大路，其餘千差萬别，皆是利路。❶ 因舉張子韶小説云云。賀孫。

「利與善之間。」若纔有心要人知，要人道好，要以此求利禄，皆爲利也。這箇極多般樣，雖所爲皆善，但有一豪歆慕外物之心，便是利了。如一塊潔白物事，上面只着一點黑，便不得爲白矣。又如好底物事，如腦子之屬，上面只着一點糞穢，便都壞了，不得爲香矣。若是糞穢上面假饒着一堆腦麝，亦不濟事。做善須是做到極盡處，方唤

❶「利」，原作「私」，今據朝鮮本改。

做善。僩。

用之問：舜「孳孳爲善」，「未接物時只主於敬，便是爲善」。以此觀之，聖人之道不是默然無言。聖人之心「純亦不已」，雖無事時也常有箇主宰在這裏。固不是放肆，亦不是如槁木死灰。曰：這便如夜來說只是有操而已一段，如今且須常存箇誠敬做主，學問方有所歸着。如有屋舍了，零零碎碎方有頓處。不然，却似無家舍人，雖有千萬之寶，亦無安頓處。今日放在東邊草裏，明日放在西邊草裏，終非己物。賀孫。

或問「爲善」、「爲利」處。因舉龜山答廖尚書「用中」一段曰：龜山說得鶻突，廖公認得不子細，後來於利害上頗不分別。紹興間，秦氏主和，建議不決，召廖公來。他懵然不知，却去問他平日所友善之人，如鄭邦達輩。邦達亦不思量，便云「和是好事」。故廖公到闕即主和議，遂爲中丞，然他亦不肯爲秦氏鷹犬。秦嘗諷令言趙公鼎，廖竟不從而出。○燾。

楊子取爲我章

楊朱乃老子弟子，其學專爲己。《列子》云：「伯成子羔拔一毛而利天下不爲，其言曰：『一毛安能利天下？使人人不拔一毛，不利天下，則天下自治矣。』」問：老子似不與楊朱同。曰：老子窺見天下之事，却討便宜，置身於安閑之地，云「清靜自治」，豈不是與朱同？又問：伊川說老子，謂先語大道，後却涉些姦詐，如云「知其雄，守其雌；知其白，守其黑」之類。曰：孔、孟亦知天下有許多事，何故不厭他？曰：孔、孟見實理，把作合做底看。他不見實理，把做無，故不肯爲。問：孔子曾見他書否？曰：未必見。厚之問：孔子何爲問禮於他？曰：他本周家史官，自知禮，只是以爲不足道，故一切掃除了。《曾子問》中自見孔子問他處。邵康節亦有些小似他。問：《淵源録》中何故有《康節傳》？曰：書坊自增耳。可學。

問：「墨氏兼愛，楊氏爲我。」夫兼愛雖無差等，不合聖人之正道，乃是割己爲人，滅去己私，猶足立教。若爲我，乃小己自私之事，果何足以立教耶？曰：莊子數稱楊子居之爲人，恐楊氏之學如今道流修煉之士，其保嗇神氣，雖一句話也不妄與人説，正孟子所謂「拔一毛而利天下不爲」是也。柄。

問：楊、墨固是皆不得中，至子莫又要安排討箇中執之。曰：子莫見楊、墨皆偏在一處，要就二者之中而執之，正是安排尋討也。原其意思固好，只是見得不分明，依舊不是。且如「三過其門而不入」，在禹、稷之時則可，在顏子則不可。「居陋巷」，在顏子之時則是中，在禹、稷之時則非中矣。「居陋巷」則似楊氏，「三過其門而不入」則似墨氏。要之，禹、稷似兼愛而非兼愛，顏子似爲我而非爲我。道夫云：常記先生云「中，一名而函二義」，這箇中，要與喜怒哀樂未發之中異，與時中之中同？❶曰：然。道夫。

堯舜性之也章

「性之」，是合下如此；「身之」，是做到那田地。端蒙。

❶「時中」，朝鮮本作「中庸」。

「堯、舜性之也」，「性」字似「稟」字。「湯、武身之也」，是將這道理做成這箇渾身，將這渾身做出這道理。「五伯假之也。久假而不歸，惡知其非有也。」舊時看此句，甚費思量。有數樣説，今所留二説，也自倒斷不下。僩。

黄仁卿問：「性善」之「性」，❶與「堯、舜性之」之「性」如何？曰：「性善」之「性」字實，「性之」之「性」字虛。「性之」只是合下稟得，合下便得來受用。又曰：「反之」是先失着了，反之而後得。「身之」是把來身上做起。節。

聖人之心，不曾有箇起頭處。「堯、舜性之」，合下便恁地去，初無箇頭。到「湯、武反之」，早是有頭了，但其起處甚微。五伯則甚大。

或問：「仁，人心也。」若假借爲之，焉能有諸己哉？而孟子却云五霸「久假而不歸，烏知其非有」，何也？曰：此最難説。前輩多有辨之者，然卒不得其説。「惡知」二字爲五霸設也，如云五霸自不知也。五霸「久假而不歸」，安知其亦非己有也。去僞。

問：「久假不歸，惡知其非有？」舊解多謂使其能久假而不歸，烏知終非其有？曰：諸家多如此説，遂引惹得司馬温公、東坡來闢孟子。問：假之之事，如責楚包茅不貢與夫初命、三命之類否？曰：他從頭都是，無一事不是。如齊桓尚自白直，恁地假將去。至晉文公做了千般蹺蹊，所以夫子有正、譎之論。《博議》説譎、正處甚好，但説得來連自家都不好了。又曰：「假之」，非「利之」之比。若要識得假與利，只

❶「之性」，原作「之善」，據下文文義改。

看真與不真，切與不切。「如好好色，如惡惡臭」，正是利之之事也。道夫云：「安仁」便是「性之」，「利仁」便是「反之」，「假之」之規模自與此別。曰：不干涉。如「勉强而行」，亦非此比。安利、勉强皆是真切，但有熟不熟耳。頃之，歎曰：天下事誰不恁地。且如漢祖三軍縞素，爲義帝發喪，他何嘗知所謂君臣之義所當然者。但受教三老，假此以爲名而濟其欲爾。問：如夫子稱管仲「如其仁」，也是從「假」字上説來否？曰：他只是言其有仁之功，未説到那「假」字上在。且如孺子入井，有一人取得出來，人且稱其仁，亦未説到那「納交、要譽、惡其聲而然」。道夫問：如此説，則「如」字如何解？曰：此直深許其有仁耳。人多説是許其似仁而非仁，以文勢觀之，恐不恁地，只是許其仁耳。道夫云：「假之」之事，真所謂「幽沉仁義」，非獨爲害當時，又且流毒後世。曰：此孟子所以不道桓、文而卑管、晏也。且如興滅繼絶，誅殘禁暴，懷諸侯而尊周室，百般好事他都做，只是無惻怛之誠心。他本欲他事之行，又恰有這題目入得，故不得不舉行。道夫云：此邵子所以有「功之首，罪之魁」之論。曰：他合下便是恁地。道夫。

王子墊問曰章

王子墊問「士尚志」一段，中間反覆説「仁義」二字，都有意，須思量得。僩。

桃應問曰章

問：瞽瞍殺人，在臯陶，則只知有法而不知有天子之父；在舜，則只知有父而不知有天下。此只是聖賢之心坦然直截，當事主一，不要生枝節否？❶曰：孟子只是言聖賢之心耳。聖賢之心合下是如此，權制有未暇論。然到極不得已處，亦須變而通之。蓋法者天下公共，在皋陶亦只得執之而已。若人心不許舜棄天下而去，則便是天也，皋陶亦安能違天？法與理便即是人心底，亦須是合下有如此底心，方能爲是權制。今人於事合下無如此底心，其初便從權制去，則不可。淳。

桃應之問、孟子之對，楊氏有「議貴」之説，如何？曰：使舜欲爲天子，又欲免瞽瞍，則生議貴之法矣。人傑。

孟子自范之齊章

問：孟子言「居移氣，養移體」後，却只論居不論養，豈非居能移人之氣，亦如養之能移人之體乎？曰：有是居則有是養。居公卿則自有公卿底奉養，居貧賤則自有居貧賤底奉養。言居，則養在其中。去僞。

形色天性章

至之問「形色」。曰：有這形，便自有這色，所以下文只説「踐形」。蓋色便在形裏面，色猶言容貌也。時舉問：「形色」自是兩字否？曰：固是。時舉。

敬之問：「形色天性。」形是耳目口鼻之類，色是如何？曰：一顰一笑，皆有至理。時舉録云：凡一顰一笑，一語一默，無非天理。「形」字重，「色」字輕，故下面但云：「惟聖

❶「否」下，朝鮮本有「抑别有意耶」五字。

人可以踐形。」直卿云：「形」是「動容貌」，「色」是「正顏色」。曰：固是。南升。

問：「色」字如何？曰：有形便有色，如「動容周旋中禮」，則色自正。如祭祀則必有敬之色，臨喪則必有哀之色，故下文只言「踐形」。㽦。

問：「形色天性」下，只説踐形而不云色，何也？曰：有此形則有此色，如鳥獸之形自有鳥獸顏色，草木之形自有草木顏色。言形，則色在其中矣。去僞。

形色上便有天性。視便有視之理，聽便有聽之理。閎祖。

「踐形」是有這箇物事，脚實踏着，不闕了他箇。有是形便有是理，盡得這箇理，便是踐得這箇形。耳目本有這箇聰明，若不盡其聰明時，便是闕了這箇形，不曾踐得。恪。

「惟聖人可以踐形。」踐，非踐履之謂。蓋言聖人所爲，便踏着這箇形色之性耳。道夫。

論「踐形」，云：天生形色，便有本來天理在内。賢人踐之而未盡，聖人則步步踏着來路也。方。

人之有形有色，無不各有自然之理，所謂天性也。惟聖人能盡其性，故即形即色，無非自然之理。所以人皆有是形，而必聖人然後可以踐其形而無歉也。踐，如踐言之踐，伊川以爲「充人之形」是也。人傑。

盡性，性有仁，須盡得仁；有義，須盡得義，無一些欠闕方是盡。踐形，人有形，形必有性。耳，形也，必盡其聰，然後能踐耳之形；目，形也，必盡其明，然後能踐目之形。踐形，如踐言之踐。伊川云：「踐形是充人之形。」盡性、踐形，只是一事。閎祖。

飛卿問：既是聖人，如何却方可以踐形？曰：踐，如掩覆得過底模樣，如伊川説充其形色，自是説得好了。形，只是這形體。色，如「臨喪則有哀色」、「介冑則有不可犯之色」之類。天之生人，人之得於天，其具耳目口鼻者，莫不皆有此理。耳便必當無有不聰，目便必當無有不明，口便必能盡別天下之味，鼻便必能盡別天下之臭，聖人與常人都一般。惟衆人有氣稟之雜、物欲之累，雖同是耳也而不足於聰，雖同是目也而不足於明，雖同是口也而不足以別味，雖同是鼻也而不足以別臭。是雖有是形，惟其不足，故不能充踐此形。惟聖人耳則十分聰，而無一毫之不聰；目則十分明，而無一毫之不明；以至於口鼻莫不皆然。惟聖人如此，方可以踐此形；惟衆人如彼，自不可以踐此形。賀孫。

君子所以教者五章

或問：「君子之所以教者」，諸先生説得如何？曰：諸先生不曾説得分明。曾子學到孔子田地，故孔子與他説一貫之道，此所謂「如時雨化之者」也。時雨云者，不先不後，適當其時而已。成德，如顔淵、閔子騫者是也。達材，❶如冉有、季路是也。答問，如孟子與公孫丑、萬章之徒是也。有私淑艾者，横渠謂「正己而物正」，非然也。此五者一節輕似一節。「大人正己而物正」，大小大事，不應安排在答問之下。以某觀之，此言爲不曾親聖人者設也。彼雖不曾承聖人之誨，私得於善，治孔子之道

❶「材」，原作「財」，今據萬曆本改。

者，亦足以發也，故又在答問之下。去僞。

成德，成就其德，如孔子於冉、閔，德則天資純粹者。達材，通達其才，如孔子於由、賜，才是明敏者。答問，則早費言語。私淑艾，却是不曾及門，聞風而善者。端蒙。

伯豐問：横渠云「顔子私淑艾以教人，隱而未見之仁也」，如何？曰：舊解有「私淑艾」者，謂自善其身，而示教於人，故横渠如此説。然考孟子所謂「予未得爲孔子徒也，予私淑諸人也」，此人者，是孟子指其師友子思之類。以謂予不得親見孔子而師之，只是我私竊傳其善於人，如有私淑艾者。却是「君子所以教者五」，然亦有次叙。有如時雨化之者，他地位已到，因而發之，孔子於顔、曾是也。其次成德達材，又隨人資材成就。有答問者，未及師承，只是來相答問而已。私淑艾者，未嘗親見面授，只是或聞其風而師慕之，❶或私竊傳其善言善行，學之以善於其身，是亦君子之教誨也。横渠集中有祭文云「私淑祖考之遺訓」，説得文義却順。㽦。

公孫丑曰道則高矣美矣章

「引而不發。」引，引弓也。發，發矢也。躍如，如踴躍而出，猶言「活潑潑地」也。人傑。

「君子引而不發，躍如也」，下三字屬君子。言雖引而不發，而其言意中躍躍然會動，如所謂活潑潑地也。及入解，又云：躍躍然於動静語默之間。方。

躍如，是道理活潑潑底發出在面前，如

❶「聞」，原作「問」，今據萬曆本改。

甲中躍出。升卿。

「君子引而不發，躍如也。」須知得是引箇甚麽？是怎生地不發？又是甚麽物事躍在面前？須是聳起這心與他看，教此心精一，無些子夾雜，方見得他那精微妙處。又曰：道理散在天下事物之間，聖賢也不是不説，然也全説不得，自是那妙處不容説。然雖不説，只纔挑動那頭了時，那箇物事自跌落在面前。如張弓十分滿而不發箭，雖不發箭，然已知得真箇是中這物事了。須是精一其心，無些子他慮夾雜，方看得出。僩。

「引而不發，躍如也」，與「舉一隅不以三隅反」同意否？曰：這般有問答處，儘好看。這見得恁地問，便恁地答。最是酬酢處見意思，且自去看。賀孫。

或問：范謂：「君子之射，引而不發，以待彀與的之相偶。心欲必中，故躍如也。」此説如何？曰：范氏此説最好笑，豈有君子之射常引而不發者乎？只管引而不發，却成甚射也？「引而不發」之語，只緣上文説射，故有此語。此只是言君子之教人，但開其端以示人而已，其中自有箇躍如底道理。學者須是識得這箇道理，方知君子教人爲甚忠，故下云「中道而立，❶能者從之」。去僞。

於不可已而已章

「進鋭退速」，其病正在意氣方盛之時，已有易衰之勢，不待意氣已衰之後然後見其失也。

❶「云」，萬曆本作「文」。

知者無不知也章

「知者無不知也。」問：知在先否？曰：也是如此，亦不專如此。固是用知得審，若知不審，以賢爲否，以否爲賢，少間那仁上便安頓不着。僩。

正淳問：「急先務」一段何如？曰：人人各有當務之急，「或勞心，或勞力。勞心者治人，勞力者治於人」，此各有所急也。「堯以不得舜爲己憂，舜以不得禹、皋陶爲己憂」，此聖人之所急也。「上好禮則民莫敢不敬，上好義則民莫敢不服，上好信則民莫敢不用情。」若學圃學稼，則是不急。今人讀書中亦自有合着急處，若是稍慢處理會未得，也且放過不妨，緊要處須着理會。又問：「急親賢也」、「急先務也」，治天下莫過於親賢，知却隨時因事爲之，故不指言。如舜之舉相去凶，是舜之先務；禹之治水，是禹之先務，何如？曰：大略是如此。下文云「此之謂不知務」，須是凡事都有輕重緩急，如眼下脩緝禮書固是合理會。若只知有這箇，都困了，也不得。又須知自有要緊處，乃是當務。又如孟子答「今之樂猶古之樂」，這裏且要得他與百姓同樂是緊急。若就這裏便與理會今樂非古樂，❶便是不知務。賀孫。○人傑録別出。

問：如舜舉皋陶，湯舉伊尹，所謂親賢者，乃治天下者不易之務。若當務之急，是隨其時勢之不同。堯之曆象治水，舜之舉相去凶，湯之伐夏救民，皆所務之急者。曰：也是如此。然當務之急，如所謂「勞心

❶「非」，朝鮮本作「若」。

者治人，勞力者治於人」，「堯、舜之治天下，豈無所用其心？亦不用於耕耳」。又如夫子言「務民之義」，應係所當爲者，皆是也。漢卿問：「不能三年之喪，而緦、小功之察；放飯、流歠，而問無齒決：是之謂不知務。」却止説智，不説仁。曰：便是併與仁説。所謂「急親賢之爲務」，豈不爲仁乎？先生因推言：學者亦有當務。如孟子論今樂古樂，則與民同樂，乃樂之本，學者所當知也。若欲明其聲音節奏，特樂之一事耳。又如修緝禮書亦是學者之一事。學者須要窮其源本，放得大水下來，則如海潮之至，大船小船莫不浮泛。若上面無水來，則大船小船都動不得。如講學既能得其大者，則小小文義自是該通。若只於淺處用功，則必不免沉滯之患矣。人傑。

朱子語類卷第六十一 計一十七板

孟子十一

盡心下

盡信書章

孟子説「盡信書不如無書」者，只緣當時恁地戰鬬殘戮，恐當時人以此爲口實，故説此。然「血流漂杵」，看上文自説「前徒倒戈，攻其後以北」，不是武王殺他，乃紂之人自蹂踐相殺。荀子云：「所以殺之者，非周人也，商人也。」賀孫。

舜之飯糗茹草章

或問：「『二女果』，趙氏以『果』爲『侍』，有所據否？」曰：「某嘗推究此，《廣韻》從女從果者，亦曰『侍』也。」去僞。

好名之人章

好名之人，只是偶然能如此。苟非其人，苟非真能讓之人，則簞食豆羹，反見於色，想見《孟子》亦少了幾箇字。「其人」者，指真能讓底人言。子蒙。

讓千乘之國，惟賢人能之，然好名之人亦有時而能之。然若不是真箇能讓之人，則於小處不覺發見矣。蓋好名之人本非真能讓國也，徒出一時之慕名而勉强爲之耳。

然這邊雖能讓千乘之國，那邊簞食豆羹必見於色。東坡所謂「人能碎千金之璧，而不能不失聲於破釜」，正此意也。「苟非其人」，其人指真能讓國者，非指好名之人也。僩。

徐孟寶問「好名之人，能讓千乘之國」。曰：會得東坡説「能碎千金之璧，不能不失聲於破釜」否？曰：❶如此，則「能讓千乘之國」只是好名，至「簞食豆羹見於色」却是實情也。曰：然。曰：❷如此説時，好名大故未是好事在。曰：只李守約之祖光祖删定曾如此説來。某嘗把此一段對「向爲身死而不受」一段爲義，蓋前段是好名之心勝，❸大處打得過，小處漏綻也。動於萬鍾者，是小處遮掩得過，大處發露也。大雅。

民爲貴章

伊川云：勾龍配食於社，棄配食於稷。始以其有功於水土，故祀之；今以其水旱，故易之。夫二神之功，萬世所賴。旱乾水溢，一時之災。以一時之災而遽忘萬世之功，可乎？曰：「變置社稷」，非謂易其人而祀之，❹如伊川之説也。蓋言遷社稷壇場於他處耳。謨。

仁也者人也章

或問「仁者，人也」。曰：仁是仁，不可

❶「曰」，朝鮮本作「徐云」。
❷「曰」，朝鮮本作「徐云」。
❸「心勝」，萬曆本作「人」。
❹「謂」，原作「其」，今據朝鮮本改。萬曆本作「是」。

說，故以人爲說者，是就人性上說。節。

「仁者，人也。」人之所以爲人者，以其有此而已。一心之間，渾然天理，動容周旋，造次顛沛，不可違也。一違，則私慾間乎其間，爲不仁矣。雖曰二物，其實一理。蓋仁即心也，不是心外别有仁也。椿。

「仁者，人也。合而言之，道也。」此是說此仁是人底道理，就人身上體認出來。又就人身上說，合而言之便是道也。㽦。

「仁者，人也。合而言之，道也。」只仁與人，合而言之便是道，猶言「公而以人體之便是仁」也。端蒙。

「仁者，人也」，非是以人訓仁。且如君臣之義，君臣便是人，義便是仁，盡君臣之義即是道，所謂「合而言之」者也。履孫。❶

人之所以得名，以其仁也。言仁而不言人，則不見理之所寓；言人而不言仁，則人不過是一塊血肉耳。必合而言之，方見得道理出來。因言：仁字最難形容，是箇柔軟有知覺相酬接之意，此須是自去體認。「切問而近思，仁在其中矣」。廣。

問「合而言之，道也」。曰：只說仁不說人，則此道理安頓何處？只說人不說仁，則人者特一塊血肉耳。必合將來說，乃是道也。必大。

問：孟子曰「仁也者人也」一章，❷先生謂外國本下更有云云者，何所據？曰：向見尤延之說高麗本如此。廣。

問「仁也者，人也」。曰：此「仁」字不是别物，即是這人底道理。將這仁與人合，便是道。程子謂此猶「率性之謂道」也。如

❶「履孫」，朝鮮本作「賀孫」。

❷「孟子曰仁也者人也一章」十字，原無，今據朝鮮本補。

《中庸》「仁者，人也」是對「義者，宜也」，意又不同。「人」字是以人身言之。「仁」字有生意，是言人之生道也。《中庸》説「仁」字又密。上言「脩身以道，脩道以仁」，便説「仁者，人也」，是切己言之。《孟子》是統而言之。徐問：《禮記》「仁者右也，道者左也。仁者人也，道者義也。」曰：這般話理會作甚？淳。

貉稽曰章

或問：「肆不殄厥慍，亦不殞厥問」，此《緜》之八章，孟子以是稱文王，無足怪。「憂心悄悄，慍于群小」，此《邶·柏舟》之詩，何與孔子，而以此稱孔子，何也？曰：此不必疑。如見毁於叔孫，幾害于桓魋，皆「慍于群小」也。辭則《衛詩》，意似孔子之事，故孟子以此言孔子。至於《緜》詩「肆不殄厥慍」之語，注謂説文王。以詩考之，上文正説太王，下文豈得便言文王如此？意其間須有闕文。若以爲太王事，則下又却有「虞、芮質厥成」之語。❶某嘗作《詩解》，至此亦曾有説。《集傳》今有定説。○去僞。

口之於味也章

孟子亦言氣質之性，如「口之於味也」之類是也。節。

徐震問：「口之於味」以至「四肢之於安佚」是性否？曰：豈不是性？然以此求性不可，故曰「君子不謂性也」。人傑。

敬之問：「有命焉，君子不謂性也。」

❶「又」，朝鮮本作「文」。

「有命焉」，乃是聖人要人全其正性。曰：不然。此分明説「君子不謂性」，這「性」字便不全是就理上説。夫口之欲食，目之欲色，耳之欲聲，鼻之欲臭，四肢之欲安逸，如何自會恁地？這固是天理之自然。然理附於氣，這許多却從血氣軀殼上發出來。故君子不當以此爲主，而以天命之理爲主，都不把那箇當事，但看這理合如何。「有命焉，有性焉」，此「命」字與「性」字是就理上説。「性也，君子不謂性也；命也，君子不謂命也」，此「性」字與「命」字是就氣上説。賀孫。

「仁之於父子，義之於君臣，禮之於賓主，智之於賢者，聖人之於天道，命也。有性焉，君子不謂命也。」此「命」字有兩説：一以所稟言之，一以所值言之。《集注》之説是以所稟言之，清而厚。則仁之於父子也至，若瞽瞍之於舜，則薄於仁矣。義之於君臣也盡，若桀、紂之於逢、干，則薄於義矣。禮薄而至於賓主之失其歡，智薄而至於賢者之不能盡知其極。至於聖人之於天道，有「性之」、「反之」之不同。如堯、舜之盛德固備於天道，若「禹入聖域而不優」，則亦其稟之有未純處，是皆所謂命也。人傑。

或問：「聖人之於天道」，文勢與上文一否？曰：與上文一。「堯、舜性之」則盡矣，「湯、武身之」則未也。履孫。

「性也，有命焉，君子不謂性。命也，有性焉，君子不謂命。」是因甚有兩樣？閎祖。

「性也，有命焉」，「性」字兼氣稟而言。「命也，有性焉」，此「性」字專言其理。伯羽。

問「性也，有命焉」。曰：此「性」字兼物欲而言，説得緩而闊，如下文「有性焉」之「性」，則説得緊。兩箇「命」字亦不同。燾。

「性也，有命焉」，此性是氣稟之性，命則是限制人心者。「命也，有性焉」，此命是氣稟有清濁，性則是道心者。方子。

直卿云：「不謂性命」章，兩「性」字、兩「命」字都不同。上面「性」字是人心，下面「性」字是道心。上面「命」字是氣，論貧富貴賤；下面「命」字是理，論智愚賢不肖。學蒙。

區兄問「有性焉，有命焉」一段。先生甚喜，以謂某四十歲，方看透此段意思。上云「性也」，是氣稟之性；「有命焉」，是斷制人心，欲其不敢過也。下云「命也」，蓋其所受氣稟亦有厚薄之不齊；「有性焉」是限則道心，欲其無不及也。蓋卿。○震録云：區兄以「性也」之性爲氣稟之性，「有性焉」之性爲天命之性。先生云：某四十歲方得此說，不易，公思量得。

或問「君子不謂性命」。曰：論來「口之於味，目之於色，耳之於聲，鼻之於臭，四肢之於安佚」固是性，然亦便是合下賦予之命。「仁之於父子，義之於君臣，禮之於賓主，智之於賢者，聖人之於天道」固是命，然亦便是各得其所受之理，便是性。孟子恐人只見得一邊，故就其所主而言。舜、禹相授受，只說「人心惟危，道心惟微」。論來只有一箇心，那得有兩様？只就他所主而言，那箇便喚做「人心」，那箇便喚做「道心」。人心如「口之於味，目之於色，耳之於聲，鼻之於臭，四肢之於安佚」，若以爲性所當然，一向惟意所欲，却不可。蓋有命存焉，須着安於定分，不敢少過，始得。道心如「仁之於父子，義之於君臣，禮之於賓主，智之於賢者，聖人之於天道」，若以爲命已前定，任其如何，更不盡心，却不可。蓋有性存焉，須着盡此心以求合乎理，始得。又曰：「口之於味，目之於色，耳之於聲，鼻之於臭，四肢之於安佚」，這雖説道性，其實這已不是性之本原。惟性中有此理，故口必欲味，耳必欲聲，目必欲色，鼻必欲臭，四肢必欲安佚，自然發出如此。若本無此理，口自不欲味，耳自不欲聲，目自不欲色，鼻自不欲臭，四肢自不欲安佚。賀孫。

或問「命」字之義。曰：命，謂天之付與，所謂天令之謂命也。然命有兩般：有以氣言者，厚薄清濁之禀不同也，如所謂「道之將行、將廢，命也」、「得之不得曰有命」是也；有以理言者，天道流行，付而在人，則爲仁義禮智之性，如所謂「五十而知天命」、「天命之謂性」是也。二者皆天所付與，故皆曰命。又問：孟子謂「性也，有命焉」，此「性」所指謂何？曰：此「性」字指氣質而言，如「性相近」之類。此「命」字却合理與氣而言。蓋五者之欲，固是人性，然有命分。既不可謂我性之所有而必求得之，又不可謂我分可以得，而必極其欲。如貧賤不能如願，此固分也。富貴之極，可以無所不爲，然亦有限制裁節，又當安之於理。如紂之酒池肉林，却是富貴之極而不知限節之意。若以其分言之，固無不可爲，但道理却恁地不得。今人只説得一邊，不知合而言之，未嘗不同也。「命也，有性焉」，此「命」字專指氣而言，此「性」字却指理而言。如舜遇瞽瞍，固是所遇氣數，然舜惟盡事親之道，期於底豫，此所謂盡性。大凡清濁厚薄之禀，皆命也。所造之有淺有深，所遇之有應有不應，皆由厚薄清濁之分不同。且如聖人之於天道，如堯、舜則是性之，湯、武則是身之，禹則「入聖域而不優」，此是合下所禀有清濁，而所造有淺深不同。

「仁之於父子」，如舜之遇瞽瞍；「義之於君臣」，如文王在羑里、孔子不得位；「禮之於賓主」，如子敖以孟子爲簡；「智之於賢者」，如晏嬰智矣而不知孔子，此是合下來所稟有厚薄，而所遇有應不應。但其命雖如此，又有性焉，故當盡性。大抵孟子此語是各就其所重言之，所以伸此而抑彼，如《論語》所説審富貴而安貧賤之意。張子所謂「養則付命於天，道則責成於己」是也。然又自要看得活，道理不是死底物，在人自着力也。「仁之於父子」以下，與《集注》不同，讀者詳之。○銖。

問：「命矣夫」，這只是説他一身氣數止於此否？曰：是它稟受得來只恁地。這命，便似向來説人心相似，是有兩般命，却不是有兩箇命。有兼氣血説底，有全説理底。如「有性焉，君子不謂命也」，只是這一箇命。前面説底是一般，後面説底是一般，如「口之於味，耳之於聲，性之」，這便是人心。然不成無後也要恁地。所以説「有命焉，君子不謂性也」，這命便是指理而言。若是「仁之於父子，義之於君臣」，「命也，有性焉，君子不謂命也」，這「命」便是兼氣血而言。其實只是這一箇理，就氣稟論則不同。且如「義之於君臣」，亦有未事君時，先懷一箇不忠底心者，子之於父，亦有常常懷不孝底心者。不成不管他，只聽他自恁地。須着區處教不恁地，始得。蔡仲默問：「性相近也」，是兼氣質而言否？曰：是。若孟子便直説曰「非天之降才爾殊也，其所以陷溺其心者然也」。説至此，高聲云：只是這箇道理！堯、舜三王治天下，只是理會這箇。千百年來，無人曉得，後都黑了，到程先生後説得方分明。義剛。

堯卿問：「君子不謂性命」章，前段説性是物欲之性，命是命分，後段説性是仁義禮智之性，命是稟賦之命，似各不同？曰：只是一般，此亦不難解，有甚麽玄妙？只將自家身看，便見。且如嗜芻豢而厭藜藿，是性如此。然芻豢分無可得，只得且喫藜藿。如父子有親，有相愛底，亦有不相愛底，有相愛深底，亦有相愛淺底，此便是命。然在我有薄處，便當勉强以致其厚；在彼有薄處，吾當致厚感他，得他亦厚。如瞽瞍之頑，舜便能使「烝烝乂，不格姦」。叔器問：瞽瞍之惡彰彰於天下後世，舜何以謂之「大孝」？曰：公且自與他畫策。瞽瞍頑嚚，天知地聞，舜如何揜得？且説今遇瞽瞍之父，公便要如何？淳。

「君子不謂性命」一章，只要遏人欲，長天理。前一節，人以爲性我所有，須要必得；後一節，人以爲命則在天，多委之而不脩。所以孟子到人説性處，却曰「有命」，人説命處，却曰「有性」。或曰：先生嘗言「前段要輕看，後段要重看」。曰：固有此理，想曾言之。謨。

問：「智之於賢者，聖人之於天道」，《集注》尚存兩説。曰：兩説皆通，前章又似周密。問：賢者必智，何爲却有淺深？天道必在聖人，何爲却有厚薄？曰：聖賢固有等差。如湯、武之於堯、舜，武王之於文王，便自可見。謨。

或問：伊川曰：「口目鼻耳四肢之欲，性也。然有分焉，不可謂我須要得，是有命也。」又曰：「『仁之於父子』止『聖人之於天道』，謂之命者，以其稟受有厚薄故也。❶然

❶「稟」，萬曆本作「本」。

其性善可學而盡，故謂之性。」夫人之分量固有厚薄，所以其口目耳鼻四肢之欲，不可以言性，伊川前説是矣。仁義禮智天道，此天之所以命於人，所謂「本然之性」者也。今曰命有厚薄，則是本然之性有兩般也。若曰伊川以厚薄言人氣質稟受於陰陽五行者如此，孟子不應言命。若以氣質厚薄言命，則是天之降才爲有殊矣。又如言仁則曰「仁之於父子」，言義則曰「義之於君臣」，言禮言智亦然。至言天道，則曰「聖人之於天道」，文勢至是當少變邪，抑自有意邪？曰：孟子言「降才」，且如此説。若命則誠有兩般，以稟受有厚薄也，又不可謂稟受爲非命也。大抵天命流行，物各有得，不謂之命不可也。命，如人有貧富貴賤，豈不是有厚薄？「知之於賢者」，則有小大。「聖人之於天道」，亦有盡不盡處。只如「堯、舜性之」，則是盡得天道；「湯、武身之」，則是於天道未能盡也。此固是命，然不可不求之於性。去僞。

問：「智之於賢者」，或云「吾既有智，則賢者必見之」。此説如何？曰：如此解，似語勢倒而不順。須從横渠説：「晏嬰之智而不知仲尼，豈非命歟？」然此「命」字恐作兩般看。若作所稟之命，則是嬰稟得智之淺者。若作命分之命，則晏子偶然蔽於此，遂不識夫子。此是作兩般看。賜。

劉問：孟子「性也，有命焉」；「命也，有性焉」，將性、命做兩件。子思「天命之謂性」，又合性、命爲一，如何？曰：須隨聖賢文意看。孟子所謂命是兼氣稟而言，子思專以天所賦而言。又問：《易》言「窮理盡性以至於命」，如何？先生不答，少頃曰：不要如此看文字。游定夫初見伊川，問「陰陽不測之謂神」，伊川曰：「賢是疑了問？只揀難底問？」後來人便道游將難底問。大意要且將聖賢言語次第看，看得分曉，自然知得。伊川《易傳序》云：「求言必自近。易於近者，非知言者也。」此伊川喫緊爲人處。寓。

或問「聖人之於天道」一段，以示諸友。祖道曰：伯豐舉錢文季之説，大概言命處，只將爲所稟之命，莫是偏了？曰：此説亦是。如《集注》中舉横渠説云：「以晏子之賢而不識孔子，豈非命也？」已有此意了。如伯豐見識所立，亦甚難得。祖道。

浩生不害問曰章

「可欲之謂善。」可欲，只是説這人可愛也。淳。

問「可欲之善」。曰：爲君仁，爲臣敬，爲父慈，爲子孝是也。外是而求，則非。大雅。

問：「可欲之謂善」，若作人去欲他，恐與「有諸己之謂信」不相協。蓋「有諸己」是説樂正子身上事，「可欲」却做人説，恐未安。曰：此便是他有可欲處，人便欲他，豈不是渠身上事？與下句非不相協。時舉。

善人能無惡矣，然未必能不失也。必真知其善之當然，而實有於己，然後能不失。信者，實有於己而不失之謂。端蒙。

問「可欲之謂善，有諸己之謂信，充實之謂美」。曰：善人只是資質好底人，孔子所謂「不踐跡，亦不入於室」者是也。是箇都無惡底人，亦不知得如何是善，只是自是箇好人而已。「有諸己之謂信」，是都知得了，實是如此做，此是就心上説，心裏都理會得。「充實之謂美」，是就行上説，事事都行得盡，充滿積實，❶美在其中，而無待於外。如公等説話，都是去外面旋討箇善來，栽培放這裏，都是有待於外。如仁，我本有這仁，却不曾知得，却去旋討箇仁來注解了，方曉得這是仁，方堅執之而不失。如義，我元有這義，却不曾知得，却旋去討箇義來注解了，方曉得這是義，堅守之而勿失。這都是有待於外。無待於外底，他善都在裏面流出來，韓文公所謂「足乎己無待於外之謂德」是也。有待於外底，如伊川所謂富人多寶，貧子借看之喻是也。又曰：「可欲之謂善」，如人有百萬貫錢，❷世界他都不知得，只認有錢使，有屋住，有飯喫，有衣着而已。「有諸己之謂信」，則知得我有許多田地，有許多步畝，有許多金銀珠玉，是如何營運，是從那裏來，盡知得了。僩。

問「可欲之謂善」至「聖而不可知之謂神」。曰：善，渾全底好人，無可惡之惡，有可喜可欲之善。「有諸己之謂信」，真箇有此善。若不有諸己，則若存若亡，不可謂之信。自此而下，雖一節深如一節，却易理會。充實，謂積累。光輝，謂發見於外。化，則化其大之之迹，聖而不可知處便是神也。所以明道言：「仲尼無迹，顔子微有迹，孟子其迹著。」或問顔子之微有迹處。曰：如「願無伐善，無施勞」，❸皆是。若孔子有迹，只是人捉摸不着。去僞。

古人用「聖」字有兩樣：「大而化之之謂聖」，是一般；如「知仁聖義」之「聖」，又

❶「積」，原作「即」，今據朝鮮本、萬曆本改。
❷「貫」，原作「實」，今據朝鮮本、萬曆本改。
❸「施」，原作「於」，今據朝鮮本、萬曆本改。

是一般，❶此只是通明亦謂之聖。❷學蒙。❸

「樂正子，二之中」，是知好善而未能有諸己，故有從子敖之失。人傑。○㽦録云：「二之中，四之下」，未必皆實有諸己者，故不免有失錯處。

「可欲之謂善。」人之所同愛而目爲好人者，謂之善人。蓋善者人所同欲，惡者人所同惡。其爲人也，有可欲而無可惡，則可謂之善人也。横渠曰：「志仁無惡之謂善，誠善於身之謂信。」人傑。○《集注》。

問「可欲之謂善」。曰：横渠説「善人者志於仁而無惡」，蓋可欲底便是善，可惡底便是惡。若是好善又好惡，却如何得有諸己？此語脉亦不必深求，只是指人説，只是説善人信人。又問：至「大而化之」，皆是指人否？曰：皆是。又問：只自善推去否？曰：固是。然須是有箇善，方推得。譬如合一藥，須先有真藥材，然後和合羅碾得來成藥。若是藥材不真，雖百般羅碾，畢竟不是。大凡諸人解義理，只知求向上去，不肯平實放下去求。惟程子説得平實，然平實中其義自深遠。如《中庸》中解「動則變，變則化」，只是就外面説，其他人解得太高。蓋義理本平易，却被人求得深了，只如「明則誠矣，誠則明矣」，横渠皆説在裏面。若用都收入裏面，裏面却没許多節次，安着不得。若要强安排，便須百端撰合，都没是處。㽦。

或問：「可欲之謂善」，伊川云「善與『元者善之長』同理」。又曰「善便有箇元底意思」。横渠云「求仁必求於未惻隱之前，

❶ 「又是一般」四字，原脱，今據朝鮮本補。
❷ 「此只是」，「此」、「是」二字原無，今據朝鮮本補。
❸ 「學蒙」，萬曆本作「可學」。

明善必明於可欲之際」。二先生言善，皆是極本窮源之論，發明「善」字而已。至於可欲之義，則未有説也。近世學者多要於「可欲」上留意。有曰：「一性之真，其未發也，無思無爲，難以欲言。無欲，則無可無不可。及其感而遂通，則雖聖人未免有欲。有欲，則可不可形焉。可者，天理也；不可者，人欲也。可者欲之，而不可者不欲，非善已乎？」不知此説是否？曰：不須如此説。善人只是渾全一箇好人，都可愛可欲，更無些憎嫌處。問：如是，則惟已到善人地位者乃可當之。❶若學者，可欲爲善，當如何用工？曰：可欲，只是都無可憎惡處。學者必欲於「善」字上求用工處，但莫做可憎可惡事便了。問：「充實之謂美」，❷充實云者，始信有是善而已。今乃充而實之，非美乎？《易》曰「美在其中，而暢於四肢」，此之謂也。「充實而有光輝」云者，和順積於中，英華發於外，故此有所形見，彼有所觀覩，非大乎？孟子曰「大人正己而物正」，此之謂也。横渠謂「充内形外之謂美，塞乎天地之間，則有光輝之意」，不知此説然乎？曰：横渠之言非是。又問：「大而化之之謂聖，聖而不知之謂神」，非是聖上別有一般神人，但聖人有不可知處，便是神也。又以上竿弄瓶，習化其高爲喻，則其説亦既明矣。但大而化之之聖，此句各有一説，未知其意同否？伊川曰：「大而化之」只是理與己一。其未化者，如人操尺度量物，用之尚不免有差。至於化，則己便是

❶「則」下，朝鮮本有「可欲又自」四字。
❷「美」下，朝鮮本有「充實而有光輝之謂大某竊謂」十二字。

尺度，尺度便是己。横渠云「大能成性謂之聖」。近又聞先生云「化其大之迹謂聖」。竊嘗玩味三者之言，恐是一意，不知是否？曰：然。謨。○《集義》。

程子曰：「乾，聖人之分也，可欲之善屬焉。坤，賢人之分也，有諸己之信屬焉。」一箇是自然，一箇是做工夫積習而至。又曰：善、信、美、大、聖、神是六等人。「可欲之謂善」，是説資禀好。可欲是别人以爲可欲。「有諸己之謂信」，是説學。又曰：「直方大」，直方然後大。積習而至，然後能「不習無不利」。閎祖。

令思「乾，聖人之分也，可欲之善屬焉。坤，賢人之分也，有諸己之信屬焉」。對曰：乾者，純陽之卦，陽氣之始也，始無不善。聖人之心純乎天理，一念之發無非至善，故曰「乾，聖人之分也，可欲之善屬焉」。坤者，純陰之卦，陰氣之終，所以成始者也，賢人學而後復其初，欲有諸己，必積習而後至，故曰「坤，賢人之分也，有諸己之信屬焉」。先生曰：只是一箇是自然，一箇是做工夫。「可欲之謂善」，是説資禀可欲，是别人以爲可欲。「有諸己之謂信」是説學。

《乾》九二，聖人之學，「可欲之善屬焉」。可欲之善，是自然道理，未到脩爲，故曰聖人之學。《坤》六二，賢人之學，「有諸己之信屬焉」。有諸己，便欲執持保守，依文按本做，故曰賢人之學。「忠信進德」，「脩辭立誠」，乾道也。是流行發用，樸實頭便做將去，是健之義。「敬以直内，義以方外」，坤道也。便只簡静循守，是順之義。大率乾是做，坤是守。乾如活龍相似，有猛烈底氣象，故九五曰「飛龍在天」，《文言》説得活潑潑地。到坤便善了，六五只説「黄裳元吉」，《文言》中不過説「黄中通理，正位居體」而已。看《易》，記取「陰」、「陽」二字，看《乾》、《坤》，記取「健」、「順」二字，便不錯了。畬。

逃墨必歸於楊章

或問：孟子云「逃墨必歸於楊，逃楊必歸於儒」，蓋謂墨氏不及楊氏遠矣。韓子却云「孔、墨必相爲用」。如此，墨氏之學比之楊朱又在可取。曰：昌黎之言有甚憑據？且如《原道》一篇，雖則大意好，終是疏。其引《大學》只到「誠意」處便住了，正如子由《古史》引《孟子》自「在下位不獲乎上」，只到「反諸身不誠」處便住；又如温公作《通鑑》，引《孟子》「立天下之正位，行天下之大道」，却去了「居天下之廣居」，皆是掐却一箇頭，三事正相類也。文蔚。

盆成括仕於齊章

盆成括恃才妄作，謂不循理了，硬要胡做。僩。

人皆有所不忍章

叔器問「充無受爾汝之實」。曰：「惡不仁者，其爲仁矣，不使不仁者加乎其身。」惡不仁，而不能使不仁者不加乎其身，便是不能充無受爾汝之實。義剛。

不直心而私意如此，便是穿窬之類。又云：裏面是如此，外面却不如此。外面恁地，裏面却不恁地。○燾。

問：此章前面雙關説仁義，後面却專

説義，如何？曰：前一截是衆人所共曉，到這後又較細密難曉，故詳説之。又問：莫有淺深否？曰：後面也是説得漸漸較密。道夫。

問：「人能充無受爾汝之實」，《集注》云：「實，誠也。人不肯受爾汝之實者，羞惡之誠也。」須是自治其身無不謹，然後無爾汝之稱否？曰：這些子，注中解得不分曉。記得舊時解得好，却因後來改來改去，不分曉了。看來「實」字對「名」字説。不欲人以爾汝之稱加諸我，是惡爾汝之名也。然反之於身，而去其無可爾汝之行，是能充其無受爾汝之實也。若我身有未是處，❶則雖惡人以爾汝相稱，亦自有所愧矣。又問：「餂者，探取之意」，猶言探試之「探」否？曰：餂是鉤致之意，如本不必説，自家却强説幾句，要去動人，要去悦人，「是以言餂之也」。如合當與他説，却不説，須故爲要難，使他來問我，「是以不言餂之也」。又問：政使當言而言，苟有悦人之意，是亦穿窬之類否？曰：固是。這穿窬之心，便是那受爾汝之實。又問：此章首言仁義，而後專言義者，何也？曰：仁只是一路，不過只是箇不忍之心，苟能充此心便了；義却頭項多。又問：「人能充無穿窬之心」，是就至粗處説？「未可以言而言」與「可以言而不言」，是説入至細處否？曰：然。「能充無受爾汝之實」處，工夫却甚大了。到這田地時，工夫大段周密了，所以説「無所往而不爲義也」。使行己有一豪未盡，便不能「無受爾汝之實」矣。達者，推也，是展去充填滿也，填塞教滿。又曰：此

❶「身」，萬曆本作「自」。

段最好看。僩。

問「人能充無受爾汝之實」。曰：某舊説恐未然。看來人皆恐爾汝之名，須是充此心，使無受爾汝之實。又曰：須是就這惡其名處，充到那「無受爾汝之實」處，則無所往而不爲義矣。如今面前惡穿窬之名，而背後却爲穿窬，便有穿窬之實。須是無穿窬之實，始得。莊仲問：伊川爲東坡所玩侮，是如何？曰：公是倒看了「充無受爾汝之實」。孔子之伐木削迹，不成也是有「受爾汝之實」？子蒙。

言近而指遠章

説「言近指遠，守約施博」：四方八面皆看得見。此理本是遠近博約如一，而行之則自近約始。道理只是一，但隨許多頭面去説，又不可不逐頭面理會也。方。

時可問：「君子之言也，不下帶而道存焉。」「不下帶」，或作心説？曰：所謂心者，是指箇潛天潛地底説，還只是中間一塊肉底是？若作心説，恐未是。時舉。

堯舜性者也章

「湯、武反之」，其反之雖同，然細看來，武王終是疏略，成湯却孜孜向進。如其伐桀，所以稱桀之罪，只平説過。又放桀之後，「惟有慙德」。武王數紂至於極其過惡，於此可見矣。人傑。

湯、武固皆反之，但細觀其書，湯反之之工恐更精密。又如《湯誓》與《牧誓》數桀、紂之罪，詞氣亦不同。《史記》但書湯放桀而死，武王遂斬紂頭，懸之白旗。又曰：

湯「有慙德」，如武王恐亦未必有此意也。儒用。

或問：「言語必信，非以正行。」信言語以正行，莫無害否？曰：言語在所當信。若有意以此而正行，便是有所爲而然也。燾。

聖人是人與法爲一，己與天爲一。學者是人未與法爲一，己未與天爲一，固須「行法以俟命」也。道夫。

注云「無意而安行，性也」，「性」下合添「之者」二字。僩。

說大人則藐之章

敬之問「說大人則藐之」章。曰：這爲世上有人把大人許多崇高富貴當事，有言不敢出口，故孟子云爾，《集注》說自分明。《論語》說「畏大人」，此却說「藐大人」。大人固當畏，而所謂「藐」者，乃不是藐他，只是藐他許多「堂高數仞，榱題數尺」之類。賀孫。

養心莫善於寡欲章

問「養心莫善於寡欲」。曰：緊要在「寡」字、「多」字。看那事又要，這事又要，便是多欲。子蒙。

「養心莫善於寡欲。」欲是好欲，不是不好底欲，不好底欲不當言寡。振。

「孟子曰：其爲人也寡欲」章，只是言天理、人欲相爲消長分數。「其爲人也寡欲」，則人欲分數少，故「雖有不存焉者寡矣」，不存焉寡，則天理分數多也。「其爲人也多欲」，則人欲分數多，故「雖有存焉者寡矣」，存焉者寡，則是天理分數少也。端蒙。

敬之問：「養心莫善於寡欲」，養心也只是中虛？曰：固是。若眼前事事要時，這心便一齊走出了。未是說無，只減少，便可漸存得此心。若事事貪，要這箇，又要那箇，未必便說到邪僻不好底物事，只是眼前底事，纔多欲，便將本心都紛雜了。且如秀才要讀書，要讀這一件，又要讀那一件，又要學寫字，又要學作詩，這心一齊都出外去。所以伊川教人，直是都不去他用其心，❶也不要人學寫字，也不要人學作文章。這不是僻，道理是合如此。人只有一箇心，如何分做許多去？若只管去閑處用了心，到得合用處，於這本來底都不得力。且看從古作爲文章之士，可以傳之不朽者，今看來那箇喚做知道？也是元初心下只趍向那邊，❷都走做外去了。❸只是要得寡欲存這心，最是難。以湯、武聖人，孟子猶說「湯武反之也」。反，復也，反復得這本心。如「不邇聲色，不殖貨利」，只爲要存此心。觀《旅獒》之書，一箇犬受了有甚大事，❹而反覆切諫。以此見欲之可畏，無小大，皆不可忽。賀孫。

敬之問「寡欲」。曰：未說到事，只是纔有意在上面，便是欲，便是動自家心。東坡云：「君子可以寓意於物，不可以留意於物。」這說得不是。纔說寓意，便不得。人好寫字，見壁間有碑軸，便須要看別是非。好畫，見掛畫軸，便須要識美惡。這都是欲，這皆足以爲心病。某前日病中閑坐無可看，偶中堂掛幾軸畫，才開眼便要看他，

❶「他」下，萬曆本有「處」字。
❷「元」，原作「此」，今據朝鮮本改。
❸「走」，萬曆本作「是」。
❹「犬」，萬曆本作「獒」。

心下便走出來在那上。因思與其將心在他上，何似閉着眼坐得此心寧静？子善問：如夏葛冬裘，渴飲飢食，此理所當然。纔是葛必欲精細，食必求飽美，這便是欲。曰：孟子説「寡欲」，如今且要得寡，漸至於無。賀孫。

《集注》云：「多而不節，未有不失其本心者。」「多」字對「寡」字説。纔要多些子，便是欲。僩。

曾皙嗜羊棗章

羊棗，只是北邊小棗，如羊矢大者。義剛。

萬章問孔子在陳章

「鄉原」，「原」與「愿」同。《荀子》「原慤」，《注》讀作「愿」，是也。觀孟子意，是言好，不是言不好。然此一等人只是如此了，自是不可進了。

問「鄉原」之義。曰：「原」字與「愿」字同義。以其務爲謹愿，不欲忤俗以取容，專務徇俗，欲使人無所非刺，既不肯做狂，又不肯做狷，一心只要得人説好，更不理會自己所見所得與夫理之是非。❶彼狂者嘐嘐然以古人爲志，雖行之未至，而所知亦甚遠矣。狷者便只是有志力行，不爲不善。二者皆能不顧流俗污世之是非，雖是不得中道，却都是爲己，不爲他人。彼鄉原便反，非笑之曰「何以是嘐嘐也？言不顧行，行不顧言，則言古之人」，此是鄉原笑狂者也。「行何爲踽踽凉凉？生斯世也，爲斯世也，

❶「夫」，萬曆本作「天」。

善斯可矣」，此是鄉原笑狷者也。彼其實所向，則是「閹然媚於世」而已。孔子以他心一向外馳，更不反己，故以爲德之賊。而孟子又以爲不可與入堯、舜之道。又問：孔門狂者如琴張、曾晳輩是也。如子路、子夏輩，亦可謂之狷者乎？曰：孔門亦有狂不成狂、狷不成狷，如冉求之類是也。至於曾晳，誠狂者也，只争一撮地，便流爲莊周之徒。大雅。

狂狷是箇有骨肋底人。鄉原是箇無骨肋底人，東倒西擂，東邊去取奉人，西邊去周全人，看人眉頭眼尾，周遮掩蔽，惟恐傷觸了人。「君子反經而已矣」。所謂反經，去其不善，爲其善者而已。僩。

敬之問：「經正則庶民興」，這箇「經正」還當只是躬行？亦及政事否？曰：這箇不通分做兩件説。如堯、舜雖是端拱無爲，只政事便從這裏做出，那曾恁地便了！有禹、湯之德，便有禹、湯之業；有伊、周之德，便有伊、周之業。終不如萬石君不言而躬行，凡事一切不理會。有一家便當理會一家之事，有一國便當理會一國之事。又曰：孟子當楊、墨塞道，其害非細，孟子若不明白説破，只理會躬行，教他自化，如何得化？賀孫問：此即《大學》明德新民之至否？曰：然。新民必本於明德，而明德所以爲新民也。賀孫。

《集義》「反經」，經者，天下之大經，如「父子有親，君臣有義，夫婦有別，長幼有序，朋友有信」，又如《大學》中説「止於仁，止於敬」之類，是提起大綱。然而天下之事雖至纖悉，舉不出於此理，非集義不可。人傑。○《集義》。

問：《集義》「反經」之説如何？曰：經

便是大經，君臣、父子、夫婦、兄弟、朋友五者。若便集義，且先復此大經。天下事未有出此五者，其間却煞有曲折。如《大學》亦先指此五者爲言。使大綱既正，則其他節目皆可舉。若不先此大綱，則其他細碎工夫如何做？謂如造屋，先有柱脚，然後窗牖有安頓處。㽦。

由堯舜至於湯章

問「然而無有乎爾，則亦無有乎爾」。曰：惟三山林少穎向某説得最好：「若禹、皋陶則見而知之，湯則聞而知之。」蓋曰若非前面見而知得，後之人如何聞而知之也。孟子去孔子之世如此其未遠，近聖人之居如此其近，然而已無有見而知之者，則五百歲之後，又豈復有聞而知之者乎？去僞。

蔣端夫問：聞知、見知，所知者何事？曰：只是這道理，物物各具一理。又問：此道理如何求？謂反之於心，❶或求之於事物？曰：不知所求者何物。若不以心，于何求之？求之於事物，亦是以心。震。

❶「反」，萬曆本作「見」。

朱子語類卷第六十二計三十四板

中庸一

綱領

《中庸》一書，枝枝相對，葉葉相當，不知怎生做得一箇文字齊整。方子。

《中庸》，初學者未當理會。升卿。

《中庸》之書難看，中間説鬼説神都無理會。學者須是見得箇道理了，方可看此書，將來印證。賜。○夔孫録云：《中庸》之書，如箇卦影相似，中間云云。

問《中庸》。曰：而今都難恁理會。某説箇讀書之序：須是且著力去看《大學》，又著力去看《論語》，又着力去看《孟子》。看得三書了，這《中庸》半截都了，不用問人，只略略恁看過。不可掉了易底，却先去攻那難底。《中庸》多説無形影，如鬼神，如「天地參」等類，説得高，説下學處少，説上達處多。若且理會文義，則可矣。問：《中庸》精粗本末無不兼備否？曰：固是如此，然未到精粗本末無不備處。淳。

問《中庸》、《大學》之別。曰：如讀《中庸》求義理，只是致知功夫。如謹獨修省，亦只是誠意。問：只是《中庸》直説到「聖而不可知」處。曰：如《大學》裏也有，如「前王不忘」，便是「篤恭而天下平」底事。胡泳。

讀書先須看大綱，又看幾多間架。如「天命之謂性，率性之謂道，脩道之謂教」，此是大綱。夫婦所知所能與聖人不知不能處，此類是間架。譬人看屋，先看他大綱，次看幾多間，間内又有小間，然後方得貫通。銖。

問：《中庸》名篇之義：中者，不偏不倚、無過不及之名。兼此二義，包括方盡。就道理上看，固是有未發之中；就經文上看，亦先言「喜怒哀樂未發之謂中」，又言「君子之中庸也，君子而時中」。先生曰：他所以名篇者，本是取「時中」之「中」。然所以能時中者，蓋有那未發之中在。所以先開説未發之中，然後又説「君子之時中」。至。○以下論名篇之義。

至之問：「中」含二義：有未發之中，有隨時之中。曰：《中庸》一書，本只是説隨時之中。然本其所以有此隨時之中，緣是有那未發之中，後面方説「時中」去。至之又問：「隨時之中，猶日中之中」，何意？曰：本意只是説昨日看得是中，今日看得又不是中。然譬喻不相似，亦未穩在。直卿云：在中之中與在事之中只是一事，此是體，彼是尾。○方子。與上條蓋同聞。

「中庸」之「中」，本是無過無不及之中，大旨在時中上。若推其本，❶則自喜怒哀樂未發之中，而爲「時中」之中。未發之中是體，「時中」之中是用，「中」字兼中、和言之。直卿云：如「仁義」二字，若兼義，則仁是體，義是用。若獨説仁，則義、禮、智皆在其中，自兼體用言之。蓋卿。

「中庸」之「中」，是兼以發而中節、❷無過不及者得名，故周子曰：「惟中者，和也，

❶「本」，萬曆本作「中」。
❷「以」，萬曆本作「已」。

中節也，天下之達道也。」若不識得此理，則周子之言更解不得。所以伊川謂「中者，天下之正道」。《中庸章句》以「中庸」之「中」實兼「中和」之義，《論語集注》以「中者，不偏不倚，無過不及之名」，皆此意也。人傑。

「中庸」之「中」兼不倚之中？曰：便是那不倚之中流從裏出來。炎。

問：明道以「不易」爲庸，先生以「常」爲庸，二説不同？曰：言常，則不易在其中矣。惟其常也，所以不易。但「不易」二字則是事之已然者，自後觀之則見此理之不可易。若庸，則日用常行者便是。僩。

或問：「中庸」二字，伊川以庸爲定理，先生易以爲平常。據中之一字大段精微，若以平常釋「庸」字，則兩字大不相粘。曰：若看得不相粘，便是相粘了。如今説這物白，這物黑，便是相粘了。廣因云：若不相粘，則自不須相對言得。曰：便是此理難説。前日與季通説話終日，惜乎不來聽，東之與西，上之與下，以至於寒暑、晝夜、生死，皆是相反而相對也。天地間物未嘗無相對者，故程先生嘗曰：「天地萬物之理，無獨必有對，皆自然而然，非有安排也。每中夜以思，不知手之舞之，足之蹈之也。」看得來真箇好笑。廣。

惟其平常，故不可易；若非常，則不得久矣。譬如飲食，如五穀是常，自不可易。若是珍羞異味不常得之物，則暫一食之可也，焉能久乎？「庸」固是定理，若以爲定理，則却不見那平常底意思。今以平常言，則不易之定理自在其中矣。廣因舉釋子偈有云：世間萬事不如常，又不驚人又久長。曰：便是它那道理也有極相似處，只是説得來别。故某於《中庸章句序》中着語云：

「至老、佛之徒出，則彌近理而大亂真矣。」須是看得它那「彌近理而大亂真」處始得。廣云：程子「自私」二字恐得其要領，但人看得此二字淺近了。曰：便是。向日王順伯曾有書與陸子静辨此二字云：「佛氏割截身體，猶自不顧，如何却謂之自私得？」味道因舉明道答横渠書云：大抵人患在自私而用智。曰：此却是説大凡人之任私意耳。因舉下文「豁然而大公，物來而順應」，曰：此亦是對説。「豁然而大公」，便是不自私。「物來而順應」，便是不用智。後面説治怒處曰：「但於怒時遽忘其怒，反觀理之是非，則於道思過半矣。」「忘其怒」，便是大公。「反觀理之是非」，便是順應，都是對説。蓋其理自如此。廣因云：太極一判，便有陰陽相對。曰：然。廣。

惟其平常，故不可易，如飲食之有五穀，衣服之有布帛。若是奇羞異味，錦綺組繡，不久便須厭了。「庸」固是定理，若直解爲定理，却不見得平常意思。今以平常言，然定理自在其中矣。公晦問：「中庸」二字，舊説依程子「不偏」、「不易」之語，今説得是不偏不倚，無過不及而平常之理。似以不偏不倚、無過不及説中，乃是精密切至之語，而以平常説庸，恰似不相粘着。曰：此其所以粘着。蓋縁處得極精極密，只是如此平常。若有些子咤異，便不是極精極密，便不是中庸。凡事無不相反以相成，東便與西對，南便與北對，無一事一物不然。明道所以云「天下之物無獨必有對，終夜思之，不知手之舞之，足之蹈之」，直是可觀，事事如此。賀孫。○與廣録蓋聞同。❶

❶「録」，原作「緣」，據萬曆本改。

問：中、庸不是截然爲二，庸只是中底常然而不易否？曰：是。淳。

問：明道曰「惟中不足以盡之，故曰『中庸』」。庸乃中之常理，中自已盡矣。曰：中亦要得常，此是一經一緯，不可闕。可學。

蜚卿問：「中庸之爲德」，程云「不偏之謂中，不易之謂庸」。曰：中則直上直下，庸是平常不差異。中如一物竪置之，常如一物横置之。唯中而後常，不中則不能常。因問曰：不惟不中則不能常，然不常亦不能爲中？曰：亦是如此。中而後能常，此以自然之理而言。常而後能有中，此以人而言。問：龜山言：「高明則中庸也。高明者，中庸之體。中庸者，高明之用。」不知將體用對説如何？曰：只就「中庸」字上説，自分曉，不須如此説亦可。又舉荆公「高明處己，中庸處人」之語爲非是。因言：龜山有功於學者，然就它説，據它自有做工夫處。高明，釋氏誠有之，只緣其無「道中庸」一截。又一般人宗族稱其孝，鄉黨稱其弟，玫十項事其八九可稱。❶若一向拘攣，又做得甚事。要知中庸、高明二者皆不可廢。寓。

或問：「中」與「誠」意如何？曰：中是道理之模樣，誠是道理之實處，中即誠矣。又問：智、仁、勇於誠如何？曰：智、仁、勇是做底事，誠是行此三者都要實。又問「中」、「庸」。曰：中、庸只是一事，就那頭看是中，就這頭看是庸。譬如山與嶺只是一物，方其山即是謂之山，行着嶺路則謂之嶺，非二物也。❷方子録云：問：《中庸》既曰「中」，

❶「玫」，萬曆本作「故」。
❷「二」，原作「一」，今據朝鮮本、萬曆本改。

又曰「誠」，何如？曰：此古詩所謂「横看成嶺側成峰」也。中、庸只是一箇道理，以其不偏不倚，故謂之中。以其不差異可常行，故謂之庸。未有中而不庸者，亦未有庸而不中者。惟中，故平常。堯授舜，舜授禹，都是當其時合如此做，做得來恰好，所謂中也。中即平常也，不如此，便非中，便不是平常。以至湯、武之事亦然。又如當盛夏極暑時，須用飲冷，就涼處，衣葛揮扇，此便是中，便是平常。當隆冬盛寒時，須用飲湯，就密室，重裘擁火，此便是中，便是平常。若極暑時重裘擁火，盛寒時衣葛揮扇，便是差異，便是失其中矣。廣。

問：《中庸》之「庸」，平常也。所謂平常者，事理當然而無詭異也。《或問》言：「既曰當然，則自君臣、父子日用之常，以至堯、舜之禪受，湯、武之放伐，無適而非平常矣。」切謂堯、舜禪受，湯、武放伐，皆聖人非常之變，而謂之平常，何也？曰：堯、舜禪受，湯、武放伐，雖事異常，然皆是合當如此，便只是常事。如伊川説「經」、「權」字，「合權處，即便是經」。銖曰：程《易》説「大過」，以爲「大過者，常事之大者耳，非有過於理也。聖人盡人道，非過於理」，是此意否？曰：正是如此。銖。

問道之常變。舉《中庸或問》説。曰：守常底固是是，然到守不得處只著變，而硬守定則不得。至變得來合理，斷然着如此做，依舊是常。又問：前日説經、權云：「常自是着還他一箇常，變自是着還他一箇變。」如《或問》舉「堯、舜之禪授，湯、武之放伐，其變無窮，無適而非常」，却又皆以爲平常，是如何？曰：是他到不得已處，只得變。變得是，仍舊是平常，然依舊著存一箇變。燾。

有中必有庸，有庸必有中，兩箇少不得。賜。

中必有庸，庸必有中，能究此而後可以發諸運用。季札。

中庸該得中和之義。庸是見於事，和是發於心，庸該得和。僩。

問：「中」、「庸」二字孰重？曰：庸是定理，有中而後有庸。問：《或問》中言：「中立而無依，則必至於倚。」如何是無依？曰：中立最難。譬如一物植立於此中間，無所依着，久之必倒去。問：若要植立得住，須用强矯？曰：大故要强立。德明。

向見劉致中說，今世傳明道《中庸義》是與叔初本，後爲博士演爲講義。先生又云：尚恐今解是初著，後掇其要爲解也。方。○諸家解。

呂《中庸》文滂沛，意浹洽。方。

李先生說：陳幾叟輩皆以楊氏《中庸》不如呂氏。先生曰：呂氏飽滿充實。方。

龜山門人自言龜山《中庸》枯燥，不如與叔浹洽。先生曰：與叔却似行到，他人如登高望遠。方。

游、楊、呂、侯諸先生解《中庸》，只說他所見一面道理，却不將聖人言語折衷，所以多失。

游、楊諸公解《中庸》，引書語皆失本意。

理學最難，可惜許多印行文字，其間無道理底甚多，雖伊、洛門人亦不免如此。如解《中庸》，正說得數句好，下面便有幾句走作無道理了，不知是如何。舊嘗看《欒城集》，見他文勢甚好，近日看，全無道理。如《與劉原父書》說藏巧若拙處，前面說得儘好，後面却説怕人來磨我，且恁地鶻突去，要他不來，便不成説話。又如蘇東坡《忠厚之至論》説「舉而歸之於仁」，便是不奈他何，只恁地做箇鶻突了。二蘇説話多是如此。此題目全在「疑」字上，謂如有人似有功，又似無功，不分曉，只是從其功處重之。有人似有罪，又似無罪，不分曉，只得從其罪處輕之。若是功罪分明，定是行賞罰不可豪髮輕重。而今説「舉而歸之於仁」，更無理會。或舉老蘇《五經論》。先生曰：説得聖人都是用術了。明作。

游丈開問：《中庸》編集得如何？曰：便是難説。緣前輩諸公説得多了，其間儘有差舛處，又不欲盡駁難它底，所以難下手，不比《大學》都未曾有人説。雉。

先生以《中庸或問》見授，云：亦有未滿意處，如評論程子、諸子説處尚多粗。𠌫。

問：趙書記欲以先生《中庸解》鋟木，如何？先生曰：公歸時，煩説與，切不可。某爲人遲鈍，旋見得旋改，一年之内改了數遍不可知。又自笑云：那得箇人如此著述。浩。

章句序

問：先生説人心是「形氣之私」，形氣則是口、耳、鼻、目、四肢之屬？曰：固是。問：如此，則未可便謂之私？曰：但此數件物事屬自家體段上，便是私有底物。不比道，便公共。故上面便有箇私底根本。且如危，亦未便是不好，只是有箇不好底根本。士毅。

問「或生於形氣之私」。曰：如飢飽、寒暖之類，皆生於吾身血氣形體，而它人無與，所謂私也。亦未能便是不好，但不可一向徇之耳。植。

問：人心本無不善，發於思慮，方始有不善。今先生指人心對道心而言，謂人心「生於形氣之私」，不知是有形氣便有這箇人心否？曰：有恁地分別説底，有不恁地説底。如單説人心，則都是好。對道心説着，便是勞擾物事，會生病痛底。夔孫。

季通以書問《中庸序》所云「人心形氣」。先生曰：形氣非皆不善，只是靠不得。季通云「形氣亦皆有善」，不知形氣之有善皆自道心出，由道心則形氣善，不由道心，一付於形氣，則爲惡。形氣猶船也，道心猶柂也。船無柂，縱之行，有時入於波濤，有時入於安流，不可一定。惟有一柂以運之，則雖入波濤無害。故曰「天生蒸民，有物有則」。物乃形氣，則乃理也。渠云「天地中也，萬物過不及」，亦不是。萬物豈無中？渠又云「浩然之氣，天地之正氣也」，此乃伊川説，然皆爲養氣言。養得則爲浩然之氣，不養則爲惡氣，卒走理不得。且如今日説夜氣是甚大事，❶專靠夜氣，濟得甚事？可學云：以前看夜氣，多略了「足以」兩字，故然。先生曰：只是一理。存是存此，養是養此，識得更無走作。舜功問：天理人欲，畢竟須爲分別，勿令交關。先生曰：五峰云：「性猶水，善猶水之下也，情猶瀾也，欲猶水之波浪也。」波浪與瀾只爭大小，欲豈可帶於情？某問：五峰云「天理人欲，同行而異情」，却是？先生曰：是。同行者，謂二人同行於天理中，一人日從天理，一人專徇人欲，是異情。下云

❶「日」，朝鮮本作「人」。

「同體而異用」，則大錯。因舉《知言》多有不是處。「性無善惡」，此乃欲尊性，不知却鶻突了它。胡氏論性，大抵如此，自文定以下皆然。如曰「性，善惡也。性、情、才相接」，此乃説著氣，非説著性。向吕伯恭初讀《知言》，以爲只有二段是，其後却云「極妙，過於《正蒙》」。可學。

問：既云上智，何以更有人心？曰：掐着痛，抓着痒，此非人心而何？人自有人心、道心，一箇生於血氣，一箇生於義理。飢寒、痛痒，此人心也；惻隱、羞惡、是非、辭遜，此道心也。雖上智亦同。一則危殆而難安，一則微妙而難見。「必使道心常爲一身之主，而人心每聽命焉」，乃善也。僩。

因鄭子上書來問人心、道心。先生曰：此心之靈，其覺於理者，道心也；其覺於欲者，人心也。可學竊尋《中庸序》，以人心出於形氣，道心本於性命，蓋覺於理謂性命，覺於欲謂形氣。云云。可學近觀《中庸序》所謂「道心常爲一身之主，而人心每聽命焉」，又知前日之失。向來專以人可以有道心，而不可以有人心，今方知其不然。人心出於形氣，如何去得？然人於性命之理不明，而專爲形氣所使，則流於人欲矣。如其達性命之理，則雖人心之用而無非道心，孟子所以指形色爲天性者以此。若不明踐形之義，則與告子食、色之言又何以異？「操之則存，捨之則亡」，心安有存亡？此正人心、道心交界之辨，而孟子特指以示學者。可學以爲必有道心，而後可以用人心，而於人心之中又當識道心。若專用人心而不知道心，則固流入於放僻邪侈之域。若只守道心，而欲屏去人心，則是判性命爲二物。而所謂道心者，空虚無有，將流於釋、老之學，而非《虞書》之所指者。未知然否？大雅云：前輩多云道心是天性之心，人心是人欲之心，今如此交互取之，當否？曰：既是人心如此不好，則須絶滅此身，而後道心始明。且舜何不先説道心，後説人心。大雅云：如此，則人心生於血氣，道心生於天理。人心可以爲善，可以爲不善，而道心則全是天理矣。曰：人心是此身有知覺有嗜欲者，如所謂「我欲仁」、「從心所欲」、「性之欲也，感於物而動」，此豈能無？但爲物誘而至於陷溺，則爲害爾。故聖人以爲此人心有知覺嗜欲，然無所主宰，則流而忘反，❶不可據以爲安，故曰危。道心則是義理之心，可以爲人心之主宰，而人心據以爲準者也。且以飲食言之，凡饑渴而欲得飲食以充其飽且足者，皆人心也。然必有義理存焉，有可以食，有不可以食。如子路食於孔悝之類，此不可食者。又如父之慈其子，子之孝其父，常人亦能之，此道心之正也。苟父一虐其子，則子必很然以悖其父，此人心之所以危也。惟舜則不然，雖其父欲殺之，而舜之孝則未嘗替，此道心也。故當使人心每聽道心之區處，方可。然此道心却雜出於人心之間，微而難見，故必須精之、一之，而後中可執。然此又非有兩心也，只是義理與人欲之辨爾。陸子静亦自説得是，云「舜若以人心爲全不好，則須説不好，使人去之。今止説危者，不可據以爲安耳。言精者，欲其精察而不爲所雜也」。此言亦自是。今鄭子上之言都是，但於道心下却一向説是箇空虚無有之物，將流爲釋、老之學。然則彼釋迦是空虚之魁，

❶「忘」，原作「志」，今據朝鮮本、萬曆本改。

饑能不欲食乎？寒能不假衣乎？能令無生人之所欲者乎？雖欲滅之，終不可得而滅也。❶大雅。

章句

問《中庸》「始言一理，中散爲萬事，末復合爲一理」。云云。曰：如何説曉得一理了，萬事都在裏面？天下萬事萬物都要你逐一理會過，方得。所謂「中散爲萬事」，便是中庸。近世如龜山之論，便是如此。以爲「反身而誠」，則天下萬物之理皆備於我。萬物之理，須你逐一去看，理會過方可。如何會反身而誠了，天下萬物之理便自然備於我？成箇甚麽？又曰：所謂「中散爲萬事」，便是《中庸》中所説許多事，如智、仁、勇，許多爲學底道理，與「爲天下國家有九經」，與祭祀鬼神許多事。聖人經書所以好看，中間無些子罅隙，句句是實理，無些子空缺處。僩。

問：《中庸》始合爲一理，天命之謂性。末復合爲一理，無聲無臭。始合而開，其開也有漸。末後開而復合，其合也亦有漸。賜。○夔孫録同。

第一章

「天命之謂性」，是專言理，雖氣亦包在其中，然説理意較多。若云兼言氣，便説「率性之謂道」不去，如太極雖不離乎陰陽，而亦不雜乎陰陽。道夫。

用之問：「天命之謂性。」以其流行而

❶「而」下，原衍「而」字，今據朝鮮本、萬曆本刪。

付與萬物者謂之命，以人物禀受者謂之性。然人物禀受，以其具仁義禮智而謂之性，以貧賤壽夭而言謂之命，是人又兼有性、命。曰：命雖是恁地說，然亦是兼付與而言。賀孫。

問：「天命之謂性」，此只是從原頭說否？曰：萬物皆只同這一箇原頭。聖人所以盡己之性，則能盡人之性，盡物之性，由其同一原故也。若非同此一原，則人自人之性，物自物之性，如何盡得？又問：以健順五常言物之性，如「健順」字亦恐有礙否？曰：如牛之性順，馬之性健，即健順之性。虎狼之仁，螻蟻之義，即五常之性。但只禀得來少，不似人禀得來全耳。燾。

問：「天命之謂性」，《章句》云「健順五常之德」，何故添却「健順」二字？曰：五行乃五常也。「健順」乃「陰陽」二字。某舊解未嘗有此，後來思量，既有陰陽，須添此二字始得。枅。

問：「木之神爲仁，火之神爲禮」，如何見得？曰：「神」字猶云意思也。且如一枝柴，却如何見得他是仁？只是他意思却是仁。火那裏見得是禮？却是他意思是禮。僩。○古注。

「率性之謂道」，鄭氏以金木水火土，從「天命之謂性」說來，要順從氣說來方可。泳。

「率性之謂道」，「率」字輕。方子。

「率」字只是「循」字，循此理便是道。伊川所以謂便是「仁者人也，合而言之道也」。㽦。

「率性之謂道」，「率」是呼喚字，蓋曰循萬物自然之性之謂道。此「率」字不是用力字，伊川謂「合而言之道也」是此義。㽦。

安卿問「率性」。曰：率，非人率之也。伊川解「率」字亦只訓循。到吕與叔説「循性而行，則謂之道」，伊川却便以爲非是。至其自言，則曰：「循牛之性，則不爲馬之性；循馬之性，則不爲牛之性。」乃知循性是循其理之自然爾。伯羽。

率，循也。不是人去循之，吕説未是。程子謂：「通人物而言，馬則爲馬之性，又不做牛底性；牛則爲牛之性，又不做馬底性。」物物各有箇理，即此便是道。曰：總而言之，又只是一箇理否？曰：是。淳。

「率性之謂道」，只是隨性去，皆是道。吕氏説以人行道。若然，則未行之前便不是道乎？淳。

問：「『率性之謂道』，率，循也。」此「循」字是就道上説，還是就行道人上説？曰：諸家多作行道人上説，以率性便作修爲，非也。率性者，只是説循吾本然之性，便自有許多道理。性是箇渾淪底物，道是箇性中分派條理。循性之所有，其許多分派條理即道也。「性」字通人、物而言，但人、物氣禀有異，不可道物無此理。程子曰：「循性者，牛則爲牛之性，又不做馬底性；馬則爲馬底性，又不爲牛底性。」❶物物各有這理，只爲氣禀遮蔽，故所通有偏正不同。然隨他性之所通，道亦無所不在也。銖。

問：率性通人、物而言，則此「性」字似「生之謂性」之性，兼氣禀言之否？曰：「天命之謂性」，這性亦離氣禀不得。「率，循也」。此「循」字是就道上説，不是就行道

❶「爲」，萬曆本作「做」。

人說。性善只一般，但人物氣禀有異，不可道物無此理。性是箇渾淪物，道是性中分派條理，隨分派條理去，皆是道。穿牛鼻，絡馬首，皆是隨它所通處。仁義禮智，物豈不有，但偏耳。隨它性之所通處，道皆無所不在。曰：此「性」字亦是以理言否？曰：是。又問：鳶有鳶之性，魚有魚之性，其飛其躍，天機自完，便是天理流行發見之妙處，故子思姑舉此一二，以明道之無所不在否？曰：是。淳。

孟子說「性善」，全是說理。若《中庸》「天命之謂性」，已自是兼帶人、物而言。「率性之謂道」，性似一箇渾淪底物，道是支脉。恁地物，便有恁地道，率人之性則爲人之道，率牛之性則爲牛之道，非謂以人循之。若謂以人循之而後謂之道，則人未循之前謂之無道可乎？砥。

「天命之謂性」，指迥然孤獨而言。「率性之謂道」，指著於事物之間而言。又云：天命之性，指理言；率性之道，指人、物所行言。或以率性爲順性命之理，則謂之道。如此，却是道因人做，方始有也。夔孫。

萬物禀受，莫非至善者性；率性而行，各得其分者道。端蒙。

「天命之謂性，率性之謂道。」性與道相對，則性是體，道是用。又曰：道，便是在裏面做出底道理。義剛。

問：「天命之謂性，率性之謂道」，伊川謂通人、物而言，如此却與告子所謂人、物之性同？曰：據伊川之意，人與物之本性同，及至禀賦則異。蓋本性理也，而禀賦之性則氣也。❶ 性本自然，及至生賦，無氣則

❶「禀」，萬曆本作「本」。

乘載不去，故必頓此性於氣上，而後可以生。及至已生，則物自稟物之氣，❶人自稟人之氣。氣最難看，而其可驗者，如四時之間，寒暑得宜，此氣之正。當寒而暑，當暑而寒，乃氣不得正。氣正則爲善，氣不正則爲不善。又如同是此人，有至昏愚者，是其稟得此濁氣太深。又問：明道云：「論性不論氣，不備；論氣不論性，不明。」曰：論性不論氣，孟子也。不備，但少欠耳。論氣不論性，荀、楊也。不明，則大害事。可學。問：孟子何不言氣？曰：孟子只是教人勇於爲善，前更無阻礙。自學者而言，則不可不去其窒礙。正如將百萬之兵，前有數萬兵，韓、白爲之，不過鼓勇而進。至它人，則須先去此礙後可。吳宜之問：學者治此氣，正如人之治病？曰：亦不同。須是明天理，天理明則自去。《通書》「剛柔」一段亦須着且先易其惡，既易其惡，則致其中在人。問：惡安得謂之剛？曰：此本是剛出來。語畢，先生又曰：「生之謂性」，伊川以爲生質之性，然告子此語亦未是。再三請益，曰：且就伊川此意理會，亦自好。可學。

問：「天命之謂性，率性之謂道」，皆是人、物之所同得。天命之性，人受其全，則其心具乎仁義禮智之全體。物受其偏，則隨其品類各有得焉，而不能通貫乎全體。「率性之謂道」，若自人而言之，則循其仁義禮智之性而言之，固莫非道。自物而言之，飛、潛、動、植之類各正其性，則亦各循其性於天地之間，莫非道也。如《中庸或問》所說「馬首之可絡，❷牛鼻之可穿」等數句，恐

❶「氣」，原作「性」，今據朝鮮本改。
❷「中」，萬曆本作「只」。

說未盡。所舉《或問》非今本。蓋物之自循其性，多有與人初無干涉，多有人所不識之物，無不各循其性於天地之間，此莫非道也。如《或問》中所說，恐包未盡。曰：說話難。若說得闊，則人將來又只認「目之於色，耳之於聲，鼻之於臭，四肢之於安佚」等做性，却不認「仁之於父子，義之於君臣，禮之於賓主，智之於賢者，聖人之於天道」底是性。因言：解經立言，須要得實。如前輩說「伊尹耕於有莘之野而樂堯、舜之道」，是飢食渴飲，夏葛冬裘，爲樂堯、舜之道。若如此說，則全身已浸在堯、舜之道中，何用更說「豈若吾身親見之哉」？如前輩說「文、武之道未墜於地」，以爲文、武之道常昭然在日用之間，一似常有一物昭然在目前，不會攧下去一般，此皆是說得不實。所謂「未墜於地」者，❶只言周衰之時，文、武之典章，人尚傳誦得在，未至淪没。先生既而又曰：某曉得公說底，蓋馬首可絡，牛鼻可穿，皆是就人看物處說。聖人「脩道之謂教」，皆就這樣處。如適間所說，却也見得一箇大體。至。○方子録云：至之問：「率性之謂道」，《或問》中言「馬首之可絡，牛鼻之可穿」，都是說以人看物底。若論飛、潛、動、植，各正其性，與人不相干涉者，何莫非道，恐如此看方是。❷先生曰：物物固皆是道，如螻蟻之微，甚時胎，甚時卵，亦是道。但立言甚難，須是說得實。如龜山說「堯、舜之道」只夏葛冬裘、飢食渴飲處便是。如此，則全身浸在堯、舜之道裏，又何必言「豈若吾身親見之哉」？黄丈云：若如此說，則人心、道心皆是道去。先生曰：相似。「目之於色，耳之於聲，鼻之於臭，四肢之於安佚，性也」底，却認做道；「仁之於父子，義之於君臣，禮之於賓主，智之於賢者，有性焉」底，却認不得。如「文、武之道未墜於地，在人」，李光祖乃曰：「日用之間，昭然在是。」

❶「謂」，原作「以」，今據朝鮮本改。
❷「是」，原作「足」，今據朝鮮本、萬曆本改。

如此，則只是說古今公共底，何必指文、武？孔子蓋是言周家典章文物未至淪没，非是指十方常住者而言也。❶久之，復曰：至之却亦看得一箇大體。○蓋卿同。

問：伊川云：「天命之謂性，率性之謂道」，此亦通人、物而言。「脩道之謂教」，此專言人事。曰：是如此。人與物之性皆同，故循人之性則爲人道，循馬牛之性則爲馬牛之道。若不循其性，令馬耕牛馳，則失其性，而非馬牛之道矣，故曰「通人、物而言」。璘。

問：「率性之謂道」，通人、物而言，則「脩道之謂教」亦通人、物。如「服牛乘馬」、「不殺胎，不殀夭」、「斧斤以時入山林」，此是聖人教化不特在人倫上品節防範，而及於物否？曰：也是如此，所以謂之「盡物之性」。但於人較詳，於物較略，人上較多，物上較少。砥。

問：《集解》中以「天命之謂性，率性之謂道」通人、物而言，「修道之謂教」是專就人事上言否？曰：道理固是如此，然「修道之謂教」就物上亦有箇品節。先王所以咸若草木鳥獸，使庶類蕃殖，如《周禮》掌獸、掌山澤各有官，如周公驅虎豹犀象龍蛇，如「草木零落，然後入山林；昆虫未蟄，不以火田」之類，各有箇品節，使萬物各得其所，亦所謂教也。德明。

問「脩道之謂教」。曰：游、楊說好，謂脩者只是品節之也。明道之說自各有意。去僞。

問：明道曰：「道即性也。若道外尋性，性外尋道，便不是。」如此，即性是自然

❶「非是指十方常住者而言也」，朝鮮本作「非是指前聖人之道古今共底言」。

之理，不容加工。楊雄言：「學者，所以脩性。」故伊川謂楊雄爲不識性。《中庸》却言「脩道之謂教」，如何？曰：性不容脩，脩是揠苗。道亦是自然之理，聖人於中爲之品節以教人耳，誰能便於道上行？浩。

「脩道之謂教」一句，如今人要合後面「自明誠謂之教」却説作自脩。蓋「天命謂性」之「性」與「自誠明」之性，「脩道謂教」之「教」與「自明誠」之教，各自不同。誠明之性，「堯、舜性之」之「性」；明誠之教，由教而入者也。木之。

問：《中庸》舊本不曾解「可離非道」一句，今先生説云「瞬息不存，便是邪妄」，方悟本章可離與不可離、道與非道各相對持而言。❶離了仁便不仁，離了義便不義，公私善利皆然。向來從龜山説，只謂道自不可離，而先生舊亦不曾爲學者説破。曰：向來亦是看得太高。今按：「可離非道」，云「瞬息不存，便是邪妄」，與《章句》、《或問》説不合，更詳之。○德明。

徽問：《中庸》曰「道不可須臾離」，伊川却云「存無不在道之心，便是助長」，何也？曰：《中庸》所言是日用常行合做底道理，如「爲人君止於仁，爲人臣止於敬，爲人子止於孝，爲人父止於慈，與國人交止於信」，皆是不可已者。伊川此言是爲闢釋氏而發，蓋釋氏不理會常行之道，只要空守着這一箇物事，便喚做道，與《中庸》自不同。説畢，又曰：闢異端説話，未要理會，且理會取自家事。自家事既明，那箇自然見得。與立。

楊通老問：《中庸或問》引楊氏所謂

❶「持」，朝鮮本、萬曆本作「待」。

「無適非道」之云則善矣，然其言似亦有所未盡。蓋衣食作息、視聽舉履皆物也，其所以如此之義理準則，乃道也。曰：衣食動作只是物，物之理乃道也。將物便喚做道，則不可。且如這箇椅子有四隻脚，可以坐，此倚之理也。若除去一隻脚，坐不得，便失其倚之理矣。形而上爲道，形而下爲器。說這形而下之器之中，便有那形而上之道。若便將形而下之器作形而上之道，則不可。且如這箇扇子，此物也便有箇扇子底道理。扇子是如此做，合當如此用，此便是形而上之理。天地中間，上是天，下是地，中間有許多日月星辰、山川草木、人物禽獸，此皆形而下之器也。然這形而下之器之中，便各自有箇道理，此便是形而上之道。所謂格物，便是要就這形而下之器，窮得那形而上之道理而已。如何便將形而下之器作形而上之道理得。飢而食，渴而飲，「日出而作，日入而息」，其所以飲食作息者，皆道之所在也。若便謂食飲作息者是道，則不可。與龐居士「神通妙用，運水般柴」之頌一般，亦是此病。如「徐行後長」與「疾行先長」都一般是行，只是徐行後長方是道，若疾行先長便不是道，豈可說只認行底便是道？「神通妙用，運水般柴」，須是運得水，般得柴是，方是神通妙用。若運得不是，般得不是，如何是神通妙用？佛家所謂「作用是性」，便是如此。他都不理會是和非，只認得那衣食作息、視聽舉履，便是道。說我這箇會說話底，會作用底，叫着便應底，便是神通妙用，更不問道理如何。儒家則須是就這上尋討箇道理方是道。禪者云：❶「赤

❶「者」，原作「老」，今據朝鮮本改。

肉團上有一無位真人，在汝等諸人面門上出入。」云云。他便是只認得這箇，把來作弄。或問：告子之學便是如此？曰：佛家底又高，告子底死殺了，不如佛家底活。而今學者就故紙上理會，也解説得去，只是都無那快活和樂底意思，便是和這佛家底也不曾見得。似他佛家者雖是無道理，然他却一生受用，一生快活，便是它就這形而下者之中，理會得似那形而上者。而今學者看來，須是先曉得這一層，却去理會那上面一層方好。而今都是和這下面一層也不曾見得，所以和那上面一層也理會不得。又曰：天地中間，物物上有這箇道理，雖至没緊要底物事，也有這道理。蓋「天命之謂性」，這道理却無形，無安頓處，只那日用事物上道理便在上面。這兩箇元不相離，凡有一物，便有一理，所以君子貴「博學於文」。看來博學似箇没緊要物事，然那許多道理便都在這上，都從那源頭上來。所以無精粗小大，都一齊用理會過，蓋非外物也，都一齊理會，方無所不盡，方周遍無疏缺處。又曰：「道不可須臾離，可離非道也」，所謂不可離者，謂道也。若便以日用之間舉止動作便是道，則無所適而非道，無時而非道，然則君子何用恐懼戒謹？何用更學道爲？爲其不可離，所以須是依道而行。如人説話，不成便以説話者爲道，須是有箇仁義禮智始得。若便以舉止動作爲道，何用更説不可離得？又曰：《大學》所以説格物，却不説窮理，蓋説窮理，則似懸空無捉摸處，只説格物，則只就那形而下之器上便尋那形而上之道，便見得這箇元不相離，所以只説格物。「天生蒸民，有物有則。」所謂道者是如此，何嘗説物便是則。

龜山便只指那物做則，只是就這物上分精粗，爲物則。如云目是物也，目之視乃則也；耳，物也，耳之聽乃則也。殊不知目視耳聽依舊是物，其視之明、聽之聰方是則也。龜山又云：「伊尹之耕于莘野，此農夫田父之所日用者，而樂在是。」如此，則世間伊尹甚多矣。龜山説話，大概有此病。僩。

問：「道不可離」，只言我不可離這道，亦還是有不能離底意思否？曰：道是不能離底。純説是不能離，不成錯行也是道？時舉録云：叔重問：道不可離，自家固不可離，然他也有不能離底意？曰：當參之於心，可離不能離之間，純説不能離也不得，不成錯行了也是道？因問：龜山言：「飢食渴飲，手持足行，便是道。」切謂手持足履未是道，「手容恭，足容重」乃是道也。目視耳聽未是道，視明聽聰乃道也。或謂不然，其説云：「手之不可履，猶足之不可持，此是天職。『率性之謂道』，只循此自然之理耳。」不審如何？曰：不然。桀、紂亦會手持足履、目視耳聽，如何便喚做道？若便以爲道，是認欲爲理也。伊川云：❶「夏葛冬裘，飢食渴飲，若着些私吝心，便是廢天職。」須看「着些私吝心」字。銖。○時舉録云：夜來與先之論此。先之云「手之不可履」云云，先生曰云云。

此道無時無之，然體之則合，背之則離也。一有離之，則當此之時，失此之道矣，故曰「不可須臾離」。君子所以「戒慎不睹，恐懼不聞」，則不敢以須臾離也。端蒙。

「戒謹不睹，恐懼不聞」，即是道不可須臾離處。履孫。

❶「伊川」，原作「伊尹」，今據朝鮮本改。

問：❶日用間如何是不聞不見處？人之耳目聞見常自若，莫只是念慮未起，未有意於聞見否？曰：所不聞，所不見，不是合眼掩耳，只是喜怒哀樂未發時。凡萬事皆未萌芽，自家便先恁地戒謹恐懼，常要提起此心，常在這裏，便是防於未然，不見是圖底意思。徐問：講求義理時，此心如何？曰：思慮是心之發了。伊川謂：「存養於喜怒哀樂未發之前則可，求中於喜怒哀樂未發之前則不可。」淳。○寓録云：問：講求義理，便是此心在否？曰：講求義理，屬思慮，心自動了，是已發之心。

劉黻問：不知無事時如何戒謹恐懼？若只管如此，又恐執持太過。若不如此，又恐都忘了。曰：也有甚麽矜持？只不要昏了他，便是戒懼。與立。

「戒謹乎其所不睹，恐懼乎其所不聞」，這處難言。大段着意，又却生病，只恁地略約住。道着戒謹恐懼，已是剩語，然又不得不如此説。賀孫。

戒謹恐懼是未發，然只做未發也不得，便是所以養其未發。只是聳然提起在這裏，這箇未發底便常在，何曾發？或問：恐懼是已思否？曰：思又別。思是思索了，戒謹恐懼正是防閑其未發。或問：即是持敬否？曰：亦是。伊川曰：「敬不是中，只敬而無失即所以中。」「敬而無失」，便是常敬，這中底便常在。淳。

問：戒謹恐懼，以此涵養，固善。然推之於事，所謂「開物成務之幾」，又當如何？曰：此却在博文。此事獨脚做不得，須是

❶「問」下，朝鮮本有「戒慎其所不睹恐懼其所不聞」十二字。

讀書窮理。又曰：只是源頭正，發處自正，只是這路子上來往。德明。

問：《中庸》所謂「戒謹恐懼」，《大學》所謂「格物致知」，皆是爲學知、利行以下底説否？曰：固然。然聖人亦未嘗不戒謹恐懼。「惟聖罔念作狂，惟狂克念作聖。」❶但聖人所謂念者，自然之念；狂者之念，則勉强之念耳。閎祖。

所謂「不睹不聞」者，乃是從那盡處説來，非謂於所睹所聞處不謹也。如曰「道在瓦礫」，便不成不在金玉。義剛。

問：「道也者，不可須臾離」與「莫見乎隱」兩段，分明極有條理，何爲前輩都作一段衮説去？曰：此分明是兩節事，前段有「是故」字，後段有「故」字。聖賢不是要作文，只是逐節次説出許多道理。若作一段説，亦成是何文字？所以前輩諸公解此段繁雜無倫，都不分明。銖。

用之問：戒懼不睹不聞，是起頭處，至「莫見乎隱，莫顯乎微」，又用緊一緊。曰：不可如此説。「戒謹恐懼」是普説，言道理偪塞都是，無時而不戒謹恐懼。到得隱微之間，人所易忽，又更用謹，這箇却是喚起説。戒懼無箇起頭處，只是普遍都用。如卓子有四角頭，一齊用著工夫，更無空缺處。若説是起頭，又遺了尾頭；説是尾頭，又遺了起頭；若説屬中間，又遺了兩頭。不用如此説，只是無時而不戒謹恐懼，只自做工夫，便自見得。曾子曰：「戰戰兢兢，如臨深淵，如履薄冰。」不成到臨死之時，方如此戰戰兢兢！他是一生戰戰兢兢，到那

❶「惟」，原作「爲」，今據朝鮮本、萬曆本及《尚書·多方》改。

死時方了。❶ 僩。

問：舊看「莫見乎隱，莫顯乎微」兩句，只謂人有所愧歉於中，則必見於顔色之間，而不可揜。昨聞先生云「人所不知而己所獨知處」，自然見得愈是分曉。如做得是時，别人未見得是，自家先見得是。做得不是時，别人未見得非，自家先見得非。如此説時，覺得又親切。曰：事之是與非，衆人皆未見得，自家自是先見得分明。問：「《復》小而辨於物。」善端雖是方萌，只是昭昭靈靈地别，此便是那不可揜處。曰：是如此。只是明一明了，不能接續得這意思去，又暗了。胡泳。

問：「莫見乎隱，莫顯乎微」，程子舉彈琴殺心事，是就人知處言。吕、游、楊氏所説，是就己自知處言。《章句》只説己自知，或疑是合二者而言否？曰：有動於中，己固先自知，亦不能掩人之知，所謂誠之不可揜也。銖。

問：伊川以鬼神憑依語言爲「莫見乎隱，莫顯乎微」，如何？曰：隱微之事在人心，不可得而知，却被他説出來，豈非「莫見乎隱，莫顯乎微」？蓋鬼神只是氣，心中實有是事，則感於氣者，自然發見昭著如此。文蔚問：今人隱微之中，有不善者甚多，豈能一一如此？曰：此亦非常之事，所謂事之變者。文蔚曰：且如人主積累愆咎，感召不祥，致有日月薄蝕、山崩川竭、水旱凶荒之變，便只是此類否？曰：固是如此。文蔚。

戒謹恐懼乎其所不睹不聞，是從見聞處戒謹恐懼到那不睹不聞處。這不睹不聞

❶「那」，萬曆本無。

處是功夫盡頭，所以謹獨，則是專指獨處而言。如「莫見乎隱，莫顯乎微」，是謹獨緊切處。燾。

黄灝謂：戒懼是統體做功夫，謹獨是又於其中緊切處加工夫，猶一經一緯而成帛。先生以爲然。僩。

問「謹獨」。曰：是從見聞處至不睹不聞處皆戒謹了，又就其中於獨處更加謹也。是無所不謹，而謹上更加謹也。燾。

問：「不睹不聞」者，己之所不睹不聞也。獨者，人之所不睹不聞也。如此看，便見得此章分兩節事分明。先生曰：「其所不睹不聞」，「其」之一字，便見得是説己不睹不聞處，只是諸家看得自不子細耳。又問：如此分兩節工夫，則致中、致和工夫方各有着落，而「天地位，萬物育」亦各有歸着。曰：是。銖。

「戒慎」一節當分爲兩事，「戒慎不睹，恐懼不聞」，如言「聽於無聲，視於無形」，是防之於未然，以全其體。「謹獨」是察之於將然，以審其幾。端蒙。

問：「戒謹不睹，恐懼不聞」與「謹獨」兩段事，廣思之，便是「惟精惟一」底工夫。戒謹恐懼，持守而不失，便是惟一底工夫。謹獨，則於善惡之幾，察之愈精愈密，便是惟精底工夫。但《中庸》論「道不可離」，則先其戒謹，而後其謹獨。舜論人心、道心，則先其惟精，而後其惟一。曰：兩事皆少不得「惟精惟一」底工夫。不睹不聞時固當持守，然不可不察。謹獨時固當致察，然不可不持守。廣。○人傑録云：漢卿問云云。先生曰：不必分「惟精惟一」於兩段上。但凡事，察之貴精，守之貴一。如戒謹恐懼，是事之未形處。謹獨，是幾之將然處，不可不精察而謹守之也。

問：「戒謹不睹，恐懼不聞」與「謹獨」雖不同，若下工夫皆是敬否？曰：敬只是常惺惺法，所謂静中有箇覺處，只是常惺惺在這裏，静不是睡着了。賀孫。

問：「不睹不聞」與「謹獨」何别？曰：上一節説存天理之本然，下一節説遏人欲於將萌。又問：能存天理了，則下面謹獨似多了一截。曰：雖是存得天理，臨發時也須點檢，這便是他密處。若只説存天理了，更不謹獨，却是只用致中，不用致和了。又問：致中是未動之前，然謂之戒懼，却是動了。曰：公莫看得戒謹恐懼太重了，此只是略省一省，不是恁驚惶震懼，略是箇敬模樣如此。然道著「敬」字，已是重了。只略略收拾來，便在這裏。伊川所謂「道箇『敬』字，也不大段用得力」。孟子曰：「操則存。」操亦不是着力把持，只是操一操，便在這裏。如人之氣，才呼便出，吸便入。賜。

問《中庸》戒懼謹獨，學問辨行，用工之終始。曰：只是一箇道理，説着要貼出來，便有許多説話。又問：是敬否？曰：説著「敬」已多了一字。但略略收拾來，便在這裏。夔孫。

問：「不聞不睹」與「謹獨」如何？曰：「獨」字又有箇形迹在這裏可謹。不聞不見，全然無形迹，暗昧不可得知。只於此時便戒謹了，便不敢。卓。

問：「謹獨」是念慮初萌處否？曰：此是通説，不止念慮初萌，只自家自知處。如小可没緊要處，只胡亂去，便是不謹。謹獨是已思慮，已有些小事，已接物了。「戒謹乎其所不睹，恐懼乎其所不聞」，是未有事時。在「相在爾室，尚不愧于屋漏」、「不動而敬，不言而信」之時，「謹獨」便已有形迹了。「潛雖伏矣，亦孔之昭」，詩人言語只是大綱說。子思又就裏面剔出這話來教人，又較緊密。大抵前聖所說底，後人只管就裏面發得精細。如程子、横渠所說，多有孔、孟所未說底。伏羲畫卦，只就陰陽以下，孔子又就陰陽上發出太極，康節又道：「須信畫前元有易。」濂溪《太極圖》又有許多詳備。問：氣化形化，男女之生是氣化否？曰：凝結成箇男女，因甚得如此？都是陰陽。無物不是陰陽。問：天地未判時，下面許多都已有否？曰：事物雖未有，其理則具。寓。○可學録云：謹獨已見於用，孔子言語只是混合說。子思恐人不曉，又爲之分別。大凡古人說話，一節開一節。如伏羲《易》只就陰陽以下，至孔子又推本於太極，然止曰「《易》有太極」而已。至濂溪乃畫出一圖，康節又論畫前之易。

問：「謹獨」莫只是「十目所視，十手所指」處，也與那闇室不欺時一般否？先生是之。又云：這獨也又不是恁地獨時，如與衆人對坐，自心中發一念，或正或不正，此亦是獨處。椿。

問：「謹獨」章「迹雖未形，幾而已動」，❶「人雖不知，己獨知之」。上兩句是程子意，下兩句是游氏意，先生則合而論之，是否？曰：然。兩事只是一理。幾既動，則己必知之。己既知，則人必知之。故程子論楊震四知曰：「『天知地知』，只是一箇知。」廣。

問：「迹雖未形，❷幾則已動。」看「莫見」、「莫顯」則已是先形了，如何却說「迹未

❶「而」，萬曆本作「則」。

❷「迹」上，朝鮮本多「莫見乎隱，莫顯乎微，故君子必慎其獨也。解云」凡十八字。

形，幾先動」？曰：「莫見乎隱，莫顯乎微」，這是大綱說。賀孫。

呂子約書來，爭「莫見乎隱，莫顯乎微」，只管衮作一段看。某答它書，江西諸人將去看，頗以其說爲然。彭子壽却看得好，云：前段不可須臾離，且是大體說。到謹獨處，尤見於接物得力。先生又云：呂家之學，重於守舊，更不論理。德明問：「道不可須臾離，可離非道」，是言道之體段如此。「莫見乎隱，莫顯乎微」，亦然。下面君子戒謹恐懼，君子必謹其獨，方是做工夫。皆以「是故」二字發之，如何衮作一段看？曰：「道不可須臾離」，言道之至廣至大者；「莫見乎隱，莫顯乎微」，言道之至精至極者。德明。

「戒謹不睹，恐懼不聞」，非謂於睹聞之時不戒懼也。言雖不睹不聞之際，亦致其謹，則睹聞之際，其謹可知。此乃統同說，承上「道不可須臾離」，則是無時不戒懼也。然下文「謹獨」既專就已發上說，則此段正是未發時工夫，只得說「不睹不聞」也。「莫見乎隱，莫顯乎微，故君子必謹其獨。」上既統同說了，此又就中有一念萌動處，雖至隱微，人所不知而己所獨知，尤當致謹。如一片止水，中間忽有一點動處，此最緊要着工夫處。閎祖。

問：「道也者不可須臾離也」以下是存養工夫，「莫見乎隱」以下是檢察工夫否？曰：說「道不可須臾離」，是說不可不存。「是故」以下，却是教人恐懼戒謹，做存養工夫。說「莫見乎隱，莫顯乎微」，是說不可不謹意。故「君子」以下，却是教人謹獨，察其私意起處防之。只看兩箇「故」字，便是方說入身上來做工夫也。聖人教人，只此兩端。大雅。

問：「戒謹乎其所不睹，恐懼乎其所不聞」，《或問》中引「聽於無聲，視於無形」，如何？曰：不呼喚時不見，時常準備着。德明指坐閣問曰：此處便是耳目所睹聞，隔窗便是不睹也？曰：不然。只謂照管所不到，念慮所不及處。正如防賊相似，須盡塞其來路。次日再問：「不睹不聞」，終未瑩。曰：此須意會。如《或問》中引「不見是圖」，既是不見，安得有圖？只是要於未有兆朕，無可睹聞時先戒懼耳。❶又曰：「不睹不聞」是提其大綱說，「謹獨」乃審其微細。方不聞不睹之時，不惟人所不知，自家亦未有所知。若所謂「獨」，即人所不知而己所獨知，極是要戒懼。自來人說「不睹不聞」與「謹獨」只是一意，無分別，便不是。德明。

問：林子武以謹獨爲後，以戒懼爲先。謹獨以發處言，覺得也是在後。曰：分得也好。又問：余國秀謂戒懼是保守天理，謹獨是檢防人欲。曰：也得。又問：覺得戒謹恐懼與謹獨也難分動静。静時固戒謹恐懼，動時又豈可不戒謹恐懼？曰：上言「道不可須臾離」，此言「戒懼其所不睹不聞」，與「謹獨」皆是不可離。又問：泳欲謂戒懼是其常，謹獨是謹其所發。曰：如此説也好。又曰：言「道不可須臾離」，故言「戒謹恐懼其所不睹不聞」。言「莫見乎隱莫顯乎微」，故言「謹獨」。又曰：「戒謹恐懼」是由外言之以盡於内，「謹獨」是由内言之以及於外。問：自所睹所聞以至於不睹

❶「耳」，原作「取」，今據萬曆本改。「先」，萬曆本作「而」。

不聞，自發於心以至見於事，如此方説得「不可須臾離」出。曰：然。胡泳。

問：《中庸》工夫只在「戒謹恐懼」與「謹獨」。但二者工夫，其腦頭又在道不可離處。若能識得全體大用皆具於心，則二者工夫不待勉强，自然進進不已矣。曰：便是有箇頭腦，如「天命之謂性，率性之謂道，修道之謂教」，古人因甚冠之章首？蓋頭腦如此。若識得此理，則便是勉强，亦有箇着落矣。又問：「費隱」一章云「夫婦之愚，可以與知能行。及其至也，雖聖人有所不知不能」，先生嘗云「此處難看」。近思之，頗看得透。侯氏説夫子問禮，問官，與天子不得位，❶堯、舜病博施，爲不知不能之事，説得亦粗。止是尋得一二事如此，元不曾説着「及其至也」之意。此是聖人看得徹底，故於此理亦有未肯自居處。❷如「所求乎子以事父未能」之類，真是聖人有未能處。又如説「默而識之，學而不厭，誨人不倦，何有於我哉」，是聖人不敢自以爲知。「出則事公卿，入則事父兄，喪事不敢不勉，不爲酒困，何有於我哉」，此是聖人不敢以爲能處。曰：夫婦之與知能行是萬分中有一分，聖人不知不能是萬分中欠得一分。又問：以實事言之，亦有可言者，但恐非立教之道。先生問如何？曰：❸夫子謂「事君盡禮，人以爲諂」，相定公時甚好，及其受女樂，則不免於行，是事君之道猶有未孚於人者。又如原壤登木而歌，「夫子爲弗聞也者而過之」，待之自好。及其夷俟，則以杖

❶「天」，萬曆本「夫」。
❷「肯」，萬曆本作「皆」。
❸「曰」上，朝鮮本有「人傑」二字。

叩脛，近於太過。曰：這裏説得却差。如原壤之歌乃是大惡，若要理會，不可但已，且只得休。至於夷俟之時，不可教誨，故直責之，復叩其脛，自當如此。若如正淳説，則是不要管他，却非朋友之道矣。人傑。

共父問「喜怒哀樂未發謂之中，發而皆中節謂之和」。曰：「中」字是狀性之體。性具於心，發而中節，則是性自心中發出來也，是之謂情。時舉。○以下「中和」。

答徐彦章問「中和」云：喜怒哀樂未發，如處室中，東西南北未有定向，所謂中也。及其既發，如已出門，東者不復能西，南者不復能北。然各因其事，無所乖逆，所謂和也。升卿。

問：喜怒哀樂之未發，不偏不倚，固其寂然之本體。及其酬酢萬變，亦在是焉，故曰「天下之大本」。發而皆中節，則事得其宜，不相淩奪，固感而遂通之和也。然十中其九，一不中節，則爲不和，便自有礙，不可謂之達道矣。曰：然。又問：於學者如何皆得中節？曰：學者安得便一一恁地？也須且逐件使之中節方得。此所以貴於博學、審問、謹思、明辨，無一事之不學，無一時而不學，無一處而不學，各求其中節，此所以爲難也。道夫。

自「喜怒哀樂未發謂之中」至「天地位焉，萬物育焉」，道怎生地？這箇心纔有這事，便有這箇事影見；纔有那事，便有那箇事影見。這箇本自虚靈，常在這裏。「喜怒哀樂未發謂之中，發而皆中節謂之和」，須恁地方能中節？只恁地黑淬淬地在這裏，如何要得發必中節？賀孫。

中和亦是承上兩節説。閎祖。

中，性之德；和，情之德。僩。

喜怒是陰陽。發各有中節，不中節，又是四象。㽦。

喜怒哀樂未發之中，未是論聖人，只是泛論衆人亦有此，與聖人都一般。或曰：恐衆人未發，與聖人異否？曰：未發只做得未發。不然，是無大本，道理絶了。或曰：恐衆人於未發昏了否？曰：這裏未有昏明，須是還他做未發。若論原頭，未發都一般。只論聖人動静，則全别。動亦定，静亦定。自其未感，全是未發之中；自其感物而動，全是中節之和。衆人有未發時，只是他不曾向静看，❶不曾知得。淳。

問：惻隱羞惡、喜怒哀樂，固是心之發，曉然易見處。如未惻隱羞惡、喜怒哀樂之前，便是寂然而静時，然豈得皆塊然如槁木？其耳目亦必有自然之聞見，其手足亦必有自然之舉動，不審此時喚作如何。寓録云：不知此處是已發未發。曰：喜怒哀樂未發，只是這心未發耳。其手足運動，自是形體如此。淳。○寓録云：其形體之行動則自若。

未發之前，萬理備具。纔涉思，即是已發動，而應事接物，雖萬變不同，能省察得皆合於理處。蓋是吾心本具此理，皆是合做底事，不容外面旋安排也。今説爲臣必忠、爲子必孝之類，皆是已發。然所以合做此事，實具此理，乃未發也。人傑。

「喜怒哀樂未發謂之中」，只是思慮未萌。無纖豪私欲，自然無所偏倚。所謂「寂然不動」，此之謂中。然不是截然作二截，❷如僧家塊然之謂。只是這箇心自有那未發時節，自有那已發時節。謂如此事未萌於

❶「向」，萬曆本作「主」。
❷「二」，原作「一」，今據萬曆本改。

思慮要做時，便須是中、是體。及發於思了，如此做而得其當時，便是和、是用，只管夾雜相衮。若以爲截然有一時是未發時，一時是已發時，亦不成道理。今學者或謂每日將半日來静做工夫，即是有此病也。

曰：喜怒哀樂未發而不中者如何？曰：此却是氣質昏濁，爲私欲所勝，客來爲主。其未發時，只是塊然如頑石相似，劈斫不開，發來便只是那乖底。曰：如此，則昏時是他不察，如何？曰：言察，便是吕氏求中，却是已發。如伊川云「只平日涵養便是」。又曰：看來人逐日未發時少，已發時多。曰：然。端蒙。

已發未發，只是説心有已發時，有未發時。方其未有事時，便是未發；纔有所感，便是已發，却不要泥著。謹獨是從戒謹恐懼處，無時無處不用力，到此處又須謹獨。只是一體事，不是兩節。炎。

大本用涵養，中節則須窮理之功。方。

問：「發而皆中節」，是無時而不戒謹恐懼而然否？曰：是他合下把捉，方能發而中節。若信口説去，信脚行去，如何會中節？燾。

問：《中庸》一篇，學者求其門而入，固在於「謹獨」。至下文言中之已發、未發者，此正根本處。未發之時，難以加豪末之功；當發之際，欲其中節，不知若何而用工。得非即其所謂「戒謹恐懼」、「莫見乎隱」之心而乃底於中節否？曰：「謹獨」是結上文一節之意，下文又自是一節，發明中與常行之道。欲其中節，正當加謹於欲發之際。佐。

問：「渾然在中」，恐是喜怒哀樂未發，此心至虚，都無偏倚，亭亭當當，恰在中間，

《章句》所謂「獨立而不近四傍，心之體，地之中也」。曰：「在中者，未動時恰好處；時中者，已動時恰好處。才發時，不偏於喜，則偏於怒，不得謂之在中矣。然只要就所偏倚一事處之得恰好，則無過不及矣。蓋無過、不及，乃無偏倚者之所爲。而無偏倚者，是所以能無過、不及也。」銖。

問「渾然不待勉强而自中乎當然之節」。曰：事事有箇恰好處。因言滎陽王哀樂過人，以其哀時直是哀，纔過而樂，亦直是樂。情性之變如此之易，「不恒其德」故也。燾。

問：未發之中，寂然不動，如何見得是中？曰：已發之中，即時中也，中節之謂也，却易見，未發更如何分别？某舊有一説，謂已發之中，是已施去者，未發是方來不窮者，意思大故猛。要之，却是伊川説「未發是在中之義」最好。大雅。

問：伊川言：「未發之中，是言在中之義。」❶如何？曰：是言在裏面底道理，非以「在中」釋「中」字。問：伊川又云：「只喜怒哀樂不發，便是。」如何説「不發」？曰：是言不曾發時。德明。

伊川言：「『喜怒哀樂之未發謂之中』，中也者，言『寂然不動』者也，故曰『天下之大本』。」喜怒哀樂未發，無所偏倚，此之謂中。中，性也。「寂然不動」，言其體則然也。大本，則以其無不該偏，❷而萬事萬物之理莫不由是出焉。「『發而皆中節謂之和』，和也者，言『感而遂通』者也，故曰『天下之達道』。」喜怒哀樂之發，無所乖戾，此

❶「言」，原脱，今據朝鮮本補。
❷「偏」，萬曆本作「徧」。

之謂和。和，情也。「感而遂通」，言其事則然也。達道，則以其自然流行，而理之由是而出者，無不通焉。先生後來説達道意不如此。○端蒙。

喜怒哀樂未發，程子「敬而無失」之説甚好。閎祖。

「喜怒哀樂未發謂之中」，程子云：「敬不可謂之中，敬而無失即所以中也。」未説到義理涵養處。大抵未發已發，只是一項工夫，未發固要存養，已發亦要審察。遇事時，時復提起，不可自怠生放過底心，無時不存養，無事不省察。人傑。

因論吕與叔説「中」字，大本差了，曰：他底固不是，自家亦要見得他不是處。文蔚曰：喜怒哀樂未發之中，乃在中之義。他引《虞書》「允執厥中」之「中」，是不知「無過不及之中」與「在中」之義本自不同，又以爲「赤子之心」，又以爲「心爲甚」，不知中乃喜怒哀樂未發而赤子之心已發。「心爲甚」，孟子蓋謂心欲審輕重，度長短，甚於權度。他便謂凡言心者，便能度輕重長短，權度有所不及，尤非孟子之意，即此便是差了。曰：如今點檢他過處都是，自家却自要識中。文蔚曰：伊川云「涵養於喜怒哀樂未發之前，則發自中節矣」，今學者能戒謹恐懼於不睹不聞之中，而謹獨於隱微之際，則中可得矣。曰：固是如此，亦要識得。且如今在此坐，卓然端正，不側東，不側西，便是中底氣象。然人説中，亦只是大綱如此説，比之大段不中者，亦可謂之中，非能極其中。如人射箭，期於中紅心，射在貼上亦可謂中，終不若他射中紅心者。至如和，亦有大綱喚做和者，比之大段乖戾者，謂之和則可，非能極其和。且如喜怒，合喜三分，自家喜了四分；合怒三分，自家怒了四分，便非和矣。文蔚。

問：吕氏言「中則性也」，或謂此與「性即理也」語意似同，銖疑不然。先生曰：公意如何？銖曰：理者，萬事萬物之道理，性皆有之而無不具者也，故謂性即理則可。中者，又所以言此理之不偏倚，無過、不及者，故伊川只説「狀性之體段」。曰：「中」是虚字，「理」是實字，故中所以狀性之體段。銖曰：然則謂性中可乎？曰：此處定有脱誤，性中亦説得未盡。銖因言：《或問》中此等處尚多，略爲説破亦好。先生曰：如何解一一嚼飯與人喫。銖。

吕氏「未發之前，心體昭昭具在」，説得亦好。德明録云：伊川不破此説。○淳。

問：吕與叔云：「未發之前，心體昭昭具在，已發乃心之用。」南軒辨昭昭爲已發，恐太過否？曰：這辨得亦没意思。敬夫太聰明，看道理不子細。伊川所謂「凡言心者，皆指已發而言」，吕氏只是辨此一句。伊川後來又救前説曰：「凡言心者，皆指已發而言，此語固未當。心一也，有指體而言者，『寂然不動』是也，有指用而言者，『感而遂通』是也，惟觀其所見如何。」此語甚圓，無病。大抵聖賢之言多是略發箇萌芽，更在後人推究，演而伸，觸而長，然亦須得聖賢本意。不得其意，則從那處推得出來？

問：心本是箇動物，不審未發之前，全是寂然而静，還是静中有動意？曰：不是静中有動意。周子謂「静無而動有」。静不是無，以其未形而謂之無，非因動而後有，以其可見而謂之有耳。横渠「心統性、情」之説甚善，性是静，情是動，心則兼動静而言，或指體，或指用，隨人所看。方其静時，動之理只在。伊川謂「當中時，耳無聞，目無見，然見聞之理在，始得。及動時，又只是這静底」。淳舉伊川「以動之端爲天地之心」，曰：動亦不是天地之心，只是見天地之心。如十月豈得無天地之心？天地之心流行只自若。「元亨利貞」，元是萌芽初出時，亨是長枝葉時，利是成遂時，貞是結實歸宿處。下梢若無這歸宿處，便也無這元了。惟有這歸宿處，元又從此起，元了又貞，貞了又元，萬古只如此，循環無窮，所謂「維天之命，於穆不已」，説已盡了。十月萬物收斂，寂無蹤跡，到一陽動處，生物之心始可見。曰：一陽之復，在人言之，只是善端萌處否？曰：以善言之，是善端方萌處；以惡言之，❶昏迷中有悔悟向善意，便是復。如睡到忽然醒覺處，亦是復底氣象。又如人之沉滯，道不得行，到極處，忽少亨達，雖未大行，已有可行之兆，亦是復。這道理千變萬化，隨所在無不渾淪。淳。

先生問銖曰：伊川説「善觀者，却於已發之時觀之」。尋常看得此語如何？銖曰：此語有病。若只於已發處觀之，恐無未發時存養工夫。先生曰：楊、吕諸公説求之於喜怒哀樂未發之時，伊川又説於已發處觀，如此則是全無未發時放下底。今且四平着地放下，要得平帖，湛然無一豪思慮。及至事物來時，隨宜應接，當喜則喜，當怒則怒，當哀樂則哀樂。喜怒哀樂過了，此心湛然者，還似未發時一般，❷方是兩下工夫。若只於已發處觀，則是已發了，又去

❶「惡」，萬曆本作「德」。
❷「似」，萬曆本作「與」。

尋已發，❶展轉多了一層，却是反鑑。看來此語只説得聖人之止，如君止於仁，臣止於敬，是就事物上説理，却不曾説得未發時心，後來伊川亦自以爲未當。銖曰：此須是動静兩下用工，而主静爲本。静而存養，方始動而精明。曰：只爲諸公不曾説得静中未發工夫，如胡氏兄弟説得已發事太猛了。銖曰：先生中和舊説，已發其義。先生因言當時所見次第云云。銖。

龜山説「喜怒哀樂未發」，似求中於喜怒哀樂未發之前。方。

𠷣以所論湖南問答呈先生，先生曰：已發未發，不必太泥。只是既涵養，又省察，無時不涵養、省察。若戒懼不睹不聞，便是通貫動静，只此便是功夫。至於謹獨，又是或恐私意有萌處，又加緊切。若謂已發了，更不須省察，則亦不可。如曾子三省，亦是已發後省察。今湖南諸説，却是未發時安排如何涵養，已發時旋安排如何省察。必大録云：存養省察，是通貫乎已發未發功夫。未發時固要存養，已發時亦要存養。未發時固要省察，已發時亦要省察。只是要無時不做功夫。若謂已發後不當省察，不成便都不照管他。胡季隨謂譬如射者失傳弦上，❷始欲求中，❸則其不中也必矣。某謂「内志正，外體直」，覷梁取親所以可中，豈有便閉目放箭之理。○𠷣。

再論湖南問答，曰：未發已發，只是一件功夫，無時不涵養，無時不省察耳。謂如水長長地流，到高處又略起伏則箇。如恐懼戒謹是長長地做，到謹獨是又提起一起。如水然，只是要不輟地做。又如騎馬，自家

❶「尋」，萬曆本無。
❷「失」，四庫本作「矢」。
❸「始」，萬曆本作「放」，則當屬上。

常常提掇，及至遇險處，便加些提控。不成謂是大路，便更都不管他，任他自去之理？正淳曰：未發時當以理義涵養。曰：未發時著理義不得，纔知有理有義，便是已發。當此時，有理義之原，未有理義條件。只一箇主宰嚴肅，便有涵養功夫。伊川曰「敬而無失便是，然不可謂之中。但敬而無失，即所以中也」。正淳又曰：平日無涵養者，臨事必不能强勉省察。曰：有涵養者固要省察，不曾涵養者亦當省察。不可道我無涵養功夫後，於已發處更不管他。若於發處能點檢，亦可知得是與不是。今言涵養，則曰不先知理義底，涵養不得；言省察，則曰無涵養，省察不得。二者相捱，❶却成擔閣。又曰：如涵養熟者，固是自然中節，便做聖賢，於發處亦須審其是非而行。涵養不熟底，雖未必能中節，亦須直要中節可也。要知二者可以交相助，不可交相待。㽦。

論「中」：○五峰與曾書。○吕書。○朱《中庸説》。○《易傳》説「感物而動」，不可無「動」字，自是有動有静。據伊川言：中者，寂然不動。已分明。○未發意，亦與戒慎恐懼相連，然似更提起自言。此大本雖庸聖皆同，但庸則憒憒，聖則湛然。某初言此者，亦未嘗雜人欲而説庸也。○如説性之用是情，心即是貫動静，却不可言性之用。○「在中」，只言喜怒哀樂未發是在中。如言一箇理之本，後方就時上事上説過與不及之中。吕當初便説「在中」爲此「時中」，所以異也。方。

「在中」之義，大本在此，此言包得也。至如説「亭亭當當，直上直下」，亦有不偏倚氣

❶「捱」，原作「睚」，今據萬曆本改。

象。方。

問：《中庸或問》曰：「若未發時，純一無僞，又不足以名之。」此是無形影，不可見否？曰：未發時，僞不僞皆不可見。不特赤子如此，大人亦如此。淳曰：只是大人有主宰，赤子則未有主宰。曰：然。淳。

問：《中庸或問》説「未發時耳目當益精明而不可亂」，❶如平常著衣喫飯是已發，是未發？曰：只心有所主著，便是發。如著衣喫飯，亦有些事了，只有所思量要恁地，便是已發。淳。○義剛同。

問：《或問》中「《坤卦》純陰不爲無陽」之説，如何？曰：雖十月爲坤，十一月爲復，然自小雪後，其下面一畫，便有三十分之一分陽生，至冬至方足得一爻成爾。故十月謂之「陽月」，蓋嫌於無陽也。自姤至坤亦然。曰：然則陽必竟有盡時矣。❷曰：剥盡於上，則復生於下，其間不容息也。廣。

問「喜怒哀樂未發謂之中」。曰：喜怒哀樂如東西南北，不倚於一方，只是在中間。又問「和」。曰：只是合當喜，合當怒。如這事合喜五分，自家喜七八分，便是過其節；喜三四分，便是不及其節。又問：「達」字舊作「感而遂通」字看，而今見得是古今共由意思。曰：也是通底意思。如喜怒不中節，便行不得了。而今喜，天下以爲合當喜；怒，天下以爲合當怒。只是這箇道理，便是通達意。「大本」、「達道」，而今不必説得張皇，只將動静看。静時這箇便在這裏，動時便無不是那底。在人工夫却在「致中

❶「益」，萬曆本作「亦」。

❷「必」，萬曆本作「畢」。

和」上。又問「致」字。曰：而今略略地中和，也喚做中和。「致」字是要得十分中、十分和。又問：看見工夫先須致中？曰：這箇也大段着脚手不得。若大段着脚手，便是已發了。子思説「戒懼不睹，恐懼不聞」，已自是多了，但不得不恁地説，要人會得。只是略略地約住在這裏。又問：發雖中節，❶亦是倚於一偏否？曰：固是。因説：周子云：「中也者，和也，天下之達道也。」別人也不敢恁地説。「君子而時中」，便是恁地看。夔孫。○以下「致中和」。

「致中和」，須兼表裏而言。致中，欲其無少偏倚，而又能守之不失；致和，則欲其無少差繆，而又能無適不然。銖。

「致中和」。所謂致和者，謂凡事皆欲中節。若致中工夫，如何便到？其始也不能一一常在十字上立地，須有偏過四旁時。但久久純熟，自別。孟子所謂「存心」、「養性」、「收其放心」、「操則存」，此等處乃致中也。至於充廣其仁義之心等處，乃致和也。人傑。

周樸、純仁問「致中和」字。曰：「致」字是只管挨排去之義。且如此煖閣，人皆以火爐爲中，亦是須要去火爐中尋箇至中處，方是的當。又如射箭，纔上紅心，便道是中，亦未是。須是射中紅心之中，方是。如「致和」之「致」，亦同此義。「致」字工夫極精密也。自脩。

問：未發之中是渾淪底，發而中節是渾淪底散開。「致中和」注云：「致者，推而至其極。」「致中和」，想也別無用工夫處。只是上戒謹恐懼乎不睹不聞，與謹其獨，便

❶「雖」，萬曆本作「須」。

是致中和底工夫否？曰：「致中和」，只是無些子偏倚，無些子乖戾。若大段用倚靠，大段有乖戾底，固不是；若有些子倚靠，❶有些子乖戾，亦未爲是。須無些子倚靠，無些子乖戾，方是「致中和」。至。

存養是静工夫。静時是中，以其無過、不及，無所偏倚也。省察是動工夫，動時是和。才有思爲，便是動。發而中節無所乖戾，乃和也。其静時，思慮未萌，知覺不昧，乃《復》所謂「見天地之心」，静中之動也。其動時，發皆中節，止於其則，乃《艮》之「不獲其身，不見其人」，動中之静也。窮理讀書，皆是動中工夫。祖道。

問：中有二義：不偏不倚，在中之義也；無過、不及，隨時取中也。無所偏倚，則無所用力矣。如吕氏之所謂「執」，楊氏之所謂「驗」、所謂「體」，是皆欲致力於不偏不倚之時，故先生於《或問》中辨之最詳。然而經文所謂「致中和，則天地位焉，萬物育焉」，「致」之一字，豈全無所用其力耶？曰：致者，推至其極之謂。凡言「致」字，皆此意。如《大學》之「致知」、《論語》「學以致其道」是也。致其中，如射相似，有中貼者，有中垛者，有中紅心之邊暈者，皆是未致。須是到那中心，方始爲致。致和亦然，更無豪釐絲忽不盡，如何便不用力得？問：先生云：「自戒謹而約之，以至於至静之中，無所偏倚，而其守不失，則天地可位。」所謂「約」者，固異於吕、楊所謂「執」、所謂「驗」、所謂「體」矣，莫亦只是不放失之意否？曰：固是不放失，只是要存得。問：孟子所謂「存其心，養其性」，是此意否？曰：然。

❶「若」字，原脱，今據朝鮮本補。

伊川所謂「只平日涵養底便是」也。枅。○僩録云：問「致」字之義。曰：致者，推至其極之謂云云。

問：呂氏所謂「執」，楊氏所謂「驗」、所謂「體」，《或問》辨之已詳。延平却云「默坐澄心，以驗夫喜怒哀樂未發之時氣象爲如何」。「驗」字莫亦有呂、楊之失否？曰：它只是要於平日間知得這箇，又不是昏昏地都不管也。

或問：致中和，位天地，育萬物，與喜怒哀樂不相干，恐非實理流行處？曰：公何故如此看文字？世間何事不係在喜怒哀樂上？如人君喜一人而賞之，而千萬人勸；怒一人而罰之，而千萬人懼。以至哀矜鰥寡，樂育英材，這是萬物育不是？以至君臣、父子、夫婦、兄弟、朋友、長幼相處相接，無不是這箇。即這喜怒中節處，便是實理流行，更去那處尋實理流行？子蒙。

問：「致中和，天地位焉，萬物育焉。」只君君臣臣、父父子子之分定，便是天地位否？曰：有地不得其平，天不得其成時。問：如此，則須專就人主身上説，方有此功用？曰：規模自是如此。然人各隨一箇地位去做，不道人主致中和，士大夫便不致中和。學之爲王者事。問：向見南軒上殿文字，多是要扶持人主心術。曰：也要在下人心術是當，方可扶持得。問：今日士風如此，何時是太平？曰：即這身心，亦未見有太平之時。三公燮理陰陽，須是先有箇胸中始得。○德明。

「天地位，萬物育」，便是「裁成輔相」，「以左右民」底工夫。若不能「致中和」，則山崩川竭者有矣，天地安得而位？胎夭失所者有矣，萬物安得而育？升卿。

元思問：「致中和，天地位，萬物育」，此指在上者而言。孔子如何？曰：孔子已到此地位。可學。

問：「致中和，天地位，萬物育」，此以有位者言。如一介之士，如何得如此？曰：若致得一身中和，便充塞一身；致得一家中和，便充塞一家；若致得天下中和，便充塞天下。有此理，便有此事；有此事，便有此理。如「一日克己復禮，天下歸仁」，如何一日克己於家，便得天下以仁歸之？爲有此理故也。賜。

「致中和，天地位，萬物育」，便是形和氣和，則天地之和應。今人不肯恁地說，須要說入高妙處，不知這箇極高妙如何做得到這處。漢儒這幾句本未有病，只爲說得迫切了，他便說做某事即有此應，❶這便致得人不信處。佐。

問：「静時無一息之不中，則陰陽動静各止其所，而天地於此乎位矣。」言陰陽動静何也？曰：天高地下，萬物散殊，各有定所，此未有物相感也，和則交感而萬物育矣。問：未能致中和，則天地不得而位，只是日食星隕、地震山崩之類否？曰：天變見乎上，地變動乎下，便是天地不位。德明。

問：「善惡感通之理，亦及其力之所至而止耳。彼達而在上者既日有以病之，則夫灾異之變，又豈窮而在下者所能救也哉？」如此則前所謂「力」者是力分之「力」也。曰：然。又問：「但能致中和於一身，則天下雖亂，而吾身之天地萬物不害爲安泰。」且以孔子之事言之，如何是天地萬物安泰處？曰：在聖人之身，則天地萬物自然安泰。曰：此莫是以理言之否？曰：然。一家一國，莫不如是。廣。

❶「某」，萬曆本作「其」。

問：《或問》所謂「吾身之天地萬物」如何？曰：尊卑上下之大分，即吾身之天地也；應變曲折之萬端，即吾身之萬物也。銖。

朱子語類卷第六十三

中庸二❶

第二章

或問「君子之中庸也，君子而時中」。曰：「君子」只是説箇好人，「時中」只是説做得箇恰好底事。義剛。

問「時中」。曰：自古來聖賢講學，只是要尋討這箇物事。語訖，若有所思然。他日又問，先生曰：從來也只有六七箇聖人把得定。炎。

「君子而時中」，與《易傳》中所謂「中重於正，正者未必中」之意同。正者且是分别箇善惡，中則是恰好處。夔孫。

問：諸家所説「時中」之義，惟横渠説所以能時中者其説得之。「時中」之義甚大，須精義入神，始得。「觀其會通，以行其典禮」，此方真是義理也。行其典禮而不達會通，則有時而不中者矣。君子要「多識前言往行，以蓄其德」者，以其看前言往行熟，則自能見得時中。此是窮理致知功夫，惟如此，乃能「擇乎中庸」否？曰：此説亦是。《横渠行狀》述其言云：「吾學既得於心，則修其辭命；辭無差，然後斷事；斷事無失，吾乃沛然。精義入神者，豫而已矣。」他意謂須先説得分明，然後方行得分明。今人見得不明，故説得自儱侗，如何到行處分明？銖。

❶「二」，原無，今據體例補。

問：「有君子之德，而又能隨時以處中」，蓋君子而能擇善者。曰：有君子之德，而不能隨時以處中，則不免爲賢知之過。故有君子之德，而又能隨時以處中，方是到恰好處。又問：然則小人而猶知忌憚，還可似得愚不肖之不及否？曰：小人固是愚，所爲固是不肖，然畢竟大抵是不好了。其有忌憚、無忌憚，只爭箇大膽小膽耳。然他本領不好，猶知忌憚，則爲惡猶較得些。程先生曰：「語惡有淺深則可，謂之中庸則不可也。」以此知王肅本作「小人反中庸」爲是，所以程先生亦取其說。銖。

問：如何是「君子之德」與「小人之心」？曰：爲善者，君子之德；爲惡者，小人之心。君子而處不得中者有之，小人而不至於無忌憚者亦有之，惟其反中庸，則方是其無忌憚也。廣。

至之疑先生所解「有君子之德，又能隨時以得中」。曰：當看「而」字，既是君子，又要時中；既是小人，又無忌憚。過。

以性情言之，謂之中和；以理義言之，❶謂之中庸：其實一也。以中對和而言，則中者體，和者用，此是指已發、未發而言。以中對庸而言，❷則又折轉來，庸是體，中是用。如伊川云「中者天下之正道，庸者天下之定理」是也。此「中」却是「時中」、「執中」之「中」，以中和對中庸而言，則中和又是體，中庸又是用。端蒙。

或問子思稱夫子爲仲尼。曰：古人未嘗諱其字。明道嘗云：「予年十四五，從周茂叔。」本朝先輩尚如此，伊川亦嘗呼明道

❶「理」，萬曆本作「禮」。
❷「中」，原作「言」，今據萬曆本改。

表德。如唐人尚不諱其名，杜甫詩云「白也詩無敵」，李白詩云「飯顆山頭逢杜甫」。卓。

近看《儀禮》，見古人祭祀皆稱其祖爲「伯某甫」，可以釋所疑子思不字仲尼之説。灝。

第四章

問「道之不明」、「不行」。曰：今人都説得差了。此正分明交互説，知者恃其見之高，而以道爲不足行，此道所以不行；賢者恃其行之過，而以道爲不足知，此道之所以不明。如舜之大知，則知之不過而道所以行；如回之賢，則行之不過而道所以明。舜聖矣，而好問好察邇言，則非知者之過；執兩端，用其中，則非愚者之不及。回賢矣，而能擇乎中庸，非賢者之過；服膺勿失，則非不肖者之不及。○銖。

問：知者如何却説「不行」？賢者如何却説「不明」？曰：知者緣他見得過高，便不肯行，故曰「不行」。賢者資質既好，便不去講學，故云「不明」。知如佛、老皆是，賢如一種天資好人皆是。炎。

子武問：「道之不行也」一章，這受病處只是知有不至，所以後面説「鮮能知味」。曰：這箇各有一般受病處。今若説「道之不明也，智者過之，愚者不及也；道之不行也，賢者過之，不肖者不及也」，恁地便説得順；今却恁地蹺説時，緣是智者過於明，他只去窮高極遠，後只要見得便了，都不理會行。如果老之屬，他便只是要見得。未見得時是恁地，及見得後也只恁地，都不去行。又有一般人却只要苦行，後都不去明。如了老之屬，❶他便只是説不要明，只要守

❶「了老」，萬曆本作「老子」。

得自家底便了，此道之所以不明也。義剛。

問：楊氏以極高明而不道中庸，爲賢知之過；道中庸而不及高明，❶爲愚不肖之不及。曰：賢者過之與知者過之，自是兩般。愚者之不及與不肖者之不及，又自是兩般。且先理會此四項，令有着落，又與極高明、道中庸之義全不相關。况道中庸最難，若能道中庸，即非不及也。必大。

第六章

舜固是聰明睿知，然又能「好問而好察邇言，樂取諸人以爲善」，併合將來，所以謂之大知。若只據一己所有，便有窮盡。廣。○賀孫同。

問「隱惡而揚善」。曰：其言之善者播揚之，不善者隱而不宣，則善者愈樂告以善，而不善者亦無所愧而不復言也。若其言不善，我又揚之於人，説他底不是，則其人愧耻，不復敢以言來告矣。此其求善之心廣大如此，人安得不盡以其言來告？而吾亦安有不盡聞之言乎？蓋舜本自知，能合天下之知爲一人之知，而不自用其知，此其知之所以愈大。若愚者既愚矣，又不能求人之知而自任其愚，此其所以愈愚。惟其知也，所以能因其知以求人之知而知愈大；惟其愚也，故自用其愚，而不復求人之知而愈愚也。僩。

「執其兩端」之「執」，如俗語謂把其兩頭。節。

「執其兩端」，是揩轉來取中。節。○愚按：定説在後。

❶「及」，萬曆本作「極」。

或問「執其兩端而用其中」。曰：如天下事，一箇人說東，一箇說西。自家便把東西來斟酌，看中在那裏。燾。

兩端如厚薄輕重。「執其兩端，用其中於民」，非謂只於二者之間取中。當厚而厚，即厚上是中；當薄而薄，即薄上是中。輕重亦然。閎祖。

兩端不專是中間。如輕重，或輕處是中，或重處是中。炎。

兩端未是不中。且如賞一人，或謂當重，或謂當輕，於此執此兩端，而求其恰好道理而用之。若以兩端爲不中，則是無商量了，何用更說「執兩端」。義剛。

問：「執兩端而量度以取中」，當厚則厚，當薄則薄，爲中否？曰：舊見欽夫亦要恁地說，某謂此句只是將兩端來量度取一箇恰好處。如此人合與之百錢，若與之二百錢則過厚，❶與之五十則少，只是百錢便恰好。若當厚則厚，自有恰好處，上面更過厚則不中。而今這裏便說當厚則厚爲中，却是躐等之語。或問：伊川曰：「執，謂執持使不得行。」如何？某說此「執」字只是把此兩端來量度取中。曰：此「執」字只是把來量度。至。

問「注云『兩端是衆論不同之極致』」。曰：兩端是兩端盡處。如要賞一人，或言萬金，或言千金，或言百金，或言十金。自家須從十金審量至萬金，酌中看當賞他幾金。賜。

才卿問：「兩端，謂衆論不同之極致。」且如衆論有十分厚者，有十分薄者，❷取極

❶「厚」字，原脫，今據朝鮮本補。

❷「十」，原作「一」，今據朝鮮本改。

厚極薄之二説而中折之，則此爲中矣。曰：不然，此乃「子莫執中」也，安得謂之中？兩端只是箇「起止」二字，猶云起這頭至那頭也。自極厚以至極薄，自極大以至極小，自極重以至極輕，於此厚薄、大小、輕重之中擇其説之是者而用之，是乃所謂中也。若但以極厚極薄爲兩端，而中折其中間以爲中，則其中間如何見得便是中？蓋或極厚者説得是，則用極厚之説；極薄之説是，則用極薄之説；厚薄之中者説得是，則用厚薄之中者之説。至於輕重、大小，莫不皆然。蓋惟其説之是者用之，不是棄其兩頭不用，而但取兩頭之中者以用之也。且如人有功當賞，或説合賞萬金，或説合賞千金，或有説合賞百金，或又有説合賞十金。萬金者，其至厚也；十金，其至薄也。則把其兩頭自至厚以至至薄，而精權其輕重之中。若合賞萬金便賞萬金，合賞十金也只得賞十金，合賞千金便賞千金，合賞百金便賞百金。不是棄萬金、十金至厚至薄之説，而折取其中以賞之也。若但欲去其兩頭，而只取中間，則或這頭重、那頭輕，這頭偏多、那頭偏少，是乃所謂不中矣，安得謂之中。才卿云：《或問》中却説「當衆論不同之際，未知其孰爲過，孰爲不及，而孰爲中也。❶故必兼總衆説，以執其不同之極處而半折之，然後可以見夫上一端之爲過，下一端之爲不及，而兩者之間之爲中」。如先生今説，則《或問》「半折」之説亦當改。曰：便是某之説未精，以此見作文字難。只意中見得了了，及至筆下依舊不分明。只差些子，便意思都錯了。合改云「故必兼總

❶「孰」字，原脱，今據朝鮮本補。

衆說，以執其不同之極處而審度之，然後可以識夫中之所在，而上一端之爲過，下一端之爲不及。云云。」如此，語方無病。或曰：孔子所謂「我叩其兩端」，與此同否？曰：然。竭其兩端，是自精至粗，自大至小，自上至下，都與它說無一豪之不盡。舜之「執兩端」是取之於人者，自精至粗，自大至小，總括包盡，無一善之或遺。僩。〇一作：才卿問：《或問》以程子執把兩端，使民不行爲非。而先生所謂「半折之」，❶上一端爲過，下一端爲不及，而兩者之間爲中，悉無以異於程說。曰：非是如此，隱惡揚善，惡底固不問了，就衆說善者之中，執其不同之極處以量度之。如一人云長八尺，一人云長九尺，又一人云長十尺，皆長也，又皆不同也。不可便以八尺爲不及，十尺爲過，而以九尺爲中也。蓋中處或在十尺上，或在八尺上，不可知。必就三者之說子細量度，看那說是。或三者之說皆不是，中自在七尺上，亦未可知。然後有以見夫上一端之爲過，下一端之爲不及，而二者之間爲中也。「半折」之說誠爲有病，合改云，云云。

「舜其大知」，知而不過，兼行說，「仁在其中矣」。❷回「擇乎中庸」，兼知說。「索隱行怪」不能擇，不知。「半塗而廢」不能執，不仁。「依乎中庸」，擇。「不見知而不悔」。執。

問：舜是生知，如何謂之「擇善」？曰：聖人也須擇，豈是全無所作爲，他做得更密。生知、安行者，只是不似他人勉强耳。堯稽于衆，舜取諸人，豈是信采行將去？某常見朋友好論聖賢等級，看來都不消得如此，聖人依舊是這道理。如千里馬也須使四脚行，駑駘也是使四脚行，不成說千里馬都不用動脚便到千里，只是它行得較快爾。又曰：聖人說話，都只就學知利

❶「謂」，原作「恐」，今據萬曆本改。
❷「矣」字，原爲空格，今據萬曆本補。

行上說。賜。○夔孫録云：問：「舜大知」章是行底意多，「回擇中」章是知底意多？曰：是。又問：「擇」字舜分上莫使不得否？曰：好問好察，執其兩端，豈不是擇？嘗見諸友好論聖賢等級，這都不消得，它依舊是這道理。且如說聖人生知、安行，只是行得較容易，如千里馬云云，只是他行得較快爾，而今且學他如何動脚。

第八章

問：顏子擇中與舜用中如何？曰：舜本領大，不大故著力。夔孫。

正淳問：呂氏云：「顏子求見聖人之止。」《或問》以爲文義未安。人傑録云：若曰「求得聖人之中道」如何？曰：此語亦無大利害。但橫渠錯認「未見其止」爲聖人極至之地位耳。作「中道」亦得，或只作「極」字亦佳。僩。

呂氏說顏子云：「隨其所至，盡其所得，據而守之，則拳拳服膺而不敢失；勉而進之，則既竭吾才而不敢緩。此所以恍惚前後而不可爲像，求見聖人之止，欲罷而不能也。」此處甚縝密，無些滲漏。淳。

第九章

「中庸不可能」章是「賢者過之」之事，但只就其氣禀所長處着力做去，而不知擇乎中庸也。銖。

問：「天下國家可均」，此三者莫是智仁勇之事否？曰：它雖不曾分，看來也是智仁勇之事，只是不合中庸。若合中庸，便盡得智仁勇。且如顏子瞻前忽後，亦是未到中庸處。問：卓立處是中庸否？曰：此方是見到，從之處方是行。又如「知命」、「耳順」，方是見得盡；「從心所欲」，方是行得盡。賜。

公晦問：「天下國家可均也，爵禄可辭也，白刃可蹈也」，謂資質之近於智而力能勉者，皆足以能之。若中庸，則四邊都無所倚着，浄浄潔潔，不容分豪力。曰：中庸便是三者之間，非是别有箇道理。只於三者做得那恰好處，便是中庸。不然，只可謂之三事。賀孫。

徐孟寶問「中庸如何是不可能」。曰：只是説中庸之難行也。急些子便是過，慢些子便不及。且如天下國家雖難均，捨得便均得；今按：「捨」字恐誤。爵禄雖難辭，捨得便辭得；蹈白刃亦然。只有中庸却使如此不得，❶所以難也。徐曰：如此也無難。只心無一點私，則事事物物上各有箇自然道理，便是中庸。以此公心應之，合道理順人情處便是，恐亦無難。曰：若如此時，聖人却不必言致知、格物。格物者，便是要窮盡物理到箇是處，此箇道理至難。楊子雲説得是，「窮之益遠，測之益深」，分明是。徐又曰：只以至公之心爲大本，却將平日學問積累，便是格物。如此不輟，終須自有到處。曰：這箇如何當得大本？若使如此容易，天下聖賢煞多。只公心不爲不善，此只做得箇稍稍賢於人之人而已。聖賢事業，大有事在。須是要得此至公之心有歸宿之地，事至物來，應之不錯方是。徐又曰：「爲人君，止於仁；爲人臣，止於敬；爲人子，止於孝」，至如「止於慈」、「止於信」，但只言「止」，便是心止宿之地，此又皆是人當爲之事，又如何會錯？曰：此處便是錯。要知所以仁、所以敬、所以孝、所以慈、所以信，仁

❶「使」，萬曆本作「便」。

少差便失於姑息，敬少差便失於沽激。豪釐之失，繆以千里，如何不是錯？大雅。

第十章

忍耐得，便是「南方之强」。僩。

問：「南方之强，君子居之」，此「君子」字稍稍輕否？曰：然。僩。

問：南、北方之强是以風土言？「君子」、「强者居之」是以氣質言？「和而不流」以下是學問做出來？曰：是。夔孫。

風俗易變，惟是通衢所在，蓋有四方人雜往來於中，自然易得變遷。若僻在一隅，則只見得這一窟風俗如此，最難變。如西北之强勁正如此。時因論「南方之强」而言此。○義剛。

問：「寬柔以教，不報無道」，恐是風氣資稟所致。以比「北方之强」，是所謂不及乎强者，未得爲理義之强，何爲「君子居之」？曰：雖未是理義之强，然近理也。人能「寬柔以教，不報無道」，亦是箇好人，故爲君子之事。又問：「和而不流」、「中立而不倚」、「國有道，不變未達之所守」、「國無道，至死不變」，此四者，勇之事。必如此乃能擇中庸而守之否？曰：非也。此乃能擇後工夫，大知之人無俟乎守，只是安行；賢者能擇能守，無俟乎强勇。至此樣資質人，則能擇能守後，須用如此自勝，方能徹頭徹尾不失。又問：以舜聰明睿智，由仁義行，何待「好問，好察邇言，隱惡揚善」，又須執兩端而量度以取中？曰：此所以爲舜之大知也。以舜之聰明睿智如此，似不用着力，乃能下問，至察邇言，又必執兩端以用中，非大知而何？蓋雖聖人，亦合用如此也。銖。

「和而不流，中立而不倚。」如和，便有流。若是中，便自不倚，何必更説不倚？後思之，中而不硬健，便難獨立，解倒了。若中而獨立，不有所倚，尤見硬健處。本録云：柔弱底中立，則必欹倚。若能中立而不倚，方見硬健處。○義剛。

中立久而終不倚，所以爲强。閎祖。

「中立而不倚」，凡或勇或辨，或聲色貨利，執着一邊便是倚着。立到中間，久久而不偏倚，非强者不能。震。

或問「中立而不倚」。曰：當中而立，自是不倚。然人多有所倚靠，如倚於勇，倚於智，皆是偏倚處。若中道而立，無所偏倚，把捉不住，久後畢竟又靠取一偏處。此所以要强矯工夫，硬在中立無所倚也。謙。

問「中立而不倚」。曰：凡人中立而無所依，則必至於倚着，不東則西。惟强壯有力者乃能中立，不待所依，而自無所倚。如有病底人，氣弱不能自持。它若中立，必有一物憑依，乃能不倚。不然，則傾倒而偃仆矣。此正説强處。强之爲言，力有以勝人之謂也。銖。

「强哉矯」，贊歎之辭，古注：「矯，强貌。」人傑。

「强哉矯」，矯，强貌，非矯揉之「矯」，詞不如此。

問「國有道，不變塞焉。國無道，至死不變」。曰：國有道，則有達之理，故不變其未達之所守。若國無道，則有不幸而死之理，故不變其平生之所守。不變其未達之所守易，不變其平生之所守難。僩。

塞，未達。未達時要行其所學，既達了

却變其所學，當不變未達之所守可也。泳。

第十一章

問：漢《藝文志》引《中庸》云「索隱行怪，後世有述焉」，「素隱」作「索隱」，似亦有理，鉤索隱僻之義。素、索二字相近，恐誤作「素」，不可知。曰：「素隱」從來解不分曉，作「索隱」讀亦有理。索隱是「知者過之」，行怪是「賢者過之」。德明。

問：「索隱」，《集注》云：「深求隱僻之理。」如漢儒灾異之類，是否？曰：漢儒灾異猶自有説得是處；如戰國鄒衍推五德之事、後漢讖緯之書，便是隱僻。賜。

「素隱行怪」不能擇，「半塗而廢」不能執。「依乎中庸」，能擇也；「不見知而不悔」，能執也。閎祖。

問：「遵道而行，半塗而廢」，何以爲「知及之而仁不能守」？曰：只爲他知處不曾親切，故守得不曾安穩，所以半塗而廢。若大知之人，一下知了，千了萬當。所謂「吾弗能已」者，只是見到了自住不得耳。又曰：「依乎中庸，遯世不見知而不悔。」此兩句結上文兩節意。「依乎中庸」，便是「吾弗爲」之意；「遯世不見知而不悔」，便是「吾弗能已」之意。銖。

第十二章

費，道之用也；隱，道之體也。用則理之見於日用，無不可見也；體則理之隱於其内，形而上者之事，固有非視聽之所及者。

問：或説形而下者爲費，形而上者爲

隱，如何？曰：形而下者甚廣，其形而上者實行乎其間，而無物不具，無處不有，故曰費。費，言其用之廣也。就其中其形而上者有非視聽所及，故曰隱。隱，言其體微妙也。銖。

費是形而下者，隱是形而上者。或曰：李丈謂費是事物之所以然，❶某以爲費指物而言，隱指物之理而言。曰：這箇也硬殺裝定説不得，須是意會可矣。以物與理對言之，是如此。只以理言之，是如此。看來費是道之用，隱是道之所以然而不可見處。燾。

問：形而上下與「費而隱」，如何？曰：形而上下者，就物上説；「費而隱」者，就道上説。人傑。

「君子之道費而隱。」和亦有費有隱，不當以中爲隱，以和爲費。「得其名」處雖是效，亦是費。「君子之道四」亦是費。節。

「費而隱」，只費之中理便是隱。費有極意、至意，自夫婦之愚不肖有所能知能行，以至於極處，聖人亦必有一兩事不能知不能行，如夫子問官名、學禮之類是也。若曰理有已上難曉者，則是聖人亦只曉得中間一截道理，此不然也。端蒙。

問：至極之地，❷聖人終於不知，終於不能，何也？不知是「過此以往未之或知」之理否？曰：至，盡也。論道而至於盡處，若有小小閑慢，亦不必知，不必能，亦可也。寓。

或問聖人「不知」、「不能」。曰：至者，

❶「李」，萬曆本作「季」。
❷「至」上，朝鮮本有「及其至也，聖人有所不知；及其至也，聖人有所不能」凡二十字。

非極至之至，蓋道無不包，若盡論之，聖人豈能纖悉盡知？伊川之説是。去僞。

聖人不能知、不能行者，非至妙處聖人不能知、不能行。天地間固有不緊要底事，聖人不能盡知。緊要底，則聖人能知之，能行之。若至妙處，聖人不能知、不能行，粗處却能之，非聖人，乃凡人也。故曰「天地之大也，人猶有所憾」。節。

「及其至也」，程門諸公都愛説玄妙，游氏便有「七聖皆迷」之説。設如把「至」作精妙説，則下文「語大語小」便如何分？諸公親得程子而師之，都差了。淳。

問：以孔子不得位，爲聖人所不能。切謂禄位名壽，此在天者，聖人如何能必得？曰：《中庸》明説「大德必得其位」。孔子有大德而不得其位，如何不是不能？又問：「君子之道四，丘未能一。」此是大倫大法所在，何故亦作聖人不能？先生曰：道無所不在，無窮無盡，聖人亦做不盡，天地亦做不盡。此是此章緊要意思。侯氏所引孔子之類，乃是且將孔子裝影出來，不必一一較量。銖。

問：「語小天下莫能破」，是極其小而言之。今以一髮之微，尚有可破而爲二者。所謂「莫能破」，則足見其小。注中謂「其小無内」，亦是説其至小無去處了。曰：然。至。

「莫能破」，只是至小無可下手處，破它不得。賜。

問「至大無外，至小無内」。曰：如云「天下莫能載」，是無外；「天下莫能破」，是無内。謂如物有至小，而尚可破作兩邊者，是中著得一物在。若云無内，則是至小更不容破了。燾。

問：「其大無外，其小無内」二句，是古語，是自做？曰：《楚詞》云：「其小無内，其大無垠。」至。

「鳶飛魚躍」，胡亂提起這兩件來説。人傑。

問：鳶有鳶之性，魚有魚之性，其飛其躍，天機自完，便是天理流行發見之妙處。故子思姑舉此一二，以明道之無所不在否？曰：是。淳。

問「鳶飛」、「魚躍」之説。曰：蓋是分明見得道體隨事發見處。❶ 察者，著也，非「察察」之「察」。去僞録作「非『審察』之『察』」。《詩》中之意，本不爲此，《中庸》只是借此兩句形容道體。《詩》云「遐不作人」，古注并諸家皆作「遠」字，甚無道理，《記》注訓「胡」字，最妙。謨。

鳶飛魚躍，道體隨處發見。謂道體發見者，猶是人見得如此，若鳶魚初不自知。察，只是著。天地明察，亦是著也。君子之道，造端乎夫婦之細微，及其至也，著乎天地。至，謂量之極至。去僞。

「鳶飛」、「魚躍」兩句，問曰：莫只是鳶飛魚躍，無非道體之所在？猶言動容周旋，無非至理；出入語默，無非妙道。「言其上下察也」，此一句只是解上面，如何？曰：固是。又曰：恰似禪家云「青青緑竹，莫匪真如；粲粲黄花，無非般若」之語。端蒙。

皆是費，如鳶飛亦是費，魚躍亦是費。而所以爲費者，試討箇費來看。又曰：鳶飛可見，魚躍可見，而所以飛，所以躍，果何物也？《中庸》言許多費而不言隱者，隱在

❶「事」，萬曆本作「時」。

費之中。節。

問「鳶飛魚躍」《集注》一段。曰：鳶飛魚躍，費也。必有一箇什麽物使得它如此，此便是隱。在人則動静語默，無非此理，只從這裏收一收，謂心。這箇便在。賜。

問「鳶飛」、「魚躍」如何與它「勿忘勿助長」之意同？曰：孟子言「勿忘勿助長」，本言得粗，程子却説得細，恐只是用其語句耳。如明道之説，却不曾下「勿」字，蓋謂都没耳。其曰「正當處」者，謂天理流行處，故謝氏亦以此論曾點事。其所謂「勿忘勿助長」者，亦非立此在四邊做防檢，不得犯着，蓋謂俱無此而皆天理之流行耳。欽夫《論語》中誤認其意，遂曰「不當忘也，不當助長也」。如此，則拘束得曾點更不得自在，却不快活也。必大。

「活潑潑地」，所謂「活」者，只是不滯於一隅。德明。

邰老問：「鳶飛戾天，魚躍于淵」，《詩》中與子思之言如何？曰：《詩》中只是興「周王壽考，遐不作人」，子思之意却是言這道理昭著，無乎不在，上面也是恁地，下面也是恁地。曰：程子却於「勿忘勿助長」處引此，何也？曰：此又是見得一箇意思活潑潑地。曰：程子又謂「會不得時，只是弄精神」，何也？曰：言實未會得，而揚眉瞬目，自以爲會也，「弄精神」亦本是禪語。端蒙。

子合以書問《中庸》「鳶飛」、「魚躍」處，明道云「會得時活潑潑地，不會得只是弄精神」。惟上蔡看破。先生引君臣、父子爲言，此吾儒之所以異於佛者，如何？曰鳶飛、魚躍，只是言其發見耳。釋氏亦言發見，但渠言發見却一切混亂。至吾儒須辨其定分，君臣、父子皆定分也。鳶必戾于天，魚必躍于淵。可學。

「鳶飛」、「魚躍」，某云：其飛其躍，必是氣使之然。曰：所以飛、所以躍者，理也。氣便載得許多理出來。若不就鳶飛魚躍上看，如何見得此理？問：程子云「若說鳶上面更有天在，說魚下面更有地在」，是如何？先生默然微誦曰：「天有四時，春秋冬夏，風雨霜露，無非教也。地載神氣，神氣風霆，風霆流形，庶物露生，無非教也。」便覺有悚動人處。炎。

「鳶飛」、「魚躍」，上文說天地萬物處，皆是。「洋洋乎發育萬物，峻極于天」也，道體無所不在也。又有無窮意思，又有道理平放在彼意思。上鳶下魚，見者皆道，應之者便是。明道答橫渠書意是「勿忘，勿助長」，即是私意，著分豪之力是也。○「弄精神」，是操切做作也，所以說「知此，則入堯、舜氣象」。○「不與天下事」，對時育物意思也。○理會「鳶飛」、「魚躍」，只上蔡語二段、明道語二段看。○上蔡言「與點」意，只是不矜負作爲也。五峰說妙處，只是「弄精神」意思。○「察」字亦作「明」字說。欽夫却只說飛、躍意，與上文不貫。○方。

問：先生舊說程先生論「子思喫緊爲人處，與『必有事焉，而勿正心』之意同，活潑潑地」，只是程先生借孟子此兩句形容天理流行之妙，初無凝滯倚着之意，今說却是將「必有事焉」作用功處說，如何？曰：必是如此，方能見得這道理流行無礙也。銖。

問《中庸》言「費而隱」。文蔚謂：中庸散於萬事，即所謂費。惟「誠」之一字足以貫之，即所謂隱。曰：不是如此。費中有隱，隱中有費，凡事皆然，非是指誠而言。

文蔚曰：如天道流行，化育萬物，其中無非實理。灑掃應對，酬酢萬變，莫非誠意寓於其間，是所謂「費而隱」也。曰：不然也。鳶飛魚躍，上下昭著，莫非至理。但人視之不見，聽之不聞，夯將出來不得，❶須是於此自有所見。因謂：明道言此，引孟子「必有事焉而勿正，心勿忘，勿助長」爲證，謝上蔡又添入夫子「與點」一事。且謂：「二人之言，各有著落。」文蔚曰：明道之意，只説天理自然流行，上蔡則形容曾點見道而樂底意思。先生默然。又曰：今且要理會「必有事焉」，將自見得。又曰：非是有事於此，却見得一箇物事在彼。只是「必有事焉」，便是本色。文蔚曰：於有事之際，其中有不能自已者，即此便是。曰：今且虛放在此，未須强説。如虛着一箇紅心時，復射一射，久後自中。子思説鳶飛魚躍，今人一等忘却，乃是不知它那飛與躍有事而正焉。又是送教它飛，❷捉教它躍，皆不可。又曰：如今人所言，皆是説費，隱元説不得。所謂「天有四時，春秋冬夏，風雨霜露，無非教也。地載神氣，神氣風霆，風霆流形，❸庶物露生，無非教也」。孔子謂「天何言哉？四時行焉，百物生焉」、「吾無行而不與二三子」是也。文蔚。

問：「必有事焉」在孟子論養氣，只是謂「集義」也。至程子以之説鳶飛魚躍之妙，乃是言此心之存耳。曰：孟子所謂「必有事焉」者，言養氣當用工夫，而所謂「工夫」則集義是也，非便以此句爲「集義」之訓

❶「夯」，萬曆本作「分」。
❷「送」，萬曆本作「迭」。
❸「形」，萬曆本作「行」。

也。至程子則借以言是心之存，而天理流行之妙耳，只此一句已足。然又恐人太以爲事得重，則天理反塞而不得行，故又以「勿正心」言之，然此等事易説得近禪去。廣云：所謂「易説得近禪」者，莫是如程子所謂「事則不無，擬心則差」之説否？曰：也是如此。廣云：若只以此一句説，則易得近禪。若以全章觀之，如「費而隱」與「造端乎夫婦」兩句，便自與禪不同矣。曰：須是事事物物上皆見得此道理，方是。他釋氏也説「佛事門中，不遺一法」，然又却只如此説，看他做事，却全不如此。廣云：舊來説，多以聖人天地之所不知、不能，及鳶飛魚躍爲道之隱，所以易入於禪。唯謝氏引夫子「與點」之事以明之，實爲精切。故程子謂：「『浴乎沂，風乎舞雩，詠而歸』，言樂而得其所也。蓋孔子之志在於『老者安之，朋友信之，少者懷之』，要使萬物各得其性。曾點知之，故孔子喟然歎曰『吾與點也』。」曰：曾點他於事事物物上真箇見得此道理，故隨所在而樂。廣云：若釋氏之説，鳶可以躍淵，魚可以戾天，則反更逆理矣。曰：是。他須要把道理來倒説，方是玄妙。廣云：到此已兩月，蒙先生教誨，不一而足。近來静坐時，收斂得心意稍定，讀書時亦覺頗有意味。但廣老矣，望先生痛加教誨。先生笑曰：某亦不敢不盡誠。如今許多道理，也只得恁地説。然所以不如古人者，只欠箇古人真見爾。且如曾子説忠恕，是他開眼便見得真箇可以一貫。忠爲體，恕爲用，萬事皆可以一貫。如今人須是對册子上安排對副，方始説得近似。少間不説，又都不見了，所以不濟事。正淳云：某雖不曾理會禪，然看得來，聖人之説皆是實理。故君君臣臣、父父子子、夫夫婦婦皆是實理流行。釋氏則所見偏，只管向上去，只是空理流行。曰：他雖是説空理，然真箇見得那空理流行。自家雖是説實理，然却只是説耳，初不曾真箇見得那實理流行也。釋氏空底，却做得實；自家實底，却做得空，緊要處只争這些子。如今伶俐者雖理會得文義，又却不曾真見；質樸者又和文義都理會不得。譬如撑船，着淺者既已着淺了，看如何撑，無緣撑得動。此須是去源頭决開，放得那水來，則船無大小，無不浮矣。韓退之説文章，亦説到此，故曰：「氣，水也。言，浮物也。水大，則物之小大皆浮。氣盛，則言之短長與聲之高下皆宜。」廣云：所謂「源頭工夫」，莫只是存養脩治底工夫否？曰：存養與窮理工夫皆要到。然存養中便有窮理工夫，窮理中便有存養工夫。窮理便是窮那存得底，存養便是養那窮得底。廣。

問：《語録》云：「『鳶飛戾天，魚躍于淵』，此與『必有事焉而勿正心』之意同。」《或問》中論此云：「程子離人而言，直以此形容天理自然流行之妙。上蔡所謂『察見天理，不用私意』，蓋小失程子之本意。」據上蔡是言學者用功處。「必有事焉而勿正心」之時，平鋪放着，無少私意，氣象正如此，所謂「魚川泳而鳥雲飛」也，不審是如此否？曰：此意固是，但它説「察」字不是也。德明。

楊氏解「鳶飛」、「魚躍」處云：「非體物者，孰能識之？」此是見處不透。如上蔡即云：「天下之至顯也。」而楊氏反微之矣。方。

問：《或問》中謂：「循其説而體驗之，

若有以使人神識飛揚，眩瞀迷惑，無所底止。」所謂「其説」者，莫是指楊先生「非體物不遺者，其孰能察之」之説否？曰：然。不知前輩讀書，如何也恁鹵莽？據「體物而不遺」一句，乃是論鬼神之德爲萬物之體幹耳，今乃以爲體察之體，其可耶？廣。

問：「上下察」是此理流行，上下昭著。下面「察乎天地」是察見天地之理，或是與上句「察」字同意？曰：與上句「察」字同意，言其昭著遍滿於天地之間。至。

問「上下察」與「察乎天地」兩箇「察」字同異。曰：只一般。此非觀察之「察」，乃昭著之意，如「文理密察」、「天地明察」之「察」，經中「察」字義多如此。廣。○閎祖録云：「事地察」、「天地明察」、「上下察」、「察乎天地」、「文理密察」，皆明著之意。

亞夫問：《中庸》言「造端乎夫婦」，何也？曰：夫婦者，人倫中之至親且密者。夫人所爲，蓋有不可告其父兄，而悉以告其妻子者。昔宇文泰遺蘇綽書曰：「吾平生所爲，蓋有妻子所不能知者，公盡知之。」然則男女居室豈非人之至親且密者歟？苟於是而不能行道，則面前如有物蔽焉，既不能見，且不能行也。所以孔子有言：「人而不爲《周南》、《召南》，其猶正牆面而立也歟？」壯祖。

「造端乎夫婦」，言至微至近處。「及其至也」，言極盡其量。端蒙。

或問：《中庸》説道之費隱，如是其大且妙，後面却只歸在「造端乎夫婦」上，此中庸之道所以異於佛、老之謂道也。曰：須更看所謂「優優大哉！禮儀三百，威儀三千」處。聖人之道，彌滿充塞，無少空闕處。

若於此有一豪之差，便於道體有虧欠也。若佛則只説道無不在，無適而非道，政使於禮儀有差錯處亦不妨，故它於此都理會不得。莊子却理會得，又不肯去做。如《天下篇》首一段皆是説孔子，恰似快刀利劍斫將去，更無些子窒礙，又且句句有着落。如所謂「《易》以道陰陽，《春秋》以道名分」，可煞説得好。雖然如此，又却不肯去做。然其才亦儘高，正所謂「知者過之」。曰：看得莊子比老子，倒無老子許多機械。曰：亦有之。但老子則猶自守箇規模子去做，到得莊子出來，將他那窠窟盡掀番了，故他自以爲一家。老子極勞攘，莊子較平易。廣。

公晦問「君子之道費而隱」云：許多章都是説費處，却不説隱處，莫所謂隱者只在費中否？曰：惟是不説，乃所以見得隱在其中。舊人多分畫將聖人不知、不能處做隱，覺得下面都説不去。且如「鳶飛戾天，魚躍于淵」，亦何嘗隱來？又問：此章前説得恁地廣大，末梢却説「造端乎夫婦」，乃是指其切實做去，此吾道所以異於禪佛？曰：又須看「經禮三百，威儀三千」。聖人説許多廣大處，都收拾做實處來。佛、老之學説向高處，便無工夫。聖人説箇本體如此，待做處事事着實，如禮樂刑政，文爲制度，觸處都是。緣他本體充滿周足，有些子不是，便虧了它底。佛是説做去便是道，道無不存，無適非道，有一二事錯也不妨。賀孫。

第十三章

問：「道不遠人，人之爲道而遠人，不可以爲道」，莫是一章之綱目否？曰：是如此。所以下面三節又只是解此三句。義剛。

「人之爲道而遠人」，如「爲仁由己」之「爲」。「不可以爲道」，如「克己復禮爲仁」之「爲」。閎祖。

「君子以人治人，改而止。」未改以前，却是失人道。既改，則便是復得人道了，更何用治它？如水本東流，失其道而西流，從西邊遮障得，歸來東邊便了。夔孫。

問：「君子以人治人，改而止。」其人有過，既改之後，或爲善不已，或止而不進，皆在其人，非君子之所能預否？曰：非然也。能改即是善矣，更何待別求善也？天下只是一箇善惡，不善即惡，不惡即善。如何説既能改其惡，更用別討箇善？只改底便是善了。這須看他上文，它緊要處全在「道不遠人」一句。言人人有此道，只是人自遠其道，非道遠人也。人人本自有許多道理，只是不曾依得這道理，却做從不是道理處去。今欲治之，不是別討箇道理治他，只是將他元自有底道理還以治其人。如人之孝，他本有此孝，它却不曾行得這孝，却亂行從不孝處去。君子治之，非是別討箇孝去治它，只是與他説：「你這箇不是。你本有此孝，却如何錯行從不孝處去？」其人能改，即是孝矣。不是將他人底道理去治他，又不是分我底道理與他。他本有此道理，我但因其自有者還以治之而已。及我自治其身，亦不是將它人底道理來治我，亦只是將我自思量得底道理自治我之身而已，所以説「執柯伐柯，其則不遠」。「執柯以伐柯」，不用更別去討法則，只那手中所執者便是則。然「執柯以伐柯，睨而視之，猶以爲遠」。若此箇道理，人人具有，纔要做底便是，初無彼此之別。放去收回，只在這些子，何用別處討。故《中庸》一書初間便説「天命之謂性，率性之謂道」。此是如何，只是説人人各具此箇道理，無有不足故耳。它從上頭説下來，只是此意。又曰：「所求乎子，以事父未能也。」每常人責子，必欲其孝於我，然不知我之所以事父者果孝否？以我責子之心，而反推己之所以事父，此便是則也。「所求乎臣，以事君未能也。」常人責臣，必欲其忠於我，然不知我之事君者盡忠否。以我責臣之心，而反求之於我，則其則在此矣。又曰：「所求乎子，以事父未能也。」須要如舜之事父，方盡得子之道。若有一豪不盡，便是道理有所欠闕，便非子之道矣。「所求乎臣，以事君未能也。」須要如舜、周公之事君。若有一豪不盡，便非臣之道矣。無不是如此，只緣道理當然，自是住不得。僩。

問「以衆人望人則易從」。曰：道者，衆人之道，衆人所能知能行者。今人自做未得衆人耳。此「衆人」不是説不好底人。○銖。

問：「以衆人望人則易從」，此語如何？曰：此語似亦未穩。時舉。

蜚卿問：忠恕即道也，而曰「違道不遠」，何耶？曰：道是自然底，人能忠恕，則去道不遠。道夫。

「施諸己而不願，亦勿施於人」，此與「己所不欲，勿施於人」一般，未是自然。所以「違道不遠」，正是學者事。「我不欲人之加諸我也，吾亦欲無加諸人」，此是成德事。

凡人責人處急，責己處緩；愛己則急，愛人則緩。若拽轉頭來，便自道理流行。因問：「施諸己而不願，亦勿施諸人」，此只是恕，何故子思將作忠恕説？曰：忠、恕兩箇離不得，方忠時未見得恕，及至恕時，忠行乎其間。「施諸己而不願，亦勿施諸人」，非忠者不能也，故曰「無忠，做恕不出來」。銖。

第十四章

「行險僥倖」，本是連上文「不願乎其外」説，言强生意智，取所不當得。僩。

第十六章

問：鬼神之德如何？曰：自是如此。此言鬼神實然之理，猶言人之德。不可道人自爲一物，其德自爲德。力行。

有是實理，而後有是物，鬼神之德所以爲物之體而不可遺也。升卿。

問：「體物而不可遺」，是有此物便有鬼神，凡天下萬物萬事皆不能外夫鬼神否？曰：不是有此物時便有此鬼神，説倒了。乃是有這鬼神了，方有此物。及至有此物了，又不能違夫鬼神也。「體物而不可遺」，用拽轉看。將鬼神做主，將物做賓，方看得出是鬼神去體那物，鬼神却是主也。僩。

誠者，實有之理。「體物」，言以物爲體。有是物，則有是誠。端蒙。

鬼神主乎氣而言，只是形而下者。但對物而言，則鬼神主乎氣，爲物之體；物主乎形，待氣而生。蓋鬼神是氣之精英，所謂「誠之不可掩」者。誠，實也。言鬼神是實有者，屈是實屈，伸是實伸。屈伸合散，無非實者，故其發見昭昭不可掩如此。銖。

問：鬼神，上言二氣，下言祭祀，是如何？曰：此「體物不可遺」也。「體物」是與物爲體。炎。

林一之問：萬物皆有鬼神，何故只於祭祀言之？曰：以人具是理，故於人言。又問：體物何以引「幹事」？曰：體幹是主宰。按：「體物」是與物爲體，「幹事」是與事爲幹，皆倒文。可學。

精氣就物而言，魂魄就人而言，鬼神離乎人而言。不曰屈伸往來，陰陽合散，而曰鬼神，則鬼神蓋與天地通，所以爲萬物之體，而物之終始不能遺也。銖。

或問：鬼神「體物而不可遺」，只是就陰陽上説。末後又却以祭祀言之，是如何？曰：此是就其親切著見者言之也。若不如此説，則人必將風雷山澤做一般鬼神看，將廟中祭享者又做一般鬼神看。故即其親切著見者言之，欲人會之爲一也。廣。

問：「鬼神之德其盛矣乎」，此止説噓吸聰明之鬼神，末後却歸向「齊明盛服以承祭祀，洋洋乎如在其上」，是如何？曰：惟是齊戒祭祀之時，鬼神之理著。若是它人，亦是未曉得，❶它須道風雷山澤之鬼神是一般鬼神，廟中泥塑底又是一般鬼神，只道有兩樣鬼神。所以如此説起，又歸向親切明著處去，庶幾人知得不是二事也。漢卿問：鬼神之德，如何是良能、功用處？曰：論來只是陰陽屈伸之氣，只謂之陰陽亦可也。然必謂之鬼神者，以其良能、功用而言也。今又須從良能、功用上求見鬼神之德始得。前夜因漢卿説箇修養，人死時氣衝突，知得焄蒿之意親切；謂其氣襲人，知得悽愴之意分明。漢武李夫人祠云「其風肅

❶「是」下，朝鮮本有「卒」字。

然」，今鄉村有衆户還賽祭享，時或有肅然如陣風，俗呼爲「旋風」者，即此意也。因及修養，且言：萇弘死，藏其血於地，三年化爲碧，此亦是漢卿所説「虎威」之類。賀孫云：應人物之死，其魄降於地，皆如此。但或散或微，不似此等之精悍，所謂「伯有用物精多，則魂魄强」是也。曰：亦是此物禀得魄最盛。又如今醫者定魄藥多用虎睛，助魂藥多用龍骨。魄屬金，金西方，主肺與魄。虎是陰屬之最强者，故其魄最盛。魂屬木，木東方，主肝與魂。龍是陽屬之最盛者，故其魂最强。龍能駕雲飛騰，便是與氣合。虎嘯則風生，便是與魄合。雖是物之最强盛，然皆墮於一偏。惟人獨得其全，便無這般磊磈。因言：古時所傳安期生之徒，皆是有之。也是被他煉得氣清，皮膚之內，骨肉皆已融化爲氣，其氣又極其輕清，所以有「飛昇脱化」之説。然久之漸漸消磨，亦漸盡了。渡江以前，説甚呂洞濱、❶鍾離權，如今亦不見了。因言：鬼火皆是未散之物，如馬血，人戰鬬而死，被兵之地皆有之。某人夜行淮甸間，忽見明滅之火橫過來當路頭。其人頗勇，直衝過去，見其皆似人形，髣髴如廟社泥塑未裝飾者，亦未散之氣，不足畏。「宰我問鬼神」一章最精密，包括得盡，亦是當時弟子記録得好。賀孫。

問：《中庸》「鬼神」章首尾皆主二氣屈伸往來而言，而中間「洋洋如在其上」乃引「其氣發揚于上爲昭明，焄蒿悽愴」，此乃人物之死氣，似與前後意不合，何也？曰：死便是屈，感召得來，便是伸。問：「昭明」、「焄蒿悽愴」是人之死氣，此氣會消

❶「濱」，萬曆本作「賓」。

了？曰：是。問：伸底只是這既死之氣復來伸否？曰：這裏便難恁地說。這伸底又是別新生了。問：如何會別生？曰：祖宗氣只存在子孫身上，祭祀時只是這氣，便自然又伸。自家極其誠敬，肅然如在其上，是甚物？那得不是伸？此便是神之著也。所以古人燎以求諸陽，灌以求諸陰。謝氏謂「祖考精神，便是自家精神」，已說得是。淳。

問：「洋洋如在其上，如在其左右」，似亦是感格意思，是自然如此？曰：固是。然亦須自家有以感之，始得。上下章自恁地說，忽然中間插入一段鬼神在這裏，也是「鳶飛魚躍」底意思，所以末梢只說「微之顯，誠之不可揜也如此」。夔孫。

「微之顯，誠之不可揜如此夫」，皆實理也。僩。

問：鬼神是功用、良能？曰：但以一屈一伸看，一伸去便生許多物事，一屈來更無一物了，便是良能、功用。問：便是陰陽去來？曰：固是。問：在天地爲鬼神，在人爲魂魄否？曰：死則謂之魂魄，生則謂之精氣，天地公共底謂之鬼神，是恁地模樣。又問「體物而不可遺」。曰：只是這一箇氣。入毫釐絲忽裏去，也是這陰陽；包羅天地，也是這陰陽。問：是在虛實之間否？曰：都是實，無箇虛底。有是理，便有是氣；有是氣，便有是形，無非實者。又云：如夏月噓出固不見，冬月噓出則可見矣。問：何故如此？曰：春夏陽，秋冬陰，以陽氣散在陽氣之中，如以熱湯入放熱湯裏去，都不覺見。秋冬，則這氣如以熱湯攙放水裏去，便可見。又問：「使天下之人齊明盛服以承祭祀」，若有以使之？曰：只是這箇氣。所謂「昭明」、「焄蒿悽愴」者，便只是這氣。昭明是光景，焄蒿是蒸衮，悽愴是有一般感人，使人慘慄，如所謂「其風肅然」者。問：此章以《太極圖》言，是所謂「妙合而凝」也。曰：「立天之道，曰陰與陽；立地之道，曰柔與剛；立人之道，曰仁與義」，便是「體物而不可遺」。夔孫。○《章句》。

或問「鬼神者，造化之跡」。曰：風雨霜露，四時代謝。又問：此是迹，可得而見。又曰「視之不可得見，聽之不可得聞」，何也？曰：説道無，又有；説道有，又無。物之生成，非鬼神而何？然又去那裏見得鬼神？至於「洋洋乎如在其上」，是又有也。「其氣發揚于上爲昭明，焄蒿悽愴」，猶今時惡氣中人，使得人恐懼悽愴，此百物之精爽也。賀孫。

蕭增光問「鬼神造化之迹」。曰：如日月星辰風雷，皆造化之迹。天地之間，只是此一氣耳。來者爲神，往者爲鬼。譬如一身，生者爲神，死者爲鬼，皆一氣耳。雉。

「鬼神者，造化之迹。」造化之妙不可得而見，於其氣之往來屈伸者是以見之。微鬼神，則造化無迹矣。横渠「物之始生」一章尤説得分曉。端蒙。

「鬼神者，二氣之良能」，是説往來屈伸乃理之自然，非有安排布置，故曰「良能」也。端蒙。

伊川謂「鬼神者，造化之迹」，却不如横渠所謂「二氣之良能」。直卿問：如何？曰：程子之説固好，但在渾淪在這裏。張子之説分明便見有箇陰陽在。曰：如所謂「功用則謂之鬼神」，也與張子意同。曰：只爲他渾淪在那裏。閭丘曰：明則有禮樂，幽則有鬼神。曰：只這數句，便要理會。明便如何説禮樂？幽便如何説鬼神？須知樂便屬神，禮便屬鬼。它此語落著，主在鬼神。直卿曰：向讀《中庸》所謂「誠之不可揜」處，切疑謂鬼神爲陰陽屈伸，則是形而下者。若《中庸》之言，則是形而上者矣。曰：今且只就形而下者説來，但只是他皆是實理處發見。故未有此氣，便有此理；既有此理，必有此氣。道夫。

問：「鬼神者，造化之迹也。」此莫是造化不可見，唯於其氣之屈伸往來而見之，故曰迹？「鬼神者，二氣之良能。」此莫是言理之自然，不待安排？曰：只是如此。端蒙。

「鬼神者，造化之迹。」神者，伸也，以其伸也；鬼者，歸也，以其歸也。人自方生，而天地之氣只管增添在身上，漸漸大，漸漸長成，極至了，便漸漸衰耗，漸漸散。言鬼神，自有迹者而言之；言神，只言其妙而不可測識。賀孫。

以二氣言，則鬼者陰之靈也，神者陽之靈也。以一氣言，則至而伸者爲神，反而歸者爲鬼。一氣即陰陽運行之氣，至則皆至，去則皆去之謂也。二氣謂陰陽對峙，各有所屬。如氣之呼吸者爲魂，魂即神也，而屬乎陽；耳目鼻口之類爲魄，魄即鬼也，而屬乎陰。「精氣爲物」，精與氣合而生者也；「遊魂爲變」，則氣散而死，其魄降矣。謨。

「陽魂爲神，陰魄爲鬼。」「鬼，陰之靈；神，陽之靈。」此以二氣言也。然二氣之分，實一氣之運。故凡氣之來而方伸者爲神，氣之往而既屈者爲鬼。陽主伸，陰主屈，此以一氣言也。故以二氣言，則陰爲鬼，陽爲神。以一氣言，則方伸之氣，亦有伸有屈。

其方伸者，神之神；其既屈者，神之鬼。既屈之氣，亦有屈有伸。其既屈者，鬼之鬼；其來格者，鬼之神。天地人物皆然，不離此氣之往來屈伸合散而已，此所謂「可錯綜言」者也。因問：「精氣爲物」，陰精陽氣聚而成物，此總言神；「遊魂爲變」，魂遊魄降，散而成變，此總言鬼。疑亦錯綜而言？曰：然。此所謂「人者，鬼神之會也」。銖。

問：性情功效，固是有性情便有功效，有功效便有性情。然所謂性情者，莫便是張子所謂「二氣之良能」否？所謂功效者，莫便是程子所謂「天地之功用」否？曰：鬼神視之而不見，聽之而不聞，人須是於那良能與功用上認取其德。廣。

「視之而不見，聽之而不聞」是性情，「體物而不可遺」是功效。燾。

問：性情功效，性情乃鬼神之情狀，不審所謂功效者何謂？曰：能「使天下之人齊明盛服以承祭祀」，便是功效。問：魄守體，有所知否？曰：耳目聰明爲魄，安得謂無知？問：然則人之死也，魂升魄降，是兩處有知覺也？曰：孔子分明言「合鬼與神，教之至也」，當祭之時，求諸陽，又求諸陰，正爲此。況祭亦有報魄之說。德明。

問：「鬼神之爲德」，只是言氣與理否？曰：猶言性、情也。問：《章句》說「功效」如何？曰：鬼神會做得這般事。因言：鬼神有無，聖人未嘗決言之。如言「之死而致死之，不仁；之死而致生之，不知」，「於彼乎？於此乎」之類，與明道語上蔡「恐賢問某尋」之意同。問：五廟、七廟遞遷之制，恐是世代浸遠，精爽消亡，故廟有遞毀？曰：雖是如此，然祭者求諸陰，求諸陽，此氣依舊在。如噓吸之，則又來。若不如此，則是「之死而致死之」也。蓋其子孫未絶，此氣接續亦未絶。又曰：天神、地祇、山川之神，有此物在，其氣自在，此故不難曉。惟人已死，其事杳茫，所以難説。○德明。

問：南軒「鬼神，一言以蔽之，曰『誠』而已」，此語如何？曰：誠是實然之理，鬼神亦只是實理。若無這理，則便無鬼神，無萬物，都無所該載了。「鬼神之爲德」者，誠也。德只是就鬼神言，其情狀皆是實理而已。侯氏以德别爲一物，便不是。問：《章句》謂「性情功效」，何也？曰：此與「情狀」字只一般。曰：横渠謂「二氣之良能」，何謂「良能」？曰：屈伸往來，是二氣自然能如此。曰：伸是神，屈是鬼否？先生以手圈卓上而直指其中，曰：這道理圓，只就中分别恁地。氣之方來皆屬陽，是神；氣之反皆屬陰，是鬼。日自午以前是神，午以後是鬼。月自初三以後是神，十六以後是鬼。童伯羽問：日月對言之，日是神，月是鬼否？曰：亦是。草木方發生來是神，彫殘衰落是鬼。人自少至壯是神，衰老是鬼。鼻息呼是神，吸是鬼。淳舉程子所謂「天尊地卑，乾坤定矣。鼓之以雷霆，潤之以風雨」。曰：天地造化皆是鬼神，古人所以祭風伯、雨師。問：風雷鼓動是神，收斂處是鬼否？曰：是。魄屬鬼，氣屬神。如析木煙出是神，滋潤底性是魄。人之語言動作是氣，屬神；精血是魄，屬鬼。發用處皆屬陽，是神；氣定處皆屬陰，是魄。知識處是神，記事處是魄。人初生時氣多魄少，後來魄漸盛，到老魄又少，所以耳聾目昏，精力不强，記事不足。某今覺陽有餘而陰不足，事多記不得。小兒無記性，亦是魄不足。好戲不定疊，亦是魄不足。淳。

侯師聖解《中庸》「鬼神之爲德」謂：「鬼神爲形而下者，鬼神之德爲形而上者」。且如「中庸之爲德」，不成説中庸爲形而下者，中庸之德爲形而上者？文蔚。

問：侯氏《中庸》曰「總攝天地，斡旋造化，闔闢乾坤，動役鬼神，日月由之而晦明，萬物由之而死生者，誠也」，此語何謂？曰：這箇亦是實有這理便如此。若無這理，便都無天地，無萬物，無鬼神了。不是實理，如何「微之顯，誠之不可揜」？問：「鬼神造化之迹」，何謂迹？曰：鬼神是天地間造化，只是二氣屈伸往來。神是陽，鬼是陰。往者屈，來者伸，便有箇迹恁地。淳因舉謝氏「歸根」之説。先生曰：「歸根」本老氏語，畢竟無歸，這箇何曾動？問：性只是天地之性，當初亦不是自彼來入此，亦不是自此往歸彼，只是因氣之聚散，見其如此耳。曰：畢竟是無歸。如月影映在這盆水裏，除了這盆水，這影便無了，豈是這飛上天去歸那月裏去？又如這花落便無了，豈是歸去那裏，明年復來生這枝上？問：人死時，這知覺便散否？曰：不是散，是盡了，氣盡則知覺亦盡。問：世俗所謂物怪神姦之説，則如何斷？曰：世俗大抵十分有八分是胡説，二分亦有此理。多有是非命死者，或溺死，或殺死，或暴病卒死，是它氣未盡，故憑依如此。又有是乍死後氣未消盡，是它當初禀得氣盛，故如此，然終久亦消了。蓋精與氣合，便生人物，「游魂爲變」，便無了。如人説神仙，古來神仙皆不見，只是説後來神仙。如《左傳》伯有爲厲，此鬼今亦不見。問：自家道理正，則自不能相干。曰：亦須是氣能配義，始得。

若氣不能配義，便餒了。問：謝氏謂「祖考精神，便是自家精神」，如何？曰：此句已是説得好。祖孫只一氣，極其誠敬，自然相感。如這大樹，有種子下地，生出又成樹，便即是那大樹也。淳。

或問：「顔子死而不亡」之説，先生既非之矣。然聖人制祭祀之禮，所以事鬼神者，恐不止謂但有此理，須有實事？曰：若是見理明者，自能知之。明道所謂「若以爲無，古人因甚如此説？若以爲有，又恐賢問某尋」。其説甚當。人傑。

問：《中庸》十二章子思論道之體用。十三章言人之爲道不在乎遠，當即夫衆人之所能知能行，極乎聖人之所不能知不能行。第十四章又言人之行道，當隨其所居之分，而取足於其身。曰：此兩章大綱相似。曰：第十五章又言進道當有序，第十六章方言鬼神之道「費而隱」。蓋論君子之道，則即人之所行言之，故但及其費，而隱自存。論鬼神之道，則本人之所不見不聞而言，故先及其隱，而後及於費。曰：鬼神之道，便是君子之道，非有二也。廣。

第十七章

問：「因其材而篤焉」，❶曰：是因材而加厚些子。節。

問：氣至而滋息爲培，氣反而流散曰覆？曰：物若扶植，種在土中，自然生氣湊泊他。若已傾倒，則生氣無所附着，從何處來相接？如人疾病，此自有生氣，則藥力之氣依之而生意滋長。若已危殆，則生

❶「焉」下，朝鮮本有「篤字何謂」四字。

氣流散而不復相湊矣。銖。

問：舜之大德受命，止是爲善得福而已。《中庸》却言天之生物栽培傾覆，何也？賀孫録云：漢卿問：栽培傾覆，以氣至、氣反說。上言德而受福，而以氣爲言，何也？曰：只是一理。此亦非是有物使之然。但物之生時自節節長將去，恰似有物扶持它；❶及其衰也，則自節節消磨將去，恰似箇物推倒它。理自如此。唯我有受福之理，故天既佑之，又申之。董仲舒曰：「爲政而宜于民，固當受禄于天。」雖只是疊將來説，然玩味之，覺他説得自有意思。賀孫録云：上面雖是疊將來，此數語却轉得意思好。又曰：《嘉樂》詩下章又却不説其他，但願其子孫之多且賢耳。此意甚好，然此亦其理之常。若堯、舜之子不肖，則又非常理也。廣。○賀孫録同。

第十八章

問：舜「德爲聖人，尊爲天子」，固見得天道人道之極致。至文王「以王季爲父，武王爲子」，此殆非人力可致，而以爲無憂，何也？曰：文王自公劉、大王積功累仁，至文王適當天運恰好處，此文王所以言無憂。如舜大德，而禄位、名壽之必得，亦是天道流行，正得恰好處耳。又曰：追王之事，今無可證，姑闕之可也。如三年之喪，諸家説亦有少不同，然亦不必如呂氏説得太密。大概只是説「三年之喪，通乎天子」云云，本無別意。銖。

問：「身不失天下之顯名」與「必得其

❶「它」，原作「也」，今據朝鮮本改。

名」，須有些等級不同？曰：游、楊是如此説，尹氏又破其説，然看來也是有此意。如堯、舜與湯、武真箇争分數，有等級。只看聖人説「謂《韶》盡美矣，又盡善也；謂《武》盡美矣，未盡善也」處便見。燾。

問：「周公成文、武之德，追王大王、王季」，考之《武成》、《金縢》、《禮記·大傳》，《武成》言「太王肇基王迹，王季其勤王家，我文考文王《金縢》册「乃告大王、王季」，《大傳》言牧野之奠「追王大王、王季歷、文王昌」。疑武王時已追王。曰：武王時恐且是呼喚作王，至周公制禮樂，方行其事，如今奉上册寶之類。然無可證，姑闕之可也。又問：「上祀先公以天子之禮」，是周公制禮時方行，無疑。曰：禮家載祀先王服衮冕，祀先公服鷩冕。鷩冕，諸侯之服。蓋雖上祀先公以天子之禮，然不敢以天子之服臨其先公，但鷩冕。旒，王與諸侯不同，天子之旒十二玉，蓋雖與諸侯同是七旒，但天子七旒十二玉，諸侯七旒七玉耳。銖。

問：古無追王之禮，至周之武王、周公以王業肇於大王、王季、文王，故追王三王。至於組紺以上，則止祀以先公之禮，所謂「葬以士，祭以大夫」之義也。曰：然。《周禮》祀先王以衮冕，祀先公以鷩冕，則祀先公依舊止用諸侯之禮，但乃是天子祭先公之禮耳。問：諸儒之説，以爲武王未誅紂，則稱文王爲「文考」，以明文王在位未嘗稱王之證。及既誅紂，❶乃稱文考爲「文王」，然既曰「文考」，則其謚定矣。若如其言，將稱爲「文公」耶？曰：此等事無證佐，皆不可曉，闕之可也。僩。

❶「既」，萬曆本作「至」。

問：喪祭之禮，至周公然後備。夏、商而上，想甚簡略？曰：然。「親親長長」，「貴貴尊賢」，夏、商而上，大概只是親親長長之意。到得周來，則又添得許多貴貴底禮數，如「始封之君不臣諸父昆弟，封君之子不臣諸父而臣昆弟」；期之喪，天子諸侯絶，大夫降，然諸侯大夫尊同，則亦不絶不降；姊妹嫁諸侯者，則亦不絶不降：此皆貴貴之義。上世想皆簡略，未有許多降殺貴貴底禮數。凡此皆天下之大經，前世所未備，到得周公搜剔出來，立爲定制，更不可易。僩。

「三年之喪，達於天子」，《中庸》之意，只是主爲父母而言，未必及其它者，所以下句云：「父母之喪，無貴賤一也。」因言：大凡禮制欲行於今，須有一箇簡易底道理。若欲盡拘古禮，則繁碎不便於人，自是不可行，不曉他周公當時之意是如何。孔子嘗曰：「如用之，則吾從先進」，想亦是厭其繁。文蔚問：伯叔父母，古人皆是期喪。今禮又有所謂「百日制」，「周期服」。然則期年之内，當服其服。往往今人於此多簡略。曰：居家則可，居官便不可行。所以當時横渠爲見天祺居官，凡祭祀之類盡令天祺代之，他居家服喪服。當時幸而有一天祺居官，故可爲之。萬一無天祺，則又當如何？便是動輒窒礙難行。文蔚曰：今不居官之人，欲於百日之内略如居父母之喪，期年之内則服其服，如何？曰：私居亦可行之。文蔚。

正淳問：三年之喪，父母之喪，吕氏却作兩般。曰：吕氏所以如此説者，蓋見《左氏》載周穆后薨，太子壽卒，謂周「一歲而有三年之喪二焉」。《左氏》説禮，皆是周末衰亂不經之禮，方子録云：《左氏》定禮皆當時鄙野之談，據不得。無足取者。君舉所以説禮多錯者，緣其多本《左氏》也。賀孫云：如陳鍼子送女，先配後祖一段，更是没分曉，古者那曾有這般禮數？曰：便是他記禮皆差。某嘗言左氏不是儒者，只是箇曉事該博、會做文章之人。若公、穀二子，却是箇不曉事底儒者，故其説道理及禮制處不甚差，下得語恁地鄭重。廣録云：只是説得忒煞鄭重滯泥，正如世俗所謂山東學究是也。賀孫因舉《公羊》所斷謂孔父「義形於色」、仇牧「不畏强禦」、荀息「不食言」最是斷得好。曰：然。賀孫又云：其間有全亂道處，恐是其徒插入，如何？曰：是他那不曉事底見識，便寫出來，亦不道是不好。若《左氏》便巧，便文飾回互了。或云：以祭仲廢君爲行權，❶衛輒拒父爲尊祖，都不是。曰：是它不曉事底見識，只知道有所謂「嫡孫承重」之義，便道孫可以代祖，而不知子不可以不父其父。嘗謂《學記》云「多其訊」，註云「訊猶問也」，《公》、《穀》便是「多其訊」。没緊要處，也便説道某言者何、某事者何。賀孫。○廣録同，方子録略。

問：《中庸解》載游氏辨文王不稱王之説，正矣。先生却曰「此事更當考」，是如何？曰：説文王不稱王，固好，但《書》中不合有「惟九年大統未集」一句，不知所謂「九年」自甚時數起，若謂文王固守臣節不稱王，則「三分天下有其二」亦爲不可。又《書》言「太王肇基王迹」，則到太王時周家已自强盛矣。今《史記》於梁惠王三十七年書「襄王元年」，而《竹書紀年》以爲後元年，

❶「祭」，萬曆本作「蔡」。

想得當時文王之事亦類此，故先儒皆以爲自虞、芮質成之後爲受命之元年。廣。

第十九章

「旅酬」者，以其家臣或鄉吏之屬大夫則有鄉吏。一人先舉觶獻賓，賓飲畢，即以觶授于執事者，執事者則以獻於其長，❶遞遞相承，獻及於沃盥者而止焉。沃盥，謂執盥洗之事，至賤者也，故曰「旅酬下爲上，所以逮賤也」。廣。

「旅酬」，是客先勸主人，主人復勸客，客又勸次客，次客又勸第三客，以次傳去。如客多，則兩頭勸起。義剛。

問「酬，導飲也」。曰：《儀禮》：主人酌賓曰獻。賓飲，主人又自酌而復飲賓，曰酬。賓受之，奠於席前，至旅而後舉。主人飲二杯，賓只飲一杯，疑後世所謂「倍食於賓」者，此也。○銖。

問：如何是導飲？❷曰：主人酌以獻賓，賓酬主人曰酢。主人又自飲，而復飲賓曰酬。其主人又自飲者，是導賓使飲也。謨云「主人倍食于賓」，疑即此意。但賓受之，却不飲，奠於席前，至旅時亦不舉，又自別舉爵，不知如何。又問：行旅酬時，祭事已畢否？曰：其大節目則已了，亦尚有零碎禮數未竟。又問：想必須在飲福受胙之後。曰：固是。古人酢賓，便是受胙。「胙」與「酢」「昨」字，古人皆通用。廣。

漢卿問：「導飲」是如何？先生歷舉《儀禮》獻酬之禮。旅酬禮，下爲上交勸。

❶「執事者」三字，原脱，今據朝鮮本補。
❷「如」上，朝鮮本有「章句云酬導飲也」凡七字。

先一人如鄉吏之屬升觶，或二人舉觶獻賓，賓不飲，却以獻執事。執事一人受之，以獻于長，以次獻，至於沃盥，所謂「逮賤」者也。旅酬後樂作，獻酬之俎未徹，賓不敢旅酬。酬酒，賓奠不舉，至旅酬亦不舉。更自有一盞在右，爲旅盞也。受胙者，古者「胙」字與「酢」字通。受胙者，猶神之酢己也。《周禮》中「胙席」又作「昨昔」之「昨」。謂初未設，只跪拜，徹後方設席。《周禮》王享先公亦如之。又舉尸飲酢之禮，其特祭每獻酬酢甚詳，❶不知合享如何。《周禮》旅酬六尸，古者男女皆有尸，女尸不知廢於何代。杜佑乃謂古無女尸，女尸乃本夷虜之屬，後來聖人革之。賀孫因舉《儀禮·士虞禮》云「男，男尸；女，女尸」，是古男女皆有尸也。先生因舉陶侃廟南昌南康。每年祭祀堂上設神位，兩廂設生人位，凡爲勸首者，至祭時具公服，設馬乘儀狀甚盛，至于廟，❷各就兩廂之位。其奉祭者獻飲食，一同神位之禮。又某處擇一鄉長狀貌甚魁偉者爲之。至諸處祭，皆請與同享。此人遇冬春祭多時節，每日大醉也。厭祭，是不用尸者。古者必有爲而不用，如祭殤，陰厭、陽厭，是也。賀孫。

問「燕毛所以序齒也」。曰：燕時擇一人爲上賓，不與衆賓齒，餘者皆序齒。燾。

問：呂氏分「修其祖廟」以下一節作「繼志」，「序昭穆」以下一節作「述事」，恐不必如此分？曰：看得追王與所制祭祀之禮，兩節皆通上下而言。呂氏考訂甚詳，却似不曾言得此意。又問：呂氏又分郊社之

❶「特」，朝鮮本作「時」。
❷「于」，原作「子」，今據萬曆本改。

禮，作立天下之大本處；宗廟之禮，言正天下之大經處。亦不消分。曰：此不若游氏説郊社之禮，所謂「惟聖人爲能享帝」，禘嘗之義，謂「惟孝子爲能享親」，意思甚周密。銖。

問：楊氏曰：「玉幣以交神明，祼鬯以求神於幽。」豈以天神無聲臭氣類之可感，止用玉幣表自家之誠意；人鬼有氣類之可感，故用芬香之酒耶？曰：不然。自是天神高而在上，鬱鬯之酒感它不著。蓋灌鬯之酒却瀉入地下去了，所以只可感人鬼，而不可以交天神也。僩。

《或問》中説廟制處，所謂「高祖」者何也？曰：四世祖也。「世」與「太」字古多互用，如「太子」爲「世子」、「太室」爲「世室」之類。廣。

林安卿問：《中庸》二昭二穆以次向南，如何？曰：太祖居中，坐北而向南，昭穆以次而出向南。某人之説如此，乃是如疏中謂太祖居中，昭穆左右分去列作一排。若天子七廟，恐太長闊。❶又曰：大率論廟制，劉歆之説頗是。義剛。

孫毓云：「外爲都宮，太祖在北，二昭二穆以次而南。」出《江都集禮》。向作《或問》時，未見此書，只以意料。後來始見，乃知學不可以不博也。銖。

❶「闊」，朝鮮本作「些」。

朱子語類卷第六十四 計三十一板

中庸三

第二十章

「脩道以仁」，脩道便是言上文脩身之道，自「爲政在人」轉説將來。「脩道以仁」，仁是築底處，試商量如何？伯豐言：克去己私，復此天理，然後得其脩。曰：固是。然聖賢言「仁」字處，便有箇温厚慈祥之意，帶箇愛底道理。下文便言「親親爲大」。𥫗。

問：「脩道以仁」，繼之以「仁者人也」，何爲下面又添説義禮？曰：仁便有義，如陽便有陰。親親尊賢，皆仁之事。親之尊之，其中自有箇差等，這便是義與禮。親親，在父子如此，在宗族如彼，所謂「殺」也；尊賢，有當事之者，有當友之者，所謂「等」也。僩。

問：仁亦是道，如何却説「脩道以仁」？曰：道是泛説，「泛」字疑是「統」字。仁是切要底。又問：如此，則這「仁」字是偏言底？曰：「仁者人也，親親爲大。」如此説，則此是偏言。節。

問「思脩身，不可不事親；思事親，不可不知人；思知人，不可不知天」。曰：此處却是倒看，根本在脩身。然脩身得力處，却是知天。知天，是知至、物格，知得箇自然道理。學若不知天，便記得此，又忘彼；得其一，失其二。未知天，見事頭緒多。既知天了，這裏便都定，這事也定，那事也定。淳。

「思事親，不可不知人。」知人，只如「知人則哲」之知人，❶不是思欲事親，先要知人。只是思欲事親，更要知人。若不好底人與它處，豈不爲親之累？知天，是知天道。

知天是起頭處。能知天，則知人、事親、脩身，皆得其理矣。聞見之知與德性之知，皆知也。只是要知得到，信得及。如君之仁、子之孝之類，人所共知而多不能盡者，非真知故也。謨。

問「知仁勇」。曰：理會得底是知，行得底是仁，著力去做底是勇。德明。

問知、仁、勇之分。曰：大概知底屬知，行底屬仁，勇是勇於知、勇於行。又云：「生知安行」，以知爲主；「學知利行」，以仁爲主；「困知勉行」，以勇爲主。燾。

問：「生知安行」爲知，「學知利行」爲仁，「困知勉行」爲勇，此豈以等級言耶？曰：固是。蓋「生知安行」主於知而言。不知，如何行？安行者，只是安而行之，不用着力，然須是知得，方能行得也。故以「生知安行」爲知。「學知利行」主於行而言。雖是學而知得，然須是着意去力行，則所學而知得者不爲徒知也。故以「學知利行」爲仁。銖退思所謂三者，皆兼知行而言。大知固生知，非生知何以能安而行？至仁固力行，非學知何以能利而行？勇固是知行不可廢。翌日再問，先生曰：更須涵養。銖。

問：《中庸》以「生知安行」爲知，「學知利行」爲仁，何也？曰：《論語》説「仁者安仁」，便是説得仁高了；「知者利仁」，便是

❶ 下「人」字，原脱，今據朝鮮本補。

説得知低了。此處説知，便是仁在知中，説得知大了。蓋既是生知，必能安行。若是學知，便是知得淺，須是力行，方始至仁處，此便是仁在知外。譬如這箇卓子，《論語》説仁，便是此脚直處；説知，便是横處。《中庸》説仁，便是横處；説知，便是直處。而今且將諸説録出來看，看這一邊了，又去看那一邊，便自見得不相礙。夔孫。○賜録云：問：諸説皆以「生知安行」爲仁，「學知利行」爲知，先生獨反是，何也？曰：《論語》説「仁者安仁，知者利仁」，與《中庸》説「知仁勇」意思自别。「生知安行」，便是仁在知中。「學知利行」，便是仁在知外。既是生知，必能安行，所以謂仁在知中。若是學知，便是知得淺些了。須是力行，方始至仁處，所以謂仁在知外。問「智仁勇」。曰：理會得底是知，行得底是仁，着力去做底是勇。

仁則力行工夫多，知則致知工夫多。「好學近乎知，力行近乎仁」，意自可見。道夫。

問：「力行近乎仁」，又似「勇者不懼」意思。曰：交互説都是。三知都是知，三行都是仁，三近都是勇。「生知安行」，好學又是知；「學知利行」，力行又是仁；「困知勉行」，知耻又是勇。淳。

吕與叔「好學近仁」一段好。璘。

知耻，如「舜，人也，我亦人也。舜爲法於天下，可傳於後世，我猶未免爲鄉人也，是則可憂也」。既耻爲鄉人，進學安得不勇！

爲學自是用勇方行得徹，❶不屈慴。若纔行不徹，便是半塗而廢。所以《中庸》説「知仁勇」三者。勇本是没緊要物事，然仁知了，不是勇，便行不到頭。僩。

問：「爲天下有九經」，若論天下之事，固不止此九件，此但舉其可以常行而不易

❶「用」，原作「問」，今據朝鮮本改。

者否？曰：此亦大概如此説，然其大者亦不出此。又問：吕氏以「有此九者皆德懷之事，而刑不與焉」，豈以爲此可以常行，而刑則期於無刑，所以不可常行而不及之歟？曰：也不消如此説。若説不及刑，則禮樂亦不及。此只是言其大者，而禮樂刑政固已行乎其間矣。又問：養士亦是一大者，不言何也？曰：此只是大概説。若如此窮，有甚了期？若論養士，如「忠信重禄」、「尊賢」、「子庶民」，則教民之意固已具其中矣。僩。

「柔遠」解作「無忘賓旅」。《孟子》注「賓客羈旅」。古者爲之授節，如照身、憑子之類，謹時度關皆給之。「因能授任以嘉其善」，謂願留於其國者也。德明。

問「來百工則財用足」。曰：既有箇國家，則百工所爲皆少不得，都要用。若百工聚，則事事皆有，豈不足以足財用乎？如織紝可以足布帛，工匠可以足器皿之類。○燾。

問「餼廩」。曰：餼，牲餼也。如今官員請受，有生羊肉。廩即廩給，折送錢之類是也。賜。

問：「送往迎來」，《集注》云「授節以送其往」。曰：遠人來，至去時，有節以授之，過所在爲照。如漢之出入關者用繻，唐謂之「給過所」。賜。

問：「凡事豫則立」以下四句只是泛舉，四事或是包「達道」、「達德」、「九經」之屬？曰：上文言：❶「天下之達道五，所以行之者三。天下之達德三，所以行之者一。凡爲天下國家有九經，所以行之者一。」遂言「凡事豫則立」，則此「凡事」正指達道、達

❶「上」，原作「正」，今據萬曆本改。

德、九經可知。「素定」是指先立乎誠可知。《中庸》方言「所以行之者一」，不應忽突出一語言「凡事」也。銖。

豫，先知也，事未至而先知其理之謂豫。「凡事豫則立，不豫則廢」，橫渠曰：「事豫吾内，求利吾外也。」又曰：精義入神者，豫而已。皆一義也。僩。

或問「言前定則不跲」。曰：句句着實，不脱空也。今人纔有一句言語不實，便説不去。賀孫。

「事前定則不困。」閑時不曾做得，臨時自是做不徹，便至於困。「行前定則不疚。」若所行不前定，臨時便易得屈折枉道以從人矣。「道前定則不窮。」這一句又包得大，連那上三句都包在裏面，是有箇妙用，千變萬化而不窮之謂。事到面前，都理會得。它人處置不得底事，自家便處置得；它人理會不得底事，自家便理會得。僩。

問「反諸身不誠」。曰：反諸身，是反求於心。不誠，是不曾實有此心，如事親以孝，須是實有這孝之心。若外面假爲孝之事，裏面却無孝之心，便是不誠矣。燾。

「誠者天之道」，誠是實理，自然不假修爲者也。「誠之者人之道」，是實其實理，則是勉而爲之者也。《孟子》言「萬物皆備於我」，便是「誠」；「反身而誠」，便是「誠之」。反身，只是反求諸己。誠，只是萬物具足，無所虧欠。端蒙。

問「誠者天之道，誠之者人之道」。曰：誠是天理之實然，更無纖豪作爲。聖人之生，其稟受渾然，氣質清明純粹，全是此理，更不待修爲，而自然與天爲一。若其餘，則須是「博學」、「審問」、「謹思」、「明辨」、「篤行」。如此不已，直待得仁義禮智與夫忠孝之道，日用本分事無非實理，然後爲誠。有一豪見得與天理不相合，便於誠有一豪未至。如程先生説常人之畏虎，不如曾被虎傷者畏之出於誠實，蓋實見得也。今於日用間若不實見得是天理之自然，則終是於誠爲未至也。大雅。

問：「誠者，真實無妄之謂，天之道也。」此言天理至實而無妄，指理而言也。「誠之者，未能真實無妄，而欲其真實無妄之謂，人之道也。」此言在人當有真實無妄之知行，乃能實此理之無妄，指人事而言也。蓋在天固有真實之理，在人當有真實之功。聖人不思不勉，而從容中道，無非實理之流行，則聖人與天如一，即天之道也。未至於聖人，必擇善，然後能實明是善；必固執，然後實得是善。此人事當然，即人之道也。程子所謂「實理」者，指理而言也；所謂「實見得是，實見得非」者，指見而言也。此有兩節意。曰：如此見得甚善。銖。

《中庸》言天道處，皆自然無節次；不思不勉之類。言人道處，皆有下功夫節次。「擇善」與「固執」是二節。言天道，如至誠之類，皆有「至」字。「其次致曲」却是人事，「久則徵」是外人信之，古注説好。璘。

或問：明善、擇善，何者爲先？曰：譬如十箇物事，五箇善，五箇惡，須揀此是善，此是惡，方分明。從周。

聖賢所説工夫，都只一般，只是一箇擇善、固執。《論語》則説「學而時習之」，《孟子》則説「明善誠身」，只是隨它地頭所説不同，下得字來各自精細，真實工夫只是一般。須是盡知其所以不同，方知其所謂同也。

「博學」，謂天地萬物之理、修己治人之方，皆所當學。然亦各有次序，當以其大而急者爲先，不可雜而無統也。

先生屢説「謹思之」一句，言：思之不慎，便有枉用工夫處。人傑。

《中庸》言「謹思之」，思之粗後不及，❶固是不謹，到思之過時，亦是不謹。所以他聖人不説深思，不説别樣思，却説箇謹思。道夫。

或問：「篤行」是有急切之意否？曰：篤厚也是心之懇惻。履孫。

「有弗問，問之弗知弗措也。」問而弗知，弗可讓下。須當研窮到底，使答者詞窮理盡始得。砥。

問：「博學之」至「明辨之」是致知之事，「篤行」則力行之事否？曰：然。又問：「有弗學」至「行之弗篤弗措也」，皆是勇之事否？曰：此一段却只是虚説，只是應上面「博學之」五句反説起。如云「不學則已，學之而有弗能，定不休」，如云「有不戰，戰必勝矣」之類也。「弗措也」未是勇事，到得後面説「人一己百，人十己千」，方正是説勇處。「雖愚必明」是致知之效，「雖柔必强」是力行之效。僩。

或問「人一己百，人十己千」。曰：此是言下工夫，人做得一分，自己做百分。節。

吕氏説「博學、審問、謹思、明辨、篤行」一段煞好，皆是他平日做工夫底。淳。

漢卿問「哀公問政」章。曰：舊時只零碎解。某自初讀時，只覺首段尾與次段首意相接。如云「政也者，蒲盧也，故爲政在人，取人以身，脩身以道，脩道以仁」，便説「仁者，人也，親親爲大。義者，宜也，尊賢爲大」，都接續説去，遂作一段看，始覺貫穿。後因看《家語》，乃知是本來只一段也。《中

❶「後」，賀本作「淺」。

庸》三十三章，其次第甚密，古人著述便是不可及。此只將别人語言鬬湊成篇，本末次第終始總合，如此縝密。賀孫。○廣録意同，别出。

問：《中庸》第二十章，初看時覺得渙散，收拾不得。熟讀先生《章句》，方始見血脉通貫處。曰：前輩多是逐段解去。某初讀時，但見「思脩身」段後便繼以「天下之達道五」，「知此三者」段後便繼以「爲天下國家有九經」，似乎相接續。自此推去，疑只是一章。後又讀《家語》，方知是孔子一時問所説。廣云：豈獨此章，今次讀《章句》，乃知一篇首尾相貫，只是説一箇中庸底道理。曰：固是。它古人解做得這樣物事，四散收拾將來，及併合衆，則便有箇次序如此，其次序又直如此縝密。廣。

問：《或問》引「《大學》論小人之陰惡陽善，而以誠於中者目之」，且有「爲善也誠虚，爲惡也何實如之」之語，何也？曰：「小人閒居爲不善」，是誠心爲不善也。「掩其不善，而著其善」，是爲善不誠。因舉：往年胡文定嘗説「朱子發雖脩謹，皆是僞爲」，是時范濟美天資豪傑，應云：「子發誠是僞爲，如公輩却是至誠。」文定遜謝曰：「某何敢當『至誠』二字？」濟美却戲云：「子發是僞於爲善，公却是至誠爲惡也。」乃是此意。德明。

第二十一章

「自誠明，謂之性」，此「性」字便是「性之」也。「自明誠，謂之教」，此「教」字是學之也。此二字却是轉一轉説，❶與首章「天

❶「二」，原作「一」，今據萬曆本改。

命之謂性，脩道之謂教」二字義不同。僩。

「自誠明」，性之也；「自明誠」，充之也，轉一轉説。「天命之謂性」以下，舉體統説。人傑。

「自誠明，謂之性。」誠，實然之理，此堯、舜以上事。學者則「自明誠，謂之教」，明此性而求實然之理。經禮三百，曲禮三千，無非使人明此理。此心當提撕喚起，常自念性如何善？因甚不善？人皆可爲堯、舜，我因甚做不得？立得此後，觀書亦見理，静坐亦見理，森然於耳目之前。可學。

以誠而論明，則誠、明合而爲一；以明而論誠，則誠、明分而爲二。壽昌。

第二十二章

或問：如何是「唯天下至誠」？曰：「唯天下至誠」，言其心中實是天下至誠，非止一家一國而已。不須説至于實理之極，才説箇「至于」，則是前面有未誠底半截。此是説聖人，不説這箇未實底。况聖人亦非向有未實處，到這裏方實也。「贊化育與天地參」，是説地頭。履孫。

「唯天下至誠」，言做出天下如許大事底本領子。至，極也，如《易》「至神」、「至變」。方。

問「唯天下至誠爲能盡其性」一段。且如性中有這仁，便真箇盡得仁底道理；性中有這義，便真箇盡得義底道理。云云。曰：如此説盡説不著。且如仁能盡父子之仁，推而至於宗族，亦無有不盡；又推而至於鄉黨，亦無不盡；又推而至於一國，至於天下，亦無有不盡。若只於父子上盡其仁，不能推之於宗族，便是不能盡其仁。能推之於宗族，而不能推之於鄉黨，亦是不能盡其仁。能推之於鄉黨，而不能推之於一國、天下，亦是不能盡其仁。能推於己，而不能推於彼，能盡於甲，而不能盡於乙，亦是不能盡。且如十件事，能盡得五件，而五件不能盡，亦是不能盡。如兩件事，盡得一件，而一件不能盡，亦是不能盡。只這一事上，能盡其初，而不能盡其終，亦是不能盡。能盡於蚤，而不能盡於莫，亦是不能盡。就仁上推來是如此，義、禮、智莫不然。然自家一身，也如何做得許多事，只是心裏都有這箇道理。且如十件事，五件事是自家平生曉得底，或曾做來；那五件平生不曾識，也不曾做，卒然至面前，自家雖不曾做，然既有此道理，便識得破，都處置得下，無不盡得這箇道理。如「能盡人之性」，人之氣禀有多少般樣，或清或濁，或昏或明，或賢或鄙，或壽或夭，隨其所賦，無不有以全其性而盡其宜，更無些子欠闕處。是它元有許多道理，自家一一都要處置教是。如「能盡物之性」，如鳥獸草木有多少般樣，亦莫不有以全其性而遂其宜，所以説「惟天下之至誠，爲能盡人物之性」。蓋聖人通身都是這箇真實道理了，拈出來便是道理，東邊拈出東邊也是道理，西邊拈出西邊也是道理。如一斛米，初間量有十斗，再量過也有十斗，更無些子少欠。若是不能盡其性，如元有十斗，再量過却只有七八斗，少了三二斗，便是不能盡其性。天與你許多道理，本自具足，無些子欠闕，只是人自去欠闕了它底，所以《中庸》難看，便是如此。須是心地大段廣大，方看得出；須是大段精微，方看得出；精密而廣闊，方看得出。或曰：《中庸》之「盡性」，即《孟子》所謂「盡心」否？

曰：只差些子。或問差處。曰：不當如此問。今夜且歸去與衆人商量，曉得箇「至誠能盡人物之性」分曉了，却去看盡心，少間差處自見得，不用問。如言黑白，若先識得了同，異處自見。只當問黑白，不當問黑白同異。久之，又曰：盡心是就知上説，盡性是就行上説。或曰：能盡得真實本然之全體，是盡性；能盡得虛靈知覺之妙用，是盡心？曰：然。盡心就所知上説，盡性就事物上説。事事物物上各要盡得它道理，較零碎，盡心則渾淪。蓋行處零碎，知處却渾淪。如盡心，才知些子，全體便都見。又問：盡心了方能盡性否？曰：然。孟子云「盡其心者，知其性也，知性則知天」，便是如此。僩。○枅録別出。

問：「至誠」盡性，盡人，盡物，如何是盡？曰：性便是仁義禮智。「盡」云者，無所往而不盡也。盡於此，不盡於彼，非盡也；盡於外，不盡於内，非盡也。盡得這一件，那一件不盡，不謂之盡；盡得頭，不盡得尾，不謂之盡。如性中之仁，施之一家而不能施之宗族，施之宗族不能施之鄉黨，施之鄉黨不能施之國家、天下，皆是不盡。至於盡禮、盡義、盡智，亦如此。至於盡人，則凡或仁或鄙、或夭或壽，皆有以處之，使之合得其所。❶至於盡物，則鳥獸蟲魚、草木動植，皆有以處之，使之各得其宜。盡性、盡人、盡物，大概如此。又問：盡心亦是如此否？曰：未要説同與不同。且須自看如何是心，如何是性，便自見得不同處。如問白黑，且去認取那箇是白，那箇是黑，則不必問而自能知其不同矣。因曰：若説大概，則盡

❶「合」，萬曆本作「各」。

心是知，盡性是行。盡心是見得箇渾淪底，盡性是於零碎事物上見。盡心是見得許多條緒都包在裏許，盡性則要隨事看，無一之或遺。且如人之一身，雖未便要歷許多事，十事盡得五事，其餘五事心在那上，亦要盡之。其他事，力未必能爲，而有能爲之理，亦是盡也。至誠之人，通身皆是實理，無少欠闕處，故於事事物物無不盡也。枅。

問：「至誠盡人物之性」，是曉得盡否？曰：非特曉得盡，亦是要處之盡其道。若凡所以養人教人之政，與夫利萬物之政，皆是也。故下文云「贊天地之化育，而與天地參矣」。若只明得盡，如何得與天地參去？這一箇是無不得底，故曰「與天地參而爲三矣」。大雅。

盡人性，盡物性，性只一般，人物氣禀不同。人雖禀得氣濁，善底只在那裏，有可開通之理。是以聖人有教化去開通它，使復其善底。物禀得氣偏了，無道理使開通，故無用教化。盡物性，只是所以處之各當其理，且隨他所明處使之。它所明處亦只是這箇善，聖人便是用他善底。如馬悍者，用鞭策亦可乘。然物只到得這裏，此亦是教化，是隨他天理流行發見處使之也。如虎狼，便只得陷而殺之，驅而遠之。淳。

盡己之性，如在君臣則義，在父子則親，在兄弟則愛之類，己無一之不盡。盡人之性，如黎民時雍，各得其所。盡物之性，如鳥獸草木咸若，如此則可以「贊天地之化育」，皆是實事，非私心之倣像也。人傑。

「能盡其性，則能盡人之性；能盡人之性，則能盡物之性。」只是恁地貫將去，然却有箇「則」字在。節。

「贊天地之化育」，人在天地中間，雖只

是一理，然天人所爲，各自有分。人做得底，却有天做不得底。如天能生物，而耕種必用人；水能潤物，而灌溉必用人；火能熯物，而薪爨必用人。財成輔相，❶須是人做，非贊助而何？程先生言「參贊之義，非謂贊助」，此説非是。閎祖。

聖人「贊天地之化育」。蓋天下事有不恰好處，被聖人做得都好。丹朱不肖，堯則以天下與人。洪水氾濫，舜尋得禹而民得安居。桀、紂暴虐，湯、武起而誅之。

程子説贊化處，謂「天人所爲，各自有分」，説得好。淳。

問「惟天下至誠，爲能盡其性」。❷曰：此已到到處，説著須如此説，又須分許多節次。只聖人之至誠，一齊具備。《中庸》於此皆分作兩截言。至誠則渾然天成，更無可説。如下文却又云「誠之者人之道」，「其次致曲，曲能有誠」，皆是教人做去。如「至誠無息」一段，諸儒説多不明，却是古注是。此是聖人之至誠，天下久則見其如此，非是聖人如此節次。雖堯、舜之德，亦久方著於天下。問：贊化育，常人如何爲得？曰：常人雖不爲得，亦各有之。曰：此事惟君相可爲。曰：固然。以下亦有其分，如作邑而禱雨之類，皆是。可學。

問：《中庸》兩處説「天下之至誠」，而其結語一則曰「贊天地之化育」，一則曰「知天地之化育」。「贊」與「知」兩字如何分？曰：前一段是從裏面説出，後段是從下面説上，❸如「脩道之謂教」也。「立天下之大

❶「財」，萬曆本作「裁」。
❷「爲」，原作「惟」，今據萬曆本及《中庸》改。
❸「而」，萬曆本作「面」。

本」，是静而無一息之不中。知化育則知天理之流行。廣。❶賀孫録云：或問贊化育與知化育何如？❷曰：「盡其性」者，是從裏面説將出，故「能盡其性，則能盡人物之性，以贊天地之化育」。「經綸天下之大經」者，是從下面説上去，如「脩道之教」是也。云云。

第二十三章

「其次致曲」。先生云：只緣氣禀不齊，若至誠盡性，則查滓便渾化，不待如此。炎。

曲，是氣禀之偏，如禀得木氣多，便温厚慈祥，從仁上去發，便不見了發强剛毅。就上推長充擴，推而至於極，便是致。氣禀篤於孝，便從孝上致曲，使吾之德渾然是孝，而無分豪不孝底事。至於動人而變化之，則與至誠之所就者無殊。升卿。

劉潛夫問「致曲」。曰：只爲氣質不同，故發見有偏。如至誠盡性，則全體著見。次於此者，未免爲氣質所隔。只如人氣質温厚，其發見者必多是仁，仁多便侵却那義底分數；氣質剛毅，其發見者必多是義，義多便侵却那仁底分數。因指面前燈籠曰：且如此燈，乃本性也，未有不光明者。氣質不同，便如燈籠用厚紙糊，燈便不甚明；用薄紙糊，燈便明似紙厚者；用紗糊，其燈又明矣；撒去籠，❸則燈之全體著見。其理正如此也。文蔚。

問「致曲」。曰：須件件致去，如孝，如悌，如仁義，須件件致得到誠處始得。賜。

❶「廣」，原漫漶，今據朝鮮本補。

❷「贊化育與知化育」，朝鮮本在二「化育」上均有「天地之」三字。

❸「撒」，四庫本作「撤」。

問「致曲」。曰：曲是逐事上着力，事事上推致其極。如事君則推致其忠，事親則推致其孝，與人交則推致其信，皆事事上推致其極。兼信。

問：「致曲」莫是就其所長上推致否？曰：不只是所長，謂就事上事事推致。且如事父母，便就這上致其孝；處兄弟，便致其恭敬；交朋友，便致其信：此所謂「致曲」也。能如此推致，則能誠矣。曲不是全體，❶只是一曲。洽。

問：「致曲」是就偏曲處致力否？曰：如程子説「或孝或弟，或仁或義」，所偏發處，推致之各造其極也。問：如此，恐將來只就所偏處成就。曰：不然。或仁或義，或孝或弟，更互而發，便就此做致曲工夫。德明。

問：「致曲」，伊川説從一偏致。曰：須件件致去。如孝弟，須件件致得到誠孝誠弟處。如仁義，須件件致到仁之誠、義之誠處。夔孫。

問：「其次致曲」，注所謂「善端發見之偏」，如何？曰：人所稟各有偏善，或稟得剛强，或稟得和柔，各有一偏之善。若就它身上更求其它好處，又不能如此，所以就其善端之偏而推極其全。惻隱、羞惡、是非、辭遜四端，隨人所稟，發出來各有偏重處，是一偏之善。寓。

問：「其次致曲」，是「就其善端發見之偏而悉推致之」，如何？曰：隨其善端發見於此，便就此上推致以造其極；發見於彼，便就彼上推致以造其極，非是止就其發見一處推致之也。如《孟子》「充其無欲害

❶「曲」字，原爲空格，今據萬曆本補。

人之心，而仁不可勝用；充無穿窬之心，而義不可勝用」，此正是致曲處。東坡文中有一處說得甚明。如從此惻隱處發，便從此發見處推至其極；從羞惡處發，便就此發見處推至其極，孟子所謂廣充其四端是也。曲無不致，則德無不實，而明、著、動、變，積而至於能化，亦與聖人至誠無異矣。銖。

問「致曲」。曰：伊川說得好，將曲專做好處，所以云「或仁或義，或孝或弟」，就此等處推致其極。又問：《或問》却作「隨其所禀之厚薄」，而以伊川之言爲未盡，不可專就偏厚處說者，如何？曰：不知舊時何故如此說。或曰：所禀自應有厚薄，或厚於仁，薄於義；或厚於義，薄於仁。須是推致教它恰好，則亦不害爲厚薄矣。曰：然。也有這般處。然觀其下文「曲能有誠」一句，則專是主好說。蓋上章言「盡性」，則統體都是誠了。所謂「誠」字，連那「盡性」都包在裏面，合下便就那根頭一盡都盡，更無纖豪欠闕處。「其次致曲」，則未能如此，須是事事上推致其誠，逐旋做將去，以至於盡性也。「曲能有誠」一句，猶言若曲處能盡其誠，則「誠則形，形則著」云云也。蓋曲處若不能有其誠，則其善端之發見者，或存或亡，終不能實有諸己。故須就此一偏發見處，便推致之，使有誠則不失也。又問：明、動、變、化，伊川以「君子所過者化」解「動」字，是和那「變化」二字都說在裏面否？曰：動是方感動他；變則已改其舊俗，然尚有痕瑕在；化則都消化了，無復痕迹矣。僩。

問：前夜與直卿論「致曲」一段，《或問》中舉《孟子》四端「擴而充之」，直卿以爲未安。既是四端，安得謂之「曲」？曰：四端先後互發，豈不是曲？　孟子云「知皆擴而充之」，則自可見。若謂只有此一曲，則是夷、惠之偏，如何得該遍？　聖人具全體，一齊該了，然而當用時亦只是發一端。如用仁，則義、禮、智如何上來得？　問：聖人用時雖發一端，然其餘只平鋪在，要用即用，不似以下人有先後間斷之異，須待擴而後充。曰：然。又問：顏、曾以下皆是致曲？　曰：顏子體段已具，曾子却是致曲，一一推之，至答一貫之時，則渾合矣。問：所以必致曲者，只是爲氣稟隔，必待因事逐旋發見？　曰：然。又問：程子説「致曲」云：「於偏勝處發。」似未安。如此，則專主一偏矣。曰：此説甚可疑。須於事上論，不當於人上論。可學。

問：「其次致曲」與《易》中「納約自牖」之意亦略相類。「納約自牖」是因人之明而導之，「致曲」是因己之明而推之。是如此否？　曰：正是如此。時舉。

元德問「其次致曲，曲能有誠」。曰：凡事皆當推致其理，所謂「致曲」也。如事父母，便來這裏推致其孝；事君，便推致其忠；交朋友，便推致其信。凡事推致，便能有誠。曲不是全體，只是一曲。人能一一推之，以至乎其極，則能貫通乎全體矣。時舉。

子武問：「曲能有誠」，若此句屬上句意，則曲是能有誠；若是屬下句意，則曲若能有誠，則云云。此有二意，不知孰穩？　曰：曲也是能有誠，但要之不若屬下意爲善。又問「誠者自成，道者自道」。曰：「自成」，是就理説；「自道」，是就我説。有這實理，所以有此萬物。誠者，所以自成也，道却在我自道。義剛。

「曲能有誠」，有誠，則不曲矣。蓋誠

者，圓成無欠闕者也。方。

「明則動。」伊川云：「明故能動人也。」振。

仲思問：動非明，則無所之；明非動，則無所用。曰：徒明不行，則明無所用，空明而已。徒行不明，則行無所向，冥行而已。伯羽。

「明則動，動則變，變則化。」動與變化，皆主乎外而言之。人傑。

第二十四章

問「至誠之道，可以前知」。曰：在我無一豪私僞，故常虛明，自能見得。如禎祥、妖孽與蓍龜所告，四體所動，皆是此理已形見，但人不能見耳。聖人至誠無私僞，所以自能見得。且如蓍龜所告之吉凶甚明，但非至誠人却不能見也。銖。

第二十五章

問「誠者，自成也；而道自道也」。曰：誠者，是箇自然成就底道理，不是人去做作安排底物事。道自道者，道却是箇無情底道理，却須是人自去行始得。這兩句只是一樣，而義各不同。何以見之？下面便分説了。又曰：誠者自成，如這箇草樹所以有許多根株枝葉條榦者，便是它實有。所以有許多根株枝葉條榦，這箇便是自成，是你自實有底。如人便有耳目鼻口手足百骸，都是你自實有底。道雖是自然底道理，❶然却須你自去做始得。僩。

❶ 上「道」字下，萬曆本有「理」字。

「誠者，自成也；而道自道也。」上句是孤立懸空説這一句，四旁都無所倚靠。蓋有是實理，則有是天；有是實理，則有是地。如無是實理，則便没這天，也没這地。凡物都是如此，故云「誠者自成」，蓋本來自成此物。到得「道自道」，便是有這道在這裏，人若不自去行，便也空了。賀孫問：既説「物之所以自成」，下文又云「誠以心言」，莫是心者物之所存主處否？曰：「誠以心言」者，是就一物上説。凡物必有是心，有是心然後有是事。下面説「誠者，物之終始」，是解「誠者自成」一句。「不誠無物」，已是説着「自道」一句了。蓋人則有不誠，而理則無不誠者。恁地看，覺得前後文意相應。賀孫。

問：「誠者自成也，而道自道也」，兩句語勢相似，而先生之解不同。上句工夫在「誠」字上，下句工夫在「行」字上。曰：亦微不同。「自成」若只做「自道」解，亦得。某因言：妄意謂此兩句只是説箇爲己不得爲人，其後却説不獨是自成，亦可以成物。先生未答，久之，復曰：某舊説誠有病，蓋誠與道皆泊在「誠之爲貴」上了，後面却便是説箇合内外底道理。若如舊説，則誠與道成兩物也。義剛。

問：「誠者自成」，便是「鬼神體物而不可遺」。「而道自道」，便是「道不可離」，如何？曰：也是如此。「誠者，物之終始」，説得來好。廣。

「誠者，自成也」。下文云：「誠者，物之終始，不誠無物。」此二句便解上一句。實有是理，故有是人；實有是理，故有是事。夔孫。

「誠者，物之終始」，徹頭徹尾。方。

問：「誠者，物之終始。」看來凡物之生，必實有其理而生。及其終也，亦是此理合到那裏盡了。曰：如人之生，固具此理。及其死時，此理便散了。因問「朝聞夕死」。程子云：「皆實理也。」又云：實理者，合當決定是如此。爲子必孝，爲臣必忠，決定是如此了。壽。

「誠者，物之終始」，猶言「體物而不可遺」，此是相表裏之句。從頭起至結局，便是有物底地頭，着一些急不得。又曰：有一尺誠，便有一尺物；有一寸誠，便有一寸物。高。

蜚卿嘗言：「誠」字甚大，學者未容驟語。道夫以爲：「誠者，物之終始」，始學之士所當盡心，而聖人之所以爲聖人者亦不過如此，正所謂徹上徹下之理也。一日，以語曹丈進叔，曹曰：如何？曰：誠者，實然之理而已。曹曰：也說實然之理未得。誠固實，便將實來做誠，却不是。因其以告先生。❶曰：也未可恁地執定說了。誠有主事而言者，有主理而言者，蓋「不誠無物」是事之實然。❷至於參贊化育，則便是實然之理。道夫。

問：「誠者，物之終始，不誠無物。」是實有是理，而後有是物否？曰：且看他聖人說底正文語脉，蓋「誠者，物之終始」，却是事物之實理，始終無有間斷。自開闢以來，以至人物消盡，只是如此。在人之心，苟誠實無僞，則徹頭徹尾，無非此理。一有間斷，則就間斷處，即非誠矣。如聖人至誠，便是自始生至没身，首尾是誠。顔子不

❶「其」，萬曆本作「具」。
❷「蓋」，萬曆本作「隨」。

違仁，便是自三月之初爲誠之始，三月之末爲誠之終，三月以後便不能不間斷矣。「日月至焉」，只就至焉時便爲終始，至焉之外即間斷而無誠，無誠即無物矣。不誠，則「心不在焉，視不見，聽不聞」，是雖謂之無耳目可也。且如「禘自既灌而往不欲觀」，是方灌時誠意存焉，即有其祭祀之事物。及其誠意一散，則雖有升降威儀，已非所以爲祭祀之事物矣。大雅。○閎祖録云：不誠，雖有物猶無物，如禘自既灌，誠意一散，如不祭一般。

「誠者，物之終始」。來處是誠，去處亦是誠。誠則有物，不誠則無物。且如而今對人説話，若句句説實，皆自心中流出，這便是有物。若是脱空誑誕，不説實話，雖有兩人相對説話，如無物也。且如草木自萌芽發生，以至枯死朽腐歸土，皆是有此實理，方有此物。若無此理，安得有此物。僩。

「誠者，物之終始；不誠無物。」誠，便貫通乎物之終始。若不誠，則雖爲其事，與無事同。炎。

「誠者，物之終始」，以理而言；「不誠無物」，以人而言。不誠則有空闕，有空闕則如無物相似。節。

「誠者，物之終始；不誠無物。」誠者，事之終始；不誠，比不曾做得事相似。❶且如讀書，一遍至三遍無心讀，四遍至七遍方有心讀，八遍又無心，則是三遍以下與八遍，如不曾讀相似。節。

「誠者，物之終始；不誠無物。」如讀書，半版以前心在書上，則此半版有終有始。半版以後心不在焉，則如不讀矣。閎祖。

「誠者，物之終始」，物之終始皆此理

❶「比」，朝鮮本作「如」。

也，以此而始，以此而終。物，事也，亦是萬物。「不誠無物」，以在人者言之。謂無是誠，則無是物。如視不明，則不能見是物；聽不聰，則不能聞是物，謂之無物亦可。又如鬼怪妖邪之物，吾以爲無，便無，亦是。今按：無物謂不能聞見是物，及以爲無便無，皆與《章句》不合，姑存之。○德明。

正淳問：「誠者，物之終始；不誠無物。」此兩句是泛説。❶「故君子誠之爲貴」，此却説從人上去。先生於「不誠無物」一句亦以人言，何也？曰：「誠者，物之終始」，此固泛説。若是「不誠無物」，這箇「不」字是誰不它？須是有箇人不它方得。賀孫。

問：「誠者，物之終始」，恐是就理之實而言。「不誠無物」，恐是就人心之實此理而言？曰：非也。如兩句通理之實、人之實而言。有是理則有是物，天下之物皆實理之所爲，徹頭徹尾皆是此理所爲，未有無此理而有此物也。無是理，則雖有是物，若無是物矣。蓋「物之終始」皆實理之所爲也。下文言「君子誠之爲貴」，方説人當實乎此理而言。大意若曰：實理爲「物之終始」，無是理，則無是物，故君子必當實乎此理也。銖。

「誠者，物之終始；不誠無物。」做萬物看亦得，就事物上看亦得。物以誠爲體，故不誠則無此物。終始，是徹頭徹尾底意。問：《或問》中云「自其間斷之後，雖有其事，皆無實之可言」，何如？曰：此是説「不誠無物」。如人做事，未做得一半，便棄了，即一半便不成。問：楊氏云：「四時之運已，即成物之功廢。」曰：只爲有這些子，

❶「兩句」二字，原爲空格，今據朝鮮本補。萬曆本作「二句」。

如無這些子，其機關都死了。再問：爲其「至誠無息」，所以「四時行，百物生」，更無已時。此所以「維天之命，於穆不已」也。曰：然。德明。

問「不誠無物」。曰：誠，實也。且如人爲孝，若是不誠，恰似不曾，誠便是事底骨子。文蔚。

或問「不誠無物」。曰：誠，實也。且如爲孝，若不實是孝，便是空説，無這孝了，便是「不誠無物」。

或問「不誠無物」。曰：孝而不誠於孝，則無孝；弟而不誠於弟，則無弟。推此類可見。誠，只是實然之理，然有主於事而言者，有主於理而言者。主於事而言，「不誠無物」是也；主於理而言，「贊天地化育」之類是也。

「不誠無物」，人心無形影，惟誠時方有這物事。今人做事，若初間有誠意，到半截後意思懶散，謾做將去，便只是前半截有物，後半截無了。若做到九分，這一分無誠意，便是這一分無功。

問「不誠無物」。曰：實有此理，便實有此事。且如今日向人説我在東，却走在西；説在這一邊，却自在那一邊，便都成妄誕了。榦。

問「不誠無物」。曰：不誠實，則無此事矣。如不雨言雨，不晴言晴，既無誠實，却似不曾言一般。銖。

「誠者，物之終始」，指實理而言；「君子誠之爲貴」，指實心而言。僩。

「誠者非自成己而已。」此「自成」字與前面不同，蓋怕人只説「自成」，故言「非自成己，乃所以成物」。故「成己」便以仁言，「成物」便以知言。蓋成己、成物固無内外之殊，但必先成己，然後能成物，此道之所以當自行也。夔孫。

問：「誠者非自成己而已也，所以成物也。成己，仁也；成物，知也。」曰：誠雖所以成己，然在我真實無僞，自能及物。自成己言之，盡己而無一毫之私僞，故曰仁；自成物言之，因物成就而各得其當，故曰知。此正與「學不厭，知也；教不倦，仁也」相反。然聖賢之言活，當合隨其所指而言，則四通八達矣。仁，如「克己復禮」皆是；知，如「應變曲當」皆是。銖。

問：成己合言知而言仁，成物合言仁而言知，何也？曰：「克己復禮爲仁」，豈不是成己？「知周乎萬物而道濟天下」，豈不是成物？仁者，體之存；知者，用之發。燾。

「成己，仁也」，是體；「成物，知也」，是用。「學不厭，知也」，是體；「教不倦，仁也」，是用。閎祖。

「學不厭」，所以成己，而成己之道在乎仁。「教不倦」，所以成物，而成物之功由乎知。因看吕氏《中庸解》「誠者自成」章未辯論，爲下此語。○方。

問：「成己，仁也；成物，知也。」成物如何説知？曰：須是知運用，方成得物。

問：「時措之宜」是顏、稷閉户纓冠之義否？曰：亦有此意。須是仁知具，内外合，然後有箇「時措之宜」。又云：如平康無事時，是一般處置；倉卒緩急時，又有一樣處置。德明。

第二十六章

問：「至誠無息，不息則久」，果有分别否？曰：不息，只如言無息，游、楊氏分無息爲至誠，不息所以體乎誠，非是。銖。

問：「久則徵」，徵是徵驗發見於外否？曰：除是久，然後有徵驗。只一日兩日工夫，如何有徵驗？德明。

或問：以存諸中者而言，則悠久在高明、博厚之前；見諸用者而言，則悠久在博厚、高明之後，如何？曰：此所以爲悠久也。若始初悠久，末稍不悠久，便是不悠久矣。燾。

博則能厚。節。

問「悠久」、「博厚」、「高明」。曰：此是言聖人功業，自「徵則悠遠」至「博厚」、「高明」、「無疆」，皆是功業著見如此，故鄭氏云「聖人之德，著于四方」。又「致曲」章「明則動」，諸說多就性分上理會，惟伊川云『明則動』是誠能動人也」。又說：「著則明」，如見面盎背是著，若明則人所共見，如「令聞廣譽施於身」之類。德明。

問：「至誠無息」一章，自是聖人與天爲一處，廣大淵微，學者至此不免有望洋之歎。曰：亦不須如此，豈可便道自家終不到那田地。只是分別義理令分明，旋做將去。問：「悠遠」、「博厚」、「高明」，《章句》中取鄭氏說，謂「聖人之德，著于四方」，豈以聖人之誠自近而遠，自微而著，如《書》稱堯「光被四表，格于上下」者乎？曰：亦須看它一箇氣象，自「至誠無息，不息則久」積之，自然如此。德明。

「至誠無息」一段，鄭氏曰「言至誠之德著於四方」是也。諸家多將做進德次第說，只一箇「至誠」已該了，豈復更有許多節次？不須說入裏面來。古注有不可易處，如「非天子不議禮」一段，鄭氏曰「言作禮樂者，必聖人在天子之位」，甚簡當。閎祖。

問：「博厚」、「高明」、「悠久」六字，先生解云「所積者廣博而深厚，則所發者高大而光明」，是逐字解。至「悠久」二字，却只做一箇說了。據下文「天地之道，博也，厚也，高也，明也，悠也，久也」，則「悠」與「久」字其義恐亦各别？先生良久曰：悠，長也。悠是自今觀後，見其無終窮之意；久是就他骨子裏說，鎮常如此之意。翌早又云：昨夜思量下得兩句：❶「悠是據始以要終，久是隨處而常在。」廣。

吕氏說：❷「有如是廣博，則其勢不得不高；有如是深厚，則其精不得不明。」此兩句甚善。《章句》中雖是用他意，然當初只欲辭簡，故反不似他說得分曉。譬如爲臺觀，須是大做根基，方始上面可以高大。又如萬物精氣蓄於下者深厚，則其發越于外者自然光明。廣。

或問「天昭昭之多」。曰：昭昭，小明也。管中所見之天也是天，恁地大底也是天。節。

問「天斯昭昭」，是指其一處而言；「及其無窮」，是舉全體而言。向來將謂天地山川，皆因積累而後致。❸曰：舉此全體而言，則其氣象功效自是如此。銖。

天地山川由積累而後大，讀《中庸》者不可以辭害意耳。振。

問「純亦不已」。曰：純便不已，若有間斷，便是駁雜。燾。

第二十七章

「大哉聖人之道」此一段，有大處做大

❶「昨」字，原爲空格，今據朝鮮本、萬曆本補。
❷「吕」字，原爲空格，今據朝鮮本、萬曆本補。
❸「致」，萬曆本作「大」。

處，有細密處做細密處，有渾淪處做渾淪處。方子。

或問「聖人之道，發育萬物，峻極于天」。曰：即春生夏長、秋收冬藏便是聖人之道，不成須要聖人使他發育方是聖人之道？「峻極于天」只是充塞天地底意思。學蒙。

「禮儀三百，威儀三千，優優大哉」，皆是天道流行，發見爲用處。祖道。

「優優大哉，禮儀三百，威儀三千」，一事不可欠闕。才闕一事，便是於全體處有虧也。佛釋之學，只說道無不存，無適非道，只此便了，若有一二事差也不妨。○人傑。

聖人將那廣大底收拾向實處來，教人從實處做將去。老、佛之學則說向高遠處去，故都無工夫了。聖人雖說本體如此，及做時須事事着實。如禮樂刑政，文爲制度，觸處都是。體用動靜，互換無端，都無少許空闕處。若於此有一毫之差，則便於本體有虧欠處也。「洋洋乎，禮儀三百，威儀三千」。洋洋，是流動充滿之意。廣。

問「苟不至德，至道不凝焉」。曰：至德固是誠，但此章却漾了誠不說。❶若牽來說，又亂了。蓋它此處且是要說道非德不凝，而下文遂言修德事。或問：「大德必得其位，必得其祿，必得其壽。」堯、舜不聞子孫之盛，孔子不享祿位之榮，何也？曰：此或非常理，今所說乃常理也。因言：董仲舒云「固當受祿于天」。雖上面疊說將來不好，只轉此句，意思儘佳。賀孫。

「德性」猶言義理之性？曰：然。閎祖。

不「尊德性」則懈怠弛慢矣，學問何從

❶「不」字，原爲空格，今據朝鮮本補。

而進？升卿。

問：如何是「德性」？如何可尊？曰：玩味得，却來商量。祖道。

「廣大」似所謂「理一」，「精微」似所謂「分殊」。升卿。

「致廣大」，謂心胸開闊，無此疆彼界之殊。「極高明」，謂無一毫人欲之私以累於己。纔汩於人欲，便卑污矣。賀孫。

問：「極高明」是以理言，❶「道中庸」是以事言否？❷曰：不是理與事。「極高明」是言心，「道中庸」是言學底事。立心超乎萬物之表，而不爲物所累，是高明。及行事則恁地細密，無過、不及，是中庸。淳。

問：「致廣大」，《章句》以爲「不以一毫私意自蔽」，「極高明」是「不以一毫私欲自累」，豈以上面已説「尊德性」是「所以存心而極乎道體之大」，故於此略言之歟？曰：也只得如此説。此心本廣大，若有一毫私意蔽之，便狹小了。此心本高明，若以一毫私欲累之，便卑污了。若能不以一毫私意自蔽，則其心開闊，都無此疆彼界底意思，自然能「致廣大」。惟不以一毫私欲自累，則其心峻潔，決無污下昏冥底意思，自然能「極高明」。因舉張子言曰：「陽明勝則德性用，陰濁勝則物欲行。」廣。

問：《章句》云：「不以一毫私意自蔽，不以一毫私欲自累。」如何是私意？如何是私欲？曰：私意是心中發出來要去做底。今人説人有意智，但看此「意」字，便見得是小，所以不廣大。私欲是耳目鼻口之欲，今纔有欲，則昏濁沉墜，即不高明矣。

❶「極」字，原無，今據朝鮮本補。
❷「道」字，原無，今據朝鮮本補。

某解此處，下這般字義，極費心思。枅。

問：注云「不以一毫私意自蔽，不以一毫私欲自累」，「意」是心之所發處言，「欲」是指物之所接處言否？曰：某本意解「廣大」、「高明」，不在接物與未接物上，且看何處見得高明、廣大氣象。此二句全在自蔽與自累上。蓋爲私意所蔽時，這廣大便被他隔了，所以不廣大。爲私欲所累時，沉墜在物欲之下，故卑污而無所謂高明矣。義剛。

問：楊氏說：「極高明而不知中庸之爲至，則道不行，此『知者過之』也。尊德性而不知道問學，則道不明，此『賢者過之』也。」恐說得不相似否？曰：極高明是就行處說，言不爲私欲所累耳。楊氏將作知說，不是。大率楊氏愛將此等處作知說去。「尊德性」、「致廣大」、「極高明」、「温故」、「敦厚」，皆是說行處，「道問學」、「盡精微」、「道中庸」、「知新」、「崇禮」，皆是說知處。○銖。

「極高明」須要「道中庸」，若欲高明而不道中庸，則將流入於佛、老之學。且如儒者遠庖厨，佛、老則好高之過，遂至戒殺食素。儒者「不邇聲色，不殖貨利」，他是過於高明，遂至絶人倫及欲割己惠人之屬。如陸子静天資甚麽高明，却是不道中庸，後其學便誤人。某嘗說陸子静說道理有箇黑腰子，其初說得瀾翻，極是好聽，少間到那緊處時又却藏了不說，又別尋一箇頭緒瀾翻起來，所以人都捉他那緊處不着。義剛。

問：「極高明而道中庸」，心體高明，如天超然於萬物之上，何物染着得他？然其行於事物之間，如耳之於聲，目之於色，雖聖人亦不免此，但盡其當然而已。曰：纔説得「不免」字，便是聖人只勉强爲此，❶其説近於佛、老，且更子細看這一句。❷佐。

「温故而知新」，温故有七分工夫，知新有三分工夫。其實温故則自然知新，上下五句皆然。人傑。

「敦厚」者本自厚，就上更加增益底功。升卿。

「敦厚以崇禮」，厚是資質恁地樸實，敦是愈加他重厚，此是培其基本。蕞孫。❸

「温故」只是存得這道理在，便是「尊德性」；「敦厚」只是箇樸實頭，亦是「尊德性」。閎祖。

問：「温故而知新，敦厚以崇禮」，「而」與「以」字義如何？曰：温故自知新，「而」者順詞也。敦厚者又須當崇禮始得，「以」者反説上去也。世固有一種人天資純厚，而不曾去學禮而不知禮者。廣。

問：「德性」、「問學」、「廣大」、「精微」、「高明」、「中庸」，據《或問》中所論，皆具大小二意。如温故，恐做不得大看？曰：就知新言之，便是新來方理會得那枝分節解底，舊來已見得大體，與他温尋去，❹亦有大小之意。「敦厚以崇禮」，謂質厚之人又能崇禮，如云「質直而好義」。。問：「高明」、「中庸」，龜山每譏王氏心迹之判。曰：王氏處己處人之説固不是，然高明、中庸亦須有箇分別。德明。

文蔚以所與李守約答問書請教。曰：大概亦是如此。只是「尊德性」功夫，却不在紙上，在人自做。自「尊德性」至「敦厚」

❶「爲」，萬曆本作「如」。
❷「更」，萬曆本作「便」。
❸「蕞孫」，朝鮮本作「賜」。
❹「尋」，原作「柔」，今據朝鮮本改。

凡五件，皆是德性上工夫。自「道問學」至「崇禮」，皆是問學上工夫，須是横截斷看。問學功夫節目却多，尊德性功夫甚簡約。且如伊川只説一箇「主一之謂敬，無適之謂一」，只是如此，别更無事。某向來自説得尊德性一邊輕了，今覺見未是。上面一截便是一箇坯子，有這坯子，學問之功方有措處。文蔚曰：昔人多以前面三條分作兩截，至「温故而知新」却説是問學事，「敦厚以崇禮」却説是尊德性事。惟先生一徑截斷，初若可疑，子細看來却甚縝密。❶曰：温故大段省力，知新則所造益深。敦厚是德性上事，纔説一箇「禮」字，便有許多節文。所以前面云「禮儀三百，威儀三千」，皆是禮之節文。「大哉聖人之道，洋洋乎，發育萬物，峻極于天」，却是上面事。下學上達，雖是從下學始，要之只是一貫。文蔚。

問「尊德性而道問學」，何謂尊？曰：只是把做一件物事，尊崇擡夯它。❷何謂道？曰：只是行，如去做它相似。這十件相類：「尊德性」、「致廣大」、「極高明」、「温故」、「敦厚」，只是「尊德性」；「盡精微」、「道中庸」、「知新」、「崇禮」，只是「道問學」。如伊川言「涵養須用敬，進學則在致知」。道問學而不尊德性，則云云；尊德性而不道問學，則云云。節。

爲學，纖毫絲忽不可不察。若小者分明，大者越分明。如《中庸》説「發育萬物，峻極于天」，大也；「禮儀三百，威儀三千」，細也。「尊德性」、「致廣大」、「極高明」、「温故」、「敦厚」，此是大者五事；「道問學」、

❶「縝」，原作「積」，今據朝鮮本、萬曆本改。
❷「夯」，萬曆本作「起」。

「盡精微」、「道中庸」、「知新」、「崇禮」，此是小者五事。然不先立得大者，不能盡得小者。此理愈説愈無窮，言不可盡，如「小德川流，大德敦化」亦此理。千蹊萬壑，所流不同，各是一川，須是知得，然其理則一。從周。

「尊德性」、「致廣大」、「極高明」、「温故」、「敦厚」是一頭項，「道問學」、「盡精微」、「道中庸」、「知新」、「崇禮」是一頭項。蓋能尊德性便能道問學，所謂本得而末自順也。其餘四者皆然。本即所謂「禮儀三百」，末即所謂「威儀三千」。三百即「大德敦化」也，三千即「小德川流」也。壽昌。

聖賢之學，事無小大，道無精粗，莫不窮究無餘。至如事之切身者，固未嘗不加意；而事之末爲緊要，亦莫不致意焉。所以《中庸》曰：「君子尊德性而道問學，致廣大而盡精微，極高明而道中庸，温故而知新，敦厚以崇禮。」這五句十件事，無些子空闕處。又云：聖賢所謂博學，無所不學也。自吾身所謂大經、大本，以至天下之事事物物，甚而一字半字之義，莫不在所當窮，而未始有不消理會者。雖曰不能盡究，然亦只得隨吾聰明力量理會將去，久久須有所至，豈不勝全不理會者乎？若截然不理會者，雖物過乎前，不識其名，彼亦不管，豈窮理之學哉！燾。

問「尊德性而道問學」一段。曰：此本是兩事，細分則有十事。其實只兩事，兩事又只一事。只是箇尊德性，却將箇尊德性來道問學，所以説「尊德性而道問學」也。枅。

「尊德性而道問學」至「敦厚以崇禮」，自有十件了，固是一般，然又須有許多節奏方備。非如今人云略見道理了，便無功夫可做也。璘。

尊德性、道問學一段，「博我以文，約我以禮」，兩邊做功夫都不偏。

問：「温故」如何是「存心」之屬？曰：言涵養此已知底道理常在我也。「道中庸」何以是「致知」之屬？曰：行得到恰好處，無些過與不及，乃是知得分明，事事件件理會得到一箇恰好處，方能如此。此足以見知與行互相發明滋養處。又問：「其言足以興」，「興」，如何言「興起在位」？曰：此古注語。「興」，如興賢、興能之興。「倍」與「背」同，言忠於上而不背叛也。銖。

「尊德性而道問學」一句是綱領，此五句上截皆是大綱工夫，下截皆是細密工夫。「尊德性」，故能致廣大、極高明、温故、敦厚。「温故」是温習此，「敦厚」是篤實此。「道問學」，故能盡精微、道中庸、知新、崇禮。其下言「居上不驕，爲下不倍。國有道，其言足以興；國無道，其默足以容」。舉此數事，言大小、精粗，一齊理會過，貫徹了後，盛德之效自然如此。閎祖。❶

問：「尊德性而道問學」，行意在先；「擇善而固執」，知意又在先，如何？曰：此便是互相爲用處。「大哉聖人之道，洋洋乎，發育萬物，峻極于天」，是言道體之大處。「禮儀三百，威儀三千」，是言道之細處。只章首便分兩節來，故下文五句又相因。「尊德性」至「敦厚」，此上一截，便是渾淪處；「道問學」至「崇禮」，此下一截，便是詳密處。道體之大處直是難守，細處又難窮究。若有上面一截，而無下面一截，只管

❶「閎」，原作「閔」，今據萬曆本改。

道是我渾淪，更不務致知，如此則茫然無覺。若有下面一截，而無上面一截，只管要纖悉皆知，更不去行，如此則又空無所寄。如有一般人實是敦厚淳樸，然或箕踞不以爲非，便是不崇禮。若只去理會禮文而不敦厚，則又無以居之。所以「忠信之人可以學禮」，便是「敦厚以崇禮」。淳。

廣謂：「洋洋乎，發育萬物，峻極于天」，此是指道體之形於氣化者言之。「優優大哉，禮儀三百，威儀三千」，此是指道體之形於人事者言之。雖其大無外，其小無内，然必待人然後行。曰：如此說也得，只說道自能如此也得。須看那「優優大哉」底意思。蓋三千、三百之儀，聖人之道無不充足，其中略無些子空闕處，此便是「語小，天下莫能破」也。廣云：此段中間說許多存心與致知底工夫了，末後却只說「居上不驕，爲下不倍。國有道，其言足以興；國無道，其默足以容」，此所以爲中庸之道。曰：固是。更須看中間五句，逐句兼小大言之，與章首兩句相應，工夫兩下皆要到。「尊德性而道問學」，此句又是總說。又問：二十九章「君子之道本諸身」以下，廣看得第一、第二句是以人己對言，第三、第六句是以古今對言，第四、第五句是以隱顯對言，不知是否？曰：也是如此。「考諸三王而不繆，百世以俟聖人而不惑」，猶釋子所謂以過去、未來言也。後面說知天、知人處，雖只舉後世與鬼神言，❶其實是總結四句之義也。《中庸》自首章以下，多是對說將來，不知它古人如何做得這樣文字，直是恁地整齊。因言：某舊年讀《中庸》，都

❶「與」，原作「興」，今據朝鮮本、萬曆本改。

心煩看不得，且是不知是誰做。若以爲子思做，又却時復有箇「子曰」字更没理會處。賀孫録云：漢卿看文字忒快，如今理會得了，更要熟讀，方有汁水。某初看《中庸》，都理會不得云云。只管讀來讀去，方見得許多章段分明。蓋某僻性，讀書須先理會得這樣分曉了，方去涵泳它義理。後來讀得熟後，方見得是子思參取夫子之説，著爲此書。自是沉潛反覆，遂漸得其旨趣，❶定得今《章句》一篇。其擺布得來，直恁麽細密。又如《大極圖》，賀孫録云：經許多人不與他思量出，自某逐一與他思索，方見得他如此精密。若不分出許多節次來，後人如何看得？但未知後來讀者知其用功如是之至否？賀孫録云：亦如前人恁地用心否？○廣。

問：「居上不驕」，是指王天下者而言否？曰：以下章「君子之道」處觀之，可見。銖。

聖人説話，中正不偏。如揲蓍，兩手皆有數，不可謂一邊有道理，一邊無道理。它人議論，才主張向這一邊，便不信那邊有。因論横渠、吕氏尊德性、道問學一段及此。○㽦。

第二十八章

鄭康成解「非天子不議禮」云：「必聖人在天子之位然後可。」若解經得如此簡而明，方好。大雅。

有位無德而作禮樂，所謂「愚而好自用」；有德無位而作禮樂，所謂「賤而好自專」。居周之世，而欲行夏、殷之禮，所謂「居今之世，反古之道」，道即指議禮、制度、考文之事。議禮所以制行，故「行同倫」；

❶「遂」，萬曆本作「逐」。

制度所以爲法，故「車同軌」；考文所以合俗，故「書同文」。問：《章句》云「倫是次序之體」，如何？曰：次序，如等威節文之類。體，如「辨上下，定民志」，君臣父子、貴賤尊卑相接之禮皆是。天子制此禮，通天下共行之，故其次序之體、等威節文皆如一也。

問：《中庸》「非天子不議禮，不制度，不考文」，注云：「文，書名也。」何以謂之書名？曰：如「大」字喚做「大」字，「上」字喚做「上」字，「下」字喚做「下」字，此之謂書名，是那字底名。又問數處小節。曰：不必泥此等處。道理不在這樣處，便縱饒有道理，寧有幾何？如看此兩段，須先識取聖人功用之大，氣象規模廣闊處。❶「非天子不議禮，不制度，不考文」，只看此數句，是甚麼樣氣象！若使有王者受命而得天下，改正朔，易服色，殊徽號，天下事一齊被他改換一番。其切近處，則自他一念之微而無豪釐之差；其功用之大，則天地萬物一齊被他剪截裁成過，截然而不可犯。須先看取這樣大意思，方有益。而今區區執泥於一二没緊要字之間，果有何益？又曰：考文者，古者人不甚識字，字易得差，所以每歲一番，使大行人之屬巡行天下，考過這字是正與不正。這般事有十來件，每歲如此考過，都匝了，則三歲天子又自巡狩一番，須看它這般做作處。僩。

第二十九章

問「王天下有三重」章。曰：此章明

❶「闊」，萬曆本作「大」。

白，無可商量，但「三重」說者多耳。銖曰：呂氏以三重爲議禮、制度、考文，無可疑。曰：但「下焉者」人亦多疑，公看得如何？銖曰：只據文義，「上焉者」指周公以前，如夏、商之禮已不可考；「下焉者」指孔子雖有德而無位，又不當作，亦自明白。諸說以「下焉者」爲霸者之事，不知霸者之事安得言善？曰：如此說却是。銖。

問：「建諸天地而不悖」，以上下文例之，此天地似乎是形氣之天地。蓋建諸天地之間，而其道不悖於我也。曰：此天地只是道耳，謂吾建於此而與道不相悖也。時舉。

問：「質諸鬼神而無疑」，只是「龜從、筮從」、「與鬼神合其吉凶」否？曰：亦是。然不專在此，只是合鬼神之理。問：「君子之道本諸身」，《章句》中云「其道即議禮、制度、考文之事」，如何？曰：君子指在上之人。上章言「雖有德，苟無其位，不敢作禮樂」，就那身上說，只做得那般事者。德明。

第三十章

問：「下襲水土」，是因土地之宜否？曰：是所謂「安土敦乎仁故能愛」，無往而不安。文蔚。

大德是敦那化底，小德是流出那敦化底出來。這便如忠恕，忠便是做那恕底，恕便是流出那忠來底。如中和，中便是「大德敦化」，和便是「小德川流」。自古亙今，都只是這一箇道理。「天高地下，萬物散殊，而禮制行矣；流而不息，合同而化，而樂興焉。」聖人做出許多文章制度禮樂，顛來倒去，都只是這一箇道理做出來。以至聖人之所以爲聖，賢人之所以爲賢，皆只是這一箇道理。人若是理會得那源頭，只是這一箇物事，許多頭項都有歸着，如天下雨，一點一點都着在地上。僩。

問：「此天地之所以爲大也」，是說聖人如天地之大否？曰此是巧說，聖賢之言不如此。此章言「仲尼祖述堯、舜，憲章文、武，上律天時，下襲水土」，此兩句兼本末、内外、精粗而言。是言聖人功夫。「譬如天地之無不持載，無不覆幬，譬如四時之錯行，如日月之代明」，是言聖人之德如天地。「萬物並育而不相害，道並行而不相悖，小德川流，大德敦化」，是言天地之大如此。言天地，則見聖人。

第三十一章

問：至誠、至聖如何分？曰：至聖、至誠只是以表裏言。至聖，是其德之發見乎外者，故人見之，但見其「溥博如天，淵泉如淵，見而民莫不敬，言而民莫不信」，至「凡有血氣者莫不尊親」，此其見於外者如此。至誠，則是那裏面骨子。經綸大經，立大本，知化育，此三句便是骨子，那箇聰明睿知却是這裏發出去。至誠處，非聖人不自知；至聖，則外人只見得到這處。自「溥博如天」至「莫不尊親」處。或曰：至誠、至聖，亦可以體、用言否？曰：體用也不相似，只是說得表裏。僩。

安卿問：「仁義禮智」之「智」，與「聰明睿知」想是兩様，禮智是自然之性能辨是非者，睿知是說聖人聰明之德無所不能者。曰：便只是這一箇物事，禮智是通上下而言，睿知是充擴得較大。爐中底便是那禮智，如睿知則是那照天燭地底。「聰明睿知，足有臨也」，某初曉那「臨」字不得。後思之，大概是有過人處，方服得人。且如臨十人，須是强得那十人方得，至於百人、千人、萬人皆然。若臨天下，便須强得天下方得。所以道是「亶聰明，作元后」。又曰「天生聰明」，又曰「聰明文思」，又曰「聰明時憲」，便是大故地要那聰明。❶義剛。

「睿」只訓通，對「知」而言。知是體，睿是深通處。端蒙。

問：「文理密察」，龜山解云「理於義也」。曰：便是怕如此，説這一句了未得，又添一句，都不可曉。此是聖人於至纖至悉處無不謹審。且如一物，初破作兩片，又破作四片，若未恰好，又破作八片，只管詳密。文是文章，如物之文縷；理是條理。每事詳密審察，故曰「足以有别」。德明。

聰察便是知，强毅便是勇。季札。

「溥博淵泉」。溥，周遍。博，宏大。淵，深沉。泉便有箇發達不已底意。道夫。

問：「至聖」章言「如天」、「如淵」，❷「至誠」章「其天」、「其淵」，不同何也？曰：此意當以表裏觀之。「至聖」一章説發見處，「至誠」一章説存主處。聖以德言，誠則所以爲德也。以德而言，則外人觀其表，但見其如天如淵。誠所以爲德，故自家裏面却真箇是其天其淵。惟其如天如淵，故「日月所照、霜露所墜，凡有血氣者莫不知尊而親之」，謂自其表而觀之則易也。惟其天其淵，故非「聰明聖知達天德者」不足以知之，謂自其裏而觀之則難也。枅。

問：上章言「溥博如天，淵泉如淵」，下

❶「地」，萬曆本作「也」。
❷「聖」，原作「誠」，今據《中庸》及下文改。

章只言「其淵」、「其天」，《章句》中云「不但如之而已」，如何？曰：此亦不是兩人事。上章是以聖言之，聖人德業著見於世，其盛大自如此。下章以誠言之，是就實理上説，「其淵」、「其天」，實理自是如此。德明。

第三十二章

魏材仲問「惟天下至誠爲能經綸」以下。曰：從上文來，經綸合是用，立本合是體。問：「知天地之化」，是與天地合否？曰：然。又問：四「强哉矯」欲騈合爲一。曰：不然。大雅云：此是説强底體段，若做强底工夫，則須自學問思辨始。曰：固是。智、仁、勇，須是智能知，仁能守，斯可言勇。不然，則恃箇甚？大雅。

問：「經綸皆治絲之事：經者，理其緒而分之；綸者，比其類而合之。」如何？曰：猶治絲者，先須逐條理其頭緒而分之，所謂經也。然後比其類而合之，如打條者必取所分之緒，比類而合爲一，所謂綸也。天地化育，如春夏秋冬、日月寒暑，無一息之差。知化者，真知其必然。所謂知者，言此至誠無僞，有以默契也。「肫肫其仁」者，人倫之間若無些仁厚意，則父子、兄弟皆不相管涉矣。此三句從下説上。「知天地之化育」，故能「立天下之大本」，然後能「經綸天下之大經」。○銖。

或問「夫焉有所倚」。曰：自家都是實理，無些欠闕，經綸自經綸，立本自立本，知化育自知化育，不用倚靠他物事然後能如此。所謂「爲仁由己，而由人乎哉」之意，他這道更無些空闕。經綸大經，他那日用間底，都是君臣、父子、夫婦人倫之理，更不必倚著人。只是從此心中流行於經綸人倫處，便是法則。此身在這裏，便是立本。「知天地之化育」，則是自知得飽相似，何用靠他物？直卿云：便是「不思不勉」之意思，謂不更靠心力去思勉他。這箇實理，自然經綸大經，立大本，知化育，更不用心力。高。

「夫焉有所倚？」聖人自是無所倚。若是學者，須是靠定一箇物事做骨子方得。聖人自然如此，它纔發出來，便經綸天下之大經，立天下之大本。僩。

林正卿問「焉有所倚」。曰：堂堂然流出來，焉有倚靠？節。

問：「惟天下至誠，爲能經綸天下之大經」一章，鄭氏注云：「唯聖人乃能知聖人。」恐上面聖人是人，下面聖人只是聖人之道耳？曰：亦是人也。惟有其人，而後至誠之道乃始實見耳。時舉。

第三十三章

問絅衣之制。曰：古注以爲禪衣，所以襲錦衣者。又問「禪」與「單」字同異。曰：同。沈存中謂「絅」與「檾」同，是用檾麻織疏布爲之，不知是否。廣。

問：禪家「禪」字甚義？曰：他門「禪」字訓定。「尚絅」注謂「禪衣」，是甚衣？曰：此「禪」字訓單，古人朝服必加絅，雖未能曉其制，想只如今上馬著白衫一般。裘，以皮爲之。袍，如今夾襖。寓。

問：「衣錦尚絅」章，首段雖是再叙初學入德之要，然也只是説箇存養致知底工夫，但到此説得來尤密。思量來「衣錦尚絅」之意，大段好。如今學者不長進，都緣不知此理，須是「闇然而日章」。曰：《中庸》後面愈説得向裏來，凡八引《詩》，一步退似一步，都用那般「不言」、「不動」、「不顯」、「不大」底字，直説到「無聲無臭」，則至矣。廣。○賀孫録云：賀孫云：到此方還得他本體。曰：然。

問：《中庸》首章只言戒懼謹獨、存養、省察。兩節工夫而已。篇末「尚絅」一章復發此兩條。然學者須是立心之初，真箇有爲己篤實之心，又能知得「遠之近，風之自，微之顯」，方肯做下面謹獨存養工夫。不審「知遠之近，風之自，微之顯」，已有窮理意思否？曰：也須是知得道理如此，方肯去謹獨，方肯去持養，故「可與入德矣」。但首章是自裏面説出外面，蓋自天命之性説到「天地位，萬物育」處。末章却自外面一節收斂入一節，直約到裏面「無聲無臭」處，此與首章實相表裏也。銖。

子武説「衣錦」章。曰：❶只是收斂向内，工夫漸密，便自見得近之可遠，「風之自，微之顯」。黄録無「近之」以下十字。君子之道，固是不暴著于外。然曰「惡其文之著」，亦不是無文也，自有文在裏。淡則可厭，簡則不文，温則不理。而今却不厭而文且理，只緣有錦在裏。若上面着布衫，❷裏面着布襖，便是内外黑窣窣地。明道謂：「《中庸》始言一理，中散爲萬事，末復合爲一理。」雖曰「合爲一理」，然自然有萬事在。如云「不動而敬，不言而信」，也是自有敬、信在。極而至於「無聲無臭」，然自有「上天之載」在。蓋是其中自有，不是都無也。賀孫。○義剛録云：天下只是這道理走不得。如佛、老雖滅人倫，然他却

❶「曰」上，朝鮮本有「先生」二字。

❷「衫」，萬曆本作「衣」。

拜其師爲父，以其弟子爲子，長者謂之師兄，少者謂之師弟，只是護得箇假底。

問「知風之自」。曰：凡事自有箇來處，所以與「微之顯」斷對着。只如今日做一件事是，也是你心下正；一事不是，也是你心下元不正。推此類以往，可見。大雅。

人之得失，即己之得失；身之邪正，即心之邪正。知遠之近，知風之自。○人傑。

「知風之自」好看，如孟子所謂「聞伯夷之風」之類是也。炎。

先生檢「知風之自」諸說，令看孰是。伯豐以呂氏略本，正淳以游氏說對。曰：游氏說便移來「知遠之近」上說，亦得。呂氏雖近之，然却是「作用是性」之意，於學無所統攝。此三句，「知遠之近」是以己對物言之，知在彼之是非，由在我之得失，如「行有不得，反求諸己」。「知風之自」是知其身之得失，由乎心之邪正；「知微之顯」又專指心說就裏來。大抵游氏說話全無氣力，說得徒膀浪，都說不殺，無所謂「聽其言也厲」氣象。㽦。

「潛雖伏矣」，便覺有善有惡，須用察。「相在爾室」，只是教做存養工夫。大雅。

「亦孔之昭」是謹獨意，「不媿屋漏」是戒謹恐懼意。謨。

李文問：❶《中庸》末章引《詩》「不顯」之義，只是形容前面「戒謹不睹，恐懼不聞」，而極其盛以言之否？曰：是也。此所引與《詩》正文之義同。義剛。

「不大聲以色」，只是說至德自無聲色。今人說篤恭了，便不用刑政，不用禮樂，豈有此理！古人未嘗不用禮樂刑政，但自有

❶「文」，萬曆本作「丈」。

德以感人，不專靠他刑政爾。學蒙。

問：卒章引《詩》「不大聲以色」，云：「聲色之於化民，末也。」又推至「德輶如毛」，而曰「毛猶有倫」，直至「無聲無臭」，然後爲「至矣」，此意如何？曰：此章到「篤恭而天下平」，已是極至結局處。所謂「不顯維德」者，幽深玄遠，無可得而形容。雖「不大聲以色」、「德輶如毛」，皆不足以形容，直是「無聲無臭」到無迹之可尋然後已。他人孰不恭敬，又不能平天下。聖人篤恭，天下便平，都不可測了。問：「不顯維德」，按《詩》中例，是言「豈不顯」也。今借引此詩，便真作「不顯」說，如何？曰：是箇幽深玄遠意，是不顯中之顯。此段自「衣錦尚絅」、「闇然日章」，漸漸收斂到後面，一段密似一段，直到聖而不可知處，曰「無聲無臭，至矣」。德明。

《中庸》末章恐是說只要收斂近裏，如此則工夫細密。而今人只是不收向裏，做時心便粗了，然而細密中却自有光明發出來。《中庸》一篇，始只是一，中間却事事有，末後却復歸結于一。義剛。

問：末章自「衣錦尚絅」說至「無聲無臭」，是從外做向內；首章自「天命之性」說至「天地位，萬物育」，是從內做向外？曰：不特此也。「惟天下聰明睿知」說到「溥博淵泉」，是從內說向外；「惟天下至誠經綸天下之大經」至「肫肫其仁」、「聰明聖智達天德」，是從外說向內。聖人發明內外、本末、小大、巨細，無不周遍，學者當隨事用力也。銖。

因問孔子「空空」、顏子「屢空」與《中庸》所謂「無聲無臭」之理。曰：以某觀《論語》之意，自是孔子叩鄙夫，鄙夫空空，非是孔子空空。顏子簞瓢屢空，自對子貢貨殖而言。始自《文選》中説顏子屢空，空心受道，故疏《論語》者亦有此説。要之，亦不至如今日學者直是懸空説入玄妙處去也。《中庸》「無聲無臭」本是説天道。彼其所引《詩》，《詩》中自説須是「儀刑文王」，然後「萬邦作孚」，詩人意初不在「無聲無臭」上也。《中庸》引之，結《中庸》之義，嘗細推之，蓋其意自言謹獨以修德。至《詩》曰「不顯維德，百辟其刑之」，乃「篤恭而天下平」也。後面節節贊嘆其德如此，故至「予懷明德」以至「『德輶如毛』，毛猶有倫，『上天之載，無聲無臭』，至矣」，蓋言天德之至，而微妙之極，難爲形容如此。爲學之始，未知所有，而遽欲一蹴至此，吾見其倒置而終身迷亂矣。大雅。

公晦問：「無聲無臭」與《老子》所謂「玄之又玄」、《莊子》所謂「冥冥默默」之意如何分別？先生不答，良久曰：此自分明，可子細看。廣云：此須看得那不顯底與明著底一般，方可。曰：此須是自見得。廣因曰：前日與公晦論程子「鳶飛魚躍，活潑潑地」，公晦問：「畢竟此理是如何？」廣云：「今言道無不在，無適而非道，固是，只是説得死搭搭地。若説『鳶飛戾天，魚躍于淵』與『必有事焉，❶而勿正，心勿忘，勿助長』，則活潑潑地。」曰：也只説得到這裏，由人自看。且如孔子説「天何言哉？四時行焉，百物生焉」。如今只看「天何言哉」一句耶？唯復是看「四時行焉，百物生焉」兩句耶？又曰：「天有四時，春秋冬夏，風雨霜露，無非教也。地載神氣，神氣風霆，風

❶「焉」，原作「馬」，今據萬曆本及《中庸》改。

霆流形，庶物露生，無非教也。」聖人説得如是實。廣。○賀孫録别出。

公晦問：《中庸》末章説及本體微妙處，與《老子》所謂「玄之又玄」、《莊子》所謂「冥冥默默」之意同，不知《老》、《莊》是否？先生不答，良久曰：此自分明，可且自看。某從前趁口答將去，諸公便更不思量。臨歸，又請教。曰：開闊中又着細密，寬緩中又着謹嚴，這是人自去做。夜來所説「無聲無臭」，亦不離這箇。自「不顯維德」引至這上，豈特《老》、《莊》説得恁地？佛家也説得相似，只是它箇虚大。凡看文字，要急迫亦不得。有疑處，且漸漸思量，若一下便要理會得，如何會見得意思出？賀孫。